Richard Wagner
Mein Leben

Richard Wagner

Mein Leben
1813 – 1868

Vollständige,
kommentierte Ausgabe

Herausgegeben
von Martin Gregor-Dellin

List Verlag
München · Leipzig

Unter Zugrundelegung der im
Richard-Wagner-Archiv Bayreuth
aufbewahrten Diktatniederschrift
ergänzt durch
Richard Wagners Annalen 1864 bis 1868

ISBN 3-471-79153-1

Neuausgabe 1994 Paul List Verlag
in der Südwest Verlag GmbH & Co KG München
© 1963 Paul List Verlag, München
Alle Rechte vorbehalten. Printed in Austria
Druck und Bindung: Wiener Verlag, Himberg

Die in diesen Bänden enthaltenen Aufzeichnungen sind im Laufe verschiedener Jahre von meiner Freundin und Gattin, welche mein Leben von mir sich erzählt wünschte, nach meinen Diktaten unmittelbar niedergeschrieben worden. Uns beiden entstand der Wunsch, diese Mitteilungen über mein Leben unsrer Familie sowie bewährten treuen Freunden zu erhalten, und wir beschlossen deshalb, um die einzige Handschrift vor dem Untergange zu bewahren, sie auf unsre Kosten in einer sehr geringen Anzahl von Exemplaren durch Buchdruck vervielfältigen zu lassen. Da der Wert der hiermit gesammelten Autobiographie in der schmucklosen Wahrhaftigkeit beruht, welche unter den bezeichneten Umständen meinen Mitteilungen einzig einen Sinn geben konnte, deshalb auch meine Angaben genau mit Namen und Zahlen begleitet sein mußten, so könnte von einer Veröffentlichung derselben, falls bei unseren Nachkommen hierfür noch Teilnahme bestehen dürfte, erst einige Zeit nach meinem Tode die Rede sein; und hierüber gedenke ich testamentarische Bestimmungen für meine Erben zu hinterlassen. Wenn wir dagegen für jetzt schon einzelnen zuverlässigen Freunden den Einblick in diese Aufzeichnungen nicht vorenthalten, so geschieht dies in der Voraussetzung einer reinen Teilnahme für den Gegenstand derselben, welche namentlich auch ihnen es frevelhaft erscheinen lassen würde, irgend welche weitere Mitteilungen aus ihnen an solche gelangen zu lassen, bei welchen jene Voraussetzung nicht gestattet sein dürfte.

Richard Wagner

ERSTER TEIL

1813-1842

Am* 22. Mai 1813 in Leipzig auf dem Brühl im »Rot und Weißen Löwen«, zwei Treppen hoch, geboren, wurde ich zwei Tage darauf in der Thomaskirche mit dem Namen *Wilhelm Richard* getauft. Mein Vater *Friedrich Wagner*, zur Zeit meiner Geburt Polizeiaktuarius in Leipzig, mit der Anwartschaft auf die Stelle des Polizeidirektors daselbst, starb im Oktober des Jahres meiner Geburt infolge großer Anstrengungen, welche ihm die überhäuften polizeilichen Geschäfte während der kriegerischen Unruhen und der Schlacht bei Leipzig zuzogen, durch Ansteckung des damals epidemisch gewordenen Nervenfiebers. Über die Lebensverhältnisse seines Vaters vernahm ich späterhin, daß dieser in dürftiger bürgerlicher Sphäre als Toreinnehmer am Ranstädter Tore sich dadurch vor seinen Standesgenossen auszeichnete, daß er seinen beiden Söhnen eine gelehrte Erziehung gab, indem er den einen – meinen Vater *Friedrich* – Jurisprudenz, den andern, jüngern – *Adolf* – Theologie studieren ließ. Mein Oheim gewann später einen nicht unbedeutenden Einfluß auf meine Entwicklung; wir werden ihm in einer entscheidenden Phase meiner Jugendgeschichte wieder begegnen. Über meinen für mich so früh verstorbenen Vater erfuhr ich später, daß er im allgemeinen sehr für Poesie und Literatur eingenommen, namentlich dem damals von den gebildeten Ständen sehr gepflegten Theater eine fast leidenschaftliche Teilnahme zuwendete. Meine Mutter erzählte mir unter anderm, daß er mit ihr zur ersten Aufführung der »Braut von Messina« nach Lauchstädt reiste; dort zeigte er ihr auf der Promenade *Schiller* und *Goethe*, sie enthusiastisch ob ihrer Unkenntnis dieser großen Männer zurechtweisend. Er soll selbst nicht frei von galanter Leidenschaftlichkeit für Künstlerinnen des Theaters gewesen sein. Meine Mutter beklagte sich scherzend, daß sie öfters sehr lange mit dem Mittagsessen auf ihn habe

* Über dem Manuskript von der Hand Cosima von Bülows: »München, 17. Juli 1865«, dahinter das Monogramm aus den ineinandergeschlungenen Initialen Richard Wagners und Cosimas.

warten müssen, während er bei einer damals berühmten Schauspielerin*
begeisterte Besuche abstattete; von ihr gescholten, behauptete er durch
Aktengeschäfte zurückgehalten worden zu sein, und wies zur Bestätigung
auf seine angeblich mit Tinte befleckten Finger, welche bei erzwungener
näherer Besichtigung sich als vollkommen sauber auswiesen. Von seiner
großen Neigung für das Theater zeugte außerdem die Wahl eines innig
vertrauten Hausfreundes, des Schauspielers *Ludwig Geyer*. Hatte ihn bei
der Wahl dieses Freundes gewiß hauptsächlich seine Theaterliebe geleitet, so
führte er in ihm seiner Familie zugleich den edelsten Wohltäter zu, indem
dieser bescheidene Künstler durch innigen Anteil an dem Lose der zahlreichen Nachkommenschaft seines unerwartet schnell verscheidenden Freundes *Wagner* bewogen, den Rest seines Lebens auf das angestrengteste der
Erhaltung und Erziehung dieser Familie widmete. Schon während der
Polizeiaktuar seine Abende im Theater verbrachte, vertrat der treffliche
Schauspieler meist seine Stelle im Schoße seiner Familie, und es scheint, daß
er oft die mit Recht oder Unrecht über Flatterhaftigkeit ihres Gatten
klagende Hausmutter zu beschwichtigen hatte. Wie tief das Bedürfnis des
heimatlosen, vom Leben hart geprüften und umhergeworfenen Künstlers
war, in einem sympathischen Familienverhältnisse sich heimisch zu wissen,
bezeugte er dadurch, daß er ein Jahr nach dem Tode seines Freundes dessen
Witwe ehelichte, und fortan der sorgsamste Vater der hinterlassenen sieben
Kinder ward. Bei diesem schwierigen Unternehmen begünstigte ihn ein
unerwartetes Gedeihen seiner äußeren Lage. Als Schauspieler des sogenannten Charakterfaches erhielt er bei dem neu errichteten *Dresdener* Hoftheater eine vorteilhafte, ehrende und dauernde Anstellung. Das Malertalent, welches ihm einst schon sein Leben zu fristen verholfen hatte, als
er, durch äußerste Armut genötigt, seine Universitätsstudien unterbrechen
mußte, wurde in seiner Dresdener Stellung von neuem beachtet. Zwar beklagte er, mehr noch als seine Kritiker, von einer regelmäßigen und schulgerechten Ausbildung desselben abgehalten worden zu sein; dennoch erwarb ihm seine außerordentliche Begabung namentlich für Porträtähnlichkeit so bedeutende Aufträge, daß er unter der doppelten Anstrengung als
Maler und Schauspieler leider frühzeitig seine Kräfte erschöpfte. Als er
einst in *München* zu einem Gastspiel am Hoftheater eingeladen war, erhielt er, durch vorteilhafte Empfehlung des sächsischen Hofes eingeführt,
vom bayerischen Hofe so bedeutende Aufträge für Porträts der Allerhöchsten Familie, daß er darum sein Gastspiel zu unterbrechen und gänzlich
aufzugeben für gut hielt. Aber auch dichterisches Talent war ihm zu eigen;
nach manchen in oft sehr zierlichen Versen verfaßten Gelegenheitsstücken
schrieb er auch mehrere Lustspiele, von denen eines, *der Bethlehemitische
Kindermord*, in gereimten Alexandrinern, häufig gegeben ward, gedruckt

---

* Im Original Fußnote: »Mme Hartwig.«

erschien und von *Goethe* freundlichst gelobt wurde. Dieser ausgezeichnete Mann, unter dessen Führung in meinem zweiten Lebensjahre meine Familie nach Dresden übersiedelte, und von dem meine Mutter noch eine Tochter *(Cäcilie)* gewann, übernahm nun mit größester Sorgfalt und Liebe auch meine Erziehung. Er wünschte mich gänzlich als eigenen Sohn zu adoptieren, und legte mir daher, als ich in die erste Schule aufgenommen ward, seinen Namen bei, so daß ich meinen Dresdener Jugendgenossen bis in mein vierzehntes Jahr unter dem Namen *Richard Geyer* bekannt geblieben bin. Erst als meine Familie, längere Jahre nach dem Tode des Stiefvaters, sich wieder nach Leipzig wandte, nahm ich dort, am Sitz meiner ursprünglichen Verwandtschaft den Namen *Wagner* wieder an.

Meine frühesten Jugenderinnerungen haften an diesem Stiefvater, und gleiten von ihm auf das Theater über. Wohl entsinne ich mich, daß mein Vater gern Malertalent sich in mir entwickeln gesehen haben würde; sein Arbeitszimmer mit der Staffelei und den Gemälden darauf ist zwar auf mich nicht ohne Eindruck gewesen; ich entsinne mich, daß ich namentlich ein Porträt des Königs Friedrich August von Sachsen mit kindischem Nachahmungseifer zu kopieren versuchte; sobald es aber von dieser naiven Kleckserei zu ernsteren Zeichnungsstudien übergehen sollte, hielt ich, vielleicht schon durch die pedantische Manier meines Lehrers (eines langweiligen Vetters) abgeschreckt, nicht aus. Nachdem ich in zartester Kindheit durch eine Entwicklungskrankheit so elend geworden war, daß meine Mutter mir später erzählte, sie habe, da ich unrettbar schien, fast meinen Tod gewünscht, scheine ich zum Überraschen meiner Eltern dann gediehen zu sein. Auch bei dieser Gelegenheit ist mir der großmütige Anteil des vortrefflichen Stiefvaters berichtet worden, welcher, nie verzweifelnd trotz der Sorgen und Beschwerden des starken Familienbestandes, geduldig blieb, und nie die Hoffnung, mich durchgebracht zu sehen, aufgab. – Große Gewalt übte nun auf meine Phantasie die Bekanntschaft mit dem Theater, in welches ich nicht nur als kindischer Zuschauer in der heimlichen Theaterloge mit ihrem Eingang über die Bühne, nicht nur durch den Besuch der Garderobe mit ihren phantastischen Kostümen und charakteristischen Verstellungsapparaten, sondern auch durch eigenes Mitspielen eingeführt wurde. Nachdem mich »*Die Waise und der Mörder*«, »*Die beiden Galeerensklaven*«, und ähnliche Schauerstücke, in welchen ich meinen Vater die Rollen der Bösewichter spielen sah, mit Entsetzen erfüllt hatten, mußte ich selbst einige Male mit Komödie spielen. Bei einem Gelegenheitsstücke zur Bewillkommnung des aus der Gefangenschaft zurückkehrenden Königs von Sachsen – »*Der Weinberg an der Elbe*«, mit Musik vom Kapellmeister C. M. von Weber, entsinne ich mich, bei einem lebenden Bilde als Engel ganz in Trikots eingenäht, mit Flügeln auf dem Rücken, in schwierig eingelernter graziöser Stellung figuriert zu haben. Auch erinnere ich mich bei dieser Gelegenheit einer großen Zuckerbrezel, von der mir versichert wurde, daß sie mir der König persönlich bestimmt habe. Endlich entsinne ich mich, in Kotzebues »*Menschenhaß und Reue*« selbst eine mit wenigen Worten versehene Kinderrolle dargestellt zu haben, welche mir in der Schule, da ich dort meine Aufgabe nicht gelernt hatte, zum Vorwand übermäßiger Beschäftigung dienen mußte, indem ich angab, eine große Rolle in den »*Menschen außer der Reihe*« zu memorieren gehabt zu haben.

Wie ernst es dagegen mein Vater mit meiner Erziehung nahm, bewies er, als er nach meinem vollbrachten sechsten Jahre mich zu einem Pfarrer auf das Land, nach *Possendorf* bei Dresden, brachte, wo ich in Gesellschaft anderer Knaben aus guten Familien eine vortreffliche, nüchterne und gesunde Erziehung erhalten sollte. In die kurze Zeit dieses Aufenthaltes fallen manche erste Erinnerungen von den Eindrücken der Welt: des Abends wurde uns *Robinson* vom Pfarrer* erzählt und mit vortrefflichen dialogischen Belehrungen begleitet. Großen Eindruck machte auf mich die Vorlesung einer Biographie *Mozarts*, wogegen die Zeitungs- und Kalenderberichte über die Vorfälle des gleichzeitigen griechischen Befreiungskampfes drastisch aufregend auf mich wirkten. Meine Liebe für Griechenland, die sich späterhin mit Enthusiasmus auf die Mythologie und Geschichte des alten Hellas warf, ging somit von der begeisterten und schmerzlichen Teilnahme an Vorgängen der unmittelbaren Gegenwart aus. Ich entsinne mich, später in dem Kampf der Hellenen gegen die Perser immer die Eindrücke dieses neuesten griechischen Aufstandes gegen die Türken wiederempfunden zu haben.

Eines Tages, nach kaum einjähriger Dauer dieses ländlichen Aufenthaltes, kam ein Bote aus der Stadt an, welcher den Pfarrer benachrichtigte, er möge mich in das elterliche Haus nach Dresden geleiten, weil dort mein Vater im Sterben liege. Wir legten den dreistündigen Weg zu Fuß zurück; sehr ermüdet ankommend, begriff ich die tränenreiche Haltung meiner Mutter kaum. Des andern Tages ward ich an das Bett meines Vaters geführt; die äußerste Schwäche, mit der er zu mir sprach, alle Vorkehrungen einer letzten verzweifelten Behandlung seiner akuten Brustwassersucht erfüllten mich durchaus nur wie Traumgebilde; ich glaube, die bange Verwunderung war in mir so mächtig, daß ich nicht weinen konnte. In einem anstoßenden Nebenzimmer lud mich die Mutter ein, zu zeigen, was ich auf dem Klavier gelernt habe, in der guten Absicht, es dem Vater zur Zerstreuung zu Gehör zu bringen: ich spielte »*Üb' immer Treu' und Redlichkeit*«; der Vater hat da die Mutter gefragt: »Sollte er etwa Talent zur Musik haben?« – Am andern Morgen trat beim ersten Tagesgrauen die Mutter in die große Kinderschlafstube, kam zu jedem von uns an das Bett und meldete schluchzend des Vaters Tod, jedem von uns wie zum Segen etwas von ihm sagend; zu mir sagte sie: »Aus dir hat er etwas machen wollen.« Am Nachmittag kam

---

* Im Original Fußnote: »Wetzel.«

Pastor *Wetzel* und holte mich wieder auf das Land ab. Wir gingen wieder zu Fuß und erreichten erst in nächtlicher Dämmerung *Possendorf*; unterwegs frug ich ihn viel nach den Sternen, über die er mir eine erste verständige Auskunft gab. Acht Tage darauf erschien der Bruder des Verstorbenen, welcher aus *Eisleben* herbeigekommen war, um dem Begräbnis beizuwohnen; er hatte der nun wiederum hilflos gewordenen Familie nach Kräften seine Unterstützung zugesagt und es übernommen, für meine Erziehung fortan zu sorgen. Ich nahm Abschied von meinen Jugendgenossen und von dem liebenswürdigen Pastor, zu dessen eigenem Begräbnis ich nach wenigen Jahren zum erstenmal wieder nach *Possendorf* zurückkehrte, welches ich dann nur viel später wieder einmal auf einer Exkursion besuchte, wie ich sie oft als Dresdener Kapellmeister weit in das Land hinein zu Fuß unternahm: es ergriff mich sehr, das alte Pfarrhaus nicht mehr zu finden, dafür einen reichlichern modernen Aufbau, der mich so gegen den Ort verstimmte, daß ich späterhin meine Ausflüge nie wieder in diese Gegend richtete.

Mein Oheim brachte mich diesmal im Wagen nach *Dresden* zurück; ich traf die Mutter und die Schwestern in tiefer Trauerkleidung, und entsinne mich, zum erstenmal mit einer in der Gewohnheit meiner Familie nicht heimischen Zärtlichkeit empfangen und wieder entlassen worden zu sein, als ich nach wenigen Tagen von dem Oheim mit nach *Eisleben* genommen wurde. Dort war dieser jüngere Bruder meines Stiefvaters als Goldschmied niedergelassen; einer meiner älteren Brüder (*Julius*), war bereits von ihm in die Lehre aufgenommen; zugleich lebte bei ihm, dem Unverehelichten, noch die alte Großmutter. Man hat dieser, deren baldiges Ende man voraussah, den Tod ihres älteren Sohnes verschwiegen; auch ich wurde dazu angehalten, nichts davon zu verraten. Das Dienstmädchen nahm sorgsam den Trauerflor von meinem Kleide und erklärte, ihn für die Großmutter aufbewahren zu wollen, wenn sie, wie für bald zu erwarten, gestorben sein würde. Ich mußte nun der Großmutter öfter vom Vater erzählen; die Verheimlichung seines Todes glückte mir ohne Anstrengung, da ich selbst kein deutliches Bewußtsein davon hatte. Sie lebte in einer finsteren Hinterstube, auf einen engen Hof hinaus, und hatte gern frei umherflatternde Rotkehlchen bei sich, für welche stets frisch erhaltene grüne Zweige am Ofen ausgesteckt waren. Es glückte mir selbst, ihr im Sprenkel welche einzufangen, als die alten von der Katze getötet worden waren: hierüber freute sie sich sehr und hielt mich sauber und reinlich. Auch ihr vorausgesehener Tod trat bald ein: der aufgesparte Trauerflor wurde nun offen in Eisleben getragen; das Hinterstübchen mit den Rotkehlchen und grünen Büschen hörte für mich auf. – Bei einer Seifensiederfamilie, welcher das Haus gehörte, wurde ich bald heimisch und durch meine Erzählungen, welche ich ihr zum besten gab, beliebt. Ich wurde in eine Privatschule geschickt, welche ein Magister *Weiß* hielt, der auf mich einen ernsten und würdigen Eindruck hinterlassen hat. Mit Rührung las ich am Ende der fünfziger Jahre in einer musikalischen Zeitung den Bericht über eine in *Eisleben* stattgefundene Musikaufführung mit Stücken aus dem *Tannhäuser*, welcher der ehemalige Lehrer des Kindes mit voller Erinnerung an dasselbe beigewohnt hatte.

Die kleine altertümliche Stadt mit dem Wohnhause *Luthers* und den mannigfachen Erinnerungen an dessen Aufenthalt, ist mir noch in spätesten Zeiten oft im Traume wiedergekehrt; es blieb mir immer der Wunsch, sie wieder zu besuchen, um die Deutlichkeit meiner Erinnerungen bewährt zu finden: sonderbarerweise bin ich nie dazu gekommen. Wir wohnten am Markte, der mir oft eigentümliche Schauspiele gewährte, wie namentlich die Vorstellungen einer Akrobaten-Gesellschaft, bei welchen auf einem von Turm zu Turm über den Platz gespannten Seile gegangen wurde, was in mir lange Zeit die Leidenschaft für ähnliche Kunststücke erweckte. Ich brachte es wirklich dazu, auf zusammengedrehten Stricken, welche ich im Hof ausspannte, mit der Balancierstange mich ziemlich geschickt zu bewegen; noch bis jetzt ist mir eine Neigung, meinen akrobatischen Gelüsten Genüge zu tun, verblieben. – Am wichtigsten wurde mir die Blechmusik eines in Eisleben garnisonierenden Husarenregimentes. Ein von ihr häufig gespieltes Stück erweckte damals als Neuigkeit unerhörtes Aufsehen: es war der »Jägerchor« aus dem *Freischütz*, welche Oper soeben in Berlin zur Aufführung gekommen war. Onkel und Bruder frugen mich lebhaft nach dem Komponisten, den ich in Dresden als Kapellmeister *Weber* doch gewiß im Hause der Eltern gesehen haben müßte. Zu gleicher Zeit ward in einer befreundeten Familie von den Töchtern der »Jungfernkranz« eifrig gespielt und gesungen. Diese beiden Stücke verdrängten nun bei mir meine Vorliebe für den *Ypsilanti-Walzer*, der mir bis dahin als das wunderbarste Tonstück galt. – Ich entsinne mich, viele Raufereien mit der autochthonen Knabenbevölkerung, welche ich namentlich durch meine viereckige Mütze zu beständiger Verhöhnung reizte, zu bestehen gehabt zu haben. Außerdem tritt noch der Hang zu abenteuerlichen Streifereien durch die felsigen Uferklippen der *Unstrut* in meine Erinnerung.

Durch die endliche Verheiratung meines Oheims, welcher nun einen neuen Hausstand sich einrichtete, trat, wie es scheint, auch eine starke Veränderung in seinen Beziehungen zu meiner Familie ein. Nach Verlauf eines Jahres ward ich von ihm nach Leipzig geleitet, wo ich für einige Tage den Verwandten meines Vaters *(Wagner)* übergeben wurde. Diese waren mein Onkel *Adolf* und dessen Schwester, meine Tante *Friederike Wagner*. Der sehr interessante Mann, welcher später immer anregender auf mich einwirkte, tritt mit seiner sonderbaren Umgebung von hier an zuerst deutlich in mein Bewußtsein. Er stand mit meiner Tante zugleich in sehr nahe befreundetem Verhältnisse zu einer wunderlichen alten Jungfer, *Jeannette Thomé*, der Mitbesitzerin eines großen Hauses am Markte, in welchem, wenn ich nicht irre, seit den Zeiten *Augusts des Starken* die sächsische Fürstenfamilie die zwei Hauptstockwerke für ihren jeweiligen Aufenthalt in Leipzig gemietet und eingerichtet hatte. *Jeannette Thomé* fiel, so viel ich weiß, der eigentliche Besitz des zweiten Stockwerkes zu, in welchem sie für sich nur eine unscheinbare Wohnung nach dem Hof hinaus bewohnte. Da jedoch der König höchstens auf wenige Tage im Jahre von den gemieteten Räumen Gebrauch machte, so hielt sich *Jeannette* mit den Ihrigen für gewöhnlich in den vermieteten Prachtzimmern auf, und in einem dieser Prunkgemächer war es denn auch, wo mir meine Schlafstelle angewiesen wurde. Die Einrichtung dieser Räume war noch aus den Zeiten Augusts des Starken; prächtig aus schweren Seidenstoffen mit reichen Rokoko-Möbeln, alles bereits vom Alter stark abgenutzt. Wohl gefiel ich mir sehr in diesen großen phantastischen Räumen, von wo aus man auf den so belebten Leipziger Markt blickte, unter dessen Bevölkerung mich namentlich die gassenbreit aufziehenden Studenten, in ihrer altdeutschen burschenschaftlichen Tracht, außerordentlich fesselten. Nur an einem Schmuck dieser Räume hatte ich sehr zu leiden: das waren die verschiedenen Porträts, namentlich der vornehmen Damen im Reifrock mit jugendlichen Gesichtern und weißen (gepuderten) Haaren. Diese kamen mir durchaus als gespenstige Wesen vor, die mir, wenn ich allein im Zimmer war, lebendig zu werden schienen und mich mit höchster Furcht erfüllten. Das einsame Schlafen in einem solchen abgelegenen großen Gemach, in dem altertümlichen Prachtbett, in der Nähe eines solchen unheimlichen Bildes, war mir entsetzlich; zwar suchte ich vor der Tante, wenn sie mich des Abends mit einem Licht zu Bett brachte, meine Furcht zu verbergen; doch verging nie eine Nacht, ohne daß ich in Angstschweiß gebadet den schrecklichsten Gespenster-Visionen ausgesetzt war.

Den gespenstischen Eindruck dieses Aufenthaltes in das märchenhaft Sonderbare überzutragen, war die Persönlichkeit der drei Hauptbewohner dieses Stockwerkes vorzüglich geeignet: *Jeannette Thomé* war sehr klein und dick, trug eine blonde Titusperücke und schien sich in dem Bewußtsein früherer Zierlichkeit zu behagen. Ihre treue Freundin und Pflegerin, meine Tante, welche ebenfalls zur alten Jungfer geworden war, zeichnete sich durch Länge und große Magerkeit aus; das Phantastische ihres sonst sehr freundlichen Gesichtes war durch ihr außerordentlich spitzes Kinn vermehrt. Mein Oheim *Adolf* hatte sein Studierzimmer ein für allemal in einem finstern Gemach des Hofes aufgeschlagen. Dort traf ich ihn zuerst unter einem großen Wuste von Büchern, in einer unscheinbaren Hauskleidung, deren Charakteristisches in einer hohen spitzen Filzmütze bestand, wie ich sie in Eisleben bei dem Bajazzo der Seiltänzergesellschaft gesehen hatte. Ein großer Hang zur Selbständigkeit hatte ihn in dieses sonderbare Asyl getrieben. Ursprünglich zur Theologie bestimmt, gab er diese bald gänzlich auf, um sich einzig philosophischen und philologischen Studien zu widmen. Bei größter Abneigung gegen eine Wirksamkeit als Professor und Lehrer mit Anstellung, suchte er sich frühzeitig durch literarische Arbeiten dürftig zu erhalten. Mit geselligen Talenten und namentlich einer schönen Tenorstimme begabt, auch seinerseits mit Interesse für das Theater erfüllt, scheint er in seiner Jugend als nicht ungern gesehener Belletrist in *Leipzig* einem größeren Bekanntenkreis liebgeworden zu sein. Bei einem Ausfluge nach *Jena*, auf welchem er mit einem Altersgenossen sich selbst bis zu musikalisch-deklamatorischen »Akademien« herbeigelassen zu haben scheint, besuchte er auch *Schiller*; er hatte sich hierzu mit einem Auftrage der Leipziger Theaterdirektion, welche den kürzlich vollendeten »Wallenstein« akquirieren wollte, versehen. Mir schilderte er späterhin den hinreißenden Eindruck, den *Schiller* auf ihn hervorbrachte, dessen schlanke hohe Gestalt und unwiderstehlich einnehmendes blaues Auge. Nur beklagte er sich, infolge eines gutgemeinten Streiches, den ihm sein Freund gespielt, in große und beschämende Verlegenheit gebracht worden zu sein. Dieser hatte nämlich ein Heft Gedichte *Adolf Wagners* zuvor an Schiller zu bringen gewußt; der betroffene junge Poet mußte nun von *Schiller* freundliche Lobsprüche hinnehmen, von denen er innigst überzeugt war, daß er sie nur der humanen Großmut *Schillers* zu verdanken hatte. – Später wandte er sich immer mehr nur noch philologischen Studien zu. Als eine der bekanntesten Arbeiten auf diesem Feld ist seine Herausgabe des *Parnasso Italiano* zu erwähnen, welche er *Goethe* mit einem italienischen Gedichte widmete, von welchem mir zwar durch Sachkenner versichert worden ist, daß es in einem ungebräuchlichen und schwülstigen Italienisch verfaßt sei, das ihm aber dennoch von *Goethe* einen anerkennungsvollen schönen Brief und einen silbernen Becher aus des Dichters gebrauchtem Hausgeräte erwarb. – Der Eindruck, den seine Erscheinung in der bezeichneten Umgebung in meinem achten Jahre auf mich machte, war durchaus rätselhafter, befremdender Art. –

Zunächst wurde ich nach wenigen Tagen wieder diesen Einflüssen entzogen, um zu meiner Familie nach *Dresden* gebracht zu werden. Dort hatte sich währenddem, unter der Leitung der nun alleinstehenden Mutter, meine Familie nach Kräften einzurichten gesucht. Mein ältester Bruder *(Albert)*, ursprünglich zum Studium der Medizin bestimmt, hatte auf den Rat *Webers*, der seine Tenorstimme rühmte, die theatralische Laufbahn in *Breslau* ergriffen. Ihm folgte bald meine zweitälteste Schwester *(Luise)*, ebenfalls als Schauspielerin dem Theater sich widmend. Meine älteste Schwester *Rosalie* war zu einer ehrenvollen Anstellung am Dresdener Hoftheater selbst gelangt und sie bildete nun fortan den Mittelpunkt des zurückgebliebenen jüngeren Teiles der Familie, wie sie die nächste Stütze der von Sorgen beschwerten Mutter blieb. Ich traf sie noch in derselben großen und angenehmen Wohnung, welche der Vater zuletzt eingerichtet hatte; nur waren stets einige überflüssige Zimmer zeitweilig an Fremde vermietet, unter denen einst auch *Spohr* sich einfand. Der großen Rührigkeit meiner Mutter verdankte, mit Hilfe verschiedener erleichternder Umstände, (unter denen die fortdauernde Geneigtheit des Hofes gegen das Andenken meines Stiefvaters zu erwähnen ist) die Familie ein erträgliches Gedeihen, so daß auch in betreff meiner Erziehung keine Art Vernachlässigung eintrat.

Nachdem auch eine dritte Schwester *(Klara)* ihrer außerordentlich schönen Stimme zulieb für das Theater bestimmt war, hielt meine Mutter angelegentlich darauf, in mir nicht etwa auch Neigung für das Theater aufkommen zu lassen. Es war ihr stets ein Selbstvorwurf geblieben, daß sie in die theatralische Laufbahn meines ältesten Bruders gewilligt hatte; da mein zweiter Bruder keine weiteren Anlagen verriet als die, welche ihn zum Goldschmied bestimmt hatten, so war ihr nun daran gelegen, an mir die Hoffnungen und Wünsche des Stiefvaters, der »*aus mir etwas machen wollte*«, in Erfüllung gehen zu sehen. Mit meinem vollbrachten achten Jahre wurde ich auf das Gymnasium der Kreuzschule in *Dresden* geschickt; ich sollte studieren. Dort trat ich als unterster Schüler der untersten Klasse ein und begann nun unter den bescheidensten Anfängen meine gelehrte Bildung. Die Mutter verfolgte mit großer Teilnahme alle bei mir sich einstellenden Anzeichen von geistiger Lebendigkeit und Begabung.

Diese für alle, die sie kennenlernten, merkwürdig gebliebene Frau stellte ein eigentümliches Gemisch von bürgerlich-häuslicher Rührigkeit und großer geistiger Empfänglichkeit bei durchaus mangelnder gründlicher Erziehung dar. Über ihre Herkunft hat sie sich gegen keines ihrer Kinder umständlich vernehmen lassen. Sie stammte aus *Weißenfels*, und gab zu, daß ihre Eltern dort Bäcker gewesen seien. Schon in betreff ihres Namens äußerte sie sich aber mit einer sonderbaren Befangenheit, indem sie diesen als »Perthes« angab, während, wie wir wohl herausbekamen, er in Wahrheit »Petz« hieß. Auffallend war, daß sie in einer gewählten Erziehungsanstalt zu Leipzig untergebracht war und dort die Sorge eines von ihr sogenannten »hohen väterlichen Freundes« genoß, als welchen sie uns später einen weimarischen Prinzen nannte, der sich um ihre Familie in *Weißenfels* Verdienste erworben hatte. Ihre Erziehung scheint in jener Anstalt durch den plötzlichen Tod dieses väterlichen Freundes unterbrochen worden zu sein. Sehr jung lernte sie meinen Vater kennen und heiratete ihn, den ebenfalls sehr früh gereiften und zur Anstellung gelangten, im jugendlichsten Mädchenalter. Ihr Haupt-Charakterzug scheint ein drolliger Humor und gute Laune gewesen zu sein, und es ist wohl nicht zu glauben, daß nur das Pflichtgefühl gegen die Familie eines hinterlassenen Freundes, sondern eine wirklich herzliche Neigung auch zu dessen Witwe den trefflichen *Ludwig Geyer* bewog, mit der nicht mehr ganz jugendlichen Frau in die Ehe zu treten. Ein Porträt von ihr, welches *Geyer* noch während ihrer ersten Ehe gemalt, stellt ihr Äußeres sehr vorteilhaft dar. Von da an, wo sie deutlich in meine Erinnerung tritt, war sie bereits durch ein Kopfleiden genötigt, stets eine Haube zu tragen, so daß ich den Eindruck einer jugendlichen und anmutigen Mutter nicht mehr von ihr erhalten habe. Der sorgenvoll aufregende Umgang mit einer zahlreichen Familie (deren siebentes lebendes Glied ich war), die Schwierigkeiten, das Nötige zu beschaffen und bei sehr beschränkten Mitteln eine gewisse Neigung für äußern Anschein zu befriedigen, ließen nicht jenen behaglichen Ton mütterlicher Familienzärtlichkeit bei ihr aufkommen; ich entsinne mich kaum je von ihr geliebkost worden zu sein, wie überhaupt zärtliche Ergießungen in unsrer Familie nicht stattfanden; wogegen sich ein gewisses hastiges, fast heftiges, lautes Wesen sehr natürlich geltend machte. Unter solchen Umständen ist es mir als Epoche machend in der Erinnerung geblieben, daß, als ich eines Abends schläfrig zu Bett gebracht wurde und die Augen weinerlich nach ihr aufschlug, die Mutter mit Wohlgefallen auf mich blickte und gegen einen anwesenden Besuch sich mit einer gewissen Zärtlichkeit über mich äußerte. Was mich hauptsächlich ihrerseits beeinflußte, war der seltsame Eifer, in welchem sie vom Großen und Schönen in der Kunst mit fast pathetischem Tone sprach. Mir gegenüber wollte sie aber hierunter niemals die theatralische Kunst gemeint haben, sondern nur Dichtkunst, Musik und Malerei, wogegen sie mir häufig fast mit ihrem Fluche drohte, wenn auch ich jemals zum Theater gehen wollte. Dabei war sie von sehr religiösem Sinne; sie hielt uns oft mit einem gefühlvollen Pathos längere, Predigt-ähnliche Reden von Gott und dem Göttlichen im Menschen, in denen sie sich gelegentlich wohl auch, mit plötzlich herabgestimmtem Tone, in humoristischer Art durch einen Verweis unterbrach. Namentlich seit dem Tode des Stiefvaters versammelte sie jeden Morgen die übriggebliebene Familie um ihr Bett, in welchem sie den Kaffee trank, jedoch nicht eher, als bis von einem unter uns ein Lied aus dem Gesangbuch vorgelesen worden, wobei in der Wahl es nicht peinlich genau genommen wurde, bis denn einst aus Versehen meine Schwester *Klara* ein »Gebet in Kriegsnöten« zu so ergreifendem Vortrag brachte, daß die Mutter sie mit den Worten unterbrach: »Na, nun höre auf! Gott verzeih' mir meine Sünde, in Kriegsnöten sind wir doch gerade nicht!«

Trotz aller Beschwerlichkeit des Auskommens ging es dann und wann bei Abendgesellschaften heiter und, wie es mich Knaben dünkte, glänzend her. Aus den Zeiten meines Stiefvaters, welcher in den letzten Jahren seines Lebens durch sein Glück als Porträtmaler seine Einkünfte auf eine – für die damalige Zeit – ziemlich ansehnliche Höhe gesteigert hatte, waren uns angenehme und den besten Ständen angehörende Bekanntschaften verblieben, die sich auch jetzt zuweilen bei uns vereinigten. Namentlich bildeten damals die Mitglieder des Hoftheaters selbst anmutige und geistig belebte Kreise, von denen ich später in Dresden keine lebendigen Erinnerungen mehr vorfand. Besonders beliebt waren gemeinschaftliche Landpartien in die schöne Umgegend *Dresdens*, bei welchen kollegialische künstlerische Heiterkeit vorherrschte. Ich entsinne mich eines solchen Ausfluges nach *Loschwitz*, wo eine Art Zigeunerwirtschaft aufgeschlagen wurde, welcher *Carl Maria v. Weber* in der Funktion eines Koches seinen Beitrag widmete.

Auch ward bei uns musiziert; meine Schwester *Rosalie* spielte Klavier; *Klara* begann zu singen. Von den verschiedenen Theater-Aufführungen, welche früher an Geburtstagen der Eltern zu gegenseitiger Überraschung oft mit großen Vorbereitungen veranstaltet wurden, blieben mir schon zu jener Zeit nur noch die Erinnerungen, namentlich an Aufführungen von einer Parodie der Grillparzerschen *Sappho*, in welcher ich selbst im Chor der Gassenbuben vor dem Triumphwagen *Phaons* mitwirkte. Diese Erinnerungen suchte ich mir durch ein schönes Puppentheater aufzufrischen, welches ich in der Hinterlassenschaft des Vaters auffand, und zu welchem er selbst schöne Dekorationen gemalt hatte. Ich beabsichtigte, die Meinigen durch eine glänzende Aufführung auf diesem Theater zu überraschen. Nachdem ich mir mit größtem Ungeschick verschiedene Puppen geschnitzt, für ihre Kleidung durch Verfertigung von Kostümen aus heimlich entwendeten Kleiderlappen meiner Schwestern notdürftig gesorgt hatte, ging ich auch an die Abfassung eines Ritterstückes, dessen Rollen ich meinen Puppen einstudieren wollte. Als ich die erste Szene entworfen hatte, entdeckten meine Schwestern das Manuskript und gaben es unmäßigem Gelächter preis: die eine Phrase der geängstigten Liebhaberin, »*ich höre schon den Ritter trabsen*«, ist mir lange zu meinem größten Ärger mit Pathos vorrezitiert worden.

Dem Theater, welchem auch jetzt meine Familie immer wieder nahe blieb, wandte auch ich von neuem mich mit Eifer zu. Namentlich wirkte der *Freischütz* – jedoch vorzüglich seines spukhaften Sujets wegen – äußerst charakteristisch auf meine Phantasie. Die Erregungen des Grausens und der Gespensterfurcht bilden einen ganz besonderen Faktor der Entwicklung meines Gemütslebens. Von zartester Kindheit an übten gewisse unerklärliche und unheimliche Vorgänge auf mich einen übermäßigen Eindruck aus; ich entsinne mich, vor leblosen Gegenständen als Möbeln, wenn ich länger im Zimmer allein war und meine Aufmerksamkeit darauf heftete, plötzlich aus Furcht laut aufgeschrien zu haben, weil sie mir belebt schienen. Keine Nacht verging bis in meine spätesten Knabenjahre, ohne daß ich aus irgendeinem Gespenstertraum mit fürchterlichem Geschrei erwachte, welches nie eher endete, als bis mir eine Menschenstimme Ruhe gebot. Das heftigste Schelten, ja selbst körperliche Züchtigung erschienen mir dann als erlösende Wohltaten. Keines meiner Geschwister wollte mehr in meiner Nähe schlafen; man suchte mich so fern wie möglich von den übrigen zu betten und bedachte nicht, daß meine Gespensterhilferufe nur desto lauter und anhaltender wurden, bis man sich endlich an diese nächtliche Kalamität gewöhnte.

Was mich im Zusammenhang hiermit beim Besuch des Theaters, worunter ich auch die Bühne, die Räume hinter den Kulissen und die Garderobe verstehe, lebhaft anzog, war weniger die Sucht nach Unterhaltung und Zerstreuung, wie beim heutigen Theaterpublikum, sondern das aufreizende

Behagen am Umgang mit einem Elemente, welches den Eindrücken des gewöhnlichen Lebens gegenüber eine durchaus andere, rein phantastische, oft bis zum Grauenhaften anziehende Welt darstellte. So war mir eine Theaterdekoration, ja nur eine – etwa ein Gebüsch darstellende – Kulisse, oder ein Theaterkostüm und selbst nur ein charakteristisches Stück desselben, als aus einer andern Welt stammend, in einem gewissen Sinne gespenstisch interessant, und die Berührung damit mochte mir als der Hebel gelten, auf dem ich mich aus der gleichmütigen Realität der täglichen Gewohnheit in jenes reizende Dämonium hinüberschwang. So blieb mir alles, was zu theatralischen Aufführungen diente, geheimnisvoll, bis zur Berauschung anziehend, und während ich mit Altersgenossen Aufführungen des *Freischütz* nachzuahmen suchte und mit großem Eifer hierbei mich der Herstellung der Kostüme und Gesichtsmasken durch groteske Malerei hingab, übten die zarteren Garderobengegenstände meiner Schwestern, mit deren Herrichtung ich die Familie häufig beschäftigt sah, einen fein erregenden Reiz auf meine Phantasie aus; das Berühren derselben konnte mich bis zu bangem, heftigem Herzschlag aufregen. Trotzdem daß, wie ich erwähnte, in unserem Familienverkehr keine, namentlich in Liebkosungen sich ergehende Zärtlichkeit herrschte, mußte doch die stets nur weibliche Umgebung in der Entwicklung meines Empfindungswesens mich stark beeinflussen. Vielleicht gerade, weil dieser Umgang meist unruhiger, ja heftiger Art war, übten die sonstigen Attribute der Weiblichkeit, namentlich soweit sie mit der phantastischen Theaterwelt zusammenhingen, einen fast sehnsüchtig stimmenden Reiz auf mich aus.

Diesen von dem Grauenhaften bis in das Weichliche sich verlierenden phantastischen Stimmungen wirkte glücklicherweise ergänzend und kräftigend der ernstere Einfluß entgegen, welchen ich in der Schule im Umgang mit Lehrern und Jugendgenossen empfing. Auch hier war es zwar hauptsächlich das Phantastische, was mich zu reger Teilnahme bestimmte. Ob ich für die Studien, wie man sagt, einen hellen Kopf hatte, kann ich nicht beurteilen; ich glaube im ganzen das, was mich lebhaft anzog, fast ohne eigentliches Lernen schnell begriffen zu haben, während ich auf das, was meiner Vorstellung fernlag, kaum versuchte, eigentlichen Fleiß zu verwenden. Am deutlichsten zeigte sich dies im Rechnen und später bei der Mathematik; in beiden Wissenschaften gelang es mir nicht einmal, es nur bis zum eigentlichen Beachten der mir gestellten Aufgaben zu bringen. Auch auf die alten Sprachen vermochte ich nur soweit Fleiß zu verwenden, als es durchaus unerläßlich war, um durch ihre Kenntnis mich der Gegenstände zu bemächtigen, deren charakteristischeste Darstellung mir vorzuführen es mich reizte. Hierin zog mich namentlich das Griechische an, weil die Gegenstände der griechischen Mythologie meine Phantasie so stark fesselten, daß ich die Helden derselben durchaus in ihrer Ursprache sprechend mir vorführen wollte, um meine Sehnsucht nach vollständigster Vertrautheit mit ihnen zu stillen. Daß unter diesen Umständen die eigentliche Grammatik nur als ein beschwerliches Hindernis, nicht aber als ein selbst anreizender Wissenszweig betrachtet wurde, läßt sich leicht denken. Daß ich in meinen Sprachstudien nicht sehr gründlich verfuhr, erhellt mir am besten wohl daraus, daß ich in späterer Zeit das Befassen mit ihnen so schnell aufgeben konnte. Erst weit später gewann mir das Sprachstudium im allgemeinen ein wahrhaftes Interesse ab, seit ich die physiologisch-philosophische Seite der Behandlung desselben kennenlernte, wie sie unseren neueren Germanisten durch *Jakob Grimms* Vorgang zu eigen geworden ist. Da es nun für mich eben zu spät war, mich gründlicher diesem endlich liebgewordenen Studium hinzugeben, bleibt mir das Bedauern, diese neuere Auffassung des Sprachstudiums nicht schon zu meiner Jugendzeit in unseren Gelehrtenschulen in Geltung angetroffen zu haben. Nichtsdestoweniger erwarben mir meine Erfolge auf dem philologischen Felde die bevorzugende Beachtung eines jungen Lehrers der Kreuzschule, des damaligen Magisters *Sillig*. Dieser erlaubte mir, ihn öfter zu besuchen und ihm meine Arbeiten, die in metrischen Übersetzungen sowie in eigenen Gedichten bestanden, mitzuteilen. Namentlich schien er bei den Deklamationsübungen mich liebgewonnen zu haben, und was er mir zutraute, mag daraus erhellen, daß er den damals etwa zwölfjährigen Knaben veranlaßte, nicht nur *Hektors Abschied* aus der *Ilias*, sondern selbst den berühmten Monolog des *Hamlet* vom Katheder herab zu rezitieren. – Als einst, da ich noch in Quarta saß, ein Mitschüler namens *Starke* plötzlich starb, erregte dieser traurige Vorfall so große Teilnahme, daß nicht nur die ganze Klasse zum Begräbnis des Kameraden beschieden, sondern vom Rektor auch die Aufgabe gestellt wurde, durch ein Gedicht, welches gedruckt werden sollte, die Leichenfeier zu erhöhen. Von den verschiedenen Gedichten, unter denen auch ein von mir in Eile verfaßtes sich befand, erschien dem Rektor jedoch keines der beabsichtigten Auszeichnung würdig, so daß er bereits seinen Entschluß ankündigte, durch eine von ihm selbst zu verfassende Rede für das verfehlte einzutreten. Bestürzt suchte ich eilig Magister *Sillig* auf, um ihn noch zu einer Intervention zugunsten meines Gedichtes zu bewegen: wir gingen dieses nun durch; die achtzeiligen wohlgebauten und -gereimten Stanzen bestimmten ihn, den Inhalt des Gedichtes sorglich zu revidieren. Es fand sich sonderlicher Schwulst in Bildern, die weit über die Vorstellungsweise eines Knaben meines Alters hinausgingen, in dem Gedicht. Ich entsinne mich einer Stelle, auf welche der Monolog aus *Addisons Cato*, vor dessen Selbstmord, wie ich ihn in einer englischen Grammatik vorgefunden, großen Einfluß geübt hatte. Die Worte »*und wenn die Sonne schwarz vor Alter würde, die Sterne müd' zur Erde fielen*«, welche jedenfalls unmittelbare Reminiszenzen aus jenem Monolog enthielten, erweckten *Silligs* mich fast beleidigendes Lächeln. Dennoch verdankte ich der Sorgfalt und der Schnelligkeit, mit welcher er mein Gedicht von derlei Ausschweifungen säuberte, daß dieses schließlich vom Rektor noch zugelassen, wirklich gedruckt und in zahlreichen Exemplaren verteilt wurde.

Der Erfolg dieser Auszeichnung war außerordentlich, sowohl bei meinen Mitschülern, als namentlich auch bei meiner Familie; meine Mutter faltete die Hände andächtig, und in mir ward ich nun einig über meinen Beruf. Ganz unzweifelhaft stand es vor mir, daß ich zum Dichter bestimmt sei. Magister *Sillig* wollte von mir ein großes episches Gedicht abgefaßt haben, und wies mir als Stoff *Die Schlacht am Parnassos*, nach *Pausanias'* Darstellung, zu. Was ihn hierzu vermochte, war die von *Pausanias* berichtete Sage, daß den verbündeten Griechen gegen den räuberischen Einfall der Gallier im zweiten Jahrhundert vor Chr. die Musen selbst vom *Parnassos* herab durch Erregung eines panischen Schreckens beigestanden hätten. Wirklich begann ich mein Heldengedicht in Hexametern, kam aber nicht über den ersten Gesang hinaus. – In meinen Studien noch nicht so weit vorgeschritten, um die griechischen Tragiker in der Ursprache selbst bewältigen zu können, beeinflußte mich das Bekanntwerden mit den geistvollen Nachahmungen ihrer Formen, welche mir zufällig in *August Apels* hieher schlagenden dichterischen Arbeiten, nämlich dessen *Polyïdos* und *Aitolier*, bekannt wurden, bei dem Versuche, ebenfalls eine Tragödie nach griechischem Muster zu konstruieren. Ich wählte hierzu als Stoff den Tod des *Odysseus* nach einer Fabel des *Hyginus*, nach welcher der alte Held von seinem mit *Kalypso* erzeugten Sohne erschlagen wird. Auch mit dieser Arbeit blieb ich in den ersten Anfängen stehen.

Aus der somit eingeschlagenen Geistesrichtung geht es hervor, daß die trockneren Schulstudien meinem Eifer ferne blieben. Griechische Mythologie, Sage und endlich Geschichte waren es, was mich einzig anzog. Dem Leben zugewandt, war ich im Verkehr mit meinen Altersgenossen lebhaft und zu abenteuerlichen Streichen aufgelegt. Zu jeder Zeit stand ich in fast leidenschaftlichem Freundschaftsbund zu irgendeinem Erwählten. In diesen häufig wechselnden Beziehungen bestimmte mich meistens das Eingehen des Genossen auf meine phantastischen Liebhabereien. Einmal war es Dichterei und Versemachen, ein anderes Mal waren es theatralische Unternehmungen, mitunter wohl auch die Neigung zum Herumschweifen und zu lustigen Streichen, was mich in der Wahl meiner Freunde bestimmte. Außerdem trug sich nun, wo ich mein dreizehntes Jahr erreicht hatte, eine starke Veränderung in unserer Familie zu: meine Schwester *Rosalie*, welche zum ernährenden Haupte derselben geworden war, erhielt ein vorteilhaftes Engagement am Theater in *Prag*, und Mutter und Geschwister siedelten 1826 mit vollkommenem Aufgeben des Dresdener Aufenthaltes nach *Prag* über. Ich allein ward in Dresden zurückgelassen, um die Kreuzschule bis zu meinem Abgange auf die Universität ohne Unterbrechung besuchen zu können. Ich ward zu diesem Zweck zu einer Familie *Böhme*, deren Söhne mir von der Schule her befreundet waren und in welcher ich mich bereits heimisch gemacht hatte, in Wohnung und Kost gegeben. Mit dem Aufenthalt in dieser etwas unruhigen, in dürftigen Verhältnissen nicht sonderlich wählsam geleiteten Familie, beginnt mein Eintritt in die Flegeljahre meines Lebens. Stille zur Arbeitsruhe sowie der sanftere phantastische Einfluß des Umganges mit meinen Schwestern ging mir immer merklicher verloren. Dafür stellte sich ein turbulentes Wesen, Balgerei und Raufsucht ein. Nach der zarteren Seite hin trat wiederum der Einfluß des weiblichen Elementes in bisher nicht gekannter Weise hervor; erwachsene Töchter und deren Freundinnen erfüllten oft die dürftigen engen Räume. Meine ersten Erinnerungen an knabenhafte Verliebtheit fallen in diese Zeit. In entsinne mich, daß ein sehr schönes, wohlerzogenes junges Mädchen, wenn ich nicht irre *Amalie Hoffmann* mit Namen, als sie, wie es ihr nur selten möglich war, des Sonntags in sauberem Putze zum Besuch in das Zimmer trat, mich bis zu lange dauernder Sprachlosigkeit in Erstaunen versetzte. Andere Male entsinne ich mich besinnungslose Schläfrigkeit geheuchelt zu haben, um von den Mädchen unter Bemühungen, welche dieser Zustand nötig zu machen schien, zur Ruhe gebracht zu werden, weil ich einst zu meiner aufregenden Überraschung bemerkt hatte, daß ein ähnlicher Zustand mich in eine mir schmeichelnde unmittelbare Berührung mit dem weiblichen Wesen brachte.

Am mächtigsten wirkte aber in diesem Jahre der Entfernung von meiner Familie ein kurzer Besuch, den ich derselben in Prag abstattete. Es war im vollen Winter, als meine Mutter in Dresden ankam und mich auf acht Tage mit sich nahm. Das Reisen mit der Mutter war von ganz besonderer Art: sie zog bis an ihr Lebensende dem schnelleren Reisen mit der Post die abenteuerlichere Fahrt mit dem Lohnkutscher vor. Von Dresden nach Prag waren wir in großer Kälte volle drei Tage unterwegs. Die Fahrt über das böhmische Gebirge schien oft mit völligen Gefahren verbunden, und nach glücklicher Überstehung der aufregendsten Abenteuer kamen wir endlich in *Prag* an, wo ich mich plötzlich in ein ganz neues Element versetzt fühlte. Lange Zeit hindurch hat der Besuch Böhmens, und namentlich Prags, von Sachsen aus auf mich einen völlig poetischen Zauber ausgeübt. Die fremdartige Nationalität, das gebrochene Deutsch der Bevölkerung, gewisse Kopftrachten der Frauen, der heimische Wein, die Harfenmädchen und Musikanten, endlich die überall wahrnehmbaren Merkmale des Katholizismus, die vielen Kapellen und Heiligenbilder, machten mir stets einen seltsam berauschenden Eindruck, der vielleicht an die Bedeutung sich anknüpfte, welche bei mir, der bürgerlichen Lebensgewohnheit gegenüber, das Theatralische gewonnen hatte. Vor allem übte die altertümliche Pracht und Schönheit der unvergleichlichen Stadt Prag auf meine Phantasie einen unerlöschlichen Eindruck. Aber auch in dem Umgange meiner Familie fand ich Elemente, welche mir bis dahin fremd geblieben waren. Namentlich meine nur zwei Jahre ältere Schwester *Ottilie* hatte die leidenschaftliche

Freundschaft einer adeligen Familie, der des Grafen *Pachta*, gewonnen. Zwei Töchter desselben, *Jenny* und *Auguste*, welche noch längere Zeit als vorzüglichste Schönheiten Prags gerühmt wurden, hatten sich mit exaltierter Zärtlichkeit dieser meiner Schwester zugewandt. Mir waren solche Wesen und ein solches Verhältnis etwas ganz Neues und Bezauberndes. Außerdem hatten sich einige Schöngeister Prags, unter diesen *W. Marsano*, ein ausgezeichnet schöner und liebenswürdiger Mann, in unserem Hause eingefunden. Leidenschaftlich unterhielt man sich oft über die *Hoffmann*schen Erzählungen, welche damals noch ziemlich neu und von großem Eindruck waren. Ich erhielt von hier an durch mein erstes, zunächst nur oberflächliches Bekanntwerden mit diesem Phantastiker eine Anregung, welche sich längere Jahre hindurch bis zur exzentrischen Aufgeregtheit steigerte und mich durch die sonderbarste Anschauungsweise der Welt beherrschte.

Im folgenden Frühjahr 1827 wiederholte ich von Dresden aus einen Besuch in Prag, diesmal aber zu Fuß und in Begleitung meines Genossen *Rudolf Böhme*. Die Reise war voller Abenteuer; noch eine Stunde Weges vor Teplitz, bis wohin wir am ersten Abend gelangten, mußten wir andern Tages, da wir uns die Füße wund gegangen hatten, auf einem Fuhrwerke uns weiterbefördern lassen, jedoch nur bis *Lowositz*, weil von nun an das Geld uns vollständig ausging. In glühender Sonnenhitze, halb verschmachtend und mit hungerndem Magen wandernd, durchstreiften wir auf Seitenwegen das wildfremde Land, bis wir am Abend wieder die Hauptstraße erreichten, auf welcher soeben ein eleganter Reisewagen uns begegnete. Ich gewann es über mich, mir das Ansehen eines reisenden Handwerksburschen zu geben und die vornehmen Reisenden um ein Almosen anzusprechen, während mein Freund sich furchtsam in dem Chausseegraben versteckte. Für die Nachtherberge beschlossen wir auf gut Glück in eine freundliche Schenke am Wege einzutreten, und beratschlagten nun, was vorzuziehen sei, ob für das soeben erhaltene Almosen ein Nachtbrot oder ein Nachtlager zu gewinnen: wir entschlossen uns zu dem Abendbrot mit der Absicht, die Nacht unter freiem Himmel zuzubringen. Während wir uns erquickten, trat ein seltsamer Wanderer herein: er trug ein schwarzes Sammetbarett mit einer metallenen Lyra als Kokarde daran, auf dem Rücken eine Harfe. Mit bestem Humor entlud er sich seines Instrumentes, machte es sich bequem und verlangte gute Kost, in der Absicht hier zu übernachten, um des andern Tages nach Prag, wo er zu Haus war und wohin er von Hannover zurückkehrte, weiterzuwandern. Das joviale Wesen des lustigen Menschen, welcher bei jeder Gelegenheit sein Lieblings-Motto »*non plus ultra*« anbrachte, erweckte mir Gefallen und Vertrauen: sehr schnell war Bekanntschaft geschlossen, und mein Vertrauen ward von seiten des wandernden Musikers durch Bezeigung einer fast zärtlichen Liebe erwidert. Es wurde bestimmt, des andern Tages gemeinschaftlich die Fußreise fortzusetzen; er lieh mir zwei Zwanziger und ließ sich von mir die Prager Wohnung meiner

Familie in seine Brieftasche notieren. Dieser persönliche Erfolg hatte für mich etwas Entzückendes. Mein Harfenspieler geriet in leidenschaftliche Lustigkeit: es wurde viel Czernoseker Wein getrunken; er sang und spielte auf seiner Harfe wie rasend, schwor in einem fort sein »*non plus ultra*« und sank endlich berauscht auf das für uns alle im Wirtzimmer aufgeworfene Strohlager. Als die Sonne hereinschien, war er nicht zu erwecken, und wir mußten uns entschließen, in der Morgenfrische ohne ihn uns auf den Weg zu machen in der Voraussetzung, der rüstige Mann würde uns den Tag über wohl einholen. Jedoch erwarteten wir ihn vergebens auf der Landstraße sowie auch während unseres folgenden Aufenthalts in Prag: erst nach mehreren Wochen fand der wunderliche Mensch sich bei meiner Mutter ein, weniger um sein Darlehen zurückzufordern, als um von seinen jungen Freunden Nachricht zu empfangen, wobei er sich herzlich betrübt zeigte, uns nicht mehr anzutreffen. – Der Rest unserer Wanderung kostete den jungen Gliedern noch große Ermüdung. Unbeschreiblich war meine Freude bei dem endlichen Anblick Prags von einer Anhöhe in einer Stunde Entfernung. Als wir uns den Vorstädten näherten, begegnete uns wiederum eine glänzende Equipage: aus ihr riefen mir die beiden schönen Freundinnen meiner Schwester *Ottilie* überrascht entgegen; sie hatten mich, trotz der fürchterlichsten Entstellung durch den Sonnenbrand und die blaue Leinwandbluse mit hochroter Kattunmütze, sofort erkannt. Voll Scham und mit hochklopfendem Herzen, vermochte ich wenig Auskunft zu geben und zog schnell weiter, um, in der mütterlichen Wohnung angelangt, vor allen Dingen für die Wiederherstellung meiner verbrannten Gesichtsfarbe zu sorgen. Hierzu opferte ich zwei volle Tage, während welcher ich mein Gesicht in Umschläge von Petersilie hüllte. Nun erst gab ich mich dem Genusse der Welt wieder hin. Als ich bei der Rückreise von der gleichen Anhöhe wieder auf Prag zurückblickte, zerfloß ich in Tränen, warf mich zur Erde und war von meinem staunenden Freunde lange nicht zum Weiterwandern zu bewegen. Ich blieb ernst, und bis zur Heimkehr nach Dresden begegneten uns diesmal keine Abenteuer.

Die Neigung zu größeren Fußreisen befriedigte ich noch im gleichen Jahre durch meinen Anschluß an eine zahlreiche Gesellschaft von Gymnasiasten verschiedener Klassen und gemischten Alters, welche sich in den Sommerferien zu einer gemeinschaftlichen Wanderung nach Leipzig entschlossen hatten. Auch diese Reise tritt aus meinen Jugenderinnerungen durch lebhafte Eindrücke hervor. Der charakteristische Hauptzug der Gesellschaft bestand in einer antizipierenden Tendenz des Studentenwesens; wir gebärdeten und kleideten uns in phantastischer Weise schon ganz nach Studentenart. Nachdem wir bis Meißen auf dem Marktschiff gefahren waren, ging die Wanderung nun von der Hauptstraße ab über mir unbekannt gebliebene Dörfer. In der Schenke eines derselben, wo wir unter den ausgelassensten Abenteuern in einer großen Scheune übernachteten, trafen wir ein großes Puppentheater mit Marionetten von fast menschlicher Größe an. Natürlich pflanzte sich die ganze Wandergesellschaft im Zuschauerraume auf und setzte dadurch die Dirigenten der Aufführung, welche nur auf ein Bauernpublikum gerechnet hatten, in große Verlegenheit. Es wurde »*Genovefa*« gespielt; das unaufhörliche Witzeln, das stete spaßhafte Hineinreden und höhnische Unterbrechen, was sich die naseweise Zukunfts-Studentenschaft erlaubte, erregte endlich aber selbst das Mißfallen der bäuerlichen Zuschauerschaft, welche durchaus zur Rührung aufgelegt blieb. Ich glaube unter uns der einzige gewesen zu sein, der diesen Übermut peinlich empfand und, trotz unwillkürlichen Lachens über spaßhafte Einfälle meiner Genossen, dennoch für das Stück wie für sein ursprüngliches naives Publikum Partei nahm. Eine populäre Redensart, welche in dem Stücke vorkam, ist mir dennoch unvergeßlich geblieben; *Golo* trug nämlich dem unvermeidlichen *Kaspar* auf, den Pfalzgrafen nach seiner Heimkehr »*hinten zu kitzeln, daß er es vorne fühle*«; *Kaspar* verriet dem Pfalzgrafen wörtlich den Auftrag *Golos*, und der Pfalzgraf warf dem entlarvten Bösewicht seine Schuld wiederum mit den im höchsten Pathos ausgesprochenen Worten vor: »*O Golo, Golo! Du hast Kaspern gesagt, er solle mich hinten kitzeln, daß ich's vorne fühle!*« – Von *Grimma* aus fuhr die jugendliche Gesellschaft endlich in offenem Wagen in *Leipzig* ein, jedoch nicht ohne zuvor die Abzeichen des Studententumes sorgsam entfernt zu haben aus Furcht, von den wahrhaften Studenten, denen wir nun begegnen würden, für diese Anmaßung übel behandelt zu werden.

Leipzig hatte ich seit meinem ersten Besuche im achten Jahre, ganz in der ähnlichen Umgebung wie das erste Mal, vorübergehend wiederbesucht; der phantastische Eindruck des Thoméschen Hauses hatte sich wiederholt, nur war diesmal durch meine vorgerückte Schulbildung bereits die Möglichkeit eines bewußteren Umganges mit meinem Onkel *Adolf* gegeben. Veranlassung hierzu gab mein freudiges Erstaunen, als ich erfuhr, daß der in einem großen Vorsaal stehende Bücherschrank mit einer ziemlich zahlreichen Bibliothek aus der Erbschaft meines Vaters, mir angehöre. Ich ging die Bücher mit meinem Oheim durch, wählte sofort eine Anzahl lateinischer Schriftsteller in der schönen *Zweibrücker* Ausgabe sowie andere mich anziehende dichterische und schöngeistige Werke aus und sorgte für die Zusendung nach Dresden. Bei meinem neuesten Besuche reizte mich namentlich das Studium des Studentenwesens. Zu den Eindrücken des Theaters und Prags kam nun ein neues phantastisches Element, das sogenannte Renommieren des Studententums. Eine Umwälzung war hiermit vorgegangen. Da ich zuerst als achtjähriger Knabe Studenten zu sehen bekam, hatte sich mir aus ihrem Äußern die altdeutsche Tracht mit dem schwarzen Samtbarette, dem am nackten Hals umgeschlagenen Hemdkragen und dem langen Haar lebhaft eingeprägt. Seitdem war das Burschentum, welchem jene Tracht angehörte, vor den politischen Verfolgungen verschwunden, und dagegen machte sich das nicht minder den Deutschen eigentümliche Landsmannschaftswesen jetzt vorzüglich breit. Die Tracht der Landsmannschafter schloß sich im ganzen der Mode, sogar mit Übertreibung an; dennoch zeichnete sie sich durch Buntheit und namentlich durch das Zurschautragen der landsmannschaftlichen Verbindungsfarben vor der der übrigen Stände aus. Der »*Comment*«, dieses Kompendium pedantischer Verhaltungsmaßregeln zur Konservierung eines trotzig abgeschlossenen Kastengeistes gegenüber den bürgerlichen Ständen, hatte seine phantastische Seite, wie im Grunde genommen die philisterhaftesten Eigentümlichkeiten der Deutschen sie haben. Für mich wurde derselbe zum Begriff der Emanzipation von Schul- und Familienzwang. Die Sehnsucht, Student zu werden, fiel auf bedenkliche Weise mit meiner wachsenden Abneigung gegen die trockneren Studien und meiner sich steigernden Leidenschaft für das Befassen mit phantastischer Poeterei zusammen. Die Folge hiervon zeigte sich bald durch trotzige Unternehmungen zur Veränderung meiner Lage.

Bereits traf mich der Akt meiner Konfirmation zu Ostern 1827 in ziemlicher Verwilderung nach dieser Seite hin und namentlich mit merklicher Herabstimmung meiner Hochachtung für kirchliche Gebräuche. Der Knabe, der noch vor wenigen Jahren mit schmerzlicher Sehnsucht nach dem Altarblatte der Kreuzkirche geblickt und in ekstatischer Begeisterung sich an die Stelle des Erlösers am Kreuze gewünscht, hatte die Hochachtung vor dem Geistlichen, zu welchem er in die der Konfirmation vorangehenden Vorbereitungsstunden ging, bereits so sehr verloren, daß er zu seiner Verspottung nicht ungern sich gesellte und sogar einen Teil des für ihn bestimmten Beichtgeldes in Übereinstimmung mit einer hierzu verbundenen Genossenschaft vernaschte. Wie es trotzdem mit meinem Gemüte stand, erfuhr ich jedoch fast zu meinem Schrecken, als der Akt der Austeilung des heiligen Abendmahles begann, vom Chor Orgel und Gesang ertönte, und ich im Zuge der Konfirmanden um den Altar wandelte: die Schauer der Empfindung bei Darreichung und Empfang des Brotes und des Weines sind mir in so unvergeßlicher Erinnerung geblieben, daß ich, um der Möglichkeit einer geringeren Stimmung beim gleichen Akte auszuweichen, nie wieder die Veranlassung ergriff, zur Kommunion zu gehen, was mir dadurch ausführbar ward, daß bekanntlich bei den Protestanten kein Zwang hierzu besteht.

Bald aber benutzte ich eine herbeigezogene Veranlassung zu einem Bruch mit der Kreuzschule, um meinen Fortgang nach Leipzig von meiner Familie zu erzwingen. Um mich gegen eine mir ungerecht dünkende Strafe, welche der sonst von mir sehr verehrte Konrektor *Baumgarten-Crusius* über mich verhängte, zu schützen, gab ich beim Rektor eine plötzlich erhaltene Aufforderung meiner Familie, mit ihr in Leipzig mich zu vereinigen, vor, um sofort meine Entlassung aus der Schule zu erhalten. Bereits seit einem Vierteljahre hatte ich das Böhmesche Haus verlassen und bewohnte für mich allein ein kleines Dachzimmer, in welchem ich von einer Hofsilberwäschers-

Witwe bedient wurde, die mich den ganzen Tag über mit dem bekannten dünnen sächsischen Kaffee als fast einzigem Nahrungsmittel versorgte. In dieser Dachkammer habe ich nichts wie Verse gemacht, auch faßte ich dort die ersten Entwürfe zu dem riesigen Trauerspiele, mit welchem ich später meine Familie in Bestürzung versetzte. Die Unordnung, in welche ich durch diese vorzeitige häusliche Unabhängigkeit geriet, veranlaßte namentlich meine besorgte Mutter, ohne Schwierigkeiten in meine Übersiedelung nach *Leipzig* zu willigen, um so mehr, als wirklich ein Teil meiner zerstreuten Familie sich dorthin gewendet hatte.

Mein Verlangen nach *Leipzig*, wie es ursprünglich durch die dort empfangenen phantastischen Eindrücke, zuletzt durch meine Schwärmerei für das Studentenwesen erweckt worden war, hatte in neuester Zeit noch eine andere Anregung erhalten. Meine Schwester *Luise*, damals ein Mädchen von etwa 22 Jahren, war, da sie kurz nach dem Tode unseres Stiefvaters nach Breslau zum Theater gegangen, mir so gut wie unbekannt geworden. Vor kurzem kam sie auf ihrer Reise von dort nach Leipzig, an dessen Theater sie ein Engagement angenommen hatte, auf wenige Tage durch Dresden. Diese Begegnung mit der verwandten Unbekannten, das herzlich zärtliche Bezeugen ihrer Freude mich wiederzusehen sowie ihr aufgewecktes launiges Wesen machten auf mich den angenehmsten Eindruck. Bei ihr, zu der sich nun auch die Mutter mit *Ottilien* für einige Zeit wandte, zu wohnen, erschien mir reizend. Zum erstenmal war eine Schwester zärtlich gegen mich gewesen. Als ich zu Weihnachten desselben Jahres (1827) in Leipzig ankam und bereits meine Mutter mit *Ottilie* und *Cäcilie* (meiner Stiefschwester) vorfand, wähnte ich mich im Himmel. Eine große Veränderung hatte sich jedoch bereits zugetragen: *Luise* war Braut des angesehenen und vermögenden Buchhändlers *Friedrich Brockhaus* geworden. Die Anhäufung der Familie der gänzlich vermögenslosen Braut scheint nie dem außerordentlich gutherzigen Bräutigam und baldigen Gemahle lästig gefallen zu sein; dennoch mag wohl die Schwester diesem Umstande eine besorgliche Vorstellung entnommen haben, welche sie mir alsbald in einem entfremdenden Lichte erscheinen ließ. Die Veranlassung, in den höheren bürgerlichen Kreisen sich zu wünschenswerter Geltung zu bringen, führte außerdem von selbst eine merkliche Veränderung in dem Benehmen der sonst so heiteren, zu lustigen Einfällen aufgelegten Schwester herbei, welches im Laufe der Zeit von mir mit solcher Bitterkeit wahrgenommen wurde, daß ich gelegentlich mich später mit ihr einmal vollständig überwarf. Zu dem mich kränkenden Tadel meiner Aufführung gab ich jedoch leider bald wirklichen Anlaß. Der Verfall meiner Studien und mein völliges Abweichen von den Pfaden einer regelmäßigen Schulausbildung schreibt sich von meinem Eintritt in Leipzig her, und vielleicht war der Hochmut des Schulpedantismus daran schuld.

In Leipzig bestehen zwei Gelehrtenschulen; die ältere, Thomas-, und die jüngere, Nikolaischule genannt: die Nikolaischule stand damals in vorzüglicherem Rufe als ihre Schwester; dort mußte ich demnach aufgenommen werden. Nun fand das Lehrerkollegium, dem ich mich zu Neujahr 1828 zur Prüfung vorstellte, es dem Rang ihrer Schule angemessen, mir, der ich zuvor in der Dresdener Kreuzschule bereits in Sekunda gesessen hatte, für einige Zeit Obertertia anzuweisen. Der Mißmut, der mich erfaßte, als ich den Homer, von welchem ich bereits zwölf Gesänge schriftlich übersetzt hatte, wieder beiseite legen mußte, um zu den leichtern griechischen Prosaisten zurückzukehren, war unbeschreiblich und schnitt sich tief in meine ganze Stimmung ein. Ich betrug mich demzufolge so, daß ich mir nie einen der Lehrer dieser Schule befreundete. Der hieraus entstehende unfreundliche Schulzwang stimmte mich um so trotziger, als ich nun an verschiedenen neuen Faktoren meiner Lebensbildung Anhalt zu diesem Trotz gewann. Während zunächst das nun täglich vor meinen Augen sich ausbreitende Studentenleben mich immer mehr mit seinem auflehnungssüchtigen Geiste erfüllte, fand ich von einer anderen, ernsteren Seite her unerwartet eine neue Anregung zur Verachtung des Schulpedantismus. Ich bezeichne hier den ihm längere Zeit unbewußt gebliebenen Einfluß meines Onkels *Adolf Wagner*, dessen Umgang nun für die eigentümliche Bildung des heranreifenden Jünglings von wichtiger Bedeutung ward.

Daß meinen phantastischen Neigungen nicht eigentlich ein Hang zu oberflächlicher Zerstreuung zugrunde lag, zeigte sich in dem angelegentlichen Eifer, mit welchem ich mich diesem gelehrten Verwandten anschloß. Allerdings war er im Umgang und Gespräch sehr anziehend; die Vielseitigkeit seines Wissens, welches sich vom philologischen Fach über das philosophische und literar-poetische mit gleicher Wärme ausdehnte, vermochte nach dem Bekenntnis vieler, wenn er sich in gesprächlicher Unterhaltung mitteilte, höchst einnehmend zu wirken. Daß ihm hiergegen die Gabe versagt war, ebenso hinreißend, ja selbst nur klar zu schreiben, war eine der sonderbaren Unvollkommenheiten dieses Mannes, die seine Wirksamkeit auf die literarische Welt bedeutend abschwächte, ja ihn sogar oft der Lächerlichkeit aussetzte, indem man ihm bei vorkommender Polemik die unverständlichsten und schwülstigsten Sätze nachweisen konnte. Mich sollte diese Schwäche nicht abschrecken, da ich einerseits in der unklaren Periode meiner eigenen Entwicklung befangen war, in welcher literarischer Schwulst mir um so tiefsinniger erschien, als ich ihn nicht fassen konnte, andrerseits aber ich weniger von meinem Onkel las, als mit ihm mich unterhielt. Auch ihm schien der Umgang mit dem feurig aufhorchenden Jünglinge angenehm. Leider vergaß er im vielleicht nicht ganz unselbstgefälligen Eifer seiner Mitteilung, daß er hierbei, wie in der Wahl seiner Ausdrucksweise, weit über meine jugendliche Fassungskraft hinausging. Täglich holte ich ihn zu den seiner Gesundheit nötigen Nachmittagspromenaden um die Tore der Stadt ab. Ich vermute, oft das Lächeln vorübergehender Bekannter erregt zu haben, welche den tiefsinnigen und oft aufreizenden Diskussionen zwischen mir und meinem Onkel lauschten. Den Gegenstand derselben bildete im Grunde alles Ernste und Erhabene auf dem Gebiete des Wissens. Seine reichhaltige Bibliothek hatte mich fieberhaft nach allen Seiten hin aufgeregt, so daß ich feurig von einem Gebiete der Literatur in das andere übersprang, ohne dazu gelangen zu können, nach irgendeiner Seite hin mich gründlich zu unterrichten. Mein Oheim freute sich, in mir einen höchst willigen Zuhörer von Vorlesungen klassischer Tragödien, von denen er zum Beispiel selbst eine Übersetzung des »König Ödipus« geliefert hatte, zu finden; denn mit Recht schmeichelte er sich nach *Tieck*, der ihm wahrhaft befreundet war, einer der besten Vorleser zu sein. Ich entsinne mich, daß, als er einsam mit dem Lesepulte vor mir saß und eine griechische Tragödie vorlas, es ihn nicht verdroß, als ich vollkommen einschlief, was er nachträglich gar nicht bemerkt zu haben vorgab. Meine Abende bei ihm zu verbringen, bestimmte mich außerdem die freundlich behagliche Bewirtung, welche mir von seiner Frau zuteil ward. Seit meiner frühesten Bekanntschaft mit meinem Oheim im Thoméschen Hause war nämlich eine große Veränderung in dessen Leben vorgegangen. Das Asyl, welches er mit seiner Schwester *Friederike* bei seiner Freundin gefunden, schien mit der Zeit für ihn doch unerträgliche Verpflichtungen herbeizuführen. Da seine literarischen Arbeiten ihm ein mäßiges Einkommen sicherten, fand er es endlich seiner Würde entsprechender, einen eigenen Hausstand zu gründen. Eine seinem Alter angemessene Freundin, die Schwester des nicht unrühmlich bekannt gewordenen Ästhetikers *Wendt* in Leipzig, wurde von ihm bestimmt, seine eigene Häuslichkeit ihm herzurichten. Ohne *Jeannette* ein Wort zu sagen, war er statt des gewöhnlichen Nachmittagsspazierganges mit seiner Erwählten zur schnellen Abmachung der üblichen Trauungs-Zeremonien in die Kirche gegangen, und meldete nun bei der Heimkehr, daß er ausziehe und noch heute seine Sachen abholen lassen werde. Der großen Bestürzung, vielleicht auch den Vorwürfen seiner älteren Freundin, wußte er mit milder Fassung zu begegnen, und bis an sein Lebensende setzte er seine regelmäßigen täglichen Besuche bei der zu Zeiten zärtlich schmollenden *»Mamselle Thomé«* fort. Nur die arme *Friederike* schien die unerwartete Untreue des Bruders mitunter büßen zu müssen.

Was mich an meinem Oheim besonders feurig anzog, war seine schroffe aber doch humoristisch sich äußernde Verachtung des modernen Pedantismus in Staat, Kirche und Schule. Bei großer Mäßigung seiner sonstigen Ansichten über das Leben, machte er auf mich doch die Wirkung des eigentlichen Freigeistes. Völlig begeisternd wirkte auf mich seine Verachtung der Schulpedanterei. Als ich eines Tages mit dem Lehrer-Kollegium der Nikolai-Schule in bedenkliche Konflikte geraten war und der Rektor derselben sich mit einer ernstlichen Beschwerde über mein Betragen an meinen Oheim als den einzigen männlichen Vertreter meiner Verwandtschaft richtete, frug mich dieser beim Spaziergang um die Stadt gelegentlich ruhig und lächelnd, wie einen Altersgenossen, was ich denn mit den Leuten an der Schule gehabt hätte; ich erklärte ihm den Vorfall und berichtete ihm von der mir ungerecht dünkenden Strafe, zu welcher ich verurteilt war. Er beruhigte mich und ermahnte mich zur Geduld, indem ich mit dem spanischen Sprichwort mich trösten sollte: »*un rei no puede morír*«, welches er dahin erklärte, daß auch ein Schulmonarch notwendig immer recht haben müßte.

Es konnte ihm natürlich nicht erspart bleiben, die Folgen dieser, die Urteilskräfte meines Alters weit überschätzenden Art des Verkehrs mit mir endlich zu seinem Schrecken innezuwerden. Hatte es mich zwar auch verdrossen, eines Tages, als ich den Goetheschen Faust vorzunehmen wünschte, von ihm die ruhige Meinung, daß ich diesen noch nicht verstehen würde, zu vernehmen, so hatten mich doch seine sonstigen Gespräche über unsere großen Dichter, selbst über *Shakespeare* und *Dante*, nach meinem Dünken so vertraut mit diesen erhabensten Vorbildern gemacht, daß ich seit längerer Zeit heimlich damit beschäftigt war, mein großes, schon in Dresden konzipiertes Trauerspiel auszuführen. Auf diese Ausführung verwandte ich seit meinem Zerfall mit der Schule alle Arbeitskräfte, welche dieser eigentlich gewidmet sein sollten. Ich gewann mir bei dieser heimlichen Arbeit eine einzige Mitwisserin, meine Schwester *Ottilie*, welche mit mir jetzt allein bei der Mutter wohnte. Ich entsinne mich des Zagens und Schreckens, welchen die erste vertraute Mitteilung meiner großen dichterischen Unternehmung meiner guten Schwester verursachte; dennoch gab sie sich liebevoll den Peinigungen hin, welche ich ihr zu Zeiten durch geheimnisvolle, aber deshalb nicht affektlose Vorlesung der einzelnen Teile meiner fortschreitenden Arbeit verursachte. Als ich ihr einstmals eine der erschrecklichsten Szenen vorlas, brach ein heftiges Gewitter aus; als ganz in unserer Nähe der Blitz einschlug und der Donner krachte, glaubte meine Schwester in mich dringen zu müssen, mit der Lektüre einzuhalten: sie überzeugte sich bald, daß es unmöglich war, mich dazu zu bewegen, und hielt mit rührender Ergebung aus.

Ein bedenklicheres Gewitter zog sich jedoch endlich um den Horizont meines Lebens zusammen. Meine Vernachlässigung der Schule erreichte den Grad, daß es notwendig zu einem Bruche mit ihr führen mußte. Während meine gute Mutter hiervon keine Ahnung hatte, sah ich weniger mit Bangen als mit Verlangen der Katastrophe entgegen. Um dieser in würdiger Weise zu begegnen, beschloß ich endlich, meiner Familie mit der Entdeckung meines nun vollendeten Trauerspieles zu überraschen. Die Bekanntschaft mit diesem großen Ereignis sollte ihr durch meinen Onkel verschafft werden; seiner herzlichen Anerkennung meines großen Dichterberufes glaubte ich infolge unserer sonstigen großen Übereinstimmung über die wichtigsten Angelegenheiten des Lebens, der Wissenschaft und der Kunst unbedenklich sicher sein zu dürfen. Somit übersandte ich ihm das voluminöse Manuskript mit einem ausführlichen Brief, in welchem ich ihm meine Lebenstendenz im Betreff der Nikolaischule sowie meinen festen Entschluß, fortan durch keinen Schulpedantismus mehr in meiner freien Entwicklung mich hemmen zu lassen, wie ich vermutete zu seiner großen Freude, mitteilte. Es kam anders. Der Schreck war groß. Mein Onkel, sich völlig einer Schuld bewußt fühlend, erschien bei meiner Mutter und meinem Schwager, um mit Entschuldigungen seines vielleicht übel zu deutenden Einflusses auf mich Bericht von dem Unglück zu geben, welches die Familie betroffen habe. Mir selbst schrieb er einen ernst abweisenden Brief, von dem ich noch heute nicht begreifen kann, warum er von so wenigem Humor in der Auffassung meiner Verirrung zeugte: denn auffallenderweise gab er nur dem Gefühl des Selbstvorwurfes, durch unzweckmäßigen Umgang mich zur Verschrobenheit getrieben zu haben, Ausdruck, belehrte mich aber durchaus nicht in gemütlicher Weise über den Charakter meiner Verirrung.

Der Gegenstand des Verbrechens des fünfzehnjährigen Jünglings bestand, wie gesagt, in einem großen Trauerspiel mit dem Titel »*Leubald und Adelaïde*«.

Das Manuskript* dieses Dramas ist mir leider abhanden gekommen, doch sehe ich es im Geiste noch deutlich vor mir: die Handschrift war im höchsten Grad affektiert; die schräg zurückgebogenen hohen Buchstaben, durch welche ich ihr einen originellen Anstrich zu geben suchte, hatten schon einem meiner Lehrer die persische Keilschrift zurückgerufen. In dieser Schrift hatte ich nun ein Drama aufgezeichnet, zu welchem *Shakespeare* hauptsächlich durch »Hamlet«, »Macbeth« und »Lear«, *Goethe* durch »Götz von Berlichingen« beigetragen hatten. Die Handlung begründete sich eigentlich auf eine Variation des »Hamlet«: die Veränderung bestand darin, daß mein Held, durch die Erscheinung des Geistes seines unter ähnlichen Umständen gemordeten Vaters und dessen Aufforderung zur Rache, zu so ungestümer Aktion hingerissen wird, daß er durch eine Reihe von Mordtaten zum Wahnsinn gelangt. In seiner Anlage ein Gemisch von »Hamlet« und »Percy Heißsporn«, hatte Leubald dem Geiste des Vaters gelobt, das ganze Geschlecht des *Roderich* (so hieß der ruchlose Mörder des besten Vaters) von der Erde zu vertilgen. Nachdem er nun diesen Roderich selbst, sodann seine Söhne, auch dessen sonstige helfende Verwandten in ungestümer Fehde erlegt hatte, verwehrte ihm nur noch eines die Erfüllung seines heißesten Wunsches, sich selbst durch den Tod dem Schatten seines Vaters zu gesellen: noch lebte ein Sprosse Roderichs. Des Frevlers Tochter war bei dem Sturm auf dessen Burg durch einen getreuen, von ihr aber gehaßten Freier entführt und gerettet worden. Dieses Mädchen fühlte ich mich begeistert »*Adelaïde*« zu nennen. Schon damals sehr für Deutschtümlichkeit eingenommen, kann ich mir diese auffallend undeutsche Benennung

---

* Vor Zeilenbeginn am Rande von der Hand Cosimas: »Unterbrechung durch Schnorrs Tod (21. Juli 1865). Reprise au commencement de Novembre.«

meiner Heldin nur aus meinem Enthusiasmus für *Beethovens* »Adelaïde« erklären, deren schwärmerischer Refrain mir als Symbol aller Liebesanrufung erschien. Der Gang meines Dramas bezeichnete sich nun durch die seltsamen Verzögerungen dieses letzten notwendigen Sühnemords, dessen Hauptverhinderung ein schnell sich einstellendes, glühendes Liebesverhältnis zwischen Leubald und Adelaïde abgab. Es gelang mir, die Entstehung und das Bekenntnis dieser Liebe unter außerordentlich abenteuerlichen Umständen zur Darstellung zu bringen. Adelaïde war dem sie bergenden Bräutigam wiederum durch einen Raubritter entführt worden. Nachdem Leubald diesen Bräutigam mit dessen Familie ebenfalls aufgeopfert, stürmt er nun auch vor das Raubschloß, bereits weniger von Blutdurst als von Todessehnsucht angetrieben. Er bedauert deshalb, das Raubschloß nicht sofort stürmen zu können, weil es gut verwahrt ist und die eingebrochene Nacht ihn daran verhindert; er muß ein Zelt aufschlagen; nach anhaltendem Rasen verfällt er zum erstenmal in Ermattung: und nach Hamlets Vorbild treibt ihn der Geist seines Vaters da nochmals zur Vollendung des Rachegelübdes an, als er durch einen nächtlichen Überfall plötzlich selbst in die Gewalt des Feindes gerät. Dort in unterirdischen Burgverliesen begegnet er zum ersten Male der Feindestochter, welche, gleich ihm gefangen, sich listig zur Flucht wendet und ihm unter Umständen erscheint, in welchen sie auf ihn den Eindruck einer himmlischen Vision hervorbringt. Sie lieben sich, flüchten gemeinschaftlich in die Wildnis und erkennen sich als Todfeinde. Der in Leubald bereits merklich keimende Wahnsinn bricht nach dieser Entdeckung immer stärker hervor; was zu dessen Steigerung beigetragen werden kann, geschieht durch den Geist des Vaters, welcher sich unaufhörlich zwischen die Annäherungen der Liebenden drängt. Nicht aber dieser Geist allein stört das versöhnende Liebesverhältnis Leubalds und Adelaïdes: auch der Geist Roderichs findet sich ein, und nach der von Shakespeare in Richard III. befolgten Methode schließen sich ihm die Geister der übrigen durch Leubald hingerichteten Glieder der Familie seiner Geliebten an. Gegen die unaufhörlichen Zudringlichkeiten dieser Geister sucht Leubald, durch die Mitwirkung eines wüsten Bösewichtes namens Flamming, der sich zu ihm gesellt, vermöge der Zauberei sich zu schützen. Eine der Hexen Macbeths soll die Geister bannen: da sie dies nicht ordentlich zustande bringt, stößt der rasende Leubald auch diese über den Haufen, welche ihm sterbend die ganze Schar der ihr dienenden Geister zu den ihm bereits persönlich anhaftenden Gespenstern auf den Hals hetzt. In dieser Weise auf das unleidlichste geplagt, wendet sich Leubald im äußersten Wahnsinn endlich gegen die Geliebte, welche ihm alle diese Not zu bereiten scheint. Er ersticht sie in der Raserei, findet sich dann plötzlich beruhigt, senkt sein Haupt auf ihren Schoß und läßt sich ihre letzte Liebkosung gefallen, während ihr eigenes Blut über den Sterbenden dahinströmt.

Ich kann bezeugen, daß nichts von mir unterlassen war, um diesem Stoff die mannigfaltigste Ausführung zu geben; weder was aus Rittergeschichten mir bekannt war, noch was aus Lear und Macbeth mir vertraut geworden, hatte ich unbenutzt gelassen, um mein Drama mit den reichsten Situationen auszustatten. Ein Hauptingredienz meiner poetischen Gestaltung entnahm ich jedoch der pathetischen und humoristischen Kraftsprache Shakespeares. Die Kühnheit des schwülstigen und bombastischen Ausdruckes setzte namentlich meinen Oheim Adolf in Schreck und Staunen. Er konnte nicht begreifen, wie ich aus dem Lear und dem Götz von Berlichingen gerade nur diese exorbitanten Redensarten, und zwar noch mit der unglaublichsten Übertreibung herausgelesen und verwendet hatte. – Mir blieb, als man mich mit Wehklagen über meine verlorene Zeit und verschrobene Richtung wahrhaft betäubte, ein wunderlicher innerer Trost gegen die widerfahrende Kalamität: ich wußte, was noch niemand wissen konnte, nämlich, daß mein Werk erst richtig beurteilt werden könnte, wenn es mit der *Musik* versehen sein würde, welche ich dazu zu schreiben beschlossen hatte und welche ich nächstens auszuführen demnach beabsichtigte.

Ich habe nun nämlich nachzuholen, was im Betreff der *Musik* mit mir vorgegangen war, und muß hierzu von den ersten Anfängen beginnen.

In meiner Familie wurde von zwei meiner Schwestern Musik getrieben: *Rosalie*, die älteste, spielte Klavier, ohne es doch je weit darin zu bringen; begabter war dagegen *Klara*, welche, bei großem musikalischem Gefühl und schönem warmem Ton auf dem Klavier, eine außerordentlich seelenvolle Stimme besaß, deren Entwicklung so frühzeitig und bedeutend sich anließ, daß meine Schwester, von dem zur Zeit noch rühmlich genannten Gesanglehrer *Miekschgeschult, schon in ihrem sechzehnten Jahre zur Primadonna reif schien, als welche sie in der italienischen Oper zu Dresden als »*Cenerentola*« in Rossinis Oper ihr Debüt bestand. Beiläufig erwähnt zeigte sich, daß eben diese zu frühe Entwicklung das Organ Klaras beschädigt hatte, was der Armen für ihr ganzes Leben von traurigem Einfluß ward. Durch diese beiden Schwestern wurde, wie gesagt, die Musik in unserem Haus vertreten. Namentlich das Schicksal Klaras führte aber auch den Kapellmeister *C. M. von Weber* zu wiederholten Malen in unser Haus. Mit dem seinigen wechselte zu Zeiten der Besuch des kolossalen Sopransängers *Sassaroli* ab; zwischen diesen beiden Repräsentanten der deutschen und italienischen Musik fand sich der Gesanglehrer *Mieksch* ein. Ich hörte als Kind bei solchen Gelegenheiten zum erstenmal über *deutsche* und *italienische* Musik diskutieren und erfuhr, daß, wem es an der Hofgunst gelegen wäre, sich auf die italienische Richtung werfen müsse, und zwar erhielt dies in unserem Familienrat eine ganz praktische Bedeutung. Das Talent Klaras, solange die Stimme noch ungebrochen, war der Gegenstand des Wetteifers der italienischen und der deutschen Oper. Ich entsinne mich nun sehr deutlich, daß ich von je mich für die deutsche Oper erklärte; vielleicht wirkte hierzu der drastische Eindruck der beiden Gestalten Sassarolis und Webers.

Der italienische Sopransänger, ein ungeheurer, rundbäuchiger Koloß, entsetzte mich durch seine hohe Weiberstimme, seine erstaunliche Volubilität im Sprechen und sein kreischendes stets bereites Lachen. Trotz seiner großen Gutmütigkeit und Beliebtheit namentlich auch in meiner Familie, war dieser Mensch mir gespenstisch widerwärtig; italienisch sprechen und singen hören, erschien mir als das Teufelswerk dieser Spukmaschine, und als ich infolge des Mißgeschicks meiner armen Schwester noch häufig von italienischen Intrigen und Kabalen sprechen hörte, begründete sich in mir ein so starker Widerwille gegen dieses Element, daß ich noch in spätesten Zeiten mich entsinne, bis zu leidenschaftlicher Abneigung dadurch verführt worden zu sein. Die seltenen Besuche *Webers* scheinen dagegen in mir diejenigen ersten Eindrücke hervorgerufen zu haben, welche mich mein ganzes Leben lang mit unerlöschlicher Sympathie erfüllten. Der skandalösen Gestalt Sassarolis gegenüber erfaßte mich Webers überaus zarte, leidende und geistverklärte Erscheinung mit ekstatischer Teilnahme. Das schmale feine Gesicht mit den lebhaften und doch häufig umschleierten Augen bannte mich in Schauern fest; sein stark hinkender Gang, den ich oft vom Fenster aus wahrnahm, wenn der Meister um die Mittagszeit aus den ermüdenden Proben seinen Heimweg an unserem Hause vorbei nahm, kennzeichnete meiner Imagination den großen Musiker als ein ungewöhnliches, übermenschliches Wesen. Als ihm einst meine Mutter den etwa neunjährigen Knaben vorstellte, und er frug was ich werden sollte, ob vielleicht Musiker, sagte meine Mutter, daß ich wohl auf den *Freischütz* ganz versessen sei, sie aber trotzdem noch nichts an mir wahrgenommen hätte, was auf mein musikalisches Talent deuten möchte. Dies war von meiner Mutter sehr richtig beobachtet: nichts ergriff mich so stark als die Musik des Freischütz, und auf jede Weise suchte ich die von dort her empfangenen Eindrücke wieder vorzuführen, sonderbarerweise aber am wenigsten durch Studium der Musik selbst. Ich begnügte mich dafür mit dem Anhören des Vortrages von Musikstücken aus dem Freischütz namentlich durch meine Schwestern. Jedoch wuchs die Leidenschaft hierfür allmählich so stark, daß ich mich entsinne, eine außerordentliche Neigung zu einem jüngeren Manne namens *Spieß* gewonnen zu haben, lediglich aus dem Grunde, weil dieser die Ouvertüre zum Freischütz spielen konnte, zu deren Vortrag ich ihn, wo ich ihn nur antraf, aufforderte. Namentlich die Einleitung dieser Ouvertüre war es, welche mich endlich auch zu dem Versuche antrieb, ohne irgendwelchen Unterricht auf dem Klavier empfangen zu haben, mir dieses Stück auf meine besondere Weise selbst vorzuführen. Denn, sonderbar genug, war ich der einzige unter meinen Geschwistern, welcher keinen Klavierunterricht empfangen hatte, was ich wahrscheinlich der ängstlichen Sorge meiner Mutter verdankte, mir derlei künstlerische Übungen, welche mir etwa Neigung zum Theater beibringen könnten, fernzuhalten. Etwa in meinem zwölften Jahre nahm jedoch meine Mutter einen Hauslehrer mit Namen *Humann* für mich an, bei welchem ich wirklichen, wenn auch sehr dürftigen Klavierunterricht erhielt. Äußerst stümperhaft mit Kenntnis des Fingersatzes ausgerüstet, drängte ich sofort zur Einübung vierhändiger Ouvertüren, von denen wiederum die Weberschen der Zielpunkt meines Strebens waren. Als ich es endlich so weit gebracht hatte, die Freischütz-Ouvertüre, wenn auch in fehlerhaftester Weise, für mich allein zu spielen, hielt ich den Zweck dieser Studien für erreicht, und in keiner Weise fühlte ich mich gedrängt, der Ausbildung meines Klavierspiels weitere Sorgfalt zu widmen. Dennoch hatte ich jetzt so viel erreicht, daß ich für die Musik nicht mehr von dem Vortrag anderer abhängig war; ich selbst suchte mir nun auf meine immerhin bedenklich inkorrekte Weise vorzuspielen, was ich kennenlernen wollte. So versuchte ich es auch mit Mozarts *Don Juan*, ohne jedoch noch Gefallen daran finden zu können, da mir namentlich der italienische Text im Klavierauszuge die Musik in ein frivoles Licht setzte und vieles mir darin tändelnd und unmännlich erschien. (Ich entsinne mich, daß, wenn meine Schwester Zerlinens Ariette »*Batti, batti, ben Masetto*« vortrug, mich diese Musik völlig als weichlich und weibisch abschreckte.)

Dagegen wurde mein Hang zur Beschäftigung mit Musik immer reger, und ich suchte mir nun auch meine Lieblingsstücke durch Abschrift anzueignen. Ich entsinne mich des Zagens meiner Mutter, als sie mir Geld zum ersten Notenpapier geben mußte, auf welches ich mir »Lützows Jagd« von Weber als erstes Notenstück kopierte. Immer blieb aber meine Beschäftigung mit Musik Nebensache; jedoch entsinne ich mich, daß die Nachricht von Webers Tod und die Sehnsucht, seine Musik zu *Oberon* kennenzulernen, meine schwärmerische Neigung neu entfachte. Besondere Nahrung empfing diese noch aus den Nachmittags-Konzerten im Dresdener »Großen Garten«, wo das Zillmannsche Stadtmusikkorps, wie mir schien mit großer Virtuosität, meine Lieblingsmusik mir oft zu Gehör brachte. Das zauberische Behagen, welches mir die Anhörung des Orchesters in unmittelbarster Nähe erweckte, ist mir noch jetzt in wollüstiger Erinnerung. Schon das Einstimmen der Instrumente setzte mich in mystische Aufregung: ich entsinne mich, daß namentlich das Anstreichen der Quinten auf der Violine mir wie Begrüßung aus der Geisterwelt dünkte – was beiläufig erwähnt bei mir seinen ganz buchstäblichen Sinn hatte. Schon als kleinstes Kind fiel der Klang dieser Quinten mit dem Gespensterhaften, welches mich von jeher aufregte, genau zusammen. Ich entsinne mich noch in späterer Zeit, nie ohne Grauen an dem kleinen Palais des Prinzen *Anton*, am Ende der Ostallee in Dresden vorübergegangen zu sein; in dieser Gegend hatte ich nämlich zuerst und dann häufiger das Stimmen einer Violine in der Nähe gehört, welches mir von den steinernen Figuren zu kommen schien, mit denen dieses Palais geschmückt ist, und unter welchen einige mit musikalischen Instrumenten ausgestattet sind. (Es machte einen sonderbaren Eindruck auf mich, als ich, nach Antritt meines Kapellmeisteramtes in Dresden, dem Konzertmeister

Morgenroth, einem ältlichen Herrn, welcher seit langen Jahren jenem prinzlichen Palais gegenüber wohnte, meinen Besuch machte und bei dieser Gelegenheit mich davon überzeugte, daß der meine musikalische Knabenphantasie so stark imprimierende Quintenstreicher nichts weniger als ein gespenstisch-mystisches Wesen war.) Da ich nun auch das bekannte Bild sah, auf welchem ein Totengerippe einem sterbenden Greise auf der Violine vorspielt, so prägte sich das Geisterhafte gerade dieser Klänge der Phantasie des Kindes mit besonderer Stärke ein. Nun endlich als erwachsener Knabe fast alle Nachmittage um das Zillmannsche Orchester im Großen Garten schwärmend, denke man sich das wollüstige Grauen, mit welchem ich all die verschiedenen chaotischen Klangfarben einsog, die man beim Anhören eines einstimmenden Orchesters vernimmt: das langgehaltene A der Oboe, welches die übrigen Instrumente gleichsam wie eine Geistermahnung wachruft, verfehlte nie, alle meine Nerven in fieberhafte Spannung zu bringen; und wenn nun das anschwellende C der Freischütz-Ouvertüre mir ankündigte, daß ich unmittelbar, wie mit beiden Füßen, in das Zauberreich des Grauens eingetreten sei, so hätte wohl, wer mich damals beobachtete, gewahr werden müssen, welche Bewandtnis es trotz meinem greulichen Klavierspielen mit mir hatte.

Ein anderes Werk zog mich endlich ebenfalls an: es war die Ouvertüre in *E-dur* zu *Fidelio,* von welcher mich die Einleitung besonders ergriff. Ich erkundigte mich nach *Beethoven* bei meinen Schwestern und erfuhr, daß soeben die Nachricht von dessen Tode angelangt sei. Noch voll des unbegreiflich wehmütigen Eindrucks von *Webers* Tode, erfaßte mich dieser neue Todesfall eines soeben erst lebendig in mein Leben getretenen Tonmeisters mit seltsamem Bangen, welches dem jugendlichen Gespensterprauen vor den Quintenklängen der Violinen nicht unverwandt war. Auch *Beethoven* wollte ich nun genauer kennenlernen: ich kam nach Leipzig und fand bei meiner Schwester Luise auf dem Klavier seine Musik zu »Egmont«; dann suchte ich mir Sonaten von ihm zu verschaffen; endlich hörte ich zum ersten Male in einem Gewandhaus-Konzerte eine Symphonie des Meisters: es war die *A-dur-Symphonie.* Die Wirkung hiervon auf mich war unbeschreiblich. Dazu kam der Eindruck, den Beethovens Physiognomie, nach den damals verbreiteten Lithographien, auf mich machte, die Kenntnis seiner Taubheit, seines scheuen zurückgezogenen Lebens. In mir entstand bald ein Bild erhabenster überirdischer Originalität, mit welcher sich durchaus nichts vergleichen ließ. Dieses Bild floß mit dem *Shakespeares* in mir zusammen: in ekstatischen Träumen begegnete ich beiden, sah und sprach sie; beim Erwachen schwamm ich in Tränen. – Von *Mozart* lernte ich jetzt das *Requiem* kennen: es ward der Ausgangspunkt meines schwärmerischen Versenkens auch in diesen Meister, der mich nun mit dem zweiten Finale des *Don Juan* dazu stimmte, ihn in meine Geisterwelt vollkommen einzureihen.

Wie ich von jeher zu dichten versucht hatte, mußte ich nun notwendig auch zu komponieren versuchen: da es sich hier aber um die Erlernung eines selbständigen technischen Komplexes handelte, hatte es damit größere Schwierigkeiten, als bei dem scheinbar so leicht glückenden Versemachen; und diese Schwierigkeiten waren es, welche bald meinen Lebenslauf dahin bestimmten, daß er den Anschein des Lebenslaufes eines »Musikers« gewann, welchem der »Kapellmeister« und »Opern-Komponist« einst das spezielle gangbare Gepräge aufdrücken sollten.

Zu »*Leubald und Adelaïde*« wollte ich nun eine Musik schreiben, wie die Beethovensche zu Goethes »Egmont«; namentlich sollten die so unterschiedlichen Gattungen der Gespensterwelt angehörenden Geistererscheinungen durch die entsprechende musikalische Begleitung ihr rechtes Kolorit erst erhalten. Wie es zu ermöglichen sei, schnell das nötige Komponieren mir anzueignen, sollte mich *Logiers* »Methode des Generalbasses« lehren, welche man mir in einer musikalischen Leihanstalt als zweckmäßiges Lehrbuch zur schnellen Erlernung des Komponierens anempfohlen hatte. Ich entsinne mich, daß die finanziellen Wirren, die mir mein Leben zu jeder Zeit so sehr störten, von hier ihren Ausgang nahmen: ich entlieh Logiers Methode gegen ein wöchentliches Leihgeld in der angenehmen Hoffnung, mit einigen Wochen Leihgebühr, welche ich allenfalls von gesammeltem Taschengelde erübrigt hätte, davonzukommen. Die Wochen dehnten sich aber zu Monaten aus, und immer konnte ich noch nicht komponieren, wie ich wollte. Herr Friedrich *Wieck*, der spätere Schwiegervater Rob. *Schumanns* und damalige Besitzer jener Leihanstalt, ließ mir bedenkliche Mahnungen zukommen, und als die Rechnung fast zu gleicher Höhe mit dem Preise des Logierschen Buches angeschwollen war, sah ich mich genötigt meiner Familie mich zu entdecken, welche nun mit meiner Finanz-Kalamität zugleich meine neue Verirrung auf das Gebiet der Musik erfuhr, von der man sich natürlich im glücklichsten Falle nur eine Wiedergeburt von »Leubald und Adelaïde« erwartete. Die häusliche Not war groß: Mutter, Schwester und Schwager berieten sich mit sorgenvoller Miene, in welcher Weise künftighin meine Studien zu überwachen sein dürften, um mich von steten Abwegen zurückzuhalten. Noch wußte man jedoch nicht, in welches Verhältnis ich zur Schule getreten war, und tröstete sich damit, hoffentlich auch diesen Abweg wie den kurz zuvor beschrittenen dichterischen bald von mir wieder verlassen zu sehen.

Außerdem gingen häusliche Veränderungen vor sich, welche es herbeiführten, daß ich im Sommer 1829 längere Zeit allein und ganz mir selbst überlassen in der Leipziger Wohnung zurückblieb. In dieser Zeit erreichte meine musikalische Ekstase einen besonders phantastischen Höhepunkt. Ich hatte heimlichen Unterricht in der Harmonie-Lehre bei einem tüchtigen Musiker des Leipziger Orchesters, *G. Müller* (später Organist in Altenburg), genommen: während die Bezahlung auch dieses Stundengeldes mir später große häusliche Verlegenheiten bereiten sollte, vermochte ich nicht einmal meinen Lehrer durch Freude an wahrnehmbaren Fortschritten meiner Studien für das Ausbleiben der Stundengelder zu entschädigen. Seine Lehren und Aufgaben erfüllten mich bald ihrer vermeintlichen Trockenheit wegen mit großem Widerwillen. Die Musik war mir durchaus nur Dämonium, eine mystisch erhabene Ungeheuerlichkeit: alles Regelhafte schien sie mir durchaus zu entstellen. Bei weitem entsprechendere Belehrung, als von meinem Leipziger Orchester-Musiker, suchte ich daher in *Hoffmanns* »Phantasiestücken« auf; und jetzt war die Zeit, wo ich so recht eigentlich in diesem Hoffmannschen Kunstgespensterspuk lebte und webte. Ganz erfüllt von *Kreißler, Krespel* und anderen Musikgespenstern meines Lieblingsschriftstellers, glaubte ich endlich auch im Leben ein solches Original glücklicherweise aufgefunden zu haben: dieser ideale Musiker, an welchen ich eine Zeitlang mich mit der phantastischen Annahme, mindestens einen zweiten »Kreißler« entdeckt zu haben, hingab, war ein gewisser *Flachs*. Ein langer, außerordentlich hagerer Mensch mit besonders dünnem Kopf und höchst absonderlichen Manieren im Gehen, Sichbewegen und Sprechen, war von mir in allen Gartenkonzerten, welche für mich der Hauptquell der musikalischen Bildung waren, angetroffen worden. Er hielt sich immer dicht bei den Orchestern auf, sprach in wunderlicher Hast bald mit diesem, bald mit jenem Musiker, mit denen allen er bekannt war und die ihn gut zu leiden schienen. Daß sie sich alle über ihn lustig machten, sollte ich zu meiner Beschämung erst viel später erfahren. Ich entsann mich, diese merkwürdige Figur schon in frühester Zeit in Dresden wahrgenommen zu haben, und entnahm auch aus Gesprächen, welche ich belauschte, daß er wirklich mit allen Dresdener Musikern ebenfalls genau bekannt war. Schon dieser Umstand machte mir ihn höchst interessant; vor allem aber rissen mich die Wahrnehmungen hin, die ich an ihm machte, wenn er den Musikstücken zuhörte: ein eigentümliches konvulsivisches Kopfnicken und seufzerartiges Aufblasen der Wangen deutete ich mir als dämonische Ekstase; da ich außerdem bemerkte, daß er ganz allein war, durchaus keiner Gesellschaft angehörte und einzig dem Zuge der Gartenmusik folgte, bildete sich in mir die Identifikation dieses wunderbaren Menschen mit dem »Kapellmeister Kreißler« ganz natürlich aus. Ich mußte seine Bekanntschaft machen, und es gelang mir. Wer beschreibt meine Wonne, als ich, zum erstenmal in seiner Wohnung ihn aufsuchend, dort unglaubliche Stöße von Partituren vorfand! Ich hatte noch nie eine Partitur gesehen. Zu meiner Betrübnis entdeckte ich zwar, daß er weder von Beethoven noch von Mozart oder Weber etwas besaß, dagegen eine Unmasse von Werken, Messen und Kantaten von mir gänzlich unbekannten Komponisten, wie Staerkel, Stamitz, Steibelt usw., von denen jedoch *Flachs* mir so viel Gutes zu sagen wußte, daß der Respekt, den ich im allgemeinen vor Partituren empfand, mir über das Bedenken, nichts von meinen geliebten Meistern anzutreffen, hinweghalf. Später erfuhr ich allerdings, daß der gute *Flachs* in den Besitz gerade dieser Partituren nur durch die Benutzung seiner Geistesschwäche von seiten gewissenloser Spekulanten geraten war, welche ihm diese wertlosen Musikalien für teures Geld aufgeheftet hatten. Kurz, es waren Partituren, und das war mir genug. *Flachs* ward mein intimster Umgang; überall sah man den sechzehnjährigen schmächtigen Jüngling mit der wunderlich wackelnden Flachsstange herumziehen, und meine damals einsame Familienwohnung nahm oft den sonderbaren Gast auf, der, bei Butterbrot und Käse, meine Kompositionen von mir sich vorspielen lassen mußte, und der dagegen mir einst eine Arie für Blasinstrumente arrangierte, welche von dem Musikkorps in *Kintschys* Schweizerhütte zu meinem Staunen aufgeführt wurde. Daß dieser Mann nie auch nur etwas halbwegs Belehrendes gegen mich von sich geben konnte, fiel mir nicht auf, ich war so fest in der Annahme von seiner Originalität, daß er mir diese durch nichts andres als durch geduldiges Anhören meiner enthusiastischen Ergießungen zu dokumentieren hatte. Da sich mit der Zeit einige Bekannte meines Freundes zu uns gesellten, konnte es mir allerdings endlich nicht entgehen, daß mein guter *Flachs* als Schwachkopf und Narr von aller Welt behandelt wurde; doch stimmte mich dies zunächst mehr wehmütig, bis ein wunderliches Ereignis mich plötzlich zu der allgemeinen Ansicht über ihn bekehrte. *Flachs* besaß einiges Vermögen und wurde um dessentwillen von einem jungen verdächtigen Frauenzimmer umgarnt, von welcher er sich heftig geliebt meinte: plötzlich fand ich sein Haus mir verschlossen, und staunend gewahrte ich, daß dies aus Eifersucht geschah. Die wunderbare Unheimlichkeit dieses Verhältnisses, wie es in dieser Art überhaupt zum erstenmal meiner Erfahrung vorkam, erfüllte mich mit einem seltsamen Grauen. Der Wahnsinn meines Freundes ging mir plötzlich in einem grelleren Lichte, als es hier gewiß das Richtige war, auf: ich schämte mich meiner langen Verblendung so sehr, daß man mich geraume Zeit in keinem Gartenkonzert mehr sah, aus Furcht, wieder in die Nähe meines falschen »*Kreißler*« zu geraten.

In dieser Zeit hatte ich nun eine erste Sonate in d-moll komponiert. Auch ein Schäferspiel hatte ich begonnen, bei dessen Ausarbeitung ich in gewiß noch nie dagewesener Weise verfuhr. Durch Goethes »Laune der Verliebten« für Form und Inhalt meiner Dichtung bestimmt, entwarf ich kaum auch nur einen Plan des Textes und führte dagegen die Dichtung zugleich mit der Musik und der Instrumentation in der Weise aus, daß ich, während ich die eine Partiturseite schrieb, für die folgende selbst nicht einmal den Text im voraus überlegt hatte. Ich entsinne mich, daß ich auf diese gänzlich phantastische Weise, ohne die mindeste Kenntnis des Schreibens für Instrumente mir verschafft zu haben, wirklich eine ganze längere Nummer zustande brachte, welche sich schließlich als eine Szene für drei Frauenstimmen herausstellte, welcher die Arie eines Tenoristen folgte. Meine Neigung für Orchester zu schreiben war so lebhaft, daß, nachdem ich mir eine Partitur des *Don Juan* verschafft hatte, ich nun an eine größere Sopranarie ging, die ich nach meiner Meinung bereits sorgfältig instrumentierte. Auch ein Quartett in D-dur schrieb ich, nachdem ich mit dem Altschlüssel der Bratsche, dessen Unkenntnis mich bei Gelegenheit des Studiums eines Haydnschen Quartettes vor kurzer Zeit noch in die größte Verlegenheit gesetzt hatte, auf befriedigende Weise mich vertraut gemacht.

Mit diesen Werken ausgerüstet, ging ich nun im Sommer auf meine erste Kunstreise. Meine Schwester *Klara,* an den Sänger *Wolfram* verheiratet, war am Magdeburger Theater engagiert: und auf altvertraute Weise machte ich mich zu dem Abenteuer einer Fußreise dahin auf. Mein kurzer Aufenthalt bei meinen Verwandten brachte mir manche musikalische Erfahrungen ein: namentlich stieß ich dort auf ein neues Original, dessen Einwirkung auf mich mir unvergeßlich geblieben ist. Es war dies ein Musikdirektor *Kühnlein,* ein wirklich eigentümlicher, aber auch sonderbarer Mensch; bereits ältlich, kränklich und leider auch trunksüchtig, imponierte dieser Mann durch eine auffallende, schwungvolle Gewähltheit des Ausdruckes. Seine stärkste Eigenschaft war seine vergötternde Schwärmerei für *Mozart* und seine leidenschaftliche Geringschätzung *Webers.* Er las nur ein Buch: Goethes »Faust«, und in diesem fand sich keine Seite, auf welcher nicht eine Stelle entweder mit verklärender Deutung auf *Mozart* oder mit schmähender Beziehung auf *Weber* angestrichen gewesen wäre. Diesem Mann vertraute mein Schwager meine mitgebrachten Kompositionen an, um durch ihn ein Urteil über meine Befähigung zu erhalten. Als wir des Abends gemütlich in einem Gasthofe saßen, trat der alte *Kühnlein* herein und kam mit ernster Freundlichkeit auf uns zu: ich glaubte Gutes in seinen Mienen zu lesen; mein Schwager frug ihn, was er an meinen Arbeiten finde? »Kein gutes Haar«, entgegnete er mit sanfter Ruhe. Mein Schwager, an *Kühnleins* Exzentrizität gewöhnt, lachte laut auf, was mich einigermaßen erquickte. Deutliche Gründe für sein Urteil und Belehrung konnte ich von *Kühnlein* nicht gewinnen, dagegen immer nur erneuertes Schmähen *Webers* und einziges Hinweisen auf *Mozart,* welches auf mich immerhin von Eindruck blieb, da *Kühnlein* stets mit großer und emphatischer Wärme sich ergoß. – Andererseits erwarb ich mir zu gleicher Zeit bei Gelegenheit dieses Besuches, einen wunderbaren Besitz, der mich von der Befolgung von *Kühnleins* Lehren wieder weit abführen sollte; es war dies die Partitur des großen *Esdur*-Quartettes von *Beethoven,* welches damals noch ziemlich neu war, und von welchem mein Schwager mir eine Abschrift besorgen ließ. Mit meiner Erfahrung und meinem Schatze bereichert, kehrte ich nach Leipzig in die Brutstätte meiner phantastisch-musikalischen Studien zurück, konnte nun aber nicht länger mehr verhindern, daß meiner dort wieder vereinigten Familie, zu welcher meine Schwester *Rosalie* wiederum gehörte, mein gänzlich gestörtes Schulverhältnis offenbar wurde.

Es fand sich nämlich die Anzeige ein, daß ich seit einem halben Jahre die Schule gar nicht mehr besucht hatte; nachdem die früher vom Rektorat derselben an meinen Onkel gerichtete Klage über mich keine gebührende Beachtung gefunden, schien man es dort aufzugeben, mich mit Erfolg zu beaufsichtigen, wozu ich endlich alle Möglichkeit, wie gesagt, durch mein gänzliches Ausbleiben von der Schule abschnitt. Von neuem wurde in der Familie beraten, was mit mir anzufangen sei. Da ich meine Neigung zur Musik auf das kräftigste beteuerte, waren meine Verwandten der Meinung, daß ich wenigstens ein Instrument tüchtig zu erlernen hätte: mein Schwager *Brockhaus* schlug vor, mich zu *Hummel* nach Weimar zu schicken, um mich bei ihm zum Klavierspieler ausbilden zu lassen. Da ich aber leidenschaftlich erklärte, daß »Musik« bei mir »Komponieren« und nicht ein »Instrument spielen« hieße, ward mir nachgegeben und beschlossen, daß ich nun bei demselben Musiker *Müller*, bei dem ich vor einiger Zeit heimlichen und noch unbezahlten Unterricht genossen hatte, regelmäßige Stunden in der Harmonielehre nehmen sollte. Hiergegen gelobte ich standhafte Wiederaufnahme auch meiner Studien auf der Nikolaischule. Beides ward mir bald zur Plage, da ich hier wie dort mich im Zwange fühlte; und dies galt leider auch vom Musikunterricht, bei welchem mich die trockenen Harmonie-Studien immer mehr anwiderten, während ich für mich fortfuhr Fantasien, Sonaten und Ouvertüren zu konzipieren und auszuführen. Auf der anderen Seite spornte mich der Ehrgeiz, in der Schule zu zeigen, was ich könnte, wenn ich nur wollte: bei Gelegenheit der uns Sekundanern gestellten Aufgabe, ein Gedicht zu liefern, verfaßte ich einen Chorgesang in griechischer Sprache auf den neuesten griechischen Freiheitskampf. Ich vermute wohl, daß dieses griechische Poem zur griechischen Sprache und Poetik sich mag verhalten haben, wie meine damaligen Sonaten und Ouvertüren zur wirklich gründlich erlernten Musik sich verhielten. Mein Versuch wurde, als eine Unverschämtheit, höhnisch zurückgewiesen. Von da ab entsinne ich mich keiner weiteren Eindrücke von der Schule mehr: ihr fortgesetzter Besuch war meinerseits ein reines Opfer aus Rücksicht für meine Familie; von dem, was in den Stunden gelehrt wurde, nahm ich nicht die geringste Notiz, sondern beschäftigte mich einzig während derselben heimlich mit der Lektüre, welche mich gerade anzog.

Da wie erwähnt auch der Musikunterricht nichts bei mir fruchtete, fuhr ich in meiner willkürlichen Selbsterziehung dadurch fort, daß ich mir die Partituren meiner geliebten Meister abschrieb, wobei ich mir eine später oft bewunderte zierliche Handschrift erwarb. Soviel ich weiß, werden noch jetzt meine Abschriften der *C-moll*-Symphonie und der Neunten Symphonie *Beethovens* als Andenken bewahrt. Diese Neunte Symphonie Beethovens ward zum mystischen Anziehungspunkt all meines phantastisch-musikalischen Sinnens und Trachtens. Was mich zuerst zu ihr hinzog, war die damals gewiß nicht nur unter den Leipziger Musikern gültige Meinung, daß dieses Werk von Beethoven bereits im halben Wahnsinn geschrieben worden sei: sie galt als das *Non-plus-ultra* alles Phantastischen und Unverständlichen, und dies war Grund genug, mich zur Erforschung dieses Dämoniums leidenschaftlich anzuregen. Was mich beim Anblick der mühsam verschafften Partitur sogleich wie mit Schicksalsgewalt anzog, waren die lang andauernden reinen Quintenklänge, mit welchen der erste Satz beginnt: diese Klänge, die, wie ich erzählte, in meinen Jugendeindrücken von der Musik eine so geisterhafte Rolle spielten, traten hier wie der gespenstige Grundton meines eigenen Lebens an mich heran. Diese Symphonie mußte das Geheimnis aller Geheimnisse enthalten; und so machte ich mich zunächst darüber, durch mühsame Abschriften mir die Partitur davon anzueigenen. Ich entsinne mich, daß mich nach einer auf diese Arbeit verwendeten Nacht das Morgengrauen überraschte und bei meiner großen Aufgeregtheit so unheimlich auf mich wirkte, daß ich laut aufschreiend wie vor einer Gespenstererscheinung mich in das Bett barg. Ein zweihändiger Klavierauszug existierte von der Symphonie noch nicht; sie hatte so wenig Anklang beim Publikum gefunden, daß der Verleger sich zur Herausgabe eines solchen nicht veranlaßt sah. Ich machte mich darüber und verfaßte wirklich einen vollständigen Klavierauszug für zwei Hände, welchen ich mir selbst vorzuspielen versuchte. Meine Arbeit schickte ich an den Verleger der Partitur, *Schott* in Mainz, ein; ich erhielt zur Antwort, daß die Verlagshandlung sich zwar noch nicht zur Herausgabe eines Klavierauszuges der Neunten Symphonie entschlossen habe, daß sie aber meine fleißige Arbeit gern aufbewahren wolle und mir die Partitur der großen *Missa solemnis* als Gegengeschenk anböte, was ich denn mit großer Freude annahm.

Neben dieser Arbeit trieb ich eine Zeitlang auch *Violine,* da mein Harmonielehrer sehr richtig befunden hatte, daß einige Erlernung des Mechanismus' dieses Instrumentes dem zukünftigen Orchesterkomponisten unerläßlich sei. Wirklich bezahlte meine Mutter dem noch jetzt (1865) im Leipziger Orchester fungierenden Violinspieler *Sipp* acht Taler für eine Geige, deren Schicksal mir unbekannt geblieben ist, auf welcher ich jedoch ein Vierteljahr lang von meinem wunderbar kleinen Kämmerchen aus meine Mutter und Schwestern unerhört peinigte. Ich brachte es bis zu gewissen Maysederschen Variationen in F-dur, jedoch nur bis zur zweiten oder dritten: von da ab schwindet mir jede Erinnerung an diese Übungen, zu denen ich glücklicherweise, wie es scheint aus egoistischen Gründen, von meiner Familie nicht ernstlich angehalten wurde.

Es kam nun aber die Zeit, wo das Interesse für das Theater mich wieder leidenschaftlich in Anspruch nahm. Eine neue Gesellschaft war unter sehr glücklichen Auspizien durch die Sorgfalt der Dresdener Hoftheater-Intendanz, welche für drei Jahre auch die Führung des Leipziger Theaters übernahm, in meiner Vaterstadt zusammengetreten. Meine Schwester *Rosalie* war Mitglied dieser Theatergesellschaft geworden; durch sie hatte ich jederzeit leichten Eintritt zu den Aufführungen, und was in meinen Kinderjahren nur das Interesse einer phantastischen Neugierde gewesen war, ward nun zu einer gründlicheren, bewußtvollern Leidenschaft. *Julius Caesar, Macbeth, Hamlet,* die *Schiller*schen Stücke, endlich der *Goethe*sche »*Faust*«, erregten und begeisterten mich tief. Die Oper brachte die ersten Aufführungen von *Marschners Vampyr* und *Templer und Jüdin.* Die italienische Operngesellschaft langte von Dresden an und entzückte das Leipziger Publikum durch Vorführung ihrer außerordentlichen Virtuosenleistungen. Fast war auch ich im Begriff, von dem Rausche, welchen sie über Leipzig ergossen, bis zum Vergessen der Knabeneindrücke hingerissen zu werden, welche einst Signor *Sassaroli* mir eingeprägt hatte, als ein andres Wunder, welches uns ebenfalls von Dresden zukam, meinem künstlerischen Gefühle plötzlich eine neue und für das ganze Leben entscheidende Richtung gab. –

Dies war ein kurzes Gastspiel der *Wilhelmine Schröder-Devrient,* welche damals auf der vollsten Höhe ihrer Künstler-Laufbahn stand, jugendlich, schön und warm, wie nie seitdem auf der Bühne mir ein Weib erscheinen sollte. – Sie trat in »*Fidelio*« auf.

Wenn ich auf mein ganzes Leben zurückblicke, finde ich kaum ein Ereignis, welches ich diesem einen in betreff seiner Einwirkung auf mich an die Seite stellen könnte. Wer sich der wunderbaren Frau aus dieser Periode ihres Lebens erinnert, muß in irgendeiner Weise die fast dämonische Wärme bezeugen können, welche die so menschlich-ekstatische Leistung dieser unvergleichlichen Künstlerin notwendig über ihn ausströmte. Nach der Vorstellung stürzte ich zu einem meiner Bekannten, um dort einen kurzen Brief aufzuschreiben, in welchem ich der großen Künstlerin bündig erklärte, daß von heute ab mein Leben seine Bedeutung erhalten habe, und wenn sie je dereinst in der Kunstwelt meinen Namen rühmlich genannt hören sollte, sie sich erinnern möge, daß sie an diesem Abend mich zu dem gemacht habe, was ich hiermit schwöre werden zu wollen. Diesen Brief gab ich im Hotel der *Schröder-Devrient* ab und lief wie toll in die Nacht hinaus. Als ich im Jahre 1842 nach Dresden kam, um mit dem *Rienzi* zu debütieren, und nun mich oft im Hause der freundlich gewogenen Künstlerin aufhielt, überraschte sie mich eines Males durch treue Rezitation jenes Briefes, welcher auch auf sie Eindruck gemacht zu haben schien, da sie sich ihn wirklich aufbewahrt hatte.

Ich glaube jetzt erkennen zu müssen, daß eine große Verwirrung, welche nun auf längere Zeit in mein Leben, namentlich in meine Arbeiten eintrat, durch die übermäßige Erfülltheit von dem Eindrucke dieser Kunsterscheinung veranlaßt wurde. Ich wußte nicht wie mir helfen, wie es beginnen, um selbst irgend etwas hervorzubringen, was in unmittelbarem Verhältnis zu dem empfangenen Eindrucke stehen möchte; und alles, was nicht hierauf in Beziehung zu bringen war, erschien mir doch so schal und nichtig, daß ich mich unmöglich damit befassen mochte. Ich hätte mögen ein Werk schreiben, welches der *Schröder-Devrient* würdig gewesen wäre: da mir dies

nun in keiner Weise möglich war, ließ ich in enthusiastischer Verzweiflung
alles Kunststreben fahren, und da mich die Schul-Wissenschaft wahrlich
auch nicht zu fesseln vermochte, überließ ich mich wie steuerlos dem unmittelbaren Leben, im Verkehre mit sonderbar gewählten Genossen, aller
Art von Jugend-Ausschweifungen. Es begann bei mir die eigentliche liederliche Periode der Jünglings-Flegeljahre, über deren äußerliche Unschönheit
und innerliche Leere ich jetzt noch wahrhaft erstaune. Mein Umgang mit
Altersgenossen war stets das leichtfertigste Werk des Zufalls gewesen; ich
kann mich nicht entsinnen, daß eine besondre Neigung oder Angezogenheit
mich in der Wahl meiner Jugendfreunde bestimmt hat. Während ich mit
Sicherheit annehmen darf, daß ich nie in den Fall kam, etwa aus Neid von
einem besonders Begabten mich zurückzuhalten, kann ich mir meine Gleichgültigkeit in der Wahl meiner Umgangsgenossen nur dadurch erklären, daß
es mir, ohne Erfahrung von einem für mich bedeutenden Umgange, nur
darauf ankam, jemand zu haben, der mich bei meinen Ausflügen begleitete
und welchem ich nach Herzenslust mein Inneres ausschütten konnte, ohne
darauf zu achten, was davon auf ihn überging. Die Folge hiervon war, daß
ich nach anhaltender, nur durch meine Aufregung bezahlter Mitteilung
schließlich an den Punkt gelangte, wo ich mir denn doch nun den Freund
ansah: zu meinem Erstaunen fand ich dann gewöhnlich, daß von Erwiderung gar keine Rede war, und sobald ich nun es mir angelegen sein ließ,
etwas mir Entsprechendes aus dem Freunde herauszuschlagen, somit ihn
selbst gewissermaßen zur Mitteilung von etwas, was ihm gar nicht eigen
war, zu stimulieren, brach dann gewöhnlich das Verhältnis vollständig und
ohne alle Spur für mein Leben ab. In gewissem Sinne blieb mein sonderbares Verhältnis zu *Flachs* der Typus der allergrößten Mehrzahl meiner
späteren Lebensbeziehungen. Da sich auf diese Weise nie ein dauerndes persönliches Freundesverhältnis in meinem Leben einführte, erklärt es sich,
wie mir ein Gefallen am wüsten Studentenleben längere Zeit zur Leidenschaft werden konnte, weil hier das Individuelle des Umganges gänzlich
vor dem Generellen der Genossenschaft zurücktritt. Mitten im Saus und
Braus der lärmendsten Torheit blieb ich ganz allein; und es ist möglich, daß
diese Unsinnigkeiten die schützende Kruste um meinen inneren Kern bildeten, welcher längere Zeit der natürlichen Erkräftigung bedurfte, um nicht
durch frühreifes Produzieren vorzeitig geschwächt zu werden. Dem Anscheine nach zersplitterte ich mich nach allen Seiten: die Nikolaischule mußte
mit Ostern 1830 aufgegeben werden, da ich beim Lehrerkollegium zu übel
angeschrieben stand, um je auf Förderung von dort aus zur Universität mir
Hoffnung machen zu können. Es ward nun beschlossen, daß ich ein halbes
Jahr privatisieren sollte, um sodann mich an der Thomasschule zu melden,
bei welcher ich in neue Verhältnisse trat und es in meiner Macht hatte, in
kurzer Zeit mich bis zum Abgang auf die Universität durchzuschlagen.
Mein Oheim Adolf, mit dem ich immer wieder in freundliche Beziehun-

gen trat, und welcher auch in betreff der Musik anregend und fördernd auf mich wirkte, erweckte trotz des tiefen Verfalls meiner damaligen Lebensrichtung immer wieder Neigung zu wissenschaftlichen Studien in mir. Ich nahm bei einem Gelehrten Privatunterricht im Griechischen, und las mit diesem den *Sophokles.* Eine Zeitlang hoffte ich, daß dieser edle Gegenstand mir wieder Lust zum ernsteren Erfassen der griechischen Sprache erwecken würde; allein es war vergeblich: der richtige Lehrer war nicht gefunden; und zudem ging sein Wohnzimmer, in welchem wir unsre Studien betrieben, auf eine Lohgerberei hinaus, deren widerwärtiger Geruch meine Nerven dermaßen affizierte, daß er mir den Sophokles und das Griechische gründlich verleidete.

Mein Schwager *Brockhaus* wollte mir ein Taschengeld zu verdienen geben und übertrug mir die Durchsicht der Korrektur-Bogen einer bei ihm in Druck erscheinenden neuen Auflage der durch *Löbell* neu bearbeiteten *Becker*schen Weltgeschichte. Es war dies eine Veranlassung, den oberflächlichen Unterricht, der im allgemeinen von jedem Gegenstand in der Schule nur erteilt wird, durch Privat-Studien zu verbessern und dadurch die wissenswerten Gegenstände mir so anzueignen, wie im späteren Lauf meines Lebens es von mir mit den meisten der in der Schule uninteressant vorgetragenen Lehrobjekte geschehen sollte. Ich darf zwar nicht ganz unerwähnt lassen, daß dieses erste nähere Geschichtsstudium mir auch durch den Umstand anziehend wurde, daß er mir per Bogen acht Groschen eintrug, und ich dadurch in eine der seltenen Lagen meines Lebens geriet, mir wirklich Geld zu verdienen; doch würde ich gegen mich selbst ungerecht sein, wenn ich nicht der lebhaften Eindrücke gedenken wollte, die ich jetzt zum ersten Male durch ernste Beachtung von Geschichtsperioden empfing, von denen ich bisher nur eine sehr oberflächliche Kenntnis hatte. Von der Schule her entsinne ich mich einzig, durch die klassische Geschichtsperiode der Griechen angezogen worden zu sein: Marathon, Salamis und die Thermopylen bildeten den Kanon alles aus der Historie mich Anregenden. Nun lernte ich zum ersten Male das Mittelalter und die Französische Revolution genauer kennen, da in die Zeit meiner Korrekturarbeiten gerade der Druck derjenigen beiden Bände fiel, welche diese verschiedenen Geschichtsperioden enthielten. Ich entsinne mich, daß mich namentlich die Schilderung der Französischen Revolution mit aufrichtigem Abscheu gegen die Helden derselben erfüllte; ohne Kenntnis der vorangehenden Geschichte Frankreichs fand sich einzig mein zart menschliches Mitgefühl durch die Greuel der Revolutionsmänner empört, und es blieb in mir diese rein menschliche Regung so lange vorherrschend, daß ich mich noch in spätester Zeit des wirklichen Zwanges entsinne, welchen es mich kostete, der rein politischen Bedeutung jener gewaltigen Vorgänge meine Aufmerksamkeit zu widmen.

Wie groß war daher meine Überraschung, als ich eines Tages durch die politischen Vorgänge der Gegenwart, gleichsam unmittelbar zum Miterleben des soeben wie aus weiter Ferne aus meinen Korrekturbogen an mich herangetretenen Staaten-Schicksals gebracht werden sollte. Die Extra-Blätter der Leipziger Zeitung brachten die Nachricht der *Pariser Juli-Revolution*. Der König von Frankreich war vom Throne gestoßen; *Lafayette*, der soeben wie ein geschichtliches Märchen durch meine Imagination gezogen war, ritt unter dem Jubel des Volkes wieder durch die Straßen von Paris; die Schweizergarden waren in den Tuilerien nochmals niedergemacht worden; ein neuer König wußte sich nicht anders dem Volke zu empfehlen, als daß er sich selbst für die Republik ausgeben ließ. Mit Bewußtsein plötzlich in einer Zeit zu leben, in welcher solche Dinge vorfielen, mußte natürlich auf den siebzehnjährigen Jüngling von außerordentlichem Eindruck sein. Die geschichtliche Welt begann für mich von diesem Tage an; und natürlich nahm ich volle Partei für die Revolution, die sich mir nun unter der Form eines mutigen und siegreichen Volkskampfes, frei von allen den Flecken der schrecklichen Auswüchse der ersten französischen Revolution, darstellte. Da revolutionäre Erschütterungen bald ganz Europa in mehr oder minder starken Schauern heimsuchten, und auch hier und da deutsche Länder von ihnen berührt wurden, blieb ich längere Zeit in fieberhafter Spannung und wurde zum ersten Male auf die Gründe jener Bewegungen aufmerksam, die mir als Kämpfe zwischen dem Alten, Überlebten und dem Neuen, Hoffnungsvollen der Menschheit erschienen. Auch Sachsen blieb nicht unberührt; in Dresden kam es ja zu einem wirklichen Straßenkampfe, der zu einer unmittelbaren politischen Veränderung durch die Einsetzung der Mitregentschaft des nachherigen Königs Friedrich und zur Gewährung einer konstitutionellen Verfassung führte. Mich begeisterte dieses Ereignis so sehr, daß ich eine politische Ouvertüre entwarf, deren Einleitung einen düstren Druck schilderte, in welchem dann ein Thema sich bemerklich machte, unter das ich zu deutlicherem Verständnis die Worte »Friedrich und Freiheit« schrieb: dieses Thema war bestimmt, sich immer größer und herrlicher bis zum vollsten Triumphe zu entwickeln, dessen Erfolg ich nächstens in einem der Leipziger Gartenkonzerte zu erleben verhoffte.

Ehe ich jedoch zur weiteren Ausführung meiner politisch-musikalischen Entwürfe gelangte, brachen in Leipzig selbst Unruhen aus, welche mich vom Gebiete der Kunst ab zu unmittelbarer Beteiligung am Staatsleben beriefen. Dieses Staatsleben hatte nun in Leipzig keine andre Bedeutung als die eines Antagonismus der Studenten mit der Polizei; die Polizei war das Urverhaßte, an welchem sich der Freiheitssinn der Jugend übte. Bei irgendeinem Straßenexzeß war es zu Verhaftungen einiger Studenten gekommen: diese sollten befreit werden. Die akademische Jugend, unter welcher es bereits seit einigen Tagen unruhig herging, versammelte sich eines Abends auf dem Markte; die Landsmannschaften traten zusammen und schlossen einen Kreis um ihre Senioren, wobei eine gewisse kommentmäßige Feierlichkeit herrschte, die mir außerordentlich imponierte: man sang das »*Gau-*

deamus igitur«, bildete sich in Kolonnen und zog nun, verstärkt durch alles Junge, was es mit den Studenten hielt, ernst und entschlossen vom Markte aus nach dem Universitätsgebäude, um dort die Karzer zu sprengen und die verhafteten Studenten zu befreien. Mir klopfte das Herz in unglaublicher Erregtheit, als ich zu dieser Bastilleerstürmung mitmarschierte. Doch nahm es eine andere als die erwartete Wendung: im Hofe des *Paulinums* ward der feierliche Schwarm vom Rektor *Krug*, welcher mit entblößtem Greisenhaupte herabgekommen war, aufgehalten; seine Versicherung, daß die Verhafteten bereits auf seine Veranlassung entlassen seien, brachte ihm ein donnerndes Vivat ein, und die Sache schien nun beendigt.

Allein die Spannung auf eine Revolution war zu groß gewesen, als daß nicht irgend etwas ihr zum Opfer hätte fallen müssen. Plötzlich verbreitete sich der Ruf nach einer berüchtigten Gasse, in welcher gegen eine verhaßte Magistratsperson, welche dort der Volksmeinung nach ein übelberufenes Etablissement in willkürlichen Schutz genommen hatte, populäre Justiz geübt werden sollte. Als ich im Gefolge des Schwarmes an jenem Ort anlangte, fand ich ein erbrochenes Haus, in welchem allerhand Gewalttaten verübt wurden. Ich entsinne mich mit Grauen der berauschenden Einwirkung eines solchen unbegreiflichen, wütenden Vorganges und kann nicht leugnen, daß ich, ohne die mindeste persönliche Veranlassung hierzu, an der Wut der jungen Leute, welche wie wahnsinnig Möbel und Geräte zerschlugen, ganz wie ein Besessener mit teilnahm. Ich glaube nicht, daß die vorgebliche Veranlassung zu diesem Exzeß, welche allerdings in einem das Sittlichkeitsgefühl stark verletzenden Vorfalle lag, hierbei auf mich Einfluß übte; vielmehr war es das rein Dämonische solcher Volkswutanfälle, das mich wie einen Tollen in seinen Strudel mit hineinzog. Auch daß solche Wutanfälle nicht so schnell sich verlaufen, sondern nach gewissen natürlichen Gesetzen erst durch ihre Ausartung zur Raserei zu dem ihnen eigentümlichen Abschluß gelangen, sollte ich an mir selbst erfahren. Kaum erscholl der Ruf nach einem andern derartigen Orte, als ich auch schon in der Strömung mich befand, welche nach einem entgegengesetzten Ende der Stadt sich bewegte; dort wurden die gleichen Heldentaten verübt und die lächerlichsten Verwüstungen angerichtet. Ich entsinne mich nicht, daß der Genuß geistiger Getränke zu meiner und meiner unmittelbaren Genossen Berauschung beigetragen hätte; nur weiß ich, daß ich schließlich in den Zustand gelangte, der für gewöhnlich einem Rausche folgt. Ich erwachte des anderen Morgens wie aus einem wüsten Traume und mußte mich erst an einer Trophäe, dem Fetzen eines roten Vorhanges, welchen ich als Zeichen meiner Heldentaten mit mir geführt hatte, daran erinnern, daß die Vorgänge dieser Nacht wirklich von mir erlebt worden seien. Sehr beruhigte es mich, daß allgemein, und namentlich auch in meiner Familie, eine günstige Meinung für die jugendlichen Exzedenten sich geltend machte: die Tollheit der jungen Menschen ward ihnen als sittliche Entrüstung über wirklich empörende Zustände angerechnet, und auch ich durfte mich ohne Scheu zu dem Ruhme bekennen, an den Exzessen teilgenommen zu haben.

Das gefährliche Beispiel, welches von der Jugend gegeben worden war, verführte jedoch an den folgenden Abenden auch die niederen Volksklassen, namentlich das Arbeiterproletariat, zu ähnlichen Exzessen gegen mißliebige Fabrikherren und dergleichen: nun wurde die Sache ernster; das Eigentum war bedroht, der Kampf zwischen arm und reich stand grinsend vor den Häusern. Jetzt waren es die Studenten, welche, da Leipzig ohne alle bewaffnete Macht und die Polizei gänzlich desorganisiert war, zum Schutz gegen das niedere Volk herbeigerufen wurden. Und nun begann eine Zeit der Glorie für das Studententum, wie ich sie nur je in meinen Gymnasiasten-Träumen mir hatte ersehnen können. Der Student ward der Schutzgott Leipzigs; von den Behörden aufgerufen, sich zum Schutz des Eigentums zu waffnen und zu scharen, sammelten sich dieselben jungen Leute, welche zwei Tage vorher sich selbst in die Wut des Zerstörens versetzt hatten, im Universitätshof. Die verpönten Namen der Landsmannschaften und der Burschenschaften riefen laut aus dem Munde der Stadträte und Polizeidirektoren die wunderlich ausgerüsteten Jünglinge auf, welche nun in mittelalterlich naiver Kriegsgliederung sich über die Stadt verteilten, die Wachstuben der Tore bezogen, Schutzmannschaften in die Grundstücke einzelner reicher Kaufleute legten und nach Gutdünken bedroht erscheinende Lokalitäten, worunter namentlich Gasthäuser sehr beliebt wurden, unter ihre andauernde Protektion nahmen. Leider noch nicht selbst Student, antizipierte ich die Wonnen des akademischen Bürgerwesens durch teils keckes, teils einschmeichelndes Herandrängen an die von mir verehrtesten Führer der Studentenschaft. Ich hatte das Glück, mich diesen sogenannten »Haupthähnen« besonders zu empfehlen durch meine Verwandtschaft mit *Brockhaus*, auf dessen Grundstücke sich für eine Zeitlang das Haupt-Heerlager dieser Matadoren aufschlug. Auch mein Schwager war gefährlich bedroht gewesen; nur durch wirklich große Geistesgegenwart und Zuversicht war es ihm gelungen, seine Buchdruckerei und namentlich seine Schnellpressen, auf deren Vernichtung es vorzüglich abgesehen war, vor Zerstörung zu retten. Um sein Eigentum gegen fernere Angriffe zu schützen, wurden Studenten-Abteilungen auch auf sein Grundstück kommandiert; die vortreffliche Bewirtung, welche der liberale Hausherr der lustigen Wachtmannschaft in seinem freundlichen Gartenpavillon bot, zog die eigentliche Crème der Studentenschaft herbei; mein Schwager ward mehrere Wochen lang Tag und Nacht gegen erdenkliche Pöbelangriffe bewacht, und ich feierte dort in dem Kreis der allerberühmtesten Renommisten der Universität, von ihnen geliebt und geehrt, als Vermittler einer üppigen Gastfreundschaft, die wahren Saturnalien meines studentischen Ehrgeizes. – Noch längere Zeit blieb die Bewachung der Stadttore den Studierenden anvertraut; die unerhörte Blüte, in welche das Studentenwesen dadurch geriet, lockte von nah und fern Kommilitonen herbei; täglich entluden am Hallischen Tor große Gesellschaftswagen ganze Scharen der verwegensten Studenten aus Halle, Jena, Göttingen, ja aus den entferntesten Gegenden her. Sie stiegen unmittelbar an den Torwachen ab und sind während mehrerer Wochen nie in einen Gasthof noch in eine sonstige Wohnung gekommen: dort lebten sie auf Rats Unkosten, stellten für gelieferte Eß- und Trinkwaren Bons auf die Polizei aus und kannten nur eine Sorge, nämlich die der möglichen allgemeinen Beruhigung der Gemüter, welche ihre angelegentliche Wachsamkeit überflüssig machen könnte. Ich versäumte keinen Wachttag und leider auch keine Nacht, indem ich meiner Familie die dringende Notwendigkeit auch meiner Ausdauer plausibel zu machen suchte. Natürlich zogen sich die ruhigeren, wirklich studierenden Studenten bald von diesen Wachtfunktionen zurück und nur der eigentliche Ausbund des absoluten Studententums blieb so treu, daß es den Behörden schwierig wurde, die jungen Leute ihrer Verpflichtungen zu entbinden. Ich hielt bis in die allerletzte Zeit aus und machte allerdings für mein Alter staunenswürdige Bekanntschaften. Viele der Verwegensten blieben von hieran selbst ohne Wachtdienst dauernd in Leipzig und bevölkerten dieses für längere Zeit mit einer ganz besonderen Gattung verzweifelt liederlicher Recken, die zu wiederholten Malen von verschiedenen Universitäten, um Raufereien und Schulden halber, relegiert waren und nun unter den außerordentlichen Zeit-Umständen in Leipzig, wo sie anfangs von dem allgemeinen Studenten-Enthusiasmus mit offenen Armen empfangen worden waren, ein schützendes Asyl gefunden hatten.

Ich befand mich all diesen Erscheinungen gegenüber wie vor den Wirkungen eines Erdbebens, welches die gewohnte Ordnung der Dinge und Gegenstände aufhebt. Mein Schwager *Friedrich Brockhaus*, welcher mit Recht den bisherigen Behörden Leipzigs ihre Unfähigkeit, Ruhe und Ordnung zu erhalten, vorwerfen konnte, geriet in den Strom einer ansehnlichen oppositionellen Bewegung. Ein kühnes Wort, welches er auf dem Rathaus an die Herren vom Magistrat gerichtet hatte, machte ihn populär; er ward zum Vize-Kommandanten der nun ins Leben gerufenen Leipziger Kommunalgarde ernannt. Dieses Institut verdrängte meine angebeteten Studenten schließlich aus den Wachstuben der Stadttore; es war uns nun nicht mehr erlaubt, Wanderburschen anzuhalten, um Pässe zu revidieren; dagegen schmeichelte ich mir, in dieser neuen Bürgerwehr die französische Nationalgarde und in meinem Schwager Brockhaus einen sächsischen Lafayette erblicken zu dürfen, was immerhin meiner hochgehenden Erregtheit eine förderliche Nahrung gab. Ich fing nun an, leidenschaftlich Zeitungen zu lesen und Politik zu treiben; für den persönlichen Umgang zog mich jedoch die bürgerliche Welt nicht genügend an, um dem geliebten Studentenverkehr untreu zu werden; ich folgte ihm aus den Wachstuben getreulich in die eigentliche Kneipe, wohin die Studenten-Glorie sich nun wieder zurückzog.

An nichts lag mir mehr, als so schnell wie möglich nun selbst endlich Student zu werden: dies konnte nur durch Vermittlung einer nochmaligen Einbürgerung auf einem Gymnasium geschehen. An der Thomasschule, welche unter dem Rektorat eines schwachen Greises stand, war für meine Wünsche schnellere Erfüllung zu erreichen; ich bezog diese Schule im Herbste des Jahres 1830, rein in der Absicht, durch den bloßen Anschein ihres Besuches mich bis zur Berechtigung zum Abiturienten-Examen durchzuarbeiten. Die Hauptsache war, daß ich mit meinen gleichgesinnten Freunden bereits unter den sogenannten »Pennälern« eine imitierte Studentenverbindung zustande brachte. Sie ward mit allem möglichen Pedantismus organisiert, der Komment eingeführt, Fechtübungen, Paukereien gehalten und ein Stiftungskommers, zu welchem einige Hauptstudenten eingeladen waren und welchem ich als Subsenior in weißen Lederhosen und großen Kanonenstiefeln präsidierte, gab mir einen Vorgeschmack der bevorstehenden Wonnen als wirklicher Student. Die Lehrer der Thomasschule waren jedoch nicht geneigt, meinen Wünschen des Studentenwerdens so gutwillig zu entsprechen; sie fanden am Schlusse des Halbjahres, daß ich mich so gut wie gar nicht um ihre Lehranstalt bekümmert hatte, und waren nicht davon zu überzeugen, daß ich ein Anrecht auf das akademische Bürgertum durch Zunahme an Gelehrsamkeit mir gewonnen hätte. Der Sache mußte aber ein Ende gemacht werden: ich stellte meiner Familie vor, daß ich ja doch entschieden sei, ein Brotstudium auf der Universität nicht zu ergreifen, sondern Musiker zu werden entschlossen sei. Meiner Inskription als »Studiosus Musicæ« stand nichts entgegen: ohne um die Pedantereien auch der Thomasschul-Monarchen mich zu kümmern, verließ ich daher trotzig diese von mir durchaus unausgebeutet gelassene Lehranstalt, um sofort mich beim Rektor der Universität, dessen Bekanntschaft ich bereits an jenem Aufstandsabende gemacht hatte, zur Inskription als Student der Musik zu melden, was denn auch gegen die üblichen Sporteln ohne weiteren Anstand geschah.

Ich hatte hiermit höchste Eile: in acht Tagen begannen die Osterferien, die Studenten verließen Leipzig, und es war unmöglich, mich dann vor der Beendigung der Ferien noch in die Landsmannschaft aufnehmen zu lassen. Diese langen Wochen aber, in Leipzig, wo ich zu Hause war, zu verbleiben, ohne das Recht zu haben, die von mir ersehnten landsmannschaftlichen Farben zu tragen, erschien mir als eine unausstehliche Qual. Unmittelbar vom Rektor rannte ich wie angeschossen auf den Fechtboden, um mich bei der Landsmannschaft der *Sachsen*, unter Vorzeigung meiner Inskriptionskarte, zur Aufnahme zu melden. Mein Ziel war erreicht: ich durfte die Farben der *Saxonia*, welche damals ihrer vielen gefälligen Mitglieder wegen besonders beliebt war und in Ansehen stand, tragen.

Die sonderbarsten Schicksale sollten mich nun in dieser Osterferienzeit treffen, in welcher ich wirklich das einzige in Leipzig zurückbleibende Glied der sächsischen Landsmannschaft war. Diese Verbindung bestand ursprünglich meist aus Adeligen, und diesen schloß sich der elegantere Teil der Studentenwelt an; alle gehörten ansehnlicheren und wohlhabenderen Familien Sachsens und namentlich der Hauptstadt Dresden an und brachten ihre Ferienzeit in ihren verschiedenen Heimatorten zu. In Leipzig blieben dagegen während der Ferien nur die heimatlos gewordenen wilden Studenten zurück, für welche es im Grunde nie oder immer Ferien gab. Unter diesen hatte sich eine ganz besondere Kongregation verwegener und verzweifelter junger Wüstlinge gebildet, welche in der erwähnten gloriosen Zeit, wie ich sagte, in Leipzig ein letztes Asyl gefunden hatten. Ich hatte diese meiner Phantasie ungemein imponierenden Raufdegen namentlich bei der Bewachung des Brockhausischen Gartengrundstückes bereits persönlich kennengelernt. Während die eigentliche Dauer der Universitätsstudien sich auf drei Jahre beschränkte, waren die meisten dieser Leute seit sechs bis sieben Jahren von den Universitäten in keine Heimat zurückgekehrt. Wahrhaft bezaubert war ich von einem gewissen *Gebhardt*, einem Menschen von ganz unvergleichlicher Schönheit und Körperkraft; seine heroische schlanke Gestalt ragte hoch über alle Genossen hervor. Als er mit zwei der kräftigsten Kollegen Arm in Arm durch die Straße schritt, fiel es ihm plötzlich ein, durch leichte Armbewegung seine Freunde hoch in die Luft zu heben und so wie mit einem Menschenflügelpaar dahinzuflattern. Einem Fiaker, der in scharfem Trabe durch die Straßen fuhr, erfaßte er mit einer Hand die Speiche eines Rades und zwang ihn so stillzustehen. Daß er dumm war, ließ ihn keiner merken, aus Furcht vor seiner Kraft, und somit ward seine Beschränktheit an sich auch wenig bemerkbar. Seine furchtbare Stärke, bei einem übrigens gemäßigten Temperamente, verlieh ihm eine erhabene Würde, welche ihn außer allen Vergleich mit andren Sterblichen setzte. Er war zugleich mit einem gewissen *Degelow* aus dem Mecklenburgischen nach Leipzig gekommen; ebenfalls kräftig und gewandt, jedoch keineswegs von so riesigen Proportionen wie Gebhardt, war dieser durch große Lebhaftigkeit und eine ungemein belebte Physiognomie über alles interessant. Er hatte bereits ein wüstes leidenschaftliches Leben hinter sich, in welchem Spiel, Trunk, wilde Liebeshändel und stete Duellierbereitheit den wechsellosen Kanon bildeten. Ein Gemisch von kommentmäßig ausgebildeter, ironisch-pedantischer Kälte als Zeugnis tapferen Selbstvertrauens und wildester Reizbarkeit begründete den Hauptcharakter dieser Persönlichkeit und der ihm verwandten Naturen. In *Degelow* erhielt das Wilde, Leidenschaftliche einen besonderen dämonischen Reiz durch eine hämische Frivolität, mit der er sich oft gegen sich selbst wandte, während er wieder Züge von einer gewissen ritterlichen Zartheit gegen andre zu erkennen gab. Zu diesen auffallendsten jungen Leuten gesellten sich andere, welche als reiner Ausbund eines wüsten Lebens, verbunden mit wirklicher trotziger Tapferkeit, gelten konnten. Ein gewisser *Stelzer*, ein wahrer Haudegen aus den

Nibelungen, mit dem Spitznamen »*Lope*«, studierte bereits im zwanzigsten Semester. Während diese entschieden und mit Bewußtsein einer dem Untergange verfallenen Welt angehörten und all ihr Tun und Treiben nur aus dem einen zu begreifen war, daß sie alle an ihren bevorstehenden, unaufhaltsamen Ruin glaubten, lernte ich in ihrer Gesellschaft noch einen gewissen *Schröter* kennen, welcher mich durch sein freundliches Wesen, seine angenehme hannöverische Sprache und seine witzige Bildung besonders anzog. Er gehörte nicht zu den eigentlichen Verzweifelten, sondern verhielt sich in einem gewissen ruhig beschaulichen Verhältnis zu ihnen, von denen allen er gerne gesehen und geliebt war. Mit *Schröter* ging ich auch wirklich um, trotzdem er bedeutend älter war als ich: durch ihn wurde ich mit den H. Heineschen Büchern und Gedichten bekannt; von ihm eignete ich mir eine gewisse frivole Eleganz des Ausdruckes an, und ich war geneigt, Schröters liebenswürdigem Einflusse mich nicht ohne Hoffnung auf Gewinn für meine äußere Haltung hinzugeben. Namentlich war es dieser, welchen ich jetzt täglich aufsuchte; ich traf ihn meistens des Nachmittags im »Rosenthal«, in »Kintschys Schweizerhäuschen«, nie aber anders als in Gesellschaft jener wunderbaren Hünen, die mir Grauen und Wohlgefallen zugleich erweckten. Sie gehörten sämtlich landsmannschaftlichen Verbindungen an, welche mit derjenigen, zu der ich mich bekannte, auf feindschaftlichem Fuße standen. Was das zwischen Landsmannschaften heißt, weiß, wer den damaligen Ton derselben kennt: der bloße Anblick der feindlichen Farben genügte, die gutmütigsten Menschen, sobald sie etwas im Kopfe hatten, in Wut gegeneinander zu versetzen. Jedenfalls erregte es den »alten Hähnen«, solange sie nüchtern waren, ein gemütliches Behagen, mich junges schmächtiges Bürschchen, mit den feindlichen Farben geschmückt, so zutraulich unter sich zu sehen. Diese Farben trug ich aber auf ganz besondere Art: die kurze Zeit des noch achttägigen Aufenthaltes meiner Landsmannschaft in Leipzig hatte ich benutzt, um in den Besitz einer wunderschönen, reich mit Silber gestickten Sachsenmütze zu gelangen, welche ich an einem gewissen *Müller*, später bedeutendem Polizeimann in Dresden, wahrgenommen und nach welcher mich so heftige Sehnsucht erfaßt hatte, daß ich sie dem zur Heimreise Geldbedürftigen abzuhandeln verstand. Trotz dieser auffallenden Mütze war ich, wie gesagt, in der Tigerhöhle jenes Reckenbundes gern gesehen; mein Freund *Schröter* vermittelte dies. Nur wenn der Grog, dieses Hauptgetränk der Wüstlinge, zu wirken begann, bemerkte ich oft unheimliche Blicke und belauschte bedenkliche Reden, gegen deren richtiges Verständnis mich eine Zeitlang meine eigene, durch das böse Getränk bewirkte Sinnesverwirrung schützte.

Da ich auf diesem Wege unvermeidlich in Händel verfallen mußte, gereichte es mir lange Zeit zur angenehmen Genugtuung, daß die erste Veranlassung hierzu jedoch aus einem für mich ehrenvolleren Falle hervorging, als jene halb unbemerkt gebliebenen Sticheleien es waren. Zu *Schröter* und mir trat eines Tages *Degelow* in einem öfters von uns besuchten Weinkeller; auf nicht unehrerbietige Weise bekannte er im traulichen Gespräch uns seine Neigung zu einer jungen sehr hübschen Schauspielerin, deren Talent von *Schröter* in Zweifel gezogen wurde; *Degelow* entgegnete: dem möge sein wie ihm wolle, er halte diese junge Dame für das anständigste Frauenzimmer am Theater. Sogleich frug ich ihn, ob er meine Schwester für minder anständig halte. Nach studentischen Ehrbegriffen konnte *Degelow*, der jedenfalls nicht im entferntesten an eine Beleidigung gedacht hatte, in seiner beruhigenden Erklärung nicht weitergehen, als daß er gewiß meine Schwester nicht für minder anständig halte, jedoch auf seiner Äußerung im Betreff der von ihm erwähnten jungen Dame zu bestehen gedenke. Hierauf erfolgte ohne Zögern die bekannte Kriegserklärung mit den Worten: »Du bist ein dummer Junge« – die mir dem gereiften Wüstlinge gegenüber fast selbst, da ich mich hörte, lächerlich vorkam. Ich entsinne mich, daß es auch *Degelow* unwillkürlich durchzuckte und ihm wie ein Blitz aus den Augen fuhr; doch faßte er sich in Gegenwart unseres Freundes und schritt zu den üblichen Förmlichkeiten der Herausforderung, welche auf »krumme Säbel« lautete. Der Fall machte unter den Genossen großes Aufsehen: weniger als je fühlte ich Grund, mich von dem gewohnten Umgange fernzuhalten; nur wurde ich aufmerksamer auf die Haltung der Haudegen, und es verging nun während einer Reihe von Tagen kein Abend, an welchem es nicht zwischen mir und einem furchtbaren Raufbolde zu einer Herausforderung kam, bis sich das einzige von meiner Landsmannschaft bereits nach Leipzig wieder zurückgekehrte Glied derselben, ein Graf *Solms*, vertraulich bei mir einstellte, sich über die Vorfälle erkundigte, mein Benehmen lobte, mir jedoch anriet, bis zur Rückkehr unserer Verbindungsgenossen aus den Ferien die Farben ungetragen zu lassen und mich von dem schlimmen Umgange, in welchen ich mich gewagt hatte, zurückzuhalten. – Dies dauerte nun glücklicherweise nicht mehr lange; die Universität belebte sich, der Fechtboden füllte sich wieder. Meine ungeheure Situation, in welcher ich mit einem halben Dutzend der furchtbarsten Schläger, nach Studentenausdruck, »hing«, brachte mir unter den »*Füchsen*« und »*jungen Häusern*«, ja selbst unter den älteren »*Korpsburschen*« der Saxonia, ruhmreiche Beachtung ein. Meine »*Suiten*« wurden gehörig geordnet, die Fristen für die verschiedenen kontrahierten Duelle festgesetzt und mir durch die Vorsorge meiner Senioren die nötige Zeit zur Aneignung einiger Fertigkeit im Fechten versichert. Der leichte Mut, mit welchem ich dem Schicksal entgegensah, welches mindestens in einem der bevorstehenden Duelle mein Leben bedrohte, blieb mir selbst zu jener Zeit unbegreiflich. In welcher Weise dieses Schicksal mich dagegen vor den Folgen meiner Unüberlegtheiten bewahrte, gilt mir noch heute als wahrhaft wunderlich, und der Hergang hiervon möge daher noch näher mitgeteilt werden.

Zu den Vorbereitungen für das Duell gehörte auch das Bekanntmachen mit dem Charakter desselben durch persönliche Anwesenheit bei Zweikämpfen. Hierzu gelangten wir Füchse durch den sogenannten »Schleppdienst«, d. h. uns wurden die Schläger des Korps (wertvolle Ehrenwaffen, der Verbindung angehörig) anvertraut, um sie zunächst zum Schleifer zu schaffen und von dort sie nach dem Lokal des Zweikampfes überzuführen, welches mit einiger Gefahr verbunden war, da es heimlich geschehen mußte, indem das Duellieren gesetzlich verpönt war: hierfür erhielten wir das Recht, den bevorstehenden Duellen als Zuschauer anwohnen zu dürfen. Als ich zu dieser Ehre gelangte, war das Lokal für das Duell im Billardzimmer eines Wirtshauses der Burgstraße bestimmt; dort war das Billard beiseite gerückt, und auf ihm pflanzten die berechtigten Zuschauer sich auf: unter ihnen stand ich hoch oben mit klopfendem Herzen, den bangen und mutigen Vorgängen entgegensehend. Man erzählte mir bei dieser Gelegenheit von einem meiner Bekannten (einem Juden *Levy*, genannt *Lippert*), welcher in demselben Lokale vor dem Gegner so stark zurückgewichen, daß man ihm die Türe geöffnet habe, durch welche er über die Treppe bis auf die Straße, immer noch im Duell sich begriffen glaubend, entflohen sei. Nachdem mehrere Paukereien abgemacht waren, trat mit dem Senior der »Markomannen«, *Tempel*, ein gewisser *Wohlfahrt*, ein bereits im vierzehnten Semester »studierendes« »bemoostes Haupt«, mit welchem ich gleichfalls zu einem auf spätere Zeit anberaumten Zweikampf engagiert war, auf die »Mensur«. Da in solchem Falle das Zusehen nicht gestattet war, weil es dem künftigen Duellanten die Schwächen des Gegners verraten konnte, wurde *Wohlfart* von meinen Senioren befragt, ob er meine Entfernung verlange, worauf dieser mit ruhiger Geringschätzung antwortete, man solle das »Füchschen« doch in Gottes Namen dalassen. So ward ich Augenzeuge der Kampfunfähigmachung eines Schlägers, der sich im übrigen bei dieser Gelegenheit so erfahren und tüchtig bewies, daß ich wohl in Besorgnis vor dem Ausgang meines künftig beabsichtigten Kampfes mit ihm zu verfallen berechtigt gewesen wäre. Von seinem riesenhaften Gegner ward ihm die Arterie des rechten Armes zerschlagen: das Duell war sofort beendigt; der Arzt erklärte *Wohlfart* auf Jahre für unfähig, die Waffe wieder führen zu können, unter welchen Umständen sofort mein beabsichtigtes Duell mit ihm als unstatthaft angekündigt wurde. Ich leugne nicht, daß dieser Vorgang mich mit einiger Wärme erfüllte.

Kurz darauf fand der erste allgemeine landsmannschaftliche Kommers in der »Grünen Schenke« statt. Diese Kommerse sind die eigentlichen Brutstätten für Duellskandale; ich zog mir hier zwar ein neues Duell mit einem gewissen *Tischer* zu, erfuhr aber auch sogleich, daß ich von zwei der monströsesten älteren Engagements dieser Art, durch das Verschwinden meiner Gegner, befreit worden sei, indem beide wegen Schulden spurlos entwichen waren. Nur von dem einen, dem furchtbaren *Stelzer*, genannt *Lope*, erfuhr ich Genaueres: er hatte den Durchzug flüchtiger Polen, welche, damals bereits über die Grenze gedrängt, durch Deutschland nach Frankreich sich wandten, benutzt, um als verunglückter Freiheitskämpfer verkappt sich später bis zur Fremdenlegion in Algier durchzuschlagen. Auf dem Heimweg von dem Kommers ließ mir *Degelow*, mit welchem ich in einigen Wochen »losgehen« sollte, »*Comment-Suspendu*« antragen, vermöge welcher Maßregel, wenn sie, wie es hier der Fall war, andrerseits angenommen wurde, den engagierten Gegnern erlaubt war, miteinander zu sprechen und sich zu unterhalten, was außerdem auf das strengste unterlassen werden mußte. Arm in Arm verschlungen wanderten wir nach der Stadt zurück: mit ritterlicher Zärtlichkeit erklärte mir mein furchtbarer und so sehr interessanter Gegner, daß er sich drauf freue, in einigen Wochen mit mir auf die Mensur zu treten, woraus er sich eine Ehre und ein Vergnügen mache, da er mich liebhabe und meines tüchtigen Benehmens halber mich hochschätze. Selten hat mir ein persönlicher Erfolg mehr geschmeichelt; wir umarmten uns und schieden unter Ergießungen, welche durch einen gewissen feierlichen Anstand einen für mich unvergeßlichen Ausdruck erhielten. *Degelow* hatte mir angekündigt, daß er zuvor nach *Jena* zu verreisen habe, wo ihm die Erledigung einer Herausforderung auf Stoßwaffen bevorstehe. Acht Tage hierauf gelangte die Kunde vom Tode *Degelows*, welcher in diesem angekündigten Duell in Jena erstochen war, nach Leipzig.

Ich war wie im Traum, aus welchem ich durch die Ansage des Duells mit *Tischer* erweckt wurde. Dieser, ein tüchtiger und energischer Fechter, war von meinen Senioren mir zum ersten Waffengang auserlesen worden, da er von ziemlich kleiner Statur war. Ohne mich sonderlich auf meine in der Eile gewonnene und durchaus nicht bedeutend ausgebildete Fertigkeit in der Fechtkunst verlassen zu können, sah ich diesem ersten Duell mit leichtem Mute entgegen. Eine Hauterhitzung, welche ich mir damals zugezogen hatte und von welcher man mir sagte, daß sie Verwundungen besonders gefährlich machte, daher ihre Angabe vom Duell suspendiere, fiel mir, obschon es kommentwidrig war, nicht ein bekanntzumachen, trotzdem ich bescheiden genug war, auf Verwundungen mich gefaßt zu machen. Vormittags um 10 Uhr war ich bestellt und verließ die Wohnung meiner Familie lächelnd mit dem Gedanken, was meine Mutter und meine Schwestern sagen würden, wenn ich, in dem vorausgesehenen erschreckenden Zustande, in einigen Stunden nach Haus gebracht werden würde. Als ich am Haus meines Seniors auf dem Brühl anlangte, grüßte mich derselbe, ein angenehmer ruhiger junger Mann, Herr *v. Schönfeld*, mit herabhängender Pfeife aus dem Fenster mit den Worten: »*Du kannst heimgehen, Kleiner; es ist nichts, Tischer liegt im Spital.*« Als ich hinaufkam, fand ich mehrere Korpsburschen versammelt, von denen ich erfuhr, daß Tischer in der vergangenen Nacht sich durch Exzesse der Betrunkenheit die entehrendsten Mißhandlungen der Bevölkerung eines liederlichen Hauses zugezogen hatte und auf das scheußlichste verwundet durch die Polizei zunächst in das Krankenhaus geschafft worden sei, was ihm notwendig Relegation und vor allem Ausstoßung aus der Studentenschaft zuzuziehen habe.

Ich entsinne mich nicht deutlich, welches Schicksal die ein oder zwei Raufdegen aus Leipzig entfernt hatte, mit welchen ich noch aus der verderblichen Ferienzeit her engagiert war, nur weiß ich, daß diese Seite meines Studentenruhmes überhaupt nun gegen eine andere Richtung zurückgetreten war. Wir begingen den *Fuchs-Kommers*, zu welchem, wer es nur irgend ermöglichen konnte, vierspännig im langen Zuge durch die Stadt hinausfuhr. Nachdem mich noch der »*Landesvater*« durch seine plötzlich eintretende und andauernde Feierlichkeit ganz außerordentlich ergriffen hatte, verfiel ich nun in den Ehrgeiz, unter den allerletzten mich zu befinden, welche vom Kommers wieder heimkehren würden. Auf diese Weise verblieb ich drei Tage und drei Nächte, welche allermeistens im *Spiele* zugebracht wurden: denn dieses warf, von der ersten Kommersnacht an, seine dämonischen Schlingen über mich. Ein Ausbund der flottesten Verbindungsglieder, etwa ein halbes Dutzend, fand sich beim ersten Morgengrauen beim »Landsknecht« zusammen und bildete von da ab den Stamm einer Spielgesellschaft, welche sich den Tag über durch neu aus der Stadt Zurückkehrende verstärkte. Viele kamen, um zu sehen, ob man immer noch sein Wesen triebe; viele gingen auch wieder; nur ich, mit dem Stamme der Sechse, hielt Tage und Nächte ohne Wanken aus. Anfänglich bestimmte mich zur Teilnahme am Spiel der Wunsch, mein Kommersgeld (zwei Taler) durch Gewinn mir zu verschaffen: dies gelang, und nun begeisterte mich die Hoffnung, alle meine in jener Zeit gemachten Schulden auf diese Weise durch Spielgewinst abtragen zu können. Ähnlich wie ich das Komponieren, durch *Logiers* Methode, auf das schleunigste zu erlernen verhofft, durch unerwartete Schwierigkeiten hierin jedoch mich lange Zeit aufgehalten gesehen hatte, erging es mir nun mit diesem Plane der eiligen Bereinigung meiner finanziellen Situation: mit dem Gewinst ging es nicht so schnell, und gegen drei Monate blieb ich der Spielwut dermaßen verfallen, daß dagegen alle anderen Leidenschaften als gänzlich machtlos über mein Gemüt zurücktraten. Nicht der Fechtboden, nicht die Kneipe, nicht der Duellplatz bekamen mich mehr zu sehen; den Tag über zerwühlte ich meine klägliche Lage, um mir auf jede erdenkliche Weise das nötige Geld zu verschaffen, um den Abend und die Nacht hindurch es zu verspielen. Vergeblich wandte meine Mutter, die dennoch keine Ahnung von meinen unwürdigen Ausschweifungen hatte, alle ihr zu Gebote stehenden schwachen Mittel an, um mich von meinem nächtlichen Ausbleiben zurückzuhalten: nie gelangte ich, nachdem ich am Nachmittag das Haus verlassen, anders als beim Grauen des darauffolgenden Morgens, über das Hoftor, zu dem mir der Schlüssel verweigert war, steigend, in mein abseits gelegenes Zimmer zurück. Die Leidenschaft war durch die Verzweiflung des Spielunglückes bis zum Wahnsinn gesteigert: unempfindlich gegen alles, was mir sonst am Studentenleben verlockend erschienen war, von sinnlosester Gleichgültigkeit gegen die Meinung meiner bisherigen Genossen, verschwand ich den Blicken aller und traf in den kleinen Spielhäusern Leipzigs nur mit den ausgemachtesten Liederlichen der Studentenschaft zusammen. Ich ertrug mit völligem Stumpfsinn selbst die Verachtung meiner Schwester *Rosalie*, welche mit meiner Mutter den unbegreiflichen jungen Wüstling, der bleich und verstört sich selten vor ihnen zeigte, kaum eines Blickes zu würdigen vermochte. In meiner wachsenden Verzweiflung griff ich endlich zu dem Mittel, durch kühne Behandlung des feindseligen Glückes mir gründlich zu helfen. Ich war der Meinung, daß nur mit reichlicheren Einsatzsummen Gewinn zu erlangen sei, und bestimmte daher eine mir anvertraute, verhältnismäßig nicht unbedeutende Geldsumme, den Betrag der durch mich erhobenen Pension meiner Mutter, zu diesem Versuche. In jener Nacht verlor ich alles Mitgebrachte bis auf den letzten Taler: die Aufregung, mit welcher ich auch *diesen* endlich ebenfalls auf eine Karte setzte, war meinem jungen Leben nach allen sonstigen Erfahrungen doch vollständig neu: ohne das mindeste genossen zu haben, mußte ich mich wiederholt vom Spieltisch entfernen, um mich zu erbrechen. Mit diesem letzten Taler spielte ich mein Leben aus: denn an eine Heimkehr zu meiner Familie war nicht zu denken; ich sah mich bereits beim Morgengrauen über die Felder und durch die Wälder als verlorenen Sohn in das Ziellose dahinfliehen. Die hierin sich bekundende verzweiflungsvolle Stimmung hielt so energisch an, daß, als meine Karte zugeschlagen hatte, ich den Gewinn mit dem Einsatz sofort von neuem darangab und dieses Verfahren mehreremal wiederholte, bis wirklich der Gewinn sich einigermaßen beträchtlich herausstellte. Fortwährend gewann ich nun. Ich ward so zuverlässig, daß ich das kühnste Spiel wagte: denn plötzlich leuchtete es in mir hell auf, daß ich heute zum letztenmal spielte. Mein Glück ward so auffällig, daß die Bankhalter zu schließen für gut befanden. Wirklich hatte ich nicht nur alles in dieser Nacht zuvor verlorene Geld wiedergewonnen, sondern dazu auch noch den Betrag aller meiner Schulden. Die Wärme, die während dieses Vorganges mich wachsend erfüllte, war durchaus heiliger Art. Mit dem Zuschlag meines Glückes fühlte ich deutlich Gott oder seinen Engel wie neben mir stehend, seine Warnung und Tröstung mir zuflüsternd. Noch einmal galt es bei Tagesgrauen über die Torpforte nach meiner Wohnung zu gelangen; dort verfiel ich in einen tiefen und energischen Schlaf, aus welchem ich spät, gestärkt und wie neugeboren, erwachte. Kein Schamgefühl hielt mich davon ab, meiner Mutter, welcher ich ihr Geld zustellte, den Vorgang dieser entscheidungsvollen Nacht, und mit ihm mein Vergehen gegen ihr Eigentum, unaufgefordert zu berichten. Sie faltete die Hände und dankte Gott für die mir erwiesene Gnade, drückte auch ihre Zuversicht aus, daß sie mich für gerettet halte und es mir unmöglich sein werde, ferner in ähnliche Laster zurückzuverfallen. Wirklich hatte auch hiermit jede Versuchung für immer ihre Macht über mich verloren. Die Welt, in welcher ich bisher zu wachsendem Taumel mich bewegt hatte, erschien mir mit einem Mal das Allerunbegreiflichste und Anziehungsloseste: die Spielwut hatte mich gegen alle sonstigen Studenteneitelkeiten bereits vollkommen gleichgültig gemacht; mit der Befreiung von dieser Leidenschaft war ich mit einem Male einer ganz neuen Welt gegenübergestellt, und dieser gehörte ich von nun ab, durch einen zuvor mir unbekannten Eifer für meine musikalische Ausbildung, für welche ich jetzt in eine neue Phase trat, an. Diese war die des wahrhaften Ernstes des Studiums.

Auch in dieser wildesten Periode meines Lebens war meine musikalische Entwicklung nicht gänzlich stillgestanden; vielmehr war die Musik jetzt immer bestimmter die einzige Richtung geworden, in welcher mein geistiges Leben sich bemerklich machte. Nur war alles musikalische Studium mir gänzlich fremd geworden. Noch heute ist es mir aber unbegreiflich, wie ich damals die Zeit fand, eine ziemliche Anzahl von Kompositionen zu beenden. Während ich von einer Ouvertüre aus C-dur ($^6/_8$) und einer vierhändigen Sonate in B-dur, welche letztere ich mit meiner Schwester Ottilie einübte und, da sie uns beiden gefiel, für das Orchester instrumentierte, keine deutliche Erinnerung behalten habe, knüpft sich an ein andres Werk aus dieser Zeit, eine Ouvertüre in B-dur, eine epochemachende Erinnerung. Diese Komposition war nämlich aus meinem Studium der Neunten Symphonie Beethovens ziemlich in derselben Weise erwachsen, wie »*Leubald und Adelaïde*« aus dem Studium Shakespeares. Besonders hatte sich hierbei die mystische Bedeutung, welche ich dem Orchester gab, ausgebildet: dieses gliederte ich in drei unterschiedliche, sich bekämpfende Elemente. Ich ging damit um, das Charakteristische dieser Elemente dem Leser der Partitur sofort durch ein energisches Farbenspiel vor die Augen zu bringen, und nur der Umstand, daß ich mir keine grüne Tinte zu verschaffen wußte, verhinderte mich an der Ausführung meines malerischen Kopiergelüstes. Nur den Blechinstrumenten wollte ich nämlich die schwarze Farbe der Tinte belassen; die Streichinstrumente sollten dagegen rot und die Blasinstrumente grün geschrieben werden. Diese sonderbare Partitur legte ich dem damaligen Musikdirektor des Leipziger Theaters, *Heinrich Dorn,* vor, welcher, noch ein sehr junger Mann, als besonders gewandter Musiker und witziger Lebemann mir wie dem Leipziger Publikum angenehm imponierte. Noch heute vermag ich jedoch mir nicht zu erklären, was ihn bewog, meinem Wunsch einer öffentlichen Aufführung dieser Ouvertüre zu entsprechen. Ich war später mit anderen, welche Dorns Gefallen an spöttischer Unterhaltung kannten, der Annahme nicht abgeneigt, daß er bei dieser Gelegenheit sich habe einen Spaß machen wollen, während er stets dabei verblieb, das Werk sei ihm interessant erschienen und es würde nur der Ankündigung eines unbekannt gebliebenen Werkes Beethovens bedurft haben, um es vom Publikum, wenn auch ohne Verständnis, dennoch aber mit Respekt aufgenommen zu sehen. Es war zu Weihnachten des verhängnisvollen Jahres 1830, wo am Heiligen Abend wie üblich das Schauspiel ausfiel und dafür ein stets wenig besuchtes Armenkonzert im Leipziger Theater veranstaltet war. Als erste Nummer des Programmes figurierte die aufreizende Benennung »Neue Ouvertüre«; nichts weiter. Ich hatte unter großen Besorgnissen in einem Versteck der Probe beigewohnt und von der Kaltblütigkeit *Dorns* eine vorteilhafte Meinung gewonnen, welcher der bedenklichen Bewegung der Orchestermusiker gegenüber, als sie mit dem Vortrag der rätselhaften Komposition sich befaßten, eine außerordentlich sichere Fassung bewährte. Das Hauptthema des Allegros war viertaktiger Natur; nach jedem vierten Takt war jedoch ein gänzlich zur Melodie ungehöriger fünfter Takt eingeschaltet, welcher sich durch einen besonderen Paukenschlag auf das zweite Taktviertel auszeichnete. Da dieser Schlag ziemlich vereinzelt stand, wurde der Paukenschläger, welcher sich stets zu irren glaubte, befangen und gab dem Akzente nicht die in der Partitur vorgeschriebene Schärfe, womit ich, über meine Intention selbst erschrocken, in meiner Unsichtbarkeit recht zufrieden war. Zu meinem wahren Mißbehagen zog jedoch *Dorn* den verschämten Paukenschlag an das helle Licht und bestand darauf, daß der Musiker ihn stets mit der vorgeschriebenen Stärke zur Ausführung brächte. Als ich dem Musikdirektor nach der Probe über diesen bedenklichen Punkt meine Besorgnis mitteilte, gelang es mir nicht, ihn zu einer mildern Auffassung des fatalen Paukenschlags zu bewegen; er blieb dabei, daß die Sache sich so recht gut machen würde. Trotz dieser Beruhigung blieb meine Befangenheit groß, und ich getraute mich nicht, meinen Bekannten mich als den Komponisten dieser Ouvertüre im voraus zu bekennen. Nur meine Schwester *Ottilie*, welche bereits die heimlichen Vorlesungen von »Leubald und Adelaïde« zu überstehen gehabt hatte, bewog ich, mit mir zur Anhörung meines Werkes sich aufzumachen. Es war der Abend der Weihnachtsbescherung im Hause meines Schwagers Friedrich Brockhaus; ich wie meine Schwester hatten ein Interesse, dieser Bescherung beizuwohnen. Sie, als zum Hause meines Schwagers gehörig, war besonders dabei beschäftigt und konnte nur mit Mühe auf kurze Zeit sich entfernen, weshalb der freundliche Verwandte sogar den Wagen anspannen lassen mußte, um die Wiederkunft der Schwester zu beschleunigen. Ich benutzte diese Gelegenheit, um mit einer gewissen Feierlichkeit meiner ersten Einführung in die musikalische Welt beizuwohnen: der Wagen brauste vor dem Theater an; Ottilie begab sich in die Loge meines Schwagers, wogegen ich mein Unterkommen im Parterre zu suchen genötigt war. Ich hatte vergessen, mir ein Billett zu besorgen, und ward vom Türsteher zurückgewiesen: da hörte ich das Orchester immer intensiver einstimmen, ich glaubte den Beginn meines Werkes versäumen zu müssen und ging in der Angst deshalb so weit, mich dem Türsteher als den Autor der *»Neuen Ouvertüre«* zu entdecken, um ihn, wie es mir denn auch gelang, zu bewegen, mich ausnahmsweise ohne Billett zuzulassen. Ich drang bis zu einer der vorderen Bänke des Parterres vor und ließ mich dort in sinnloser Unruhe nieder. Die Ouvertüre begann: nachdem sich das Thema der »schwarzen« Blechinstrumente bedeutungsvoll kundgetan, trat das »rote« Allegro-Thema ein, welches, wie gesagt, mit jedem fünften Takte durch den Paukenschlag aus der »schwarzen« Welt unterbrochen wurde. Welche Wirkung das später hinzutretende »grüne« Motiv der Blasinstrumente und endlich das Zusammenwirken des »schwarzen, roten und grünen« Themas auf die Zuhörer machte, ist mir undeutlich geblieben, da jener fatale Paukenschlag, mit hämischer Brutalität produziert, eine so aufregende Wirkung hervorbrachte, daß ich hierüber alle weitere Besinnung verlor. Besonders die längere Zeit andauernde regelmäßige Wiederkehr dieses Effektes erregte bald die Aufmerksamkeit und endlich die Heiterkeit des Publikums. Meine Nachbarn hörte ich diese Wiederkehr im voraus berechnen und ankündigen: was ich, der ich die Richtigkeit ihrer Berechnung kannte, hierunter litt, ist nicht zu schildern. Mir vergingen die Sinne. Ich erwachte schließlich, als die Ouvertüre, zu welcher ich alle banalen Schlußformen verschmäht hatte, ganz unversehens abbrach, wie aus einem unbegreiflichen Traum: alle Wirkungen eines *Hoffmann*schen Phantasiestückes auf mich erblichen gegen den sonderbaren Zustand, in welchem ich zu mir kam, als ich das Erstaunen des Publikums am Schlusse meines Werkes gewahrte. Ich hörte keine Mißfallsbezeugung, kein Zischen, kein Tadeln, selbst nicht eigentliches Lachen, sondern nahm nur die größte Verwunderung aller über einen so seltsamen Vorfall wahr, der jedem gleich wie mir wie ein unerhörter Traum vorzukommen schien. Das Schmerzliche war, daß ich nun eiligst wieder das Parterre zu verlassen hatte, da ich meine Schwester sofort nach Haus zu begleiten gehalten war. Mich erheben, durch die Bänke des Parterres mich dem Ausgange zu bewegen zu müssen, war furchtbar. Nichts glich aber der Pein, mit welcher ich jetzt dem Türsteher wieder unter die Augen trat: der sonderbare Blick, den dieser auf mich warf, hinterließ einen unauslöschlichen Eindruck auf mich, und für lange Zeit blieb ich dem Parterre des Leipziger Theaters fern. Jetzt war noch die Schwester abzuholen, mit ihr, die den Vorgang mitleidend erlebt hatte, einsam nach Haus zu fahren und dort dem Glanze eines Familienfestes entgegenzugehen, welches wie eine grelle Ironie in die Nacht meiner Betäubung hineinleuchtete.

Noch suchte ich mich zwar gegen diesen Eindruck zu behaupten und glaubte mich mit einer ebenfalls vorrätigen Ouvertüre zur »*Braut von Messina*« trösten zu können, welche ich für gelungener als das aufgeführte Werk hielt. An eine Reparation war jedoch nicht zu denken, da ich für längere Zeit der Leipziger Theaterdirektion, trotz *Dorns* Freundschaft, für sehr bedenklich galt. Zwar wurden von mir jetzt noch Kompositionen zum Goetheschen *Faust* entworfen, von denen einige sich bis heute bei mir erhalten haben; doch schwemmte bald das nun eintretende wüste Studentenleben auch den letzten Ernst für musikalische Arbeit in mir hinweg.

Ich bildete mir dagegen ein, da ich nun einmal Student geworden sei, auch Kollegien hören zu müssen. Bei *Traugott Krug*, dem mir wohlbekannten freundlichen Bezwinger jenes Studentenaufstandes, versuchte ich Fundamental-Philosophie zu hören: eine einzige Stunde genügte, um mich für immer von diesem Versuche abzubringen. Zwei- bis dreimal jedoch besuchte ich die Vorlesungen eines jüngeren Professors *Weiß* über Ästhetik: diese große Ausdauer verdankte ich dem Interesse, welches *Weiß*, durch mein persönliches Bekanntwerden mit ihm bei meinem Onkel Adolf, mir eingeflößt hatte. *Weiß* hatte damals die Metaphysik des Aristoteles übersetzt und sie, wenn ich nicht irre, in einem polemischen Sinne *Hegel* gewidmet. Bei dieser Gelegenheit hatte ich im Gespräch beider Männer Dinge über Philosophie und Philosophen vernommen, welche einen großen spannenden Eindruck auf mich machten. Ich entsinne mich, daß *Weiß*, dessen zerstreutes Wesen, hastige und stoßweise Sprechmanier, vor allem dessen interessanter tiefsinniger physiognomischer Ausdruck mich sehr fesselten, sich in betreff der ihm vorgeworfenen Unklarheit seines schriftstellerischen Stiles damit rechtfertigte, daß die tiefsten Probleme des menschlichen Geistes doch unmöglich für den Pöbel gelöst werden könnten. Diese mir sehr plausibel dünkende Maxime war mir sofort zur Richtschnur für alles, was ich aufschrieb, geworden. Ich entsinne mich, daß mein ältester Bruder *Albert*, welchem ich einmal im Auftrage meiner Mutter zu schreiben hatte, in wahrhaftem Entsetzen über meinen Brief und dessen Stil, seine Befürchtung zu erkennen gab, ich sei im Begriffe toll zu werden. Trotzdem ich sonach von *Weiß* mir vorzüglich Sympathisches erwarten zu dürfen vermeinte, gelang es mir nicht in seinen Vorlesungen auszudauern, da meine damalige leidenschaftliche Lebenstendenz mich auf ganz andre Dinge als ästhetische Studien verwies. Dennoch vermochte um die gleiche Zeit die Sorge der Mutter es über mich, einen Versuch zu ernstlicher Wiederaufnahme des Musikstudiums zu machen; daß mein bisheriger Lehrer *Müller* nicht imstande gewesen war, mir dauernde Lust an diesem beizubringen, hatte sich ersichtlich herausgestellt: es galt daher zu erfahren, ob ein neuer Lehrer sich geeigneter erweisen würde, mir den nötigen Ernst hierfür zu erwecken.

Theodor Weinlich, Kantor und Musikdirektor an der Thomaskirche, bekleidete damals diese in Leipzig altherkömmlich wichtigste Stelle, welche zuletzt *Schicht* und dereinst *Sebastian Bach* selbst innegehabt hatten. Er gehörte seiner musikalischen Bildung nach der altitalienischen Schule an und hatte in Bologna in der Schule des Pater Martini studiert. In dieser Richtung hatte er sich namentlich durch Vokalkompositionen, in welchen man seine schöne Behandlung der Stimmen rühmte, vorteilhaft bekannt gemacht: er selbst erzählte mir, daß eines Tages ein Leipziger Verleger ihm nicht unbedeutende Vorteile anbot, wenn er ihm einige Hefte neuer Gesangsübungen, gleich denjenigen, welche einem andren Verleger gute Geschäfte eingebracht hatten, überlassen wollte; da ihm *Weinlich* bedeutete, er habe zur

Zeit gerade keine solchen Kompositionen vorrätig, wenn er von ihm jedoch etwas verlegen wolle, biete er ihm eine neue Messe an, lehnte der Verleger mit dem Bemerken ab: »*Wer das Fleisch bekommen habe, möge auch an den Knochen nagen.*« Die Bescheidenheit, mit welcher *Weinlich* mir diesen Zug erzählte, kennzeichnete den trefflichen Mann nach jeder Seite. Äußerst schwächlich und kränklich, verweigerte er zunächst, als meine Mutter mich bei ihm einführte, mich in die Lehre zu nehmen. Nachdem er allem herzlichen Zureden lange widerstanden hatte, schien ihn endlich der Zustand meiner mangelhaften musikalischen Ausbildung, wie er diesen aus einer von mir mitgebrachten Fuge erkannte, zu einem mir günstigen, freundlichen Mitleiden zu stimmen; er sagte mir unter der Bedingung, daß ich ein halbes Jahr lang allem Komponieren entsage und geduldig nur seine Vorschriften ausführen wollte, seinen Unterricht zu. Dem ersten Teil meines Versprechens blieb ich getreu – dank der ungeheuren Zerstreuung, zu welcher mich das Studentenleben hinriß; als ich dagegen längere Zeit einzig mit vierstimmigen Harmonieübungen im gebundenen strengen Stil mich beschäftigen sollte, fand sich nicht nur der leichtsinnige Student, sondern auch der Komponist so mancher Ouvertüre und Sonate höchlich angewidert. Auch *Weinlich* hatte über mich zu klagen und war endlich daran, mich gänzlich aufzugeben. In diese Zeit fiel der Wendepunkt meiner Lebensrichtung, welche die Katastrophe jenes erschütternden Abends im Spielhause herbeiführte. Nicht minder fast als dieses Erlebnis erschütterte mich *Weinlichs* Erklärung, nichts mehr mit mir zu tun haben zu wollen. Beschämt und gerührt bat ich den milden, von mir wirklich geliebten Greis um Verzeihung und gelobte ihm von nun an kräftige Ausdauer. Nun bestellte mich *Weinlich* eines Morgens um 7 Uhr zu sich, um unter seinen Augen bis Mittag das Gerippe einer Fuge auszuarbeiten; er widmete mir wirklich den vollen Vormittag, indem er jedem Takt, den ich aufzeichnete, seine ratende und belehrende Aufmerksamkeit widmete. Um 12 Uhr entließ er mich mit dem Auftrag, den Entwurf durch Ausfüllung der Nebenstimmen zu Hause vollends auszuarbeiten. Als ich ihm dann die fertige Fuge brachte, überreichte er mir dagegen eine von ihm verfaßte Ausarbeitung desselben Themas zum Vergleich. Diese gemeinsame Fugenarbeit begründete zwischen mir und dem liebenswürdigen Lehrer das ergiebigste Liebesverhältnis, indem von nun an sowohl ihm wie mir die ferneren Studien zur angenehmsten Unterhaltung wurden. Ich war erstaunt, die hierauf gewandte Zeit so schnell verflogen zu sehen. Nachdem ich im Laufe zweier Monate, außer einer Anzahl der künstlichsten Fugen, jede Art der schwierigsten kontrapunktischen Evolutionen schnell durchgearbeitet hatte und ich dem Lehrer eines Tages eine besonders reich ausgestattete Doppelfuge brachte, war ich wirklich erschrocken, da er mir sagte, ich könnte mir dieses Stück hinter den Spiegel stecken, er hätte mich jetzt nichts mehr zu lehren. Da ich mir irgendwelcher Mühe hierbei gar nicht bewußt geworden war, ward ich in der Folge wirklich oft bedenklich darüber, ob ich in Wahrheit ein ordentlich gelernter Musiker sei. *Weinlich* selbst schien auf das von ihm Erlernte an sich keinen großen Wert zu legen; er sagte: »Wahrscheinlich werden Sie nie Fugen und Kanons schreiben; was Sie jedoch sich angeeignet haben, ist *Selbständigkeit*. Sie stehen jetzt auf Ihren eigenen Füßen und haben das Bewußtsein, das Künstlichste zu können, wenn Sie es nötig haben.«

Ein Haupterfolg seines Einflusses auf mich war jedenfalls das beruhigende Gefallen am Klaren und Fließenden, welches er mir gleichsam durch sein Beispiel beigebracht hatte. Schon jene Studierfuge hatte ich für wirkliche Gesangstimmen mit untergelegten Worten ausführen müssen; die Neigung zum Sangbaren war mir dadurch erweckt worden. Um mich aber vollständig in seine freundlich beruhigende Gewalt zu bekommen, hatte er zu gleicher Zeit eine Sonate verlangt, welche ich, als Beweis meiner Freundschaft für ihn, auf den nüchternsten harmonischen und thematischen Verhältnissen aufbauen sollte, zu deren Modell er mir eine der kindlichsten *Pleyel*schen Sonaten empfahl. Wer meine noch vor kurzem verfaßten Ouvertüren kannte, mußte gewiß erstaunt sein, daß ich es über mich vermochte, diese verlangte Sonate, wie sie gegenwärtig noch durch eine Indiskretion der Breitkopf- und Härtelschen Musikhandlung zum erneuten Abdruck befördert worden ist, zu erstaunen: um mich für meine Enthaltsamkeit zu belohnen, machte sich *Weinlich* nämlich die Freude, mein dürftiges Werk durch jene Verlagshandlung zum Druck zu befördern. Von nun an erlaubte er mir alles. Als erste Belohnung durfte ich ganz nach meinem Belieben eine Phantasie fürs Klavier in fis-moll ausführen, in welcher ich mich formell gänzlich frei, rezitativ-melodisch bewegte und mir ein wohltätiges Genüge tat, indem ich mir zugleich *Weinlichs* Lob erwarb. Bald entstanden auch drei Ouvertüren, welche sämtlich seine freundliche Zustimmung erhielten. Im darauffolgenden Winter (1831–1832) erlangte ich die Aufführung der ersten derselben (aus d-moll) in einem der Gewandhauskonzerte.

In diesem Institute herrschte damals noch große Gemütlichkeit: die Instrumentalwerke wurden von keinem Dirigenten geleitet, sondern einfach vom Konzertmeister *(Mathäi)* am Pulte mit der Violine vorgespielt; nur sobald der Gesang hinzutrat, erschien der Typus aller gemütlichen dicken Musikdirektoren, der in Leipzig außerordentlich beliebte *Pohlenz*, mit einem sehr ansehnlichen blauen Stabe am Taktierpulte. Zu einem der sonderbarsten Vorgänge wurde auf diese Weise die alljährliche Aufführung der Neunten Symphonie von Beethoven: nachdem die drei ersten Sätze glattweg wie eine Haydnsche Symphonie, so gut es ging, vom Orchester für sich hergespielt worden waren, erschien nun *Pohlenz*, um, statt eine italienische Arie, ein Vokalquartett oder eine Kantate zu dirigieren, diesmal das schwierigste aller Vorhaben für einen Dirigenten, die Leitung dieses so höchst komplizierten und namentlich in seinem einleitenden Instrumentalteile so rätselhaft zersetzten Tonstückes zu übernehmen. Unvergeßlich blieb mir aus einer ersten Probe, welcher ich hiervon beiwohnte, der Eindruck des sorgfältig ängstlichen Dreivierteltaktes, durch welchen die wild aufschreiende Fanfare, womit dieser letzte Teil beginnt, unter *Pohlenz'* schwerem Taktschwunge zu einem wunderbar hinkenden Galimathias wurde. Dieses Tempo war gewählt worden, um mit dem Vortrage des Rezitatives der Baßinstrumente nur irgendwie auszukommen; dennoch gelang dies nie. *Pohlenz* schwitzte Schweiß und Blut, das Rezitativ kam immer nicht zustande, und ich geriet wirklich in bange Zweifel, ob *Beethoven* in Wahrheit nicht doch Unsinn geschrieben hätte: der Kontrabassist *Temmler,* ein gedienter Veteran des Orchesters, hochherzig und grob, brachte es zwar endlich durch seine energische Mahnung an *Pohlenz,* er möge den Taktstock lieber fortlegen, dahin, daß das Rezitativ wirklich vor sich ging; dennoch begann seit der Anhörung dieses letzten Teiles unter Umständen, die ich mir für jetzt nicht erklären konnte, in mir ein demütigender Zweifel daran zu keimen, ob ich dieses ganze seltsame Tonstück wirklich verstanden hätte oder nicht. Lange Zeit entschlug ich mich gänzlich alles Grübelns hierüber und wandte mich ohne alle Affektation dem beruhigenden klareren Elemente der Musik zu. Namentlich hatten meine kontrapunktischen Studien mich dahin gebracht, *Mozarts* leichte und fließende Behandlung der schwierigsten technischen Probleme der Musik mit wohltuendem Behagen anzuerkennen, und hierin galt mir namentlich der letzte Satz seiner großen C-dur-Symphonie als nachahmungswürdigstes Muster. Nachdem meine D-moll-Ouvertüre, welche noch stark auf der *Beethoven*schen *Coriolan*-Ouvertüre fußte, glücklich vonstatten gegangen, vom Publikum freundlich aufgenommen war und mir das erste Hoffnungslächeln meiner Mutter eingebracht hatte, trat ich mit einer zweiten Ouvertüre in C-dur hervor, welche wirklich mit einem »Fugato« schloß, wie ich es meinem neuen Vorbilde zu Ehren um jene Zeit nicht glaubte besser zustand bringen zu können.

Auch diese Ouvertüre ward bald darauf in einem Gastkonzert der beliebten Sängerin *Palazzesi* (von der Dresdener italienischen Oper) aufgeführt. Vorher schon hatte ich sie in einem Konzert der Privatmusikgesellschaft *Euterpe* zu Gehör gebracht und selbst dirigiert. Ich entsinne mich des sonderbaren Eindruckes, den ich bei dieser Gelegenheit durch eine Bemerkung meiner Mutter erhielt; diese Arbeit, im kontrapunktischen Stile gehalten, ohne eigentliche leidenschaftliche Bewegtheit, hatte auf sie einen befremdenden Eindruck gemacht; sie gab mir ihre Verwunderung hierüber durch besonders lebhafte Anerkennung der in dem gleichen Konzerte zuvor aufgeführten *Egmont-Ouvertüre* kund, von der sie behauptete, »daß diese Art Musik doch mehr ergriffe als so eine dumme Fuge«. Nun schrieb ich auch noch (wie gesagt: als drittes Opus) eine Ouvertüre zu *Raupachs* Drama *König Enzio,* in welcher sich das Beethovensche Element wieder stärker geltend machte. Durch die Bemühung meiner Schwester *Rosalie* erlangte ich die Zulassung derselben zur Aufführung vor dem Stücke im Theater: aus Vorsicht ward sie bei der ersten Aufführung jedoch nicht angekündigt, wohl aber vom Musikdirektor *Dorn* dirigiert. Da die Aufführung ohne Widerspruch ablief und das Publikum durchaus nicht gestört hatte, ward bei den spätern Vorstellungen des eine Zeitlang beliebten Trauerspiels meine Ouvertüre mit voller Namens-Nennung des Komponisten öfter zu Gehör gebracht. – Nun machte ich mich an eine große Symphonie *(in C-dur);* in ihr zeigte ich, was ich gelernt hatte, und verschmolz die Einwirkungen meines Studiums *Beethovens* und *Mozarts* zur Abfassung eines wirklich ausführbaren und anhörbaren Tonwerkes, dem auch diesmal die Schlußfuge im letzten Teil nicht fehlte, und in welchem die Themen aller Sätze meist so beschaffen waren, daß sie in Engführungen kontrapunktisch übereinandergestellt werden konnten. Dennoch war auch das leidenschaftlichere, trotzig kühne Element, namentlich des ersten Satzes der *Sinfonia eroica*, nicht ohne deutliche Einwirkung auf meine Konzeption geblieben. Im Andante ließen sich sogar die Anklänge an meinen früheren musikalischen Mystizismus vernehmen: ein wiederkehrender Frageruf, von der Moll-Terz in die Quinte, verband in meinem Bewußtsein dieses mit vorherrschendem Klarheitstriebe ausgearbeitete Werk mit meinen frühesten Knabenschwärmereien. Als ich im folgenden Jahre mich um die Aufführung meiner Symphonie im Gewandhaus bewarb und deshalb *Friedrich Rochlitz* (den damaligen Nestor der Leipziger Musikästhetiker und Vorstand der Konzertgesellschaft) besuchte, war dieser Herr, welchem meine Partitur zuvor zur Durchsicht vorgelegen hatte, erstaunt, in mir einen so jungen Mann zu sehen, da der Charakter jener Arbeit ihn auf einen älteren erfahreneren Musiker vorbereitet hatte.

Ehe es zu dieser Aufführung kam, verging jedoch eine längere Zeit, während welcher ich Lebenseindrücken übergeben war, welche ich jetzt näher bezeichnen muß.

Mein kurzes aber leidenschaftliches Studentenleben hatte in mir nicht nur den Sinn für meine künstlerische Ausbildung, sondern auch meine Teilnahme an allen sonstigen weltlichen und geistlichen Dingen gleichsam überschwemmt. Während ich jedoch, wie ich zeigte, nie gänzlich der Musik mich entfremdete, regte sich auch mit dem Wiederaufkeimen meines Interesses an politischen Vorgängen der erste Ekel an dem sinnlosen Studententreiben, welches bald wie ein wüster Traum ganz von mir vergessen werden sollte. Der *polnische Freiheitskampf* gegen die russische Übermacht war es, welcher mich bald mit wachsender Begeisterung erfüllte. Die Erfolge, welche die Polen eine kurze Zeit lang im Monat Mai 1831 erstritten, setzten mich in Erstaunen und Ekstase: mir schien die Welt wie durch ein Wunder neu erschaffen. Dagegen war der Eindruck der Nachricht von der Schlacht bei Ostrolenka derart, als ob nun die Welt von neuem untergegangen sei. Ich war erstaunt, unter meinen studentischen Kommilitonen in der Kneipe, sobald ich eine dieser Nachrichten berührte, roh oder boshaft verspottet zu werden: die schreckliche Schattenseite des deutschen Landsmannschaftswesens ging hier meiner Empfindung auf. Jede Art von Enthusiasmus ward hier prinzipiell ertötet und in das Geleis einer pedantischen Bravour geleitet, welche sich einzig durch Trockenheit und affektierte Empfindungslosigkeit auszeichnete. Mit größter Kaltblütigkeit, ohne den mindesten Humor, sich betrinken und Schulden machen, stand im Werte fast der Tapferkeit im Duellieren gleich. Mir ist erst späterhin die edlere Bedeutung der deutschen Burschenschaft gegenüber diesem verderblichen Studentengeiste aufgegangen; damals empfand ich das Empörende desselben ganz persönlich an den verletzenden Zurechtweisungen, welche ich mir, wie gesagt, zuzog, als ich voll schmerzlichster Trauer meine Klage über jene unglückliche Schlacht bei Ostrolenka erhob. Ich muß zu meiner Ehre gestehen, daß diese und ähnliche Eindrücke das ihrige mit dazu beitrugen, mich so schnell jenen wüsten Studentenkreisen zu entziehen. Während meiner Studien bei *Weinlich* bestand die einzige Ausschweifung, die ich mir gestattete, im allabendlichen Besuche der Kintschyschen Konditorei in der Klostergasse, wo ich mit leidenschaftlichem Eifer die frisch angekommenen Zeitungen verschlang. Mancher mir Gleichgesinnte fand sich hier ein; namentlich hörte ich gern auch einigen ältern Männern zu, welche eifrig politisierten. Auch die belletristischen Journale fingen an mich zu interessieren: ich las wieder viel, jedoch ohne edlere Auswahl; nur fingen bereits Witz und Geist bei meiner Lektüre mich zu bestimmen an, während sonst nur das Kolossale und Phantastische mich gereizt hatte. Immerhin blieb meine Teilnahme für den Ausgang des polnischen Kampfes die Hauptsache: die Belagerung und Einnahme Warschaus erlebte ich wie ein persönliches Unglück.

Unbeschreiblich war nun meine Aufregung, als die ersten Durchzüge der nach Frankreich auswandernden Überreste der polnischen Armee durch Leipzig kamen, und unvergeßlich der Eindruck beim Anblick eines ersten Truppes dieser Unglücklichen, welche im *Grünen Schild* auf der Fleischergasse einquartiert wurden. War ich hier mit großer Niedergeschlagenheit erfüllt worden, so geriet ich dagegen bald in enthusiastische Bezauberung, als ich im Foyer des Leipziger Gewandhauses, in welchem man diesen Abend die C-moll-Symphonie von Beethoven spielte, eine Gruppe heroischer Gestalten teilnehmend beobachten konnte, welche aus mehreren der vornehmsten Führer der polnischen Erhebung bestand. Vorzüglich zog mich die ungemein kräftige Gestalt und überaus männliche Physiognomie eines Grafen *Vincenz Tyskiewitsch* an, der mit ruhiger vornehmer Haltung eine, mir bis dahin ganz unbekannte, Sicherheit und Gelassenheit verband. Einen Mann von so königlichem Benehmen im Schnürrock und mit der roten Samtmütze zu sehen, vernichtete in mir sofort alle Verehrung, die ich bisher der geschraubten Kampfhahn-Tournüre der Heroen unserer Studentenwelt gezollt hatte. Es entzückte mich, grade diesen Mann bald im Hause meines

Schwagers *Friedrich Brockhaus* wiederzufinden und dort für längere Zeit als fast heimisch anzutreffen. Mein Schwager zeichnete sich nämlich durch die teilnahmvollste Hingabe für die unglücklichen polnischen Kämpfer aus; er stand an der Spitze eines Komitees, welches sich dauernd die Sorge für jene angelegen sein ließ, und brachte persönlich seiner Teilnahme lange Zeit hindurch die namhaftesten Opfer. Nun war das Brockhaussche Haus für mich von höchster Anziehung. Um Graf *Vincenz Tyskiewitsch,* welcher für uns alle der Leuchtstern dieser kleinen Polenwelt blieb, verweilten längere Zeit einige andere vermögendere Emigranten, von denen mir hauptsächlich ein Rittmeister *Bansemer* in Erinnerung geblieben ist, welcher sich durch grenzenlose Gutmütigkeit, nicht minder großen Leichtsinn und ein wunderschönes Gespann von vier Pferden auszeichnete, deren Schnelligkeit beim Durchfahren der Stadt die Leipziger Bürgerschaft in anhaltende Wut versetzte. Auch entsinne ich mich eines Tags mit General *Bem,* dessen Artillerie bei Ostrolenka sich so heldenmütig benommen hatte, bei Tisch gesessen zu haben. Manche andre, bald durch geschmeidige Feinheit, bald durch melancholisch-kriegerische Haltung auf mich eindrucksvolle Glieder der Auswanderung zogen durch das gastliche Haus: von dauerndem Eindruck blieb jedoch einzig der als Ideal eines wahrhaft männlichen Mannes von mir geliebte und verehrte *Vincenz Tyskiewitsch.*

Auch mir wurde der vorzügliche Mann wahrhaft geneigt: fast täglich fand ich mich bei ihm ein und wohnte oft den halb kriegerischen Gelagen bei, von denen er sich zu Zeiten gern mit mir zurückzog, um an irgendeinem ruhigen Orte seiner trüb besorgten Stimmung in meiner Gesellschaft sich hinzugeben. Noch hatte er nämlich keine Kunde von dem Schicksal seiner Frau und seines kleinen Sohnes, von welchen er sich in Wolhynien getrennt hatte. Außerdem lag ein Schatten auf ihm, der ihn dem teilnehmenden Herzen besonders anziehend machte: meiner Schwester *Luise* hatte er ein furchtbares Schicksal, das ihn dereinst betroffen, mitgeteilt. Er war schon einmal verheiratet gewesen und besuchte mit seiner ersten Frau eines seiner entlegenen Schlösser: des Nachts hatte sich am Fenster seines Schlafgemachs eine gespenstische Erscheinung gezeigt; wiederholt von ihm angerufen, ergriff er, um sich vor einer Gefahr zu schützen, ein Gewehr und erschoß seine eigene Frau, welche den exzentrischen Einfall gehabt hatte, in der Gestalt eines Nachtspuks ihren Gemahl zu necken. Bald teilte ich nun seine Freude, als die Nachricht von der Rettung seiner Familie zu ihm gelangte: seine Frau erschien endlich selbst mit dem wunderschönen dreijährigen Knaben (*Janusz*) in Leipzig. Es betrübte mich, der Dame nicht dieselbe Sympathie wie ihrem Gemahl zuwenden zu können, woran mich der so sehr störende Eindruck verhinderte, den ich durch den Anblick der unziemlich stark aufgetragenen Schminke erhielt, durch welche sonderbarerweise die von den höchsten Anstrengungen ganz erschöpfte Frau ihre abgespannten und leidenden Gesichtszüge zu verbergen suchte. Sie verreiste bald wieder nach

Galizien, um von ihren dortigen Besitzungen zu retten, was zu retten war, zugleich auch um ihrem Manne von der Österreichischen Regierung einen Paß auszuwirken, mit Hilfe dessen er ihr nach Galizien nachkommen sollte. – Nun kam der dritte Mai heran. Achtzehn noch in Leipzig anwesende Polen vereinigten sich zu einem Festmahle in einem Gasthause der Umgegend von Leipzig: dort sollte dieser der polnischen Erinnerung so teure Jahrestag ihrer Verfassungsgründung gefeiert werden. Nur die Vorsteher des Leipziger Polenkomitees und, aus besonderer Rücksicht und Liebe, auch ich, waren hierzu eingeladen. Es war ein unvergeßlich eindrucksvoller Tag. Das Mahl der Männer ward zum Gelage: eine aus der Stadt bestellte Blechmusik spielte unausgesetzt die polnischen Volkslieder, an welchen sich, unter dem Vorgesang eines Litauers *(Zàn)*, die Gesellschaft jubelnd und klagend beteiligte. Namentlich erweckte das schöne »Dritte-Mai«-Lied einen erschütternden Enthusiasmus. Weinen und Jauchzen steigerten sich zu einem unerhörten Tumulte, bis sich die Gruppen auf die Rasenplätze des Gartens lagerten und dort zerstreute Liebespaare bildeten, in deren schwelgerischem Liebesgespräche das unerschöpfliche Wort *»Oiczisna«* (Vaterland) die Losung war, bis endlich der Schleier eines großherzigen Rausches alles in Nacht hüllte. – Der Traum dieser Nacht bildete sich später in mir zu einer Orchesterkomposition in Ouvertürenform, mit dem Titel *»Polonia«*, aus: das Schicksal dieser Arbeit werde ich gelegentlich berichten.

Die Pässe meines Freundes *Tyskiewitsch* kamen an; er war im Begriffe über Brünn nach Galizien zu reisen, was immerhin seinen Freunden als gewagt galt. In mir war die Sehnsucht entstanden, etwas Weiteres von der Welt zu sehen zu bekommen. *Tyskiewitsch* bot mir an, mit ihm zu reisen, was meine Mutter bestimmte, zu einem von mir gewünschten Ausfluge nach Wien ihre Einwilligung zu geben. Mit der Partitur meiner drei aufgeführten Ouvertüren und der noch unaufgeführten großen Symphonie reiste ich ab, um den befreundeten polnischen Gönner in seinem bequemen Reisewagen mit Extrapost bis in die Hauptstadt Mährens zu begleiten. Nachdem in Dresden ein kleiner Aufenthalt genommen, gaben die dort anwesenden vornehmen und geringeren Glieder der Emigration dem von ihnen allen geliebten Grafen in *Pirna* ein freundschaftliches Abschiedsmahl, bei welchem unter Strömen Champagners dem zukünftigen *»Diktator Polens«* ein Hoch gebracht wurde. Endlich trennten wir uns in *Brünn*, von wo aus ich am folgenden Tage mit dem Postwagen nach *Wien* weiterzubefördern war. Den Nachmittag und die Nacht, welche ich allein in Brünn zu verweilen hatte, brachte ich unter den seltsamsten Einwirkungen der plötzlich mir erweckten Cholerafurcht zu. Zum erstenmal befand ich mich an einem Orte, von welchem ich unversehens erfuhr, daß dort die Cholera heimisch sei: soeben von meinem zuversichtlichen Freunde verlassen, gänzlich allein in einer mir wildfremden Gegend, ohne alle Beziehung zu dem Ort, an dem ich mich zufällig befand, war es mir bei dieser Nachricht, als ob ein tükkischer Dämon mich in diese Falle gelockt hätte, um mich spurlos zu vernichten. Zwar ließ ich mir im Gasthofe nichts merken; als man mich aber in einen sehr abgelegenen Flügel des Hauses zum Schlafen führte und nun plötzlich mich in dieser Öde allein ließ, vergrub ich mich angekleidet in das Bett, und erlebte nochmals alles, was ich je in meiner Knabenzeit von Gespensterfurcht erlitten hatte. Die Cholera stand leibhaftig vor mir: ich sah sie und konnte sie mit Händen greifen; sie kam zu mir ins Bett, umarmte mich; meine Glieder erstarrten zu Eis, ich fühlte mich tot bis an das Herz hinan. Ob ich geschlafen oder gewacht, ist mir gänzlich unbewußt geblieben; nur wunderte ich mich im höchsten Grade, als ich beim Tagesgrauen lebendig aufstand und mich vollkommen gesund fühlte. So gelang es mir denn auch glücklich bis *Wien* zu entkommen, wo ich mich alsbald gegen die auch dort herrschende Seuche vollständig unempfindlich verhalten konnte.

Es war dies im hohen Sommer 1832. In der lebhaften großen Stadt, in welcher ich mich im ganzen sechs Wochen aufhielt, fühlte ich mich, auch infolge von Empfehlungen an einige meiner Familie befreundete Personen, bald heimisch. Da mein Besuch keinen praktischen Zweck haben konnte, war der Gedanke meiner Mutter, mir die wenn auch sparsamen Mittel zu einem solchen eben nur allgemeinhin anregenden Ausfluge zu bestimmen, als ein fast übermütiger Zug anzuerkennen. Ich besuchte die Theater, hörte *Strauß*, machte Ausflüge, und ließ es mir wohlgehen, wobei einige Schulden herauskamen, an welchen ich noch als späterer Dresdener Kapellmeister zu zahlen hatte. Sehr anregend blieben aber gewiß die hier empfangenen musikalischen und theatralischen Eindrücke, und Wien ist meiner Vorstellung lange Zeit als Vertreterin originaler volksblütiger Produktivität verblieben. In diesem Sinne befriedigten mich am meisten die Leistungen des *Theaters an der Wien*, wo eine groteske Zauberposse »Die Abenteuer Fortunats zu Wasser und zu Land«, in welcher *»ein Fiaker an das Schwarze Meer«* bestellt wurde, einen sehr lebendigen Eindruck auf mich machte. In musikalischer Beziehung war ich zwischen zwei Haupteindrücke geklemmt. Mit Stolz führte ein junger Freund mich in die Aufführung von *Glucks* »Iphigenia in Tauris«, welche durch die vorzüglichen Leistungen des berühmten *Wild*, *Staudigls* und *Binders* besonders empfehlenswert war: nur muß ich aufrichtig gestehen, daß ich im ganzen durch das Werk mich gelangweilt fühlte, was mir um so peinlicher war, da ich es nicht auszusprechen wagte. Auch *Gluck* war mir namentlich durch das bekannte Hoffmannsche Phantasiestück unwillkürlich zu einer dämonischen Riesengröße geworden: ich vermutete in ihm, dessen Werke ich noch nicht studiert hatte, ein hinreißendes dramatisches Feuer und legte an alles, was ich mir von einer ersten Vorführung seines berühmtesten Werkes erwarten sollte, den Maßstab an, welchen ich an jenem unvergeßlichen Abend der Darstellung des »Fidelio« durch die *Schröder-Devrient* entnommen hatte. Mit Mühe gelang es mir, in der großen Szene des Orestes mit den Furien mich in eine halbwegs ähnliche Ekstase zu versetzen. Der Eindruck alles übrigen blieb feierlich spannend auf eine Wirkung, zu welcher es nie kam. – Auf den eigentlichen Lebensnerv des Wiener Theatergeschmackes traf ich jedoch bei der Oper »Zampa«, welche damals das fast tägliche Repertoire an beiden Operntheatern, am Kärntner Tor und in der Josephstadt, erfüllte. Beide Theater wetteiferten im Feuer für diese außerordentlich beliebte Leistung: hatte das Publikum sich den Anschein gegeben in »Iphigenie« zu schwelgen, so *raste* es mit voller Wahrhaftigkeit in »Zampa«; und trat man aus dem Theater der Josephstadt, in welchem soeben »Zampa« alles in Ekstase versetzt hatte, in die unmittelbar daran gelegene Tabagie von *Sträußlein*, so brannte mir unter *Strauß'* fieberhaftem Vorspiel ein Potpourri aus »Zampa« entgegen, welches die gesamte Zuhörerschaft fast ersichtlich in Flammen setzte. Unvergeßlich blieb mir hierbei die für jede von ihm vorgegeigte Pièce sich gleich willig erzeugende, an Raserei grenzende Begeisterung des wunderlichen *Johann Strauß*. Dieser Dämon des Wiener musikalischen Volksgeistes erzitterte beim Beginn eines neuen Walzers wie eine Pythia auf dem Dreifuß, und ein wahres Wonnegewieher des wirklich mehr von seiner Musik als von den genossenen Getränken berauschten Auditoriums trieb die Begeisterung des zauberischen Vorgeigers auf eine für mich fast beängstigende Höhe. So ward mir die heiße Sommerluft Wiens endlich fast nur noch von »Zampa« und *Strauß* geschwängert. – Eine äußerst dürftige Übungsprobe der Zöglinge des Konservatoriums, in welcher Teile einer Messe Cherubinis gespielt wurden, ließ mir dagegen die Pflege der klassischen Musik wie ein notdürftig bezahltes Almosen erscheinen. In derselben Probe versuchte ein mir unbekannt gebliebener Professor, an welchen ich empfohlen war, meine bereits in Leipzig aufgeführte *D-moll*-Ouvertüre zum Durchspielen zu bringen: ich weiß nicht, welches die Meinung des Mannes und der Zöglinge in betreff des angestellten Versuches war und entsinne mich nur, daß er alsbald aufgegeben ward.

So im ganzen in meiner Geschmacksrichtung auf bedenkliche Abwege geleitet, zog ich mich von diesem ersten Bildungsbesuche einer großen europäischen Kunststadt zurück, um eine wohlfeile aber sehr langwierige Reise im Stellwagen nach Böhmen zurück anzutreten. Dort sollte ich die aus meinen Jugenderinnerungen mir schmeichelhaft bekannte Familie des Grafen *Pachta* auf dessen Herrschaft *Pravonin*, acht Meilen seitwärts von Prag, besuchen. Von dem alten Herrn und seinen schönen Töchtern auf das freundlichste aufgenommen, genoß ich dort bis in den Spätherbst eine mannigfaltig anregende Gastfreundschaft. Als neunzehnjähriger junger Mensch mit bereits kräftig entwickeltem Bartwuchs, auf welchen die jungen Damen durch den Empfehlungsbrief meiner Schwester bereits aufmerksam gemacht worden waren, konnte der stete nahe Umgang mit so schönen und guten Mädchen unmöglich ohne Eindruck auf meine Phantasie bleiben. *Jenny*, die ältere, war schlank, mit schwarzem Haar, dunkelblauen Augen und wunderbar edlem Schnitt des Gesichts; die jüngere, *Auguste*, war etwas kleiner und üppiger, von blendendem Teint, blondem Haar und braunen Augen. Die große Unbefangenheit und schwesterliche Gutmütigkeit, welche in ihrem Umgang mit mir fortgesetzt sich aussprach, irrten mich nicht in der Annahme, daß ich mich in eine derselben zu verlieben hätte. Die Mädchen unterhielt es in bester Laune, zu bemerken, in welche Verlegenheit ich durch die Wahl geriet, und unaufhörliches Necken war der Erfolg, welchen mir meine eifrigen Bemühungen einbrachten. Leider verfuhr ich nicht zweckmäßig in meinem Benehmen gegen die jungen Freundinnen: wirklich häuslich und bescheiden erzogen, waren sie doch durch ihre eigentümlichen Geburtsverhältnisse in ein sonderbares Schwanken zwischen der Hoffnung auf eine bedeutende Standesheirat oder der Nötigung zur Wahl eines eben nur reichlichen bürgerlichen Unterkommens versetzt. Die auffallend geringe, fast mittelalterliche Bildung des österreichischen eigentlichen *Kavaliers*, welche mir dieselben geringschätzig darstellte, war auch in der Erziehung meiner jungen Freundinnen leider maßgebend gewesen. Eine sehr oberflächliche Kenntnis auf dem Gebiete der Ästhetik, dagegen eine sehr ausgeprägte Fertigkeit in allem, was Äußerlichkeit betrifft, wurde bald von mir mit Widerwillen bemerkt. Keine meiner enthusiastischen Mitteilungen aus den mir so einzig sympathisch gewordenen höheren Lebenselementen fand bei ihnen irgendwelchen Anklang. Ich eiferte gegen die schlechten Leihbibliothek-Romane, welche ihre einzige Lektüre bildeten, gegen die italienischen Opernarien, welche *Auguste* sang, und endlich gegen die pferdepflegenden geistlosen Kavaliere, welche zu Zeiten sich einstellten, um beiden, Jenny wie Auguste, auf eine mich verletzende unzarte Art den Hof zu machen. Namentlich mein Eifer gegen den letzteren Punkt brachte bald große Ärgernisse zuwege; ich ward hart und beleidigend, verlor mich in Erläuterungen des Geistes der Französischen Revolution bis zur Erteilung väterlich klingender Ratschläge, sich um Gottes willen doch lieber an gutgebildete Bürgerliche zu halten und die übermütigen rohen Herren aufzugeben, deren Umgang nur ihren Ruf untergraben könnte. Die Entrüstung, die ich durch solche Ermahnungen erweckte, mußte ich manchmal durch harte Zurechtweisungen zu ertragen suchen: um Verzeihung bat ich jedoch nie, sondern suchte durch vorgebliche oder wirkliche Eifersucht, welche mich beherrschte, das Verdrießliche meiner Wutausbrüche in ein schließlich noch erträglich schmeichelndes Geleise zu bringen. So unentschieden, ob verliebt oder ärgerlich, immerhin aber in freundlichem Einvernehmen, schied ich von den schönen Kindern an einem kalten Novembertag, um die ganze Familie bald darauf in *Prag* wieder zu treffen, wo ich mich nun noch längere Zeit aufhielt, ohne jedoch im gräflichen Hause meine Wohnung zu nehmen.

Der *Prager* Aufenthalt sollte nun wieder einen musikalischen Bildungszweck erhalten. Ich ward mit dem Direktor des Konservatoriums, *Dionys*

Weber, bekannt, und durch ihn sollte meine Symphonie mir zur ersten Anhörung gebracht werden. Außerdem brachte ich meine Zeit meistens bei einem Schauspieler *Moritz* zu, an welchen ich, als einen älteren Bekannten meiner Familie, empfohlen war und in dessen Umgange ich mit einem ebenfalls jungen Musiker, *Kittl*, bald zu näherer Befreundung bekannt wurde. Moritz, der mich täglich in dringenden musikalischen Geschäften zu dem gefürchteten Chef des Konservatoriums wandern sah, entließ mich einst mit einer improvisierten Parodie der Schillerschen »Bürgschaft«:

> Zu Dionys dem Direktor schlich
> Wagner, die Partitur im Gewande;
> Ihn schlugen die Schüler in Bande:
> »Was wolltest du mit den Noten, sprich!«
> Entgegnet ihm finster der Wüterich:
> »Die Stadt vom schlechten Geschmacke befreien!«
> »Das sollst du in den Rezensionen bereuen«.

In der Tat hatte ich es mit einer Art von »Tyrannen Dionysius« zu tun. Dem Manne, der Beethoven nur bis zu seiner zweiten Symphonie gelten ließ, die »Eroica« bereits als vollkommne Geschmacksverderbnis des Meisters bezeichnete, einzig Mozart erhob und neben ihm unter den Neueren nur *Lindpaintner* gestattete – diesem Mann war nicht leicht beizukommen, und ich mußte mich mit der Art vertraut machen, auf welche man Tyrannen zu seinen Zwecken nützt: ich verstellte mich, zeigte mich erstaunt über das Neue seiner Behauptungen, widersprach keineswegs und verwies ihn zur Bekräftigung der Übereinstimmung unsrer Ansichten auf die Schlußfuge sowohl meiner Ouvertüre als meiner Symphonie, beide in C-dur und nachweislich durch Mozartische Einwirkung zustande gebracht. Mein Lohn blieb nicht aus: Dionys schritt mit jugendlichem Feuer zum Einstudieren meiner Orchesterstücke. Die Schüler des Konservatoriums mußten unter seiner trockenen, aber fürchterlich lärmenden Taktiererei selbst meine neue Symphonie mit großer Präzision sich einstudieren; und vor meinen mitgebrachten Freunden, unter welchen auch mein alter Graf *Pachta* als Vorsteher des ständischen Konservatoriums sich befand, brachten wir die erste Aufführung dieses größten meiner bisherigen Werke wirklich zustande.

Während ich diese musikalischen Erfolge feierte, setzte ich meine sonderbaren Liebeswerbungen in dem anziehenden Hause der Pachtaschen Familie unter den wunderlichsten Wechselfällen fort. Als Schicksalsgenossen hatte ich einen Zuckerbäcker, *Hascha*, gewonnen. Dies war ein langer hagerer, ungemein trockner junger Mensch, der, wie die meisten Böhmen, neben seiner ansehnlichen Konditorei auch Musik trieb, *Auguste* beim Gesang akkompagnierte und hierüber in die seinem Naturell entsprechende Verliebtheit geraten war. Ihm, gleich mir, waren die nun in der Hauptstadt sich häufiger einstellenden Kavaliersbesuche im höchsten Grade verhaßt:

während aber mein Unmut sich meistens humoristisch äußerte, blieb der seinige finster und melancholisch; ja er verleitete ihn zur offenbaren Tölpelhaftigkeit, vermöge welcher er eines Abends, als zur Erwartung eines Hauptkavaliers der Lüster angezündet werden sollte, mit seinem auf langem Körper hervorragenden Kopfe den Kronleuchter anstieß, diesen zerbrach und dadurch die festliche Erleuchtung unmöglich machte, welches ihm die höchste Entrüstung der Mutter unserer Freundinnen zuzog, so daß er von da an seine Besuche im gräflichen Hause aufzugeben für gut fand. Ich entsinne mich nun die ersten Spuren der Empfindungen wirklicher Liebespein an den sonderbar nagenden Erregungen der Eifersucht, welche sich doch in Wahrheit auf keine eigentliche Liebe bezog, wahrgenommen zu haben: es geschah dies, als ich eines Abends meinen Besuch machen wollte und von der Mutter in einem Vorzimmer festgehalten wurde, während in dem eigentlichen Besuchszimmer, wie ich aus Anzeichen wahrnahm, die in besondrer Toilette geschmückten jungen Damen sich mit den mir verhaßten vornehmen jungen Herrn unterhielten. Alles was namentlich in einigen Hoffmannschen Erzählungen von gewissen satanischen Buhlschaften mir bis dahin einen unverständlichen Eindruck gemacht hatte, ward hier schrecklich lebendig in mir, und ich verließ Prag mit einer offenbar übertriebenen und ungerechten Meinung von den Dingen und Personen, die mich zum erstenmal in einen Kreis von bis dahin noch unbekannten leidenschaftlichen Empfindungen hineingezogen hatten.

Eine andre Ausbeute brachte ich jedoch von diesem ersten größeren Ausfluge in die Welt zurück: in Pravonin hatte ich gedichtet und komponiert. Meine musikalische Arbeit bestand in der Komposition eines Gedichtes meines Jugendfreundes *Theodor Apel*, betitelt: *Glockentöne*. Nachdem ich zwar schon im vergangenen Winter in Leipzig noch eine größere Arie für Sopran und Orchester fertig und zur Aufführung in einem Theaterkonzert gebracht, war diese neue Arbeit doch die erste Gesangskomposition, welche von wirklicher Empfindung eingegeben war. Ihrem allgemeinen Charakter nach war sie wohl aus den Eindrücken der Beethovenschen Gesangskompositionen, namentlich seines »Liederkreises« hervorgegangen; dennoch erinnere ich mich ihrer als einer mir eigen angehörenden Arbeit von zarter schwärmerischer Empfindung, welche besonders durch die träumerische Begleitung zu sprechendem Ausdruck kam. – Meine *dichterische* Arbeit bezog sich auf den Entwurf eines tragischen Opernsujets, welches ich in Prag unter dem Titel »*Die Hochzeit*« vollständig ausführte, und zwar ohne daß irgend jemand etwas davon merkte, welches letztere seine Schwierigkeit hatte, da ich der eingetretenen Kälte wegen nicht in meinem unheizbaren kleinen Gasthofzimmer daran schreiben konnte, sondern dies in Moritz' Wohnung, wo ich mich während des Vormittags aufhielt, abmachen mußte; ich entsinne mich, wiederholt das Manuskript schnell hinter dem Kanapee verborgen zu haben, sobald mein Gastfreund zufällig in das Zimmer eintrat.

Mit dem Stoff zu dieser dramatischen Arbeit hatte es eine besondre Bewandtnis. Schon vor mehreren Jahren hatte ich in *Büschings* Buch über das Ritterwesen einen tragischen Vorgang beiläufig angeführt gelesen, welchen ich seitdem nirgend sonst wieder angetroffen habe. Eine Edelfrau war zur Nachtzeit von einem Manne, der sie mit heimlicher Leidenschaft liebte, gewaltsam überfallen worden und hatte ihn, mit der Kraft des Ehrgefühls kämpfend, in den Burghof hinabgeschleudert. Sein rätselhafter Tod blieb so lange ein Geheimnis, bis bei seiner feierlichen Beisetzung, welcher auch die Edelfrau im Gebet beiwohnte, diese plötzlich ebenfalls entseelt niedersank. Die geheimnisvolle Stärke der leidenschaftlichen, in sich verschlossenen Empfindung prägte sich meiner Phantasie aus diesem Vorgange mit unerlöschlicher Lebhaftigkeit ein. Zunächst noch ganz von der besonderen Art der Behandlung solcher Phänomene in den Hoffmannschen Erzählungen erfüllt, entwarf ich eine Novelle, in welche zugleich der mir damals so teure musikalische Mystizismus hineinspielte. Der Vorgang sollte auf dem Gute eines reichen Kunstfreundes spielen: ein Brautpaar sah der Hochzeit entgegen, zu welcher auch der Freund des Bräutigams, ein interessanter, verschlossener, melancholischer junger Mann geladen war. Zu dieser Gesellschaft fand sich im innigsten Verkehr ein sonderbarer alter Organist. Welche mystischen Beziehungen zwischen diesem alten Musiker, dem melancholischen jungen Manne und der Braut stattfanden, sollte aus dem Ausgange gewisser Verwicklungen klarwerden, welche zu einem gleichen Ereignisse, wie dem vorher erwähnten aus dem Mittelalter, führten. Zu dem im Sarg ausgestellten, unbegreiflich getöteten jungen Manne und der an seiner Seite ebenso rätselhaft verscheidenden Braut des Freundes gesellte sich der alte Musiker, welcher bei der ergreifenden Totenfeier die Orgel spielte und, während eines in das Unendliche forttönenden Dreiklanges, ebenfalls tot auf seiner Bank gefunden wurde. Zur Ausführung dieser Novelle war es nicht gekommen: nun aber, da ich mir einen Operntext schreiben wollte, faßte ich den Gegenstand in seiner ursprünglichen Darstellung wieder auf, und bildete aus ihm, den Grundzügen nach, folgende dramatische Handlung.

Zwei große Geschlechter hatten lange in Familien-Feindschaft gelebt und waren nun dazu vermocht worden, sich Urfehde zu schwören. Zu den Festen der Vermählung seiner Tochter mit einem treuen Parteigänger lud das greise Haupt der einen Familie den Sohn des bisherigen Feindes ein. Die Hochzeit wird mit einem Versöhnungsfeste verbunden. Während die Gäste mit Mißtrauen und Furcht vor Verrat erfüllt sind, hat in dem Herzen ihres Führers eine düstre Leidenschaft für die Braut seines neuen Bundesfreundes Raum gewonnen. Sein düstrer Blick schneidet auch ihr in das Herz, und als sie, im festlichen Zuge nach der Brautkammer geleitet, der Ankunft des Geliebten harrend, plötzlich am Fenster ihres hohen Turmgemaches diesen selben Blick mit furchtbarer Leidenschaft auf sich blitzen sieht, erkennt sie sofort, daß es sich um Leben oder Tod handelt. Den Eingedrungenen, der sie mit wahnsinniger Glut umfaßt, drängt sie zum Balkon zurück und stürzt ihn über die Brüstung in die Tiefe hinab, wo der Zerschmetterte von seinen Genossen aufgefunden wird. Diese scharen sich sofort gegen den vermeintlichen Verrat und schreien nach Rache: ungeheurer Tumult erfüllt den Schloßhof; das furchtbar gestörte Hochzeitsfest droht zur Mordnacht zu werden. Den Beschwörungen des ehrwürdigen Familienhauptes gelingt es jedoch, das Unheil abzuwenden; Boten werden an die Familie des rätselhaft Verunglückten ausgesandt; die Leiche selbst soll zur Sühne des unbegreiflichen Vorganges mit höchster Feierlichkeit, unter dem Beileid des ganzen Geschlechtes der verdächtigen Familie, begangen und hierbei durch Gottes Urteil ergründet werden, ob irgendein Glied derselben die Schuld des Verrates treffe. Während der Vorbereitungen zu dieser Leichenfeier zeigen sich an der Braut Spuren eines schnell sich steigernden Wahnsinns; sie flieht ihren Bräutigam, verschmäht die Verbindung mit ihm und verschließt sich unnahbar in ihr Turmgemach. Nur zur Totenfeier, als diese mit höchster Pracht zur Nachtzeit begangen wird, stellt sie sich ein, bleich und schweigend an der Spitze ihrer Jungfrauen, dem Seelenamte beizuwohnen, dessen düstrer Ernst durch die Kunde vom Heranzug feindlicher Scharen und endlich vom Waffensturm der herandrängenden Verwandten des Erschlagenen unterbrochen wird. Als die Rächer des vermeintlichen Verrats endlich in die Kapelle dringen und den Mörder des Freundes aufrufen, deutet der entsetzte Burgherr auf die entseelte Tochter, welche, dem Bräutigam abgewandt, am Sarge des Erschlagenen hingesunken ist.

Dieses vollkommene Nachtstück von schwärzester Farbe, in welches aus weiter Jugendferne »Leubald und Adelaïde« veredelt hineinklangen, führte ich mit Verschmähung jedes Lichtscheines und namentlich jeder ungehörigen opernhaften Ausschmückung schwarz auf schwarz aus. Zarte Saiten wurden jedoch bereits berührt; und die Introduktion des ersten Aktes brachte mir (durch ein Adagio für Vokal-Septett, in welchem die Versöhnung der streitenden Familien, die Empfindungen des Brautpaares, mit der düstren Glut des heimlich Liebenden zugleich sich ausdrückten) von *Weinlich*, dem ich hiermit den Beginn der Komposition meines Werkes schon bei meiner Heimkehr nach Leipzig zeigen konnte, ob der darin sich kundgebenden Klarheit und Sangbarkeit sehr ermutigende Lobsprüche ein. Hauptsächlich lag mir jedoch daran, den Beifall meiner Schwester *Rosalie* für mein Unternehmen zu gewinnen. Diese konnte sich jedoch mit meinem Gedicht nicht befreunden: sie vermißte alles das, was ich eben fast mit Absichtlichkeit ausgelassen hatte, und wünschte Ausschmückung und Ausbildung der einfachen Verhältnisse zu mannigfaltigeren und möglichst freundlicheren Situationen. Schnell war ich entschieden, ergriff ohne alle Leidenschaftlichkeit mein Manuskript und vernichtete es spurlos.

Hiervon war nicht eigentlich gereizte Eitelkeit der Grund, sondern wirklich lag es mir daran, meiner Schwester zu beweisen, teils wie wenig ich für meine Arbeit eingenommen sei, teils wie viel ich auf *sie* gebe. Genoß *Rosalie* in unsrer Familie die besondre Achtung und Liebe der Mutter und Geschwister, so hatte dies seinen Grund zum großen Teil wohl darin, daß sie seit längeren Jahren zum vorzüglich ernährenden Haupt derselben geworden war; das nicht unansehnliche Gehalt, das sie als Schauspielerin bezog, bildete den Hauptfonds, aus welchem das Hauswesen bestritten ward. Auch ihrer Beschäftigung gemäß hatte sie mancherlei Bevorzugung zu beanspruchen. Ihre Wohnungsabteilung war stets mit besondrer Annehmlichkeit und Berechnung der für ihre Studien nötigen Stille hergerichtet; an Markttagen, wo wir andren mit geringerer Kost vorliebnehmen mußten, durfte ihr allein an der gewohnten feineren Nahrung nichts abgehen. Mehr als alles dies stellte sie über das Niveau der jüngern Familie der freundliche Ernst, die gewählte Art sich zu äußern, und die zarte sinnige Haltung, aus der sie fast nie in den sonst bei uns herrschenden, etwas lebhaften Ton verfiel. Ich war nun jedenfalls dasjenige Familienglied, welches, wie der Mutter, so auch der mütterlichen Schwester die größte Sorge verursacht hatte. Während der bösen Studentenzeit war mir namentlich ihre Entfremdung gegen mich von lebhaftem Eindrucke gewesen. Daß sie endlich wieder Hoffnung auf mein Gedeihen setzte und meinen Studien mit neuer Teilnahme folgte, hatte mich mit angenehmer Wärme erfüllt. Es dahin zu bringen, daß diese Schwester, die schon daran gewesen war, mich für verloren anzusehen, endlich wirklich mit Achtung und bedeutender Erwartung meinen Arbeiten folge, war mir zu einem besondren Sporn des Ehrgeizes geworden. Unter solchen Umständen bildete sich endlich eine zarte, ja fast schwärmerische Neigung zu *Rosalie* in mir aus, welcher an Reinheit und läuternder Wärme wohl nur die edelsten Beziehungen zwischen Mann und Weib zur Seite gestellt werden können. Gewiß war hierbei auch *Rosaliens* besondres Naturell nicht ohne Einfluß. Sie hatte nicht eigentliches Talent, namentlich nicht für das Theater; ihr Spiel ward meistens studiert und unnatürlich gefunden. Dennoch zog sie durch die große Anmut ihres Äußern sowie die Reinheit und Würde ihrer edlen Weiblichkeit die warme Beachtung aller auf sich, und manches Zeugnis der verehrungsvollsten Ergebenheit, mit der ihr gehuldigt wurde, ist auch mir in Erinnerung geblieben. Nie hatte es sich jedoch gefügt, daß mit solchen Annäherungen Aussicht auf dauernde Vereinigung sich gefunden hätte, und ein mir noch unerklärliches Schicksal näherte meine Schwester endlich dem reiferen Mädchenalter, indem es sie zugleich immer mehr von der Hoffnung, in eine ihr geeignet dünkende Ehe treten zu können, entfernte. Ich glaubte in meiner Weise zu Zeiten Wahrnehmungen von *Rosaliens* schmerzlicher Bewegung über diesen Charakter ihres Schicksals gewonnen zu haben. Besonders unvergeßlich blieb es mir, sie eines Abends im dunkeln Zimmer, wo sie sich allein glaubte, in banges Seufzen und Klagen sich ergießen zu hören, was einen solchen Eindruck auf mich machte, daß ich, nachdem ich unvermerkt mich hinausgeschlichen hatte, von da an mit gesteigerter, zärtlicher Hochachtung in allem ihr zu Willen zu sein und namentlich durch mein Gedeihen ihr Freude zu machen suchte. Denn nicht ohne Bezug hatte schon unser Stiefvater *Geyer* das zarte Mädchen mit dem freundlichen Spitznamen »*Geistchen*« belegt: war ihr Schauspieltalent, wie ich sagte, nicht bedeutend, so war dagegen ihre Phantasie, ihr Sinn für Kunst und alles Höhere desto reger. Von ihr hatte ich die ersten bewunderungsvollen Ergießungen über alles das, was mich späterhin selbst so stark erregte, vernommen; auch bildete sich um sie überall und zu jeder Zeit ein kleiner Kreis tüchtiger und für das Höhere teilnehmender Menschen, ohne daß in solchen Umgang je Affektation irgendwelcher Art sich gemischt hätte.

Bei meiner Rückkehr von meinem längern Ausfluge traf ich als neuen Ankömmling *Heinrich Laube*, bei den Meinigen und in *Rosaliens* Umgang freundlich aufgenommen, an.

Es war dies die Zeit, in welcher die Nachwehen der Julirevolution sich in der Bewegung jüngerer deutscher Geister bemerklich machten; unter diesen ward bald *Laube* beachtet. Er kam als junger Mann aus Schlesien nach Leipzig, um eigentlich nur durch diesen Sitz des Buchhandels nach Anknüpfung der ihm nötigen Verbindungen schnell nach Paris zu eilen, von wo aus *Börne* durch seine Briefe großes Aufsehn auch bei uns machte. Bei dieser Gelegenheit wohnte *Laube* der Aufführung eines Stückes von Ludwig Robert »Die Macht der Verhältnisse« im Theater bei und fand sich veranlaßt, über dasselbe in das Leipziger Tageblatt eine Rezension zu schreiben, welche durch ihre scharfe und lebendige Fassung ein so großes Aufsehen erregte, daß ihm sofort die Redaktion der »*Zeitung für die elegante Welt*« angeboten und weitere buchhändlerische Anträge gemacht wurden. In unserm Hause wurde er als glänzendes Talent begrüßt: seine scharfe, kurze, oft beißende Manier, welcher das poetische Element zu behaupten offenbar beschwerlich schien, ließ ihn für originell und kühn gelten; seine Rechtlichkeit, Gradheit und kecke Derbheit nahm alles für seinen durch eine mühselige Jugend gestählten Charakter ein. Auf mich machte *Laube* einen ermutigenden Eindruck, und namentlich war ich fast verwundert darüber, ihn so entschieden für mich eingenommen zu sehen, wie es sich in seinen Verkündigungen meines musikalischen Talentes aussprach, welche er infolge einer ersten Anhörung meiner Symphonie in seinem Journal veröffentlichte.

Diese Aufführung ging im Beginn des Jahres 1833 in der Leipziger »*Schneider-Herberge*« vor sich: in dieses ehrwürdige Lokal hatte sich nämlich die »*Euterpe*« zurückgezogen. Es war ein schmutziger, enger, schmählich erleuchteter Raum, in welchem, unter gemeinster Wirkung des Orchesters, mein Werk dem Leipziger Publikum zum ersten Male vorgeführt wurde. Mir ist dieser Abend durchaus nur wie ein garstiger Gespenster-

Traum in Erinnerung geblieben: desto mehr überraschte mich die bedeutungsvolle Aufnahme, welche *Laube* dieser Aufführung gab. Mit guter Hoffnung sah ich daher der bald darauf vor sich gehenden Aufführung im Gewandhaus-Konzert entgegen, wo denn auch alles hell glänzend und ganz nach Wunsch ablief. Die Aufnahme war beifällig: ich wurde in allen Zeitungen rezensiert; entschiedene Bosheit tat sich nirgends kund; mancher Bericht war dagegen ermutigend, und *Laube*, der schnell berühmt geworden, erklärte, einen Operntext, den er für *Meyerbeer* bestimmt habe, für mich abtreten zu wollen. Dies erschreckte mich. Nicht im mindesten war ich zwar darauf bedacht, mich auch als Dichter bewähren zu wollen, und hatte im Gegenteil nichts andres im Sinne, als mir selbst eben nur einen wirklichen »Operntext« zu schreiben: aber eben darüber, wie ein solcher Operntext zu schreiben sei, hatte ich bereits mein eigenes sicheres, instinktives Gefühl, welches sich in seiner Richtigkeit sofort bewährte, als *Laube* mich mit seinem Sujet verheißungsvoll bekannt machte. Er teilte mir mit, daß er nichts Geringeres im Sinne habe, als mir *Kocziusko* für eine Hauptoper zurechtzumachen. Hierüber erschrak ich wiederum: denn ich ahnte sogleich, daß es sich um eine Täuschung *Laubes* über den Charakter eines dramatischen Vorganges handle. Als ich nach der eigentlichen Handlung fragte, war *Laube* ganz erstaunt, noch etwas anderes fordern zu wollen als die außerordentlich tatenreiche Lebensgeschichte des polnischen Freiheitshelden, aus welcher er gerade genug Aktion erwählte, um das Unglück einer ganzen Nation darin auszudrücken. Außerdem fehlte es aber an einer beliebigen Polin nicht, welche mit einem Russen in einem Liebesverhältnis stand, wodurch auch tragische Liebessituationen sich ganz von selbst einfanden. Ich erklärte sofort meiner Schwester *Rosalie*, dieses Sujet nicht komponieren zu wollen; sie stand mir bei und bat mich nur die Erklärung zu verzögern, wozu meine Abreise nach Würzburg, welche bald erfolgte, mir derart verhalf, daß ich nach einiger Zeit meinen Abschlag *Laube* schriftlich berichten konnte. Er ertrug die kleine Demütigung mit guter Laune, hat mir es aber doch in keiner Zeit meines Lebens verziehen, daß ich mir selbst meine Gedichte machte.

Namentlich gab er mir seine Geringschätzung kund, als er erfuhr, welches Sujet ich seinem glänzenden politischen Gedichte vorgezogen hätte. Dieses hatte ich einem dramatischen Märchen von *Gozzi: La Donna Serpente* entnommen und unter dem Titel »*Die Feen*« ausgeführt. Die Namen meiner Helden wählte ich mir nach allerhand ossianischen und ähnlichen Gedichten: mein Prinz hieß *Arindal*; er war von einer Fee *Ada* geliebt, welche ihn, seinem Reiche entrückt, in ihrem Zauberlande festhielt, bis er von seinen Getreuen aufgesucht und endlich gefunden ward, um durch die Kunde von dem Verfall seines Landes, welches bis auf die Hauptstadt in Feindeshände geraten war, zur Rückkehr vermocht zu werden. Die liebende Fee sendet ihn selbst in die Heimat zurück, da sie durch einen Schicksalsspruch genötigt ist, dem Geliebten die härtesten Proben aufzuerlegen, durch deren siegreiche Bestehung allein er ihr die Möglichkeit zu bereiten hat, aus der unsterblichen Feennatur auszuscheiden, um als liebendes Weib das Los des Sterblichen teilen zu können. Dem bereits durch die Wiederkehr in sein zerrüttetes Land entmutigten Königssohne erscheint in der Stunde der größten Bedrängnis die Gattin, um durch Handlungen der unbegreiflichsten Grausamkeit seinen Glauben an sie absichtlich zu erschüttern. Unter dem Zusammenwirken aller Schrecken gerät *Arindal* in den Wahn, bisher von einer bösen Zauberin verführt worden zu sein, und sucht der verderblichen Macht dieses Zaubers durch Ausstoßung seines Fluches über *Ada* sich zu entziehen. Wütend vor Schmerz stürzt die unglückliche Fee zusammen und enthüllt nun dem ewig Verlornen ihr gemeinsames Schicksal, und daß sie zur Strafe für den dem Feenspruch gebotenen Trotz verurteilt sei, ewig in einen Stein verwandelt zu werden (so nämlich hatte ich die Gozzische Verwandlung in eine Schlange umgeändert). Sofort bewährt sich, daß alle durch die Fee heraufbeschworenen Schrecknisse nur Täuschung waren: Sieg über die Feinde, Blühen und Gedeihen des Reiches stellt sich in zauberischer Schnelligkeit ein; nur *Ada* wird von den Vollzieherinnen des Schicksalsspruches davongeführt, und *Arindal* bleibt im vollen Wahnsinn zurück. Diese Leiden des Wahnsinns genügten jedoch den grausamen Vollstreckerinnen des Feenspruches nicht: um seine gänzliche Vernichtung zu erlangen, erscheinen sie dem büßenden Frevler und fordern ihn auf zum Weg in die Unterwelt mit dem heuchlerischen Vorgehen, ihm die Mittel zu *Adas* Entzauberung zeigen zu wollen. Wirklich erreichte diese feindlich gemeinte Kunde, daß *Arindals* Wahnsinn sich zu erhabenster Begeisterung wendet; ein dem Königshause treuer Zauberer hat ihn außerdem mit Wunderwaffen und Werkzeugen ausgerüstet, mit denen er nun den verräterischen Feen folgt. Diese geraten in Staunen und Entsetzen, als sie *Arindal* einen Kampf nach dem andern mit den Ungeheuern der Unterwelt siegreich bestehen sehen; nur als sie ihn zu der Gruft geleitet haben, in welcher sie auf einen menschlich gestalteten Stein deuten, fassen sie Mut, den kühnen Eindringling erliegen zu sehen: denn diesen Stein, welcher *Ada* selbst berge, habe er zu entzaubern, wenn er nicht selbst gleich ihr auf ewig in gleicher Weise verwandelt sein solle. *Arindal*, der bisher Schwert und Schild, die Geschenke des befreundeten Zauberers, gebraucht, bedient sich nun des zuvor ihm unverständlichen Werkzeuges, der ebenfalls ihm mitgegebenen Leier, zu deren Klang er seine Klagen um die verzauberte Geliebte, seine Reue und übermächtige Sehnsucht ausströmen läßt. Diesem Zauber erweicht sich der Stein; die Geliebte ist erlöst, die Pracht der Feenwelt tut sich auf, und dem gewaltigen Sterblichen wird eröffnet, daß *Ada* durch seinen früheren Wankelmut zwar das Recht, der Unsterblichkeit zu entsagen, verloren habe, dagegen dem aller höchsten Zauber mächtigen Geliebten das Reich der Feen selbst zu seinem ewigen Wohnsitze an *Adas* Seite offenstehe.

Hatte ich bei der Ausführung der »*Hochzeit*« allem Opernschmucke entsagt und den Stoff in schwärzester Ungebrochenheit gegeben, so stattete ich nun dieses Sujet mit aller nur irgend verträglichen Mannigfaltigkeit aus: neben dem idealen Liebespaare figurierte ein zweites reales, und neben diesem sogar ein drittes derb komisches, welches natürlich in das Knappen- und Zofenfach fiel. In betreff der poetischen Diktion und der Verse verfuhr ich mit fast absichtlicher Nachlässigkeit. Es kam mir keineswegs darauf an, meiner ehemaligen Tendenz auf Dichterruhm zu schmeicheln; ich war wirklich »Musiker« und »Komponist« geworden und wollte mir einen gehörigen »Operntext« machen, von welchem ich nun einsah, daß mir ihn niemand anderes machen könnte, eben weil ein Operntext, als solcher ganz für sich, etwas Besondres sei, was ein Dichter und Literat gar nicht zustande bringen kann.

Mit dem Vorhaben, diesen Text zu komponieren, verließ ich nun im Januar 1833 Leipzig, um für einige Zeit meinen damals in *Würzburg* beim Theater angestellten ältesten Bruder *Albert* zu besuchen. Es schien nämlich jetzt an der Zeit zu sein, daß ich mich für die praktische Verwertung meiner musikalischen Fähigkeiten nach der nötigen Gelegenheit zur Übung derselben umsähe; dazu sollte mein Bruder bei dem kleineren Würzburger Theater mir die Hand bieten. Ich reiste mit der Post über Hof nach Bamberg, verweilte dort einige Tage in der Gesellschaft eines jungen Mannes namens *Schunke*, welcher aus einem Hornisten Schauspieler geworden war, lernte die Geschichte von *Caspar Hauser*, der damals noch großes Aufsehen machte und welchen, wenn meine Erinnerung mich nicht täuscht, man mir persönlich zeigte, mit großem Interesse kennen; freute mich der originellen Tracht der Marktfrauen; erinnerte mich beziehungsvoll des Aufenthaltes *Hoffmanns* und der Entstehung seiner Phantasiestücke an diesem Ort und fuhr frierend mit einem *Hauderer* nach Würzburg weiter. Mein Bruder *Albert*, der jetzt als eine ziemlich neue Erscheinung in mein Leben trat, suchte mich seinem nicht eben weit angelegten Hausstand erträglich einzufügen, freute sich, mich nicht so verschroben zu finden, als er mich nach jenem Briefe, mit dem ich ihn vor einiger Zeit erschreckte, vermutet hatte, und verschaffte mir vor allen Dingen eine ausnahmsweise Beschäftigung als Chordirektor beim Theater, für welche ich monatlich 10 Gulden erhielt. Der Rest des Winters wurde so für mich zu meinen ersten praktischen Übungen im musikalischen Direktionsfach angewendet: es galt in der noch kurzen Frist zwei große neue Opern, in welchen der Chor stark zu wirken hatte, nämlich Marschners *Vampyr* und Meyerbeers *Robert der Teufel*, einzustudieren. Ich fühlte mich zuerst als vollkommener Neuling im Beruf eines Chordirektors und hatte mit einer mir gänzlich unbekannten Partitur, der *Camilla* von *Paër*, zu beginnen. Mir ist hiervon die Erinnerung verblieben, als ob ich mich mit etwas beschäftigt hätte, was mir gar nicht zukäme; ich fühlte mich recht eigentlich als Dilettant dabei. Bald interessierte mich jedoch die Marschnersche Partitur genügend, um meine saure Arbeit mir lohnend erscheinen zu lassen. Über die Partitur des *Robert* war ich sehr enttäuscht: nach den Zeitungsberichten hatte ich mir ganz wunderbare Originalitäten und exzentrische Neuheiten erwartet; nichts davon vermochte ich in dem durchsichtigen Werke aufzufinden, und eine Oper, in welcher ein Finale wie das des zweiten Aktes vorkam, konnte unmöglich von mir zu jenen Werken gerechnet werden, die irgendwie meinen geliebten Vorbildern anzureihen gewesen wären; nur die unterirdische Klapptrompete, als Geisterstimme der Mutter im letzten Akte, imponierte mir. Merkwürdig ist nun die Erfahrung von ästhetischer Demoralisation, in welche ich durch fortgesetzten nahen Umgang mit diesem Werke verfiel. Die ursprüngliche Abneigung gegen das flache, so höchst uninteressante und namentlich den deutschen Musiker so unmittelbar anwidernde Werk, verlor sich wirklich allmählich hinter dem Interesse, welches ich am Gelingen der Darstellung zu nehmen mich genötigt sah, bis ich endlich von den schalen, affektierten, allen modernen Manieren nachgeahmten Melodien nichts andres vernahm, als ihre Fähigkeit, Beifall zu erzielen. Da es sich außerdem um meine zukünftige Karriere als Musikdirektor handelte, schien in den Augen meines um mich besorgten Bruders dieser Mangel an klassischer Halsstarrigkeit mir vorteilhaft angerechnet zu werden; und es bereitete sich so der allmähliche und einige Zeit andauernde Verfall meines klassischen Geschmackes vor. Doch ging es hiermit nicht so schnell, daß ich nicht zuvor noch Proben von meiner großen Unerfahrenheit im leichtfertigen Stil abgelegt hätte. Mein Bruder wünschte in *Bellinis* »Straniera« ein Kavatine aus dessen *Piraten* einzulegen, wovon die Partitur nicht zu haben war; er übertrug es mir, ihm dieselbe zu instrumentieren. Aus dem Klavierauszug erkannte ich unmöglich die lärmend dicke Instrumentation der musikalisch so außerordentlich dünnen Ritornelle und Zwischenspiele, und der Komponist einer großen C-dur-Symphonie mit Schlußfuge konnte sich hier nicht anders als mit einigen in Terzen spielenden Flöten und Klarinetten helfen. Die Kavatine klang in der Orchesterprobe so äußerst leer und effektlos, daß mein Bruder, welcher auf diese Einlage verzichtete, mir bittre Vorwürfe wegen der verschwendeten Kopiekosten machte. Doch wußte ich Revanche zu nehmen: der Tenor-Arie des »*Aubry*« in Marschners »Vampyr« fügte ich einen neuen Allegrosatz bei, zu welchem ich auch den Text machte. Meine Arbeit fiel dämonisch und effektvoll aus, trug Beifall des Publikums und ermunternde Anerkennung meines Bruders ein.

Im gleichen deutschen Stile führte ich denn auch im Laufe dieses Jahres (1833) die Musik zu meinen »*Feen*« aus. Mein Bruder und dessen Frau verließen nach Ostern Würzburg, um auswärtigen Einladungen nachzugehen, ich blieb mit den Kindern – drei jungen Mädchen in dem zartesten Alter – allein zurück, was mich in die wunderliche Lage eines verantwortlichen Erziehers setzte, in welcher ich mir um jene Zeit mich nicht sonderlich auszunehmen vermochte. Teils mit meiner Arbeit beschäftigt, teils von lustigem Umgang in Beschlag genommen, konnte es nicht ausbleiben, daß ich die Pflege meiner Ziehkinder vernachlässigte. Unter meinen dortigen Freunden gewann *Alexander Müller*, als tüchtiger Musiker und Klavierspieler und glücklicher junger Lebemann, besondern Einfluß auf mich: namentlich imponierte mir seine wirklich große Fertigkeit im Improvisieren; er vermochte es, über gegebene Themen phantasierend, mich stundenlang zu fesseln. Mit ihm und andren Freunden, unter welchen *Valentin Hamm* durch seine groteske Figur, sein tüchtiges Geigenspiel und namentlich seine enorme Spanne auf dem Klavier (er griff mit einer Hand eine Duodezime) mir sehr unterhaltend war, machte ich oft Ausflüge in die Umgebung, wobei es in bayerischem Bier und fränkischem Wein lustig herging. Der »Letzte Hieb«, ein auf anmutiger Höhe gelegener öffentlicher Biergarten, ward fast allabendlich Zeuge meiner wilden, oft enthusiastischen Lustigkeit und Ausgelassenheit: nie kehrte ich in den warmen Sommernächten von dort zu meinen drei Pflegekindern zurück, ohne über Welt und Kunst in sonderbare Ekstase geraten zu sein. – Eines bösen Streiches entsinne ich mich auch, der mir allezeit als ein schwarzer Flecken in der Empfindung geblieben ist. Unter meinen Genossen befand sich ein blonder, ungemein enthusiastischer Schwabe namens *Fröhlich*, mit welchem ich die Partitur der C-moll-Symphonie, von jedes eigener Hand geschrieben, ausgetauscht hatte. Dieser ausnehmend weiche aber reizbare Gemütsmensch hatte einen gewissen *André*, dessen etwas maliziöse Physiognomie auch mir nicht sonderlich gefiel, in so heftige Abneigung gefaßt, daß er behauptete, der Mensch verderbe ihm den Abend, wenn er ihn irgendwo antraf. Der unglückliche Gehaßte legte es nichtsdestoweniger darauf an, häufig in unsre Nähe zu kommen: es entstanden Reibungen; immer wieder stellte sich jedoch *André* mit anscheinender Herausforderung ein. Eines Abends riß *Fröhlich* die Geduld. Nach einer beleidigenden Antwort suchte er ihn durch Stockschläge von unserm Tisch zu vertreiben: es entstand eine Prügelei, an welcher *Fröhlichs* Freunde, allerdings von eigner Abneigung getrieben, sich beteiligen zu müssen glaubten. Die Prügelwut ergriff auch mich: ich schlug mit den andern auf das unglückliche Opfer unseres Hasses ein und hörte einen Schlag, den ich selbst geführt, auf Andrés Schädel schallen, wobei ich auch den Blick des Erstaunten auf mich gerichtet wahrnahm. Ich trage die Erzählung dieses Vorfalls zur Büßung einer Schuld ab, welche unvergeßlich als Vorwurf einer wahrhaft schmählichen Tat auf mir gelastet hat. Ich kann dieser traurigen Erinnerung nur diejenige aus meiner allerfrühesten Knabenzeit zur Seite stellen, welche sich an den schrecklichen Eindruck heftet, den das mühselige Ertränken junger Hunde in einem flachen Teiche am Hause meines Onkels in *Eisleben* auf mich hinterlassen hat. Da mich im Gegenteil stets ein fast überzärtliches Mitgefühl mit dem Schmerz andrer, und namentlich auch der

Tiere, von je oft in große Verlegenheit trieb und mich im jüngsten Alter wiederholt mit einer sonderbaren Anwandlung von plötzlichem Lebensekel erfüllte, sind mir die bezeichneten Erinnerungen an jene übermütigen oder gedankenlosen Handlungen desto lebhafter verblieben.

Um so unschuldiger ist meine Erinnerung an eine erste Liebschaft. Es war ganz natürlich, daß eine der jungen Choristinnen, welchen ich täglich ihre Stimmen einzustudieren hatte, meine Augen auf sich zu ziehen verstand. *Therese Ringelmann*, eines Totengräbers Tochter, verführte mich durch ihre schöne Sopranstimme zu der Annahme, sie zur großen Sängerin bilden zu müssen. Seitdem ich ihr hierüber Eröffnungen gemacht, kleidete sie sich in den Chorproben mit besondrer Aufmerksamkeit und verstand es namentlich durch eine weiße Perlenschnur, welche sie sich durch das Haar wand, meine Phantasie in angenehme Aufregung zu versetzen. Als ich im Sommer allein zurückgeblieben war, erteilte ich Theresen regelmäßigen Gesangsunterricht nach einer mir bis jetzt noch unklar gebliebenen Methode. Auch besuchte ich sie öfter in ihrer Wohnung, wo ich den unheimlichen Vater zwar nie, wohl aber stets ihre Mutter und Schwester antraf. Wir begegneten uns außerdem in öffentlichen Gärten; doch hielt mich stets eine nicht sehr liebevolle Scham davor zurück, mein Liebesverhältnis vor meinen Freunden einzugestehen. Ob hieran die bescheidene Familienstellung, die wirklich geringe Bildung Theresens oder mein eigener Zweifel an dem Ernst meiner Liebe schuld war, kann ich nicht genau bestimmen; nur weiß ich, daß, als ernstlicher auf eine Erklärung meinerseits gedrungen wurde, und noch dazu eifersüchtiger Argwohn bei mir sich einstellte, das Verhältnis bald sich spurlos löste.

Ein innigeres Liebesverhältnis erzeugte sich zu *Friederike Galvani*, der der Tochter eines Mechanikers, von sehr scharf ausgesprochener italienischer Abkunft. Sehr musikalisch und mit lieblicher, leicht bildsamer Stimme begabt, hatte sie mein Bruder unter seinen Schutz genommen und ihr zu einem Debut am Theater verholfen, in welchem sie sich glücklich bewährte. Sehr klein von Figur, aber mit großen schwarzen Augen und zärtlichem Naturell, hatte sie bereits einen braven Musiker, den tüchtigen ersten Oboebläser des Orchesters, mit dauernder Liebe an sich gefesselt. Er galt als ihr Bräutigam: nur durfte er, aus Rücksichten für eine gewisse Vergangenheit aus seinem Leben, vor der beabsichtigten und immer noch weit sich hinanschiebenden Verheiratung das Haus ihrer Eltern nicht betreten. Als der Herbst dieses Würzburger Jahres sich herannahte, wurde ich von mehreren Freunden, unter denen auch unser Oboebläser mit seiner Braut sich befand, zu einer ländlichen Hochzeit, einige Stunden von Würzburg, eingeladen. Dort ging es bäuerisch lustig her: es wurde getrunken und getanzt, wobei ich selbst versuchte, mich meiner auf der Geige erlangten Fertigkeit zu erinnern, ohne jedoch die zweite Violine auch nur zu einiger Zufriedenheit meiner Mitmusiker zustande zu bringen. Desto größer waren die Erfolge meiner Person bei der guten *Friederike*, mit welcher ich einige Male toll durch die Reihen der Bauern tanzte, bis die Gelegenheit es fügte, daß die allgemeine Erhitzung alle persönlichen Rücksichten auch für uns löste und wir, während der offizielle Liebhaber zum Tanz aufspielte, uns unwillkürlich herzten und küßten. Daß der Bräutigam beim Gewahrwerden der zärtlichen Unbefangenheiten, welche Friederike mir zuwendete, sich traurig aber nicht eigentlich verhindernd in sein Los fügte, erweckte mir zum ersten Male in meinem Leben ein schmeichelhaftes Selbstgefühl. Nie hatte ich nämlich Veranlassung gefunden, mich der eitlen Annahme hinzugeben, daß ich auf ein Mädchen einen vorteilhaften Eindruck zu machen vermöge. In betreff meiner äußern Begabung, oder daß ich etwa gar hübsch sei, konnte ich nie zu der mindesten Illusion gelangen, und wirklich bemerkte ich auch nie, daß ich je die Blicke eines hübschen Mädchens auf mich gezogen hätte. Dagegen war mir allmählich ein gewisses Selbstvertrauen im Umgang mit männlichen Altersgenossen erwachsen: meine ungemeine Lebhaftigkeit und stets bereite Erregbarkeit gaben mir gegenüber von allen, mit denen ich umging, ein endlich in mein Bewußtsein tretendes Gefühl von einer gewissen Kraft, meine trägeren Genossen hinzureißen oder zu betäuben. An meines armen Oboisten still leidender Zurückhaltung beim Gewahrwerden der feurigen Annäherung seiner Versprochenen gegen mich, gewann ich, wie gesagt, nun auch die erste Empfindung davon, daß ich nicht nur unter Männern, sondern auch unter Frauen für etwas gelten mochte. Der fränkische Wein tat das Seinige, eine immer steigende Verwirrung hervorzubringen, unter deren Schutze ich endlich mit Friederiken mich als offenbares Liebespaar aufführte. In spätester Nacht, bereits bei anbrechendem Tage, ging auf einem Leiterwagen die gemeinschaftliche Heimfahrt nach Würzburg vor sich: diese war der gemütliche Triumph meines anmutigen Abenteuers; während alle übrigen, auch endlich der sorgenvolle Oboist, in den dämmernden Morgen hinein ihren Rausch ausschliefen, wachte ich, an Friederikens Wange gelehnt, unter dem Gesange der Lerchen der aufgehenden Sonne entgegen.

An den darauffolgenden Tagen hatten wir kaum die Besinnung des Vorgefallenen. Eine nicht unanmutige Beschämung hielt uns voneinander zurück; jedoch gewann ich leicht den Zutritt zu ihrer Familie und war von da an täglich gern gesehen, wenn ich auf einige Stunden in unverhohlenem zärtlichem Verkehr in demselben häuslichen Kreise verweilte, von welchem der unglückliche Bräutigam ausgeschlossen blieb. Nie wurde dieses letzte Verhältnis mit irgendeinem Worte berührt, nie entstand bei Friederike auch nur annähernd der Gedanke, darin eine Änderung herbeizuführen; keinem fiel es ein, daß ich etwa an des Bräutigams Stelle treten solle. Die Zutraulichkeit, mit der ich von allen und am meisten von Friederike aufgenommen wurde, hatte ganz den Charakter eines Vorganges in der Natur, ungefähr wie wenn es Frühling wird und nun der Winter aufhört; die Berechnung bürgerlicher Konsequenzen fiel keinem Menschen ein, und hierin besteht das Freundliche und Schmeichelhafte dieses ersten jugendlichen Liebesverkehrs, welcher in keiner Weise in Bedenken und Sorge erweckende Annäherung ausartete. Diese Beziehungen endeten erst mit meinem Fortgang aus Würzburg, bei welchem es noch zu dem zärtlichsten, tränenreichsten Abschied kam. Längere Zeit hielt ich die Erinnerung hieran fest, ohne jedoch eine Korrespondenz zu unterhalten. – Zwei Jahre später besuchte ich auf einer kurzen Durchreise wiederum Friederike: das arme Kind näherte sich mir in äußerster Beschämung. Ihr Oboist war ihr treu geblieben; ohne jedoch noch die Heirat mit ihm ermöglichen zu können, war sie Mutter geworden. Dann habe ich nie wieder etwas von ihr erfahren. –

Unter all diesen Lebenserregungen arbeitete ich fleißig an meiner Oper. Die gute Laune hierzu war mir durch die liebevolle Teilnahme meiner Schwester *Rosalie* ermöglicht worden. Als mit dem Eintritte des Sommer-Halbjahres meine Einkünfte als Chordirektor aufhörten, übernahm es von neuem die Schwester, mich mit einem ausreichenden Taschengelde treulichst auszustatten, so daß ich, um nichts bekümmert und niemand zur Last fallend, einzig der Vollendung meiner Arbeit mich hingeben konnte. Noch sehr spät habe ich einen längeren Brief von mir an *Rosalie* aus jener Zeit vorgefunden, welcher von einer zarten, fast schwärmerischen Liebe für dieses edle Wesen erfüllt war.* – Als der Winter herannahte, mein Bruder zurückkehrte und das Theater wieder begann, trat ich zwar nicht wieder in Beziehung zu diesem, tat mich aber desto mehr in den Konzerten der Musikgesellschaft heraus, in welchen ich meine große *C-dur*-Ouvertüre und Symphonie, sowie endlich auch Stücke aus der neuen Oper selbst zur Aufführung brachte. Eine Dilettantin mit vorzüglicher Stimme, Fräulein *Friedel*, sang die große Arie der *Ada*; und zudem kam ein Terzett zu Gehör, welches auf meinen Bruder, der darin mitsang, bei einer Stelle, wie er mir selbst gestand, zu seiner Überraschung eine so ergreifende Wirkung machte, daß er darüber seinen Eintritt verfehlte.

Zu Weihnachten war mein Werk vollendet, meine Partitur mit rühmlichster Sauberkeit fertig geschrieben, und nun sollte ich mit Neujahr nach Leipzig zurückreisen, um dort meine Oper zur Annahme von seiten des Theaters zu bringen. Ich besuchte auf der Rückreise *Nürnberg*, wo ich mich bei meiner Schwester *Klara* und deren Manne, welche beim dortigen Theater engagiert waren, acht Tage aufhielt. Ich entsinne mich des angenehmen Behagens dieses heiteren Besuches bei denselben Verwandten, welche vor wenigen Jahren, da ich mich in Magdeburg bei ihnen aufhielt, noch in Sorge über meinen Entschluß, mich der Musik zuzuwenden, geraten waren. Jetzt war ich wirklich Musiker geworden, hatte eine große Oper geschrieben, manches bereits, ohne durchzufallen, aufgeführt: die Empfindung hier-

---

* Am Rande von der Hand Cosimas: »(Abschrift des Briefes)«. Siehe Anmerkung.

von tat mir wohl und schmeichelte nicht minder meinen guten Verwandten, welche nun doch sahen, daß das vermeintliche Unglück mit mir am Ende zu etwas geführt hatte. Ich war lustig und ausgelassen, wie es nicht nur das gesellige Haus meines Schwagers, sondern auch das gemütliche Wirtshausleben Nürnbergs sehr erleichterten. In ungemein zuversichtlicher und heitrer Stimmung kehrte ich nach *Leipzig* zurück, wo ich nun meiner hochbefriedigten Mutter und meiner innig erfreuten Schwester die drei kräftigen Bände meiner Partitur vorlegen konnte.

Meine Familie hatte sich durch die Rückkehr meines Bruders *Julius* von langer Wanderschaft bereichert. Er hatte längere Zeit in Paris als Goldschmied gearbeitet und sollte sich nun in Leipzig als solcher etablieren; auch er war mit den übrigen gespannt, etwas von meiner Oper zu hören, was allerdings seine Schwierigkeit hatte, da mir die Gabe, so etwas leicht verständlich vorzuspielen, abging und ich nur durch volle Ekstase mich in den Zustand zu bringen wußte, wo es mir möglich war, mit einigem Eindruck etwas zum besten zu geben. *Rosalie* wußte, daß ich es auf eine Art von Liebeserklärung ihrerseits abgesehen hatte: ich bin mir nicht klar darüber geworden, ob die Umarmung und der schwesterliche Kuß, die meine große Arie *Adas*, nachdem ich sie vorgesungen, lohnten, aus wirklicher Ergriffenheit oder mehr aus liebevoller Rücksicht mir gespendet wurden. Unverkennbar war dagegen der Eifer, mit welchem sie sich bei dem Direktor des Theaters, *Ringelhardt*, dem Kapellmeister und Regisseur für meine Oper in der Weise verwandte, daß sie Zusage der Aufführung derselben, und zwar in Bälde, erhielt. Mich interessierte es namentlich zu erfahren, daß die Direktion sich über das Kostüm meines Dramas sofort eifrig ins klare zu setzen suchte: ich war erstaunt zu hören, daß dieses »orientalisch« ausfallen sollte, während ich durch die Wahl meiner Namen genau den nordischen Charakter desselben bezeichnet zu haben glaubte: aber eben diese Namen fand man unzweckmäßig, da es Feensujets nicht im Norden, sondern nur im Orient gäbe, wie denn auch unverkennbar das Gozzische Original den orientalischen Charakter trage. Mit höchster Entrüstung kämpfte ich gegen das unausstehliche Turban- und Kaftan-Kostüm und reklamierte energisch die Rittertracht des allerentferntesten Mittelalters. – Jetzt galt es mit dem Kapellmeister *Stegmayer* mich über die Partitur genau zu verständigen. Dieser wunderlich kleine und dicke Mensch mit blondem Krauskopf und außerordentlich lebenslustigem Naturell war schwer zum Stichhalten zu bringen. Im Weinkeller glückte uns das Verständnis überraschend schnell; sobald wir uns jedoch ans Klavier setzten, hatte ich die sonderbarsten Einwendungen anzuhören, über deren Tendenz ich mir lange unklar blieb. Da sich durch dieses Hin- und Herziehen die Sache sehr verzog, setzte ich mit dem Regisseur der Oper, dem in Leipzig damals sehr beliebten Sänger und Kunstfreund *Hauser*, mich in nähere Verbindung. Mit diesem machte ich nun die wunderlichsten Erfahrungen: der Mann, der das Leipziger Publikum namentlich als »Barbier« und »Engländer« in Fra Diavolo für sich gewonnen hatte, zeigte sich mir in seinem Hause plötzlich als fanatischer Anhänger der allerältesten Musik. Mit Staunen hörte ich die kaum verhohlene Geringschätzung, mit welcher selbst *Mozart* von ihm behandelt wurde, dagegen ihm einzig bedauerlich erschien, daß wir von *Sebastian Bach* keine Opern hätten. Nachdem er mir auseinandergesetzt, daß dramatische Musik noch gar nicht geschrieben worden sei und eigentlich nur *Gluck* Beruf dazu gezeigt habe, ging es an eine gewissenhaft erscheinende Vornahme meiner eigenen Oper, über die ich eigentlich nur sein Zeugnis für die Aufführbarkeit derselben haben wollte, statt dessen es ihm daran gelegen war, mir an jeder Nummer das Verfehlte meiner »Richtung« nachzuweisen: ich schwitzte Blut unter der unerhörten Qual, mit diesem Mann meine Arbeit durchzugehen. Meine große Niedergeschlagenheit teilte ich der Mutter und Schwester mit. Alle Verzögerungen hatten bereits dazu gedient, die Aufführung meiner Oper in der ursprünglich festgesetzten Zeit unmöglich zu machen; jetzt wurde sie auf den August des laufenden Jahres (1834) hinausgeschoben.

Eine unvergeßliche Erfahrung machte mir neuen Mut. Der alte *Bierey*, ein erfahrener tüchtiger Musiker und seinerzeit selbst erfolgreicher Komponist, der namentlich durch seine lange Leitung des Breslauer Theaters einen vorzüglich praktischen Blick gewonnen hatte, lebte damals, in guter Bekanntschaft auch mit meiner Familie, in Leipzig. Mutter und Schwester baten ihn, doch auch sein Urteil über die Ausführbarkeit meiner Oper abzugeben, und stellten ihm deshalb die Partitur derselben zu. Wie sehr ergriff und erschütterte es mich nun, diesen alten Herrn eines Tages unter die Meinigen treten zu sehen und ihn mit wirklicher Aufgeregtheit versichern zu hören, wie er es rein unbegreiflich finde, daß ein so junger Mann wie ich eine solche Partitur wie diese geschrieben habe. Seine Aussagen über die von ihm erkannte Größe meines Talents waren wirklich hinreißend und setzten mich in wahrhaftes Erstaunen. Da er zugleich auf die Frage, ob er das Werk für praktisch ausführbar und wirkungsvoll hielte, sein einziges Bedauern versicherte, nicht mehr selbst an der Spitze eines Theaters zu stehen, weil er dann sofort es für sein größtes Glück halten würde, einen Menschen wie mich für seine Unternehmung dauernd zu gewinnen, kehrte eine wirklich segensvolle Stimmung bei den Meinigen ein, welche einen um so gewichtigeren Grund hatte, als alle den alten *Bierey* keineswegs als einen gemütlichen Fasler, sondern als einen durch viele Lebenserfahrungen ziemlich trockengeriebenen Praktikus kannten. –

Die Verzögerung wurde nun mit guter Laune ertragen, und ich durfte mich eine Zeitlang hoffnungsvoll den Erwartungen der Zukunft hingeben. Unter diesen genoß ich auch den neu aufgenommenen Umgang mit *Laube*, welcher jetzt, trotzdem ich seinen »Kocziusko« nicht komponiert hatte, im Zenit seines Ruhmes stand. Der erste Teil seines Romanes in Briefen

»*Das junge Europa*« war erschienen und wirkte auf mich im Verein mit allem jugendlich Hoffnungsvollen, was damals in mir lebte, äußerst anregend. In seiner Tendenz, innerlichst eigentlich wohl nur eine Reproduktion des *Ardinghello* von *Heinse*, war doch das damals in jungen Geistern sprudelnde Element zum fließenden Ausdruck gebracht. Die Hauptstimmung dieser Richtung verfolgte sich eigentlich in der literarischen Kritik, welche sich hauptsächlich gegen die vermeintliche oder wirkliche Impotenz der halb klassischen Inhaber unsrer verschiedenen literarischen Throne wendete. Ohne die mindeste Schonung wurden die »Zöpfe«, unter welche man unter andren auch *Tieck* rechnete, als reine Belästigungen und Hindernisse für das Aufkommen einer neuen Literatur behandelt. Was mich zu einer auffallenden Wendung auch in meinem Urteil gegen sonst mit Hochachtung und Verehrung angesehene deutsche Komponisten stimmte, war zum Teil der Einfluß dieser so einladend keck sich ausnehmenden kritischen Plänkeleien, hauptsächlich aber der Eindruck eines neuen Gastspiels der *Schröder-Devrient* in Leipzig, welche durch ihre Darstellung des »*Romeo*« in *Bellinis* »Romeo und Julie« alles mit sich fortriß. Die Wirkung hiervon war aber auch mit gar nichts zuvor Erlebtem zu vergleichen. Das kühne seelenvolle Bild des jugendlichen Liebes-Helden auf dem Grunde einer so offenbar seichten und leeren Musik dargestellt zu sehen, forderte jedenfalls zu einem bedenklichen Nachsinnen über die Ursachen der großen Wirkungslosigkeit der gediegenen deutschen Musik, wie sie bisher auf das dramatische Genre angewandt war, heraus. Ohne mich für jetzt in dieses Nachsinnen zu tief zu verlieren, folgte ich steuerlos dem Strome meiner heiß erregten Jugendempfindungen und neigte mich unwillkürlich zum Abwenden von allem grübelnden Ernste, der mich in meinem früheren Alter zu einem so pathetischen Mystizismus gestimmt hatte. Was *Pohlenz* durch seine Direktion der 9. Symphonie, was das Wiener Konservatorium, *Dionys Weber* und mancherlei andre stümperhafte Eindrücke, durch welche mir die klassische Musik in Wahrheit eindruckslos vorgeführt worden war, noch nicht vollständig erreicht hatten, gelang dieser unbegreiflichen Wirkung der unklassischsten, italienischsten Musik durch die wunderbar zündende und entzückende Darstellung des »Romeo« durch die *Schröder-Devrient*. Welchen Einfluß[*] solche mächtige und ihren Ursachen nach mir unbegreifliche Wirkungen auf mein Urteil übten, zeigte sich in der frivolen Weise, mit welcher es mir möglich ward, über *Webers* »Euryanthe« eine kurze Rezension für die »Elegante Zeitung« abzugeben. Diese Oper war kurz vor dem neuen Auftreten der *Schröder-Devrient* vom Leipziger Personal gegeben worden; kalte und matte Sänger, von denen mir namentlich die Darstellerin der Euryanthe, mit den damals modernen Reifärmeln in der Wildnis erschei-

---

[*] Am Rande von der Hand Cosimas: »2. Unterbrechung durch Wills Entfernung!!« Siehe Anmerkung. Darunter das Datum der Fortsetzung: »(9. März 1866.)«

nend, unerquicklich im Gedächtnis ist, hatten mühsam und ohne Liebe, bloß zur Befriedigung klassischer Anforderungen zu Werke gehend, ihr möglichstes getan, auch meine schwärmerischen Jugendeindrücke selbst von Weberscher Musik zu verdrängen. Ich wußte nicht, was ich einem Gesinnungsgenossen *Laubes*, als er mich auf das Gequälte dieser Opernvorstellung hinwies, erwidern sollte, sobald es ihm möglich war, im Gegensatz hierzu endlich den hinreißenden Eindruck jenes Romeo-Abends anzuführen. Ich befand mich hier vor einem Problem, dessen Lösung ich eben damals gesonnen war mir so leicht wie möglich zu machen, und bewies meinen Mut, mit jedem Vorurteil zu brechen, kühnlich durch jene soeben erwähnte kurze Rezension, in welcher ich die »*Euryanthe*« geradewegs verhöhnte. – War ich mit meiner Studentenzeit in meine menschlichen Flegeljahre getreten, so beschritt ich nun kühn dieselbe Bahn auch in meiner künstlerischen Geschmacksentwickelung.

Es war Mai, schönes Frühlingswetter, und eine Vergnügungsreise, die ich jetzt mit einem Freunde in das gelobte Land meiner Jugendromantik, Böhmen, vornahm, sollte die ausgelassene jungeuropäische Stimmung zur rechten Blüte bringen. – Dieser Freund war *Theodor Apel*. Seit lange kannte ich ihn und fühlte mich von je besonders geschmeichelt durch den Gewinn seiner herzlichen Zuneigung, da ich ihm als dem Sohne des geistvollen Metrikers und Nachdichters griechischer Dichtungsarten, *August Apel*, diejenige achtungsvolle Vorliebe entgegentrug, die mir hier zum ersten Male den Abkömmling eines berühmten Mannes abgewann. Vermögend und in angesehenen Familienverhältnissen, bot mir sein Umgang außerdem die in meinem Leben nicht häufig vorkommenden Punkte der Berührung mit dem höheren bürgerlichen Komfort: während meine Mutter zum Beispiel diesen Umgang der hochgeachteten Familie sehr gern sah, fühlte ich mich wiederum geschmeichelt durch das Innewerden der herzlichen Wärme, mit welcher ich in solchen Kreisen aufgenommen ward. *Apel* wünschte nun sehnlich Dichter zu werden, und ich nahm nicht anders an, als daß er alles hierzu habe, wozu ich namentlich die volle Freiheit rechnete, welche ihm sein bedeutender Vermögensstand gestattete, da er ihn von jeder Nötigung zum Broterwerb, somit zum Betrieb von Brotwissenschaften, befreit hielt. Sonderbarerweise war seine Mutter, die an einen Leipziger Juristen wiederverheiratete Witwe des bedeutenden Vaters meines Freundes, grade in diesem Punkte sehr ängstlich und wünschte ihrem Sohne eine tüchtige Karriere als Jurist, da sie von seiner dichterischen Begabung durchaus keine vorteilhafte Meinung zu hegen sich angelegen sein ließ. Es zog mir die besondre freundschaftliche Annäherung der Dame zu, daß sie hierüber mich zu ihrer Ansicht zu bekehren suchte, um meinen intimen Einfluß auf den Freund zur Abwendung des Familienunglücks, nochmals auch in dem Sohne einen Dichter zu haben, verwendet zu wissen. Diese Zumutung reizte mich mehr, als meine eigne vorteilhafte Meinung von seinem Talente es getan haben würde, den Freund in der Wahl des Dichterberufs zu bekräftigen und somit ihn in aufrührerischer Stimmung gegen seine Familie zu unterhalten. Er ließ sich das gefallen. Da er auch Musik studierte und ganz hübsch komponierte, gelang es mir, mich mit ihm in große Übereinstimmung zu setzen. Der Umstand, daß er gerade das Jahr, in welchem ich in den Abgrund der Studententorheit versank, in Heidelberg und nicht in Leipzig seine Studien machte, erhielt ihn von der Teilnahme an diesen meinen sonderbaren Ausschweifungen unberührt, und als wir uns jetzt im Frühling des Jahres 1834 in Leipzig wiedertrafen, hatte sich für unsren Umgang nur die eigentliche ästhetische Lebenstendenz aufgespart, welcher wir jetzt auch nach der Seite des Lebensgenusses hin versuchsweise eine Bedeutung zu geben strebten. Gerne hätten wir uns auf geniale Abenteuer gestürzt, wenn sie nur der Umkreis unsrer Lebensverhältnisse und der ganzen bürgerlichen Welt, welche vor uns lag, einigermaßen ermöglicht hätten. Bei aller Gespanntheit unsres Lebenstriebes brachten wir es doch nicht weiter als bis zu dem Entwurf jenes Reiseplanes nach Böhmen. Immerhin galt es schon etwas, daß wir diese Reise nicht mit Post, sondern im eignen Wagen machten, und fortgesetzt bestand unser eigentlicher Genuß darin, daß wir, zum Beispiel in *Teplitz*, wo wir uns mehrere Wochen aufhielten, täglich in einem schönen Wagen größere Spazierfahrten machten. Wenn wir so auf der »Wilhelmsburg« Forellen zum Abend gegessen und guten Czernoseker Wein mit Biliner Wasser getrunken, dazu uns über Hoffmann, Beethoven, Shakespeare, *Ardinghello* von Heinse und manches andre gehörig erhitzt hatten und nun in der dämmernden Sommernacht, in unsrem eleganten Wagen behaglich ausgestreckt, in den »König von Preußen« zurückfuhren, wo wir im ersten Stock das große Balkon-Zimmer bewohnten, glaubten wir den Tag als junge Götter verlebt zu haben und wußten vor Übermut nichts Besseres zu tun, als uns fürchterlich zu zanken, was, namentlich wenn es bei offnen Fenstern geschah, oft ängstliche Zuhörer auf dem Platz vor dem Gasthof versammelte.

An einigen schönen Morgen stahl ich mich von meinem Freunde fort, um mein Frühstück einsam auf der »Schlackenburg« zu nehmen und bei dieser Gelegenheit den Entwurf zu einem neuen Operngedicht in mein Taschenbuch aufzuzeichnen. Ich hatte mich hierzu des Sujets von Shakespeares *»Maß für Maß«* bemächtigt, welches ich, meiner jetzigen Stimmung angemessen, in sehr freier Weise mir zu einem Opernbuch, dem ich den Titel *»Das Liebesverbot«* gab, umgestaltete. Das *Junge Europa* und *Ardinghello*, geschärft durch meine sonderbare Stimmung, in welche ich gegen die klassische Opernmusik geraten war, gaben mir den Grundton für meine Auffassung, welche besonders gegen die puritanische Heuchelei gerichtet war und somit zur kühnen Verherrlichung der »freien Sinnlichkeit« führte. Das ernste Shakespearsche Sujet gab ich mir Mühe durchaus nur in diesem Sinne zu verstehen; ich sah nur den finstern, sittenstrengen Statthalter, selbst von furchtbar leidenschaftlicher Liebe zu der schönen Novize entbrennend, welche, indem sie ihn um Begnadigung ihres wegen eines Liebesvergehens zum Tode verurteilten Bruders anfleht, durch Mitteilung der schönen Wärme ihres menschlichen Gefühls in dem starren Puritaner die verderblichste Glut entzündet. Daß diese mächtigen Motive im Shakespeareschen Stücke nur so reich entwickelt sind, um desto gewichtiger endlich auf der Waagschale der Gerechtigkeit gewogen zu werden, taugte mir durchaus nicht zu beachten; es lag mir nur daran, das Sündhafte der Heuchelei und das Unnatürliche der grausamen Sittenrichterei aufzudecken. Somit ließ ich das »Maß für Maß« gänzlich fallen und den Heuchler durch die sich rächende Liebe allein zur Strafe ziehen. Aus dem fabelhaften *Wien* verlegte ich das Sujet nach der Hauptstadt des glühenden Siziliens, in welcher ein deutscher Statthalter, über die ihm unbegreiflich freien Sitten der Bevölkerung empört, zu dem Versuch der Durchführung einer puritanischen Reform schreitet, in welchem er kläglich erliegt. Vermutlich half die *Stumme von Portici* einigermaßen hierbei; auch Erinnerungen an die »Sizilianische Vesper« mögen mitgewirkt haben: wenn ich bedenke, daß endlich auch selbst der sanfte Sizilianer *Bellini* unter den Faktoren dieser Komposition mitzählt, so muß ich allerdings über das sonderbare Quiproquo lächeln, zu welchem sich hier die eigentümlichsten Mißverständnisse gestalteten.

Dies blieb für jetzt Entwurf. Lebendige Studien zu meinem Werke sollten zuerst noch auf diesem glücklichen Ausflug nach Böhmen angestellt werden. Ich führte meinen Freund im Triumph nach *Prag*, um ihm die gleichen Eindrücke zu verschaffen, die mich selbst so lebhaft dort berührt hatten. Wir trafen meine schönen Freundinnen in Prag selbst an, da durch den Tod des alten Grafen *Pachta* sich wesentliche Veränderungen in der Familie zugetragen hatten und *Pravonin* nicht mehr von den hinterlassenen Töchtern besucht ward. Mein Benehmen war Übermut und Ausgelassenheit, in welchen sich die bittren Empfindungen, mit denen ich damals aus diesem Kreise schied, als launige Rachsucht aussprachen. Mein Freund fand gute Aufnahme. Die veränderten Familienverhältnisse drängten die liebenswürdigen Mädchen immer bestimmter zu einer Entscheidung in betreff ihrer zukünftigen Stellung, und ein reicher Bürgerlicher, wenn er nur nicht gerade Kaufmann war, sondern von angestammtem Vermögen, schien der sorglichen Mutter immerhin ein gutes Auskunftsmittel. Ohne irgendwelche Bosheit dabei weder zu zeigen noch zu empfinden, äußerte ich mein Behagen an den seltsamen Verwirrungen, welche Theodors Einführung in diese Familie verursachte, in den lustigsten und tollsten Streichen, aus denen einzig mein Umgang mit den jungen Damen bestand. Sie konnten nicht begreifen, mich so auffallend verändert zu finden: da war keine Streitsucht, keine Belehrungswut, kein Bekehrungseifer, nichts von alledem, was früher ihnen so lästig fiel, an mir mehr wahrzunehmen; aber auch kein vernünftiges Wort war mehr aus mir herauszubringen, und sie, die gegenwärtig geneigt waren, manches ernstlich mit mir zu besprechen, erhielten nichts als die tollsten Possen von mir zur Antwort. Da ich bei dieser Gelegenheit als ausgelassener Vogel mir auch ungescheut manche Kühnheit erlaubte, gegen welche man sich ohnmächtig fühlte, reizte es meine übermütige Laune nun noch mehr, als mein Freund, durch mein Benehmen hingerissen, mich nachzuahmen versuchte, was ihm aber übel vermerkt wurde. Nur einmal kam es zu einer ernsteren Annäherung; ich saß am Klavier und hörte zu, wie mein Freund den Damen erzählte, daß ich bei einem Gasthofgespräch Veranlassung gefunden hätte, mich gegen jemand, der sich über diese Auskunft verwundert zeigte, in betreff der häuslichen und tüchtigen Eigenschaften meiner Freundinnen auf das wärmste auszusprechen. Es ergriff mich nun ungemein, an dem Erfolg dieser Mitteilung wahrzunehmen, welch üble Erfahrungen die Ärmsten bereits zu machen genötigt waren, da dieser mir so sehr natürlich dünkende Zug meines Benehmens sie wie ein ganz unerwartetes Glück rührte. *Jenny* kam nämlich auf mich zu, umarmte und küßte mich mit großer Wärme. Das Recht, mich fortan ausgesucht ungezogen zu benehmen, war mir nun unbestritten zuerkannt, und selbst auf *Jennys* warmen Erguß antwortete ich nur durch Späße und Torheiten. – In unsrem Gasthofe, dem damals so berühmten »*Schwarzen Roß*«, hatte sich das Feld gefunden, auf welchem ich die im Pachtaschen Hause noch nicht ermüdete übermütige Laune vollends bis zur Ausgelassenheit trieb. Aus den zufälligsten Elementen der Tisch- und Reisegäste wußten wir uns einen Anhang zu gewinnen, der bis tief in die Nacht hinein sich von uns zu den unglaublichsten Torheiten hinreißen ließ, wozu mich namentlich die Person eines sehr ängstlichen, gern aber verwegen erscheinen wollenden, ungemein kleinen Kaufmanns aus Frankfurt *an der Oder* anreizte, wohl schon des merkwürdigen Falles wegen, mit einem Menschen zusammenzutreffen, der eben in Frankfurt »an der Oder« zu Hause war. Wer da weiß, wie es damals in Österreich beschaffen war, wird sich einen Begriff von meiner Ausgelassenheit machen können, wenn ich berichte, daß ich es eines Mals dahin brachte, unser Konvivium im Gastsaale laut die »*Marseillaise*« in die Nacht hineinbrüllen zu lassen. Daß ich, nach dieser Heldentat, beim Auskleiden dann auf den äußeren Mauersimsen von einem Fenster zum andern des zweiten Stockes kletterte, erschien natürlich denjenigen entsetzlich, die meine in frühester Knabenzeit ausgebildete Neigung zu akrobatischen Übungen nicht kannten. Hatte ich unerschrocken solchen Gefahren mich ausgesetzt, so ernüchterte mich doch aber andern Morgens eine Zitation auf die Polizei, da mir die *Marseillaise* sehr bedenklich in das Gedächtnis zurückkehrte. Auf dem Büro durch ein sonderbares Mißverständnis lange Zeit aufgehalten, schien endlich aber für den zum Vernehmen mit mir beauftragten Kommissar die Zeit zu einem ernstlichen Verhör zu kurz geworden zu sein, und ich wurde, zu meiner großen Beruhigung, nach einigen unbedeutenden

Fragen nach der gewünschten Dauer meines Aufenthaltes, entlassen. Doch hielten wir es nun für rätlich, uns nicht häufig mehr den Verführungen zu ausgelassenen Streichen unter den Flügeln des Doppeladlers hinzugeben. Auf einigen Umwegen*, zu denen uns die unersättliche Begierde nach Abenteuern trieb, welche in Wahrheit immer nur in unsrer Phantasie zustande kamen und äußerlich sich als sehr bescheidene Reiseunterhaltungen ausnahmen, gelangten wir endlich nach Leipzig zurück. – Und mit dieser Heimkehr schließt sich sehr bestimmt die eigentliche heitere Jugendperiode meines Lebens ab. War ich auch bis dahin nicht von ernstlichen Verirrungen und leidenschaftlichen Erregungen je freigeblieben, so trat doch erst nun die *Sorge* in mein Leben.

Meine Familie hatte angelegentlich auf meine Zurückkunft gewartet, um mir zu melden, daß mir die Musikdirektorstelle bei der *Magdeburger* Theatergesellschaft angetragen sei. Diese Gesellschaft befand sich im gegenwärtigen Sommermonat zu Gastvorstellungen in dem Bade *Lauchstädt*; der Direktor derselben konnte mit einem unfähigen Musikdirektor, den man ihm zugewiesen, nicht auskommen und hatte sich in seiner Not nach Leipzig gewandt, um dort einen schleunigen Ersatz zu erlangen. Kapellmeister *Stegmayer*, der nicht Lust hatte in der heißen Sommerzeit die Partitur meiner »Feen«, wie mir versprochen war, einzustudieren, empfahl mich eifrigst zu der Musikdirektorstelle und wußte auf diese Weise wirklich den sehr störenden Quälgeist sich vom Halse zu schaffen. Denn wünschte ich einerseits wohl gern, frei und ungebunden mich dem Strome der Kunstabenteuer überlassen zu können, so war doch auch der Trieb zur Selbständigkeit, wie sie nur durch eignen Lebenserwerb möglich war, durch den Stand meiner Verhältnisse stark in mir gekräftigt worden. Eine Ahnung sagte mir aber, daß eine solide Grundlage zur Befriedigung dieses Triebes grade in Lauchstädt nicht zu gewinnen sein möchte; auch fiel es mir schwer, so gutmütig der der Aufführung meiner »Feen« gestellten Falle behilflich sein zu sollen. Ich entschloß mich daher nur zu einem vorläufigen Besuch in *Lauchstädt*, um mir die Sache anzusehen.

Dieser kleine Badeort hatte zur Zeit Goethes und Schillers eine höchst rühmliche Bedeutung gewonnen; das aus Holz errichtete Theater war nach Goethes Plan ausgeführt; dort hatte die erste Aufführung der »Braut von Messina« stattgefunden. Obwohl ich mir dies alles sagte, machte der Ort doch einen sehr bedenklichen Eindruck auf mich. Ich erkundigte mich nach dem Hause des Theaterdirektors; dieser war ausgegangen: ein kleiner schmutziger Junge, sein Sohn, sollte mich nach dem Theater führen, um »Papa« aufzusuchen. Doch schon unterwegs begegnete er uns, ein älterer

---

* Zu diesem Kreuz steht am Rand, von der Hand Richard Wagners geschrieben: »(Nachzuholen: Roman in der Familie Uhlmann in einer kleinen Stadt auf dem Weg von Karlsbad nach Teplitz, deren Namen ich vergessen habe. Apel verliebt – ich ausgelassen. Das Ganze nachzuholen. Anmerkung des Dictators.)«.

Mann im Schlafrock und eine Mütze auf dem Kopf. Seine Freude, mich zu begrüßen, unterbrach er durch Klagen über große Übelkeit, gegen welche ihn sein Sohn mit einem Schnaps aus der nahegelegenen Bude versorgen sollte, wozu er ihm mit einiger auf mich berechneten Ostentation einen wirklichen Silbergroschen in die Hand drückte. Dieser Direktor war *Heinrich Bethmann*, der Witwer der berühmten Schauspielerin Bethmann, welche, noch der schönen Periode des deutschen Schauspiels angehörend, namentlich die Gunst des Königs von Preußen so dauernd gewonnen hatte, daß diese sich noch lange Zeit über ihren Tod hinaus selbst auf ihren Gatten fortgesetzt erstreckte. Bethmann bezog stets eine gute Pension von seiten des preußischen Hofes und genoß andauernd die Protektion desselben, ohne diese Gunst durch sein abenteuerliches und unsolides Wesen je gänzlich verscherzen zu können. Gegenwärtig war er durch anhaltendes Theaterdirektionsführen bereits auf das tiefste heruntergekommen; seine Sprache und Manieren zeigten die süßliche Vornehmheit einer vergangenen Zeit, während alles, was er tat und was ihn umgab, den unwürdigsten Verfall bezeugte. Er führte mich in sein Haus zurück, wo er mich der »Frau Direktorin« vorstellte, welche, an einem Fuße gelähmt, auf einem sonderbaren Kanapee lag, während ein ältlicher Bassist, über dessen zu große Anhänglichkeit Bethmann sich ohne alle Umstände gegen mich beklagte, an ihrer Seite seine Pfeife rauchte. Von da führte mich der Direktor zu seinem Regisseur, welcher in dem gleichen Hause wohnte. Diesem, welcher soeben in Beratungen mit dem Theaterdiener, einem zahnlosen alten Gerippe, über das Repertoire begriffen war, überließ er mich zur Abmachung alles Nötigen, worüber Herr *Schmale*, der Regisseur, achselzuckend lächelte, indem er mir beteuerte, das wäre so die Art des Direktors, ihm alles auf den Hals zu schicken und sich um nichts zu bekümmern: da sitze er nun und berate sich mit *Kröge* schon seit einer Stunde, was nächsten Sonntag herauszubringen sein könnte; er hätte gut *Don Juan* anzusetzen, wie aber eine Probe zustande bringen, da die Merseburger Stadtmusiker, welche das Orchester bildeten, Sonnabend nicht zur Probe herüberkommen wollten? Dabei langte Schmale beständig durch das offene Fenster nach dem Zweige eines Kirschbaumes, von welchem er sich pflückte, in einem fort aß und die Kerne mit ungemeinem Geräusch ausspuckte. Besonders dieses letzte wirkte auf mich entscheidend, da ich sonderbarerweise eine angeborne Abneigung gegen Obst habe. Ich erklärte dem Regisseur, daß er wegen des *Don Juan* am Sonntag sich gar nicht zu bemühen habe, da ich meinerseits, falls man auf mein Debüt bei dieser Vorstellung gerechnet hätte, dem Direktor jedenfalls auch einen Strich durch die Rechnung machen müßte, indem ich notgedrungen sofort noch einmal nach Leipzig zurückkehren müßte, um dort meine Angelegenheiten in Ordnung zu bringen. Diese höfliche Wendung meines gänzlichen Abschlages der Anstellung, welchen ich sofort bei mir beschlossen hatte, nötigte mich noch zu einiger Verstellung, durch welche ich in die Lage geriet, mich in Lauchstädt noch um einiges zu bekümmern, was bei meinem Entschlusse, nicht wieder zurückzukehren, an sich ganz unnötig war. Man erbot sich mir beim Aufsuchen einer Wohnung behilflich zu sein, und ein junger Schauspieler, den ich zufällig von Würzburg her kannte, übernahm es, hierzu mein Führer zu sein. Er sagte mir, indem er mich nach der ihm bekannten besten Wohnung führe, werde er mir zugleich die Annehmlichkeit verschaffen, mich zum Hausgenossen des hübschesten und liebenswürdigsten Mädchens, welches gegenwärtig in Lauchstädt anzutreffen, zu machen: dies sei die erste Liebhaberin der Gesellschaft, Fräulein *Minna Planer*, von welcher ich gewiß schon gehört haben würde.

Der Zufall fügte es, daß schon unter der Tür des bewußten Hauses uns die Verheißene entgegentrat. Ihre Erscheinung und Haltung stand in dem auffallendsten Gegensatze zu all den unangenehmen Eindrücken des Theaters, welche ich soeben an diesem verhängnisvollen Morgen empfangen: von sehr anmutigem und frischem Äußern, zeichnete die junge Schauspielerin sich durch eine große Gemessenheit und ernste Sicherheit der Bewegung und des Benehmens aus, welche der Freundlichkeit des Gesichtsausdruckes eine angenehm fesselnde Würde gaben; die sorgsam saubre und dezente Kleidung vollendete den überraschenden Eindruck der sehr unerwarteten Begegnung. Nachdem ich ihr im Hausflur als der neue Musikdirektor vorgestellt war und sie überrascht den für diesen Titel so jugendlichen Ankömmling gemessen hatte, empfahl sie mich der Hauswirtin freundlich zur guten Unterkunft und ging mit stolz ruhigem Schritte über die Straße dahin in die Theaterprobe. Auf der Stelle mietete ich die Wohnung, sagte für Sonntag *Don Juan* zu, bereute sehr, mein Gepäck von Leipzig nicht mitgebracht zu haben, und beeilte mich schleunigst dahin zurückzukehren, um noch schleuniger wieder nach Lauchstädt zu kommen.

Das Los war geworfen. Der Ernst des Lebens trat sogleich in bedeutungsvollen Erfahrungen mir entgegen. In Leipzig hatte ich von *Laube* einen bedenklichen Abschied zu nehmen; er war auf die Reklamation Preußens von Sachsen ausgewiesen worden und ahnte, welche Bedeutung diesem Vorgehen beizulegen sei. Die Zeit der unverhüllten Reaktion gegen die liberalen Bewegungen der ersten dreißiger Jahre war eingetreten: daß Laube bei keinerlei politischer Aktion beteiligt war, sondern lediglich einer immer mehr nur auf ästhetische Zwecke gerichteten literarischen Tätigkeit sich hingegeben hatte, ließ uns zunächst die polizeiliche Maßregel ganz unbegreiflich erscheinen. Die widerwärtige Zweideutigkeit, mit welcher ihm von den Leipziger Behörden auf alle Anfragen wegen des Grundes seiner Ausweisung geantwortet wurde, erfüllte ihn bald mit starkem Argwohn gegen das, was man mit ihm vorhatte. Da Leipzig für das Feld seiner literarischen Tätigkeit ihm ein unersetzlich kostbarer Boden war, kam es ihm viel darauf an, sich in dessen Nähe zu erhalten. Mein Freund *Apel* besaß ein schönes Rittergut wenige Stunden von Leipzig auf preußischem Boden; wir faßten den

Wunsch, Laube dort gastfreundlich geborgen zu sehen; mein Freund, in dessen Macht es lag, ohne der gesetzlichen Bestimmung irgendwie zu nahe zu treten, dem Verfolgten ein wichtiges Asyl zu geben, ging sofort willig auf unsren Wunsch ein, eröffnete uns aber des andren Tages, nachdem er mit seiner Familie über den Fall verkehrt hatte, daß er doch sich Unannehmlichkeiten auszusetzen glaube, wenn Laube von ihm aufgenommen würde. Dieser lächelte hierzu mit einem mir unvergeßlichen Ausdrucke, von welchem ich im Laufe meines Lebens häufig bemerkte, daß er auch über meine eignen Züge glitt. Er nahm Abschied; und nach kurzer Zeit erfuhren wir, daß er auf Grund wieder aufgenommener Untersuchungen gegen ehemalige Teilnehmer der *Burschenschaft* gefänglich eingezogen und in der Berliner Stadtvogtei verwahrt worden war. Ich hatte hier zwei Erfahrungen gemacht, welche bleischwer sich in mich versenkten, packte meinen dürftigen Mantelsack, nahm Abschied von Mutter und Schwester und trat mit beiden Füßen entschlossen in meine Musikdirektorlaufbahn ein. –

Um das Stübchen unter der Wohnung *Minnas* als meine neue Heimat ansehen zu dürfen, mußte ich denn auch gute Miene gegen die theatralische Unternehmung des Direktors *Bethmann* machen. Wirklich kam es sofort zu einer Aufführung des *Don Juan*, denn diese Oper bot mir der auf Kunstgalanterie sich steifende Direktor als sinnig gewähltes Debüt für den aus guter Familie kommenden strebsamen jungen Künstler an. Obwohl ich, außer einiger meiner Instrumentalkompositionen, noch nicht, namentlich keine Oper, dirigiert hatte, ging Probe und Aufführung ziemlich gut vonstatten; nur einige Male mangelte es an Präzision im Rezitativ der Donna Anna; doch zog mir das keinerlei Feindseligkeit zu, und als ich bei »*Lumpaci Vagabundus*«, welchen ich vollständig einzustudieren hatte, mich rührig und unverdrossen anstellte, schien man bald allgemein volles Vertrauen in die neue Akquisition zu gewinnen. Daß ich bei dieser unwürdigen Verwendung meiner musikalischen Fähigkeiten mich ohne Bitterkeit und sogar gut gelaunt anließ, verdankte ich weniger meiner um diese Zeit, wie ich es nannte, sich in den Flegeljahren befindenden Richtung meines Geschmackes, sondern hauptsächlich dem Umgange mit *Minna Planer*, welche in jener Zauberposse als »Fee Amorosa« verwendet war. Immer erschien sie mitten unter dieser Staubwolke von Frivolität und Gemeinheit wirklich wie eine Fee, von der man nicht wußte, wie sie in diesen Wirbel, der sie in Wahrheit nie mit hinriß, ja kaum berührte, hineingeraten war. Während ich namentlich in den Sängerinnen der Oper nichts als jene wohlbekannten komödiantischen Karikaturen und Grimassen zu ersehen hatte, schied die schöne Schauspielerin durch ungezierte Solidität und elegante Sauberkeit, sowie durch Abwesenheit aller theatralischer Affektation und komödiantischer Gespreiztheit sich vollständig von ihrer Umgebung aus. Ein einziger junger Mensch konnte von mir wegen ähnlicher Eigenschaften, als ich sie an Minna wahrnahm, dieser an die Seite gestellt werden; dies war *Friedrich Schmitt*, der soeben erst die theatralische Karriere ergriffen hatte, um in der Oper, zu welcher er durch eine vorzüglich schöne Tenorstimme sich berufen fühlte, sein Glück zu machen. Auch er unterschied sich von dem übrigen Personale namentlich durch den Ernst, den er auf seine Studien und seine Leistungen verwendete; der seelenvolle männliche Ton seiner Bruststimme, seine edle reine Aussprache und verständige Phrasierung sind mir stets als mustergültig in der Erinnerung geblieben. Daß er vollständig ohne theatralisches Talent war, sich ungeschickt und befangen auf der Bühne benahm, legte seiner Entwicklung bald Fesseln an; mir aber blieb er als ein gescheiter, origineller Mensch und zuverlässiger ehrenwerter Charakter als einziger Umgang wert.

Zur leidenschaftlichen Gewohnheit ward mir aber schnell der Umgang mit meiner liebenswürdigen Hausgenossin, welche dem naiv ungestümen Entgegenkommen des einundzwanzigjährigen Musikdirektors mit einer gewissen wohlwollenden Verwunderung erwiderte, die, fern von aller Koketterie und Absichtlichkeit, mir bald einen traulich freundlichen Verkehr mit ihr ermöglichte. Als ich eines Abends spät in mein Parterre-Zimmer, weil ich den Hausschlüssel nicht mit mir führte, durch das Fenster zurückkehrte, zog das Geräusch dieses Einbruches *Minna* an ihr über dem meinigen gelegenes Fenster; ich bat sie, immer auf meinem Fenstersims stehend, mir zu erlauben, ihr noch gute Nacht zu sagen; sie hatte nicht das mindeste dagegen, nur müsse dies vom Fenster aus geschehen, da sie ihr Zimmer stets von ihren Wirtsleuten schließen ließ und dort niemand hereinkönnte: freundlich erleichterte sie mir den Händedruck durch weites Herabbeugen ihres Oberkörpers, so daß ich die Hand, auf meinem Fenster stehend, erfassen konnte. Als ich darauf von der Gesichtsrose, an welcher ich häufig litt, ergriffen wurde und mit geschwollenem, widerlich entstelltem Gesicht mich in meiner traurigen Kammer vor aller Welt barg, besuchte mich *Minna* wiederholt, pflegte mich und meinte, daß das entstellte Gesicht gar nichts ausmache. Wieder genesen, besuchte ich nun sie und beklagte mich über einen an meinem Munde zurückgebliebenen Ausschlag, den ich für so unangenehm hielt, daß ich sie um Entschuldigung bäte, mich ihr damit zu zeigen; sie wollte auch dies noch erträglich finden: da meinte ich, sie würde mir doch keinen Kuß geben; wogegen sie mir sofort durch die Tat bewies, daß sie auch davor sich nicht scheue. Dies alles geschah ihrerseits mit einer freundlichen Ruhe und Gelassenheit, die fast etwas Mütterliches an sich hatte und keineswegs auf Leichtfertigkeit oder Gefühllosigkeit deutete.

Nach wenigen Wochen hatte die Gesellschaft Lauchstädt zu verlassen, um sich für den Rest des Sommers zu Gastvorstellungen nach *Rudolstadt* zu wenden. Es lag mir sehr daran, diese damals noch umständliche Reise in der Gesellschaft Minnas zu machen; wäre es mir gelungen, vom Direktor Bethmann mein wohlverdientes Musikdirektorengehalt richtig ausgezahlt zu erhalten, so hätte der Erfüllung meines Wunsches nichts entgegengestanden:

ich traf aber hierin auf außerordentliche Schwierigkeiten, die sich im Laufe verhängnisvoller Jahre in chronischer Weise zu den sonderbarsten Leiden steigerten. Schon in Lauchstädt erfuhr ich, daß es nur einen Menschen gäbe, welcher richtig sein Gehalt bezöge: dies war der Bassist *Kneisel*, welchen ich mit der Pfeife am Kanapee der hüftenlahmen Direktrice zuerst kennengelernt hatte. Mir wurde versichert, daß, wenn ich viel darauf hielte, dann und wann etwas von meiner Gage zu bekommen, ich dies nur durch Courmachen bei Madame Bethmann erreichen könnte. Für diesmal zog ich es vor, noch einmal meine Familie zu Hilfe zu rufen, und reiste deshalb über Leipzig, wo ich mich, zum betrübten Erstaunen meiner Mutter, mit den nötigen Subsidien zu versehen hatte, allein nach Rudolstadt. Nach Leipzig selbst aber war ich über das Gut *Apels* mit diesem, welcher in Lauchstädt dazu mich abgeholt hatte, gereist. Diese Abholung von Lauchstädt ist mir durch ein wüstes Gelage in Erinnerung geblieben, welches mein vermögender Freund mir zu Ehren im Gasthofe veranstaltet hatte. Bei dieser Gelegenheit nämlich war es mir und einem der Genossen gelungen, einen ungeheuren Kachelofen von massivster Bauart, wie er sich in unsrem Gasthofzimmer befand, vollständig zu demolieren. Wie das zustande gekommen, waren wir am andren Morgen sämtlich unfähig zu begreifen.

Auf dieser Reise nach *Rudolstadt* kam ich auch zum ersten Male durch *Weimar*, wo ich an einem regnerischen Tage mich nach dem Haus Goethes mit Neugier aber ohne Ergriffenheit umsah; ich hatte mir etwas andres darunter vorgestellt und erwartete mir von dem regen Theatertreiben in Rudolstadt, dem es mich hastig zudrängte, lebendigere Eindrücke. Trotzdem ich dort nun nicht selbst zu dirigieren hatte, da diese Funktion dem Dirigenten der fürstlichen Hofkapelle, welche zu unsren Leistungen hinzugezogen ward, übertragen sein mußte, war meine Beschäftigung mit dem Einstudieren der vielen Opern und Singspiele, mit welchen das Vogelschießfest-Publikum des Fürstentums um diese Zeit traktiert werden mußte, doch so stark, daß ich nie zu Ausflügen in die anmutige Gegend dieses Ländchens gelangte. Auch fesselten mich, außer diesen strengen und übel gelohnten Mühen, während der in Rudolstadt verbrachten sechs Wochen zwei Leidenschaften, zu welchen einerseits die Lust an der Ausführung des Gedichtes des »Liebesverbotes«, andrerseits meine Neigung zu *Minna* anschwollen. Zwar entwarf ich auch um diese Zeit eine musikalische Komposition, nämlich eine Symphonie in *E-dur*, deren erster Satz (¾-Takt) als Komposition auch vollendet wurde; für Stil und Anlage war diese Arbeit durch die siebente und achte Symphonie Beethovens veranlaßt, und, soviel ich mich erinnere, glaube ich mich der Tüchtigkeit dieser Arbeit nicht geschämt haben zu dürfen, wenn ich sie vollendet oder selbst nur das Fertige mir erhalten hätte. Schon um diese Zeit bildete sich aber bei mir die Ansicht von der Unmöglichkeit aus, auf dem Gebiete der Symphonie nach dem Vorgange Beethovens noch Neues und Beachtenswertes zu leisten; wogegen die Oper, für die ich mich tiefinnerlichst immer mehr ohne eigentliches Vorbild fühlte, mir in verschiedenartiger Gestalt als anreizende Kunstform sich zeigte. Unter mannigfacher leidenschaftlicher Erregung brachte ich in den wenigen mir übrigbleibenden Mußestunden den größten Teil meines neuen Operngedichtes zustande und verfuhr in bezug auf Sprache und Vers bereits mit weit größerer Sorgsamkeit als bei der Anfertigung des Textes zu den »Feen«, wie ich denn auch bei der Gestaltung und teilweisen Erfindung der Situationen mit unvergleichlich größerem Bewußtsein verfuhr, als es bei jener früheren Arbeit der Fall gewesen war.

Anderseits erfuhr ich nun auch bereits die ersten Sorgen und Bekümmernisse der verliebten Eifersucht. In *Minnas* bisher so unbefangenem, wohlwollendem Benehmen gegen mich ging eine mir unerklärliche Veränderung vor; es schien, daß meine naiven Bewerbungen um ihre Gunst, mit denen es in keiner Weise auf ein Verhältnis abgesehen war, sondern in welchen der erfahrene Beobachter nur den Übermut des leicht befriedigten Jünglingsbehagens erkannt haben würde, der sehr beachteten Schauspielerin Bemerkungen und Beurteilungen zugezogen hatten. Ich war erstaunt, aus ihrem Verhalten und endlich ihren Erklärungen entnehmen zu müssen, daß sie sich veranlaßt fühlte, dem Ernste meiner Bewerbungen nachzufragen sowie die Folgen derselben in Anschlag zu bringen. *Minna* stand, wie ich schon zuvor erfahren, in einem wirklich vertrauten Verhältnisse zu einem jungen Adeligen, den ich schon in Lauchstädt, wo er Minna besuchte, kennengelernt, und an welchem ich eine unverhohlen aufrichtige, herzliche Neigung zu Minna wahrgenommen hatte. Im Kreise ihrer Freundinnen galt sie als mit Herrn von O. versprochen, wiewohl es allseitig bald klar sich herausstellen mußte, daß an eine Verbindung der beiden nicht zu denken war, da der Liebende gänzlich ohne Vermögen, dennoch von so bedeutender Familie war, daß er sowohl seiner gesellschaftlichen Stellung wie seiner zu erwählenden Laufbahn das Opfer einer Vernunftheirat zu bringen sich genötigt sah. Hierüber schienen eben während dieser Rudolstädter Zeit bestimmte Erklärungen an Minna gelangt zu sein, welche sie ernst, ja traurig und gegen meine ungestümen Annäherungsversuche zu kühler Zurückhaltung geneigt stimmten. Jedenfalls erkannte ich bei näherer Besinnung, daß *Jung-Europa*, *Ardinghello* und *Liebesverbot* sich hier nicht spielen ließen, sondern daß zwischen *Fee Amorosa* in heitrer Theaterlaune und *ehrlicher Bürger Kind*, welches ein anständiges Unterkommen sucht, ein sehr bestimmter Unterschied bestand. Sehr verdrießlich und entmutigt, verschärfte ich die ausgelassenen Situationen meines »*Liebesverbotes*« und schwärmte des Abends mit einigen flachen Genossen im Bratwurstduft der Rudolstädter Vogelwiese umher, wo mich der Ärger sogar wieder in einige Berührung mit dem Laster des Spieles setzte, welches diesmal allerdings nur in der sehr unschuldigen Gestalt der auf offenem Markt ausgestellten Würfel- und Roulette-Tische mich in flüchtige Fesseln schlug.

Die Zeit, wo es von Rudolstadt fort endlich nach dem Hauptorte *Magdeburg*, zur Abhaltung der halbjährigen Wintersaison, gehen sollte, war mir sehr willkommen, vorzüglich weil ich dort auch wieder an die Spitze des Orchesters selbst treten konnte und überhaupt ein würdigeres Gedeihen meiner musikalischen Tätigkeit mir versprechen durfte. Vor meinem Einzug in Magdeburg hatte ich jedoch noch eine mühselige Zwischenzeit in *Bernburg* zu überstehen, für welches Direktor Bethmann, neben seinen übrigen Unternehmungen, ebenfalls Theatervorstellungen zugesagt hatte. Mit einem Bruchteile der Gesellschaft mußte ich dort im Vorbeigehen für das Herausbringen mehrerer Opern, welche wiederum der dortige fürstliche Kapellmeister dirigierte, sorgen und dazu ein kümmerliches, schlecht versorgtes, ärgerlich-komödiantisches Leben führen, was mir fast – wenn nicht für immer, doch für diesmal – das fatale Theatermusikdirektoren-Metier gründlich verleidet hätte. Doch ging es vorüber, und – *Magdeburg* sollte mich nun zur eigentlichen Glorie meines erwählten Berufs führen.

Es war nicht ohne Reiz für mich, an demselben Dirigentenpult, an welchem vor noch nicht langen Jahren Meister *Kühnlein* dem konfusen jugendlichen Enthusiasten durch gewiegte Musikdirektoren-Weisheit imponierte, mich nun selbst bald als Meister zu fühlen: denn es glückte mir in der Tat sehr bald, mir eine vollkommene Sicherheit in der Orchesterdirektion anzueignen. Von den tüchtigen Musikern des Orchesters war ich in kurzem gern gesehen, und ihr gutes Zusammenspiel trug uns gemeinschaftlich bei feurigen Ouvertüren, welche ich namentlich gegen das Ende gewöhnlich in unerhört schnellem Tempo spielen ließ, oft den berauschenden Applaus des Publikums ein. Die Leistungen meines feurigen, oft übermütigen Eifers wurden, wie sie mir auch die Zuneigung des Sängerpersonals gewannen, vom Publikum mit freudiger Anerkennung beachtet; da in Magdeburg, wenigstens zu jener Zeit, von dem Theaterrezensentenwesen noch wenig sich ausgebildet hatte, sprach sich diese allgemeine Zufriedenheit mit mir auf angenehm ermutigende Weise aus, und am Ende des ersten Vierteljahres meiner Magdeburger Musikdirektion fühlte ich mich von dem schmeichelhaft behaglichen Bewußtsein, der eigentliche Matador der Oper zu sein, getragen. In der Voraussetzung eines besondern Erfolges unter solchen Umständen, verfaßte der seitdem mir herzlich geneigt gewordene Regisseur *Schmale* ein Festspiel für den Neujahrstag, zu welchem ich die nötige Musik anfertigen sollte. Dies geschah in größter Geschwindigkeit; eine rauschende Ouvertüre, mehrere Melodramen und Chöre gelangen in größter Eile ganz nach Wunsch und trugen uns, was bei solchen Gelegenheitsstücken ohne eigentliche festliche Veranlassung außer aller Gewohnheit war, so reichlichen Beifall ein, daß wir diesen Neujahrsgruß mit gutem Glück wiederholen durften.

Die Zeit dieses Jahreswechsels (1835) ward mir außerdem zu einem entscheidenden Wendepunkte meiner Lebensbeziehungen. Seitdem wir in Rudolstadt unsren Umgang abgebrochen und uns ziemlich aus den Augen verloren hatten, setzte sich, seit unsrem Wiedersehen in Magdeburg, das Verhältnis zwischen *Minna* und mir in kühler und absichtlich nachlässiger Weise fort. Ich erfuhr, daß sie hier, wo sie bei ihrem Auftreten vor einem Jahre namentlich als schönes Mädchen große Aufmerksamkeit erregt hatte, von einigen jungen adeligen Herrn besonders gefeiert wurde und gegen die Auszeichnung, von ihnen Besuche zu empfangen, sich nicht unempfindlich erwies. Blieb ihr Ruf, dank ihrem stets schicklichen und ernsten Benehmen, wirklich unangetastet, so war doch meine Abneigung gegen Umgang dieser Art, vielleicht schon durch die Erinnerung an meine Leiden im *Pachtaschen* Hause in Prag, stark ausgebildet worden. Versicherte mir *Minna*, daß diese Herrn sich bei weitem bescheidener und dezenter benähmen als Theaterliebhaber aus dem bürgerlichen Stande und namentlich auch als gewisse junge Musikdirektoren, so gelang es ihr doch nie, meiner Bitterkeit und streitsüchtigen Laune, welche sich gegen diese ihre Neigung aussprach, Herrin zu werden. So verbrachten wir drei unerquickliche Monate in zunehmender Entfernung voneinander, während ich mit halb verzweifelter Wahllosigkeit mir Gefallen an dem allerdiffusesten Umgange vorlog und nach jeder Seite hin mich so auffällig leichtfertig gehenließ, daß *Minna*, wie sie mir später versicherte, dadurch zu ernstlicher, mitleidvoller Besorgnis um mich bewogen wurde. Da es auch nicht fehlte, daß von seiten des weiblichen Personales der Oper dem jungen Musikdirektor nicht unbedenkliche Aufmerksamkeiten erwiesen wurden, und namentlich eine nicht im besten Ruf stehende junge Dame offenbar ihre Netze nach mir auswarf, schien diese Sorge Minnas zu einem entscheidenden Entschluß angeregt zu sein. Ich kam auf den Gedanken, am Silvesterabend auf meinem Zimmer die wunderliche Elite unsres Opernpersonals mit Austern und Punsch zu traktieren. Die Männer waren mit ihren Frauen eingeladen, und nun handelte es sich darum, ob ich auch das unverheiratete *Fräulein Planer* dazu vermögen würde, an meinem Feste teilzunehmen: mit großer Unbefangenheit nahm sie an und erschien wie immer sauber und dezent in meiner Junggesellenwirtschaft, in welcher es bald toll genug herging. Der Wirt war von mir zuvor von dem Sturm, der in seinem Hause sich erregen würde, benachrichtigt und wegen des Ersatzes möglicher Schäden an seinem Mobiliar beruhigt worden. Was dem Champagner noch nicht gelungen war, glückte endlich dem Punsch: alle Fesseln der dürftigen Konvenienz, mit welcher meine Gesellschaft sich für gewöhnlich zu behelfen suchen mußte, wurden gesprengt, und allgemeine Liebenswürdigkeit trat, von keiner Seite bestritten, ein. Hier entschied es sich denn nun, durch welch königlich ruhigen Anstand *Minna* sich vor all ihrer Genossenschaft auszeichnete. Nie verlor sie die würdigste Haltung; niemand wagte sich ihr zutraulich zu nähern; und desto bedeutender, ja endlich völlig ernüchternd, wirkte es dagegen auf alle, als Minna ohne alle Scheu meine freundlichen und innigen Zärtlichkeiten erwiderte, wodurch es denn nun der ganzen Genossenschaft klarwurde, welch besondre, mit keinem andren Verhältnis zu vergleichende Bewandtnis es zwischen uns beiden hatte. Wir hatten die sonderbare Genugtuung, die übel berufene junge Frau*, welche es offenbar auf mich abgesehen hatte, über diese Entdeckung in Krämpfe geraten zu sehen.

Von nun an blieb ich mit *Minna* fortgesetzt in innig befreundetem Verkehr. Ich glaube nicht, daß sie je eine irgend an Leidenschaftlichkeit grenzende Neigung, den eigentlichen Affekt der Liebe für mich empfand oder überhaupt wohl zu empfinden fähig war, und kann dagegen ihr Gefühl für mich nur als das des herzlichsten Wohlwollens, des innigsten Wunsches für mein Gedeihen und Wohlergehen, der freundlichsten Teilnahme und des gutgelaunten Gefallens an meinen sie oft mit Verwunderung erfüllenden Eigenschaften, welches alles ihr endlich zu einer steten und behaglichen Gewohnheit wurde, bezeichnen. Offenbar hatte sie eine sehr günstige Meinung von meinem Talente und fühlte sich von meinen so schnellen Erfolgen auf fesselnde Weise überrascht; mein exzentrisches Wesen, welches sie durch ihre launige Ruhe sehr angenehm zu temperieren wußte, reizte sie zur fortgesetzten Ausübung dieser ihrem Selbstgefühl schmeichelnden Macht, und ohne mir je irgendein Verlangen, ein Sehnen, oder gar Glut zu zeigen, setzte sie meinem Ungestüm doch durchaus keine Kälte entgegen. – Ich hatte beim Magdeburger Theater die wirklich interessante Bekanntschaft einer bereits nicht mehr ganz jugendlichen Schauspielerin, welche das sogenannte »Anstandsfach« spielte, gemacht: Mme *Haas* trat meiner Teilnahme sofort in besondrem Grade nahe, da sie sich mir als Jugendfreundin *Laubes*, an dessen Schicksal sie fortgesetzt einen innigen und bedeutenden Anteil nahm, zu erkennen gab. Sie war geistreich und sehr unglücklich, wozu namentlich ein in ihren vorgerückteren Jahren immer unangenehmer sich ausprägendes unvorteilhaftes Äußere mit beitrug. Mit einem Kinde lebte sie in spärlichen Verhältnissen und schien sich besserer Zeiten mit bitterer Wehmut zu erinnern. Ich fand mich, anfänglich namentlich um von ihr Auskunft über *Laubes* Schicksal zu erhalten, häufig und endlich sogar gewohnheitsmäßig bei ihr ein. Da sie mit *Minna* sich befreundete, brachten wir drei oft trauliche Abende in gemeinsamem Verkehr zu; einigermaßen getrübt wurde diese Traulichkeit jedoch, als sich bei der älteren Freundin einige Eifersucht auf die jüngere einzustellen schien, und namentlich verdroß es mich, von jener das Talent und die geistige Begabung *Minnas* kritisiert zu sehen. Eines Abends hatte ich versprochen, bei *Minna* in Gesellschaft der älteren Freundin den Tee zu nehmen. Unvorsichtigerweise hatte ich mich zuvor bei einer Partie Whist engagiert, welche, trotzdem sie mich sehr langweilte, von mir dennoch in der Absicht verlängert wurde, erst spät *Minna* zu besuchen, um die mir unbequem gewordene Genossin bis dahin entfernt zu wissen. Dies

---

* Am Rande vermerkt: »(Mme *Christiani*, geb. *Wunsch*)«.

gelang mir nur durch Hilfe geistiger Getränke, und so erlebte ich das Sonderbare, von einer nüchternen Whistpartie in vollkommen berauschtem Zustand aufzustehen, in welchen ich so ganz unmerklich geraten war, daß ich durchaus nicht an ihn glauben wollte. Diese Ungläubigkeit verführte mich, meinen späten Teebesuch noch abzustatten: zu meinem ungeheuren Ärger traf ich die ältere Freundin noch an, was sofort meinen Rausch zum heftigsten Ausbruch brachte; denn als die Dame ihre Verwunderung über mein sonderbar heftiges und abstoßendes Benehmen gegen sie in scherzhaft gemeinten Ausrufen kundtat, verspottete ich sie auf so grobe Weise, daß sie entrüstet sofort das Haus verließ. Ich behielt hierauf nur noch so viel Besinnung, das herzlich verwunderte Lachen *Minnas* über mein unerhörtes Benehmen wahrzunehmen. In gutgelaunter Ruhe vermochte sie sich dann selbst schnell zu einem immerhin schwierigen Entschlusse zu fassen, da mein Zustand bald so bedenklich ward, daß, ohne großes Aufsehen zu erregen, an mein Fortgehen oder Nach-Haus-Schaffen nicht zu denken war. Ihr Bedauern mit mir kam dazu; sie verschaffte mir die nötigen Erleichterungen, und da ich bald in tiefen Schlaf versank, räumte sie mir ohne Zagen ihr Bett ein, wo ich denn dem wunderlichen Tagesgrauen entgegenschlief, welches, da ich erkannte, wo es mich weckte, mir ein an diesen Morgen sich knüpfendes langes, unendlich verhängnisvolles Lebensverhältnis mit unabweisbar wachsender Klarheit beleuchtete. – Die geahnte Sorge war in mein Leben getreten. – Ohne leichtfertigen Scherz, ohne Übermut und irgendwelche lustige Laune zu zeigen, frühstückten wir ehrbar und sittsam miteinander, um zu der Zeit des Vormittags, wo dies unter so bedenklichen Umständen ohne Aufsehen möglich wurde, mit *Minna* einen langen Spaziergang vor die Tore der Stadt zu machen. Dann trennten wir uns, um fortan als offenes Liebespaar frei und ohne Scheu unseren zärtlichen Interessen nachzugehen. –

Die sonderbare Richtung, in welche allmählich mein musikalisches Treiben geraten war, erhielt neue Bekräftigung durch die Erfolge wie durch die Mißerfolge, welche um diese Zeit meinen Bestrebungen zuteil wurden. In einem Konzert der Logengesellschaft führte ich in sehr empfehlender Weise die *Ouvertüre* zu meinen »Feen« auf und erhielt dafür großen Beifall: zu gleicher Zeit erhielt ich aber die Bestätigung des üblen Verfahrens der Leipziger Theaterdirektion in betreff der versprochenen Aufführung dieser Oper selbst. Bereits setzte mich der Beginn der Komposition des *Liebesverbotes* in eine Stimmung, in welcher ich bald alle Teilnahme für jene ältere Arbeit verlor, so daß ich mit stolzem Gleichmut von jeder Bemühung, dieselbe in Leipzig noch zur Aufführung zu bringen, abstand und mit dem soeben erhaltenen Erfolge der Ouvertüre allein mich genügend für meine erste Oper belohnt hielt. Dagegen fand ich bei aller Zerstreuung in der kurzen Zeit dieses ersten Magdeburger Theater-Halbjahres Zeit, um, neben andren Arbeiten, bereits vieles von der neuen Oper fertigzumachen. In einem Konzert, welches wir im Theater gaben, brachte ich bereits zwei Duette daraus zur Aufführung, deren Ausfall mich genügend antrieb, mit bester Laune an meinem Werke fortzuarbeiten. – In der zweiten Hälfte der Saison besuchte mich auch Freund *Apel*, um im Glanze meiner neuen Musikdirektorenwonne sich zu sonnen. Er hatte ein Drama, *Kolumbus*, geschrieben, welches ich der Direktion zur Aufführung empfahl. Nichts war leichter, als diese Gunst zu erreichen, da *Apel* sich erbot, eine neue Dekoration, die *Alhambra* vorstellend, auf seine Kosten malen zu lassen und außerdem dem in seinem Stück beschäftigten Personal, welches sämtlich unter der andauernden Bevorzugung des Bassisten *Kneisel* seitens der Direktrice in seinen Gagenbezügen empfindlich beeinträchtigt blieb, manche gelegentliche Erleichterung und Verannehmlichung seiner gedrückten Lage in Aussicht stellte. Das Stück selbst schien mir sehr viel Gutes zu enthalten; es stellte das Ringen und die Kämpfe des großen Seefahrers bis zu seiner Abfahrt auf seine erste Entdeckungsreise dar. Mit dem verheißungsvollen und, dem Erfolge nach, aller Welt bekannten Auslaufen seiner Schiffe aus dem Hafen von Palos schloß das Drama, welches sich, selbst nach dem Urteil meines Onkels *Adolf*, dem es *Apel* auf meinen Wunsch vorgelegt hatte, durch die lebhaften und charakteristischen Volksszenen besonders auszeichnete, während ein eingeschobener Liebesroman sich unbehilflich und matt ausnahm. Außer einem kleinen Chor der aus Granada verwiesenen Mauren auf ihrem Auszuge aus der gewohnten Heimat und einem kurzen Orchesterstück am Schluß, komponierte ich in übermütigster Schnelligkeit auch eine *Ouvertüre* zu dem Stücke meines Freundes. Den vollständigen Entwurf dazu schrieb ich eines Abends bei *Minna* nieder, während ich Apel gestattete, mit meiner Geliebten nach Herzenslust sich laut zu unterhalten. Die Wirkung dieses leider ungemein flüchtig ausgeführten Tonstückes war auf einen einfachen, aber in seiner Wendung überraschenden Grundgedanken berechnet: das Orchester schilderte, in nicht gerade mühsam gewählten Figurationen, das Meer und je nach Belieben auch das Schiff darauf: ein gewaltsames, sehnsüchtig verlangendes und strebendes Motiv war das einzige Erfaßbare in dem Gewoge der Umgebung. Dieses Ensemble ward nun wiederholt und jäh abspringend durch ein fremdartiges, im größten *pianissimo* unter dem dämmernden Schwirren der hohen Violinen gleichsam als Fata Morgana sich darstellendes Motiv unterbrochen. Ich hatte drei Paar Trompeten in verschiedenen Stimmungen dazu bestellt, dieses prächtig und verlockend dämmernde Motiv in zartester Färbung und in den verschiedenartigsten Modulationen vorzutragen: dies war das geahnte Land, nach welchem des Helden Blick ausspäht, das er wiederholt schon wirklich zu erkennen wähnt, das immer wieder im Ozean verschwindet, endlich aber, nach äußerster Anstrengung des Suchenden und Strebenden, in Wahrheit und dem Auge alles Seevolkes deutlich erkenntlich, als ungeheures Land der Zukunft am Morgenhimmel aufsteigt. Meine sechs Trompeten vereinigten sich jetzt in der Haupttonart, um das ihnen bestimmte Motiv nun in prachtvollstem Jubel ertönen zu lassen. Mit der Vorzüglichkeit der preußischen Regimentstrompeter vertraut, hatte ich sehr richtig auf einen hinreißenden Effekt namentlich meines Schlußsatzes gerechnet: die Ouvertüre setzte alles in Erstaunen und trug stürmischen Beifall davon. Das Stück selbst wurde ohne Würde gespielt, und namentlich verdarb ein eitler Komödiant, *Ludwig Meyer*, welcher zugleich die Regie führte und dadurch sich verhindert erklärte, seine Rolle gehörig auswendig lernen zu können, auf *Apels* Kosten seine Garderobe jedoch durch eine Unzahl prachtvoller Kostüme bereichert hatte, welche er als Kolumbus nach und nach sich überzog, die Hauptrolle gänzlich. Immerhin hatte *Apel* eine wirkliche Aufführung eines Stückes von sich erlebt, das zwar keine Wiederholung erfuhr, mir jedoch Gelegenheit verschaffte, durch die verlangte Wiederaufführung meiner Ouvertüre in Konzerten meine Popularität beim Magdeburger Publikum zu vermehren.

Das Hauptereignis dieser Theatersaison trug sich jedoch gegen deren Ende zu. Ich hatte Frau *Schröder-Devrient*, welche sich in Leipzig aufhielt, vermocht, zu einigen Gastrollen auch zu uns herüberzukommen. Ich selbst hatte nun die große Genugtuung und genoß die begeisternde Erregung, zweimal die Opern, in welchen sie sang, zu dirigieren und so mit ihr im unmittelbaren künstlerischen Zusammenwirken mich zu befinden. Sie trat als »Desdemona« und »Romeo« auf: namentlich im letzteren exaltierte sie auch hier wiederum alles und erfüllte mich von neuem mit Feuer und Glut. Diesmal trat ich denn auch in näheren persönlichen Verkehr mit ihr, wobei sie sich so freundlich und teilnehmend für mich erwies, daß sie mir aus freien Stücken ihre Mitwirkung bei einem Konzerte, welches ich zu meinem Vorteil zu geben beabsichtigte und zu welchem sie eigens nach einer kurzen Verreisung wiederzukehren hatte, anbot. Der Ausfall dieses Konzerts, von welchem ich mir unter solchen Umständen das Günstigste erwarten durfte, hatte für meine Verhältnisse eine ganz besonders wichtige Bedeutung angenommen. Die an und für sich geringe Gage, welche ich von der Magdeburger Direktion zu erhalten gehabt hätte, war dadurch, daß das, was ich von ihr erhielt, mir in höchst unregelmäßigen kleinen Raten zukam, völlig illusorisch geworden, so daß ich meine Lebensbedürfnisse, und namentlich meine Ausgaben für häufiges Traktieren meiner wunderlichen Sänger und Musiker-Klientele, nur auf eine Weise hatte bestreiten können, die schließlich sich mir als eine nicht unbeträchtliche Anzahl von Schulden verdeutlichte. Zwar wußte ich nicht klar, wie hoch sich diese beliefen, glaubte mir aber einen vorteilhaft unbestimmten Begriff von der Höhe meiner Konzerteinnahme ebenfalls machen zu dürfen, wodurch beide Undeutlichkeiten sich aufheben sollten, und vertröstete daher meine sämtlichen Gläubiger auf diese fabelhafte Einnahme, von welcher sie am Tage nach dem Konzert bezahlt werden sollten, indem ich sie sämtlich für den Morgen dieses glücklichen Tages in den Gasthof, welchen ich jetzt am Schluß der Saison bezogen hatte, bestellte. Gewiß lag nichts Unnatürliches darin, daß ich bei der Mitwirkung der so enthusiastisch gefeierten großen Künstlerin, welche eigens zu diesem Zwecke nochmals nach Magdeburg zurückkehrte, auf die erdenklich höchste Einnahme rechnete und deshalb in bezug auf musikalischen Luxus durch das Engagement eines vorzüglich großen Orchesters und Bestellung zahlreicher Proben mich rücksichtslos gegen die hierdurch verursachten Kosten benahm. Unglücklicherweise wollte aber niemand daran glauben, daß die berühmte Frau, welche ihre Zeit als ein kostbares Kapital ansehen durfte, dem kleinen Magdeburger Musikdirektor zulieb von weit her wirklich noch einmal zurückkehren würde. Fast allgemein hielt man daher die pomphafte Ankündigung ihrer Wiederkunft für ein betrügerisches Manöver und war in dieser Annahme namentlich über die hohen Preise des Konzertentrees entrüstet. Als Folge hiervon zeigte sich, daß der Saal nur dürftig besetzt war, was mir zunächst meiner freundlichen Gönnerin wegen, welche, wie ich nicht gezweifelt hatte, pünktlich zu meiner Unterstützung erschien und die nun das ihr höchst Ungewohnte erleben sollte, vor einem sehr spärlichen Publikum zu erscheinen, große Pein verursachte. Glücklicherweise blieb sie wenigstens guter Laune (was, wie ich später erfuhr, jedoch noch andre, mich durchaus nicht persönlich betreffende Gründe hatte) und sang unter andrem Beethovens *Adelaïde,* welche ich ihr zu meinem eignen Erstaunen auf dem Klavier begleitete, hinreißend schön. Ein andres unerwartetes Mißgeschick traf mein Konzert durch die Wahl der Orchesterstücke, welche in dem kleinen, übermäßig resonierenden Saal des Gasthofs *Zur Stadt London* von unerträglich lärmender Wirkung waren. Meine Kolumbus-Ouvertüre mit ihren sechs Trompeten hatte bereits alle Zuhörer mit Entsetzen erfüllt; nun kam aber zum Schlusse die *Schlacht bei Vittoria* von Beethoven, welche ich, in enthusiastischer Erwartung der reichlichen Entschädigung durch unerhörte Einnahmen, mit allem nur erdenklichen Orchesterluxus ausgestattet hatte. Geschütz- und Gewehrfeuer war durch besonders konstruierte kostbare Maschinen, sowohl auf der französischen wie auf der englischen Seite, mit größter Vollständigkeit organisiert, Trommeln und Signalhörner verdoppelt und verdreifacht; und nun begann eine Schlacht, wie sie grausamer wohl selten in einem Konzert geschlagen wurde, da das Orchester mit so entschiedener Übermacht auf das geringe Auditorium sich stürzte, daß dieses jeden Widerstand endlich vollständig aufgab und buchstäblich die Flucht ergriff. Frau Schröder-Devrient, welche freundlich verblieben war, um in einer der ersten Reihen der Aufführung vollends mit beizuwohnen, vermochte, so viel sie auch schon Schrecken dieser Art ertragen haben mochte, selbst aus Freundschaft für mich nicht Widerstand zu halten; und als auch sie endlich bei einem neuen verzweifelten Angriff der Engländer auf die französischen Positionen fast händeringend die Flucht ergriff, ward dies zum Zeichen eines wahrhaft panischen Schreckens. Alles stürzte davon, und die Feier des Sieges Wellingtons ward schließlich zu einem traulichen Erguß zwischen mir und dem Orchester allein. – So endete dieses denkwürdige Musikfest. Die *Schröder-Devrient* reiste alsbald weiter und überließ mich, den Mißerfolg ihres guten Willens bedauernd, freundlich meinem Schicksal. Nachdem ich bei der bekümmerten Geliebten Trost gesucht und für die Schlacht des folgenden Tages, die vermutlich ohne Siegessymphonie enden sollte, mich zu rüsten versucht hatte, kehrte ich nun andern Morgens nach meinem Gasthofzimmer zurück, zu welchem ich jedoch nur durch eine lange Doppel-Reihe von Herren und Damen gelangen konnte, welche ihrer besondren Anliegen wegen zuvor für diese Morgenstunde dahin beschieden worden waren. Ich behielt mir das Recht vor, die einzelnen meiner Besucher mir auszuwählen, mit welchen ich der Reihe nach verkehren wollte; und so führte ich zunächst den zweiten Trompeter des Orchesters, welcher Kasse und Musik besorgt hatte, in mein Gemach. Aus seinen Berechnungen ging hervor, daß bei den hohen Honoraren, welche ich in großmütigem Enthusiasmus dem Orchester zugesichert hatte, noch einige Taler und Silbergroschen aus meiner Tasche auf die Kosten bezahlt werden sollten. Dies ward abgemacht, und der Stand der Dinge war klar. Nun lud ich Mme *Gottschalk*, eine vertrauungsvolle Jüdin, vor allem ein, sich mit mir über die vorliegenden dringenden Angelegenheiten ins Vernehmen zu setzen. Sie sah ein, daß hier auf eine außerordentliche Hilfe gerechnet werden müßte, an der es mir ja wohl bei meinen vermögenden Bekanntschaften in Leipzig nicht fehlen könnte, und übernahm es somit verständigerweise, den übrigen Gläubigern, gegen welche sie ihres unschicklichen Erscheinens wegen sich sehr aufgebracht zeigte, beruhigende Versicherungen zu machen, durch welche es, wenn auch nicht ohne bedauerliche Beschwerden, endlich gelang, den Korridor vor meinem Zimmer wieder praktikabel zu machen.

Die Theatersaison war zu Ende, die Gesellschaft ihrer Auflösung nahe und ich meiner Anstellung ledig; der Theaterdirektor war vom chronischen zum akuten Bankrott übergegangen; er bezahlte mit Papiergeld, nämlich mit ganzen Bogen von Logenbilletten zu Vorstellungen, von denen er versicherte, daß sie stattfinden würden. *Minna*, die aus diesen sonderbaren Schatzscheinen durch große Klugheit noch einigen Vorteil zu ziehen wußte, immer sparsam und vorsorglich lebte, außerdem, da nur die Oper vollständig aufgelöst war, während das Schauspiel vorläufig auf Rechnung der Mitglieder sich aktiv erhielt, dem Theater noch angehörig blieb, entließ mich bei meiner nötigen Heimkehr nach *Leipzig* mit dem herzlichen Wunsche, uns bald wieder zu vereinigen, und versprach mir, einen bald anzutretenden Urlaub zu einem Besuch ihrer Eltern in Dresden zu benutzen, bei welcher Gelegenheit sie in Leipzig mich zu besuchen gedachte.

So flüchtete ich denn Anfangs Mai mich wieder in die Heimat zu den Meinigen, um nach diesem ersten Versuche zur Erlangung meiner bürgerlichen Selbständigkeit zunächst mich mit dem Auftreiben des Geldes zu beschäftigen, welches ich für diesen Versuch in Magdeburg schuldig geblieben war. Ein sehr intelligenter brauner Pudel begleitete mich von Magdeburg aus getreulich und ward meiner Familie als einziger erworbener Besitz zu Unterkunft und Pflege empfohlen. Immerhin schöpften die Mutter und Rosalie aus dem Umstande, daß ich doch jedenfalls die Musikdirektion zu führen imstande gewesen sei, gute Hoffnung für meine zukünftige Laufbahn. Mir ließ jedoch der Gedanke, wieder in mein früheres Familienverhältnis zurückzukehren, keine Ruhe; namentlich spornte mein Verhältnis zu *Minna* mich an, so bald wie möglich in meine unterbrochene Laufbahn wieder einzutreten. Am deutlichsten drängte sich mir die große Veränderung, welche in diesem Bezug mit mir vorgegangen, auf, als *Minna* auf ihrer Durchreise sich einige Tage mir zuliebe in Leipzig aufhielt und durch ihre trauliche, liebenswürdige Erscheinung mich daran gemahnte, daß die Zeiten der patriarchalischen Familienabhängigkeit für mich erloschen wären. Ich beriet mich mit ihr über mein Wiederengagement bei dem Magdeburger Theater, versprach ihr meinen baldigen Besuch in Dresden und veranstaltete ihr Bekanntwerden mit meiner Mutter und Schwester durch die von diesen erbetene Erlaubnis, sie eines Abends zum Tee in das Haus bitten zu dürfen. Bei dieser Gelegenheit ward es *Rosalie* ersichtlich, wie es mit mir stand; doch nahm sie davon keinen weiteren Anlaß, als mich wegen meiner Verliebtheit zu necken. Die Sache schien somit nicht gefährlich; in mir sah es jedoch anders aus, da diese verliebte Neigung mit meinem Hang zur Unabhängigkeit und mit meinem Wunsche, in der Kunstwelt mir eine Stellung zu machen, ganz von selbst zusammenfiel. –

Meine Abneigung gegen Leipzig selbst ward außerdem durch die Wendung, welche in dem dortigen Musikwesen um diese Zeit eintrat, vermehrt. Während ich in Magdeburg mit leichtsinnigem Versinken in den frivolen Theatergeschmack meine Musikdirektorenlaufbahn begründete, hatte *Mendelssohn-Bartholdy* gleichzeitig durch sein persönliches Auftreten als Dirigent der Gewandhaus-Konzerte eine für sich und namentlich für den Leipziger Musikgeschmack bedeutungsvolle Epoche eröffnet. Mit der Naivetät des Leipziger Publikums, mit welcher es bis dahin die Produktionen seiner gemütlichen Abonnement-Konzerte beurteilt hatte, war es nun zu Ende; und als ich in einem Benefiz-Konzert der beliebten jugendlichen Sängerin *Livia Gerhart*, durch meines damals noch nicht gänzlich beseitigten guten alten *Pohlenz'* Vermittlung, meine in Magdeburg so stark bejubelte Kolumbus-Ouvertüre zur Aufführung brachte, fand ich zu meinem Erstaunen, daß die Musikfreunde Leipzigs plötzlich eine Geschmacksrichtung gewonnen hatten, welcher ich selbst mit der so gewandten Kombination meiner sechs Trompeten nicht beizukommen vermochte. Diese Erfahrung bestärkte mich in meinem Widerwillen gegen alles, was irgendwie klassischen Duft affektierte, und ich geriet hierbei in eine wunderliche Übereinstimmung mit dem braven *Pohlenz*, welcher in gutmütigen Seufzern den Untergang der guten alten Zeit beklagte. – Die Abhaltung eines Musikfestes in *Dessau*, unter *Friedrich Schneiders* Leitung, bot mir einen willkommenen Anlaß, mich von Leipzig zu entfernen. Zu dieser Reise, welche man zu Fuß in sieben Stunden zurücklegte, hatte ich mir einen auf acht Tage lautenden Paß zu verschaffen: dieses Aktenstück war berufen, lange Jahre in meinem Leben eine wichtige Rolle zu spielen; denn es war und blieb das einzige Dokument, welches später wiederholt und in den verschiedensten Ländern Europas mich in polizeilichem Sinne zu beschützen berufen war, da ich, wegen Umgehung meiner Militärpflichtigkeit in Sachsen, von da an bis zu meiner Anstellung als Dresdener Kapellmeister nie wieder in den Besitz eines regelmäßigen Passes gelangen konnte. Der Kunstgenuß, zu welchem er mir diesmal das Geleite gab, war von so wenig wohltätiger Bedeutung, daß er mich im Gegenteil in meinem Klassizitätshaß bestärkte. Von einem Manne, dessen Physiognomie, ähnlich der eines besoffenen Satyrs, mich mit unüberwindlichem Abscheu erfüllte, hörte ich die Beethovensche C-moll-Symphonie, trotz einer unabsehbaren Reihe von Kontrabässen, mit welchen gewöhnlich auf Musikfesten kokettiert wird, so ausdruckslos und nichtssagend aufführen, daß ich den wiederholt wahrgenommenen unbegreiflichen Abstand zwischen dem in mir lebenden Phantasiebild von diesen Werken und der stets einzig nur von mir gehörten lebendigen Aufführung derselben als ein beängstigendes und abschreckendes Problem empfand, von dessen Lösung ich mich verdrossen abwandte. Diese gequälte Stimmung durch Anhörung des Oratoriums *Absalon* des »Altmeisters« *Schneider* in das Burleske gezogen zu sehen, erheiterte und beruhigte mich für jetzt.

In Dessau, wo *Minna* ihr erstes Debüt beim Theater begangen hatte, hörte ich über diese von leichtfertigen jungen Menschen in dem Tone reden, in welchem gemeinhin junge schöne Schauspielerinnen in solchen Kreisen besprochen werden. An meinem Eifer, derartiges Geschwätz zu widerlegen und die Verleumder zu beschämen, ward ich der leidenschaftlichen Teilnahme, welche mich der Geliebten nachzog, immer mehr inne. Ich kehrte, ohne meinen Verwandten mich zu zeigen, nach Leipzig zurück, wo ich mir die Mittel zu einer sofortigen Reise nach Dresden zu verschaffen wußte. Auf der Hälfte des Weges dorthin, welchen man damals noch im Eilwagen zurücklegte, begegnete ich bereits *Minna*, in der Begleitung einer ihrer Schwestern soeben auf der Rückreise nach Magdeburg begriffen. Ich verschaffte mir alsbald eine Postkarte zur Rückfahrt nach Leipzig und trat diese auch wirklich mit der Geliebten an; es gelang mir jedoch bis zur Ankunft auf der nächsten Station, *Minna* zur Umkehr nach Dresden zu bewegen, welche nun, da der Postwagen längst voraus war, mit Extrapost angetreten werden mußte. Dieser große Train schien die beiden Mädchen, wie in Verwunderung, so in gute Laune zu versetzen. Offenbar hatte ich durch mein verschwenderisches Auftreten sie zur Erwartung erfreulicher Abenteuer hingerissen, für deren Erfüllung ich nun zu sorgen hatte. Ich verschaffte mir bei einem Dresdener Bekannten die nötigen Gelder, um im größten Zuge meine Freundinnen in die *Sächsische Schweiz* zu geleiten, wo wir einige wirklich heitre, vom unschuldigsten jugendlichen Übermut erfüllte Tage verbrachten, welche nur einmal durch das Hervorbrechen einer eifersüchtigen Stimmung meinerseits getrübt wurden, zu der in diesen Tagen selbst durchaus keine Veranlassung gegeben war, welche aber in meinem tiefsten Innern durch Eindrücke der Vergangenheit, sowie durch eine bange Ahnung der Zukunft, an den Erfahrungen, die ich bisher bei meinen Bekanntschaften mit der Frauenwelt gemacht hatte, sich nährte. Dennoch blieb dieser Ausflug und namentlich eine beim schönsten Sommerwetter fast gänzlich durchwachte anmutige Nacht im Bad zu *Schandau* die liebste, fast einzige Erinnerung an heiter beglücktes Dasein aus meinem ganzen Jugendleben. Mein ganzes späteres, so langes, von schmerzlichsten und bittersten Erfahrungen sorgenvoll durchwobenes Verhältnis zu *Minna* ist mir oft als die beharrlich andauernde Sühne für den harmlosen kurzen Genuß dieser Tage erschienen.

Nachdem ich *Minna* bis Leipzig, von wo sie nach Magdeburg weiterreiste, begleitet hatte, meldete ich mich wieder bei meiner Familie, welcher ich den Dresdner Ausflug verschwieg, und folgte von nun an, wie einer seltsamen, tiefen Schuld bewußt, dem Drange, meine Lage so zu gestalten, daß sie mich baldmöglichst wieder in die Nähe der Geliebten brächte. Dazu mußte ein neues Engagement mit dem Direktor *Bethmann* für das nächste Winterhalbjahr eingeleitet werden. Während der hierzu nötigen Unterhandlungen litt es mich bereits nicht in Leipzig, sondern ich benutzte *Laubes* Anwesenheit im Bade *Kösen* bei *Naumburg* zu einem Besuche desselben. Kurz zuvor war *Laube* nämlich nach beinahe einjähriger, höchst quälender Untersuchungshaft aus der Berliner Stadtvogtei entlassen worden; auf das Gelöbnis, bis zur Fällung des Urteils sich nicht außer Landes zu entfernen, war ihm der Besuch *Kösens* gestattet, von wo aus er heimlich uns für einen Abend in Leipzig besucht hatte. Der Eindruck, den sein leidendes Aussehen, seine zwar männlich gefaßte, aber hoffnungslos resignierte Stimmung in betreff aller früheren Erwartungen für das Gedeihen neuer, besserer Weltzustände, bei der besondren Erregung, in welcher mich meine eigne kritische Lage erhielt, auf mich machte, ist mir als einer der traurigsten und unglückweissagendsten in Erinnerung geblieben. In *Kösen* teilte ich ihm mehreres von den Versen meines »Liebesverbotes« mit, für welche er, trotz aller Kälte gegen meine Anmaßung, mir auch meine Operntexte selbst schreiben zu wollen, doch nicht ohne ermunternde Anerkennung blieb. Unruhig erwartete ich jedoch nur Briefe aus Magdeburg; nicht weil ich daran gezweifelt hätte, daß dieses Wiederengagement zustande käme, da ich im Gegenteil Grund hatte, mich für eine gute Akquisition des Direktors *Bethmann* anzusehen, sondern weil alles, was mich wieder in die Nähe *Minnas* bringen sollte, mir nicht schnell genug ging. Kaum waren die nötigen Nachrichten eingetroffen, als ich schleunigst mich aufmachte, um an Ort und Stelle die zur Sicherung eines besonders glänzenden Zustandes der bevorstehenden Magdeburger Opernsaison erforderlichen Vorschläge zu machen. Dem stets bankrotten Theaterdirektor war um diese Zeit durch die unermüdete Gunst des Königs von Preußen eine neue letzte Hilfe zugeführt worden; einem aus angesehenen Magdeburger Bürgern bestellten Komitee hatte der König eine nicht unbedeutende Summe zur Verwendung für das Theater unter Bethmanns Leitung angewiesen. Was das hieß und welches Ansehen dadurch plötzlich die Magdeburger Kunstverhältnisse für mich gewannen, ist zu begreifen, wenn man bedenkt, wie verlassen und kümmerlich derartige Theater in unsren Städten ihr verachtetes Leben hinschleppen. Ich erbot mich sofort, eine größere Reise zur Aufsuchung guter Opernsänger zu unternehmen; die Mittel hierzu wollte ich auf eigne Gefahr mir verschaffen, die Direktion sollte mir den möglichen Ersatz nur durch Zusicherung der Einnahme einer Benefiz-Vorstellung in Aussicht stellen. Dies wurde denn gern angenommen und ich in hochtrabendem Tone mit den nötigen Vollmachten des Direktors versehen und außerdem noch besonders von ihm gesegnet. Mit *Minna*, die nun ihre Mutter bei sich hatte, lebte ich während dieses kurzen Aufenthaltes wiederum im traulichsten Verkehr und nahm nun zur Ausführung meines kühnen Unternehmens von neuem Abschied.

Schwierig war es zunächst, in *Leipzig* die in Magdeburg so liberal angekündigten Geldmittel zur Bestreitung meiner projektierten Engagementsreise zu verschaffen. Der Glanz der königlich-preußischen Protektion unsrer Theater-Unternehmung, welchen ich meinem guten Schwager *Brockhaus* in den lebhaftesten Farben spielen ließ, wollte diesen durchaus nicht verblenden, und es kostete große, demütigende Bemühungen, mein Entdeckungsschiff zur Ausfahrt flottzumachen. – Natürlich trieb es mich zuallernächst in mein altes Wunderland *Böhmen,* wo ich *Prag* diesmal, ohne meine schönen Freundinnen anzutreffen, nur flüchtig berührte, um zunächst in *Karlsbad* das während der Badesaison dort vorrätige Opernpersonal zu beobachten. Ungemein begierig, so schnell wie möglich, so viel wie möglich Talente aufzufinden, um meine Reisemittel nicht erfolglos zu erschöpfen, wohnte ich mit dem herzlichen Wunsche, alles vortrefflich zu finden, einer Aufführung der »Weißen Dame« bei. Von der üblen Beschaffenheit sämtlicher Sänger vermochte ich mir erst dann einen vollen Begriff zu verschaffen, als ich den einzig von mir ausgewählten Bassisten, *Gräf,* welcher den »Gaveston« sang, späterhin in Magdeburg zum Debüt gelangen ließ, wobei er, und, wie ich nicht leugnen konnte, mit großem Recht, so entschieden mißfiel, daß ich dem Spott, den diese Akquisition mir zuzog, nichts Ernstliches zu erwidern vermochte. – War ich bisher nicht glücklich gewesen im Betreff des eigentlichen Zwecks meiner Reise, so regte mich diese selbst doch desto angenehmer an. Die Fahrt durch *Eger,* über das Fichtelgebirg, mit der Ankunft in dem vom Abendsonnenschein lieblich beleuchteten *Bayreuth*, wirkte noch bis in späteste Zeiten angenehm auf meine Erinnerung.

Mein Ziel war für jetzt *Nürnberg*, wo meine Schwester Klara und ihr Mann noch beim Theater waren und ich durch diese gute Auskunft über das von mir Gesuchte erwarten zu dürfen glaubte. Vor allem war's mir lieb, im Hause meiner Verwandten gastlich aufgenommen zu werden, um zunächst für die Wiederauffrischung meiner sehr erschöpften Reisemittel sorgen zu können. Ich rechnete hierfür besonders auf den Ertrag des Verkaufs einer Tabaksdose, welche ich von einem Freunde zum Geschenk erhalten hatte und von der ich aus geheimen Gründen fest annahm, sie sei aus Platin; hierzu kam ein goldener Siegelring, den mir Freund *Apel* für die Komposition der Ouvertüre zu seinem Kolumbus verehrt hatte. Der Versatz dieser einzig mir gehörenden Kleinodien, von denen leider der mir vorschwebende Wert der Tabatiere sich als ein imaginärer herausstellte, mußte die spärlichen Mittel zur Weiterreise bis *Frankfurt* beschaffen. Dorthin nämlich und in die Nähe des Rheines wiesen mich die mir erteilten Auskünfte; denn nachdem es mir gelungen war, meinen Schwager und meine Schwester zu einem Engagement für Magdeburg zu bereden, fehlte es nun hauptsächlich noch an einem ersten Tenor und einer ersten Sängerin, welche bisher durchaus nicht aufzufinden waren.

Dieser gelegentliche Aufenthalt in *Nürnberg* verzögerte sich außerdem noch auf angenehme Weise durch ein neues Zusammentreffen mit der *Schröder-Devrient*, welche dort zu einem kurzen Gastspiel grade um diese Zeit eintraf. Bei ihrem Wiedersehen ging mir der ganze Himmel auf, der sich seit unserer Trennung in betreff meines Kunsttreibens etwas getrübt hatte. Das Nürnberger Opernpersonal bot der Künstlerin keine große Auswahl der zu gebenden Vorstellungen; außer *Fidelio* war nichts andres als die *Schweizerfamilie* herauszubringen, worüber die Künstlerin sich beklagte, da dies eine ihrer frühesten Jugendrollen sei, für welche sie sich kaum mehr eignete und die sie auch zum Überdruß häufig gegeben habe. Auch ich sah der *Schweizerfamilie* mit Mißbehagen, ja fast Bangigkeit entgegen, da ich nicht anders glaubte, als daß die matte Oper und die altmodisch sentimentale Rolle der »Emmeline« den bisher stets von den Leistungen der Künstlerin erhaltenen großen Eindruck beim Publikum wie bei mir selbst schwächen würde. Wie groß waren meine Ergriffenheit und mein wahrhaftes Erstaunen, als ich an diesem Abend die unbegreifliche Frau erst in ihrer wahrhaft hinreißenden Größe kennenlernen sollte. Daß so etwas, wie die Darstellung dieses Schweizermädchens, nicht als Monument allen Zeiten erkenntlich festgehalten und überliefert werden kann, muß ich jetzt noch als eine der erhabensten Opferbedingungen erkennen, unter welchen die wunderbare dramatische Kunst einzig sich offenbart, weshalb diese, sobald solche Phänomene sich kundgeben, gar nicht hoch und heilig genug gehalten werden kann.

Außer diesem für mein ganzes Leben und meine Kunstentwicklung so tief bedeutungsvoll neuem Seelenerlebnisse hat mein diesmaliger Nürnberger Aufenthalt nach einer andren Seite hin besondre Eindrücke auf mich hinterlassen, welche, so unscheinbar, ja trivial ihre Veranlassung war, doch mit so großer Stärke in mir hafteten, daß sie späterhin, in eigentümlich erneuter Gestalt, in mir wiederauflebten. Mein Schwager *Wolfram* war besonders auch als gemütlich witziger Kumpan den Nürnberger Theaterfreunden zu größter Beliebtheit nahegetreten: von dem Geiste der ausgelassenen Unterhaltung, zu der es an den Wirtshausabenden kam, an welchen auch ich teilnahm, erhielt ich bei dieser Gelegenheit eigentümlich ergötzliche Belege. Ein Tischlermeister *Lauermann*, ein nicht mehr junger, kleiner und untersetzter Mann, von drolligem Äußern und nur mit dem niedersten Volksdialekte vertraut, wurde mir in einem von unsren Bekannten besuchten Wirtshaus als einer der Sonderlinge bezeichnet, welche gegen ihren Willen am meisten zur Unterhaltung der Spaßvögel beitrugen. *Lauermann* bildete sich nämlich ein, ein vortrefflicher Sänger zu sein, und hegte, von diesem Vorurteil ausgehend, besondres Interesse wiederum nur für solche, an denen er seiner Meinung nach Gesangstalent wahrnahm. Trotzdem er nun fortgesetzt wegen dieser seltsamen Eigenheit zur beständigen Zielscheibe des Spottes und der verhöhnenden Scherze gemacht war, stellte er sich doch regelmäßig alle Abende unter seinen lachlustigen Verfolgern ein; nur hielt es endlich äußerst schwer, den so häufig Ausgelachten und durch Verhöhnung Gekränkten dazu zu bringen, daß er seine Kunstfertigkeit zum besten gab, was endlich nur durch künstlichst angelegte Fallen, die man seiner Eitelkeit stellte, gelang. Meine Ankunft, als eines Unbekannten, wurde zu einem solchen Spiel benutzt; und wie gering man von der Urteilskraft des armen Meistersängers dachte, zeigte sich mir zu meinem Erstaunen dadurch, daß mein Schwager mich ihm als den großen italienischen Sänger *Lablache* vorstellte. Zu seiner Ehre muß ich gestehen, daß *Lauermann* mich lange Zeit mit ungläubigem Mißtrauen maß, sich über mein jugendliches Aussehn, noch mehr aber über den offenbaren Tenorklang meiner Stimme mit vorsichtigem Bedenken äußerte. Allein dies Unglaubliche den armen Enthusiasten glauben zu machen, darin bestand eben die belustigende, lange Zeit in Anspruch nehmende Kunst der Wirtshausgenossen. Mein Schwager wußte es dem Tischler glaublich zu machen, daß ich, der ich für meine Leistungen unerhört bezahlt würde, diese beim Besuchen öffentlicher Wirtschaften durch besondre Verstellung dem Publikum zu entziehen suchte; wenn es sich übrigens um eine Begegnung zwischen »*Lauermann*« und »*Lablache*« handle, könnte natürlich nur das Interesse in Rechnung kommen, Lauermann, nicht aber Lablache zu hören, da dieser von jenem, nicht aber umgekehrt jener von diesem zu lernen habe. Ein seltsamer Kampf von Ungläubigkeit und gestachelter Eitelkeit machte nun den armen Tischler für mich wirklich anziehend: ich begann die mir zugeteilte Rolle selbst mit möglichstem Geschick zu spielen, und nach Verlauf zweier, durch die sonderbarsten Einfälle gewürzter Stunden gelang es wirklich, den wunderlichen Menschen, der lange in großer Aufregung seine blitzenden Augen auf mich gerichtet hatte, dazu zu bringen, daß er seine Muskeln in die eigentümlich gespenstische Bewegung setzte, die wir an einem musizierenden Automaten wahrzunehmen glauben, wenn das Räderwerk in ihm aufgezogen ist: die Lippen bebten, die Zähne knirschten, das Auge verdrehte sich konvulsivisch, und endlich erscholl von heiserer, fetter Stimme ein ungemein trivialer Gassenhauer. Beim Vortrage desselben, den er mit einer stabilen Bewegung des ausgestreckten Daumens hinter die Ohren begleitete und bei welchem sein dickes Gesicht zur glühendsten Röte sich erhitzte, brach leider alsbald ein unmäßiges Gelächter sämtlicher Zuhörer aus, was den unglücklichen Meister sofort in die höchste Wut brachte. Mit vollendeter Grausamkeit wurde dieser Wut wiederum von denjenigen, welche ihm bis dahin auf das abgefeimteste geschmeichelt hatten, durch ausgelassenste Verhöhnung erwidert, was den armen Menschen bis zu wahrhaftem Schäumen brachte. Als der Unglückliche unter den furchtbarsten Verwünschungen der elenden Freunde seinen Rücktritt aus dem Wirtshaus anzutreten im Begriff war, trieb mich ein wahrhaftes Mitleiden an, ihm nachzugehen, ihn um Verzeihung zu bitten und auf jede Weise ihn zu begütigen, was um so schwerer hielt, da er grade auf mich, als den neuesten seiner Feinde, der ihn noch dazu um die Wonne, *Lablache* kennenzulernen, so empfindlich betrogen hatte, am bittersten aufgebracht war. Doch gelang es, ihn an der Schwelle festzuhalten; und nun verständigte sich die ausgelassene Gesellschaft stillschweigend sogar zu der unerhörten Verschwörung, am selben Abende Lauermann nochmals zum Singen zu bringen. Wie dies gelang, blieb mir um so schwerer in meiner Erinnerung festzuhalten, als namentlich auch die Wirkung der geistigen Getränke, welche schließlich doch wohl auch über Lauermann nur diesen äußersten Erfolg zu erringen vermochte, meine eigne Wahrnehmung in betreff der wunderbaren Vorgänge dieses unerhört langen Wirtshausabends in Verwirrung setzte. Nachdem Lauermann noch einmal dieselbe Verhöhnung erlebt, fühlte die ganze Gesellschaft die Verpflichtung, den Unglücklichen nach Haus zu geleiten; es geschah dies in einem Schiebkarren, den wir vor dem Hause fanden und in welchem wir ihn gleichsam im Triumph vor seiner Tür, in einem jener wunderbaren engen Gäßchen der alten Stadt, vorfuhren. *Frau Lauermann*, welche aus dem Schlafe geweckt wurde, um ihren Gatten in Empfang zu nehmen, ließ uns durch die Ausbrüche ihrer Verwünschungen erraten, wie es mit diesem ehelichen und häuslichen Verhältnisse stand. Die Verhöhnung des Gesangstalentes ihres Mannes war auch ihr geläufig; nur gesellten sich dazu die schrecklichsten Vorwürfe gegen die nichtswürdigen Buben, welche ihren armen Mann durch Unterhaltung seines Wahnes vom nützlichen Betrieb seines Gewerbes abhielten und gar endlich zu solchen Auftritten wie dem gegenwärtigen Anlaß gäben. Hier aber richtete sich wieder der Stolz des leidenden Meistersängers auf: denn seiner Frau, während sie ihn mühsam die Treppe hinaufgeleitete, sprach er jedes Recht über seine Gesangskunst zu urteilen in den härtesten Ausdrücken ab und verwies sie auf das kräftigste zur Ruhe. – Nun war aber dies wunderliche Nachtabenteuer keineswegs zu Ende. Der ganze Schwarm bewegte sich noch einmal nach dem Wirtshaus zurück; vor diesem fanden wir aber bereits andre Gesellen, worunter Handwerksburschen, welchen bereits der eingetretenen Polizeistunde wegen die Türe verschlossen war: den eigentlichen Stammgästen, welche sich unter uns befanden und welche mit dem Wirt in altbefreundeten Beziehungen standen, dünkte es erlaubt und möglich, dennoch Einlaß zu begehren. Der Wirt war in Pein, seinen Freunden, deren Stimme er erkannte, die Türe verschlossen erhalten zu sollen; doch mußte vermieden werden, daß die neu Hinzugekommenen sich etwa nachdrängten. Aus dieser Situation entstand nun eine Verwirrung, welche durch Schreien und Toben so wie durch unbegreifliches Anwachsen der Masse der Streitenden bald einen wahrhaft dämonischen Charakter annahm. Mir schien es, als ob im nächsten Augenblick die ganze Stadt in Aufruhr losbrechen würde, und ich glaubte wirklich abermals zum Zeugen einer Revolution werden zu müssen, von der aber kein Mensch irgendeinen wahrhaftigen Anlaß zu begreifen imstande war. Da plötzlich hörte ich einen Fall, und wie durch Zauber stob die ganze Masse nach allen Seiten auseinander. Einer der Stammgäste, mit einer alten Nürnberger Kampfart wohlvertraut, hatte nämlich, um der unabsehbaren Verwirrung ein Ende zu machen und um sich den Heimweg zu öffnen, einen der heftigsten Schreier durch einen gewissen Stoß mit der Faust zwischen die Augen besinnungslos, wenn auch unschädlich verwundet, zu Boden gestreckt; und die Wirkung hiervon war es, welche so plötzlich alles auseinanderjagte. Kaum in einer Minute nach dem heftigsten Toben von mehreren Hunderten von Menschen konnte ich mit meinem Schwager Arm in Arm, ruhig scherzend und lachend, durch die monderleuchteten einsamen Straßen nach Hause wandern und erfuhr von ihm unterwegs staunend zu meiner Beruhigung, daß er dies eigentlich an allen Abenden so gewohnt sei. –

Endlich war es Zeit, mich der Erreichung des Zweckes meiner Reise ernstlich wieder zuzuwenden. Nur im Durchzug berührte ich Würzburg auf einen Tag: von dem Wiedersehen meiner Verwandten und Bekannten ist mir nichts in Erinnerung geblieben, als jener bereits früher erwähnte wehmütige Besuch bei *Friederike Galvani*. In *Frankfurt* angekommen, mußte ich mich sogleich in den Schutz eines soliden Hotels begeben, um daselbst den Erfolg meiner Bemühungen um Subsidien bei der Magdeburger Theater-Direktion abzuwarten. Meine Hoffnungen für den Gewinn der eigentlichen Matadoren unsrer Opernunternehmung waren auf *Wiesbaden* gerichtet, wo man mir eine gute, im Auseinandergehen begriffene Operngesellschaft nachwies. Es fiel mir äußerst schwer, die kleine Reise bis dorthin zu bewerkstelligen; doch gelang es mir daselbst einer Probe von »Robert der Teufel« beizuwohnen, in welcher der Tenorist *Freimüller* glänzte. Diesen, den ich sofort aufsuchte, fand ich auch geneigt, auf meine Vorschläge für Magdeburg einzugehen; ich traf mit ihm die nötigen Verabredungen und reiste notgedrungen auf das schleunigste in mein Asyl, den Gasthof zum »Weidenbusch« in Frankfurt, zurück. Dort hatte ich noch eine peinliche Woche zu verleben, da ich vergeblich die aus Magdeburg requirierten ferneren Reisemittel erwartete. Um die Zeit zu töten, griff ich unter andrem zu einer großen roten Brieftasche, welche ich in meinem Reisemantelsack mit mir herumführte, und schrieb darin, mit bloßer Angabe der Data, Notizen zu meiner dereinstigen Biographie auf – dieselben, welche ich gegenwärtig vor mir habe, um meine Erinnerung anzufrischen, und welche ich seitdem in verschiedenen Lebensperioden mit ununterbrochener Folge fortsetzte. Meine durch die Vernachlässigung der Magdeburger Direktion sich bedenklich gestaltende Lage geriet endlich in die sonderbarste Verwirrung, als ich in betreff einer in Frankfurt selbst gemachten Akquisition glücklicher war, als ich es zu ertragen vermochte. Ich hatte einer Aufführung der »Zauberflöte«, unter des damals als »genialer Dirigent« wunderbar berühmten Kapellmeisters *Guhr* Leitung, beigewohnt und war von dem wirklich vorzüglichen Opernpersonal sehr angenehm überrascht worden. Natürlich war nicht daran zu denken, eines der ersteren Mitglieder desselben in meine Netze zu verlocken; dagegen blickte ich scharf genug, in dem jugendlichen Fräulein *Limbach*, welche den ersten »Knaben« sang, ein begehrenswertes Talent zu erkennen. Meine Engagements-Anträge wurden von ihr angenommen, und zwar schien es ihr so sehr daran gelegen zu sein, von ihrem Frankfurter Engagement freizuwerden, daß sie beschloß, durch heimliches Entweichen sich aus demselben zu entfernen. Dies erklärte sie mir und forderte mich zur Mithilfe bei diesem Vorhaben auf, welches keinen Aufschub leiden könnte, weil es sonst der Direktion bekannt werden würde. Die junge Dame vermutete mich jedenfalls im Besitz reicher Kreditive, mit denen das von mir ihr so sehr gerühmte Magdeburger Theaterkomitee mich für meine offizielle Geschäftsreise ausgestattet haben würde. Bereits hatte ich jedoch, um nur mein eigenes Fortkommen zu ermöglichen, zum Versatze meines dürftigen Reisegepäckes schreiten müssen: so weit hatte ich den Wirt gebracht; nun aber noch die Kosten der Entführung einer jungen Sängerin mir vorzuschießen, fand ich ihn durchaus abgeneigt. Ich mußte der jungen Dame, zur Bemäntelung des schlechten Benehmens meiner Direktion, irgendein Mißgeschick vorlügen und die verwunderungsvoll Zürnende zurücklassen. Sehr beschämt über dieses Abenteuer, reiste ich durch Regen und Wetter über Leipzig, wo ich meinen braunen Pudel abholte, nach *Magdeburg* zurück, wo ich nun vom ersten September an wieder meine Musikdirektion antrat.

Der Ausfall meiner Geschäftsbesorgung machte mir keine große Freude; der Direktor wies mir zwar triumphierend nach, daß er fünf ganze Louisdor an meine Adresse nach Frankfurt schließlich geschickt habe: meinem Tenor und meiner jugendlichen Sängerin hatte man jedoch wohlausgefertigte Kontrakte, nicht aber die verlangten Reisegelder und Vorschüsse zugesendet. Alle blieben aus; nur der Bassist *Gräf* langte aus Karlsbad mit pedantischer Pünktlichkeit an und erregte sogleich die lustigen Bemerkungen der Spottvögel des Theaters. Er sang auf einer Probe zur »Schweizerfamilie« so schulmeisterlich schnarrend, daß ich darüber wirklich in große Verlegenheit geriet. Daß mein tüchtiger Schwager *Wolfram* mit meiner Schwester *Klara* ebenfalls anlangten, gereichte mehr dem Singspiel als der großen Oper zum Vorteil und bereitete mir außerdem große und sorgenvolle Pein, da die braven, an solide Verhältnisse gewöhnten Leute sehr bald das, trotz aller königlichen Protektion, Mißliche der Theaterverhältnisse unter einer so gewissenlosen Direktion wie der Bethmannschen durchblickten und dadurch sich in einer bedenklichen Verschlimmerung ihrer Familienlage zu befinden erkannten. Schon sank mir aller Mut, als der Zufall uns in einer jungen Frau, Mme *Pollert* geb. *Zeibig*, welche mit ihrem Mann, einem Schauspieler, durch Magdeburg kam, eine mit schöner Stimme begabte und talentvolle Sängerin für das erste Fach vorläufig als Gast zuführte. Die Not hatte endlich die Direktion zu den geeigneten Schritten getrieben, welche in letzter Stunde auch den Tenoristen *Freimüller* uns zuführten; und besonders groß war meine freudige Genugtuung, als die Liebe, welche diesen schnell zu der jungen *Limbach* in Frankfurt ergriffen hatte, dem unternehmenden Tenor auch die Entführung dieser Sängerin, zu welcher ich mich so schmachvoll unfähig erwiesen, glücklich ermöglicht hatte. Beide kamen freudestrahlend an; zu ihnen ward Mme *Pollert*, welche sehr gefiel, trotz ihrer Prätensionen ebenfalls engagiert; ein gut geschulter, musikalisch gebildeter Baritonist, Herr *Krug*, später Chordirektor in Karlsruhe, hatte sich auch gefunden, und so stand ich plötzlich an der Spitze eines wirklich recht guten Opernpersonales, bei welchem nur der Bassist *Gräf* mühsam durch Vertuschung unterzubringen war. Uns glückte bald eine Reihe in ihrer Art nicht ganz gewöhnlicher Opernvorstellungen, wobei unser Repertoire sich geradeswegs über alles erstreckte, was nur irgend in diesem Genre für das Theater geschrieben war: ganz vorzüglich freute ich mich aber der wirklich nicht weihelosen Aufführung der Spohrschen »*Jessonda*«, welche uns auch bei den gebildeteren Musikfreunden in große Achtung setzte. Ich war unermüdlich in Auffindung von Möglichkeiten, unsre Vorstellungen weit über das Niveau der solch dürftig organisierten Stadttheatern sonst möglichen Leistungen zu erheben. Den Direktor Bethmann verfeindete ich mir unaufhörlich durch Verstärkung des Orchesters, welche er zu bezahlen hatte; dafür gewann ich wieder seine volle Zuneigung durch Verstärkung des Chors und der Theatermusik, welche ihn nichts kosteten, unsren Vorstellungen aber einen solchen Glanz verliehen, daß das Abonnement und der sonstige Besuch des Theaters einen unerhörten Aufschwung nahmen. Ich hatte nämlich die Regimentsmusiker und die in der preußischen Armee trefflich organisierten Militärsänger zu ihrer Mitwirkung bei unsren Aufführungen gegen bloße Entschädigung durch freies Entree auf die Galerie für ihre Angehörigen vermocht. So erreichte ich es, daß wir in Bellinis *Norma* die nach der Partitur verlangte, besonders starke Musikbande auf dem Theater in größter Vollständigkeit besetzen konnten und für das mir damals sehr imponierende *Unisono* des Männerchors der Introduktion eine selbst den größten Bühnen fast unerschwingbare Anzahl von Männerstimmen zur Verfügung hatten. Ich konnte in späterer Zeit Herrn *Auber* im Tortonischen Kaffeehaus zu Paris, wo ich öfter mit ihm zum Genuß des Eises zusammentraf, versichern, daß ich das meuterische Militär, welches in seinem »*Lestocq*« zur Verschwörung sich hinreißen läßt, wirklich durch eine ganze vollzählige Kompanie zum Singen gebracht hätte; was er mir damals noch mit staunender Freude dankte.

Unter solch ermutigenden Umständen schritt auch die Komposition meines *Liebesverbotes* ihrer Vollendung schnell entgegen. Ich bestimmte die Aufführung dieses Werkes zu der für meine Auslagen mir versprochenen Benefizvorstellung und arbeitete nun zu gleicher Zeit an der Gründung meines Ruhms und einer nicht minder lebhaft erwarteten günstigen Gestaltung meiner finanziellen Verhältnisse, als ich mit unerhörtem Eifer selbst die wenigen Stunden, die ich neben meinen Geschäften mir an *Minnas* Seite gönnte, zur Ausarbeitung meiner Partitur verwendete. Dieser Fleiß rührte selbst die bedenklich auf unser Liebesverhältnis blickende Mutter Minnas, welche seit dem Sommer bei der Tochter zum Besuch verblieben war und ihr die Wirtschaft führte; durch ihre Dazwischenkunft war in unser Verhältnis eine neue, auf ernstliche Lösung drängende Spannung getreten. Es war natürlich, daß die Frage, zu was dieses führen sollte, nun näher herantrat. Ich muß gestehen, daß der Gedanke an eine Heirat mich, zunächst wohl schon meiner großen Jugend wegen, mit banger Beängstigung erfüllte; ohne irgend mich der Überlegung und vernünftigen Erwägung hinzugeben, hielt mich ein naives, instinktmäßiges Gefühl von der Erfassung der ernstlichen Möglichkeit eines für das ganze Leben so wichtigen Entschlusses zurück. Dazu waren unsre bürgerlichen Verhältnisse in so sehr beängstigender und unsicherer Schwebe, daß auch bei *Minna* eher wohl der Wunsch der Verbesserung dieser Lage als des Abschlusses eines Ehebündnisses in derselben zur Äußerung kommen konnte. Hierauf zunächst ihrerseits zu denken, fühlte sie sich bald durch Verdrießlichkeiten veranlaßt, in welche sie in betreff ihrer Stellung am Magdeburger Theater geriet. Sie hatte nämlich für ihr Fach im Schauspiel eine Nebenbuhlerin erhalten, welche ihr namentlich dadurch, daß ihr Mann als Oberregisseur zur höchsten Macht gelangte, sehr gefährlich wurde. Da *Minna* nun im Beginn des

Winters von der Direktion des damals in *Berlin* sehr glänzende Geschäfte machenden *Königstädter* Theaters vorteilhafte Anträge erhielt, erfaßte sie diese Veranlassung zur Herbeiführung eines völligen Bruches mit dem Magdeburger Theater, wodurch ich, auf den sie hierbei gar keine Rücksicht zu nehmen schien, in wahrhafte Beängstigung geriet. Ich konnte nicht verhindern, daß *Minna* ihre Entfernung zum Antritt eines Gastspiels in *Berlin* in völlig kontraktbrüchiger Weise durchsetzte. Sie reiste ab und ließ mich in großer Pein und wahrhaftem Zweifel über ihr Benehmen zurück. In leidenschaftlichster Unruhe drang ich brieflich in sie, zurückzukehren, und trat, um sie zu bewegen, ihr Schicksal nicht von dem meinigen zu trennen, mit förmlichen, auf eine bald zu ermöglichende Heirat abzielenden Erklärungen hervor. Zu gleicher Zeit hatte sich mein Schwager *Wolfram*, der sich mit dem Direktor Bethmann überworfen und seinen mit diesem bestehenden Kontrakt gelöst hatte, ebenfalls zu einem Gastspiel an das Königstädter Theater gewandt. Meine gute Schwester *Klara*, die in unerfreulichen Verhältnissen zunächst in Magdeburg zurückgeblieben war, gewahrte die peinlich sorgenvolle Stimmung, in welcher der sonst so heitre Bruder sich schnell abzehrte. Eines Tages hielt sie es an der Zeit, mir einen Brief ihres Mannes zu zeigen, in welchem dieser aus Berlin und namentlich auch über *Minna* berichtete, indem er herzlich meine Leidenschaft für dieses Mädchen beklagte, die sich meiner unwürdig aufführe und, wie er in dem Gasthofe, in welchem er mit ihr zugleich wohnte, Gelegenheit zu beobachten hatte, sich des ärgerlichsten Umganges und Benehmens schuldig mache. Der außerordentliche Eindruck, den diese schreckliche Mitteilung auf mich machte, bestimmte mich, aus der bisher noch gegen meine Verwandten gezeigten Zurückhaltung in betreff meines Liebesverhältnisses herauszutreten: ich schrieb meinem Schwager nach Berlin, wie es mit mir stünde, wie ernstlich ich an *Minna Planer* hinge und von welcher entscheidenden Wichtigkeit es mir wäre, von ihm die untrüglichste Wahrheit über das Verhalten der von ihm so übel Bezichtigten zu erfahren. Von meinem sonst so trockenen und leicht zum Spott geneigten Schwager erhielt ich nun eine Antwort, welche mein Herz mit großer Wärme erfüllte. Er bekannte, *Minna* leichtsinnig angeklagt zu haben, bereute, auf müßiges Geschwätz, welches sich nach genauester Erkundigung als völlig grundlos erwiesen, eine Verleumdung begründet zu haben, und erklärte, nach näherer Bekanntschaft und Unterredung mit *Minna* sich von der Tüchtigkeit und Rechtschaffenheit ihres Charakters auf das befriedigendste überzeugt zu haben, so daß er zu meiner möglichen Vereinigung mit dem braven Mädchen mir aus ganzem Herzen Glück wünsche. Nun läutete es in mir Sturm. Ich beschwor *Minna* sofort zurückzukehren und war erfreut, ihrerseits zu vernehmen, daß auch sie an eine fernere Anstellung bei dem Berliner Theater, seitdem sie gewisse frivole Tendenzen desselben genauer kennengelernt habe, nicht mehr denke. Einzig blieb mir nun übrig, den Wiedereintritt in ihr Magdeburger Engagement zu ermöglichen. Ich trat zu diesem Zweck in einer Sitzung des Theaterkomitees dem Direktor und seinem von mir gehaßten Oberregisseur mit solcher Energie entgegen und verteidigte *Minna* gegen das von beiden ihr zugefügte Unrecht mit so leidenschaftlicher Wärme, daß die Beisitzenden, über das freimütige Bekenntnis meiner Neigung erstaunt, widerstandslos meinen Wünschen sich fügten. Nun reiste ich bei schrecklichem Winterwetter in tiefer Nacht mit Extrapost der wiederkehrenden Geliebten entgegen, um sie unter herzlichen Tränen freudig zu begrüßen und im Triumphe in ihre behagliche, mir so lieb gewordene Magdeburger Wohnung zurückzugeleiten.

Während unser kurz unterbrochenes Zusammenleben nun sich immer enger schloß, vollendete ich gegen Neujahr 1836 die Partitur des *»Liebesverbotes«*. Auf den Erfolg dieser Arbeit gab ich bei der Gestaltung meiner Pläne für die Zukunft nicht wenig; auch Minna schien nicht ungeneigt, auf meine Hoffnung in diesem Bezug einzugehen. Wir hatten Grund, nicht unbesorgt darüber zu sein, wie sich mit dem Eintritt des Frühjahres, welcher solchen prekären Theaterunternehmungen stets verderblich ist, die Verhältnisse für uns gestalten sollten. Trotz der königlichen Unterstützung und der Einmischung des Theaterkomitees in die Verwaltung, blieb unser würdiger Direktor in perennierendem Bankrott begriffen, und an ein Fortbestehen seiner Theaterunternehmung unter irgendwelcher Form war nicht zu denken. Somit sollte die Aufführung meiner Oper durch das mir zu Gebote stehende, recht gute Sängerpersonal zum Ausgangspunkte einer gründlichen Wendung meiner mißlichen Lage werden. Ich hatte zur Entschädigung meiner Reisekosten vom vorigen Sommer her eine Benefizvorstellung zu meinen Gunsten zu fordern: natürlich bestimmte ich eine Aufführung meines Werks dazu und bemühte mich hierbei, der Direktion diese mir zu erweisende Gunst so wenig wie möglich kostspielig zu machen. Da dem ungeachtet die Direktion einige Auslagen für die neue Oper zu machen hatte, verabredete ich, daß die Einnahme der ersten Aufführung ihr überlassen bleiben sollte, wogegen ich nur die der zweiten für mich in Anspruch nahm. Daß auch die Zeit des Einstudierens gänzlich an das Ende der Saison hinausgerückt wurde, schien mir nicht eigentlich ungünstig, da ich annehmen durfte, daß die letzten Vorstellungen des oft mit ungewöhnlichem Beifall aufgenommenen Personals mit besondrer Teilnahme vom Publikum beachtet werden würden. Leider aber erreichten wir das gemeinte gute Ende dieser Saison, welches auf Ende April festgesetzt war, gar nicht, da schon im März, wegen Unpünktlichkeit der Gagenzahlung, die beliebtesten Opernmitglieder, welche sich anderswo besser versorgen konnten, der Direktion, welche in ihrer Zahlungsunfähigkeit hiergegen keine Mittel zur Verfügung hatte, ihren Abgang anzeigten. Nun ward mir allerdings bang: das Zustandekommen einer Aufführung meines *»Liebesverbotes«* schien mehr als fraglich. Der großen Beliebtheit, welche ich bei allen Opernmitgliedern genoß, verdankte ich es allein, daß sich die Sänger nicht nur zum Aushalten bis an das Ende des Monates März, sondern auch zur Übernahme des für die kurze Zeit so sehr anstrengenden Einstudierens meiner Oper bewegen ließen. Diese Zeit, sollten noch zwei Aufführungen zustande kommen, war so knapp zugemessen, daß wir zu allen Proben nur zehn Tage für uns hatten. Da es sich keineswegs um ein leichtes Singspiel, sondern, trotz des leichtfertigen Charakters der Musik, um eine große Oper mit zahlreichen und starken Ensemblesätzen handelte, war das Unternehmen wohl tollkühn zu nennen. Ich baute jedoch auf den Erfolg der besonderen Anstrengung, welcher mir zuliebe die Sänger, indem sie früh und abends unausgesetzt studierten, sich gern unterzogen; und da trotzdem es rein unmöglich war, zu einiger bewußter Sicherheit namentlich auch des Gedächtnisses bei den Geplagten zu gelangen, so rechnete ich schließlich auf ein Wunder, welches meiner bereits erlangten Geschicklichkeit im Dirigieren gelingen sollte. Welche eigentümliche Fähigkeit ich besaß, den Sängern zu helfen und sie, trotz höchster Unsicherheit, in einem gewissen täuschenden Fluß zu erhalten, zeigte sich wirklich in den wenigen Orchesterproben, wo ich durch beständiges Soufflieren, lautes Mitsingen und drastische Anrufe betreffs der nötigen Aktion das Ganze so im Geleis erhielt, daß man glauben konnte, es müsse sich ganz erträglich ausnehmen. Leider beachteten wir nicht, daß bei der Aufführung in Anwesenheit des Publikums all diese drastischen Mittel zur Bewegung der dramatisch-musikalischen Maschinerie sich einzig auf die Zeichen meines Taktstockes und die Arbeit meines Mienenspiels beschränken mußten. Wirklich waren die Sänger namentlich des männlichen Personals so außerordentlich unsicher, daß hierdurch eine vom Anfang bis zum Ende alle Wirksamkeit ihrer Rollen lähmende Befangenheit entstand. Der Tenorist *Freimüller*, mit dem schwächsten Gedächtnis begabt, suchte dem lebhaften und aufregenden Charakter seiner Rolle, des Wildfanges *Luzio*, durch seine in *Fra Diavolo* und *Zampa* erlangte Routine, namentlich aber auch durch einen unmäßig dicken und flatternden bunten Federbusch mit bestem Willen aufzuhelfen. Trotzdem war es dem Publikum nicht zu verdenken, daß es, namentlich da die Direktion den Druck von Textbüchern nicht zustande gebracht hatte, über die Vorgänge der nur gesungenen Handlung gänzlich im unklaren blieb. Mit Ausnahme einiger Partien der Sängerinnen, welche auch beifällig aufgenommen wurden, blieb das Ganze, welches von mir auf kecke, energische Aktion und Sprache abgesehen war, ein musikalisches Schattenspiel auf der Szene, zu welchem das Orchester mit oft übertriebenem Geräusch seine unerklärlichen Ergüsse zum besten gab. Als charakteristisch für die Behandlung meiner Tonfarben erwähne ich, daß der Direktor eines preußischen Militär-Musikkorps, welchem übrigens die Sache sehr gefallen hatte, mir für zukünftige Arbeiten doch eine wohlgemeinte Anleitung zur Behandlung der türkischen Trommel zu geben für nötig hielt. Ehe ich das weitere Schicksal dieser wunderlichen

Jugendarbeit mitteile, verweile ich noch, um über den Charakter derselben namentlich in betreff der Dichtung kurz zu berichten.

Das in seinem Grunde sehr ernst gehaltene Stück Shakespeares war in meinem Sujet zu folgender Fassung gelangt.

»Ein ungenannter König von Sizilien verläßt, wie ich vermute zu einer Reise nach Neapel, sein Land und übergibt dem von ihm eingesetzten Statthalter – um ihn als Deutschen zu charakterisieren, einfach *Friedrich* genannt – die Vollmacht, alle Mittel der königlichen Gewalt zum Versuch einer gründlichen Reform des Sittenzustandes der Haupstadt, an welchem der strenge Rat Ärgernis genommen, anzuwenden. Beim Beginn des Stückes sieht man die Diener der öffentlichen Gewalt in voller Arbeit, Volksbelustigungshäuser in einer Vorstadt Palermos teils zu schließen, teils ganz niederzureißen und die Bevölkerung derselben, die Wirte und Bedienung, gefangen fortzuführen. Das Volk tut diesem Beginnen Einhalt; große Schlägerei: der Chef der Sbirren, *Brighella* (Baßbuffo) im stärksten Gedränge, verliest, nach beruhigendem Tambourwirbel, die Verordnung des Statthalters, in Gemäßheit welcher, zur Sicherung eines besseren Sittenzustandes, in geschehener Weise gehandelt worden sei. Allgemeine Verhöhnungen und Spottchor fällt ein; *Luzio*, junger Edelmann und jovialer Wüstling (Tenor), scheint sich zum Volksführer aufwerfen zu wollen und findet sofort Veranlassung, der Sache der Verfolgten sich eingehender anzunehmen, als er seinen Freund *Claudio* (ebenfalls Tenor) auf dem Weg nach dem Gefängnis dahergeführt sieht und von diesem erfährt, daß er, einem von *Friedrich* hervorgesuchten uralten Gesetze gemäß, wegen eines Liebesvergehens mit dem Tod bestraft werden soll. Seine Geliebte, mit der eine Vereinigung bisher ihm durch die feindseligen Eltern derselben verwehrt ist, ward von ihm Mutter; zu dem Haß der Verwandten gesellt sich *Friedrichs* puritanischer Eifer: er fürchtet das Schlimmste und hofft einzig auf dem Weg der Gnade Rettung, sobald der Fürbitte seiner Schwester *Isabella* es gelingen dürfte, das Herz des Harten umzustimmen. *Luzio* gelobt dem Freunde, *Isabella* sofort im Kloster der ›Elisabethinerinnen‹, in welchem sie vor kurzem als Novize eingetreten, aufzusuchen. – Dort in den stillen Mauern des Klosters lernen wir nun diese Schwester im traulichen Gespräch mit ihrer Freundin, der ebenfalls als Novize eingetretenen *Marianne*, näher kennen. *Marianne* entdeckt der Freundin, von der sie längere Zeit getrennt war, das traurige Schicksal, das sie hiehergeführt habe. Sie ward von einem hochstehenden Manne unter der Versicherung ewiger Treue zu geheimer Liebesverbindung vermocht; endlich aber fand sie sich, in höchster Not, von ihm verlassen und sogar verfolgt, denn der Verräter erwies sich ihr zugleich als der mächtigste Mann im Staate, kein Geringerer als der jetzige Statthalter des Königs selbst. *Isabellas* Empörung macht sich in feuriger Weise Luft, und ihre Beruhigung folgt nur aus dem Entschluß, eine Welt zu verlassen, in welcher so ungeheure Frevel ungestraft verübt werden dürfen. – Als ihr nun *Luzio* die Kunde vom Schicksal ihres eigenen Bruders bringt, geht ihr Abscheu vor dem Fehltritt des Bruders sofort in helle Entrüstung über die Schändlichkeit des heuchlerischen Statthalters über, welcher den unendlich geringeren Fehl des Bruders, den mindestens kein Verrat befleckte, so grausam zu bestrafen sich anmaßt. Ihre heftige Aufwallung zeigt sie unvorsichtigerweise *Luzio* im verführerischsten Lichte; schnell von heftiger Liebe entzündet, dringt dieser in sie, für immer das Kloster zu verlassen und seine Hand anzunehmen. Den Kecken weiß sie sogleich würdevoll in Schranken zu halten, beschließt aber ohne Zögern, sein Geleit nach dem Gerichtshaus zum Statthalter anzunehmen. – Hier bereitet sich nun die Gerichtsszene vor, welche ich durch ein burleskes Verhör verschiedener Verbrecher gegen die Sittlichkeit durch den Sbirrenchef *Brighella* einleitete. Der Ernst der Situation wird dann desto auffälliger, als die finstre Gestalt *Friedrichs* durch das tobend eingebrochene Volk Ruhe gebietend eintritt und das Verhör *Claudios* durch ihn selbst in strenger Form vorgenommen wird. Schon will der Unerbittliche das Urteil aussprechen, als *Isabella* hinzukommt und vor allem eine einsame Unterredung mit dem Statthalter verlangt. In dieser beherrscht sie sich, dem gefürchteten und von ihr dennoch verachteten Manne gegenüber, mit edler Mäßigung, indem sie zunächst sich nur an seine Milde und Gnade wendet. Seine Einwürfe steigern ihren Affekt: sie stellt das Vergehen des Bruders in rührendem Lichte dar und bittet um Verzeihung für den so menschlichen und keineswegs unverzeihlichen Fehltritt. Da sie den Eindruck ihrer warmen Schilderung gewahrt, fährt sie immer feuriger fort, sich an die eigenen Gefühle des jetzt so hart sich verschließenden Herzens des Richters zu wenden, welches doch unmöglich nie den gleichen Empfindungen, welche den Bruder hinrissen, gänzlich verschlossen gewesen sein könnte, und dessen eigene Erfahrung sie jetzt zur Mithilfe für ihr angstvolles Gnadengesuch anrufe. Nun ist das Eis dieses Herzens gebrochen: *Friedrich*, von der Schönheit Isabellas bis in das Tiefste erregt, fühlt sich seiner nicht mehr mächtig; er verspricht *Isabella*, was sie nur verlange, um den Preis ihrer eigenen Liebe. Kaum ist sie dieser unerwarteten Wirkung innegeworden, als sie, in höchster Empörung über solche unbegreifliche Schändlichkeit, zu Türe und Fenster hinaus das Volk herbeiruft, um vor aller Welt den Heuchler zu entlarven. Schon stürzt alles in Aufruhr in die Gerichtshalle herein, als es *Friedrichs* verzweifelter Energie gelingt, mit wenigen bedeutungsvollen Weisungen *Isabella* das unmögliche Gelingen ihres Vorhabens darzutun: er würde kühn ihre Anschuldigung leugnen, seinen Antrag als Mittel der Versuchung angeben und zweifellos Glauben finden, sobald es sich darum handle, den Vorwurf eines leichtfertigen Liebesantrages zurückzuweisen. *Isabella*, selbst beschämt und verwirrt, erkennt das Rasende ihres Beginnens und überläßt sich dem Knirschen stummer Verzweiflung. Als nun *Friedrich* dem Volke von neuem seine höchste Strenge und dem Verklagten sein Urteil angekündigt, gerät *Isabella*, durch die schmerzliche Erinnerung an *Mariannes* Schicksal geleitet, blitzschnell auf den rettenden Ausweg, durch List zu erreichen, was durch offene Gewalt unmöglich erscheint. Hierüber geht ihre Stimmung aus der tiefsten Trauer mit jähem Sprung in ausgelassene Laune über: dem jammernden Bruder, dem bestürzten Freunde, dem ratlosen Volke wendet sie sich mit der Verheißung des lustigsten Abenteuers zu, das sie allen bereiten werde, da selbst die Karnevals-Lustbarkeiten, welche der Statthalter soeben streng verboten, diesmal mit besondrer Ausgelassenheit begangen werden sollten: denn jener gefürchtete Verbieter stelle sich nur zum Schein so grausam, um alle Welt durch seine lustige Teilnahme an allem, was er verboten, desto angenehmer zu überraschen. Alles hält sie für wahnsinnig geworden, und namentlich *Friedrich* verweist ihr mit leidenschaftlicher Härte ihre unbegreifliche Torheit: wenige Worte ihrerseits genügen jedoch, den Statthalter selbst zum Taumel dahinzureißen; denn sie verspricht ihm mit heimlich zutraulichem Flüstern die Erfüllung aller seiner Wünsche und die Zusendung einer glückverheißenden Botschaft für die folgende Nacht. – So endet in höchster Aufregung der erste Akt. Welches der so schnell gefaßte Plan der Heldin ist, erfahren wir im Beginn des zweiten, wo sie im Gefängnis des Bruders sich einstellt, um diesen zunächst noch zu prüfen, ob er der Rettung wert sei. Sie entdeckt ihm die schmachvollen Anträge *Friedrichs* und fragt ihn, ob er um diesen Preis der Unehre seiner Schwester sein verwirktes Leben zu retten begehre? Der höchsten Entrüstung und Opferbereitwilligkeit *Claudios* folgt, da er nun Abschied für dieses Leben von der Schwester nimmt und er dieser die ergreifendsten Grüße an die hinterlassene trauernde Geliebte aufträgt, endlich die weiche Stimmung, welche den Unglücklichen durch die Wehmut bis zur Schwäche führt. *Isabella*, die ihm bereits seine Rettung ankündigen wollte, hält bestürzt inne, da sie den Bruder von der Höhe der edelsten Begeisterung bis zum leisen Bekenntnis der ungebrochenen Lebenslust, zur schüchternen Frage, ob der Preis seiner Rettung ihr unerschwinglich schiene, ankommen sieht. Entsetzt fährt sie auf, stößt den Unwürdigen von sich und kündigt ihm an, daß er nun zu der Schmach seines Todes auch noch ihre volle Verachtung hinnehmen solle. Nachdem sie ihn dem Schließer von neuem übergeben, zeigt sich ihre Haltung im schnellen Wechsel sofort wieder in heitrer übermütiger Fassung: sie beschließt zwar, den Wankelmütigen durch längere Ungewißheit, in welcher er über sein Schicksal bleiben soll, zu bestrafen, bleibt aber nichtsdestoweniger bei ihrem Vorsatz, die Welt von dem scheußlichsten Heuchler, der ihr je Gesetze vorschreiben wollte, zu befreien. Sie hat *Marianne* davon benachrichtigt, daß diese bei der *Friedrich* für die Nacht zugesagten Zusammenkunft die Stelle der treulos begehrten *Isabella* einnehmen solle, und sendet nun *Friedrich* die Einladung zu dieser Zusammenkunft zu, welche, um den Feind noch mehr in das Verderben zu verwickeln, in Maskenvermummung und an einem der von ihm selbst untersagten Belustigungsorte stattfinden soll. Dem Wildfang *Luzio*, welchen sie für den kecken Liebesantrag an die Novize ebenfalls zu strafen sich vorgenommen hat, teilt sie *Friedrichs* Begehren und ihren vorgeblichen notgedrungenen Entschluß, diesem Begehren zu willfahren, in so unbegreiflich leichtgefaßter Weise mit, daß der sonst so Leichtfertige hierüber in das ernstlichste Erstaunen und verzweiflungsvolles Rasen gerät: er schwört, diese unerhörte Schmach, wenn die edle Jungfrau sie ertragen wolle, dennoch seinerseits mit aller Gewalt von ihr abzuwenden und lieber ganz *Palermo* in Brand und Aufruhr zu bringen. – Wirklich veranstaltet er, daß alles, was ihm bekannt und befreundet ist, am Abend, wie zur Eröffnung der verbotenen großen Karnevals-Prozession, sich am Ausgang des Korso einfinden soll. Als es mit Einbruch der Nacht dort bereits wild und lustig hergeht, findet sich *Luzio* ein, um durch ein ausgelassenes Karnevalslied mit dem Schlußrefrain ›Wer sich nicht freut bei unsrer Lust, dem stoßt das Messer in die Brust‹ bis zur offenen blutigen Empörung aufzureizen. Da unter *Brighellas* Führung eine Bande von Sbirren sich nähert, um die bunte Masse zu zerstreuen, soll das meuterische Vorhaben bereits zur Ausführung kommen; doch verlangt *Luzio* für jetzt noch nachzugeben und sich in der Nähe zu zerstreuen, da hier zuvor noch der eigentliche Anführer ihrer Unternehmung von ihm gewonnen werden solle: eben hier befindet sich nämlich der Ort, welchen *Isabella* in ihrem Übermut ihm als denjenigen ihrer vorgeblichen Zusammenkunft mit dem Statthalter verraten hat. Diesem letzteren lauert nun *Luzio* auf: wirklich erkennt er ihn in einer sorgfältig vermummten Maske, hält ihn im Wege auf, und da jener gewaltsam sich loswindet, will er ihm mit lautem Ruf und gezogener Waffe nachfolgen, als er, auf der im Gebüsch versteckten *Isabella* Veranstaltung, selbst aufgehalten und irregeleitet wird. *Isabella* tritt hervor, freut sich des Gedankens, in diesem Augenblick der verratenen *Marianna* den treulosen Gatten zurückgeführt zu wissen, und da sie soeben das versprochene Begnadigungspatent des Bruders in der Hand zu halten glaubt, ist sie im Begriff, gutmütig jeder weiteren Rache zu entsagen, als sie, beim Schein einer Fackel die Schrift erbrechend, zu ihrem Entsetzen den verschärften Hinrichtungsbefehl erkennt, welchen der Zufall dadurch, daß sie die Kunde der Begnadigung ihrem Bruder vorenthalten wollte, durch Bestechung des Schließers jetzt in ihre Hand geliefert hat. Nach harten Kämpfen gegen die ihn zerwühlende Leidenschaft der Liebe, hatte *Friedrich*, seine Ohnmacht gegen diesen Feind seiner Ruhe erkennend, beschlossen, wenn auch als Verbrecher, doch als Ehrenmann zugrunde zu gehen. Eine Stunde an *Isabellas* Busen, dann der eigne Tod – nach demselben Gesetz, dessen Strenge unwiderruflich *Claudios* Leben verfallen bleiben soll. *Isabella*, welche in dieser Handlung nur eine neue Häufung der Schändlichkeiten des Heuchlers erkennt, bricht noch einmal in das Rasen schmerzlichster Verzweiflung aus. Auf ihren Ruf zur sofortigen Empörung gegen den schändlichsten Tyrannen strömt alles Volk in bunter leidenschaftlicher Verwirrung herbei: *Luzio*, welcher ebenfalls dazukommt, rät jedoch mit heftiger Bitterkeit dem Volk ab, dem Wüten des Weibes Gehör zu geben, das, wie ihn, gewiß auch sie alle täusche; denn er ist im Wahne ihrer schmachvollsten Untreue. Neue Verwirrung, gesteigerte Verzweiflung *Isabellas*: plötzlich vom Hintergrunde her burleske Hilferufe *Brighellas*, welcher, selbst in eine Situation der Eifersucht verwickelt, den verlarvten Statthalter aus Mißverständnis ergriffen hat und so nun dessen Entdeckung veranlaßt. *Friedrich* wird erkannt, die zitternd an seine Seite geschmiegte *Marianne* entlarvt; Staunen, Entrüstung, Jubel greifen um sich; die nötigen Erklärungen stellen sich rasch ein; *Friedrich* begehrt finster, vor das Gericht des zurückerwarteten Königs zum Empfang des Todesurteils gestellt zu werden. Der vom jauchzenden Volke aus dem Gefängnis befreite *Claudio* belehrt ihn, daß das Todesurteil nicht jederzeit für Liebesvergehen bestimmt sei: neue Boten melden die unerwartete Ankunft des Königs im Hafen; man beschließt, in voller Maskenprozession dem geliebten Fürsten, welcher zu seiner Herzensfreude wohl einsehen werde, wie übel es mit dem finstren Puritanismus des Deutschen im heißen Sizilien ergehen müsse, freudig huldigend entgegenzuziehen. Von ihm heißt es: ›Ihn freuen bunte Feste mehr, als eure traurigen Gesetze.‹ *Friedrich* mit seiner neu ihm vermählten Gemahlin *Marianna* muß nun den Zug eröffnen, die dem Kloster für immer verlorene Novize folgt mit *Luzio* als zweites Paar. –«

Diese lebhaften und in vieler Beziehung wohl kühn entworfen zu nennenden Szenen hatte ich in einer angemessenen Sprache und sorgfältigen Versen, welche schon von Laube beachtet worden waren, ausgearbeitet. Die Polizei stieß sich zunächst an dem Titel des Werks, welcher, wenn ich ihn nicht geändert hätte, schuld an dem gänzlichen Scheitern meiner Aufführungspläne gewesen wäre. Wir befanden uns in der Woche vor Ostern, und dem Theater waren Aufführungen lustiger oder gar frivoler Stücke in dieser Zeit untersagt. Glücklicherweise hatte die betreffende Magistratsperson, mit welcher ich hierüber unterhandeln mußte, mit dem Gedichte selbst sich nicht näher eingelassen, und da ich versicherte, daß es nach einem sehr ernsten Shakespeareschen Stücke gearbeitet sei, begnügte man sich mit der Abänderung des unter allen Umständen doch aufregenden Titels, wogegen die Benennung »*Die Novize von Palermo*« nichts Bedenkliches zu haben schien und im Betreff der Inkorrektheit desselben keine weitern Skrupel aufkamen. – Anders ging es mir kurz darauf in Leipzig, wo ich statt der geopferten »*Feen*« mein neues Werk zur Aufführung einzuschieben versuchte. Der Direktor *Ringelhardt*, den ich dadurch, daß ich seiner eignen, bei der Oper debütierenden Tochter die Partie der »Marianne« zuweisen wollte, schmeichelnd für mein Unternehmen zu gewinnen hoffte, nahm aus der von ihm begriffenen Tendenz des Sujets den nicht übel klingenden Vorwand,

meine Arbeit zurückzuweisen. Er behauptete, daß, wenn der Magistrat Leipzigs die Aufführung derselben gestatten würde, woran er aus Hochachtung vor dieser Behörde sehr zweifelte, er als gewissenhafter Vater seiner Tochter doch jedenfalls nicht erlauben würde, darin aufzutreten. –
Von dieser bedenklichen Eigenschaft meines Operntextes hatte ich bei der Magdeburger Aufführung merkwürdigerweise gar nicht zu leiden, da das Sujet, wie gesagt, der gänzlich unklaren Darstellung wegen dem Publikum rein unbekannt blieb. Dieser Umstand, und daß somit gar keine Opposition gegen die *Tendenz* sich gezeigt hatte, ermöglichte daher auch eine zweite Aufführung, gegen welche von keiner Seite her Einspruch erhoben wurde, da sich kein Mensch darum bekümmerte. Wohl fühlend, daß meine Oper keinen Eindruck hervorgebracht und das Publikum in eine gänzlich unentschiedene Stimmung darüber, was dies alles eigentlich zu sagen gehabt, gelassen hatte, rechnete ich wegen des Umstandes, daß dies die letzte Vorstellung unsres Opernpersonales war, dennoch auf eine gute, ja große Einnahme, weshalb ich mich denn auch nicht hindern ließ, die sogenannten »vollen« Preise für den Eintritt zu verlangen. Ob bis zum Beginn der Ouvertüre sich einige Menschen im Saale eingefunden haben würden, kann ich nicht genau ermessen: ungefähr eine Viertelstunde vor dem beabsichtigten Beginn sah ich nur *Frau Gottschalk* mit ihrem Gemahl und sehr auffallenderweise einen polnischen Juden im vollen Kostüm in den Sperrsitzen des Parterres. Dem ohngeachtet hoffte ich noch auf Zuwachs, als plötzlich die unerhörtesten Szenen hinter den Kulissen sich ereigneten. Dort stieß nämlich der Gemahl meiner ersten Sängerin (der Darstellerin der »Isabella«), Herr *Pollert*, auf den zweiten Tenoristen, *Schreiber*, einen sehr jungen hübschen Menschen, den Sänger meines »Claudio«, gegen welchen der gekränkte Gatte seit längerer Zeit einen im verborgenen genährten eifersüchtigen Groll hegte. Es schien, daß der Mann der Sängerin, der mit mir am Bühnenvorhange sich von der Beschaffenheit des Publikums überzeugt hatte, die längst ersehnte Stunde für gekommen hielt, wo er, ohne Schaden für die Theaterunternehmung herbeizuführen, an dem Liebhaber seiner Frau Rache zu üben habe. *Claudio* ward stark von ihm geschlagen und gestoßen, so daß der Unglückliche mit blutendem Gesicht in die Garderobe entweichen mußte. *Isabella* erhielt hiervon Kunde, stürzte verzweiflungsvoll ihrem tobenden Gemahl entgegen und erhielt von diesem so starke Püffe, daß sie darüber in Krämpfe verfiel. Die Verwirrung im Personal kannte bald keine Grenze mehr: für und wider ward Partei genommen, und wenig fehlte, daß es zu einer allgemeinen Schlägerei gekommen wäre, da es schien, daß dieser unglückselige Abend allen geeignet dünkte, schließlich Abrechnung für vermeintliche gegenseitige Beleidigungen zu nehmen. Soviel stellte sich heraus, daß das unter dem Liebesverbot Herrn *Pollerts* leidende Paar unfähig geworden war, heute aufzutreten. Der Regisseur ward vor den Bühnenvorhang gesandt, um der sonderbar gewählten kleinen

Gesellschaft, welche sich im Theatersaale befand, anzukündigen, daß »eingetretener Hindernisse« wegen die Aufführung der Oper nicht stattfinden könnte. –
Dies war das Ende meiner vielverheißenden und mit verhältnismäßig großen Opfern begonnenen Dirigenten- und Komponisten-Laufbahn in *Magdeburg*. – Die »Heiterkeit der Kunst« wich von nun an gänzlich dem »Ernste des Lebens«. Meine Lage war zu überdenken und gewährte dabei keinen erfreulichen Anblick. Alle Hoffnungen, die ich, selbst gemeinschaftlich mit *Minna*, auf den Erfolg meines Werkes begründet hatte, waren spurlos vernichtet. Meine auf diese in Aussicht gestellte Einnahme verwiesenen Gläubiger verzweifelten an meinem Talente und hielten sich dagegen lediglich an meine bürgerliche Person, welcher sie durch schleunig eingereichte gerichtliche Klagen beizukommen suchten. Meine kleine Wohnung auf dem »Breiten Weg« war mir, da ich bei jeder Heimkehr an der Türe eine gerichtliche Vorladung angenagelt fand, höchst widerwärtig geworden; ich vermied sie von nun an gänzlich, namentlich auch da mein brauner Pudel, der mir dieses Asyl bisher noch erheitert hatte, spurlos verschwunden war, welches ich für ein böses Anzeichen des gänzlichen Verfalls meiner Lage betrachtete. Jetzt gewährte *Minna* mit wahrhaft tröstlicher Sicherheit und Standhaftigkeit in jeder Art des Verhaltens mir einen letzten, höchst wohltuenden Anhalt. Umsichtig hatte sie zuvörderst für ihr eignes Fortkommen gesorgt und stand im Begriff, mit der Theaterdirektion von *Königsberg in Preußen* einen nicht ungünstigen Kontrakt abzuschließen. Nun galt es, für mich eben daselbst ein Unterkommen als Musikdirektor zu finden: ein solcher ward nicht gesucht; da der Königsberger Direktor aus unsrer Korrespondenz wohl aber ersah, daß Minnas Annahme des Engagements von der Möglichkeit auch meiner Anstellung an dem gleichen Theater abhinge, eröffnete er die nahe Aussicht der Erledigung des Postens und seine Bereitwilligkeit, diesen mit mir zu besetzen. Daraufhin kamen wir überein, daß Minna nach Königsberg vorangehen und mir den Weg zur Nachfolge bahnen sollte. Ehe dies zur Ausführung kam, verlebten wir noch eine bange, in meiner Erinnerung als höchst beängstigend aufbewahrte Zeit in Magdeburgs Mauern. Zwar machte ich noch einen Versuch, in Leipzig persönlich einiges für die Besserung meiner Lage zu erwirken, worunter auch die oben erwähnten Verhandlungen mit dem Theaterdirektor im Betreff meiner neuen Oper zu rechnen sind. Doch sah ich bald ein, daß meines Bleibens in meiner Vaterstadt und in der mich beängstigenden Nähe meiner Familie, von der es mich unruhig hinwegtrieb, nicht mehr war. Meine tief erregte, schwermütig verschlossene Stimmung ward von den Meinigen erkannt: die Mutter beschwor mich, was ich auch erwählen möge, nur um des Himmels willen mich nicht bei so großer Jugend zu einer Heirat hinreißen zu lassen. Ich schwieg. Da ich schied, gab mir *Rosalie* das Geleit bis auf die Treppe; ich gab vor, nach Besorgung nötiger

Geschäfte in Bälde wieder zurückzukehren, und wollte leichthin ihr nur ein flüchtiges Adieu sagen: sie ergriff mich bei der Hand, sah mir lange in die Augen und sagte: »*Gott weiß, wann ich dich wiedersehe!*« – Dies schnitt mir durchs Herz, schien jedoch nur mein böses Gewissen zu treffen: daß sie zugleich aber die Ahnung ihres frühen Todes aussprach, konnte mir erst aufgehen, als ich nach kaum zwei Jahren, ohne sie wiedergesehen zu haben, die Kunde von ihrem plötzlichen Ende erhielt. –

Jetzt verbrachte ich noch einige Wochen in größter Zurückgezogenheit bei *Minna* in Magdeburg: sie selbst half, so gut sie konnte, gegen die äußersten Bedrängnisse meiner Lage. In Erwartung der Trennung und ihrer ungewissen Dauer verließ ich sie kaum mehr, und unsre einzige Erholung bestand in Spaziergängen nach der entlegeneren Umgebung der Stadt. Bange Anzeichen drückten die Stimmung: die warme Maiensonne, die uns, wie zur Verhöhnung der verlassenen Lage, die traurigen Straßen Magdeburgs beschien, verfinsterte sich eines Tages so vollständig, wie ich es seitdem nie wieder erlebt, und erfüllte mich mit wahrhaftem Grauen. Von einem Spaziergange zurückkehrend, nahten wir uns der Elbbrücke und gewahrten einen Mann, der soeben von dort sich in das Wasser hinabstürzte: wir traten an das Ufer, riefen nach Hilfe und vermochten den Müller einer der auf dem Flusse liegenden Wassermühlen, dem, von der Strömung in dieser Richtung geführten, mit dem Tode ringenden Unglücklichen, als er grade der Mühle sich näherte, einen Rechen entgegenzuhalten, an welchem jener sich retten sollte. Mit unbeschreiblicher Angst sahen wir dem entscheidenden Augenblick entgegen – gewahrten, wie der Ertrinkende wirklich nach dem Rechen griff, ihn aber verfehlte und in demselben Augenblick unter der Mühle verschwand, um nie wieder gesehen zu werden. – Am gleichen Morgen, an welchem ich *Minna* an den Postwagen brachte, um dort von ihr einen mich so sehr bekümmernden Abschied zu nehmen, strömte die ganze Bevölkerung der Stadt zu einem der Tore hinaus, um auf einem weiten Anger einer »durch das Rad von unten« zu vollziehenden Hinrichtung zuzusehen. Der Verbrecher war ein Soldat, der seine Braut aus Eifersucht vorsätzlich ermordet hatte. Als ich hierauf zu meinem letzten Mittagsmahl im Gasthof mich niederließ, hörte ich von allen Seiten nichts als die scheußlichen Einzelheiten der befolgten national-preußischen Hinrichtungsmethode berichten. Ein junger Assessor, großer Musikfreund, erzählte seine Unterredung mit dem von *Halle* her requirierten Scharfrichter, mit welchem er sich über die humanen Mittel zur Beschleunigung der Tötung des Schlachtopfers zu beraten gehabt hatte, wobei er der eleganten Kleidung und Haltung des entsetzlichen Menschen mit Schaudern gedachte. – Dies waren die letzten Eindrücke, mit welchen ich von dem ersten Orte meiner künstlerischen Wirksamkeit und bürgerlichen Selbständigkeits-Versuche schied. Sie sind mir seitdem oft mit seltsamer Bezüglichkeit wiedergekehrt, wenn ich mit dem Gefühle, es sei für immer, von denjenigen Städten mich wandte, an welchen ich, wo es auch war, Gedeihen für meine Kunst oder bürgerliche Wohlfahrt gesucht hatte. Nicht sehr unähnlich waren meine Empfindungen beim Verlassen jedes Ortes, wo ich in jener Absicht geweilt. –

So traf ich am 18. Mai dieses Jahres 1836 zum ersten Male in *Berlin* ein und lernte auch die eigentümliche Physiognomie dieser anspruchsvollen Königsstadt kennen. In dem Gasthof »Zum Kronprinzen« auf der Königsstraße, in welchem einige Monate zuvor *Minna* sich aufgehalten hatte, suchte ich denn mit den bescheidensten Ansprüchen in sehr unsicherer Erwartung für meine Lage ein dürftiges Unterkommen. Einen vertrauten Anhalt gewährte es mir, *Laube* in *Berlin* wiederzufinden, wo er, dem Entscheide des gerichtlichen Urteils über ihn entgegensehend, privatisierend und mit literarischen Arbeiten beschäftigt sich aufhielt. Für das Schicksal meines »Liebesverbotes« hatte er eine Schwäche und ging mir mit gutem Rat für die Benützung der vorliegenden persönlichen Verhältnisse, zum Zweck der zu erlangenden Aufführung dieser Oper am »Königstädter« Theater, an die Hand. Dieses Theater stand unter der Direktion eines der originellsten Produkte des Berliner Bevölkerungswesens: er nannte sich *Cerf* und war durch den König von Preußen ermächtigt, den Titel eines »Kommissionsrates« zu führen. Für seine große Begünstigung von seiten des Hofes führte man allerhand nicht besonders geschmackvolle Gründe an; es war ihm vermöge derselben gelungen, die Privilegien des Vorstadttheaters außerordentlich zu erweitern. Der Verfall der Großen Oper am königlichen Theater führte dem leichteren Genre, welches die Königstädtsche Bühne mit Glück pflegte, die bevorzugende Gunst des Publikums zu. Durch solche Erfolge übermütig, stimmte der Direktor dem Urteil derjenigen, welche die geschickte Führung eines Theaters nur von gemeinen und ungebildeten Menschen erwarten zu dürfen erklärten, mit dem unverhohlenen Selbstgefühl, der richtige Mann in diesem Sinne zu sein, bei und bewahrte nach allen Seiten hin auf das ergötzlichste seine glückliche Ignoranz. Ganz nur auf seinen natürlichen Blick sich verlassend, hatte er sich eine völlig diktatorische Stellung zu den künstlerischen Beamten seines Theaters beigelegt: er durfte ganz nach Gunst und Ungunst verfahren. Diese Eigenschaft schien mir zum Vorteil auszuschlagen: *Cerf* erklärte bei meinem ersten Besuche, daß ich ihm gefiele, wünschte mich aber lieber als »Tenorist« verwenden zu können; meinem Anliegen, das *Liebesverbot* aufzuführen, setzte er nicht das mindeste Bedenken entgegen, sondern versprach es sogleich. Namentlich aber wollte er mich als Musikdirektor anstellen. Er war im Begriff sein Opernpersonal zu erneuern und setzte hierbei voraus, daß sein Kapellmeister *Gläser*, der Komponist von »Adlerhorst«, durch seine Parteinahme für die ältern Sänger seinen Absichten hinderlich sein würde, weshalb er *mich* seinem Theater zugesellt wissen wollte, um jemanden zu haben, welcher »für die neuen Sänger eingenommen wäre«. Dies alles machte sich so leicht, daß es mir wohl kaum zu verdenken war, wenn ich mich an einer besonders günstigen Wendung meines Schicksals angelangt glaubte und mein schwermütiges Herz durch günstige Hoffnung erleichtert fühlte. Kaum erlaubte ich mir, meine Lage einigermaßen diesen freundlichen Erwartungen gemäß einzurichten, als mir auch klarwerden sollte, wie sehr ich hierbei auf Sand gebaut hatte. Mit wahrhaftem Grauen erfüllten mich die schnell sich mehrenden Wahrnehmungen des fast boshaft aussehenden Betrugs, welchen *Cerf*, wie es schien rein zu seinem Vergnügen, sich gegen mich erlaubt hatte. Nach Art der Potentaten hatte er seine Gnadenbezeigungen mir direkt und autokratisch erwiesen; die Rücknahme und Ungültigkeitserklärung seiner Versprechungen ließ er jedoch durch seine Beamten und Sekretäre ausführen, indem er auch sein ausnahmsweises Verhalten zu mir plötzlich in das gewöhnliche Geleis der scheinbaren Abhängigkeit des Potentaten von seiner Bürokratie hinübergleiten ließ. Mit denselben Menschen, vor denen er mich zuvor gewarnt hatte und gegen welche er mich sich verbündet wissen wollte, hatte ich mich endlich, als *Cerf* möglichst ohne jede Entschädigung mich loszuwerden wünschte, über alles das, was zwischen uns bestimmt abgemacht war, gewissermaßen gesuchsweise zu verständigen. Kapellmeister, Regisseur, Sekretär und ähnliche Herren hatten mir zu beweisen, daß meine Wünsche nicht zu erfüllen seien und daß der Direktor für meine nutzlos in der Erwartung der Erfüllung der mir gemachten Zusagen hingebrachte Zeit keinerlei Entschädigung schulde. Ich entsinne mich, daß der mühselig sich abwickelnde Prozeß dieser Erfahrungen mich mit ahnungsvollem Weh für mein ganzes Leben erfüllte. –

Meine Lage ward außerdem dadurch gegen zuvor noch bedeutend verschlimmert. Mit *Königsberg*, von wo aus jetzt *Minna* mir über meine auf dort gerichteten Hoffnungen Mitteilungen machte, erfuhr ich nichts Ermutigendes: der dortige Theaterdirektor schien zu seinem bisherigen Musikdirektor in einem unklaren Verhältnis zu stehen, über welches ich mich erst später genügend aufklären konnte, das für jetzt aber meine Aussichten auf die gewünschte Stelle in unverständlicher Weise in die Ferne stellte. Doch schien es gewiß, daß ich im Herbst die Königsberger Stelle würde antreten können: da ich in Berlin gänzlich ohne Anhalt umherschwankte und an eine Rückkehr nach Leipzig um keinen Preis denken wollte, baute ich mir auf diesen schwachen Hoffnungen mühselig das Schiff, welches mich aus dem Berliner Sandmeer in den schützenden Hafen der Ostsee führen sollte.

Dies war mir jedoch erst möglich geworden, nachdem ich noch schwere und ernste Kämpfe, welche auf mein Verhältnis zu *Minna* sich bezogen, in meinem Innern durchgefochten hatte. Ein unbegreiflicher Zug dieses sonst so einfach scheinenden weiblichen Charakters hatte mein junges Herz in große Beunruhigung gestürzt. Ein gutmütiger, vermögender Kaufmann jüdischer Abkunft namens *Schwabe*, welcher bis dahin in Magdeburg etabliert gewesen war, näherte sich mir teilnehmend in Berlin; und, wie ich bald erfuhr, galt diese Teilnahme hauptsächlich dem leidenschaftlichen Interesse, welches er für *Minna* gefaßt hatte. Mir ist später klargeworden, daß zwischen diesem Mann und Minna ein Verhältnis bestanden hatte, welches an sich nicht wohl als eine Untreue gegen mich angesehen werden konnte, da es in seinem Verlaufe sich als eine bestimmte Zurückweisung der Werbung des Nebenbuhlers zu meinen Gunsten herausstellte: nur daß dies so geheim geschehen war, daß ich bis dahin gar keine Ahnung davon hatte, auch daß mir die Vermutung blieb, *Minnas* wohlbestellte Verhältnisse hätten sich zum Teil der Freundschaft dieses Menschen verdankt, erfüllte mich mit düstren Bedenken. Da ich jedoch, wie gesagt, keiner eigentlichen Untreue auf den Grund kommen konnte, empfand ich mehr nur eine störende und ängstigende Unruhe, die mich zu dem halb verzweiflungsvollen Willen drängte, durch vollkommene Versicherung der Geliebten mich nach dieser Seite hin in das Gleichgewicht zu bringen. Es schien mir, als ob sowohl meine bürgerliche Stetigkeit als mein künstlerisches Gedeihen durch eine rückhaltlose Verbindung mit *Minna* mir versichert werden würden. Bereits hatten die zwei Jahre, welche ich beim Theater verbrachte, mich in einer Zerstreuung erhalten, welche meinem innersten Bewußtsein sich fast qualvoll fühlbar machte: dunkel ahnte es mir, daß ich mich auf übel leitenden Irrwegen befand; ich sehnte mich nach Sammlung und Ruhe und hoffte diese am entsprechendsten durch den Abschluß des Verhältnisses zu finden, welches selbst der Quell so ernstlicher Beunruhigungen für mich geworden war. *Laube* mochte wohl dem übel bestellten, leidenschaftlich und verzehrt aussehenden jungen Manne anmerken, daß es mit ihm eine besondre Bewandtnis habe: in seinem Umgange, der für mich immer etwas Tröstliches hatte, gewann ich die einzigen, einigermaßen lohnenden Eindrücke von Berlin. Der wichtigste künstlerische Eindruck, den ich außerdem dort erhielt, kam mir aus einer Aufführung des »Ferdinand Cortez« unter *Spontinis* eigner Leitung: der Geist derselben überraschte mich auf fast ungekannte Weise. Ließ mich auch die eigentliche Darstellung, namentlich in betreff der Hauptpersonen, die sämtlich nicht mehr der Blüte der Berliner Oper angehörten, kalt, und kam es auch nie zu einer Wirkung, die sich nur annähernd derjenigen, welche die Schröder-Devrient auf mich gemacht hatte, vergleichen konnte, so war mir doch das außerordentlich präzise, feurige und reichorganisierte Ensemble des Ganzen durchaus neu. Ich gewann eine neue Ansicht von der eigentümlichen Würde großer theatralischer Vorstellungen, welche in allen ihren Teilen durch scharfe Rhythmik zu einem eigentümlichen, unvergleichlichen Kunstgenre sich steigern konnten. Dieser sehr deutliche Eindruck lebte drastisch in mir fort und hat mich bei der Konzeption meines »Rienzi« namentlich geleitet, so daß in künstlerischer Beziehung Berlin seine Spuren in meinen Entwicklungsgang eingrub.

Für jetzt galt es jedoch, meiner äußerst hilflos gewordenen Lage aufzuhelfen. Ich war dazu entschlossen, mich nach Königsberg zu wenden und hatte meinen Entschluß, wie die darauf begründeten heilsamen Annahmen, *Laube* mitgeteilt. Dieser treffliche Freund erkannte es, ohne weiter darum angegangen zu werden, als seine Aufgabe, mir durch seine energische Vermittelung zur Befreiung aus meiner Berliner Verlassenheit und zur Erreichung meines nächsten Zieles zu verhelfen, was durch Vereinigung mehrerer, *Laube* befreundeter Personen gelang. Beim Abschied ermahnte mich der Freund, der mir teilnehmend in das Herz blickte, auch bei erwünschtem Gedeihen meiner Musikdirektoren-Laufbahn mich nicht in die Flachheit des Theater-Lebens verstricken zu lassen und nach ermüdenden Proben, statt zum Liebchen zu gehen, lieber ein tüchtiges Buch zur Hand zu nehmen, damit auch meine größern Anlagen der kräftigenden Pflege nicht entbehren möchten. Ich verschwieg ihm, daß ich im Sinne hatte, durch frühzeitigen vollständigen Abschluß nach dieser zerstreuenden Seite hin, mich gänzlich gegen das Aufreibende des Theaterliebschaftswesens schützen zu wollen. So trat ich am 7. Juli die damals äußerst beschwerliche und ermüdende Reise nach dem fernen *Königsberg* an.

Mir war es, als ging es aus der Welt, als ich tagelang durch die Wüsten der Marken dahinrollte. Traurig und demütigend wirkte auf mich dann zunächst der äußerliche Eindruck von *Königsberg*, wo ich in einer dem Theater nahegelegenen Vorstadt (»Tragheim«) vom ärmlichsten Anschein in einer dorfähnlichen Gasse das schlechte Haus aufsuchte, in welchem *Minna* Unterkunft genommen hatte. Der ihr eigene freundliche und wohlwollende Gleichmut wirkte aber bald heimisch wohltätig auf mich. Sie gefiel am Theater sehr, war der Direktion und den Theaterfreunden wert; ihrem Bräutigam, für den ich nun offen galt, schien dies zugute kommen zu müssen. War auch noch keine deutliche Aussicht für meine Anstellung eröffnet, so kamen wir doch überein, daß ich zunächst einige Zeit aushalten möchte; die Sache werde sich wohl machen. Dieses war namentlich auch die Meinung eines vorzüglichen Königsberger Theaterfreundes, des wunderlichen *Abraham Möller*, welcher Minna und endlich auch mir eine große freundschaftliche Teilnahme widmete. Dieser bereits ältliche Mann gehörte der in Deutschland jetzt wohl gänzlich ausgestorbenen Gattung leidenschaftlicher Theaterliebhaber an, von denen in der Geschichte der Schauspieler aus früheren Zeiten so manches berichtet wird. Man konnte mit dem Manne, der sonst den verwegensten spekulativen Geschäften nachging, nicht eine Stunde zusammen sein, ohne von der Glorie der früheren Theaterzeiten in einem nicht entmutigenden Sinne Mitteilungen anhören zu müssen. Er hatte sich, als früher vermögender Mann, den Umgang, selbst die Freundschaft fast aller großen Schauspieler und Schauspielerinnen zu verschaffen gewußt. Durch allzu große Liberalität hatten sich leider seine Vermögensumstände sehr verschlechtert, und er war nun genötigt, durch allerhand sonderbare Geschäfte, bei welchen ohne Einsatz zu gewinnen war, die Mittel zu erschwingen, seiner Theaterlust und Liebe zur Protektion von

Theaterangehörigen eine dürftige, dem heruntergekommenen Zustande des Theaters aber ganz richtig entsprechende Unterlage zu geben. Dieser wunderliche Mann, welchen der Theaterdirektor *Anton Hübsch* einigermaßen zu fürchten Grund hatte, übernahm es, meine Anstellung in Ordnung zu bringen. Was ihr entgegenstand, war folgendes Verhältnis: der sehr tüchtige Musiker *Louis Schubert*, schon in frühester Zeit mir als erster Violoncellist des Magdeburger Orchesters bekannt geworden, war von *Riga*, wo das Theater für einige Zeit sich aufgelöst und wo er seine Frau zurückgelassen hatte, nach Königsberg gekommen, um dort so lang die Stelle des Musikdirektors einzunehmen, bis das neue Theater in Riga wieder eröffnet und er dorthin zurückkehren würde. Diese Wiedereröffnung des Rigaschen Theaters, welche schon zu Ostern dieses Jahres hatte stattfinden sollen, verzögerte sich, und es lag ihm nun daran, Königsberg nicht zu verlassen; da er in seinem Fach sehr tüchtig war, entstand für den Theaterdirektor die Verlegenheit, sich für *Schubert*, dessen Bleiben oder Gehen ganz von auswärtigen Verhältnissen abhing, eines Nachfolgers zu versichern, welcher dann einzutreten bereit wäre, wenn *Schuberts* Verhältnisse seinen Abgang herbeiführten. Somit konnte ein neuer junger Musikdirektor, welcher sich um jeden Preis nach Königsberg gezogen fühlte, als Reserve und schnell nötig werdender Ersatz nur sehr willkommen sein. Auch erklärte der Direktor sich bereit, mir bis zur Zeit meines definitiven Antritts ein Sustentations-Gehalt zu zahlen. Von *Schubert* dagegen ward meine Ankunft mit höchstem Grimm gesehen, die Nötigung, bald nach Riga zurückzugehen, war für ihn entschwunden, da die Wiedereröffnung des dortigen Theaters auf unbestimmte Zeiten verschoben war. Für das Verbleiben in Königsberg hatte er aber außerdem ein besondres Interesse gewonnen, und zwar durch die in ihm rege gewordene besondre Teilnahme für die erste Sängerin der Königsberger Oper, welche ihn auch gegen den Wunsch der Rückkehr zu seiner Frau erkalten ließ. So klammerte er sich endlich mit großer Leidenschaftlichkeit an seine Königsberger Stellung an, erblickte in mir seinen Todfeind und wandte alle Mittel der Selbsterhaltung dazu an, mir das Verbleiben in Königsberg und das an und für sich sehr peinliche Warten auf seinen Fortgang zur Hölle zu machen. Während ich zuvor in Magdeburg mit Musikern und Sängern in dem freundschaftlichsten Verhältnis gestanden hatte und vom Publikum äußerst wohlwollend beachtet worden war, hatte ich hier bald nach jeder Seite hin mich gegen die kränkendsten Anfeindungen zu wehren. Diese sich bald mir eröffnende widerwärtige Lage trug nicht wenig dazu bei, mich in Königsberg wie in der Verbannung angekommen zu fühlen. Daß ich gerade unter solchen Verhältnissen die Verbindung mit *Minna* ertrotzen sollte, erschien selbst meiner Leidenschaftlichkeit als höchst bedenkliches Wagnis. – Anfangs August ging die Gesellschaft für einige Zeit zur Abhaltung einer Sommersaison nach *Memel*: ich folgte *Minna* in einigen Tagen nach. Die Reise geschah zum größten Teil zu Schiff auf dem *Kurischen Haff* bei üblem Wetter und schlechtem Wind ohne Dampf: eine der melancholischsten Fahrten, die ich je erlebt. Auf dem dünnen Sandstreifen, welcher dieses Haff von der Ostsee trennt, wurde mir im Vorbeifahren das Schloß von *Runsitten* gezeigt, wohin *Hoffmann* eine seiner schaurigsten Erzählungen (»Das Majorat«) verlegt hat. Daß ich gerade hier, in dieser öden, trübseligen Umgebung, seit lange zum ersten Male wieder mit meinen phantastischen Jugendeindrücken mich berühren sollte, wirkte seltsam und schaurig auf meine Stimmung. – Der traurige Aufenthalt in *Memel*, die trübselige Rolle, welche ich dort spielte, alles wirkte zusammen, mich in *Minna*, um deren willen ich wiederum doch nur in eine so beängstigende Lage mich begeben hatte, meinen einzigen tröstlichen Anhalt suchen zu lassen. Freund *Abraham* kam uns aus Königsberg nach und schien zu meinen Gunsten allerhand sonderbares Spiel in Bewegung zu setzen, offenbar um den Direktor mit dem Musikdirektor zu überwerfen. Wirklich meldete sich eines Tages *Schubert*, infolge eines nächtlichen Wirtshaus-Disputes mit *Hübsch*, für eine von »Euryanthe« abzuhaltende Orchesterprobe krank, um hierdurch den Direktor zu veranlassen, mich schnell an das Direktionspult zu berufen – wobei der Rivale boshaft voraussetzte, daß ich, auf diese selten gegebene schwierige Oper gänzlich unvorbereitet, bei dieser Gelegenheit mir für seine feindlichen Absichten willkommene Blößen geben sollte. Obgleich ich wirklich die Partitur der »Euryanthe« noch nie vor mir gehabt hatte, ging jedoch sein Wunsch so wenig in Erfüllung, daß er vorzog, für die Aufführung wieder gesund zu werden, um selbst zu dirigieren, was er nicht getan haben würde, wenn die Oper meiner Unfähigkeit wegen nicht hätte gegeben werden können. In kümmerlicher Lage, gekränkt und unter dem rauhen Klima, welches selbst an Sommerabenden schaurig frostig sich auf mich senkte, verlebte ich, nur in der Abwehr der peinlichsten Lebensmühen begriffen, eine für meine künstlerische Entwickelung gänzlich verlorne Zeit; bis endlich mit der Rückkehr nach Königsberg, namentlich unter Freund *Möllers* Vormundschaft, die Frage, was daraus werden sollte, ernstlicher erwogen wurde. Von *Danzig* aus war mir und Minna zugleich ein nicht unvorteilhaftes Engagement angeboten, und zwar durch Vermittelung meines Schwagers und meiner Schwester *Wolfram*, welche sich dorthin gewandt hatten. Unser Theaterfreund benutzte diesen Fall, um den Direktor *Hübsch*, welchem namentlich an der Erhaltung *Minnas* gelegen war, zum Abschluß eines ehrenvollen Kontraktes für uns beide zu bewegen, wonach ich von Ostern nächsten Jahres an unter allen Umständen als wirklicher Musikdirektor seines Theaters einzutreten hatte und uns beiden eine Hochzeits-Benefiz-Vorstellung zugesichert wurde, für welche wir die »Stumme von Portici« unter meiner Orchesterdirektion wählten. Denn so fand nun namentlich *Möller*: wir müßten uns heiraten und Hochzeit machen; anders ging' es nun nicht mehr. *Minna* hatte nichts dagegen, und ich schien durch alle meine bisherigen Bestrebungen und

Entschlüsse mir selbst bewiesen zu haben, daß ich nichts eifriger erstrebte, als in diesen Hafen der Ruhe einzulaufen. Dem ohngeachtet sah es in meinem tiefsten Innern um jene Zeit wunderlich genug aus.

Mit *Minnas* Leben und Charakter war ich genügend bekannt geworden, um die bedeutenden Divergenzen unsrer verschiedenen Naturen mir so klar, als es bei so einem wichtigen Schritte nötig war, machen zu können, wenn ich zu solchem Urteil die entsprechende Reife um jene Zeit bereits erlangt gehabt hätte. – Diejenige, die mir nun bald vermählt werden sollte, stammte von mühsam sich nährenden Eltern aus *Oederan* im sächsischen Erzgebirge. Ihr Vater, ein sonderbarer Mann von großer Lebenskraft, der im spätern Alter bedenkliche Spuren von Geistesverwirrung zeigte, war in jungen Jahren sächsischer Stabstrompeter gewesen, hatte als solcher einen Feldzug in Frankreich sowie die Schlacht bei *Wagram* mitgemacht; dann war er zu mechanischen Arbeiten übergegangen und verfertigte Wollkrempeln, mit denen er eine Zeitlang, da er eine besondre Verbesserung in der Herstellung derselben einführte, erträgliche Geschäfte gemacht haben soll. Ein reicher Fabrikant in *Chemnitz* hatte für das Ende eines Jahres große Bestellungen bei ihm gemacht: die Kinder, deren zarte Finger hierzu besonders gute Dienste leisteten, mußten Tag und Nacht angestrengt arbeiten, wofür ihnen der Vater eine besonders gute »Weihnacht« verhieß, da er einer reichen Einnahme entgegensah. Als die ersehnte Zeit herankam, traf ihn dagegen die Nachricht vom Bankrott des Bestellers: das schon Abgelieferte war verloren, das noch vorrätige Material ohne Aussicht auf Absatz. Von der Verwirrung, in welche dies Unglück die Familie setzte, konnte sie sich nie wieder erholen: sie wendete sich nach *Dresden,* wo der Vater als geschickter Mechaniker, namentlich bei dem Bau von Klavieren, zu denen er einzelne Bestandteile lieferte, sich lohnende Arbeit zu finden versprach. Außerdem führte er bedeutende Vorräte des für die Krempeln bestimmten feinen Drahtes mit sich, der hier so vorteilhaft wie möglich zum Verkauf gebracht werden sollte. Die zehnjährige *Minna* ward beauftragt, Partien davon den Putzmacherinnen für das Verfertigen von Blumen zum Abkauf anzubieten: mit dem schweren Korbe voll Draht machte sie sich auf und verstand es, so angelegentlich zum Ankauf desselben zuzureden, daß sie bald den ganzen Vorrat glücklich und vorteilhaft untergebracht hatte. Von hier an entstand in ihr der Wunsch und die Sehnsucht, durch eigene Tätigkeit der immer mehr verarmenden Familie von Nutzen sein zu können und sich selbst bald möglichst zu der Selbständigkeit zu verhelfen, welche die Eltern der Sorge für sie entheben sollte. Da sie erwuchs und ihr freundliches Äußeres sich bald zu auffallender Anmut entwickelte, zog sie frühzeitig die Augen der Männerwelt auf sich. Ein Herr *von Einsiedel* verliebte sich sterblich in sie und wußte seine Leidenschaft dem unerfahrenen jungen Mädchen in einer unbewachten Stunde verderblich zu machen. Halb Gewalt, halb Verführung brachte sie in seine Gewalt. Der höchste Schrecken kam in die Familie: nur die Mutter und eine ältere Schwester durften erfahren, in welch schrecklicher Lage sich *Minna* befand; dem Vater, von dessen Zorn das Härteste zu fürchten war, blieb es stets verborgen, daß die kaum siebzehnjährige Tochter Mutter ward und unter Umständen, die ihr Leben auf das äußerste bedrohten, ein Mädchen gebar. Von nun an fühlte sich *Minna,* welche in keiner Weise von dem Verführer Recht erlangen konnte, doppelt veranlaßt, ihrer Selbständigkeit und dem Austritt aus dem elterlichen Hause nachzutrachten. Durch Bekannte war sie mit einem Gesellschaftstheater in Berührung getreten: sie erregte bei einer Vorstellung desselben die Aufmerksamkeit von Mitgliedern des königlichen Hoftheaters und vor allem die des anwesenden Direktors des *Dessauer* Hoftheaters, welcher ihr sofort ein Engagement an seiner Bühne antrug. Mit Freuden ergriff sie diesen Ausweg aus ihrer drückenden Lage, da er ihr durch eine mögliche glänzende Laufbahn beim Theater zugleich die Mittel, für ihre Familie vielleicht dereinst sogar reichlich sorgen zu können, zeigte. Ohne jede Leidenschaft für das Theater, ohne Flattersinn und Neigung zur Gefallsucht, ersah sie in der theatralischen Laufbahn eben nur das Mittel zu einer schnellen, möglicherweise sogar reichlichen Versorgung. Ohne irgendwelche Bildung zur Kunstempfänglichkeit vorbereitet, erblickte sie im Theater genau nur die Schauspielergesellschaft. Gefallen und Nichtgefallen war ihr von Wert für die Behauptung einer guten bürgerlichen Selbständigkeit: alle Mittel, sich dieser auf dem vorliegenden Wege zu versichern, schienen ihr so zur Sache gehörig, wie dem Kaufmann es unerläßlich gilt, seine Ware am Schaufenster anziehend auszustellen. Den Direktor, den Regisseur, die beliebtesten Mitglieder sich zu Freunden zu machen, schien ihr notwendigste Klugheit: diejenigen Theaterfreunde, welche durch ihr Urteil oder ihren Geschmack auf das Publikum und namentlich wieder auf die Direktion einwirkten, erkannte sie als Wesen, von denen die Erreichung ihrer innigsten Wünsche abhing; sie nie sich zum Feind zu machen, schien ihr so natürlich notwendig, daß der Erhaltung ihrer Gewogenheit keinerlei Rücksichten auf das persönliche Selbstgefühl entgegenzusetzen seien. Ihr Benehmen hatte sich hierbei eine besondre Klugheit angeeignet, die einerseits auf die Vermeidung des üblen Anscheins gerichtet war, andrerseits aber Entschuldigung selbst für das Auffällige fand, sobald sie sich im letzten Grunde der Vorgänge nichts Übles bewußt war, woraus ein Gemisch von Widersprüchen entstand, deren bedenklichen Sinn zu fassen sie unfähig blieb. Ersichtlich war, daß ihr der eigentliche Zartsinn abging; sie zeigte dafür nur Schicklichkeitsgefühl, mit welchem sie das sogenannte »Anständige« in das Auge faßte, ohne die Nichtigkeit desselben begreifen zu können, sobald der Zartsinn dabei verletzt wurde. Das Gefühl für Kunst, da es ihr somit an aller Idealität fehlte, ging ihr vollständig ab; Talent für das Theater besaß sie ebenfalls nicht: ihr Gefallen rührte von ihrer lieblichen Erscheinung her; ob es mit der Zeit erlangter Routine gelungen sein würde, sie zu einer »guten« Schauspielerin zu machen, kann ich nicht beurteilen. Die eigentümliche Macht, welche sie über mich ausübte, rührte somit keineswegs von der ursprünglich mächtig auf mich wirkenden idealen Seite der Dinge her, sondern im vollen Gegenteile wirkte sie durch die Nüchternheit und Solidität des Wesens, welches bei meiner großen Zerfahrenheit auf den Irrwegen nach einem idealen Ziele mir nötigen Anhalt und Ergänzung bot. Sehr bald hatte ich mich daran gewöhnt, mein ideales Bedürfnis nie vor *Minna* in das Spiel zu bringen: in höchster Unklarheit hierüber bei mir selbst, ging ich gutmütig lächelnd und scherzend über diesen Punkt hinweg, zeigte mich natürlich nun aber desto empfindlicher gegen die Beängstigungen, welche mir von derjenigen Seite des weiblichen Wesens entstanden, auf welcher ich *Minna* unwillkürlich von vornherein eine mir wohltätige Superiorität zuerkennen zu müssen glaubte. Ihre sonderbare Toleranz gegen gewisse Vertraulichkeiten und Zudringlichkeiten der von ihr dafür angesehenen Protektoren des Theaters selbst gegen ihre Person verletzten mich im höchsten Grade; und zur Verzweiflung brachte es mich, gegen meine Vorwürfe hierüber sie die ernstliche Miene der Beleidigten annehmen zu sehen. Von jenem mir unbekannt gebliebenen Verhältnisse zu dem Kaufmann *Schwabe*, über welches ich in Berlin die erste Auskunft erhalten hatte, verschaffte der Zufall, durch Auffinden der Briefe dieses Mannes, mir eine höchst überraschende nähere Kenntnis. Alle in mir vorbereitete Eifersucht, aller tiefinnerliche Zweifel an *Minnas* Charakter machte sich in dem schnellen Entschlusse Luft, das Mädchen sofort zu verlassen. Es kam zu einem grenzenlos leidenschaftlichen Auftritt, in welchem sich der Typus aller späteren ähnlichen Auftritte mit großer Prägnanz feststellte. Ich war in meinen Ausbrüchen offenbar zu weit gegangen, indem ich ein Weib, welches durch keine Art von leidenschaftlicher Liebe an mich gefesselt war, sondern welches mehr nur meinem Andrängen wohlwollend sich gefügt hatte und welches im tiefsten Grunde mir eigentlich gar nicht angehörte, in einer Weise behandelte, als ob ich wirkliche Rechte auf sie besäße. Um mich in die vollste Verwirrung zu bringen, brauchte *Minna* mich nur darauf hinzuweisen, daß sie im bürgerlichen Sinn wirklich vorteilhafte Bewerbungen zurückgewiesen hatte, während sie dem Ungestüm des jungen besitzlosen, übel versorgten Menschen, dessen Talent noch keine der Welt gültige Probe bestanden, mit freundlicher Teilnahme und Hingebung gewichen war. Hauptsächlich aber schadete mir die tobende Heftigkeit meiner Worte und Sprache, durch welche die Geschmähte sich so stark verletzt fühlte, daß ich beim Innewerden dieser Übertreibung stets nur auf die Begütigung der Gekränkten durch Bekennen meines Unrechtes und die Bitte um Verzeihung angewiesen blieb. Somit endigte dieser, wie später alle ähnlichen Auftritte, stets zum äußerlichen Vorteil der weiblichen Partei. Doch war der Friede für alle Zeit untergraben, und namentlich erlitt *Minnas* Charakter bei häufiger Wiederkehr ähnlicher Vorfälle eine bedenkliche

Änderung. Wie sie in späteren Zeiten namentlich durch meine ihr immer unbegreiflicher werdende Auffassung der Kunst und ihrer Verhältnisse in zunehmende Perplexität geriet, welche ihr eine leidenschaftliche Unsicherheit in der Beurteilung alles hierauf Bezüglichen eintrug, brachte sie von jetzt an mein von dem ihrigen so sehr verschiedenes Gefühl über den Punkt des höheren Zartsinns im sittlichen Verhalten in eine wachsende Verwirrung, welche, da sie im übrigen so manches Freie in meinen Ansichten nicht begreifen und gutheißen konnte, sie mit einer ihrem gelassenen Wesen ursprünglich fremden Leidenschaftlichkeit erfüllte. Daß wiederum diese Leidenschaftlichkeit, mit den Jahren zunehmend, sich in der Weise äußerte, wie es die Erziehung und der Ton in Familien der unteren bürgerlichen Schicht mit sich bringt, war nicht zu verwundern, weil statt eigentlicher Bildung die Arme nur die dürftige Tünche des bürgerlichen Anstands sich zugeeignet hatte. Daß mir unter den Äußerungen dieser Heftigkeit aber der letzte Anhalt schwinden mußte, welchen *Minnas* eigentümliche Natur bis dahin mir geboten, dies machte das wahrhaft Quälende unseres späteren Zusammenlebens aus. – Zu jener Zeit erfüllte mich erst nur eine unbestimmte Ahnung des Verhängnisvollen, welches der Schritt meiner Verheiratung mit Minna mit sich führte. Noch wirkten ihre behaglichen und beruhigenden Eigenschaften so vorherrschend wohltätig auf mich, daß ich die innere Stimme, die mir dunkel Unheil weissagte, durch den großen Leichtsinn, welcher mir zu eigen war, so wie durch den Eigensinn, welchen ich allen Abmahnungen entgegensetzte, zum Schweigen brachte.

Mit meiner Familie, d. h. mit der Mutter und Rosalie, hatte ich mich seit meiner Reise nach Königsberg außer allem Verkehr gehalten; von meinem beschlossenen Schritte machte ich niemandem nur die mindeste Mitteilung. Unter meines alten Freundes *Möller* verwegener Anleitung beseitigte ich alle legalen Schwierigkeiten, welche der Vollziehung des Trauaktes entgegenstanden. Nach preußischem Gesetz bedarf der mündig gewordene Mann der Einwilligung der Eltern zum Abschluß einer Ehe nicht: da ich nach demselben preußischen Gesetz aber noch nicht meine Volljährigkeit erreicht hatte, berief ich mich hierfür auf das sächsische Gesetz, welchem ich durch Geburt angehörte und nach welchem ich bereits mit dem 21. Jahre meine Mündigkeit erreicht hatte. Unser öffentliches Aufgebot war nun an dem Orte nötig, an welchem wir uns das letzte Jahr aufgehalten hatten; und in Magdeburg ging dieser kirchliche Akt ohne alle Einwendung ruhig vorüber. Da es auch an der Einwilligung der Eltern Minnas nicht fehlte, blieb uns nur noch ein gemeinschaftlicher Besuch bei dem Pfarrer des *Tragheimer* Kirchspiels übrig, um alles in Ordnung gebracht zu haben. Bei diesem Besuch ging es noch wunderlich genug her. Es war am Vormittag des Abends unsrer Benefiz-Vorstellung, in welcher Minna die pantomimische Rolle der »Fenella« übernommen hatte; noch war ihr Kostüm nicht in Ordnung; Bestellungen und Besorgungen blieben übrig; regnerisches kaltes

Novemberwetter stimmte uns zum Unmut, als wir im offenen Hausflur der Pfarrei ungebührlich lang auf Vorlassung warten mußten. Hierüber kam es zwischen uns beiden zu einem Wortwechsel, der mit jäher Schnelligkeit bis zu den gehässigsten Äußerungen führte, so daß wir eben daran waren, jedes zu verschiedenen Seiten davonzulaufen, als der Pfarrer die Tür öffnete und, betreten über den von ihm wahrgenommenen Zank, uns zum Eintritt aufforderte. So waren wir genötigt, wieder gute Miene anzunehmen; die sonderbare Situation kam uns erheiternd zum Bewußtsein; der Pfarrer ward beschwichtigt und die Trauung auf den folgenden Tag um elf Uhr bestellt.

Andre Verdrießlichkeiten, welche oft zum Ausbruch von heftigen Zänkereien führten, verursachte die häusliche Einrichtung, in deren möglichst gefälligem und behaglichem Charakter ich eine wesentliche Garantie des nun erwarteten ruhigen Glückes erblicken wollte. Gegen die besonnenen Vorstellungen meiner Braut gebärdete ich mich ungeduldig: der Anfang einer langen Reihe von Jahren wachsenden Gedeihens, welches ich vor mir sah, sollte durchaus mit entsprechender Symbolik häuslichen Komforts eingeleitet werden. Möbel, Gerät und alles Nötige ward auf Kredit gegen allmähliche Abzahlungs-Verpflichtung entnommen. Von Aussteuer, Ausstattung und allen solchen dem gemeinsten bürgerlichen Leben so geläufigen Annahmen, welche eine Heirat zum Ausgangspunkt eines sich begründenden Wohlstandes machen, war nicht im entferntesten die Rede. Unsre Trauzeugen und Hochzeitsgäste entnahmen wir dem zufällig am Königsberger Theater zusammengetroffenen Schauspielerpersonal: doch sorgte Freund *Möller* für eine silberne Zuckerdose, zu welcher ein andrer Theaterfreund, ein eigentümlicher und meiner Erinnerung nicht uninteressant vorschwebender junger Mann, mit Namen *Ernst Castell*, ein silbernes Kuchenkörbchen fügte. Die am Vorabend stattfindende Benefiz-Vorstellung der »*Stummen von Portici*«, welche ich mit allem Feuer dirigierte, ging gut vonstatten und lieferte die erwartete gute Einnahme. Nachdem wir den Polterabend, vom Theater heimkehrend, still und ermüdet verbracht, nahm ich zum ersten Male Besitz von der neuen Wohnung, ohne mich jedoch in das zur Hochzeit aufgeputzte Brautbett zu legen, wogegen ich auf einem harten Kanapee, übel zugedeckt, weidlich dem Glücke des kommenden Tages entgegenfror. Nun setzte es mich des andren Morgens in angenehme Aufregung, als *Minnas* Habseligkeiten in Koffern und Körben bei mir ankamen; auch hatte sich das regnerische Wetter vollständig verzogen, die Sonne strahlte hell am Himmel; nur in unsrem Gastzimmer wollte es nicht warm werden, und ich zog mir für lange Zeit die Vorwürfe Minnas wegen vermeintlich unterlassener Pflege der Heizung zu. Endlich kleidete ich mich in den neuen Anzug, für welchen ich einen dunkelblauen Frack mit goldenen Knöpfen gewählt hatte. Der Wagen fuhr vor, und ich machte mich auf, um die Braut abzuholen. Der helle Himmel hatte uns alle freundlich gestimmt: in bester

Laune traf ich *Minna* in ihrem prächtigen, von mir ausgewählten Anzuge; mit wirklicher Innigkeit und Freude im Auge begrüßte sie mich; das schöne Wetter für ein gutes Anzeichen erklärend, machten wir uns zu der plötzlich uns lustig dünkenden Trauung auf. Wir genossen die Genugtuung, die Kirche wie zu einer glänzenden Theater-Vorstellung überfüllt zu sehen; es kostete Mühe, bis zum Altar vorzudringen, wo uns die nicht minder weihelose Versammlung unsrer Trauungszeugen im theatralischen Putze empfing. Es war nicht eine wahrhaft befreundete Seele unter allen Anwesenden, denn selbst unser sonderbarer alte Freund *Möller* fehlte, weil sich für ihn keine schickliche Paarung gefunden hatte. Das tief Ungemütliche, erkältend Frivole der Umgebung sowie des ganzen durch sie unwillkürlich beeinflußten Vorganges blieb nicht einen Augenblick meiner Empfindung fremd. Der Traurede des Pfarrers, von dem man mir später berichtete, daß er bei der früheren *Muckerei*, die Königsberg so unsicher gemacht hatte, nicht ganz unbeteiligt gewesen, hörte ich wie im Traume zu. Mir wurde nach einigen Tagen gemeldet, man trage sich in der Stadt mit dem Gerücht, daß ich den Pfarrer wegen in seiner Rede enthaltener gröblicher Beleidigungen verklagt hätte: ich begriff nicht, was man meinte, und vermutete, daß ein Passus, welchen ich allerdings mit einiger Verwirrung vernommen hatte, zu jener Übertreibung Veranlassung gab. Der Prediger nämlich verwies uns für die leidenvollen Zeiten, denen auch wir entgegengehen würden, auf einen Freund, den wir beide nicht kannten; einigermaßen gespannt, hier etwa von einem heimlichen einflußreichen Protektor, der auf diese sonderbare Weise sich mir ankündigte, Näheres zu erfahren, blickte ich neugierig auf den Pfarrer: mit besondrem Akzent verkündigte dieser wie strafend, daß dieser uns unbekannte Freund – *Jesus* sei, worin ich keineswegs, wie man in der Stadt vermeinte, eine Beleidigung, sondern nur eine Enttäuschung fand, während ich andrerseits annahm, daß derlei Ermahnungen dem Ritus bei Trauungsreden entspräche. Doch war im ganzen meine Zerstreutheit bei dem im tiefsten Grunde mir unbegreiflichen Akte so groß, daß, als der Pfarrer uns das geschlossene Gebetbuch hinhielt, um darauf unsre Trauringe zu sammeln, *Minna* mich ernstlich anstoßen mußte, um mich zur Nachfolge ihres sofort gegebenen Beispiels zu ermuntern. Mir wurde es in diesem Augenblick wie durch eine Vision klar, daß sich mein ganzes Wesen wie in zwei übereinander fließenden Strömungen befand, welche in ganz verschiedener Richtung mich dahinzögen: die obere, der Sonne zugewendete, riß mich wie einen Träumenden fort, während die untere in tiefem unverständlichem Bangen meine Natur gefesselt hielt. Der unerhörte Leichtsinn, mit welchem ich die oft jäh sich aufdringenden Vorstellungen des Doppelfrevels, den ich beging, ebenso schnell wieder zu verjagen wußte, fand einen freundlichen, für alles entschuldigenden Anhalt an der wirklich herzlichen Wärme, mit welcher ich auf das in ihrer Art und namentlich in ihrer Umgebung wahrhaft seltene und eigentümliche

Mädchen blickte, das sich so rückhaltlos mit dem im Leben so ohne allen Rückhalt dastehenden jungen Mann verband. Es war Mittag elf Uhr am 24. November 1836: ich war 23 Jahre und sechs Monate alt. – Bei und nach der Heimkehr aus der Kirche gewann meine gute Laune die volle Oberhand über alle Bedenken. *Minna* trat sogleich in wirtschaftliche Sorge für den Empfang und die Bewirtung der Gäste ein, die Tafel war gedeckt und ein reiches Gastmahl, an welchem auch der energische Stifter unsrer Ehe, *Abraham Möller*, trotz einigen Verdrusses über seine Ausschließung beim kirchlichen Akte teilnahm, mußte für die zum großen Leidwesen der jungen Hausfrau vorgefundene und lange unbezwinglich bleibende Kälte des Zimmers entschädigen.

Alles nahm seinen gemeinen, eindruckslos vorübergehenden Verlauf: doch blieb mir die gute frische Laune noch bis zum andren Vormittag zu eigen, wo ich meinen ersten Ausgang nach dem Stadtgericht zu nehmen hatte, um mich gegen Verklagungen zu stellen, welche aus Magdeburg von meinen dortigen Gläubigern nach Königsberg mir nachgesandt worden waren. Freund *Möller*, den ich zur Abwehr der mich bedrohenden Angriffe zu Hilfe gezogen, hatte mir den rabulistischen Rat gegeben, mich gegen alle Schuld-Verklagungen durch Beziehung auf meine nach preußischem Gesetz bestehende Unmündigkeit fürs erste so lange zu schützen, bis wirkliche Hilfe zur Erledigung der Forderungen herbeigeschafft werden könnte. Der Gerichtsassessor, dem ich diesen mir angeratenen Ablehnungsgrund der Klagen eröffnete, war hierüber erstaunt, da er wohl von meiner am vorangehenden Tage stattgefundenen Vermählung vernommen hatte, welche wiederum nur durch Dokumentierung meiner Volljährigkeit zustande zu bringen gewesen war. Natürlich war auch hiermit nur eine kurze Frist gewonnen, und die Plage, die mir von dieser Seite her noch lange Zeit beschieden war, nahm vom ersten Tage meiner Ehe an ihren Beginn.

Die Zeit, in welcher ich ohne Funktion für das Theater blieb, trug mancherlei Kränkendes für mich mit sich; immerhin glaubte ich die Ruhe des erreichten Hafens für meine Kunst ausbeuten zu müssen: ich führte einige Arbeiten aus, worunter eine große Ouvertüre über das *»Rule Britannia«*. – Noch während meines Berliner Aufenthaltes hatte ich die bereits bei Gelegenheit des Polenfestes erwähnte, *»Polonia«* betitelte Ouvertüre geschrieben. »Rule Britannia« war ein weiterer Schritt in der Richtung dieses auf große Massenwirkung berechneten Genres; am Schluß derselben sollte zu dem an und für sich schon überreich besetzten Orchester noch eine starke Militärbande hinzutreten, und das Ganze hatte ich zur Aufführung bei dem im nächsten Sommer bevorstehenden Musikfest in Königsberg bestimmt. Zu diesen beiden Ouvertüren trug ich mich mit einem dritten Seitenstück, einer Ouvertüre mit dem Titel *»Napoléon«*: namentlich die Wahl der Effektmittel hierzu beschäftigte mich im voraus, und ich erwog in mir das ästhetische Dilemma, ob ich den vernichtenden Schicksalsschlag, welcher den französischen Kaiser in Rußland traf, durch einen Tamtam-Schlag versinnlichen dürfte oder nicht. Ich glaube, es war besonders mein Skrupel über die Zulässigkeit dieses Schlages, der mich von der Ausführung meines Planes für jetzt abhielt. – Dagegen veranlaßte mich das Nachdenken über den Mißerfolg der Aufführung meines »Liebesverbotes«, eine theatralische Arbeit zu entwerfen, bei welcher die Ansprüche an das Sänger- und Chorpersonal in ein richtigeres Verhältnis zu dem von mir erkannten Bestand der Kräfte der mir einzig zugänglichen kleineren Stadttheater gesetzt sein sollten. Eine originelle Erzählung der »*Tausend und eine Nacht*« gab mir das Sujet zu einer solchen leichtern Arbeit an die Hand: sie ist dort, wenn ich nicht irre, »*Männerlist größer als Frauenlist*« betitelt. Aus Bagdad verlegte ich die Handlung in unsere Zeit und modernes Kostüm. Ein junger Goldschmied reizte die Empfindlichkeit einer jungen Frau durch die auf seinem Ladenschild angebrachte oben erwähnte Devise: tief verschleiert stellt sie sich in seinem Verkaufsladen ein und frägt ihn, der in seinen Arbeiten so viel feinen Geschmack zeige, um sein Urteil über ihre körperliche Beschaffenheit, beim Fuße, der Hand beginnend, und endlich, da sie bereits die hervorgebrachte Verwirrung gewahrt, durch Aufdeckung des Schleiers beim Gesicht endigend. Dem von ihrer Schönheit hingerissenen Juwelier klagt sie nun, daß ihr Vater, welcher sie sorgfältig verwahrt halte, jedem Bewerber seine Tochter als ein häßliches Ungeheuer schildere, wie sie vermute, lediglich um die Aussteuer zu ersparen; der junge Mann gelobt, durch diesen törigen Einspruch des Vaters, wenn er ihn auch gegen seine Bewerbungen vorbringen wollte, sich nicht abschrecken zu lassen. Gesagt, getan. Der vertrauungsvolle Juwelier wird der Tochter des sonderbaren alten Herrn zugesprochen, und als sie, nachdem seinerseits der Kontrakt unterzeichnet, dem Bräutigam zugeführt wird, erkennt dieser allerdings die abschreckende Beschaffenheit der wirklichen Tochter des keineswegs als Lügner befundenen Vaters: zu dem verzweiflungsvollen Bräutigam tritt die schöne junge Frau wieder, um sich an seiner Pein zu weiden und verspricht, ihm von der entsetzlichen Heirat zu helfen, wenn er das Motto von seinem Schild entfernen wollte. Von hier an erfand ich nun folgende Wendung des ursprünglichen Motivs: schon ist der wütende Juwelier im Begriff, das unglückliche Ladenschild herabzureißen, als er durch eine sonderbare Erscheinung von seinem Vorhaben abgehalten wird; auf der Straße ist ein Bärenführer erschienen, welcher sein plumpes Tier tanzen läßt, und in welchem auf den ersten Blick der unglückliche Liebhaber seinen durch wunderbare Schicksale von ihm getrennten Vater erkennt. Er unterdrückt die Rührung dieses Wiedererkennens, da ihm wie im Blitz ein auf diese Entdeckung gegründeter Plan zu seiner Befreiung von dem verhaßten Ehebündnis mit der Tochter des adelsstolzen alten Herrn ankommt. Er bestellt den Bärenführer für diesen Abend in den Garten, wo die feierliche Verlobung vor eingeladenen Gästen begangen werden soll. Der jungen Feindin erklärt er aber, das

Ladenschild vorläufig noch hängen lassen zu wollen, da er hoffe, die Devise noch bewähren zu können. Nachdem nun vor feierlicher Versammlung einer Gesellschaft, die ich mir etwa aus der Elite der adelsstolzesten französischen Emigrés zur Zeit der Revolution bestehend dachte, ein Ehekontrakt verlesen worden ist, in welchem der junge Mann sich allerhand ersonnene Adelstitel beilegt, wird plötzlich die Pfeife des Bärenführers gehört, welcher mit dem tanzenden Mutz den Garten betritt. Bereits unwillig über diese triviale Belustigung, gerät die Gesellschaft in staunende Entrüstung, als der Bräutigam nun seinem Herzen den Zügel schießen läßt und dem Bärenführer mit Freudetränen um den Hals stürzt, ihn laut als seinen wiedergefundenen Vater begrüßend. Das Entsetzen der Umgebung steigert sich aber noch, als der Bär selbst den vermeinten Mann von altem Adel umarmt; denn dieser ist sein leiblicher Bruder, welcher, nachdem der Kapital-Bär gestorben war, im Felle des Verlorenen die Fortsetzung des einzig den Verarmten übrigbleibenden Gewerbes ermöglichte. Die offenkundige Entdeckung seiner niedrigen Herkunft löst sogleich die Heirat, und die sich durch Männerlist besiegt erklärende junge Frau entschädigt dafür den Befreiten mit ihrer Hand. – Diesem anspruchslosen Sujet gab ich den Titel »*Die glückliche Bärenfamilie*« und stattete es mit einem Dialog aus, welcher später *Holteis* großen Beifall fand: für jetzt war ich auch schon im Begriff, die Musik dazu im leichten neufranzösischen Stile zu beginnen. Das Andrängen des immer peinlicher sich gestaltenden Ernstes meiner Lebenslage hielt mich jedoch von weiteren Fortschritten in meiner Arbeit ab.

In diesem Betreff blieb zunächst mein mißliches Verhältnis zur Musikdirektion des Theaters ein Quell stets wiederkehrender Pein. Ohne alle Gelegenheit und Mittel, mich zu bewähren, mußte ich von meinem das Feld behauptenden Gegner mich nach jeder Seite hin angeschwärzt und verdächtigt wissen, wobei die Absicht vorherrschte, den zu Ostern mir kontraktlich zugesicherten vollständigen Antritt der Musikdirektorstelle mir zu verleiden. Verlor ich hierbei auch nicht mein Selbstvertrauen, so schmerzte mich doch das Beschämende und Niederdrückende dieser so lange anhaltenden Situation. Als endlich die Zeit erschien, in welcher, mit Anfang April, der bisherige Musikdirektor *Schubert* entlassen war und ich vollständig in seine Stelle eintrat, hatte dieser außerdem die traurige Genugtuung, nicht nur den Bestand der Oper namentlich durch den Abgang der ersten Sängerin äußerst geschwächt, sondern auch den Fortgang der ganzen Theaterunternehmung in sehr begründeten Zweifel gezogen zu wissen. Der allen ähnlichen Theaterunternehmungen in Deutschland so verderbliche Lenz-Monat übte seinen entvölkernden Einfluß wiederum auch auf dieses Königsberger Theater aus. Der Direktor gab sich die erdenklichste Mühe, die Lücken des Opernpersonals durch Gäste und neue Akquisitionen auszufüllen, und hierbei war ich und meine große Tätigkeit ihm von wahrhaftem Nutzen; wie ich denn überhaupt meine größte Energie bewies, durch rastlosen Rat und eifrige Tat das beschädigte Schiff des Theaters, dem ich jetzt erst nahetreten durfte, flott zu erhalten. Die roheste Behandlung von seiten einer Studenten-Clique, unter welcher mein Amtsvorgänger mir rücksichtslos Feinde geworben hatte, mußte ich längere Zeit kaltblütig zu ertragen suchen. Die anfängliche Widerspenstigkeit des gegen mich bearbeiteten Orchesters hatte ich durch unbeirrt sichere Führung desselben umzustimmen. Mit Mühe zu dieser Grundlage des persönlichen Ansehens gelangt, mußte ich nun aber innewerden, daß die Geschäftsführung des Direktors *Hübsch* bisher schon zu große Opfer erheischt hatte, um der Ungunst der theaterfeindlichen Jahreszeit mit Erfolg widerstehen zu können. Er entdeckte mir im Mai, daß er auf den Punkt gelangt sei, das Theater schließen zu müssen: mit Aufbietung aller Beredsamkeit und durch Vorlegung von Plänen, welche seiner Unternehmung günstige Chancen herbeiführen sollten, gelang es mir, ihn von neuem zur Ausdauer zu bewegen; jedoch war ihm dies nur dadurch möglich, daß er die Mithilfe seiner Gesellschaft durch vorläufige Verzichtleistung auf einen Teil ihrer Gagen in Anspruch nahm. Dies rief allgemeine Erbitterung der Unverständigen hervor, und es stand mir eigentümlich an, den durch jene Maßregel Betroffenen zugunsten des Direktors begütigende Vorstellungen zu machen, während ich und meine persönliche Lage dadurch selbst in einer Weise berührt wurden, daß mein eigenes Bestehen unter der Häufung der unerträglichsten, meiner Vergangenheit entstammenden Schwierigkeiten von Tag zu Tag immer unhaltbarer wurde. Verlor ich selbst dennoch nicht den Mut, so war es diesmal hingegen *Minna*, welche – als meine Frau – aller bisher in ähnlichen Lagen ihr zugut kommenden Mittel beraubt, sich einer unerträglichen Wendung ihres Schicksals ausgesetzt fühlte.

Die traurigsten Folgen eines unter so betrübenden Umständen längst keimenden Zerwürfnisses des jungen Ehepaares blieben nicht aus, und diese Zerwürfnisse nahmen ihren Ausgang von dem selben, mich so leidenschaftlich beängstigenden Punkte, welcher schon vor unsrer Heirat zu den heftigsten Auftritten zwischen uns geführt hatte. Je weniger es mir vergönnt war, im Verlaufe des Winters durch Tätigkeit und Geltendmachung meiner Fähigkeiten zur Aufrechterhaltung des Wohlanstandes unsrer bürgerlichen Lage beizutragen, desto mehr glaubte, zu meiner unerträglichen Beschämung, *Minna* durch Geltendmachung ihrer persönlichen Beliebtheit diese nötige Sorge übernehmen zu müssen: häufige Wahrnehmungen ähnlicher Kondeszendenzen, wie ich sie früher bezeichnete und welche nur bei Minnas eigentümlicher Auffassung ihrer ganzen theatralischen Stellung und der damit zusammenhängenden Nötigung eine unbedenkliche Deutung gewinnen konnten, hatten wiederholt die widerwärtigsten Auftritte herbeigeführt. Die junge Frau zu meiner Auffassung hiervon zu bringen, meine Gefühle im Betreff jener verletzenden Begegnungen ihr mitzuteilen, blieb durchaus unmöglich; und was jede erdenkliche Verständigung ein für allemal vereitelte, war die Heftigkeit und verletzende Bitterkeit, mit welcher ich mich in Sprache und Benehmen gehen ließ. Wiederholt führten solche Szenen zu Krämpfen meiner Frau, welche für mich einen so unerhört beängstigenden Charakter annahmen, daß, wie man sich leicht denken kann, die Befriedigung, sie endlich wieder versöhnt zu haben, der einzige Erfolg solcher Auftritte für mich blieb. Gewiß war es, daß unser beiderseitiges Benehmen uns selbst immer unbegreiflicher und unverständlicher ward. Dem Grade von Liebe, welchen Minna für mich zu empfinden imstande war, mochten diese immer häufiger und ärgerlicher sich wiederholenden Zerwürfnisse bereits eine bedenkliche Minderung beigebracht haben; doch hatte ich keine Ahnung davon, daß es für Minna nur einer geeignet dünkenden Veranlassung bedürfte, um sie zu den verzweifeltsten Entschlüssen zu bestimmen.

Um den unsrer Oper fehlenden Tenor zu ersetzen, hatte ich den aus meinem ersten Magdeburger Jahre mir befreundeten, bereits näher erwähnten *Friedrich Schmitt* nach Königsberg berufen: er war mir mit herzlichem Ernst ergeben und half mir so gut wie möglich zur Beseitigung der Schwierigkeiten, welche sich gegen das Gedeihen des Theaters sowie meiner eigenen bürgerlichen Lage erhoben hatten. Die Nötigung, uns im Publikum Freunde zu erwerben, machte mich, eben in seiner Begleitung, weniger zurückhaltend und wählsam in betreff der Anknüpfung geselliger Beziehungen. Ein vermögender Kaufmann namens *Dietrich* hatte sich in der letzten Zeit zum Protektor namentlich der dem Theater angehörenden Damenwelt aufgeworfen: er lud die Crème derselben, mit schuldiger Beachtung der ihr zugehörigen Männerwelt, zu Diners bei sich ein und benahm sich hierbei nach den Regeln eines affektierten englischen Komforts – das höchste Ideal für deutsche Kaufleute namentlich der nordischen Handelsstädte. Bereits gegen die Annahme seiner hierzu auch an uns gerichteten Einladung hatte ich mich verdrossen gezeigt – zunächst einfach aus dem Grunde, weil seine Physiognomie mir widerwärtig war; wogegen *Minna* fand, daß ich unrecht hätte. Gegen eine Ausdehnung des Umgangs mit diesem Manne blieb ich entschieden gestimmt; und obwohl Minna nicht auf der Annahme seiner Besuche angelegentlich bestand, ward doch auch mein Benehmen gegen diesen Eindringling Grund zu ärgerlichen Auftritten zwischen uns. Freund *Schmitt* hielt es nun eines Tages für seine Pflicht, mir Anzeige davon zu machen, daß dieser Herr *Dietrich* an öffentlicher Gasttafel sich in einer Weise über mich vernehmen ließ, welche bei aller Welt eine bedenkliche Vertrautheit seinerseits mit meiner Frau voraussetzen ließ. Ich selbst mußte den Verdacht fassen, daß *Minna*, auf mir verborgen bleibendem Wege, an jenen Mann Mitteilungen über mein Benehmen gegen sie wie über den Verfall unsrer Lage zukommen ließ. Ich stellte in *Schmitts* Begleitung den gefährlichen Menschen in seiner Wohnung hierüber zur Rede, was seinerseits für das erste zu den gewöhnlichen Ableugnungen, dann aber zu heimlichen Mitteilungen über diesen Vorgang an Minna führte, welche nun neuen

Grund zu haben glaubte, sich über mein rücksichtsloses Benehmen gegen sie zu beklagen. Eine bedenkliche Verschlimmerung unsres Verhaltens trat nun ein: über gewisse Punkte ward geschwiegen. Zugleich – es war gegen Ende Mai 1837 – war die Geschäftsführung des Theaters in den oben von mir bezeichneten Wendepunkt angelangt: die Direktion mußte sich an die aufopferungsvolle Mithilfe des Personals wenden, um das Bestehen der Theaterunternehmung zu sichern. Wie bereits ebenfalls erwähnt, war meine persönliche Lage am Ausgange eines meinem bürgerlichen Fortkommen so höchst nachteiligen Jahres hierdurch am allerübelsten betroffen; doch schien mir nichts übrigzubleiben, als geduldig diesen Schwierigkeiten entgegenzugehen, und ich nahm es in meine Hand, für mich allein, ohne Einmischung *Minnas*, namentlich aber auch mit des guten *Friedrich Schmitts* Hilfe, die nötigen Arrangements zur Sicherung meiner Königsberger Stellung zu treffen. Dieses sowie meine rastlose Beteiligung an den Theatergeschäften hielt mich so stark in Atem und häufig aus dem Hause, daß ich dem schweigenden und zurückhaltenden Benehmen *Minnas* in diesen Tagen keine besondere Beachtung zu schenken vermochte. Am Vormittag des 31. Mai hatte ich mich zu Theaterproben und Geschäften, welche mich vermutlich bis in den späten Nachmittag aufhalten mußten, von *Minna* zu verabschieden. Diese hatte seit längerer Zeit ihre Tochter *Nathalie*, welche gegen jedermann für ihre jüngste Schwester ausgegeben ward, mit meiner herzlichsten Übereinstimmung zu sich berufen. Als ich jetzt mein ruhiges Adieu sagen wollte, stürzten mir die Frauen zur Türe nach, umarmten mich dort leidenschaftlich, *Minna* wie ihre Tochter unter hervorbrechenden Tränen, so daß ich erschrocken nach dem Grunde dieser Aufregung frug, ohne Erklärung zu erhalten, mich aber abwenden mußte, um über das sonderbare Benehmen nachzudenken, dessen Grund ich weit entfernt war auch nur mit der leisesten Ahnung zu berühren. Abgehetzt durch Anstrengung und Ärger, todmüde, bleich und hungernd kam ich zur späten Mittagsstunde nach Haus, war betroffen, den Tisch ungedeckt und *Minna*, von der mir die Magd sagte, daß sie von einem Ausgang mit *Nathalie* noch nicht zurückgekommen sei, nicht im Haus anzutreffen. Ich geduldete mich und ließ mich erschöpft am Nähtische nieder, welchen ich in der Zerstreuung öffnete und zu meinem Erstaunen geleert fand. Von einer fürchterlichen Ahnung getroffen, sprang ich auf nach dem Kleiderschrank und erkannte schnell, daß *Minna* nicht mehr in diesem Hause wohnte. Selbst vor der Dienstmagd war der mit großer List ausgeführte Fortgang meiner Frau verborgen geblieben. Den Tod im Herzen stürzte ich aus dem Hause, um Nachforschungen über *Minnas* Verschwinden anzustellen; der alte *Möller*, *Dietrichs* persönlicher Feind, brachte durch seinen geübten Scharfsinn alsbald heraus, daß dieser am Vormittage mit Extrapost in der Richtung nach Berlin Königsberg verlassen hatte. Das Grauenhafte stand unleugbar vor mir. Es mußte der Versuch gemacht werden, die Flüchtigen einzuholen: mit Anwendung großer

Geldmittel schien dies möglich zu sein; diese fehlten und mußten mühselig zum Teil erst verschafft werden. Auf *Möllers* Rat steckte ich die silbernen Hochzeitsgeschenke für möglichen weiteren Bedarf zu mir und machte mich mit dem alten bekümmerten Freunde gemeinsam, ebenfalls mit Extrapost, nach Verlauf einiger schrecklichen Stunden auf den Weg. Es mußte uns gelingen, den kurze Zeit vorher abgegangenen Post-Eilwagen zu erreichen, weil vorauszusetzen war, daß *Minna* diesen ebenfalls, in gehöriger Entfernung von Königsberg, zur Weiterreise benutzen wollte. Dies blieb unmöglich: am andren Morgen bei Tagesgrauen in *Elbing* angelangt, fanden wir unsre Geldmittel durch den leidenschaftlichen Gebrauch der Extrapost erschöpft und sahen uns zur Umkehr genötigt, welche, um sie selbst mit dem einfachen Postwagen zu bewerkstelligen, es uns unerläßlich machte, Zuckerdose und Kuchenkörbchen zu versetzen. Diese Rückfahrt nach Königsberg bleibt mit Recht eine der traurigsten Erinnerungen aus meinem jungen Leben. An mein Verbleiben an diesem Orte dachte ich natürlich keinen Augenblick, sondern bloß daran, wie es mir möglich sein sollte, fortzukommen. Zwischen den gerichtlichen Klagen meiner Magdeburger Gläubiger und den neuen Gewaltmaßregeln derjenigen, welche am Orte selbst für meine erst allmählich abzuzahlende häusliche Einrichtung Forderungen zu erheben hatten, eingeschlossen, konnte mein Fortgang mir nur durch Heimlichkeit ermöglicht werden: eben hierzu wiederum bedurfte es aber, namentlich auch im Anbetracht der weiten Reise von *Königsberg* nach *Dresden*, wohin es mich zur Aufsuchung meiner Frau trieb, der Erlangung von Geldmitteln, die mich noch für zwei schreckliche Tage zurückhielt. Keinerlei Nachricht kam von *Minna* an mich: nur durch *Möller* erfuhr ich, daß Minna, von *Dietrich* unter vorgeblich freundschaftlich geleisteter Hilfe nur eine Strecke weit geleitet, sich nach Dresden gewandt habe. Durch die Annahme, daß sie wirklich nur eben einer sie mit Verzweiflung erfüllenden Lage sich habe entziehen wollen, hierzu die Hilfe eines durch ihre Lage gerührten Mannes angenommen habe und nun bei ihren Eltern zunächst Ruhe und Unterkommen suchte – milderte sich meine anfängliche Entrüstung über den Vorgang in so bedeutendem Grade, daß ich zu Mitleiden für die Verzweifelte und zu Selbstvorwürfen gegen mich, sowohl meines Benehmens wegen, als weil ich sie in das Unglück gezogen hätte, immer geneigter wurde. Diese Ansicht nahm während der nun endlich am 3. Juni angetretenen langwierigen Reise über *Berlin* nach *Dresden* so entschieden alle meine Vorstellungen und Empfindungen ein, daß ich, *Minna* in der ärmlichen Wohnung ihrer Eltern antreffend, wirklich nur Reue und schmerzliches Mitgefühl auszudrücken vermochte. – Es bestätigte sich, daß *Minna* sich als übel von mir behandelt ansah und zu dem verzweifelten Schritt nur durch die Rücksicht auf unsre unhaltbare Lage, gegen welche sie mich blind und taub erkannt hätte, gedrängt worden zu sein erklärte. Den Eltern war ich unwillkommen: der aufgeregte leidende Zustand der Tochter schien den Klagen derselben über mich genügende Rechtfertigung zu geben. Ob mein eigner leidender Zustand, meine schleunige Nachkunft und alle herzlichen Bezeigungen meiner Trauer auf sie einen mir vorteilhaften Eindruck machten, kann ich kaum genau ermessen, so undeutlich und zum Teil unbegreiflich blieb mir ihre gemischte Haltung gegen mich. Doch machte es Eindruck auf sie, als ich ihr meldete, daß mir vorteilhafte Aussichten auf die Musikdirektorstelle bei dem unter vorzüglichen Umständen neu zu eröffnenden Theater in *Riga* sich darböten. Ich glaubte zu weiteren Entschließungen für die Ordnung unsrer zukünftigen Lebensverhältnisse jetzt nicht drängen zu dürfen und desto ernstlicher für eine verbesserte Grundlage derselben zuallernächst sorgen zu müssen, zu welchem Zwecke ich, nach achttägigem bangen Zusammensein unter den peinlichsten Umständen, mich angelegentlichst nach *Berlin* aufmachte, um dort mit dem neu bestellten Direktor des Rigaischen Theaters mein Engagement zum Abschluß zu bringen. Dies gelang, und zwar unter nicht ungünstigen Bedingungen, welche mir die Möglichkeit zeigten, auf den Grund meiner Einnahmen den Hausstand in der Weise zu versorgen, daß *Minna* gänzlich vom Theater zurücktreten und dadurch in den Stand gesetzt werden könnte, Beschämungen und Beängstigungen in Zukunft von mir fernzuhalten. –

Nach *Dresden* zurückgekehrt*, fand ich für die Eröffnung der mir dargebotenen Aussichten nicht unwilliges Gehör und vermochte Minna, die enge elterliche Wohnung fürs erste zu verlassen, um nahe bei Dresden auf dem Lande in *Blasewitz* die Zeit des Antrittes meiner Rigaschen Stelle abzuwarten. Wir nahmen bescheidenes Quartier in dem an der Elbe gelegenen Gasthof, dessen Wirtschaftsgarten in meiner frühesten Jugendzeit bereits häufig von mir besucht worden war. *Minnas* Stimmung schien sich wirklich zu bessern; auf ihr Anliegen, sie mit nichts zu bedrängen, ging ich mit möglichster Schonung ein, und im Verlauf einiger Wochen glaubte ich mich zu der Annahme berechtigt, daß die Zeit der Bangigkeit bald überstanden sein würde. Sehr befremdlich war es mir, daß diese Stimmung ohne mir erklärliche Ursache bald sich wieder trübte: *Minna* sprach mir von vorteilhaften Anträgen, die ihr von verschiedenen Theatern zugekommen seien, und überraschte mich eines Tages mit der Ankündigung einer kleinen Vergnügungsreise, welche sie mit der Familie einer Jugendbekannten auszuführen beabsichtige. Da ich mich gedrungen fühlte, in nichts einen Zwang auf sie auszuüben, wendete ich gegen die Ausführung dieses Planes, welcher sie für acht Tage von mir entfernen sollte, nichts ein, begleitete sie selbst zu ihren Eltern zurück und versprach ihre Rückkunft ruhig in *Blasewitz* abzuwarten. Einige Tage darauf besuchte mich ihre älteste Schwester und erbat sich von mir die nötige schriftliche Erlaubnis zur Ausstellung eines Passes für meine Frau. Hierüber erschrocken, frug ich bei den Schwieger-

---

* Am Rande von der Hand Cosimas: »Triebschen 17. Mai 1866«.

eltern in Dresden nach, was ihre Tochter vorhabe: dort wurde ich zu meiner Überraschung besonders übel empfangen und erhielt gröbliche Vorwürfe über mein Benehmen gegen Minna, welche ich ja nicht einmal zu ernähren imstande sei; da ich hiergegen einzig nur Auskunft über den Aufenthalt und das Vorhaben meiner Frau verlangte, wurde ich mit unwahrscheinlichen Berichten abgewiesen. Von den bittersten Vorstellungen gepeinigt, nichts von allem Vorgegangenen begreifend, kehrte ich in mein Dorf zurück. Dort traf mich ein Brief aus Königsberg von *Möller*, welcher mir mein Elend klarmachte: jener Herr *Dietrich* war nach Dresden gereist; das Hotel, in welchem er abgestiegen, wurde mir genannt. Das furchtbare Licht, welches durch diese Mitteilung auf *Minnas* Benehmen fiel, erleuchtete mich mit Blitzesschnelle: ich eilte in die Stadt, um in dem mir genannten Hotel die nötige Nachfrage zu halten; wirklich war der bezeichnete Mann dort abgestiegen, jedoch wieder verreist; ebenso wie er war *Minna* verschollen. So wußte ich denn genug, um mein Schicksal zu fragen, warum mir in so großer Jugend schon eine so furchtbare, wie es mich dünkte, das ganze Leben vergiftende Erfahrung zu machen bestimmt war.

In meinem grenzenlosen Leiden wandte ich mich nun dem tröstlichen Umgange mit meiner Schwester *Ottilie* und deren vortrefflichem Manne *Hermann Brockhaus* zu, mit welchem diese seit einigen Jahren verheiratet war und zu dieser Zeit in dem schönen »*Großen Garten*« bei Dresden einen freundlichen Sommerpavillon bewohnte. Sogleich nach meiner ersten Ankunft in Dresden hatte ich beide aufgesucht; selbst noch in großer Unklarheit über meine Lage, hatte ich ihnen keine Mitteilungen hierüber gemacht und nur wenig mich bei ihnen gezeigt: jetzt war ich getrieben, meinen Trotz zu überwinden und ziemlich unverhüllt mein Unglück zu eröffnen. Der große Vorzug verwandtschaftlicher Beziehungen und der unvermittelten, unbedingten Vertraulichkeit zwischen Blutsverwandten trat hier zum ersten Male meinem Gefühl höchst wohltätig nahe. Hier war wenig zu erklären; Bruder und Schwester waren dieselben, die in frühester Kindheit in vollster Gemeinschaft gelebt hatten: alles verstand sich ohne Erklärung; ich war unglücklich, sie glücklich: Trost und Hilfe erstanden ganz von selbst.

Dies war dieselbe Schwester, welcher ich einst unter Blitz und Donner »*Leubald und Adelaïde*« vorgelesen, welche an jenem Weihnachtsabend der verhängnisvollen Aufführung meiner ersten Ouvertüre voll Staunen und Mitleiden beigewohnt hatte und welche ich nun an einen der liebenswürdigsten Menschen, den jüngsten Bruder meines älteren Schwagers *Friedrich Brockhaus*, den orientalischen Sprachgelehrten und bald rühmlich bekannten *Hermann Brockhaus*, vermählt fand. Ihre Ehe war bereits mit zwei Kindern gesegnet; ein günstiger Vermögensstand erleichterte ein sorgenloses Leben, und wenn ich, wie es nun täglich geschah, meine Fußwanderung von *Blasewitz* nach dem berühmten »*Großen Garten*« richtete, war es mir beim

Eintritt in einen jener so gesuchten Pavillons, wo ich stets eine glückliche Familie freundlich zu meinem Empfange bereit wußte, als ob ich aus wüster Lebensöde in ein Paradies einträte. Durch den schwesterlichen Umgang ward nicht nur mein Gemüt auf das wohltuendste beruhigt, sondern durch den Verkehr mit dem geistvollen und gelehrten Schwager auch mein so lange schlummernder höherer Bildungstrieb von neuem lebhaft angeregt. Während meine jugendliche Ehe als eine zwar verzeihliche, doch zu berichtigende Verirrung in durchaus unverletzender Weise mir zum Bewußtsein gebracht wurde, gewann mein Geist auch wieder genügende Spannkraft zu künstlerischen Entwürfen, welche diesmal nicht auf leichtfertige Zweckmäßigkeit für die mir bekannt gewordenen Theaterverhältnisse berechnet waren. Während der kümmerlichen Tage meines letzten Zusammenseins mit *Minna* in *Blasewitz* hatte ich den Bulwerschen Roman von *Cola Rienzi* gelesen; während ich nun im tröstlichen Umgang mit meiner Familie mich erholte, arbeitete ich den Plan zu einer großen Oper aus, zu welchem mich jenes Sujet begeisternd angeregt hatte. War ich für das erste auch genötigt, mich einem kleineren Theaterverhältnisse wieder zuzuwenden, so bestrebte ich mich doch, von jetzt an auf eine Erweiterung meines Wirkungskreises in der Zukunft hinzuarbeiten. Ich sandte meine Ouvertüre über »*Rule Britannia*« an die Philharmonische Gesellschaft nach London ein und suchte mich mit *Scribe* in Paris wegen eines von mir entworfenen, einem Roman von *H. König* entnommenen Sujets »*Die hohe Braut*« in Verbindung zu setzen. So verbrachte ich, zu unvergeßlich freundlicher Erinnerung, den Rest des Sommers dieses Jahres, um nun mit Ende August meiner neuen Bestimmung gemäß die Reise nach *Riga* anzutreten. Trotzdem ich dort kürzlich auch meine Schwester *Rosalie*, ihrer Herzensneigung entsprechend, an den Professor *Oswald Marbach* verheiratet wußte, vermied ich, wohl um mir in töriger Weise eine Beschämung zu ersparen, Leipzig zu berühren, und traf in Berlin ein, wo ich einige nähere Instruktionen meines zukünftigen Direktors zu empfangen, auch einen Paß mir zu besorgen hatte. Dort begegnete ich einer jüngeren Schwester *Minnas*, *Amalie Planer*, einer mit schöner Stimme begabten Sängerin, welche wir schon in Magdeburg für kurze Zeit zu unserer Oper gezogen hatten. Das äußerst gutmütige Mädchen war sehr erschüttert durch meine Mitteilung über *Minna*; in einer Aufführung des »*Fidelio*«, welcher wir gemeinschaftlich beiwohnten, brach sie mit mir in Tränen und Schluchzen aus. Auch durch diesen tröstlichen Eindruck gestärkt, wendete ich mich nun über *Schwerin*, wo ich irrtümlich auf die Spuren *Minnas* zu treffen wähnte, nach *Lübeck*, um dort den Abgang eines nach *Riga* fahrenden Kaufmannsschiffes abzuwarten. Bereits waren wir nach *Travemünde* ausgelaufen, als sich ein ungünstiger Wind einstellte, welcher die Abfahrt acht Tage lang unmöglich machte. In einer elenden Schiffskneipe mußte ich diese widerwärtige Zeit zu überstehen suchen; ohne Mittel der Unterhaltung griff ich unter anderm zur Lektüre des

Volksbuches vom »*Till Eulenspiegel*«, welches mich zuerst auf den Gedanken einer echt deutschen komischen Oper brachte. Als ich dann um so vieles später endlich die Dichtung meines »*Jungen Siegfried*« entwarf, entsinne ich mich, daß Erinnerungen aus diesem traurigen Aufenthalt in *Travemünde* und an die Lektüre des »*Eulenspiegel*« lebhaft hierbei wieder in mir wach wurden. Nach einer viertägigen Seefahrt langten wir endlich im Hafen von *Bolderaa* an, und ich empfand zunächst die eigentümlichen Schauer des Verkehrs mit russischen Behörden, gegen welche ich seit meiner Jugendsympathie für die Polen mit instinktivem Entsetzen erfüllt war. Mir war es, als ob die Hafenwachen mir meine Schwärmerei für Polen ansehen und sofort mich nach Sibirien schicken würden: desto angenehmer überraschte mich endlich das durchaus zutrauliche deutsche Element, welches mich in *Riga*, namentlich bei allem, was mit dem Theater in Verbindung stand, umfing.

Nach meinen schlimmen Erfahrungen im Betreff der Eigenschaften der kleineren deutschen Theater wirkte zunächst auf mich die Beschaffenheit der dort neu begründeten Theaterzustände angenehm beruhigend. Eine Anzahl vermögender Theaterfreunde und reicher Kaufleute hatte eine Gesellschaft gegründet, welche aus freien Stücken die nötigen Geldmittel beschaffte, um einer gewünschten guten Theaterdirektion eine solide Grundlage zu geben: die Direktion selbst hatte man einem Manne von gewissem theatralischem Ruf, dem nicht unbeliebten Theaterdichter *Karl von Holtei* übergeben. Dieser Mann, einer besondren, um jene Zeit bereits verschwindenden Tendenz des Theaterwesens angehörend, vereinigte mit außerordentlichen geselligen Eigenschaften eine ungewöhnliche Bekanntheit mit allen dem Theater nahestehenden Persönlichkeiten aus den vorangegangenen zwanzig Jahren. Er zählte sich zu dem Kreise der sogenannten »liebenswürdigen Libertins«, welche sich gern auch für geistvoll angesehen sahen und im Theater den von der Öffentlichkeit willig geduldeten Tummelplatz für frivole Exzentrizitäten erfaßten, gegen welche das bürgerliche Leben sich ebenso abgeschlossen verhält, wie die höhere Intelligenz der Nation sich immer hoffnungsloser von ihrer früheren Teilnahme für das Theater überhaupt wieder zurückzog. Das *Königstädter* Theater in Berlin, an welchem *Holteis* erste Frau vor längerer Zeit bereits als liebenswürdige Schauspielerin geglänzt hatte, war in der Zeit seiner besondren Blüte, zu welcher es namentlich durch den Besitz der berühmten *Henriette Sontag* gediehen war, die Schule des *Holtei*schen Theatergeschmackes gewesen. Dort hatte neben seinen Liederspielen, unter denen »*Der alte Feldherr*« zu ziemlicher Beliebtheit gelangte, namentlich sein nach der Bürgerschen Ballade bearbeitetes Melodrama »*Lenore*« ihm eine weitreichende Beachtung als Theaterstückmacher gewonnen. Von der Begierde, mit seiner ganzen Person sich in das Theater zu werfen, ergriffen, war ihm die Einladung nach Riga besonders willkommen, weil er an dem entlegenen Orte ohne Scheu seiner Neigung sich hinzugeben hoffen durfte. Durch sein merkwürdig zutrauliches Benehmen, seine unerschöpflich amüsante Unterhaltung und ungemein leichte Art der Geschäftsbehandlung wußte er die *Rigaschen* Kaufleute, welche nach eben nichts andrem als solcher Unterhaltung, wie er sie zu gewähren wußte, verlangten, außerordentlich für sich einzunehmen. Sie statteten ihn mit allen erforderlichen Mitteln reichlich aus und kamen ihm in jeder Hinsicht mit unbedingtem Vertrauen entgegen. Mein Engagement bei seiner Unternehmung war außerordentlich leicht zustande gekommen: griesgrämige Pedanten wollte er sich vom Halse halten und zog daher junge Leute schon ihrer Jugend wegen vor; in meinem Betreff hatte es ihm genügt, mich einer ihm bekannten und befreundeten Familie angehörend zu wissen, und da er außerdem erfuhr, daß ich eifrig und feurig namentlich der modernen italienischen und französischen Oper mich zugewandt hatte, glaubte er in mir grade den rechten Mann gefunden zu haben. Von sämtlichen Opern *Bellinis*, *Donizettis*, *Adams* und *Aubers* hatte er in Bausch und Bogen die Partituren verschrieben; die sollte ich nun alle fix und flott den guten Rigaern in größter Schnelle zum besten geben.

Bei meinem ersten Besuche in *Holteis* Wohnung traf ich als alten Bekannten von Leipzig her meinen ehemaligen Protektor *Heinrich Dorn* an, welcher in *Riga* eine feste Anstellung als städtischer Musikdirektor an Kirche und Schule angenommen hatte. Dieser, der sich freute, den phantastischen Jüngling als praktischen Musikdirektor in selbständiger Stellung wiederzufinden, gewahrte mit Verwunderung die mit mir vorgegangene Veränderung, als er mich, den exzentrischen *Beethovenianer*, so ganz in der Parteinahme für *Bellini* und *Adam* begriffen sah. Er führte mich nach seiner Sommerwohnung, welche nach Rigaschem Sprachgebrauch »*im Grünen*«, das heißt buchstäblich: im Sand sich befand. Während ich ihm von meinen Lebensschicksalen einiges berichten mußte, befiel mich beim Gewahrwerden der seltsamen Öde, in welche ich geraten war, zuerst ein banges Gefühl der Heimatlosigkeit, welches sich von anfänglichem Unbehagen allmählich zu leidensvoller Sehnsucht steigerte, mich aus diesem Theatergewirr, das mich in so unwirtliche Gegenden verlockt hatte, gänzlich zu befreien. Der Leichtsinn, mit welchem ich in *Magdeburg* mich gleichzeitig zum Verfall meines musikalischen Geschmacks wie zum Behagen am nichtigsten Theaterumgang hatte hinreißen lassen, wich immer mehr dieser bang sehnsüchtigen Stimmung, woraus im Verlaufe meiner Rigaschen Wirksamkeit in mir eine Tendenz sich bildete, welche, wie sie dem Theater selbst mich immer mehr entfremdete, namentlich auch den Direktor *Holtei* mit dem Ärger der Enttäuschung über mich erfüllte.

Für den Anfang fiel es mir jedoch noch nicht schwer, gute Miene zum bösen Spiel zu machen. Wir mußten das Theater eröffnen, ehe noch das Opernpersonal sich vollzählig eingefunden hatte; dies wurde uns durch Vorführung einer kleinen komischen Oper von *C. Blum* »*Marie, Max und*

Michel« möglich. Hierzu komponierte ich als Einlage eine von *Holtei* gedichtete Arie für den tüchtigen Bassisten *Günther*; sie bestand aus einer sentimentalen Einleitung und einem heitren militärischen Rondo und gefiel sehr. Später komponierte ich noch für den Bassisten *Scheibler* eine gebetartige Einlage zur »*Schweizerfamilie*«, welche nicht nur dem Publikum, sondern auch mir selbst wirklich gefiel und bereits von der großen Umwandlung Zeugnis ablegte, welche sich immer mehr in meiner musikalischen Entwicklung kundgab. Für den Namenstag des Kaisers *Nikolaus* ward mir die Komposition einer von *Brakel* gedichteten »Nationalhymne« übertragen, welcher ich eine möglichst despotisch-patriarchalische Färbung zu geben suchte und damit nicht weniger Ruhm einlegte, da sie alljährlich am gleichen Tage eine Zeitlang wiederholt aufgeführt wurde. – *Holtei* suchte mich zu bestimmen, für unser Personal, wie es nun grade vorhanden war, eine leichte, gefällige Oper, lieber noch »Singspiel« zu schreiben; ich sah mir den Text meiner »*Lustigen Bärenfamilie*« noch einmal an, fand, wie ich früher bereits erwähnte, auch *Holtei* sehr günstig für diese Arbeit gestimmt; da ich jedoch die wenige Musik, die ich bereits hierfür in Königsberg aufgeschrieben, wieder hervorsuchte, kam mir ein lebhafter Ekel vor dieser Schreibart an. Ich schenkte das Textbuch einem gutmütigen, unbeholfenen Freunde, dem unter mir stehenden Musikdirektor *Löbmann*, und kümmerte mich in meinem Leben nie wieder darum. – Dagegen schritt ich nun zur Ausführung des in Blasewitz entworfenen Textes zu »*Rienzi*« und verfuhr in jeder Weise hierbei nach einem so ausschweifend großen theatralischen Maßstabe, daß ich mit der Konzeption dieser Arbeit mir absichtlich jede Möglichkeit abschnitt, durch die Umstände mich verführen zu lassen, mein Werk anders als auf einer der größten Bühnen Europas aufzuführen.

Während sich hiermit immer mehr das Streben, aus den kleinen, entwürdigenden Theaterverhältnissen herauszugelangen, in mir ausbildete, traten neue Verwicklungen in mein Leben, welche mein Gemüt mit immer größerm Ernst erfüllten und dem soeben angedeuteten Streben neue Erschwerungen zuführten. Die von *Holtei* erwartete *Primadonna* war ausgeblieben; wir befanden uns gänzlich ohne Sängerin für die *seriöse* Oper. Unter diesen Umständen ging *Holtei* sehr erfreut auf meinen Vorschlag ein, *Amalie*, die Schwester *Minnas*, welche gern ein Engagement in meiner Nähe anzunehmen bereit war, sofort nach Riga zu berufen. Von Dresden aus, wo sie sich damals aufhielt, berichtete sie mir in ihrer Antwort zugleich die Wiederkehr *Minnas* zu ihren Eltern, sowie den leidenden, traurigen Zustand, in welchem diese, von harter Krankheit gefesselt, sich befände. Diese Nachricht traf mich in sehr natürlicher Kälte: was ich, seitdem sie mich zuletzt verlassen, über *Minna* erfahren, hatte mich notwendig bestimmt, meinem alten Königsberger Freunde den Auftrag zu erteilen, die legalen Schritte zur Scheidung unsrer Ehe einzuleiten. Es war gewiß, daß *Minna* mit jenem unglücklichen Herrn *Dietrich* sich längere Zeit in einem

Hamburger Hotel aufgehalten und ihre Trennung von mir mit so gänzlicher Rücksichtslosigkeit kundgegeben hatte, daß namentlich die Theaterwelt in für mich wirklich ehrenrühriger Weise davon sich unterhielt. Ich teilte dies *Amalien* einfach mit und bat sie, mich mit weiteren Berichten über ihre Schwester zu verschonen.

Hierauf* wandte sich nun *Minna* selbst an mich mit einem wahrhaft erschütternden Brief, in welchem sie mir offen ihre Untreue eingestand. Wie sie zu dieser durch Verzweiflung getrieben worden, sei sie jedoch ebenfalls durch Verzweiflung über das Unglück, in welches sie sich gestürzt, von diesem Wege wieder abgekommen. Andeutungen ließen schließen, daß sie über den Charakter ihres Verführers getäuscht worden und durch Erkenntnis ihrer abscheulichen Lage in einen moralisch wie körperlich höchst leidensvollen Zustand verfallen war, aus welchem sie sich nun krank und elend zu mir zurückwandte, um, ihre Schuld bekennend, meine Verzeihung zu erbitten und unter allen Umständen mir zu versichern, daß sie erst jetzt zur wahren Erkenntnis ihrer Liebe zu mir gelangt sei. Nie hatte ich eine ähnliche Sprache von *Minna* vernommen und nie sollte ich wieder eine gleiche von ihr vernehmen, außer in einer ergreifenden Stunde weit späterer Zeit, in welcher der gleiche Ausdruck ebenso erschütternd und umstimmend auf mein Gemüt wirkte, als es dieses erste Mal nach Empfang des bezeichneten Briefes der Fall war. Ich schrieb ihr zurück, daß von dem Vorgefallnen, an dem ich mir die meiste Schuld selbst beimesse, nie mit einem Wort zwischen uns mehr die Rede sein sollte; und ich darf mich rühmen, diesen Vorsatz buchstäblich durchgeführt zu haben.

Da auch das Engagement ihrer Schwester nach Wunsch zustande kam, lud ich *Minna* ein, mit dieser sofort zu mir nach *Riga* zu kommen. Gern folgten beide meiner Aufforderung und trafen bei bereits rauher Jahreszeit am 19. Oktober aus Dresden in meiner neuen Heimat ein. Daß *Minnas* Gesundheit wirklich gelitten, ward ich mit Bedauern inne und suchte dafür nach Kräften durch Herstellung häuslicher Bequemlichkeit und Ruhe ihr wohltätig zu werden, was seine Schwierigkeiten hatte, da mir nur meine bescheidenen Einnahmen als Musikdirektor zu Gebote standen und wir beide fest dabei verharrten, *Minna* nicht wieder zum Theater gehen zu lassen. Die Durchführung dieses Entschlusses, wie sie für unser Auskommen uns Unbequemlichkeiten auferlegte, zog andrerseits mir sonderbare Verwicklungen zu, über deren Charakter ich erst späterhin in einer Weise aufgeklärt wurde, die mir zugleich die abschreckendsten Erfahrungen über die moralische Beschaffenheit des Direktors *Holtei* einbrachte. Für jetzt hatte ich es mir eben nur gefallen zu lassen, als eifersüchtig auf meine Frau angesehen zu werden; daß dies von dem Urteil, ich möge dazu wohl Grund haben, begleitet war, ließ ich mir ruhig gefallen und erfreute mich dagegen

---

* Am Rande Datum der Niederschrift: »Triebschen 5. Oktober 1866.«

der Wiederherstellung befriedigender ehelicher Verhältnisse, namentlich auch einer nach Möglichkeit behaglichen Führung unseres bescheidenen Hausstandes, für welche nun *Minnas* Talent sich wohltätig entwickelte. – Da unsre Ehe stets kinderlos blieb und für gewöhnlich die Pflege eines Hundes für die Belebung des häuslichen Herdes herbeigezogen werden mußte, verfielen wir diesmal sogar auf den exzentrischen Gedanken, es einmal mit einem jungen Wolfe zu versuchen, welcher uns als Säugling in das Haus gebracht worden war. Da wir jedoch fanden, daß dieser Versuch die Gemütlichkeit unsres häuslichen Lebens nicht vermehrte, gaben wir ihn nach einigen Wochen auf. – Besser glückte es mit der Schwester *Amalie*, welche durch ihre Gutmütigkeit und anspruchslose Zutraulichkeit eine Zeitlang recht angenehm zur Herstellung des fehlenden Familienwesens mitwirkte. Die beiden Schwestern, von denen keine eine eigentliche Bildung genossen hatte, verfielen oft auf belustigende Weise in den Ton ihrer Kinderjahre; wenn sie zweistimmige Volkslieder sangen, bei welchen *Minna*, ohne irgendwie musikalisch belehrt zu sein, doch immer recht geschickt zu sekundieren wußte, und hierzu russischer Salat, gesalzener Düna-Lachs oder gar frischer Kaviar zur Abendmahlzeit genossen wurde, fühlten wir drei gemeinschaftlich uns im fernen Norden behaglich und wohlgemut.

Amaliens schöne Stimme und wirkliches Gesangstalent bereiteten ihr anfänglich auch eine sehr günstige Aufnahme beim Publikum, was uns dreien gemeinschaftlich recht wohltat. Von sehr kleiner Gestalt und bei nicht weitreichendem Darstellungstalent, blieb jedoch ihr Wirkungskreis beschränkt, und während sie bald durch glücklichere Nebenbuhlerinnen empfindlich überholt wurde, durfte sie für ihr Lebensglück es als besonders günstig ansehn, daß ein äußerst rechtschaffener Offizier der russischen Armee, der damalige Rittmeister, jetzt General *Carl von Meck*, sich aufs herzlichste in das bescheidene Mädchen verliebte und nach einem Jahr sie heiratete. Leider kam durch dieses Verhältnis, da es zunächst manche Schwierigkeiten bereitete, die erste Trübung unsres Zusammenlebens zum Vorschein. Die Schwestern überwarfen sich mit der Zeit gänzlich, und ich hatte die ärgerliche Verdrießlichkeit zu überstehen, endlich ein volles Jahr zwischen zwei Verwandten, welche sich nie mehr sprachen und sahen, in der gleichen Wohnung zu leben.

Den Winter, mit welchem wir in das Jahr 1838 traten, brachten wir noch in einer engen, unfreundlichen Wohnung in der alten Stadt zu; erst mit dem Frühjahr bezogen wir eine angenehmere Wohnung in der frei gelegenen Petersburger Vorstadt, in welcher sich, trotz des bezeichneten schwesterlichen Zerwürfnisses, ein ziemlich belebter geselliger Verkehr einfand, da wir oft Freunde und Bekannte gemütlich zu bewirten uns angelegen sein ließen. Außer mit Mitgliedern des Theaters pflegte ich abwechselnd auch einige städtische Bekanntschaften; wir empfingen und besuchten die Familie des Musikdirektors *Dorn*, mit welchem ich Brüderschaft schloß; am treuesten hielt jedoch der zweite Musikdirektor am Theater, der nicht sehr begabte aber ehrenwerte *Franz Löbmann* zu mir. Dennoch pflegte ich den Verkehr in weitern Kreisen nur dürftig und, der von jetzt an immer mehr sich herausstellenden Haupttendenz meines Lebens gemäß, gar bald immer weniger, so daß, als ich nach einem nicht ganz zweijährigen Aufenthalt später Riga verließ, ich auch von diesem Orte nicht minder fremd und gleichgültig schied wie früher von Magdeburg und Königsberg. Was diesen Fortgang mir aber besonders verbitterte, sollte aus einer Reihe von Erfahrungen bestehen, welche besonders widerwärtiger Art waren und mich mit dem Drange beseelten, für immer von der Berührung mit ähnlichen Elementen, wie ich sie in meinen bisherigen Versuchen, bei Theatern mir eine Stellung zu verschaffen, angetroffen hatte, auszuscheiden.

Doch nur allmählich trat dies alles in mein Bewußtsein, während ich anfänglich, im Geleite des Wiederauflebens meines so früh gestörten jungen ehelichen Glückes, eine Zeitlang auch in meiner künstlerischen Wirksamkeit mich gegen früher wesentlich gebessert fühlte. Unter der wohltätigen Einwirkung des gesicherten materiellen Bestandes der Theaterunternehmung stellte sich auch manches Erfreuliche für die künstlerischen Leistungen derselben heraus. Das Theater selbst war in einem besonders kleinen Raum eingepfercht; auf der winzigen *Bühne* war ebensowenig an die Entwicklung von theatralischem Luxus wie in dem höchst beschränkten Orchesterraume an Unterbringung reichlicher musikalischer Kräfte zu denken. Nach beiden Seiten hin waren somit die engsten Schranken gesetzt; dennoch verstand ich es, in einem Orchesterraume, welcher eigentlich nur für zwei erste und zwei zweite Violinen, zwei Bratschen und einen Kontrabaß zur Besetzung des Streichquartettes berechnet war, allmählich ansehnliche Verstärkungen einzuführen, durch welche an sich erfolgreiche Bemühungen ich zuerst den Grimm *Holteis* reizte. Für die Oper stellte sich bald ein gutes Ensemble heraus. Vorzüglich anregend ward für mich das glückliche Studium der Mehulschen Oper »*Joseph in Ägypten*«, deren edler und einfacher Stil bei der rührenden und ergreifenden Wirkung der Musik zu der günstigen Wendung meiner bis daher durch die Theaterpraxis auffallend verdorbenen Geschmacksrichtung nicht wenig beitrug. Sehr erfreulich war es mir, daß ich durch recht gute Aufführungen des rezitierenden Schauspiels meine alte ernste Neigung wieder angeregt fühlen durfte. Mir bleibt besonders eine Aufführung des »*König Lear*« unvergeßlich, welcher ich nicht nur in den Aufführungen, sondern auch in den Proben mit höchstem Interesse beiwohnte. – Diese fördernden Eindrücke trugen dennoch nur dazu bei, mich im Befassen mit dem Theater allmählich immer unglücklicher zu fühlen, da einerseits die Persönlichkeiten der Theatergesellschaft mich immer mehr abstießen und andrerseits die Tendenz der Direktion mich mit wachsendem Unmut erfüllte. Im Betreff des Theaterpersonals machte ich nun, da ich meine frühere, in Magdeburg so leichtfertig bewährte Neigung zu ungewähltem Umgange verloren hatte, bald die widerwärtigsten Erfahrungen von der Hohlheit, Eitelkeit und der frechsten Selbstsucht dieser ungebildeten, gänzlich zuchtlosen Menschenklasse. Bald gab es nur wenige Mitglieder unserer Oper, mit denen ich mich nicht im Kampfe gegen eine der genannten Eigenschaften überworfen hätte. Am traurigsten war es aber zu gewahren, daß ich in solchen Kämpfen, zu denen ich mich in Wahrheit nur im Eifer für das Gelingen der künstlerischen Gesamtleistung hinreißen ließ, von dem Direktor *Holtei* nicht nur ohne Unterstützung blieb, sondern sogar ihn selbst mir dadurch verfeindete. Dieser fand sich nämlich bald zu der offenen Erklärung veranlaßt, daß unser Theater einen für seinen Geschmack bereits viel zu soliden Charakter angenommen habe, und suchte mich darüber zu belehren, daß gute theatralische Leistungen eigentlich eine liederliche Bande voraussetzten. Wie er den Begriff der Würde der theatralischen Kunst geradeswegs für einen pedantischen Unsinn erklärte, erkannte er für das Genre ihrer Leistungen eigentlich nur das halb rührend, halb frivol anregende *Vaudeville* als beachtungswert an. Die ernste große Oper, besonders das reiche musikalische Ensemble waren ihm entschieden verhaßt, und meine Anforderungen hierfür reizten ihn zu wirklichem Hohn und hämischer Zurückweisung. Den eigentümlichen Zusammenhang dieser seiner künstlerischen Tendenz mit seinen anderweitigen, das Gebiet der Moralität berührenden Neigungen sollte mir zu meinem Schrecken allmählich auch klarwerden. Für das erste fühlte ich mich durch die Äußerungen seiner künstlerischen Antipathien genügend von ihm abgestoßen, um meiner wachsenden Abneigung gegen das Befassen mit dem Theater mich immer mehr nachhängen zu lassen. Wohl erfreute ich mich noch einiger guter Aufführungen, welche ich unter günstigen Umständen auf dem größern Theater zu *Mitau*, wohin die Gesellschaft sich im Anfang des Sommers auf einige Zeit begab, zustande brachte. Dennoch faßte ich grade bei diesem Aufenthalte, während welchem ich mich meist mit der Lektüre *Bulwerscher* Romane befaßte, den heimlichen Entschluß, ernstlich nach Befreiung aus dem Verkehr mit dem Theater, wie er mir bis jetzt einzig möglich geworden war, zu trachten.

Die Komposition meines bereits im Anfang des Rigaer Aufenthaltes beendigten Textes der Oper »Rienzi« sollte mir die Brücke zu der von mir ersehnten großartigern Welt bauen. Hatte ich die *»Lustige Bärenfamilie«* schon mit aus dem Grunde, weil die leichtere Ausführung derselben mich wieder zum Befassen mit den von mir verachteten Theaterverhältnissen verführt haben würde, verworfen, so gab es mir nun eine erhebende Beruhigung, den *»Rienzi«* auch im Betreff der angewandten Kunstmittel so rücksichtslos reich zu entwerfen, daß schon das Verlangen nach seiner dereinstigen Aufführung mich zum Verlassen der bisher gewohnten kleinern Theaterverhältnisse und zum Aufsuchen neuer Beziehungen zu einem großen Theater nötigen mußte. Nach unsrer Rückkehr aus *Mitau* im Hochsommer 1838 begann ich nun diese Komposition und nährte dadurch in mir eine enthusiastische Stimmung, welche meiner tatsächlichen Lebenslage gegenüber den Charakter einer verzweifelten Aufgelegtheit annahm. Jedem, dem ich mein Vorhaben mitteilte, leuchtete es schon aus dem bloßen Bekanntwerden mit meinem Sujet ein, daß ich auf einen Bruch mit meiner bisherigen Stellung, in welcher an die Aufführung meines Werkes gar nicht zu denken war, ausging, wodurch ich in den Augen meiner Bekannten als hoffärtig und leichtsinnig zugleich erschien.

Für unpraktisch und exzentrisch galt ich auch jetzt, wo ich von meinem letzten leichtfertigen Behagen am trivialen Operngeschmack mich lebhaft wieder abgewandt hatte, namentlich auch dem ehemaligen Protektor meiner merkwürdigen Leipziger Ouvertüre. Er sprach dies mit größter Unbefangenheit in einem Bericht über ein zuvor am Schlusse des Winters von mir gegebenes Konzert in der Neuen Zeitschrift für Musik aus, wo er sich über zwei meiner Kompositionen, jene Magdeburger *Kolumbus-Ouvertüre* und die bereits erwähnte Ouvertüre über »*Rule Britannia*« diesmal ohne Scheu lustig machte. Ich selbst hatte an der Aufführung dieser beiden Ouvertüren keine Freude erlebt, und namentlich meine in diesen Kompositionen noch stark bekundete Vorliebe namentlich für Trompeten spielte mir bereits diesmal unangenehme Streiche, da ich unsern Rigaschen Musikern hierbei offenbar zuviel zugemutet hatte und mannigfaltiges Unglück bei der Exekution ertragen mußte. Im vollen Gegensatz zu meiner ausschweifenden Anlage des »*Rienzi*« hatte dagegen derselbe *H. Dorn* zur Anfertigung einer Oper sich angelassen, für welche er recht praktisch eben nur den Bestand unsres Rigaschen Theaters im Auge behalten hatte. »*Der Schöffe von Paris*«, historisch-komische Oper aus der Zeit der Belagerung von Paris unter Jeanne d'Arc, wurde zur Zufriedenheit des Komponisten von uns einstudiert und aufgeführt. Ich erhielt keinen Grund, durch den Erfolg dieses Werkes mich von meinem Vorhaben im Betreff der Ausführung meines »*Rienzi*« abbringen zu lassen, und freute mich innerlich der Neidlosigkeit, welche ich über diesen Erfolg empfand. Gänzlich unangeregt zur Nebenbuhlerschaft, zog ich mich immer mehr aus dem Verkehr mit der Rigaschen Künstlerschaft zurück, beschränkte mich lediglich auf die Ausübung meiner kontraktlichen Funktionen und arbeitete die zwei ersten Akte meiner großen Oper aus, ohne im mindesten mich darum zu bekümmern, ob ich je zu einer Aufführung des Werkes selbst gelangen würde.

Hatten mich zu der Umkehr meiner innern Neigungen nach der in frühester Jugend mir eignen, inbrünstig ernsten Seite meines Wesens hin gewiß auch die so früh von mir gemachten bitter-ernsten Lebenserfahrungen bestimmt, so waren diese neuerdings durch besonders wehmütige Eindrücke noch gefärbt worden. Nicht lange nach meiner Wiedervereinigung mit *Minna* kam mir aus der Heimat die Nachricht vom Tod meiner Schwester *Rosalie* zu. Zum ersten Male in meinem Leben hatte ich den Eindruck vom Dahinscheiden eines innig nahestehenden Wesens zu erfahren gehabt. Gerade der Tod dieser Schwester erschütterte mich wie ein tief bedeutungsvoller Schicksalsschlag; sie war es gewesen, um deren Liebe und Achtung willen ich einst mich so energisch von meinen jugendlichen Ausschweifungen abgewandt hatte, um deren Teilnahme zu verdienen ich meinen ersten größern Arbeiten einen besondren, sinnigen Fleiß zugewandt hatte. Als mich die leidenschaftliche Sorge des Lebens erfaßte und aus dem elterlichen Haus ohne Aufenthalt forttrieb, war sie es, welche in meinem dunkel-befangenen Herzen gelesen und bei jenem letzten Abschied in Leipzig das ahnungsvolle Lebewohl mir zugerufen hatte. In der Zeit meines Verschollenseins, als die Nachricht von meiner eigenwilligen Heirat und dem damit verbundenen Mißraten meiner Lebenslage in die Familie gelangte, war sie es, welche, wie meine Mutter mir später mitteilte, nie den Glauben an mich aufgegeben hatte, sondern stets die Hoffnung nährte, ich würde noch zur reinen Entfaltung meiner Natur gelangen und es zu etwas Tüchtigem bringen. Nun, bei der Nachricht von ihrem Tode, stand mit der Erinnerung an unsren bedeutungsvollen Abschied wie vom Blitz erleuchtet der ganze Umfang des edlen Wertes meiner Beziehungen zu dieser Schwester vor mir, und welchen Einfluß dieses auf mich hatte, ward mir später deutlich bewußt, als nach meinen ersten auffallenden Erfolgen meine Mutter unter Tränen beklagte, daß *Rosalie* sie nicht hatte miterleben können. Nun war es mir denn auch wohltätig überhaupt, mit meiner Familie wieder in Verkehr zu treten. Mutter und Schwestern hatten in ihrer Weise von meinen Schicksalen vernommen; es rührte mich tief in den Briefen, die mir von ihnen nun wieder zukamen, nichts von Vorwürfen über mein eigenwilliges und anscheinend liebloses Benehmen, sondern nur Mitgefühl und herzliche Sorge ausgedrückt zu sehen. Auch über die guten Eigenschaften meiner Frau waren meiner Familie empfehlende Berichte zugekommen, was mir besonders wohltätig war, da mir so die Verteidigung ihres bedenklichen Benehmens gegen mich, welche mich sehr beschwert haben würde, im versöhnlichen Sinne erspart wurde. Somit trat eine wohltätige moralische Ruhe in mein kurz zuvor so stark aufgeregtes Innere. Was mich mit solcher Leidenschaftlichkeit zu der unvorsichtigen, allzu jugendlichen Ehe getrieben, was infolge hiervon mich so aufreibend bedrängt hatte, schien nun wie beschwichtigt und in Frieden beigelegt; und verblieben mir auch die gemeinen Lebenssorgen oft in widerwärtigster und bekümmerndster Gestalt lange Jahre hindurch, so waren doch die Beunruhigungen des sehnsüchtigen Jünglingsbedürfnisses in einer Weise gedämpft und beschwichtigt, daß ich fortan, bis zur Erreichung meiner künstlerischen Selbständigkeit, das Streben meiner Natur lediglich eben auf diesen idealeren Zweck richten konnte, welcher jetzt, von der Konzeption des »*Rienzi*« ab, für alle meine Lebensentschlüsse mich einzig leitete.

Mir ist später durch das mir berichtete Wort eines *Rigaers*, welcher erstaunt war, von den Erfolgen eines Menschen zu hören, von dessen Bedeutung man während eines zweijährigen Aufenthalts in der doch nicht sonderlich großen livischen Hauptstadt nicht das mindeste wahrgenommen hatte, der Charakter meines Lebens in *Riga* selbst erst bemerklich geworden. Von nirgends her trat mir eine auch nur im mindesten anregende Persönlichkeit entgegen. Gänzlich auf mich allein angewiesen, blieb ich allen fremd. Wie schon erwähnt, zog ich mich auch mit immer zunehmendem Widerwillen von dem Personal des Theaters zurück, und so fand es sich denn, daß am Ende eines zweiten dort verbrachten Winters, als mir Ende März 1839 von seiten der Direktion meine Entlassung angezeigt wurde, so sehr aus andern Gründen mich dieses Vorgehen überraschte, ich mich doch in voller Übereinstimmung mit dieser äußeren Nötigung, meinen Lebensplan zu verändern, fühlte. Die charakteristischen Umstände dieser Entlassung waren nun allerdings aber der Art, daß ich sie wohl als eine der widerwärtigsten Erfahrungen meines Lebens anzusehen hatte. Bei Gelegenheit einer lebensgefährlichen Erkrankung hatte ich bereits auf die Gesinnung *Holteis* gegen mich zu schließen sehr betrübende Veranlassung erhalten. Mitten im stärksten Winter hatte ich in einer Theaterprobe mir eine heftige Erkältung zugezogen, welche bei meinem durch beständigen Ärger und nagenden Gram über die Nichtswürdigkeit der mich erdrückenden Theaterwirtschaft sehr krankhaft aufgeregten Nervensystem sofort einen sehr bedenklichen Charakter annahm. Nun sollte grade in diesen Tagen aber eine Gastvorstellung der Oper »Norma« von unsrer Gesellschaft in *Mitau* gegeben werden. *Holtei* verstand es, mich zu nötigen, vom Krankenbette mich zu der winterlichen Reise aufzumachen und in dem eiskalten Mitauer Theater mich der gefährlichsten Vermehrung meiner Krankheit auszusetzen. Die Folge hiervon war ein typhöses Fieber, welches mich so schnell abzehrte, daß *Holtei*, der meinen Zustand kennenlernte, im Theater sich davon unterhielt, daß ich nun wohl auch nie mehr dirigieren würde und vermutlich zur »*Abfahrt bestimmt sei*«. Einem trefflichen homöopathischen Arzte, Dr. *Prutzer*, verdankte ich meine Rettung und Wiedergenesung. Nicht lange hierauf verließ *Holtei* für immer unser Theater und Riga; ihm war das Befassen mit den dortigen, wie er sich ausdrückte, »*viel zu soliden Umständen*« unerträglich geworden; außerdem aber schienen in seinem Privatleben, welches zuletzt noch durch den Tod seiner Frau hart betroffen worden war, Umstände eingetreten zu sein, welche ihn einen gänzlichen Abbruch seines Aufenthaltes in *Riga* rätlich dünken ließen. Daß auch ich unter den ihm entstandenen Verlegenheiten bisher unbewußt zu leiden gehabt hatte, sollte mir zu meinem Erstaunen jetzt bekannt werden. Als mir der Nachfolger *Holteis* in der Direktion – der Sänger *Joseph Hoffmann* – anzeigte, daß ihm von seinem Vorgänger ein mit dem Musikdirektor *Dorn* abgeschlossenes Engagement für die von mir bisher innegehabte Stelle am Theater als Verpflichtung übertragen worden und meine Wiederanstellung somit unmöglich gemacht sei, begegnete meinem Erstaunen hierüber meine Frau mit der Erklärung der ihr bereits länger wohlbekannten Gründe der besondern Abneigung *Holteis* gegen uns beide. Mit dem Bekanntwerden der Vorgänge, welche *Minna* aus Schonung, und um mir kein böses Blut gegen meinen Direktor zu machen, bisher angelegentlichst verschwiegen hatte, ging mir nun ein erschreckendes Licht auf. Wohl entsann ich mich, daß bald nach der Ankunft *Minnas* in *Riga* ich von *Holtei* dringlich angegangen worden war, das Engagement meiner Frau am Theater nicht hindern zu wollen; ich bat ihn, sich ungestört mit dieser selbst zu vernehmen, um auf diesem Wege sich die Überzeugung zu verschaffen, daß die Fernhaltung *Minnas* vom Theater auf einer gemeinschaftlichen Übereinkunft, nicht aber etwa auf *einseitiger* Eifersucht *meinerseits* beruhte. Ich hatte ausdrücklich die Zeit, wo ich mit Proben im Theater beschäftigt war, zu den hierfür nötigen Konferenzen des Direktors mit meiner Frau angezeigt; am Schlusse solcher Zusammenkünfte traf ich bei meiner Heimkehr mehreremals *Minna* in sehr aufgeregtem Zustande und erhielt endlich von ihr die feste Erklärung, unter keinen Umständen in das von *Holtei* vorgeschlagene Engagement zu willigen. Außerdem bemerkte ich an dem Benehmen *Minnas* gegen mich ein mir unerklärliches scheues Forschen nach den Gründen meiner Bereitwilligkeit, mit welcher ich *Holtei* erlaubt hatte, meine Frau zu überreden zu versuchen. Wie ich nun nach dem Eintritt der Katastrophe erfuhr, hatte *Holtei* diese Zusammenkünfte allerdings zu unverhohlenen Liebesbewerbungen benutzt, deren Charakter und Tendenz mir nach weiterm Bekanntwerden mit den besondern Eigenheiten dieses Mannes schwierig erklärbar wurde, bis aus dem Bekanntwerden andrer Prozeduren dieser Art es sich herausstellte, daß *Holtei* es für vorteilhaft halten mußte, sich mit hübschen Frauen in das Gerede bringen zu lassen, um hierdurch die Aufmerksamkeit des Publikums von ungleich befleckenderen Verirrungen abzulenken. Zunächst aber war Minna auf das äußerste bereits dadurch empört worden, daß *Holtei*, nachdem er mit seinen eignen Liebesbewerbungen abgewiesen war, nun als Werber für einen andern hervortrat, in dessen Betreff er sich dahin äußerte, daß er der jungen Frau allerdings nicht verdenken wolle, wenn sie ihn, den bereits ergrauten und vermögenslosen Mann, abweise, wogegen er ihr nun einen hübschen, jungen und zugleich sehr reichen Mann, den Kaufmann *Brandenburg*, zuweise. Sein grimmiger Ärger über die doppelte Abweisung, die Demütigung, sich gänzlich erfolglos so sehr bloßgestellt zu haben, scheint nach den Wahrnehmungen *Minnas* hiervon groß gewesen zu sein. Ich begriff nun, daß seine oft gehörten Ausbrüche einer leidenschaftlichen Verachtung gegen »*solide Verhältnisse beim Theater*« nicht geniale Übertreibungen waren, sondern daß er oft schon Grund erhalten haben mochte, über die ärgerlichsten Beschädigungen von dieser Seite her sich zu beklagen.

Daß aber frevelhafte Versuche zu einem Spiel, wie er es mit meiner Frau vorhatte, dennoch nicht imstande waren, die immer weiter greifende Aufmerksamkeit der Beobachter seines eigentlichen lasterhaften Treibens zu täuschen, scheint ihm endlich nicht entgangen zu sein, und unverhohlen gestanden eingeweihte Näherstehende, welche hierüber sich mir mitteilten, ein, daß die Furcht vor sehr üblen Enthüllungen ihn so schnell bewogen habe, seine Stellung in Riga gänzlich zu verlassen. – Noch in den spätesten Jahren hörte ich von *Holteis* leidenschaftlicher Ungeneigtheit gegen mich, mit welcher er unter andrem gegen »*Zukunftsmusik*« und ihre die Einfachheit der reinen Empfindung bedrohende Tendenz eiferte. Wie erwähnt, hatte er auch so viel menschliche Leidenschaftlichkeit bewiesen, bereits in der letzteren Zeit unseres Rigaer Zusammenseins mir seine Feindseligkeit zu bezeigen, welche ich bis dahin geneigt war, wirklich nur seiner von der meinen abweichenden Kunsttendenz zuzuschreiben.

Wurde ich nun auch zu meinem Schrecken darüber belehrt, welche durchaus nur persönlichen Veranlassungen hierbei zugrunde lagen, und hatte ich eine gewisse Beschämung darüber zu empfinden, durch mein früheres rückhaltloses Vertrauen gegen einen mich ganz unvergleichlich bieder dünkenden Charakter meine Menschenkenntnis noch auf sehr schwachen Füßen stehend erkennen zu müssen, so setzte mich dagegen die Offenbarung des Charakters meines Freundes *H. Dorn* in fast noch größere Verwirrung. Dieser war während unsres fortgesetzten Umganges in *Riga* aus dem Benehmen eines wohlwollenden älteren Bruders in ein offenbar vertrautes Freundesverhältnis zu mir übergegangen; wir sahen und besuchten uns fast täglich, sehr häufig im Familienkreise; ich hatte kein Geheimnis vor ihm, und die Aufführung seines »*Schöffen von Paris*« ging unter meiner Leitung so gut wie unter seiner eignen vonstatten. Als ich nun hörte, daß meine Stelle an ihn vergeben sei, glaubte ich ihn nur darüber befragen zu müssen, um zu erfahren, daß seinerseits ein Irrtum über meine Absicht im Betreff meiner bisherigen Stellung am Theater obwalte. Aus einer brieflichen Antwort ersah ich jedoch, daß *Dorn* sich wirklich die feindselige Stimmung *Holteis* gegen mich zunutze gemacht hatte, um von diesem gerade bei dessen Abgange eine den Nachfolger bindende Abmachung zu seinen Gunsten zu erwirken. Daß er als mein Freund die Vorteile dieser Abmachung nur für den Fall ausbeuten zu dürfen geglaubt hätte, daß ich wirklich meine *Riga*sche Anstellung aufzugeben gesonnen sei, war ihm so wenig eingefallen, daß er in unsrem bisher fortgesetzten vertrauten Umgange sogar sorgfältig vermied, die Möglichkeit meines Fortgehens oder Verbleibens zu berühren. Er führte dagegen an, *Holtei* habe ihm eröffnet, er werde mich keinesfalls von neuem engagieren, da ich mit dem Sängerpersonale mich nicht zu vertragen wisse; ihm, welchen der Erfolg seines »*Schöffen von Paris*« mit neuer Lust für das Theater belebt hatte, sei demnach nicht zu verdenken gewesen, daß er die ihm sich bietende Vakanz zu seinem Vorteil ergriffen habe. Aus meinen vertrauten Mitteilungen habe er außerdem entnommen, daß ich in bedrängter Lage sei und bei meinem geringen, durch *Holtei* von vornherein verkürzten Gehalte gegen die Zumutungen meiner Königsberger und Magdeburger Gläubiger, welche einen *Dorn* nahe befreundeten Advokaten gegen mich gewonnen hatten, einen sorgenvollen Stand hätte, was ihn denn zu der Annahme gebracht habe, ich würde mich doch in *Riga* nicht halten können. Somit habe er auch als Freund bei dem Erfassen der *Holtei*schen Proposition sein Gewissen unbelästigt gefühlt. Um ihm diese Selbstbelügung nicht ungestört zu belassen, führte ich ihm zu Gewissen, daß ihm nicht unbekannt sei, wie mir für mein drittes Kontraktjahr, wenn ich es angetreten hätte, ein erhöhtes Gehalt zugesichert war, außerdem durch Gründung von Orchesterkonzerten, welche bereits einen günstigen Anfang genommen hatten, mir nun, nach Überstehung der schwierigen Zeiten der Übersiedelung und Niederlassung, eben gerade die Möglichkeit entstünde, meiner aus der Vergangenheit herrührenden Schulden mich zu entledigen, und frug ihn somit, wie er sich zu verhalten gedenke, wenn ich erkläre, meinen Vorteil in der Beibehaltung meiner bisherigen Stellung zu ersehen, und ihn somit ersuchen würde, von seiner Abmachung mit *Holtei*, der außerdem ja nach seinem Fortgange von *Riga* den vorgeschützten Grund zu meiner Entlassung fahrengelassen habe, abzustehen. Hierauf erhielt ich von *Dorn* bis auf den heutigen Tag keine Antwort, hatte dagegen im Sommer 1865 die Überraschung, *Dorn* in Person unangemeldet in meiner Münchener Wohnung eintreten und, nachdem ich ihn zu seiner Freude wiedererkannt, mit einer Bewegung mir entgegentreten zu sehen, welche deutlich die Absicht einer Umarmung zeigte; während ich dieser auszuweichen verstand, erkannte ich doch schnell die Schwierigkeit, sein brüderliches »Du« von mir abzuhalten, da die Bemühungen hiergegen möglicherweise Erörterungen nötig gemacht hätten, welche eine unnütze Vermehrung meiner damaligen Aufregungen (es war in der Zeit der Aufführung meines *Tristan*) veranlaßt haben würden. Dies war *Heinrich Dorn*, den, obwohl er sich zu jener Zeit nach dem Mißglücken dreier Opern mißmutig vom Theater ab- und der rein bürgerlichen Handhabung der Musik bereits zugewandt hatte, der Rigasche Lokalerfolg seiner historisch-komischen Oper »*Der Schöffe von Paris*« über die Brücke eines Freundschafts-Verrates und an der Hand der Tugend in der Person des Direktors *Holtei* der Pflege der dramatischen Musik in Deutschland, wohin er aus seiner Vergessenheit durch ein großmütiges Versehen *Franz Liszts* zurückgebracht wurde, zu andauernder Erhaltung zuführte. Zum Gewinn seiner schließlichen bedeutenden Stellung an dem größten lyrischen Theater Deutschlands, der Königlichen Oper in *Berlin*, verhalf ihm die Neigung des Königs *Friedrich Wilhelm IV.* für kirchliche Vorgänge; denn zunächst weniger dem Rufe der dramatischen Muse, als dem Wunsche, in einer größern deutschen Stadt überhaupt nur eine gute Anstellung zu finden, folgend, war er, wie angedeutet, durch *Liszts*

Empfehlung als Musikdirektor am Dom nach *Köln* berufen worden. Bei Gelegenheit einer Dombaufestlichkeit hatte er als Musiker auf das religiöse Gemüt des preußischen Monarchen in der Art zu wirken gewußt, daß dieser ihn mit der Würde seines Hoftheaterkapellmeisters belehnte, als welcher er nun lange Zeit berufen blieb, mit *Wilhelm Taubert* gemeinschaftlich die Ehre der deutschen dramatischen Musik zu pflegen.

J. Hoffmann, dem nunmehrigen Direktor des *Riga*schen Theaters, muß ich es nachrühmen, daß ihm der an mir verübte Verrat zu Herzen ging; er erklärte mir, zu der Anstellung *Dorns* nur für ein Jahr verpflichtet zu sein und sofort für das übernächste Jahr von neuem einen Kontrakt mit mir abschließen zu wollen. Hierzu kamen Anerbietungen *Riga*scher Kunstfreunde, durch Nachweisung von Musikunterricht, Einrichtung von Konzerten usw. für das ausfallende Jahr meines Musikdirektor-Gehaltes mich zu entschädigen. So lieb mir diese Zeugnisse der Anerkennung für mich waren, so hatte doch, wie ich bereits anführte, die Sehnsucht, von dem bisher von mir gekannten Theaterwesen mich gänzlich zu entfernen, mich so stark eingenommen, daß ich diese unfreiwillige Veranlassung, schon jetzt meine bisherige Laufbahn zu verlassen und in eine vollständig neue mich zu werfen, mit Entschiedenheit ergriff. Nicht ohne Geschick benutzte ich die Erregung auch ihres über den an mir begangenen Verrat erbitterten Gemütes, um meine Frau mit dem von mir gefaßten exzentrischen Vorhaben, nach Paris zu gehen, zu befreunden. Hatte ich schon mit der Konzeption des *»Rienzi«* nur noch die großartigsten Theaterverhältnisse in das Auge gefaßt, so wollte ich nun mit Übergehung aller Zwischenstationen sofort dem Brennpunkte des europäischen großen Opernwesens unmittelbar mich zuwenden. Bereits in Magdeburg hatte ich dem Roman *»Die hohe Braut«* von *H. König* das Sujet zu einer großen fünfaktigen Oper nach reichlichstem französischem Zuschnitt entnommen. Den vollständig ausgearbeiteten szenischen Entwurf ließ ich mir in das Französische übersetzen und schickte ihn von Königsberg aus an *Scribe* nach Paris. Diese Zusendung begleitete ich mit einem Brief an den berühmten Operntextdichter, in welchem ich ihm die Aneignung meines Entwurfes unter der Bedingung, mir den Auftrag zur Komposition der Oper für Paris zu erwirken, antrug. Um sich von meiner Befähigung, eine Pariser Opernmusik zu schreiben, überzeugen zu können, übersandte ich ihm zugleich die Partitur meines *»Liebesverbotes«*. Außerdem schrieb ich aber auch an *Meyerbeer*, um ihn von meinem Vorhaben in Kenntnis zu setzen und um seine Unterstützung dafür anzugehen. Es beunruhigte mich nicht, hierauf keinerlei Antwort zu erhalten; wogegen es mir genügte, mir sagen zu können, daß ich bereits »mit *Paris* in Verbindung stehe«. Wirklich hatte ich, als ich nun von *Riga* aus mein kühnes Unternehmen in Angriff nahm, einen gewissermaßen soliden Anknüpfungspunkt und schwebte in betreff meiner Pariser Pläne nicht so eigentlich ganz und gar mehr in der Luft. Nun kam aber hinzu, daß meine jüngste Schwester *Cäcilie* Braut eines zum Brockhausschen Geschäft gehörigen Buchhändlers *Eduard Avenarius* geworden war und dieser in Paris die Führung des dort etablierten Zweiges der deutschen Firma übernommen hatte. An ihn wandte ich mich jetzt, um von *Scribe* Auskunft und Antwort auf mein bereits einige Jahre altes Anerbieten zu erhalten. *Avenarius* suchte *Scribe* auf und erhielt von diesem die Bestätigung des Empfanges meiner früheren Zusendung. Auch bezeugte ihm *Scribe* Erinnerung an das ihm mitgeteilte Sujet, in welchem, soviel er sich entsänne, eine »*joueuse de harpe*« vorkäme, welche von ihrem Bruder malträtiert wurde: daß ihm gerade nur dieser mehr episodische Zug im Gedächtnis geblieben war, ließ mich zwar annehmen, daß *Scribe* über die Kenntnisnahme des ersten Aktes, in welchen dieses Ereignis fiel, nicht hinausgelangt sei; auch daß er in betreff meiner Partitur nichts andres mitzuteilen hatte, als daß er sich von einem Schüler des Conservatoires etwas daraus habe vorspielen lassen, konnte mich nicht zu der schmeichelhaften Annahme bewegen, daß er in einen deutlichen und bewußten Rapport mit mir getreten sei. Dennoch lag, als ich den einen von *Scribe* an *Avenarius* in meiner Angelegenheit gerichteten Brief von diesem als Einschluß in meine Hände gelangt sah, ein greifbares Zeugnis vor mir, daß *Scribe* sich mit mir beschäftigt habe und ich mit ihm in Verbindung stehe. Selbst auf die keineswegs sanguinische Vorstellungsart meiner Frau wirkte dieser Scribesche Brief so bedeutend, daß sie den Schrecken, mit mir sich zu dem Pariser Abenteuer aufmachen zu sollen, immer mehr zu überwinden vermochte. Wir setzten endlich kurz und gut fest, daß wir nach Ablauf meines zweiten *Riga*schen Kontraktjahres, also im bevorstehenden Sommer (1839), direkt von *Riga* nach *Paris* reisen würden, um dort einzig mein Glück als Opernkomponist zu versuchen.

Nun erhielt die Ausführung meines »*Rienzi*« immer größere Bedeutung; noch vor der Abreise war auch die Komposition des 2. Aktes beendigt und diesem ein heroisches Ballett von ausschweifendster Dimension eingeflochten. Da fand sich denn nun, daß ich schnell auch Französisch zu lernen hätte, welches ich während meiner klassischen Gymnasialstudien mit höchster Verachtung beiseite liegengelassen hatte. Als mir zum Nachholen des Versäumten für jetzt nur noch vier Wochen übrigblieben, nahm ich einen tüchtigen französischen Sprachlehrer an; da ich jedoch bald einsah, daß ich es zu keinem besondern Erfolg in dieser kurzen Zeit bringen würde, benutzte ich die Unterrichtsstunden nur dazu, unter dem Vorwand der Übung meinem Lehrer eine Prosa-Übersetzung des Textes zum »*Rienzi*« abzugewinnen; diese schrieb ich mit roter Tinte sofort in die Partitur der fertigen Teile meiner Musik ein, um auf diese Weise sogleich nach meiner Ankunft in Paris meine halbvollendete Oper französischen Kunstrichtern vorlegen zu können.

Somit schien mir alles recht verständig für meine Unternehmung geordnet, und es blieb nur übrig, mir die Geldmittel zur Ausführung derselben zu verschaffen. Hiermit stand es nun übel: der Verkauf unserer bescheidenen häuslichen Einrichtung, der Ertrag eines Benefiz-Konzertes und einige sonstige kleine Ersparnisse reichten gerade eben nur aus, die von Magdeburg und Königsberg gegen mich in Riga klaghaft gewordenen Gläubiger zu befriedigen. War ich genötigt, hierfür mein Geld zu verwenden, so verblieb mir nicht ein Heller. Hier mußte nun Rat geschafft werden, und unser alter Königsberger Freund *Abraham Möller* fand sich ein, um in der ihm geläufigen, nicht allseitig leicht zu beurteilenden Weise diesen Rat zu schaffen. In dieser kritischen Zeit stattete er uns einen zweiten Besuch in *Riga* ab; ich klagte ihm meine schwierige Lage und die Hindernisse, welche der Ausführung meines Entschlusses, nach Paris zu gehen, entgegenstünden. Er riet mir nun kurz und bündig, alle meine Ersparnisse für unsre Reise zu verwenden und mit meinen Gläubigern erst dann mich abzufinden, wenn meine Pariser Erfolge mir dazu die Mittel an die Hand gegeben haben würden. Um dies zu ermöglichen, bot er uns an, in seinem Reisewagen mit Extrapost uns über die russische Grenze bis in einen ostpreußischen Hafen zu bringen; die Überschreitung dieser Grenze mußte von unsrer Seite ohne Pässe bewerkstelligt werden, da auf diese von seiten der auswärtigen Gläubiger Beschlag gelegt war. Er schilderte uns die Ausführung dieses höchst bedenklichen Vorhabens als sehr leicht, da er auf einem der Grenze benachbarten preußischen Gute einen Freund habe, der ihm hierzu die erfolgreichste Hilfe leisten werde. Die Begierde, um jeden Preis meiner bisherigen Lage mich zu entziehen und schnellstmöglich auf das große Feld zu gelangen, auf welchem ich mir rasche Befriedigung meiner ehrgeizigen Wünsche erwartete, verblendete mich gegen alle Widerwärtigkeiten, welche die Ausführung des nun beschlossenen Vorhabens begleiten mußten. Direktor *Hoffmann*, der sich mir nach Kräften verpflichtet hielt, erleichterte meinen Fortgang dadurch, daß er mir ihn um einige Monate vor meiner kontraktlich abgelaufenen Dienstzeit ermöglichte. Nachdem ich noch im Juni die Opernaufführungen der Mitauer Theatersaison dirigiert hatte, traten wir, eben von Mitau aus, unter *Möllers* Schutze und in dessen Wagen mit Extrapost heimlich die Reise an, deren Ziel Paris sein und unter den unerhörtesten Drangsalen von uns erreicht werden sollte. –

Das Wohlgefühl, welches mir die Fahrt durch das fruchtbare Kurland im üppigen Sommermonat Juli namentlich durch die Vorstellung, daß ich nun mit einer ganzen mir verhaßten Lebensrichtung gebrochen und dafür einem unermeßlich neuen Schicksalspfade nachging, unwillkürlich erweckte, ward schon im Beginn der Reise durch die quälende Belästigung getrübt, welche mir durch die Begleitung eines großen Neufundländer Hundes mit Namen *Robber* veranlaßt wurde. Dieser wunderschöne Hund, ursprünglich einem Rigaschen Kaufmann gehörig, hatte sich, gegen die Natur dieser besondern Rasse, mit einer vorzüglichen Zuneigung an meine Person geheftet. Nachdem ich *Riga* verlassen, hatte während meines längern Aufenthaltes in *Mitau* Robber fortgesetzt meine leergewordene Wohnung belagert und durch seine auffallende Anhänglichkeit den Hauswirt und die Nachbarn so sehr gerührt, daß sie den Hund durch den Postkondukteur mir nach *Mitau* nachschickten, wo ich ihn mit wahrhafter Ergriffenheit empfing und mir gelobte, trotz aller Beschwerden den Hund fortan nicht mehr von mir zu weisen. Wie mir es auch ergehen möchte, der riesige Hund mußte mit nach Paris; allein schon nur auf dem Wagen ihn unterzubringen, schien rein unmöglich: alle Vorrichtungen, welche ich unterwegs traf, um ihm im oder am Wagen einen Platz zu verschaffen, erwiesen sich als nichtig, und zu meiner wachsenden Pein mußte ich das so stark bepelzte nordische Tier in glühendster Sonnenhitze tagelang neben dem Wagen herlaufen sehen, bis ich, durch das Mitgefühl für seine Erschöpfung auf das äußerste gebracht, endlich auf die ingeniösesten Einfälle geriet, im vollbesetzten Wagen den großen Hund doch noch so unterzubringen, daß er darin aushielt. Am Abend des zweiten Tages gelangten wir so an die russisch-preußische Grenze; die Besorgnis *Möllers* wegen Ausführung unsrer heimlichen Überschreitung derselben ließ auch uns innewerden, daß es sich hierbei eigentlich um ein gefährliches Wagnis handelte; der vertraute Freund von jenseits begegnete uns der Abmachung gemäß mit einem kleinen Wagen, in welchem er *Minna*, mich und Robber, von der Hauptstraße ab auf Umwegen nach einem Punkt brachte, von dem aus er uns zu Fuß in ein Haus von höchst verdächtigem Aussehen geleitete, um uns dort, nachdem er uns einem Führer übergeben, wieder zu verlassen. Dort hatten wir bis nach Sonnenuntergang zu warten und gewannen Muße innezuwerden, daß wir uns in einer Pascherkneipe befanden, welche sich allmählich mit polnischen Juden vom allerschmutzigsten Aussehen bis zum Übermaß anfüllte. Endlich wurden wir aufgefordert, unsrem Führer zu folgen. Einige hundert Schritte weit zog sich am Abhange eines Hügels der Graben hin, welcher längs der ganzen russischen Grenze gezogen ist und beständig durch Wachtposten von Kosaken, in sehr kleinen Zwischenräumen verteilt, bewacht wird. Es galt, die wenigen Minuten zu benutzen, welche nach der Ablösung der Wachen die Wächter anderweitig beschäftigten. Sehr eilig hatten wir daher den Hügel hinabzulaufen, durch den Graben zu klettern und dann von neuem eilig uns weiter zu wenden, bis wir aus der Schußlinie gelangt waren; denn die Kosaken, sobald sie uns gewahrten, waren gebunden, uns selbst über den Graben hinweg ihre Kugeln nachzusenden. Ich hatte trotz der leidenschaftlichen Sorge für *Minna* dennoch zu meiner seltsamen Freude das intelligente Verhalten *Robbers* beobachtet, welcher, als ob er die Gefahr gewahrte, sich lautlos an uns geschmiegt hielt und meine Sorge, er werde uns bei dem gefahrvollen Übergange Not machen, gänzlich zerstreute. Endlich begegnete uns der vertraute Gehilfe wieder; er war so ergriffen, daß er uns heftig in seine Arme schloß und nun von neuem mit seinem

Fuhrwerk uns in den Gasthof des preußischen Grenzortes geleitete, wo Freund *Möller*, vor Angst erkrankt, uns schluchzend und jubelnd aus dem Bett entgegensprang. Nun war es denn auch für mich Zeit, mich zu besinnen, in welche Gefahr ich nicht nur mich, sondern die arme *Minna* an meiner Seite gebracht hatte und zu welchem Frevel ich durch die Unkunde, in welcher *Möller* mich in so leichtsinniger Weise über die ungeheuerlichen Umstände des von ihm angeratenen heimlichen Grenzüberganges gelassen, verleitet worden war. Ich fand keinen Ausdruck, um meine Reue hierüber meiner zum Tod erschöpften Frau zu erkennen zu geben.

Und doch war, was wir soeben überstanden, nur das Vorspiel zu den neuen Widerwärtigkeiten, welche diese für mein Leben so entscheidungsvolle abenteuerliche Reise begleiteten. Während wir des andern Tages durch die reiche Tilsiter Niederung mit bereits wieder gehobenem Mute auf *Arnau* bei Königsberg zufuhren, wurde der fernere Reiseplan dahin festgesetzt, daß wir von dem preußischen Hafen *Pillau* aus auf einem Segelschiff zunächst nach *London* weitergehen sollten. Der Grund hiervon war hauptsächlich die Rücksicht auf die Begleitung unsres Hundes, welcher so am leichtesten mitzuführen war; während an seine Unterbringung bei einer Reise im Postwagen von Königsberg bis Paris, da man von Eisenbahnen damals noch nichts wußte, natürlich nicht zu denken war. Außerdem aber bestimmte uns auch die Rücksicht auf unsre Kasse; aller Gewinn saurer Mühen bestand für mich in nicht ganz 100 Dukaten, welche nicht nur zur Reise, sondern auch für den *Pariser* Aufenthalt bis dahin, wo ich dort etwas verdient haben würde, zu berechnen waren. So fuhren wir denn, nach einigen Tagen der Erholung in dem Arnauer Gasthofe, abermals von *Möller* geleitet, auf einem dort landesüblichen Fuhrwerke, welches einem Leiterwagen nicht sehr unähnlich war, über kleinere Orte und auf schlechten Straßen, um Königsberg nicht zu berühren, nach dem Hafenstädtchen *Pillau*. Auch diese kürzere Reise sollte nicht ohne Unglücksfall vonstatten gehen. Der ungeschickte Wagen fiel in einem Bauernhofe um, und *Minna* ward bei dem Falle durch eine innere Erschütterung so stark beschädigt, daß wir in einem Bauernhaus, wohin ich die gänzlich Gelähmte mit größter Mühe zu schleppen hatte, bei mürrischen und schmutzigen Leuten eine für die Verletzte höchst schmerzliche Nacht zu verbringen hatten. Die um mehrere Tage sich verspätende Abfahrt des *Pillauer* Schiffes mußte uns unter diesen Umständen, wegen der hierdurch gewährten Frist für *Minnas* Erholung, sehr willkommen sein. Da der Kapitän uns ohne Paß aufzunehmen hatte, war endlich auch die Besteigung seines Schiffes für uns wiederum von besondrer Schwierigkeit. Wir mußten noch vor dem Tagesgrauen uns auf einem Boote heimlich durch die Hafenwache an Bord unsres Schiffes zu schleichen suchen; dort angelangt und nachdem wir Robber ebenfalls mit großer Mühe, ohne Aufsehen zu erregen, die steile Schiffswand hinaufgezogen hatten, mußten wir uns sofort in einem unteren Raum verbergen, um von den vor der Abfahrt das Schiff noch besuchenden Visitatoren nicht bemerkt zu werden. Endlich war der Anker gelichtet, und während wir allmählich das Land aus dem Auge verloren, glaubten wir nun aufatmen und uns beruhigt fühlen zu dürfen.

Wir waren an Bord eines Kaufmannsschiffes von kleinster Gattung; es hieß *Thetis*, hatte das Brustbild der Nymphe an der Puppe aufgesteckt und war, den Kapitän eingerechnet, von sieben Männern bedient. Man war der Meinung, bei gutem Wetter, wie es im Sommer zu erwarten stand, die Fahrt nach London in acht Tagen zu bestehen. Schon auf der Ostsee waren wir durch anhaltende Windstille jedoch lange zurückgehalten; ich benutzte die Muße, um meine Kenntnis des Französischen durch das Studium eines Romans von G. *Sand »La dernière Aldini«* näher zu begründen. Außerdem gewährte uns der Umgang mit den Schiffsleuten manche Unterhaltung. Ein sonderlich schweigsamer älterer Matrose mit Namen *Koske* ward von uns viel beobachtet, namentlich der unversöhnlichen Abneigung wegen, welche der sonst so gutmütige *Robber* gegen ihn gefaßt hatte und welche uns in der Stunde der Gefahr noch eine lächerliche Not machen sollte. – Nach siebentägiger Fahrt gelangten wir erst vor *Kopenhagen* an, wo wir, ohne das Schiff zu verlassen, die Gelegenheit wahrnahmen, unsre sehr spärliche Schiffskost durch Einnahme verschiedener Nahrungsmittel und Getränke erträglicher zu machen. Guten Mutes fuhren wir so an dem schönen Schlosse von *Helsingör* vorbei, dessen Anblick mich in unmittelbare Berührung mit meinen Jugendeindrücken von *Hamlet* setzte, und segelten nun hoffnungsvoll durch das *Kattegatt* dem *Skagerrak* zu, als der anfänglich nur ungünstige Wind, welcher uns zu mühseligem Lavieren genötigt hatte, am zweiten Tag dieser neuen Fahrt in einen heftigen Sturm umschlug. Volle 24 Stunden hatten wir unter für uns ganz neuen Leiden gegen ihn zu kämpfen. In die jämmerlich enge Kajüte des Kapitäns eingepfercht, ohne eigentliches Lager für eines von uns beiden, waren wir der Seekrankheit und allen Ängsten preisgegeben. Zum Unglück war das Branntweinfaß, aus welchem die Mannschaft sich während der harten Arbeit zu stärken hatte, in einer Vertiefung unter der Bank, auf welche ich mich ausgestreckt hielt, angebracht; hier war es nun *Koske*, welcher sich am häufigsten zu der mich so belästigenden Stärkung einfand, trotzdem er jedesmal einen Kampf auf Leben und Tod mit *Robber* zu bestehen hatte, welcher ihn einzig mit stets erneuter Wut anfiel, sobald er die enge Treppe herabgeklettert kam, was mir, dem von der Seekrankheit gänzlich Erschöpften, jedesmal eine mein Übelbefinden zu den bedenklichsten Katastrophen steigernde Anstrengung abnötigte. Endlich, am 29. Juli, sah der Kapitän bei heftig stürmendem Westwind sich gezwungen, einen Hafen der norwegischen Küste aufzusuchen. Mit tröstlichem Gefühle gewahrte ich das weithin sich dehnende felsige Ufer, dem wir mit großer Schnelligkeit zugetrieben wurden, und nachdem nun ein norwegischer Lotse, der auf seinem kleinen Boot uns entgegengekommen war, mit kundiger Hand das Steuer der *Thetis* übernommen hatte, erlebte ich bald einen der wunderbarsten und schönsten Eindrücke meines Lebens. Was ich für eine zusammenhängende Uferfelsenkette gehalten hatte, zeigte sich bei unsrer Annäherung zunächst als eine Reihe einzelner, aus der See hervorragender Felsenkegel; an ihnen vorbeigesegelt, erkannten wir, daß wir nicht nur vor uns, wie zur Seite, sondern auch im Rücken von diesen Riffen umgeben waren, welche sich hinter uns wieder so dicht zusammendrängten, daß sie eine einzige Felsenkette zu bilden schienen. Zugleich brach an diesen rückwärts gelegenen Felsen der Sturmwind sich derart, daß, je weiter wir mit der Fahrt durch dieses stets wechselnde Labyrinth von Felsenkegeln vordrangen, die See immer ruhiger und endlich, bei der Einfahrt in einer jener langen Wasserstraßen durch ein riesiges Felstal, als welches sich ein norwegischer *Fjord* mir darstellte, völlig glatt und friedlich das Schiff dahintrug.

Ein unsägliches Wohlgefühl erfaßte mich, als das Echo der ungeheuren Granitwände den Schiffsruf der Mannschaft zurückgab, unter welchem diese den Anker warf und die Segel aufhißte. Der kurze Rhythmus dieses Rufes haftete in mir wie eine kräftig tröstende Vorbedeutung und gestaltete sich bald zu dem Thema des Matrosen-Liedes in meinem »*Fliegenden Holländer*«, dessen Idee ich damals schon mit mir herumtrug und die nun unter den soeben gewonnenen Eindrücken eine bestimmte poetisch-musikalische Farbe gewann. Hier gingen wir denn auch ans Land. Ich erfuhr, daß der kleine Fischerort, der uns aufnahm, *Sandwike* hieß und einige Meilen von dem größeren Orte *Arendal* abgelegen sei. Das Haus eines verreisten Schiffskapitäns nahm uns zu unsrer Erholung auf, und der in offener See noch fortwährende stürmische Wind hielt uns hier zwei Tage lang zurück, deren wir zu unsrer Erholung sehr wohl bedurften. Am 31. Juli bestand der Kapitän, trotzdem der Lotse davon abriet, auf der Wiederausfahrt. Wiederum an Bord der *Thetis*, verzehrten wir soeben zum ersten Male in unsrem Leben einen Hummer, als sich wenige Stunden nach der Abfahrt ein heftiges Fluchen des Kapitäns und der Mannschaft gegen den Lotsen erhob, welchen ich mit starrer Angst am Steuer sich bemühen sah, einem nur schwach aus der See hervorstehenden Felsenriff auszuweichen, auf das das Schiff zutrieb. Unser Schreck war groß, als wir den leidenschaftlichen Tumult gewahrten und nicht anders glauben konnten, als daß wir in äußerster Gefahr seien. Wirklich erhielt das Schiff einen starken Stoß, welcher in meiner Einbildung blitzesschnell als ein gänzliches Bersten des Schiffes erschien; glücklicherweise fand sich aber, daß unser Schiff das Riff nur von der Seite gestreift hatte und eine augenblickliche Gefahr keineswegs vorhanden war. Dennoch sah sich der Kapitän veranlaßt, nach einem Hafen zurückzusteuern, um das Schiff der nötigen Untersuchung zu unterwerfen. An einen andern Küstenpunkt zurückgekehrt, ward abermals Anker geworfen, und der Kapitän lud uns ein, in einem kleinen Boot mit ihm und zwei Matrosen nach dem einige

Stunden entfernten größeren Ort *Tromsond* zu fahren, wo er die Hafenbehörden zur Untersuchung seines Schiffes zu requirieren hatte. Diese Spazierfahrt war wiederum im höchsten Grad anziehend und eindrucksvoll; namentlich der Einblick in einen weit in das Land sich hineinziehenden *Fjord* erfüllte meine Phantasie mit dem Eindruck einer noch ungekannten grauenvoll erhabenen Öde. Ein größerer Spaziergang von *Tromsond* auf die Hochebene vervollständigte diesen Eindruck durch die furchtbare Melancholie dieser schwarzen Moorheiden, welche ohne Baum, ja ohne Strauch, höchstens von dürftigem Moos bedeckt sich am Horizont in dem düstren Himmel mit ununterscheidbarer Färbung verloren. Von diesem Ausflug zur größten Beängstigung meiner Frau in später Nacht auf dem kleinen Boote zurückgekehrt, konnten wir endlich, am andern Morgen über die Ungefährlichkeit der Beschädigung des Schiffes beruhigt, am 1. August bei gutem Winde unbehindert von neuem in See gehen.

Nach vier Tagen ruhiger Fahrt stellte sich ein stürmischer Nordwind ein, welcher uns in günstiger Richtung mit ungemeiner Schnelle vorwärtstrieb. Schon glaubten wir die Reise bald überstanden zu haben, als am 6. August abends die günstige Windrichtung umschlug und zugleich der Sturm mit unerhörter Heftigkeit zunahm. Es war eines Mittwochs am 7., mittags halb 3 Uhr, wo wir jeden Augenblick unsren Tod voraussehen zu müssen glaubten. Nicht die furchtbare Gewalt, mit welcher das Schiff auf und ab geschleudert wurde und gänzlich richtungslos dem bald als tiefsten Abgrund, bald als steile Berghöhe sich darstellenden Meerungetüm preisgegeben war, erweckte in mir das Todesgrauen, sondern was mich mit dem Gefühl der verhängnisvollen Entscheidung erfüllte, war die Mutlosigkeit der Mannschaft, unter welcher ich verzweiflungsvoll boshafte Blicke wahrnahm, mit denen wir von ihnen in abergläubischer Weise als die Ursache des drohenden Seeunglücks bezeichnet zu werden schienen. Nicht unterrichtet von der so geringfügigen Veranlassung zur Verheimlichung unsrer Reise, mochte den Leuten der Gedanke beikommen, daß es mit unsrer Nötigung zur Flucht eine bedenkliche, gar wohl verbrecherische Bewandtnis haben möge. Selbst der Kapitän schien es in der äußersten Drangsal bereuen zu wollen, uns an Bord genommen zu haben, da wir ihm, der so oft diese Fahrt – namentlich im Sommer – in kurzer Zeit und ohne alle Beschwerde zurückgelegt hatte, für diesmal offenbar Unglück gebracht hätten. Da auch eben um die genannte Tageszeit zugleich mit dem Sturm ein heftiges Gewitter am Himmel tobte, sprach *Minna* den eifrigen Wunsch aus, lieber vom Blitz zerschmettert mit mir umzukommen, als in die fürchterliche Wasserflut lebend zu versinken. Auch bat sie mich, sie mit einigen Tüchern an mich anzubinden, damit wir beim Versinken nicht getrennt werden möchten. Noch eine ganze Nacht verbrachten wir unter diesen andauernden, nur durch die schrecklichste Ermüdung sich abschwächenden Ängsten. Andern Tages hatte sich nun der Sturm gelegt, der Wind blieb ungünstig, war aber schwach; der

Kapitän bemühte sich, mit seinen astronomischen Instrumenten sich darüber genau zu orientieren, wo wir uns befänden; er klagte über den nun bereits so viele Tage und Nächte stets bedeckten Himmel, beteuerte, um einen einzigen Sonnen- oder auch nur Sternenblick viel geben zu mögen, und verbarg seine Unruhe nicht, die er darüber empfand, daß er die Meeresstelle, wo wir uns befanden, nicht mit Sicherheit angeben könne. Doch folgte er zu seinem Troste einem in der Entfernung einiger Seemeilen in gleicher Richtung vor uns segelnden Schiff, dessen Bewegungen er anhaltend mit großer Aufmerksamkeit durch das Fernrohr beobachtete. Plötzlich sprang er im heftigen Schrecken auf und kommandierte mit leidenschaftlichem Eifer eine Veränderung der Schiffsrichtung. Er hatte wahrgenommen, daß das vor uns segelnde Schiff auf eine Sandbank getrieben war, von welcher, wie er behauptete, es nicht wieder loszukommen vermögen würde, da er nun genau innegeworden, daß wir uns in der Nähe des gefahrvollsten Teiles der die holländische Küste weithin einfassenden Sandbänke befanden. Mit geschicktester Benutzung der Segel gelang es nun andauernd die entgegengesetzte Richtung auf die englische Küste einzuhalten, welche wir wirklich am 9. August abends in der Nähe von *Southwould* zu Gesicht bekamen. Als wir von dorther schon in weiter Ferne die Jagd der Lotsen auf unser Schiff bemerkten, welche an der englischen Küste freie Konkurrenz unter sich halten und deshalb selbst unter den größten Wagnissen so weit wie möglich den nahenden Schiffen entgegensegeln, erfüllte sich mein Blut mit angenehmer neuer Lebenswärme. Es gelang einem grauköpfigen kräftigen Manne, jedoch erst nach wiederholten vergeblichen Anstrengungen gegen die tobenden Wellen, welche sein leichtes Boot immer wieder von unsrem Schiffe zurückwarfen, endlich mit bluttriefenden Händen, wie sie ihm das herabgeworfene Tau, welches wiederholt seiner Faust entglitt, zerfetzt hatte, an Bord der »*Thetis*« zu gelangen. So hieß nämlich immer noch unser armseliges, vielgeprüftes Schiff, trotzdem bereits der erste Sturm im *Kattegatt* das tröstliche Holz-Brustbild der schützenden Nymphe in die Wellen geschleudert hatte, was damals bereits von der Mannschaft als ein übles Vorzeichen gedeutet worden war. Das Steuerruder jetzt in der sichern Hand des ruhigen, durch seine ganze Persönlichkeit höchst wohltätig auf uns wirkenden englischen Seemannes zu wissen und in ihm die unfehlbare Bürgschaft baldiger Erlösung aus den schrecklichen Drangsalen zu erkennen, erfüllte uns mit religiösem Wohlgefühl. Noch waren wir aber keineswegs soweit; denn nun begann erst die von zahllosen Gefahren begleitete Fahrt durch die Sandbänke der englischen Küste entlang, auf welchen jährlich, wie man mir versicherte, durchschnittlich gegen 400 Schiffe zugrunde gehen. Wir hatten volle 24 Stunden, vom Abend des 10. bis zum Abend des 11. August, innerhalb dieser Sandbänke einen heftigen Weststurm zu bestehen, welcher uns so sehr am Vorwärtskommen hinderte, daß wir erst in der Nacht zum 12. August in die Mündung der Themse einliefen. Bis dahin hatten die unzähligen verschiedenartigen Warnungszeichen, meistens aus kleinen hellrot gefärbten und mit fast ununterbrochen, des Nebels wegen, läutenden Glocken versehenen Wachtschiffen bestehend, namentlich auf die geängstete Einbildungskraft meiner Frau so aufregend gewirkt, daß sie bei Tag und Nacht, nach ihnen ausspähend und die Mannschaft darauf hindeutend, nicht ein Auge schloß, während auf mich im Gegenteil diese Zeichen der rettenden menschlichen Nähe so beruhigend wirkten, daß ich trotz der lebhaften Vorwürfe *Minnas* hierüber mich einem langen erquickenden Schlafe hingab. Als wir nun, an der Themse-Mündung geankert, ruhig den Anbruch des Tages erwarteten, gab ich, während *Minna* mit der ganzen ermüdeten Mannschaft zugleich im tiefen Schlafe sich ausruhte, mich einem übermütigen Behagen hin, besorgte meine Kleidung, versah mich mit frischer Wäsche und rasierte mich auf offenem Deck am Schiffsmast, mit wachsender Spannung der zunehmenden Regsamkeit auf der berühmten Flußstraße zusehend. Die Sehnsucht nach völliger Erlösung aus dem so widerwärtig gewordenen Schiffsgefängnisse veranlaßte uns, nachdem die Fahrt stromaufwärts langsam wieder begonnen, von einem vorbeifahrenden Dampfschiff bei *Gravesend*, zur Beschleunigung der Ankunft in *London*, uns aufnehmen zu lassen. Die Annäherung an *London* auf dem immer dichter mit Schiffen aller Art bedeckten Strome, durch die von Häusern und Straßen, den berühmten *Docks* und andren maritimen Konstruktionen immer reicher besetzten Ufer, brachte uns in zunehmendes Erstaunen, und als wir endlich an der Londoner Brücke, mitten in dem unabsehbar angehäuften Leben dieses unvergleichlichen Weltplatzes angekommen, hier nach mehr als dreiwöchiger schrecklicher Seefahrt zum ersten Male wieder den Fuß auf das feste Land setzten, erfaßte uns, wie an und für sich der an die schwankende Schiffsbewegung gewöhnte Schritt uns wie im Taumel dahinführte, in dem unerhörten Tumult der lärmendsten Umgebung ein freudig behaglicher Schwindel, von dem namentlich auch Robber ergriffen schien, welcher wie besessen an den Straßenecken dahinsprang und uns jeden Augenblick verlorenzugehen schien. Doch retteten wir uns alle drei in einen Fiaker, welcher uns der Weisung unsres Kapitäns gemäß fürs erste nach einer Schiffskneipe in der Nähe des Towers, die »*Horseshoe-Tavern*« geleitete, von wo aus wir nun den Plan zur Überwältigung des Ungeheuers von Stadt zu überlegen hatten.

Die Umgebung, in welche wir hier gerieten, war derart, daß wir schleunigste Entfernung beschlossen. Von einem kleinen buckeligen Hamburger Juden, welcher sich wohlwollend unsrer annahm, erhielten wir den Nachweis eines besseren Unterkommens im *Westend*. Die eine volle Stunde dauernde Fahrt dahin ist mir sehr anregend in der Erinnerung geblieben; sie ward in einem der damals noch gebräuchlichen, nur für zwei sich gegenübersitzende Personen berechneten winzig schmalen *Cabs*, in welchem wir den großen Hund querüber durch die Wagenfenster legen mußten, zurückgelegt. Was wir von diesem wunderlichen Versteck aus in dieser Stunde zu beobachten hatten, ging über alle unsre bisherigen Vorstellungen von der Lebendigkeit und Ungeheuerlichkeit einer großen Stadt. In sehr belebter Laune kamen wir vor dem uns bezeichneten *boarding-house* in *Old Comptonstreet* an. Hatte ich als zwölfjähriger Knabe es im Englischen in kurzer Zeit bis zu einer, mir so dünkenden, Übersetzung eines Monologs aus Shakespeares »Romeo und Julie« gebracht, so wollte die Erinnerung an diese Studie jetzt mir durchaus nichts helfen, als ich darauf bedacht war, mit der Wirtin des Hauses, welches sich »*Kingsarms*« nannte, mich zu verständigen. Doch glaubte die Dame, als Witwe eines Schiffskapitäns, es auf französisch mit mir zu etwas bringen zu können, durch welche Versuche sie mich in Nachdenken darüber versetzte, welches von uns beiden nichts von dieser Sprache wüßte. Das aufregendste Ereignis trat jedoch sogleich ein, als wir bemerkten, daß *Robber* uns gar nicht in das Haus gefolgt, sondern sofort bei der Tür uns entwichen war. Die Sorge und Klage um den trefflichen Hund, den wir nun mit so großer Mühe bis hieher mitgeschleppt hatten, um sofort ihn uns verlorengehen zu sehen, nahmen uns die zwei ersten Stunden des gastlichen Unterkommens in einem wirklich feststehenden Hause ganz ausschließlich ein, bis wir, stets am Fenster spähend, zu unsrer ausgelassenen Freude Robber plötzlich um die Ecke einer Seitenstraße unbefangen auf unser Haus zukommen sahen. Wir erfuhren später, daß unser Hund sich bis nach der *Oxford-Street* auf Neuigkeiten herumgetrieben hatte, und es blieb mir seine unbegreifliche Rückkehr nach dem Hause, welches er zuvor noch nie mit uns betreten hatte, als ein kräftiges Zeugnis für die erstaunliche Sicherheit des tierischen Instinktes in der Erinnerung. – Nun hatten wir erst Zeit, uns dem Innewerden der großen Belästigung hinzugeben, welche uns die Nachwirkungen der Seefahrt bereiteten. Daß uns der feste Boden fortgesetzt schwankte und wir bei jedem Schritt in die lächerlichste Verlegenheit, uns zu stützen, gerieten, erschien uns fast ergötzlich; als aber das ungeheure zweischläfige englische Bett, als wir uns zur schwer erkauften Ruhe darin niederließen, unaufhörlich auf und nieder getragen wurde und, sobald wir nur das Auge zum Schlafe schlossen, in eine schreckliche Tiefe hinab versank, so daß wir jedesmal hilferufend daraus emporschnellten, wurde es endlich doch unerträglich, denn uns dünkte, daß die entsetzliche Seefahrt nun unser ganzes Leben lang fortdauern würde. Zu diesen Leiden kam das quälendste Übelbefinden, welches uns die nach der greulichen Schiffskost von uns nun begierig aufgesuchte pikante Nahrung zuzog.

Sehr geschwächt von allen diesen Nöten, vergaßen wir dennoch über die Hauptnot, nämlich, was wir denn eigentlich für teures Geld uns zu erwarten hätten, nachzusinnen, sondern, ganz erfüllt von den Wundern der Weltstadt, machten wir uns folgenden Tages, als ob wir eben nur auf einer Vergnügensreise wären, sofort auf eine mannigfaltige Entdeckungsreise in einem Fiaker nach Anleitung eines auf der Karte von London von mir verzeichneten Planes auf. Das Staunen und die Freude über alles Wahrgenommene machte uns alles Überstandene gänzlich vergessen. Den für unsere Kasse so schädlichen achttägigen Aufenthalt in London rechtfertigte ich einerseits aus der Nötigung zur Erholung für *Minna*, andrerseits aus der von mir wahrzunehmenden Veranlassung zur Anknüpfung künstlerischer Beziehungen. Meine bereits in Königsberg komponierte Ouvertüre »*Rule Britannia*« hatte ich schon während meines letzten Dresdener Aufenthaltes an *Sir John Smart*, Vorsteher der dortigen Philharmonischen Gesellschaft, nach London geschickt; allerdings hatte mir dieser auf meine Sendung nie geantwortet; für desto gebotener hielt ich es nun, ihn dafür zur Rede zu setzen. Während ich mir überlegte, durch welche Verwendung meiner Sprachkenntnisse ich mich mit ihm zu verständigen haben würde, verbrachte ich einige Tage mit Erkundigungen nach seiner Wohnung, deren schließlicher Erfolg die Erfahrung war, daß *Smart* gar nicht in London sei. Nun bildete ich mir wiederum einige Tage über ein, es wäre gut, wenn ich *Bulwer* aufsuchte, um mit ihm mich über die musikalische Ausführung seines von mir dramatisierten Romanes »*Rienzi*« zu verständigen. Da ich seinerzeit auf dem Kontinent erfahren hatte, daß *Bulwer* Parlaments-Mitglied sei, erkundigte ich mich nach ihm unmittelbar im Parlamentshause. Hier verhalf mir meine gänzliche Unkenntnis der englischen Sprache zu einer unerwartet rücksichtsvollen Aufnahme. Da in dem ungeheuren Gebäude keiner der zunächst von mir angetroffenen niederen Beamten verstand, was ich wollte und suchte, ward ich von diesen in aufsteigender Leiter zu immer höheren Würdenträgern gewiesen. Einem vornehm aussehenden Herrn, der soeben aus einem großen Saale heraustrat, ward ich, während *Minna* immer zu meiner Seite war und nur Robber in »*Kingsarms*« zurückgeblieben, wie es schien, als völlig unverständlicher Mensch vorgestellt. Auf französisch freundlich von ihm befragt, was ich wünsche, schien meine Erkundigung nach dem berühmter *Bulwer* keinen ungünstigen Eindruck zu machen. Es mußte mir zwar gemeldet werden, daß der Gesuchte nicht in London sei; da ich aber weiter frug, ob es nicht möglich sei, daß ich einer Parlamentssitzung beiwohnen könne, bedeutete mir der Herr, daß in dem höchst beschränkten, infolge des kürzlichen Brandes der alten Parlamentshäuser provisorisch zu den Sitzungen verwendeten Lokale nur wenigen Begünstigten gegen Eintrittskarten der Besuch gestattet sei; auf mein besonders zutrauliches Andringen entschloß sich jedoch mein Gönner, den ich, da wir uns vor dem Oberhause befanden, wohl nicht mit Unrecht für einen Lord in eigner Person zu halten hatte, in Kürze uns eine Tür zu öffnen und uns so unmittelbar in den engen reservierten Zuhörerraum des Sitzungssaals der Peers von England einzuführen. Dies war mir denn über alle Maßen interessant. Ich hörte und sah den damaligen Premier, Lord *Melbourne*, *Brougham* (welcher mir eine außerordentlich bewegliche Rolle zu spielen schien und, wie es mich dünkte, Melbourne mehrere Male einhalf); außerdem den Herzog von *Wellington*, welcher mit seinem grauen Kastor-Hute auf dem Kopfe, die beiden Hände in den Hosentaschen, namentlich durch das Schütteln seines Körpers bei gewissen stärkern Akzenten seiner ganz konversationell klingenden Rede auf mich einen alle übertriebene Ehrfurcht zerstreuenden behaglichen Eindruck machte. Außerdem interessierte mich Lord *Lindhurst*, der spezielle Antagonist Broughams, zu welchem, während er sprach, mehrere Male dieser sein Gegner, zu meinem höchsten Erstaunen, ganz gemütlich sich an die Seite setzte, um auch ihm, wie es mir schien, einzuhelfen. Es handelte sich, wie ich späterhin aus der Zeitung ersah, um Maßregeln gegen die Portugiesische Regierung zur kräftigen Durchführung der Bill gegen Sklavenhandel. Der *Bischof von London*, den ich hierbei auch zu hören Gelegenheit hatte, war unter den Herren der einzige, welcher durch Ton und Haltung auf mich einen ungemütlichen Eindruck machte, woran vielleicht mein Vorurteil gegen den geistlichen Stand überhaupt schuld war.

Nach diesem glücklichen Abenteuer schien mir London für diesmal erschöpft zu sein, denn obgleich ich keiner Sitzung des Unterhauses beiwohnen konnte, führte mich doch mein unermüdlich freundlicher Gönner, auf welchen ich wiederum beim Hinausgehen zufällig stieß, noch in das Sitzungslokal der Gemeinen, erklärte mir dort alles Nötige, ließ mich auch den Wollsack des Sprechers sowie die unter dem davorstehenden Tisch verborgene Keule dieses Würdenträgers in Augenschein nehmen und belehrte mich über verschiedenes so genau, daß ich jetzt alles Wissenswerte der Hauptstadt des britischen Reiches vollkommen innezuhaben glaubte. An das Aufsuchen der italienischen Oper dachte ich nicht im mindesten, vielleicht schon weil ich mir die verderblichsten Vorstellungen über die enormen Eintrittspreise daselbst machen zu müssen glaubte. Nachdem wir im übrigen noch fleißig die Hauptstraße der Stadt, oft bis zur größten Ermüdung, durchwandert, auch den gespensterartigen Eindruck eines Londoner Sonntags mit völligem Grausen in uns aufgenommen und schließlich mit dem Kapitän der »Thetis« zum ersten Male in unsrem Leben eine Dampfwagenfahrt, und zwar nach dem Park von *Gravesend*, ausgeführt hatten, reisten wir nun am 20. August mit dem Dampfschiff nach Frankreich ab, wo wir des Abends in *Boulogne sur mer*, mit brünstigen Wünschen es nie wieder befahren zu müssen, vom Meere Abschied nahmen. – –

Eine gewisse Bangigkeit vor der mit unsrer Einkehr in Paris ahnungsvoll vorausgefühlten Enttäuschung, die wir uns jedoch gegenseitig verbargen, wirkte nebst andren Gründen mit dazu, daß wir zuvörderst uns einige Wochen in oder bei *Boulogne* zu verweilen bestimmten. Jedenfalls befanden wir uns noch in zu früher Jahreszeit, um die verschiedenen wichtigen Personen, die ich für mein Vorhaben in Paris aufzusuchen hatte, jetzt schon dort anzutreffen; dagegen es mir überaus glücklich erschien, von *Meyerbeers*

Aufenthalt eben in Boulogne selbst zu erfahren. Außerdem hatte ich noch einen Teil des 2. Aktes des »*Rienzi*« zu instrumentieren; es lag mir daran, bei meinem Eintritt in dem kostspieligen Paris sofort wenigstens die vollendete Hälfte meines Werkes vorlegen zu können, und in der Nähe von Boulogne schien uns für diese Zeit ein wohlfeilerer Aufenthalt aufzufinden zu sein. Einen solchen aufzusuchen, durchstreiften wir zuallernächst die Umgegend und fanden auf der großen Straße nach Paris, in halbstündiger Entfernung von Boulogne, im freigelegenen Haus eines ländlichen *Marchand de vin* zwei fast unmöblierte Kammern, die wir auf kurze Zeit mieteten und zu unsrem Zweck mit vieler Erfindung, worin namentlich *Minna* sich auszeichnete, dürftig aber genügend einrichteten. Außer einem Bett und zwei Stühlen ward ein Tisch aufgetrieben, auf welchem wir, sobald ich meine Arbeit am »*Rienzi*« hinweggeräumt hatte, unsre in einem Kamine selbst zubereiteten Mahlzeiten zu uns nahmen.

Von hier aus machte ich mich denn zu einem ersten Besuch bei *Meyerbeer* auf. In Journalen hatte ich öfter von dessen sprichwörtlich gewordener Liebenswürdigkeit und Gefälligkeit gelesen; daß er mir auf meinen früheren Brief nicht geantwortet, verzieh ich ihm gern und fand mich in meiner besten Meinung nun wirklich auch nicht enttäuscht, als ich bald von ihm vorgelassen und freundlich empfangen wurde. Er machte in jeder Hinsicht auf mich einen vorteilhaften Eindruck, wozu sein damals vom Alter noch nicht in der bedenklichen Weise, wie es bei jüdischen Physiognomien gewöhnlich eintritt, erschlaffter, namentlich durch eine schön geformte Umgebung der Augen sehr hoffnungweckender Gesichtsausdruck entscheidend beitrug. Mein Vorhaben, in Paris als dramatischer Komponist mein Aufkommen zu suchen, wollte er nicht für verzweiflungsvoll ansehen. Er gestattete mir, ihm den Text meines »Rienzi« vorzulesen, und hörte auch wirklich bis zum Schluß des dritten Aktes zu, nahm die fertigen zwei Akte der Komposition zur Durchsicht an und bezeugte mir bei einem späteren Besuche seine rückhaltlose Teilnahme für meine Arbeit, wobei es mich jedoch einigermaßen störte, daß er wiederholt auf das bewundernde Lob meiner zierlichen Handschrift zurückkam, an welcher er den »Sachsen« vorteilhaft wiederzuerkennen glaubte. Er versprach mir empfehlende Briefe an den Direktor der Großen Oper *Duponchel* und an den *Chef d'orchestre* derselben, *Habeneck*. Ich glaubte somit vollen Grund zu haben, mein Geschick zu preisen, welches mich durch die abenteuerlichsten Drangsale gerade an diese Stelle Frankreichs hingetrieben hatte. Welcher glücklichere Erfolg wäre in so kurzer Zeit zu gewinnen gewesen, als er mir jetzt durch die schnell erworbene Teilnahme des berühmtesten Komponisten der französischen Oper geworden war? *Meyerbeer* führte mich auch bei dem zum Besuch gleichfalls in Boulogne weilenden *Moscheles*, auch bei *Frl. Blahedka*, der mir schon früh als Berühmtheit bekannten Virtuosin ein. Bei beiden wohnte ich vertraulichen musikalischen Soireen bei und fand mich somit zum ersten Male in einem Elemente des Umgangs mit musikalischen Berühmtheiten, welches mir bisher noch gänzlich fremd geblieben war.

Nachdem ich meinem zukünftigen Schwager *Avenarius* um Besorgung eines geeigneten Unterkommens für uns nach *Paris* geschrieben hatte, machten wir uns nun am 16. September in der Diligence zur Reise dahin auf, wobei Robber, welchen ich auf der hohen Impériale unterzubringen hatte, mir wiederum die altgewohnte Not bereitete. — Mit der höchsten Spannung meiner Ankunft in dem ersehnten *Paris* zugewandt, bedauerte ich zunächst, von dieser Stadt nicht den großartigen Eindruck wiederzugewinnen, den mir zuvor London verschafft hatte. Alles schien mir enger, eingedrückter, und namentlich von den berühmten *Boulevards* hatte ich mir kolossalere Vorstellungen gemacht. Unerhört war mein Ärger, in einer gräßlich engen Gasse, der *rue de la Jussienne*, von unsrer riesigen Diligence herab zum ersten Male den Pariser Boden betreten zu müssen. Auch die *rue Richelieu*, in welcher ich die Buchhandlung meines Schwagers aufzusuchen hatte, imponierte mir im Vergleich zu den Straßen des Londoner *Westends* gar nicht. Als ich nun von hier aus, zum Einzug in die für mich gemietete *Chambre garnie*, in eine der engen Seitengassen, welche die *rue St. Honoré* mit dem *marché des Innocents* verbindet, der *rue de la Tonnellerie*, gewiesen wurde, kam ich mir wirklich wie degradiert vor. Es bedurfte der tröstlichen Inschrift des Hauses meines *Hotel garnis*, welche unter einer Büste *Molières* die Worte enthielt: *Maison où naquit Molière,* um mich durch gute Vorbedeutung für die empfangenen geringen Eindrücke einigermaßen zu trösten. Klein aber freundlich und wohlanständig ausgestattet, empfing uns das um billigen Preis für uns bereitgehaltene Zimmer des vierten Stockes, aus dessen Fenstern wir bald mit wachsender Bangigkeit auf das ungeheure Marktgewühle in den Straßen herabblickten, von dem ich nicht zu begreifen vermochte, was ich in seiner Nähe zu suchen haben könnte.

Avenarius, welcher bald nach Leipzig zu verreisen hatte, um dort seine Braut, meine jüngste Schwester *Cäcilie*, zu heiraten und nach Paris zu führen, wies mir die einzige ihm zugängliche musikalische Bekanntschaft mit einem an der *Bibliothèque royale* für die Abteilung der Musik angestellten Deutschen, *E. G. Anders*, zu. Dieser suchte uns bald in Molières Geburtshaus auf, und in ihm lernte ich schnell einen jener seltenen Menschen kennen, dessen Andenken, so wenig er mir auch nützen konnte, zu ergreifender Erinnerung in meinem Leben geborgen blieb. Er war unverheiratet, stand in den fünfziger Jahren und vertraute mir bald, daß er üble Erfahrungen hinter sich habe, welche ihn aus früherer Wohlhabenheit und günstigen Lebensverhältnissen zu der traurigen Nötigung gebracht hätten, gänzlich hilflos in Paris ein Unterkommen zu suchen, wozu ihm, was er früher nur aus Liebhaberei betrieben, seine ungemeinen bibliographischen Kenntnisse, namentlich im musikalischen Fach, verhelfen mußten. Seinen wirklichen Namen nannte er mir nie; diesen, wie seine Schicksale, wollte er mir nach seinem Tode erst zur Eröffnung bereithalten; für jetzt enthüllte er mir nicht mehr, als daß er eben »anders« hieß, aus adliger Familie früher am Rhein angesessen gewesen sei, durch schwärzesten Verrat an seiner Leichtgläubigkeit und Gutmütigkeit alles verloren und nur seine sehr ansehnliche Büchersammlung gerettet habe, von deren bedeutendem Umfange ich mich allerdings in seiner bescheidenen Wohnung, wo sie alle Wände füllte, überzeugen konnte. Auch hier in Paris, wo er, wie es scheint, mit einer bedeutenden Empfehlung ankam, glaubte er sich bald über grausame Feinde beklagen zu müssen; denn noch habe er es seit langer Anstellung in der Bibliothek trotz seiner großen Kenntnisse nicht über den niedrigsten Posten eines sogenannten *Employé* bringen können, wogegen er erleben müsse, daß wirkliche Ignoranten in die ihm verhießenen höheren Stellen emporrückten. Später erfuhr ich wohl, daß hieran die große Unbehilflichkeit und Weichlichkeit des durch seine früheren Verhältnisse verwöhnten Mannes die wahre Schuld trugen, da er energische Tätigkeit zu entwickeln nicht mehr im Stand war. So führte er mit dem kläglichen Gehalte von 1500 Franken ein mühseliges, stets von Schwierigkeiten bedrohtes Leben. Einsam alternd und, wie er nicht anders vermeinte, seinem Hinsterben in einem Spital entgegensehend, schien ihm unsre Bekanntschaft, die wir zwar selbst im höchsten Grade bedürftig, doch aber mit so wagendem Mute hoffnungsvoll in die Zukunft blickten, von neu belebendem Eindrucke zu sein. Meine Lebendigkeit und unerschütterliche Energie erfüllten ihn mit Hoffnung auf meine Erfolge, an deren Förderung er von nun an einen ungemein innigen und hingebenden Anteil nahm. Als Mitarbeiter an der von *Moritz Schlesinger* herausgegebenen »*Gazette musicale*« hatte er doch nie auch nur den mindesten Einfluß sich zu verschaffen gewußt, da ihm jede publizistische Gewandtheit abging und er von der Redaktion dieses Blattes fast nur zur Anfertigung bibliographischer Notizen verwendet wurde. Mit ihm, dem gänzlich Unbehilflichen und Weltunkundigen, hatte ich sonderbarerweise den Plan zur Eroberung des aus allen erdenklichen Nichtswürdigkeiten kombinierten musikalischen Terrains von Paris zu beraten, wobei es eigentlich immer nur darauf hinauskam, sich gegenseitig für die Hoffnung zu erhitzen, daß irgendein unvorhergesehener Glücksfall mir förderlich sein sollte.

Zur Mithilfe an diesen Beratungen zog er seinen Freund und Hausgenossen, den Philologen *Lehrs* herbei und verschaffte mir dadurch eine Bekanntschaft, welche bald zu einem der schönsten Freundschaftsverhältnisse meines Lebens führte. *Lehrs*, der jüngere Bruder eines namhaften Gelehrten in Königsberg, war vor einigen Jahren von dort her nach Paris gekommen, um zu versuchen, sich durch philologische Arbeiten daselbst eine unabhängige Stellung zu gewinnen, welche er, selbst wenn unter schwierigen Umständen, einer Anstellung als Lehrer, wie sie deren einzig in Deutschland Gelehrten zum Unterkommen dienen, vorzog. Sehr bald hatte er Beschäftigung bei dem Buchhändler *Didot* als Mitarbeiter an einer großen Ausgabe der griechischen Klassiker erhalten, wobei der Verleger, welcher die bedürftige Lage des jungen Gelehrten sich zum Nutzen machte, mehr für das Gelingen seiner Unternehmung als das Gedeihen des armen Mitarbeiters besorgt war. So hatte *Lehrs* stets mit großer Not zu kämpfen, behielt dabei aber immer eine würdige Laune und bewährte sich in jeder Hinsicht als ein seltenes Beispiel von Uneigennützigkeit und Aufopferung für andre. Gänzlich ohne Kenntnis der Musik, auch ohne eigentliches Interesse dafür, sah er zunächst in mir nur den ratbedürftigen Menschen, bald auch den Leidensgenossen im Pariser Elend. Wir wurden bald so vertraut, daß ich ihn fast alle Abende regelmäßig mit *Anders* bei mir eintreten sah. Für diesen war die Begleitung des Freundes schon deshalb von großem Wert, weil er, etwas unsicher auf den Füßen, stets mit einem Stock und einem Parapluie zugleich bewaffnet, namentlich bei den Überschreitungen belebter Straßen des Abends sehr ängstlich war. Auch schickte er *Lehrs* gern zuerst über meine Schwelle, um *Robber* von sich abzuwenden, vor welchem er eine so auffällige Furcht bezeigte, daß das sonst so gutmütige Tier hierdurch wirklich zum Argwohn gegen *Anders* gereizt wurde und gegen ihn bald eine ähnliche aggressive Abneigung faßte als wie an Bord der *Thetis* gegen den Matrosen *Koske*. Beide lebten in einem *Hotel garni* der *rue de Seine* und klagten viel über ihre Wirtin, welche ihre Einkünfte dermaßen in Beschlag nahm, daß sie völlig unter ihrer Vormundschaft standen. Um sich von ihr zu emanzipieren, ging Anders bereits seit Jahren damit um, von ihr fortzuziehen, ohne je das Vorhaben ausführen zu können. Bald bestand im Betreff unsrer gegenseitigen Lage nicht das mindeste Geheimnis mehr zwischen uns, so daß wir mit den Freunden gemeinschaftlich eine, wenn auch auseinanderliegende, doch aber durch gleiche Leiden innig verschmolzene Wirtschaft führten.

Fürs erste bildeten nun den Gegenstand unsrer Besprechungen die verschiedenen Wege, welche ich zur Erreichung meines Zieles, mich in Paris bekannt zu machen, einschlagen sollte. Das Eintreffen der versprochenen Empfehlungsbriefe *Meyerbeers* belebte zunächst unsre Hoffnungen. Der Direktor der Oper, *Herr Duponchel*, empfing mich wirklich in seinem Büro; er las den Brief *Meyerbeers* durch ein Glas, welches er sich in das rechte Auge klemmte, und verriet bei dieser Lektüre nicht die mindeste Ergriffenheit. Jedenfalls hatte er dergleichen Empfehlungs-Schreiben *Meyerbeers* schon sehr häufig erbrochen. Nachdem er mich verabschiedet, erfuhr ich nie wieder das mindeste von ihm. Der alte Orchesterchef *Habeneck* nahm mich dagegen mit einiger nicht nur scheinbaren Teilnahme auf und erklärte auf meinen Wunsch sich bereit, bei vorkommender Muße in einer der Übungsproben des Orchesters der Conservatoire-Konzerte etwas von mir durchspielen zu lassen. Leider hatte ich von selbständigen Instrumentalkompositionen nichts mir geeignet Dünkendes vorrätig als meine sonderbare Ouvertüre zu »Kolumbus«, welche ich, da sie dereinst unter der Mithilfe der tapferen preußischen Militärtrompeter im Magdeburger Theater mir so großen Applaus eingebracht hatte, immer noch für das bewährteste meiner Feder entflossene Effektstück hielt. Ich übergab die Partitur und Orchesterstimmen davon *Habeneck* und hatte somit unsrem abendlichen Komitee eine erste in Gang gebrachte Unternehmung zu berichten. – Von Versuchen, meine mit *Scribe* angeknüpften Beziehungen jetzt persönlich aufzunehmen, ward ich durch die Vorstellungen der Freunde abgehalten, da sie mir aus der Kenntnis der Dinge leicht nachweisen konnten, daß an ein ernstliches Befassen dieses so außerordentlich beschäftigten Autors mit einem gänzlich namenlosen jungen Musiker gar nicht zu denken sei. Dagegen brachte mich *Anders* mit einem Herrn *Dumersan*, mit dem er freundschaftlich bekannt war, zusammen. Dieser bereits stark ergraute Herr war Verfasser einiger 100 Piècen für die kleinen Vaudeville-Theater und hätte sehr gern vor seinem Ende noch erlebt, eines seiner Stücke auf einem größeren lyrischen Theater gespielt zu sehen. Gänzlich ohne Autoren-Eitelkeit, wäre ihm auch die Übertragung des Arrangements einer bereits fertigen Oper für französische Verse ganz recht gewesen; ihm ward von uns somit die Bearbeitung meines »Liebesverbotes« für ein damals bestehendes drittes lyrisches Theater, welches sich das *Théatre de la Renaissance* nannte und in der seit ihrem Brande neu hergerichteten *Salle Ventadour* spielte, vorgeschlagen. Drei Nummern dieser Oper, welche ich für eine verhoffte Audition bestimmte, führte er auf Grund einer wörtlichen Übersetzung sofort in artigen französischen Versen aus. Außerdem aber lud er mich ein, zu einem Vaudeville, welches in der Karnevals-Zeit im Theater der *Variétés* gegeben werden sollte und »*La Descente de la Courtille*« betitelt war, einen Chor zu schreiben. – Dies war eine zweite Aussicht. Die Freunde rieten aber, vor allen Dingen einige kleinere Gesangskompositionen zu schreiben, welche ich beliebten Sängern zum Vortrag in den häufigen Konzerten anbieten könnte. *Lehrs* und *Anders* schafften Texte herbei; Anders brachte von einem befreundeten jungen Poeten ein sehr unschuldiges »*Dors mon enfant*«, das erste, was ich in französischer Sprache komponierte; es geriet so gut, daß, als ich spät abends es mehrmals leise mir auf dem Klavier probierte, meine Frau aus dem Bett mir zurief, das wäre ja ganz himmlisch zum Einschlafen. Außerdem komponierte ich »*L'Attente*« aus *Hugos* »*Orientales*« und eine Romanze von *Ronsard*: »*Mignonne*«. Diese kleinen Arbeiten, deren ich mich nicht zu schämen habe, veröffentlichte ich später als musikalische Beilage zu der damals von *Lewald* herausgegebenen »Europa«, wo sie in dem Jahrgange von 1841 erschienen. – Nun verfiel ich aber noch auf den Gedanken, für *Lablache* eine von ihm als »Orovist« in *Bellinis* »Norma« einzulegende große Baß-Arie mit Chor schreiben zu wollen; *Lehrs* mußte einen italienischen politischen Flüchtling auftreiben, um von ihm den Text zu einer solchen Arie zu erlangen; dies geschah, und ich führte eine effektvolle Komposition im Stile *Bellinis* aus, die sich noch unter meinen Manuskripten befindet und mit welcher ich mich damals unmittelbar zu *Lablache* verfügte, um sie ihm anzubieten. Der freundliche Mohr, welcher mich in des berühmten Sängers Vorzimmer empfing, wollte mich durchaus sofort unangemeldet zu seinem Herrn einlassen; da ich das Vorkommen bei einem solchen Herrn für sehr schwierig gehalten, hatte ich mich auf das Abweisen gefaßt gemacht und mein Anliegen schriftlich in einem Briefe niedergelegt, wodurch ich mich besser verständigt zu haben glaubte, als es durch mündlichen Vortrag mir möglich gewesen sein würde. Die Zutraulichkeit des schwarzen Dieners setzte mich somit in Verlegenheit; ich drang ihm meine Partitur und den Brief auf, um sie seinem Herrn zu übergeben, achtete nicht seiner mit freundlichem Erstaunen wiederholten Aufforderung, doch nur selbst einzutreten und mit seinem Herrn mich zu unterhalten, und verließ eilig das Haus, um in einigen Tagen mir Antwort zu holen. Als ich wiederkehrte, empfing mich *Lablache* höchst freundlich, versicherte mich, die Arie sei sehr gut gemacht, nur sei es ganz unmöglich, sie in der bereits so häufig gegebenen *Bellini*schen Oper nachträglich noch einzulegen. Dieser Rückfall auf das *Bellini*sche Operngebiet, den ich mir durch die Anfertigung dieser Arie zuschulden kommen ließ, war somit ohne Nutzen geblieben, und die Unfruchtbarkeit eines meiner Versuche war demnach schnell entschieden. Ich sah ein, daß ich persönlicher Empfehlungen bei den Sängern und Sängerinnen bedürfen würde, wenn ich meine andren Kompositionen zum Vortrag gebracht zu sehen wünschte.

Höchst willkommen war mir daher die endliche Ankunft *Meyerbeers* selbst in Paris. Der geringe Erfolg seiner Empfehlungsbriefe, von dem ich ihm berichtete, überraschte ihn so wenig, daß er es im Gegenteil für gut hielt, mich nun darauf aufmerksam zu machen, daß in Paris alles sehr schwierig sei und ich am besten täte, zunächst mich nach bescheidener Lohnarbeit umzusehen. Er führte mich in diesem Sinne bei seinem Verleger *Maurice Schlesinger* ein, überließ mich dem Schicksale dieser monströsen Bekanntschaft und reiste nach Deutschland ab. – Da fürs erste *Schlesinger* nicht wußte, was er mit mir anfangen sollte, und die in seinem Büro unter seinem Protektorat von mir gemachten Bekanntschaften, worunter die des Violinspielers *Panofka*, auch zu nichts führten, kehrte ich zu meinem häuslichen Beratungs-Conseil zurück, der mir doch schon einiges an die Hand gegeben hatte, wie neuerdings eine Übersetzung der »Beiden Grenadiere« von *Heine* durch einen Pariser Professor, welche ich für eine Bariton-Stimme zu meiner Zufriedenheit alsbald komponierte. – Auf *Anders'* Vorschlag suchte ich nun Sänger und Sängerinnen für meine neuen angefertigten Kompositionen aufzufinden. Mme *Pauline Viardot*, an die ich mich in erster Linie wandte, ging meine Stücke sehr freundlich mit mir durch, verweigerte mir auch nicht das Zugeständnis ihres Gefallens daran, versicherte mich jedoch, keine Veranlassung zu ihrem Vortrag zu ersehen. Ähnlich ging es mir mit einer Mme *Widmann*, welche mein »*Dors mon enfant*« mit schöner Alt-Stimme gefühlvoll mir vorsang, dennoch aber nicht wußte, was sie weiter damit tun sollte. Ein Herr *Dupont*, dritter Tenor der Großen Oper, versuchte meine Komposition des *Ronsard*schen Gedichtes, erklärte aber, daß die Sprache, in welcher es verfaßt sei, vom jetzigen Pariser Publikum nicht goutiert werden könnte. Herr *Géraldy*, ein sehr beliebter Konzertsänger und Gesanglehrer, welcher mir verschiedene Besuche bei sich gestattete, erklärte die »Deux grénadiers«, welche ich ihm anbot, aus dem Grunde für unmöglich, weil die *Marseillaise,* an welche ich die Begleitung des Schlusses anklingen ließ, gegenwärtig in Paris nur in Begleitung von Kanonen- und Gewehrfeuer auf den Straßen gehört zu werden pflegte.

Einzig führte *Habeneck* sein Versprechen aus, meine Kolumbus-Ouvertüre bei Gelegenheit einer Probe vom Orchester mir und *Anders* vorzuspielen, was ich, da es dabei keineswegs selbst nur auf den Versuch der Zulassung dieser Komposition bei einem der berühmten *Conservatoire-Konzerte* abgesehen war, wirklich als eine aufmunternde Artigkeit des alten Herrn anzusehen hatte, welche für jetzt allerdings jede weitere günstige Folge für mich ausschloß, da ich selbst wohl auch innewärd, daß meine ungemein flüchtige Jugendarbeit dem Orchester nur eine konfuse Meinung über mich hatte beibringen können. – Doch gewann ich bei einer dieser Proben unerwartet einen so bedeutenden Eindruck, daß ich ihm eine wichtige Entscheidung für eine jetzt neu sich begründende Wendung meiner künstlerischen Entwicklung beimessen muß. Dies geschah durch meine Anhörung der 9. *Symphonie Beethovens*, welche ich nun von diesem berühmten Orchester mit dem Erfolge eines beispiellos andauernden Studiums in so vollendeter und ergreifender Weise vorgetragen hörte, daß wie mit einem Schlage das in meiner Jugendschwärmerei von mir geahnte Bild von diesem wunderbaren Werke, nachdem es mir durch die Hinrichtung desselben durch das Leipziger Orchester unter des biedren *Pohlenz*' Leitung gänzlich verwischt worden war, nun sonnenhell wie mit den Händen greifbar vor mir stand. Wo ich früher nichts als mystische Konstellationen und klanglose Zaubergestalten vor mir gesehen hatte, strömte jetzt wie aus zahllosen Quellen der Strom einer nie versiegenden, das Herz mit namenloser Gewalt dahinreißenden Melodie entgegen.

Die ganze Periode der Verwilderung meines Geschmackes, welche genau genommen mit dem Irrewerden an dem Ausdrucke der *Beethoven*schen Kompositionen aus dessen letzter Zeit begonnen und durch meinen verflachenden Verkehr mit dem schrecklichen Theater sich so bedenklich gesteigert hatte, versank jetzt vor mir wie in einem tiefen Abgrund der Scham und Reue.

War diese innere Wendung in den letzten Jahren, namentlich auch durch die Wirkung leidenvoller Lebenserfahrungen auf mich, wohl sehr günstig vorbereitet, so gewann doch nun, durch den unsäglichen Eindruck der 9. Symphonie in einer Ausführung, von welcher in jeder Hinsicht ich zuvor gar keine Ahnung hatte, der neugewonnene alte Geist erst wirkliche Lebenskraft, und ich vergleiche daher diesen für mich so wichtigen Vorgang mit dem ähnlichen entscheidenden Eindrucke, welchen ich als 16-jähriger Jüngling vom Fidelio der *Schröder-Devrient* gewann.

Die nächste Folge hiervon war meine innige Sehnsucht, gerade jetzt, wo das Elend meiner Lage in Paris mir immer klarer bewußt wurde und ich tiefinnerlich an jedem Erfolg auf dem betretenen Wege verzweifelte, etwas zu schaffen, was mir ebenso innerlich Genugtuung geben sollte. So entwarf ich eine O*uvertüre zu Faust*, welche dem ersten Plane nach nur den ersten Satz einer ganzen Faust-Symphonie bilden sollte, da ich für den zweiten Satz bereits die Ausführung des »Gretchens« ebenfalls im Kopfe trug. Es ist dies dieselbe Komposition, welche ich, nachdem ich sie bereits außer acht verloren, infolge sinniger Andeutungen und Wünsche *Liszts* fünfzehn Jahre später in einigen Teilen umarbeitete, und welche jetzt unter dem Titel »*Eine Faust-Ouvertüre*« von mir wiederholt öffentlich aufgeführt und auch sonst weiter beachtet worden ist. Damals hegte ich den Ehrgeiz, eine so beschaffene Komposition von dem Orchester des Conservatoires für eines seiner Konzerte angenommen zu sehen, erfuhr jedoch, daß man dort der Meinung war, mir bereits genug Aufmerksamkeit erwiesen zu haben, und für einige Zeit mich loszusein wünschte.

Gänzlich ohne allen Erfolg, wandte ich mich brieflich an *Meyerbeer* um nochmalige Empfehlungen namentlich an Sänger, deren ich bedurfte. Sehr überrascht war ich, als infolge hiervon *Meyerbeer* mich aus Berlin an einen wunderlichen Mann, Herrn *Gouin*, einen Postbeamten und seinen Generalagenten in Paris, mit der Bedeutung empfahl, daß dieser alle näheren Instruktionen von ihm habe, um meinen Wünschen nach Möglichkeit nachzukommen. Vor allem ließ mich *Meyerbeer* auf diese Weise an Herrn *Anténor Joly*, Direktor des bereits genannten lyrischen Theaters *de la Renaissance*, weisen. Herr *Gouin* vermittelte bei diesem die fast mit bedenklicher Leichtigkeit mir gemachte Zusage, eine Oper, mein »*Liebesverbot*«, welches eben nur noch zu übersetzen war, aufzuführen. Es handelte sich nur darum, daß ich dem Komitee des Theaters einige Nummern meiner Komposition in einer *Audition* zur Prüfung vorführen könnte. Da ich mir die eignen Sänger des Theaters zum Einüben der drei von *Dumersan* bereits übersetzten Stücke erbat, ward ich allerdings mit dem Bedauern, daß diese Sänger gegenwärtig sämtlich zu stark beschäftigt seien, abgewiesen. Allein hiergegen wußte *Gouin* wieder Rat: vermöge seiner vom »Meister« erhaltenen Generalvollmacht warb dieser mehrere *Meyerbeer* besonders verpflichtete Sänger für meinen Zweck. Mme *Dorus-Gras*, eine wirkliche Primadonna der Großen Oper, Mme *Widmann* und Herr *Dupont*, beide letztere mir bereits durch meine vergeblichen Bemühungen für meine kleineren Kompositionen bekannt, mußten ihre Zusage geben, zu der beabsichtigten Audition mir behilflich zu sein.

So weit hatte ich es nach einem halben Jahre, gegen Ostern 1840, gebracht, und auf die Grundlage der durch die *Gouin*schen Abmachungen gewonnenen, mich höchst solid dünkenden Hoffnungen hin veränderte ich nun, namentlich auch durch *Lehrs'* waghalsige Anempfehlungen bestimmt, meinen bis jetzt befolgten Pariser Lebenszug, indem ich mich entschloß, aus dem obskuren Quartier der *Innocents* mich nach dem der Künstlerwelt näherliegenden Teile von Paris überzusiedeln. Was dies heißen wollte und unter welchen Umständen dieses kühne Vorhaben ausgeführt wurde, wird erhellen, wenn ich jetzt näher bezeichne, unter welchen Umständen wir bis dahin durch unsre Pariser Lage uns geschleppt hatten.

Trotzdem wir sogleich nach unsrer Ankunft in Paris uns auf das wohlfeilste eingerichtet hatten, z. B. unser Diner bei einem kleinen Restaurant zu einem Franken einnahmen, war es doch unmöglich gewesen zu verhüten, daß der Rest unsrer Dukaten bald gänzlich aufging. Freund *Möller* hatte uns bedeutet, sobald wir in Not kämen, uns an ihn zu wenden, da er den Ertrag des ersten ihm vorkommenden guten Geschäftes für uns zurücklegen würde. Es ging nicht anders, als daß ich mich schon jetzt an ihn wendete; einstweilen versetzten wir, was wir irgend an wertvollen Kleinigkeiten besaßen. Da ich Scheu trug, mich nach einem Leihhause zu erkundigen, suchte ich im Dictionnaire nach der französischen Bezeichnung einer solchen Anstalt, um diese dann auf einem der Straßenschilder gelegentlich aufzusuchen: in meinem kleinen Handdictionnaire war für die gesuchte Anstalt kein andres Wort als »Lombard« verzeichnet; auf dem Plan von Paris fand ich in einer unentwirrbaren Gegend eine kleine Gasse mit dem Namen »*rue des Lombards*« genannt. Dort irrte ich nun auf Abenteuer lange umher, ohne irgendeine mir günstige Auskunft erhalten zu können. Dagegen hatte mich an transparenten Laternen häufig die Aufschrift »*Mont de piété*« neugierig nach der Bedeutung hiervon gemacht, und ich ward, als ich mein häusliches Ratskollegium darum befragte, was dieser »Berg der Frömmigkeit« zu bedeuten habe, zu meiner freudigen Überraschung darüber belehrt, daß ich eben dort mein Heil zu suchen habe. Nun wanderte zunächst, was wir von Silberzeug besaßen, namentlich unsre Hochzeitsgeschenke, zum Commissaire des *Mont de Piété*. Dann folgten die kleinen Schmucksachen meiner Frau, Reste ihrer ehemaligen Theatergarderobe, worunter ein schöner mit Silber gestickter blauer Schleppvrock, welcher einst der Herzogin von Dessau gehört hatte. Freund *Möller* ließ immer noch nichts von sich hören; es galt Tag um Tag zu fristen, um die ersehnte Sendung aus Königsberg erwarten zu können, und so mußten eines Tages selbst unsre beiden Trauringe auf den *Mont de Piété* wandern. Als immer keine Hilfe kam, erfuhr ich, daß ich an den Versatzscheinen selbst noch letzte Hilfsquellen besaß, indem diese zugleich mit dem Besitz des verpfändeten Gegenstandes zu verkaufen waren. Auch hierzu mußte endlich gegriffen werden, und namentlich der Dessauer Schlepprock ging bei dieser Gelegenheit gänzlich verloren. – *Möller* ließ in der Tat nie wieder etwas von sich hören. Als er später mich als Dresdner Kapellmeister wieder besuchte, gestand er, nach unsrer Trennung auf das bitterste durch den Bericht demütigender und geringschätziger Äußerungen, welche wir über ihn gemacht haben sollten, sich von uns gekränkt gefühlt zu haben, weshalb er geglaubt habe, seine freundschaftlichen Beziehungen zu uns fahren lassen zu müssen. Wir waren uns untrüglich bewußt, hierdurch gänzlich verleumdet und somit einer sicher verhofften Hilfe in der Not beraubt worden zu sein.

In der Zeit der hieraus eintretenden Not betraf uns ein Ereignis, welches wir als ein Unglück weissagendes Anzeichen empfanden: wir verloren unseren mit so unsäglicher Mühe nach Paris mitgeführten schönen Hund, der, da er jedenfalls ein wertvoller Gegenstand war und überall, wo er sich zeigte, Aufsehen erregte, aller Wahrscheinlichkeit nach absichtlich uns entlockt worden war. Auch in dem so übermäßigen Straßengedränge von Paris hatte er seine schon in London bewährte Sicherheit, sich überall zurechtzufinden, auf das glänzendste bewährt. Schon in den ersten Tagen war er heimlich in den Garten des *Palais royal,* wo er viele Hundegesellschaft zu treffen wußte und außerdem die *Gamins* durch sein Apportieren aus dem Wasser des dortigen Bassins unterhielt, spaziert und ruhig wieder zurückgekommen. Am Quai des *Pont-neuf* bat er uns gewöhnlich um die Erlaubnis, sich baden zu dürfen, und zog dort bald eine so stark anwachsende Versammlung von Zuschauern herbei, welche sich an seinem Untertauchen und Hervorholen von allerhand dort versenkten Kleidungsstücken und Gerätschaften mit lautem Jubel ergötzte, daß die Polizei uns ersuchte, dieser Veranlassung zur Emeute ein Ende zu machen. Als ich ihn eines Morgens wie gewöhnlich zu einer kurzen Erholung auf die Straße entließ, kehrte er nun nicht wieder zurück, und trotz der sinnreichsten Einfälle, auf die ich geriet, um wieder in seinen Besitz zu kommen, blieb er spurlos verschwunden. Dieser Verlust erschien manchem der um uns Besorgten als ein Glück, da man sich billigerweise darüber verwundern zu müssen glaubte, daß wir, ohne alle Subsistenzmittel, außer uns auch noch einen so übermäßig großen Hund zu ernähren übernommen hatten.

Um jene Zeit, es war dies etwa im zweiten Monate unsres Pariser Aufenthaltes, vereinigte sich nämlich meine aus Leipzig ankommende Schwester *Luise* mit ihrem bereits seit länger hier sie erwartenden Manne *Friedrich Brockhaus.* Sie beabsichtigten, eine gemeinschaftliche Vergnügungsreise nach Italien anzutreten, und *Luise* benützte den Pariser Aufenthalt zu verschiedenen reichen Einkäufen. Es dünkte mich natürlich, daß sie sich für die Folgen unsrer so sinnlos erscheinenden Übersiedelung nach Paris in keiner Weise mitleidend oder verantwortlich fühlen konnten, und, ohne uns den falschen Anschein einer angenehmen Lage zu geben, zog ich aus meinen verwandtschaftlichen Beziehungen dennoch auch nicht den geringsten Vorteil. *Minna* war sogar so gutmütig, meiner Schwester bei ihren luxuriösen Einkäufen behilflich zu sein, während wir einzig besorgt waren, den wohlhabenden Verwandten den Argwohn zu benehmen, daß wir etwa ihre Teilnahme zu erwecken gesonnen seien.

Dagegen führte mir meine Schwester eine wunderliche Bekanntschaft zu, welche bald zu großer Teilnahme an allem, was mich betraf, sich bestimmen sollte. Es war dies der junge Maler *Ernst Kietz* aus Dresden, ein ungemein treuherziger, gutmütiger Naturmensch, dessen leichtes Talent für Porträtieren in einer ihm eignen bunten Kreidemanier in seiner Heimat den blutjungen Menschen so beliebt gemacht hatte, daß er durch seine gewinnreichen Erfolge sich hatte bestimmen lassen, zur höheren Ausbildung seiner Anlagen sich nach Paris zu wenden, wo er nun seit ziemlich einem Jahre sich aufhielt und im Atelier *Delaroches* seine Studien machte. Daß er bei seinem seltsam, fast kindisch zerfahrenen Wesen, beim Mangel aller ernsteren Bildung und bei der ungemeinen Schwäche seines Charakters hiermit den Weg gewählt hatte, auf welchem er, trotz seines wahrhaften Talentes, bald rettungslos seicht verfallen mußte, dies sollte ich zu meinem Bedauern infolge meiner anhaltenden freundschaftlichen Beziehungen zu ihm leider immer mehr innewerden. Für jetzt war mir und namentlich auch meiner armen, oft sehr vereinsamten Frau der kindlich zutrauliche Mensch sehr angenehm, und seine große Gutmütigkeit und herzliche Hingebung machten seine Freundschaft in Zeiten der äußersten Not mir sogar zu einem Quell der Hilfe. Er wurde nun dem abendlichen Familienkreis eingereiht, so sonderbar er auch in jeder Hinsicht im Umgange mit dem alten ängstlichen *Anders* und dem ernst gediegenen *Lehrs* sich ausnahm. Seine ungemeine Gemütlichkeit und seine oft höchst komischen Einfälle machten ihn uns bald unentbehrlich; namentlich ergötzte uns häufig der zuverlässige Eifer, in welchem er sich, ohne in die mindeste Verlegenheit zu geraten, auf französische Unterhaltung einließ, trotzdem er es später selbst nach einem zwanzigjährigen Aufenthalt noch nicht dazu brachte, nur zweier aufeinanderfolgender Worte sich richtig zu bedienen. Seine Studien bei *Delaroche* gingen auf die Aneignung der Ölfarbe aus; offenbar zeigte er auch hierzu vieles Talent, dennoch war dies die Klippe, an welcher er scheiterte. Es fand sich nämlich, daß das Umsetzen der Farben auf der Palette und besonders das Auswaschen der Pinsel seine Zeit so vollständig in Beschlag nahmen, daß er sehr selten zum eigentlichen Malen kam. Da es nun im tiefen Winter stets so früh Nacht wurde und er, wenn er mit Palette und Pinsel in Ordnung war, nun nichts mehr sehen konnte, so gelang es ihm nach meiner Erfahrung nie, auch nur ein einziges Porträt zu vollenden. Fremde, welchen er empfohlen war und deren Porträt ihm bestellt wurde, mußten stets Paris verlassen, ehe er damit nur zur Hälfte fertig geworden war; endlich hatte er sich sogar über das ganz besondere Unglück zu beklagen, daß seine Kunden ihm unter dem Porträtieren wegstarben. Nur sein Hauswirt, dem er stets die Miete schuldig blieb, wußte es so anzufangen, daß *Kietz* das Porträt gerade dieses schrecklichen Menschen fertigmachte; soviel ich weiß, ist dies das einzige von *Kietz* vollendete Porträt. Dagegen glückten ihm kleine Krokis, wie er sie uns des Abends, angeregt durch Gegenstände unsrer Unterhaltung, sofort zum besten gab, durch naive Einfälle und leichte Ausführung. Schon in diesem ersten Winter entwarf er auch ein fleißig ausgeführtes Bleistiftporträt von mir, welches er, nachdem er mich noch besser hatte kennenlernen, nach zwei Jahren von neuem überarbeitete und in der Fassung beendete, wie es noch jetzt aufbewahrt wird. Es freute ihn, mich in der Stimmung aufzufassen, in welcher er mich beim abendlichen Gespräch, bei behaglicher Belebung meiner Lebensgeister beobachtet hatte. In der Tat verging kein Abend, ohne daß die durch die trostlosen Bemühungen und Erfahrungen des Tages oft verzweiflungsvoll niedergedrückte Stimmung bei mir endlich sich doch bis zum Eintritt der vollen, mir eignen Heiterkeit aufklärte; und den gemütlichen *Kietz* reizte es, gerade aus jener kummervollen Periode mich der Welt in der Haltung eines seiner Erfolge vollständig sichren, lächelnd über das Leben hinwegsehenden Menschen darzustellen.

Noch vor Ende des Jahres 1839 war auch meine jüngste Schwester *Cäcilie* als Gattin des *Eduard Avenarius* in Paris angekommen. Die Befangenheit, mit uns in leicht errätlicher bedürfnisvoller Lage hier in Paris, wohin keinerlei solide Aussicht uns geführt hatte, zusammenzutreffen, war uns bei der jungen Frau, welche selbst ihrem Mann in keineswegs bedeutende Verhältnisse gefolgt war, wohl erklärlich. Wir zogen daher vor, statt unsere Verwandten häufig aufzusuchen, lieber abzuwarten, bis sie uns aufsuchen würden, worüber genügende Zeit verstrich.

Sehr erwärmend regte uns dagegen ein längeres Wiedersehen *Heinrich Laubes* an, welcher im Anfang des neuen Jahres 1840 mit seiner Frau, geb. *Iduna Budäus*, der jungen Witwe eines vermögenden Leipziger Arztes, die er seit unsrer letzten Trennung in Berlin unter besonderen Umständen geheiratet hatte, zu seinem Vergnügen auf einige Monate in Paris verweilte. Schon während seiner früher erwähnten langen Untersuchungshaft hatte die junge Frau, von seinem Schicksale gerührt, ohne ihm zuvor durch nähere Bekanntschaft vertraut worden zu sein, große Teilnahme und Fürsorge gezeigt. Als ich damals Berlin verließ, erschien auch bald *Laubes* Verurteilung, welche unerwartet mild auf ein Jahr städtisches Gefängnis lautete. Es wurde ihm gestattet, nach seiner Wahl seine Strafzeit im Stadtgefängnisse von Muskau in Schlesien zu verbüßen, wo er den Vorteil der Nähe des ihm befreundeten Fürsten *Pückler* genoß, mit welchem er, unter besonderer Begünstigung der dem Fürsten untergebenen Gefängnisdirektion, in tröstlichen Verkehr und selbst persönlichen Umgang treten konnte. Seine Freundin hatte sich entschlossen, gerade zur Zeit des Antritts seiner Gefängnisstrafe sich ihm zu vermählen, um ihm in Muskau liebevoll behilflich zur Seite sein zu können. War es für mich nun schon an und für sich erfreulich, den älteren Freund in jetzt so vorteilhaft gestalteter Lage wiederzusehen, so empfand ich dagegen auch die wohltätige Befriedigung, von ihm die früher gewohnte Teilnahme unverändert mir zugewandt zu sehen. Wir waren häufig zusammen; auch unsre Frauen befreundeten sich, und *Laube* war der erste, welcher meinen tollkühnen Pariser Zug mit gewogenem Humor aufzufassen verstand. – Bei ihm lernte ich auch *Heinrich Heine* kennen, und beide unterhielten sich oft in gutmütigen Scherzen, die mich selbst gern zum Lachen brachten, über meine wunderliche Lage. Es war *Laube* unmöglich, mir über mein Vorhaben, es in Paris zu etwas bringen zu wollen, in ernst bedenklicher Weise Vorstellungen zu machen, da er sah, daß ich selbst mit einer Laune, die wiederum ihn hinriß, meine auf so nichtige Hoffnungen begründete Lage behandelte. Dagegen war er darauf bedacht, wie er, ohne Einspruch gegen die Wahl meines Lebensweges zu erheben, mir helfen könne, und wünschte deshalb von mir nur einen irgendwie plausiblen Plan für meine nächsten Unternehmungen dargelegt zu bekommen, um daraufhin in der Heimat, wohin er bald zurückkehrte, mir Unterstützung erwirken zu können. Nun fand es sich denn, daß um diese Zeit ich in ein so hoffnungsvolles Einvernehmen mit der Direktion des Theaters *de la Renaissance* trat; hiermit schien ein Boden gewonnen zu sein, und ich glaubte erklären zu dürfen, daß, wenn mir die Deckung meiner Bedürfnisse für ein halbes Jahr versichert würde, ich in dieser Zeit es zu etwas bringen müßte. *Laube* versprach hierfür zu sorgen und hielt Wort. Er bestimmte in Leipzig einen seiner vermögenden Freunde und infolge dieses Beispiels auch den vermögenden Teil meiner Familie, mir für ein halbes Jahr eine durch *Avenarius* in monatlichen Raten mir auszuzahlende Sustentation zu erwirken.

Demzufolge bestimmten wir uns, wie erwähnt, das *Hotel garni* zu verlassen und eine selbständige Wohnung in der *rue du Helder* zu beziehen. Meine Frau, deren vorsichtiges und solides Wesen durch die Nötigung zur Teilnahme an meiner sorglosen Behandlung der bürgerlichen Lebensfragen bereits in Schwanken und Unsicherheit gebracht worden war, ließ sich hierbei namentlich durch die Annahme bestimmen, daß sie es verstehen werde, einen eigenen Haushalt weniger kostspielig einzurichten, als das Hotelgarni- und Restaurant-Leben für uns war. Der Erfolg erwies diese Annahme auch als sehr richtig; das Bedenkliche lag nur darin, daß diese eigne Haushaltung eben ohne jeden Besitz erst zu gründen war, somit alles, was eine häusliche Wirtschaft ermöglicht, ohne Mittel dazu erst angeschafft werden mußte. Hierfür wußte nun eben *Lehrs*, welcher bereits genügend in den eigentümlichen Zug der Pariser Lebensverhältnisse eingeweiht war, Rat. Nach seiner Auffassung war mein ganzes bis hierher gediehenes Pariser Unternehmen nur durch einen meinem Wagnis entsprechenden Erfolg zu rechtfertigen; da ich außerdem gar keine Mittel besaß, mich in Paris geduldig längere Jahre über der Erwartung hinzugeben, so mußte ich auf eine außerordentliche Begünstigung der Umstände rechnen oder sofort gänzlich abstehen. Der erwartete Erfolg mußte im Laufe eines Jahres eintreten, oder ich war unter allen Umständen gescheitert; so hieß es denn wagen, da ich nun einmal »Wagner« hieße, und er nicht geneigt sei, in betreff meiner diesen Namen von »Fuhrwerk« abzuleiten. Meine für 1200 Fr. gemietete Wohnung hatte ich erst in vierteljährlichen Raten zu bezahlen; für das Ameublement und die Ausstattung der Wohnung wies er mir durch Vermittlung der Wirtin seines Hotels einen »Menuisier« zu, welcher mir alles Nötige gegen spätere bequem dünkende Abzahlungen lieferte. *Lehrs* blieb dabei: wenn ich nicht auch nach außen hin Selbstvertrauen zeigte, würde ich in Paris zu nichts kommen. Meine Audition stand bevor; das Theater *de la Renaissance* war mir gewiß; *Dumersan* begehrte eifrig, mein »Liebesverbot« vollends ganz in französische Verse zu bringen. So ward es denn gewagt. Am 15. April zogen wir, zur Verwunderung des Concierge des Hauses der *rue du Helder*, mit außerordentlich wenigem Gepäck in die ziemlich behagliche neue Wohnung ein. –

Mit dem ersten Besuche, den ich in dieser auf kühne Hoffnungen hin bezogenen Wohnung erhielt, meldete mir *Anders*, daß das Theater *de la Renaissance* soeben seinen Bankerott erklärt habe und geschlossen sei. – Diese Kunde, die mich wie ein Donnerschlag traf, schien mehr als ein gewöhnlicher Unglücksfall mir sagen zu wollen: sie enthüllte mir mit Blitzesschnelle zugleich auch die ganze Nichtigkeit der mir eröffneten Aussichten. Meine Freunde sprachen sich offen dahin aus, daß *Meyerbeer* von den Verhältnissen des Theaters, an welches er mich, von der Großen Oper ab, gewiesen, vermutlich sehr genau unterrichtet gewesen sei. Den hieran sich knüpfenden Betrachtungen hing ich noch nicht weiter nach, da ich genügenden Grund zur Bitterkeit empfand, wenn ich mir überlegte, was ich nun mit meiner hübsch eingerichteten Wohnung anfangen wollte.

Da meine Sänger bereits die zur Audition bestimmten Stücke des »Liebesverbots« genügend eingeübt hatten, wollte ich hieraus wenigstens den Vorteil ziehen, sie einigen einflußreichen Personen zu Gehör zu bringen. Da es sich eben nur um die Anwohnung dieser kleinen Audition, keinesweges aber um daran sich knüpfende Konsequenzen handelte, verweigerte mir Herr *Edouard Monnaie*, welcher nach *Duponchels* Abgang zum provisorischen Direktor der Großen Oper ernannt war, meiner Einladung Folge zu geben um so weniger, als die vortragenden Sänger dem ihm untergebenen Institut angehörten. Außerdem machte ich mich nun aber auf, *Scribe* zu besuchen und ihn ebenfalls zu meiner Audition einzuladen; mit freundlichster Bereitwilligkeit sagte er zu. Vor den beiden genannten Herren ließ ich eines Tages im Gesangsfoyer der Großen Oper meine drei Stücke, welche ich selbst am Klavier akkompagnierte, vortragen; sie fanden die Musik

»*charmant*«. *Scribe* erklärte seine Bereitwilligkeit, sofort einen Text für mich zu arrangieren, sobald die Administration der Oper mir die Komposition desselben auftragen würde, wogegen Herr *Monnaie* nichts einzuwenden hatte, als daß ein solcher Auftrag so bald nicht möglich sein würde. Daß es sich hier nur um freundliche Phrasen handelte, entging mir nicht, und ich fand es überhaupt, namentlich von *Scribe*, recht artig, daß er eben nur gekommen war und mich einer freundlichen Phrase wert gehalten hatte. –

Im Innersten fühlte ich mich wahrhaft nur dadurch beschämt, daß ich mit dem leichtsinnigen Jugendwerk, welchem ich die drei vorgeführten Stücke entnahm, mich ernstlich noch einmal befaßt hatte, was natürlich nur in der Meinung geschah, ich würde durch Aneignung des leichtfertigen Geschmacks am schnellsten es in Paris zu etwas bringen. Die Abwendung von dieser Geschmacksrichtung, wie sie längst in mir vorbereitet war, fiel für mich daher mit dem Aufgeben aller Hoffnungen auf Paris zusammen. Daß meine Lage sich so gefügt hatte, daß ich diese bedeutende innere Wendung gegen niemand, namentlich gegen meine arme Frau nicht aussprechen durfte, versetzte mich in einen schwermütigen Zustand. Fuhr ich aber fort, noch gute Miene zum bösen Spiel zu machen, so dachte ich innerlich doch bereits in keiner Weise mehr an die Möglichkeit eines Erfolges in Paris. Einem unabsehbaren Elend entgegensehend, empfand ich ein wahrhaftes Grauen vor der lachenden Gestalt, welche nun in der üppigen Maisonne Paris vor unsren Augen annahm. Die ungünstige Zeit für jede Art Kunstunternehmungen war somit an sich für Paris eingetreten; von jeder Türe, an welche ich mit verstellter Hoffnung klopfte, wurde ich mit dem schrecklich monotonen »*Monsieur est à la campagne*« abgewiesen. Auf weiten Spaziergängen, auf welchen wir uns so grenzenlos fremd unter dem bunten Menschengewimmel fühlten, phantasierte ich meiner armen Frau oft von den südamerikanischen Freistaaten vor, in welchen man von all diesem unheimlichen Spuk gänzlich entfernt wäre, von Oper und Musik nichts mehr wisse und sich durch tüchtige Arbeit leicht eine vernünftige Existenz gründen könnte. *Minna*, die nicht verstand, was das sagen sollte, verwies ich auf eine kürzlich von mir gelesene Erzählung von *Zschokke: Die Gründung von Maryland*, in welcher das Gefühl des Aufatmens gequälter und verfolgter europäischer Einwanderer in sehr verführerischer Weise mir mitgeteilt worden war. Praktischer gesinnt, verwies sie auf die Nötigung, uns das Aushalten in Paris zu ermöglichen, weshalb sie auf Ersparnisse aller Art bedacht war. – Ich dagegen entwarf den Plan zum Gedicht meines »*Fliegenden Holländers*«, bei welchem ich die Möglichkeit eines Auftretens in Paris immer noch im Auge behielt. Ich faßte den Stoff nämlich für einen einzigen Akt zusammen, wozu mich zunächst der Gegenstand selbst bestimmte, da ich auf diese Weise ihn ohne alles jetzt mich anwidernde Opernbeiwerk auf den einfachen dramatischen Vorgang zwischen den Hauptpersonen zusammengedrängt geben konnte. Nach der praktischen Seite hin glaubte ich aber annehmen zu dürfen, daß ich für eine einaktige Oper, wie man sie als sogenannte *Lever de rideau* vor einem Ballett in der Großen Oper häufig gab, am ehesten Aussicht zur Annahme meiner projektierten Arbeit hätte. Hierüber schrieb ich *Meyerbeer* nach Berlin und bat um seine Verwendung. Außerdem nahm ich jetzt die Komposition des »*Rienzi*« wieder auf, an welchem ich nun ununterbrochen bis zur Vollendung weiterarbeitete.

Unterdes trübte sich unsere Lage immer mehr; die durch *Laube* erwirkten Subsidien war ich genötigt bald vorschußweise aufzuzehren, wodurch ich mich der Teilnahme meines Schwagers *Avenarius*, der unsre Pariser Niederlassung immer unbegreiflicher fand, stets mehr entfremdete. – Eines Morgens, als wir in großer Sorge die Möglichkeit der Erschwingung des ersten Mietzins-Termines beraten hatten, meldete sich ein Faktor der Messagerien mit einem aus London mir zugeschickten Pakete; ich hielt es für eine Sendung des Himmels und erbrach das Siegel, während nun ein Buch zur Einzeichnung der Empfangsbescheinigung mir vorgeschoben wurde, aus welchem ich zugleich ersah, daß ich sieben Franken für das Porto zu bezahlen hätte. Zu meinem Schreck erkannte ich außerdem in dem Paket die Partitur meiner Ouvertüre »*Rule Britannia*«, welche von der Philharmonischen Gesellschaft in London mir zurückgesandt wurde. Wütend erklärte ich dem Überbringer, daß ich das Paket nicht annähme, wogegen er auf das lebhafteste remonstrierte, da ich es jetzt bereits eröffnet hatte. Nichts half ihm: ich hatte keine sieben Franken; ich erklärte, er habe mir zu spät die Berechnung des Portos mitgeteilt, und zwang ihn so, das einzige Exemplar meiner Ouvertüre der Kompagnie der Herren *Laffitte* und *Gaillard* als Eigentum, über welches sie nach Gutdünken verfügen könne, zurückzustellen. Was aus diesem Manuskript geworden, interessierte mich nie zu erfahren. –

Gegen solche Kalamität wußte nun *Kietz* plötzlich guten Rat zu schaffen. Von einem alten Fräulein *Leplay*, einer sehr reichen und wunderlich geizigen alten Jungfer in Leipzig, hatte er den Auftrag erhalten, in Paris ein billiges Absteigequartier für sich und *Kietz*ens eigene Stiefmutter, in deren Gesellschaft sie zu reisen gedachte, zu besorgen. Da unsre, wenn auch nicht große, dennoch über unsren Notbedarf geräumige Wohnung uns bereits schnell zur peinlichsten Last geworden war, standen wir keinen Augenblick an, sofort den besseren Teil derselben für die Dauer ihres Pariser Aufenthaltes, welcher gegen zwei Monate währte, ihr zu vermieten. Außerdem besorgte meine Frau den Gästen ganz wie in einem *Hotel garni* das Frühstück, wobei sie sich freute, die wenigen Sous, welche hierbei herauskamen, als ihr Verdienst anzusehen. So lästig uns das wunderliche Original von geiziger alter Jungfernschaft fiel, half doch das mit ihr eingegangene Geschäft einigermaßen, die schwere Zeit zu überstehen, und ich vermochte es, trotz der häuslichen Unruhe, ungestört an meinem »Rienzi« fortzuarbeiten. – Schwieriger wurde dies, als wir nach dem Abzug des Fräuleins *Leplay* ein Zimmer unsrer Wohnung von neuem an einen deutschen Geschäftsreisenden vermieteten, welcher in seinen Mußestunden eifrig Flöte blies. Dieser nannte sich *Brix*, war ein bescheidener, gutartiger Mensch, welcher uns durch einen seither neu gewonnenen Freund, den Maler *Pecht*, zugewiesen worden war. *Pecht* war mir durch *Kietz* bekannt geworden, welcher mit diesem gemeinschaftlich in *Delaroches* Atelier studierte. Er war der volle Gegensatz von *Kietz*; mit offenbar geringerem Talente begabt, erfaßte er dagegen seine Aufgabe, unter schwierigen Umständen in möglichst kurzer Zeit die Ölmalerei zu erlernen, mit einem ungewöhnlichen Fleiß und Ernste; dazu war er gebildet sowie weiterer Ausbildung mit Eifer zugänglich und erwies sich überhaupt rechtschaffen, streng und zuverlässig. Wenn auch nicht in dem Grade von Vertraulichkeit unsrem Verkehre eingereiht wie die drei älteren Freunde, gehörte er doch von nun an zu diesen wenigen, welche im Trübsal fortgesetzt treu zu uns hielten und fast regelmäßig des Abends bei uns sich einfanden.

Von *Laubes* fortgesetzter Freundessorge für mich erhielt ich eines Tages einen überraschend neuen Beweis. Der Intendant eines Grafen *Kushelew* fand sich bei mir ein und eröffnete mir nach einigen Erkundigungen über meine Situation, von welcher der Graf durch *Laube* in Karlsbad unterrichtet worden war, kurz und bündig, daß sein Patron mir nützlich zu sein und mich deshalb kennenzulernen wünsche. Dieser beabsichtige nämlich, in Paris das Personal einer kleinen komischen Oper zu engagieren, welches ihm auf eines seiner Güter nach Rußland folgen sollte; für diese suche er einen Musikdirektor, welcher gewandt genug sei, ihm bereits bei der Aufbringung der Truppe in Paris behilflich zu sein. So ließ ich mich denn willig in das Hotel des Grafen selbst bescheiden, fand da einen geschmeidig zutraulich sich gebärdenden, bereits etwas ältlichen Herrn, welcher gutmütig von mir sich meine kleinen französischen Gesangskompositionen vortragen ließ. Mit einem Blick hatte jedenfalls der menschenkundige Herr gewahrt, daß ich nicht sein Mann sei, und ließ sich, unter allerhand freundlichen Bezeugungen, in weitere Verhandlungen über die mir mitgeteilte Opernunternehmung nicht erst weiter ein. Dagegen übersandte er mir noch am selbigen Tage mit einigen freundlichen Zeilen 10 Napoleonsdor, von denen ich nicht wußte, was damit bezahlt sein sollte. Ich schrieb ihm daher, bat mir nähere Angabe dessen, was er von mir wünsche, und ersuchte ihn um die Bestellung einer Komposition, da ich annähme, er habe mir das Honorar dafür im voraus bezahlt. Da ich keine Antwort erhielt, suchte ich mehrmals aber vergebens bei ihm wieder vorzukommen. Auf andrem Wege erfuhr ich später, daß Graf *Kushelew* nur das Genre der Opern *Adams* anerkenne und in betreff des zu engagierenden Opernpersonales seinen Neigungen gemäß es außerdem mehr auf einen kleinen Serail, als auf ein Kunstinstitut abgesehen hatte. – –

Mit dem Musikhändler *Schlesinger* hatte ich es bisher zu nichts bringen können. Es war mir unmöglich, ihn zur Herausgabe meiner kleinen französischen Gesangskompositionen zu bewegen. Um auf diesem Wege aber doch auch etwas für mein Bekanntwerden zu tun, entschloß ich mich, auf meine Kosten die »Deux grénadiers« bei ihm stechen zu lassen. *Kietz* mußte ein großartiges Titelblatt dazu auf Stein zeichnen. Schließlich berechnete mir *Schlesinger* fünfzig Franken für die Kosten. Das Schicksal dieser Publikation ist immerhin merkwürdig: das Werk trug *Schlesingers* Verlags-Firma, und der Ertrag des Verkaufes sollte, da alle Kosten mir zur Last fielen, natürlicherweise zu meinem Vorteil berechnet werden. Daß gar kein Exemplar davon abgesetzt wurde, mußte ich den späteren Versicherungen des Verlegers glauben. Nachdem ich später in Dresden durch meinen »Rienzi« schnell einen Namen gewonnen, fand der Mainzer Musikhändler *Schott*, dessen Verlag fast ausschließlich aus französischer übersetzter Ware bestand, es geraten, diese »Deux grénadiers« für Deutschland abzudrucken. Unter den Text der französischen Übersetzung ließ er den deutschen Originaltext von *Heine* setzen, welcher jedoch, da das französische Gedicht eine sehr freie Bearbeitung, namentlich auch im Versmaß gänzlich verschieden vom Original war, in so grotesker Weise zu meiner Komposition paßte, daß ich, über die mir angetane Schmach empört, gegen die *Schott*sche Publikation als einen ohne mein Wissen angefertigten Nachdruck zu protestieren mich genötigt hielt. Hiergegen drohte *Schott* mir mit einem Injurienprozeß, weil seine Ausgabe nach der bestehenden Übereinkunft nicht ein *Nach*druck, sondern ein *Ab*druck sei, was mich, um von weiteren Verdrießlichkeiten verschont zu bleiben, zu einer auf die von mir ungekannte Unterscheidung sich beziehende Ehrenerklärung zu geben bewog. Als ich nun im Jahre 1848 in Paris beim Nachfolger *Schlesingers,* Herrn Brandus, mich nach dem Schicksale meines Werkchens, von dem ich erfuhr, daß man eine neue Ausgabe gemacht hatte, erkundigte, wollte man von irgendeinem Rechte meinerseits nicht das mindeste wissen. Da ich keine Lust hatte, für mein Geld mir ein Exemplar zu kaufen, habe ich mich daher bis auf den heutigen Tag ohne Besitz meines Eigentums behelfen müssen. In welchem Maßstabe sich später ähnliche gewinnreiche Beziehungen zu der Herausgabe meiner Werke steigerten, wird sich in der Folge zeigen.

Für jetzt handelte es sich darum, *Schlesinger* für die berechneten fünfzig Franken zu entschädigen; er schlug mir dazu Arbeiten für die von ihm herausgegebene *»Gazette musicale«* vor; da ich in keiner Weise der französischen Sprache für schriftstellerische Arbeiten mächtig genug war, mußten meine Artikel übersetzt und die Hälfte des Honorars für den Übersetzer bezahlt werden. Immerhin tröstete er mich, daß ich für den Druckbogen gelieferter Arbeit doch noch sechzig Franken bekommen würde; was ein solcher Druckbogen hieß, sollte ich bald erfahren, als ich um meiner Bezahlung willen bei dem hierzu stets höchst verdrossenen Verleger mich zu melden hatte, dieser ein widerwärtiges eisernes Instrument, auf welchem die Zeilen der Spalten mit Zahlen abgemessen waren, an den zu taxierenden Artikel angelegt und nach sorgfältiger Abrechnung des Raumes für Titel und Unterschrift die Addition der Zeilen ausführte, wobei es sich herausstellte, daß, was ich für einen Bogen gehalten hatte, eigentlich nur ein halber Bogen war. – Genug, ich begann nun für das wunderliche *Schlesingersche* Blatt Artikel zu schreiben. Der erste war ein größerer Aufsatz: *De la musique Allemande*, in welchem ich mich über den innigen und ernsten Charakter des deutschen Musiktreibens mit damals mir nötiger schwärmerischer Übertreibung ausließ, so daß schon Freund *Anders* bemerkte, es wäre schön, wenn es in Deutschland wirklich so wäre. Ich genoß die für mich überraschende Genugtuung, diesen Artikel in der Folge in einer Mailändischen Musikzeitung italienisch reproduziert zu sehen, wobei es mir Lächeln erweckte, aus einem gegenwärtig wohl nicht mehr möglichen Versehen als »dottissimo musico tedesco« angeführt zu werden. Schon jetzt schien mein Aufsatz nicht ungünstig bemerkt worden zu sein; *Schlesinger* veranlaßte mich, über die Bearbeitung des Pergolesischen *Stabat mater* von dem russischen General *Lwow* einen – jedenfalls empfehlenden – Artikel zu liefern, was ich mit zweckdienlicher Breite zu ermöglichen suchte. Aus eigenem Antrieb schrieb ich den bereits gemütlicher gehaltenen Aufsatz: »*Du métier du Virtuose et de l'indépendance du Compositeur*«.

Unterdessen überraschte mich mitten im Sommer eine Ankunft *Meyerbeers*, welcher sich auf 14 Tage in Paris einfand. Er bezeigte sich sehr teilnehmend und verbindlich. Da ich ihm meine Idee, eine einaktige Eröffnungsoper für das Ballett zu schreiben, und meine Bitte, hierzu mit dem neuesten Direktor der Großen Oper, Herrn *Léon Pillet*, mich bekannt zu machen, mitteilte, trug er endlich auch kein Bedenken, diesen Herrn mit mir zu besuchen und mich ihm zu empfehlen. Leider hatte ich die unangenehme Überraschung, bei den ernstlichen Beratungen der beiden Herren darüber, was mit mir anzufangen sei, *Meyerbeer* auf den Vorschlag geraten zu sehen, ich möchte mich doch entschließen, mit einem andern Komponisten zusammen einen Akt zu einem Ballett zu komponieren. Hiervon wollte ich natürlich nichts wissen und übergab dagegen Herrn *Pillet* den sehr kurz gefaßten Entwurf des Sujets des »*Fliegenden Holländers*«. – So weit war es wieder gediehen, als *Meyerbeer*, diesmal für lange Zeit, wieder Paris verließ.

Während ich längere Zeit von Herrn *Pillet* gar nichts erfahren konnte, arbeitete ich nun fleißig an der Komposition des »Rienzi« weiter, mußte mich aber, zu meinem nagenden Kummer, oft darin unterbrechen, um Arbeiten für *Schlesinger*, welche mir das Leben zu fristen helfen sollten, zu fördern. Da bei meiner Mitarbeiterschaft an der »Gazette musicale« so gar wenig herauskam, trug mir *Schlesinger* eines Tages die Vertiefung einer Methode für *Cornet à piston* auf. Meinem Staunen darüber, wie ich dies beginnen sollte, entgegnete er mit der Zusendung von fünf bereits erschienenen verschiedenen Schulen für das Cornet à piston, welches damals das beliebteste Privatinstrument der jüngeren männlichen Bevölkerung von Paris war. Aus diesen fünf Methoden sollte ich sehr einfach eine sechste neue kombinieren, da es *Schlesinger* eben nur darauf ankam, eine solche in seinem Verlag zu haben. Wirklich begann ich mir ganz ernstlich den Kopf darüber zu zerbrechen, wie ich dies anfangen sollte, als *Schlesinger* mich von dieser Zumutung wieder befreite, da ihm soeben eine bereits fertige Methode eingesandt worden sei. Dagegen sollte ich nun nicht weniger als vierzehn »*Suiten*« für Cornet à piston schreiben; hierunter wurden Auszüge von Opernmelodien für dieses Instrument verstanden, und um für diese Arbeit mich mit Stoff zu versehen, schickte mir *Schlesinger* nicht mehr als 60 vollständige Opernklavierauszüge ins Haus. Diese durchsuchte ich nun nach geeigneten Melodien für meine Suiten, merkte in jedem Bande die aufgefundenen Stellen mit Papierstreifen an und führte mit den 60 Klavierauszügen ein sonderbar konstruiertes Bauwerk um meinen Arbeitstisch auf, um von meinem Sitze aus nach möglichster Varietät den melodischen Stoff zur Hand zu haben. Zu meiner großen Befriedigung, jedoch zur Bestürzung meiner armen Frau, eröffnete mir mitten in dieser Arbeit *Schlesinger*, daß Herr *Schiltz*, der Haupt-Kornettbläser von Paris, welchem er meine Etüden vor dem Stiche zur Durchsicht mitteilen mußte, erklärt habe, ich verstünde ja gar nichts von dem Instrumente und hätte gemeiniglich zu hohe Tonarten gewählt, welche die Pariser nicht herausbringen würden. Das bereits von mir Gearbeitete wurde unter diesen Umständen, da *Schiltz* zur Verbesserung sich bereit erklärte, allerdings gegen Abzug der Hälfte des Honorars, welches an diesen bezahlt werden mußte, beibehalten; des weiteren aber wurde ich von dieser Bestellung befreit, und die 60 Klavierauszüge wanderten wieder in das merkwürdige Magazin der *rue Richelieu* zurück.

So stand es denn um meine Einkünfte wiederum schlecht genug; die Not im Hause wuchs, während ich allerdings wieder Freiheit hatte, um die letzte Hand an »*Rienzi*« zu legen. Om 19. November vollendete ich endlich diese umfangreichste aller Opern gänzlich. Ich hatte mich bereits dafür entschieden, dieses Werk dem Dresdner Hoftheater zur ersten Aufführung anzubieten, um im glücklichen Fall hierdurch mir wieder die Brücke nach Deutschland zu bauen. Für *Dresden* hatte ich mich bestimmt, weil ich dort in *Tichatschek* den besten Tenoristen für die Hauptrolle anzutreffen wußte; dazu rechnete ich auf meine Bekanntschaft mit der von früher her mir freundlich gesinnten *Schröder-Devrient*, welche sich aus Rücksichten für meine Familie schon seinerzeit für die Empfehlung meiner »Feen« am Dresdner Hoftheater, wenn auch vergeblich, bemüht hatte. Außerdem kannte ich in dem Theatersekretär, Hofrat *Winkler* (genannt *Theodor Hell*), einen alten Freund meiner Familie; auch der Kapellmeister *Reissiger* war mir, bei Gelegenheit jenes Jugendausfluges mit *Apel* nach Böhmen, durch einen in Dresden lustig verlebten Abend bekannt geworden. An all diese Genannten setzte ich nun beziehungsvolle, beredsame Briefe auf, fügte ein offizielles Schreiben an den Intendanten Herrn von *Lüttichau*, ja sogar ein formelles Bittgesuch an den König von Sachsen bei und machte nun alles zur Versendung fertig.

Zuvor hatte ich nicht versäumt, die genaue Angabe der Tempi meiner Oper mit Hilfe des Metronomen anzugeben; da ich kein solches Instrument besaß, hatte ich mir dieses ausleihen müssen und machte mich nun eines Morgens auf, um den Metronomen, unter meinem dünnen Mäntelchen verborgen, dem Eigentümer zurückzustellen. – Der Tag, an welchem dies geschah, war einer der merkwürdigsten meines Lebens, weil an ihm sich das ganze Mißgeschick meiner damaligen Lage in wirklich grauenvoller Weise zusammendrängte. Außerdem daß ich von Tag zu Tag nicht wußte, woher die wenigen Franken zu nehmen seien, um von *Minna* unsre dürftige Wirtschaft bestreiten zu lassen, waren nun einige Wechsel fällig geworden, welche ich nach Pariser Gewohnheit für die Einrichtung meiner Wohnung seinerzeit ausgestellt hatte. Irgendeine Rettung erwartend, mußte ich zunächst versuchen, die Inhaber der Wechselbilletts zur Stundung zu überreden; da solche Wechsel als Kommerz-Papiere durch vielerlei Hände gehen, hatte ich in den verschiedensten Quartieren die Betreffenden aufzusuchen; an dem genannten Tage galt es, einen Käsehändler in einem fünften Stock der *Cité* zu beschwichtigen. Zugleich aber hatte ich vor, den Bruder meiner beiden Schwäger *Brockhaus, Heinrich,* welcher um diese Zeit nach Paris gekommen war, um seine Hilfe anzugehen; bei *Schlesinger* wollte ich mir so viel Geld verschaffen, um meine heute abzusendende Partitur auf der Messagerie frankieren zu können. Während ich nun zu gleicher Zeit auch den ausgeliehenen Metronomen fortzutragen hatte, verließ ich nach bangem Abschied am frühen Morgen *Minna*, welche aus Erfahrung wußte, daß sie, wenn ich um Geld aufzutreiben ausging, mich vor spätem Abend nicht wiederzusehen bekäme. Die Straßen bedeckte ein dicker Nebel, und als ich zum Hause heraustrat, war der erste Gegenstand, den ich erkannte, mein vor einem Jahre mir entführter Hund *Robber*. Ich glaubte zuerst ein Gespenst zu sehen, rief ihn aber hastig mit schriller Stimme an; das Tier erkannte mich augenscheinlich und kam ziemlich nahe an mich heran; da ich aber hastig mit ausgestrecktem Arm auf ihn zuschritt, schien bei dem ebenfalls überraschten Tiere sofort die Furcht vor einer Züchtigung, wie ich sie ihm in der letzten Zeit unseres Zusammenlebens in törichter Weise einige Male zugefügt hatte, jede andere Erinnerung zu bemeistern; er wich scheu von mir zurück, und da ich ihm hastig nachlief, jagte er immer eiliger vor mir davon. Daß er mich erkannt, ward mir immer deutlicher, als ich ihn an den Straßenecken sich ängstlich nach mir umwenden sah und, da er mich wie einen Rasenden ihm nachjagend bemerkte, er von neuem zu verstärkter Flucht sich anließ. So verfolgte ich ihn durch ein im dicken Nebel kaum erkennbares Straßengewirr, bis ich schweißtriefend und atemlos, mit meinem Metronomen belastet, ihn bei der Kirche St. Roch endlich auf Nimmerwiedersehen aus den Augen verlor. – Eine Zeitlang stand ich wie erstarrt da und stierte in den Nebel hinein. Ich frug mich, was diese gespenstische Wiedererscheinung des Gefährten meiner Reise-Abenteuer an diesem schrecklichen Tage zu bedeuten habe. Daß er mit der Scheu eines wilden Tieres vor seinem alten Herrn davonfloh, dünkte mich, wie es mein Herz mit einer seltsamen Bitterkeit erfüllte, als ein grauenvolles Anzeichen. Tief erschüttert machte ich mit wankenden Knien mich zu meinen traurigen Geschäften weiter auf. – *Heinrich Brockhaus*, nachdem er mir versichert hatte, daß er mir unmöglich helfen könnte, verließ ich mit Beschämung und unter der Bemühung, ihm das Schmerzliche dieser Beschämung zu verbergen. Meine übrigen Verrichtungen fielen so hoffnungslos aus, daß ich, nachdem ich schließlich in *Schlesingers* Büro stundenlang das absichtlich verzögerte fadeste Geschwätz der Besucher meines Brotherrn hatte ertragen müssen, ohne die mindeste Hilfe bei eingebrochener Nacht mich wieder unter den Fenstern meines Hauses zeigte, an welchen ich *Minna*, mit hochgestiegener Beklemmung nach mir ausspähend, gewahrte. Sie hatte unterdessen, mein Mißgeschick ahnend, unsren Mietgenossen und Kostgänger, den um seiner Gutmütigkeit willen mühsam doch geduldig ertragenen Flötenbläser *Brix*, in guter Manier um einen kleinen Vorschuß angegangen und konnte mir wenigstens eine stärkende Mahlzeit bieten. Weitere Hilfe sollte von nun an für einige Zeit, wenn auch unter schweren Opfern für mich, aus dem Erfolg einer *Donizettischen* Oper erwachsen.

Ein höchst schwächliches Werk des italienischen Maëstro, »*La Favorite*«, welches aber von dem bereits tiefgesunkenen Pariser Publikum zweier Kabaletten wegen mit großem Beifall aufgenommen worden, hatte *Schlesinger*, welcher an den letzten *Halévyschen* Opern sehr zu Schaden gekommen war, angekauft, und, meine ihm bekannte hilflose Lage benutzend, stürmte er eines Morgens mit groteskem Freudestrahlen in meine Wohnung, verlangte Feder und Papier, um eine Berechnung der enormen Einnahmen, welche er mir zuzuwenden sich entschlossen hatte, mir vor die Augen zu stellen. Er schrieb nieder: »*La Favorite*, vollständiger Klavierauszug, Klavierauszug ohne Worte zu zwei Händen, dito zu 4 Händen, vollständiges Arrangement für Quatuor, ebenso für zwei Violinen, dito für Cornet à piston. Für diese Arbeiten 1100 Franken. Sofort Vorschuß von 500 Franken«. Mit einem Blick übersah ich, welches Elend ich mit dieser Bestellung übernahm, schwankte jedoch keinen Augenblick, sie anzunehmen. – Als ich die 500 Franken in harten Fünffrankentalern nach Haus gebracht und zu unsrem Ergötzen auf den Tisch gehäuft hatte, besuchte uns zufällig meine Schwester *Cäcilie Avenarius*. Der Anblick unsres Reichtums wirkte ermutigend auf ihre bisherige Bangigkeit in betreff ihres Umgangs mit uns, von hieran sahen wir uns öfter und wurden häufig von ihnen des Sonntags zum Diner eingeladen. – Mir war jedoch um keine Art Zerstreuung mehr zu tun; die Erschütterungen der letzten Vergangenheit hatten so ernst auf mich gewirkt, daß ich jetzt, wie zur Buße all meiner je begangenen Sünden, mir die Pönitenz einer atemlosen Hingebung an die so demütigende und doch einzig hilfreiche Arbeit bestimmte. Wir beschränkten uns zur Ersparnis an Heizung auf unser Schlafzimmer, welches wir zum Salon, Speise- und Arbeitszimmer zugleich machten; mit zwei Schritten war ich aus dem Bett am Arbeitstisch, von welchem ich den Stuhl nun zum Speisetisch herumdrehte und nur vollständig von ihm aufstand, um mich spät wieder zu Bett zu begeben. Regelmäßig jeden vierten Tag gönnte ich mir einzig einen kleinen Ausgang zur Erholung. Da diese Kasteiung ziemlich den ganzen Winter andauerte, legte ich hiermit den Grund zu den mein übriges Leben hindurch mehr oder minder stets mich belästigenden Unterleibsleiden.

Mein Erwerb vermehrte sich durch die äußerst zeitraubende und peinliche Korrektur der Partitur der *Donizettischen* Oper, für welche ich von *Schlesinger*, da er zu dieser Arbeit niemand anders hatte, 300 Franken erpreßte. Dabei mußte ich noch Zeit finden, die Orchesterstimmen meiner »Faustouvertüre«, von der ich immer noch hoffte, sie im Conservatoire aufgeführt zu hören, selbst auszuschreiben; und um einigermaßen mich gegen den Eindruck der schändlichen musikalischen Arbeit aufrechtzuerhalten, schrieb ich zunächst eine kleine Novelle: »*Eine Pilgerfahrt zu Beethoven*«, welche unter dem Titel »*Une visite à Beethoven*« in der »Gazette musicale« erschien. – Unverhohlen gestand mir *Schlesinger*, daß diese Novelle Aufsehen erregt und ungewöhnlichen Beifall gefunden habe, wie sie in Wahrheit ganz oder bruchstückweise auch in vielen Unterhaltungsblättern reproduziert worden war. Er forderte mich auf, mit Ähnlichem fortzufahren. Mit einer Fortsetzung der Novelle unter dem Titel »*Das Ende eines Musikers in Paris*«, französisch »*Un musicien étranger à Paris*«, nahm ich Rache für alle mir widerfahrene Schmach. Sie gefiel *Schlesinger* bei weitem weniger, trug mir aber namentlich von seinem armen Kommis rührende Beifallsbezeugungen und von *H. Heine* den Lobspruch: »So etwas hätte *Hoffmann* nicht schreiben können« ein. Selbst *Berlioz* rührte sich und gedachte in einem seiner Feuilletons des *Journals des Débats* mit Anerkennung meiner Novelle. Ein weiterer musikästhetischer Aufsatz »*Über die Ouvertüre*« wendete mir seine, jedoch nur im Gespräch mitgeteilte, Sympathie namentlich dafür zu, daß ich, mein Prinzip für diese Gattung von Komposition damit erhellend, *Glucks* Ouvertüre zur »Iphigenie in Aulis« als Muster hinstellte.

Diese Annäherung ermutigte mich zu dem Versuch, mich mit *Berlioz* enger zu befreunden. Wohl war ich ihm bereits seit länger in dem *Schlesingerschen* Geschäftsbüro, wo ich ihn seitdem auch öfters antraf, vorgestellt. Ein Exemplar meiner »*Deux grénadiers*« hatte ich ihm überbracht, konnte von ihm darüber jedoch nichts andres herausbringen, als daß er nur ein wenig Gitarre spiele und es sich nicht auf dem Klavier vorspielen könne. Dagegen hatten seine großen Instrumentalkompositionen, welche ich schon im vorangehenden Winter verschiedentlich unter seiner Leitung gehört, einen ungemein anregenden Eindruck auf mich hinterlassen. In jenem Winter (1839-1840) führte er in drei verschiedenen Aufführungen, von denen ich einer beiwohnen konnte, zum ersten Male seine »Romeo-und-Julie«-Symphonie auf. Dies war mir allerdings eine neue Welt, in welcher ich mich, ganz den empfangenen Eindrücken gemäß, mit voller Unbefangenheit zurechtzufinden suchte. Zunächst hatte die Gewalt der nie zuvor von mir geahnten Virtuosität des Orchester-Vortrages auf mich geradezu betäubend gewirkt. Die phantastische Kühnheit und scharfe Präzision, mit welcher hier die gewagtesten Kombinationen wie mit den Händen greifbar auf mich eindrangen, trieben mein eignes musikalisch-poetisches Empfinden mit schonungslosem Ungestüm scheu in mein Inneres zurück. Ich war ganz nur Ohr für Dinge, von denen ich bisher gar keinen Begriff hatte und welche ich mir nun zu erklären suchen mußte. In »*Romeo und Julie*« hatte ich allerdings häufig und andauernd Leeren und Nichtigkeiten empfunden, was mich um so mehr peinigte, als ich andrerseits von den mannigfaltigen hinreißenden Momenten in diesem, durch seine Ausdehnung und Zusammenstellung in Wahrheit dennoch verunglückten Kunstwerke mich bis zur Vernichtung jeder Möglichkeit eines Widerspruchs überwältigt fand. Dieser neuen Symphonie ließ *Berlioz* im gleichen Winter noch Wiederaufführungen seiner »Sinfonie fantastique« und seines »Harald« folgen. Hatte ich in der »Sinfonie fantastique« namentlich den eingewobenen musikalischen Genre-Bildern, der »Harald«-Symphonie jedoch fast gänzlich in jeder Hinsicht mit staunender Ergriffenheit folgen können, so hatte die neueste Arbeit des wundersamen Meisters, seine »Trauersymphonie für die Opfer der Julirevolution«, welche er im vergangenen Sommer 1840 zur Feier der Beisetzung der Juligefallenen unter der Säule des Bastilleplatzes für eine ungeheure, auf das geistvollste von ihm kombinierte Militärmusik aufführte, mich vollends mit der Größe und Energie dieser in seiner Art einzigen und ganz unvergleichlichen Künstlernatur bekanntgemacht, ohne daß ich jedoch eine seltsame, tiefe und ernstliche Beklommenheit dem Totaleindruck dieser Erscheinung gegenüber hätte überwinden können. Es blieb mir eine Scheu wie vor etwas Fremden, mit welchem ich nie vollständig vertraut werden würde, zurück, und diese Scheu nahm den Charakter eines bedenkenvollen Nachsinnens darüber an, daß ich von einem größeren *Berliozschen* Werke mich ebenso hingerissen als zu Zeiten auch unleugbar abgestoßen, mitunter geradewegs gelangweilt fühlte. Das Problem, welches mich jahrelang *Berlioz* gegenüber in peinlicher Spannung erhielt, gelang mir erst in viel späterer Zeit mir klar zum Bewußtsein zu bringen und zu lösen.

Gewiß war es, daß ich um jene Zeit mich schülerhaft klein neben *Berlioz* empfand; und so versetzte es mich denn in wahrhafte Verlegenheit, als *Schlesinger* jetzt den Erfolg meiner Novelle in einem mir günstigen Sinne auszubeuten beschloß und mich aufforderte, in einem großen, von der Redaktion der »Gazette musicale« zu gebenden Konzerte etwas für Orchester vor mir aufführen zu lassen. Ich begriff nämlich, daß keine meiner vorrätigen Kompositionen, weder nach der einen noch der andren Seite hin, hier vorteilhaft für mich am Platze sein würde. Meiner neuen »Faust-Ouvertüre« traute ich noch nicht, namentlich ihres zartausgehenden Schlusses wegen, der, wie mich dünkte, nur vor einem mir bereits befreundeten Publikum im Sinne des äußeren Erfolges Beachtung finden konnte. Da mir außerdem bedeutet wurde, daß nur ein Orchester zweiten Ranges – das damalige *Valentinosche* des Casinos der rue St. Honoré – und außerdem nur eine Probe mir zu Gebote stünden, glaubte ich nur die Wahl zu ersehen, entweder ganz abzustehen, oder es noch einmal mit meiner flüchtigen Jugendarbeit, jener Magdeburger »Kolumbus-Ouvertüre«, zu versuchen. Ich entschloß mich zu der letzteren. – Als ich mir die Orchesterstimmen dieser Ouvertüre von *Habeneck*, der sie noch im Archiv des Conservatoires verwahrte, zurückholte, warnte mich dieser trocken aber wohlmeinend vor der Gefahr, mit dieser Komposition vor das Pariser Publikum zu treten, da sie, wie er sich ausdrückte, zu »*vague*« sei. – Eine große Schwierigkeit war in betreff der Besetzung meiner sechs Trompeten zu überwinden, da dieses Instrument, welches den Deutschen so virtuosenhaft geläufig ist, in den Pariser Orchestern nur selten gut besetzt werden kann. Der Korrektor meiner Suiten für Cornet à piston, Herr *Schiltz*, schlug sich gutmütig in das Mittel; ich mußte die Anzahl der Trompeten auf vier reduzieren, von denen er mir jedoch versicherte, daß er für die gute Exekution sogar nur von zwei derselben stehen könnte. In der Probe machte mir denn auch diese Hauptressource meines Effektes sehr entmutigend zu schaffen; nicht *einmal* wurden die zarten hohen Stellen ohne Umschlagen des Tones geblasen. Außerdem, da ich nicht selbst dirigieren durfte, hatte ich mit einem chef d'orchestre zu tun, welchem ich es ansah, daß er mit inniger Überzeugung mein Werk für einen Unsinn hielt – eine Ansicht, die mir vom ganzen Orchester geteilt zu werden schien. *Berlioz*, welcher bei dieser Probe zugegen war, verhielt sich durchaus schweigsam; er ermutigte nicht, widerriet mir aber auch nicht, sondern bestätigte nur mit seufzendem Lächeln, daß es in Paris gar eine schwere Sache sei. Am Abend der Aufführung (4. Februar 1841) schien das Publikum, zum größten Teil aus Abonnenten der »Gazette musicale«, somit aus Kennern meiner Novelle bestehend, nicht ungünstig für mich gestimmt zu sein. Man versicherte mir auch, daß meine Ouvertüre, selbst wenn sie alle Welt gelangweilt hätte, dennoch gewiß applaudiert worden wäre, wenn nicht die unglücklichen Trompeter durch regelmäßiges Umschlagen des Tones auf der effektvollen zarten Note das Publikum, welches in Paris gemeiniglich nur dem virtuosen Teile der Leistung, z. B. dem Glücken gewisser gefährlicher Töne, mit Aufmerksamkeit folgt, zu nur mühsam unterdrücktem Unwillen gereizt hätten. Ich verbarg mir nicht, daß ich durchgefallen sei, daß nach dieser Kalamität Paris für mich nicht mehr existiere und für jetzt nichts weiter zu tun habe, als in mein universelles Schlafzimmer mich von neuem zum Arrangement *Donizettischer* Opern einzuschließen.

Meine arbeitsvolle Weltentsagung war so groß, daß ich wie ein Büßer mir nicht mehr den Bart schor und ihn, zum Kummer meiner Frau, für das erste und einzige Mal in meinem Leben langwachsen ließ. Während ich alles geduldig ertrug, brachte mich nur ein Klavierspieler, welcher unmittelbar neben meinem Zimmer wohnte und fast den ganzen Tag *Liszts* Fantasie über »*Lucia di Lammermoor*« übte, zur wahren Verzweiflung. Um ihm auf meine Weise einen Begriff von den Qualen zu geben, die ich durch ihn litt, räumte ich eines Tages mein furchtbar verstimmtes Piano aus dem Salon in das Schlafzimmer, stellte es unmittelbar an die nachbarliche Wand, forderte *Brix* auf, seine Pikkolo-Flöte herbeizuholen und mir auf derselben die Ouvertüre zur »*Favorite*«, welche ich soeben für Klavier und Violine (oder Flöte) arrangiert hatte, zu begleiten. Die Wirkung hiervon scheint meinen Nachbarn, einen jüngeren Klavierlehrer, wahrhaft erschreckt zu haben; mir sagte die Concierge andren Tages, daß er soeben in eine andre Wohnung ziehe – was mich wiederum einigermaßen beschämte. – Dieselbe Frau unsres Concierge war zu uns in ein diskret beziehungsvolles Verhältnis getreten; wir hatten sie anfangs für die unerläßlichsten häuslichen Verrichtungen namentlich in der Küche, für das Reinigen der Kleider und des Schuhwerkes in beiläufigen Dienst genommen; endlich belästigte uns auch der geringe Lohn, den wir ihr hierfür zahlten, und *Minna* mußte die Demütigung auf sich nehmen, sie von ihren Hilfsleistungen zu entlassen, um fortan selbst die niedrigsten häuslichen Geschäfte ohne jede Beihilfe für sich zu übernehmen. Da wir unsrem Untermieter hiervon nichts zu wissen tun wollten, sah sich meine Frau, welche nicht nur selbst kochte, sondern auch das Geschirr aufwusch, sogar genötigt, die Stiefel unsres Gastes zu putzen. Hauptsächlich aber war uns nur die Beschämung, die wir vor unsrem Concierge empfanden, schwierig zu ertragen; doch hatten wir hierin Unrecht: diese Leute bezeigten uns mit gesteigerter Höflichkeit ihre Achtung, wogegen allerdings auch einige Vertraulichkeit mit unterfloß. So unterhielt mich der Mann öfter über Politik; als um jene Zeit die Quadruple-Alliance gegen Frankreich sich auftat und unter dem zeitweiligen Ministerium *Thiers* die Situation für sehr gespannt galt, beruhigte mich eines Tages mein Concierge mit den Worten: »*Monsieur, il y a quatre hommes en Europe qui s'appellent: le roi Louis Philippe, l'empereur d'Autriche, l'empereur de Russie, le roi de Prusse; eh bien, ces quatre sont des couillons; et nous n'aurons pas la guerre.*«

Des Abends blieb ich gewöhnlich nicht ohne Unterhaltung; nur mußten meine wenigen treuen Freunde sich daran gewöhnen, mit mir über die bis in die Nacht vor mir liegende Notenschreiberei hin sich zu vernehmen. Als der Silvesterabend des Jahres 1840 angebrochen war, ward ich in wahrhaft ergreifender Weise durch ein Rendez-vous, welches sie unter sich verabredet hatten, überrascht. *Lehrs* klingelte und kam mit einer großen Kalbskeule an; *Kietz* mit Rum, Zucker und Zitrone; *Pecht* mit einer Gans; *Anders* aber mit zwei Flaschen Champagner, dem Vorrat entnommen, welchen er dereinst von einem Instrumentenmacher für einen empfehlenden Artikel seiner Klaviere zum Geschenk erhalten hatte und der nun für feierliche Gelegenheiten von ihm verwahrt wurde. Jetzt warf ich denn die schmähliche »*Favorite*« beiseite und stürzte mich mit wahrhafter Begeisterung in das zu feiernde Freundschaftsfest. Alle mußten für die Zubereitung desselben helfen – zunächst den Salon zu heizen, der Frau in der Küche beizustehen und etwa Fehlendes vom Epicier zu holen. Das Souper verwandelte sich zum dithyrambischen Gelage; als nach dem Champagner noch der Punsch zu wirken begann, hielt ich eine emphatische Rede, die, weil sie die Freunde in unaufhörlichem Lachen unterhielt, nicht enden wollte und mich so hinriß, daß ich, der ich im gesteigerten Pathos mich bereits auf einen Stuhl gestellt hatte, endlich selbst den Tisch bestieg und von da herab das Evangelium der unsinnigsten Lehren der Weltverachtung mit Anpreisung der südamerikanischen Freistaaten meinen entzückten Zuhörern verkündete, welche endlich in lachendes Schluchzen sich verloren und schließlich von uns sämtlich beherbergt werden mußten, da ihr Nachhausegehen unmöglich geworden war. – Der Neujahrstag 1841 traf mich wieder in voller Bußübung bei meiner »*Favorite*«. Eines zweiten, wenn auch ungleich feierlicheren Festabends entsinne ich mich, durch den Besuch des berühmten Violinvirtuosen *Vieuxtemps*, zufällig eines Jugendbekannten *Kietz'*, veranlaßt. Ich hatte die Freude, den damals in Paris sehr gefeierten jungen Künstler mit seiner Geige mich und meine Freunde einen ganzen Abend durch sein schönes Spiel unterhalten zu sehen, was meinem Salon ein ungewohnt bedeutsames Ansehen verlieh; für seine Freundlichkeit belohnte ihn *Kietz*, indem er ihn von meiner Wohnung bis in sein in der gleichen Straße gelegenes Hotel auf seinen Schultern reitend davontrug.

Ein harter Schlag traf mich im Beginn dieses Jahres infolge einer aus Unkenntnis der Pariser Regeln begangenen Versäumnis. Es war natürlich, daß wir nur den schicklichen Termin abgewartet hatten, um unsre Wohnung zu kündigen. Ich verfügte mich deshalb selbst in die Wohnung der Hauseigentümerin, einer jungen, sehr reichen Witwe, einem ihrer Hotels im »*Marais*«. Die Dame empfing mich verlegen, sagte mir, sie würde mit ihrem Intendanten über meine Kündigung sprechen, und wies mich an diesen. Schriftlich ward mir angezeigt, daß meine Kündigung nur annehmbar gewesen sein würde, wenn sie bis am Abend zuvor erfolgt wäre, und infolge dieser Versäumnis ich mich genötigt sehen würde, laut unsrer kontraktlichen Stipulationen die Miete der Wohnung auch für ein zweites Jahr zu entrichten. Im höchsten Schrecken machte ich mich zu dem Intendanten meiner Hauseigentümerin selbst auf; hier ward ich nur mühsam vorgelassen, traf einen, wie es schien, durch schreckliche Krankheit gelähmten, regungslos ausgestreckten älteren Herrn und erhielt von ihm, nachdem ich unverhohlen meine ganze Lage auseinandergesetzt und ihn auf das herzlichste um Verwendung für die Entbindung von meinem Kontrakt angegangen hatte, keine andre Antwort, als daß es meine Schuld sei und nicht die seinige, daß ich einen Tag zu spät gekündigt habe, und ich dagegen sehen möchte, wie ich in Zukunft meine Miete auftriebe. – Mein Concierge, dem ich sehr erschüttert Bericht von diesem Auftritt gab, sagte mir beschwichtigend in betreff dieses Intendanten: »J'aurais pu vous dire cela, car voyez, monsieur, cet homme ne vaut pas l'eau qu'il boit.«

Dieses gänzlich unvorausgesehene Mißgeschick zerstörte alle Aussicht, die wir auf die Erlösung aus unsrer unhaltbaren Lage zu gewinnen uns bemüht hatten. Eine Zeitlang tröstete uns die Hoffnung, einen neuen Mieter zu finden. Sie erfüllte sich nicht; wir sahen mit Ostern das neue Mietjahr eintreten, ohne Rat zu finden. Endlich empfahl uns der Concierge eine fremde Familie, welche gesonnen sei, die ganze Wohnung mit Möbeln auf einige Monate uns abzumieten. Mit Freuden griffen wir zu diesem Mittel, um uns auf diesem Wege wenigstens die Erschwingung der nächsten Miettermine zu versichern, und hofften, wären wir nur einmal aus dieser Unglückswohnung fort, so würde sich auch der Weg zur gänzlichen Entledigung von derselben finden. So machten wir uns auf, in der Umgebung von Paris eine möglichst wohlfeile Sommerwohnung für uns aufzusuchen. Wir waren hierfür nach *Meudon* gewiesen und entschieden uns dort für ein Logis in der Avenue, welche Meudon mit dem nahegelegenen *Bellevue* verbindet. Rue du Helder wurde dem Concierge, welchen ich für alles bevollmächtigte, zur Aftervermietung übergeben, und wir richteten uns nun so gut es gehen wollte in unsrem zeitweiligen Asyle ein, in welchem wir für das nächste auch unsren alten Untermieter, den gutmütigen Flötenbläser *Brix* mit aufnehmen mußten, weil der Arme selbst in eine kritische Periode getreten war und beim Ausbleiben seiner Geldmittel in größte Verlegenheit geraten sein würde, wenn er gerade jetzt von der Teilnahme an unsrem Hausstand ausgeschlossen worden wäre. Am 29. April fand sonach diese notdürftige Übersiedelung statt, welche in Wahrheit nur eine Flucht aus dem Unmöglichen in das Unbegreifliche war; denn wovon wir diesen Sommer leben sollten, davon hatten wir keine Ahnung, da *Schlesinger* versiegt war und nach keiner Seite irgendein neuer Quell sich eröffnete.

Mir schien nichts als journalistische Arbeit übrigzubleiben, die, so wenig gewinnreich sie war, mir doch einzig zugleich einigen Erfolg verschafft hatte. Für die »Gazette musicale« hatte ich noch im vergangenen Winter einen größeren Aufsatz über *Webers »Freischütz«* geliefert, welcher auf die damals bevorstehende Aufführung desselben in der Großen Oper, mit der Zutat der *Berliozschen* Rezitative, vorbereiten sollte. Es scheint, daß ich mit diesem Aufsatze zunächst *Berlioz*' Abneigung mir zuzog. Ich hatte nicht umhin gekonnt, auf das so Mißliche des Vorhabens aufmerksam zu machen, gerade dieses, der Form nach auf dem älteren Singspiel begründete Werk durch Zutaten, welche seine ursprünglichen Dimensionen gänzlich entstellen müßten, dem luxuriösen Repertoire jenes Theaters einzureihen. Entsprach auch der Erfolg vollständig meiner Voraussicht, so waren die bei dieser Unternehmung Beteiligten mir deshalb nicht minder übelgesinnt. Eine fast schmeichelhafte Genugtuung erhielt ich aber dadurch, daß mein Artikel die Beachtung der berühmten *G. Sand* auf sich gezogen hatte. Eine sagenhafte Erzählung aus dem französischen Provinzial-Leben leitete sie mit dem Versuch ein, gewisse Zweifel über die Fähigkeit der Franzosen, das sagenhafte, mystische Volkselement, welches ich dem *»Freischütz«* vorzüglich vindizierte, in seiner Eigentümlichkeit zu erfassen, abzuwehren; wobei sie eben auf meinen Aufsatz Bezug nahm. – Eine neue Veranlassung zu journalistischer Tätigkeit erwuchs mir aus meinen Bemühungen für die Annahme des *»Rienzi«* in Dresden. Der dortige Theatersekretär, der bereits genannte *Winkler*, berichtete mir eingehend über den Stand dieser Angelegenheit; in seiner Eigenschaft als Herausgeber der damals bereits sehr gesunkenen »Abendzeitung« ergriff er aber auch die Gelegenheit, in mir einen Gratis-Korrespondenten für sein Blatt zu bekommen, indem er mich zu häufigen Mitteilungen für dasselbe aufforderte; wollte ich nun von ihm etwas über die Annahme meiner Oper erfahren, so mußte ich ihn durch Einsendung einer Korrespondenz dazu willig zu machen suchen. Da sich diese hoftheatralische Negoziation in eine ungemessene Länge zog, entstanden bei dieser Gelegenheit zahlreiche Korrespondenzen von mir aus Paris, wobei ich in eine wunderliche Verlegenheit geriet, da ich seit länger mich auf mein Schlafzimmer zurückgezogen hatte und gänzlich ohne Wahrnehmung von Paris blieb.

Mit dieser Entferntheitung von allem Pariser künstlerischen wie sozialen Scheinwesen hatte es eine ernstere Bewandtnis. Teils meine notvollen Erlebnisse, teils aber auch der in meinem ganzen Bildungsgange innerlichst vorbereitete Ekel vor demjenigen künstlerischen und geselligen Treiben, welches früher mir so überwältigend anziehend vorgekommen war, hatten mich mit wahrhaft erschreckender Schnelligkeit von jeder Berührung mit ihm zurückgetrieben. Noch die Aufführung der »Hugenotten«, welche ich hier zum erstenmal erlebte, hatte mich zwar sehr geblendet; das schöne Orchester, die außerordentlich sorgsame und wirkungsreiche Szenierung gaben mir einen berauschenden Vorgeschmack der bedeutenden Möglichkeiten, zu denen so sicherausgebildete Kunstmittel verwendet werden könnten. Sonderbarerweise zog es mich aber nicht an, öfteren Wiederholungen solcher Aufführungen beizuwohnen; in der Manier der Sänger fand ich bald die Karikatur heraus und vermochte es, meine Freunde durch Nachahmung der neuesten Pariser Gesangsmoden und ihrer geschmacklosen Übertreibungen in ergötzlicher Weise zu unterhalten. Daß auch die Komponisten selbst, welche mit der Ausbeutung dieser Modelächerlichkeiten sich wiederum ihre Erfolge sicherten, endlich meiner spottenden Kritik verfallen mußten, war nicht zu verhindern. Daß endlich ein so seichtes, an sich wirklich sogar unfranzösisches Machwerk wie die *Donizettische* »Favorite« dieses sonst so stolze Theater längere Zeit vollständig in Beschlag nahm, erschöpfte in mir die letzte Geduld, mit welcher ich mir noch Achtung vor den Leistungen dieses »ersten lyrischen Theaters der Welt« zu erhalten bemüht gewesen war. Ich glaube, während der ganzen Zeit meines Pariser Aufenthalts nicht über viermal in der großen Oper gewesen zu sein. Die »Opéra Comique« hatte mich sofort, sowohl der eigentümlichen Kälte der dort herrschenden Darstellungsweise als der so großen Verschlechterung der in ihr gepflegten Musik wegen, zurückgestoßen. Dieselbe Kälte trieb mich von den Leistungen der Sänger der italienischen Oper zurück. Die meist sehr berühmten Namen dieser Künstler, welche seit langen Jahren beständig gewisse vier Opern sangen, konnten mich für den wahrgenommenen Mangel jeder selbst gemeinen theatralischen Wärme, welche ich doch so ungemein bei den Leistungen der *Schröder-Devrient* genossen hatte, nicht entschädigen. Ich sah wohl ein, daß hier eben alles im Verfall begriffen sei, empfand zugleich aber weder Hoffnung noch Verlangen, das Verfallende neubelebt wiedererstehen zu sehen. – Mehr gefielen mir die kleineren Theater, welche mir das französische Talent in seinem rechten Lichte zeigten; nur war ich durch mein eignes Streben zu sehr auf das Aufsuchen von Anknüpfungspunkten für meine innere Teilnahme angewiesen, als daß ich zu der bloßen müßigen Beobachtung mir gänzlich unsympathischer Vorzüge befähigt gewesen wäre. Außerdem waren vom Beginn an meine Sorgen und Nöte so überwältigend und das Bewußtsein von der Fruchtlosigkeit meiner Pariser Unternehmung wurde in mir so deutlich, daß ich bald sogar jede Aufforderung, dies oder jenes mir anzusehen, mit Unwillen oder Gleichgültigkeit von mir wies. Mehrere Male schickte ich Billetts zum »Theatre français« für die Aufführungen der *Rachel* zum großen Leidwesen *Minnas* zurück und sah überhaupt dieses berühmte Theater nur später einmal im geschäftlichen Interesse meines korrespondenzbedürftigen Dresdener Protektors.

Um diesem die Spalten seiner »Abendzeitung« zu füllen, verfuhr ich in wahrhaft unverschämter Weise, indem ich, was mir *Anders* und *Lehrs,* welche selbst nie etwas erlebten, des Abends teils aus Zeitungen, teils aus Table-d'hôte-Gesprächen erzählten, in der Weise zusammenstellte und durch die in neuer Zeit durch die *Heinesche* Manier im Journalstil herrschend gewordene Mode pikant herzurichten suchte, so daß ich wirklich nicht anders glaubte, als mein guter Hofrat *Winkler* würde eines Tages hinter das Geheimnis meiner Pariser Weltkenntnis geraten müssen. – Auch einen größeren Aufsatz über die stattgehabte Aufführung des »Freischütz«, welche ihn als Vormund der *Weberschen* Kinder insbesondere interessierte, hatte ich ihm freiwillig für sein verfallenes, von niemand mehr gelesenes Blatt geliefert. Da er mir versicherte, er werde nicht eher ruhen, als bis er mir die bestimmtesten Versicherungen für die Annahme des »Rienzi« verschafft habe, sandte ich ihm im überschwenglichen Dank auch noch das deutsche Original meiner *Beethoven*-Novelle zu. Der Jahrgang 1841 dieser bei *Arnold* in Dresden erschienenen, jetzt gänzlich untergegangenen Zeitschrift enthält den einzigen Abdruck dieser Manuskripte.

Ein weiteres Feld einer vorübergehenden literarischen Tätigkeit betrat ich, durch die Aufforderung *Lewalds*, des Herausgebers der belletristischen Monatsschrift »*Europa*« veranlaßt. Dieser war der erste, der überhaupt meinen Namen gelegentlich dem Publikum genannt hatte; da seiner eleganten und eine Zeitlang ziemlich verbreiteten Zeitschrift, wie ich damals schon bemerkt hatte, auch musikalische Beilagen gegeben wurden, hatte ich bereits von Königsberg ihm zwei Kompositionen, um sie auf diesem Wege zu veröffentlichen, zugesandt. Diese waren ein von mir in Musik gesetztes melancholisches Gedicht von *Scheuerlin* »Der Knabe und der Tannenbaum« (eine Arbeit, die ich noch jetzt gern mein nenne) und mein famoses Karnevals-Lied aus dem »Liebesverbot«. Als ich jetzt auf den Gedanken kam, in gleicher Weise meine kleinen französischen Gesangskompositionen vor das Publikum zu bringen, und *Lewald* deshalb das »Dors mon enfant«, die *Hugosche* »Attente« und »Mignonne« von *Ronsard* übersandte, gewährte er mir mit der Aufnahme derselben nicht nur ein kleines Honorar – das erste, das ich für eine Komposition von mir erhielt –, sondern er forderte mich auch auf, ihm in größeren, möglichst unterhaltenden Aufsätzen meine Eindrücke von Paris mitzuteilen. So schrieb ich für sein Blatt »Pariser Amusements« und »Pariser Fatalitäten«, in welchen beiden Aufsätzen ich, mit Benutzung der *Heineschen* Manier, unter allerhand Wendungen meine Enttäuschungen über Paris, meine Verachtung vor seinem Treiben in launige Darstellung brachte. Zu dem zweiten Aufsatze benutzte ich außerdem die Schicksale eines gewissen *Hermann Pfau*, eines sonderbaren Taugenichtses, der mir aus meiner schlimmsten Leipziger Jugendzeit genauer als wünschenswert bekannt geworden war und sich nun seit dem Beginn des vergangenen Winters längere Zeit als Vagabund in Paris herumtrieb, wobei ich mich seines schrecklich verwahrlosten Zustandes wiederholt auf Kosten der Erträge meiner Favoriten-Arbeiten zu erbarmen hatte. Es war daher eine Art von ökonomischer Gerechtigkeit, die ich übte, als ich seine Pariser Abenteuer zu einer Darstellung für das *Lewaldsche* Blatt benutzte und auf diese Art mir einige Franken zurückgewann.

Eine andre Wendung nahm dagegen die literarische Tätigkeit, zu welcher ich durch meine Verhandlungen mit dem Direktor der Großen Oper *Léon Pillet* veranlaßt wurde. Nach langer Bemühung hatte ich endlich erfahren, daß dieser an meinem Entwurfe zum »Fliegenden Holländer« Gefallen gefunden habe; er eröffnete mir dies zugleich mit dem Antrage, ihm diesen Entwurf abzutreten, da er genötigt sei, verschiedenen Komponisten infolge bestehender Verpflichtungen dergleichen Sujets für kleinere Opern zuzuweisen. Nun suchte ich mündlich und brieflich *Pillet* davon zu überzeugen, daß er die Ausführung und Komposition mit Aussicht auf Erfolg doch einzig nur von mir zu erwarten habe, da ich ja hier erst auf meinem wahren Felde sei, auf welches ich ihn durch Mitteilung eines dichterischen Entwurfes, der ihm gefallen habe, erst nur geleitet hätte. Hier halfen nun aber keine Gründe; der Direktor sah sich genötigt, mit größter Aufrichtigkeit mir zu erklären, welche Bewandtnis es mit den Aussichten habe, welche durch *Meyerbeers* Empfehlung an ihn ich mir eröffnet zu haben glaubte: an einen Auftrag der Komposition selbst einer kleinen Oper sei unter keinen Umständen vor *sieben Jahren* zu denken, da bis dahin die bereits eingegangenen Verpflichtungen der Direktion reichten; ich möchte daher vernünftig sein, gegen eine billige Entschädigung meinen Entwurf an einen von ihm zu wählenden »Auteur« abzutreten, und wollte ich durchaus schon bald mein Glück als Komponist bei der Großen Oper versuchen, so riet er mir, den Ballettmeister zu sprechen, um mich mit diesem über ein etwa einzulegendes *Pas* zu verständigen. Da ich dies letztere mit unverhohlenem Ekel zurückwies, überließ er mich geduldig meinem Trotze, bis ich, nach unendlich langen vergeblichen Bemühungen, den zugleich als Redakteur der »Gazette musicale« mir befreundet gewordenen Kommissar der k. Theater, *Edouard Monnaie*, um seine Vermittlung anging. Dieser, der meinen Entwurf bei dieser Gelegenheit kennenlernte, versicherte mir unverhohlen, daß er nicht begriffe, wie *Pillet* daran Gefallen habe finden können; da er nun aber einmal – wie er vermute zu seinem großen Schaden – dafür eingenommen sei, so riet er mir, doch ja nur jeden Vorteil, den man mir für die Abtretung meines Entwurfes bieten würde, eiligst anzunehmen, weil ihm bekannt geworden sei, daß derselbe bereits Herrn *Paul Foucher,* einem Schwager *Victor Hugos*, zur Ausführung als »Libretto« übergeben worden sei, und dieser außerdem behaupte, der Entwurf enthalte für ihn gar nichts Neues, da das Sujet des *Vaisseau fantôme* ja auch in Frankreich genügend bekannt sei. Nun merkte ich, woran ich war, erklärte meine Bereitwilligkeit, dem Wunsche des Herrn *Pillet* zu willfahren, und wohnte einer Konferenz mit Herrn *Foucher* bei, in welcher unter besondrer Verwendung des Herrn *Pillet* mein Entwurf auf 500 Franken geschätzt wurde, welche als Vorschuß auf die *droits d'auteur* des zukünftigen Dichters von der Theaterkasse mir ausgezahlt wurden.

Nun erhielt mein Sommer-Asyl in der *Avenue de Meudon* einen bestimmten physiognomischen Ausdruck: mit diesen 500 Franken mußte dort der »*Fliegende Holländer*« sofort von mir in Dichtung und Musik für Deutschland ausgeführt werden, während ich das »*Vaisseau fantôme*« seinem französischen Schicksale überließ.

Mit dem Abschlusse meines Geschäftes hatte ich zugleich meiner bis dahin immer hilfloser bedrängten Lage etwas aufgeholfen. Die Monate Mai und Juni hatten wir unter beständig sich steigernden Nöten zugebracht. Die schöne Jahreszeit, die erheiternde Landluft, das Gefühl der Befreiung von der schmachvollen musikalischen Lohnarbeit, unter welcher ich den Winter zugebracht, hatten zunächst zwar hoffnungsvoll anregend auf mich gewirkt und die kleine Kunstnovelle »*Ein glücklicher Abend*«, welche in fransischer Übersetzung in der »Gazette musicale« erschien, mir eingegeben. Bald aber stellten sich die Folgen dieser Entblößung von allen Hilfsmitteln in wahrhaft mutraubender Härte bei uns ein. Mit eigentümlicher Bitterkeit wurde diese von uns empfunden, als, durch unsre Übersiedelung angeregt, meine Schwester *Cäcilie* ihren Mann zur Nachfolge dahin vermocht und dicht neben uns eine Sommerwohnung bezogen hatte. Wenn auch nicht in glänzenden, so doch in sicheren Verhältnissen, wohnten diese Verwandten nachbarlich uns zur Seite, gingen von Haus zu Haus täglich mit uns um, ohne daß wir es für gut hielten, sie je mit unsren grenzenlosen Verlegenheiten bekannt zu machen. Diese steigerten sich eines Tages in allerbitterster Weise. Da wir gänzlich ohne Geld waren, machte ich mich mit Tagesanbruch zu Fuß – denn ein Platz auf der Eisenbahn war nicht zu bezahlen – nach Paris auf, um dort den ganzen Tag über, von Straße zu Straße mich schleppend, der Möglichkeit, fünf Franken aufzutreiben, nachzujagen, bis ich am späten Nachmittage, ohne auch nur den mindesten Erfolg erzielt zu haben, wiederum auf die qualvolle Fußreise nach Meudon zurück mich zu begeben genötigt war. Als ich *Minna*, welche mir entgegenkam, dieses schlimme Resultat eröffnete, meldete sie mir zu ihrer Verzweiflung, daß auch noch der vorher erwähnte *Hermann Pfau* im jammervollsten Zustand, um nur einen Imbiß zu gewinnen, sich zu uns geflüchtet hätte; sie habe ihm bereits das letzte am Morgen vom Bäcker uns gelieferte Brot überlassen müssen. Immerhin blieb uns nun noch die Hoffnung, daß mein Untermieter *Brix*, welcher durch sonderbare Schicksale jetzt zu unsrem Unglücksgenossen geworden, von seinem gleichfalls am Morgen unternommenen Streifzug nach Paris mit jedenfalls einigem Erfolg doch zurückkehren müßte. Endlich kam auch dieser schweißtriefend und erschöpft zurück, von dem Bedürfnisse einer Mahlzeit getrieben, welche er sich in der Stadt nicht hatte verschaffen können, da er nicht einen der von ihm aufgesuchten Bekannten angetroffen hatte; flehentlich bat er nur um ein Stück Brot. Die so gesteigerte Situation begeisterte endlich meine Frau; sie hielt sich berufen, wenigstens gegen den Hunger der Männer rettend anzukämpfen. Zum ersten Male auf französischem Boden ward der Bäcker, der Fleischer und Weinhändler unter plausiblen Vorwänden ohne sofortige bare Bezahlung für das Nötige in Beschlag genommen, und *Minnas* Auge strahlte, als sie nach einer Stunde ein von ihr zubereitetes treffliches Mahl uns vorsetzen konnte, bei dem wir zufällig von der Familie *Avenarius* angetroffen wurden, welche ersichtlich sich beruhigt fühlte, uns in so wohlversorgter Lage zu finden.

Dieser äußersten Bedrängnis machte nun mit Anfang Juli für einige Zeit der Verkauf meines »Fliegenden Holländers«, somit mein letzter Verzicht auf Pariser Erfolge, ein Ende. – Solange die 500 Franken reichten, war mir Luft zur Ausführung meines Werkes gegönnt. Die erste Ausgabe davon war für die Miete eines Pianos, da ich ein solches seit längeren Monaten gänzlich entbehrt hatte. Es sollte dazu dienen, in mir zunächst nun wieder den Glauben zu beleben, daß ich noch Musiker sei, nachdem ich seit dem Herbst des vergangenen Jahrs nur als Journalist und Opernarrangeur meinen Geist geübt hatte. Das Gedicht des »Fliegenden Holländers«, welches ich noch in den zuletzt überstandenen Nöten schnell ausgeführt hatte, erregte namentlich *Lehrs'* große Teilnahme; er erklärte geradesweges, ich würde nie etwas Besseres machen, der »Fliegende Holländer« würde mein »Don Juan« werden. Nun galt es, Musik dazu zu finden. Als ich am Ausgange des verlebten Winters noch hoffte, dieses Sujet für die französische Oper bearbeiten zu dürfen, hatte ich bereits einige lyrische Bestandteile desselben poetisch und musikalisch ausgeführt, sie von *Emile Deschamps* übersetzen lassen und zu einer verhofften Audition bestimmt, bis zu welcher es jedoch eben nie kam. Dies waren: die Ballade der *Senta*, das Lied der norwegischen Matrosen und der Spuk-Gesang der Mannschaft des »Fliegenden Holländers«. Seitdem war ich so gewaltsam der Musik entfremdet worden, daß ich nun, als das Klavier in meiner Sommerwohnung ankam, einen Tag lang mich gar nicht es zu berühren getraute. Ich hatte wirklich die Furcht, dahinterkommen zu müssen, daß mir nichts mehr einfallen könnte – als mir plötzlich war, ich hätte noch das Lied des Steuermanns im ersten Akt vergessen aufzuzeichnen, obwohl ich mich wiederum nicht entsann, es bereits entworfen zu haben, da ich soeben ja auch erst die Verse davon gemacht hatte. Dies gelang nun und gefiel mir. Ähnlich erging es mit dem »Spinnerlied«; und da ich denn nun diese beiden Stücke aufgeschrieben hatte und mir bei genauer Überlegung sagen mußte, daß sie mir wirklich soeben erst eingefallen wären, ward ich über diese Entdeckung ganz unsinnig vor Freude. – In sieben Wochen wurde die ganze Musik des »*Fliegenden Holländers*« bis auf die Instrumentation ausgeführt.

Da lebte denn alles auf; meine übermütig gute Laune setzte alles in Erstaunen, und namentlich meine Verwandten *Avenarius* hielten sich nun für überzeugt, daß es mir wirklich sehr gut gehen müsse, da mit mir ein so heitrer Umgang zu pflegen wäre. Ich machte meine weiten Spaziergänge in den Wald von *Meudon*, wo ich mich sogar dazu verstand, oft *Minna* Pilze suchen zu helfen, was für sie leider den Hauptreiz unserer Waldeinsamkeit bildete und unsren Hauswirt, wenn er uns mit der Beute heimkehren sah, mit Entsetzen erfüllte, weil er behauptete, wir würden uns durch den Genuß der Pilze vergiften. Mein Schicksal, welches mich fast immer in das Abenteuerliche führte, hatte mich auch hier das wunderlichste Original auffinden lassen, was jedenfalls nicht nur in der Umgegend von Meudon, sondern auch von Paris anzutreffen war. Dies war Herr *Jadin*, zwar so alt, daß er sich noch die Marquise von *Pompadour* in *Versailles* erinnern wollte gesehen zu haben, dabei aber von der unglaublichsten Rüstigkeit. Er selbst schien es darauf abzusehen, die Welt in bezug auf sein wirkliches Alter in einer steten Aufregung zu halten; wie er sich alles selbst verfertigte, hatte er sich auch eine große Anzahl von Perücken hergerichtet, welche sich in den verschiedensten Nuancen vom jugendlichen Blond bis auf das würdigste Weiß erstreckten, dazwischen grau, angenehm meliert, und diese trug er abwechselnd je nach Laune. Da er alles trieb, war ich erfreut, ihn besonders auf Malerei versessen zu finden. Daß er alle Wände seiner Zimmer mit den kindischsten Karikaturen aus der Tierwelt behängt, ja selbst, daß er nach außen seine Stores auf das lächerlichste mit Gemälden versehen hatte, störte mich nicht im mindesten, da ich im Gegenteil hierdurch in der Annahme bestärkt wurde, daß er keine Musik triebe; bis ich zu meinem Schreck dahinterkam, daß wunderbar verstimmte Harfenklänge, welche aus einer unerklärlichen Region zu mir drangen, aus seiner Souterrain-Wohnung herkamen, wo er zwei Harfen-Klaviere seiner Erfindung stehen hatte, welche zu spielen, wie er mir sagte, er leider lange vernachlässigt habe, wogegen er nun fleißig sich wieder darauf einüben wolle, um mir Freude zu machen. Es gelang mir jedoch, ihn davon abzubringen, als ich ihn versicherte, der Arzt habe mir die Harfe als nervenschädlich verboten. – Als eine Erscheinung wie aus der *Hoffmann*schen Märchenwelt ist er mir, wie ich ihn zum letzten Male sah, in Erinnerung geblieben. Als wir im Spätherbst wieder nach Paris zogen, bat er uns, auf unsrem Gepäckwagen ein kolossal ungeheures Ofenrohr mitzunehmen, welches er bald bei uns abholen würde. An einem sehr kalten Tage erschien nun wirklich *Jadin* in unsrer neuen Pariser Wohnung, und zwar in einem höchst frivolen, eigenhändig verfertigten Kostüme, bestehend aus ganz dünnen hellgelben Beinkleidern, aus einem sehr kurzen hellgrünen Frack mit außerordentlich langen Schößen, weit heraushängendem Spitzenjabot und Manschetten, hellblonder Perücke und einem so kleinen Hut, daß er ihm beständig vom Kopfe fiel; dazu eine Unmasse unechter Bijouterie, und dies alles in der unverhohlenen Annahme, daß er sich in dem eleganten Paris nicht so einfach wie auf der *Campagne* behelfen könne. So erbat er sich das Ofenrohr; wir frugen ihn, wo er die Leute habe, es ihm zu tragen; lächelnd äußerte er sein Erstaunen über unsre Unbehilflichkeit, faßte das kolossale Ofenrohr unter den Arm und verweigerte durchaus, unsre Hilfe anzunehmen, als wir ihm beistehen wollten, es durch die Treppe hinunterzubringen, welches Manöver eine volle halbe Stunde lang seine trotzige Geschicklichkeit in Anspruch nahm; das ganze Haus lief darüber zusammen; er ließ sich jedoch nicht irremachen, brachte sein Rohr richtig zur Haustür hinaus und schwebte mit elegantem Gang das Trottoir entlang, bis er uns auf immer entschwand.

Ich kann aus der kurzen und doch so inhaltsvollen Periode, in welcher ich nun, ganz in meinem Innersten mir angehörend, der Tröstung reinen künstlerischen Schaffens mich hingab, nichts andres berichten, als daß ich, ihrem Ende mich nähernd, so weit gediehen war, der vorausgesehenen ungleich längeren Periode der Störung und der Not jetzt mit heiterer Fassung entgegenzusehen. Diese trat denn auch mit großer Genauigkeit ein; denn gerade nur bis zum Schluß der letzten Szene gelangte ich, als meine 500 Franken zu Ende gingen; nicht mehr aber reichten sie auch zur Sicherung der nötigen Ruhe für die Komposition der Ouvertüre aus; diese mußte ich bis zum Eintritt einer neuen günstigen Wendung meiner Lage verschieben und für jetzt, unter Zeit und Ruhe raubenden Bemühungen aller Art, von neuem zum Kampf um das nackte Dasein mich aufmachen. – Der Concierge der *rue du Helder* meldete sich bei uns mit der Nachricht, daß die heimliche Familie, welche bisher unsre Wohnung uns abgemietet hatte, wieder ausgezogen sei und daß wir jetzt wieder für den Mietzins aufzukommen hätten. Ich mußte nun erklären, in keinem Falle mich um die Wohnung mehr bekümmern zu wollen und dagegen es dem Hausbesitzer zu überlassen, durch den Verkauf unseres zurückgebliebenen Mobiliars sich zu entschädigen. Dies wurde denn unter den empfindlichsten Verlusten aller Art vermittelt, und das Mobiliar, für welches ich noch den größten Teil der Bezahlung schuldete, ward für die Miete einer von uns nicht mehr benutzten Wohnung dahingegeben.

Unter den unsäglichsten Entbehrungen suchte ich es immer noch möglich zu machen, so viel freie Zeit zu behalten, daß ich die Instrumentation meiner Komposition des *Holländers* ausarbeiten konnte. Die rauhe Herbstwitterung trat ausnahmsweise frühzeitig ein, aus allen Sommerwohnungen zog man nach Paris zurück, so auch die Familie *Avenarius*. Nur wir konnten nicht daran denken, weil wir die Mittel zu dieser Übersiedlung nicht aufzutreiben vermochten. Ich gab dem hierüber betroffenen Herrn *Jadin* vor, mit meiner Arbeit gedrängt zu sein und jede Unterbrechung, selbst trotz der empfindlichen Kälte der leicht gebauten Wohnung, vermeiden zu müssen. So wartete ich auf Erlösung durch einen früheren Bekannten in Königsberg, *Ernst Castell*, einen jungen vermögenden Kaufmann, welcher uns vor kurzem in Meudon aufgesucht, nach Paris zu einem schwelgerischen Gastmahl entführt und uns versprochen hatte, uns baldigst durch einen, wie wir wußten, ihm leicht fallenden Vorschuß aus unsrer üblen Lage zu befreien. Um in unsrer ungemütlichen Verlassenheit uns zerstreuende Gesellschaft zu leisten, kam eines Tags *Kietz* mit seiner großen Zeichenmappe und einem Bettkopfkissen unter dem Arm zu uns heraus; er wollte an einer mich und meine Pariser Leiden darstellenden großen Karikatur zu unsrer Belustigung arbeiten, und für die Erholung davon sollte das Kopfkissen auf unsrem harten Kanapee, auf welchem er keine Erhöhung für den Kopf bemerkt hatte, ausreichen. Da er wußte, daß uns die Beschaffung von Feuerungsmaterial schwierig war, brachte er einige Flaschen Rum mit, um für die kalten Abende uns durch Punsch einzuheizen; ich las ihm und meiner Frau bei solchen Gelegenheiten *Hoffmann*sche Geschichten vor. Endlich traf die Nachricht aus Königsberg ein, welche mich darüber belehrte, daß der junge Wüstling sein Versprechen nicht im Ernst gemeint hatte. Nun starrten wir gänzlich hilflos in den kalten Nebel des herannahenden Winters hinein. Da aber erklärte *Kietz*, jetzt sei es seine Sache, Hilfe zu schaffen; er packte seine Mappe ein, steckte das Kopfkissen dazu unter den Arm und zog so nach Paris ab, um andern Tages mit 200 Francs zurückzukehren, welche er sich in aufopfernder Weise zu verschaffen gewußt hatte. Sogleich machten wir uns auf, um in Paris uns eine kleine Wohnung zu mieten, welche wir in der Nähe unsrer Freunde, in einem Hintergebäude des Hauses Nr. 14 der *rue Jacob*, fanden. Später erfuhr ich, daß kurze Zeit nach uns *Proudhon* dieseselbe Wohnung innegehabt habe.

So gelangten wir am 30. Oktober wieder in die Stadt zurück. Unsre sehr kleine und kalte Wohnung, welche besonders der letzten Eigenschaft wegen unsrer Gesundheit leider nachteilig wurde, richteten wir mit dem wenigen, was wir aus unsrem Schiffbruch der *rue du Helder* gerettet, notdürftig ein, um hier den Erfolg meiner Bemühungen für die Annahme und Aufführung meiner Arbeiten in Deutschland abzuwarten. Zunächst galt es, um jeden Preis mir auf die kurze Zeit, welche ich auf die Ouvertüre des »*Fliegenden Holländers*« zu verwenden hatte, Ruhe zu verschaffen; ich erklärte *Kietz*, daß er bis zur Vollendung dieses Tonstücks und der Absendung der fertigen Partitur der Oper das nötige Geld für meinen Haushalt herbeischaffen müßte. Mit Hilfe eines peinlichen Onkels, welcher ebenfalls als Maler seit lange in Paris ansässig war, gelang es ihm, mir 10- und 5-Franken-weise die nötigen Subsidien zuzustellen. Ich zeigte um diese Zeit häufig mit heitrem Stolze meine Stiefel, welche endlich buchstäblich nur noch eine Scheinbekleidung für meine Füße abgaben, da die Sohlen zuletzt vollständig verschwanden.

Solange ich noch mit dem »Holländer« beschäftigt war und *Kietz* für mich sorgte, hatte das nichts zu sagen, denn ich ging einfach nicht aus; mit der Absendung meiner vollendeten Partitur an die Berliner Hoftheater-Intendanz anfangs Dezember war nun aber die Bitterkeit der Lage nicht länger zu versüßen; ich mußte mich selbst aufmachen, um Hilfe herbeizuschaffen. Was dies in Paris hieß, lernte ich um eben jene Zeit an dem jammervollen Schicksal des vortrefflichen *Lehrs* kennen. Von einer ähnlichen Not, wie ich sie vor einem Jahr um dieselbe Zeit zu überstehen hatte, gedrängt, war er im verflossenen Sommer an einem glühend heißen Tage gezwungen gewesen, die verschiedensten Quartiere der Stadt atemlos zu durchlaufen, um für die auf ihn lautenden verfallenen Wechsel Stundung zu erhalten. Ein verzweifelter kalter Trunk, mit dem er sich während der Qual zu erfrischen suchte, nahm ihm sofort die Sprache, und er verfiel von diesem Tage an einer Heiserkeit, welche die wohl in ihm verborgenen Keime der Schwindsucht mit erschreckender Schnelle durch Entwickelung der unheilbaren Krankheit förderte. Seit Monaten in zunehmender Schwäche begriffen, erfüllte er uns endlich mit der düstersten Sorge; nur er glaubte, der vermeintliche Katarrh würde endlich schon weichen, wenn er nur gerade jetzt sein Zimmer besser heizen könnte. Eines Tages suchte ich ihn in seiner Wohnung auf, fand ihn in sich zusammengesunken in der eiskalten Stube vor seinem Arbeitstisch, und er beklagte sich, daß ihm die Arbeit für *Didot* so schwerfiele, was ihm um so peinlicher sei, da er von diesem der erhaltenen Vorschüsse wegen gedrängt werde. Er sagte, wenn er nicht die Annehmlichkeit hätte, in so traurigen Stunden an dem Gedanken sich zu erfreuen, daß ich doch wenigstens meinen »Holländer« fertigbekommen hätte und somit für den kleinen Freundeskreis doch eine Hoffnung auf Gelingen sich eröffne, so würde ihm das Elend wohl schwer zu ertragen sein. In meinem großen Leid beschwor ich ihn, sich doch wenigstens unsres Kaminfeuers mit zu bedienen und bei mir zu arbeiten; er lächelte nur über meine Verwegenheit, noch auf Hilfe für andre bedacht zu sein, und dies noch dazu in einem Zimmer, wo ich mit meiner Frau kaum den nötigen Platz fand. Nun kam er aber eines Abends zu uns und teilte sprachlos mir einen Brief des damaligen Kultus-Ministers *Villemain* an ihn mit, worin dieser in den wärmsten Ausdrücken sein großes Bedauern bezeigte, soeben vernommen zu haben, daß ein so ausgezeichneter Gelehrter, dessen geistvolle und umfassende Mitarbeit an der *Didot*schen Herausgabe der griechischen Klassiker ihn jedenfalls zum Teilhaber an einem der Nation zum Ruhm gereichenden Werke mache, bei stark angegriffener Gesundheit in bedrängter Lage sich befinde. Leider gestattete die Höhe der zu Unterstützungen für gelehrte Zwecke ihm zugewiesenen Fonds in diesem Augenblick nur, ihm die Summe von 500 Franks anzubieten, welche er mit der Bitte, sie als Anerkennung seiner Verdienste seitens der französischen Regierung nicht verschmähen zu wollen, diesem Schreiben beifüge, indem er sich jedenfalls vorbehalte, auf eine gründlichere Besserung seiner Lage ernstlichen Bedacht zu nehmen. – Dies kam uns allen, wie es uns des armen *Lehrs* willen mit dankbarster Rührung erfüllte, außerdem wie ein bestaunenswertes Wunder vor; hatten wir auch anzunehmen, daß Herr *Villemain* durch *Didot*, welchen sein schlechtes Gewissen wegen der schmählichen Ausbeutung unsres Freundes zugleich mit der Rücksicht, auf diese Weise selbst einer Hilfeleistung für *Lehrs* entbunden zu werden, angetrieben hatte, hierzu veranlaßt worden war, so mußten wir doch aus bisher uns bekannt gewordenen Analogien, die sich durch meine späteren Erfahrungen vollkommen bestätigten, uns die Ansicht bilden, daß solche liebenswürdig bezeugte und prompt wirkende Teilnahme eines Ministers in deutschen Landen undenklich sei. *Lehrs* konnte sich wieder einheizen und arbeiten, leider aber uns über den Verfall seiner Gesundheit nicht beruhigen. Als wir im folgenden Frühjahr von Paris schieden, machte namentlich die Gewißheit, den treuen Freund nicht wiederzusehen, unsren Abschied sehr schmerzlich.

In eigner großer Not hatte ich den Ärger, wiederum stark Gratis-Korrespondenz für die »Abendzeitung« schreiben zu müssen, da mein Gönner Hofrat *Winkler* mir immer noch keine vollständig genügende Auskunft über das Schicksal meines *»Rienzi«* in Dresden geben zu können glaubte. Unter solchen Umständen mußte ich es für ein Glück halten, daß endlich wieder eine *Halévy*sche Oper Glück machte. *Schlesinger* stellte sich freudestrahlend über den Erfolg der *»Reine de Chypre«* ein und verhieß mir das Paradies für die Anfertigung des Klavierauszuges und verschiedener Arrangements des neuaufgegangenen Operngestirns. Da saß ich wieder und büßte die Schuld, meinen »Fliegenden Holländer« komponiert zu haben, durch Einrichtung der *Halévy*schen Oper ab. Doch kam mir diese Arbeit nun leichter an. Außer daß ich bereits berechtigte Hoffnung auf gänzliche Erlösung aus meiner Pariser Verbannung fassen durfte und somit diesen letzten Kampf mit der Not als einen entscheidenden ansehen zu dürfen glaubte, war denn doch auch das Befassen mit einer *Halévy*schen Partitur eine unvergleichlich interessantere Lohnarbeit als die schmachvolle Bemühung um die *Donizetti*sche »Favorite«. Nach langer Zeit besuchte ich, um diese *»Reine de Chypre«* zu hören, auch einmal wieder das Theater der Großen Oper; hatte ich auch bereits vieles zu belächeln und entging mir die große Schwäche des ganzen Genres und namentlich seiner oft sehr karikierten Vortragsweise nicht mehr, so freute ich mich doch aufrichtig, *Halévy*, den ich von seiner »Jüdin« her sehr liebgewonnen und von dessen kräftigem Talent ich eine sehr günstige Meinung mir gebildet hatte, diesmal nach seiner bessern Seite hin wiedererkennen zu dürfen. Von *Schlesinger* dazu aufgefordert, ließ ich mich auch gern in einem breiteren Artikel für sein Blatt über die neueste Arbeit *Halévys* aus. Ich gab hierin besonders meinem Wunsche Nachdruck, daß die französische Schule ihre durch das Studium der Deutschen gewonnenen Vorzüge nicht wieder dem Rückfall in die seichte italienische Manier hingeben möchte. Bei dieser Gelegenheit unterstand ich mich, eben um die französische Schule zu ermutigen, auf die eigentümliche Bedeutung *Aubers* und namentlich seiner *»Stummen von Portici«* hinzuweisen, um dagegen auf die überladene Melodie *Rossinis*, welche einem Solfeggio oft nicht unähnlich sähe, aufmerksam zu machen. Bei der Durchlesung der Korrektur meines Aufsatzes gewahrte ich, daß dieser Passus über *Rossini* ausgelassen war; Herr *Edouard Monnaie* bekannte mir, daß er in der Eigenschaft als Redakteur einer musikalischen Zeitung zu dieser Unterdrückung sich genötigt gesehen habe, da er finden müsse, daß, wenn ich irgendeinen Zweifel an *Rossini* auszudrücken hätte, ich dies nach Belieben in jeder Art von Journal veröffentlichen könnte, nur nicht in einem dem Interesse der Musik gewidmeten, weil man dort einfach so etwas nicht sagen könnte, ohne absurd zu erscheinen. Daß ich *Aubers* mit Auszeichnung gedacht, war ihm zwar auch ärgerlich, doch ließ er es stehen. Ich hatte mir hieraus manches zu entnehmen, was mich für alle Zeiten über den Verfall der Opernmusik und hiermit in Verbindung im allgemeinen über den Verfall des Kunstgeschmackes bei den heutigen Franzosen orientierte. – Über dieselbe Oper schrieb ich auch einen größeren Artikel für meinen kostbaren Freund *Winkler* in Dresden, welcher immer nicht mit der definitiven Annahme meines »*Rienzi*« herausrücken wollte. Hierbei machte ich mich namentlich über ein dem Kapellmeister *Lachner* begegnetes Unglück lustig. Der damalige Münchner Theaterintendant *Küstner* hatte nämlich für seinen Freund, um es denn doch einmal mit ihm zu etwas Rechtem zu bringen, bei *St. Georges* in Paris einen Operntext bestellt, somit das höchste Glück, welches einem deutschen Komponisten zu träumen war, in väterlicher Sorge seinem Schützlinge zugewandt. Nun fand es sich, als die von *Halévy* komponierte »*Reine de Chypre*« erschien, daß diese dasselbe Sujet, wie das bereits von *Lachner* nun ebenfalls komponierte, vermeintliche Originalwerk enthielt. Daß es sich hierbei etwa nur um einen wirklich guten Operntext gehandelt hätte, fiel nicht ins Gewicht, sondern der Wert des Kaufes bestand darin, daß es eine nur von der *Lachner*schen Musik allein verklärte Dichtung sein sollte. Nun fand sich denn gar aber auch, daß *St. Georges* das nach München gesandte Buch allerdings einigermaßen abgeändert hatte, jedoch nur dadurch, daß mehrere interessante Züge darin ausgelassen blieben. Die Wut des Münchener Intendanten hierüber war groß; wogegen *St. Georges* darüber erstaunt war, daß jener sich hatte einbilden können, er würde für den erbärmlichen Preis, um welchen die deutsche Bestellung bei ihm gemacht worden war, einen einzig nur für das deutsche Theater bestimmten Text liefern. Da ich nun bereits auch über dieses französische Operntextwesen zu meiner besondren Ansicht gelangt war und mich schon damals nichts in der Welt vermocht haben würde, das allereffektvollste Stück von *Scribe* oder *St. Georges* in Musik zu setzen, so ergötzte mich dieser Vorfall ganz besonders, und in bester Laune ließ ich mich für die Leser der »Abendzeitung«, zu denen hoffentlich mein späterer »Freund« *Lachner* nicht gehörte, darüber aus.

Nebenbei führte mich die Beschäftigung mit seiner Oper nun auch näher mit *Halévy* selbst zusammen und verschaffte mir mit dem eigentümlich gutartigen, leider zu früh erschlafften, wirklich anspruchslosen Manne manche erheiternde Unterhaltung. *Schlesinger* war nämlich über dessen grenzenlose Trägheit außer sich. *Halévy*, der meinen Klavierauszug durchgesehen, beabsichtigte mehrere Veränderungen zum Zwecke der Erleichterung; er kam aber damit nicht vorwärts; *Schlesinger* konnte der Korrekturbogen nicht wieder habhaft werden, fand sich in der Herausgabe gehemmt und fürchtete, die Oper möchte ihren Erfolg wieder verlieren, noch ehe sie zur Versendung fertig sei. So drang er denn in mich, *Halévy* am frühesten Morgen bereits in seiner Wohnung festzuhalten und ihn so zu nötigen, die Änderungen gemeinschaftlich mit mir vorzunehmen. Das erste Mal kam ich des Vormittags um 10 Uhr bei *Halévy* an, traf diesen eben dem Bett entstiegen und wurde von ihm bedeutet, daß er nun doch erst frühstücken müsse. Seiner Einladung folgend, setzte ich mich mit ihm zu einem ziemlich üppigen Diner nieder; meine Unterhaltung schien ihn anzusprechen; Freunde kamen hinzu, endlich auch *Schlesinger*, welcher in Wut ausbrach, jenen nicht mit den ihm so nötig dünkenden Korrekturen beschäftigt zu sehen, was *Halévy* keineswegs aus der Fassung brachte. In gutmütigster Laune beklagte er einzig, einmal wieder einen Erfolg gehabt zu haben, wogegen er sich nie größerer Ruhe erfreut hätte, als wenn, wie zuletzt fast ohne Unterbrechung, seine Opern durchgefallen wären, worauf er jedesmal des andren Tages dann nicht mehr das mindeste damit zu tun gehabt hätte. Auch schien er nicht zu begreifen, warum gerade diese »Reine de Chypre« gefallen habe; er meinte, diesen Erfolg habe *Schlesinger* arrangiert, um ihn nun quälen zu können. Als *Halévy* mit mir einiges deutsch sprach, verwunderte sich einer der anwesenden Besucher hierüber, worauf *Schlesinger* erklärte: die Juden könnten alle deutsch sprechen. Bei dieser Gelegenheit wurde auch *Schlesinger* befragt, ob er Jude sei, worauf dieser erklärte, er sei es gewesen, wäre aber Christ geworden um seiner Frau willen. Mich setzte diese unbefangene Unterhaltung über einen Punkt, welchem wir in ähnlichen Fällen unter Deutschen als für den Betreffenden beleidigend ängstlich auswichen, in ein angenehmes Erstaunen. Da es bei alledem aber nicht zur Beschäftigung mit den Korrekturen kam, so verpflichtete mich nun *Schlesinger,* unausgesetzt *Halévy* so lange auf dem Nacken zu bleiben, bis wir damit zu Ende seien. Das Geheimnis von *Halévys* Gleichmut gegen seine Erfolge wurde mir im Verlauf unserer ferneren Unterhaltung offenbar, als ich erfuhr, daß er im Begriff stehe, eine reiche Heirat zu machen. War ich zuerst geneigt, hierin nur das schmähliche Bekenntnis zu ersehen, daß bloß der Eifer, sich Vermögen zu machen, in der Jugend Talente wie das seinige kräftig anzufeuern vermöchte, und schien mir hierin eine Erklärung dessen zu liegen, daß so häufig nur einmal ein wirklich über das Unbedeutende sich erhebendes Kunstwerk von ihnen hervorgebracht wird, so lag außerdem in *Halévys* Behandlung der Sache einerseits ein eigentümliches Gemisch von Bescheidenheit in betreff seiner Leistungen, indem er annahm, er sei einmal keiner von den Großen, als andrerseits auch ein Ausdruck des Unglaubens an die Echtheit desjenigen, was bei andauerndem Ehrgeiz von glücklicheren Autoren um jene Zeit für das französische Theater geschaffen wurde. In ihm traf ich somit zum ersten Male das naiv ausgesprochene Bekenntnis des Unglaubens an den wahren Wert aller unsrer modernen Kunstleistungen auf diesem bedenklichen Kunstgebiete an, welcher, nur leider nicht mit solcher Bescheidenheit ausgedrückt, seitdem mir als Vorwand zur Berechtigung zu ihrer Mitwirkung an unsrem Kunstwesen bei allen Juden aufgegangen ist. Nur einmal sprach *Halévy* in herzlichem Ernste zu mir, nämlich als er mir bei meiner endlichen Abreise nach Deutschland den Erfolg für meine Werke wünschte, den ich ihm zu verdienen schien. – Im Jahre 1860 sah ich ihn noch einmal. Ich hatte erfahren, daß er, während die Pariser Feuilletonisten über meine damals gegebenen Konzerte sich auf das erbittertste ausließen, sich wohlwollend über mich geäußert habe, was mich bestimmte, ihn im *Palais de l'Institut,* dessen *Sécrétaire perpétuel* er seit längerer Zeit geworden war, zu besuchen. Er schien besonders neugierig zu sein, von mir Auskunft darüber zu erhalten, worin die neue Theorie, welche ich über die Musik aufgestellt habe und worüber er so tolles Zeug hörte, bestehen möge; denn, so versicherte er, er habe in meiner Musik eben nur Musik erkannt, bloß mit dem Unterschied von anderer, daß sie ihm zumeist sehr gut vorgekommen wäre. Es gab dies zu heiteren Erörterungen meinerseits Veranlassung, auf welche er mit gutem Humor einging, von neuem nun auch zu Pariser Erfolgen mir Glück wünschend; nur geschah dies mit wenigerem Ernste, als da er mich damals nach Deutschland entließ, was ich mir aus seinem Zweifel an der Möglichkeit von Pariser Erfolgen für mich erklärte. Ich nahm von diesem letzten Besuche im ganzen den betrübenden Eindruck von der moralischen wie ästhetischen Erschlaffung eines der letzten bedeutenden französischen Musiker mit und erkannte demgegenüber nur noch die herrschende Gleisnerei oder offenbar freche Ausbeutung der allgemeinen Versunkenheit bei allen denen, die man als *Halévys* Nachfolger bezeichnen konnte. –

Während dieser abermaligen Lohnarbeit war bereits mein ganzes Sinnen auf die Rückkehr nach Deutschland, welches mir jetzt in einem durchaus neuen, idealen Lichte erschien, gerichtet. Dem, was mich hierbei anzog und mein Gemüt mit Sehnsucht erfüllte, suchte ich in verschiedener Weise beizukommen. Im allgemeinen hatte schon der Umgang mit *Lehrs* mich meiner früheren Richtung auf ernsteres Erfassen der Gegenstände, von welcher eine Zeitlang ich durch meine nahe Berührung mit dem Theater abgelenkt war, mit warmer Neigung wieder zugewendet. Hieraus bildeten sich selbst Grundlagen zu einem näheren Befassen mit philosophischen Gegenständen. Es überraschte mich, von dem so strengen und reinen *Lehrs* gelegentlich unverhohlen, und als ob dies sich ganz von selbst verstünde, die persönliche Fortdauer nach dem Tode in bedenklichsten Zweifel gezogen zu sehen. Er behauptete, daß diese, wenn auch nur stillschweigende Annahme die eigentliche Triebfeder zu großen Taten bei bedeutenden Menschen gewesen sei. Was sich an diese Annahme als weitere Folge knüpfte, dämmerte mir bald auf, ohne mich jedoch mit bangen Schauern zu erfüllen; vielmehr empfand ich eine höchst anregende Verlockung darin, ein unermeßliches Gebiet des Nachsinnens und der Erkenntnis vor mir erschlossen zu sehen, an welchem ich bisher nur mit leichtsinniger Gedankenlosigkeit hinangestreift war. – Vor der Bemühung, mich den griechischen Klassikern in der Ursprache wieder zuzuwenden, brachte mich *Lehrs* mit dem wohlwollenden Troste ab, daß ich, wie ich nun einmal sei, und namentlich mit meiner Musik in mir, hier auch ohne Grammatik und Lexikon mir zu der mir nötigen Erkenntnis verhelfen würde; wogegen das Griechische, um es mit wahrem Genuß zu treiben, kein Spaß sei und sich nicht nebenher abmachen ließe.

Dagegen zog es mich lebhaft an, mit der deutschen Geschichte mich näher, als dies auf der Schule der Fall gewesen war, bekannt zu machen. Zunächst war mir *Raumers* Geschichte der Hohenstaufen zur Hand; alle großen Gestalten, denen ich da begegnete, lebten leibhaftig vor mir auf, und namentlich fesselte mich der geistvolle Kaiser *Friedrich der Zweite*, dessen Schicksale meine höchste Teilnahme erweckten und welche darzustellen ich vergeblich die geeignete künstlerische Form suchte; wogegen mir in dem Schicksale seines Sohnes *Manfred* ein eher zu bewältigendes Widerspiel von dem Wesen nach ziemlich gleicher Bedeutung aufging. Ich entwarf demnach den Plan zu einer größeren fünfaktigen dramatischen Dichtung, welche vollkommen sich zugleich für musikalische Komposition eignen sollte. Die Anregung zu der Erfindung einer weiblichen Hauptfigur von höchst romantischer Bedeutung entnahm ich der geschichtlichen Tatsache, daß der von jeder Seite verratene, von der Kirche geächtete und von allem Anhange verlassene jugendliche *Manfred* auf seiner Flucht durch Apulien und die Abruzzen von den Sarazenen in *Luceria* enthusiastisch aufgenommen, unterstützt und von Sieg zu Sieg bis zu seinem Triumphe geleitet wurde. Schon damals erfreute es mich, im deutschen Geiste die Anlage zu erblicken, welche über die engeren Schranken der Nationalität zu einem Erfassen des rein Menschlichen in jedem fremden Gewande hinleitet und ihn mir so dem griechischen Geiste verwandt erscheinen ließ. In *Friedrich II.* zeigte sich mir die Blüte dieser Anlage; der blonde Deutsche aus altschwäbischem Stamm, als Erbe des normannischen Reiches von Sizilien und Neapel, der italienischen Sprache ihre erste Ausbildung gebend, den Grund zur Entwickelung der Wissenschaften und Künste dort legend, wo bisher nur kirchlicher Fanatismus und feudale Roheit miteinander im Kampfe waren, an seinem Hofe die Dichter und Weisen der orientalischen Reiche, die Anmut arabischer und persischer Elemente des Lebens wie des Geistes um sich vereinigend – er, der zum Ärger des römischen Klerus seinen Kreuzzug, auf welchem er von diesem an den ungläubigen Feind verraten wurde, durch einen Friedens- und Freundschaftsabschluß mit dem Sultan beendigte, welcher in Palästina den Christen alle Vorteile gewährte, wie sie kaum der blutigste Sieg hätte gewinnen können – dieser wundervolle Kaiser erschien mir nun, im Bann derselben Kirche und endlich im trostlos vergeblichen

Kampfe gegen die wütende Beschränktheit seines Jahrhunderts, als der höchste Ausdruck des deutschen Ideals. Meine Dichtung befaßte sich mit dem Schicksale seines Lieblingssohnes *Manfred*, welcher, da nach dem Tode seines älteren Bruders des Vaters Reich vollkommen zerfallen war, unter päpstlicher Oberhoheit im scheinbaren Besitz der Gewalt über Apulien gelassen wurde. Wir treffen ihn in *Capua* in einer Umgebung und im Genuß einer Hofhaltung, in welcher der Geist seines großen Vaters in fast verweichlichender abgeschwächter Form fortlebte. Er ist verzweifelt an der Möglichkeit der Wiederherstellung der hohenstaufischen Kaisermacht und sucht als Dichter und Sänger seinen Unmut hierüber zu vergessen. In diesen Kreis tritt nun eine soeben aus dem Morgenlande angekommene jugendliche *Sarazenin,* welche mit der Berufung auf den Bund, den das Morgen- und Abendland durch *Manfreds* großen Vater geschlossen, den in Unmut versinkenden Sohn auffordert, das Erbe des Kaisers zu bewahren. Sie gebärdet sich stets als begeisterte Prophetin und weiß den bald in Liebe entbrannten Königssohn in sehnsüchtig ehrerbietiger Ferne von sich zu halten. Den Nachstellungen verschworener apulischer Großer, sowie den Wirkungen eines jetzt über ihn verhängten Bannspruches des Papstes, welcher ihn seiner Lehen entsetzt, weiß sie, immer in der Ferne ihm voranschreitend, ihn durch eine kühn geleitete Flucht zu entziehen; von wenigen Getreuen gefolgt, führt sie ihn durch die wildesten Gebirge, in welchen eines Nachts dem Ermüdeten der Geist *Friedrichs II.,* mit seinem Heerbann über die Abruzzen dahinziehend, erscheint, um ihn nach eben jenem *Luceria* zu führen. Dorthin, im Kirchenstaate, hatte *Friedrich* die bis dahin in den Gebirgen Siziliens furchtbar hausenden Reste der früheren sarazenischen Herrschaft durch friedliche Übereinkunft verpflanzt, indem er diese Stadt, zum höchsten Ärger des Papstes, ihnen mit vollkommenem Besitzrechte einräumte und so in ihnen, mitten im stets verräterischen Feindeslande, sich treuer Bundesgenossen versicherte. Dort hat *Fatima* (so hieß meine Heldin) durch getreue Freunde die Aufnahme *Manfreds* vorbereitet, welcher nun, nachdem der päpstliche Befehlshaber der Stadt durch einen Aufruhr beseitigt ist, unter dem Tor sich in die Stadt schleicht, von der ganzen Bevölkerung als des geliebten Kaisers Sohn erkannt und mit wildem Enthusiasmus an ihre Spitze gestellt wird, um sie gegen die Feinde ihres geschiedenen Wohltäters zu führen. Während nun *Manfred,* von Sieg zu Sieg fortschreitend, das ganze apulische Reich sich gewinnt, blieb das von mir erfundene Verhältnis des von immer ungestümerer Liebessehnsucht erfüllten Siegers zu der wunderbaren Heldin der tragische Mittelpunkt der Handlung. Sie ist dem Liebesbunde des großen Kaisers mit einer edlen Sarazenin entsprossen; die Mutter hatte sie sterbend zu *Manfred* entsandt und ihr geweissagt, sie werde zu dessen Erhöhung Wunder wirken, wenn sie nie in Liebe sich ihm ergebe: (ob *Fatima* wissen solle, daß sie *Manfreds* Schwester sei, ließ ich bei dem Entwurfe des Planes noch unentschieden.) Ihrem Gelübde getreu, beschloß sie, wie sie stets *Manfred* sich nur in entscheidenden Augenblicken und in unnahbarer Weise gezeigt hatte, jetzt, da sie mit seiner Krönung in Neapel ihr Werk als vollendet ansah, heimlich für immer dem Gesalbten zu entweichen, um einzig aus der fernen Heimat auf ihr gelungenes Werk zurückzublicken. Ein sarazenischer Jugendgefährte, *Nurreddin,* durch dessen Hilfe sie hauptsächlich *Manfreds* Rettung vollführte, soll sie einzig zurückbegleiten. Dieser, dem sie in frühester Jugend versprochen war, der sie mit verzehrendem Feuer liebt und dem sie nun mit wehmütiger Resignation anzugehören sich gelobt hat, entbrennt über scheinbare Anzeichen der Untreue seiner Braut, da sie vor ihrer heimlichen Abreise noch einmal dem schlummernden König segnend genaht war, in wütender Eifersucht. Der Blick, welchen *Fatima* dem von der Krönung zurückkehrenden jungen Könige aus der Ferne zum letzten Abschied zuwirft, entflammt den Eifersüchtigen zur augenblicklichen Rache seiner vermeintlich geopferten Ehre; er stößt die Prophetin nieder, welche ihm ob dieser Erlösung von einem ihr unmöglichen Dasein mit Lächeln dankt. *Manfred* erkennt bei dem Anblick ihrer Leiche, daß nun das Glück für immer von ihm geschieden.

Ich hatte diesen Stoff mit vielen reichen Szenen und verwickelten Situationen ausgestattet, so daß ich ihn in seiner Ausführung, sobald ich ihn mit andren mir bekannten Sujets ähnlicher Art zusammenhielt, für ziemlich stichhaltig, interessant und effektvoll halten durfte. Dennoch konnte ich mich nie genügend dafür erwärmen, um ernstlich an seine Ausführung zu denken; wogegen nun ein andrer Stoff mich auf das allerinbrünstigste einnahm. Diesen hatte mir ein zufällig mir in die Hand geratenes Volksbuch vom »*Venusberg*« eingegeben.

Hatte ich im unwillkürlichen Drange dem, was ich als »*deutsch*« mit immer innigerer Wärme sehnsüchtig zu erfassen suchte, mich immer mehr zugewandt, so ging mir dies hier plötzlich in der einfachen, auf das bekannte alte Lied vom »*Tannhäuser*« begründeten Darstellung dieser Sage auf. Zwar kannte ich alle zu ihr gehörigen Elemente bereits durch *Tiecks* Erzählung in seinem Phantasus; doch hatte mich diese Fassung des Gegenstandes mehr auf das phantastische, früher durch *Hoffmann* in mir begründete Gebiet zurückgeführt, und keineswegs hätte ich dieser vollständig ausgebildeten Erzählung den Stoff zu einer dramatischen Arbeit zu entnehmen mich verleitet fühlen können. Was allerdings dem Volksbuch sogleich nach dieser Seite hin ein großes Übergewicht bei mir gab war, daß »*Tannhäuser*« hier, wenn auch nur durch sehr flüchtige Beziehung, mit dem »*Sängerkrieg auf Wartburg*« in Verbindung gesetzt war. Auch diesen kannte ich bereits durch eine *Hoffmann*sche Erzählung in dessen »*Serapionsbrüdern*«; nur fühlte ich, daß der alte Stoff hier sehr entstellt dem Dichter aufgegangen war, und suchte nun mir näheren Aufschluß über die echte Gestalt dieser anziehenden Sage zu verschaffen. Da brachte mir *Lehrs* ein Jahresheft der

Königsberger Deutschen Gesellschaft, in welchem *Lukas* den »Wartburgkrieg« kritisch näher behandelte, namentlich auch den Text davon in der Ursprache gab. Trotzdem ich von dieser echten Fassung für meine Absicht materiell so gut wie gar nichts benutzen konnte, zeigte er mir doch das deutsche Mittelalter in einer prägnanten Farbe, von welcher ich bis dahin keine Ahnung erhalten hatte.

In demselben Hefte fand ich nun aber auch, und zwar als Fortsetzung des Wartburggedichtes, ein kritisches Referat über das Gedicht vom *»Lohengrin«*, und zwar mit ausführlicher Mitteilung des Hauptinhalts dieses breitschweifigen Epos.

Eine ganz neue Welt war mir hiermit aufgegangen, und fand ich zunächst noch nicht die Gestalt, in welcher ich auch den »Lohengrin« hätte bewältigen können, so lebte doch nun auch dieses Bild unverlöschlich in mir fort, so daß ich bei späterem Bekanntwerden mit den Zweigen der Lohengrinsage dieses Bild schnell mit gleicher Deutlichkeit in mir beleben konnte, wie jetzt zunächst mit dem *»Tannhäuser«* es der Fall war.

Es steigerte sich unter diesen Eindrücken auf das lebhafteste meine Sehnsucht, nun bald nach Deutschland zurückkehren und dort mich der neu zu gewinnenden Heimat in schöpferischer Ruhe erfreuen zu können. – Noch aber durfte ich an das Befassen mit so lieben Arbeiten nicht denken; noch war die gemeine Not, die mich in Paris zurückhielt, zu bekämpfen. Indem ich dies tat, fand ich doch auch hierbei Gelegenheit, mich bereits in dem mir entsprechenderen Sinne zu üben. Herr *Dessauer*, ein vielen bekannt gewordener, besonders aber durch seine Hypochondrie seinen Bekannten unvergeßlich gewordener, nicht geistloser jüdischer Musiker und Komponist, welchen ich schon in meiner frühesten Jugendzeit in Prag kennengelernt hatte und welcher nun als vermögender Mann von *Schlesinger* in der Weise protegiert wurde, daß dieser ernstlich vorhatte, ihm zu einem Auftrage für die Große Oper zu verhelfen – dieser *Dessauer* hatte das Gedicht meines »Fliegenden Holländers« kennengelernt und bestand jetzt darauf, daß ich ihm ein ähnliches Sujet entwerfen sollte, da das »Vaisseau fantôme« von Herrn *Léon Pillet* bereits dessen Chordirektor, Herrn *Dietsch*, zum Komponieren übergeben war. *Dessauer* hatte von dem selben Direktor die Zusage eines gleichen Auftrages erhalten und versprach mir jetzt 200 Franken für die Überlassung eines ähnlichen Entwurfes, welcher seinem hypochondrischen Temperamente entspräche. Diesmal plünderte ich meine *Hoffmann*schen Erinnerungen und verfiel mit leichter Mühe auf die Bearbeitung der *»Bergwerke von Falun«*. Wirklich gelang mir die Bildung dieses anziehenden wunderlichen Stoffes vollkommen nach Wunsch, und auch *Dessauer* war davon überzeugt, daß dieses Sujet sich der Mühe verlohne, von ihm komponiert zu werden; desto größer war sein Leidwesen, als *Pillet* unsern Entwurf aus dem Grunde zurückwies, weil die schwierige Inszenesetzung, namentlich des zweiten Aktes, unübersteigliche Verlegenheiten für das jedesmal darauf zu gebende Ballett herbeigeführt haben würde. Nun wünschte *Dessauer*, ich möchte ihm dafür ein Oratorium »Maria Magdalena« dichten. Da er an dem Tage, wo er mir diesen Wunsch eröffnete, gerade von besondrer Hypochondrie erfüllt war, indem er behauptete, er habe am Morgen seinen eigenen Kopf vor seinem Bette liegen gesehen, so schlug ich ihm seine Bitte nicht ab; bat mir aber Zeit aus, welche ich mir leider bis auf den heutigen Tag nehmen zu müssen gestimmt blieb. – –

Unter solchen Diversionen verging endlich dieser Winter, während langsam und geduldprüfend meine Aussichten für Deutschland sich allmählich einer hoffnungerweckenden Gestaltung näherten. Unausgesetzt hatte ich mit Dresden wegen des *»Rienzi«* korrespondiert und schließlich namentlich in dem wackren Chordirektor *Fischer* daselbst einen redlichen und wohlgesinnten Mann gefunden, welcher mir zuverläßliche und vertrauenerweckende Mitteilungen über den Stand meiner Angelegenheit machte. Nachdem im Anfang Januar 1842 mir von abermaligen Verzögerungen gemeldet worden war, erhielt ich endlich die Nachricht, daß *»Rienzi«* bis Ende Februar zur Aufführung fertig sein sollte, was mich in wahre Unruhe versetzte, da ich um diese Zeit die Reise dorthin nicht zu ermöglichen glaubte. Auch diese Nachricht ward bald aber widerrufen, und der ehrliche *Fischer* berichtete mir, daß meine Oper bis auf den Herbst des Jahres habe verschoben werden müssen. Ich erkannte wohl, daß sie nie gegeben werden würde, wenn ich nicht selbst in Dresden zugegen sein könnte. Da nun endlich im März auch vom Grafen *Redern*, dem Intendanten der k. Theater in Berlin, die Annahme meines »Fliegenden Holländers« für die dortige Oper mir gemeldet wurde, so glaubte ich mich nun genügend veranlaßt, um jeden Preis meine Rückkehr nach Deutschland baldigst auszuführen.

Mit dem »Fliegenden Holländer« hatte ich bereits verschiedene Erfahrungen in betreff der Gesinnung der deutschen Theaterdirektionen gemacht. Auf das Sujet, welches dem Direktor der Pariser Oper bereits so sehr gefallen hatte, mich verlassend, hatte ich das Gedicht zunächst an den Direktor des Leipziger Theaters, den mir bereits von früher her bekannten *Ringelhardt*, eingesandt. Dieser nährte aber seit meinem »Liebesverbot« eine unverhohlene Abneigung gegen mich. Da er nun diesmal gegen die »Frivolität« meines Stoffes unmöglich etwas einzuwenden haben konnte, stieß er sich vielmehr an dessen zu düstrem Ernst und verweigerte die Annahme. Da ich Herrn Hofrat *Küstner*, den damaligen Intendanten des Münchener Hoftheaters, bei Gelegenheit seiner Bestellung der »Königin von Cypern« in Paris kennengelernt hatte, schickte ich nun das Buch des »Fliegenden Holländers« an diesen mit der gleichen Bitte ein. Mit der Versicherung, daß es sich für deutsche Theaterverhältnisse und den Geschmack des deutschen Publikums nicht eigne, sandte auch er es mir zurück. Da er ein französisches Libretto für München bestellt hatte, begriff ich, was diese Belehrung zu bedeuten habe. – Als endlich die Partitur fertig geworden, schickte ich sie, mit einem Brief für den Grafen *Redern*, an *Meyerbeer* nach Berlin und bat diesen, da er mit dem besten Willen mir in Paris zu nichts hatte verhelfen können, nun seinen Einfluß in Berlin für mein Werk unmittelbar geltend machen zu wollen. Über die wirklich prompte und mit sehr wohlwollenden Versicherungen begleitete Annahme meines Werkes von seiten des Grafen, wie sie nach zwei Monaten bereits erfolgte, war ich wirklich überrascht und herzlich erfreut und ersah darin ein Zeichen der wahrhaftigen und energischen Teilnahme *Meyerbeers* für mich. Sonderbarerweise mußte ich, bald darauf nach Deutschland zurückgekehrt, erfahren, daß Graf *Redern* bereits seit längerer Zeit seinen Rücktritt von der Intendanz der Berliner Operntheater in Aussicht genommen hatte und Herr *Küstner* aus München seine Stellung einzunehmen schon berufen war; woraus sich denn ergab, daß die Zusage des Grafen *Redern* an mich wohl sehr höflich, aber keineswegs ernstlich gemeint gewesen, da die Ausführung desselben nicht ihm, sondern seinem Nachfolger zugeschoben war. Was daraus erfolgte, wird sich zeigen.

Was schließlich die so sehr ersehnte und nun durch gute Aussichten gerechtfertigte Rückkehr nach Deutschland mir ermöglichte, war die endlich wach gewordene Teilnahme der vermögenderen Glieder meiner Familie für meine Lage. Hatte Herr *Didot* seine Gründe gehabt, den Minister *Villemain* zur Unterstützung für *Lehrs* anzugehen, so fand auch mein Pariser Schwager *Avenarius* vom Innewerden des Charakters meines Kampfes gegen die Not sich bestimmt, durch Intervention bei meiner Schwester *Luise* mich eines Tages mit einer sehr unerwarteten Hilfe zu überraschen. Am 26. Dezember des ablaufenden Jahres 1841 war ich es, der diesmal mit einer Gans zu *Minna* nach Hause kam, und diese Gans trug ein 500-Franks-Billett im Schnabel, welches durch Vermittelung meiner Schwester *Luise* seitens eines ihr befreundeten sehr reichen Kaufmanns *Schletter* mir eben von *Avenarius* zugestellt war. Die angenehme Belebung unseres ungemein dürftigen Hausstandes würde jetzt vielleicht nicht allein mehr im Stand gewesen sein, mich herzlich froh zu stimmen, wenn ich nicht zugleich die Aussicht, gänzlich meiner Pariser Lage mich zu entwinden, auf diese Weise mir immer deutlicher eröffnet gesehen hätte. Da ich nun wirklich Zusagen für die Aufführung zweier meiner Werke von bedeutenden deutschen Theatern erhalten hatte, glaubte ich jetzt im Ernst auch meinen Schwager *Friedrich Brockhaus*, welcher im vergangenen Jahre, als ich in höchster Not mich an ihn gewandt, mich wegen »Unübereinstimmung mit meiner Lebensrichtung« zurückgewiesen hatte, mit besserem Erfolg für die Vermittelung meiner Rückkehr angehen zu können. Ich täuschte mich nicht; und als die Zeit herannahte, ward ich von dieser Seite auch mit dem nötigen Reisegeld versehen.

Unter solchen Aussichten und bei solcher Besserung meiner Lage verbrachte ich bereits den zweiten Teil des Winters von Neujahr 1842 an in gutgelaunter Stimmung, welche oft dem kleinen Kreise, der durch meine Verwandtschaft mit *Avenarius* sich um mich bildete, zugute kam. Ich fand mich mit *Minna* öfter bei dieser sowie bei einigen andren Familien, unter welchen ich die des Leiters einer Privat-Erziehungsanstalt, Herrn *Kühne* nebst Frau, mit guter Erinnerung erwähne, zu Abendbesuchen ein und trug sowohl durch meine Unterhaltung als durch den guten Humor, mit welchem ich am Klavier Tänze, nach denen getanzt wurde, improvisierte, so viel zum günstigen Ausfall solch kleiner Soireen bei, daß ich im Begriff stand, mich hier bald einer fast lästigen Beliebtheit erfreuen zu sollen. – Endlich schlug die Stunde der Erlösung; der Tag erschien, an welchem ich, wie ich von ganzem Herzen gern annahm, für immer Paris den Rücken kehren durfte. Es war am 7. April; Paris prangte bereits im ersten üppigen Keimen des Frühlings. Vor unsren Fenstern, welche auf einen im Winter zuvor so öde erscheinenden Garten hinausgingen, grünten die Bäume und sangen die Vögel. Groß, ja überwältigend war die Rührung beim Abschied von unsren armen treuen Freunden *Anders, Lehrs* und *Kietz*. Auch *Anders* schien uns dem nahen Tode verfallen, da seine Gesundheit bei bereits eingetretenem Alter in bedenklicher Weise angegriffen war. Über *Lehrs*, wie ich bereits erwähnte, konnte gar keine Täuschung nunmehr stattfinden, und es war mir grauenvoll, an einer so kurzen Erfahrung von nur zwei und einem halben Jahre, wie sie Paris mich gekostet hatte, die Verwüstungen zu ersehen, welche die Not unter guten, edlen und zum Teil selbst bedeutenden Menschen anrichtete. *Kietz*, für dessen Zukunft ich weniger aus Gesundheitsrücksichten, sondern lediglich aus moralischem Bedenken in Sorge geraten war, rührte uns wiederum durch seine grenzenlose, fast kindische Gutmütigkeit. Er bildete sich nämlich ein, ich könnte doch etwa nicht genug Reisegeld haben, und drang mir, trotz aller Widerrede, durchaus noch ein Fünf-Franken-Stück auf, ungefähr den Rest seines eigenen Vermögens des Augenblicks; er steckte mir auch ein Paket guten französischen Schnupftabaks noch in die Wagentasche der Diligence, in welcher wir endlich über die Boulevards nach den Barrieren hin entführt wurden, von denen wir diesmal vor reichlich fließenden Tränen nichts mehr gewahrten. –

ZWEITER TEIL

1842-1850

Die Reise von Paris nach *Dresden* dauerte damals noch fünf Tage mit den dazwischenliegenden Nächten. An der deutschen Grenze bei Forbach gerieten wir in Schnee und rauhes Wetter, was uns nach dem bereits genossenen Pariser Frühling sehr unfreundlich anwehte. Wirklich wollte uns beim Weiterfahren durch die wiedergewonnene deutsche Heimat vieles gar nicht recht anmuten, und mir fiel ein, daß die französischen Reisenden, welche, wenn sie aus Deutschland zurückkehrten, beim Betreten des französischen Bodens leichter atmend sich die Röcke aufknöpften, als ob sie nun aus dem Winter in den Sommer kämen, doch nicht so ganz unrecht gehabt hätten, da wir im Gegenteil jetzt genötigt waren, uns mit künstlichster Benützung unsrer Kleidungsmittel gegen einen empfindlich auffallenden Temperaturwechsel zu schützen. Zur vollständigen Marter ward diese Ungunst der Witterung, als wir auf der Reise von Frankfurt nach Leipzig in den Strom der Meßreisenden gerieten, welche die Post um jene Zeit der Leipziger Ostermesse so stark in Anspruch nahmen, daß wir zwei Tage und eine Nacht über, bei unausgesetztem Sturm, Schnee und Regen, unaufhörlich die schlimmsten Beiwagen wechseln mußten, was diese Reise uns zu einem Abenteuer von fast ähnlicher Gattung wie unsre frühere Seereise gestaltete. Einen wirklichen Lichtblick gewährte mir die Begegnung der *Wartburg*, an welcher wir in der einzigen sonnenhellen Stunde dieser Reise vorbeifuhren. Der Anblick des Bergschlosses, welches sich, wenn man von Fulda herkommt, längere Zeit bereits sehr vorteilhaft darstellt, regte mich ungemein warm an. Einen seitab von ihr gelegenen ferneren Bergrücken stempelte ich sogleich zum »Hörselberg« und konstruierte mir so, in dem Tal dahinfahrend, die Szene zum dritten Akte meines »*Tannhäuser*«, wie ich sie seitdem als Bild in mir festhielt und später dem Pariser Dekorationsmaler *Despléchin* mit genauer Angabe meines Planes zur Ausführung anwies. Hatte es mich bereits sehr bedeutungsvoll gemahnt, daß ich jetzt erst, auf der Heimreise von Paris, den sagenhaften deutschen Rhein überschritt, so dünkte es mich eine weissagungsvolle Beziehung, daß ich die so geschicht- und mythenreiche Wartburg eben jetzt zum ersten Male leibhaftig vor mir sah, und war von diesem Eindruck gegen Wind und Wetter, Juden und Leipziger Messe so innig erwärmt, daß ich endlich mit meiner armen zerschlagenen und erfrorenen Frau glücklich und wohlbehalten wieder in demselben Dresden ankam (12. April 1842), von welchem ich zuletzt in so trauriger Trennung von *Minna* in mein nordisches Exil ausgezogen war.

Wir stiegen im Gasthof »Zur Stadt Gotha« ab. – Die Stadt, in welcher ich so bedeutungsvolle Kinder- und Knabenjahre verlebt, machte unter dem Eindrucke trüber, rauher Witterung einen kalten, toten Eindruck auf mich; wirklich schien mir alles, was an meine Jugend mich erinnern konnte, dort erstorben; kein gastliches Haus empfing uns; die Eltern meiner Frau trafen wir in ärmlicher, enger Wohnung und kümmerlichen Verhältnissen und mußten uns sofort nach einer kleinen Wohnung für uns selbst umsehen, welche wir denn in der *Töpfergasse*, für sieben Taler monatlich, fanden. – Nachdem ich wegen des »*Rienzi*« die nötigen Höflichkeitsbesuche gemacht und *Minna* für meine kurze Abwesenheit versorgt hatte, reiste ich am 15. April sofort nach *Leipzig*, wo ich seit sechs Jahren zum ersten Male meine Mutter und Geschwister wiedersah. In dieser für mich so verhängnisvollen Zeit hatte die Mutter durch *Rosaliens* Tod eine große Veränderung ihrer häuslichen Lage erfahren; sie lebte in einer freundlichen und geräumigen Wohnung nahe der Familie *Brockhaus* in behaglicher Sorglosigkeit ohne eigentlichen Hausstand, welchem sie früher bei starker Familie so rüstige Sorge jahrelang gewidmet hatte. Die Rührigkeit, ja Heftigkeit ihres Wesens war gänzlich der ihr eigenen Heiterkeit, mit welcher sie sich der Teilnahme an dem Gedeihen der Familien ihrer verheirateten Töchter hingab, gewichen. Das Glück eines so ruhigen und freundlichen Alters verdankte sie größtenteils der herzlich gewogenen Fürsorge ihres Schwiegersohnes *Friedrich Brockhaus*, welchem auch ich hierdurch zu gerührtem Dank mich verpflichtet bekannte. Sie hatte einen großen freudigen Schreck, als sie mich unvermutet ins Zimmer treten sah; jede Bitterkeit war vollkommen zwischen uns gewichen, und sie beklagte sich nur, daß sie mich nicht bei sich haben könnte, statt des verunglückten Goldschmieds, meines Bruders *Julius*, von dem sie gar nichts Rechtes für den Umgang habe. Sie hatte guten Glauben an den Erfolg meiner Unternehmung und fühlte sich in ihren Hoffnungen durch die letzten Voraussagungen der guten *Rosalie* gestärkt, mit welchen diese noch kurz vor ihrem Tode sich für mich ausgesprochen hatte.

Für jetzt weilte ich jedoch nur wenige Tage in Leipzig, um zunächst nach *Berlin* zu reisen, wo ich mit dem Grafen *von Redern* wegen der Aufführung des »*Fliegenden Holländers*« mich in ein bestimmtes Vernehmen zu setzen hatte. Wie schon angedeutet, hatte ich hier sogleich zu erfahren, daß der Graf von der Intendanz abzutreten im Begriffe stehe, und wurde daher von diesem für alle weiteren Bestimmungen an den neuen Intendanten, Herrn *von Küstner,* welcher aber noch nicht in Berlin eingetroffen war, gewiesen. Ich verstand nun plötzlich, was dieser seltsame Umstand zu bedeuten habe, und fand, daß ich der Berliner Angelegenheit wegen getrost hätte in Paris bleiben können. Dieser Eindruck bestätigte sich im wesentlichen auch durch meinen Besuch bei *Meyerbeer*; ich fand, daß ich diesem mit meiner Reise nach Berlin mich offenbar zu feurig erwiesen hatte. Immerhin zeigte er sich mir freundlich und geneigt, nur bedauerte er, soeben »auf der Abreise« begriffen zu sein – ein Zustand, in welchem ich ihn später stets antraf, sooft ich ihn in Berlin wieder besuchte. – Auch *Mendelssohn* hielt sich um diese Zeit in Berlin, wohin er durch den König von Preußen als einer der Generalmusikdirektoren berufen war, auf. Ich suchte ihn, dem ich mich bereits früher in Leipzig vorgestellt hatte, ebenfalls auf; von ihm erfuhr ich, daß er an ein Gedeihen seiner Wirksamkeit in Berlin nicht glaube und sich lieber wieder nach Leipzig zurückwenden möchte. Nach dem Schicksal der Partitur meiner großen, in früher Zeit schon in Leipzig aufgeführten Symphonie, welche ich ihm vor so viel Jahren einigermaßen aufdringlich zugestellt hatte, frug ich ihn nicht; wogegen auch er in keiner Weise mir verriet, daß er sich dieses sonderbaren Geschenkes erinnere. In seiner reichlichen häuslichen Umgebung machte er einen kalten Eindruck auf mich, jedoch stieß er mich weniger ab, als ich vielmehr von ihm abglitt. – Nun besuchte ich auch *Rellstab,* an welchen ich einen Brief von seinem treuen Verleger, meinem Schwager *Brockhaus,* mit mir führte. Hier traf ich weniger auf Glätte, fühlte mich aber abgestoßen, worauf es ihm gewiß auch ankam, da er keinerlei Miene machte, als könne es ihm beikommen, sich für mich zu interessieren. – Mir wurde in Berlin sehr wehe zumute; fast hätte ich mir den Commissionsrat *Cerf* wieder herbeigewünscht. Eine so widerwärtige Zeit ich auch vor Jahren hier verlebt hatte, so war ich damals doch auf einen Menschen gestoßen, der bei aller Schroffheit seines Äußeren mit wahrer freundschaftlicher Sorge sich mir zugewandt hatte; ich suchte vergebens mir das Berlin zurückzurufen, durch welches ich damals mit *Laube,* jugendlich erregt, spazierenging. Nachdem ich London und namentlich Paris kennengelernt, machte die Stadt mit ihrer dürftigen Länge, die sie für Größe ausgibt, einen wahrhaft herabstimmenden Eindruck, und ich sagte mir, wenn ich es in meinem Leben durchaus zu nichts bringen sollte, so möchte ich dies doch lieber in Paris als in Berlin erfahren.

Von diesem gänzlich vergeblichen Ausfluge zurückkehrend, wendete ich mich zunächst noch auf einige Tage nach Leipzig, wo ich diesmal bei meinem Schwager *Hermann Brockhaus,* welcher jetzt als Professor der orientalischen Sprachen der Leipziger Universität angehörte, einkehrte. Seine Familie hatte sich noch um zwei Mädchen vermehrt, und der Inbegriff des ungetrübten Behagens, verklärt durch geistige Regsamkeit und gemächlich belebte Teilnahme an allem, was auch den höheren Lebensrichtungen angehört, wirkte auf mich Heimatlosen, unruhig Umhergejagten ergreifend. Als meine

Schwester eines Abends die artigen Kinder versorgt und mit freundlicher Ermahnung zur Ruhe gebracht hatte, und nun in dem geräumigen, reichlich versehenen Bibliothekzimmer das Nachtmahl uns zu langem traulichem Gespräch vereinigen sollte, brach ich in heftiges Weinen aus und schien von meiner guten Schwester, welche vor fünf Jahren in Dresden mich in der höchsten Bedrängnis meiner jugendlichen Ehe kennengelernt hatte, verstanden zu werden. Andrerseits kam, namentlich auf Anregung meines Schwagers *Hermann*, meine Familie mir mit dem Anerbieten eines Darlehens entgegen, welches mir die Zeit des Abwartens der Aufführung meines »*Rienzi*« in Dresden zu überstehen helfen sollte. Es geschah dies mit dem Beteuern, daß man dies einfach für Pflicht halte und ich gegen die Annahme keinerlei Bedenken zu hegen hätte. Es waren 200 Taler, welche mir in monatlichen Raten während eines halben Jahres ausgezahlt werden sollten. Da ich auf irgendwelche andre Einnahme in keiner Weise zu rechnen hatte, lag es zwar nah, daß für unser Auskommen an das Wirtschaftlichkeits-Talent *Minnas* stark berufen werden mußte; dennoch war es möglich zu machen, und ich durfte mit dem Gefühle großer Genugtuung nach Dresden zurückkehren. – Bei meinen Verwandten hatte ich auch zum ersten Male den »*Fliegenden Holländer*« zusammenhängend vorgespielt und gesungen; mir schien, als ob ich damit ziemliches Interesse erregt hätte, und als meine Schwester *Luise* späterhin der Aufführung dieser Oper in Dresden beiwohnte, beklagte sie sich, dabei von vielem die Wirkung nicht wiedergewonnen zu haben, wie sie ihr zuvor durch meinen Vortrag beigekommen war. – Auch meinen alten Freund *Apel* suchte ich wieder auf; der Arme war gänzlich erblindet, überraschte mich aber durch seine Heiterkeit und Zufriedenheit mit seinem Zustande, wodurch er mir alle Veranlassung, ihn zu beklagen, für allemal abschnitt; da er behauptete, er kenne den blauen Rock recht gut, den ich anhabe, trotzdem ich einen braunen trug, fand ich sogar für gut, auch hierüber mich mit ihm in keinen Streit einzulassen, und schied aus Leipzig mit der Verwunderung darüber, hier alles so glücklich und zufrieden anzutreffen.

Veranlassung zu tätigerem Eingreifen in mein Schicksal erhielt ich nun aber in *Dresden*, wohin ich am 26. April wieder zurückkehrte. Hier belebte mich nun der angelegentlichere Verkehr mit den Personen, welche ich für die Aufführung des »*Rienzi*« in Anspruch zu nehmen hatte, in hoffnungerweckender Weise. Kalt und ungläubig ließen mich zwar noch die Ergebnisse meines Vernehmens mit dem Generaldirektor *von Lüttichau*, dem Kapellmeister *Reissiger*, welche beide über meine Ankunft in Dresden aufrichtig verwundert waren, und selbst mit meinem so häufig be-korrespondierten Gönner Hofrat *Winkler*, welcher mich ebenfalls lieber noch in Paris gewußt hätte. Wie ich aber bis dahin und seitdem stets erfuhr, kam die warm fördernde Teilnahme mir immer aus den unteren Schichten, nie aus den höheren Regionen zu; und so erwärmte mich auch hier zuerst der überwältigend herzliche Empfang des alten Chordirektors *Wilhelm Fischer*, den ich nie zuvor gekannt hatte, der aber der einzige gewesen, welcher genau mit meiner Partitur sich bekannt gemacht, für den Erfolg meiner Oper ernstliche Hoffnung geschöpft und für die Aufnahme des Studiums derselben sich energisch verwandt hatte. Als ich zuerst zu ihm in das Zimmer trat und meinen Namen nannte, stürzte er mir mit einem lauten Rufe zur Umarmung entgegen, und mit einem Schlage war ich nun mitten in eine hoffnungsvolle Atmosphäre versetzt. Außer ihm traf ich in dem Schauspieler *Ferdinand Heine* und dessen Familie den nächsten Anhalt herzlich gewogener, ja innigst besorgter Freundschaft. Dieser war mir allerdings aus meinen Kinderjahren her bereits bekannt; er hatte damals zu den einigen jungen Leuten gehört, welche mein Stiefvater *Geyer* gern zu sich heranzog. Neben einem wohl unbedeutenden Zeichentalent war es hauptsächlich seine angenehme gesellschaftliche Begabung, welche ihm den Zutritt zu unserem engeren Familienkreise verschafft hatte. Sehr klein und schmächtig, hatte er sich von meinem Vater den vertrauten Spitznamen *Davidchen* erworben und gehörte als solcher zu den weiteren Vereinigungen, an welchen, wie ich seinerzeit erwähnte, selbst *Carl Maria von Weber*, namentlich bei geselligen Ausflügen in die Umgegend, gemütlich heiter teilnahm. Der älteren »guten« Schule angehörend, war er zwar ein nützliches, nicht aber hervorragendes Mitglied des Dresdner Schauspiels geworden; er besaß alle Kenntnisse und Fähigkeiten zu einem tüchtigen Regisseur, wußte jedoch nie die Gunst der Direktion für seine Belehnung mit dieser Charge zu gewinnen. Nur als Kostümzeichner hatten seine Fähigkeiten noch außerdem Verwendung gefunden; als solcher war er auch zu den Beratungen wegen der Aufführung des »*Rienzi*« mit hinzugezogen und hatte somit Veranlassung erhalten, mit diesem Werke eines nun herangewachsenen Gliedes der Familie, in welcher er in jungen Jahren angenehme Tage verlebt hatte, sich zu befassen. Von ihm wurde ich sofort als Kind vom Hause aufgenommen, und wir Heimatlosen fanden in der uns gänzlich entfremdeten Heimat dort wieder den ersten heimischen Boden. Mit Papa *Fischer* bei *Heines* verbrachten wir meist unsre Abende und erfreuten unter hoffnungsvollen Gesprächen uns der Kartoffeln und des Herings, aus welchem meistens die Mahlzeit bestand. – Die *Schröder-Devrient* war auf Urlaub abwesend; *Tichatschek*, welcher ebenfalls im Begriff war auf Urlaub zu gehen, konnte ich eben nur begrüßen, um mit ihm flüchtig einiges aus seiner Partie des »*Rienzi*« durchzugehen. Sein frisches, lebhaftes Wesen, seine herrliche Stimme, seine große musikalische Befähigung gaben seiner Versicherung, daß er sich auf die Rolle des »*Rienzi*« freue, einen für mich besonders erfreulichen Nachdruck. *Heine* versicherte mir außerdem, daß schon die Aussicht zu vielen neuen Kostümen und namentlich einer neuen silbernen Rüstung *Tichatschek* auf das lebhafteste für meine Rolle einnehme und ich seiner unter allen Umständen sicher sein könnte. So durfte ich mich denn nun bereits näher mit den Vorbereitungen des Studiums, dessen Beginn für den Spätsommer nach der Rückkehr der Hauptsänger aus ihrem Urlaub angesetzt war, beschäftigen. – Namentlich mußte ich Freund *Fischer* durch meine Bereitwilligkeit zu Kürzungen der übermäßig starken Partitur zu beruhigen suchen. Er meinte es hierin so ehrlich, daß ich gern mit ihm über die beschwerliche Arbeit gemeinsam mich hermachte. Auf einem alten Flügel im Probezimmer des Hoftheaters spielte und sang ich nun dem erstaunten Manne meine Partitur mit so tobender Energie vor, daß er, der das Klavier gern verlorengab, nur noch um meine Brust besorgt blieb und unter herzlichem Lachen jeden Streit über zu kürzende Stellen bald gänzlich aufgab, da gerade dort, wo er eine Auslassung für möglich hielt, ich ihm mit hinreißender Beredsamkeit bewies, daß es sich eben dabei um die Hauptsache handle. Kopfüber tauchte er mit mir unter in den ungeheuren tönenden Wust, gegen dessen Berechtigung er nichts andres aufbringen konnte als das Zeugnis seiner Taschenuhr, dessen Richtigkeit ich ihm endlich auch abstritt. Leichten Herzens warf ich ihm als Beute die große Pantomime und das meiste Ballett des zweiten Aktes hin, wobei ich anzunehmen glaubte, daß wir eine ganze halbe Stunde ersparten. So wurde denn in Gottes Namen das ganze Ungeheuer den Kopisten zum Ausschreiben übergeben; das übrige sollte sich alles finden. –

Wir sahen uns nun darnach um, was wir mit diesem Sommer anfangen sollten; und ich beschloß einen mehrmonatigen Aufenthalt in Teplitz, dem Orte meiner berauschenden ersten Jugendausflüge, dessen gute Luft und Bäder zugleich der angegriffenen Gesundheit *Minnas* meiner Meinung nach von Vorteil sein sollten. Ehe wir unsren Vorsatz ausführten, kostete mich die Sicherstellung des Schicksals meines »*Fliegenden Holländers*« noch einen mehrmaligen Besuch Leipzigs. Am 5. Mai wandte ich mich dorthin, um Herrn *von Küstner*, den neuen Berliner Intendanten, dessen kürzlich erfolgte Ankunft in Leipzig man mir gemeldet hatte, zu sprechen. Dieser befand sich in der eigentümlichen Lage, dieselbe Oper, welche er zuvor von München aus abgewiesen hatte, nun in Berlin aufführen zu sollen, weil sie dort von seinem abtretenden Vorgänger angenommen war. Er versprach mir zu überlegen, wozu er sich in diesem merkwürdigen Falle zu entscheiden habe. Um das Resultat dieser Überlegung kennenzulernen, beschloß ich, am 2. Juni *Küstner*, diesmal in Berlin selbst, aufzusuchen, fand jedoch bereits in Leipzig einen Brief von demselben vor, worin ich gebeten wurde, im Betreff einer genaueren Entschließung mich noch einige Zeit zu gedulden. Ich benutzte nun die Nähe zu einem Ausflug nach *Halle*, um dort meinen ältesten Bruder *Albert* zu besuchen. Es war für mich bedauerlich und sehr herabdrückend, den Ärmsten, dem ich das Zeugnis höheren Strebens und selbst bedeutender Begabung für den dramatischen Gesang geben mußte, in so höchst unwürdigen, kleinlichen Verhältnissen, wie das Hallesche Theater sie bot, mit seiner Familie anzutreffen. Die Kenntnisnahme solcher

Zustände, denen ich einst selbst so nahe gewesen war, wirkte jetzt unbeschreiblich abschreckend auf mich. Noch bekümmernder war es mir aber, von diesen Zuständen meinen Bruder in einer Weise sprechen zu hören, die mir leider nur zu sehr verriet, mit welch trostloser Ergebung er sich bereits dareingefügt hatte. Nur eines berührte mich ermutigend, nämlich die Erscheinung, das kindliche Wesen und die bereits überraschend schöne Stimme der damals fünfzehnjährigen Stieftochter meines Bruders, *Johanna*, welche mir das Lied *Spohrs*: »Rose, wie bist du so schön«, in rührender Weise vorsang.

Von hier kehrte ich nun nach Dresden zurück, um endlich mit *Minna* und einer ihrer Schwestern bei wundervollem Wetter die angenehme Reise nach *Teplitz* auszuführen, wo wir am 9. Juni eintrafen und in dem Hause »Zur Eiche« in *Schönau* notdürftiges Quartier nahmen. Hier trafen wir bald mit meiner Mutter zusammen, welche ihren altgewohnten jährlichen Besuch der Teplitzer warmen Bäder diesmal um so lieber ausführte, als sie mich dort anzutreffen wußte. Hatte sie von früher her gegen *Minna*, meiner gar zu jugendlichen Verheiratung mit ihr wegen, ein widerwilliges Vorurteil gehabt, so erhielt sie nun durch Bekanntwerden mit ihren häuslichen Eigenschaften vollen Grund, die Genossin meiner trübseligen Pariser Leiden zu achten und liebzugewinnen. Mich erfreute im Umgang mit der Mutter, welche andrerseits bei ihrer Launenhaftigkeit manche Rücksichten in Anspruch nahm, besonders die große Regsamkeit der fast kindlichen Phantasie, welche ihr jetzt in so starkem Grade verblieben war, daß sie sich eines Morgens beklagte, ich hätte sie durch Erzählung der Tannhäuser-Sage am vergangenen Abend die ganze Nacht über in zwar angenehme aber doch sehr aufregende Schlaflosigkeit versetzt.

Kaum hatte ich nun durch briefliche Vermittelung bei dem reichen Kunstmäzen *Schletter* in Leipzig für den im Misère in Paris zurückgebliebenen *Kietz* einiges ausgewirkt, für ärztliche Behandlung *Minnas* und für die Ordnung meiner eigenen kümmerlichen finanziellen Lage zur Not gesorgt, als ich mich in frühgewohnter Weise zu einer mehrtägigen Fußwanderung in das böhmische Gebirg aufmachte, um meinen Plan zum »Venusberg« unter den angenehmen Eindrücken eines solchen Ausfluges in mir auszuarbeiten. Hierzu reizte es mich, auf dem so romantisch gelegenen *Schrekkenstein* bei *Aussig* für mehrere Tage in dem kleinen Gastzimmer, in welchem des Nachts mir eine Streu aufgemacht wurde, mein Quartier zu nehmen. Tägliche Besteigung der »*Wostrai*«, der höchsten Bergspitze der Umgebung, erfrischten mich, und die phantastische Einsamkeit regte meinen Jugendmut in der Art wieder auf, daß ich eine volle Mondnacht, in das bloße Bett-Tuch gewickelt, auf den Ruinen des Schreckensteins herumkletterte, um mir so selbst zur fehlenden Gespenstererscheinung zu werden, wobei mich der Gedanke ergötzte, von irgend jemand mit Grausen wahrgenommen zu werden. Hier setzte ich denn nun in mein Taschenbuch den ausführlichen Plan zu einer dreiaktigen Oper »*Der Venusberg*« auf, welchem vollkommen getreu ich später die Dichtung ausführte. Bei einer Ersteigung der »Wostrai« überraschte mich beim Umbiegen um eine Talecke die lustige Tanzweise, welche ein Hirte, auf eine Anhöhe gelagert, pfiff. Ich befand mich sogleich im Chor der Pilger, welche an dem Hirten vorbei durch das Tal ziehen, vermochte es aber in keiner Art, später die Weise des Hirten mir zurückzurufen, weshalb ich mir dafür auf die bekannte Art selbst zu helfen hatte. – Mit dieser Ausbeute bereichert, kehrte ich in wundervoller Stimmung und schöner Gesundheit nach Teplitz zurück, von wo mich nun bald eintreffende Nachrichten über die bevorstehende Zurückkunft Tichatscheks und der *Schröder-Devrient* nach Dresden zurückzugehen bestimmten, weniger, um beim beginnenden Studium des »*Rienzi*« nichts zu versäumen, als vielmehr zu verhüten, daß die Direktion nicht etwa statt dessen etwas andres beginnen lassen möchte. *Minna* ließ ich für einige Zeit noch in der Gesellschaft der Mutter zurück und traf am 18. Juli in Dresden ein.

Nachdem ich mir in einem sonderbaren, jetzt niedergerissenen Hause eine auf die Maximiliansallee blickende kleine Wohnung gemietet, setzte ich mich nun eifriger mit den zurückgekehrten Hauptsängern der Oper in Beziehung. – Mein alter Enthusiasmus für die *Schröder-Devrient* lebte neu auf, als ich sie jetzt häufiger wieder in der Oper auftreten sah. Es machte auf mich einen eigentümlichen Eindruck, sie zuerst in *Grétrys* »*Blaubart*« wiederzuhören, da ich mich entsinnen mußte, daß diese Oper das erste Stück war, welches ich – eben in Dresden – als fünfjähriger Knabe sah und wovon ich noch die wunderlichen ersten Eindrücke bewahrte. Meine frühesten Kindererinnerungen lebten dadurch auf und ich gedachte dessen, daß es die Arie des Ritters Blaubart »*Ha! Du Falsche! Die Türe offen!*« gewesen war, welche ich, einen selbst verfertigten Papierhelm auf dem Kopfe, zur Belustigung des ganzen Hauses oft mit großer Emphase vorgetragen hatte. Freund *Heine* wußte noch davon. – Im übrigen wollten die Opern-Vorstellungen keinen besonders günstigen Eindruck auf mich machen; namentlich vermißte ich den sonoren Klang des vollbesetzten Pariser Streichinstrument-Orchesters sehr. Ich bemerkte, daß man bei der Eröffnung des schönen neuen Theatergebäudes gänzlich außer acht gelassen hatte, die Vermehrung der Saiteninstrumente im Verhältnis zu dem größeren Raume vorzunehmen. Hieran wie an der in vielen wesentlichen Punkten stets dürftigen Ausstattung der Szene prägte sich mir der Eindruck einer gewissen Armseligkeit des deutschen Theaterwesens ein, welcher da am auffallendsten war, wo das Repertoire der Pariser Oper, noch dazu in elenden Übersetzungen des Textes, reproduziert wurde. Hatte ich nun in Paris bereits eine tiefe Unbefriedigung von diesem Opernwesen empfunden, so kehrte mir jetzt das Gefühl, welches mich einst von den deutschen Theatern nach Paris getrieben hatte, neu und verstärkt zurück, so daß ich mir von neuem wie degradiert vorkam und im tiefsten Innern eine Verachtung nährte, welche für jetzt bereits so stark war, daß ich an ein dauerndes Befassen, selbst mit einem der besten deutschen Opernthéater, gar nicht mehr denken mochte, sondern mich sehnsüchtig frug, was ich denn nur eigentlich ergreifen sollte, um mich zwischen Ekel und Wunsch in dieser sonderbaren Welt zu behaupten.

Da waren es denn die begabten außerordentlichen Naturen einzelner Persönlichkeiten, welche mir so viel Teilnahme einflößten, daß ich durch sie über meine Skrupel hinweggeleitet werden konnte. Vor allem gilt dies eben von meiner großen Meisterin *Schröder-Devrient*, mit welcher gemeinsam wirken zu können ja einst mein brennendster Ehrgeiz gewesen war. Allerdings war seit meinen ersten Jugendeindrücken von ihr eine ziemliche Reihe von Jahren vergangen. Im Betreff ihrer äußeren Erscheinung durfte sich im folgenden Winter Berlioz, welcher damals nach Dresden kam, in einem Pariser Bericht bereits ungünstig dahin äußern, daß ihr etwas »materneller« Embonpoint ihr für jugendliche Rollen, namentlich aber im Männerkostüm, wie es im »*Rienzi*« der Fall war, störend auf die Imagination wirke. Ihre Stimme, welche an und für sich nie von der materiellen Bedeutung außerordentlicher Gesangsorgane gewesen war, fühlte sich oft gehindert, und namentlich war die Sängerin genötigt, das Tempo durchweg etwas zu trainieren. Mehr als von diesen materiellen Nachteilen wurden ihre Leistungen jetzt jedoch durch den Umstand beeinträchtigt, daß ihr Repertoire aus einer beschränkten Anzahl von Glanzrollen bestand, welche sie nun bereits so außerordentlich oft durchgeführt hatte, daß eine gewisse Stabilität in der bewußten Berechnung der Effekte oft im Sinne einer Manier erschien, welche, durch Neigung zur Übertreibung, zu Zeiten bis an das Peinliche zu streifen vermochte. Konnte mir dies nicht entgehen, so war doch aber auch ich gerade ganz besonders befähigt, über diese entstehenden Schwächen hinweg das Große und Unvergleichliche ihrer Leistungen immer noch mit entzükkendster Deutlichkeit zu erfassen; und wirklich bedurfte es auch nur besonders erregter Zustände der Künstlerin, wie ihr sonderbar bewegtes Leben solche ihr immer noch zuführte, um ihr die vollste schöpferische Kraft ihrer Blütezeit wiedererstehen zu lassen; und hiervon sollte ich noch die erhebendsten Erfahrungen machen. Eigentlich bedenklich und erkältend wirkte nur meine Wahrnehmung des zersetzenden Einflusses des Theaterwesens auf den ursprünglich gewiß groß und edel angelegten Charakter der Künstlerin. Ich mußte aus demselben Munde, aus welchem ich die begeistertste Tonsprache der großen Dramatikerin vernahm, andrerseits ziemlich die gleiche Sprache vernehmen, welche mit wenigem Unterschied von allen Theaterheldinnen gesprochen wird. Daß die bloße Naturgabe einer schönen Stimme, ja wohl selbst nur rein körperliche Vorzüge imstande waren, Rivalinnen neben ihr in die Gunst des Publikums zu setzen, vermochte sie nicht zu ertragen; und hierüber gelangte sie so wenig zu der einer großen Künstlerin würdigen Resignation, daß ihr Eifer vielmehr mit den Jahren in peinlicher Weise zunahm. Für jetzt bemerkte ich dies mehr, als daß ich darunter zu leiden hatte. Größere Beschwerde verursachte es mir, daß sie nicht eigentlich leicht Musik erfaßte und das Studium einer neuen Partie für sie von Schwierigkeiten begleitet war, welche namentlich dem Komponisten, der ihr sein Werk einzustudieren hatte, ziemlich peinvolle Stunden bereiteten. Daß sie sich nur langsam mit neuen Aufgaben bekannt machte, führte namentlich in betreff der Partie des *Adriano* im »*Rienzi*« späterhin zu Enttäuschungen ihrerseits, welche mir große Not bereiteten.

War hier eine schwierige große Natur sorgfältig zu behandeln, so hatte ich dagegen mit dem kindlich beschränkten und oberflächlichen aber außerordentlich glänzend begabten *Tichatschek* es ungemein leicht. Er lernte seine Partien nicht gut auswendig, weil er so musikalisch war, daß er die schwierigsten Noten vom Blatt sang und somit jedes Studium von vornherein für erledigt hielt, während bei den meisten andren Sängern eben das Treffen der Noten das Studium ausmachte. Hatte er nun die Partie in genügenden Proben oft genug durchgesungen, um sie seinem Gedächtnis nach Bedürfnis einzuprägen, so mußte es sich des weiteren von selbst finden, in welcher Weise er den Anforderungen der Gesangkunst und des dramatischen Vortrages zu entsprechen habe. Schreibfehler des Textes in seiner Stimme lernte er unverbesserlich auf diese Weise mit auswendig und sprach das falsche Wort mit derselben deutlichen Energie wie das richtige aus. Bemerkungen hierüber, überhaupt Vorschläge in betreff der Auffassung, wies er mit liebenswürdigem Eifer von sich, indem er behauptete, »das würde sich schon finden«. Und in der Tat ergab auch ich mich sehr bald einer vollkommenen Enthaltung von jedem Versuch, die Geisteskräfte des Sängers für die Erfassung der Aufgabe meiner Heldenrolle in Anspruch zu nehmen, wofür ich durch den liebenswürdigsten Enthusiasmus, mit dem er sich auf seine dankbare Partie warf, und die hinreißende Wirkung seines glänzenden Stimmorgans sehr erwünscht entschädigt wurde.

Außer diesen beiden Darstellern der Hauptrollen hatte ich nur über sehr mittelmäßige Kräfte zu verfügen. Guter Wille war aber überall vorhanden, und um selbst den Kapellmeister *Reissiger* zum fleißigen Abhalten der Klavierproben zu veranlassen, griff ich zu einem ingeniösen Mittel. Er klagte mir seine Not, einen guten Operntext zu bekommen, und hielt es für sehr vernünftig von mir, daß ich mich daran zu gewöhnen scheine, mir meine Texte selbst zu schreiben. Ein gleiches für sich zu tun, habe er leider in der Jugend vernachlässigt, und doch fehle ihm nichts weiter zu glücklichen Erfolgen als dramatischer Komponist, da ich doch gewiß selbst gestehen müßte, daß er »sehr viel Melodie« habe; aber es scheine, daß dies nicht genügend sei, die Sänger in den rechten Enthusiasmus zu bringen, weshalb er denn zu erleben hätte, daß zum Beispiel die *Schröder-Devrient* dieselbe Final-Stelle, mit welcher sie in *Bellinis* »Romeo und Julie« das Publikum stets in Ekstase versetze, in seiner »*Adèle de Foix*« ganz gleichgültig hersänge. Es liege demnach doch wohl an den Sujets. Und nun versprach ich ihm sofort, ihm einen Operntext zu liefern, in welchem er diese und ähnliche Melodien mit höchstem Effekt solle anbringen können. Hierauf ging er mit größter Freude ein; und ich bestimmte nun meinen älteren Entwurf der »*Hohen Braut*« nach dem *Königs*chen Romane, welchen ich einst Scribe übersandt hatte, zur Versifikation als gültigen Operntext für *Reissiger*. In jede Klavierprobe versprach ich ihm eine Seite Verse mitzubringen; und dies führte ich redlich aus, bis das ganze Buch fertig war. Sehr erstaunt war ich nach einiger Zeit zu erfahren, daß *Reissiger* sich von einem Schauspieler *Kriethe* wiederum einen neuen Operntext anfertigen ließ, welcher »Der Schiffbruch der Medusa« getauft wurde. Ich erfuhr nun, daß die argwöhnische Frau Kapellmeisterin meine Bereitwilligkeit, ihrem Gatten einen Operntext abzutreten, mit höchstem Bedenken erfüllt hatte. Beide fanden zwar, daß das Buch gut und wirkungsreich sei; nur vermuteten sie irgendeine bedenkliche Falle dahinter, welcher zu entgehen jedenfalls die nötigste Vorsicht erheische. So kam es, daß ich wieder die Verfügung über meinen Operntext erhielt und hiermit späterhin meinem alten Freund *Kittl* in Prag aushelfen konnte, welcher ihn unter dem Titel »Die Franzosen vor Nizza« in seiner Weise komponierte und, wie mir versichert wurde (da ich sein Werk nie hörte), in Prag häufig mit Beifall zur Aufführung brachte; bei welcher Gelegenheit ich sogar von einem Prager Kritiker belehrt wurde, daß dieser Text Zeugnis für meine eigentliche Befähigung zum Librettisten ablege und es nur eine Verirrung sei, wenn ich auch mit dem Komponieren mich abgäbe; wogegen *Laube* nach meinem »*Tannhäuser*« behauptete, es sei mein Unglück, daß ich mir nicht von einem geschickten Theaterstückschreiber einen ordentlichen Operntext für meine Musik machen ließe.

Für jetzt brachte mir diese Arbeit den erwünschten Erfolg ein: *Reissiger* hielt beim Studium des »*Rienzi*« gebührend aus. Mehr als meine Opernverse ihn im Zuge erhielten, wirkte hierauf jedoch die wachsende Teilnahme der Sänger, vor allem *Tichatscheks* wahre Begeisterung dafür. Für ihn, der so gern um einer Jagdpartie willen den Unterhaltungen am Klavier des Theaterfoyers entsagte, waren die Proben des »*Rienzi*« bald wahre Feste, zu welchen er immer mit strahlenden Augen und ausgelassener guter Laune erschien. Ich befand mich hierbei bald wie in einem fortgesetzten Rausche; besondre Lieblingsstellen wurden von den Sängern bei jeder Probe mit Akklamation begrüßt, und ein Ensemblestück des dritten Finales, welches später leider gänzlich aus allen Aufführungen (der Länge wegen) ausgelassen werden mußte, wurde bei diesen Gelegenheiten sogar für mich zu einer Erwerbsquelle. *Tichatschek* behauptete nämlich, dieses H-moll sei so schön, daß man nur jedesmal etwas dafür zahlen müsse, und legte einen blanken Silbergroschen auf, die übrigen Sänger zur Nachahmung auffordernd; in bester Laune ward von allen redlich beigesteuert; wenn wir so weit kamen, hieß es in jeder Probe: »Jetzt kommt die Neugroschenstelle«, und Frau *Schröder-Devrient*, als auch sie ihre Börse ziehen mußte, erklärte, dieses Studium würde sie noch völlig arm machen. Ich erhielt jedesmal gewissenhaft diese sonderbare Tantieme überliefert, und keiner ahnte, daß dieses scherzhafte Honorar mir und meiner Frau oft höchst erwünscht zur Bestreitung der Tagesmahlzeit kam.

Anfang August war nämlich auch *Minna*, für einige Zeit von meiner Mutter begleitet, aus Teplitz nach Dresden zurückgekommen. Wir lebten in einer kalten Wohnung kümmerlich aber hoffnungsvoll der leider sich sehr verzögernden Erlösung entgegen. Unter häufigen Störungen durch das schwankende und so bedürfnisvolle Repertoire eines deutschen Operntheaters vergingen über den Vorbereitungen meines Werkes die Monate August und September, und erst im Oktober nahmen die kombinierten Proben den Charakter an, welcher die Sicherheit einer baldigen Aufführung ankündigt. Mit dem Beginn der Ensemble- und Orchesterproben trat der unfehlbare Glaube an einen großen Erfolg bei jedem Beteiligten ein. Die großen Theaterproben wirkten endlich vollends berauschend. Als wir die erste Szene des zweiten Aktes mit dem Auftritt der Friedensboten zuerst in szenischer Vollständigkeit uns vorführten, brach eine allgemeine Rührung aus, und selbst die *Schröder-Devrient*, welche bereits gegen ihre Rolle, da sie darin nicht zur Heldin des Dramas sich machen konnte, ärgerlich befangen war, konnte nur mit von Tränen erstickter Stimme auf meine an sie gerichteten Fragen antworten. Ich glaube, daß das gesamte Theaterpersonal bis auf die untergeordnetsten Angestellten mich wie ein wahres Wunder liebten, und irre wohl nicht, wenn hierzu die Teilnahme und das gerührte Mitgefühl für einen jungen Mann, von dessen ungemeinen Lebensnöten wohl alle eine Vorstellung haben mochten und der nun aus völliger Unbekanntheit plötzlich in Glanz heraustrat, viel beitrug. Als in der Erholungspause der Generalprobe die Mitglieder sich nach verschiedenen Seiten zerstreuten, um durch ein Frühstück die ermüdeten Nerven zu erfrischen, blieb ich still auf einem Brettergerüst der Bühne sitzen, um niemand die Verlegenheit merken zu lassen, in welcher ich mich befand, gleich ihnen mich bedienen zu lassen. Ein invalider italienischer Sänger, welcher eine kleine Rolle im *»Rienzi«* sang, schien dies zu bemerken und brachte mir gutmütig ein Glas Wein und ein Stück Brot herbei. Es tat mir leid, im Verlauf der Jahre ihm diese kleine Rolle wieder abnehmen zu müssen, was ihm die üble Behandlung seiner Frau in dem Grade zuzog, daß er von da ab, ehelich gezwungenerweise, sich zu meinen Feinden zählen mußte. Als ich nach meiner Flucht von Dresden im Jahre 1849 erfuhr, daß ich von demselben Sänger wegen vermeintlicher Teilnahme am Dresdener Aufstand polizeilich denunziert worden war, fiel mir das Frühstück in der Generalprobe des *»Rienzi«* ein, und ich glaubte eine Strafe für meinen Undank hiergegen erkennen zu müssen, da ich mich schuldig fühlte, ihn später in eheliche Not gebracht zu haben.

Die Stimmung, in welcher ich so der ersten Aufführung meines Werkes entgegensah, kann ich mit nichts vergleichen, was je vorher und nachher von mir in dieser Weise erfahren worden ist. Sie wurde von meiner guten Schwester *Klara* geteilt, welche um diese Zeit aus Chemnitz, wo sie ein kümmerliches bürgerliches Leben führte, zu uns nach Dresden kam, um an meinem Schicksal teilzunehmen. Die Arme, deren unleugbar große künstlerische Anlagen so früh verkümmert waren und die dagegen nun in trivialen bürgerlichen Verhältnissen mühsam als Gattin und Mutter sich dahinschleppte, atmete unter dem Einflusse meines wachsenden Erfolges mit inniger Rührung auf. Mit ihr und dem trefflichen Chordirektor *Fischer* brachten wir unsre Abende in der *Heine*schen Familie, immer bei Kartoffeln und Hering, in oft wunderbar schöner Stimmung zu. Am Abende vor der ersten Aufführung half denn endlich selbst noch ein Punsch, unser Glück vollständig zu machen. Unter Weinen und Lachen taumelten wir wie glückliche Kinder auseinander, um dem Tage entgegenzuschlafen, der eine sicher vorausgesehene große Entscheidung bringen sollte. – Am Morgen des 20. Oktober 1842, an welchem ich mir vorgenommen hatte, keinen meiner Sänger mehr durch einen Besuch zu stören, begegnete ich dennoch dem etwas langweiligen aber ehrenwerten Sänger einer der kleineren Baßpartien meiner Oper, dem steifen und philisterhaften Herrn *Risse*. Es war ein etwas kühler, wunderheller Sonnentag, welcher nach vorausgegangener trüber Witterung auf uns herabblickte, als der sonderbare Mensch wie festgebannt zur Begrüßung vor mir stehenblieb, kein Wort hervorbrachte und mir nur staunend und verklärt in das Gesicht sah, um, wie er mir endlich in sonderbarer Ergriffenheit hervorbrachte, sich zu vergewissern, wie ein Mensch aussähe, der eben mit diesem Tage einem so ungewöhnlichen Schicksale entgegenginge. Ich lächelte und dachte, nun müsse es doch wohl seine Bewandtnis mit mir haben, und versprach *Risse*, nächster Tage in der »*Stadt Hamburg*« mit ihm ein Glas von dem vorzüglichen Wein zu trinken, den er mir stammelnd angepriesen hatte.

Mit ähnlichen Empfindungen, als ich der ersten Aufführung des »*Rienzi*« an diesem Tag beiwohnte, habe ich seitdem nie auch nur vergleichsweise wieder ein ähnliches Ereignis erleben dürfen. Die nur zu begründende Sorge für das Gelingen hat bei allen späteren ersten Aufführungen meiner Arbeiten von mir mich stets so vorherrschend erfüllt, daß ich zu irgendeinem Genuß oder auch nur zu einer eigentlichen Beachtung der Aufnahme von seiten des Publikums nie wieder gelangen konnte. Was ich in späteren Jahren bei der Generalprobe von »*Tristan und Isolde*« unter außerordentlichen Umständen empfand, stand dagegen von dem Eindrucke der ersten Rienzi-Aufführung auf mich so grundverschieden ab, daß es, in einem andren Sinne, durchaus außer allem Vergleich damit steht. – Im Begriff ihres ersten Erfolges stand fest, daß dieser im voraus unzweifelhaft gesichert war. Daß sich das Publikum mit so großer Bestimmtheit, wie es der Fall war, für mich erklärte, war insofern außerordentlich, als sich das Publikum ähnlicher Städte wie Dresden nie in der Lage befindet, über ein Werk von irgendwelcher Bedeutung nach seiner ersten Aufführung gültig zu entscheiden, und daher auch gegen die Arbeiten unbekannter Autoren sich in einer erkältenden Befangenheit befindet. In diesem Falle war es nun aber zu einer Ausnahme gedrängt worden, da sich durch das zahlreiche Theater- und Musikerpersonal lange vorher so überaus günstige Berichte über meine Oper in der Stadt verbreitet hatten, daß die ganze Bevölkerung mit fieberhafter Spannung dem verkündeten Wunder entgegensah. Ich befand mich mit *Minna*, meiner Schwester *Klara* und der Familie *Heine* in einer Parterreloge, und wenn ich mir meinen Zustand während dieses Abends zurückrufen will, kann ich mir ihn nicht anders als mit allen Eigenschaften eines Traumes behaftet vergegenwärtigen. Eigentliche Freude oder Ergriffenheit empfand ich gar nicht; meinem Werke fühlte ich mich ganz fremd gegenüber; wogegen die dichtgefüllten Zuschauerräume mich wahrhaft ängstigten, so daß ich nicht einen Blick auf die Masse des Publikums zu werfen vermochte und die Nähe desselben nur wie ein elementarisches Ereignis – ungefähr wie einen anhaltenden Gewitterregen – empfand, gegen welches ich mich im verborgensten Winkel meiner Loge wie unter einem Wetterdach schützte. Den Applaus bemerkte ich nie; und als nach den Aktschlüssen auch ich stürmisch hervorgerufen wurde, mußte ich jedesmal von Freund *Heine* erst gewaltsam darauf aufmerksam gemacht und auf die Bühne gedrängt werden. Dagegen beschäftigte mich eine Hauptsorge mit wachsender Angst: ich bemerkte nämlich, daß bereits nach dem zweiten Akte es so spät geworden war, wie wenn z. B. der ganze »Freischütz« aufgeführt wird; da nun der dritte Akt wegen der vorkommenden kriegerischen Tumulte sich besonders betäubend anließ und am Schlusse dieses Aktes es unleugbar 10 Uhr geworden war, somit die Aufführung bereits vier volle Stunden gedauert hatte, verfiel ich nun in eine vollständige Verzweiflung; daß ich auch nach diesem Akte nochmals lebhaft hervorgerufen worden war, hielt ich für eine letzte Artigkeit des Publikums, welches hiermit ganz sicher für diesen Abend genug zu haben erklärte und nun massenweise das Theater verlassen würde. Da wir nun noch zwei Akte vor uns hatten, nahm ich für bestimmt an, wir würden nicht zu Ende spielen können, und erklärte meine Zerknirschung darüber, im Betreff gewünschter Kürzungen zur rechten Zeit nicht mehr Einsicht gezeigt zu haben, wofür ich mich nun dem unerhörten Fall ausgesetzt sähe, eine Oper, die an und für sich außerordentlich gefalle, nicht zu Ende bringen zu können, bloß aus dem Grund, weil sie von lächerlicher Länge wäre. Daß die Sänger guten Mutes blieben und namentlich *Tichatschek*, je länger es dauerte, desto rüstiger und wohlgemuter sich fühlte, erklärte ich für gutmütiges Gaukelspiel, mit welchem man mich über den unabwendbaren Skandal täuschen wollte. Mein Staunen, selbst im letzten Akte – gegen Mitternacht – immer noch das Publikum vollzählig anzutreffen, führte zu meiner vollständigen Perplexität; ich glaubte meinen Ohren und Augen nicht mehr und hielt den ganzen Vorgang dieses Abends für einen Spuk. Mitternacht war vorüber, als ich endlich zum letzten Male dem donnernden Rufe des Publikums an der Seite meiner getreuen Sänger zu folgen hatte.

Was meine verzweiflungsvolle Stimmung im Betreff der Wirkung der unerhörten Länge meiner Oper bestärkte, war die Stimmung meiner eigenen Verwandten, mit denen ich noch für kurze Zeit nach der Vorstellung zusammentraf. Die Familie des *Friedrich Brockhaus* war mit einigen Bekannten von Leipzig herübergekommen und hatte uns zu sich in den Gasthof eingeladen, in der Meinung, einen angenehmen Erfolg beim gemütlichen Nachtmahle feiern und etwa auf mein Wohl anstoßen zu können. Dort trafen wir aber bereits Küche und Keller geschlossen, und alles befand sich so in höchstem Grade abgespannt, daß ich nur Ausrufe über das Unerhörte des Erlebnisses einer Opernvorstellung, welche von 6 Uhr bis nach Mitternacht dauerte, vernahm. Etwas andres äußerte sich nicht, und in völliger Betäubung schlichen wir auseinander. – Früh um acht Uhr des andren Tages fand ich mich bereits auf der Notisten-Expedition ein, um, falls es noch zu einer zweiten Aufführung kommen sollte, die nun mir nötig dünkenden Kürzungen in den Stimmen anzuordnen. Hatte ich im Sommer zuvor dem treuen Chordirektor *Fischer* jeden Takt bestritten und seine Unerläßlichkeit zu beweisen gewußt, so verzehrte mich nun eine blinde Streichwut. Nichts schien mir in meiner Partitur mehr nötig zu sein; was das Publikum am vorangehenden Abend zu verschlingen gehabt hatte, erschien mir nur als ein Wust von lauter Unmöglichkeiten, von denen alles und jedes ausgelassen werden konnte, ohne im mindesten etwas zu stören oder etwas unverständlich zu machen, da es mir auf nichts mehr anzukommen deuchte, als mein Konvolut von Monstruositäten eben nur in irgendeinem anständigen Rahmen unterzubringen. Durch die größte Rücksichtslosigkeit in den von mir den Kopisten aufgegebenen Kürzungen hoffte ich zugleich auch einer Katastrophe entgegenzutreten, da ich nicht anders vermutete, als daß der Generaldirektor, in Übereinkunft mit Stadt und Theater, mich noch an diesem Tage bedeuten würde, daß man so etwas wie die Aufführung meines »letzten Tribunen« der Sonderbarkeit wegen wohl einmal, aber nicht mehrere Male geschehen lassen könnte. Ich wich deshalb auch den Tag über sorgfältig jeder Berührung mit dem Theater aus, um erst der wohltätigen Wirkung meiner heroischen Kürzungen, davon die Nachrichten während dem sich verbreiten sollten, Zeit zu lassen. Nur sah ich am Nachmittag bei den Kopisten wieder nach, um mich zu überzeugen, ob alles gehörig nach meinen Anordnungen ausgeführt würde; hier erfuhr ich denn, daß *Tichatschek* ebenfalls dagewesen sei, die von mir angeordneten Kürzungen sich habe zeigen lassen und dagegen verboten habe, sie auszuführen. Auch Chordirektor *Fischer* wollte mich wegen der Kürzungen sprechen; die Arbeiten waren suspendiert: mir schien eine große Konfusion im Anzuge; ich begriff nicht, was das alles zu sagen haben sollte, und befürchtete Unheil, wenn die mühsamen Arbeiten verzögert würden. Endlich suchte ich am Abend *Tichatschek* im Theater auf: ich ließ ihn nicht zu Worte kommen, sondern befrug ihn nur ärgerlich, warum er die Arbeiten der Kopisten unterbrochen habe. Mit halb erstickter Stimme entgegnete er kurz und trotzig: »Ich lasse mir nichts streichen – es ist zu himmlisch!« Nun starrte ich ihn an und befand mich plötzlich wie verzaubert: ein so unerhörtes Zeugnis für meinen Erfolg mußte mich aus meiner sonderbaren Besorgnis reißen. Andere kamen hinzu; *Fischer* strahlte vor Freude und lachte mich aus; alles sprach mir nur von der enthusiastischen Bewegung, in welcher sich die ganze Stadt befinde; vom Intendanten kam mir ein Brief des Dankes für mein schönes Werk zu. Mir blieb nichts übrig, als *Tichatschek* und *Fischer* zu umarmen und meiner Wege zu gehen, um *Minna* und *Klara* zu berichten, wie es stünde.

Nach einigen Ruhetagen für die Sänger fand am 26. Oktober die zweite Aufführung mit verschiedenen Kürzungen, die ich mit Mühe bei *Tichatschek* durchgesetzt, statt. Ich hörte keine besondern Klagen über die immer noch sehr bedeutende Länge und endlich ward ich der Ansicht *Tichatscheks*, daß, wenn er es aushalte, das Publikum es wohl auch aushalten könne. Somit ließ ich nun für sechs Vorstellungen, welche sich stets auf der vollsten Höhe des Beifalls erhielten, der Sache ihren Lauf. – Meine Oper hatte aber auch die Teilnahme der älteren Prinzessinnen des königlichen Hofes erhalten, welche sich über die angreifende Länge des Werkes, von dem sie auf der andren Seite doch auch nichts verlieren wollten, nicht so leicht hinwegsetzen konnten. Herr *von Lüttichau* sah sich daher bestimmt, mir den Vorschlag zu machen, die Oper ganz vollständig, aber in zwei Hälften an zwei Abenden zu geben. Mir war dies recht, und nach einer mehrwöchigen Pause kündigten wir für den ersten Aufführungstag »Rienzis Größe«, für den zweiten »*Rienzis Fall*« an. Der erste Abend gab die zwei ersten, der zweite die drei letzten Akte, zu welchen ich ein besonders einleitendes Vorspiel komponiert hatte. Dies entsprach nun vollkommen den Wünschen der Allerhöchsten Herrschaften und namentlich der zwei ältesten Damen der königlichen Familie, den Prinzessinnen *Amalie* und *Augusta*. Das Publikum rechnete aber einfach heraus, daß es für dieselbe Oper, um sie ganz zu hören, jetzt zweimal Entree zahlen sollte, und erklärte die neue Einrichtung ganz bestimmt für eine Prellerei; der Mißmut hierüber drohte wirklich dem Besuch des »*Rienzi*« verderblich zu werden, und nach drei Aufführungen des geteilten Werkes fand sich die Direktion veranlaßt, wieder zur früheren Einheit zurückzukehren, was ich durch die Wiederaufnahme der Kürzungen willig ermöglichte.

Von nun an füllte »*Rienzi*«, sooft man ihn nur geben konnte, zum Erdrücken das Haus, und die Nachhaltigkeit seines Erfolges wurde mir bald vollständig einleuchtend, als ich bereits den Neid gewahren mußte, den er mir von mancher Seite her zuzog. – Eine erste recht peinliche Erfahrung in diesem Betreff hatte ich schon am Tage nach der ersten Aufführung an dem Dichter *Julius Mosen* gemacht. Ich hatte diesen bereits nach meiner ersten Ankunft in Dresden im Sommer aufgesucht; da ich sein Talent wirklich hochschätzte, gelangte ich bald mit ihm zu einem näheren Umgang, welcher manches Angenehme und Belehrende für mich hatte. Er teilte mir einen Band seiner Dramen mit, welche mich durchgängig außerordentlich ansprachen; unter ihnen befand sich auch eine Tragödie »*Cola Rienzi*«, welche den Stoff in teils mir neuer und, wie es mich dünkte, ergreifender Weise behandelte. Diesem Gedichte gegenüber bat ich ihn, von meinem Opernbuch gar keine Notiz zu nehmen, da es als Dichtung ganz außer aller Möglichkeit eines Vergleiches mit der seinigen stehe; es kostete ihm wenige Überwindung, diese Bitte mir zu gewähren. Nun ließ er aber kurz vor meinem »*Rienzi*« eines seiner unglücklichsten Stücke, »*Bernhard von Weimar*«, in Dresden aufführen und erlebte an dem Erfolge wenig Freude, da die dramatisch leblose, nur auf politische Harangue gerichtete Tendenz desselben das notwendige Schicksal solcher Verirrungen teilte. Mit einiger Verdrießlichkeit sah er nun der Aufführung meines »*Rienzi*« entgegen und bekannte mir das bittre Gefühl, sein Trauerspiel gleichen Namens in Dresden nicht zur Annahme habe bringen zu können – vermutlich um der etwas starken politischen Tendenz wegen, welche allerdings bei gleichem Stoffe im rezitierten Schauspiel bemerklicher würde als in der Oper, wo man eben von vornherein nichts auf die Worte gäbe. Ich hatte ihn gutmütig in dieser Geringschätzung des Operngenres bestärkt; desto befremdlicher betraf es mich nun, als ich ihn am Tage nach der ersten Aufführung meines Werkes bei meiner Schwester *Luise* antraf und von ihm geradesweges mit einem Ausbruch von Ärger und höhnischer Verachtung meines Erfolges überschüttet wurde. Er traf jedoch dabei in mir auf ein seltsames Gefühl von der wirklichen Nichtigkeit des von mir im »*Rienzi*« im übrigen mit so gutem Erfolge vertretenen Operngenres, so daß ich seinen unverhohlenen giftigen Auslassungen mit geheimer Beschämung nichts Ernstliches entgegenstellte. Das, was ich ihm ungefähr zu meinen Gunsten hätte erwidern können, war in mir noch nicht zu so klarer Fassung gelangt, stützte sich auch noch nicht auf ein so deutlich nachweisbares Produkt meiner besondren Richtung, daß ich es auszusprechen vermocht hätte, und ich empfand zunächst hierbei eigentlich nur ein Bedauern mit dem unglücklichen Dichter, welches zu bezeigen ich mich um so eher gedrängt fühlte, als gerade sein Wutausbruch mir die innere Genugtuung gewährte, von ihm mir einen großen Erfolg, über welchen ich selbst noch nicht genau aufgeklärt war, zuerkannt zu wissen.

Des weiteren legte ich auch bereits beim Anlaß der ersten Aufführung des »*Rienzi*« den Grund zu einem später immer sich erweiternden Zerwürfnisse mit den Zeitungsrezensenten. Herr *Carl Bank*, seither angesessener Hauptrezensent für Musik in Dresden, war mir bereits von Magdeburg her bekannt, wo er mich einmal besucht und größere Stücke aus meinem »Liebesverbot« zu seinem wirklichen Gefallen von mir sich hatte vorspielen lassen. Dieser Mann konnte mir, da wir in Dresden wieder zusammengetroffen waren, nicht vergeben, daß es mir unmöglich gewesen war, ihm Eintrittskarten zur ersten Aufführung des »Rienzi« zu besorgen. Ähnlich erging es mir mit einem Herrn *Julius Schladebach*, welcher sich um jene Zeit ebenfalls in Dresden als Rezensent niederließ. So zuvorkommend ich gern mich gegen jedermann benahm, empfand ich doch zu jeder Zeit eine unüberwindliche Abneigung dagegen, irgendeinem Menschen aus dem Grunde besondre Rücksicht schenken zu sollen, weil er Rezensent sei, und ich ging hierin mit der Zeit bis zur fast grundsätzlich sich gestaltenden Schroffheit, welche mir mein ganzes Leben über die unerhörtesten Verfolgungen der Journalistik zum großen Teil mit zuzog. Noch trat diese Widerwärtigkeit für jetzt jedoch nicht besonders stark hervor, da sich in Dresden damals die Journalistik durchaus noch nicht breitmachte und von Dresden aus in fremde Blätter so wenig geschrieben wurde, daß andrerseits die dortigen Kunstvorgänge überhaupt nur sehr wenig Beachtung fanden, was allerdings wiederum nicht ohne Nachteil für mich blieb. Somit berührten mich die unangenehmen Seiten meines Erfolges für jetzt so viel wie gar nicht, und eine kurze Zeitlang fühlte ich mich, zum ersten und einzigsten Male in meinem Leben, vom allgemeinen Wohlwollen so angenehm getragen, daß ich alle ausgestandenen Lebensnöte mir reichlich vergolten wähnte.

Denn auch die weiteren und bisher gänzlich unberechneten Ergebnisse meines Erfolges stellten sich nun überraschend schnell heraus; allerdings weniger im Betreff des materiellen Gewinnes, denn dieser führte sich für diesmal auf dreihundert Taler zurück, welche mir die Generaldirektion statt der sonst nur üblichen zwanzig Louisdor ausnahmsweise als Honorar zahlte. Auch meine Oper an einen Verleger gut verkaufen zu können, durfte ich, ehe sie nicht noch an einigen andren bedeutenden Orten gegeben war, nicht verhoffen. Doch fügte es das Schicksal, daß durch den gänzlich unerwarteten Tod des Königlichen Musikdirektors *Rastrelli*, kurz nach den ersten Aufführungen des »Rienzi«, plötzlich eine Anstellung erledigt wurde, für welche sich sogleich aller Augen auf mich richteten.

Während die Unterhandlungen hierüber sich einige Zeit hinzogen, gab die Generaldirektion andrerseits mir Zeugnis von einer fast leidenschaftlichen Teilnahme für mein Talent. Die erste Aufführung des »Fliegenden Holländers« sollte durchaus dem Berliner Theater nicht gegönnt werden, sondern diese Ehre Dresden zugesichert sein. Da ich von seiten der Berliner Intendanz keineswegs hierin gehindert wurde, übergab ich sehr gern meine letzte Arbeit ebenfalls dem Dresdener Theater, und hatte ich, da sich keine sogenannte Heldentenorpartie darin befand, auch auf *Tichatscheks* Mithilfe dabei zu verzichten, so konnte ich doch um so mehr auf die fördernde Mitwirkung der *Schröder-Devrient* rechnen, weil dieser mit der weiblichen

Hauptrolle eine entsprechendere Aufgabe als mit ihrer Rolle im »*Rienzi*« zugewiesen war. Es war mir lieb, hierbei mich so ganz nur auf sie, welche in der Tat wegen des ihr ungenügenden Anteils am Erfolg des »*Rienzi*« in eine eigentümliche Verstimmung gegen mich geraten war, verlassen zu können, und wie sehr ich dies tat, bewies ich ihr mit einer meinem Werk andrerseits sehr nachteiligen Übertreibung, indem ich die männliche Hauptrolle dem ehemals tüchtigen, nun aber bereits etwas invaliden und für meine Aufgabe in jeder Hinsicht ungeeigneten Baritonisten *Wächter*, gegen seine eignen aufrichtigen Bedenken dagegen, geradeswegs aufzwang. In der Tat sprach die von mir so hoch verehrte Künstlerin zu meiner großen Befriedigung schon die Dichtung, als ich sie ihr mitteilte, ganz besonders an; und die Zeit des Studiums der Rolle der »*Senta*«, für welches ich nun sehr häufig mit ihr verkehrte, wurde durch die ernstliche persönliche Teilnahme, in welche ich für den Charakter und das Schicksal dieser ungewöhnlichen Frau unter ganz besondren Umständen geriet, zu einer der aufregendsten und, in wichtiger Beziehung, belehrendsten meines Lebens.

Trotzdem die große Künstlerin, namentlich durch ihre damals zum Besuch bei ihr weilende berühmte Mutter *Sophie Schröder* darin bestärkt und aufgeregt, sich mir völlig ungehalten zeigte, daß ich für Dresden ein so glänzendes Werk wie den »*Rienzi*« geschrieben hätte, ohne gerade darin die eigentliche Hauptrolle für sie zu bestimmen, so siegte doch ihre großherzige Natur über diese partikularistische Tendenz; sie erkannte mich laut als »Genie« an und erwies mir das besondre Vertrauen, welches, wie sie meinte, nur einem Genie zu schenken sei. Sollte dies Vertrauen gar bald seine bedenklichen Seiten für mich äußern, da sie mich zum Mitwisser und Berater bei wirklich fatalen Vorgängen in ihrem Herzen machte, so fanden sich doch zunächst auch die Gelegenheiten, bei welchen sie sich offen vor aller Welt mit schmeichelhaftester Auszeichnung als meine Freundin zu erkennen gab.

Zunächst hatte ich sie auf einem Ausflug nach Leipzig zu begleiten, wo sie für ihre Mutter ein großes Konzert gab, welches sie auch dadurch besonders anziehend zu machen glaubte, daß sie zwei Stücke aus dem »*Rienzi*«, die Arie des »*Adriano*« und das Gebet des »*Rienzi*« (letzteres von *Tichatschek* vorgetragen), unter meiner persönlichen Leitung ausgeführt, dem Programm einreihte. Auch *Mendelssohn*, der ihr sehr befreundet war, war von ihr zu diesem Konzert herbeigezogen worden; er führte seine damals neue Ouvertüre zu »*Ruy-Blas*« darin auf. Mit diesem kam ich während der zwei anregungsvollen Tage, welche ich bei diesem Anlaß in Leipzig verbrachte, zum ersten Male in nähere Berührung, da zuvor mein Verkehr mit ihm sich nur auf einige seltene und gänzlich unergiebige Besuche beschränkt hatte. Im Hause meines Schwagers *Fritz Brockhaus* wurde von *Mendelssohn* und der *Schröder-Devrient*, welcher dieser eine reiche Auswahl *Schubert*scher Lieder akkompagnierte, lebhaft musiziert. Ich beobachtete hierbei eine eigentümliche Unruhe und Aufgeregtheit, mit welcher dieser, damals auf der Sonnenhöhe seines Ruhmes und Wirkens stehende, noch immer junge Meister mich betrachtete oder vielmehr ausspähte. Mir war ersichtlich, daß er auf einen Opernerfolg überhaupt, und somit gewiß auch in Dresden nicht sonderlich viel gab, und zweifellos zählte ich bei ihm hierdurch unter eine Gattung von Musikern, von denen er nichts hielt und mit denen er nichts zu tun zu haben glaubte. Dennoch hatte gerade dieser Erfolg charakteristische Merkmale, welche ihm etwas Erschreckendes gaben. *Mendelssohn* selbst verlangte seit lange nach nichts sehnlicher als nach einer glücklichen Oper; es konnte ihn vielleicht verdrießen, daß, ehe er so weit kam, in plumper Weise durch eine Art von Musik, welche nicht gut zu finden er sich vollkommen berechtigt halten durfte, gerade ein solcher Erfolg ganz unerwartet ihm in den Weg kam. Nicht minder mochte es ihn verstimmen, daß die von ihm für genial erkannte und so lebhaft ihm zugetane *Schröder-Devrient* so offen und laut nun auch für mich eintrat. Alles dieses dämmerte in meinem Bewußtsein auf, als *Mendelssohn* durch eine sehr merkwürdige Äußerung mich geradeswegs gewaltsam auf eine solche Deutung hinwies. Als ich ihn nämlich nach der gemeinschaftlichen Konzertprobe nach Hause begleitete und mit großer Wärme soeben über Musik gesprochen hatte, unterbrach der durchaus nicht Redselige in eigentümlich erregter Hast mich mit der Äußerung, die Musik habe nur das Schlimme, daß sie nicht nur die guten, sondern auch die üblen Eigenschaften, wie gerade auch die Eifersucht, stärker als alle andren Künste anrege. Mich überflog es nur mit Schamröte, diese Äußerung auf seine Empfindung gegen mich beziehen zu sollen, da ich mir in tiefster Unschuld bewußt war, daß ich nie auch nur im entferntesten an einen Vergleich meiner Fähigkeiten und Leistungen als Musiker mit denen *Mendelssohns* zu denken mir beikommen lassen könnte. Seltsamerweise produzierte er sich aber gerade bei diesem Konzerte nicht in dem Lichte, in welchem er sich außer allem nur denklichen Vergleich mit mir gezeigt haben würde; eine Aufführung seiner »Hebriden-Ouvertüre« würde ihn zu meinen beiden Opern-Arien so gestellt haben, daß jede Beschämung, an seiner Seite zu stehen, mir erspart gewesen wäre, da der Abstand unsrer Leistungen zu unvergleichlich fern war; es schien aber, daß ihn zur Wahl der *»Ruy-Blas«*-Ouvertüre die Absicht bestimmt hatte, dem Genre der Opernmusik bei dieser Gelegenheit sich so nahe zu stellen, daß er das Effektvolle desselben auch auf sein Werk mit hinüberspielen ließe. Die Ouvertüre schien offenbar für das Pariser Publikum berechnet zu sein; und wie überraschend darin *Mendelssohn* erschien, bezeugte mit naiver Unbeholfenheit *Robert Schumann*, welcher nach dem Stück auf das Orchester zu *Mendelssohn* kam und ihm gutmütig lächelnd seine Verwunderung über das »flotte Orchesterstück« ausdrückte. Zur Ehre der Wahrheit sei aber hiermit erwähnt, daß weder er noch ich an diesem Abend den eigentlichen Erfolg erstritten; wir verschwanden gänzlich vor dem ungeheuren Eindruck, welchen die greise *Sophie*

Schröder mit der Rezitation der *Bürgerschen* »Lenore« hervorbrachte. Hatte man zuvor in den Journalen ihrer Tochter vorgeworfen, daß sie durch allerhand Musik-Ausstellungen ihrer Mutter, welche nie etwas mit Musik zu tun gehabt habe, auf ungeeignete Weise dem musikalischen Publikum Leipzigs ein Benefiz habe entlocken wollen, so standen wir musikalische Helfershelfer um dieses von der fast zahnlosen hochbetagten Frau mit wahrhaft erschreckender Schönheit und Erhabenheit gesprochene *Bürgersche* Gedicht wie wahre müßige Gaukler da. Und mir gab dies wie so manches, was ich in diesen wenigen Tagen erlebt, viel zu denken und zu sinnen. –

Ein zweiter mit der *Schröder-Devrient* gemeinschaftlich unternommener Ausflug führte mich noch im Dezember desselben Jahres nach Berlin, wohin die Künstlerin zur Mitwirkung bei einem großen Hofkonzert eingeladen war und wo ich für mein Teil mit dem Intendanten *Küstner* wegen des »*Fliegenden Holländers*« Rücksprache halten wollte. Während ich für meine persönliche Angelegenheit zu keinem bestimmten Ergebnis gelangte, erhielt der diesmalige kurze Besuch in Berlin für mich ein besondres Interesse durch mein für die Folge so unvergleichlich bedeutungsvolles Zusammentreffen mit *Franz Liszt*. Es geschah dies unter besondren Umständen, welche ihn wie mich in eine eigentümliche Verlegenheit setzten und welche in übermütigster Weise durch die herausfordernde Laune der *Schröder-Devrient* in das Spiel gebracht wurden.

Ich hatte meiner Gönnerin bereits vorher gelegentlich von einem früheren Zusammentreffen von mir mit *Liszt* erzählt. In jenem verhängnisvollen zweiten Winter meines Pariser Aufenthaltes, in welchem ich schließlich durch die Schlesingersche Lohnarbeit mein Leben fristen zu können mich glücklich zu schätzen hatte, wurde ich eines Tages durch eine Mitteilung des stets für mich besorgten *Laube* davon benachrichtigt, daß *F. Liszt*, welchem er in Deutschland von mir gesprochen und mich empfohlen habe, nach Paris kommen werde; ich möge daher nicht versäumen, ihn aufzusuchen, denn *Liszt* sei »generös« und würde mir gewiß zu helfen wissen. Da ich nun von dessen Ankunft wirklich erfuhr, meldete ich mich bei ihm in seinem Hotel zum Empfang. Es war am frühen Vormittag; ich wurde angenommen und traf zunächst einige fremde Herren im Salon, zu welchen nach einiger Zeit auch *Liszt*, freundlich und gesprächig, im Hauskleid herzutrat. Unfähig, an der französischen Konversation, welche sich um die Erlebnisse *Liszts* während seiner letzten Kunstreise in Ungarn bewegte, teilzunehmen, hörte ich eine Zeitlang aufrichtig gelangweilt zu, bis ich endlich von *Liszt* freundlich gefragt wurde, womit er mir dienen könne. Auf die Empfehlung *Laubes* schien er sich nicht besinnen zu können; alles, was ich auf seine Frage ihm antworten konnte, war, daß ich den Wunsch hege, seine Bekanntschaft zu machen, wogegen er nichts zu haben schien und mir anzeigte, daß er nicht vergessen werde, zunächst mir ein Billett für seine bevorstehende große Matinee zustellen zu lassen. Mein ganzer Versuch, ein künstlerisches Gesprädi einzuleiten, bestand in der Frage, ob *Liszt* neben dem *Schubert*schen Erlkönig nicht auch den von *Löwe* kenne; mit der Verneinung dieser Frage war dieser ziemlich befangene Versuch beseitigt, und mein Besuch endigte mit der Abgabe meiner Adresse, an welche alsbald auch von seinem Sekretär *Belloni*, von artigen Zeilen begleitet, eine Eintrittskarte zu einem in der *Salle Erard* vom Meister persönlich allein gegebenen Konzert gelangte. Ich fand mich in dem überfüllten Salon ein, sah die Tribüne, auf welcher der Flügel stand, von der Crême der Pariser Damenwelt im engsten Zirkel belagert, wohnte den enthusiastischen Ovationen bei, welche dem von aller Welt angestaunten Virtuosen gespendet wurden, hörte mehrere seiner glänzendsten Stücke, wie die »Fantaisie sur Robert le Diable« an und trug eigentlich keinen andren Eindruck als den der Betäubung davon. Es war die Zeit meiner völligen Umkehr von einem Wege, der mich gegen meine innere Natur irregeleitet hatte und von welchem ich mich nun in schweigsamer Bitterkeit still emphatisch abwandte. Zu nichts war ich somit weniger aufgelegt als zu einer gerechten Würdigung derjenigen Erscheinung, welche gerade in dieser Zeit im vollsten Sonnenschein des Tages glänzte, von dem ab ich mich der Nacht zugekehrt hatte. Ich suchte *Liszt* nicht wieder auf. –

Wie gesagt, hatte ich gelegentlich der *Schröder-Devrient* hiervon einfach erzählt; diese hatte aber mit besondrer Lebhaftigkeit Kenntnis davon genommen, denn ich traf bei ihr auf den schwachen Punkt der Künstler-Eifersucht. Da nun *Liszt* gleichfalls vom König von Preußen zu dem großen Hofkonzert nach Berlin geladen war, hatte es sich ereignet, daß bei einem ersten Zusammentreffen mit ihm sie von *Liszt* mit großer Teilnahme nach dem Erfolg des »Rienzi« befragt worden war. Da sie hierbei bemerkt hatte, daß der Komponist dieses »Rienzi« *Liszt* eine gänzlich unbekannte Person sei, hatte sie ihm sogleich mit sonderbarer Schadenfreude seinen vermeintlichen Mangel an Scharfblick vorgeworfen, da dieser Komponist, welchem er jetzt mit so lebhaftem Interesse nachfrage, derselbe arme Musiker sei, welchen er kürzlich in Paris so »hochmütig abgewiesen habe«. Sie erzählte mir dies jubelnd, zu meiner größten Beklemmung, da ich sofort ihren von meiner früheren Erzählung gewonnenen Eindruck gebührend berichtigen mußte. Als wir in ihrem Zimmer eben diesen Punkt verhandelten, wurden wir plötzlich im Nebengemach durch die berühmte Passage des Basses in der Rache-Arie der »Donna-Anna«, in Oktaven rapid auf dem Klavier ausgeführt, unterbrochen. – »Da ist er ja selbst«, rief sie. *Liszt* trat herein, um die Sängerin zur Konzertprobe abzuholen. Zu meiner großen Pein stellte sie mich ihm mit boshafter Freude als den Komponisten des »Rienzi« vor, den er ja nun kennenzulernen wünsche, nachdem er ihm zuvor in seinem herrlichen Paris die Tür gewiesen habe. Meine ernstlichsten Beteuerungen, daß meine Gönnerin – jedenfalls nur zum Scherz – eine ihr von mir gemachte Mitteilung über meinen früheren Besuch bei *Liszt* absichtlich entstelle, beruhigten *Liszt* augenscheinlich über mich, da er andrerseits über die leidenschaftliche Künstlerin wohl bereits mit sich im reinen war. Er bekannte allerdings, daß er sich meines Besuches in Paris nicht erinnere, daß es ihn demungeachtet schmerzlich berührt und erschreckt habe zu erfahren, daß irgend jemand über eine so üble Behandlung seinerseits in Wahrheit sich zu beklagen haben sollte. Der überaus herzliche Ton der einfachen Sprache, in welcher *Liszt* über dieses Mißverständnis sich gegen mich äußerte, machten den sonderbar aufgeregten Neckereien der ausgelassenen Frau gegenüber einen ungemein wohltuenden und gewinnenden Eindruck auf mich. Seine ganze Haltung, durch welche er ihre schonungslosesten spöttischen Angriffe zu entwaffnen suchte, war mir neu und gab mir einen innigen Begriff von der Eigentümlichkeit des seiner Liebenswürdigkeit und unvergleichlichen Humanität sicheren Menschen. Sie zog ihn endlich mit seinem kürzlich von der Königsberger Universität erhaltenen Doktortitel auf, indem sie ihn mit einem »Apotheker« zu verwechseln vorgab; *Liszt* streckte sich endlich platt auf dem Boden aus, gleichsam um, vollständig hilflos gegen das Unwetter ihrer Spöttereien sich erklärend, um Gnade zu flehen. Nachdem er sich an mich noch mit der herzlichen Versicherung gewandt, daß er es sich angelegen sein lassen werde, den »Rienzi« zu hören und jedenfalls mir eine bessere Meinung über sich zu verschaffen, als sein Unstern bis jetzt ihm es ermöglicht habe, schieden wir für diesmal. – Der Eindruck, namentlich der großen, fast naiven Einfachheit und Schlichtheit jeder Äußerung und jedes Wortes, besonders auch des Ausdruckes, welchen er ihr gab, hinterließen auf mich mit großer Bestimmtheit den Eindruck, welchen gewiß jeder von den hier bezeichneten Eigenschaften *Liszts* gewonnen und durch welchen ich mir zum ersten Male den Zustand von Bezauberung erklären konnte, in welchen *Liszt* alle, die ihm nähergekommen, versetzt hatte und über deren Ursachen ich bisher eine falsche Meinung gehegt zu haben mir nun wohl innigst klarwurde. –

Diese beiden Ausflüge nach Leipzig und nach Berlin waren nur kurze Unterbrechungen der Studienzeit, welche wir daheim auf den *»Fliegenden Holländer«* verwandten. In diesem Betreff lag mir alles daran, die *Schröder-Devrient* bei warmem Interesse für ihre Aufgabe zu erhalten, da ich wohl fühlte, daß ich bei der Schwäche der übrigen Besetzung der Partien nur von ihrer Seite eine dem Geiste meines Werkes entsprechende Wiedergabe erwarten konnte. – Außerdem daß sie die Rolle der »Senta« wirklich ansprach, wirkten zu derselben Zeit besondre Umstände auf eine ungemeine Erregung der leidenschaftlichen Frau. Sie stand nämlich, wie ich als betroffener Vertrauter erfuhr, im Begriff, ein bis dahin gepflegtes mehrjähriges Liebesverhältnis zu einem ernsten, ihr herzlich geneigten, sehr jugendlichen Manne, dem Sohn des ehemaligen Kultusministers *Müller,* damals Leutnant in der Königlichen Garde, zu brechen, um dafür ein andres, bei weitem weniger sich empfehlendes, mit leidenschaftlicher Hast anzuknüpfen. Der

Neuerwählte war ein, wie es schien, zuletzt in Berlin ihr bekannt gewordener Herr *v. Münchhausen*, ebenfalls jung, groß und schlank, wie sich dies nach dem im Verlauf mir klarwerdenden Charakter der Neigungen meiner Freundin von selbst verstand. Das leidenschaftliche Vertrauen, welches sie bei dieser Gelegenheit mir schenkte, schien mir aus der Angst ihres sehr gequälten Gewissens herzurühren: sie wußte, daß *Müller*, der seiner guten Eigenschaften wegen auch mir befreundet worden war, sie mit dem Ernste der ersten Neigung geliebt hatte und daß sie jetzt ihn unter nichtigen Vorwänden auf das treuloseste verriet. Sie schien sich auch auf das bestimmteste sagen zu müssen, daß der Neuerwählte ihrer völlig unwert war und nur durch frivole und eigennützige Absichten sich zu ihr gezogen fühlte. Somit wußte sie auch, daß niemand und namentlich nicht ihre älteren, durch häufige Erfahrung um sie besorgten Freunde ihr Benehmen billigen würden, und erklärte mir nun aufrichtig, daß sie mit ihrem Vertrauen zu mir sich gedränge fühle, weil sie mich für ein Genie halte und ich die Nötigung ihrer Natur begreifen würde. Gewiß war mir hierbei sehr sonderbar zumute. Von ihrer Neigung wie von dem Gegenstande derselben fühlte ich mich heftig abgestoßen, durfte aber doch zu meinem Erstaunen nicht verkennen, daß diese mich höchst anwidernde Leidenschaft die seltsame Frau mit einer solch heftigen Gewalt erfaßte, daß ich ihr ein gewisses Mitleiden und selbst eine ernste Teilnahme nicht versagen konnte. Sie war bleich und verstört, lebte fast ohne jede Nahrung und befand sich in einer so übermäßigen Spannung aller Lebenskräfte, daß ich nicht anders glaubte, als sie einer schweren, ja tödlichen Krankheit entgegengehen zu sehen. Seit lange floh sie jeder Schlaf, und sooft ich mit meinem unglücklichen »Fliegenden Holländer« zu ihr kam, erschrak ich über sie dermaßen, daß ich an alles weniger als an die Vornahme des beabsichtigten Studiums dachte. Gerade aber hielt sie mich da fest, nötigte mich zum Klavier und stürzte sich nun wie zu Tod und Verderben auf ihre Rolle. Da ihr an und für sich die Erlernung der Musik schwerfiel, konnte sie nur durch sehr häufiges und anhaltendes Probieren sich ihre musikalische Aufgabe aneignen. Nun sang sie stundenlang mit solcher Leidenschaftlichkeit, daß ich oft bang aufsprang und sie um Selbstschonung bat; da wies sie denn lächelnd wieder auf ihre Brust und dehnte die Muskeln ihres wohl immer noch schönen Körpers, um mir zu versichern, daß sie nichts umbringen könne. Wirklich erhielt auch ihre Stimme um diese Zeit eine jugendliche Frische und ausdauernde Kraft, die mich oft in Erstaunen setzten, und sonderbarerweise mußte ich mir bekennen, daß diese absurde Leidenschaft zu einem faden, nichtswürdigen Menschen meiner »Senta« merkwürdig zugute kam. Die ausdauernde Kraft der übermäßig angespannten Frau war so groß, daß sie, weil andrerseits die Zeit hierzu drängte und eine mir nachteilige Verzögerung dadurch vermieden wurde, sogar ohne sich zu schaden dareinwilligte, die Generalprobe am gleichen Tage der ersten Aufführung abzuhalten.

Diese Aufführung fand nun am 2. Januar des neuen Jahres (1843) statt. Der Erfolg derselben war für mich äußerst lehrreich und leitete die entscheidende Wendung meiner späteren Schicksale ein. Zunächst hatte ich aus der im ganzen mißglückten Aufführung mir die Lehre zu entnehmen, welcher besonnenen Sorgfalt es bedürfe, um mich des entsprechenden Ausfalles der dramatischen Darstellung meiner neueren Arbeiten zu versichern. Ich erkannte, daß ich mehr oder weniger der Meinung gewesen war, meine Partitur müsse sich ganz von selbst verständlich machen und meine Sänger müßten ganz von selbst dazu kommen, es mir recht zu machen. Mein braver alter Freund *Wächter*, zur Zeit der ersten Blüte der *Henriette Sontag* ein beliebter »Barbier von Sevilla«, war, wie ich bereits erwähnte, allerdings von vornherein bescheidenerweise einer andern Ansicht gewesen. Seine gänzliche Unfähigkeit zu der schwierigen Rolle meines energisch leidenden grauenhaften Seefahrers ging leider selbst der *Schröder-Devrient* zu spät erst in den Theaterproben auf. Der bedenkliche Embonpoint *Wächters*, namentlich sein rundes breites Gesicht und die sonderbaren Bewegungen seiner Arme und Beine, welche unter seiner Handhabung nur körperliche Stümpfe zu sein schienen, brachten meine leidenschaftliche »Senta« zur Verzweiflung. In einer Probe brach sie an der Stelle der großen Szene im 2. Akt, wo sie zu dem erhabenen Trost der Heilsverkündigung in der Stellung eines Schutzengels zu ihm trat, plötzlich ab und raunte mir leidenschaftlich in das Ohr: »Wie kann ich's herausbringen, wenn ich in diese kleinen Rosinenaugen blicke? Gott, Wagner, was haben Sie da wieder gemacht?« Ich tröstete sie so gut ich konnte und verließ mich heimlich auf den Herrn *von Münchhausen*, der mir denn auch wirklich versprach, des Abends sich im Parkett so aufzustellen, daß die *Devrient* ihn erblicken müsse. Wirklich gelang es auch der durchaus genialen Leistung meiner großen Künstlerin trotz der grauenhaften Öde, in der sie sich auf der Bühne befand, mit dem zweiten Akte alles zu enthusiastischer Wärme hinzureißen. Der erste Akt, welcher dem Publikum nichts als eine langweilige Unterhaltung des Herrn *Wächter* mit jenem Herrn *Risse*, der mich am Tage der ersten Aufführung des Rienzi zu einem guten Glas Wein eingeladen hatte, bot, und dann der dritte Akt, in welchem das höchste Toben des Orchesters das Meer nicht aus seinem zahmsten Behagen und das Gespensterschiff nicht aus seiner vorsichtigsten Aufstellung bringen konnte, versetzten das Publikum in Staunen darüber, wie ich nach dem »Rienzi«, wo doch in jedem Akte so sehr viel vorging und *Tichatschek* in immer neuen Anzügen glänzte, nun dieses so gänzlich schmucklose, dürftige und düstre Werk hätte bieten können.

Da die *Schröder-Devrient* bald für längere Zeit gänzlich von Dresden fortging, erlebte der »Fliegende Holländer« nur vier Vorstellungen, bei denen der sich vermindernde Andrang des Publikums genügend zu erkennen gab, daß ich es hiermit den Dresdnern nicht recht gemacht hatte. Die Direktion sah sich genötigt, um meinen Glanz aufrechtzuerhalten, alsbald wieder zum »Rienzi« zurückzugreifen; und über den Erfolg dieser Oper wie den Mißerfolg des »Holländers« hatte ich nun nachzudenken. Mit einem seltsamen Grauen mußte ich mir sagen, daß, waren auch die großen Mängel in der Darstellung des »Fliegenden Holländers« mir offenbar geworden, ich den Erfolg des »Rienzi« in Wirklichkeit doch nicht der durchweg richtigen und entsprechenden Darstellung desselben zu verdanken hatte. War *Wächter* keinesfalls meiner Aufgabe für den »Fliegenden Holländer« nachgekommen, so konnte ich mir doch auch nicht verbergen, daß in fast nicht mindrem Grade *Tichatschek* hinter der charakteristischen Aufgabe seiner Rolle als »Rienzi« zurückgeblieben war. Die unerhörtesten Fehler und Mängel in der Darstellung dieser Rolle waren mir nie entgangen; von dem finstren, dämonischen Grunde in der Natur des Rienzi, welchen ich an den entscheidenden Punkten des Sujets unverkennbar stark hervorgehoben, hatte sich *Tichatschek* nicht einen Augenblick für die Behauptung des jubelnd strahlenden Heldentenor-Charakters seiner Leistung irremachen lassen, um desto wehmütiger im vierten Akte nach dem Bannspruch auf die Knie zusammenzuknicken und in lyrischer Bedauernswürdigkeit sein Schicksal über sich ergehen zu lassen; darwider er meiner Vorstellung, daß Rienzi zwar geistig in sich versenkt, aber fest wie eine Statue zu erblicken sein müsse, den großen Erfolg grade dieses Aktschlusses »nach seiner Auffassung« entgegenhielt mit der Ermahnung, doch ja hieran nichts ändern zu wollen. Überlegte ich mir somit, was eigentlich den Erfolg meines »Rienzi« herbeigeführt habe, so beruhte dies einerseits auf dem glänzenden, ungemein erquicklichen Organe des stets freudig aufschmetternden Sängers, in der erfrischenden Wirkung des Chorensembles und der bunten Bewegtheit der szenischen Vorgänge. Einen ganz besondren Fingerzeig erhielt ich aber noch, als wir die Oper in zwei Teilen gaben und der dramatisch wie musikalisch offenbar bedeutendere zweite Teil stets auffallend weniger besucht war als der erste, und zwar aus dem allerseits mir offen bekannten Grunde, weil das Ballett in den ersten Teil falle. Einen noch naiveren Nachweis für das eigentlich hinreißende Moment dieser Oper gewann ich durch meinen guten Bruder *Julius*, welcher zu einer der Vorstellungen des »Rienzi« aus Leipzig gekommen war. Da ich mit ihm mich in einer offenen Loge dem ganzen Publikum ersichtlich befand, verbat ich mir von ihm jede Beifallsbezeigung, selbst wenn sie auch nur den Sängern gelte; er vermochte sich während des ganzen Abends vom Applaudieren zu enthalten; nur bei einer gewissen Evolution des Balletts übermannte ihn der Enthusiasmus dermaßen, daß er zu dem Jubel des Publikums wütend in die Hände schlug und mir bedeutete, jetzt könne er sich nicht mehr halten. Merkwürdigerweise verdankte später in Berlin mein im übrigen dort gleichgültig aufgenommener »Rienzi« ebenfalls diesem Ballette die anhaltende Vorliebe des jetzigen Königs von Preußen, welcher noch nach langen Jahren die Wiederaufführung dieser Oper wünschte, trotzdem sie in keiner Weise durch ihren dramatischen Gehalt das Publikum zu erwärmen vermocht hatte. Als ich in späterer Zeit in Darmstadt einer Aufführung derselben Oper wieder beiwohnen mußte, fand ich, daß, während die besten Teile derselben auf das unerhörteste zusammengestrichen waren, im Ballett sogar Wiederholungen und Ausdehnungen hatten vorgenommen werden müssen. Nun war aber gerade diese Ballettmusik, welche ich einst in Riga ohne alle Anregung für dergleichen mit absichtlicher Flüchtigkeit verächtlich in wenigen Tagen zusammengeschrieben hatte, von so auffallender Schwäche, daß ich mich, zumal da ich den besten Teil derselben, die tragische Pantomime, von vornherein zu unterdrücken genötigt gewesen war, bereits zu jener Zeit in Dresden ihrer aufrichtig schämte. Da nun außerdem in Dresden gar keine choreographischen Mittel vorhanden waren, um selbst für das Übriggebliebene meinen Anordnungen antiker Kampfspiele und bedeutungsvoller ernster Reigentänze, wie sie später in Berlin sehr gut ausgeführt wurden, nachzukommen, hatte ich mich schmählicherweise damit zu begnügen, daß zwei kleine Tänzerinnen eine Zeitlang alberne »Pas« ausführten, endlich aber eine Kompanie Soldaten aufmarschierte, die Schilde über ihren Köpfen zu einem Dache zusammenfügte, um an die altrömische »Testudo« zu erinnern, und der Ballettmeister mit seinem Gehilfen in bloßen fleischfarbenen Trikots auf dieses Schilddach sprangen, um sich hier einige Male gegenseitig auf den Kopf zu stellen, was ihrer Meinung nach das altrömische Gladiatorenspiel versinnlichen mußte. Dieses war der Moment, welcher das Haus stets zu erdröhnendem Beifall hinriß, und ich hatte mir zu sagen, daß, wenn dieser Augenblick eintrat, ich die Krone meines Erfolgs erreicht hatte. –

Während ich auf diese Weise mir der eigentümlichen Divergenz zwischen meinem inneren Streben und meinem äußeren Erfolge immer ahnungsvoller bewußt wurde, sah ich auf der andren Seite durch die sonderbare Begünstigung der Umstände mich gedrängt, meinem Schicksale in fast ähnlich beängstigender Weise, als es bei meiner Verheiratung geschehen war, durch Annahme der Dresdener Kapellmeisterstelle eine verhängnisvolle Richtung zu geben. Den hierauf bezüglichen Unterhandlungen hatte ich von Anfang herein eine zögernde Lauheit entgegengesetzt, welche in keiner Weise affektiert war. Meine Verachtung des Theaterwesens war bereits vollkommen; sie konnte durch die nun mir gewordene genauere Bekanntschaft mit dem scheinbar so vornehmen Hoftheater-Intendanz-Wesen, welches mit dünkelhafter Ignoranz das Schmachvolle der modernen Theatertendenz prunkend zu verdecken berufen scheint, nicht eben vermindert werden. Seit einem Vierteljahrhundert stand an der Spitze des Dresdener Hoftheaters und seiner Kapelle ein Mann, dessen Ungebildetheit und Roheit aller Welt offenlag. Über beide dieser seiner Eigenschaften liefen zahlreiche Anekdoten umher, und der mindeste geschäftliche oder gesellige Verkehr mit ihm genügte, um mit Staunen darüber zu erfüllen, wie ein gebildeter Monarch durch den Vortrag eines solchen Mannes sich in Berührung mit einem offenbar der Kunst angehören sollenden Institut erhalten konnte. Erklärlich war dies letztere fast nur dadurch, daß man dem Monarchen selbst keine wahre Bildung zusprechen konnte und namentlich Geringschätzung der Interessen der Kunst bei ihm voraussetzen mußte. Somit erfuhr man auch, daß vorkommendenfalls ein Appell an das schützende Urteil des Monarchen gegen die Unwissenheit und Roheit seines Intendanten nicht denkbar war, daher gerade hier, wo es um Feinheit und Zartheit in der Behandlung der empfindlichen Interessen der Kunst sich handelte, eine Willkür herrschen mußte, welche dem brutalsten russischen Despotismus nichts nachgab. Wie nun unter solcher Pflege alle höhere Regung bei jedem am Theater Beteiligten in der Weise ertötet wurde, daß schließlich nur ein Komplex der eitelsten und frivolsten Interessen durch einen lächerlich steifen bürokratischen Apparat zusammengehalten wurde, so erkannte ich jetzt mit größter Sicherheit in einer Nötigung zum Befassen mit dem Theater das Widerwärtigste, was ich mir vorstellen konnte; und als mir durch den erwähnten Todesfall *Rastrellis* gerade jetzt und hier in Dresden die Versuchung, meiner inneren Stimme untreu zu werden, herantrat, erklärte ich sofort meinen vertrauten älteren Freunden, daß ich nicht daran dächte, die freigewordene Stelle annehmen zu wollen.

Gegen diesen Entschluß vereinigte sich nun aber alles, was irgend menschliche Entschließungen erschüttern kann. Die Aussicht auf Sicherung meiner Lebenslage durch eine dauernde Versorgung bei festem Gehalte machte sich zunächst mit tyrannischer Anziehungskraft geltend. Ich bekämpfte die Versuchung durch Hinweis auf meine Erfolge als Opernkomponist, die mir, so hoffte ich, wenigstens genug einbringen würden, um in zwei Stuben, bei geringen Lebensansprüchen, ungestört neue Arbeiten fördern zu können. Gerade im Betreff meiner Arbeitsmuße, wendete man mir aber ein, würde ich bei einer festen Anstellung mit nicht übermäßiger Beschäftigung mich besser gefördert sehen als bisher, wo ich seit der Vollendung des »Fliegenden Holländers« über ein volles Jahr ohne Ruhe zur Arbeit mich befunden hatte. Ich blieb dabei, daß ich die dem Kapellmeister untergeordnete Musikdirektorstelle des verstorbenen *Rastrelli* in jeder Hinsicht für meiner unwürdig hielt, erklärte mit Bestimmtheit auf dieselbe nicht zu reflektieren und veranlaßte dadurch auch die Generaldirektion, sich anderweitig wegen Besetzung derselben umzusehen. Während somit von dieser Stelle nun nicht mehr die Rede war, wurde mir aber eröffnet, daß durch den vor einiger Zeit bereits erfolgten Tod des Kapellmeisters *Morlacchi* eigentlich ja noch eine Königliche Kapellmeisterstelle unbesetzt geblieben sei, und es stünde zu erwarten, daß der König sich geneigt fühlen dürfte, diese Stelle von neuem durch mich zu besetzen. Die große Wichtigkeit, welche in Deutschland, namentlich in königlichen Residenzen, solchen Angelegenheiten beigelegt wird, und die glänzende »Solidität«, welche solch eine lebenslängliche Königliche Anstellung namentlich deutscher Musiker als das höchste erreichbare irdische Glück vorschweben läßt, fing nun an, meine gute Frau in große Aufregung zu versetzen. Von manchen Seiten eröffneten sich mir freundlich behagliche Anknüpfungen für einen bürgerlichen Verkehr, wie wir ihn bisher noch nicht gekannt hatten; das Gefühl des Wohlgelitten-, ja Angesehenseins breitete sich mit wohltätiger Wärme über die Heimatlosen aus, denen mit einer dauernden Niederlassung unter ehrenvollstem königlichen Schutze das in trostlosen Zeiten oft schmerzlich ersehnte Behagen einer wohlanständigen Sicherheit sich gewonnen zeigte. Einen wichtigen Einfluß auf die Erweichung meiner Stimmung übte endlich die Witwe *Carl Maria von Webers*, die lebhafte und liebenswürdige *Karoline*, in deren Haus ich mich jetzt öfter befand und deren Umgang durch unmittelbar auflebende Erinnerungen an den von mir noch immer so innig geliebten Meister für mich besonders anziehend war. Diese beschwor mich nun mit wahrhaft rührender Innigkeit, doch ja dem bedeutungsvollen Zuge des Schicksales nicht widerstreben zu wollen. Sie habe ein Recht, mich zur Einkehr in Dresden aufzufordern, um dort die Stelle einzunehmen, die seit dem Tode ihres Mannes so traurig leer geblieben sei: »Denken Sie sich«, sagte sie mir, »wie ich einst *Weber* wiedersehen soll, wenn ich ihm davon zu berichten habe, wie bisher das von ihm so aufopferungsvoll gepflegte Werk, da wo er es wirkte, verwahrlost worden; denken Sie sich, wie mir zumute ist, wenn ich dort, wo einst der seelenvolle *Weber* stand, jetzt nur noch den faulen *Reissiger* sehen soll – wie mir zumute ist, wenn ich seine Opern mit jedem Jahre geistloser heruntergespielt höre; lieben Sie *Weber*, so sind Sie es seinem Andenken schuldig, in seine Stelle zu treten, um sein Werk fortzusetzen.« Aber auch die praktische Seite der Angelegenheit wies die lebenserfahrene Frau mit energischer Fürsorge nach, indem sie mir es ans Herz legte, namentlich auch an die Sicherheit meiner Frau zu denken, welcher, wenn ich plötzlich stürbe, durch Annahme der mir gebotenen Stelle genügende Versorgung geboten sei. –

Mehr als alles dies Herzliche, Bedeutende und Vernünftige wirkte in mir selbst der zu keiner Zeit meines Lebens gänzlich vertilgte enthusiastische Glaube an die Möglichkeit, da, wohin mich das Schicksal geführt, also auch jetzt hier in Dresden, doch wohl den Punkt gefunden zu haben, von welchem aus einmal eine Umkehr des Gewohnten in Bewegung zu setzen und das Unerhörte in das Leben zu rufen wäre; am Ende bedurfte es ja doch nur einmal des Aufkommens eines feurig strebenden Menschen, um, wenn das Glück ihn wirklich begünstigte, das Verwahrloste zu regenerieren, wahrhaft veredelnden Einfluß zu gewinnen und die Erlösung der in schmachvollen Banden liegenden Kunst herbeizuführen. Die wunderbar schnelle Wendung, welche mein Schicksal genommen, mußte einen solchen Glauben nur nähren, und wirklich verführerisch wirkte auf mich mein Innewerden der merkwürdigen Veränderung, welche in der ganzen Haltung des Generaldirektors Herrn *von Lüttichau* gegen mich eingetreten war. Der sonderbare Mensch zeigte mir eine Wärme, deren ihn niemand zuvor für fähig gehalten hatte, und von seinem persönlichen wahrhaften Wohlwollen habe ich mich, selbst während meiner späteren unaufhörlichen Zerwürfnisse mit ihm, unverkennbar überzeugt halten müssen. – Nichtsdestoweniger wurde die Entscheidung doch aber nur durch eine Art von Überrumpelung herbeigeführt: ich wurde am 2. Februar 1843 auf das freundlichste in das Büro des Intendanten eingeladen und traf dort den Generalstab der Königlichen Kapelle an, in dessen Mitte Herr *von Lüttichau* durch den Theatersekretär, meinen unvergeßlichen Freund *Winkler*, mir feierlichst ein Königliches Reskript vorlesen ließ, durch welches ich sofort zum Kapellmeister Seiner Majestät mit 1500 Talern lebenslänglichem Gehalt ernannt wurde. Herr *von Lüttichau* ließ dieser Lektüre eine ziemlich feierliche Rede folgen, in welcher er seine Annahme ausdrückte, daß ich mit Dank die Gnade des Monarchen erkennen würde. Es entging mir bei dieser freundlichen Solemnität nicht, daß hiermit zugleich allen weiteren Verhandlungen über die Höhe des Gehaltes die Möglichkeit abgeschnitten war, wogegen allerdings der Hinwegfall der selbst *Weber* seinerzeit auferlegten Bedingung, zuerst unter dem bloßen Titel eines königlichen Musikdirektors ein Probejahr zu bestehen, als sehr beschwichtigende Ausnahme mich zum Schweigen zu bringen berechnet war. Meine neuen Kollegen beglückwünschten mich sofort, und Herr *von Lüttichau* begleitete mich unter den angenehmsten Gesprächen bis an die Tür meines Hauses, wo ich denn wiederum meiner vor Freude taumelnden armen Frau in die Arme fiel, so daß ich nun wohl merkte, daß ich gute Miene zu machen hatte und, ohne unerhörtes Ärgernis zu geben, mich jetzt wohl selbst als Königlichen Kapellmeister zu bekomplimentieren hatte.

Als ich in feierlicher Sitzung als Königlicher Diener beeidigt und der versammelten musikalischen Kapelle mit einigen feurigen Worten des Königlichen Generaldirektors vorgestellt war, wurde ich nach einigen Tagen auch von Seiner Majestät zur Audienz empfangen. Als ich in die Züge des gutherzigen, freundlichen und schlichten Monarchen blickte, fiel mir unwillkürlich mein jugendlicher Entwurf zu jener politischen Ouvertüre mit dem Thema »Friedrich und Freiheit« ein. Das etwas verlegene Gespräch belebte sich, als der König mir seine Zufriedenheit mit meinen beiden nun in Dresden gegebenen Opern bezeigte. Wenn ihm etwas zu wünschen übrigblieb, so wäre dieses, wie er sich mit freundlichem Zögern ausdrückte, ein etwas deutlicheres Heraustreten der einzelnen Personen meiner musikalischen Dramen; es komme ihm vor, als ob das Elementare darin das Interesse an diesen beeinträchtige: so im »Rienzi« das Volk, im »Fliegenden Holländer« das Meer. Mir schien, als ob ich ihn sehr gut verstünde, und ich freute mich aufrichtig über diesen Beweis sowohl seiner ernsten Teilnahme als seines originellen Urteils. Außerdem entschuldigte er sich im voraus bei mir, wenn er auch meine Opern nicht sehr häufig besuchen sollte, was lediglich damit zusammenhinge, daß er überhaupt einen eignen Widerwillen gegen den Theaterbesuch habe, der ihm leider durch eine Maxime seiner Erziehung beigebracht sei, nach welcher er mit seinem Bruder *Johann*, dem es nun ebenso ergehe, lange Zeit mit Zwang angehalten worden sei, regelmäßig den Vorstellungen des Theaters beizuwohnen, wogegen er, aufrichtig gesagt, oft vorgezogen haben würde, fern der Etikette einer freiwilligen Beschäftigung überlassen sein zu können. – Als ein charakteristisches Merkmal des Höflingsgeistes erfuhr ich bald nachher, daß Herr *von Lüttichau*, welcher während dieser Audienz mich im Vorzimmer erwarten mußte, sich sehr ungehalten über die lange Dauer derselben ausgelassen hatte. – In nähere Berührung und zu einer Unterredung mit dem guten König gelangte ich im Laufe der Jahre nur noch zweimal: das eine Mal, als ich ihm das Dedikationsexemplar des Klavierauszuges meines »Rienzi« überreichte; das zweite Mal, als er infolge der von mir mit vielem Glück bewerkstelligten Bearbeitung und Aufführung der »Iphigenia in Aulis« von *Gluck*, dessen Opern er vorzüglich liebte, auf öffentlicher Promenade höchst freundlich und zutraulich von ihm angehalten und wegen meiner Arbeit beglückwünscht wurde.

Mit jener ersten Audienz beim König war jedenfalls der Höhepunkt meiner so schnell betretenen Dresdner Glückslaufbahn erreicht; von nun an meldete sich in mannigfaltiger Gestalt wieder die Sorge. – Sehr bald eröffnete sich mir der Blick in die Schwierigkeit meiner materiellen Lage, da sich herausstellte, daß die bisher von mir gewonnenen und durch meine Anstellung sich darbietenden Vorteile in keinem Verhältnis zu den bisher, seit angetretener bürgerlicher Selbständigkeit, mein Leben belastenden Opfern und Verpflichtungen stehe. Der seit seinem Fortgang von Riga gänzlich verschollene junge Musikdirektor tauchte plötzlich in der staunenerregenden Wiedergeburt als Königlich Sächsischer Kapellmeister von neuem auf. Die nächsten Folgen dieser allgemeinen Beachtung meines Glückes waren dringende Mahnungen und drohende Verfolgungen, zunächst von seiten derjenigen Königsberger Gläubiger, denen ich in Riga mich durch jene unverhältnismäßig beschwerliche und leidenvolle Flucht entzogen hatte. Außerdem meldete sich, was nur irgendwo und aus den undenklichsten Zeiten her zu irgendwelcher Forderung an mich sich berechtigt wähnte, selbst auch aus meiner Studenten-, ja Gymnasiasten-Zeit, so daß ich gelegentlich verwunderungsvoll ausrief, ich vermutete nun noch eine Rechnung von meiner Amme für meine Säugung zu erhalten. Alles dies belief sich allerdings auf keine große Summe, und ich erwähne ausdrücklich den boshaften Gerüchten gegenüber, welche, wie ich erst in späten Jahren erfahren habe, über meine damalige Verschuldung gelegentlich ausgestreut worden sind, daß ich mit 1000 Talern, welche ich von Frau *Schröder-Devrient* gegen Zinsen entlieh, nicht nur alle diese Schulden bezahlte, sondern auch die von *Kietz* während meiner Pariser Nöte ohne alle Annahme der Zurückerstattung mir gebrachten Opfer auf das genaueste vergütete und außerdem diesem Freunde selbst mich behilflich erweisen konnte. Allein, woher selbst dieses Geld nehmen, da ich bis dahin in so äußerst kümmerlicher Lage mich befand, daß ich die *Schröder-Devrient* zur Beschleunigung der Aufführung des »Fliegenden Holländers« durch den Hinweis auf die grenzenlose Wichtigkeit, von welcher für mich das dafür zu erhaltende Honorar sei, hatte antreiben müssen? Von irgendeiner Vergütung für meine Ansiedlung, die doch jedenfalls dem Range eines Königlichen Kapellmeisters entsprechen mußte, ja selbst für die Anschaffung einer albernen und kostbaren Hofuniform war in keiner Weise an eine Entschädigung gedacht, so daß ohne Aufnahme von Geld gegen Zinsen, da ich nun einmal gänzlich ohne Vermögen war, an keinen Anfang gedacht werden konnte. Wer nun aber den unerhörten Erfolg des »Rienzi« in Dresden wahrgenommen hatte, konnte nicht umhin, an eine baldige und lohnende Verbreitung meiner Opern über die deutschen Theater zu glauben; und meine eigenen Verwandten, namentlich auch die besonnene *Ottilie*, waren hierfür mit solcher Zuversicht erfüllt, daß sie mir mindestens die Verdoppelung meines Gehaltes durch die Einnahmen von meinen Opern in sichere Aussicht stellen zu dürfen meinten. In der Tat schien es im allerersten Anfang hiermit ein gutes Bewenden nehmen zu wollen; sehr bald bestellten das *Kasseler* Hoftheater sowie auch das mir altbekannte Theater zu *Riga* die Partitur meines »Fliegenden Holländers«, weil man dort schnell etwas von mir geben wollte und dem Gerüchte nach diese Oper weniger umfangreich und für die Ausstattung weniger anspruchsvoll als der »Rienzi« war. Von beiden Orten erhielt ich im Mai 1843 auch günstige Nachrichten über den Erfolg der stattgehabten Aufführungen. Hiermit hatte es denn aber für jetzt sein Ende, und das ganze Jahr verging, ohne daß auch nur die mindeste Nachfrage nach einer meiner Partituren an mich gelangt wäre. Ein Versuch, durch die Herausgabe des Klavierauszuges des »Fliegenden Holländers« (da ich den »Rienzi« jedenfalls für günstigere Chancen nach erreichten weiteren Erfolgen als nützliches Kapital mir vorbehalten wollte) mir zu einer Einnahme zu verhelfen, scheiterte an dem Widerwillen der Herren *Härtel* in Leipzig, welche sich zwar sehr bereit erklärten, meine Oper herauszugeben, jedoch nur in der Voraussetzung, daß ich von jeder Honorarforderung dafür abstünde.

So hatte ich mich denn vorläufig an der phantastischen Eigenschaft meiner Erfolge zu sättigen; meine unverkennbare Beliebtheit beim Dresdener Publikum, manche Ehre und mir erwiesene Aufmerksamkeit gehörten hierzu. Doch auch in diesem Bezug sollte mein arkadischer Traum bald gestört werden. Ich glaube, daß erst mit meinem Auftreten in Dresden dort eine neue Ära für das Journalisten- und Rezensententum begann, welches gleichsam aus seinem Ärger über meine Erfolge Stoff zu einer bis dahin nur noch schwächlich geübten Lebenskraft erhielt. Die beiden von mir bereits genannten Herren *C. Bank* und *J. Schladebach* haben nachweislich erst um jene Zeit ihr festes Domizil in Dresden genommen; ich weiß, daß, als in betreff seiner dauernden Ansiedelung gegen *Bank* Schwierigkeiten erhoben wurden, diese erst durch die Verwendung und Gutsage meines nunmehrigen Kollegen *Reissiger* beseitigt werden konnten. War diesen Herren, die nun dauernde Engagements für die musikalische Kritik in Dresdener Blättern annahmen, der Erfolg meines »Rienzi« bereits sehr unangenehm gewesen, namentlich da ich auch gar keine Miene machte mir ihre Gunst zu gewinnen, so war es ihnen doch noch schwergefallen, den so allgemein beliebten jungen Musiker, welcher die Teilnahme des hierin gutmütigen Publikums auch durch seine dürftigen und vom Glück bisher so wenig begünstigten Lebensumstände gewonnen hatte, mit der eigentlichen beizenden Lauge ihres Hasses zu übergießen. Durch meine »unerhörte« Ernennung zum Königlichen Kapellmeister war aber plötzlich jede Nötigung zu irgendwelcher humanen Rücksicht geschwunden: jetzt »ging mir's gut«, ja »unmäßig gut«; der Neid fand seine höchst rechtmäßige Nahrung; es war etwas ganz Bestimmtes, allgemein Faßliches, was von ihm anzunagen war; und bald verbreitete sich durch alle Blätter Deutschlands in Berichten aus Dresden eine Stimmung über mich, welche als Grundton bis auf den heutigen Tag sich nie geändert hat, mit einziger Ausnahme einer gewissen Modifikation, welche vorübergehend und natürlich nur in Blättern von hierfür geeigneter Farbe während meiner ersten Niederlassung als politischer Flüchtling in der Schweiz eintrat, jedoch von da ab, wo durch *Liszts* Bemühungen meine Opern trotz meiner Verbannung über Deutschland verbreitet wurden, sich alsbald in den Blättern jeder Farbe wieder gänzlich verlor. Daß sogleich anfänglich nach den Dresdener Aufführungen zwei Theater eine meiner Partituren bestellt hatten, verdankte ich jedenfalls nur dem Umstande, daß bis dahin die schädliche Tätigkeit meiner journalistischen Beobachter sich noch gehemmt gefühlt hatte; wogegen ich mir das nun eintretende Schweigen jeder Nachfrage gewiß nicht mit Unrecht sehr wesentlich aus dem Grunde der Wirkung der falschen und verleumderischen Berichte in den Zeitungen erkläre. Mein alter Freund *Laube* war zwar sofort bemüht gewesen, auch als Journalist der Welt mich vorteilhaft vorzuführen: er übernahm mit Neujahr 1843 von neuem die Redaktion der »Zeitung für die elegante Welt« und forderte mich auf, für eine seiner ersten Nummern ihm eine biographische Notiz über mich aufzusetzen. Es machte ihm ersichtlich große Freude, mich auf diese Weise triumphierend auch der literarischen Welt vorzustellen, und um dies recht ersichtlich zu tun, gab er der betreffenden Nummer seines Journales noch eine Lithographie meines von *Kietz* gezeichneten Porträts bei. Doch selbst er wurde nach einiger Zeit besorgt und befangen in seinem Urteil über meine Leistungen, da er wahrnahm, mit welcher Ausdauer und mit welch zunehmender Sicherheit diese immer mehr verkleinert, herabgesetzt und geschmäht wurden. Er gestand mir später, daß ihm allerdings eine so verwahrloste Stellung wie diejenige, in welche ich gegen die gesamte Journalistik geraten war, noch nicht als erdenklich vorgekommen sei, und da er meine Gesinnung in diesem Punkt kennenlernte, segnete er mich lächelnd als einen rein verlornen Mann. –

Aber auch in meinen nächsten Beziehungen zu meinem unmittelbaren neuen Wirkungskreise traf ich bald auf sehr veränderte Stimmungen, welche ihrerseits wiederum jenen journalistischen Tendenzen eine höchst willkommene Nahrung gaben. – Ich hatte mich durch keine Art von Ehrgeiz verleitet gefühlt, darum anzuhalten, mein Werk selbst im Orchester dirigieren zu dürfen. Da ich jedoch gefunden hatte, daß Kapellmeister *Reissiger* bei jeder Aufführung des »Rienzi« nachlässiger in der Leitung wurde und das musikalische Ensemble in den wohlbekannten, ausdruckslosen Schlendrian verfiel, hatte ich, da bereits meine Anstellung andrerseits in das Auge gefaßt wurde, mir die persönliche Leitung der sechsten Aufführung meines Werkes ausgebeten. Ich dirigierte, ohne zuvor eine Probe gehalten noch je mich an der Spitze der Dresdener Kapelle befunden zu haben; es ging vortrefflich, Sänger und Orchester waren neu belebt und rissen alles zu dem Zeugnis hin, daß dies die gelungenste Aufführung des »Rienzi« gewesen sei. Das Studium und die Direktion des »Fliegenden Holländers« waren mir schon aus dem Grunde gern überwiesen worden, weil *Reissiger* infolge des Todes des Musikdirektors *Rastrelli* sich mit dienstlicher Arbeit überhäuft fand. Außerdem wurde ich ersucht, um für meine Fähigkeit, auch eine fremde Partitur dirigieren zu können, ein unmittelbares Zeugnis abzulegen, die Aufführung von *Webers* »Euryanthe« zu leiten. Es schien, daß ich alle Welt befriedigte, und eben auf den Geist dieser Aufführung begründete die Witwe *Webers* ihr so eifriges Anliegen an mich, die Dresdener Kapellmeisterstelle anzunehmen, da sie erklärte, zum ersten Male seit dem Tod ihres Gemahls sein Werk wieder im richtigen Geiste und namentlich auch im richtigen Zeitmaße gehört zu haben. Durch meine hierauf erfolgte Anstellung hatte sich nun zunächst *Reissiger*, welcher lieber nur einen ihm untergeordneten Musikdirektor gewünscht hätte, statt dessen aber einen gleichberechtigten Kollegen erhielt, gekränkt gefühlt. Wenn auch sein natürlicher Hang zur Trägheit ihn meist zu Ruhe und gutem Einvernehmen mit mir geneigt machte, so sorgte doch seine ehrgeizige Frau dafür, ihn in Angst vor mir zu erhalten. Nie führte dies jedoch zu einem offen feindseligen Benehmen seinerseits; nur bemerkte ich von nun an, daß sich, namentlich in der Presse, gewisse Indiskretionen einstellten, welche mir zeigten, daß die Freundlichkeit meines Kollegen, welcher nie mit mir sprach, ohne mich zuvor geküßt zu haben, nicht vom allerbiedersten Schlage war. – Ganz unerwartet zeigte sich aber plötzlich, daß ich die Eifersucht eines Mannes, von dem ich mir dies in keiner Weise vermutete, mir im leidenschaftlichsten Grade zugezogen hatte. Dies war der als erster Königlicher Konzertmeister seit einer Reihe von Jahren der Dresdener Kapelle angehörige, seinerzeit berühmte Violinvirtuos *Karl Lipinsky*, ein Mensch von vielem Feuer und origineller Begabung aber von der unglaublichsten Eitelkeit, welche durch den beweglichen, mißtrauischen polnischen Charakter zur bedenklichsten Ausartung verleitet wurde. Ich hatte stets viel Pein mit ihm zu überstehen, da er, so sehr belebend und belehrend er namentlich auf die technischen Leistungen der Violinisten wirkte, dennoch als Konzertmeister eines wohlgegliederten Orchesters offenbar übel am Platze war. Der sonderbare Mann bestrebte sich, das Lob des Generaldirektors *von Lüttichau*, daß man *Lipinskys* Ton stets aus dem Orchester hervorhöre, in Wahrheit zu begründen; er fiel nämlich immer etwas früher ein als die andren Violinisten und führte somit das Amt eines Vorspielers im rhythmischen Sinne aus, indem er stets etwas vorwegspielte, auch in den Nuancen insofern willkürlich verfuhr, als er leichte Inflexionen im Piano-Vortrag meist mit fanatischer Schärfe ausführte. Hierüber war es nun ganz unmöglich dem Manne etwas zu sagen, da man nur durch stärkste Schmeichelei etwas über ihn vermochte; dies hatte ich nun zu ertragen und dagegen darauf bedacht zu sein, den Schaden, welchen er den Leistungen des Orchesters zufügte, auf den gewundensten Umwegen enthusiastischer Freundlichkeit einigermaßen zu mildern. Nichtsdestoweniger konnte er es nicht ertragen, daß die Leistungen des Orchesters, sooft ich dirigierte, vorzüglicher beachtet wurden, weil er annahm, ein Orchester, in welchem er vorspiele, leiste immer gleich Vorzügliches, es möge am Dirigentenpulte stehen wer da wolle. Nun fand sich aber, wie es immer der Fall ist, wenn neue Häupter mit frischem Einfluß angestellt werden, daß die Mitglieder der Kapelle mit den mannigfaltigsten, bisher unerledigten Anliegen sich an mich wandten; einen besondren Fall dieser Art benutzte *Lipinsky*, der auch hierüber ergrimmt war, sofort zu einer eigentümlichen Verräterei. Einer der ältesten Kontrabassisten war gestorben. *Lipinsky* hatte in mich gedrungen, doch ja mit dafür zu sorgen, daß diese Stelle nicht durch das gewöhnliche Hinaufrücken der unteren Musiker, sondern durch einen von ihm mir genannten bedeutenden Virtuosen auf dem Kontrabaß, den Kammermusiker *Müller* in Darmstadt, besetzt werde. Als der durch eine solche Maßregel zunächst bedrohte Musiker sich bei mir einfand, um mich für die Wahrung seiner Anciennetätsrechte zu gewinnen, blieb ich meinem *Lipinsky* gegebenen Versprechen treu, äußerte meine Bedenken über die Schädlichkeit dieses Ancienetätswesens und bestätigte, daß ich in Gemäßheit meines dem Könige geleisteten Eides mich vor allen Dingen für verpflichtet hielte, vorzüglich auf die Wahrung der künstlerischen Interessen des Institutes zu achten. Nun hatte ich zu meinem großen, allerdings aber sehr törichten Erstaunen bald zu erfahren, daß die ganze Kapelle sich wie ein Mann gegen mich kehrte, und als es zwischen *Lipinsky* und mir zu einer Auseinandersetzung über mehrere von ihm gegen mich erhobene Beschwerden kam, bezichtigte wirklich auch er mich, durch meine in der Kontrabassisten-Angelegenheit getanen Äußerungen die wohlbegründeten Rechte der Orchestermitglieder, für deren Wohl wir doch väterlich zu sorgen hätten, bedroht zu haben. Herr *von Lüttichau*, welcher soeben auf einige Zeit von Dresden sich entfernen wollte, fand sich, da auch *Reissiger* beurlaubt war, im höchsten Grade beunruhigt, die musikalischen Angelegenheiten in so bedrohlichem Zerwürfnis zu hinterlassen. Die unerhörte Erfahrung von Falschheit und Schamlosigkeit, welche ich soeben gemacht hatte, erleuchtete mich plötzlich wie ein neues Licht und gab mir sofort die nötige Ruhe, um den bedrängten Generaldirektor durch meine bündigsten Versicherungen, daß ich nun wüßte, mit wem ich zu tun hätte, und danach handeln würde, außer Sorge zu setzen. Ich habe treulich mein Wort gehalten; nie geriet ich mehr, weder mit *Lipinsky* noch sonst einem Kapellmitgliede, in irgendeinen Konflikt; im Gegenteil wurden bald und für die Dauer sämtliche Musiker mir so sehr geneigt, daß ich mich jederzeit ihrer Ergebenheit rühmen durfte.

Das eine jedoch ward mir seit diesem Tage ebenfalls klar: daß ich nicht als Dresdener Kapellmeister sterben würde. Von nun an ward mir mein Amt und meine ganze Dresdener Wirksamkeit zur Last, die mir durch die einzelnen, zu Zeiten erlangten wirklich schönen Erfolge meiner Tätigkeit nur immer deutlicher fühlbar wurde.

Einen einzigen Freund, dessen inniges Verhältnis zu mir auch die gemeinsame musikalische Wirksamkeit in Dresden weit überdauerte, führte mir jedoch das Schicksal durch eben diese Anstellung zu. Zu den beiden Kapellmeistern mußte noch ein Musikdirektor angestellt werden; es bedurfte hierzu weniger eines Musikers von bedeutendem Rufe, als eines tüchtigen Arbeiters, gefügigen Menschen und vor allem *Katholiken,* da beide Kapellmeister zum Ärgernis der geistlichen Behörden der katholischen Hofkirche, in welcher die Königliche Kapelle zahllose Dienste zu versehen hatte, Protestanten waren. Der Nachweis der hierfür erforderlichen Eigenschaften verschaffte *August Röckel*, einem Neffen *Hummels*, welcher von Weimar aus um unsre Stelle sich bewarb, den ledigen Posten. Er gehörte einer altbayerischen Familie an; sein Vater war Sänger, hatte zur Zeit der ersten Aufführung des »Fidelio« vor *Beethoven* selbst häufig den »Florestan« gesungen und war mit dem Meister selbst in andauerndem freundschaftlichen Verkehr gewesen, so daß durch ihn mancher sonst unbekannte Zug aus dessen Leben sich erhalten hat. Seine spätere Stellung als Gesangslehrer hatte ihn auch in das Theaterdirektionswesen hineingeleitet; er war es, welcher den Pariser zuerst eine deutsche Oper zuführte, und zwar in so außerordentlich glücklicher Gestalt, daß die großen Wirkungen des »*Fidelio*« und des »*Freischütz*« auf das mit diesen Werken noch gänzlich unbekannte französische Publikum seiner trefflichen Unternehmung, durch welche auch die *Schröder-Devrient* den Parisern bekannt wurde, zu verdanken war. Bereits diesmal und bei ähnlichen Unternehmungen hatte der damals noch sehr junge *August* behilflich mitgewirkt und so frühzeitig zum praktischen Musiker sich ausgebildet. Da die Unternehmungen des Vaters sich auch längere Zeit auf England erstreckten, hatte *August* durch mannigfaltigste

Berührung mit Menschen und Verhältnissen sich viele praktische Kenntnisse, zu denen auch die der französischen und englischen Sprache gehörten, verschafft; doch blieb seine Neigung zur Musik bestimmend für die von ihm gewählte Lebensrichtung, und eine große und leichte musikalische Befähigung berechtigte ihn auch zu den besten Hoffnungen auf Erfolg hierbei. Er spielte vortrefflich Klavier, überblickte mit großer Schnelligkeit eine Partitur, hatte ein äußerst feines Gehör und war somit zum praktischen Musiker vollständig befähigt. In betreff der Kompositionen leitete ihn weniger ein starker Trieb zur Produktion als die Nötigung, eben zu zeigen, was er auch könne, und zu versuchen, ob er durch glückliche Arbeiten es zu einem Erfolg brächte, bei welchem er es weniger auf Anerkennung als bedeutender Musiker, als vielmehr eben nur als geschickter Opernkomponist absah. Mit dieser bescheidenen Tendenz hatte er eine Oper »*Farinelli*« verfertigt, zu welcher er sich auch den Text mit nicht höheren Ansprüchen als denen, seinem Schwager *Lortzing* es gleichzutun, selbst geschrieben hatte. Mit dieser Partitur kam er denn auch zu mir, erbat sich jedoch – es war dies bei seinem ersten Besuche, als er noch keine meiner Opern in Dresden gehört hatte – ihm etwas aus meinem »*Rienzi*« und »*Fliegenden Holländer*« vorzuspielen. Sein offenes, freundliches Wesen bestimmte mich, so gut ich dies eben vermochte, seinem Wunsche zu willfahren, und ich überzeugte mich, daß ich schnell auf ihn einen so bedeutenden und unerwartet überwältigenden Eindruck gemacht hatte, daß er von da ab beschloß, mit der Partitur seiner Oper mich nicht weiter zu belästigen. Erst nachdem wir befreundeter geworden waren und unsere persönlichen Interessen sich auch gegenseitig berührten, erlaubte er sich, von der Nötigung, seine Arbeit zu verwerten, getrieben, mich eben nur in dem Sinne eines praktischen Freundschaftsdienstes um eine Beschäftigung mit seiner Partitur anzugehen. Ich gab ihm mancherlei Ratschläge für die Umarbeitung derselben; bald aber ekelte ihn sein eigenes Werk so hoffnungslos an, daß er nicht nur dieses gänzlich beiseite legte, sondern überhaupt nicht mehr zu bewegen war, sich ernstlich mit einer ähnlichen Aufgabe zu befassen. Nachdem er meine eigenen fertigen Opern und Entwürfe zu neuen Arbeiten genauer kennengelernt hatte, erklärte er mir geradeheraus, daß er sich berufen fühle, mir zuzusehen, treulich zu helfen, das Verständnis meiner neuen Konzeptionen zu vermitteln, alles Widerwärtige in meinem amtlichen Beruf und sonstigen Verkehr mit der Welt nach Kräften mir abzunehmen oder gänzlich von mir abzuhalten, sich selbst aber die Lächerlichkeit zu ersparen, als mein Freund und an meiner Seite selbst auch Opern komponieren zu wollen. Ich suchte ihn zwar zu nötigen, dem unerachtet auch seine eignen Fähigkeiten produktiv zu verwerten, und brachte ihn hierfür selbst auf mehrere Sujets, die ich von ihm ausgeführt wissen wollte – so den Stoff eines kleineren französischen Dramas: »*Die Tochter Cromwells*«, später das Sujet einer gefühlvollen Dorfgeschichte, welche ich in einem Taschenbuche gefunden hatte und für deren

Bearbeitung ich ihm den ausführlichen Plan angab. Alle meine Bemühungen blieben schließlich fruchtlos, und es stellte sich wohl heraus, daß der produktive Trieb in ihm schwach war, wozu dann anderseits eine bald äußerst kümmerlich und sorgenvoll sich gestaltende Familienlage kam, so daß der arme Mensch, der für die Erhaltung einer Frau und stets zahlreich sich mehrenden Familie mühsam sich abquälte, bald in ganz andrer Weise meine Teilnahme und mein Mitgefühl in Anspruch zu nehmen hatte, als es durch mein Interesse an seiner künstlerischen Entwickelung der Fall sein konnte. Mit einem ungemein offenen Kopfe und einer sehr glücklichen Anlage zu autodidaktischer Selbstentwickelung nach jeder Seite des Wissens und der Erfahrung hin, war er bei unerschütterlicher Treue und Güte des Herzens mir bald ein unentbehrlicher Freund und Genosse. Er war und blieb auch der einzige, der das Eigentümliche meiner Stellung zu der mich umgebenden Welt innig erkannte, mit dem ich somit einzig auch über alle hieraus für mich sich ergebenden Sorgen und Leiden mich ganz und aufrichtig mitteilen und verständigen konnte. Welchen schrecklichen Prüfungen und Erfahrungen, welchen peinvollen Sorgen nun unser gegenseitiges Schicksal uns auf diese Weise entgegenführen sollte, wird sich bald zeigen. –

Noch einen ergebenen und für alle Lebenszeit getreuen, wenn auch seiner Natur nach weniger entscheidend auf meine fernere Lebensentwickelung einwirkenden Freund führte mir die erste Zeit meiner Dresdener Niederlassung zu. Ein junger Arzt, *Anton Pusinelli*, wohnte mir zur Seite; er wußte sich durch die Berührung, in welche sich die Dresdener *Liedertafel* mit mir setzte, bei Gelegenheit eines von dieser zu meinem 30. Geburtstage mir gebrachten Ständchens mir persönlich bekannt zu machen und seine ernste, ungewöhnlich innige Ergebenheit zu erkennen zu geben. Er trat mit mir bald in einen ruhig wohltätigen Freundes-Verkehr, wurde mein sorgsamer Hausarzt und hatte im Verlauf meiner von zunehmenden Schwierigkeiten bedrängten Dresdener Lebenszeit genügende Veranlassung, durch große Opferwilligkeit, welche ihm bei seinem glücklichen Vermögensstande mir besonders nützlich zu machen erlaubt war, mir auf das kräftigste behilflich zu sein und mich zur Anerkennung seiner wertvollsten Freundesdienste zu verpflichten. –

Einen weiteren Ansatz zur Ausdehnung meiner persönlichen Beziehungen zu Dresdener Gesellschaftskreisen eröffnete mir das Entgegenkommen der Familie des Kammerherren *von Könneritz*, dessen Frau, *Maria von Könneritz*, geborne *Fink*, eine Freundin der Gräfin *Ida Hahn-Hahn*, mit besonders lebhafter Anerkennung, ja mit fast schwärmerischer Ergebenheit sich für meine Erfolge als Komponist erklärte. Durch diese Familie, welche mich oft in ihr Haus zog, schien ich auch in weitere Berührung mit den höheren Kreisen der Dresdener Aristokratie treten zu sollen; doch blieb es hier nur bei einem ganz äußerlichen Betasten; wirkliche gegenseitige Anziehungspunkte stellten sich in keiner Weise ein. Zwar lernte ich hier auch die Gräfin *Rossi*, die berühmte *Sontag*, kennen, von welcher ich zu meiner wahrhaften Verwunderung mit sehr einnehmender Wärme begrüßt wurde und hierdurch Gelegenheit erhielt, späterhin dieser Dame in Berlin mit einiger Auszeichnung mich nähern zu können. Die sonderbare Enttäuschung, welche ich über sie bei dieser späteren Gelegenheit erhielt, werde ich seinerzeit noch näher bezeichnen, und es sei hier eben nur noch erwähnt, daß, wie in diesen Kreisen ich bereits durch meine früheren Lebenserfahrungen der Täuschung ziemlich unzugänglich geworden war, sehr bald auch meine Neigung, ihnen mich zu nähern, einer vollständigen Hoffnungslosigkeit und gänzlichen Verzichtleistung auf Erquickung aus diesen Sphären wich. Blieb mir auch das *Könneritzsche* Ehepaar noch für den längeren Verlauf meiner in Dresden verlebten Jahre immer freundschaftlich zugetan, so gewann doch dieses Verhältnis nicht den mindesten Einfluß weder auf meine Entwickelung, noch auf meine Stellung. Nur Herr *von Lüttichau* behauptete, zur Zeit einer zwischen uns beiden eintretenden Krisis, Frau *von Könneritz* habe mir durch ihre übertriebenen Lobeserhebungen den Kopf verdreht und mich namentlich zur Überhebung in meiner Stellung zu ihm verleitet. Er übersah hierbei, daß, wenn jemand aus der höheren Dresdener Frauenwelt einen wirklichen, meinen inneren Stolz kräftigenden Einfluß geübt hatte, dies seine eigene Frau, *Ida von Lüttichau*, geb. *von Knobelsdorf*, war. – Der Eindruck dieser feingebildeten, zarten, edlen Frau, der erste dieser Art, der mich in meinem Leben berührte, hätte für mich eine große Bedeutung gewinnen können, wenn ein häufigerer und innigerer Umgang mit ihr möglich gewesen wäre. Es war weniger die Stellung der Gemahlin des Herrn Generaldirektors zu mir, als vor allem die stete Kränklichkeit der Dame und mein sonderbarer Widerwille, mir gerade in solchen Verhältnissen den Anschein von Aufdringlichkeit zuzuziehen, was mich nur in selten wiederkehrenden Perioden zu eingehender Berührung mit ihr gelangen ließ. In meiner Erinnerung fließt das Andenken an sie einigermaßen mit dem an meine Schwester *Rosalie* zusammen; denn ich entsinne mich des Anspornes eines zarten Ehrgeizes, in dieser feinfühlenden, unter der rohesten Umgebung leidenvoll dahinsiechenden Frau eine erfreuende Teilnahme für mich zu erwecken. Meine erste Hoffnung für die Befriedigung dieses Ehrgeizes gewann ich an der Aufmerksamkeit, welche sie meinem »Fliegenden Holländer«, trotzdem er das Dresdener Publikum nach dem »Rienzi« so befremdet hatte, zuwandte. Sie war somit die erste, welche gegen den Strom schwimmend auf meinem neuen Weg mir begegnete. Mich erfreute dieser Gewinn so tief, daß ich diese Oper, als ich sie später veröffentlichte, ihr widmete. Welche warme Teilnehmerin an meiner neuen Entwickelung und meinen innigsten künstlerischen Anliegen ich mir durch sie gewann, werde ich bei einigen besondren Vorgängen der späteren Jahre meiner Dresdener Periode besonders zu berichten haben. Ein eigentlicher Umgang mit ihr gestaltete sich jedoch, wie ich bereits erwähnte, nicht, und die Form meines Dresdener Lebens ward somit auch durch diese an sich so bedeutungsvolle Bekanntschaft nicht berührt.

Hiergegen drängten sich die Theaterbekanntschaften mit unwiderstehlicher Zudringlichkeit in den breiten Vordergrund meines Lebens, und genau genommen blieb ich auch seit meinen großen Erfolgen auf dieselbe gemütlich-familiäre Sphäre angewiesen, in welcher ich auf diese Erfolge mich vorbereitet hatte. Zu meinen alten Freunden *Heine* und Papa *Fischer* war eigentlich nur noch *Tichatschek* mit seinem sonderbaren hausfreundlichen Anhange hinzugetreten. Wer in jener Zeit in Dresden lebte und zufällig den Hoflithographen *Fürstenau* kennengelernt hat, wird staunen, wenn er erfährt, daß ich mit diesem intimen Freunde *Tichatscheks*, ohne dessen mich recht zu versehen, in einen dauernden Familienverkehr trat, und welche Bedeutung dieser sonderbare Umgang hatte, kann man daraus entnehmen, daß mein späteres gänzliches Zurückziehen von ihm genau mit dem Verfall meiner bürgerlichen Lage in Dresden zusammentraf. – Eine Erweiterung oberflächlicher persönlicher Bekanntschaften führte meine gutmütige Annahme der Wahl zum musikalischen Vorstand der Dresdener *Liedertafel* herbei. Diese bestand aus einer mäßigen Anzahl junger Kaufleute und Beamter, welche zu jeder Art geselliger Unterhaltung mehr Lust hatten als zur Musik, jedoch von einem wunderlichen ehrgeizigen Manne, dem Professor *Löwe,* zu besonderen Zwecken angelegentlich zusammengehalten wurden, zu deren Erreichung diesem eine Autorität, wie die meinige es damals in Dresden war, nötig schien. Unter diesen Zwecken beschäftigte ihn am hauptsächlichsten die Übersiedelung der Asche *Carl Maria von Webers* von London nach Dresden; da auch mich dies Vorhaben innig anregte, bot ich dem hierin wohl nur der Stimme des Ehrgeizes folgenden Professor gern meine Hand. Zunächst galt es aber, an der Spitze der musikalisch gänzlich nichtigen Liedertafel, sämtliche sächsischen Männergesangvereine zu großen Festaufführungen nach Dresden zu berufen. Zur Durchführung dieses Planes ward ein Komitee niedergesetzt, welches *Löwe*, da es bald scharf herging, zu einem vollständigen Revolutionstribunal ausbildete, darin er, als die große Zeit der Erfüllung herannahte, Tag und Nacht in Permanenz präsidierte und durch seinen rasenden Eifer sich meinerseits die Benennung »Robespierre« erwarb. Ich konnte mich glücklicherweise, trotzdem auch ich an die Spitze dieser Unternehmung gestellt war, seinem Terrorismus entziehen, da ich genügend durch Anfertigung einer großen Komposition, welche ich für die Festaufführung zugesagt hatte, in Anspruch genommen war. Mir war nämlich die Aufgabe zugeteilt worden, ein größeres Stück für reinen Männergesang, welches möglichst die Zeit einer halben Stunde ausfüllen sollte, zu schreiben. Ich erwog, daß die ermüdende Monotonie des Männergesangs, welche selbst das Orchester nur wenig erfrischen sollte, einzig durch Anwendung dramatischer Motive erträglich zu machen war, und entwarf daher eine größere Chorszene, zu welcher ich das Pfingstmahl der Apostel mit der Ausgießung des Heiligen Geistes in der Weise ausführte, daß das Ganze, mit völliger Umgehung wirklicher Solopartien, einzig nur von verschieden gegliederten Chormassen, wie der Zweck es erforderte, auszuführen war. Es entstand hieraus mein in neuerer Zeit hie und da zur Verbreitung gelangtes »*Liebesmahl der Apostel*«, welches ich, da ich es in einer gegebenen Zeit unter allen Umständen zu liefern hatte, gern unter die Rubrik der Gelegenheitskompositionen zu reihen erlaube. Nicht unerfreut blieb ich jedoch durch den Erfolg dieser Arbeit namentlich in den Proben, welche die Dresdener Sängerchöre allein unter meiner Leitung davon hielten. Als sich dann in der Frauenkirche, wo die Aufführung stattfand, aus ganz Sachsen 1200 nominelle Sänger zum Zwecke des Vortrages meiner Komposition um mich scharten, überraschte mich dagegen die unverhältnismäßig geringe Wirkung, welche aus diesem unermeßlichen menschlichen Körpergewirr an mein Ohr schlug, und die hierbei gemachten Wahrnehmungen von dem Törigen solcher massenhaften Gesangsunternehmungen erweckten in mir für alle Zukunft einen entschiedenen Widerwillen gegen ein Befassen mit ähnlichem. –

Die Dresdener Liedertafel gelang es mir nur mit großer Mühe mir wieder vom Hals zu schaffen, was mir erst glückte, als ich dem Professor *Löwe* einen neuen Ehrgeizigen in der Person des Herrn *Ferdinand Hiller* zuführen konnte. Die glorreichste Tat, die ich im Verein mit dieser Gesellschaft vollbrachte, die endlich bewerkstelligte Übersiedelung der Asche *Webers*, welche allerdings noch zuvor erfolgte, werde ich später berühren. Jetzt sei nur noch einer andren Gelegenheitskomposition gedacht, zu welcher ich offiziell als Königlicher Kapellmeister veranlaßt wurde. Am 7. Juni dieses Jahres (1843) wurde nämlich mit entsprechender Festlichkeit das von *Rietschel* ausgeführte Monument für den König *Friedrich August* im Dresdener Zwinger enthüllt, und mir war, neben *Mendelssohn*, die Auszeichnung des Auftrags der Komposition eines Festgesanges sowie die Leitung der musikalischen Festaufführung zuteil geworden. Ich hatte einen einfachen Männergesang mit bescheidener Tendenz zustande gebracht, während *Mendelssohn* die kompliziertere Aufgabe zugefallen war, in dem von ihm zu komponierenden Männerchor noch das *God save the King*, auf sächsisch: »*Heil Dir im Rautenkranz*«, einzuweben. Er hatte dies durch ein kontrapunktisches Kunststück in der Weise bewerkstelligt, daß von den ersten acht Takten seiner Original-Melodie ab eine Blechmusik gleichzeitig das angelsächsische Volkslied blies. Mein einfacher Gesang scheint sich aus der Ferne ganz artig ausgenommen zu haben, wogegen ich erfuhr, daß der Effekt der gewagten *Mendelssohn*schen Kombination gänzlich verfehlt war, da niemand verstanden hatte, warum die Sänger nicht dasselbe gesungen hätten, was die Blechmusik blies. *Mendelssohn*, der selbst zugegen gewesen war, hinterließ mir jedoch schriftlich die Bezeigung seines Dankes für die sorgfältig von mir angeordnete Ausführung seiner Komposition; auch erhielt ich seitens des hohen Komitees der Festlichkeit eine dem Werte meines

Männergesangsstückes vermutlich entsprechende goldene Tabatiere, auf welcher sich zu meiner Überraschung ein Jagdstück so unvorsichtig graviert fand, daß an mehreren Stellen das Metall davon durchbrochen war.

Unter allen diesen Zerstreuungen einer neuen und stark veränderten Lebenslage beschäftigte es mich, gegen diese Eindrücke, meiner innersten Erfahrung vom Wesen meiner Erfolge gemäß, mich zu sammeln und festzustellen. Schon im Mai, an meinem 30. Geburtstage, hatte ich die Dichtung des *Venusberges*, wie ich damals den *Tannhäuser* noch betitelte, vollendet. Zu wirklichen Studien über mittelalterliche Poesie war ich um jene Zeit allerdings noch nicht gelangt: die klassische Seite der mittelalterlichen Dichtungsart war mir nur noch aus meinen Jugenderinnerungen sowie aus der flüchtig anregenden Bekanntschaft damit, welche ich zuletzt durch *Lehrs'* Mitteilungen in Paris gewonnen hatte, unklar aufgegangen. Die Gründung eines dauernden häuslichen Herdes, welche unter dem Schutze der lebenslänglichen königlichen Anstellung nun vor sich gehen sollte, gewann für mich namentlich große Bedeutung durch die Hoffnung, daß es mir nun möglich werden würde, die bisher durch das Theaterleben und das Elend meiner Pariser Jahre fast gänzlich unterbrochenen ernsteren Studien nach einem sicheren und fruchtbringenden Plane aufnehmen zu können. In dieser Annahme wurde ich auch durch den Charakter meiner offiziellen Beschäftigungen bestärkt, da wirkliche Überhäufung von dieser Seite her nie eintrat und ich von der Generaldirektion in diesem Betreff ausnahmsweise rücksichtsvoll behandelt wurde. Nur seit wenigen Monaten erst angestellt, ward mir bereits in diesem ersten Sommer ein Erholungsurlaub zugestanden, welchen ich zu einem abermaligen Aufenthalte in dem liebgewonnenen *Teplitz*, wohin ich meine Frau bereits vorausgeschickt hatte, verwendete.

Mit vollem Behagen empfand ich die seit dem vergangenen Jahre stattgefundene günstige Veränderung meiner Lage, indem ich in demselben Hause, in welchem ich damals bereits mich eng beholfen hatte, in der *»Eiche«* zu Schönau, diesmal vier geräumige Zimmer mit möglichster Bequemlichkeit bezog. Meine Schwester *Klara* stellte sich, von uns eingeladen, dort zum Besuche ein; auch meine gute Mutter, die ihrer gichtischen Affektionen wegen alljährlich die Bäder von Teplitz anwendete, fand sich wiederum mit uns zusammen. Ich selbst benutzte diese Zeit zum Genuß eines Mineralwassers, durch welches ich auf meine seit dem Pariser Leben oft mich störenden Unterleibsbeschwerden günstig zu wirken hoffte. Leider verspürte ich von dieser Kur das Gegenteil; und als ich über die entstandene, peinigende Aufgeregtheit mich beklagte, erfuhr ich allerdings, daß ich nicht zum Gebrauch einer Brunnenkur gemacht war: man hatte mich nämlich auf meinen Morgenpromenaden, während ich mein Wasser trank, im ungestümsten Gang durch die Laubwege des nahe gelegenen Thurnischen Gartens dahinjagend beobachtet und gab mir zu verstehen, daß solch eine Kur nur bei gemächlichster Ruhe und behaglichstem Schlendern gedeihlich wirken könnte. Außerdem bemerkte man, daß ich immer ein ziemlich starkes Buch mit mir herumtrug, mit welchem ich an einsamen Orten neben der Mineralwasserflasche ausruhte. Dies war *J. Grimms* »Deutsche Mythologie«. Wer dieses Werk kennt, kann begreifen, wie sein ungemein reicher, von jeder Seite her angehäufter und fast nur für den Forscher berechneter Inhalt auf mich, der ich überall nach bestimmten, deutlich sich ausdrückenden Gestalten verlangte, zunächst aufregend wirkte. Aus den dürftigsten Bruchstücken einer untergegangenen Welt, von welcher fast gar keine plastisch erkennbaren Denkmale übrigblieben, fand ich hier einen wirren Bau ausgeführt, der auf den ersten Anblick durchaus nur einem rauhen, von ärmlichem Gestrüpp durchflochtenen Geklüfte glich. Nach keiner Seite hin etwas Fertiges, nur irgendwie einer architektonischen Linie Gleichendes antreffend, fühlte ich mich oft versucht, die trostlose Mühe, hieraus mir etwas aufzubauen, aufzugeben. Und doch war ich durch wunderbaren Zauber festgebannt: die dürftigste Überlieferung sprach urheimatlich zu mir, und bald war mein ganzes Empfindungswesen von Vorstellungen eingenommen, welche sich immer deutlicher in mir zur Ahnung des Wiedergewinnes eines längst verlorenen und stets wieder gesuchten Bewußtseins gestalteten. Vor meiner Seele baute sich bald eine Welt von Gestalten auf, welche sich wiederum so unerwartet plastisch und urverwandt kenntlich zeigten, daß ich, als ich sie deutlich vor mir sah und ihre Sprache in mir hörte, endlich nicht begreifen konnte, woher gerade diese fast greifbare Vertrautheit und Sicherheit ihres Gebarens kam. Ich kann den Erfolg hiervon auf meine innere Seelenstimmung nicht anders als mit einer vollständigen Neugeburt bezeichnen, und wie wir an den Kindern die berauschende Freude am jugendlich ersten, neuen, blitzschnellen Erkennen mit Rührung bewundern, so strahlte mein eigener Blick vom Entzücken über ein ähnliches, wie durch Wunder mir ankommendes Erkennen einer Welt, in welcher ich bisher nur ahnungsvoll blind wie das Kind im Mutterschoße mich gefühlt hatte.

Die Wirkung hiervon kam zunächst meiner Absicht, schon etwas von der Musik des »Tannhäusers« zu entwerfen, nicht sonderlich zustatten; ich hatte mir ein Klavier in die »Eiche« stellen lassen, zerschlug alle Saiten darauf, dennoch wollte nichts Rechtes herauskommen. Mit Mühe und Not entwarf ich die erste Musik des »*Venusberges*«, da ich glücklicherweise schon früher die Hauptmotive davon im Kopfe herumgetragen. Dagegen beklagte ich mich viel über Aufgeregtheit und Blutandrang nach dem Gehirn, bildete mir mitunter ein, ich sei krank, und blieb tagelang im Bett, las die deutschen Sagen von *Grimm*, nahm immer wieder die unbequeme Mythologie vor und war froh, als ich endlich auf den Gedanken kam, durch einen Ausflug nach Prag von allen Plagen meines Zustandes mich freizumachen. Im offenen Wagen legte ich mit meiner Frau, mit welcher ich schon einmal den Milischauer Berg bestiegen hatte, diese angenehme Reise zurück, war wieder im beliebten »Schwarzen Roß«, traf meinen Freund *Kittl* gehörig dick geworden an, machte Ausflüge, freute mich der alten phantastischen Stadt, erfuhr auch zu meiner Freude, daß meine schönen Jugendgenossinnen, *Jenny* und *Auguste Pachta*, wirklich glückliche Heiraten in die allerhöchste Aristokratie gemacht hatten, fand, daß alles vortrefflich war, und wandte mich nun zum Wiederantritt meiner Königlich Sächsischen Kapellmeisterfunktionen nach Dresden zurück.

Hier ging es nun an die Niederlassung, an die Herrichtung und Einrichtung einer geräumigen, hübsch gelegenen Wohnung an der *Ostra-Allee* mit der Aussicht auf den *Zwinger*. Alles wurde gründlich und gut angeschafft, wie es sich gehörte, wenn ein dreißigjähriger Mensch sich für sein ganzes Leben endlich dauernd ansiedelt. Da ich von keiner Seite her irgendwelche Entschädigung hierfür erhielt, hatte ich natürlich die nötigen Fonds nur gegen Zinsen aufzunehmen; noch stand ja eigentlich die wahre Ausbeute meines Dresdener Opernerfolges in Aussicht: was war natürlicher, als daß ich alles bald reichlich einbringen würde? Drei Hauptstücke machten mir meine schmucke Kapellmeisterwohnung vor allem wert: ein *Breitkopf-* und *Härtel*scher Konzertflügel, den ich mit Stolz mir als Eigentum zu gewinnen verstand; dann über einem stattlichen Schreibpult, welches jetzt im Besitz des Kammermusikers *Otto Kummer* ist, das *Cornelius*sche Titelblatt zu den Nibelungen in einem schönen gotischen Rahmen – das einzige Stück, welches sich bis auf den heutigen Tag treu mir erhalten hat; vor allem aber ward mein Haus mir innig heimisch durch eine Bibliothek, welche ich sofort, nach dem Plane der mir vorgesetzten Studien durchaus systematisch verfahrend, auf einmal mir anschaffte. Diese Bibliothek ging bei dem Zusammensturz meiner Dresdener Existenz auf sonderbare Weise in den Besitz des Herrn *Heinrich Brockhaus* über, welchem ich um jene Zeit 500 Taler schuldete und der sie für diese Forderung, von welcher meine Frau keine Ahnung hatte, ohne ihr Wissen pfändete, und nie wurde es mir möglich, diese charakteristische Sammlung von ihm zurückzugewinnen. Am vorzüglichsten war hierin die altdeutsche Literatur vertreten und das ihr zunächst verwandte Mittelalterliche überhaupt, wobei es zur Anschaffung manch kostbaren Werkes, z. B. der seltenen alten *Romans des douze pairs* kam. Hieran reihten sich die guten Geschichtswerke des Mittelalters sowie des deutschen Volkes überhaupt; zugleich aber sorgte ich für die poetische und klassische Literatur aller Zeiten und Sprachen, worunter ich italienische Dichter und auch den Shakespeare, neben den Franzosen, deren Sprache ich zur Not mächtig war, im Original mir zulegte in der Hoffnung, ich würde Zeit genug finden, die vernachlässigten Sprachen auch noch gründlich zu erlernen. Das griechische und römische Altertum mußte ich mir durch unsere klassisch gewordenen Übersetzungen leichtzumachen suchen, da ich schon am Homer, den ich mir im Griechischen beilegte, gewahr wurde, daß ich neben meiner Kapellmeisterei doch auf etwas zuviel Muße rechnen würde, wenn ich auch für den Wiedergewinn meiner früheren Kenntnis der griechischen Sprache Zeit haben wollte; denn außerdem sorgte ich auf das gründlichste für allgemeines Geschichtsstudium überhaupt und unterließ hierfür nicht mit den bändereichsten Werken mich vorzusehen. So ausgerüstet glaubte ich nun den Widerwärtigkeiten, welchen ich für meinen Beruf und meine Stellung unverhohlen entgegensah, genügend Trotz bieten zu können und zog in der Hoffnung auf einen langen und ruhigen Genuß eines endlich gewonnenen Heimwesens mit bester Laune im Oktober dieses Jahres (1843) in meine, wenn auch durchaus nicht prunkende, aber doch stattliche und solide Kapellmeisterwohnung ein.

Die erste Muße, welche ich neben meinen Berufsgeschäften und meinen von nun an mit großer Liebe betriebenen Studien im Genusse meines neuen Hauswesens gewann, verwendete ich jetzt auf die Komposition des »Tannhäuser«, von welchem der erste Akt im Januar des neuen Jahres 1844 beendigt wurde. Dieser Winter, von dem mir in betreff meiner Dresdener Wirksamkeit wenig prägnante Erinnerung geblieben ist, zeichnete sich hauptsächlich durch zwei auswärtige Unternehmungen aus, von welchen die erste sogleich im Beginn des neuen Jahres mich zu der Aufführung meines »Fliegenden Holländers« nach *Berlin*, die zweite später im März zu der des »Rienzi« nach *Hamburg* führte.

Am kenntlichsten sind mir die Eindrücke der ersten Unternehmung geblieben. Ich war ganz unversehens durch die Nachricht des Berliner Theaterintendanten, Herrn *von Küstner*, von einer bevorstehenden ersten Aufführung des »Fliegenden Holländers« überrascht worden: da das vor ungefähr einem Jahre abgebrannte Opernhaus noch nicht wieder zu Vorstellungen benutzt werden konnte, hatte ich, die Zeit der Wiedereröffnung desselben ruhig abwartend, keinerlei Mahnung wegen meiner Oper nach Berlin abgehen lassen. Infolge der üblen szenischen Darstellung meines Werkes in Dresden und da ich wohl erkannte, von welcher Wichtigkeit meinem dramatischen Seegemälde eine sorgsame und schöne Ausführung der schwierigen szenischen Darstellung sei, hatte ich gerade auf die vorzüglichen Übungen und Bereitschaften der mise-en-scène des Berliner Operntheaters gerechnet und war somit höchst ärgerlich über diese von der Berliner Intendanz beliebte Verwendung meiner Oper als Lückenbüßer für die Vorstellungen in dem auch interimistisch für die Oper benutzten Schauspielhause. Eine Remonstration hiergegen half aber nichts, da man mir nicht etwa anzeigte, daß die Oper einstudiert werden solle, sondern daß sie einstudiert sei und nächster Tage in Szene gehen werde. In dieser Verfügung lag allerdings die Verurteilung meiner Oper zu einer bloß vorübergehenden Erscheinung im Berliner Repertoire ausgedrückt, da nicht vorauszusetzen war, daß man sie für das später zu eröffnende Opernhaus neu in Szene setzen würde. Dagegen machte man mir die Sache dadurch plausibel, daß diese Aufführung des »Fliegenden Holländers« mit einem größeren Gastspiele der *Schröder-Devrient*, welches um diese Zeit in Berlin begann, in Zusammenhang gebracht wurde, indem man annahm, es müsse mir lieb sein, die große Künstlerin darin auftreten zu sehen. Ich konnte mir somit auch sagen, meine Oper sei als vorübergehende Hilfserscheinung für das Gastspiel der *Schröder-Devrient* hervorgesucht worden, weil man in betreff ihres Repertoires in Verlegenheit war, welches meist nur aus sogenannten großen, für das Opernhaus reservierten Opern – namentlich auch den *Meyerbeer*schen – sich zusammenstellte, und man diese eben für eine besonders glänzende Zukunft im neuen Hause sich aufbewahrte. Somit erkannte ich von vornherein, daß mein »Fliegender Holländer« von der Intendanz des Berliner Hoftheaters in die Rubrik der Kapellmeister-Opern mit der Vorausbestimmung des gewohnten Schicksals derselben gestellt worden war. Alle mir und meinem Werke zuteil werdende Behandlung entsprach dieser entmutigenden Annahme. In Hinblick auf die zu verhoffende Mitwirkung der *Schröder-Devrient* bekämpfte ich aber dieses widrige Vorgefühl und reiste nach Berlin, um nach Kräften für das Gelingen der Aufführung zu wirken. Ich erkannte sofort, daß meine Gegenwart sehr nötig war; am Dirigentenpulte traf ich einen Mann, der sich Kapellmeister *Henning* (oder *Henniger*) nannte, einen durch redliche Beobachtung des Ancienneätsgesetzes aus den Reihen der gewöhnlichsten Musiker aufgerückten Funktionär, welcher an und für sich vom Orchesterdirigieren wenig, von meiner Oper aber auch nicht die mindeste Vorstellung hatte. Ich stellte mich selbst an das Pult, dirigierte die Generalprobe und zwei Aufführungen, in welchen jedoch die *Schröder-Devrient* noch nicht mitwirkte, hatte mich zwar über die schwach besetzten Saiten-Instrumente und den daraus erfolgenden gemeinen Klang des Orchesters viel zu kränken, konnte aber nicht umhin, mit den Darstellern, sowohl was ihre Befähigung als was ihren Eifer betraf, wohl zufrieden, von der vortrefflichen *mise-en-scène* unter der Leitung des wirklich geistvollen Regisseurs *Blum* und der Mitwirkung sehr geübter und erfindungsreicher Maschinisten auf das freudigste überrascht zu sein.

Ich war nun sehr begierig zu erfahren, wie diese mich so angenehm ermutigenden Dispositionen durch die endliche Aufführung auf das Berliner Publikum wirken würden. Was ich in diesem Betreff erlebte, war sehr sonderbar. Offenbar galt ich dem zahlreich versammelten Auditorium nur als ein Problem für die Art und Weise, in welcher man mich schlecht finden würde: im Verlaufe des ersten Aktes schien sich die Ansicht dahin zu bestimmen, daß ich unter die Rubrik der Langweiligen gehörte; es rührte sich keine Hand, und später versicherte man mir, das sei ein großes Glück gewesen, weil der mindeste Versuch von Beifall sogleich als bezahlte Parteinahme aufgefaßt und auf das energischste bekämpft worden sein würde. Nur Herr *von Küstner* versicherte mir späterhin, daß er, trotz dieses immerhin glücklichen Ausbleibens alles Beifalls, die Haltung bewundert hätte, mit welcher ich nach diesem ersten Akte das Orchester verließ und auf der

Bühne mich zeigte. Allerdings nicht geneigt, durch mangelnden Beifall, sobald ich mit der Aufführung selbst zufrieden war, mich entmutigen zu lassen, wußte ich aber auch, daß die entscheidende Wirkung meiner Oper erst im zweiten Akte lag, und für dessen guten Ausfall eifrig zu sorgen lag mir mehr am Herzen, als über die Gründe der Haltung des Berliner Publikums nachzudenken. Hier brach denn nun wirklich das Eis; auch das Publikum schien sein Erwägen der mir gebührenden Rubrik aufzugeben und ließ sich zu steigendem Beifall, ja zu lautestem Enthusiasmus am Schlusse des zweiten Aktes hinreißen. Ich führte unter stürmischem Hervorruf auf dem Proszenium den üblichen Dankesreigen mit meinen Sängern aus, und da der dritte Akt zu kurz war, um Langeweile aufkommen zu lassen, auch die szenische Wirkung neu und ergreifend sich herausstellte, konnten wir bei dem wiederholten Beifallsausbruche auch am Schlusse des Werkes nicht anders glauben, als daß wir einen wahrhaften Sieg erfochten hätten. *Mendelssohn*, welcher um jene Zeit in Berlin mit *Meyerbeer* zugleich generalmusikdirektionshalber sich aufhielt, hatte der Vorstellung in einer Proszeniumsloge beigewohnt, mit bleichem Gesicht den Vorgang verfolgt und nahte sich mir jetzt, um mit akzentloser Bonhommie mir zuzulispeln: »*Nun, Sie können ja zufrieden sein!*« Ich sah ihn während der Zeit meines kurzen Aufenthaltes in Berlin mehrere Male, brachte auch einen Abend im Genusse verschiedener Kammermusiken bei ihm zu; nie kam ein weiteres Wort über den »Fliegenden Holländer« über seine Lippen, außer Erkundigungen nach der zweiten Vorstellung, ob die *Devrient* singen würde oder sonst wer; wogegen ich allerdings auch erfuhr, daß er meine mit aufrichtiger Wärme ihm gemachten Erwähnungen seiner Musik zum Sommernachtstraum, welche damals gleichzeitig häufig gegeben und von mir zum ersten Male gehört wurde, ebenso beachtungslos erwiderte und nur über den Schauspieler *Gern,* welcher den »Zettel« gab und nach seiner Meinung zu stark auftrug, sich etwas eingehend äußerte. –

Nach wenigen Tagen kam mit derselben Besetzung eine zweite noch von mir dirigierte Aufführung zustande. Was ich an diesem Abende erlebte, war nun aber ungleich sonderbarer als das Frühere. Offenbar hatte ich durch die erste Aufführung einige Freunde gewonnen, welche wiederum zugegen waren, denn nach der Ouvertüre begann man zu applaudieren; dagegen aber wurde stark gezischt, und am ganzen Abend wagte sich kein Applaus mehr hervor. Mein alter Freund *Heine* war aus Dresden angekommen, um im Auftrage der Direktion die szenische Einrichtung des »Sommernachtstraumes« für unser Theater zu studieren, und hatte dieser zweiten Aufführung beigewohnt. Er hatte mich geworben, die Einladung eines seiner Berliner Verwandten zum gemeinschaftlichen Abendessen nach dieser Aufführung in einer Weinstube unter den Linden anzunehmen. Sehr erschöpft folgte ich dorthin in ein garstiges, schlecht erleuchtetes Lokal, trank den eingeschenkten Wein, um mich zu erwärmen, mit hastigem Unmut hinunter, hörte die verlegenen Gespräche meines gutmütigen Freundes und seines Begleiters an und stierte vor mich hin auf die Tageszeitungen, in welchen ich die Rezensionen der ersten Aufführung meines »Fliegenden Holländers«, wie sie an eben diesem Tage erschienen waren, zu lesen volle Muße hatte. Ein häßliches Weh durchschnitt mein Herz, als ich diesen nichtswürdigen Ton und diese beispiellose Unverschämtheit der wütendsten Ignoranz, zum ersten Male mit meinem Namen und meinem Werke sich befassend, kennenlernte. Unser Berliner Gastfreund, ein breiter Philister, sagte: Das habe er gewußt, wie es heute im Theater stehen würde, nachdem er am Morgen diese Rezensionen bereits gelesen; erst warte der Berliner ab, was *Rellstab* und Genossen sagten, und dann wüßte er, wie er sich zu benehmen hätte. Der sonderbare Mann wollte mich nun durchaus aufheitern und schaffte eine Weinsorte nach der andern herbei; Freund *Heine* suchte Erinnerungen an die Freuden unsrer Dresdener »Rienzi«zeit hervor; schwankend, mit wüstem Kopfe, ward ich endlich von beiden nach meinem Gasthof heimbegleitet. Es war Mitternacht geworden. Als mir vom Kellner in dunklen Gängen nach meinem Zimmer hingeleuchtet wurde, stellte sich mir ein Herr in schwarzer Kleidung mit blassem, feinem Gesichte entgegen, welcher erklärte, mich zu sprechen zu wünschen. Er versicherte, bereits seit dem Ende der heutigen Vorstellung auf mich gewartet und in dem Entschlusse, jedenfalls mich noch zu sprechen, bis jetzt ausgeharrt zu haben. Ich entschuldigte mich, zu jeder Art von Geschäft untauglich zu sein, da, wie er bemerken könnte, ich, ohne gerade der Heiterkeit mich hinzugeben, unvorsichtigerweise etwas zuviel Wein getrunken hätte. Ich brachte dies mit stammelnder Stimme hervor; um so weniger ließ mein sonderbarer Besuch sich von mir zurückweisen; er begleitete mich auf mein Zimmer und erklärte, gerade jetzt nötiger als je mit mir zu sprechen zu haben. Wir setzten uns in der kalten Stube beim dürftigen Scheine einer Kerze nieder, und er eröffnete mir nun in sehr fließender, eindringlicher Rede, daß auch er der heutigen Aufführung des »Fliegenden Holländers« beigewohnt habe und wohl begreifen könne, in welche Stimmung das heute Erlebte mich versetzt haben müsse; eben deshalb habe er sich durch nichts abhalten lassen, mich heute noch zu sprechen, um mir zu sagen, daß ich mit dem »Fliegenden Holländer« ein unerhörtes Meisterwerk geschrieben hätte, und daß es übel wäre, wenn ich von diesem Abende an, wo er durch die Bekanntschaft mit diesem Werke eine neue und ungeahnte Hoffnung für die Zukunft der deutschen Kunst gefaßt habe, dem mindesten Gefühle der Entmutigung durch die nichtswürdige Aufnahme, welche ich vor dem Berliner Publikum gefunden, nachgeben würde. Mir standen die Haare zu Berge: ein *Hoffmann*sches Phantasiestück war leibhaftig in mein Leben getreten; ich konnte nichts hervorbringen, als noch nach dem Namen meines Besuchs zu fragen, worüber er verwundert schien, da ich mich tags zuvor doch schon bei *Mendelssohn* mit ihm unterhalten habe: eben dort sei ihm meine Unterhaltung und mein Benehmen sehr aufgefallen; er habe plötzlich bereut, seinem Widerwillen gegen Opern durch Nichtbesuch der ersten Aufführung des »Fliegenden Holländers« nachgegeben zu haben, und habe sich gelobt, die zweite nicht zu versäumen; er sei Professor *Werder*. Das galt mir für nichts; er mußte mir seinen Namen aufschreiben. Er suchte Papier und Tinte, erfüllte meinen Wunsch und schied von mir, der ich nun besinnungslos zu einem tiefen kräftigen Schlaf mich ins Bett warf. Am andren Morgen war ich frisch und gesund, empfahl mich noch der *Schröder-Devrient*, welche mit nächstem dem »Fliegenden Holländer« noch beizukommen versprach, erhielt meine 100 Dukaten Honorar und reiste über Leipzig, wo ich mit meinen Dukaten die während meiner erwartungsvollen ersten Dresdener Periode zum notdürftigsten Unterhalt von meinen Verwandten mir gemachten Vorschüsse zurückerstattete, nach Dresden zurück, um mich bei meinen Büchern wieder wohlzufühlen und dem großen Eindrucke des *Werder*schen Nachtbesuches nachzusinnen.

Eine wirkliche Einladung erhielt ich noch vor Ende des gleichen Winters nach *Hamburg* zur Aufführung des »*Rienzi*« durch den unternehmenden Direktor *Cornet*, welcher, wie er mir gestand, gegen eine mißliche Wendung seiner Theaterführung anzukämpfen hatte und eines großen Erfolges bedurfte, den er sich vom »Rienzi«, nachdem er ihn in Dresden gehört, erwarten zu dürfen glaubte. So begab ich mich im März dahin auf die Reise, welche um diese Zeit noch ziemlich beschwerlich war, da sie von Hannover aus noch mit Post und vermöge eines nicht gefahrlosen Überganges über die eistreibende Elbe zurückgelegt werden mußte. Die Stadt Hamburg war infolge des großen Brandes in ihrem Wiederaufbau begriffen und zeigte noch große mit Trümmern bedeckte Flächen in ihrer Mitte. Kälte und ein stets bedeckter Himmel machten mir die spätere Erinnerung an meinen etwas längeren Aufenthalt daselbst zu einer fast nur widerwärtigen. Ich quälte mich in den Proben mit schlecht bestellten, nur auf den gemeinsten Theaterflitter berechneten Mitteln in der Weise ab, daß ich, erschöpft und steten Erkältungen ausgesetzt, meine Ruhezeit fast nur im einsamen Gasthofzimmer zubrachte. Meine frühesten Erfahrungen von übel begründetem, seichtem Theaterwesen traten von neuem an mich heran. Besonders niederdrückend war es mir, gewahr zu werden, daß ich in das Interesse der niedrigsten Tendenzen des Direktors *Cornet* als unbewußter Mitschuldiger gezogen war. Er hatte es durchaus nur auf ein gemeinsames Verblüffen abgesehen, und mir sollte der Erfolg davon seiner Meinung nach gut bekommen, indem er mich, neben einem geringeren Honorar, auf zukünftige Tantiemen verwies. Die Würde der szenischen Ausstattung, wie er sie seinerseits auch gar nicht begriff, wurde vollständig dem lächerlichsten Flitterschein aufgeopfert, und durch vielerlei Aufzüge, zu welchen er die Kostüme von allen vorrätigen Feenballetts verwendete, glaubte er, wenn sie nur recht bunt aussähen und recht viel Menschen dabei über die Szene zögen, das

Hauptsächlichste zu meinem Erfolge zu liefern. Das Traurigste war der Sänger der Titelrolle, ein älterer, schwammiger, stimmloser Tenorist, Herr *Wurda*, welcher den Rienzi mit dem Ausdruck seiner Lieblingspartie, des »Elvino« in der »Somnambula«, sang. Er war so unausstehlich, daß ich auf den Einfall geriet, bereits im zweiten Akte das Kapitol zusammenbrechen zu lassen, um ihn in dessen Trümmern zu begraben, womit allerdings auch verschiedene dem Direktor an das Herz gewachsene Aufzüge verlorengegangen wären. Eine einzige Sängerin machte mir Hoffnung und erfreute mich durch vieles Feuer in der Rolle des »Adriano«; es war dies eine Mme *Fehringer*, welche später, als sie bereits untergegangen war, von *Liszt* noch als »Ortrud« für den »Lohengrin« in Weimar verwendet wurde. Nichts Jammervolleres als dieses mein Befassen gerade mit dieser meiner Oper und unter diesen Umständen. Ein äußerer Mißerfolg war jedoch eigentlich nicht bemerklich; der Direktor hoffte jedenfalls den »Rienzi« so lange auf dem Repertoire zu halten, bis *Tichatschek* kommen und den Hamburgern den richtigen Begriff davon beibringen würde, was auch wirklich im folgenden Sommer vor sich ging.

Herr *Cornet* bemerkte meine Niedergeschlagenheit und üble Laune, und da er herausbrachte, daß ich meiner Frau einen Papagei zu schenken wünschte, wußte er es zu veranstalten, daß ein sehr liebenswürdiges Exemplar dieser Vogelgattung für mich als Benefiz abfiel. Ich führte ihn in seinem engen Käfig auf der traurigen Rückreise mit mir und war sehr gerührt, als ich bemerkte, daß er meine Sorgfalt für ihn mit schnell erklärter großer Anhänglichkeit an mich erwiderte. *Minna* empfing mich infolgedessen mit großer Freude, denn an diesem schönen grauen Papagei ward es doch ersichtlich, daß ich es in der Welt zu etwas bringen sollte. Zu einem sehr hübschen Hündchen, welches am Tage der ersten Probe des »Rienzi« in Dresden bei unsrer Hauswirtin zur Welt gekommen war und welches wegen seiner leidenschaftlichen Anhänglichkeit an mich und um sonstiger auffallender Eigenschaften willen von allen, welche in jenen Jahren mich und mein Haus kannten, vorzüglich beachtet worden ist, kam nun noch dieser gemütliche Vogel, welcher keinerlei Unarten besaß und sehr gelehrig war, um unsre Wohnung statt der fehlenden Kinder zu beleben. Meine Frau lehrte ihn bald ein Hauptstückchen aus »Rienzi«, mit welchem der freundliche Vogel mich stets schon aus der Ferne begrüßte, wenn er mich auf der Treppe kommen hörte.

So schien denn mein häuslicher Herd ganz nach Möglichkeit zum gemütlichen Auskommen hergerichtet.

Weitere Ausflüge zu Aufführungen meiner Opern fanden nun aber nicht mehr statt, vor allem aus dem Grunde, weil es von jetzt an nicht mehr zu einer solchen Aufführung kam. Da ich wohl merkte, daß es mit der Verbreitung meiner Werke über die Theater ganz besonders langsam vorwärtsgehe, glaubte ich die Schuld hiervon auch dem beimessen zu müssen, daß noch keine Klavierauszüge von meinen Opern zu ihrer Verbreitung beigetragen hatten. Ich vermeinte daher gut zu tun, wenn ich um jeden Preis die Veröffentlichung derselben jetzt energisch betriebe. Um mir zu gleicher Zeit den notwendig noch verhofften Gewinn hieraus zu versichern, kam ich auf den Gedanken, sie auf meine eignen Kosten herauszugeben. Ich nahm deshalb mit dem Dresdener Hofmusikalienhändler *F. Meser*, welcher es bis dahin noch nie über die Herausgabe eines Tanzes gebracht hatte, die nötige Verabredung und bedang mit ihm kontraktlich, daß er mit seiner Firma als Scheinverleger meiner Opern eintreten sollte, wogegen er in Wahrheit nur die Verlagskommission davon gegen einen Gewinn von zehn Prozent zu übernehmen und ich die Kapitalien zur Bestreitung der Kosten zu beschaffen hätte. Da es sich um die Herausgabe zweier Opern, unter denen ein so ausnahmsweise umfangreiches Werk wie der »Rienzi« sich befand, handelte und der Vertrieb nur dann rentabel zu werden versprechen konnte, wenn außer der gewöhnlichen Klavierauszüge auch andre Arrangements, wie solche ohne Worte, zu zwei und vier Händen, veröffentlicht würden, so stellte sich heraus, daß es hierzu ziemlich bedeutender Kapitalien bedürfe. Um also zu den Einnahmen zu gelangen, welcher ich zur Wiederherstellung der bereits erwähnten, zur Erledigung älterer Verpflichtungen und zur Bestreitung meiner Niederlassung aufgenommenen Summen bedurfte, mußte ich nun erst nach viel größeren Geldmitteln mich noch umsehen. Der *Schröder-Devrient*, welche um jene Zeit (zu Ostern 1844) zum Antritt eines neuen Engagements wieder nach Dresden zurückkehrte, teilte ich mein Vorhaben und dessen Motive mit. Sie glaubte an die Zukunft meiner Werke, erkannte das Besondre meiner Lage sowie die Richtigkeit meiner Berechnungen und erklärte, ohne darin irgendein Opfer ersehen zu wollen, ihre Bereitwilligkeit, zur Herausgabe meiner Opern die nötigen Kapitalien von ihrem eignen, in polnischen Staatspapieren angelegten Vermögen gegen die entsprechende Verzinsung zur Verfügung zu stellen. Dies ging so einfach vor sich und schien sich so ganz von selbst zu verstehen, daß ich nun sofort mit einem Leipziger Graveur die nötigen Übereinkünfte treffen und die Herausgabe meiner Opern in Angriff nehmen ließ.

Als die in unsrem Auftrage gelieferten Arbeiten bereits zu bedeutenden Ansprüchen auf Zahlungen geführt hatten, meldete ich mich nun bei meiner Freundin um einen ersten Kapital-Vorschuß. Hier traf ich aber jetzt auf eine neue Lebensphase der berühmten Frau, welche zu einer durchaus unerwarteten und für mich höchst verderblichen Situation führte. Nachdem sie mit jenem unglücklichen Herrn *von Münchhausen* bereits seit länger gänzlich gebrochen hatte und, wie es schien, mit reumütiger Wärme in ihr früheres Verhältnis zu meinem Freunde *Hermann Müller* zurückgekehrt war, ergab es sich nun, daß sie für ihr Bedürfnis durch diese neue Anknüpfung keine eigentliche Befriedigung fand. Dagegen ging ihr in einem neuen Gardeleutnant, Herrn *von Döring*, der eigentlich ersehnte Stern ihres Lebens auf; denn mit einem Ungestüm, in welchem ihr das verräterischeste Benehmen gegen ihren älteren Freund grauenhaft leichtfiel, erwählte sie sich diesen schlanken jungen Mann, dessen moralische und intellektuelle Mißbeschaffenheit aller Welt offenlag, zum beabsichtigten Liebesschlußstein ihres Lebens. Dieser betrachtete das ihm gewordene Glück auch mit solchem Ernst, daß er keinerlei Scherz dabei verstand und vor allen Dingen sich des Vermögens seiner zukünftigen Gattin bemächtigte, da er fand, daß es sehr unvorteilhaft und unsicher angelegt sei und er bei weitem ergiebigere Wege hierfür kenne. Meine Freundin eröffnete mir unter großen Peinen und verlegenen Erklärungen, daß sie über ihre Kapitalien sich der Verfügung begeben habe und außerstande sei, ihr mir gegebenes Versprechen zu erfüllen. – Mit dieser Wendung trat ich in einen Kreis von Verwirrungen und Nöten, welche von da ab unablässig mein Leben beherrschten und mich in Sorgen stürzten, die allen meinen Unternehmungen ein trauriges Merkmal aufdrückten. Es war zunächst ersichtlich, daß ich das Unternehmen nicht mehr rückgängig machen konnte; eine befriedigende Lösung der bereits entstandenen Verwirrung war immer nur noch in der Durchführung des Unternehmens und der Versicherung seines Erfolges zu verhoffen. So mußte ich denn darauf bedacht sein, zunächst von Bekannten, endlich in drängenden Fällen aber auf jede Weise, selbst für kurze Termine und gegen Wucherzinsen, die nötigen Gelder zur Fortsetzung der Herausgabe meiner Opern, zu welchen konsequenterweise bald auch noch der »Tannhäuser« kam, aufzutreiben. Diese Andeutung für jetzt, um auf die Katastrophen vorzubereiten, denen ich so unaufhaltsam entgegenging.

Anfänglich verdeckte sich immerhin noch das Hoffnungslose meiner Lage, da an der endlichen Verbreitung meiner Opern über die deutschen Theater, mit der es ja allen Erfahrungen von dem Zustande des deutschen Theaterwesens nach nur langsam vor sich gehen konnte, doch keineswegs zu verzweifeln war. Neben den widrigen Erfahrungen von Berlin und Hamburg kam auch manches ermutigende Anzeichen auf. Vor allem erhielt sich in Dresden der »Rienzi« stets in vollster Gunst des Publikums, welches namentlich in den Sommermonaten durch die zahlreichen, von aller Welt her Dresden durchreisenden Besucher eine unleugbar größere Bedeutung annahm. Meine Oper, die sonst noch nirgends zu hören war, wurde von den Fremden aller deutschen und außerdeutschen Länder angelegentlich verlangt und stets mit merklich überraschender Befriedigung von ihnen aufgenommen, so daß eine Aufführung des »Rienzi«, namentlich auch eben im Sommer, stets einer berauschenden Festlichkeit glich, deren Wirkung nur ermutigend auf mich sein konnte.

Unter solchen Durchreisenden hatte sich dereinst auch *Liszt* befunden. Da der »Rienzi« zur Zeit seiner Ankunft nicht auf dem Repertoire stand, hatte er durch seine eindringliche Bitte die Generaldirektion zur Anordnung einer besonderen Aufführung desselben vermocht. Ich traf ihn während der

Vorstellung in der Garderobe *Tichatscheks* und ward durch seine in bestimmtester Fassung kundgegebene, fast verwunderungsvolle Anerkennung auf das herzlichste erwärmt und gerührt. Brachte es auch der eigentümliche Lebenszug, in welchem sich *Liszt* damals befand und der ihn in steter Umgebung zerstreuender und aufregender Elemente erhielt, mit sich, daß es bei dieser Gelegenheit noch zu keiner ergiebigeren Annäherung zwischen uns kam, so erhielt ich doch von nun an stets sich mehrende Zeugnisse für den nachhaltigen Ernst des Eindruckes, welchen ich auf ihn gemacht hatte, sowie der energischen Teilnahme, mit welcher er diesen festhielt, da bald aus dieser, bald aus jener Weltgegend, wohin seine fortdauernden Triumphzüge ihn führten, meist den höheren Kreisen angehörige Menschen mir zukamen, welche den »Rienzi« in Dresden zu hören verlangten, da sie durch die Mitteilungen *Liszts* hierüber, auch wohl durch sein Vorspiel einzelner Stücke daraus, in dem Sinne auf mein Werk hingewiesen worden waren, daß sie etwas unerhört Bedeutendes sich davon erwarteten. – Zu diesen Kundgebungen der enthusiastischen Freundesteilnahme *Liszts* kamen andere innig berührende Annäherungen. Der überraschenden Eröffnung durch den nächtlichen Besuch *Werders* nach jener zweiten Berliner Aufführung des »Fliegenden Holländers« folgte, in einem schönen Zusammenhange hiermit, nach kurzer Zeit der briefliche Erguß einer ebenfalls vollständig Unbekannten, der seitdem mir zur treuen Freundin gewonnenen *Alwine Frommann*. Sie hatte nach meinem Fortgang von Berlin noch die *Schröder-Devrient* zweimal im »Fliegenden Holländer« gehört, und der Brief, in welchem sie sich über den Eindruck meines Werkes auf sie aussprach, teilte mir zum ersten Male die energischen und innigen Empfindungen einer gläubigen und großen Anerkennung mit, wie sie auch dem größten Meister stets nur selten und dann nicht ohne bedeutenden Einfluß auf sein Gemüt und seine des Glaubens an sich selbst bedürftige Seele vorkommen werden.

Von meinen Leistungen in dem mir allmählich gewohnter werdenden Wirkungskreise während dieses verflossenen ersten Jahres meiner Kapellmeisteranstellung ist mir keine besonders anregende Erinnerung verblieben. Zur Feier des Antrittes meiner Funktionen war mir, gewissermaßen als Auszeichnung, die *Gluck*sche »Armida« übergeben worden, welche noch im März 1843, vor dem zeitweiligen Fortgang der *Schröder-Devrient*, mit ihr zur Darstellung kam. Auf diese Aufführung wurde ein besonderes Gewicht aus dem Grunde gelegt, daß ganz gleichzeitig *Meyerbeer* seine Funktionen als Generalmusikdirektor in Berlin mit der Aufführung desselben Werkes antrat. Namentlich von Berlin her stammte der ganz besondere Respekt vor einer solchen auf *Gluck* bezüglichen Unternehmung; man erzählte mir, daß *Meyerbeer* mit der Partitur der »Armide« zu *Rellstab* gegangen sei, um von diesem sich die Anleitung zur rechten Auffassung derselben erteilen zu lassen. Da ich bald darauf auch eine sonderbare Geschichte von zwei silbernen Armleuchtern erfuhr, mit welchen der berühmte Komponist seinerseits die Partitur zum »Feldlager in Schlesien« dem nicht minder berühmten Rezensenten beleuchtet haben sollte, geriet ich dahin, auf die für die »Armide« von ihm erhaltene Belehrung keinen auch für mich gültigen Wert zu legen, und half mir ganz für mich selbst durch sorgsames Befühlen der steifen Partitur, welcher ich durch möglichst bewegliche Vortragsnuancierungen einige Weichheit beizubringen suchte. Meiner Auffassung gewann ich später die Genugtuung der auffallend warmen Anerkennung von seiten eines vorzüglichen Gluckkenners, des Herrn *Eduard Devrient*, welcher, als er die Oper bei uns hörte und sie mit der Aufführung in Berlin verglich, auf das lebhafteste die zarte Beweglichkeit unseres Vortrags von Stücken rühmte, welche dort in rohester Plumpheit zutage gefördert worden waren. Namentlich fiel ihm ein kleiner Chor der männlichen und weiblichen Nymphen des dritten Aktes (in C-dur) auf, welchem ich durch ein gemäßigtes Tempo und ein vorzüglich zartes Piano die antike Grobheit benommen hatte, in welcher *Devrient* (vermutlich in historischer Treue) ihn in Berlin gehört hatte. Mein unschuldigstes Mittel, welches ich häufig anwandte, um die peinigende Steifheit der Orchesterbewegung des Originals zu brechen, war eine sorgsame Modifikation des in unaufhörlicher Viertelbewegung sich ergehenden »Bassocontinuo«, wo dann teils legato-, teils pizzicato-Spiel am meisten aushelfen mußte. Die Direktion hatte viel auf das Äußere, namentlich die Dekorationen verwandt, und das Werk machte als Spektakeloper ziemlich gute Häuser, was mir, da die ungleich edlere »Iphigenia in Tauris« trotz der bewundernswürdigen Leistung der *Schröder-Devrient* in dieser Rolle nur leere Häuser erzielt hatte, den Ruf eines besonders für *Gluck* organisierten und gar ihm nahestehenden Dirigenten einbrachte.

Von diesem Ruhme hatte ich längere Zeit zu zehren, da nun sehr häufig gemeine Repertoire-Aufführungen auch *Mozart*scher Opern unter meiner notgedrungenen Direktion zum Vorschein kamen, deren gewöhnlichere Tendenz denjenigen besonders unangenehm auffiel, welche, eben nach meiner Leistung in der »Armide«, auch zu diesen Aufführungen unter meiner Leitung sich jetzt mit besonderer Hoffnung wandten und daher übel davon betroffen wurden. Selbst mir befreundete Zuhörer brachte dies auf die Vermutung, ich mache mir nichts aus *Mozart* und verstünde ihn nicht, da sie nicht beachteten, wie es mir ganz unmöglich war, auf solche gelegentlich eingestreute Aufführungen, zu welchen ich als Dirigent eben nur aushilfsweise, oft ohne Probe eintrat, keinen Einfluß üben konnte. Allerdings fand auch ich hierbei mich oft in einer schiefen Stellung, welche, da ich ihrer Berichtigung eben in keiner Weise beikommen konnte, nicht wenig dazu beitrug, mein neues Amt und meine Abhängigkeit von den gemeinsten Rücksichten einer trivialen Theaterroutine bei überhäufter Geschäftsführung mir unerträglicher zu machen, als ich es trotz der bereits im voraus mir eignen klaren Einsicht in das Mißliche meines Wirkungskreises erwartet hatte. Mein Kollege *Reissiger*, dem ich mitunter meine Klagen darüber mitteilte, daß von seiten der Generaldirektion so wenig Berücksichtigung unserer Forderungen für die Aufrechterhaltung korrekter Leistungen im Gebiete der Oper zu erhalten sei, tröstete mich damit, daß ich mit der Zeit, gleich ihm, diese Grillen fahren lassen und in das unvermeidliche Kapellmeisterschicksal mich ergeben würde. Dabei schlug er stolz auf seinen Bauch und wünschte mir, an Fülle es ihm bald gleichtun zu können. –

Veranlassung, gegen den hiermit bezeichneten Schlendrian immer empfindlicher zu werden, erhielt ich auch an sonstigen Wahrnehmungen von dem Geiste, mit welchem selbst namhafteste Dirigenten in der Reproduktion unsrer Meisterwerke verfuhren. Noch im ersten Jahre führte eine Einladung hierzu *Mendelssohn* zur Direktion seines »*Paulus*« in einem der damals berühmten Palmsonntags-Konzerte der Dresdener Kapelle zu uns. Die Bekanntschaft mit diesem Werke, welche ich bei dieser Gelegenheit in recht empfehlender Weise machte, wirkte so angenehm auf mich, daß ich bei dieser Gelegenheit von neuem *Mendelssohn* mich warm und hingebend zu nähern suchte. Eine eigentümliche Unterhaltung, welche ich noch am gleichen Abend dieser Aufführung mit ihm hatte, drängte diesen Zug in sonderbarer Weise schnell in mir wieder zurück. Nach dem Oratorium führte *Reissiger* nämlich noch die Achte Symphonie von *Beethoven* auf. In der vorangehenden Probe hatte ich bemerkt, daß *Reissiger* in den Fehler aller gewöhnlichen Dirigenten dieses Werkes verfiel und das »Tempo di minuetto« des dritten Satzes in einem gedankenlosen Walzer-Zeitmaß spielen ließ, wodurch nicht nur das ganze Stück seinen imposanten Charakter durchaus verliert, sondern auch das Trio durch die Unmöglichkeit, die Violoncellfigur in solcher Schnelligkeit zu bewältigen, einen vollständig lächerlichen Charakter erhält. Ich hatte mich *Reissiger* hierüber mitgeteilt; er billigte meine Ansicht und versprach mir, in der Aufführung das von mir ihm bezeichnete wirkliche Menuett-Tempo zu nehmen. Diesen Vorgang erzählte ich *Mendelssohn*, welcher, von der Direktion seines »*Paulus*« ausruhend, in der Loge neben mir Platz genommen hatte, um die Symphonie mit anzuhören; er gab mir recht und fand, daß es so sein müßte, wie ich sagte. Nun begann der dritte Satz, und *Reissiger*, der allerdings nicht die Fähigkeit besaß, eine so einflußreiche Tempoveränderung dem Orchester sofort erfolgreich zu imprimieren, folgte seiner Gewohnheit und nahm das »Tempo di minuetto« vollkommen wieder in der gewohnten Walzer-Bewegung. Eben wollte ich meinen Unmut hierüber bezeigen, als *Mendelssohn* mir freundlich zunickte in der Meinung, so sei es mir recht und das habe ich verstanden. Ich war über diese vollkommene Gefühllosigkeit von seiten des berühmten Musikers so tief erstaunt, daß ich sprachlos blieb und von nun an meine besondere Meinung über ihn mir ausbildete, eine Meinung, die auch *R. Schumann* später bestätigte, indem er mir seine wahre Befriedigung über mein Tempo des ersten Satzes der Neunten Symphonie bezeigte, welches er zuvor unter *Mendelssohn* in Leipzig alljährlich, mit entstellender Übereilung vorgetragen, habe anhören müssen.

Während ich mich so nach den so selten nur sich darbietenden Gelegenheiten, Einfluß auf den Geist der Aufführungen unsrer edlen Meisterwerke zu gewinnen, mich sehnte, hatte ich, wie gesagt, meistens in der tiefen Unbefriedigung mich dahinzuschleppen, welche das Befassen mit dem gewöhnlichen Theaterrepertoire mir verursachte. Erst am Palmsonntag der Ostern 1844, soeben von meiner widerwärtigen Hamburger Expedition zurückgekehrt, gelangte ich dazu, meinem Verlangen durch die Aufführung der Pastoral-Symphonie, welche bei diesem Konzert mir zugeteilt war, zu entsprechen. Noch blieben zwar große Übelstände unerledigt, deren Beseitigung ich mir nun auf schwierigen Umwegen vornehmen mußte. Namentlich war die Aufstellung des Orchesters bei diesen berühmten Konzert-Aufführungen, wo das Orchester in langer dünner Reihe halbkreisförmig den Sängerchor umschloß, so unbegreiflich fehlerhaft, daß es allerdings der von *Reissiger* hiefür mir angegebenen Gründe bedurfte, um einen solchen Unsinn mir zu erklären. Dieser sagte mir nämlich, daß alle diese Einrichtungen von dem verstorbenen Kapellmeister *Morlacchi* herrührten, welcher als italienischer Opernkomponist, wie von der Bedeutung, so auch von den Bedürfnissen des Orchesters eben nichts verstanden hätte. Wenn ich nun frug, warum man diesem demnach Verfügungen zu treffen gestattet hätte in Dingen, von denen er nichts verstand, so erfuhr ich, daß von jeher und namentlich auch *Carl Maria v. Weber* gegenüber die Bevorzugung dieses Italieners von seiten des Hofes und der Generaldirektion unbedingt und gegen sie kein Widerspruch gestattet gewesen sei, und daß wir noch jetzt große Schwierigkeiten haben würden, gegen die hieraus vererbten Fehler uns zu erheben, da höhern Orts fortwährend die Annahme herrsche, jener müßte es am besten verstanden haben. Mir spukte meine Kindererinnerung an den Kastraten *Sassaroli* wieder durch die Seele und ich gedachte der Ermahnung der Witwe *Webers* in betreff der Bedeutung meiner Nachfolge *Webers* im Dresdener Kapellmeisteramt. Trotzdem gelang die Aufführung der Pastoral-Symphonie bereits über alles Erwarten, und der unvergleichliche, wunderbar nährende Genuß, der aus solcher Beschäftigung gerade mit *Beethoven*schen Werken im Verlaufe mir zuteil werden sollte, ließ mich hier zuerst seine neugebärende Kraft empfinden. Mit mir machte *Röckel* tief sympathisch dieses Genusses sich teilhaftig; er unterstützte mich bei allen Proben mit Aug und Ohr, immer mir zur Seite, mit mir hörend, mit mir wollend. –

War hier es bereits zu einem erquicklichen Gelingen gekommen, so sollte noch in diesem Sommer mich ein anderes Unternehmen vorzüglich befriedigen, welches zwar keine sehr große musikalische, wohl aber soziale Bedeutung hatte. Der König von Sachsen, für welchen ich schon als »Prinz

Friedrich«, wie ich seinerzeit berichtete, eine besondere Zuneigung empfand, wurde von einer größern Reise, die er nach England unternommen, zurückerwartet. Die Berichte über seinen dortigen Aufenthalt hatten mein patriotisches Gefühl besonderlich erfreut. Dem allem Prunk und jeder prahlenden Demonstration gänzlich abholden schlichten Fürsten war es begegnet, daß während der Zeit seines englischen Besuches ganz unerwartet auch der Kaiser *Nikolaus* in England eintraf, dem zu Ehren große Festlichkeiten und militärische Revuen abgehalten wurden, an welchen unser König sich gegen seine Neigung genötigt fand teilzunehmen und nun es dahinnehmen mußte, mit ersichtlich demonstrativer Tendenz vom Volke durch besonders enthusiastische Akklamationen vor dem den Engländern unsympathischen russischen Zaren ausgezeichnet zu werden. Auch die öffentlichen Blätter hielten diese Tendenz fest, und so wehte dem kleinen Sachsen aus England eine schmeichelnd erwärmende Luft herüber, welche uns mit besonders innig stolzer Freude an unserm König erfüllte. In dieser Stimmung, die auch mich ganz und gar einnahm, erfuhr ich, daß man dem zurückkehrenden Fürsten in Leipzig einen besondern, durch *Mendelssohns* musikalische Mitwirkung zu verherrlichenden Empfang bereite. Ich frug nach, was man in Dresden zu tun gedenke, und erfuhr, daß der König bei seiner Heimkehr Dresden gar nicht berühren und sogleich auf seinen Sommersitz nach *Pillnitz* sich wenden werde. Nach schneller Überlegung mußte mir dieser Umstand für meinen Wunsch, dem König eine herzliche Empfangsfreude zu bereiten, günstig erscheinen, da ich als Königlicher Diener einer in Dresden vorgebrachten Huldigung den Anschein einer offiziellen Parade zugezogen hätte, welche wohl unstatthaft dünken mußte. Ich faßte den Gedanken, alles, was blasen und singen konnte, schnell zusammenzuwerben, um mit allen am Morgen nach der Ankunft ein eiligst von mir zu verfertigendes Empfangslied vorzutragen. Nun traf ich auf die besondern Schwierigkeiten, daß mein Generaldirektor *Lüttichau* auf einem seiner Landgüter abwesend war; mit meinem Kollegen *Reissiger* mich zu verständigen, hätte außerdem Verzögerung herbeigeführt und das Unternehmen in das eben zu vermeidende Geleis einer offiziellen Ovation geführt. Da keine Zeit zu verlieren war, wenn irgend etwas zustande kommen sollte – denn die Ankunft stand an einem der nächsten Tage bevor –, so nahm ich meine Qualität als Dirigent der Liedertafel zu Hilfe, forderte an ihrer Spitze Sänger und Musiker auf, und lud auch die Mitglieder des Theaters sowie der Kapelle vertraulich ein, sich anzuschließen. Schnell fuhr ich nach Pillnitz, um mit dem fungierenden Hofmarschall, der mein Unternehmen sehr freundlich begünstigte, die nötige Verabredung zu treffen. Während dieser kurzen Hin- und Herfahrt fand ich allein die Zeit, meine Verse zu dichten und in Musik zu setzen, denn nach Haus gekommen mußte ich sogleich schon alles dem Kopisten und Lithographen übergeben können. Die angenehme Hast in der sommerlichen Luft, in der lieblichen Gegend, mit der herzlichen Liebe zu einem deutschen Fürsten, die mir dieses dringende Vorhaben eingab, brachte mich in die erregte Stimmung, in welcher ich die melismischen Formen des Tannhäuser-Marsches fand, welche in diesem Königsgruße sich kenntlich machten, um dann bald die breitere Ausbildung zu gewinnen, durch welche sie mir in jenem Marsche zu meinem bisher populärsten Stücke verhalfen. Bereits andern Tags mußte alles mit 120 Musikern und 300 Sängern probiert werden: ich hatte mir erlaubt, diese ganze Masse auf die Bühne des Hoftheaters zu bestellen; dort ging alles sogleich vortrefflich; alle hatten ihre Freude daran, und ich nicht minder, als ein Bote des Generaldirektors erschien, der plötzlich in die Stadt gekommen war und mich zu einer Besprechung verlangte. Herr v. *Lüttichau* war über mein eigenmächtiges Verfahren in dieser Angelegenheit, von welcher er noch rechtzeitig durch Freund *Reissiger* benachrichtigt worden war, über alle Maßen aufgebracht; hätte er seine Freiherrnkrone auf dem Haupte getragen, sie würde ihm bei dieser Gelegenheit heruntergefallen sein. Namentlich daß ich direkt mit einer Hofbehörde unterhandelt hatte und ihm auch berichten mußte, daß meine Unterhandlungen außerordentlich schnell zu einem günstigen Ziel geführt hätten, versetzte ihn in größten Zorn, da seine Wichtigkeit ja darin bestand, alles auf solchen Wegen zu Erreichende als grenzenlos schwierig und umständlich darzustellen. Ich war erbötig, sofort alles abzubestellen: das erschreckte ihn nun wieder; ich fragte, was dann sein Wille sei, wenn es denn doch vor sich gehen sollte: darüber schien er sich nicht klar zu sein, nur fand er es sehr unkollegialisch von mir, daß ich nicht nur ihn, sondern auch *Reissiger* bei diesem Vorhaben übergangen habe. Ich erklärte mich sogleich bereit, meine Komposition wie die Direktion des Stückes an *Reissiger* abzutreten: das war ihm nun auch wieder zuviel, denn im ganzen, das wußte ich wohl, machte er sich aus *Reissiger* nichts. Das unangenehmste war ihm, daß ich die Angelegenheit gerade durch den Hofmarschall *von Reitzenstein* zustande gebracht hatte, welcher sein persönlicher Feind war: ich wisse gar nicht, was er von diesem oft für Schikanen auszustehen habe. Diese gemütlichen Ergüsse erleichterten es mir, dem bedrängten Hofmann eine fast ungeheuchelte Rührung zu bezeigen, welche denn seinerseits mit einem achselzuckenden Gehenlassen der unangenehmen Geschichte erwidert wurde.

Schlimmer als durch dieses Hofintendanten-Ungewitter sah ich für meine Unternehmung mich aber durch die eingetretene üble Witterung des Himmels selbst bedroht; es regnete den ganzen Tag in Strömen; dauerte dies so fort, zu welcher Befürchtung Grund vorhanden war, so war es fast unmöglich, des andern Morgens um fünf Uhr, wie beabsichtigt war, auf dem besonders von mir gemieteten Dampfschiffe mit meinen Hunderten von Gehilfen zu einer Morgenmusik in dem zwei Stunden entlegenen Pillnitz mich aufzumachen. Mit wahrer Verzweiflung sah ich diesem Unstern entgegen; nur *Röckel* tröstete mich: ich könne mich darauf verlassen, wir würden morgen den schönsten Tag haben, denn – ich hätte Glück. Diese Versicherung ist mir noch in fernen Zeiten in Erinnerung geblieben, als ich bei dem großen Mißgeschick, welches sich häufig allen meinen Unternehmungen entgegensetzte, jener Behauptung als eines üblen Frevels gedenken mußte. Für diesmal hatte der Freund aber recht: der 12. August 1844 war vom Sonnenaufgang an bis in die späte Nacht der schönste Sommertag, dessen ich mich in meinem Leben erinnern kann. Das Gefühl von wonnigem Behagen, mit welchem ich durch die glückverheißenden Morgennebel meine wohlgemute Legion lustig gestimmter Musiker und Sänger auf dem Dampfschiff sich versammelnd fand, schwellte mir die Brust zu einem innigen Glauben an meinen guten Stern. Meinem freundlichen Ungestüme war es gelungen, *Reissigers* Schmollen zu überwältigen und ihn zu bestimmen, die Ehre des Unternehmens dadurch mit mir zu teilen, daß er die Aufführung meiner Komposition dirigiere. An Ort und Stelle gelang nun alles vortrefflich; der König und die königliche Familie waren sichtlich sehr gerührt, und in schlimmen späteren Zeiten hat die Königin von Sachsen, wie mir berichtet wurde, dieses Tages und dieses Morgens noch mit besonderer Rührung als der schönsten Zeit ihres Lebens gedacht. Nachdem *Reissiger* mit großer Würde Takt geschlagen und ich als Tenorist im Chor mitfungiert hatte, wurden wir beiden Kapellmeister in die Nähe der königlichen Familie beschieden, wo der König uns seinen herzlichsten Dank ausdrückte, während die Königin uns die besondere Anerkennung zollte, daß ich sehr gut komponiert und *Reissiger* sehr gut dirigiert hätte. Der König bat um die Wiederholung der letzten drei Verse, da er andrerseits durch eine schmerzhafte Zahngeschwulst genötigt sei, sich nicht lange mehr im Freien aufzuhalten. Schnell wurde von mir eine kombinierte Evolution entworfen, deren ungemein glückliche Ausführung ich mir noch zum besondern Ruhme anrechne. Ich ließ nämlich das ganze Lied wiederholen, dem Wunsche des Königs gemäß ließ ich aber nur einen Vers in der beibehaltenen halbkreisförmigen Aufstellung ausführen; mit dem zweiten Verse ließ ich meine 400 Mann undisziplinierter Musiker und Sänger abschwenken, so daß sie die zwei letzten Verse, im Marsch durch den Garten immer weiter sich entfernend, in der Weise ausführten, daß die letzten Töne nur noch wie ein verhallender Klangestraum an das königliche Ohr treffen konnten. Dieser Abzug ging, dank meiner unerhörten, tätigen, überall gegenwärtigen Hilfsleitung, mit solcher Sicherheit vor sich, daß nicht das mindeste Schwanken im Takt und Vortrag aufkam und das Ganze für ein kunstvoll eingeübtes Theatermanöver gelten konnte. Im Schloßhofe angelangt, fanden wir nun durch die freundliche Sorgfalt der Königin auf dem grünen Rasen für alle Gäste zu einem reichlichen Frühstück die Tafeln gedeckt. Die herzlich erregte königliche Hausfrau sahen wir selbst öfter geschäftig zur Überwachung der Bewirtung an den Fenstern und auf den Gängen des umgebenden Schlosses sich bemühend. Aller Augen strahlten mir wie einem glücklich Beglückenden zu, wenig hätte gefehlt, und in der Wonne des Tages wäre das Paradies proklamiert worden. Nachdem die liebliche Umgegend, namentlich der aus meiner frühesten Jugendzeit her mir lieb und traut gewordene *Keppgrund* massenweis durchschwärmt worden war, kehrten wir in später Nacht in herrlichster Stimmung nach Dresden zurück. Des andern Tags ward ich abermals auf die Generaldirektion beschieden. Da war denn nun aber etwas mit Herrn *v. Lüttichau* vorgegangen. Als ich mich nochmals bei ihm herzlich wegen der ihm bereiteten Beunruhigung entschuldigen wollte, nahm mich der lange Mann mit dem trocknen, harten Gesicht bei der Hand und sagte mir mit einer Verklärung seiner Mienen, wie sie wohl nie je ein anderer an ihm gewahrt haben mag: von dieser Beunruhigung könne jetzt nicht mehr die Rede sein; ich sei ein großer Mensch; von ihm werde lange keine Seele mehr etwas wissen, während ich noch bewundert und geliebt sein würde. In höchstem Grade erschüttert, wollte ich nur meine Beschämung über diesen so unerwarteten Erguß kundgeben, als er mich nun freundlich unterbrach und in wohlwollender Zutraulichkeit eine Ableitung der eigenen Aufregung zu finden suchte. Er erging sich namentlich lächelnd über meine Selbstverleugnung, mit der ich bei einer so außerordentlichen Gelegenheit den mir gebührenden Ehrenplatz an den hierbei so ganz verdienstlosen *Reissiger* abgetreten habe; als ich ihm versicherte, daß mir erst dieses wahre Genugtuung gegeben hätte, daß ich meinen Kollegen zur Übernahme der Direktion vermocht, bekannte er, daß er mich nun allerdings wohl begriffe, destoweniger aber von *Reissiger* verstehe, wie sich dieser von mir habe dorthin stellen lassen können, wohin er so wenig gehört habe. – Längere Zeit blieb die hiermit begründete Stimmung *Lüttichaus* gegen mich in der Weise vorherrschend, daß wir in Geschäftsangelegenheiten einen fast zutraulichen Ton unter uns gewannen; so schlimm sich mit der Zeit hierin auch manches ändern mußte, so daß unsre Beziehungen wohl bis zu offenbarer Feindseligkeit ausarteten, so blieb bei dem seltsamen Manne eine eigentümliche Zärtlichkeit für mich doch immer unverkennbar zurück, und manche seiner spätern harten Ergüsse klangen eigentlich wie die etwas sonderbar ausartenden Klagen verschmähter Liebe. –

Den Genuß meines diesjährigen Erholungsurlaubes trat ich anfangs September mit dem Bezug einer etwas verspäteten Sommerwohnung auf dem *Fischer*schen Weinberg unweit *Loschwitz* in der Nähe des berühmten *Findlater*schen Weinbergs an. Hier, freundlich angeregt und gestärkt durch einen sechswöchigen Aufenthalt im Freien, verfaßte ich bis zum 15. Oktober die Musik des zweiten Aktes vom »Tannhäuser«. In die gleiche Zeit fiel eine Aufführung des »Rienzi«, zu deren Leitung ich in die Stadt kam, vor einem Publikum von nicht gemeiner Bedeutung. Es traf sich nämlich, daß auf der Tribüne des Amphitheaters *Spontini* und *Meyerbeer*, zu ihnen auch der Verfasser der russischen Nationalhymne, der General *Lwow*, sich zusammenfanden. Ich suchte keine Gelegenheit auf, von der Wirkung meiner Oper auf diese zu einem Urteil so berechtigten musikalischen Größen Kenntnis zu erlangen; mir genügte das eigentümliche Behagen, ihnen eine bereits sehr häufig wiederholte Aufführung meines Werkes vor überfülltem Hause und mit überreichem Beifall vorgeführt zu haben, freute mich am Schlusse, mein Hündchen *Peps,* welches den weiten Weg vom Lande mir nachgelaufen war, im Theater teilnahmsvoll mir zugeführt zu erhalten, und fuhr mit ihm sofort, ohne die europäischen Zelebritäten begrüßt zu haben, nach meinem stillen Weinberg hinaus, wo *Minna* mich, besonders über die Wiederkehr des verloren geglaubten *Peps* hocherfreut, empfing. Hier erhielt ich auch einen Besuch meines auf so ergreifende Weise in Berlin zuerst mir gewonnenen Freundes *Werder,* diesmal ganz menschlich am hellen Tage unter freundlichem Himmel, wo ich mit ihm angenehm über den Wert des »Fliegenden Holländers« disputieren konnte, gegen den ich, mit dem »Tannhäuser« im Kopfe, mich etwas eingenommen bezeigte. Es nahm sich artig aus, von meinem Freunde mich in diesem Punkte bekämpfen und über die Bedeutung meines Werkes belehren zu lassen.

Als wieder die Winterquartiere bezogen waren, suchte ich zwischen der Komposition des zweiten und dritten Aktes keine so lange Unterbrechung, wie ich sie zwischen den beiden ersten zu überstehen gehabt hatte, aufkommen zu lassen, und es gelang mir trotz aufregender Beschäftigung, namentlich unter Begünstigung des guten Einflusses sorgsam gepflegter einsamer Spaziergänge, die Musik auch des dritten Aktes am 29. Dezember noch vor Jahresschluß zu beenden.

Was mich in der Zwischenzeit namentlich lebhaft nach außen in Anspruch genommen hatte, war ein längerer Aufenthalt *Spontinis* bei uns, welcher sich an eine neu ins Werk gesetzte Aufführung seiner »Vestalin« knüpfte. Die Erinnerungen an die sonderbaren Vorgänge und charakteristischen Züge des hierbei entsponnenen Verkehrs mit dem berühmten greisen Meister sind mir so lebhaft verblieben, daß sie auch jetzt noch der Aufzeichnung wert dünken.

Da wir unter der Mitwirkung der *Schröder-Devrient* einer zum großen Teil vorzüglichen Aufführung dieser Oper uns versichert halten durften, hatte ich Herrn v. *Lüttichau* auf den Gedanken gebracht, *Spontini,* welcher soeben in Berlin große Demütigungen erlitten hatte und sich für immer von dort fortwandte, die unter solchen Umständen wohlgesinnt demonstrative Aufmerksamkeit zu erweisen, ihn zur persönlichen Direktion seines mit Recht so berühmten Werkes einzuladen. Dies geschah, und ich, der ich mit der Leitung der Oper betraut war, erhielt den besondern Auftrag, mich hierüber mit dem Meister ins Vernehmen zu setzen. Es schien, daß mein Brief, trotzdem er von mir selbst im Französischen geschrieben war, ihn mit einer vorzüglich guten Meinung über meinen Eifer für das Unternehmen erfüllt hatte, denn in einem sehr majestätischen Antwortschreiben drückte er mir seine besondern Wünsche für die Veranstaltungen zur Feier seiner

Mitwirkung aus. In betreff der Sänger, da er eine *Schröder-Devrient* unter ihnen zählte, erklärte er sich unumwunden beruhigt; von Chören und Balletten setzte er voraus, daß man nichts an einer würdigen Ausstattung fehlen lassen würde; auch nahm er an, daß das Orchester ihn vollkommen befriedigen würde, in welchem er die nötige Anzahl vorzüglicher Instrumente voraussetzte, um, wie er sich ausdrückte, das Ganze von »12 guten Kontrabässen garniert« zu sehen (»le tout garni de douze bonnes contre-basses«). Diese Phrase brach mir das Herz, denn dieses eine in Zahlen ausgeführte Verhältnis gab mir folgerichtig einen Begriff von der Gediegenheit seiner übrigen Annahmen, und ich eilte nun zum Intendanten, um ihn darauf vorzubereiten, daß die eingeleitete Sache nicht so leicht abgehen würde. Sein Schreck war groß und aufrichtig; sofort mußte ein Mittel ausfindig gemacht werden, die Einladung rückgängig zu machen. Frau *Schröder-Devrient* erfuhr von unsrer Not: sie, die *Spontini* kannte, lachte wie ein Kobold über unsre naive Unvorsichtigkeit, die wir mit dieser Einladung begangen, und fand in einem leichtern Unwohlsein, von dem sie befallen war, das Hilfsmittel, welches sie uns als Vorwand einer scheinbar bedeutenden Verzögerung zur Verfügung stellte. *Spontini* hatte nämlich auf energische Beschleunigung der Ausführung unsres Vorhabens gedrungen, da ihm, auf das ungeduldigste in Paris erwartet, nur wenig Zeit für die Befriedigung unsrer Wünsche freistünde. Hieran anknüpfend, mußte ich nun das unschuldige Truggewebe spinnen, mit welchem ich den Meister von der definitiven Annahme der an ihn gerichteten Einladung abbringen sollte. Wir atmeten auf, hielten unsre Proben und befanden uns am Vorabende der gemütlich beabsichtigten Generalprobe, als gegen Mittag ein Wagen vor meinem Hause hielt und in einem langen blauen Flauschrocke der stolze, sonst nur mit spanischer Grandenwürde sich bewegende Meister, leidenschaftlich bewegt, ohne alle Begleitung zu mir in das Zimmer trat, mir meine Briefe vorzeigte und aus unsrer Korrespondenz mir nachwies, daß er keinesweges unsre Einladung abgelehnt habe, sondern, richtig verstanden, sehr deutlich auf alle unsre Wünsche eingegangen sei. Ich vergaß alle möglichen vorauszusehenden Verlegenheiten über der wirklich herzlichen Freude, den wunderbaren Herrn bei mir zu sehen, unter seiner Leitung sein Werk zu hören und nahm mir sofort vor, alles nur Erdenkliche zustand zu bringen, um ihn zu befriedigen. Dies erklärte ich ihm mit dem aufrichtigsten Eifer: er lächelte fast kindlich freundlich, als er diesen wahrnahm; nur als ich, um ihn kurz über alle Bedenken gegen meine Aufrichtigkeit hinwegzuführen, einfach bat, die morgen stattfindende Probe sogleich selbst zu dirigieren, ward er plötzlich sehr bedenklich und schien mancherlei dem entgegenstehende Schwierigkeiten zu erwägen. In großer Aufregung drückte er sich aber über nichts klar aus, so daß es mir schwerhielt, ihm zu entfragen, durch welche Disposition es mir möglich sein würde, ihn zur Übernahme der Direktion dieser Probe zu bewegen. Nach einigem Nachsinnen frug er mich, mit was für einer Art von Taktstock wir dirigierten: ich bezeichnete ihm mit der Hand ungefähr die Größe und Stärke eines mäßigen Stäbchens von gewöhnlichem Holz, welches, mit weißem Papier überzogen, uns immer frisch vom Kapelldiener serviert wurde. Er seufzte und frug mich, ob ich es wohl für möglich hielte, ihm bis morgen einen Taktstock von schwarzem Ebenholz, von höchst ansehnlicher Länge und Stärke, die er mir an seinem Arm und mit der hohlen Hand bezeichnete und an dessen beiden Enden ein ziemlich bedeutender weißer Knopf von Elfenbein angebracht werden sollte, verfertigen zu lassen. Ich versprach ihm jedenfalls ein ganz ähnlich aussehendes Instrument schon für die nächste Probe, ein vollständig auch dem verlangten Material entsprechendes aber für die Aufführung zu besorgen. Auffallend beruhigt strich er sich jetzt über die Stirn, erlaubte mir, seine Übernahme der Direktion für morgen anzukündigen, und fuhr nun in sein Hotel, nachdem er mir noch einmal genau seine Anforderungen in betreff des Taktstockes eingeschärft hatte.

Ich glaubte halb zu träumen und verbreitete im Sturm die Kunde des Vorgefallenen und Bevorstehenden; wir waren ertappt. Die *Schröder-Devrient* erbot sich zum Sündenbock, und ich setzte mich mit dem Theatertischler wegen des Taktstockes in das genaueste Einvernehmen. Dieser geriet so weit gut, daß er die gehörige Länge und Stärke hatte, schwarz aussah und große weiße Knöpfe trug. So kam es denn wirklich zur Probe. *Spontini* befand sich an seinem Platz im Orchester augenfällig geniert und wünschte vor allen Dingen die Oboen in seinem Rücken placiert; da diese vereinzelte Umstellung für jetzt in der Gliederung des Orchesters große Verwirrung hervorgerufen haben würde, versprach ich ihm dies nach der Probe zu veranstalten. Er schwieg und ergriff nun den Taktstock. Augenblicklich verstand ich, warum er auf die Form desselben eine so große Bedeutung legte: er faßte diesen nämlich nicht, wie wir andern Dirigenten, bei dem Ende an, sondern ergriff ihn ziemlich in der Mitte mit der vollen Faust und bewegte ihn derart, daß man deutlich sah, er fasse den Taktstock als Marschallstab auf und gebrauche ihn nicht zum Taktieren, sondern zum Kommandieren. Nun entspann sich bald im Verlaufe der ersten Szenen eine Verwirrung, die um so unheilvoller sich gestaltete, als für des Meisters Mitteilungen an das Orchester wie an die Sänger sein konfuser Gebrauch der deutschen Sprache von größter Behinderung für die Verständigung war. So viel merkten wir aber bald, daß es ihm vor allem daran gelegen war, uns von dem Gedanken abzubringen, daß dies die Generalprobe sein sollte, wogegen er ein ganz neu zu beginnendes Studium der Oper ins Auge gefaßt hatte. Die Verzweiflung namentlich meines guten alten Chordirektors und Regisseurs *Fischer*, welcher mit großem Enthusiasmus zuvor die Berufung *Spontinis* mitbetrieben hatte, war groß, als er dieser nun unvermeidlichen Störung des Repertoires inneward; sie ging endlich in offene Wut über, in deren Blindheit er in allem, was *Spontini* vorbrachte, nur neue Schikanen zu verstehen glaubte und dagegen im gröbsten Deutsch unverhohlen replizierte. Einmal winkte mich *Spontini* nahe zu sich, um in betreff eines soeben beendeten Chors mir zuzuflüstern: »Mais savez-vous, vos chœurs ne chantent pas mal.« Mißtrauisch hatte *Fischer* dem zugesehen und frug mich wütend: »Was hat der alte Schweinehund wieder?« Es gelang mir kaum, den so schnell umgeschlagenen Enthusiasten nur einigermaßen zu beruhigen.– Den größten Aufenthalt verursachte im ersten Akt die Evolution des Triumphmarsches; vor allem äußerte der Meister mit lautestem Eifer seine höchste Unzufriedenheit über das gleichgültige Benehmen des Volkes beim Aufzuge der Vestalinnen; er hatte nämlich nicht bemerkt, daß auch nach den Anordnungen unsrer Regie sich beim Erscheinen der Priesterinnen alles auf das Knie senkte, denn nichts dem Auge nur Erkennbares war für den äußerst kurzsichtigen Meister vorhanden; was er verlangte, war, daß der heilige Respekt der römischen Armee durch ein mit einem Schlage vor sich gehendes Niederstürzen, namentlich aber krachendes Aufschlagen der Speere auf den Boden mit äußerster Drastik sich kundgeben solle. Das mußte nun unzählige Male probiert werden; immer aber klapperten einige Spieße zu früh oder zu spät; er selbst machte das Manöver einige Male mit dem Taktstock auf dem Pult; es half nichts, der Krach war nicht dezidiert und energisch genug. Nun entsann ich mich allerdings der merkwürdigen Präzision und fast erschreckenden Wirkung, mit welcher ähnliche Evolutionen in der Aufführung des »Ferdinand Cortez«, welche in früheren Jahren in Berlin so vielen Eindruck auf mich gemacht hatte, ausgeführt wurden und begriff, daß die bei uns übliche Weichheit in solchen Manövern einer sehr angelegentlichen und zeitraubenden Schärfung bedürfen würde, um den für seine Forderungen hierfür sehr verwöhnten Meister zufriedenzustellen. Nach dem ersten Akte beschritt nun wirklich *Spontini* die Bühne, um den von ihm in seiner Nähe vermuteten Künstlern des Dresdener Hoftheaters in einer ausführlichen Darlegung die Gründe dafür klarzumachen, daß er auf einer bedeutenden Aufschiebung der Oper bestehen müsse, um Zeit zu gewinnen, durch die verschiedenartigsten Proben die Aufführung seinem Sinne entsprechend vorbereiten zu können. Alles war aber bereits in vollster Auflösung begriffen; die Sänger, der Regisseur waren wie im Sturm nach allen Seiten hin zerstreut, um über das Elend der Situation sich in ihrer Weise Luft zu machen: nur die Theaterarbeiter, Lampenputzer und einige Choristen hielten in einem Halbkreise um *Spontini* stand, um dem merkwürdigen Manne zuzusehen, wie er mit wunderlichem Affekt von den Erfordernissen der wahren theatralischen Kunst perorierte. Ich wandte mich der grauenhaften Szene zu, bedeutete *Spontini* freundlich und unterwürfig das Unnötige seiner Ereiferung, versicherte, daß alles geschehen würde, was er wünsche, namentlich auch, daß man Herrn *Eduard Devrient*, welcher die Vorstellung der »Vestalin« in seinem Geiste von Berlin her genau innehabe, zur Abrichtung des Chores und der Statisten zu der gebührenden Empfangsfeierlichkeit der Vestalinnen herbeiziehen würde, und entführte ihn so der unwürdigen Situation, in welcher ich ihn zu meinem Entsetzen betroffen fand. Dies beruhigte ihn; wir entwarfen einen Plan für die Ausführung der Proben nach seinem Wunsche, und in Wahrheit war ich der einzige, der diese Wendung der Dinge trotz allem nicht unwillkommen hieß, da die meist fast burlesken Züge im Gebaren *Spontinis* mich doch die ungemeine Energie durchblicken ließen, mit welcher hier, wenn auch in seltsamer, mir aber allmählich erklärlicher Entstellung, ein unsrer Zeit fast unkenntlich gewordenes Ziel der theatralischen Kunst verfolgt und festgehalten wurde.

Wir begannen nun zunächst noch mit einer Klavierprobe, in welcher der Meister seine Wünsche besonders an die Sänger mitteilen sollte. Wir erfuhren durch ihn hierbei im Grunde wenig Neues; er gab uns weniger Bemerkungen über Einzelheiten des Vortrages als Auslassungen über das Allgemeine der Auffassung, wobei ich bemerkte, daß er sich bereits an eine entschiedenen Rücksichtnahme gegen die renommierten Sänger, wie die *Schröder-Devrient* und *Tichatschek* es waren, gewöhnt hatte. Letzterem verbot er nur das Wort »Braut«, mit welchem *Licinius* in der deutschen Übersetzung »Julia« anzureden hatte; dies klang seinem Ohr entsetzlich, und er begriff nicht, wie man etwas so Gemeines wie die Laute dieses Wortes für die Musik verwenden könnte. Dem weniger begabten und ziemlich rohen Sänger des Oberpriesters gab er jedoch eine etwas umständliche Lektion über die Auffassung seines Charakters, welchen er aus dem rezitativischen Dialoge mit dem Haruspex zu entnehmen habe; hier sehe er nämlich, daß das Ganze nur auf Priesterbetrug beruhe und auf Benutzung des Aberglaubens berechnet sei. Der Pontifex gebe zu verstehen, daß er seinen Gegner selbst an der Spitze der römischen Kriegsmacht nicht fürchte, weil er für den schlimmsten Fall seine Maschinen bereithalte, welche, sobald es nicht anders ginge, durch ein Wunder das verloschene Feuer der Vesta wieder entzünden sollten, wodurch, selbst wenn Julia somit dem Opfertode entgehen sollte, die Macht des Priestertums dennoch unangetastet erhalten bleiben würde. – Gelegentlich einer Besprechung des Orchesters hatte ich *Spontini* um Belehrung darüber gebeten, warum er, der sonst durchgehends die Posaunen sehr energisch angewandt, gerade bei dem prachtvollen Triumphmarsche des ersten Aktes sie schweigen ließ; ganz verwundert frug er dagegen: »Est-ce que je n'y ai pas de trombonnes?« Ich zeigte ihm die gestochene Partitur, und nun bat er mich, zu diesem Marsche Posaunen zu setzen, damit sie möglichst in der nächsten Probe schon ausgeführt werden könnten. Auch sagte er mir: »J'ai entendu dans votre Rienzi un instrument, que vous appelez Bass-tuba; je ne veut pas *bannir* cet instrument de l'orchestre: faites m'en une partie pour la Vestale.« Es machte mir Freude, mit Auswahl und Diskretion seinem Wunsche nachzukommen. Als er in der Probe zum ersten Male die Wirkung hiervon gewahr wurde, warf er mir einen wirklich zärtlichen Blick des Dankes zu, und der Eindruck dieser unschwierigen Bereicherung seiner Partitur war auf ihn so andauernd, daß er später aus Paris in einem sehr freundschaftlichen Briefe mich um die Zusendung eines Particelles dieser von mir hinzugefügten Instrumente bat; nur erlaubte es sein Stolz nicht, in dem Ausdruck, mit dem er das Gewünschte bezeichnete, zuzugestehen, daß er etwas von mir Verfaßtes verlangte, sondern er schrieb: »Envoyez-moi une partition des trombonnes pour la marche triomphale et de la Basse-tuba, telle qu'elle a été exécutée sous ma direction à Dresde.« – Meine besondere Ergebenheit bezeigte ich ihm außerdem durch den Eifer, mit welchem ich eine vollkommene Umstellung der Instrumente des Orchesters nach seinem Wunsche herrichtete. Dieser Wunsch bezog sich weniger auf ein System als auf seine Gewöhnung, und von welcher Wichtigkeit es für ihn war, in dem Gewohnten nicht die mindeste Änderung eingetreten zu wissen, erhellte mir, als er mir den Charakter seiner Direktionsweise erläuterte; er dirigiere – so sagte er – nämlich das Orchester nur durch den Blick seines Auges: »Mein linkes Auge ist erste Violin, mein rechtes zweite Violin; um mit dem Blick zu wirken, muß man daher keine Brille tragen, wie schlechte Dirigenten es tun, selbst wenn man kurzsichtig ist. Ich« – so gestand er zutraulich – »sehe nicht einen Schritt weit, und doch bewirke ich durch meine Augen, daß alles nach meinem Willen geht.« Einzelheiten in der von ihm zufällig gewohnten Orchesteraufstellung waren allerdings sehr irrational; jedenfalls von einem frühesten Pariser Orchester her, wo sich dies durch irgendeine Nötigung gerade so ergeben hatte, rührte die Gewohnheit, die beiden Oboe-Bläser unmittelbar hinter sich zu haben: diese mußten daher die Mündung ihrer Instrumente dem Ohre des Publikums abwenden, und unser vorzüglicher Oboist war so empört über diese Zumutung, daß es mir nur durch besonders scherzhafte Behandlung dieser Angelegenheit gelang, ihn für diesmal zu beschwichtigen. Außerdem beruhte die Gewöhnung *Spontinis* in diesem Betreff allerdings auf einem sehr richtigen und leider bei den meisten deutschen Orchestern noch gänzlich verkannten Systeme, wonach das Quartett der Saiteninstrumente gleichmäßig über das ganze Orchester sich ausbreitet, die durch Kulmination auf einem Punkt erdrückenden Blech- und Schlaginstrumente getrennt, auf beide Flanken verteilt, und die zarteren Blasinstrumente in geeigneter Annäherung als Kette zwischen den Violinen sich dahinziehen; wogegen die selbst jetzt noch bei den größten und berühmtesten Orchestern übliche Zerteilung des Instrumentalkomplexes in zwei Hälften, die der Saiten- und die der Blasinstrumente, eine wirkliche Roheit und Gefühllosigkeit für die Schönheit eines sich innig verschmelzenden, überall gleichhin wirkenden Orchesterklanges bekundet. Ich war sehr froh, bei dieser Veranlassung die glückliche Neuerung in Dresden durchsetzen zu können, da es, durch die Forderung *Spontinis* angeregt, nun leicht war, den Befehl zur Beibehaltung der Änderung beim König zu erlangen. Es blieb mir nach *Spontinis* Fortgang nur übrig, einige Zufälligkeiten und

Sonderbarkeiten in seinen Anordnungen auszugleichen und zu korrigieren, um von nun an zu einer befriedigenden und sehr wirksamen Aufstellung des Orchesters zu gelangen.

Bei allen Sonderbarkeiten, welche *Spontinis* Direktion der Proben begleiteten, faszinierte der seltene Mann doch Musiker und Sänger in der Art, daß der Aufführung eine ganz ungewöhnliche Aufmerksamkeit gewidmet wurde. Charakteristisch war durchgehends die Energie, mit welcher er auf eine oft ausschweifend scharfe Hervorhebung der rhythmischen Akzente drang; er hatte hierfür im Verkehr mit dem Berliner Orchester es sich angewöhnt, die hervorzuhebende Note mit dem anfangs mir unverständlichen Ausdruck »*diese*« zu bezeichnen, was zumal *Tichatschek*, ein wirkliches rhythmisches Gesangsgenie, besonders erfreute, da er ebenfalls die Gewohnheit hatte, bei wichtigen Eintritten die Choristen dadurch zu besondrer Präzision anzufeuern, daß er behauptete, es gelte nur die erste Note ordentlich hervorzuheben, das übrige fände sich ganz von selbst. Im ganzen stellte sich somit allmählich ein guter und dem Meister gewogener Geist ein; nur die Bratschisten trugen ihm einen Schreck, den er ihnen gemacht, noch lange nach; in der Begleitung der lugubren Kantilene der Julia im Finale des zweiten Aktes entsprach die Ausführung der schaurig weichen Begleitungsfigur in den Bratschen seinem Wunsche nicht; er wendete sich daher plötzlich zu diesen und rief ihnen mit einer hohlen Grabesstimme zu: »Ist der Tod in den Bratschen?« Die zwei bleichen, an unheilbarer Hypochondrie leidenden Greise, welche am ersten Pulte dieses Instrumentes zu meinem Leidwesen trotz ihrer Anwartschaft auf Pensionierung sich immer noch festgeklammert hielten, starrten mit wahrem Entsetzen zu *Spontini* hinauf und glaubten eine Drohung zu hören: ich mußte ihnen nun den Wunsch *Spontinis* ohne theatralische Drastik zu erläutern suchen, um sie allmählich wieder ins Leben zu rufen. – Auf der Szene wirkte Herr *Eduard Devrient* sehr förderlich zur Herstellung eines scharf sich ausdrückenden Ensembles, auch wußte er Rat zu schaffen, um einer Forderung *Spontinis* gerecht zu werden, die uns alle in große Verlegenheit setzte. Nach der auf allen deutschen Theatern angenommenen Kürzung beschlossen auch wir nämlich die Oper mit dem feurigen, vom Chor akkompagnierten Duettsatze des Licinius und der Julia nach deren Rettung; allein der Meister bestand darauf, die der französischen *Opera seria* ureigentümliche Schluß-Szene mit heiterem Chor und Ballett noch angefügt zu wissen. Es widerstand ihm durchaus, auf dem traurigen Begräbnisplatze sein glänzendes Werk elend ausgehen zu sehen; die Dekoration mußte verwandelt werden, im heitersten Lichte den Rosenhain der Venus sich zeigen und an deren Altar unter heiteren Tänzen und Gesängen das geprüfte Liebespaar von mit Rosen geschmückten Priestern und Priesterinnen der Venus anmutig getraut werden. So geschah es denn auch – leider aber nicht zugunsten des von allen so sehr gewünschten Erfolges.

In der Aufführung, welche mit großer Präzision und schönem Feuer vor sich ging, stellte sich in betreff der Besetzung der Hauptpartie ein Übelstand heraus, der von keinem von uns zuvor beachtet worden war. Offenbar war unsere große *Schröder-Devrient* nicht mehr in dem Alter, und namentlich war ihr etwas mütterlich gewordenes Äußere nicht glücklich geeignet, um als jüngste der Vestalinnen, wie sie angesprochen wird, namentlich neben einer Oberpriesterin günstig zu wirken, welche, wie es hier der Fall war, durch ganz ausnehmend mädchenhaft jugendliche Schönheit, die durch nichts zu verbergen war, sich hervorhob. Dies war meine damals siebenzehnjährige Nichte *Johanna Wagner*, welche außerdem mit ihrer gerade um jene Zeit hinreißend schönen Stimme und glücklichen Begabung für theatralischen Akzent ganz unwillkürlich in jedem Zuhörer den Wunsch anregte, die Rollen zwischen ihr und der großen Meisterin vertauscht zu sehen. Der scharfblickenden *Devrient* entging dieser für sie ungünstige Umstand nicht, und sie schien sich hierdurch veranlaßt zu fühlen, durch besondere Aufbietung jedes ihr zu Gebote stehenden dramatischen Effektmittels in ihrer schwierigen Stellung sich siegreich zu behaupten zu suchen, was sie nicht selten zu einiger Übertreibung, in einem Hauptmomente aber zu einem wahrhaft unschönen Exzeß hinriß. Als ihr nach dem großen Terzett des zweiten Aktes, von dem durch die Flucht geretteten Geliebten nach dem Vordergrund zurückschreitend, in furchtbarer Erschöpfung das »Er ist frei!« aus dem gepreßten Herzen hervorbricht, ließ sie sich verleiten, diese Worte völlig zu *sprechen*, statt zu singen. Welche Wirkung ein im übermäßigen Affekt mit Annäherung an den reinen Sprach-Akzent ausgestoßenes entscheidendes Wort hervorzubringen vermag, hatte sich bereits im »Fidelio« zur höchsten Hingerissenheit des Publikums oft bewährt, wenn sie bei der Stelle »Noch einen Schritt und du bist tot!« das *tot* fast mehr sprach als sang. Diese ungeheure Wirkung, die gerade auch ich empfunden, beruhte auf dem wunderbaren Schreck, der sich meiner bemächtigte, aus der idealen Sphäre, in welche die Musik selbst die grauenhaftesten Situationen erhebt, plötzlich auf den nackten Boden der schrecklichsten Realität wie durch einen Beilschlag des Henkers mich geschleudert zu sehen. Hierin gab sich die unmittelbare Erkenntnis der äußersten Spitze des Erhabenen kund, welche ich, mit der Erinnerung an diesen Eindruck, als den blitzartigen Moment bezeichne, welcher zwei ganz verschiedene Welten, da wo sie sich berühren und doch vollständig trennen, in der Weise erleuchtet, daß wir eben für diesen Moment den Blick wirklich in beide Welten zugleich werfen. Welch ungeheure Bewandtnis es aber mit diesem Momente hat, und daß mit ihm, dem furchtbaren, kein eigennütziges Spiel zu treiben ist, erfuhr ich heute an dem vollständigen Verunglücken der Absicht der großen Künstlerin. Das tonlose, mit heiserem Klange herausgepreßte Wort übergoß mich und das ganze Publikum wie mit kaltem Wasser, so daß wir alle in ihm nichts ersahen, als einen manquierten Theatereffekt. – Waren nun die Erwartungen des Publikums, welches außerdem mit doppelten Preisen das Kuriosum, *Spontini* dirigieren zu sehen, zu bezahlen hatte, zu hoch gespannt gewesen; mochte der ganze Stil des Werkes mit seinem französisierten antiken Sujet, trotz der Pracht und Schönheit der Musik, unwillkürlich etwas veraltet vorkommen, oder mochte endlich auch der unglücklich matte Schluß, fast ähnlich wie der verfehlte dramatische Effekt der *Devrient*, ernüchternd wirken – kurz, es wollte zu keinem rechten Enthusiasmus kommen, und der Erfolg des Abends erklärte sich als eine etwas matte Ehrenbezeigung für den weltberühmten Meister, welcher mit seiner ungeheuren Rüstung von Orden eine mich peinlich berührende Erscheinung abgab, als er dem kurzatmigen Hervorrufe des Publikums durch dankenden Hervortritt auf der Bühne entsprach.

Niemandem war dieser nicht sonderlich erquickliche Erfolg weniger entgangen als *Spontini* selbst. Er beschloß einen bessern Anschein zu ertrotzen und bestand hierzu auf der Ergreifung des Mittels, welches er in Berlin fortgesetzt anzuwenden gewohnt war, um seine Opern stets vor vollem Hause und belebtem Publikum zu geben. Er wählte nämlich immer die Sonntage hierfür, weil ihm die Erfahrung gezeigt hatte, daß sonntags stets das Haus voll und das Publikum belebt war. Da nun der nächste Dresdener Sonntag, an welchem er seine »Vestalin« nochmals zu dirigieren sich erbot, noch etwas fern lag, verschaffte uns diese neue Verlängerung seines Aufenthaltes den wiederholten Genuß des besonderen Interesses, mit *Spontini* öfter in geselligem Verkehr zusammen zu sein. An die teils bei Frau *Devrient*, teils auch bei mir in der Unterhaltung mit *Spontini* verlebten Stunden habe ich eine so genaue Erinnerung bewahrt, daß ich davon gern einiges mitteile.

Unvergeßlich bleibt mir ein Gastmahl bei der *Schröder-Devrient*, infolge dessen wir mit *Spontini* und seiner Frau (einer Schwester des berühmten Pianofortefabrikanten *Erard*) lange unter sehr anregenden Gesprächen zusammen waren. Seine gewöhnliche Teilnahme an der Unterhaltung war ein vornehm ruhiges Anhören der Gespräche anderer, welches die Erwartung, um seine Meinung ersucht zu werden, auszudrücken schien. Sobald er dann sprach, geschah es mit rhetorischer Feierlichkeit, in scharf präzisierten Sätzen von kategorischer Tendenz und mit dem Akzent, der jeden Widerspruch als eine Beleidigung erklärte. Herr *Ferdinand Hiller* befand sich unter den miteingeladenen Gästen; er brachte das Gespräch auf *Liszt*; nachdem dieses länger hin und her geführt war, gab *Spontini* in der bezeichneten Weise sein Urteil ab, welches mir bewies, daß er von seinem Berliner Throne aus die Erscheinungen der Welt gerade nicht mit Unbefangenheit und Milde beurteilt habe. Wenn er dann in solchen Orakelsprüchen begriffen war, litt er keine Störung durch irgendwelches Geräusch; als beim Dessert der Ton erregter geworden war, traf es sich, daß Frau *Devrient* während einer ziemlich anhaltenden Rede *Spontinis* zur Seite ein wenig über etwas lachte.

Spontini schoß einen wütenden Blick auf seine Frau; Madame *Devrient* entschuldigte diese sofort, sie selbst sei es gewesen, welche über die Verse einer Bonbon-Devise unwillkürlich gelacht habe, worauf *Spontini* erwiderte: »*Pourtant je suis sûr que c'est ma femme qui a suscité ce rire; je ne veux pas qu'on rie devant moi, je ne rie jamais moi, j'aime le sérieux.*« Dennoch gelangte auch er bis zu einer gewissen Gemütlichkeit. So freute es ihn zum Beispiel, uns durch die Vortrefflichkeit seiner Zähne, mit welchen er laut große Stücke Zucker knackte, in Staunen zu versetzen. In steigende Aufregung geriet er jedoch, als wir nach dem Diner näher zusammenrückten. Soweit ihm dies möglich war, schien er mir wirklich seine besondere Zuneigung geschenkt zu haben; er erklärte offen, daß er mich liebhabe und dies mir nun dadurch bezeigen wolle, daß er mich vor dem Unglück bewahre, in meiner Karriere als dramatischer Komponist fortzufahren. Er glaube wohl, daß es ihm schwerfallen würde, mich von dem Werte eines solchen Freundschaftsdienstes zu überzeugen; da er es aber für wichtig halte, auf diese Weise für mein Glück zu sorgen, werde es ihn nicht verdrießen, zu diesem Zweck ein halbes Jahr in Dresden zu verweilen, welche Gelegenheit wir ja zugleich dazu benützen könnten, seine übrigen Opern, namentlich auch »Agnes von Hohenstaufen«, unter seiner Leitung zur Aufführung zu bringen.

Um seine Ansicht des Verderblichen der Karriere eines dramatischen Komponisten *als Nachfolger Spontinis* zu bezeichnen, begann er mit einem seltsamen Lob für mich; er sagte: »*Quand j'ai entendu votre Rienzi, j'ai dit, c'est un homme de génie, mais déjà il a plus fait qu'il ne peut faire.*« Um nun zu zeigen, was er unter diesem Paradoxon verstehe, holte er folgendermaßen aus: »*Après Gluck c'est moi qui ai fait la grande révolution avec la Vestale; j'ai introduit le ›Vorhalt‹ de la sexte‹ dans l'harmonie et la grosse caisse dans l'orchestre; avec Cortez j'ai fait un pas plus avant; puis j'ai fait trois pas avec Olympie. Nourmahal, Alcidor et tout ce que j'ai fait dans les premiers temps de Berlin, je vous les livre, c'était des œuvres occasionnelles; mais puis j'ai fait cent pas en avant avec Agnès de Hohenstaufen, où j'ai imaginé un emploi de l'orchestre remplaçant parfaitement l'orgue.*« Seit dieser Zeit habe er sich abermals mit einem Sujet »*Les Athéniennes*« zu beschäftigen gesucht; er sei sogar dringend vom Kronprinzen, dem jetzigen König von Preußen, zur Vollendung dieser Arbeit aufgefordert worden – und zugleich zog er aus seinem Portefeuille zum Zeugnis der Wahrheit einige Briefe dieses Monarchen hervor, welche er uns zu lesen gab. Erst nachdem dieses sorgfältig unsererseits geschehen war, fuhr er fort, daß er trotz dieser schmeichelhaften Aufforderung die musikalische Bearbeitung des übrigens sehr guten Sujets aufgegeben habe, weil es ihm zu Sinnen gekommen sei, daß er unmöglicherweise seine »Agnes von Hohenstaufen« übertreffen und etwas Neues erfinden können würde. Die Konklusion lautete nun: »*Or, comment voulez-vous que quiconque puisse inventer quelque chose de nouveau, moi Spontini déclarant ne pouvoir en aucune façon surpasser mes œuvres précédentes, d'autre part étant avisé que depuis la Vestale il n'a point été écrit une note qui ne fut volée de mes partitions.«* Daß diese Behauptung nicht etwa nur eine Phrase sei, sondern auf der genauesten wissenschaftlichen Untersuchung beruhe, dafür führte er das Zeugnis seiner Frau an, welche mit ihm eine voluminöse Abhandlung eines berühmten Mitgliedes der französischen Akademie, dessen Schrift aber aus gewissen Gründen durch den Druck nicht veröffentlicht worden sei, gelesen habe. In dieser sehr eingänglichen Abhandlung von dem größten wissenschaftlichen Werte sei nachgewiesen, daß ohne den von Spontini in der Vestalin erfundenen Vorhalt der Sexte die ganze moderne Melodie nicht existieren würde und daß jede melodische Form, deren man sich seitdem bedient hätte, lediglich seinen Werken entnommen sei. Ich war starr, hoffte aber doch den unerbittlichen Meister mindestens über die ihm selbst vorbehaltenen Möglichkeiten zu einer besseren Meinung zu bringen. Ich gab zu, daß dem gewiß ganz so sei wie jener Akademiker es bewiesen; dennoch frug ich ihn, ob er nicht glaube, daß, wenn ihm ein dramatisches Gedicht von neuer, ihm noch unbekannt gebliebener poetischer Tendenz vorgelegt würde, er aus dieser auch Anregung zu neuer musikalischer Erfindung gewinnen würde. Mitleidig lächelnd erklärte er, daß meine Frage eben einen Irrtum enthalte: worin sollte dieses Neue bestehen? *»Dans la Vestale j'ai composé un sujet romain, dans Fernand Cortez un sujet espagnol-mexicain, dans Olympie un sujet grec-macédonien, enfin dans Agnès de Hohenstaufen un sujet allemand: tout le reste ne vaut rien.«* Er hoffe doch nicht, daß ich etwa den sogenannten romantischen Genre à la Freischütz im Sinne habe? Mit solchen Kindereien gebe sich kein ernster Mann ab; denn die Kunst sei etwas Ernstes, und allen Ernst habe *er* erschöpft. Aus welcher Nation endlich sollte auch der Komponist kommen, der ihn überbieten könnte? Doch nicht etwa von den Italienern, welche er einfach als *cochons* traktierte, von den Franzosen, welche es nur diesen nachgemacht hätten, oder von den Deutschen, welche nie aus ihren Kindereien herauskommen würden und bei denen, wenn jemals gute Anlagen unter ihnen gewesen seien, jetzt durch die Juden bereits alles verdorben sei? *»Oh croyez-moi, il y avait de l'espoir pour l'Allemagne lorsque j'étais empereur de la musique à Berlin; mais depuis que le roi de Prusse a livré sa musique au désordre occasionné par les deux juifs errants qu'il a attirés, tout espoir est perdu.«*

Unsere liebenswürdige Wirtin glaubte nun zu bemerken, daß es gut sei, den sehr aufgeregten Meister etwas zu zerstreuen. Das Theater lag nur wenige Schritte von ihrer Wohnung entfernt; sie lud ihn ein, sich von unserm Freund *Heine*, der sich unter den Gästen befand, hinübergeleiten zu lassen, um von einer Aufführung der »Antigone«, welche soeben dort vor sich ging und die ihn gewiß wegen der antiken Einrichtung der Bühne nach *Sempers* vorzüglichem Arrangement interessieren würde, sich etwas anzusehen. Er wollte dies abschlagen, da er behauptete, dies alles schon besser von seiner »Olympia« her zu kennen. Dennoch gelang es, ihn dazu zu bewegen; nur kehrte er nach kürzester Zeit wieder zurück und erklärte verächtlich lächelnd, genug gesehen und gehört zu haben, um in seiner Meinung bestärkt zu sein. *Heine* erzählte uns, daß, kurz nachdem er mit *Spontini* auf die fast ganz leere Tribüne des Amphitheaters getreten, dieser beim Beginn des Bacchus-Chores sich zu ihm umgewendet habe: »*C'est de la Berliner Sing-Academie, allons nous en.*« Durch die geöffnete Türe sei ein Streiflicht auf eine zuvor unbemerkte einsame Gestalt hinter einer Säule gefallen; *Heine* habe *Mendelssohn* erkannt und sofort geschlossen, daß dieser *Spontinis* Äußerung vernommen habe.

Aus den sehr erregten Äußerungen des Meisters ging uns in der Folge noch deutlich hervor, daß er es darauf abgesehen habe, von uns veranlaßt zu werden, längere Zeit in Dresden zu verweilen und seine sämtlichen Opern zur Aufführung zu bringen. Bereits glaubte aber Frau *Schröder-Devrient* weise daran zu tun, in *Spontinis* eigenem Interesse, da sie ihm einen ärgerlichen Mißerfolg seiner leidenschaftlich genährten Erwartungen betreffs der Aufnahme einer zweiten Aufführung der Vestalin ersparen wollte, eben diese Aufführung während seiner Anwesenheit zu verhindern. Sie schützte wiederum ein Unwohlsein vor, und ich erhielt von der Direktion den Auftrag, *Spontini* von der voraussichtlich längeren Verzögerung in Kenntnis zu setzen. Dieser Besuch war mir so peinlich, daß es mir lieb war, mich von *Röckel*, welchen *Spontini* ebenfalls liebgewonnen hatte und welchem das Französische weit geläufiger war als mir, begleiten zu lassen. Mit wahrer Bangigkeit traten wir ein und vermuteten, einen bösen Auftritt erleben zu müssen: wie erstaunt waren wir dagegen, als wir den Meister, welcher durch ein Billett der *Devrient* bereits freundlich unterrichtet war, in heiter verklärter Miene antrafen. Er eröffnete uns, daß er auf das schnellste nach Paris reisen müsse, um von dort so bald wie möglich nach Rom zu gelangen, wohin er vom Heiligen Vater berufen sei, von dem ihm soeben die Ernennung zum »Grafen von San Andrea« zugekommen sei. Zugleich zeigte er uns noch ein zweites Dokument, durch welches ihm der König von Dänemark »den dänischen Adel verliehen habe«; es war dies nämlich die Ernennung zum Ritter vom Elephanten-Orden, welcher allerdings Adelswürde verleiht; er erwähnte aber nur dieses Adels, nicht des Ordens, weil ihm dies schon zu gemein war. Seine stolze Genugtuung hierüber äußerte sich mit fast kindischer Freude; aus dem engen Kreise der Dresdener Vestalinoperation war er wie durch Zauber befreit und in ein Reich der Glorie versetzt, aus welchem er auf die Opernnöte dieser Welt mit engelhaftem Behagen herabblickte. Von mir und *Röckel* wurden der Heilige Vater und der König von Dänemark innig gepriesen. Wir schieden mit Rührung von dem seltsamen Meister, und, um ihn ganz glücklich zu machen, gab ich ihm das Versprechen, seinen Freundesrat in betreff des Opernkomponierens recht angelegentlich zu überdenken.

Ich erfuhr später, daß *Spontini* sich noch einmal über mich geäußert habe, nämlich als er erfuhr, daß ich Dresden als politischer Flüchtling verlassen und in der Schweiz Asyl gesucht hatte; er war der Meinung, daß dies infolge meiner Beteiligung an einem hochverräterischen Unternehmen gegen den König von Sachsen, welchen er, da er mich als Kapellmeister bei sich anstellte, als meinen Wohltäter betrachtete, geschehen sei, und rief schmerzlich verwundert aus: »Quelle ingratitude!« – Über seinen endlich erfolgten Tod teilte mir *Berlioz*, der sein Sterbelager nicht verließ, mit, daß der Meister sich auf das äußerste gegen sein Sterben gesträubt habe; wiederholt rief er: »Je ne veux pas mourir, je ne veux pas mourir!« Als ihn *Berlioz* tröstete: »Comment pouvez-vous penser mourir, vous, mon maître, qui êtes immortel!«, verwies ihm dies *Spontini* ärgerlich: »Ne faites pas de mauvaises plaisanteries!« – Die Nachricht von seinem Tode, welche ich in Zürich erhielt, berührte mich trotz aller wunderlichen Erfahrungen und Erinnerungen doch sehr bedeutsam: ich gab meiner Stimmung und meinem Urteil über ihn einen gedrängten Ausdruck in der »Eidgenössischen Zeitung«, wobei ich besonders das an ihm hervorhob, daß er, im Gegensatz zu dem jetzt herrschenden *Meyerbeer* und selbst zu dem noch lebenden greisen *Rossini*, sich durch einen wahrhaften Glauben an sich und seine Kunst ausgezeichnet habe. Daß dieser Glaube, wie ich es fast zu meinem Entsetzen erleben mußte, in einen gespenstischen Aberglauben ausgeartet war, verschwieg ich.

Ich entsinne mich nicht, in meiner damaligen Stimmung in Dresden Veranlassung gefunden zu haben, über die höchst sonderbaren Eindrücke, welche ich von der merkwürdigen Begegnung mit *Spontini* erhielt, gründlich nachzudenken, um sie mit meiner eben hierbei nichtsdestoweniger gesteigerten Hochachtung für den großen Meister in Übereinstimmung zu bringen. Offenbar hatte ich nur seine Karikatur kennengelernt; die Anlagen zu einer so auffallenden Übertreibung des Selbstbewußtseins mögen allerdings schon aus dem in seinen rüstigen Jahren von ihm bewährten Charakter nachweislich sein. Nicht minder nachweisbar dünkte mich jedoch auch der Einfluß des ganz wesenhaften Verfalls der musikalisch-dramatischen Kunsttendenz der Periode, welche *Spontini* in einem so unklaren und nichtigen Verhältnisse, wie seine Berliner Stellung es enthielt, altern sah. Daß er sein Hauptverdienst ganz überraschenderweise in Nebendinge setzte, zeigte an, daß sein Urteil kindisch geworden war; dies konnte jedoch in meinen Augen den ungemeinen Wert seiner Werke, mochte er selbst ihn auch in monströser Übertreibung begreifen, deshalb nicht herabsetzen. Was ihn dagegen zu so maßloser Selbstschätzung getrieben hatte, sein Vergleich mit denjenigen Kunstgrößen, welche jetzt ihn verdrängten, konnte, wenn ich ihn meinerseits ebenfalls anstellte, nicht minder zu seiner Rechtfertigung dienen; denn in seiner Verachtung dieser Größen fühlte ich in meinem tiefsten Innern mich ihm verwandter, als ich damals noch laut gestehen mochte. So kam es, daß sonderbarerweise diese Begegnung in Dresden, so durchweg lächerliche Züge sie fast einzig auch darbot, mich im Grunde mit einer fast grauenvollen Sympathie für diesen Mann erfüllte, dessengleichen ich nie wieder begegnen sollte. –

Dagegen brachte die nächste Zeit andere Erfahrungen von bedeutenden künstlerischen Persönlichkeiten unserer Epoche in mein Leben. Diese nahmen sich auffallend anders aus, und von einer der vorzüglichsten derselben, *Heinrich Marschner*, habe ich jetzt zu berichten.

Marschner war sehr jung als Musikdirektor der Dresdener Kapelle von *Weber* berufen worden. Nach *Webers* Tode scheint er sich geschmeichelt zu haben, in dessen leer gewordene Stelle nachzurücken; weniger seinem bis dahin minder bekundeten Verdienste als seinem persönlichen, etwas abstoßenden Benehmen scheint er es zuzuschreiben gehabt zu haben, daß er in seinen Erwartungen getäuscht wurde. Dagegen überraschte ihn eines Tages seine Frau durch eine unvermutete Erbschaft, welche es ihm ermöglichte, ohne Anstellung seine Laufbahn als Opernkomponist mit Energie anzutreten. In meiner wilden Jugendzeit, als sich die Musik meiner bemächtigt hatte, lebte *Marschner* in Leipzig, und dort wurden seine namhaften Opern »*Der Vampyr*« und »*Templer und Jüdin*« zuerst aufgeführt. Meine Schwester *Rosalie* hatte mich einmal zu ihm gebracht, um von ihm ein Urteil über mich zu erhalten. Er benahm sich nicht unfreundlich; das Ergebnis blieb aber ohne bestimmten Einfluß. Noch erlebte ich eine erste Aufführung seiner Oper »*Des Falkners Braut*«, deren Erfolg jedoch nicht günstig ausfiel. Dann kam er nach Hannover; seine Oper »*Hans Heiling*«, welche er in Berlin zuerst aufführte, lernte ich seinerzeit in Würzburg zuerst kennen; sie zeigte mir Schwanken in der Tendenz und Abnahme der Gestaltungskraft. Seitdem erschienen mehrere Opern wie: »*Das Schloß am Aetna*« und »*Der Bäbu*«, welche sich nie verbreiteten. Von der Dresdener Direktion war er immer wie aus alter Ranküne vernachlässigt worden; nur sein »*Templer*« wurde öfter gegeben. Die Direktion dieser Oper blieb meinem Kollegen *Reissiger* zugeteilt; in dessen Abwesenheit hatte doch auch ich einmal sie zu dirigieren; es war die Zeit, in welcher ich am »*Tannhäuser*« arbeitete. Ich entsinne mich, daß, obwohl ich die gleiche Oper früher schon in Magdeburg häufig aufgeführt hatte, diesmal die wüste, unmeisterliche Instrumentation mich so peinlich affizierte, daß ich wirklich darunter litt und *Reissiger* nach dessen Rückkehr auf das ernstlichste bat, die Direktion dieser Oper unter allen Umständen zu behalten. Dagegen hatte ich sogleich nach dem Antritt meiner Stelle die Aufführung des »*Hans Heiling*« betrieben, lediglich von dem hierbei betroffenen künstlerischen Ehrenpunkte ausgehend. Die ungenügende Besetzung der Partien, wie sie zur Zeit nicht anders möglich war, ließ zuerst einen durchgreifenden Erfolg nicht aufkommen; unter allen Umständen schien aber die Tendenz des Werkes merklich veraltet. Nun erfuhr ich aber, daß *Marschner* eine neue Oper, »*Adolph von Nassau*«, fertig habe; in einer mir zukommenden Reklame, deren Wahrhaftigkeit ich nicht zu beurteilen vermochte, war die »patriotische, edle deutsche Tendenz« dieser neuesten Schöpfung *Marschners* mit besondrem Nachdruck hervorgehoben; es lag mir daran, das Dresdener Theater an die Initiative zu gewöhnen, und ich bestimmte *Herrn v. Lüttichau*, die Oper, noch ehe sie sonstwo aufgeführt sei, sofort für Dresden zu verlangen. *Marschner*, welcher von den hannöverischen Theaterbehörden nicht mit besonderer Vorliebe behandelt zu werden schien, nahm die Einladung mit großer Wärme auf, sandte seine Partitur und erklärte sich bereit, zur Aufführung selbst nach Dresden zu kommen. Herrn *v. Lüttichau* war es nicht recht, ihn selbst an der Spitze der Kapelle wiederzusehen; auch ich fand, daß eine zu häufige Berufung fremder Dirigenten zur persönlichen Leitung ihrer Werke unter Umständen zu Verwirrungen führen könnte, die nicht immer so unterhaltend und lehrreich wie beim *Spontini*schen Besuch ausfallen könnten. Es blieb dabei, daß die Oper meiner persönlichen Leitung übergeben war. – Wie bereute ich das! Die Partitur kam an: ein elendes Buch von *Karl Golmick* war vom Komponisten des »*Templer*« in so seichter Weise komponiert worden, daß schließlich der Haupteffekt in ein vierstimmiges Trinklied verlegt war, worin der »*Deutsche Rhein*« und »*Deutsche Wein*« in der bekannten Männerquartett-Weise gefeiert wurde. Mir entsank sofort der Mut; doch war die Sache nicht mehr rückgängig zu machen, und ich mußte nun suchen, durch eine ernste Miene die Sänger in der Ausdauer zu erhalten. Dies war schwer. *Tichatschek* und *Mitterwurzer* hatten die männlichen Hauptrollen; beide, eminent musikalisch, sangen sofort alles vom Blatte und blickten nach jeder Nummer auf mich, was ich dazu meinte? Ich behauptete, es wäre *gute deutsche* Musik; sie sollten sich nur nicht irremachen lassen; sie sahen sich verwundert an und wußten nicht, was sie von mir halten sollten. Endlich wurde es ihnen zu arg, und als ich noch bei meiner ernsten Miene verblieb, brachen sie in lautes Lachen aus, in welches ich denn nun unwillkürlich mit einstimmen mußte. Ich hatte sie zu Mitwissern meiner Not zu machen und sie zu beschwören, da es nun nicht mehr zu ändern sei, meine notgedrungene ernste Miene gleichfalls anzunehmen. Eine Wiener Koloratur-Sängerin vom neuesten Stil, Frau *Spatzer Gentiluomo*, welche uns von Hannover zugekommen war und auf deren Mitwirkung *Marschner* großen Wert legte, blieb nicht ungünstig für ihre Partie gestimmt, da sie fand, daß darin mancherlei Rücksicht auf die Erfordernisse der »Brillanz« genommen sei. Wirklich fand sich ein Finale vor, in welchem mein »deutscher Meister« *Donizetti* den Rang abzulaufen versucht hatte: die Prinzessin war durch eine goldene Rose – das Geschenk des bösen Bischofs von Mainz – vergiftet worden und geriet darüber in Delirium; *Adolph von Nassau* mit den Rittern des deutschen Reiches schwört Rache und ergießt sich in eine vom Chor akkompagnierte Stretta von unglaublicher Gemeinheit und Unbeholfenheit, so daß *Donizetti* sie jedenfalls seinem geringsten Schüler vor die Füße geworfen haben würde. – Zu den Hauptproben kam nun *Marschner* an, war durchaus befriedigt und bot mir genügende Veranlassung, mich in der Kunst, ohne zu lügen doch meine Meinung zurückzuhalten, solcherweise zu üben, daß unser Gast sich rücksichtsvoll und eifrig von mir behandelt annehmen durfte. Bei der Aufführung aber ging es dem Publikum nicht viel anders, als es meinen Sängern in der Probe ergangen war: wir brachten ein totgebornes Kind zur Welt; doch tröstete es *Marschner* vollständig, daß sein Trinkquartett, welches noch etwas in das *Becker*sche Lied »*Sie sollen ihn nicht haben, den freien deutschen Rhein*« hinüberspielte, *da capo* gerufen wurde. Nach der Aufführung bewirtete ich den Komponisten mit einigen Freunden bei mir mit einem Nachtessen, von welchem leider meine Sänger, welche genug hatten, ausblieben. Herr *Ferdinand Hiller* hatte die Geistesgegenwart, bei einem auf *Marschner* ausgebrachten Toast sich dahin auszusprechen, daß, man möge ungefähr sagen was man wolle, hier der Akzent auf den *deutschen* Meister und das *deutsche* Werk zu legen sei. Er wurde drolligerweise hierin von *Marschner* desavouiert, welcher uns im Gegenteil belehrte, daß es mit der deutschen Opernkomponiererei einen Haken habe und man denn doch auch auf die Bedürfnisse der Sänger und ihre Fähigkeiten zum brillanten Gesang mehr Rücksicht nehmen müsse, als dies leider von ihm selber bisher geschehen sei.

Der ungeheure Verfall des wahrhaft hochbegabten deutschen Musikers beruhte demnach zum großen Teil auf einer wirklichen Tendenz, welche in dem alternden Meister eine wichtige und, wie er glaubte, sehr erfolgreiche Änderung hervorgerufen hatte. In späteren Jahren traf ich auf ihn nochmals in Paris, in der Zeit meiner dortigen abenteuerlichen »*Tannhäuser*«-Aufführung. Ich fand keine Neigung, mich ihm diesmal zu nähern, da ich es mir, aufrichtig gemeint, ersparen wollte, Zeuge der letzten Konsequenz seiner damals in Dresden uns dokumentierten Sinnes-Änderung zu werden. Ich erfuhr, daß er, in ziemlich unbehilflichem kindischem Zustand angelangt, von einer ehrgeizigen jüngeren Frau gegängelt werde, welche die Absicht hatte, für ihn eine letzte Pariser Glorie zu erwerben. Bei dieser Gelegenheit las ich mitunter in Reklamen für den *Marschner*schen Ruhm, das Pariser Publikum solle doch nicht etwa glauben, daß *ich* den deutschen Geist in der Musik gegegenwärtig repräsentiere; denn dieser Geist sei, wie man sich überzeugen werde, wenn man nur *Marschner* zu Worte kommen lassen wolle, bei weitem gefügiger und für die Franzosen genießbarer, als man es an meinen Werken erfahren würde. *Marschner* starb, ehe seine Frau mit dem Beweis hierfür zu Ende kam. –

Sehr hübsch und zutraulich nahm sich dagegen, namentlich um jene Zeit, in Dresden *Ferdinand Hiller* aus. Zwar hatte sich auch *Meyerbeer* zuweilen in Dresden eingefunden, man wußte nicht recht weshalb: einmal hatte er am »Pirnaischen Schlage« eine kleine Sommerwohnung gemietet, unter einem hübschen Baum im Garten ein kleines Klavier aufstellen lassen und arbeitete dort in idyllischer Zurückgezogenheit an einem »Feldlager in

Schlesien«. Doch machte er sich auffallend wenig bemerklich, und ich machte so gut wie keine Erfahrung von ihm. Ungleich breiter und gediegener nahm jedoch *Ferdinand Hiller* das musikalische Terrain Dresdens, soweit es nicht offiziell durch die Königliche Kapelle und ihre Meister besetzt war, in Beschlag, um es eine Reihe von Jahren hindurch nach Kräften tätig zu bearbeiten. Mit einigem Vermögen ausgestattet, richtete er sich eine behagliche Niederlassung bei uns ein und machte, wie man bald allgemein rühmte, ein »angenehmes Haus«, welches namentlich von der zahlreichen polnischen Kolonie durch Vermittelung der Frau *Hiller*, einer außerordentlich polnischen Jüdin, die sich mit ihrem Mann zugleich und noch dazu in Italien protestantisch hatte taufen lassen, zu einem beliebten Vereinigungspunkte erwählt wurde. Sein Auftreten begann in Dresden ebenfalls mit einer von uns gegebenen Oper seiner Komposition, »Der Traum in der Christnacht«. Seit dem unerhörten Vorgange, daß mit meinem »Rienzi« zum ersten Male das Dresdner Publikum sich durch Kreierung eines wenigstens dort andauernden Erfolges emanzipierte, lenkte sich der Blick manches Opernkomponisten für einige Zeit nach unserem gemütlichen »Elb-Florenz«, von welchem *Laube* einmal behauptete, es geschähe einem, als ob man ihm, sobald man es beträte, immer etwas abzubitten habe, da man so manches Gute dort fände, welches man vollständig vergäße, wenn man wieder fort sei. Auch »Der Traum in der Christnacht« wurde von dessen Schöpfer für ein besonders »deutsches Werk« gehalten: ein grauenhaftes *Raupach*sches Stück, »Der Müller und sein Kind«, in welchem Vater und Tochter kurze Zeit aufeinander an der Schwindsucht sterben, war für *Hiller* in, wie er meinte, recht populärer Weise zu einem Opernsujet mit Dialog und Musik hergerichtet worden. Er hatte damit dasselbe Schicksal, von dem mir *Liszt* einmal mitteilte, daß es merkwürdigerweise *Hiller* immer verfolgte. Bei seinen anerkannten und namentlich auch von *Rossini* gewürdigten musikalischen Verdiensten habe er doch immer erleben müssen, daß, sowie er eine Oper von sich aufführte, sei es französisch in Paris oder italienisch in Italien, sie immer durchfiel. Auf deutschem Boden hatte er es nun auf »*Mendelssohn*isch« versucht und wirklich ein Oratorium »Die Zerstörung Jerusalems« zustande gebracht, welches sich des Vorteils, von dem launenhaften Theaterpublikum nicht beachtet zu werden, erfreuen und seinem Schöpfer den unverwüstlichen Ruf eines gediegenen deutschen Komponisten eintragen durfte. Auch war er für *Mendelssohn*, als dieser zur Generaldirektion nach Berlin berufen war, für die Leitung der Leipziger »Gewandhauskonzerte« eingetreten. Dort war ihm aber sein altes Unglück wiedergekommen: er konnte sich nicht halten, wie es hieß, seiner Frau wegen, welche man nicht als Konzert-Primadonna gelten lassen wollte. *Mendelssohn* kehrte zurück und verjagte ihn; *Hiller* rühmte sich, mit ihm sich überworfen zu haben. Dresden und der Erfolg meines »Rienzi« lagen ihm nun so nahe, daß der Versuch einer Wiederaufnahme der Chancen als Opernkomponist sich ganz von selbst darbot. Er wußte es durch seine imponierende Geschäftigkeit und den eigentümlichen Reiz, welchen der Sohn einer reichen Bankier-Familie selbst in den Augen eines Hoftheaterintendanten ausübt, dahin zu bringen, daß mein armer Freund *Röckel*, dem jetzt eigentlich die Aufführung seines »Farinelli« zugesagt war, seines »Christnachts-Traumes« wegen beiseite geschoben wurde. Er fand überhaupt, daß neben *Reissiger* und mir doch ein Mensch von größerem musikalischen Rufe, als gerade *Röckel* es sei, plaziert sein sollte. Herr *v. Lüttichau* fand jedoch, daß er an uns beiden Berühmtheiten gerade genug hatte, da wir uns namentlich so friedlich vertrügen, und behielt für *Hillers* Verlockungen ein taubes Ohr. Mir persönlich machte der »Traum in der Christnacht« einige Not; ich hatte davon eine Wiederholung zu dirigieren, welche vor sehr leerem Hause vor sich ging. *Hiller* fand nun, daß er Unrecht getan, meinem früher erteilten Rate, die Oper um einen Akt zu kürzen und den Schluß zu ändern, nicht nachgekommen zu sein, und glaubte mich jetzt mit der Nachricht erfreuen zu müssen, daß er meinen Wünschen vollständig nachkommen werde, sobald er sich einer abermaligen Wiederholung seiner Oper dadurch versichert halten dürfte. Ich brachte es wirklich dahin, daß diese zustande kam. Das Werk konnte sich aber nicht wieder erholen, und *Hiller*, der mein Gedicht zum »Tannhäuser« kennenlernte, fand, daß ich allerdings einen großen Vorteil hätte, indem ich mir meine Operntexte selbst machte und diese so gut ausfielen. Ich mußte ihm versprechen, bei der Wahl und Ausarbeitung eines nächsten von ihm zu komponierenden neuen Sujets als Freund an die Hand zu gehen. Nicht lange hierauf wohnte *Hiller* einer Aufführung meines »Rienzi« bei, welche wiederum vor überfülltem Hause und sehr erregtem Publikum stattfand. Den Augenblick, in welchem ich nach dem zweiten Akte, um dem ungestümen Herausrufe des Publikums nachzukommen, mit der entsprechenden aufgeregten Eile mich aus dem Orchester entfernte, benutzte der auf dem Korridor harrende *Hiller*, um seinem flüchtigen Glückwunsche zu meinem Erfolge die hastig dringende Bitte beizufügen: »Geben Sie doch auch meinen ›Traum‹ noch einmal«, was ich ihm, soweit an mir es läge, lachend versprach. Ob es jedoch dazu kam, ist mir nicht erinnerlich. In der Erwartung der glücklichen Geburt des rechten neuen Opernsujets, ergab sich *Hiller* zunächst der eifrigen Pflege der Kammermusik, wofür ihm ein schön eingerichteter Salon von besonderem Vorteil war.

Ein schönes und ernstes Ereignis wirkte auf die Stimmung, in welcher ich schon am Ende des abgelaufenen Jahres die Komposition des »Tannhäuser« beendigte, in der Art ein, daß es die aus dem soeben geschilderten äußeren Verkehr mir erwachsenden Zerstreuungen vorteilhaft neutralisierte. Es war die im Dezember 1844 glücklich ausgeführte Übersiedelung der sterblichen Überreste *Carl Maria v. Webers* aus London nach Dresden. Wie ich bereits erwähnte, hatte sich seit Jahren ein Komitee gebildet, welches für diese Übersiedelung agitierte. Durch einen Reisenden war es bekannt geworden, daß der unscheinbare Sarg, welcher *Webers* Asche verwahrte, in einem entlegenen Raum der Londoner Pauls-Kirche so rücksichtslos untergebracht sei, daß zu fürchten stünde, in nicht langer Zeit werde er gar nicht mehr zu finden sein. Mein genannter energischer Freund Professor *Löwe* hatte diese Kunde benutzt, um die Liedertafel, sein Steckenpferd, zum Angriff der Unternehmung der Übersiedelung der Weberschen Überreste zu treiben. Das Männergesangskonzert, zum Zweck der Aufbringung der Kosten veranstaltet, hatte einen verhältnismäßig bedeutenden Erfolg gehabt; man wollte nun die Theaterintendanz auffordern, in gleichem Sinne sich zu bewähren, als man hiergegen an Ort und Stelle auf einen ersten zähen Widerstand stieß. Von seiten der Dresdener Generaldirektion war dem Komitee bedeutet worden, der König fände religiöse Bedenken gegen die beabsichtigte Störung der Ruhe eines Toten. Man mochte diesem angegebenen Motive nicht recht trauen, konnte aber doch nichts ausrichten, und nun ward meine neue hoffnungsreiche Stellung benutzt, um mich für das Vorhaben eintreten zu lassen. Mit großer Wärme ging ich hierauf ein; ich ließ mich zum Vorstand wählen; man zog eine künstlerische Autorität, den Direktor des Antiken-Kabinetts, Herrn Hofrat *Schulz,* außerdem noch einen christlichen Bankier hinzu; die Agitation ward von neuem lebhaft betrieben; Aufforderungen ergingen nach allen Seiten; ausführliche Pläne wurden entworfen, und vor allem fanden zahllose Sitzungen statt. Hier trat ich denn abermals in einen Antagonismus mit meinem Chef, Herrn *v. Lüttichau:* er hätte mir, mit Bezug auf den vorgegebenen königlichen Willen, gewiß gern alles einfach verboten, wenn es gegangen wäre und wenn er nicht, nach der Erfahrung von der im Sommer vorausgegangenen Empfangs-Musik für den König, wie man (auch nach der Gewohnheit des Herrn *v. Lüttichau)* sich populär ausdrückte, »ein Haar darin gefunden hätte«, mit mir in solchen Dingen anzubinden. Da es mit dem königlichen Widerwillen gegen die Unternehmung jedenfalls nicht so bestimmt gemeint war, er auch schließlich einsehen mußte, daß dieser königliche Wille die Ausführung des Unternehmens auf reinem Privatwege nicht hätte verhindern können, dagegen es dem Hofe Gehässigkeit zuziehen mußte, wenn das Königliche Hoftheater, dem einst *Weber* angehört hatte, sich feindselig davon ausschloß, so suchte mich Herr *v. Lüttichau* mehr durch gemütliche Vorstellungen von meiner Teilnahme, ohne welche, wie er meinte, die Sache doch nicht zustande kommen würde, abzubringen. Er stellte mir nämlich vor, wie er doch unmöglich zugeben könnte, daß gerade dem Andenken *Webers* eine solche übertriebene Ehre erwiesen würde, während doch der verstorbene *Morlacchi* viel längere Zeit um die Königliche Kapelle sich verdient gemacht habe und niemand daran denke, dessen Asche aus Italien herzuholen. Zu welchen Konsequenzen sollte das führen? Er setze den Fall, *Reissiger* stürbe nächstens auf einer Badereise; seine Frau könne mit Recht dann ebensogut wie jetzt Frau *v. Weber* (welche ihm außerdem Ärger genug gemacht habe) verlangen, daß man die Leiche ihres Mannes mit Sang und Klang kommen ließe. Ich suchte ihn hierüber zu beruhigen; gelang es mir nicht, ihm die Unterschiede klarzumachen, über welche er in Verwirrung geriet, so vermochte ich ihn doch davon zu überzeugen, daß jetzt die Sache ihren Lauf nehmen müsse, namentlich da schon das Berliner Hoftheater zur Unterstützung unseres Zweckes eine Benefiz-Vorstellung angekündigt habe. Diese, durch *Meyerbeer*, an welchen mein Komitee sich gewandt hatte, veranlaßt, fand mit einer Vorstellung der »Euryanthe« wirklich statt und lieferte das schöne Ergebnis eines Beitrags von vollen 2000 Talern. Einige geringere Theater folgten; so konnte nun auch das Dresdener Hoftheater nicht länger zurückstehen, und es fand sich, daß wir unserem Bankier für jetzt ein genügendes Kapital überweisen konnten, um dadurch die Übersiedelungskosten sowie die Bestellung einer geeigneten Gruft mit entsprechendem Grabmal zu bestreiten, und auch noch einen Grundstock übrigbehielten für die dereinst zu erschwingende Statue *Webers*. Der ältere der beiden hinterlassenen Söhne des verewigten Meisters reiste selbst nach London, um die Asche seines Vaters zurückzuführen. Dies geschah zu Schiff auf der Elbe, wo sie schließlich am Dresdener Landungsplatz anlegte, um hier zuerst auf deutsche Erde übergeführt zu werden. Diese Überführung sollte am Abend bei Fackelschein in feierlichem Zuge vor sich gehen; ich hatte es übernommen, für die dabei auszuführende Trauermusik zu sorgen. Ich stellte diese aus zwei Motiven der »Euryanthe« zusammen; durch die Musik, welche die Geistervision in der Ouvertüre bezeichnet, leitete ich die ebenfalls ganz unveränderte, nur nach B-dur transponierte Kavatine der Euryanthe *»Hier dicht am Quell«* ein, um hieran die verklärte Wiederaufnahme des ersten Motives, wie es sich am Ende der Oper wieder vorfindet, als Schluß anzureihen. Dieses somit sehr gut sich fügende symphonische Stück hatte ich für 80 ausgewählte Blasinstrumente besonders orchestriert und bei aller Fülle hierbei namentlich auf die Benützung der weichsten Lagen derselben studiert; das schaurige Tremolo der Bratschen in dem der Ouvertüre entlehnten Teile ließ ich durch zwanzig gedämpfte Trommeln im leisesten piano ersetzen und erreichte durch das Ganze, schon als wir es im Theater probierten, eine so überaus ergreifende und namentlich gerade unser Andenken an *Weber* innig berührende Wirkung, daß, wie die hierbei gegenwärtige Frau *Schröder-Devrient*, welche allerdings noch *Weber* persönlich befreundet gewesen war, zu der erhabensten Rührung hingerissen wurde, auch ich mir sagen konnte, noch nie etwas seinem Zwecke so vollkommen Entsprechendes ausgeführt zu haben. Nicht minder glückte die Ausführung der Musik auf offener Straße beim feierlichen Zuge selbst: da das sehr langsame Tempo, welches sich durch keinerlei rhythmische Merkmale deutlich zeichnete, hierfür besondere Schwierigkeiten machen mußte, hatte ich bei der Probe die Bühne gänzlich entleeren lassen, um so den geeigneten Raum zu gewinnen, auf welchem ich die Musiker, nachdem sie das

Stück gehörig eingeübt hatten, nun auch während des Vortrags im Kreise um mich her gehen ließ. Mir wurde von Zeugen, welche an den Fenstern den Zug kommen und vorübergehen sahen, versichert, daß der Eindruck der Feierlichkeit unbeschreiblich erhaben gewesen sei.

Nachdem wir den Sarg in der kleinen Totenkapelle des katholischen Friedhofs in Friedrichstadt, in welcher er still und bescheiden von Frau *Devrient* mit einem Kranz bewillkommt worden war, beigesetzt hatten, ward nun am andern Vormittag die feierliche Versenkung desselben in die von uns bereitgehaltene Gruft ausgeführt. Mir nebst dem andern Vorsitzenden des Komitees, Herrn Hofrat *Schulz*, war die Ehre zugeteilt worden, eine Grabrede zu halten. Was mir zu ihrer Abfassung einen besonders rührenden Stoff ganz frisch zugeführt hatte, war der kurz vor dieser Übersiedelung erfolgte Tod des zweiten Sohnes des seligen Meisters, *Alexander von Weber*. Seine Mutter war durch diesen unerwarteten Todesfall des blühenden Jünglings so furchtbar erschüttert, daß wir, wäre unser Unternehmen nicht bereits zu weit gediehen gewesen, uns beinahe veranlaßt gesehen hätten, es aufzugeben, da die Witwe in diesem so schrecklichen neuen Verluste ein Urteil des Himmels zu erkennen geneigt schien, welches hiermit den Wunsch der Übersiedelung der Asche des längst Dahingeschiedenen als einen Frevel der Eitelkeit bezeichne. Da das Publikum in seiner besondern Gemütlichkeit ähnliche Vorstellungen ebenfalls unter sich aufkommen ließ, hielt ich mir die Aufgabe zuerteilt, auch hiergegen unser Unternehmen in das rechte Licht zu stellen; und es gelang mir so, daß von allen Seiten mir bezeugt wurde, daß gegen meine gelungene Rechtfertigung nicht das mindeste mehr aufkäme. Eine besondere Erfahrung machte ich hierbei an mir selbst, da ich zum ersten Male in meinem Leben in feierlicher Rede mich öffentlich vorzustellen hatte. Ich habe seitdem bei vorkommender Veranlassung, Reden zu halten, stets nur *ex tempore* gesprochen; dieses erste Mal hatte ich mir jedoch meine Rede, schon um ihr die nötige Gedrängtheit zu geben, zuvor schriftlich ausgearbeitet und sie genau memoriert. Da der Gegenstand und meine Fassung desselben mich vollständig erfüllten, war ich meines Gedächtnisses so gewiß, daß ich an keinerlei Vorkehrung zur Nachhilfe dachte; hierdurch setzte ich meinen Bruder *Albert,* welcher bei der Feierlichkeit in meiner Nähe stand, für einen Moment in große Verlegenheit, so daß er gestand, bei aller Ergriffenheit mich verwünscht zu haben, daß ich ihm das Manuskript nicht zum Soufflieren zugestellt hätte. Es begegnete mir nämlich, daß, als ich meine Rede deutlich und volltönend begonnen, ich von der fast erschreckenden Wirkung, welche meine eigene Sprache, ihr Klang und ihr Akzent auf mich selbst machten, für einen Augenblick so stark affiziert wurde, daß ich in völliger Entrücktheit, wie ich mich *hörte,* so auch der atemlos lauschenden Menge gegenüber mich zu *sehen* glaubte und, indem ich mich mir so objektivierte, völlig in eine gespannte Erwartung des fesselnden Vorganges geriet, welcher sich vor mir zutragen sollte, als ob ich gar nicht derselbe wäre, der anderseits hier stehe und zu sprechen habe. Nicht die mindeste Bangigkeit oder auch nur Zerstreutheit kam mir hierbei an; nur entstand nach einem geeigneten Absatz eine so unverhältnismäßig lange Pause, daß, wer mich mit sinnend entrücktem Blicke dastehen sah, nicht wußte, was er von mir denken sollte. Erst mein eigenes längeres Schweigen und die lautlose Stille um mich herum erinnerten mich daran, daß ich hier nicht zu hören, sondern zu sprechen hätte; sofort trat ich wieder ein und sprach meine Rede mit so fließendem Ausdruck bis an das Ende, daß mir hierauf der berühmte Schauspieler *Emil Devrient* versicherte, wie er nicht nur als Teilnehmer der ergreifendsten Leichenfeier, sondern namentlich auch als dramatischer Redner von dem Vorgange auf das erstaunlichste imprimiert worden sei. Die Feier fand ihren Abschluß durch den Vortrag eines von mir verfaßten und komponierten Gedichtes, welches, sehr schwierig für Männergesang, aber unter der Anführung unserer besten Theater-Sänger sehr schön ausgeführt wurde. Herr *von Lüttichau*, welcher dieser Feier beigewohnt hatte, erklärte sich mir gleichfalls nun für überzeugt und für die Gerechtigkeit des Unternehmens eingenommen.

Es war ein schöner, meinem tiefsten Innern wohltuender Erfolg, dessen ich mich zu erfreuen hatte; und hätte ihm noch etwas gefehlt, so trug nun *Webers* Witwe, welcher ich vom Kirchhof aus meinen Besuch machte, durch die innigsten Ergießungen dazu bei, mir jede Wolke zu verscheuchen. Für mich hatte es eine tiefe Bedeutung, daß ich, durch *Webers* lebensvolle Erscheinung in meinen frühesten Knabenjahren so schwärmerisch für die Musik gewonnen, dereinst so schmerzlich von der Kunde seines Todes betroffen, nun im Mannesalter durch dieses letzte zweite Begräbnis noch einmal mit ihm wie in persönlich unmittelbare Berührung getreten war. Nach meinen voranstehenden Berichten über meinen Verkehr mit lebenden Meistern der Tonkunst und den Erfahrungen, die ich von ihnen machte, kann man ermessen, aus welchem Quell meine Sehnsucht nach innigem Meisterumgang sich zu stärken hatte. Es war nicht tröstlich, vom Grabe *Webers* nach seinen lebenden Nachfolgern auszusehen; doch sollte mir das Hoffnungslose dieses Ausblickes mit der Zeit erst noch zum recht klaren Bewußtsein kommen. –

Unter diesen teils nach außen lenkenden Zerstreuungen, teils nach innen wirkenden Erlebnissen verbrachte ich den Winter 1844-45; es gelang mir durch äußersten Fleiß und durch Benutzung der frühesten Morgenstunden selbst im Winter, die bereits am Ende des vergangenen Jahres beendigte Komposition des »Tannhäuser« bis im April auch schon in der Partitur auszuführen. Für die Niederschrift der Instrumentation hatte ich mir eine besondere Schwierigkeit dadurch bereitet, daß ich diese zum Zwecke der Autographierung sogleich auf das hierzu nötige besonders präparierte Papier mit all der hierzu erforderlichen Umständlichkeit ausführte. Ich ließ jede Seite sofort auf Stein abdrucken und in 100 Exemplaren abziehen in der Hoffnung, von diesen Exemplaren einen zweckmäßigen Gebrauch für die schnelle Verbreitung meines Werkes machen zu können. Mochte diese Hoffnung nun in Erfüllung gehen oder nicht, jedenfalls war ich jetzt um 500 Taler, welche die Herstellung dieser Exemplare kostete, ärmer. Welches das Schicksal dieser mühseligen, mit solchen Opfern hergestellten Arbeit war, wird in meiner Biographie wohl auch noch vorkommen; genug, ich begrüßte den Mai mit 100 wohlgefalzten, sauberen Exemplaren meines endlich seit dem »Fliegenden Holländer« nun wieder fertig gewordenen ersten neuen Werkes, von welchem selbst *Hiller*, als ich ihm einiges daraus zeigte, eine ganz erträgliche Meinung zu fassen sich bereit erwies.

Diese Vorkehrungen für eine schnelle Verbreitung des »Tannhäuser« zielten auf einen Erfolg, der durch die Nötigungen meiner Lage mir immer erstrebenswerter erscheinen mußte. Im Verlauf eines Jahres seit dem Beginn des Unternehmens der Selbstherausgabe meiner Opern war hierfür bereits viel geschehen; den vollständigen Klavierauszug des »Rienzi« hatte ich schon im September des verflossenen Jahres 1844 in einem kostbar ausgestatteten Widmungs-Exemplar dem Könige von Sachsen überreicht; auch der »Fliegende Holländer« war fertig geworden; zweihändige und vierhändige Klavierauszüge von »Rienzi« sowie die einzelnen Gesangsnummern aus beiden Opern waren ebenfalls erschienen oder in der Veröffentlichung begriffen; hierzu hatte ich nun noch die Partituren dieser beiden Opern durch sogenannten autographischen Umdruck (jedoch nach der Handschrift eines Kopisten) in je 25 Exemplaren vervielfältigen lassen. Vermehrte diese neue starke Ausgabe meine Kosten auch in sehr bedeutendem Maße, so schien mir doch der Versuch, durch Zusendung meiner Partituren die Theater zur Aufführung meiner Opern anzuregen, jetzt unerläßlich, da die kostbare Herausgabe der Klavierauszüge sich nur rentieren konnte, wenn endlich die gewünschte Verbreitung auf den Theatern durchgesetzt würde. Ich versandte nun an die bedeutendsten Theater zunächst die Partitur des »Rienzi«: von einem jeden erhielt ich sie zurückgeschickt, von dem Münchener Hoftheater sogar unausgepackt. Ich wußte genug und ersparte mir nun die Kosten des Versuchs mit einer Versendung des »Holländers«. Geschäftlich spekulativ betrachtet stand die Sache demnach so, daß der verhoffte Erfolg des »Tannhäuser« auch jene früheren Opern mit nach sich ziehen sollte; auch der würdige Hofmusikalienhändler *Meser*, mein wunderlicher, bereits ziemlich bedenklich gewordener Kommissionär, mußte notgedrungen auf diese Ansicht verfallen. Die Herausgabe des Klavierauszuges des »Tannhäusers«, den ich diesmal selbst verfertigte, während mir *Röckel* den des »Fliegenden Holländers«, ein gewisser *Klink* den des »Rienzi« verfaßt hatte, ward demnach sofort in Angriff genommen. Nur gegen den Titel, welcher damals noch »*Der Venusberg*« lautete, war *Meser* so vollständig eingenommen, daß er mir ihn auch wirklich ausredete: er behauptete, ich käme nicht unter das Publikum und hörte nicht, wie man über diesen Titel die abscheulichsten Witze machte, welche namentlich von den Lehrern und Schülern der medizinischen Klinik in Dresden, wie er meinte, ausgehen müßten, da sie sich auf eine nur in diesem Bereich geläufigere Obszönität bezögen. Es genügte, eine so widrige Trivialität mir bezeichnet zu hören, um mich zu der gewünschten Änderung zu bewegen: ich fügte dem Namen meines Helden Tannhäuser die Benennung desjenigen Sagenstoffes hinzu, welchen ich, ursprünglich der Tannhäuser-Mythe fremd, mit dieser in Verbindung gebracht hatte, woran leider später der so sehr von mir geschätzte Sagen-Forscher und Erneuerer *Simrock* Ärger nahm.

»*Tannhäuser und der Sängerkrieg auf Wartburg*« sollte aber dem Publikum bereits in einer seiner mittelalterlichen Tendenz entsprechenden Gestalt auch durch die Ausstattung des Klavierauszuges vorgeführt werden, und ich ließ deshalb durch unsre Leipziger Offizin besondre Typen für gotische Alphabete zur Wiedergabe des Textes anfertigen, eine nicht geringe Vermehrung der Kosten, mit welcher ich *Meser* meine große Zuversicht auf den Erfolg dieses Werkes recht eindringlich bekundete. Wir staken bereits so tief darin, und die Herbeischaffung der nötigen Kapitalien für mein Unternehmen war bereits mit so großen Opfern verbunden, daß uns auch gar nichts übrigblieb, als auf eine höchst bedeutende günstige Wendung meiner Angelegenheiten zu rechnen. Andrerseits ward meine Hoffnung auf den »Tannhäuser« von der Generaldirektion des Theaters vollständig geteilt. Mehrere vorzügliche Dekorationen, welche die besten Maler der Großen Oper in Paris für Dresden geliefert hatten und welche, zu dem damals noch üblichen Stil der deutschen Dekorationsmalerei gehalten, den Eindruck wirklicher Kunstwerke edelster Gattung machten, hatten mich veranlaßt, Herrn *v. Lüttichau* zu bestimmen, den »Tannhäuser« von denselben Künstlern ausstatten zu lassen. Die Bestellungen hierfür sowie die Besprechungen mit dem Pariser Maler *Despléchin* hatten schon im vergangenen Herbst stattgefunden. Alle meine Wünsche wurden genehmigt, namentlich auch die Anfertigung schöner und charakteristischer mittelalterlicher Kostüme nach den Zeichnungen meines Freundes *Heine* in Auftrag gegeben; nur die Bestellung der Sängerhalle auf der Wartburg verzögerte Herr *v. Lüttichau* immer von neuem, weil er behauptete, der vor kurzem von den französischen Malern für »Oberon« gelieferte Saal Kaiser Karls des Großen könne mir recht gut auch für meinen Zweck genügen. Es kostete mich übermenschliche Anstrengung, meinem Chef zu beweisen, daß es hier nicht um einen glänzenden Kaisersaal zu tun sei, sondern um ein szenisches Bild von genau von mir ins Auge gefaßter Eigentümlichkeit, welches nur nach meinen Angaben ins Leben zu rufen sei. Da ich endlich sehr gereizt und unmutig mich erwies, beruhigte er mich und sagte, er habe gewiß nichts gegen die Anfertigung auch dieser Halle und wolle sie sofort bestellen, nur hätte er geglaubt, meine Freude auch hierüber zu vergrößern, wenn er es mir etwas schwerer mache, weil, was man sogleich gewährt erhielt, für nichts geachtet würde. Diese Sängerhalle sollte mir noch große Nöten machen. Immerhin war nun alles vortrefflich im Gange; alle Gunst der vorhandenen Umstände vereinigte sich in einem Brennpunkte, welcher auf die für die Eröffnung der Herbstsaison vorbereitete Aufführung meines neuen Werkes ein hoffnungerweckendes Licht warf. Auch war die Spannung darauf nicht gering; zum ersten Male las ich in einer Korrespondenz der »Allgemeinen Zeitung« mit bedeutungsvoller Geneigtheit mich erwähnt, als von der Erwartung gesprochen wurde, mit welcher man meinem neuen Werke entgegensah, dessen Dichtung »mit unverkennbarem poetischem Verstand« verfaßt sei. So den besten Hoffnungen mich hingebend, trat ich im Juli meinen diesjährigen Sommerurlaub mit einer Reise nach *Marienbad* in Böhmen an, um dort wegen einer mir und meiner Frau gleichmäßig angeratenen Brunnenkur unseren Erholungsaufenthalt zu nehmen.

Wieder war ich auf dem vulkanischen Boden dieses merkwürdigen und für mich immer anregenden Böhmen; ein wundervoller, fast nur zu heißer Sommer diente zur Nahrung meiner inneren Heiterkeit. Ich hatte mir vorgenommen, mich der gemächlichsten Lebensweise, wie sie andrerseits für die sehr aufregende Kur unerläßlich ist, hinzugeben. Sorgsam hatte ich mir die Lektüre hierzu mitgenommen: die Gedichte *Wolfram von Eschenbachs* in den Bearbeitungen von *Simrock* und *San Marte*, damit im Zusammenhange das anonyme Epos vom »*Lohengrin*« mit der großen Einleitung von *Görres*. Mit dem Buche unter dem Arm vergrub ich mich in die nahen Waldungen, um am Bache gelagert mit *Titurel* und *Parzival* in dem fremdartigen und doch so innig traulichen Gedichte *Wolframs* mich zu unterhalten. Bald regte aber die Sehnsucht nach eigener Gestaltung des von mir Erschauten sich so stark, daß ich, vor jeder aufregenden Arbeit während des Genusses des Marienbader Brunnens gewarnt, Mühe hatte, meinen Drang zu bekämpfen. Hieraus erwuchs mir eine bald beängstigend sich steigernde Aufregung: der »*Lohengrin*«, dessen allererste Konzeption schon in meine letzte Pariser Zeit fällt, stand plötzlich vollkommen gerüstet mit größter Ausführlichkeit der dramatischen Gestaltung des ganzen Stoffes vor mir. Namentlich gewann die an ihm so bedeutungsvoll haftende Schwanensage durch alle um jene Zeit vermöge meiner Studien mir bekannt gewordenen Züge dieses Mythenkomplexes einen übermäßigen Reiz für meine Phantasie. Eingedenk der ärztlichen Warnung, wehrte ich gewaltsam die Versuchung zum Niederschreiben des entstandenen Planes von mir und wendete dagegen ein energisches Mittel der sonderbarsten Art an. Aus wenigen Notizen in *Gervinus'* »Geschichte der deutschen Literatur« hatten die *Meistersinger von Nürnberg*, mit *Hans Sachs*, für mich ein besondres Leben gewonnen. Namentlich ergötzte mich schon der Name des »Merkers« sowie seine Funktion beim Meistersingen ungemein. Ohne irgend Näheres von *Sachs* und den ihm zeitgenössischen Poeten noch zu kennen, kam mir auf einem Spaziergange die Erfindung einer drolligen Szene an, in welcher der Schuster, mit dem Hammer auf den Leisten, dem zum Singen genötigten *Merker* zur Revanche für von diesem verübte pedantische Untaten als populär handwerklicher Dichter eine Lektion gibt. Alles konzentrierte sich vor mir in den zwei Pointen des Vorzeigens der mit Kreidestrichen bedeckten Tafel von seiten des *Merkers* und des die mit Merkerzeichen gefertigten Schuhe in die Luft haltenden *Hans Sachs*, womit beide sich anzeigten, daß *»versungen«* worden sei. Hierzu konstruierte ich mir schnell eine enge, krumm abbiegende Nürnberger Gasse mit Nachbarn, Alarm und Straßenprügelei als Schluß eines zweiten Aktes – und plötzlich stand meine ganze Meistersingerkomödie mit so großer Lebhaftigkeit vor mir, daß ich, weil dies ein besonders heitres Sujet war, es für erlaubt hielt, diesen weniger aufregenden Gegenstand trotz des ärztlichen Verbotes zu Papier zu bringen. Dies geschah, und namentlich hoffte ich damit mich vom Befassen mit dem »Lohengrin« befreit zu haben. Doch hatte ich mich getäuscht: kaum war ich um die Mittagszeit in mein Bad gestiegen, als ich von solcher Sehnsucht, den »Lohengrin« aufzuschreiben, ergriffen ward, daß ich, unfähig, die für das Bad nötige Stunde abzuwarten, nach wenigen Minuten bereits ungeduldig heraussprang, kaum die Zeit zum ordentlichen Wiederankleiden mir gönnte und wie ein Rasender in meine Wohnung lief, um das mich Bedrängende zu Papier zu bringen. Dies wiederholte sich mehrere Tage, bis der ausführliche szenische Plan des *»Lohengrin«* ebenfalls niedergeschrieben war.

Nun fand der Badearzt aber, daß es besser sei, ich gäbe Brunnen und Wanne auf und ließe mir ein für allemal gesagt sein, daß ich zu solchen Kuren nicht tauge. Meine Aufregung hatte so zugenommen, daß der Versuch des nächtlichen Schlafes in der Regel zu einer Folge von Abenteuern führte. Wir machten einige zerstreuende Ausflüge, unter andrem nach Eger, welches mich durch seine Erinnerungen an Wallenstein sowie durch die originelle Tracht seiner Bewohner höchlich ansprach. Mitte August reisten wir zurück nach Dresden; meine Freunde freuten sich meiner übermütig heitern Laune: mir war, als ob ich Flügel hätte.

So begann denn nun, als mit September unsere Sänger alle wieder eingetroffen waren, das Studium des *»Tannhäuser«*, welches mich bald wieder ernst und immer ernster stimmte. Die Proben gediehen bald bis dahin, daß die Aufführung, soweit sie durch musikalische Studien vorzubereiten war, in nahe Aussicht gerückt wurde. Von den besonderen Schwierigkeiten, welche der Darstellung gerade dieses Werkes entgegenstanden, gewann zuerst Frau *Schröder-Devrient* einen Begriff, und zwar wurden sie ihrem Gefühle und ihrer Einsicht so deutlich, daß sie hierüber sich zu meinem Unbehagen und meiner Beschämung mir mitzuteilen wußte. Vor allem schon das Gedicht gab ihr hierzu die Anleitung: sie las mir bei einem Besuche sehr schön und ergreifend die Hauptstellen des letzten Aktes vor und frug mich, wo ich denn den Kopf hätte zu glauben, daß ein so kindischer Mensch wie

Tichatschek die Akzente für diesen *Tannhäuser* finden könnte. Ich suchte sie und mich auf die Eigenschaft meiner Musik hinzulenken, welche so genau und bestimmt den nötigen Akzent zum Ausdruck bringe, daß ich vermeinen müßte, die Musik spräche für den Darsteller, selbst wenn dieser eben nur ein musikalischer Sänger sei. Sie schüttelte den Kopf und meinte, das möchte sich hören lassen, wenn ich von einem Oratorium spräche. Nun aber sang sie mir nach dem Klavierauszug das Gebet der *Elisabeth* vor und frug mich, ob ich wohl glaubte, daß diese Noten durch eine junge hübsche Stimme ohne eigene Seele und alle die Schärfe der unerläßlichen Herzenserfahrungen sich so von selbst singen würden, daß es meiner Absicht entspräche. Ich seufzte und meinte, das Fehlende müßte eben durch die Kindlichkeit und Jugendlichkeit dieser Stimme und Darstellerin sich diesmal ersetzen. Doch bat ich sie sehr, mit meiner Nichte *Johanna*, welcher die Rolle der Elisabeth zugeteilt war, sich hierüber in ein belehrendes Einvernehmen zu setzen. Leider war aber in dieser wie in keiner Weise für die Lösung der Aufgabe des Tannhäuser zu sorgen, da mein rüstiger Freund *Tichatschek* durch jeden Versuch einer Belehrung nur irregemacht werden konnte. So mußte ich mich denn ganz allein auf die Energie der Stimme und des diesem Sänger besonders eigenen scharfen Sprachtones verlassen.

Die Sorge der großen Künstlerin hatte, indem sie sich auf die Leistungen der eigentlichen Hauptrollen bezog, aber auch noch einen besonderen persönlichen Grund: sie wußte nämlich selbst nicht, was mit der Partie der Venus anzufangen, welche sie, trotz ihres sehr geringen Umfanges, dennoch gerade der Schwierigkeit und Bedeutung der ideellen Aufgabe wegen und um zum Gelingen des Ganzen beizutragen, übernommen hatte. Von dem nur allzu skizzenhaften Ausfall dieser Partie überzeugte ich mich später so bestimmt, daß ich, als durch die Pariser Aufführung die Bearbeitung meines Werkes mir nochmals nahegerückt wurde, in sehr ausführlicher Weise das Versäumte und von mir innig Vermißte durch eine vollständige Neugestaltung der Partie nachholte. Für jetzt blieb es dabei, daß diese Skizze durch keine Kunst der Darstellerin zu einer der Idee entsprechenden Ausführung gelangen konnte. Höchstens wäre durch eine Berufung an die rein sinnliche Teilnahme des Publikums, durch eine besonders jugendlich schöne Erscheinung, durch das persönliche Vertrauen der Darstellerin auf die Wirkung dieses physischen Hilfsmittels zu irgendwelchem Eindruck zu gelangen gewesen. Das Gefühl davon, daß dieses Wirkungsmittel ihr jetzt nicht mehr zu Gebot stand, lähmte die bereits in das Matronenhafte sich zeichnende große Künstlerin und erhielt sie in der Befangenheit, welche ihr die Anwendung der gewöhnlichen Mittel des Gefallens verwehrte. Mit einem verzweiflungsvollen Lächeln äußerte sie sich einmal über die Schwierigkeit, die Venus darzustellen, welche einfach nur aus der einen Unmöglichkeit entspringe, sie im richtigen Kostüm zu geben: »Um Gottes willen, was soll ich denn als Venus anziehen? Mit einem bloßen Gürtel geht es doch nicht! Nun wird eine Redouten-Puppe daraus; Sie werden Ihre Freude haben!« –

Im ganzen vertraute ich für alles jedoch immer noch auf die Wirkung des reinen musikalischen Ensembles, welches sich auch in den Orchesterproben sehr ermutigend herausstellte. Schon *Hiller* hatte beim Durchblick der Partitur mit völliger Verwunderung mir den Lobspruch erteilt, daß mäßiger zu instrumentieren gewiß nicht möglich sei. Die charakteristische und zarte Sonorität des Orchesters erfreute mich selbst sehr und bestärkte mich in dem Vorsatz, von der äußersten Sparsamkeit in der Anwendung der Orchestermittel auszugehen und so die Möglichkeit der Fülle von Kombinationen zu gewinnen, deren ich zu meinen späteren Werken bedurfte. Nur meine Frau vermißte in den Orchesterproben bereits die Trompeten und Posaunen, die im »*Rienzi*« immer eine so glänzende Frische unterhalten hätten. Konnte ich hierzu lächeln, so mußte ich doch ihrem ängstlichen Schreckgefühle, welches sie bei einer der Theaterproben durch die Wahrnehmung der matten Wirkung des »Sängerkrieges« erhalten hatte, eine ernstere Beachtung geben. Sie hatte, vom Standpunkt des Publikums ausgehend, welches in irgendwelcher Weise immer unterhalten oder angeregt sein will, sehr richtig eine höchst bedenkliche Seite der sich vorbereitenden Darstellung berührt. Nur mußte ich sogleich deutlich erkennen, woran es lag, und daß mir weniger der Fehler einer irrigen Konzeption als der einer leichtsinnigen Überwachung der Ausführung vorzuwerfen war. Ich befand mich bei der Konzeption dieser Szene unbewußt nämlich vor dem wesentlichen Dilemma, in welchem ich mich für alle Zukunft zu entscheiden hatte. Sollte dieser Sängerkrieg ein Arienkonzert sein oder ein poetisch-dramatischer Wettstreit? Der Charakter des eigentlichen Operngenres erforderte (und dieser Meinung ist noch heutzutage ein jeder, der durch eine vollkommen glückliche Ausführung meiner Szene nicht den richtigen Eindruck von der Sache gewonnen hat), daß hier eine Nebeneinander- und Gegenüberstellung von Gesangsevolutionen stattgefunden hätte, und zwar daß die verschiedenen Gesangsstücke, rein musikalisch, durch Anwendung merklich abwechselnder Rhythmen und Taktarten in dem Sinne sich unterhaltend ausnähmen, wie z. B. in der Zusammenstellung eines Konzertprogramms darauf gesehen werden muß, daß durch mannigfaltigsten Wechsel ganz von selbst eine gewissermaßen schon durch stete Überraschung herbeigeführte Unterhaltung entsteht. Dies war nun ganz und gar nicht meine Absicht; und meine wirkliche Absicht war nur zu erreichen, wenn es mir möglich wurde, diesmal – zum allerersten Male in der Oper – den Zuhörer zur Teilnahme an einem dichterischen Gedanken durch Verfolgung aller seiner nötigen Entwickelungsphasen zu zwingen; denn nur aus dieser Teilnahme sollte die Ermöglichung des Verständnisses der Katastrophe herbeigeführt werden, welche diesmal durch keinerlei äußeren Anlaß, sondern lediglich aus der Entwickelung von Seelenvorgängen herbeigeführt werden mußte. Deshalb die musikalisch äußerst mäßige, breite, dem Verständnis der poetischen Rede nicht nur nicht hinderliche, sondern nach meinem Dafürhalten besonders förderliche Anlage und der erst mit der Erhitzung der Leidenschaft sich steigernde rhythmische Aufbau der Melodie, in keiner Weise willkürlich unterbrochen durch unnötige modulatorische und rhythmische Wendungen; deshalb die sparsamste Benutzung der Orchesterinstrumente für die Begleitung und die absichtliche Versagung aller der rein musikalischen Wirkungsmittel, welche erst allmählich da, wo die Situation sich so steigert, daß nur noch das Gefühl, fast kaum mehr aber der Gedanke zum Erfassen des Vorganges nötig ist, in das Spiel gesetzt wurden. Niemand konnte mir leugnen, daß ich die richtige Wirkung hiervon erzielte, sobald ich selbst am Klavier den ganzen Sängerkrieg vortrug. Hier aber lag nun gerade die für alle meine zukünftigen Erfolge so entscheidende Schwierigkeit, nämlich auch von unsern Opernsängern dies ganz in der von mir gewollten Weise ausgeführt zu sehen. Die auf Mangel an Erfahrung hiervon beruhende Vernachlässigung, die ich mir schon beim »Fliegenden Holländer« hatte zuschulden kommen lassen, kam mir nun diesmal in ihrer ganzen Schädlichkeit zum Bewußtsein; und mit größtem Eifer sann ich jetzt darauf, wie es anzufangen sei, die richtige Vortragsweise meinen Sängern beizubringen. Leider war es unmöglich, auf *Tichatschek* zu wirken, weil, wie ich schon sagte, vollends alles zu fürchten war, wenn er durch Einreden von Dingen, die ihm durchaus unfaßlich waren, befangen und verwirrt gemacht wurde. Er war sich der großen Vorzüge bewußt, mit metallischer Stimme musikalisch und rhythmisch gut und richtig zu singen und zugleich mit vernehmbarster Deutlichkeit auszusprechen. Daß dies eben alles jedoch nicht genügte, hatte ich nun aber zu meinem eigenen Erstaunen erst zu erfahren; und als ich gar in der ersten Aufführung mit Schrecken gewahrte, daß, was mir unbegreiflicherweise in den Proben entgangen war, *Tannhäuser* am Schlusse des Sängerkrieges seinen mit wahnsinniger Ekstase und Vergessen aller Gegenwart an die Venus gerichteten Lobgesang zärtlich schwelgend unmittelbar an *Elisabeth* richtete, vor welche er damit hintrat, gedachte ich allerdings der Mahnung der *Schröder-Devrient* ungefähr in der Weise wie *Krösus*, als er auf dem Scheiterhaufen »O Solon! Solon!« rief.

Während mir nun von dem an sich durch größere Lebhaftigkeit und melodischen Reiz sich auszeichnenden Elemente des Tannhäuser in diesem Sängerkrieg, trotz der musikalischen Vorzüglichkeit meines Sängers, alles verunglückte, gelang es mir dagegen von der andern Seite her ein neues, ich glaube fast sagen zu können, bisher in der Oper noch nie so deutlich hervorgetretenes Element in das Leben zu rufen. Ich hatte den noch jungen Baritonisten *Mitterwurzer* – einen sonderbar verschlossenen, unumgänglichen Menschen – in einigen seiner Rollen mit Aufmerksamkeit beobachtet und bei seiner weichen, anmutigen Stimme die schöne Fähigkeit, den innern Ton der Seele erbeben zu machen, wahrgenommen. Ihm hatte ich den Wolfram anvertraut und hatte allen Grund, bisher mit seinem Eifer und dem guten Erfolge seines Studiums zufrieden zu sein. An ihn mußte ich mich daher halten, um meine bisher unausgesprochenen Anforderungen bis in ihre letzten Konsequenzen zur Geltung zu bringen, wenn ich, namentlich für diesen so problematischen Sängerkrieg, die Richtigkeit meiner Absicht und meines Verfahrens zur Erkenntnis bringen wollte. Ich nahm mit ihm nun vor allem den Eröffnungsgesang dieser Szene vor und war, nachdem ich ihm diesen in meiner Weise auf das eindringlichste vorgetragen hatte, zunächst allerdings erstaunt darüber, wie neu und schwierig dieser Vortrag ihm erschien. Er fühlte sich ganz außerstand, es mir nachzumachen, verfiel bei jedem Versuche sogleich wieder in das banale Heruntersingen, welches mir deutlich zeigte, daß er bisher auch an diesem Stücke noch nichts weiter erkannt hatte als die anscheinend rezitativische Phrase mit gewissen beliebigen Inflexionen, welche je nach dem Bedarf der Stimmgebung nach reinem Operngesangsbelieben so oder auch anders gegeben werden konnten. Auch er war über seine Unfähigkeit, es mir nachzumachen, erstaunt, zugleich aber von der Neuheit und Richtigkeit meines Verfahrens und der hierauf begründeten Anforderungen so ergriffen, daß er mich bat, für jetzt mit ihm keine weitern Versuche mehr anstellen zu wollen, dagegen es ihm zu überlassen, sich in der ihm erschlossenen neuen Welt auf seine Weise zurechtzufinden. In mehreren Proben deutete er jetzt seinen Gesang mit halber Stimme, wie um darüber hinwegzukommen, nur an; dagegen erlebte ich nun in der letzten Hauptprobe an seiner jetzt mit voller Hingebung gelösten Aufgabe einen so bedeutsamen Erfolg, daß dieser mir bis auf den heutigen Tag als ein Anker der Hoffnung für die Möglichkeit des Gewinnes und der richtigen Ausbildung der mir nötigen Darsteller, trotz aller Verderbtheit unseres Opernwesens, für alle Zukunft wirkungsvoll geblieben ist. Der Eindruck dieses Gesanges, für dessen richtige Wiedergabe der ganze Mensch in Haltung, Blick und Miene sich vollkommen umgewandelt und neu geschaffen hatte, wurde in sehr merkwürdiger Weise auch zum Ausgangspunkt des endlich erzielten Verständnisses meines ganzen Werkes von seiten des Publikums; wie überhaupt die ganze Rolle des Wolfram, welche *Mitterwurzer*, durch die Lösung dieser einen Aufgabe zum vollen Künstler umgeschaffen, durchweg gleichmäßig schön und ergreifend durchführte, zum eigentlichen Rettungsanker für mein durch den ungenügenden Erfolg der ersten Aufführung höchst bedrohtes Werk wurde.

Neben ihm trat die Gestalt der *Elisabeth* einzig als wirklich sympathisch hervor. Die jugendliche Erscheinung meiner Nichte, die schlanke hohe Gestalt, der entschieden deutsche Stempel ihrer Physiognomie, die damals noch unvergleichlich schöne Stimme, der oft kindlich rührende Ausdruck halfen ihr, bei gut geleiteter Verwertung ihres unverkennbaren theatralischen, wenn auch nicht dramatischen Talentes die Herzen des Publikums entscheidend zu gewinnen. Sie wurde durch diese Leistung schnell berühmt; und noch in späteren Jahren wurde mir, sobald von einer Aufführung des »Tannhäuser« mir gemeldet wurde, in welcher sie mitgewirkt, stets berichtet, daß der Erfolg desselben fast einzig nur ihr zu verdanken gewesen wäre. Wunderlicherweise hörte ich bei solchen Gelegenheiten fast immer nur ihr mannigfaltiges und höchst einnehmendes Spiel beim Empfang der Gäste auf der Wartburg rühmen; ich erkannte darin den andauernden Erfolg unglaublicher Bemühungen, welche ich und mein hierin sehr erfahrener Bruder uns in betreff dieses Spieles gegeben hatten. Leider ist aber für alle Zeiten es unmöglich geblieben, ihr den richtigen Vortrag des Gebetes im 3. Akte beizubringen; ich kam hierfür ganz in den Fall wie mit *Tichatschek* und hatte wieder »O Solon, Solon!« zu rufen, als ich nach der ersten Aufführung diesem Tonstücke eine große Kürzung beibringen mußte, wodurch es seiner Bedeutung nach meinem Sinne für immer verlustig ging. Wie ich höre, hat die eine Zeitlang für eine wahrhaft große Künstlerin geltende *Johanna* es wirklich auch nie so weit gebracht, sich dieses Gebetes vollständig zu bemächtigen, was andrerseits einer *französischen* Sängerin, Frl. *Marie Sax* in Paris, zu meiner größten Befriedigung vollständig gelang.

Wir waren im Anfang des Oktober bereits so weit in unserm Studium vorgerückt, daß einer sehr baldigen Aufführung nichts mehr entgegenstand als die Beschaffung des theatralisch-dekorativen Teiles derselben. Sehr spät trafen erst einige der in Paris bestellten Dekorationen ein. Von vorzüglicher Wirkung und vollständig gelungen war das Wartburg-Tal. Das Innere des Venusberges machte mir dagegen viel zu schaffen: der Maler hatte mich nicht verstanden, Bosketts mit Statuen, wie sie selbst an Versailles erinnerten, in einer wilden Berghöhle angebracht und jedenfalls nicht gewußt, wie er den Charakter des Grauenhaften mit dem Verlockenden in Einklang bringen sollte. Ich mußte auf große Änderungen dringen, namentlich auf das Übermalen der Bosketts und Statuen, was Zeit kostete. Die Verhüllung dieser Grotte in den rosigen Nebel, aus welchem schließlich das Wartburg-Tal hervorbricht, mußte ganz neu nach einer besondren Erfindung, welche ich hierfür anzugeben hatte, zur Ausführung gebracht werden. Die Hauptkalamität ergab sich aber aus der Verzögerung in der Ankunft der Dekoration der Sängerhalle; auf das leichtfertigste von Paris aus hingehalten, verging Tag auf Tag, während im übrigen alles bis zur Generalprobe in fast ermüdender Weise durchprobiert war. Täglich wanderte ich nach dem Eisenbahnhof, durchstöberte alle Ballen und Kisten: keine Sängerhalle kam. Endlich ließ ich mich bestimmen, um die längst angekündigte erste Aufführung nicht weiter zu verzögern, den von *Lüttichau* anfänglich mir bestimmten Saal Karls des Großen aus »Oberon« für die Sängerhalle zu substituieren, was mich, der ich in allem auf bestimmte poetische Wirkung ausging, ein empfindliches Opfer kostete. Wirklich trug die Wiedererscheinung dieses bereits in vielen Aufführungen des »Oberon« zur Genüge produzierten Kaisersaales beim Aufrollen des Vorhanges im zweiten Akt nicht wenig zu den Enttäuschungen des Publikums bei, welches von dieser Oper in jedem Betreff die erstaunlichsten Überraschungen erwartete.

Am 19. Oktober ging die erste Aufführung vor sich. Am Morgen dieses Tages ließ sich eine vornehme, schöne junge Dame durch den Konzertmeister *Lipinsky* bei mir einführen: es war dies Frau *Kalergis*, eine Nichte des russischen Staatskanzlers Grafen v. *Nesselrode*, welche durch *Liszt* in enthusiastisch anregender Weise für mich gewonnen worden und jetzt in Dresden angekommen war, um dem Wunder der Kreierung meines neuesten Werkes beizuwohnen. Diese schmeichelhafte Erscheinung durfte ich mit Recht für ein gutes Anzeichen halten. Wenn sie für diesmal mit dem Eindruck, den sie durch eine sehr unklare Aufführung und Aufnahme erhielt, gewiß mit einiger Betroffenheit wie enttäuscht sich wieder von mir wandte, so hatte ich doch im Verlaufe meines Lebens genügend mich dessen zu erfreuen, was dieser erste Eindruck in der energischen, bedeutenden Frau gepflanzt und genährt hatte. – Ein wunderliches Gegenstück zu diesem Besuch bildete die mit einigen Opfern seinerseits erkaufte Ankunft eines sonderbaren Menschen, *C. Gaillard*, des Herausgebers einer vor kurzem begonnenen Berliner musikalischen Zeitung, in welcher ich mit Staunen die erste und einzige durchaus günstige und bedeutend eingehende Besprechung meines »Fliegenden Holländers« gelesen hatte. Zu so großem Gleichmute gegen das Verhalten der Rezensentenwelt ich mich notgedrungen bereits auch gewöhnt hatte, wirkte doch jener Aufsatz sehr eindrucksvoll auf mich, und ich forderte den mir persönlich ganz unbekannten Menschen auf, nach Dresden zu kommen und der ersten Aufführung des »Tannhäuser« beizuwohnen. Wirklich kam er, und zu meiner Rührung lernte ich in ihm einen in dürftigen Verhältnissen mühsam sich abquälenden, von verzehrender Kränklichkeit bedrohten jungen Mann kennen, welcher, ohne Anspruch auf jede Entschädigung, ja nur gastliche Bewirtung zu machen, rein seiner Ehrenpflicht gefolgt zu haben glaubte, als er meinem Rufe nachkam. Seinen Kenntnissen und Fähigkeiten merkte ich wohl an, daß er zu keinem großen Einfluß berufen sein würde, wogegen sein redliches Gemüt und sein empfänglicher Verstand mich mit wahrer Achtung für den armen Menschen erfüllten, der, ohne es eben weit gebracht zu haben, nach einigen Jahren zu meinem Bedauern seiner Kränklichkeit erlag, nachdem er von seiner Treue und Sorgsamkeit für mich auch unter den schwierigsten Umständen nie gewichen war. – Außerdem hatte sich bereits aber seit etwas länger meine bis dahin mir ebenfalls unbekannt gebliebene, durch die Aufführung des »Fliegenden Holländer« in Berlin mir gewonnene Freundin *Alwine Frommann* eingefunden. Ich machte ihre persönliche Bekanntschaft bei Frau *Schröder-Devrient*, mit der sie bereits befreundet war und welche sie mir lächelnd als eine von mir gemachte feurige Eroberung ankündigte. Bereits in nicht mehr jugendlichem Alter und ohne allen Anspruch auf physiognomische Bevorzugung, stand ihr nichts als ein vorzüglich scharfblickendes, beredtes Auge zur Verfügung, um ihre bedeutende Seelenbegabung schon durch ihr Äußeres mitzuteilen. Sie war Schwester des Buchhändlers

Frommann in Jena und wußte viel Intimes von *Goethe* zu erzählen, welcher im Hause dieses Bruders wohnte, wenn er sich in Jena aufhielt. Unter dem Titel einer Vorleserin war sie aber besonders der damaligen Prinzessin *Augusta* von Preußen nahegetreten und durfte von denjenigen, die ihr Verhältnis zu der hohen Frau näher kennenlernten, fast wohl als ihre Freundin und Vertraute angesehen werden. Nichtsdestoweniger lebte sie in äußerst dürftiger Lage und schien stolz darauf, durch ihr bescheidenes Talent als Arabesken-Malerin sich eine Art von Unabhängigkeit zu sichern. Mit großer Treue ist sie mir stets zugetan geblieben, wie sie jetzt bereits zu den wenigen gehörte, welche unbeirrt durch den mißlichen Eindruck der ersten Aufführung des »Tannhäuser« sich schnell, bestimmt und mit großer Innigkeit für diese meine neueste Arbeit erklärten.

Was diese Aufführung nun selbst betraf, so stelle ich die von mir dabei gemachten sehr lehrreichen Erfahrungen in folgenden Zusammenhang: der wirkliche Fehler meiner Arbeit, dessen ich bereits gelegentlich Erwähnung tat, lag in der nur skizzenhaften und unbeholfenen Ausführung der Rolle der Venus, somit der ganzen großen Einleitungsszene des ersten Aktes. Auf die theatralische Darstellung hatte dieser Fehler den Einfluß, daß es in ihr zu keiner eigentlichen Wärme, zumal nicht zu der hocherregten Spannung der Leidenschaft kam, welche der dichterischen Konzeption nach von hier aus die Empfindung des Zuschauers so stark imprimieren muß, daß das Gedenken der Katastrophe, auf welche diese Szene ausgeht, mit tragischer Beklemmung auf den Erfolg der weiteren Entwickelung des Dramas vorbereiten soll. Diese große Szene mißlang vollständig, trotzdem eine so wahrhaft große Künstlerin wie Frau *Schröder-Devrient* und ein so ungemein begabter Sänger wie *Tichatschek* einzig sie auszuführen hatten. Vielleicht hätte das Genie der *Devrient* ganz aus sich noch den richtigen Akzent für die Leidenschaftlichkeit dieser Szene gewonnen, wenn sie nicht gerade mit einem Sänger zu tun gehabt hätte, welcher, an sich für jeden dramatischen Ernst unbefähigt, auch in seiner natürlichen Begabung nur für freudige oder deklamatorisch energische Akzente organisiert, für den Ausdruck des Schmerzes und des Leidens aber ganz und gar ohne Anlage war. Das Publikum erwärmte sich erst einigermaßen bei dem rührenden Gesange des Wolfram und der Schlußszene dieses Aktes. Auch *Tichatschek* wirkte dann durch den Jubel seiner Stimme in dem Finalsatze so hinreißend, daß man mir nachher versicherte, nach diesem ersten Akte habe eine vortrefflich erregte Stimmung im Publikum geherrscht. Diese unterhielt und steigerte sich im Verlaufe des zweiten Aktes, in welchem Elisabeth und Wolfram höchst sympathisch wirkten; nur verschwand der Held des Dramas, Tannhäuser, immer mehr und verlor sich so gänzlich aus der Sphäre dieser Sympathie, daß er in der Schlußszene, gleich als ob dieser Verfall auf ihn selbst drücke, in wehmütig gebeugter Haltung spurlos sich verlor. Das entscheidende Gebrechen seiner Darstellung lag darin, daß es ihm unmöglich war, den richtigen Ausdruck für die Stelle des großen Adagio-Satzes des Finales, welche mit den Worten beginnt: »Zum Heil den Sündigen zu führen, die Gottgesandte nahte mir«, zu finden. Über die Wichtigkeit dieser Stelle habe ich mich in meiner später geschriebenen Anleitung zu einer Aufführung des »Tannhäuser« ausführlich mitgeteilt; ich mußte sie, da sie bei der ausdruckslosen Wiedergabe durch *Tichatschek* nur als lähmende Länge wirkte, von der zweiten Aufführung an gänzlich auslassen. Weil ich den mir so ergebenen und in seiner Art wirklich so verdienstvollen *Tichatschek* nicht kränken wollte, gab ich an, mich überzeugt zu haben, daß diese Stelle verfehlt sei; da nun außerdem *Tichatschek* als der selbst von mir bevorzugte Repräsentant der Helden meiner Opern galt, ging von hier die Auslassung dieser mir so grenzenlos wichtigen Stelle, als von mir gutgeheißen und verlangt, in alle späteren Aufführungen des »Tannhäuser« über, und ich habe schon aus diesem Grunde mir über die Bedeutung des späteren allgemeinen Erfolges dieser Oper auf den deutschen Theatern keine Illusion gemacht. Mein Held, der in der Wonne wie im Weh stets mit äußerster Energie sich kundgeben sollte, schlich am Schlusse des zweiten Aktes in sanft ergebener Haltung als armer Sünder sich davon, um im dritten Akte mit weicher Resignation und in einer auf die Erregung eines freundlichen Bedauerns berechneten Haltung wieder zu erscheinen. Nur der von ihm wiedergegebene Bannspruch des Papstes ward von dem Sänger mit seiner gewohnten rhetorischen Tonfülle so energisch zum Anhören gebracht, daß man sich freute, die begleitenden Posaunen von ihm vollkommen beherrscht zu hören. War nun durch den hier angedeuteten Grundfehler in der Darstellung der Hauptfigur das Publikum durchaus in unklarer und unbefriedigter Spannung über die Bedeutung des Ganzen erhalten worden, so trug mein eigener, aus Unerfahrenheit auf diesem neuen Felde der dramatischen Konzeption entsprungener Fehler in der Ausführung der Schlußszene vollends dazu bei, auch über die reale Bedeutung der szenischen Vorgänge in höchst schädliche Ungewißheit zu versetzen. In der hier noch ausgeführten ersten Bearbeitung hatte ich die neue Versuchung der Venus, den treulosen Geliebten wieder an sich zu ziehen, nur als einen visionären Vorgang des in Wahnsinn ausbrechenden Tannhäuser dargestellt; nur ein rötliches Erdämmern des in der Ferne sichtbaren Hörselberges sollte äußerlich die grauenhafte Situation verdeutlichen. Auch die entscheidende Verkündigung des Todes der Elisabeth ging nur als ein Akt der divinatorischen Begeisterung des Wolfram vor sich; einzig durch das ebenfalls von sehr ferne her vernehmbare Läuten des Totenglöckchens und durch den kaum bemerkbaren Schein von Fackeln, welche den Blick auf die entlegene Wartburg ziehen sollten, ward die Veranlassung hierzu auch dem zuschauenden Publikum anzudeuten versucht. Der ganz schließlich auftretende Chor der jüngeren Pilger, welchen ich damals den ergrünenden Stab selbst noch nicht zu tragen gab und welche das Wunder somit nur durch Worte, nicht aber durch ein äußeres Zeichen verkündeten, wirkte, da ich ihnen auch rein musikalisch durch eine zu lang andauernde, ungebrochene Monotonie in der Begleitung schadete, unentscheidend und unklar.

Als endlich der Vorhang fiel, hatte ich weniger aus der Haltung des immerhin sich freundlich und beifällig bezeigenden Publikums als aus meiner eigenen inneren Erfahrung die Überzeugung des durch Unreife und Ungeeignetheit der Darstellungsmittel herbeigeführten Mißglückens dieser Aufführung meines Werkes gewonnen. Mir lag es wie Blei in den Gliedern, und einigen Freunden, welche nach der Vorstellung sich einfanden und zu denen wiederum meine gute Schwester *Klara* mit ihrem Manne gehörte, teilte sich die gleiche drückende Stimmung unabweislich mit. Ich faßte noch über Nacht die nötigen Entschlüsse zur Abhilfe der irgendwie zu verbessernden Gebrechen unserer Aufführung für die am zweiten Tag angesetzte Wiederholung. Wo der Hauptfehler stak, fühlte ich, durfte es aber kaum aussprechen; bei dem mindesten Versuche, *Tichatschek* einen anregenden Aufschluß über das Charakteristische seiner Aufgabe zu verschaffen, mußte ich sogleich vor der Erkenntnis der Unmöglichkeit hiervon zurückscheuen: leicht hätte ich ihn so befangen und verstimmt machen können, daß er unter irgendwelchem Vorwande den Tannhäuser gar nicht wieder gesungen hätte. Ich geriet daher auf den einzig mir offenstehenden Ausweg zur Versicherung nötiger Wiederholungen meiner Oper, die Schuld der Unwirksamkeit seiner Partie auf mich zu nehmen, um so dazu zu gelangen, wenigstens entscheidende Kürzungen darin vornehmen zu können, durch welche ich zwar die Hauptrolle in ihrer dramatischen Bedeutung tief herabsetzte, dennoch es aber möglich machte, daß die unvollkommene Ausführung derselben nicht noch behindernd auf das Gefallen der andern, ansprechenderen Partien der Oper einwirke. Ich hoffte somit, wenn auch tief innerlichst gedemütigt, meinem Werke durch die zweite Aufführung von entscheidendem Nutzen zu sein, und an nichts lag mir mehr, als daß diese Aufführung so bald als möglich vor sich ginge. Allein *Tichatschek* war heiser geworden, und ich mußte volle acht Tage mich gedulden.

Ich kann kaum beschreiben, was ich in diesen acht Tagen gelitten habe. Es schien fast, als sollte diese Verzögerung gänzlich verderblich für mein Werk werden. Jeder Tag, welcher zwischen der ersten und zweiten Aufführung verstrich, ließ den Erfolg jener ersten immer problematischer erscheinen, bis er endlich geradeswegs als ein anerkannter Mißerfolg dargestellt wurde. Während das große Publikum seiner ärgerlichen Verwunderung darüber Luft machte, daß ich dem deutlich mir kundgegebenen Gefallen desselben an der Richtung meines »Rienzi« mit der Konzeption dieses neuen Werkes keine Beachtung geschenkt hatte, waren selbst gewogene und sinnige Freunde meiner Kunst in wahrer Perplexität über das Unwirksame meiner Arbeit, die ihnen, in den Hauptteilen unverständlich geblieben, an und für sich fehlerhaft entworfen und ausgeführt dünkte. Die Rezensenten stürzten sich mit unverhohlener Freude wie Raben auf ein bereits ihnen hingeworfenes Aas. Selbst die Leidenschaften und Befangenheiten des Tages wurden von ihnen hereingezogen, um nach Möglichkeit über mich zu verwirren und mir zu schaden. Es war die Zeit, wo die Czerskysche und Rongesche deutsch-katholische Agitation als höchst verdienstlich und liberal alles in Bewegung setzte. Man fand nun heraus, daß ich eine reaktionäre Tendenz mit dem »Tannhäuser« herausfordernd eingeschlagen habe, da es ersichtlich sei, daß, wie *Meyerbeers* »Hugenotten« den Protestantismus, so mein »Tannhäuser« den Katholizismus verherrlichen sollte. Das Gerücht, von der katholischen Partei für den »Tannhäuser« bestochen worden zu sein, blieb mir alles Ernstes längere Zeit anhaften; während man mich dadurch um meine Popularität zu bringen suchte, hatte ich die sonderbare Ehre, von einem Herrn *Rousseau*, bis dahin Redakteur der preußischen Staatszeitung und mir bekannt durch eine herunterreißende Kritik meines »Fliegenden Holländers«, brieflich und endlich persönlich um meine Freundschaft und Allianz angegangen zu werden. Er meldete mir nämlich, daß er von Berlin, wohin er von Österreich aus beordert gewesen, um die katholischen Tendenzen zu befördern, nachdem er über die Fruchtlosigkeit dieser Bemühungen betrübende Erfahrungen gesammelt hatte, sich nun wieder nach Wien zurückwende, um ungestört in demjenigen Elemente fortan sich bewegen zu können, dem auch ich mit meinem »Tannhäuser« so innig angehörend mich bekundet hätte. – Der in seiner Art merkwürdige Dresdener Anzeiger, das Lokal-Abhilfsorgan für Verleumdungs- und Klatschbedürfnis, lieferte täglich Neues in dem bezeichneten, auf meinen Schaden tendierenden Sinne. Endlich bemerkte ich, daß auch kurze witzige und sehr energische Abfertigungen solcher Angriffe und Aufmunterungen für mich erschienen, worüber ich längere Zeit sehr verwundert war, da ich wohl wußte, daß nur Feinde, nie aber die Freunde in solchen Fällen sich bemühen, bis ich unter Lachen von *Röckel* herausbekam, daß er und Freund *Heine* diesen ganzen Ermunterungs-Feldzug für mich allein durchgeführt hatten.

Das Üble, was ich von dieser Seite her erfuhr, war mir nur lästig, weil ich eben in diesen Unglückstagen verhindert war, mich durch mein Werk selbst wiederum vernehmen zu lassen. *Tichatschek* blieb heiser: es hieß, er wolle gar nicht wieder in meiner Oper singen. Von Herrn v. *Lüttichau* hörte ich, daß er, über den geringen Erfolg des »Tannhäuser« erschrocken, sogleich zu dem Befehl bereit gewesen sei, die immer noch erwartete Dekoration der Sängerhalle abzubestellen oder zurückzuweisen. Über die hiermit bekundete Mutlosigkeit erschrak ich so sehr, daß ich nun wirklich selbst den »Tannhäuser« fast schon für tot hielt. Welcher Einblick von dieser Stimmung aus in meine ganze Lage sich mir eröffnete, läßt sich nach meinen Mitteilungen, namentlich über meine Verlagsunternehmungen, leicht ermessen.

Diese furchtbaren acht Tage dehnten sich mir zu einer endlosen Ewigkeit aus. Ich scheute mich, jemanden zu sehen, und doch mußte ich mich eines

Tages in die *Mesersche* Musikhandlung begeben; dort traf ich *Gottfried Semper* an, welcher sich eben ein Textbuch des »Tannhäuser« kaufte. Mit ihm hatte ich mich kurz zuvor bei einer Besprechung dieses Stoffes auf das heftigste ereifert; er wollte nämlich von dem minnesängerlichen und pilgerfahrtbereiten Mittelalter für die Kunst durchaus nichts wissen und gab mir zu verstehen, daß er mich um der Wahl eines solchen Stoffes willen geradeswegs verachte. Während mir nun *Meser* bezeugte, daß nicht die mindeste Nachfrage nach den erschienenen Nummern meines »Tannhäuser« stattgefunden habe, war sonderbarerweise mein leidenschaftlicher Antagonist der einzige, der wirklich davon etwas kaufte und bezahlte. Mit einem eigentümlich befangenen Ernste sagte er mir, man müsse doch die Sache ordentlich und genau kennenlernen, wenn man sich einen richtigen Begriff davon machen wolle, und ihm stehe dazu leider nichts anderes als das Textbuch offen. Diese Begegnung gerade mit *Semper*, sowenig sie dem Anschein nach sagen mochte, ist mir als ein erstes, ernstlich ermutigendes Anzeichen in der Erinnerung geblieben.

Von größtem Trost war mir aber *Röckel*, welcher in diesen für mich so aufregungsvollen Leidenstagen in eine für das ganze Leben entscheidende innige Beziehung zu mir kam. Er hatte, ohne daß ich etwas davon wußte, unermüdlich für mich disputiert, erklärt, gestritten und geworben und hatte sich dadurch zu einer wahren Begeisterung für den »Tannhäuser« erhitzt. Am Vorabende der endlich bevorstehenden zweiten Aufführung trafen wir uns bei einem Glase Bier zusammen; seine wahrhaft verklärte Miene wirkte auch erheiternd auf mich; der Humor stellte sich ein: nachdem er lange meinen Kopf betrachtet, schwor er, ich sei nicht umzubringen, ich habe etwas an mir, was in meinem Blute liegen müsse, weil es sich selbst an meinem im übrigen so sehr mir unähnlichen Bruder Albert wiederzeige. Um sich verständlich zu machen, nannte er es die eigentümliche *Hitze* meiner Natur; er glaubte, daß diese Hitze verzehrend für andere sein könne, ich aber bei ihrem heißesten Erglühen mich jedenfalls erst recht wohl fühlen müßte, denn er habe mich mehrmals vollständig leuchten gesehen. Ich lachte und wußte nicht, was der Unsinn sollte. Nun, meinte er, für diesmal würde ich es ja an dem »Tannhäuser« sehen; denn daß ich mir einbilde, dieser werde nicht bestehen, sei eine reine Absurdität; er wäre des Erfolges über alles gewiß. Ich überlegte mir beim Nachhausegehen sehr wohl, daß, wenn der »Tannhäuser« sich wirklich noch feststellen und zu wahrhafter Popularität gelangen sollte, damit allerdings etwas unermeßlich Folgenreiches erreicht sein müßte.

So kam es denn endlich zu dieser zweiten Aufführung, welche ich durch Fallenlassen der Bedeutung der Hauptrolle und Herabstimmung meiner ursprünglichen idealeren Anforderungen an wichtige Teile der Darstellung in der Weise vorbereitet zu haben glaubte, daß durch Hervortreten der unbedingt gefälligen Partien ein wirkliches Gefallen am Ganzen sich einstellen müßte. Sehr erfreute mich die endlich angekommene und bereits für diese Aufführung verwandte Dekoration der Sängerhalle im zweiten Akte. Die schöne und edle Wirkung derselben belebte uns alle wie ein gutes Anzeichen. Leider hatte ich die Demütigung zu ertragen, das Theater sehr schwach besetzt zu sehen: dieser Anblick genügte, um mehr als alles andere mit überzeugender Bestimmtheit mir zu sagen, wie es mit dem Urteil des Publikums über mein Werk stand. Hatten wir wenig Besucher, so bestand die größte Anzahl derselben jedenfalls aber aus den ernsteren Freunden meiner Kunst. Die Aufnahme war sehr warm, namentlich riß *Mitterwurzer* alles zu wahrem Enthusiasmus hin. In betreff *Tichatscheks* hatten meine besorgten Freunde *Röckel* und *Heine* es für nötig erachtet, zu künstlichen Mitteln zu greifen, um ihn in guter Laune für seine Rolle zu erhalten. Um namentlich auch dem Verständnisse der allerdings unklar ausgeführten und doch so äußerst wichtigen Entscheidung der letzten Szene eine drastische Beihilfe zu geben, hatten jene mehreren jungen Leuten, namentlich Malern, einige Applaus-Explosionen an Stellen anempfohlen, welche gewöhnlich von einem Opernpublikum als nicht applausprovozierend angesehen werden. Es fand sich nun merkwürdigerweise, daß ein auf diese Weise eingegebener starker Beifallserguß nach den Worten Wolframs: »Ein Engel fleht für dich an Gottes Thron; er wird erhört: Heinrich, du bist erlöst!« – mit einem Male dem gesamten Publikum die bedeutsame Situation klarzumachen schien. Für alle Aufführungen blieb dieser in der ersten Vorstellung gänzlich unbeachtete Moment eine Hauptstelle für die Kundgebung der Sympathie des Publikums. – Nach wenigen Tagen fand eine dritte Aufführung und diesmal vor vollem Hause statt. Die *Schröder-Devrient*, niedergeschlagen über den geringen Anteil, den sie am Gelingen meines Werkes nehmen konnte, wohnte in der kleinen Theaterloge dem Verlaufe der Vorstellung bei; sie erzählte mir, daß *Lüttichau* mit strahlender Miene zu ihr getreten sei und geäußert habe, er glaube nun doch, daß wir den »Tannhäuser« glücklich durchgebracht hätten.

So bewährte es sich allerdings: wir wiederholten ihn im Laufe des Winters noch öfter; doch machten wir die Wahrnehmung, daß bei zwei schnell aufeinanderfolgenden Aufführungen zu der zweiten jedesmal ein minderer Zudrang des Publikums stattfand, was wir uns daraus zu erklären hatten, daß ich noch nicht das eigentliche große Opernpublikum, sondern nur den gebildeteren Teil des allgemeinen Publikums für mein Werk gewonnen hatte. Unter diesen wahrhaften Freunden meines »Tannhäuser« befanden sich, wie ich dies allmählich immer mehr erfuhr, Leute, welche für gewöhnlich das Theater gar nicht, am allerwenigsten aber die Oper besuchten. Der Anteil des auf diese Weise ganz neu sich bildenden Publikums gewann fortwährend an Intensität und äußerte sich in bisher ungekannter Weise vorzüglich in einer energischen Teilnahme für den Autor. Es war mir namentlich um *Tichatscheks* willen peinlich, dem bei jeder Aufführung fast nach allen Akten stets nur nach mir verlangenden Rufe des Publikums zu entsprechen; ich mußte mich aber endlich fügen, da meine Weigerung meinem Sänger zu neuer Demütigung Veranlassung gab, indem, wenn er mit seinen Kollegen allein auf der Bühne erschien, ihm stets der energische Ruf meines Namens fast verletzend entgegentönte. Mit welch aufrichtigem Eifer wünschte ich, es möchte umgekehrt der Fall sein und über der Vortrefflichkeit der Darstellung der Autor vergessen werden! Daß ich dies in Dresden mit dem »Tannhäuser« nie erreichen konnte, begründete in mir eine charakteristische Erfahrung, welche mich in Zukunft für alle meine Unternehmungen geleitet hat. Jedenfalls war ich mit der Dresdener Aufführung des »Tannhäuser« nur erst so weit gelangt, dem gebildeten Teil des Publikums durch Reflexion und Abstraktion von der Realität der Darstellung mit meinen über das Gewöhnliche hinausgehenden Tendenzen mich bekannt zu machen. Nicht aber war es mir gelungen, diese Tendenzen in so unwillkürlich ergreifender und überzeugender Weise in einer theatralischen Darstellung deutlich zu machen, daß auch das ungebildetere Gefühl des eigentlichen Publikums durch direkte Erfahrung der Wirkung damit vertraut geworden wäre.

Über das hiermit Berührte mich belehrend und anregend aufzuklären, gewann ich jetzt in diesem Winter durch erweiterte Beziehungen und interessante Bekanntschaften ermutigende Veranlassung.*

Sehr bildend und ernst anregend wurde um diese Zeit für mich die Bekanntschaft und der nähere Umgang mit Dr. *Hermann Franck* aus Breslau, welcher seit einiger Zeit privatisierend in Dresden sich niedergelassen hatte. Mit genügendem Vermögen ausgestattet, gehörte er zu denjenigen, welche durch große Kenntnisse und feines Urteil sowie mit entsprechender schriftstellerischer Begabung wohl in ausgewählten weitverzweigten persönlichen Bekanntschaftskreisen zu großem Rufe gelangten, ohne deshalb vor der Öffentlichkeit einen bedeutenden Namen zu gewinnen. Er hatte es versucht, seine Kenntnisse und Fähigkeiten auch dem Publikum nutzbar zu machen und von *Brockhaus* sich überreden lassen, die vor einigen Jahren von diesem begründete »Deutsche Allgemeine Zeitung« bei ihrem Beginn zu redigieren. Nach einem Jahre kündigte er dem Verleger mit größter Entschiedenheit und war seitdem nur in äußerst seltenen Fällen zu bewegen, mit einer Zeitung irgendwie sich zu berühren. Seine kurzen geistvollen Andeutungen über seine bei jenem Versuche mit der »Deutschen Allgemeinen Zeitung« gemachten Erfahrungen rechtfertigten mir seinen Ekel vor dem Befassen mit unsern öffentlichen Presse-Angelegenheiten. Desto höher hatte ich es ihm anzurechnen, daß er, ohne jede Aufforderung hierzu meinerseits, über den »Tannhäuser« einen eingehenden Bericht für die »Augsburger

---

* Am Rande des Manuskripts von der Hand Cosimas: »Unterbrechung *(Evchens Geburt)* (28. März)«, darunter von Wagners Hand: »Ja! Ja!« Siehe Anmerkung.

Allgemeine Zeitung« verfaßte, welcher im Oktober oder November 1845 in der Beilage dieses Blattes erschien und den ich, obwohl er das erste über ein seitdem so häufig besprochenes Werk verkündete Wort enthielt, für das bei aller maßvollen Besonnenheit Weitreichendste und Erschöpfendste halte, was je hierüber gesagt wurde. So wurde ich in jenes große europäisch-politische Blatt eingeführt, welches infolge einer sonderbaren Wendung der Redaktionsinteressen seitdem zur Unterkunft für jeden bereitgehalten wird, welcher über mich und mein Werk sich lustig machen will.

Vor allem fesselte mich an *Franck* das Feine und Taktvolle in seiner Art des Beurteilens und überhaupt des Besprechens der Dinge. Es lag etwas Vornehmes darin, welches weniger als aus den Eigentümlichkeiten eines Standes gebildet, sondern als das Ergebnis einer wirklichen Weltbildung selbst sich kenntlich machte. Die hierbei sich zeigende feine Kälte und Zurückhaltung reizte mich mehr als sie mich abstieß, denn sie war ein neues Element, dem ich bisher noch ferngeblieben war. Wo ich auf eine gewisse Bequemlichkeit im Urteil über große Renommees, die mir jedoch nicht vollständig echt galten, stieß, freute es mich, im Verlauf des Umgangs mit *Franck* gewahr zu werden, daß auch ich in mancher Beziehung anregend und entscheidend auf ihn wirkte. So hatte ich bereits damals die Neigung, es nicht gelten zu lassen, wenn man mit dem vornehmen Lob der »Liebenswürdigkeit« dieses oder jenes berühmten Mannes die nähere Untersuchung von dessen Wert abgeschnitten zu haben glaubte. Ich trieb hiermit selbst meinen welterfahrenen Freund in die Enge, und sehr erheiterte es mich, nach einigen Jahren von ihm selbst einen sehr drastischen Aufschluß über die von ihm früher proklamierte »Liebenswürdigkeit« *Meyerbeers* zu erhalten, wo er sich dann lächelnd der sonderbaren Fragen erinnerte, mit welchen ich früher seine Assertion durchkreuzt hatte. Sehr erschrak er aber schon damals, als ich ihm einen wohlbelehrenden Aufschluß über *Mendelssohns* soeben von ihm gerühmte Uneigennützigkeit und vornehme Opferbereitwilligkeit im Dienste der Kunstinteressen gab. Er hatte nämlich in einem Gespräch über *Mendelssohn* schließlich das eine als erquicklich festgestellt, daß es doch wohltue, jetzt in diesem wenigstens noch einen Mann zu gewahren, welcher wahrhafte Opfer zu bringen vermöge, um sich aus einer falschen und der Kunst unförderlichen Stellung zu befreien; denn daß er sein doch immerhin schönes Gehalt von 3000 Talern als Generalmusikdirektor in Berlin aufgegeben, um als einfacher Gewandhaus-Musikdirektor sich nach Leipzig zurückzuziehen, sei doch schön und fordere respektvolle Anerkennung. Ich war nun gerade in den Stand gesetzt, genauesten Aufschluß darüber zu geben, wie es sich mit diesem scheinbaren Opfer *Mendelssohns* verhalte; denn als ich bei unserer Generaldirektion auf eine Verbesserung der Gehälter verschiedener armer Mitglieder der Königlichen Kapelle ernstlich angetragen hatte, war vor kurzem Herr *von Lüttichau* genötigt gewesen, mir mitzuteilen, daß der Kapell-Etat durch die neuesten

Entschließungen des Königs so stark in Beschlag genommen sei, daß fürs erste an die ärmeren Kammermusiker nicht gedacht werden könnte. Der Direktor der Leipziger Kreis-Regierung, Herr *von Falkenstein*, ein leidenschaftlicher Verehrer *Mendelssohns*, hatte es nämlich dahin gebracht, den König zu bewegen, *Mendelssohn* zum geheimen Kapellmeister mit dem geheimen Gehalt von 2000 Talern zu bestellen, wodurch dieser mit dem von der Leipziger Gewandhausdirektion öffentlich ihm ausgesetzten Gehalte von 1000 Talern zu dem vollen Ersatz seines in Berlin aufgegebenen Gehaltes gelangte und dadurch zur Übersiedelung nach Leipzig bewogen worden war. Da nun innerhalb der Verwaltung des Kapellfonds diese starke Dotation, weil sie den Interessen des Institutes großen Abbruch tat, aus wirklicher Scham geheimgehalten werden mußte, auch außerdem durch offenkundige Ernennung eines Kapellmeisters ohne Funktion die wirklich fungierenden und geringer bezahlten Kapellmeister nicht beleidigt werden sollten, so schöpfte *Mendelssohn* aus diesem Verhältnisse den recht beruhigenden Grund, diese Dotation nicht nur ebenfalls gänzlich zu verschweigen, sondern er mußte es sich auch notgedrungen gefallen lassen, von seinen Freunden bei Gelegenheit seiner Übersiedelung nach Leipzig noch als ein Muster von Aufopferung persönlicher Interessen gepriesen zu werden, was diesen, selbst in Anbetracht der sonstigen reichen Vermögensverhältnisse *Mendelssohns*, nicht schwerfiel. *Franck*, welchem ich diesen Aufschluß gab, war hiervon aber sehr betroffen, und er gestand, daß diese eine der seltsamsten Erfahrungen in betreff falschen Ruhmes sei, die ihm noch vorgekommen.

Bald gerieten wir zu ähnlichen gegenseitigen Berichtigungen unserer Ansicht über manche andere wohl berufene künstlerische Persönlichkeiten, mit denen wir uns damals in Dresden berührten. Über *Ferdinand Hiller*, einen der »Haupt-Liebenswürdigen«, fiel uns dies nicht schwer. Über die namhafteren Maler der sogenannten Düsseldorfer Schule, mit denen ich nun auch durch den »Tannhäuser« in häufigeren Verkehr trat, lag es fern mir selbst ein Urteil zu bilden, während ich mich vorzüglich nur von dem Ruf ihrer bedeutenden Namen bestimmen ließ. Hier erschreckte mich nun wiederum *Franck* mit gelegentlich sehr bestimmt veranlaßten Enttäuschungen. Wenn von *Bendemann* und *Hübner* die Rede war, schien es, als ob man *Hübner* leicht *Bendemann* aufopfern könnte, und dieser letztere, welcher soeben die Fresken eines Saales im königlichen Schlosse beendigt und dafür von seinen Freunden mit einem feierlichen Festessen belohnt worden war, dünkte mich mit Recht als großer Meister verehrungswürdig. Wie sehr erschrak ich, als *Franck* mit größter Ruhe den König von Sachsen darum beklagte, daß man ihm seinen Saal von *Bendemann* habe »beschmieren« lassen! – Immerhin konnte man nicht leugnen, daß diese Leute »liebenswürdig« seien; der Umgang mit ihnen, zu dem ich nun immer mehr hinzugezogen wurde, bot im Gegensatz zu den sonst von mir gepflegten theatralischen jedenfalls die Tendenz nach feinerer allgemeinerer, künstlerischer Unterhaltung. Nur konnte es ebensowenig zu wirklicher Wärme und befruchtender Anregung kommen. Auf die letztere namentlich schien es aber *Hiller* ganz besonders abgesehen zu haben, und in diesem Winter brachte er es zur Vereinigung zu einem sogenannten »Kränzchen«, welches allwöchentlich abwechselnd in der Wohnung des einen oder des andern Teilnehmers abgehalten wurde. Zu *Hübner* und *Bendemann* gesellte sich als Maler der zugleich auch dichtende *Reinecke*, welcher das Unglück hatte, für *Hiller* in jener Zeit einen neuen Operntext zu dichten, über dessen Schicksal ich später noch berichten werde.

Zu *Hiller* und mir trat als Musiker aber *Robert Schumann*, welcher damals sich auch ganz nach Dresden gewandt hatte und ebenfalls mit Opernentwürfen umging, welche schließlich zu seiner »Genoveva« führten. *Schumann* kannte ich bereits von Leipzig her: wir hatten ungefähr gleichzeitig unsere musikalische Laufbahn begonnen; für die früher von ihm redigierte »Neue Zeitschrift für Musik« hatte ich zu verschiedenen Zeiten kleine Aufsätze, zuletzt einen größeren über das »Stabat Mater« von *Rossini* aus Paris geliefert. Zu einer Konzertaufführung im Theater war er mit seinem »Paradies und Peri« berufen worden; sein ganz eigentümliches Ungeschick im Dirigieren hatte bei dieser Gelegenheit meine Teilnahme für den tiefsinnigen, energischen Musiker, dessen Werk mich sehr ansprach, in besonderer Weise tätig gemacht. Entschiedenes Wohlwollen, freundschaftliche Zutraulichkeit herrschten zwischen uns. Nach einer Aufführung des »Tannhäuser«, welcher er beigewohnt, machte er mir seinen Morgenbesuch und erklärte sich voll und bestimmt für mein Werk, an welchem er nur eine Überstürzung der *Stretta* des zweiten Finals auszusetzen hatte, was mir von seinem Feingefühl zeugte, da ich ihm aus der Partitur nachweisen konnte, wie ich durch eine mir selbst höchst peinvolle Kürzung zu dem von ihm bemerkten Übelstand genötigt worden war. Wir trafen uns zuweilen auf Spaziergängen, und so gut es mit dem sonderbar wortkargen Menschen möglich war, tauschten wir über mancherlei musikalische Interessen unsere Ansichten aus. Er freute sich, nächstens unter meiner Leitung die 9. Symphonie von *Beethoven* zu hören, nachdem er bisher bei den Leipziger Aufführungen derselben, namentlich durch das von *Mendelssohn* gänzlich vergriffene Tempo des ersten Satzes, sehr zu leiden gehabt hatte. Im übrigen bot mir sein Umgang keine eigentliche Anregung, und daß auch er zu verschlossen war, um ernsten Anregungen meinerseits Erfolg zu geben, zeigte sich bald und namentlich bei seiner Konzeption des Gedichtes der »Genoveva«. Hierbei stellte es sich heraus, daß mein Beispiel nur sehr äußerlich auf ihn gewirkt hatte und im Grunde sich nur darauf bezog, daß er es gut fand, sich nun auch selbst einen Operntext zu schreiben. Zwar lud er mich in der Folge einmal ein, um mir seinen nach *Hebbel* und *Tieck* kombinierten Text vorzulesen; als ich jedoch, mit wahrer Besorgtheit und von dem innigen Wunsche des Gelingens seiner Arbeit beseelt, ihn auf die großen Fehler derselben aufmerksam machte und die nötigen Änderungen ihm vorschlug, erfuhr ich, wie es mit dem sonderbaren Menschen stand. Er gönnte mir durchaus nur, mich von ihm hinreißen zu lassen; einen Eingriff in das Werk seiner Begeisterung wies er aber mit empfindlichem Trotze zurück. So ließen wir es denn dabei bewenden.

Im darauffolgenden Winter erweiterte sich der von *Hiller* mit großer Emsigkeit in geselligem Verkehr erhaltene Kreis: jetzt wurde aus dem »Kränzchen« eine Art von geschlossener Gesellschaft, welche sich allwöchentlich in einem besonderen Gastzimmer des Restaurateurs Engel am Postplatz zwanglos vereinigen sollte. Jetzt war der berühmte *Julius Schnorr* aus München als Galeriedirektor nach Dresden berufen und ebenfalls durch Festessen von uns gefeiert worden. Von diesem hatte ich zuvor gewaltig sich ausnehmende Kartons gesehen, die mir sowohl durch ihre Dimensionen als durch die damals mir sehr naheliegenden Gegenstände der altdeutschen Geschichte, welche sie darstellten, sehr imponierten; jetzt hörte ich von der »Münchner Schule«, von *Schnorr* als deren Meister: mir ging das Herz ganz über, wenn ich daran dachte, zu was es alles in Dresden kommen sollte, wenn solche Riesen der deutschen Kunst sich dort die Hand reichten. Auffallend war mir nun *Schnorrs* Erscheinung und Rede, deren weinerlichen Schulmeisterton ich mit den furchtbaren Kartons in gar keinen Einklang bringen konnte; dennoch hielt ich es für ein großes Glück, daß auch er sonnabends mit in die Engelsche Restauration kam. Er war in altdeutschen Sagen gut bewandert, und mir war es schon lieb, wenn nur die Namen derselben öfters aufs Tapet gebracht werden konnten. – Hier fand sich nun auch der berühmte Bildhauer *Hänel* ein, vor dessen großem Talent mir gewaltige Achtung beigebracht worden war, wiewohl ich in der Beurteilung seiner Arbeiten mich mehr an die Autorität als an mein eigenes Gefühl noch halten konnte. Seine Haltung und sein Benehmen mußte ich bald als affektiert erkennen; er sprach gern Kunstansichten und Urteile aus, von denen ich mir nicht recht sagen konnte, ob eigentlich etwas dahinter sei. Mich dünkte es oft, einen philiströsen Bramarbas zu hören: nur als mein »langjähriger« Freund *Pecht*, der sich endlich auch für einige Zeit in Dresden niederließ, mir *Hänels* Bedeutung als Künstler mit großer Schärfe und Bestimmtheit vordemonstrierte, überwand ich alle heimlichen Bedenken und suchte mir Freude an seinen Werken zu gewinnen. – Als sein Gegensatz erschien *Rietschel* unter uns: der krankhafte bleiche Mann mit seiner oft weinerlich ängstlichen Ausdrucksweise konnte von mir eigentlich nur schwer als Bildhauer begriffen werden; doch da nicht unähnliche Eigenschaften mich schon bei *Schnorr* nicht abgehalten hatten, diesen als gewaltigen Maler aufzufassen, so gelang mir die Befreundung mit *Rietschel* um so mehr, als ich an diesem keinerlei Affektation wahrnahm und eine seelenvolle, zärtliche Wärme mich immer geneigter zu ihm hinzog. Von ihm entsinne ich mich auch zuerst sehr warme, ja begeisternde Anerkennung meines Wesens, namentlich auch als Dirigent gehört zu haben. Trotz aller Kollegialität unseres reichen Künstlerkreises kam es sonst nämlich niemals zu dem, was ich hier meine, und es war im Grunde genommen eigentlich immer, als ob keiner etwas von dem andern hielte. So hatte zum Beispiel *Hiller* Orchesterkonzerte arrangiert und für diese von seinen Freunden das gebührende Festessen empfangen, bei welchem seinen Verdiensten mit vollstem rhetorischem Pathos ganz außerordentliche Anerkennung gezollt worden war. Nichtsdestoweniger gewahrte ich sonst im Privatverkehr mit *Hillers* Freunden doch nie die mindeste Wärme für dessen Leistungen, und im Gegenteil stieß ich nur auf Äußerungen des Bedenkens, der achselzuckenden Besorgtheit. Auch gingen die gefeierten Konzerte bald ein. Über die verschiedenen Werke der versammelten Meister hörte ich an unsern geselligen Abenden auch nie die mindeste Besprechung, ja nur Erwähnung, und bald zeigte es sich überhaupt, daß sämtliche Teilnehmer nicht wußten, was sie miteinander sprechen sollten.

Da war es denn nun *Semper*, welcher in seiner sonderbaren Weise oft solches Leben in unsere Unterhaltung brachte, daß *Rietschel*, innig teilnehmend, aber auch auf das peinlichste erschreckt, oft in wirklich herzliche Klagen über eine Unbändigkeit ausbrach, zu welcher es nicht selten in leidenschaftlichen Erörterungen zwischen *Semper* und mir kam. Sonderbarerweise schienen wir beide immer noch von der Annahme auszugehen, daß wir Antagonisten wären: er hielt mich beständig für den Repräsentanten einer mittelalterlich katholizisierenden Richtung, die er oft mit wahrer Wut bekämpfte. Sehr mühselig gelang es mir, ihn endlich dahin zu belehren, daß meine Studien und Neigungen eigentlich auf das deutsche Altertum und die Auffindung des Ideales des urgermanischen Mythus ausgingen. So wie wir nun in das Heidentum gerieten und ich ihm meinen Enthusiasmus für die eigentliche Heldensage kundgab, ward er ein ganz anderer Mensch, und ein offenbares großes und ernstes Interesse begann uns jetzt in der Weise zu vereinigen, daß es uns zugleich von der übrigen Gesellschaft gänzlich isolierte. Unmöglich ging es jedoch je ohne lebhaften Streit ab, und hieran mochte nicht nur *Sempers* wunderliche und krampfhafte Neigung zum absoluten Widerspruch, sondern auch dies der Grund sein, daß er sich von der ganzen Gesellschaft gänzlich verschieden erkannte. Seine paradoxesten Behauptungen, die offenbar nur auf Streiterregung abgesehen waren, ließen mich jedoch bald mit Bestimmtheit erkennen, daß er mit mir unter allen Anwesenden der einzige war, der es mit dem, was er sagte, bis zur Leidenschaftlichkeit ernst nahm, während allen andern es gern recht war, zur gelegenen Zeit die Sache auf sich beruhen zu lassen.

Zu dieser letzten Tendenz stimmte auch der öfter zu uns sich gesellende *Gutzkow*. Dieser war von der Generaldirektion unseres Hoftheaters in der Eigenschaft eines Dramaturgen nach Dresden berufen worden. Mehrere seiner Theaterstücke hatten in letzter Zeit großes Glück gemacht; »Zopf und Schwert«, »Das Urbild des Tartuffe« und »Uriel Acosta« verbreiteten über das neuere Repertoire des Schauspiels einen unerwarteten Glanz, und durch die Berufung *Gutzkows* schien dem Dresdener Theater, von welchem andrerseits meine Opern ausgingen, eine bedeutungsvolle Ära eröffnet werden zu sollen. Der gute Wille der Intendanz war hierbei gewiß nicht zu verkennen. Es tat mir nur leid, bei dieser Gelegenheit die Hoffnung, meinen alten Freund *Laube* für die gleiche Stellung nach Dresden gezogen zu sehen, getäuscht zu erkennen. Auch *Laube* hatte sich mit Energie auf die theatralische Literatur geworfen; schon in Paris bemerkte ich, wie eifrig er namentlich *Scribe* studierte, um dessen theatralisches Geschick sich anzueignen, ohne welches, wie er fand, alle deutsche dramatische Dichtkunst vergeblich sei. Mit seinem Lustspiel »Rokoko« behauptete er, sich vollkommen zum Herrn dieser Geschicklichkeit gemacht zu haben, und vermaß sich nun, jeden irgend erdenklichen Stoff zu einem effektvollen Theaterstück bearbeiten zu können. Dennoch war er sehr sorgfältig zugleich darauf bedacht, in der Wahl seiner Stoffe eine gleiche Geschicklichkeit zu zeigen, und zu einer von mir empfundenen Beschämung seiner vorgeblichen Theorie machten nur diejenigen seiner Stücke Glück, in welchen das Zeitinteresse für die Besonderheit des Stoffes durch die nötigen Schlagwörter angeregt wurde. Dieses Interesse stand mehr oder weniger immer mit der Tagespolitik in Bezug; es mußte dabei immer etwas wie die »deutsche Einheit« und der »deutsche Liberalismus« in irgendwelcher handgreiflichen Weise einmal harangiert werden; da diese wichtigen Anregungen für das deutsche Publikum, zunächst aber auf die Abonnenten unserer Residenz-Theater ausgeübt wurden, so mußte, wie gesagt, dies alles auch mit dem sorglichen Geschick ausgeführt werden, wie man dies nur von den neueren französischen Vaudevillisten erlernen zu können glaubte. Was auf diese Weise zustande kam, wie die Laubeschen Stücke, wurde von mir recht gern gesehen, namentlich weil *Laube*, der uns bei Gelegenheit der Aufführung derselben öfter in Dresden besuchte, mit fast bescheidener Aufrichtigkeit seine Tendenzen offen bekannte und fern davon war, sich für einen wahren Dichter ausgeben zu wollen. Außerdem zeigte er nicht nur für die Anfertigung seiner Stücke, sondern auch bei der Anleitung zu der Aufführung derselben großes Geschick und einen fast feurigen Eifer, so daß seine Berufung nach Dresden, auf welche man ihm Hoffnung gemacht hatte, im praktischen Sinn für das Theater jedenfalls recht ersprießlich geworden wäre. Schließlich entschied man sich jedoch für den mit ihm rivalisierenden *Gutzkow*, trotz seiner leicht zu erkennenden Unfähigkeit zu der praktischen Ausübung der Funktion eines Dramaturgen. Hieran zeigte es sich, daß er auch zu seinen glücklichen Theaterstücken nur als geschickter Literat gekommen war, denn unmittelbar neben jenen effektvollen Stücken kamen wiederum die größten theatralischen Langweiligkeiten zum Vorschein, so daß wir verwunderungsvoll finden mußten, er habe selbst von seinem bewiesenen Geschick kein Bewußtsein. Gerade diese abstrakteren Eigenschaften des bloßen Literaten gaben ihm aber in manchen Augen den Nimbus einer bedeutenderen schriftstellerischen Größe, und indem Herr *von Lüttichau* bestimmt wurde, *Gutzkow* den Vorzug vor *Laube* zu geben, glaubte er, mehr für die Äußerlichkeit des Rufes als für den praktischen Nutzen seines Theaters besorgt, den höheren Kulturinteressen einen besondern Vorschub zu leisten. Mir war namentlich aus dem Grunde der bald gewonnenen Überzeugung von seiner Unfähigkeit zu der Führung der dramaturgischen Leitung des Theaters *Gutzkows* Berufung aufrichtig unangenehm, und ich teilte mich hierüber Herrn *von Lüttichau* so unumwunden mit, daß daraus sehr wahrscheinlich der erste Anstoß zu unserem späteren Zerwürfnis entstand. Ich hatte mich hier nämlich über die Urteilslosigkeit und den Leichtsinn derjenigen, welche in absoluter Weise über die Leitung und Verwendung so kostbarer Kunstanstalten, wie die deutschen Hoftheater es sind, verfügen, bitter zu beklagen. Um der voraussichtlichen Verwirrung, die aus dieser verfehlten Anstellung erfolgen mußte, vorzubeugen, verbat ich mir wenigstens sehr bestimmt *Gutzkows* Einmischung in die Führung der Oper, worin mir gern nachgegeben und *Gutzkow* selbst jedenfalls reiche Beschämung erspart wurde. Immerhin resultierte hieraus ein mißtrauenvolles Verhältnis zwischen ihm und mir; dieses nach Möglichkeit zu beseitigen war ich wiederum gern bereit, als durch die persönliche Berührung mit *Gutzkow* an den Abenden der geschilderten Künstler-Zusammenkünfte hierzu sich Gelegenheit zu bieten schien. Gern hätte ich den sonderbaren Mann, dessen Kopf so ängstlich tief auf seinem Brustbein saß, in der Unterhaltung etwas locker und ergiebig zu machen gesucht; doch wollte dies bei seiner stets gleich scheuen Vorsichtigkeit nicht gelingen: er blieb immer in sich stecken. Eine Veranlassung zu einer Diskussion mit ihm bot mir sein durchgesetztes Verlangen, in einer gewissen Szene seines »Uriel Acosta«, wo dieser sein Held die Abschwörungsformel seiner vorgeblichen Ketzereien auszusprechen hatte, das Orchester in melodramatischer Weise sich beteiligen zu lassen. Dieses mußte nämlich eine Zeitlang auf gewissen geeignet dünkenden Akkorden das bewußte leise Tremolando ausführen, was mir bei der Anhörung der Aufführung absurd und für die Musik wie das Drama gleich entwürdigend erschien. Hierüber so wie überhaupt über die Verwendung der Musik zur melodramatischen Beihilfe im Schauspiel suchte ich mich an einem jener Abende mit *Gutzkow* in das Vernehmen zu setzen und erörterte meine Ansicht in diesem Betreff nach den höheren mir begreiflichen Grundsätzen. Allen meinen prinzipiellen Erörterungen setzte er nichts als ein verlegenes, mißtrauisches Schweigen entgegen, erklärte endlich aber, daß ich doch wohl in meinen Forderungen für die Bedeutsamkeit der Musik zu weit ginge und er nicht begriffe, wie die Musik entwürdigt werden sollte, wenn sie in geringer Dosis beim Schauspiel verwendet würde, während die Poesie doch mit viel größerer Vernachlässigung ihrer Interessen zur Beihilfe der Musik in der Oper herbeigezogen würde. Praktisch gefaßt sei es für den Theaterdichter doch von großem Nutzen, hierin nicht zu wählerisch zu sein: man könne doch dem Schauspieler nicht immer brillante Abgänge geben; nichts sei andrerseits aber wiederum peinlicher, als wenn ein Hauptdarsteller ohne Applaus sich von der Szene entferne: in solchen Fällen träte dann ein zerstreuendes Geräusch im Orchester als eine sehr glückliche Diversion ein. Dies hörte ich wirklich von *Gutzkow* aussprechen und sah, daß er das ganz ernst meinte. Ich hatte nun nichts mehr mit ihm zu tun.

Bald hatte ich mit all den Malern, Musikern und sonstigen Kunstbeflissenen unseres Vereins ebensowenig mehr zu tun. Doch geriet ich um die gleiche Zeit noch in etwas nähere Beziehung zu *Berthold Auerbach*. – Schon *Alwine Frommann* hatte mich mit vieler Erregung auf *Auerbachs* Dorfgeschichten aufmerksam gemacht; es hatte mir ganz artig geklungen, als sie darüber äußerte, daß diese bescheidenen Arbeiten, für welche sie sie hielt, auf die ihr bekannten Berliner Kreise die erfrischende Wirkung hervorgebracht hätten, wie wenn in ein parfümiertes Boudoir, mit welchem die bis dahin gepflegte Literatur verglichen wurde, durch das geöffnete Fenster frische Waldluft hereingelassen würde. Ich las nun diese so schnell berühmt gewordenen »Schwarzwälder Dorfgeschichten« und fühlte auch mich durch den bis dahin mir neuen Gehalt und Ton dieser drastischen Anekdoten aus dem Volksleben eines sehr kenntlich bezeichneten Lokals lebhaft angesprochen. Wie Dresden um diese Zeit immer mehr zum Sammelpunkt unserer literarischen und künstlerischen Berühmtheiten gewählt zu werden schien, fand auch *Auerbach* sich ein, um längere Zeit bei seinem Freunde *Hiller,* der nun wieder eine ihm affiliierte Notabilität neben sich zu stellen hatte, Quartier zu nehmen. Der kurze, stämmige jüdische Bauernbursch, als den er sich selbst mit großer Vorliebe zu erkennen gab, machte einen durchaus zutraulichen Eindruck; seine grüne Joppe und besonders seine grüne Jagdmütze, welche ihm das ganz richtige Ansehen des Verfassers der schwäbischen Dorfgeschichten gaben, lernte ich späterhin in ihrer nichts weniger als naiven Bedeutung verstehen. Der schweizerische Dichter *Gottfried Keller* erzählte mir nämlich seinerzeit in Zürich, daß *Auerbach,* als er sich seiner anzunehmen beschlossen und ihn auf die Wege aufmerksam gemacht, auf welchen man seine literarischen Elaborate am besten ans Publikum bringe und zu Geld mache, vor allem auch ihm angeraten habe, sich eine ähnliche Joppe und Kappe anzuschaffen, denn da er einmal, gleich ihm, nicht schön und hochgewachsen sei, so sei es am besten, sich gleich ein derbes und drolliges Ansehen zu geben; er rückte ihm dabei auch die Kappe auf dem Kopfe zurecht, damit sie ihm etwas verwogen stehe. Für jetzt gewahrte ich nichts von eigentlicher Affektiertheit an *Auerbach:* er hatte vom Volkston und Volkswesen so viel und glücklich sich angeeignet, daß man sich allerdings nur frug, warum er mit diesen glücklichen Eigenschaften sich doch wiederum in ganz entgegengesetzten Sphären mit großem Behagen bewegte. Jedenfalls befand er sich im Verkehr mit den seinem stets geltend gemachten Naturell eigentlich widerwärtigen Kreisen wie in seinem rechten Element: derb und gefühlvoll, naturwüchsig, stand er mit seiner Joppe in der ihm schmeichelnden vornehmen Gesellschaft, liebte es, Briefe des Erbherzogs von Weimar und seine Antworten an denselben vorzuzeigen und dabei alles immer doch aus dem Gesichtspunkt des schwäbischen Bauernnaturells zu betrachten, was ihm immerhin recht gut stand.

Was mich besonders anzog, war, daß ich in ihm den ersten Juden antraf, mit welchem ich eben über dieses Judentum in herzlicher Unbefangenheit sprechen konnte. Es schien ihm sogar daran gelegen, gegen diese Eigenschaft alles Vorurteil auf gemütliche Weise zu brechen, und rührend war es, wenn er von seiner Knabenzeit erzählte, in welcher er sich als der vielleicht einzige Deutsche bewährte, der den *Klopstock*schen »Messias« vollkommen gelesen. Über dieser Lektüre, welche er heimlich in seiner Dorfhütte betrieb, hatte er sich eines Tages für die Schule versäumt, und als er nun zu spät in dieselbe eintrat, ward er vom Lehrer mit den Worten angelassen: »Du verdammter Judenbub, wo hast du wieder herumgeschachert?« Solche Erfahrungen hatten ihn nur wehmütig und nachdenklich gestimmt, nicht aber verbittert, und er habe es vermocht, das rechte Mitleiden auch für die Roheit seiner Peiniger zu gewinnen. Dies waren nun Züge, die mich sehr herzlich für ihn einnahmen; nur wurde es mir mit der Zeit bedenklich, daß er aus dem Kreise ähnlicher Vorstellungen und Beziehungen auch gar nicht mehr herauskam, so daß es mir schien, die ganze Welt und ihre Geschichte enthalte für ihn bloß das Problem der Verklärung des Judentums. Hiergegen lehnte ich mich denn eines Tages mit gutherziger Zutraulichkeit auf und riet ihm, doch die ganze Judenfrage einfach fahren zu lassen; es wären denn doch noch andere Gesichtspunkte für die Beurteilung der Welt zu gewinnen. Sonderbarerweise verlor er da alle Naivität und geriet in einen, wie mich dünkte, nicht ganz wahrhaftigen, weinerlich ekstatischen Ton, indem er versicherte, das könne er nicht, in dem Judentum läge noch zu vieles, was seiner ganzen Teilnahme bedürfe. – Ich konnte später doch nicht umhin, mich dieser überraschenden Beklemmung, wie ich sie hierbei an *Auerbach* wahrnahm, zu entsinnen, als ich erfuhr, daß er im Laufe der Zeit wiederholt jüdische Heiraten geschlossen hatte, von deren glücklichem Ausfall ich nichts Besonderes weiter hörte, als daß er dabei zu Vermögen gekommen sei. Als ich ihn nach längeren Jahren in Zürich einmal wiedersah, traf ich leider auch sein physiognomisches Aussehen in bedenklicher Weise verändert an: er sah wirklich außerordentlich gemein und schmutzig aus; die frühere frische Lebhaftigkeit war zur gewöhnlichen jüdischen Unruhe geworden, alles, was er sprach, kam so heraus, daß man sah, es verdrieße ihn, das Gesagte nicht lieber für die Zeitung verwendet zu haben.

In jener Dresdener Zeit tat mir jedoch noch *Auerbachs* warmes Eingehen auf meine künstlerischen Intentionen, wenn dies auch vom jüdisch-schwäbischen Standpunkte aus geschah, aufrichtig wohl, und hierbei mochte jedenfalls auch das eben um jene Zeit erst mir begegnende Neue der Erfahrung mitwirken, daß ich als Künstler eben bei Leuten von Ruf, zugestandener Bedeutung und auffallender Bildung eingehendere Beachtung und Anerkennung fand. Wenn ich mit dem Erfolge des »Rienzi« immer nur im eigentlichen Kreise der Theaterwelt verblieben war, brachte der schwierigere Erfolg des »Tannhäuser« mich nun auch mit den eben bezeichneten Elementen in eine Berührung, welche meinen Gesichtskreis allerdings bedeutend erweiterte, zugleich aber auch über das Mißliche und Nichtige gerade auch dieser anscheinend höchsten geistigen Sphäre der literarischen und künstlerischen Gegenwart bedenkliche Eindrücke hervorrief. Jedenfalls fühlte ich mich von solchen Berührungen, wie sie mir zunächst dieser Winter der ersten Aufführung meines »Tannhäuser« brachte, weder eigentlich belohnt, noch glücklicherweise auch zerstreut, sondern mitten aus diesem etwas bunten Treiben, welches sich in sonderbarer Weise auf Anregung des von mir bald als durchaus nichtig erkannten *Hillers* auftat, trieb es mich mit Macht auf mich selbst zurück, um schnell etwas zu schaffen, worüber ich einzig die beunruhigenden und peinigenden Aufregungen, die mir der »Tannhäuser« verursachte, loswerden konnte.

Schon wenige Wochen nach den ersten Aufführungen desselben führte ich das vollständige Gedicht des »*Lohengrin*« aus. Bereits im November las ich dieses Gedicht meinen Hausfreunden, bald auch dem *Hiller*schen Kränzchen vor. Es wurde gelobt und »effektvoll« gefunden, auch *Schumann* war ganz damit einverstanden; nur begriff er die musikalische Form nicht, in welcher ich es ausführen wollte, da er keinerlei Anhalt zu eigentlichen Musiknummern ersah. Ich machte mir den Spaß, ihm verschiedenes aus meinem Gedicht in der Form von Arien und Kavatinen vorzulesen, worüber er sich lächelnd befriedigt erklärte.

Ernsteres Nachsinnen erweckten die tiefer gehenden Bedenken gegen die Tragik des Stoffes selbst, welche auf sinnige und zarte Weise von *Franck* mir angeregt wurden. Er fand die Bestrafung Elsas durch Lohengrins Scheiden verletzend: er begriff zwar sehr wohl, daß eben das Charakteristische der Sage in diesem hochpoetischen Zuge ausgedrückt sei, blieb aber in dem Zweifel, ob dieser Zug den Anforderungen des tragischen Gefühles mit Berücksichtigung der dramatischen Wirklichkeit entsprechen könne. Er hätte lieber den Lohengrin durch Elsas liebevollen Verrat vor unseren Augen umkommen sehen. Jedenfalls, da dies nicht statthaft erschien, wünschte er ihn durch irgendein gewaltiges Motiv festgebannt und am Fortgehen verhindert zu sehen. Da ich natürlich von all dem nichts wissen wollte, kam ich doch darauf, mir zu überlegen, ob die grausame Trennung nicht erspart, das unerläßliche Fortziehen in die Ferne aber doch erhalten werden könnte. Ich suchte ein Mittel auf, Elsa mit Lohengrin fortziehen zu lassen, zu irgendwelcher Buße, welche sie ebenfalls der Welt entrückte; das schien meinem geistvollen Freunde schon hoffnungsreich. – Während ich hierüber in Unsicherheit versetzt war, gab ich mein Gedicht auch Frau v. *Lüttichau* zur Durchsicht und Prüfung des von *Franck* angeregten Dilemmas. In einem kleinen Briefchen, worin sie mir ihre Freude an meinem Gedichte ausdrückte, äußerte sie sich über den schwierigen Punkt mit größter Bestimmtheit kurz dahin, daß *Franck* ja aller Poesie bar sein müsse, wenn er nicht begriffe, daß der »Lohengrin« gerade so und auf gar keine andere Weise ausgehen könne. Mir war ein Stein vom Herzen; ich zeigte *Franck* triumphierend den Brief; dieser, mit äußerster Beschämung, setzte zu seiner Entschuldigung sich sofort mit Frau v. *Lüttichau* in einen gewiß nicht uninteressanten Briefwechsel, den ich selber nicht zur Einsicht bekam, dessen Ergebnis es jedoch war, daß es im Betreff des Lohengrin beim alten verblieb. – Sonderbarerweise vermochte später eine ähnliche Erfahrung im Betreff desselben Gegenstandes mich noch einmal in eine vorübergehende Unsicherheit zu bringen. Als nämlich *Adolph Stahr* mit großer Prägnanz den gleichen Einwurf gegen die Lösung des »Lohengrin« erhob, war ich wirklich betroffen über diese Gleichmäßigkeit des Urteils, und da ich außerdem, eben in jener spätern Zeit, von der Stimmung, in welcher ich den »Lohengrin« schrieb, ziemlich aufregend mich entfernt hatte, kam mir der Leichtsinn an, in einem schnell konzipierten Brief an *Stahr* diesem fast unverhohlen recht zu geben. Ich wußte nicht, daß ich hierdurch *Liszt*, welcher *Stahr* gegenüber die frühere Stellung der Frau v. *Lüttichau* gegen *Franck* eingenommen hatte, einen wahrhaften Kummer bereitete. Glücklicherweise durfte aber diese Verstimmung meines großen Freundes gegen mich über meinen vermeintlichen Verrat an mir selbst nicht lange andauern; denn ohne noch Kenntnis von dieser ihm verursachten Beunruhigung erhalten zu haben, kam ich in wenigen Tagen durch die hierüber selbst empfundene Peinigung zur rechten Bestimmung, und sonnenklar ging mir meine Torheit auf, so daß ich *Liszt* mit dem aus meinem Schweizer Asyl ihm zugesandten lakonischen Protest erfreuen konnte: »Stahr hat unrecht, Lohengrin hat recht.«

Für jetzt verblieb es bei dieser poetisch-kritischen Beschäftigung mit meinem Gedicht; an die Entwerfung der Musik zu demselben konnte ich zunächst noch nicht denken. Die Gunst der harmonischen Gemütsruhe, wie ich sie zum Komponieren stets bedurfte und stets unter großen Drangsalen mir zu gewinnen suchen mußte, hatte ich auch jetzt erst noch meinem Schicksale unter höchsten Beschwerden abzuringen. Hatten alle mit der Aufführung des »Tannhäuser« zusammenhängenden Erfahrungen mich wahrhaftig mit großer Trostlosigkeit für alle Zukunft meines Kunstwirkens erfüllt, so war durch die ersichtliche Gewißheit, daß ich mein Werk für lange Zeit eben höchstens nur auf dem Dresdener Repertoire würde behaupten können, an eine Verbreitung desselben auf anderen deutschen Bühnen, die mir selbst mit dem so unbedingt erfolgreichen »Rienzi« nicht geglückt war, gar nicht zu denken sein durfte, meine bereits genauer bezeichnete bürgerliche Lage in das höchst bedenkliche Stadium getreten, welches eine Katastrophe unvermeidlich herbeiführen mußte. Indem ich mich darauf vorbereitete, wie ich diese bestehen würde, suchte ich mich einerseits durch Versenken in die mir immer teurer gewordenen Studien der Geschichte, Sage und Literatur, andererseits durch rastlose Betätigung für künstlerische Unternehmungen zu betäuben. Was die ersteren betrifft, so war es jetzt vorzüglich das deutsche Mittelalter, in welchem ich mich nach jeder Seite hin heimisch machte. Ich verfuhr hierin, so wenig ich auch mit philologischer Genauigkeit zu Werke gehen konnte, doch so ernstlich, daß ich z. B. die von Grimm herausgegebenen deutschen Weistümer mit höchstem Interesse studierte. Da ich die Ergebnisse solcher Studien allerdings nicht unmittelbar in Szene setzen konnte, begriff wohl mancher nicht, warum ich als »Opernkomponist« mich in solche Kruditäten verlor; mancher merkte wohl später dem »Lohengrin« an, daß es mit der Physiognomie desselben eine besondere Bewandtnis habe; doch wurde dies immer nur auf die »glückliche Wahl des Stoffes« bezogen, und man sprach mir besonderes Geschick für diese Wahl zu. Mittelalterliche deutsche Stoffe, auch späterhin wohl Sujets des skandinavischen Altertums, wurden daher von manchem gern hervorgesucht, und am Ende war man nur verwundert, daß es dabei doch wiederum zu nichts Rechtem kam. Vielleicht hilft es jetzt, wenn ich ihnen sage, sie sollen auch die Weistümer und ähnliche Sachen mit zu Hilfe nehmen. *Ferdinand Hiller*, der nun auch mit Stolz zu einem Hohenstaufenschen Stoffe griff, vergaß ich damals auf meine Hilfsquellen aufmerksam zu machen; da es ihm mit seinem Werke nicht glückte, hält er mich vielleicht für tückisch, wenn er jetzt erfährt, daß ich ihm die Weistümer verschwieg.

Nach der andern Seite hin bestand für diesen Winter mein Hauptunternehmen in einer äußerst sorgfältig vorbereiteten, im Frühjahr am Palmsonntag zustand gebrachten Aufführung der *Neunten Symphonie von Beethoven*. Diese Aufführung brachte mir sonderbare Kämpfe und für meine ganze weitere Entwickelung sehr einflußreiche Erfahrungen ein. Der äußere Hergang war dieser: Die Königliche Kapelle hatte jedes Jahr nur eine Gelegenheit, außer der Oper und Kirche sich selbständig in einer großen Musikaufführung zu zeigen; zum Besten des Pensionsfonds für ihre Witwen und Waisen war das alte sogenannte Opernhaus am Palmsonntag zu einer großen, ursprünglich nur für Oratorien berechneten Aufführung eingeräumt. Um sie anziehender zu machen, wurde dem Oratorium schließlich immer eine Symphonie beigegeben; wie schon erwähnt, hatte ich bei solcher Gelegenheit einmal die Pastoralsymphonie, später die »Schöpfung« von *Haydn*, und zwar auch diese letztere mit großer Freude an dem Werke, welches ich eben bei dieser Gelegenheit erst eigentlich kennenlernte, aufgeführt. Da wir beiden Kapellmeister uns die Abwechselung vorbehalten hatten, fiel für den Palmsonntag des Jahres 1846 mir die Symphonie zu. Eine große Sehnsucht erfaßte mich zur Neunten Symphonie; für die Wahl derselben unterstützte mich der äußerliche Umstand, daß dies Werk in Dresden so gut wie unbekannt war. Als die Orchestervorsteher, welche die Konservierung und Mehrung des Pensionsfonds zu überwachen hatten, hiervon erfuhren, ergriff sie ein solcher Schreck, daß sie in einer Audienz an unseren Generaldirektor v. *Lüttichau* sich wandten, um diesen zu ersuchen, daß er mich kraft seiner höchsten Autorität von meinem Vorhaben abbringen möge. Als Gründe zu diesem Gesuch führten sie an, daß unter der Wahl dieser Symphonie der Pensionsfonds Schaden leiden würde, da dieses Werk hierorts in Verruf stehe und jedenfalls das Publikum vom Besuch des Konzertes abhalten würde. Vor längeren Jahren war nämlich auch die Neunte Symphonie in einem Armen-Konzert von *Reissiger* aufgeführt worden und mit aufrichtiger Zustimmung des Dirigenten vollkommen durchgefallen. In der Tat bedurfte es nun meines ganzen Feuers und aller erdenklichen Beredsamkeit, um zunächst die Bedenken unseres Chefs zu überwinden. Mit den Orchestervorstehern konnte ich aber nicht anders als mich vorläufig vollständig zu überwerfen, da ich hörte, daß sie die Stadt mit ihren Wehklagen über meinen Leichtsinn erfüllten. Um sie auch zugleich in ihrer Sorge zu beschämen, nahm ich mir vor, das Publikum auf die von mir durchgesetzte Aufführung und das Werk selbst in einer Weise vorzubereiten, daß wenigstens das erregte Aufsehen einen besonders starken Besuch herbeiführen und somit den bedroht geglaubten Kassenerfolg in günstiger Weise sichern sollte. Die Neunte Symphonie ward somit für mich in jeder erdenklichen Hinsicht zu einer Ehrensache, deren Gelingen alle meine Kräfte anspannte. Das Komitee trug Bedenken gegen die Geldauslage für die Anschaffung der Orchesterstimmen; ich lieh sie somit von der Leipziger Konzert-Gesellschaft aus. – Wie ward mir nun aber, als ich seit meinen frühesten Jünglingsjahren, wo ich meine Nächte über der Abschrift dieser Partitur durchwachte, jetzt zum ersten Male die geheimnisvollen Seiten derselben, deren Anblick mich einst in so mystische Schwärmerei versetzt hatte, mir wieder zu Gesicht brachte und nun sorgfältig durchstudierte! Wie in jener unklaren Pariser Zeit die Anhörung einer Probe der drei ersten Sätze, durch das unvergleichliche Orchester des Conservatoires ausgeführt, mich plötzlich über Jahre der entfremdenden Verirrungen hinweg mit jenen ersten Jugendzeiten in eine wunderbare Berührung gesetzt und befruchtend für die neue Wendung meines inneren Strebens wie mit magischer Kraft auf mich gewirkt hatte, so ward nun diese letzte Klangerinnerung geheimnisvoll mächtig in mir wieder lebendig, als ich zum ersten Male wieder mit den Augen vor mir sah, was in jener allerersten Zeit ebenfalls nur mystisches Augenwerk für mich geblieben war. Nun hatte ich manches erlebt, was in meinem tiefsten Innern unausgesprochen zu einer ernsten Sammlung, zu einer fast verzweiflungsvollen Frage an mein Schicksal und meine Bestimmung mich trieb. Was ich mir nicht auszusprechen wagte, war die Erkenntnis der vollständigen Bodenlosigkeit meiner künstlerischen und bürgerlichen Existenz in einer Lebens- und Berufs-Richtung, in welcher ich mich als Fremdling und durchaus aussichtslos ersehen mußte. Diese Verzweiflung, über die ich meine Freunde zu täuschen suchte, schlug nun dieser wunderbaren Neunten Symphonie gegenüber in helle Begeisterung aus. Es ist nicht möglich, daß je das Werk eines Meisters mit solch verzückender Gewalt das Herz des Schülers einnahm, als das meinige vom ersten Satze dieser Symphonie erfaßt wurde. Wer mich vor der aufgeschlagenen Partitur, als ich sie durchging, um die Mittel der Ausführung derselben zu überlegen, überrascht, mein tobendes Schluchzen und Weinen wahrgenommen hätte, würde allerdings verwunderungsvoll haben fragen können, ob dies das Benehmen eines Königlich Sächsischen Kapellmeisters sei. Glücklicherweise blieb ich bei solcher Gelegenheit von Besuchern unserer Orchestervorsteher und ihres würdevollen Kapellmeisters *Reissiger* sowie selbst des in klassischer Musik so bewanderten *Ferdinand Hiller* verschont.

Zuerst entwarf ich nun in Form eines Programms, wozu mir das nach Gewohnheit zu bestellende Textbuch zum Gesang der Chöre einen schicklichen Anlaß gab, eine Anleitung zum gemütlichen Verständnis des Werkes, um damit – nicht auf die kritische Beurteilung – sondern rein auf das Gefühl der Zuhörer zu wirken. Dieses Programm, für welches mir Hauptstellen des Goethischen »Faust« eine über alles wirksame Hilfe leisteten, fand nicht nur zu jener Zeit in Dresden, sondern auch späterhin an andern Orten erfreuliche Beachtung. Außerdem benutzte ich in anonymer Weise den »Dresdener Anzeiger«, um durch allerhand kurzbündige und enthusiastische Ergüsse das Publikum auf das, wie man mir ja versichert hatte, bis dahin in Dresden »verrufene« Werk anregend hinzuweisen. Meine Bemühungen schon nach dieser äußerlichen Seite hin gelangen so vollständig, daß die Einnahme nicht nur in diesem Jahre alle je zuvor gewonnenen übertraf, sondern auch die Orchestervorsteher die darauffolgenden Jahre meines Verbleibens in Dresden regelmäßig dazu benutzten, durch Wieder-Vorführung dieser Symphonie sich der gleichen hohen Einkünfte zu versichern. Was nun den künstlerischen Teil der Aufführung betraf, so arbeitete ich einer ausdrucksvollen Wiedergabe von seiten des Orchesters dadurch vor, daß ich alles, was zur drastischen Deutlichkeit der Vortragsnuancen mir nötig dünkte, in die Orchesterstimmen selbst aufzeichnete. Namentlich veranlaßte mich die hier übliche doppelte Besetzung der Blasinstrumente zu einem sorgfältig überlegten Gebrauch dieses Vorteils, dessen man sich bei großen Musikaufführungen gewöhnlich nur in dem rohen Sinne bedient, daß die mit piano bezeichneten Stellen einfach, die Forte-Stellen dagegen doppelt besetzt vorgetragen werden. In welcher Weise ich auf diese Art für Deutlichkeit der Ausführung sorgte, sei z. B. durch eine Stelle des zweiten Satzes der Symponie bezeichnet, in welcher, zum ersten Male in C-dur, die sämtlichen Streichinstrumente in verdreifachter Oktave die rhythmische Hauptfigur, unausgesetzt im Unisono, gewissermaßen als Begleitung zu dem zweiten Thema, welches nur die schwachen Holzblasinstrumente vortragen, spielen; da im ganzen Orchester hier gleichmäßig »Fortissimo« vorgezeichnet ist, so ergibt sich hieraus bei jeder erdenklichen Aufführung, daß die Melodie der Holzblasinstrumente vollständig gegen die immerhin nur begleitenden Streichinstrumente verschwindet und so gut wie gar nicht gehört wird. Da mich nun keinerlei Buchstaben-Pietät vermögen konnte, die vom Meister in Wahrheit beabsichtigte Wirkung der gegebenen irrigen Bezeichnung aufzuopfern, so ließ ich hier die Streichinstrumente bis dahin, wo sie wieder abwechselnd mit den Blasinstrumenten die Fortführung des neuen Themas aufnehmen, statt im wirklichen Fortissimo, mit nur angedeuteter Stärke spielen: das von den verdoppelten Blasinstrumenten dagegen mit möglichster Kraft vorgetragene Motiv war nun, wie ich glaube – zum ersten Male seit dem Vorhandensein dieser Symphonie –, mit bestimmender Deutlichkeit zu hören. In ähnlicher Weise verfuhr ich durchgehends, um mich der größten Bestimmtheit der dynamischen Wirkung des Orchesters zu versichern. Nichts anscheinend schwer Verständliche durfte so zum Vortrag kommen, daß es nicht in bestimmender Weise das Gefühl erfaßte. Viel Kopfzerbrechen gab von je z. B. das Fugato in $^6/_8$-Takt nach dem Chorverse »Froh wie seine Sonnen fliegen«, in dem »alla Marcia« bezeichneten Satze des Finales: indem ich mich auf die vorangehenden ermutigenden, wie auf Kampf und Sieg vorbereitenden Strophen bezog, faßte ich dieses Fugato wirklich als ein ernst-freudiges Kampfspiel auf und ließ es anhaltend in äußerst feurigem Tempo und mit angespanntester Kraft spielen. Ich hatte am Tag nach der ersten Aufführung die Genugtuung, den Musikdirektor *Anacker* aus Freiberg bei mir zu empfangen, welcher kam, um mir reuig zu melden, daß er bisher einer meiner Antagonisten gewesen sei, seit dieser Aufführung aber zu meinen unbedingten Freunden sich zähle: was ihn – wie er sagte – gänzlich überwältigt habe, sei eben diese Auffassung und Wiedergabe jenes Fugato gewesen. – Eine große Aufmerksamkeit widmete ich ferner der so ungewöhnlichen rezitativartigen Stelle der Violoncelli und Kontrabässe im Beginn des letzten Satzes, welche einst in Leipzig meinem alten Freunde *Pohlenz* so große Demütigungen eintrug. Bei der Vorzüglichkeit namentlich unserer Kontrabassisten konnte ich mich dazu bestimmt fühlen, auf die äußerste Vollendung hierbei auszugehen. Es gelang mir in zwölf Spezialproben, welche ich nur mit den betreffenden Instrumenten hielt, zu einem fast ganz wie frei sich ausnehmenden Vortrag derselben zu gelangen und sowohl die gefühlvollste Zartheit als die größte Energie zum ergreifendsten Ausdruck zu bringen. – Vom Beginn meines Unternehmens an hatte ich sogleich erkannt, daß die Möglichkeit einer hinreißend populären Wirkung dieser Symphonie darauf beruhe, daß die Überwindung der außerordentlichen Schwierigkeiten des Vortrages der

Chöre in idealem Sinne gelingen müsse. Ich erkannte, daß hier Anforderungen gestellt waren, welche nur durch eine große und enthusiasmierte Masse von Sängern erfüllt werden konnten. Zunächst galt es daher, mich eines vorzüglich starken Chores zu versichern; außer der gewöhnlichen Verstärkung unseres Theaterchors durch die etwas weichliche Dreißigsche Singakademie zog ich mit Überwindung umständlicher Schwierigkeiten den Sängerchor der Kreuzschule mit seinen tüchtigen Knabenstimmen sowie den ebenfalls für kirchlichen Gesang gutgeübten Chor des Dresdener Seminariums herbei. Diese zu zahlreichen Übungen oft vereinigten dreihundert Sänger suchte ich nun auf die mir besonders eigentümliche Weise in wahre Ekstase zu versetzen; es gelang mir z. B. den Bassisten zu beweisen, daß die berühmte Stelle »Seid umschlungen, Millionen« und namentlich das »Brüder, überm Sternenzelt muß ein lieber Vater wohnen« auf gewöhnliche Weise gar nicht zu singen sei, sondern nur in höchster Entzückung gleichsam ausgerufen werden könne. Ich ging hierfür mit solcher Ekstase voran, daß ich wirklich alles in einen durchaus ungewohnten Zustand versetzt zu haben glaube, und ließ nicht eher ab, als bis ich selbst, den man zuvor durch alle Stimmen hindurch gehört hatte, mich nun nicht mehr vernahm, sondern wie in dem warmen Tonmeer mich ertränkt fühlte. – Große Freude machte es mir, das Rezitativ des Baritonisten »O Freunde, nicht diese Töne«, welches seiner seltsamen Schwierigkeiten wegen wohl fast unmöglich vorzutragen zu nennen ist, durch *Mitterwurzer* auf dem uns bereits innig bekannt gewordenen Wege der gegenseitigen Mitteilung zu hinreißendem Ausdruck zu bringen. – Ich trug aber auch Sorge, durch einen gänzlichen Umbau des Lokales mir eine gute Klangwirkung des jetzt nach einem ganz neuen System von mir aufgestellten Orchesters zu versichern. Die Kosten hierzu waren, wie man sich denken kann, unter besondern Schwierigkeiten zu erwirken; doch ließ ich nicht ab und erreichte durch eine vollständig neue Konstruktion des Podiums, daß wir das Orchester ganz nach der Mitte zu konzentrieren konnten und es dagegen amphitheatralisch auf stark erhöhten Sitzen von dem zahlreichen Sängerchor umschließen ließen, was der mächtigen Wirkung der Chöre von außerordentlichem Vorteil war, während es in den rein symphonischen Sätzen dem fein gegliederten Orchester große Präzision und Energie verlieh.

Schon zur Generalprobe war der Saal überfüllt. *Reissiger* beging hierbei die unglaubliche Torheit, beim Publikum völlig gegen die Symphonie zu intrigieren und auf das Bedauerliche der Verirrung *Beethovens* aufmerksam zu machen; wogegen *Gade*, welcher aus Leipzig, wo er damals die Gewandhauskonzerte dirigierte, uns besuchte, mir nach der Generalprobe unter anderem versicherte, er hätte gern den doppelten Eintrittspreis bezahlt, um das Rezitativ der Bässe noch einmal zu hören. *Hiller* fand, daß ich in den Modifikationen des Tempos zu weit gegangen sei; wie er dies verstand, erfuhr ich später durch seine eigene Leitung geistvoller Orchesterwerke, über welche ich noch Gelegenheit haben werde zu berichten. Ganz unbestreitbar war aber der allgemeine Erfolg über jede Erwartung groß, und dieses namentlich auch bei Nichtmusikern; unter solchen entsinne ich mich des Philologen Dr. *Köchly,* welcher bei dieser Gelegenheit sich mir näherte, um mir zu bekennen, daß er jetzt zum ersten Male einem symphonischen Werke vom Anfang bis zum Ende mit verständnisvoller Teilnahme habe folgen können. In mir bestärkte sich bei dieser Gelegenheit das wohltuende Gefühl der Fähigkeit und Kraft, das, was ich ernstlich wollte, mit unwiderleglich glücklichem Gelingen durchzuführen. Nur hatte ich darüber nachzudenken, welche Schwierigkeiten es seien, die mir bisher noch die gleich glückliche Ausführung meiner eigenen neuen Konzeptionen verwehrten. Die so vielen noch problematische, jedenfalls noch nie zur populären Wirkung gebrachte Neunte Symphonie *Beethovens* war mir vollständig gelungen; mein »Tannhäuser«, sooft er über die Dresdener Bühne ging, belehrte mich, daß die Möglichkeit seines Gelingens erst noch zu entdecken sei. Wie dahin gelangen? Das war und blieb die geheime Frage, an welcher sich mein ferneres Leben entwickelte. –

Über die ideale Bedeutung dieser Frage durfte ich jetzt jedoch noch zu keinem ergiebigen Nachdenken gelangen; denn ganz nackt stand nun die reale Bedeutung meines innerlich gefühlten Mißerfolges mit erschreckender Mahnung vor mir. Ich konnte es länger nicht aufhalten, die widerwärtigsten Schritte zur Bekämpfung der mich bedrohenden Katastrophe meiner bürgerlichen Lage zu tun.

Unter dem Einfluß eines lächerlichen Omens war ich hierzu getrieben. Mein Kommissionär, der Schein-Verleger meiner nun veröffentlichten drei Opern »Rienzi«, »Fliegender Holländer« und »Tannhäuser«, der sehr sonderbare Hofmusikalienhändler C. F. *Meser,* lud mich eines Tages zur Besprechung unserer Comptoir-Angelegenheiten in die Weinstube von »Verderber«; mit großer Bangigkeit besprachen wir die Möglichkeiten eines erträglichen oder auch ganz schlechten Ausfalls der bevorstehenden Ostermesse. Ich machte ihm Mut und verlangte eine Flasche des besten Haut-Sauterne; ein ehrwürdiger Flakon erschien, ich schenkte die Gläser voll, wir stießen auf den guten Ausfall der Messe an, tranken und – schrien plötzlich wie wahnsinnig auf, indem wir den stärksten Estragon-Essig, den man uns aus Versehen serviert, mit Entsetzen von uns zu sprudeln suchten. »Herr Gott!« rief *Meser,* »das konnte nicht schlimmer kommen.« – »Allerdings«, sagte ich, »ich glaube, es wird uns manches zu Essig werden.« Mein guter Humor zeigte mir nun mit Blitzesschnelle an, daß ich auf anderm Wege als dem der Meßgeschäfte mich zu retten versuchen müßte.

Nicht nur die mit stets sich anhäufenden Opfern herbeigeschafften Kapitalien für die kostbare Herausgabe meiner Opern mußten endlich wiedererstattet werden, sondern das Gerücht von meiner Verschuldung hatte sich, weil ich genötigt war, endlich zur Hilfe von Wucherern zu greifen, so stark verbreitet, daß selbst Befreundete, die mir schon bei meiner Dresdener Niederlassung behilflich gewesen waren, von großer Ängstlichkeit in meinem Bezug ergriffen wurden. – Eine wirklich traurige Erfahrung machte ich jetzt an Frau *Schröder-Devrient*, welche durch ihr unbegreiflich rücksichtsloses Benehmen die Katastrophe über mich herbeiführte. Wie ich erwähnt, hatte sie im ersten Beginn meiner Dresdener Ansiedelung zur Erledigung meiner früheren Schulden, namentlich auch zur Versorgung meines alten Freundes *Kietz* in Paris, mir 1000 Taler geliehen. Die Eifersucht auf meine Nichte *Johanna*, der Argwohn, ich hätte diese nach Dresden gezogen, um der Generaldirektion die Entlassung der großen Künstlerin zu erleichtern, hatte diese sonst so großherzige Frau in die ganz gewöhnliche feindselige Stimmung gegen mich versetzt, welche man beim Theater so oft erfährt. Sie hatte jetzt ihr Engagement verlassen, erklärte offen, ich hätte sie daraus mit vertreiben helfen, und alle freundschaftlichen Rücksichten gegen mich, dem sie in jeder Hinsicht das vollständigste Unrecht tat, beiseite setzend, hinterließ sie den von mir ihr zugestellten Schuldschein einem energischen Advokaten, welcher ohne weiteres die Forderung gegen mich einklagte. Somit war ich nun genötigt, mich Herrn *von Lüttichau* zu entdecken und seine Vermittelung eines königlichen Vorschusses zur Bereinigung meiner kompromittierten Lage anzugehen*.

Mein** Chef erklärte sich bereit, eine von mir in dieser Angelegenheit an den König gerichtete Eingabe zu unterstützen. Ich hatte deshalb den Betrag meiner Verpflichtungen aufzuzeichnen; da mir sogleich eröffnet wurde, daß die mir nötige Summe nur als ein Darlehen aus dem Theaterpensionsfonds gegen Verzinsung mit fünf Prozent mir zugewiesen werden könne und ich außerdem den Pensionsfonds für sein Kapital durch eine Lebensversicherungs-Police, welche ebenfalls jährlich drei Prozent des aufgenommenen Kapitals mich zu kosten hatte, sicherzustellen haben würde, ward ich durch sehr natürliche Rücksichten verführt, diejenigen meiner Schulden, welche keinen feindseligen Charakter hatten und für deren Tilgung ich demnach auf die endlich doch zu erwartenden Einnahmen von meinem Verlagsunternehmen rechnen zu dürfen glaubte, in meiner Eingabe unerwähnt zu lassen. Dennoch stiegen die Opfer, mit welchen ich die mir dargebotene Hilfeleistung zu bezahlen hatte, so hoch, daß dadurch mein an und für sich geringes Kapellmeistergehalt dauernd in sehr empfindlicher Weise geschmälert wurde. Die widerwärtigsten Bemühungen entstanden mir noch aus der Nötigung zur Herbeischaffung der verlangten Lebensversicherungs-Police; ich mußte mich deshalb wiederholt nach Leipzig

---

* Hier im Manuskript von Wagners Hand: »21. Febr. 68«, am Rande die Eintragung Cosimas: »Unterbrechung Abschied von Triebschen 15. April 1867«. Wagners eigenhändige Eintragung bezieht sich auf seine Korrektur des Manuskripts.

** Neben dieser Zeile von Cosimas Hand: »Wiederaufnahme: 28. Juli 1868 (auf Triebschen).«

wenden und hatte auf mich in fast erschreckende Weise gegen besondere Zweifel in betreff meiner Gesundheit und Lebensdauer anzukämpfen, über welche sich bei denjenigen, die mich in meinem damals leidenvollen Zustande flüchtig beobachteten, wie ich verschiedentlich zu bemerken glaubte, sogar schadenfrohe Besorgnisse ausgesprochen hatten. Es gelang endlich meinem Freunde *Pusinelli* als mit mir wohlvertrautem Arzte, so weit genügende Auskunft über meinen Gesundheitszustand zu geben, daß ich endlich gegen drei Prozent mein Leben versichert erhielt.

Der letzte dieser peinlichen Ausflüge nach Leipzig wurde jedoch in angenehmer Weise auch andrerseits durch eine freundliche Einladung des alten Meisters *Louis Spohr* veranlaßt, welche mich namentlich mit aus dem Grunde erfreute, weil durch sie zugleich ein Akt der Versöhnung sich kundgab. *Spohr* hatte nämlich, wie er mir seinerzeit geschrieben, durch den Erfolg meines »Fliegenden Holländers« in Kassel und sein eigenes Gefallen daran angeregt, sich noch einmal entschlossen, die zuletzt wiederholt gänzlich erfolglos von ihm beschrittene Laufbahn als dramatischer Komponist zu betreten. Sein neuestes Werk war eine Oper »Die Kreuzfahrer«, welche er im Laufe des vergangenen Jahres dem Dresdener Theater zugesandt hatte, und zwar, wie er mir selbst bedeutete, in der Meinung, daß ich mit großem Eifer deren Aufführung betreiben würde. Er machte mich bei dieser Anempfehlung darauf aufmerksam, daß er mit dieser Arbeit einen von seinen früheren Opern gänzlich abgehenden Weg eingeschlagen und sich nur an die genaueste dramatische Deklamation gehalten habe, wobei ihm allerdings »das vortreffliche Sujet« ganz besonders zustatten gekommen sei. Dagegen war nun mein nicht eigentlich verwunderungsvoller Schreck groß, als ich sowohl dieses Sujet als die Partitur mir bekannt machte; denn offenbar war der alte Meister bei seinen mir in ihrem Bezug gegebenen Versicherungen vollständig im Irrtum gewesen. Meiner großen Verzagtheit, mit Energie für die Aufführung dieses Werkes mich zu erklären, half allerdings das bestehende Herkommen, daß die Entscheidung über aufzuführende Werke ordnungsmäßig nicht einem der Kapellmeister allein zukam und daß außerdem an *Reissiger*, einem, wie er sich selbst früher gerühmt hatte, älteren Freunde *Spohrs*, die Reihe war, ein neues Werk zu begutachten und zur Aufführung zu bringen. Unglücklicherweise hatte ich nach einiger Zeit zu erfahren, daß die Generaldirektion mit verletzend kurzer Fassung an *Spohr* seine Oper zurückgeschickt habe, worüber dieser sich bitter bei mir beklagte. Daß es mir im aufrichtigen Schreck hierüber gelungen war, ihn zu beruhigen und zu versöhnen, bewies er mir nun eben durch die erwähnte Einladung; es war ihm, wie er mir hierbei schrieb, auf einer angetretenen Badereise peinlich, Dresden zu berühren; da er aber ein herzliches Verlangen trüge, mich persönlich kennenzulernen, ersuchte er mich in Leipzig, wo er sich einige Tage aufhalten würde, mit ihm zusammenzutreffen.

Diese Begegnung mit ihm blieb auf mich nicht eindruckslos. Ein großer, stattlicher Mann mit vornehmem Ausdruck, von ernstem gemäßigtem Temperament, welcher den Kern seiner Bildung sowohl wie seiner Entfremdung gegen die neuere Tendenz der Musik mir in rührender, fast entschuldigender Weise darin zu erkennen gab, daß er seinen ersten, für sein ganzes Leben entscheidenden Eindruck im zartesten Jünglingsalter durch die damals eben neue »Zauberflöte« *Mozarts* bekommen habe. Über mein Gedicht des »Lohengrin«, welches ich ihm zur Durchlesung zurückließ, sowie überhaupt den Eindruck, welchen meine persönliche Bekanntschaft auf ihn gemacht habe, hat er sich gegen meinen Schwager *Hermann Brockhaus*, in dessen Hause wir bei lebhaftester Unterhaltung zu einem Mittagsmahl vereinigt gewesen, mit fast überraschender Wärme ausgesprochen. Wir waren außerdem beim Musikdirektor *Hauptmann* sowie bei *Mendelssohn* zu wirklichen Musikabenden zusammengekommen, bei welchen Gelegenheiten ich auch den Meister in einem seiner Quartette auf der Violine zu hören bekam. Seine ganze ruhige Erscheinung machte gerade in diesen Kreisen auf mich den Eindruck einer fast rührenden Ehrwürdigkeit. – Ich habe später durch allerdings nicht genau von mir zu beurteilende Zeugen vernommen, daß ihn der »Tannhäuser«, als er auch in Kassel zur Aufführung kam, in Verlegenheit und Pein versetzt haben solle, so daß er erklärt habe: weiter könne er mir denn doch nicht folgen und müsse fürchten, mich auf Abwegen zu sehen.

Zu meiner Erholung von allen überstandenen Mühseligkeiten und Bekümmerungen hatte ich mir nun als höchste Gunstbezeigung von meiner Direktion einen dreimonatigen Urlaub ausgewirkt, um in ländlicher Zurückgezogenheit sowohl mich erholen als reinen Atem zum Beginn einer neuen Arbeit schöpfen zu können. Ich hatte hierzu ein Bauernhaus in dem auf halbem Wege zwischen Pillnitz und dem Eintritt in die Sächsische Schweiz gelegenen Dorfe *Groß-Graupe* ausgesucht. Häufige Ausflüge auf den *Porsberg*, nach dem nahen Liebethaler Grunde, auch nach der entfernteren Bastei trugen bald zur Stärkung meiner angegriffenen Nerven bei. Als ich an den ersten Entwurf der Musik zu »Lohengrin« gehen wollte, störte mich zu meiner höchsten Pein unaufhörlich das Nachklingen *Rossini*scher Melodien aus »Wilhelm Tell«, der letzten Oper, welche ich zu dirigieren gehabt hatte; in wahrer Verzweiflung verfiel ich endlich auf ein wirksames Gegenmittel gegen diese lästige Zudringlichkeit, indem ich mir auf einem einsamen Spaziergange mit energischster Betonung das erste Thema der Neunten Symphonie aus der ebenfalls ziemlich neu angefrischten Erinnerung vorführte. – Dies half. In dem Flußbade bei *Pirna*, wohin ich fast täglich gegen Abend zu meiner Erfrischung mich aufmachte, überraschte es mich eines Mals, von einem mir unsichtbaren Badenden die Melodie des Pilgerchors aus »Tannhäuser« gepfiffen zu hören: dies erste Anzeichen einer möglichen Popularisierung des zunächst nur mit so großer Mühe in Dresden durchgesetzten Werkes machte auf mich einen Eindruck, den keine ähnliche spätere Erfahrung je hat überbieten können. Zuweilen erhielt ich Freundesbesuche aus Dresden, unter denen sich eines Tages der damals sechzehnjährige *Hans von Bülow* in der Begleitung *Lipinskys* zu meiner Freude, da ich schon früher auf seine große Teilnahme für mich aufmerksam geworden war, meldete. Im ganzen verblieb ich aber meistens nur auf den Umgang mit meiner Frau, auf meinen weiten Spaziergängen sogar nur auf den mit meinem Hündchen *Peps* angewiesen. Während dieses Sommerurlaubes, von welchem eine bedeutende Zeit anfänglich noch der Besorgung meiner widerlichen Geschäfte und der Stärkung meiner Gesundheit allein gewidmet werden mußte, gelang es mir doch, die Musik sämtlicher drei Akte des »Lohengrin« wenn auch nur in sehr flüchtigen Umrissen zu skizzieren.

Mit dieser Ausbeute kehrte ich im August nach Dresden zu meinen bereits immer lästiger mir werdenden Kapellmeisterfunktionen zurück. Außerdem aber geriet ich sogleich auch wieder in das Geleise der kaum einigermaßen beschwichtigten Sorgen. Der Betrieb des Verlages meiner Opern, in dessen endlichem Erfolge ich doch immer nur noch die einzige Möglichkeit einer gründlichen Befreiung von jenem Drucke zu ersehen hatte, erforderte, um eben hierzu tauglich zu werden, stets wieder neue Opfer. Da nun selbst die geringsten Anstrengungen hierfür bei meinem nun sehr geschmälerten Einkommen mich notwendig neuen und immer peinlicheren Verwirrungen zuführen mußten, so sank mir bald von neuem aller Lebensmut.

Dagegen suchte ich mich einzig durch energische Aufnahme der Arbeit am »Lohengrin« zu erkräftigen. Hierbei geriet ich auf ein sonst nie wieder von mir befolgtes Verfahren: ich führte nämlich den dritten Akt zuerst aus, wozu mich die zuvor besprochene Kritik des dramatischen Charakters dieses Aktes und seines Schlusses in der Weise bestimmte, daß ich ihn, selbst wohl auch der in der Erzählung vom Gral erscheinenden musikalischen Motive wegen, von vornherein als den Kern des Ganzen mir vollkommen befriedigend festzusetzen suchen wollte. Es gelang mir jedoch nicht, ohne eine große und bedeutungsvolle Unterbrechung diesen Akt zu beenden.

Auf eine frühere Anregung von mir sollte in diesem Winter nämlich *Glucks* »Iphigenia in Aulis« zur Aufführung gelangen. Ich fühlte mich verpflichtet, diesem Werke, welches namentlich seines Sujets wegen mich sehr ansprach, eine größere Aufmerksamkeit und Fürsorge zuzuwenden, als dies früher beim Einstudieren der »Armide« der Fall gewesen war. Zunächst erschrak ich über die Übersetzung, in welcher uns die Oper mit der Berliner Partitur vorgelegt wurde. Um mich überhaupt durch einige Instrumentationsbereicherungen, wie ich sie in dieser Partitur sehr roh angebracht vorfand, nicht beirren zu lassen, ließ ich die alte Pariser Originalausgabe verschreiben und ward, nachdem ich mich an eine gründliche, nur eben auf die Richtigkeit der Deklamation bedachte Umarbeitung der Übersetzung gemacht hatte, von wachsender Teilnahme angetrieben, endlich auch zu einer weiteren Bearbeitung der Partitur selbst bestimmt. Das Gedicht selbst suchte ich durch Fernhaltung alles dessen, was dem französischen Geschmacke gemäß das Verhältnis des Achilles zu Iphigenia zu einer süßlichen Liebschaft stempelte, namentlich aber durch die vollständige Umänderung des Schlusses mit der unerläßlichen »Mariage« soweit als möglich mit dem gleichnamigen Stück des *Euripides* in Übereinstimmung zu setzen. Die meist ganz unvermittelt nebeneinanderstehenden Arien und Chöre suchte ich der dramatischen Lebendigkeit zulieb durch Übergänge, Nach- und Vorspiele zu verbinden, wobei ich es mir hauptsächlich angelegen sein ließ, durch Benutzung der *Gluck*schen Motive selbst die Einmischung des fremden Musikers so unmerklich wie möglich zu machen. Nur im dritten Akte mußte ich der *Iphigenia* sowie der von mir eingeführten *Artemis* ariose Rezitative von meiner eigenen Komposition geben. Außerdem aber bearbeitete ich die ganze Instrumentation, jedoch immer nur in der Absicht, das Vorhandene zur rechten Wirkung zu bringen, mehr oder weniger ausführlich von neuem. Erst am Schlusse des Jahres konnte ich diese zeitraubende Arbeit beendigen und mußte dagegen die Ausführung des begonnenen dritten Aktes von »Lohengrin« auf das neue Jahr verschieben.

Zunächst nahm im neuen Jahre (1847) mich nach außen die Aufführung der »*Iphigenia*« in Anspruch, wobei ich mich nun namentlich auch als Regisseur zu bewähren hatte; ja sogar dem Dekorateur und Maschinisten hatte ich auf das angelegentlichste zu Hilfe zu kommen. Die Belebung der szenischen Darstellung zu einer wirklich lebenvoll dramatischen Handlung war bei dem meist spröde und unvermittelt nebeneinandergestellten Komplex der Szenen oft ganz neu zu erfinden, da mir das meiste in dieser Beziehung nur durch eine zu *Glucks* Zeiten in der Pariser Oper noch herrschende bloß konventionelle Behandlung der Szene erklärlich schien. Von allen Darstellenden erfreute mich durch vollkommenes Erfassen und richtige Wiedergebung meiner Vorschriften und Andeutungen einzig *Mitterwurzer* als *Agamemnon*, welcher auch wirklich in jeder Hinsicht etwas Vorzügliches und Ergreifendes leistete. Die Wirkung des Ganzen war über alle Erwartung günstig, und selbst die Direktion war von diesem ausnahmsweise populären Erfolg einer *Gluck*schen Oper so verwundert, daß sie sich von selbst veranlaßt fand, von der zweiten Aufführung an auf dem Theaterzettel mich als Bearbeiter derselben zu nennen. Dies machte denn nun auch sofort die Kritik auf diese Arbeit aufmerksam, und wirklich ließ sie mir diesmal fast durchaus Gerechtigkeit widerfahren: nur meine Behandlung der Ouvertüre, des einzigen Stückes, welches in der gewöhnlichen trivialen Aufführungsweise zuvor diesen Herren von diesem Werke *Glucks* bekannt geworden war, erregte großen Anstoß. Ich habe das hierauf Bezügliche in einer besondern Abhandlung »Über *Glucks* Ouvertüre zur Iphigenia in Aulis« genau mitgeteilt und erörtert und füge jener Besprechung hier nur die Notiz hinzu, daß der Musiker, von welchem ich bei dieser Gelegenheit so sonderbare Dinge vernahm, *Ferdinand Hiller* war. –

Auch diesen Winter, wie früher, setzten sich die namentlich durch *Hiller* betriebenen Zusammenkünfte der disparaten künstlerischen Elemente Dresdens fort; nur nahmen sie jetzt mehr den Charakter von eigentlichen Salon-Abenden im *Hiller*schen Hause selbst an: mir schien, es sollte da durchaus zur Herrichtung eines Bodens für die Anerkennung der *Hiller*schen Kunstgröße kommen. Wirklich hatte er bereits aus vermögenderen Kunstfreunden, an deren Spitze der Bankier *Kaskel* stand, eine Gesellschaft zur Pflege von Abonnement-Konzerten gegründet. Da ihm die Königl. Kapelle hierzu unmöglich zur Verfügung gestellt werden konnte, hatte er sich mit sonstigen Stadt- und Militär-Musikern für das Orchester zu begnügen gehabt, und wirklich war unleugbar, daß er durch vielen Fleiß hier Anerkennenswertes erreichte. Er wußte durch die Vorführung mancher in Dresden noch unbekannten Kompositionen, namentlich aus dem Gebiete der neueren Musik, mich selbst öfter zum Besuche seiner Konzerte zu veranlassen. Das eigentliche Publikum schien er jedoch mehr durch Herbeiziehung fremder Sängerinnen (von denen ihm aber leider *Jenny Lind* ausblieb) sowie Virtuosen (unter denen mir namentlich der damals noch sehr jugendliche *Joachim* bekannt wurde) anlockend zu machen. Über seine wahre musikalische Bedeutung gab mir jedoch sein Befassen mit damals bereits meinem Urteile sehr vertrauten Musikwerken Aufschluß. Ein Triple-Konzert von *Sebastian Bach* setzte mich durch das unter seiner Mitwirkung geleitete gleichgültige Herunterspielen desselben in wahrhaftes Erstaunen. Mit dem »Tempo di Minuetto« der Achten Symphonie *Beethovens* begegnete mir bei *Hiller* etwas noch Sonderbareres als früher bei *Reissiger* und *Mendelssohn*. Ich versprach ihm nämlich zur Aufführung dieser Symphonie mich einzufinden, wenn ich mich darauf verlassen könnte, daß er das gewöhnlich so schmachvoll entstellte Tempo des dritten Satzes richtig geben würde; er versicherte mir auf das genaueste, hierin mit mir übereinzustimmen; desto mehr erschrak ich nun, bei der Aufführung richtig wieder das bekannte Walzer-Zeitmaß angewandt zu finden. Als ich ihn hierüber zur Rede stellte, entschuldigte er sich lächelnd durch eine augenblickliche Zerstreutheit, die ihn gerade beim Beginn des betreffenden Satzes erfaßt und seines Versprechens vergessen gemacht hätte. – Für die Errichtung dieser Konzerte, welche allerdings mit dem zweiten Jahre eingingen, erhielt *Hiller* ein Festessen, welchem auch ich mit vielem Vergnügen beiwohnte.

In diesen Kreisen war man um jene Zeit verwundert, mich oft zwar sehr lebhaft, aber nie über Musik, sondern namentlich über die griechische Literatur und Geschichte sprechen zu hören. Bei den von mir immer eifriger gepflogenen und von meiner Berufstätigkeit mich in immer stillere Einsamkeit zurückleitenden Studien war ich damals, um die empfindliche Kluft zwischen meinem ersten jugendlichen Erfassen der ewigen humanistischen Bildungselemente und der durch mein ableitendes Leben entstandenen Verwahrlosung auf diesem Gebiete auszufüllen, zu einem meinem geistigen

Bedürfnisse entsprechenden systematischen Neubefassen mit dieser allerwichtigsten Bildungsquelle hingetrieben worden. Um mich mit dem rechten Sinne den mir zum Ziel gesetzten alt- und mittelhochdeutschen Studien zu nähern, begann ich von neuem mit dem griechischen Altertum und war nun von diesem allerdings mit solch überwältigender Begeisterung erfüllt, daß ich, wenn ich überhaupt zum Reden gebracht wurde, mit Wärme nur sprechen konnte, sobald ich gewaltsam nach jener Sphäre hinlenkte. Zuweilen traf ich einen Menschen, der mich gern zu hören schien; im ganzen aber verkehrte man mit mir doch am liebsten nur über das Theater, weil man, namentlich nach meiner Aufführung der *Gluck*schen »Iphigenia«, mich hierin wirklich für sach- und fachverständig halten zu dürfen glaubte. Besondere Anerkennung fand ich hierfür von einem Manne, dem ich selbst, gewiß mit Recht, zum mindesten gleiche Sachkenntnis zuzutrauen hatte. Dies war *Eduard Devrient*, welcher um jene Zeit durch eine von seinem eigenen Bruder *Emil* angezettelte Schauspieler-Intrige aus seiner Stellung als Oberregisseur des rezitierenden Dramas sich zurückzuziehen veranlaßt sah. Er wurde mir sowohl durch die sich hieran knüpfenden gemeinschaftlichen Erörterungen über das Nichtige und in tiefstem Grunde Hoffnungslose unseres ganzen Theaterwesens, namentlich unter dem schließlich doch nie zu bewältigenden verderblichen Einflusse der Leitung durch kenntnislose Hofintendanten, als auch durch seine vollständige Anerkennung meiner Leistung in der Aufführung der »Iphigenia«, welche er mit der von ihm gänzlich verworfenen Berliner zusammenhielt, näher vertraut. Er war lange Zeit der einzige, mit welchem ich ernsthaft und eingehend über die wahren Bedürfnisse des Theaters und über die Mittel, seiner Verwahrlosung abzuhelfen, mich besprechen konnte. Vieles gab es, worüber er nach längerer und spezieller Erfahrung mir Aufschluß und Belehrung geben konnte; namentlich half er mir sehr erfolgreich die Ansicht zu bekämpfen, daß dem Theater durch Einmischung der bloßen literarischen Intelligenzen zu nützen sei, und befestigte mich dagegen in der Überzeugung davon, daß dem Theater nur durch seine eigensten Kräfte, durch die dramatischen Darsteller selbst der Weg zu wahrhaftem Gedeihen gewonnen werden könne. Ich blieb mit *Eduard Devrient*, dessen trockenes Naturell und offenbar sehr beschränktes Talent als Schauspieler selbst mich bis dahin wenig angezogen hatten, von nun an bis zu meinem Fortgange von Dresden in ununterbrochen zunehmendem freundschaftlichem Verkehr. Sein höchst verdienstliches Werk »Die Geschichte der deutschen Schauspielkunst«, welches er damals ausarbeitete und nach und nach veröffentlichte, gab mir manchen neuen und lehrreichen Aufschluß über Dinge, die mich selbst lebhaft angingen und in welche er mir nun eine gründliche Einsicht verschaffte. –

Endlich war ich doch dazu gelangt, die mitten in der Braut-Szene unterbrochene Ausführung der Komposition des dritten Aktes von »Lohengrin« wieder aufzunehmen und mit dem Schlusse des Winters zu vollenden. Nachdem im Konzert am Palmsonntag mich die allgemein verlangte Wiederholung der Neunten Symphonie erquickt hatte, suchte ich für die weitere Ausführung meiner neuen Arbeit, diesmal ohne Urlaub zu nehmen, durch die Veränderung meiner Wohnung mir Erleichterung und Erfrischung zu verschaffen. In einem ziemlich entfernten und wenig bewohnten Stadtteile Dresdens war das ehemalige *Marcolinische Palais* mit sehr großem, zum Teil in altfranzösischem Stil angelegtem Garten, durch Verkauf an eine städtische Behörde zur teilweisen Vermietung frei geworden. Der Bildhauer *Hänel*, den ich bereits seit längerer Zeit zu meinen guten Bekannten zählte und von dem ich sogar als Zeichen seiner anerkennungsvollen Teilnahme einen vollständigen Gipsabdruck eines zum Beethoven-Monument gehörigen Bas-Reliefs, die Symphonie darstellend, als Zimmerschmuck erhalten, hatte die unteren, weitgedehnten Räume eines Seiten-Flügels dieses Palais für Wohnung und Atelier in Beschlag genommen. Gegen sehr billigen Mietzins bezog ich nun zu Ostern die darüber gelegene geräumige Wohnung und verbesserte somit bei der mir freistehenden Benutzung des von herrlichen Bäumen bepflanzten großen Gartens und der angenehmen Stille des ganzen Aufenthaltes nicht nur die hierauf bezüglichen geistig-diätetischen Lebensfördernisse des erholungsbedürftigen Künstlers, sondern half zu gleicher Zeit auch durch Verminderung meiner Ausgaben meiner finanziell so äußerst gedrückten Lage etwas auf. Bald hatten wir, da *Minna* sehr zweckmäßig die neue Einrichtung besorgte, uns ohne empfindliche Kosten in der ziemlich ausgedehnten Reihe freundlicher Zimmer ganz behaglich angesiedelt, und nur eine Unbequemlichkeit hatte ich im Laufe der Zeit schmerzlich zu empfinden, nämlich die sehr weite Entfernung vom Theater, welche mir nach anstrengenden Proben und ermüdenden Aufführungen, da mich oft die Ausgabe für einen Fiaker genierte, sehr lästig fiel. Jede Unbequemlichkeit half aber die glückliche Stimmung, welche unter der Begünstigung eines ausnahmsweise schönen Sommers mich einnahm, bald zu überwinden.

Von aller näheren Beteiligung an der Direktion des Theaters zog ich mich um diese Zeit mit immer unumwundener erklärter Bestimmtheit zurück, und hierzu hatte ich die triftigsten Gründe anzuführen. – Jeder meiner Versuche, dem willkürlichen Chaos in der Verwendung so kostbarer künstlerischer Kräfte, wie sie diese königliche Anstalt vereinigte, eine förderliche Richtung zu geben, war, gerade weil ich sie prinzipiell zu begründen mich bemühte, wiederholt vereitelt worden. In einer sorgsamen Arbeit, welche ich ebenfalls im Verlaufe des vergangenen Winters neben meinen übrigen Beschäftigungen verfaßt, hatte ich zunächst einen Plan zur Reorganisation der musikalischen Kapelle ausgearbeitet und nachgewiesen, wie durch eine zweckmäßigere Verwendung der zur Erhaltung derselben bestimmten königlichen Fonds zugleich mit größerer Gerechtigkeit in betreff der Besoldungen auch eine bedeutendere Produktivität der künstlerischen Kräfte bezweckt werden könnte. Dieser Überschuß von Produktivität sollte wiederum in gleichem Maße zur Hebung des künstlerischen Geistes wie zur Verbesserung der ökonomischen Verhältnisse der Kapellmusiker dienen, indem ich sie zugleich zu einer freien Konzertgesellschaft konstituiert wissen wollte. Wie, als solche, es ihre Aufgabe sein sollte, das Dresdener Publikum in vorzüglichster Weise mit einer Musikgattung bekannt zu machen, welche bis jetzt dort so gut wie noch gar nicht gepflegt worden war, sollte es diesem Vereine unter Begünstigung vieler von mir nachgewiesenen äußeren Umstände zugleich ermöglicht werden, Dresden mit dem, wie ich erfahre, heute ihm noch fehlenden angemessenen Konzertgebäude zu versehen. Ich hatte mich hierzu mit Architekten und Bauunternehmern in das ausführlichste Vernehmen gesetzt; die Pläne waren vollständig ausgearbeitet, nach welchen das skandalöse vis-à-vis des der Ostra-Allee zugekehrten Teiles des berühmten Zwingergebäudes, bestehend aus dem Theaterdekorationsmaler-Schuppen und dem Königl. Hofwaschhause, verschwinden und dafür ein schönes Gebäude, welches außer einem unseren Zwecken dienlichen großen Konzertsaale zugleich andere, für einträgliche Vermietung geeignete Gesellschaftslokale enthalten hätte, errichtet werden sollte. Diese Entwürfe, deren praktische Ausführbarkeit von keiner Seite her bestritten wurde, da selbst die Verwalter des Kapellwitwenfonds hierin eine Gelegenheit zu sicherer und vorteilhafter Kapitalanlage ersahen, gelangten nach längerer Erwägung seitens der Generaldirektion unter Verdankung und Anerkennung meiner sorgfältigen Arbeit mit dem summarischen Bescheide an mich zurück, daß man es für besser fände, wenn alles beim alten verbliebe. – Ähnlich erging es mir mit jedem Vorschlage, der nutzlos ermüdenden Verwendung unserer künstlerischen Kräfte durch zweckmäßigere Anordnung in jedem von mir nachgewiesenen Betreff entgegenzutreten. Da ich außerdem durch jahrelange Erfahrung zu der Einsicht gekommen war, daß alles in den ermüdendsten Direktionskonferenzen z. B. im Betreff des aufzustellenden Repertoires Besprochene und zum Beschluß Gebrachte jeden Augenblick durch die Laune eines Sängers oder den Einwurf eines untergeordneten Ökonomie-Inspektors umgestoßen und nachteilig verändert wurde, so begab ich mich endlich, nach zahllosen Erörterungen und Ereiferungen hierüber, der hierbei vergeudeten Mühe und entzog mich mit bestimmt ausgesprochener Tendenz selbst meiner Pflicht der Beteiligung an jedem Zweige der Direktionsführung, indem ich mich lediglich auf die Abhaltung der Proben und Leitung der Aufführungen der mir zugewiesenen Opern beschränkte. Geriet ich hierdurch nun auch in eine zunehmende Spannung mit Herrn v. *Lüttichau*, so mußte er für jetzt sich doch meine Renitenz wohl oder übel gefallen lassen, da ich namentlich andrerseits durch den stets andauernden Erfolg der Aufführungen des »Tannhäuser« und des »Rienzi«, welche namentlich vor dem bedeutenden Fremdenpublikum im Laufe des Sommers als stets bevorzugte Festvorstellungen vor überfüllten Häusern gegeben wurden, in Rücksicht gebietender Stellung erhalten wurde.

Unter solchen Entsagungen und Förderungen gelangte ich dazu, diesen Sommer unter dem Genuß einer fast vollständigen Zurückgezogenheit und der großen Annehmlichkeit, die mir meine neue Niederlassung gewährte, in einer der Vollendung meines »Lohengrin« höchst günstigen Stimmung mich zu erhalten. Was dieser Stimmung eine bisher von mir noch nie mit so großer Intensivität genossene Heiterkeit gab, waren meine neben der Arbeit an meinem Werke eifrigst betriebenen, zuvor bereits angedeuteten Studien. Ich hatte nun zum ersten Male bei gereiftem Gefühle und Verstande mich des *Aischylos* bemächtigt. Namentlich die beredten Didaskalien *Droysens* halfen mir, das berauschende Bild der athenischen Tragödienaufführungen so deutlich meiner Einbildungskraft vorzuführen, daß ich die »Oresteia« vorzüglich unter der Form einer solchen Aufführung mit einer bisher unerhört eindringlichen Gewalt auf mich wirken fühlen konnte. Nichts glich der erhabenen Erschütterung, welche der »Agamemnon« auf mich hervorbrachte: bis zum Schluß der »Eumeniden« verweilte ich in einem Zustande der Entrücktheit, aus welchem ich eigentlich nie wieder gänzlich zur Versöhnung mit der modernen Literatur zurückgekehrt bin. Meine Ideen über die Bedeutung des Dramas und namentlich auch des Theaters haben sich entscheidend aus diesen Eindrücken gestaltet. Durch die übrigen Tragiker drang ich bis zu *Aristophanes* vor. Wenn ich des Vormittags eifrig an der Ausführung der Musik des »Lohengrin« gearbeitet hatte, verkroch ich mich gegen die immer üppiger hereindringende Sommerhitze tief in ein dichtes Gebüsch des mir zugewiesenen Gartenanteiles; unbeschreiblich war der launige Übermut, mit welchem dort die Lektüre der Aristophanischen Stücke mich erfüllte, nachdem die »Vögel« des Dichters mich in die ganze Tiefe und Fülle dieses ausgelassenen Lieblings der Charitinnen, wie er sich selbst mit sicher bewußter Kühnheit nannte, versenkt hatten. An seiner Seite las ich die vorzüglichsten Platonischen Gespräche und gewann namentlich aus dem Eindrucke des »Symposion« einen so innig vertrauten Einblick in die wunderbare Schönheit des griechischen Lebens, daß ich wie mit fühlbarer Wirklichkeit in Athen mich heimischer empfand als in irgendeinem Lebensverhältnisse der modernen Welt.

Da ich meinem ganz bestimmten Bildungszwecke nachging, fiel es mir nicht ein, am Leitfaden irgendeiner Literaturgeschichte meinen weiteren Weg zu verfolgen, sondern ich lenkte durch die mir geeignet dünkenden historischen Studien, in welchen mich namentlich *Droysens* Geschichte Alexanders und des Hellenismus sowie *Niebuhr* und *Gibbon* förderten, zu den deutschen Altertümern über, in welchen mir nun *Jakob Grimm* als ein immer vertrauter gewordener Führer wiederkehrte. Indem ich mich nun namentlich der deutschen Heldensage gründlicher zu bemächtigen suchte, als dies früher nur durch die Lektüre der *Nibelungen* und des *Heldenbuches* möglich gewesen war, fesselten mich endlich ganz vorzüglich die ungemein reichen, obwohl ihrer Kühnheit wegen von strengeren Fachgelehrten mit

Bedenken angesehenen »Untersuchungen« *Mones* über diese Heldensage. Unwiderstehlich hierdurch auf die nordischen Zeugnisse für dieselbe hingewiesen, suchte ich nun auch, soweit mir dies ohne fließende Kenntnis der nordischen Sprachen möglich war, die »Edda« sowie die prosaischen Aufzeichnungen der großen Bestandteile der Heldensage mir vertraut zu machen. Von entscheidendem Einfluß auf die bald in mir sich gestaltende Behandlung dieses Stoffes war an der Hand der *Mone*schen »Untersuchungen« die Lektüre der *Wälsungasaga*. Das bereits seit längerer Zeit in mir sich bildende Bewußtsein von der urheimischen Innigkeit dieser alten Sagenwelt gewann so allmählich die Kraft zu der plastischen Gestaltung, welche meine späteren Arbeiten leitete.

Dies alles drängte und reifte in mir, während ich mit wahrhaft verklärter Freude die Komposition der beiden ersten, nun zuletzt ausgeführten Akte des »Lohengrin« vollendete. Indem ich so nach rückwärts abschloß und nach vorwärts eine neue Welt mir aufbaute, welche meinem hierüber immer klarer sich werdenden Bewußtsein mit wachsender Deutlichkeit als diejenige Zuflucht sich erschloß, in welche ich mich von allen Elendigkeiten des modernen Oper- und Theaterwesens zu retten hatte, befestigten sich meine Gesundheit und meine Laune zu einer fast untrübbar heitern Stimmung, in der ich für längere Zeit alle Nöte meiner Lage vergessen konnte. Tägliche Ausflüge in die nächste Umgegend der vom Elbufer nach dem Plauenschen Grund sich hinziehenden Höhen, welche ich meistens einsam nur von Peps begleitet antrat, führten stets zu angenehm produktiver Sammlung. Zugleich aber gewann ich wie fast sonst nie die Befähigung zu gutgelauntem Umgang mit Freunden und Bekannten, welche zu Zeiten gern im Marcolinischen Garten sich einfanden, mein einfaches Abendmahl mit mir zu teilen. Oft fanden mich die Besuche dann auf den höchsten Zweigen eines Baumes oder auf dem Nacken des Neptun, welcher als Mittelpunkt einer kolossalen Statuengruppe in einem leider stets trocknen Bassin aus der alten Glorienzeit dieses Marcolinischen Grundstückes figurierte. Es machte mir dann Vergnügen, mit meinen Bekannten auf dem breiten Trottoir des nach dem eigentlichen Palais zuführenden Hauptganges auf- und abzuschreiten, welches im verhängnisvollen Jahre 1813 besonders für Napoleon, als er dort sein Hauptquartier aufgeschlagen hatte, gelegt worden war.

Mit dem letzten Sommermonat August, in welchem ich die vollständige Komposition des »Lohengrin« vollendete, mußte ich aber auch empfinden, daß es damit eben Zeit war, da andrerseits die Bedürfnisse meiner Lebenslage mich jetzt gebieterisch nötigten, auf ernstliche Schritte zu ihrer Verbesserung bedacht zu sein. Es war mir nahegelegt, von neuem an die Verbreitung meiner Opern auf deutschen Theatern zu denken.

Auch der nun immer bestimmter sich herausstellende Erfolg des »Tannhäuser« in Dresden setzte auswärts nicht das mindeste in Bewegung. Als einziger Ort, von welchem aus entscheidender auf die deutschen Theater gewirkt werden könnte, hatte ich unerläßlich bereits *Berlin* in das Auge fassen müssen. Was ich von dem besonderen Geschmacke des Königs Friedrich Wilhelm IV. vernommen hatte, schien mich durchaus zu der Annahme berechtigen zu dürfen, daß er, wenn es nur gelänge, ihm diese im rechten Lichte zu zeigen, er Neigung und Interesse für meine neueren Arbeiten und Tendenzen fassen müßte. In dieser Annahme hatte ich bereits daran gedacht, den »Tannhäuser« ihm zu dedizieren; um die Erlaubnis hierfür einzuholen, hatte ich mich an den Intendanten der Königlichen Hofmusik, Grafen *Redern*, zu wenden gehabt. Von diesem erhielt ich den Bescheid, daß der König nur die Dedikation solcher Werke annehmen könne, welche ihm zuvor durch eine Aufführung zur Kenntnis gebracht seien; da nun mein »Tannhäuser«, weil er von dieser für »zu episch« gefunden worden, von der Intendanz des Hoftheaters zurückgewiesen war, so schiene dem Grafen, wenn ich auf meinem Wunsche beharre, nur der Ausweg übrigzubleiben, meine Oper, soweit als möglich für Militärmusik arrangiert, dem König etwa bei einer Parade zu Gehör zu bringen. Dies genügte nun, mich zu einem andern Angriffsplan auf Berlin zu bestimmen. Ich mußte, namentlich nach der soeben erwähnten Erfahrung, für geeignet halten, es dort zunächst mit derjenigen meiner Opern, welche mir auch in Dresden den entscheidendsten Erfolg gewonnen, zu beginnen. Ich wandte mich deshalb in einer mir gewährten Audienz an die Königin von Sachsen, der Schwester der Königin von Preußen, um von dieser durch ihre Empfehlung einen königlichen Befehl an die Berliner Intendanz zur Aufführung meines auch vom Sächsischen Hof bevorzugten »Rienzi« zu erwirken. Dies gelang; bald erhielt ich die Anzeige meines alten Freundes *Küstner*, daß meine Oper »Rienzi« zur baldigsten Aufführung auf dem Berliner Hoftheater bestimmt sei, und zugleich den Ausdruck des Wunsches, daß ich persönlich die Aufführung meines Werkes leiten möge. Da nun in Berlin von Herrn *Küstner* zugunsten seines alten Münchner Freundes *Lachner* und dessen Oper »Catarina Cornaro« die sehr einträgliche Tantieme eingeführt worden war, glaubte ich in dem Erfolg des »Rienzi« in Berlin, wenn er nur einigermaßen dem in Dresden ähnlich zu ermöglichen war, allein schon eine ergiebige Hilfe für meine üble Lage ersehen zu dürfen. Vor allem aber leitete mich der Wunsch, dem Könige von Preußen mich selbst bekannt machen zu können, um ihn namentlich durch eine Vorlesung der Dichtung meines »Lohengrin«, wie ich mir nach mancherlei Anzeichen schmeicheln zu dürfen glaubte, für meine Richtung günstig zu stimmen, für welchen Fall ich im Sinne hatte, mir von ihm den Auftrag zu einer ersten Aufführung des »Lohengrin« an seinem Hoftheater zu erbitten. Es schien mir nach den seltsamen Erfahrungen, welche ich über die Geheimhaltung meiner in Dresden erkämpften Erfolge vor dem übrigen Deutschland gemacht hatte, unerläßlich, den zukünftigen Ausgangspunkt meiner künstlerischen Unternehmungen nach dem einzigen, einigermaßen

Einfluß übenden Zentrum, für welches ich Berlin ansehen mußte, zu verlegen. Durch meine bereits so erfolgreiche Empfehlung an die Königin von Preußen glaubte ich wenigstens bis zu dieser von mir so wichtig angesehenen Vorstellung an den König selbst ebenfalls durchdringen zu können, und in dieser Hoffnung machte ich mich im September, gutes Mutes einer günstigen Wendung meines Schicksales vertrauend, fürs erste zu den Proben meines »Rienzi«, an welchem selbst mir bereits nicht mehr sonderlich gelegen war, nach Berlin auf.

In Berlin befiel mich zunächst ein ähnlicher Eindruck wie damals, als ich auf meiner Wiederkehr von Paris es nach längerer Entfernung davon abermals betrat. Professor *Werder,* mein Freund vom »Fliegenden Holländer« her, hatte mir zuvor an dem berühmten Gendarmenmarkt eine Wohnung besorgt, doch konnte ich selbst bei meinem täglichen Ausblick auf denselben mich nicht überreden, in einem Teil des Zentrums Deutschlands mich zu befinden. Bald nahmen mich jedoch die Sorgen meines nächsten Anliegens in Beschlag. An offiziellen Vorkehrungen zur Befriedigung meiner Wünsche hatte es zwar nicht gefehlt, doch merkte ich bald, daß mein »Rienzi« eben nur auch als Kapellmeisteroper angesehen und bedacht wurde, d. h. daß die disponiblen Kräfte mir eben nur pflichtgemäß zu Gebot gestellt wurden, ohne daß man in irgend etwas über das Vermögen derselben hinauszugehen gesonnen war. Alle Anordnungen für die Proben wurden aber sofort umgeworfen, als *Jenny Lind* zu einem Gastspiel sich bereit meldete und dafür auf längere Zeit die Königliche Oper ausschließlich in Anspruch behielt.

Während der hieraus entstehenden Verzögerung bemühte ich mich nun, der Erreichung meines Hauptzweckes, einem persönlichen Bekanntwerden mit dem König näherzukommen. Ich bediente mich hierzu meiner älteren Verbindungen mit dem Intendanten der Hofmusik, des Grafen *Redern.* Dieser Herr nahm mich sogleich mit größter Herablassung auf, lud mich zu Diner und Abendgesellschaft und unterhielt sich mit mir auf das herzlichste über die nötigen Schritte zur Erreichung meines Vorhabens, in welchem er mich auf das eifrigste zu unterstützen versprach. Außerdem wandte ich mich selbst wiederholt nach Sanssouci, um mich zunächst der Königin, schon um ihr meinen Dank auszudrücken, vorzustellen. Über einen Verkehr mit Kammerfrauen kam ich jedoch nie hinaus. Man riet mir, mich mit dem Chef des Königlichen Geheimen Kabinetts, Herrn *Illaire,* in Verbindung zu setzen. Dieser Herr schien mein Anliegen sehr ernstlich aufzunehmen und versprach mir, zu tun, was er könne, um meinem Wunsche einer persönlichen Vorstellung an den König Vorschub zu leisten. Er erkundigte sich nach meinem eigentlichen Zwecke; ich sagte ihm, dieser sei, vom Könige die Erlaubnis zu erhalten, ihm das Gedicht meines »Lohengrin« vorzulesen. Bei einem der häufig von Berlin aus bei ihm wiederholten Besuche frug er mich endlich, ob ich es nicht für ratsam halte, von *Tieck* eine Empfehlung für meine Arbeit herbeizubringen. Ich konnte ihm melden, daß ich bereits mit dem alten Dichter, welcher als königlicher Pensionär sich ebenfalls in der Nähe von Potsdam aufhielt, hierüber in erfreuliche Annäherung getreten sei.

Ich hatte mich nämlich sehr wohl entsonnen, daß Frau *v. Lüttichau* ihrem berühmten Freunde vor einigen Jahren, als das Lohengrin-Thema zwischen uns angeregt war, sowohl dieses Gedicht wie das meines »Tannhäusers« zugeschickt hatte. Als ich daraufhin bei *Tieck* mich anmeldete, ward ich wirklich wie ein nicht eigentlich fernstehender älterer Bekannter von diesem aufgenommen. Meine längeren Unterhaltungen mit ihm blieben für mich sehr wertvoll. Mag *Tieck* sich auch immerhin durch eine gewisse Bequemlichkeit in der Erteilung von Empfehlungen, um welche man bei ihm für dramatische Arbeiten nachsuchte, in einigermaßen zweifelhaftes Ansehen gesetzt haben, so erfreute mich doch in meinem Falle die besondere Wärme, mit welcher er sich mir gegen unsere neueste, unter Nachahmung der modernen französischen Theatergeschicklichkeit sich bildende dramatische Literatur äußerte: seine Klage über den Verlust jeder wahrhaften poetischen Tendenz derselben sprach sich in wirklich stark tönenden elegischen Akzenten aus. Dem Gedicht meines »Lohengrin« erklärte er sich durchaus und vollständig geneigt; nur begriff er nicht, wie dies alles ohne eine gänzliche Umwandlung der bisherigen Basis der Oper in Musik zu setzen sein sollte, und äußerte in diesem Bezuge namentlich seine Bedenken gegen Szenen wie die zwischen Ortrud und Friedrich zu Anfang des zweiten Aktes. Mich dünkte, daß ich ihn zu wirklicher Lebhaftigkeit erregte, als ich über die Lösung dieser scheinbaren Schwierigkeiten sowie überhaupt im Betreff meiner Ideen über das Ideal des musikalischen Dramas mich in meiner Weise ihm mitteilte. Je weiter ich mich hierbei verstieg, desto trauriger ward er jedoch, wenn ich ihm meine Hoffnung zu erkennen gab, für die gleichen Gedanken und die Verwirklichung meiner idealen Pläne die Teilnahme des Königs von Preußen zu gewinnen. Er bezweifelte zwar nicht, daß der König mich mit vieler Aufmerksamkeit anhören und sogar mit Wärme meine Idee erfassen werde, nur müßte ich, wenn ich mich nicht den übelsten Enttäuschungen aussetzen wollte, nicht im mindesten auf einen praktischen Erfolg hiervon rechnen. »Was wollen Sie von einem Herrn sich erwarten, der heute für *Glucks* ›Iphigenia in Tauris‹ und morgen ganz ebenso für *Donizettis* ›Lucretia Borgia‹ sich erwärmt?« Zunächst unterhielt mich mit diesem und ähnlichem *Tieck* viel zu einnehmend, als daß ich dem Bitteren seiner Ansichten ernstlicher nachgedacht hätte. Seine eindringlichste Empfehlung meines Gedichtes an Kabinettsrat *Illaire* versprach er mir gern und freudig und entließ mich mit großem Wohlwollen unter herzlichen, doch bangen Segenswünschen.

Der Erfolg aller meiner Bemühungen war, daß die verhoffte Einladung zum König immer und immer ausblieb. Da nun die Proben zum »Rienzi« nach überstandener *Jenny Lind* wieder ihren ernstlichen Verlauf nahmen, faßte ich den Entschluß, mit jenen anderweitigen Bemühungen bis zur Aufführung meiner Oper einzuhalten, weil ich doch jedenfalls auf die Gegenwart des Monarchen bei der ersten Vorstellung, welche ja auf seinen Befehl angeordnet war, und somit auf eine der Erfüllung meines hauptsächlichsten Wunsches günstige Anregung rechnen zu dürfen glaubte. Je mehr wir uns dieser Aufführung näherten, desto tiefer sank allerdings auch meine Erwartung von der Beschaffenheit derselben. Für die Hauptrolle des »Rienzi« hatte ich mich mit einem tief unter aller Mittelmäßigkeit stehenden Tenorsänger von unbedingter Talentlosigkeit begnügen müssen. Es war ein guter, williger Mensch, der mir außerdem durch meinen besonders freundlichen Mittagsgastwirt, den nicht unberühmten *Meinhard*, auf das angelegentlichste empfohlen war. Nachdem ich mich viel mit ihm geplagt und infolgedessen, wie es mir öfter ging, zu einiger Illusion über seine zu erwartende Leistung mich angeregt hatte, mußte endlich, als in den Hauptproben die Entscheidung herankam, die wahre Einsicht bei mir sich ergeben. Ich ersah, daß Szenerie, Chor, Ballett und Nebenpartien zum größten Teil sogar vortrefflich ausfielen, daß aber die Hauptfigur, um die sich gerade in dieser Oper alles dieses eben nur gruppiert, zu einem wesenlosen Schatten sich verflüchtigte. Dem entsprach, als es Ende Oktober zur Aufführung kam, in ziemlich richtigem Verhältnisse auch der Erfolg beim Publikum. Infolge der ziemlich guten Wirkung mancher glänzenden Ensemblestücke, namentlich auch der sehr glänzenden Aufnahme der Leistung einer Frau *Köster* als Adriano, konnte zwar dieser Erfolg allen äußeren Anzeichen nach als ein nicht ungünstiger angesehen werden; dennoch fühlte ich selbst am besten, daß er keinen wirklichen Kern haben könne, weil nur das Unwesentliche meiner Arbeit in die Augen und Ohren, nicht aber das Wesentliche in die Empfindung hatte fallen können. Auch eröffneten sofort die Berliner Rezensenten in der mir bereits bekannten Weise ihre auf Vernichtung jeden Erfolges meiner Oper ausgehenden Angriffe, so daß ich nach der zweiten Aufführung, welche ich ebenfalls noch persönlich dirigierte, mich nun nach dem Ergebnis meiner verzweiflungsvollen Bemühungen zu fragen hatte.

Diese Frage, wenn ich sie an meine wenigen vertrauten Freunde richtete, führte zu mancherlei Belehrung. Unter diesen Freunden erwähne ich zunächst den zu meiner wahrhaften *Erquickung* in Berlin als dort neu Angesiedelten wiedergefundenen *Albert Franck*. Meine besten Stunden während der traurigen zwei Monate hatte ich in seinem, im ganzen doch nur spärlich zu genießenden Umgange verlebt. Gewöhnlich berührte unsere Unterhaltung bereits seit früherer Zeit schon vom Theater weit abliegende Gegenstände, so daß ich mich fast zu schämen hatte, mit meinen Klagen aus diesem Gebiete her ihn zu behelligen, namentlich da sie meine Bemühungen für ein Werk betrafen, für welches ich eben nur noch ein wirklich recht praktisches theatralisches Interesse hegen konnte. Er seinerseits gelangte bald so weit, mich wiederum darüber zu beklagen, daß ich eben diesen »Rienzi«, mit welchem ich doch nur an das eigentliche und gewöhnliche Theaterpublikum mich wendete, und nicht vielmehr den »Tannhäuser« zu einem Versuch, in Berlin eine meinen höheren Zwecken förderliche Partei zu bilden, gewählt hätte. Er behauptete nämlich, daß ich durch den Charakter gerade dieser Arbeit Leute zu erneutem Interesse für das Theater bestimmt haben würde, welche gleich ihm nicht mehr zum eigentlichen Theaterpublikum zu zählen seien, eben weil sie alle Hoffnung auf das Erfassen einer edleren Tendenz von seiten desselben aufgegeben hätten.

Ganz entmutigend lauteten andererseits die sonderbaren Mitteilungen über den Charakter des Berliner Kunstwesens, welche *Werder* mir gelegentlich machte. In betreff des Publikums sagte er mir einmal, ich solle mir nur nichts anderes erwarten, als daß vom ersten bis zum letzten Range bei der Aufführung eines unbekannten Werkes irgendein Mensch in einer andern Stimmung seinen Platz einnehme, als indem er sich frage, in *welcher* Weise er das Erwartete nun eigentlich schlecht zu finden habe. Trotzdem *Werder* von keiner meiner Bestrebungen mich abzubringen wünschte, glaubte er doch unausgesetzt mich davor warnen zu müssen, irgend etwas, namentlich aus den höheren Sphären Berlins, zu erwarten. Als ich ihn, der den bedeutenden Eigenschaften des Königs durchaus Anerkennung gezollt wissen wollte, frug, wie er wohl meine, daß dieser es aufnehmen würde, wenn ich ihm meine Ideen über die Veredelung der Oper vortrüge, antwortete er mir, nachdem er länger meiner feurigen Rede zugehört: »Darauf würde Ihnen der König sagen: ›Sprechen Sie mit *Stawinsky*!‹« Dieser war nämlich der Opernregisseur, dick, bequem und in der gemeinsten Routine verfault.

In ähnlicher Weise war alles, was ich sonst erfuhr, geeignet, mich zu entmutigen. Ich hatte *Bernhard Marx*, welcher bereits vor Jahren infolge des »Fliegenden Holländers« eine günstige Stellung zu mir genommen hatte, besucht und war von ihm in auszeichnender Weise aufgenommen worden. Die auffallende Erschlaffung, in welcher ich diesen Mann, der durch seine früheren Schriften und musikalischen Kritiken mir als von energischem Feuereifer beseelt erschienen war, antraf, fiel mir, namentlich als ich ihn jetzt an der Seite einer in wahrhaft hinreißender Schönheit strahlenden sehr jungen Gattin kennenlernte, besonders auf. Aus seinen Unterhaltungen ging mir bald hervor, daß auch er die entfernteste Hoffnung auf jeden Erfolg irgendwelcher ernstlichen Bemühung auf dem uns beiden vertrauten Gebiete, durch langjährige Erfahrung von der unglaublichen Hohlheit aller der Machtsphäre verwandten Autoritäten, aufgegeben hatte. So erzählte er mir die allerdings sehr sonderbaren Schicksale einer Eingabe, welche er an den König zur Gründung einer Musikschule gemacht hatte. Auf diese war in einer besondern Audienz der König mit allergrößtem, bis auf das kleinste Detail beachtendem Interesse eingegangen, so daß *Marx* im vollsten Glauben des glücklichen Erfolgs sich bestärkt fühlte. Seitdem blieben jedoch alle seine Bemühungen und weiteren Verhandlungen über die Angelegenheit, in welcher er von einem zum andern gewiesen wurde, vollständig fruchtlos, bis er endlich zu einem General zur Audienz befohlen ward, welcher diesmal, ganz wie zuerst der König selbst, *Marxens* Vorschläge bis in das geringste Detail sich erörtern ließ und dem Unternehmen mit großer Wärme beistimmte. »Und nun«, so schloß *Marx* seine sehr reichhaltige Erzählung, »war es zu Ende; ich erfuhr nie wieder etwas.«

Eines Tages erfuhr ich, daß Gräfin *Rossi*, die berühmte *Henriette Sontag*, welche damals bereits in die mißlichen Verhältnisse gelangt war, die sie abermals in die Künstlerlaufbahn zurückwarfen, sich in Berlin sehr zurückgezogen aufhielt, meiner von Dresden her freundlich eingedenk war und meinen Besuch wünschte. Auch sie hatte mir vorzüglich über das allgemeine Unvermögen, in den Berliner maßgebenden Kreisen für irgendwelche künstlerischen Zwecke zur Einwirkung zu gelangen, Klage zu führen. Namentlich, so meinte sie, schiene der König wirklich eine Art von Befriedigung darin zu finden, das Theater schlecht verwaltet zu wissen, denn nie bekämpfe er die in diesem Betreff an ihn gelangenden Ausstellungen, nie aber auch stimme er irgendeinem Vorschlage zur Verbesserung bei. Sie begehrte etwas von meiner neuesten Arbeit kennenzulernen; ich übergab ihr zunächst das Gedicht des »Lohengrin« zur Durchlesung. Bei meinem nächsten Morgenbesuche, an welchem sie die Einladung zu einer musikalischen Abendunterhaltung, die sie dem Großherzog von Mecklenburg-Strelitz, ihrem väterlichen Beschützer, zuliebe bei sich veranstaltete, mir vorläufig kundgab, stellte sie mir auch mein Manuskript des »Lohengrin«-Gedichtes zurück mit der Versicherung, es habe sie sehr angesprochen, und oft habe sie bei der Lektüre »die kleinen Feen und Elfen vor sich tanzen sehen«. Da ich sonst an dem warmen, freundlichen Ausdruck der recht natürlich gebildeten Frau mich herzlich erwärmt hatte, fühlte ich mich nun plötzlich wie mit kaltem Wasser übergossen, entfernte mich bald und sah die Gräfin *Rossi* nie wieder, wozu ich auch außerdem bei dem Ausbleiben der angekündigten Einladung keine besondere Veranlassung mehr erhielt.

Herr *E. Kossak* suchte meine Bekanntschaft; ohne in weitere, namentlich ergiebige Beziehungen zu ihm zu geraten, erhielt ich doch von ihm einen hinreichend freundlichen Eindruck, um auch ihm das Gedicht meines »Lohengrin« zur Lektüre zu überlassen. Ich traf ihn eines Tages in seinem soeben mit heißem Wasser gescheuerten Zimmer bei einer unerträglichen Ausdünstung, welche ihm bereits Kopfschmerzen zugezogen hatte und mir nicht minder lästig fiel, an. Mit einem fast weichlichen Blicke maß er mich, als er mir das Manuskript meines Gedichtes zurückgab und mir mit einem recht wahrhaftigen Akzent versicherte, er habe es »so gemütlich« gefunden. – Etwas mehr Unterhaltung gewann ich aus einem gelegentlichen Umgang mit *H. Truhn*, welcher sich bei einem guten Glase Wein, das ich ihm bei *Lutter* und *Wegener*, wo ich mich der *Hoffmann*schen Reminiszenzen wegen dann und wann einfand, mit scheinbar wachsendem Anteil meine Ideen über die mögliche Bestimmung und zu erstrebende Erweiterung des Operngenres erörtern ließ. Mancherlei Witziges und gut Beobachtetes vernahm ich von ihm; namentlich machte sein lebhaftes, bewegliches Wesen oft günstigen Eindruck auf mich. Als Rezensent trat er jedoch nach der »Rienzi«-Aufführung ebenfalls auf die allgemein betretene Seite der Bespötter und Herunterreißer. – Nur mein armer älterer Freund *Gaillard* stand mir bei mancher Widerwärtigkeit rüstig aber durchaus machtlos zur Seite. Mit seinem kleinen Musikgeschäft wollte es nicht gehen, seine musikalische Zeitschrift war bereits eingegangen: so konnte er mir nur in sehr kleinen Angelegenheiten behilflich sein. Leider entdeckte ich, daß er nicht nur Verfasser vieler höchst bedenklicher dramatischer Arbeiten, für welche er mich zu gewinnen suchte, sondern auch durch ausgesprochene hektische Anlage einem vermutlich sehr baldigen Tode verfallen war, so daß selbst der wenige Umgang, den ich mit ihm pflog, bei all seiner Treue und Ergebenheit nur einen wehmütigen und meine Stimmung neu bedrückenden Einfluß auf mich ausübte.

Da ich nun doch aber andrerseits von dem einzigen Verlangen, es zu einem meiner Lage so höchst nötigen Erfolg zu bringen, die ganze Berliner Unternehmung gegen jede innere Neigung angetreten hatte, so überwand ich mich auch, selbst bei *Rellstab* mich einzufinden. Da er beim »Fliegenden Holländer« sich besonders an »Nebelhaftigkeit« und »Gestaltungslosigkeit« gestoßen hatte, glaubte ich ihn nun mit einigem Vorteil auf den helleren und deutlicheren Zuschnitt meines »Rienzi« hinweisen zu dürfen. Er schien es wohlgefällig hinzunehmen, daß ich etwas auf ihn zu geben den Anschein nahm; doch kündigte er mir im voraus die ihm in seiner Art wiederum anhaftende Überzeugung von der Hoffnungslosigkeit des neueren Kunstproduzierens seit *Gluck* an und meinte, im glücklichsten Falle würde man beim besten Streben doch nur »Bombast« zutage bringen. – Ich sah, alles gab sich in Berlin der Verzweiflung hin, eine Stimmung, welche, wie ich erfahren, nur *Meyerbeer* teilweise zu verklären verstanden hatte.

Auch diesen ehemaligen und eigentlich immerfort noch sich als solchen ausgebenden Gönner traf ich diesmal in Berlin an. Sogleich nach meiner Ankunft hatte ich ihn aufgesucht: ich traf im Vorzimmer seinen Diener mit Herrichtung der Reisekoffer beschäftigt und erfuhr, daß *Meyerbeer* in baldiger Abreise begriffen sei, was dieser mir selbst mit dem Bedauern, in nichts mir dienlich sein zu können, bestätigte. Ich hatte somit sogleich beim Empfang Abschied von ihm zu nehmen. Längst glaubte ich ihn bereits weit entfernt, als ich nach einigen Wochen zu meiner Verwunderung erfuhr, Herr *Meyerbeer*, ohne sich weiter sehen zu lassen, verweile immer noch in Berlin; sogar in einer der Theaterproben des »Rienzi« wurde er endlich noch gesehen. Was dies zu bedeuten habe, ist mir erst später und namentlich durch eine unter Eingeweihten ziemlich verbreitete Ansicht hierüber, welche mir seinerzeit *Eduard von Bülow*, der Vater meines jungen Freundes, berichtete, klargeworden. Ohne daß ich eine Ahnung davon hatte, woher dies komme, erfuhr ich ungefähr gegen die Mitte meines Aufenthaltes in Berlin durch Kapellmeister *Taubert*, daß es ihm von vielen sehr unterrichteten Seiten zu Ohren gekommen sei, ich bewürbe mich um eine Dirigentenstelle am dortigen Hoftheater und solle sogar große Aussichten haben, diese mit besonderen Befugnissen ausgestattet zu erhalten. Es bedurfte meinerseits, um namentlich mit *Taubert* in einem mir nötigen guten Vernehmen mich zu erhalten, der allerbestimmtesten Versicherungen, daß ich in gar keiner Weise weder an eine solche Bewerbung noch an die Annahme einer Anstellung, wenn sie mir selbst angeboten würde, denke. Andrerseits wurden alle meine Bemühungen, an den König zu gelangen, unabänderlich vereitelt. Der Hauptvermittler hierfür, an den ich mich immer wieder wandte, blieb Graf *Redern*, auf dessen bedenkliche Solidarität mit *Meyerbeer* ich zwar aufmerksam gemacht wurde, dessen unglaublich freimütiges und gewogenes Benehmen mich aber immer wieder in der Annahme seiner Redlichkeit bestärkte. Ich hatte endlich alle meine Hoffnung nur noch darauf gesetzt, daß der König doch unmöglich der Aufführung des auf seinen Befehl gegebenen »Rienzi« fernbleiben könnte; an diese Annahme knüpfte ich meine weitere Hoffnung auf eine Annäherung an ihn. Nun meldete mir aber Graf *Redern* mit wahrem Ausdruck der Verzweifelung, daß der König gerade am Tage der ersten Aufführung auf einer Jagd begriffen sein werde. Von neuem bat ich ihn, alles aufzubieten, um mich der Anwesenheit des Königs wenigstens bei der zweiten Aufführung zu versichern. Da meldete mir endlich mein unermüdlicher Gönner, es sei unbegreiflich, aber es scheine, daß S. M. eine völlige Abneigung dagegen, meinem Wunsche nachzukommen, gefaßt habe; er habe aus höchst eigenem Munde die harten Worte hören müssen: »Ach, kommen Sie mir wieder mit Ihrem ›Rienzi‹!«

In dieser zweiten Aufführung nun begegnete mir ein freundliches Abenteuer. Nach dem effektvollen zweiten Akte schien das Publikum auch mich mit einem Hervorrufe bedenken zu wollen; als ich, um nötigenfalls dem zu entsprechen, aus dem Orchester in das Vestibül trat, glitt mein Fuß auf dem glatten Parkett aus, und ich war im Begriff, einen vielleicht nicht unempfindlichen Fall zu tun, als ich mich mit kräftiger Hand am Arm festgehalten fühlte: ich erkannte den *Prinzen von Preußen*, welcher aus seiner Loge getreten war und sofort die Gelegenheit meiner Habhaftwerdung ergriff, um mich einzuladen, ihm zu seiner Gemahlin zu folgen, welche meine Bekanntschaft zu machen wünsche. Diese, soeben erst in Berlin angekommen, erklärte mir, meine Oper, über welche sie sich sehr freudig äußerte, zwar an diesem Abend zum ersten Male zu hören, jedoch von mir und meinem künstlerischen Charakter bereits seit längerer Zeit auf das empfehlendste unterrichtet zu sein, und zwar durch die Mitteilungen einer gegenseitigen Freundin, *Alwine Frommann*. Der ganze Eindruck dieser Begegnung, bei welcher der Prinz teilnahmsvoll anwesend blieb, hatte einen ungewöhnlich freundlichen und wohltätigen Charakter.

In der Tat war es auch meine alte Freundin *Alwine*, welche in Berlin gewiß nicht nur mit dem teilnehmendsten Herzen allen meinen dortigen Schicksalen folgte, sondern auch, was nur in ihren Kräften stand, aufwendete, um mir Trost und Mut zur Ausdauer zu geben. Fast regelmäßig besuchte ich sie des Abends, um in edlerem Gespräche, als der Tagesverkehr es mir ermöglicht hatte, während einer Erholungsstunde zum Kampfe gegen die Widerwärtigkeiten des folgenden Tages mich zu stärken. Besonders erfreute mich die warme und verständnisvolle Teilnahme, welche von ihr und unserem beiderseitigen Freunde *Werder* dem eigentlich mich beherrschenden Gegenstande aller jetzigen Bemühungen, meinem »Lohengrin«, gewidmet wurde. Seit der bisher verzögerten Ankunft ihrer vertrauten Gönnerin, der *Prinzessin von Preußen*, glaubte sie auch etwas Näheres über den Stand meiner Angelegenheit beim König erfahren zu können, wiewohl sie mich zu bedeuten hatte, daß eben diese hohe Frau dort in höchster Ungunst stehe und ihr Einfluß auf den Monarchen sich nur unter der Beobachtung einer eisigen Konvention kundgeben könne. Auch blieb von dieser Seite her bis zu meiner endlich nicht mehr zu verschiebenden Abreise jede Mitteilung aus.

Da ich andrerseits veranlaßt wurde, noch eine dritte Aufführung des »Rienzi« zu dirigieren, und während doch immer noch die Möglichkeit verblieb, eine plötzliche Bescheidung nach Sanssouci zu empfangen, setzte ich nun einen bestimmten Tag fest, bis zu welchem ich dem Schicksal in betreff meiner wichtigsten Pläne die Türe offenlassen wollte. Auch dieser Termin verstrich, und es blieb nun dabei, daß ich meine Berliner Hoffnungen für durchaus gescheitert anzuerkennen hatte.

Es war eine üble Stimmung, in welcher ich zu diesem Schlusse mich entschied. Ich entsinne mich, selten von dem Einfluß kalter und nasser Witterung und eines ewig grauen Himmels so armselig bedrückt gewesen zu sein als in diesen letzten schlimmen Berliner Wochen, wo alles, was ich außerhalb meiner unmittelbaren Leidenssphäre erfuhr, mit bleierner Entmutigung auf mich drückte. So meine Unterhaltungen mit *Hermann Franck* über die sozialen und politischen Zustände, welche damals durch den verunglückten Versuch des vom König von Preußen berufenen vereinigten Landtages eine besonders düstre Färbung erhalten hatten. Ich hatte zu denjenigen gehört, welche anfänglich dieser Unternehmung eine hoffnungsvolle Bedeutung beizumessen gestimmt waren; von einem so kenntnisvollen Mann wie *Franck* alles hierauf bezügliche Persönliche und Tatsächliche näher beleuchtet zu erhalten, war mir nun wahrhaft erschreckend. Aus allen seinen ohne jede Leidenschaftlichkeit mitgeteilten Ansichten hierüber sowie über den preußischen Staat selbst, die von ihm vermeintlich vertretene deutsche Intelligenz sowie die ihm allgemein zugesprochene große Sicherheit und Geordnetheit der Verwaltung des öffentlichen Wesens mußten so vollständig jede bisher in diesem Bezug gefaßte günstige und hoffnungsvolle Meinung zerstören, daß ich mich wie im Chaos angelangt sah, wenn ich von hieraus auf eine gedeihliche Gestaltung Deutschlands noch zu blikken versuchte. Hatte ich von meiner Dresdener Misere aus auf die Möglichkeit, welche mir der Gewinn der Teilnahme des Königs von Preußen für meine Ideen zu bieten schien, mit Hoffnung ausgesehen, so konnte ich nun der furchtbaren Hohlheit, welche nach jeder Seite hin mir das Wesen der Dinge aufdeckte, in keiner Weise mehr meine Erkenntnis verschließen.

In dieser tief verzweifelten Stimmung machte es auf mich einen fast nur sonderbaren Eindruck, als bei meinem Abschiedsbesuch Graf *Redern* mit höchst niedergeschlagener Miene die soeben erhaltene Nachricht von *Mendelssohns* Tode mir meldete. Ich blieb entschieden ohne Verständnis dieses Schicksalszuges, von welchem mich zunächst nur die augenfällig kummervolle Wirkung auf *Redern* betroffen machte. Jedenfalls blieb ihm bei diesem immerhin peinlichen Abschiede von mir hierdurch die Unannehmlichkeit einer ausführlicheren und herzlichen Explikation über meine eigene, seinem Mitgefühl so nahegebrachte Lage erspart.

So blieb mir denn für Berlin nur noch die Nötigung der Berichtigung des Verhältnisses meiner materiellen Erfolge zu meinen materiellen Opfern übrig. Für einen Aufenthalt von zwei Monaten, an welchem schließlich meine Frau und selbst meine Schwester *Klara*, beide durch den verhofften ungemeinen Sukzeß der Berliner Aufführung des »Rienzi« angezogen, teilgenommen hatten, fand es sich, daß mein alter Freund, der Intendant *Küstner*, durchaus zu keiner Entschädigung sich veranlaßt fühlte. Aus seiner mit mir gepflogenen Korrespondenz konnte er mir mit unwiderleglicher juristischer Präzision nachweisen, daß seinerseits nur der »Wunsch« meiner Mitwirkung bei dem Einstudieren des »Rienzi«, keinesfalls aber eine »Einladung« hierzu ausgesprochen worden war. Da mir nun durch des Grafen *Redern* heftige Trauer über *Mendelssohns* Tod es abgeschnitten war, diesen um Vermittlung für so gemeine persönliche Interessen anzugehen, blieb mir nichts übrig, als die Wohltat *Küstners* dankbar anzunehmen, welcher mir die Tantieme für die drei stattgehabten Aufführungen vorschußweise auszahlen ließ. In Dresden war man verwundert, daß ich mir von dorther einigen Gehaltvorschuß zu meiner Auslösung aus dieser glänzenden Berliner Unternehmung erbitten mußte. – Als ich mit meiner Frau in abscheulichster Witterung durch die öden Marken auf meinem Heimweg dahinfuhr, glaubte ich diejenige tief verzweiflungsvolle Lebensstimmung zu empfinden, in welche ich wohl nur einmal und nie wieder versinken können würde. Doch ergötzte es mich, schweigend in den grauen Nebel aus dem Waggon hinausblickend, meine Frau in einen Disput mit einem reisenden Handlungsbeflissenen geraten zu hören, welcher zu gefälliger Unterhaltung sich sehr wegwerfend über die »neue Oper ›Rienzi‹« ausgelassen hatte. Mit großer Wärme, ja Leidenschaftlichkeit berichtigte meine Frau verschiedene Irrtümer des feindseligen Mannes und brachte zu ihrer großen Befriedigung von ihm das Bekenntnis heraus, daß er selbst die Oper gar nicht gehört habe, sondern nur nach dem Hörensagen und den Rezensionen zu seiner Ansicht gelangt sei, was ihm denn meine Frau auf das ernstlichste verwies, »weil man nicht wissen könne, wen man mit so etwas in Zukunft verletze«.

Mit diesem einzigen erheiternd tröstlichen Eindrucke gelangte ich nach *Dresden* zurück, wo nun die besonderen Folgen der ausgestandenen Berliner Widerwärtigkeiten sogleich in den bedauernden Bezeigungen meiner Bekannten mir entgegentraten. Die Zeitungen hatten von einem entschiedenen Durchfalle meiner Oper berichtet. Zu meiner besonderen Pein hatte ich diesen Widerwärtigkeiten durch heitere Miene und die Versicherungen, daß es keineswegs so schlimm stehe, im Gegenteil mir vieles Erfreuliche widerfahren sei, zu begegnen*.

Diese** mir ungewohnte Bemühung setzte mich in ein sonderbares Parallelverhältnis zu der bei meiner Rückkunft in Dresden vorgefundenen Situation, in welcher ich *Ferdinand Hiller* antraf. Dieser hatte ungefähr gleichzeitig hier seine neue Oper »Konradin von Hohenstaufen« zur Aufführung gebracht. Mit diesem während seiner Ausarbeitung vor mir verheimlichten Werke, in welchem Dichter und Komponist die Tendenzen und Effekte meines »Rienzi« mit denen meines »Tannhäuser« auf eine für Dresden besonders glückliche Weise kombiniert zu haben vermeinten, glaubte *Hiller* nach den in meiner Abwesenheit stattgefundenen drei Aufführungen eines durchgreifenden Erfolges sich versichert zu haben. Da er sich auf der Abreise nach Düsseldorf, wohin er als Konzertdirektor berufen worden war, befand, empfahl er mir sein Werk mit ungemeiner Zuversicht zur weiteren Pflege, wobei er bedauerte, mir nicht die Direktion desselben zuweisen gekonnt zu haben. Er gab zu, daß er den großen Erfolg zum Teil wohl der wunderbar glücklichen Darstellung, namentlich der Männerrolle des »Konradin« durch meine Nichte *Johanna*, zu verdanken habe; diese ließ sich mir mit gleicher Zuversicht wiederum dahin vernehmen, daß *Hillers* Oper ohne sie allerdings wohl nicht so außerordentlich durchgeschlagen haben würde. Ich war nun wirklich gespannt, dieses glückliche Werk und seine so erfolgreiche Darstellung selbst kennenzulernen, was, nachdem *Hiller* nebst Familie Dresden gänzlich verlassen hatte, durch eine angekündigte vierte Vorstellung mir ermöglicht werden sollte. Als ich beim Beginn der Ouvertüre den Saal betrat, um meinen Sitz im Parkett einzunehmen, befiel mich ein seltsames Erstaunen, bis auf einige kaum bemerkbare Ausnahmen sämtliche Zuschauerplätze vollkommen leer zu finden. Auf dem entgegengesetzten Ende der von mir eingenommenen Bank bemerkte ich den Dichter des Sujets, den sanften Maler *Reinicke*. Wir rückten ungeniert gegen die Mitte des Raumes zusammen und unterhielten uns über den wunderlichen Zustand, in welchem wir uns befanden. Ich vernahm

---

* Am Rande von der Hand Cosimas: »voire Page 455.«
** Dem »Diese« geht im Manuskript voran: »*(Voire page 453).*«

von ihm wehmütige Klagen über *Hillers* musikalische Ausführung seiner Dichtung; das Geheimnis des Irrtums, in welchen *Hiller* über den Erfolg seines Werkes geraten, ließ er offenbar in großer Bestürzung über den unwiderleglichen Fall der Oper mir selbst unaufgeklärt. Ich erfuhr nun von anderwärts her, wie es *Hiller* möglich geworden war, sich in so große Selbsttäuschung zu versetzen. Frau *Hiller*, selbst aus Polen stammend, hatte es verstanden, ihre zahlreichen in Dresden sich aufhaltenden Landsleute, gemeiniglich eifrige Theaterbesucher, in ihren sehr häufigen Reunions für die Oper ihres Mannes zu werben. Diese Freunde hatten in der ersten Vorstellung mit gewohntem Feuer das Publikum zu Beifallskundgebungen angeführt, selbst aber so wenig Gefallen an dem Werke gefunden, daß sie in der zweiten, an und für sich schwach besetzten Aufführung ausgeblieben waren, wodurch der Erfolg der Oper so gut als ungünstig entschieden galt. Jetzt wurde allem aufgeboten, um an einem Sonntage, an welchem das Theater von selbst sich zu füllen pflegte, mit dem Aufruf an alle nur erdenklichen polnischen Hilfskräfte für den Beifall, eine dritte Aufführung zustande zu bringen. Dies geschah: die polnische Theateraristokratie erfüllte mit gewohnter Ritterlichkeit ihre Pflicht gegen das hilfsbedürftige Paar, in dessen Salon man so oft angenehmen Soireen beigewohnt hatte. Wiederum ward der Komponist gerufen, alles ging glücklich, und nun hielt sich *Hiller* an die Erfahrung von dem Charakter der dritten Aufführung eines neuen Werkes, nach welchem feststand, daß der Erfolg dieser der ausschlaggebende sei, gerade wie es sich beim »Tannhäuser« ebenfalls erwiesen hatte. Das Künstliche dieses Vorganges stellte sich nun aber eben mit dieser vierten von mir erlebten Vorstellung, zu deren Besuch niemand mehr dem abgereisten Komponisten verpflichtet war, heraus. Auch meine Nichte war beschämt und fand, daß doch selbst die vortrefflichste Leistung einer Sängerin eine solche langweilige Oper nicht zu halten vermöchte. Während wir so dem Elend zusahen, gelang es mir, einige schon im Sujet begründete auffallende Schwächen und Fehler dem Dichter nachzuweisen; dieser berichtete darüber an *Hiller*, worauf ich aus Düsseldorf ein warmes Freundschaftsschreiben erhielt mit der Anerkennung des begangenen Unrechts, seinerzeit meinen Rat für das Sujet von sich gewiesen zu haben. Nicht undeutlich ward mir zugleich zu verstehen gegeben, daß es wohl noch Zeit sei, nach meinen Angaben die Oper zu verändern, bei welcher Gelegenheit ich mir das große Verdienst erwerben könnte, ein doch offenbar gut intentioniertes und in seiner Art bedeutendes Werk dem Repertoire zu erhalten – wozu es jedoch nicht kam.

Hiergegen erfuhr ich die kleine Genugtuung, daß mir noch von zwei Aufführungen meines »Rienzi« in Berlin berichtet wurde, um deren guten Erfolg, wie er selbst mir meldete, sich Kapellmeister *Taubert* durch äußerst effektvolle Zusammenstreichungen sich verdient gemacht zu haben glaubte. Immerhin mußte meiner eigenen Überzeugung nach auf einen dauernden und gewinnbringenden Erfolg meiner Berliner Unternehmung durchaus verzichtet werden, und so konnte ich* Herrn v. *Lüttichau* länger nicht verbergen, daß, wenn ich mit nötigem guten Mute ferner aushalten sollte, ich auf einer Verbesserung meines Gehaltes bestehen müßte, da ich auf auswärtige bedeutende und meinem unglücklichen Opernverlagsgeschäft günstige Erfolge nicht rechnen, bei der Beschränkung meines an und für sich so dürftigen Gehaltes aber unmöglich bestehen könnte. Ich verlangte nichts weiter als Gleichstellung mit meinem Kollegen *Reissiger,* was mir auch von Anfang an in nächste Aussicht gestellt worden war.

Bei dieser Lage der Dinge schien nun Herrn v. *Lüttichau* die Zeit gekommen, wo er mir meine Abhängigkeit von seinem nur durch gehörige Fügsamkeit mir zuzusichernden guten Willen fühlen zu lassen habe. Nachdem ich mich um die Gunst der gewünschten mäßigen Gehaltserhöhung in persönlicher Audienz der Gnade des Königs empfohlen hatte, versprach mir zwar Herr v. *Lüttichau,* den seinerseits unerläßlichen Bericht über meine Angelegenheit im empfehlendsten Sinne auszufertigen. Wie groß war aber meine Bestürzung und Beschämung, als er mir eines Tages diesen seinen vom König wieder zurückgelangten Bericht zur Eröffnung des Bescheides mitteilte. In ihm war ausgeführt, daß ich durch Überschätzung meines Talentes, leider auch durch törichte Verwöhnung seitens verschiedener exaltierter Freunde (unter welche er Frau v. *Könneritz* zählte) zu der Meinung veranlaßt worden wäre, mindestens gleiche Berechtigung zu Erfolgen, wie sie *Meyerbeer* gewonnen, mir erworben zu haben; hierdurch wäre ich in eine so bedeutende Verschuldung geraten, daß es allerdings in Betracht zu ziehen sein dürfte, ob meine Entlassung nicht rätlich erschiene, wenn nicht andrerseits mein Fleiß und meine anerkennungswerten Leistungen, wie sie namentlich in meiner Bearbeitung der *Gluck*schen »Iphigenie« zur Kenntnis der Direktion gelangt seien, den ferneren Versuch mit meiner Beibehaltung anempfehlen möchten, für welchen Fall dann allerdings an eine Begünstigung meiner materiellen Verhältnisse gedacht werden müßte. Hier konnte ich nicht weiterlesen und gab starr vor Erstaunen meinem Gönner sein Papier zurück; dem von ihm wahrgenommenen üblen Eindruck auf mich suchte er augenblicklich dadurch vorzubeugen, daß er mir sagte, mein Wunsch sei ja erreicht, die sofort mir zufallenden 300 Taler könnte ich zur Stunde an der Kasse erheben. Ich entfernte mich schweigend und überlegte mir, was ich der mir angetanen Schmach gegenüber zu tun habe. Es war mir unmöglich, die 300 Taler zu erheben.

Während nun aber die allerwiderwärtigsten Verlegenheiten mich bedrängten, ward eines Tages im November der Besuch des Königs von Preußen in Dresden gemeldet und zugleich auf dessen besondern Wunsch eine Aufführung des »Tannhäuser« angesetzt. Wirklich erschien er zu dieser

---

* Hier folgt im Manuskript von der Hand Cosimas: »(Seite 453)«.

Aufführung mit der Sächsischen Königsfamilie im Theater und wohnte ihr mit augenscheinlichem Interesse von Anfang bis zu Ende bei. Eine sonderbare Erklärung für sein Ausbleiben von den Berliner Aufführungen des »Rienzi«, welche der König von Preußen bei dieser Gelegenheit gab, ward mir berichtet: er habe es sich nämlich versagt, eine meiner Opern in Berlin zu hören, weil ihm an einem guten Eindruck davon gelegen sei und er wisse, daß sie an seinem Theater nur schlecht gegeben werden könnten. – Immerhin gab mir dieses seltsame Ereignis wenigstens so viel heiteres Selbstvertrauen zurück, als ich bedurfte, um die bewußten 300 Taler, welche ich so peinlich nötig hatte, in Empfang zu nehmen.

Auch Herr *v. Lüttichau* schien es sich angelegen sein zu lassen, einigermaßen wieder mein Zutrauen zu gewinnen; ich glaubte mir aus seiner ungestörten Freundlichkeit entnehmen zu müssen, daß der gänzlich ungebildete Mensch gar kein Bewußtsein seiner mir angetanen Schmach hätte. Er kam auf die in meinem zurückgewiesenen Orchestermemoire vorgeschlagenen Orchester-Konzerte zurück, um mich zu bestimmen, solche Musikaufführungen als von der Direktion, nicht aber vom Orchester selbst ausgehend, im Theater einzurichten. Nachdem ich zunächst ausgewirkt, daß die Einnahmen davon dem Orchester zufallen sollten, ging ich gern an die Ausführung des Projektes. Nach meinem besondern Plane ward die Bühne des Theaters vermöge eines das ganze Orchester einschließenden, äußerst vorteilhaft sich bewährenden Schall-Gehäuses zu einem seither als ausgezeichnet geltenden Konzertsaale hergerichtet. Von den Aufführungen sollten in Zukunft im Winterhalbjahre sechs stattfinden; da wir diesmal am Schlusse des Jahres nur die zweite Hälfte des Winters noch in Aussicht hatten, wurde für drei Konzerte ein Abonnement eröffnet, durch welches sofort die ganzen Räume des Theaters vom Publikum in Beschlag genommen wurden. Die Vorbereitungen hierfür beschäftigten mich einigermaßen günstig zerstreuend, so daß ich mit einer etwas versöhnten, freundlicheren Stimmung mich dem verhängnisvollen Jahre 1848 zuwandte.

Im folgenden Januar ging das erste dieser Kapellkonzerte vor sich, welches schon durch sein sehr ungewöhnliches Programm mir große Anerkennung verschaffte. Ich hatte nämlich gefunden, daß, wenn solchen Aufführungen eine wirkliche Bedeutung gegenüber dem von allem ernsten Kunstgenuß abwendenden bunten Nebeneinander der den verschiedenartigsten Genres angehörenden Musikproduktionen verliehen werden sollte, nur zweien wohltätig mit sich abwechselnden Gattungen der eigentlichen Musik hier Raum gegeben werden durfte. Zwischen zwei Symphonien stellte ich ein oder zwei größere, sonst nicht zu hörende Vokalstücke auf und ließ hierin das ganze Konzert bestehen. Nach einer *Mozart*schen Symphonie (in D-dur) ließ ich sämtliche Musiker von ihren Plätzen sich zurückziehen, um dafür ein imposantes Gesangpersonal aufzustellen, welches *Palestrinas* »Stabat mater« nach einer von mir sorgsam bearbeiteten Angabe des Vortrags und *Bachs* achtstimmige Motette »Singet dem Herrn ein neues Lied« auszuführen hatte; hierauf ließ ich das Orchester wieder seine Plätze einnehmen, um die »Sinfonia Eroica« *Beethovens* vorzutragen und damit zu schließen.

Der Erfolg war ein sehr erhebender, und namentlich eröffnete sich mir bei meinem immer größeren Ekel vor dem Befassen mit unserem Opernrepertoire, auf welches ich gegenüber den selbst von *Tichatschek* unterstützten Gelüsten meiner primadonnasüchtigen Nichte immer mehr an Einfluß verlor, eine etwas tröstliche Aussicht auf eine fernere Wirksamkeit als musikalischer Dirigent. Da ich zugleich nach meiner Wiederkehr von Berlin die Instrumentation des »Lohengrin« begonnen und im übrigen nach jeder Seite hin einer immer größeren Resignation in meiner Stimmung Raum gegeben hatte, glaubte ich ruhig den Bestimmungen meines Schicksals entgegensehen zu können, als mich plötzlich eine tieferschütternde Nachricht traf.

Anfang Februar ward mir der Tod meiner Mutter gemeldet. Ich eilte sofort zu ihrem Begräbnis nach Leipzig und erfreute mich noch mit tiefer Rührung des wunderbar ruhigen und lieblichen Gesichtsausdruckes der Verstorbenen. Sie hatte die langen letzten Jahre ihres früher so tätigen und unruhevollen Lebens in heiterer Behaglichkeit und endlich fast kindlich gelaunter friedlicher Zerstreutheit zugebracht. Beim Sterben hatte sie mit lächelnd verklärtem Gesicht wie mit demütiger Bescheidenheit ausgerufen: »Ach! Wie schön, wie lieblich, wie göttlich! Wie verdiene ich denn solche Gnade?« Es war ein schneidend kalter Morgen, als wir den Sarg auf dem Kirchhof in die Gruft senkten; die festgefrornen Erdschollen, welche wir statt der Handvoll leichter Erde dem Gebrauch nach auf dessen Deckel hinabzustreuen hatten, erschreckten mich durch ihr wildes Gepolter. Auf dem Heimweg zum Hause meines Schwagers *Hermann Brockhaus*, wo die Familie auf eine Stunde sich vereinigte, begleitete mich allein *Heinrich Laube*, welcher meine Mutter sehr liebgehabt hatte. Er äußerte seine Besorgnis über mein ganz ungewöhnlich angegriffenes Aussehen. Dann begleitete er mich noch zum Bahnhof, und hier fanden wir Worte für den ungemeinen Druck, der uns auf jeder edlen Bestrebung gegenüber einer gänzlich in das Nichtswürdige versinkenden Zeittendenz zu liegen schien. Auf meiner kurzen Zurückreise nach Dresden kam zum ersten Male mit deutlichem Bewußtsein das Gefühl meiner vollkommenen Vereinsamung über mich, da ich nicht umhin konnte, mit dem Verluste der Mutter auch jedes natürliche Band des Zusammenhanges mit meinen in eigenen und besonderen Familieninteressen befangenen Geschwistern als gelöst zu erkennen. So machte ich mich dumpf und kalt an das einzige, was mich erleuchten und wärmen konnte: die Ausarbeitung meines »Lohengrin« und meine altdeutschen Studien.

So kamen die letzten Tage des Februar heran, welche Europa eine neue Revolution bringen sollten. Unter meinen Bekannten gehörte ich zu denjenigen, welche am wenigsten an einen bevorstehenden oder überhaupt nur möglichen Umsturz der politischen Welt geglaubt hatten. Meine erste Empfindung von diesen Dingen war mir im Jünglingsalter aus der Julirevolution und der ihr folgenden lang andauernden systematischen Reaktion gekommen. Seitdem hatte ich auch Paris kennengelernt und hatte aus allen dort mir offenliegenden Symptomen des öffentlichen Lebens alles mehr als eine Anlage zu einer großen revolutionären Bewegung entnommen. Ich hatte die Errichtung der von Louis Philipp durchgesetzten, Paris umgebenden Forts détachés erlebt, dazu mich über die strategische Anlegung zahlreich durch ganz Paris verteilter befestigter Wachtposten unterrichten lassen und stimmte denjenigen bei, welche fortan alles für vorbereitet hielten, um selbst nur den Versuch einer Erhebung der Pariser Bevölkerung unmöglich zu machen. Als daher am Schlusse des vorangehenden Jahres der schweizerische Sonderbundskrieg sowie die im Anfange dieses Jahres geglückte sizilianische Revolution aller Augen voll Spannung auf die Wirkung dieser Anregung auf Paris richtete, blieb ich ohne Teilnahme an allen Erwartungen oder Befürchtungen, welche man hieran knüpfte. Zwar drangen die Nachrichten von wachsend unruhigen Auftritten in der französischen Hauptstadt zu uns; doch bestritt ich namentlich gegen *Röckel*, daß hierin etwas Bedeutendes vorliege. Ich saß in einer Probe von »Martha« am Dirigentenpult, als mir *Röckel* in einer Pause, mit der sonderbaren Freude des Rechthabens gegen mich, die neueste Nachricht von der Flucht Louis Philipps und der Proklamation der Republik in Paris meldete: dies machte allerdings einen mehr als sonderbaren, ja erstaunlichen Eindruck auf mich, wenngleich der Zweifel an der Bedeutung von dem allem mir noch ein leises Lächeln ermöglichte. Endlich aber wuchs die Aufregung, wie außen auf allen Seiten, so auch in mir. Die deutschen Märztage kamen heran, von überall langten immer erstaunlichere Nachrichten an; auch im engeren Vaterlande regte es sich von Deputationen und Sturmpetitionen, welchen der König, in von ihm selbst bald anzuerkennender Weise über die Bedeutung dieser Bewegung und der im Lande herrschenden Stimmung getäuscht, längere Tage widerstand. Am Abend eines dieser wirklich bangen und wie von schwüler Gewitterluft erfüllten Tage gaben wir unser drittes großes Kapellkonzert, welchem, wie den beiden früheren, auch der König mit dem Hofe beiwohnte. Ich hatte zum Beginn desselben diesmal eine Symphonie von *Mendelssohn* in A-moll, gleichsam zu dessen Todesfeier, gewählt; seltsam entsprach die selbst in gewollten freudigen Ausbrüchen immer weichlich gedrückt bleibende Stimmung dieses Tonstückes der namentlich im Anblick der königlichen Familie herrschenden bangen Beklemmung des gesamten Publikums. Ich verbarg dem Konzertmeister *Lipinsky* nicht meine Reue über den Mißgriff der Bestellung des heutigen Programms, da dieser Symphonie in Moll nun wieder die Fünfte Symphonie *Beethovens*, ebenfalls in Molltonart folgen sollte; mit wunderlich frivolem Augenstrahlen tröstete mich aber der zuweilen geistvoll exzentrische Pole durch den Zuruf: »Oh, lassen Sie uns nur die zwei ersten Takte der C-moll-Symphonie gespielt haben, dann weiß niemand mehr etwas davon, ob wir *Mendelssohn* in Dur oder Moll gespielt haben.« Dem Eintritte dieser zwei Takte ging glücklicherweise außerdem noch der zu unserer Überraschung mit energischer Stimme erhobene Aufruf eines Patrioten aus der Mitte des Publikums zu einem Lebehoch auf den König voraus, welchem mit ungemeiner Wärme von allen Seiten kräftigst entsprochen wurde. Nun behielt *Lipinsky* vollends recht: die Symphonie, mit aller leidenschaftlich stürmischen Erregtheit des ersten Satzes, brauste wie ein Jubel-Orkan dahin und hat wohl selten auf ein Auditorium so gewirkt wie an diesem Abende. – Es war das letzte dieser von mir vor kurzem erst eingerichteten Konzerte, welches ich in Dresden zu dirigieren hatte.

Kurz hierauf trat auch die unerläßliche politische Wendung ein. Der König entließ sein Ministerium und erwählte dafür ein neues, aus lauter zum Teil als liberal, zum Teil sogar als wirklich energische Volksfreunde berufenen Männern, welche sofort bei ihrem Antritt alle die bekannten, überall sich gleichen Maßregeln zur Begründung einer durchaus volkstümlichen Staatsverfassung proklamierten. Ich war von diesem Ausgang und namentlich von der herzlichen Freude, welche sich in der ganzen Bevölkerung darüber kundzugeben schien, wahrhaft gerührt: ich hätte viel darum gegeben, dem König auf irgendeine Weise mich nähern und von seinem mir so wünschenswert erscheinenden herzlichen Vertrauen in die aufrichtige Liebe des Volkes zu ihm mich persönlich überzeugen zu können. Abends war die Stadt festlich erleuchtet; der König durchfuhr die Straßen im offenen Wagen: in größter Aufregung folgte ich seinen Begegnungen mit größeren Volksmassen, oft sogar im hastigsten Laufe, um zur rechten Zeit da einzutreffen, wo es mich nötig dünkte, daß ein besonders lebhafter Zuruf das Herz des Fürsten erfreuen und versöhnen sollte. Meine Frau war ganz erschrocken, als sie mich furchtbar ermüdet und mit völlig heisergeschriener Stimme spät wiederkehren sah.

Die Wiener und Berliner Ereignisse mit ihren anscheinend ungeheuren Resultaten berührten mich eben nur wie interessante Zeitungsberichte; die Ausschreibung eines Frankfurter Parlamentes an der Stelle des aufgelösten Bundestages klang mir befremdlich angenehm. Doch vermochten alle diese noch so bedeutenden Eindrücke mich keinen Tag in meiner genau eingehaltenen Arbeitszeit zu unterbrechen; mit großer, ja fast stolzer Genugtuung beendigte ich gerade in den letzten Tagen dieses so ungeheuerlich sich gebärdenden Monates März die Partitur des »Lohengrin« durch die Instrumentation der Musik zu dem Verschwinden des Gralsritters in weite mystische Fernen.

Um diese Zeit meldete sich eines Tages eine junge, in Bordeaux verheiratete Engländerin, Mme *Jessie Laussot*, in Begleitung des kaum achtzehnjährigen *Karl Ritter* zu einem Besuche bei mir an. Der junge Mann, von deutschen Eltern in Rußland geboren, gehörte mit seiner Familie den nordischen Ansiedlerkreisen an, welche in Dresden der dort so angenehm sich bietenden künstlerischen Genüsse wegen sich dauernd niederließen. Ich entsann mich, ihn schon nicht lange nach den ersten Aufführungen des »Tannhäuser« einmal empfangen zu haben, als er mich um meine Namensschrift in ein dem Musikhändler entnommenes Exemplar der Partitur jener Oper gebeten hatte. Von diesem Exemplar erfuhr ich jetzt, daß es eben dieser Frau *Laussot*, welche sich neuerdings bei mir einführen ließ und welche damals bei den Aufführungen zugegen gewesen war, angehört hatte. Mit großer Schüchternheit drückte die junge Dame in von mir bis dahin noch nicht erfahrener Weise ihre Verehrung aus und zugleich ihr großes Bedauern, durch Familienrücksichten von ihrem Lieblingsaufenthalt in Dresden im Schoße der Familie *Ritter*, deren große, gleich warme Ergebenheit an mich sie mir zu erkennen gab, abgerufen zu sein. Es war ein seltsames und in seiner Art ganz neues Gefühl, mit welchem ich diese jungen Freunde entließ; nach *Alwine Frommann* und *Werder*, aus der Zeit des »Fliegenden Holländers«, traf ich hier zum ersten Male wieder auf diesen wie aus längst vertrauter Ferne zu mir dringenden sympathischen Ton, welcher sonst nie aus der Nähe selbst sich mir vernehmen ließ. Den jungen *Ritter* lud ich ein, mich nach Belieben zu besuchen und zu Zeiten mich auf meinen Spaziergängen zu begleiten. Seine außerordentliche Schüchternheit schien ihn jedoch so weit hiervon abzuhalten, daß ich nur höchst selten ihn bei mir gesehen zu haben mich erinnere. Mehrmals erschien er jedoch sodann mit *Hans von Bülow*, mit dem er genauer befreundet worden war und welcher bereits die Leipziger Universität als Studiosus juris bezogen hatte. Bei diesem weit gesprächiger und fließender sich mitteilenden jungen Manne gab eine gleich warme und innige Ergebenheit an mich sich deutlicher und zur Erwiderung veranlassender zu erkennen. An dem letzteren gewahrte ich zuerst die laut sprechenden Abzeichen des nun eingetretenen politischen Enthusiasmus. An seinem wie an seines Vaters Hute prangte mir die schwarz-rot-goldene Kokarde entgegen.

Hatte ich überhaupt nach der letzten Vollendung des »Lohengrin« nun Muße, mich etwas nach der Strömung der Ereignisse umzusehen, so konnte ich die lebhafte Gärung, in welche die deutsche Idee und die an ihre Verwirklichung geknüpften Hoffnungen alles versetzt hatten, nicht länger mehr meiner eigenen teilnehmenden Empfindung fernhalten. Wohl war ich namentlich durch meinen älteren Freund *Franck* für politisches Urteil bereits genügend geschult, um mit so manchem eine ersprießliche Wirksamkeit des nun sich versammelnden deutschen Parlamentes zu bezweifeln; dennoch übte endlich die wenn auch unklare, doch zuversichtliche allgemeine Stimmung, der überall sich kundgebende Glaube an die Unmöglichkeit einer Rückkehr in die alten Zustände auf mich ihren unvermeidlichen Einfluß aus. Nur wollte ich statt Reden Taten, und zwar solche Taten, durch welche unsere Fürsten unwiderruflich mit ihren alten, dem deutschen Gemeinwesen so hinderlichen Tendenzen brechen sollten. In diesem Sinne begeisterte ich mich sogar zu einem populär-poetischen Aufruf an die deutschen Fürsten und Völker zu einem großen kriegerischen Unternehmen gegen Rußland, da von dorther zuletzt der Druck auf die deutsche Politik ausgeübt schien, welcher namentlich die Fürsten ihren Völkern so verhängnisvoll entfremdet hatte. Eine Strophe lautete:

»Der alte Kampf ist's gegen Osten,
Der heute wiederkehrt:
Dem Volke soll das Schwert nicht rosten,
Das Freiheit sich begehrt.«

Da ich gar keine Verbindung mit politischen Zeitschriften hatte und ich zufällig erfuhr, daß *Berthold Auerbach* in Mannheim, wo damals die Wogen ziemlich hoch gingen, auf einer derselben sich hatte blicken lassen, so schickte ich an diesen mein Gedicht mit der Bitte, damit zu tun, was er für gut hielt. Ich habe nie etwas davon gehört noch gesehen.

Während nun das Frankfurter Parlamentieren losging und man nicht wohl ersah, wozu dieses gewaltige Reden der allermachtlosesten Menschen führen sollte, machte es einen großen Eindruck auf mich, von der Haltung der Wiener Bevölkerung unter der Anführung der dort so unerwartet mächtig sich gebarenden Akademischen Legion zu vernehmen, als eben da, im Monat Mai dieses Jahres, ein erster Reaktionsversuch, wie er bereits in Neapel geglückt war und in Paris unentschieden blieb, mit siegreicher Energie zurückgewiesen wurde. Da ich soweit war, in Volkssachen wenig auf Vernunft und Weisheit, dagegen einzig etwas auf die wirkliche Aktionskraft, wie sie nur die Begeisterung oder das unabweisbarste Bedürfnis gebären kann, zu geben, so erfaßte ich diese Wiener Auftritte, da ich namentlich die gebildetere Jugend mit dem eigentlichen Arbeiterstande gleichmäßig dabei beteiligt sah, mit besonderer Wärme und verwehrte es mir nicht, dieser in einem ebenfalls populär-poetischen Anruf einen Ausdruck zu geben. Diesen sandte ich an die Redaktion der »Österreichischen Zeitung«, welche auch wirklich mit meiner vollen Namensunterschrift es in ihren Spalten abdrucken ließ.

Nun hatten sich denn auch in Dresden infolge des großen Umschwunges der Dinge zwei politische Vereine gebildet: der erste nannte sich »Deutscher Verein«; in seinem Programm vertrat er die »konstitutionelle Monarchie auf breitester demokratischer Grundlage«. Von der Ungefährlichkeit seiner Tendenz zeugten alsbald die Namen seiner hauptsächlichsten Begründer, unter welchen sich, bei aller breiten demokratischen Grundlage, Freund *Eduard Devrient* und Professor *Rietschel* laut und mannhaft befanden.

Dieser Verein, in welchen sich alles unterzubringen versuchte, was von der Furcht vor der wirklichen Revolution sich getrieben fühlte, rief als seinen Gegensatz einen zweiten, sich »Vaterlands-Verein« nennenden hervor. In diesem schien nun die »demokratische Grundlage« die Hauptrolle und die »konstitutionelle Monarchie« nur den nötigen Deckmantel abgeben zu sollen.

Röckel warb leidenschaftlich für diesen letzteren, da er alles Vertrauen in die »Monarchie« verloren zu haben schien. Es ging dem armen Menschen schlecht genug. Schon längst hatte er jede Hoffnung aufgegeben, in seiner musikalischen Laufbahn sich zu einigem Wohlergehen aufzuschwingen; seine Musikdirektorei war für ihn zum reinen Frondienst geworden, welcher leider sich so gering lohnte, daß er mit seiner alljährlich anwachsenden Familie unmöglich sich vom Ertrag seiner Stelle erhalten konnte: gegen das Unterrichtgeben, welches in Dresden bei den vielen vermögenden Fremden sich ziemlich lohnte, behielt er in alle Zeiten eine unüberwindliche Abneigung. So schleppte er sich elendiglich im Schuldenmachen dahin und ersah seit längerer Zeit keine Hilfe für seine Lage als Familienvater als durch eine Auswanderung nach Amerika, wo er, als *Farmer* selbst vom Naturzustande beginnend, durch seiner Hände Arbeit und seinen erfindungsreichen Kopf wenn auch mühsam, doch sicher sich und den Seinigen eine bürgerliche Zukunft gründen zu können vermeinte. Auf unseren Spaziergängen unterhielt er mich seit den letzten Jahren bereits fast einzig mit der Ausbeute seiner Lektüre von volkswirtschaftlichen Büchern, deren Lehren er mit Eifer auf die Verbesserung seiner verschuldeten Lage anwendete. So traf ihn die Bewegung des Jahres 1848, in welcher er sich sogleich zu der äußersten, von Paris aus sich drohend bemerklich machenden sozialistischen Seite wendete. Jeder, der ihn kannte, war nun im höchsten Grade über die scheinbar große Veränderung verwundert, welche so plötzlich mit ihm vorgegangen, da er erklärte, er habe nun seinen eigentlichen Beruf erkennen gelernt, nämlich den des »Wühlers«. Seine Suada, mit der er sich allerdings nie auf die Rednerbühne getraute, entwickelte sich im Privatumgang zu einer betäubenden Energie. Ihm war mit keiner Einwendung beizukommen, und wen er nicht hinzureißen vermochte, den stieß er auf das unwiederbringlichste ab. Unter der großen Aufregung durch die Probleme, welche ihn Tag und Nacht beschäftigten, schärfte sich sein Verstand zu der schneidendsten Fähigkeit zur Widerlegung für jeden banalen Einwand, so daß er plötzlich wie der Prediger in der Wüste dastand. Auf jedem Gebiete war er sogleich zu Hause. Der Vaterlands-Verein hatte einen Ausschuß zur Ausarbeitung eines Entwurfes einer Vorlage über Volksbewaffnung erwählt; zu diesem wurden außer *Röckel* und einigen Vollblutdemokraten auch militärische Sachverständige hinzugezogen, unter welchen sich mein älterer Freund, der ehemalige Bräutigam der *Schröder-Devrient* und Gardeleutnant *Hermann Müller* befand. Er und ein zweiter Offizier namens *Zichlinsky* waren die einzigen der sächsischen Armee Angehörigen, welche sich der politischen Bewegung anschlossen. An den Sitzungen dieses Ausschusses beteiligte ich mich selbst, wie bei allen diesen Dingen, als Kunstfreund. Soviel ich mich entsinne, enthielt die Ausarbeitung dieses endlich zum Druck beförderten Entwurfes wirklich eine sehr gesunde, wenn auch unter den stets fortbestehenden politischen Verhältnissen gewiß unausführbare Grundlage einer wahrhaften Volkswehrverfassung.

Ich selbst fand immer mehr Anregung, über die alle Welt beschäftigenden politischen und endlich sozialen Fragen mich ebenfalls und allmählich mit wachsendem Eifer vernehmen zu lassen, als ich der schrecklichen Seichtigkeit und aus den abgedroschensten Phrasen zusammengesetzten Beredsamkeit der Wortführer dieser Zeit bei Versammlungen und überhaupt im persönlichen Umgange inneward. Durfte ich annehmen, daß sehr unterrichtete Kenner dieser Dinge, solange eben dieses sinnlose Durcheinander an der Tagesordnung war, sich von jeder Kundgebung zurückhielten (wie ich dies zu meinem offen ihm ausgesprochenen Leidwesen an *Hermann Franck* wahrnahm), so fühlte ich mich, sobald eben die Gelegenheit dazu lebhaft an mich herantrat, im Gegenteil nun getrieben, nach meinem Ermessen davon den wesentlichen Inhalt jener Fragen und Probleme zu diskutieren. Natürlich spielten hierbei die Tagesblätter eine schrecklich aufregende Hauptrolle. Der Vaterlands-Verein, den ich nur gelegentlich, wie um ein Schauspiel zu beobachten, als er in einem öffentlichen Garten tagte, besuchte, hatte als Thema der Vorträge seiner Redner die Untersuchung der Frage: Ob Republik oder Monarchie? auf die Tagesordnung gebracht. Mich erstaunte es nun, zu hören und zu lesen, mit welcher unglaublichen Trivialität es dabei herging und bei allem es nur darauf hinauslief zu erklären, daß allerdings die Republik das Beste sei, man sich indessen aber die Monarchie, wenn sie sich gut aufführe, zur Not noch gefallen lassen könne. Dies veranlaßte mich, infolge mancherlei hitziger Besprechungen hierüber, meine eigene Ansicht über diesen Punkt in einem Aufsatz niederzulegen, welchen ich im »Dresdener Anzeiger«, jedoch ohne meine Namensunterschrift, veröffentlichte. Es lag mir hierbei daran, die Aufmerksamkeit der wenigen, welche es hiermit ernst meinen konnten, von der äußerlichen Form der Staatseinrichtungen auf den Gehalt derselben hinzulenken. Nachdem ich alle meinem Bedünken sich darstellende Bedürfnisse und Nötigungen zur Vervollkommnung der staatlichen und sozialen Verhältnisse bis in die idealsten Konsequenzen verfolgt und bezeichnet hatte, frug ich, ob dies nicht alles mit einem Könige an der Spitze des Staates auszuführen sei, und verlor mich nun so weit, diesen gedachten König selbst in dem Sinne vorzuführen, daß eben ihm am allermeisten für die Erreichung seiner eigenen höchsten Zwecke daran gelegen sein müsse, ein wirklich republikanisch geordnetes Staatswesen zu verwalten zu haben. Allerdings glaubte ich diesem Könige anempfehlen zu müssen, zu seinem Volke in eine vertraulichere Stellung zu treten, als dies ihm durch den Dunst seiner Hofatmosphäre und die einzig ihm nahe adelige Umgebung möglich sei. Den König von Sachsen bezeichnete ich schließlich als vom Schicksal auserkoren, in dem von mir gedachten Sinne den übrigen Fürsten Deutschlands mit dem richtigen Beispiele voranzugehen. – *Röckel* hielt diesen Artikel für eine wahre Inspiration des Engels der Versöhnung, und da er befürchtete, er werde an seinem Orte viel zuwenig beachtet und beherzigt werden, drang er in mich, in der nächsten Versammlung des Vaterlands-Vereins, da er namentlich auf meinen mündlichen Vortrag große Stücke hielt, denselben öffentlich vorzulesen. Durchaus ungewiß, ob ich mich hierzu entscheiden können würde, besuchte ich doch jene Versammlung; und nun war es allerdings das unausstehliche Gesalbader der Reden eines Advokaten *Blöde* und eines Kürschnermeisters *Klette*, welche damals Dresden als seinen Demosthenes und Kleon zugleich verehrte, was mir den leidenschaftlichen Entschluß eingab, mich auf der wunderlichen Tribüne mit meinem Blatte einzufinden und es ungefähr 3000 Menschen mit energischer Betonung vorzulesen.

Der Erfolg hiervon war ganz erschrecklich. Von der Rede des Königl. Kapellmeisters schien in dem Gedächtnis der erstaunten Zuhörerschaft nichts zu haften als meine gelegentliche Auslassung gegen die Schranzen des Königl. Hofes. Wie ein Lauffeuer verbreitete sich die Kunde von diesem unglaublichen Vorfall. Andern Tages hielt ich eine Probe von »Rienzi«, welcher am folgenden Abend gegeben werden sollte; ich wurde von manchen Seiten beglückwünscht über meine aufopferungsvolle Kühnheit; der Orchesterdiener *Eisolt* meldete mir jedoch am Tage der projektierten Aufführung, daß diese abgeändert sei, und gab mir zu verstehen, es habe eine Bewandtnis. Wirklich war das schreckliche Aufsehen, welches ich erregt, so groß geworden, daß von seiten der Direktion bei einer Aufführung des »Rienzi« die unerhörtesten Demonstrationen befürchtet wurden. Jetzt brach denn auch in den Tageblättern ein wahrer Hagel von Verwünschung und Verspottung los, mit welchem man von allen Seiten über mich herfiel, so daß an eine Abwehr gar nicht zu denken war. Sogar die Sächsische Kommunal-Garde hatte ich beleidigt und ward von dem Kommandanten derselben zu einer Ehren-Erklärung aufgefordert. Die unerbittlichsten Feinde, deren Verfolgungen ich bis heutigen Tages ausgesetzt geblieben bin, hatte ich mir aber an den Beamten des Hofes und namentlich der niederen Regionen derselben zugezogen. Ich erfuhr, daß sie unausgesetzt, soweit sie dahin gelangen konnten, den König und schließlich den Intendanten bestürmten, mich sofort aus dem Dienste zu jagen. Ich hielt es deshalb für nötig, an den Monarchen selbst mit einem Schreiben mich zu wenden, um ihm meine Handlungsweise zwar in dem Licht der begangenen Unbesonnenheit, nicht aber in dem einer sträflichen Handlung zu zeigen. Diesen Brief übersandte ich an Herrn *v. Lüttichau* mit der Bitte, ihn an den König gelangen zu lassen, zugleich auch mir einen kurzen Urlaub zu erwirken, um durch einige Entfernung von Dresden der ärgerlichen Aufregung Zeit zur

Beruhigung zu lassen. Das auffallende, wahrhaft freundlich besorgte Wohlwollen, welches Herr v. *Lüttichau* mir bei dieser Gelegenheit zeigte, machte auf mich einen nicht unbedeutenden Eindruck, den ich vor ihm keineswegs zu verbergen mich bemühte. Da nun aber im späteren Verlaufe doch einmal die jetzt eben nur verhaltene Wut über manches, noch dazu in meinem Aufsatze gänzlich von ihm Mißverstandene aus ihm losbrach, erkannte ich hieran wohl, daß es nicht die Humanität dieses Mannes gewesen war, welche damals so versöhnlich zu mir sprach, sondern vielmehr der Wille des Königs selbst, über welchen ich genau dahin berichtet wurde, daß er, als jene Bestürmungen und selbst von Herrn v. *Lüttichau* befürworteten Zumutungen, mich zu bestrafen, an ihn gelangten, mit größter Bestimmtheit geboten hatte, kein Wort mehr in dieser Angelegenheit an ihn zu richten. Ich glaubte mir nach dieser sehr erhebenden Erfahrung damit schmeicheln zu dürfen, daß der König sowohl meinen Brief als selbst auch jenen Aufsatz besser als so sehr viel andere verstanden hatte.

Für jetzt (es war im Beginn des Monats Juli) beschloß ich, den mir gewährten kleinen Urlaub, um mich zu zerstreuen, zu einem Ausflug nach Wien zu benützen. Ich reiste dazu über *Breslau*, wo ich den Musikdirektor *Mosewius*, einen alten Freund meiner Familie, aufsuchte, um in seinem Hause einen Abend in lebhafter Unterhaltung, die leider von der politischen Aufregung des Tages nicht freiblieb, zu verbringen. Am meisten interessierte mich seine ungemein reiche, wenn ich nicht irre sogar vollständige Sammlung der *Sebastian Bach*schen Kantaten in vorzüglichen Abschriften. Auch viele drollige und kräftige Musiker-Anekdoten, welche er mit einem ihm besonders eigentümlichen Humor mitteilte, blieben mir lange Zeit erheiternd in der Erinnerung. Als *Mosewius* im Verlaufe des Sommers mir in Dresden einen Gegenbesuch machte und ich ihm einen Teil des ersten Aktes von »Lohengrin« am Klavier vorführte, äußerte er ein wahrhaftes, mir wohltätiges Erstaunen über diese Konzeption. In späteren Jahren vernahm ich wieder, er habe sich auch nachteilig und spöttisch über mich ausgelassen, ohne dadurch zu weiterem Nachsinnen weder über die Wahrheit dieser Berichte noch über den wahren Charakter dieses Mannes veranlaßt zu werden, da ich überhaupt an manches Unbegreifliche mich immer mehr zu gewöhnen hatte. – In *Wien* suchte ich zunächst den Professor *Fischhof* auf, von welchem ich wußte, daß er ebenfalls bedeutende Handschriften, namentlich auch von *Beethoven* verwahre: von diesen letzteren fesselte mich besonders das Original der Sonate in C-moll, opus 111. Von meinem etwas trokken gefundenen neuen Freunde gelangte ich noch zur Bekanntschaft mit Herrn *Vesque von Püttlingen*, welcher sich, als Komponist einer von uns auch in Dresden aufgeführten Oper (»Jeanne d'Arc«) von großer Trivialität, mit vorsichtigem Geschmack von *Beethovens* Namen nur den »Hoven« zugelegt hatte. Wir waren eines Tags bei ihm zum Diner, und ich lernte in ihm einen ehemaligen vertrauten Beamten des Fürsten Metternich kennen, welcher jetzt mit dem schwarz-rot-goldenen Bande, vollkommen überzeugt, wie es schien, der Strömung der Zeit folgte. – Eine interessante Bekanntschaft knüpfte ich mit dem Russischen Staatsrat und Attaché der Russischen Gesandtschaft in Wien, Herrn *v. Fonton*, an. In *Fischhofs* Gesellschaft traf ich wiederholt, auch zu Ausflügen in die Umgegend, mit diesem Manne zusammen: es war mir interessant, hier zum ersten Male auf einen hartgeschulten Bekenner derjenigen pessimistischen Weltansicht zu stoßen, welche schließlich im konsequenten Despotismus die Gewährleistung für eine einzig erträgliche Ordnung der Dinge findet. Nicht ohne Interesse und gewiß auch nicht ohne Geist (er rühmte sich, in den aufgeklärtesten Schulen der Schweiz seine Bildung genossen zu haben) hörte er meinen enthusiastischen Darstellungen des mir vorschwebenden, zu großem und entscheidendem Einfluß auf die menschliche Gesellschaft bestimmten Kunstideales an. Da er zugeben mußte, daß die Verwirklichung desselben der Kraft des Despotismus nicht beschieden sein könnte und er somit für meine Bestrebungen keinen Lohn vorauszusehen vermochte, taute er doch schließlich beim Champagner zu der humanen Gemütlichkeit auf, mir die besten Erfolge zu wünschen. – Ich erfuhr späterhin, daß dieser Mann, von dessen Talent und energischem Charakter ich mir damals eine nicht unbedeutende Vorstellung machte, in ziemlich mißlicher Lage verschollen ist.

Wie ich nun aber nie ganz ohne ein ernstlicheres Vorhaben irgend etwas unternahm, so hatte ich auch mit meinem Ausfluge nach Wien sogleich den Versuch in das Auge gefaßt, meinen Ideen für Reform des Theaters wirksamen Eingang zu verschaffen. Wien, welches damals fünf Theater von genau unterschiedenem Charakter besaß, die um jene Zeit sich elend dahinschleppten, schien mir einen besonders günstigen Boden zu bieten. Ich hatte schnell einen Entwurf ausgearbeitet, nach welchem diese verschiedenen Theater eine Art von Föderativ-Verfassung erhalten und unter eine sowohl von den aktiven Mitgliedern derselben, als den für sie tätigen literarischen Kräften gebildete Verwaltung gestellt werden sollten. Ich erkundigte mich nun nach denjenigen diesem Felde einigermaßen nahestehenden Kapazitäten, welchen ich diesen Plan vorlegen könnte. Außer Herrn *Theodor Uhl*, mit welchem ich vom Anfang herein durch *Fischhof* bekannt geworden war und welcher mir recht tätig zur Seite ging, nannte man mir noch einen Herrn *Franck* (ich vermute, es war derselbe, welcher später ein größeres episches Gedicht »Tannhäuser« veröffentlichte) und einen Herrn Dr. *Pacher*, einen mir mit der Zeit nicht eben sehr rühmlich bekannt gewordenen Rabulisten und Agenten *Meyerbeers*. Der anziehendste und jedenfalls bedeutendste der von mir Auserwählten, welche ich eines Tages zu einer Konferenz in *Fischhofs* Wohnung versammelte, war jedenfalls Dr. *Becher*, ein leidenschaftlicher, vielseitig gebildeter Mann, welcher auf meinen vorgelesenen Entwurf einzig auch mit wahrem Ernste, wenn auch nicht mit glaubensvoller Zustimmung einging. Ich nahm an ihm eine gewisse Zerrissenheit und Heftigkeit wahr, davon der Eindruck mir nach wenigen Monaten bedeutungsvoll zurückkehrte, als ich von seinem Tode durch Erschießung als rebellischer Teilnehmer des Wiener Oktober-Aufstandes erfuhr. Jedenfalls hatte ich für jetzt eben nur die Genugtuung, meinen Theaterreform-Plan einigen aufmerksamen Zuhörern vorgelesen zu haben. Es schien allen im Bewußtsein zu liegen, daß zur Erfassung so friedlicher Reform-Tendenzen jetzt nicht die Zeit sei. – Dagegen glaubte mir *Uhl* einen Begriff von dem, was gegenwärtig die Köpfe der Wiener errege, geben zu müssen, als er mich eines Abends in einen politischen Klub von vorgerücktester Tendenz führte. Ich hörte da einen Herrn *Sigismund Engländer* sprechen, welcher einige Zeit darauf sich auch in politischen Monatsschriften auffallend vernehmen ließ: die Ungeniertheit, mit welcher er und andere über die gefürchtetsten Personen der öffentlichen Macht in Österreich sich an diesem Abend vernehmen ließen, setzte mich fast ebenso in Erstaunen wie die Seichtigkeit der dabei zutage tretenden politischen Meinungen. – Einen sehr sanften Eindruck machte mir dagegen Herr *Grillparzer*, dessen Name mir aus meinen frühesten Knabenjahren von der »Ahnfrau« her wie eine Fabel in der Erinnerung war und welchen ich ebenfalls in Theaterreform-Angelegenheiten aufsuchte. Es schien ihn nicht unfreundlich zu berühren, von dem, was ich ihm vorbrachte, zu hören; nur suchte er auch das Befremden nicht zu verbergen, welches ihm meine unmittelbaren Bestrebungen und sogar an ihn gerichteten Zumutungen einflößten. Er war der erste Theaterdichter, welchen ich in einer Beamtenuniform gesehen habe.

Nachdem ich auch Herrn *Bauernfeld* in ähnlicher Angelegenheit einen vergeblichen Besuch abgestattet, hielt ich für diesmal Wien für abgetan und gab mich schließlich nur noch dem seltsam anregenden Eindrucke des um diese Zeit so sehr in seiner Kundgebung umgestimmten öffentlichen Lebens der bunten Bevölkerung desselben hin. Hatte mich schon die stets die Straßen geschäftig erfüllende »Akademische Legion« durch die ungemeine Prägnanz, in welcher an ihr die deutschen Farben zum Vorschein kamen, anregend unterhalten, so ward ich von der gleichen Wirkung endlich sogar belustigt, als ich in den Theatern selbst das Gefrorne von gänzlich in Schwarz-rotgold gekleideter Bedienung servieren sah. Im »Karltheater« der Leopoldstadt sah ich eine neue Posse *Nestroys*, in welcher sogar der Fürst *Metternich* vorkam und auf die an ihn gerichtete Frage, ob er den Herzog von *Reichstadt* vergiftet hätte, als entlarvter Sünder hinter die Kulissen floh. Im ganzen erweckte die Physiognomie der sonst nur vergnügungssüchtigen Kaiserstadt den Eindruck einer jugendlich kräftigen Zuversicht auf mich, welcher Eindruck mir kurze Zeit darauf zurückkehrte, als ich in den verhängnisvollen Oktobertagen von der energischen Teilnahme der jugendlichen Bevölkerung an der Verteidigung gegen die Truppen des Fürsten *Windischgrätz* vernahm.

Auf der Rückreise von dort berührte ich *Prag*, wo ich meinen alten

Freund *Kittl* bei außerordentlich zugenommener Korpulenz noch im krampfhaftesten Schrecken über die dort erlebten tumultuarischen Ereignisse antraf. Er schien der Meinung zu sein, daß die Auflehnung der *tschechischen* Partei gegen die österreichische Herrschaft ihm ganz persönlich gegolten habe, und namentlich glaubte er sich den Vorwurf machen zu müssen, daß er andrerseits durch seine Komposition jenes Operntextes der »Franzosen vor Nizza« von mir, aus welcher eine Art von revolutionärem Chor sehr populär geworden sein sollte, die schreckliche Bewegung jener Zeit besonders angefeuert hätte. – Zu meinem Vergnügen traf ich auf der Rückreise mit dem Dampfschiff den Bildhauer *Hänel* als Gefährten an. Er hatte soeben mit dem Grafen *Albert Nostitz*, welcher ebenfalls mit uns fuhr, seine Geschäfte in betreff der von ihm gelieferten Statue des Kaisers Karl IV. beendigt und war in der heitersten Laune, da ihm, wie er mir bekannte, der höchst mißliche Stand des österreichischen Papiergeldes einen ungemein gewinnreichen Umsatz seines dem Vertrag gemäß in Silber empfangenen Honorars gestattete. Es freute mich, ihn dadurch bis zu der Vorurteilslosigkeit zuversichtlich gestimmt zu sehen, daß er nach unserer Ankunft in Dresden den ziemlich weiten Weg vom Landungsplatze des Dampfschiffes bis in unsere Wohnung im offenen Fiaker in meiner Gesellschaft zurücklegte, trotzdem er sehr gut wußte, welch schreckliches und bedenkliches Aufsehen ich wenige Wochen zuvor am Orte erregt hatte.

Hier schien in der Öffentlichkeit der Sturm bereits gänzlich sich gelegt zu haben; ich trat in meine gewohnte Funktion und Lebensweise ohne weitere Störung wieder ein. Leider lebten aber auch meine alten Sorgen und Beklemmungen wieder auf: ich hatte Geld zu schaffen und wußte nicht woher. So sah ich mir denn nun den im vergangenen Winter mir schriftlich mitgeteilten Bescheid auf meine Eingabe um Gehaltserhöhung, welchen ich, bereits durch die Modifikationen desselben so heftig angewidert, ungelesen gelassen hatte, zu gründlicherer Kenntnisnahme genauer an. War ich nun bisher der Meinung gewesen, es sei mir von Herrn *von Lüttichau* die erbetene Gehaltszulage in der immerhin demütigenden Form einer alljährlich auszuzahlenden Gratifikation erwirkt worden, so ersah ich jetzt zu wahrhaft entsetzlicher Beschämung, daß damals eben nur von dieser einmaligen Gratifikation, keineswegs aber von einer alljährlichen Wiederholung derselben die Rede gewesen war. Ich befand mich bei dieser Erkenntnis nun in dem unverbesserlichen Nachteile, mit einer Remonstration, wenn ich sie jetzt vornahm, viel zu spät zu kommen, so daß mir nichts anderes übrigblieb, als schweigend mich der so beispiellos schlecht bezahlten Schmach zu fügen. Wandelte sich jedoch hierdurch meine Stimmung gegen Herrn *von Lüttichau*, welche kurz zuvor in Betracht seines vermeintlich guten Benehmens während des letzten Sturmes sich etwas aufgehellt hatte, in bedenklicher Weise um, so erhielt ich bald noch neuen Grund, selbst in dieser letzten Angelegenheit meine günstigen Annahmen in einer Weise zu berichtigen, welche mich schliesslich unveränderlich gegen jenen erbitterte. Er hatte mir nämlich berichtet, die Mitglieder der Königlichen Kapelle hätten sich durch eine Deputation an ihn um meine Entlassung gewendet, da sie es für ehrenrührig hielten, unter einem politisch so arg kompromittierten Kapellmeister ferner zu dienen, worauf er sie gehörig verweisen und zur Ruhe habe bringen müssen. Alles dies hatte mir *Lüttichau* in eben dem günstigen Lichte gezeigt, welches mich ihm neuerdings gewogen gemacht hatte. Nun erfuhr ich aber gelegentlich durch die Kapellmitglieder, da es hierüber zu einer Auseinandersetzung kam, daß es hiermit eine fast vollkommen entgegengesetzte Bewandtnis gehabt hatte. Von verschiedenen Seiten des Hofbeamtenstandes nämlich waren die Mitglieder der Königlichen Kapelle auf das eifrigste zu einem ähnlichen Akte aufgefordert und ihnen mit der Ungnade des Königs und dem Verdachte gleicher übler Gesinnung gedroht worden. Gegen diese Machinationen nun und um vor möglichen schlimmen Folgen derselben sich zu sichern, wenn man eben den geforderten Schritt *nicht* täte, hatten die Musiker durch eine Deputation sich an ihren Chef gewendet, um ihm zugleich die Erklärung abzugeben, daß sie als künstlerische Korporation sich keineswegs berufen fühlten, sich in Dinge zu mischen, die sie nichts angingen. So schwand mir denn der letzte Heiligenschein, mit dem meine alte Anhänglichkeit an ihn Herrn *von Lüttichau* umgeben hatte, und namentlich war es das Gefühl der Beschämung, seinem hinterhältigen Benehmen gegenüber mich herzlich erregt zu haben, welches mich nun wirklich für immer feindselig gegen diesen Mann einnahm. Mehr als die erlittenen Beleidigungen bestimmte mich hierbei aber die Erkenntnis meiner vollständigen Unfähigkeit, je noch auf diesen Mann in einer meinen Wünschen für das Emporkommen des Theaters dienlichen Weise einen Einfluß ausüben zu können. Die bloße Unterhaltung meiner Anstellung als Kapellmeister, noch dazu bei so außerordentlich dürftiger und geschmälerter Besoldung, mußte mir daher natürlicherweise immer weniger als berücksichtigenswert erscheinen. Von jetzt an folgte ich in meiner Beibehaltung dieser Kapellmeisterstelle nur noch den gemeinsten Nötigungen einer zufälligen unglücklichen Lage. Ich tat nichts, um dieselbe zu verschlimmern, aber auch nicht das mindeste, was ihr eine Dauer hätte versichern können.

Zuallernächst hatte ich meinen so übel getäuschten Hoffnungen auf eine Verbesserung meines Einkommens in jeder erdenklichen Weise nachzuhelfen. Ich geriet auf den Gedanken, mit *Liszt* hierüber mich zu besprechen und von ihm Vorschläge zur Abhilfe meiner bedrängten Lage mir zu erbitten. – Kurz nach den verhängnisvollen Märztagen und wenige Zeit vor der Vollendung meiner »Lohengrin«-Partitur war er zu meiner freudigsten Überraschung eines Tages in mein Zimmer getreten. Er kam damals von Wien, wo er den Barrikaden-Tagen beigewohnt hatte, und begab sich nach Weimar zur dauernden Niederlassung. Wir hatten damals gemeinschaftlich einen Abend bei *Schumann* zugebracht; dort war musiziert und schließlich disputiert worden, was bei einer stark prononcierten Meinungsverschiedenheit *Liszts* und *Schumanns* über *Mendelssohn* und *Meyerbeer* zu einer völligen Erbosung *Schumanns* geführt hatte, bei welcher Gelegenheit wir gegenüber dem Wirte, welcher sich für längere Zeit wütend in seine Schlafkammer zurückzog, in eine sonderbare, in der Unterhaltung auf dem Heimwege uns aber sehr belustigende Verlegenheit geraten waren. Ich habe selten *Liszt* so ausgelassen aufgeräumt gesehen als in dieser Nacht, wo er mich und den Konzertmeister *Schubert*, bei empfindlicher Kälte nur im dünnen Frack gekleidet, abwechselnd von einem zum andern nach Hause begleitete. Ich benutzte jetzt einige freie Tage des August zu einem Ausfluge nach Weimar, wo ich *Liszt* unter den bekannten außerordentlichen Verhältnissen und Beziehungen zum Großherzog für dauernd angesiedelt fand. Vermochte er mir auch in meiner Angelegenheit nicht anders als durch eine schließlich als erfolglos sich erweisende Empfehlung zur Hilfe zu kommen, so blieb doch die ganze, ebenso herzliche als großartig anregende Begegnung bei diesem flüchtigen Zusammensein nicht ohne wohltätigen und ermutigenden Eindruck auf mich. – Nach Dresden zurückgekehrt, streckte ich mich so gut es ging nach meiner Decke und griff, da jedes andere Mittel mir zu helfen versagte, zu der Auskunft, meinen noch übrigen, in Wahrheit befreundeten Gläubigern in einem gemeinschaftlich an sie gerichteten Schreiben meine Lage aufrichtig mitzuteilen und sie zu bedeuten, auf unbestimmte Zeit von ihren Forderungen abzustehen, bis einmal die Wendung einträte, ohne welche ich allerdings nie in den Stand gelangen könnte, sie zu befriedigen. Jedenfalls würden sie durch eine solche Erklärung den von mir nicht ohne Grund vermuteten feindseligen Absichten meines Generaldirektors entgegentreten, welcher aus einem gegenteiligen Benehmen meiner Gläubiger begierig den Vorwand zu den übelsten Schritten gegen mich entnehmen würde. Ohne Zögern wurde diese Erklärung mir gegeben; mein Freund *Pusinelli* und meine alte mütterliche Bekannte Frau *Klepperbein* erkannten sich sogar bereit, vollständig auf die Wiedererstattung ihrer Darlehen zu verzichten. So einigermaßen beruhigt und gegen Herrn *von Lüttichau* betreffs meiner Stellung in der Weise versichert, daß ich es meinem Belieben überlassen konnte, ob und wann ich sie gänzlich aufgeben würde, fuhr ich nun in der strikten Ausübung meiner Kapellmeisterbesorgungen gelassen fort und nahm vor allem mit großem Eifer meine nun immer weiter mich tragenden Studien auf.

Von diesem Standpunkte aus sah ich nun der wunderlichen Entwickelung meines Freundes *Röckel* zu. Da jeder Tag ein neues Gerücht über bevorstehende reaktionäre Staatsstreiche und ähnliche Gewaltsamkeiten brachte, glaubte *Röckel* dem vorbeugen zu müssen und arbeitete zu diesem Zweck einen ausführlich motivierten Aufruf an die Soldaten der sächsischen Armee aus, ließ denselben drucken und in zahllosen Exemplaren verbreiten.

Dieser Akt erschien der Staatsanwaltschaft zu flagrant; *Röckel* wurde eingezogen und verbrachte drei Tage, bis durch den Advokaten *Minkwitz* die erforderliche Kaution von 10 000 Talern für ihn gestellt wurde, in der Fronfeste, während der Prozeß auf Hochverrat gegen ihn eingeleitet wurde. Seine Rückkehr in seine Wohnung zu seiner höchst beängstigten Frau und Familie wurde durch eine kleine Straßenfestlichkeit, welche der Vorstand des Vaterlands-Vereines veranlaßt hatte und bei welcher der Befreite in offener Rede als Kämpfer für die Sache des Volkes begrüßt wurde, gefeiert. Von seiten der Generaldirektion des Hoftheaters erhielt er dagegen, nach einer bereits provisorischen Suspension, seine definitive Entlassung angezeigt. Nun ließ sich *Röckel* sogleich von allen Seiten einen langen Bart wachsen, begann die Herausgabe eines nur von ihm redigierten Volksblattes, dessen Erfolg, wie er voraussetzen mußte, ihn zugleich für das ausfallende Musikdirektor-Gehalt entschädigen sollte, und bestellte sich zunächst sogleich ein Expeditions-Lokal für seine Unternehmung in der Brüdergasse. Dieses Blatt lenkte wirklich vielseitig die Blicke auf seinen Verfasser und zeigte dessen Begabung in einem ganz neuen Lichte. Er verlor sich nie in Dunst und Wortmacherei, sondern beschränkte sich stets auf unmittelbar vorliegende, das gemeine Interesse berührende Fragen, von deren wirklich ruhiger und nüchterner Besprechung er erst zu weiteren Folgerungen auf die mit ihnen zusammenhängenden höheren Interessen hinleitete. Die einzelnen Artikel selbst waren kurz und enthielten nie etwas Unnötiges; dabei waren sie so klar gefaßt, daß sie dem ungebildetsten Verstande sich belehrend und überzeugend mitteilten. Indem er hierbei immer auf das Wesentliche der Dinge und nie auf die formelle Umschreibung derselben, durch welche in der Politik so große Verwirrung bei der ungebildeten Masse hervorgebracht wird, ausging, gewann er sich bald unter Gebildeten wie Ungebildeten eine nicht geringe Leser-Anzahl. Nur war der Preis des wöchentlich einmal erscheinenden kleinen Blättchens zu gering, um ihm einen entsprechenden Gewinn abzuwerfen. Andrerseits mußte man ihm voraussagen, daß die Reaktion, käme sie je wieder auf, ihm unmöglich diese Volksblätter verzeihen werde. Sein jüngerer Bruder *Eduard,* welcher um diese Zeit zum Besuch in Dresden war, erklärte sich bestimmt, eine ihm zwar widerwärtige, aber ziemlich einträgliche Klavierlehrerstelle in England anzunehmen, um so in den Stand gesetzt zu werden, *Röckels* Familie erhalten zu können, wenn er wie voraussichtlich im Zuchthaus oder gar am Galgen seinen Lohn gefunden haben würde. Da ihn seine übrigen Verbindungen mit allerhand Vereinen außerordentlich in Beschlag nahmen, beschränkte sich auch mein Umgang mit ihm immer mehr nur auf seltene Spaziergänge. Mit dem wunderlich aufgeregten Menschen, dessen Kopf doch eigentlich immer klar und besonnen blieb, verlor ich mich bei diesen Gelegenheiten oft in die weitesten spekulativen Disputationen. Namentlich hatte er die Umgestaltung aller bürgerlichen Verhältnisse, wie sie uns nach der gewohnten Wahrnehmung vor Augen stehen, durch seine Folgerungen aus einer vollständigen Veränderung ihrer sozialen Grundlage bereits zu einer sehr zusammenhängenden Darstellung davon ausgebildet. Auf die *Proudhon*schen und anderer Sozialisten Lehren von der Vernichtung der Macht des Kapitales durch die unmittelbar produktive Arbeit baute er eine ganz neue moralische Weltordnung auf, für welche er mich allmählich durch einige sehr anziehende Behauptungen darüber selbst insoweit gewann, daß ich nun wieder meinerseits darauf die Realisierung meines Kunstideals aufzubauen begann. So waren es zwei Äußerungen, die mich in dieser Hinsicht sehr stark betrafen: er wollte in der Zukunft von der Ehe, wie wir sie kannten, nichts mehr wissen. Ich frug dagegen, wie er sich nun vorstelle, daß wir uns bei dem stets wechselnden Umgange mit jedenfalls sehr bedenklich sich ausnehmenden Frauenzimmern befinden würden? Mit wohlwollender Entrüstung ließ er sich da vernehmen, daß wir uns ja gar keinen Begriff von der Reinheit der Sitten im allgemeinen wie namentlich auch der Beziehung der Geschlechter zueinander eine Vorstellung machen könnten, sobald wir nicht die vollkommene Befreiung von dem Druck des Gewerbs-, Zunft- und sonstigen Zwangs-Wesens uns zu verdeutlichen vermöchten. Ich sollte nur bedenken, was ein Weib einzig in seiner Hingebung an einen Mann noch würde bestimmen können, wenn sowohl die Rücksichten auf Geld, Vermögen, Stand und Familienvorurteile sowie die hieraus entstehenden Nötigungen gänzlich verschwunden seien. – Als ich nun ein anderes Mal frug, woher er denn noch mit freiem Geiste und gar künstlerisch tätige Menschen hernehmen wollte, wenn alles in den gleichen Arbeiterstand aufzugehen habe, so hielt er mir dagegen, daß ja eben dadurch, daß alles an der nötigen Arbeit nach seinen Kräften und Befähigungen teilnehme, die Last und der Begriff der Arbeit gänzlich aufgehoben würde und nur noch eine Beschäftigung übrigbleiben könnte, die endlich durchaus einen künstlerischen Charakter annehmen müßte, wie es denn schon jetzt erwiesen sei, daß ein Feld, von einem einzigen Bauer mühsam mit dem Pfluge bearbeitet, unendlich weniger ergiebig sei, als wenn es von mehreren im Sinne des Gartenbaues gepflegt würde. Diese und ähnliche mit wirklich schöner Emphase von *Röckel* mir eröffneten Andeutungen leiteten mich selbst zu weiterem Nachdenken und meinem Sinne genehmer Ausbildung von Vorstellungen einer möglichen, meinen höchsten Kunst-Idealen gänzlich, ja einzig entsprechenden Gestaltung der menschlichen Gesellschaft an.

Zunächst richtete ich meine Gedanken in diesem Bezug sogleich wieder auf das Naheliegende, indem ich das Theater in das Auge faßte. Die Veranlassung hierzu kam von innen und außen. Nach dem neuesten, gänzlich demokratischen Wahlgesetz stand eine Erneuerung der sächsischen Volksvertretung bevor; die Wahl gänzlich radikaler Abgeordneter, wie sie fast überall vollzogen worden war, ließ, wenn die Bewegung Dauer gewann, die außerordentlichsten Veränderungen auch im Staatshaushalte voraussehen. Allgemein schien man entschlossen, auch die Königliche Zivilliste einer strengen Revision zu unterwerfen: alles überflüssig Dünkende im Hofhaushalt sollte beseitigt werden; das Theater, als eine unnütze Unterhaltungsanstalt für einen verdorbenen Teil des Publikums, war mit der Entziehung der auf der Zivilliste ihm ausgesetzten Subvention bedroht. Ich fühlte mich nun bestimmt, im Interesse der dem Theater von mir zuerkannten Bedeutung, den Herrn Ministern die Belehrung der Abgeordneten darüber an die Hand zu geben, daß das Theater, wenn es wohl in seiner jetzigen Wirksamkeit keiner Opfer des Staats wert wäre, zu noch bedenklicherer und der öffentlichen Gesittung gefährlicherer Tendenz herabsinken würde, wenn man es jeder auf das Ideale gerichteten Aufsicht desselben Staates entziehen wollte, welcher andrerseits den Kultus und die Schule in förderlichen Schutz zu nehmen sich berufen fühlte. Alles kam mir demnach darauf an, die Grundzüge einer Organisation des Theaters festzusetzen, nach welcher diesem die Erfüllung seiner edelsten Tendenzen ermöglicht und gesichert sein sollte. Somit arbeitete ich einen Plan aus, demgemäß dieselbe Summe, welche auf der Königlichen Zivilliste für die Haltung eines Hoftheaters ausgesetzt war, für die Gründung und Unterhaltung eines Nationaltheaters für das Königreich Sachsen verwendet werden sollte. Die sehr kombinierten Einzelheiten meines Entwurfes bezeichnete ich bei der Angabe ihrer praktischen Ausführbarkeit mit so großer Präzision, daß ich meine Arbeit für fähig halten konnte, den Ministern einen tauglichen Leitfaden für die Behandlung dieser Angelegenheit vor den Kammern an die Hand zu geben. Es kam nun darauf an, mit einem der Minister selbst hierfür mich in das Vernehmen zu setzen. Ich war der Meinung, mich dafür an den Kultusminister wenden zu müssen. Als solcher fungierte damals Herr *von der Pfordten*. War dieser auch bereits im Geruch einer bedenklichen politischen Geschmeidigkeit und des Strebens nach Verwischung des Ursprunges seiner politischen Erhebung durch eine bewegungsvolle Zeit, so galt er doch als ehemaliger Professor für einen Mann, mit dem über einen Gegenstand, wie er mir am Herzen lag, wohl zu reden war. Ich erfuhr aber, daß die eigentlichen Kunstanstalten des Königreiches, wie die Akademie der bildenden Künste, denen ich mit besonderem Eifer das Theater zugezählt wissen wollte, unter das Ressort des Ministers des Innern gestellt waren. Diesem, dem biederen aber wohl nicht sehr gebildeten und kunstempfänglichen *Oberländer*, stellte ich daher meinen Entwurf zu, nachdem ich jedoch auch bei Herrn *von der Pfordten* mich gemeldet hatte, um diesem aus den angedeuteten Rücksichten mein Anliegen zugleich zu empfehlen. Der, wie es schien, sehr beschäftigte Mann empfing mich höflich und allgemeinhin versicherungsvoll, benahm mir aber durch sein ganzes Wesen, ja durch den Eindruck seiner Physiognomie jede Hoffnung, bei ihm auf das von mir ihm angemutete Verständnis zu treffen. Bei dem Minister *Oberländer* beruhigte mich sofort der schlichte Ernst, mit dem er mir genaues

Eingehen auf die Sache versprach. Leider hatte er mir aber sogleich mit einfachster Aufrichtigkeit zu Herzen zu führen, wie wenige Hoffnung er hegen könnte, vom König selbst die Autorisation zur außerordentlichen Behandlung einer bisher der Routine überlassenen Frage zu erhalten: es sei nicht zu verkennen, daß der König zu seinen jetzigen Ministern, und namentlich zu ihm, in einem gezwungenen, vertrauenslosen Verhältnis stehe; er gelange nie dazu, mit dem Monarchen in einen andern Verkehr zu treten als den, welchen die strikte Erledigung der laufenden Geschäfte unerläßlich machte. Er glaubte daher, es sei besser, wenn mein Plan von seiten der Kammer in Anregung gebracht würde. – Da ich zunächst eben nur dem vorbeugen wollte, daß die Frage des Fortbestehens des Hoftheaters, falls sie bei der Diskussion der zu erneuernden Königlichen Zivilliste auftauche, in dem befürchteten kenntnis- und verständnislosen radikalen Sinne behandelt würde, ließ ich mich nun auch die Mühe nicht verdrießen, einigen der einflußreichsten neuen Kammermitglieder mich bekannt zu machen. Hiermit geriet ich denn in eine ganz neue, sonderbare Sphäre und hatte Stimmungen und Personen kennenzulernen, die mir bisher gänzlich fremd geblieben waren. Beschwerlich war es mir, diese Herren immer nur im dicksten Tabaksdampf und beim Bier antreffen und über meine ihnen so fremdartige Angelegenheit zu ihrem großen Erstaunen unterhalten zu können. Nachdem mir Herr *von Trütschler*, ein sehr schöner, energischer, von finsterem Ernste beseelter Mann, der eine Zeitlang ruhig mich angehört, mir eröffnet hatte, daß er vom *Staate* nichts mehr wisse, sondern nur noch von der *Gesellschaft*, und daß diese auch ohne ihn und mich wissen werde, wie sie sich zur Kunst und zum Theater zu verhalten habe, gab ich, von sonderbar gemischter Beschämung erfüllt, für jetzt sowohl meine Bemühungen als auch meine Hoffnungen auf. – Ich erfuhr von der ganzen Angelegenheit nichts anderes wieder, als daß sie, wie mir aus einer späteren Begegnung mit demselben es sich kundtat, zur Kenntnis des Herrn v. *Lüttichau* gelangt war und diesen mit neuer Feindseligkeit gegen mich erfüllte.
Auf meinen nun gänzlich vereinsamten Spaziergängen arbeitete ich dagegen in meinem Kopfe*, zu meiner großen Gemütserleichterung, immer mehr die Vorstellungen von einem Zustande der menschlichen Gesellschaft aus, zu welchem die kühnsten Wünsche und Bestrebungen der damals im Aufbau ihrer Systeme so tätigen Sozialisten und Kommunisten mir eben nur die gemeine Unterlage boten, während eben diese Bestrebungen erst von da ab Sinn und Bedeutung für mich gewannen, wo ich sie am Ende der erzielten politischen Umwälzungen und Konstruktionen angelangt sah, um dort nun mit meiner der Kunst zugewandten Neubildung meinerseits zu beginnen.
Zu gleicher Zeit beschäftigte mich der Gedanke eines Dramas, dessen

---

* Neben diesen Zeilen hat Wagner an den Rand einen kleinen Kopf gezeichnet. Darunter steht: »(sehr schön!!) (Gott, wie getroffen!)«

Held der Kaiser *Friedrich Barbarossa* sein sollte. Der Begriff des Herrschers war hier in seiner kraftvollsten und ungeheuerlichsten Bedeutung aufgefaßt; sein würdiges Weichen vor der Unmöglichkeit der Behauptung seiner idealen Ansprüche sollte, wie es die Teilnahme für den Helden erweckte, zugleich die richtige Erkenntnis der eigentätigen Vielgestaltetheit der Dinge dieser Welt geben. Von diesem Drama, welches ich in populären gereimten Versen im Stile unsrer mittelhochdeutschen epischen Dichter, für welchen mir namentlich das Gedicht »Alexander« vom Pfaffen *Lambert* vorschwebte, ausführen wollte, habe ich nur mit wenigen Zeilen die alleräußersten Umrisse aufgezeichnet. Die Verteilung der Handlung war folgendermaßen für fünf Akte bestimmt. Erster Akt: Reichstag in den ronkalischen Feldern, Darlegung der Bedeutung der kaiserlichen Gewalt, welche selbst auf die Belehnung mit Wasser und Luft sich erstrecken sollte. Zweiter Akt: Belagerung und Einnahme Mailands. Dritter Akt: Abfall Heinrichs des Löwen und Niederlage bei Lignano. Vierter Akt: Reichstag zu Augsburg, Demütigung und Bestrafung Heinrichs des Löwen. Fünfter Akt: Reichstag und große Hofhaltung zu Mainz, Frieden mit den Lombarden, Versöhnung mit dem Papste, Annahme des Kreuzes und Aufbruch nach dem Morgenlande. Mein Interesse an der Ausführung dieses dramatischen Planes ward jedoch sogleich beim Erfassen durch die mächtigere Anziehungskraft, welche die mythische Behandlung des mir hierbei aufgehenden gleichgearteten Stoffes in der Nibelungen- und Siegfried-Sage auf mich ausübte, verdrängt. Zunächst führte mich noch diese von mir erkannte Gleichartigkeit der hier sich berührenden Geschichte und Sage zu einer Aufzeichnung einer Abhandlung hierüber, wozu einige auf der Königlichen Bibliothek vorgefundene Monographien von Verfassern, deren Namen mir entfallen sind, welche mir aber in anziehender Weise Belehrungen über das Ur-Königtum der Deutschen gaben, mich befähigten und anregten. – Diesen größeren Aufsatz, mit welchem ich schließlich von der Neigung zur Behandlung eines historischen Stoffes für das rezitierende Drama mich gänzlich abwandte, veröffentlichte ich später unter dem Titel *»Die Wibelungen«*.

Im nächsten Zusammenhange hiermit schritt ich nun dazu, die sehr kombinierte und doch auf ihre Hauptzüge zusammengedrängte Gestalt, zu welcher in mir der eigentliche uralte Nibelungen-Mythos in unmittelbarem Zusammenhange mit dem Götter-Mythos selbst sich ausgebildet hatte, zu deutlicher Übersicht aufzuzeichnen. Aus dieser Arbeit ging mir die Möglichkeit hervor, einen Hauptbestandteil des Stoffes selbst zu einem Drama mit musikalischer Ausführung zu verwenden. Nur langsam jedoch und mit großem Zögern wagte ich mit dieser Möglichkeit mich zu befreunden, da namentlich der praktische Sinn der Verwertung einer solchen Arbeit für unser Theater wahrhaft erschreckend mir entgegentrat. Es bedurfte allerdings des Eintrittes der vollsten Verzweiflung an jeder Möglichkeit, mich ferner mit unserem Theater zu befassen, bis ich den Mut zum Angriff dieser neuesten

Arbeit gewann. Bis dahin trieb ich mich noch mit fast gleichgültiger Haltung zwischen den anderseitigen Möglichkeiten eines Bestehens unter den herrschenden Zuständen umher. In betreff des »Lohengrin« war ich soweit, nichts anderes als eine möglichst gute Aufführung auf dem Dresdener Theater zu erwarten und für alle Fälle und alle Zeiten mich damit zu begnügen, wenn ich nur diese erreichte. Herrn v. *Lüttichau* hatte ich seinerzeit die Vollendung der Partitur angezeigt, in Betracht der Ungunst der damaligen Verhältnisse es ihm aber gänzlich freigestellt, über die Aufführung meines Werkes gelegentlich zu bestimmen.

Unterdessen kam die Zeit heran, wo der Archivar der Königlich musikalischen Kapelle sich erinnerte, daß jetzt vor 300 Jahren der Grund zu diesem fürstlichen Institute gelegt worden sei und man folglich ein Jubiläum zu feiern habe. Hierfür ward ein großes Festkonzert im Theater bestimmt, in welchem Kompositionen der sächsischen Kapellmeister aller Zeiten seit dem Bestehen dieser Anstalt ausgeführt werden sollten. Die sämtlichen Musiker mit ihren beiden Kapellmeistern an der Spitze hatten zuvor dem Könige in Pillnitz ihre dankende Huldigung darzubringen, bei welcher Gelegenheit zum ersten Male ein Musiker zum Ritter des sächsischen Zivilverdienstordens erhoben wurde: dieser Musiker war mein bis dahin vom Hofe und vom Intendanten sehr geringschätzig behandelter Kollege *Reissiger*, welcher aber durch schreiendste Loyalität in dieser bedenklichen Zeit, namentlich mir gegenüber, sich in äußerst günstiges Licht bei unseren Vorständen gesetzt hatte. Er ward von der nicht minder loyalen Versammlung, welche an dem Festkonzertabende die Theaterräume erfüllte, mit Jubel begrüßt, als er mit dem unerhörten Orden geschmückt vor dem Publikum erschien. Auch seine Ouvertüre zu »Yelva« rief einen nie ihm widerfahrenen enthusiastischen Beifallssturm hervor, wogegen das erste Finale aus »Lohengrin«, welches als Leistung des jüngsten Kapellmeisters vorgeführt wurde, eine wiederum mir von seiten des Dresdener Publikums ungewohnte, laue Aufnahme fand. Nach dem Konzert fand noch Festsouper statt, bei welchem, da nun doch mancherlei geredet wurde, auch ich sehr ungeniert der Kapelle meine Ansichten über das, was zu ihrer Vervollkommnung in der Zukunft noch wünschenswert sei, laut und bestimmt aussprach. Hierbei äußerte *Marschner*, welcher in seiner Qualität als ehemaliger Dresdener Musikdirektor zur Mitfeier des Jubiläums eingeladen war, daß ich mir durch meine zu gute Meinung von den Musikern viel schaden würde. Ich sollte doch nur bedenken, mit welchen ungebildeten, nur für ihr Instrument abgerichteten Leuten ich hier zu tun hätte, und ob man da, wenn man ihnen von Kunstbestrebungen vorrede, etwas anderes als Verwirrung oder wohl gar böses Blut machen könne. – Von schönerer Erinnerung als diese Festlichkeiten ist die stille Gedenkfeier *Webers* auf mich geblieben, welche uns am Morgen dieses Jubeltages auf dem Kirchhofe zur Bekränzung des Grabes desselben vereinigt hatte. Da hierbei niemand ein Wort fand und auch

Marschner nur einen höchst trockenen, ja fast burschikos klingenden Gruß an den dahingeschiedenen Meister herausbrachte, fühlte ich mich gedrungen, in einigen herzlichen Worten der beabsichtigten Erinnerungsfeier ihren Ausdruck zu geben.

Diese kurze Unterbrechung durch künstlerische Anregung verlor sich schnell wieder vor den neuen Eindrücken, welche aus der politischen Welt auf alles daherdrangen. Die Wiener Oktoberereignisse verbreiteten auch bei uns leidenschaftlichste Teilnahme; rote und schwarze Plakate starrten mit Aufrufen zu Zuzügen nach Wien, mit Verwünschung der »roten Monarchie« im Gegensatz zur verpönten »roten Republik« und ähnlichen aufreizenden Dingen täglich von den Mauern herab. Außer für diejenigen, welche in den Gang dieser Ereignisse genau eingeweiht waren und welche bei uns allerdings nicht auf der Straße herumliefen, verbreiteten diese Vorgänge eine außerordentlich unheimliche Spannung. Als *Windischgrätz* in Wien eingezogen, *Fröbel* begnadigt, *Blum* aber erschossen worden war, hatte es den Anschein, als ob selbst in Dresden alles bersten sollte. Für *Blum* ward eine große Trauerdemonstration mit unabsehbarem Zug durch die Straßen veranstaltet; das Ministerium schritt an der Spitze dieser Trauerprozession; mit großem Vergnügen ward namentlich der bereits höchst bedenkliche Herr *von der Pfordten* in kummervollster Beteiligung hierbei wahrgenommen. Von nun an trat eine immer düsterere, auf üble Entscheidung sich vorbereitende Stimmung ziemlich allseitig ein. Man ging so weit, den Tod *Blums*, welcher durch seine Agitation in Leipzig seinerzeit sich besonders verhaßt und gefürchtet gemacht hatte, als einen Freundschaftsdienst der Erzherzogin *Sophie* gegen ihre Schwester, die Königin von Sachsen, ziemlich unumwunden zu denunzieren. Scharen von Wiener Flüchtlingen in der Tracht der Akademischen Legion gelangten nach Dresden und vermehrten die dortige Bevölkerung mit den drohenden Gestalten, die von jetzt an dort immer heimischer sich bewegten. Als ich eines Tages mich in das Theater begeben wollte, um eine Aufführung meines »Rienzi« zu dirigieren, meldete mir der Kapelldiener, daß mehrere fremde Herren nach mir gefragt hätten; alsbald stellten sich ein halbes Dutzend solcher Gestalten ein, begrüßten mich als Bruder Demokraten und baten mich um Vermittelung eines freien Eintritts. Nun erkannte ich wirklich gerade in einem kleinen buckligen Menschen mit schrecklich verbogenem Kalabreserhute einen ehemaligen Belletristen, *Häfner*, welcher mir vor kurzem bei meinem Besuch in jenem Wiener politischen Klub durch *Uhl* vorgestellt worden war. So groß nun auch meine Verlegenheit bei dieser von unseren Kapellisten mit höchstem Staunen wahrgenommenen Begegnung war, so fühlte ich doch nicht den mindesten Drang, ihr ein beschämendes Zugeständnis zu machen; ich ging ruhig an die Kasse, ließ mir sechs Billette geben und überreichte sie den sonderbaren Gestalten, welche vor aller Welt mit herzlichen Händedrücken von mir schieden. Ob ich seit diesem Abende nach der Meinung unserer Theaterangehörigen und anderer Beteiligten in meiner Dresdener Kapellmeisterstellung mich besonders befestigt hatte, muß ich bezweifeln; gewiß aber ist, daß ich an keinem Abende so rasend nach jedem Akte herausgerufen wurde als bei dieser Aufführung des »Rienzi«.

Überhaupt schien sich jetzt im Theaterpublikum gegenüber derjenigen Zusammensetzung desselben, welche in jenem Kapellfest-Konzerte mir offenbare Kälte bezeigt hatte, eine fast leidenschaftlich mir ergebene Partei gebildet zu haben. Gleichviel, ob im »Tannhäuser« oder »Rienzi«, stets ward ich besonders mit Beifall ausgezeichnet, und wenn auch in der Tendenz dieser Partei manches Abschreckende für unseren Intendanten liegen mochte, so glaubte er doch eine gewisse Scheu vor mir tragen zu müssen. Eines Tages eröffnete mir Herr *von Lüttichau* das Anerbieten, meinen »Lohengrin« demnächst zur Aufführung zu bringen: ich erklärte ihm die Gründe, weshalb ich ihm mein Werk bisher nicht angeboten habe, sowie daß ich, da das Opernpersonal mir genügend schien, die Aufführung gern betreiben würde. Um diese Zeit war der Sohn meines alten Freundes *Ferdinand Heine* aus Paris zurückgekommen, wo er bei den Meistern *Despléchin* und *Dieterle* im Auftrage der Dresdener Direktion die Dekorationsmalerei erlernt hatte. Dieser sollte nun, um beim Dresdener Hoftheater eine entsprechende Anstellung zu erhalten, hierfür sein Probestück ablegen. Er hatte sich hierzu die Dekorationen zu »Lohengrin« anfertigen zu dürfen ausgebeten, was eben Herrn *v. Lüttichau* veranlaßt hatte, sein Auge auf mein neuestes Werk zu lenken; da ich nun meine Zustimmung gegeben, wurde auch dem jungen *Heine* die Zusage der Erfüllung seines Wunsches gemacht.

Ich begrüßte diese Wendung mit großer Befriedigung, da ich in der Beschäftigung mit dem Studium gerade dieses Werkes eine heilsame, wie ich hoffte, entscheidende Ableitung von allen Aufregungen und Verwirrungen der letzten Zeit zu finden glaubte. Desto größer war mein Schrecken, als eines Tages der junge *Wilhelm Heine* mit der Nachricht bei mir eintrat, die Dekorationen zu »Lohengrin« seien plötzlich bei ihm abbestellt und dagegen die Illustrierung einer andern Oper ihm aufgegeben worden. Ich sagte kein Wort und frug auch dem Grunde dieses auffallenden Benehmens in keiner Weise nach. Spätere Versicherungen des Herrn *von Lüttichau* an meine Frau müßten, wenn sie durchaus wahrhaftig waren, mich bereuen lassen, die ganze Schuld dieser Kränkung hauptsächlich auf ihn geworfen und dadurch mich nun unwiderbringlich von ihm abgewendet zu haben. Nach längeren Jahren hierüber befragt, hat er nämlich versichert, die Stimmung am Hofe sei damals noch so heftig gegen mich eingenommen gewesen, daß er mit seinem ernstlich gemeinten Antrage, mein Werk aufzuführen, auf unüberwindliche Schwierigkeiten gestoßen sei. – Wie dem nun sei, die Bitterkeit, welche ich jetzt empfand, wirkte entscheidend auf meine Stimmung, und indem ich von meiner letzten Hoffnung auf eine Versöhnung mit dem Theater durch eine schöne Aufführung meines »Lohengrin« mich schweigend abwandte, kehrte ich von nun an dem Theater und jedem Versuche, mich mit ihm zu befassen, überhaupt und grundsätzlich den Rücken, was ich einerseits in meiner gänzlichen Rücksichtslosigkeit in betreff der Forterhaltung meiner Dresdener Kapellmeisterstellung, andrerseits durch künstlerische Entwürfe, welche mich ganz von der Möglichkeit eines Befassens mit unserem modernen Theaterwesen abführten, aussprach.

Jetzt ging ich daran, den lange mit Scheu gehegten Plan von »Siegfrieds Tod« auszuführen. Hierbei dachte ich nun allerdings nicht mehr an das Dresdener noch an irgendein Hoftheater der Welt, sondern einzig daran, etwas zu unternehmen, was mich ein für allemal von diesem unsinnigen Verkehr abbringen sollte. Staunend nahm *Eduard Devrient*, mit welchem ich, da damals mit *Röckel* nach dieser Seite hin durchaus nichts mehr anzufangen war, einzig noch über Theater und dramatische Kunst verkehrte, mein nach seiner Vollendung von mir ihm vorgelesenes Gedicht auf. Er erkannte die Tendenz, mich hiermit außer allem hoffnungsvollen Verkehr mit der modernen Theaterwelt zu setzen, und mochte natürlich dies durchaus nicht billigen. Dagegen versuchte er sich mit meiner Arbeit dahin zu befreunden, daß sie am Ende doch immer noch als nicht gar zu befremdlich und wirklich aufführbar zu denken sein sollte. Wie ernstlich er dies meinte, bewies er durch den Nachweis eines Fehlers, der darin bestehe, daß ich dem Publikum doch gar zuviel zumute, wenn es sich aus kurzen epischen Andeutungen so sehr viel, was meinem Stoffe das richtige Verständnis geben sollte, zu ergänzen hätte. Er wies darauf hin, daß, ehe man *Siegfried* und *Brünnhilde* in ihrem feindseligen Konflikte vor sich sähe, dieses Paar zuvor in seinem wahren, ungetrübten Verhältnis einmal kennengelernt worden sein müßte. Ich hatte nämlich das Gedicht von »Siegfrieds Tod« gerade nur mit den Szenen, welche auch jetzt noch den ersten Akt der »Götterdämmerung« bilden, begonnen und alles auf das vorangehende Verhältnis Siegfrieds zu Brünnhilde Deutende nur in einem Zwiegespräch der einsam zurückgelassenen Gemahlin des Helden mit dem an ihrem Felsen vorüberziehenden Heere der *Walküren* in einem lyrisch-epischen Dialog dem Zuhörer erläutert. Der hiermit von *Devrient* gegebene Wink brachte mich zu meiner Freude sofort auf die Szenen, welche ich im Vorspiel zu diesem Drama ausgeführt habe.

Durch diese und ähnliche ziemlich nahe Berührungen belebte sich um jene Zeit mein Verhältnis zu *Eduard Devrient* in immer erfreulicherer Weise. Öfters lud er eine gewählte Zuhörerschaft zu dramatischen Vorlesungen in seinem Hause ein, denen ich gern beiwohnte, da hierbei zu meiner Überraschung die Begabung, welche dem Vorleser auf der Bühne selbst abging, wohlerkenntlich hervortrat. Andrerseits war es mir tröstlich, über mein im größten Verfall begriffenes Verhältnis zu unserem Generaldirektor mich wohlverstanden mitteilen zu können. *Devrient* schien es hierbei viel daran zu liegen, einen vollen Bruch abzuwenden; nur war dafür wenig

Hoffnung vorhanden. Nachdem mit dem Herannahen des Winters der königliche Hof wieder in die Stadt zurückgekehrt war, und als dieser nun die Theatervorstellungen von neuem häufig besuchte, wurden mir wiederholt Zeichen hoher Unzufriedenheit mit meiner Wirksamkeit als Kapellmeister insinuiert. Es schien der Königin einmal, daß ich in »Norma« »*schlecht dirigiert*«, ein anderes Mal in »Robert dem Teufel« »*den Takt unrichtig geschlagen*« habe; und da mir Herr *von Lüttichau* diese Reprimanden zu notifizieren hatte, konnten die bei solchen Gelegenheiten gepflogenen Unterhaltungen natürlich nicht zur Wiederherstellung eines ersprießlichen Vernehmens zwischen uns beiden beitragen.

Demungeachtet schien es immer noch nicht zu einem Äußersten kommen zu dürfen, da eben alles gärte und in einer leidenschaftlichen Ungewißheit sich erhielt. Jedenfalls war die nach jeder Seite hin sich vorbereitende Reaktion wenigstens des Zeitpunktes ihres vollkommenen Sieges noch nicht so sicher, daß nicht für jetzt jedes Aufsehen noch zu vermeiden als rätlich angesehen worden wäre. So ließ auch unsere Generaldirektion die Musiker der Königl. Kapelle unbehindert gewähren, welche, dem Geiste der Zeit folgend, sich zu einem Verein zur Beratung und Wahrung ihrer künstlerischen wie bürgerlichen Interessen konstituiert hatten. Hierfür war besonders einer der jüngsten Musiker, *Theodor Uhlig*, von besonderer Tätigkeit gewesen. Dieser, als Violinist im Orchester angestellt, war ein junger Mensch in der ersten Hälfte der zwanziger Jahre, von auffallend zarter, intelligenter und edler Gesichtsbildung, der sich durch seinen großen Ernst, seinen ruhigen und doch ungemein festen Charakter vor all seinen Genossen auszeichnete, meine besondere Aufmerksamkeit aber durch wenige Gelegenheiten, in welchen er mir seinen scharfen Blick und seine umfassenden musikalischen Kenntnisse gezeigt hatte, auf sich zog. Bald erwählte ich ihn mir, da ich in jeder Hinsicht Aufgewecktheit und einen ungemeinen Bildungstrieb an ihm wahrnahm, als Begleiter auf den von mir fortgesetzten Spaziergängen, auf welchen sonst *Röckel* mir zur Seite gewandert war. Er veranlaßte mich nun auch, zur Belebung und Befeuerung der dort sich kundtuenden löblichen Tendenzen mich in einer Versammlung jenes Kapellmitglieder-Vereines zu zeigen und vernehmen zu lassen. Ich teilte den Leuten, welche mich mit großer Spannung anhörten, den Inhalt meiner vor einem Jahre von dem Generaldirektor zurückgewiesenen Arbeit über eine Reform der Kapelle sowie meine damit verfolgten Absichten und Pläne mit. Zugleich mußte ich ihnen bezeugen, daß ich für die Ausführung ähnlicher Entwürfe alle Hoffnung auf die Generaldirektion verloren habe und dagegen es ihnen selbst nun anempfehlen müsse, kräftig die Initiative dafür zu ergreifen. Man nahm dies mit enthusiastischem Beifall auf. Ließ nun, wie ich vorhin sagte, Herr *v. Lüttichau* diese Musiker in ihrer einigermaßen demokratisch sich gebarenden Vereinigung wohl gewähren, so sorgte er doch dafür durch Spione, namentlich einen zum Abscheu aller Kapellmitglieder von der Intendanz besonderlich protegierten widerwärtigen Hornisten *Levy*, sich stets über die hochverräterischen Bewegungen des Vereines unterrichten. So hatte er denn auch von meinem Auftreten daselbst genaue, ja wohl übertriebene Kenntnis erhalten und hielt es nun für an der Zeit, mich einmal wieder seine Autorität fühlen zu lassen. Ich wurde offiziell zu ihm zitiert und hatte nun den Ausdruck seines lang verhaltenen Zornes über verschiedenes Vorgefallene zu vernehmen, bei welcher Gelegenheit ich auch von seiner Kenntnisnahme meines den Ministern überreichten Theaterreformplanes erfuhr. Er verriet mir dies mit einer populären Dresdener Redensart, welche ich bis dahin noch nicht vernommen hatte: er wisse nämlich – so sagte er – recht gut, daß ich auch mit einer Eingabe über das Theater mich ihm *an den Laden gelegt* hätte. Ich hielt denn nun mit meinen Gegenansichten über das zwischen uns bestehende Verhältnis nicht zurück; da er mir drohte, an den König zu berichten und auf meine Entlassung anzutragen, so überließ ich ihm mit großer Ruhe, hierin ganz nach seinem Belieben zu verfahren, da ich von der Gerechtigkeit des Königs wohl jedenfalls mir zu verhoffen habe, daß derselbe auf meine Anklage auch meine Verteidigung hören werde, zu welcher veranlaßt zu werden ich mir nur wünschen könne, da ich sonst keinen andern schicklichen Weg ersähe, mich über das an den König auszusprechen, worüber ich mich nicht nur in meinem, sondern auch im Interesse des Theaters und der Kunst zu beklagen habe. Das hörte nun Herr *v. Lüttichau* wieder nicht gern und frug mich dagegen, wie denn nur, wenn er mit mir auszukommen suchen wolle, ihm dies meinerseits ermöglicht werden sollte, da ich doch unverhohlen erkläre, daß an ihm (wie er sich ausdrückte) »Hopfen und Malz verloren« seien. Mit gegenseitigem Achselzucken waren wir genötigt, von dieser Konferenz auseinanderzugehen. Dies schien meinen ehemaligen Gönner denn doch in Pein versetzt zu haben; er wandte sich an die Besonnenheit und Mäßigung *Eduard Devrients*, um mir durch Zureden es anzuempfehlen, ein ferneres Auskommen zwischen uns zu ermöglichen. Trotz seines Ernstes mußte *Devrient*, nachdem wir seinen Auftrag diskutiert, lächelnd zugestehen, daß hier eben nicht viel zu tun sei, und da ich standhaft erklärte, unter keiner Bedingung mehr mich zu theaterdienstlichen Beratungen bei ihm einzustellen, am Ende der Direktor wohl sehen müßte, wie seine Weisheit die Sache auch allein fortführe.

Die* Folge der höfischen und direktorialen Ungnade ließ sich für die Zeit, welche das Schicksal mir noch als Dresdener Kapellmeister auszuhalten bestimmt hatte, in allem gewahren. Die im vorigen Winter von mir eingerichteten Kapellkonzerte wurden für dieses Jahr unter *Reissigers* Direktion gestellt. Sie nahmen in jeder Beziehung sogleich wieder die altgewohnte Unbedeutendheit gewöhnlicher Konzertaufführungen an; die Teilnahme

---

* Am Rande von der Hand Cosimas: »(28. August Besuch Rudi Lichtensteins)«. Siehe Anmerkung.

des Publikums verlor sich schnell, mit Mühe wurde die Unternehmung für einen spätern Fortgang erhalten. In der Oper hatte ich die Wiederaufnahme des »Fliegenden Holländers«, für welchen ich nun in dem gereiften Talent *Mitterwurzers* einen vorzüglich hoffnungsvollen Darsteller gefunden hatte, nicht durchsetzen können. Meine Nichte *Johanna*, welche ich für die Rolle der Senta bestimmt hatte, fand die Partie unbequem, zudem wenig Gelegenheit zu glänzendem Kostüme bietend, wogegen sie »Zampa« und »Favorite« ihrem neuen Protektor, meinem ehemaligen »Rienzi«- enthusiastischen *Tichatschek* zulieb, auch der für jede dieser Rollen von der Direktion ihr zu liefernden *drei brillanten Anzüge* wegen vorzog. Überhaupt war zwischen diesen beiden damaligen Matadoren der Dresdener Oper es zu einem Widerstandsbündnis gegen meinen Rigorismus im Betreff des Opernrepertoires gekommen, dessen Feindseligkeit sich mit dem Durchsetzen eben jener *Donizetti*schen »Favorite«, deren Arrangements ich einst in Paris für *Schlesinger* hatte anfertigen müssen, zu meiner Beschämung entschied. Diese Oper, deren Hauptpartie meiner Nichte, auch nach dem Dafürhalten ihres Vaters, sehr bequem in der Stimme lag, hatte ich zwar anfangs mit aller Energie abgewiesen; da man nun aber meiner Zerwürfnisse mit der Direktion und meiner freiwilligen Einflußlosigkeit, endlich meiner offenbaren Ungnade innewurde, hielt man die Umstände für günstig, gerade mich selbst, da die Reihe an mir war, zu zwingen, diese widerwärtige Oper zu dirigieren. Außerdem bestand meine Hauptbeschäftigung im Königl. Theater in der Direktion der Oper »Martha« von *Flotow*, welche zwar nie das Publikum eigentlich anzog, ihrer Repertoire-Bequemlichkeit wegen aber übermäßig oft zur Aushilfe herbeigezogen wurde. Blickte ich somit auf den Erfolg meiner nun in das siebente Jahr reichenden Dresdener Tätigkeit zurück, so war dies mehr als demütigend in Betracht der vielen und energischen Anregungen, die ich mir nach allen Seiten hin dem Königl. Institut zugewendet zu haben bewußt war. Ich hatte mir deutlich zu sagen, daß, wenn ich jetzt Dresden verließ, nicht die mindeste Spur davon dort zurückbleiben würde. Aus vielen Anzeichen hatte ich auch abzunehmen, daß, wenn es je zu Klage und Verantwortung zwischen mir und dem Generaldirektor vor dem Könige kommen sollte, möge das Urteil des Monarchen auch mir günstig ausfallen, dennoch der Konsequenz wegen dem Hofmann gegen mich recht gegeben werden würde. – Noch einmal am Palmsonntage des neuen Jahres 1849 erlebte ich eine schöne Genugtuung. Die Kapelle hatte, um sich einer großen Einnahme zu versichern, nochmals zur Aufführung der Neunten Symphonie *Beethovens* gegriffen; alles bot seine besten Kräfte auf, diese zu einer der schönsten zu machen; das Publikum nahm sie mit offenbarer Begeisterung auf. Der Generalprobe hatte heimlich und vor der Polizei verborgen *Michael Bakunin* beigewohnt; er trat ohne Scheu nach der Beendigung derselben zu mir an das Orchester, um mir laut zuzurufen, daß, wenn alle Musik bei dem erwarteten großen Weltenbrande verlorengehen sollte, wir für die Erhaltung dieser Symphonie mit Gefahr unseres Lebens einzustehen uns verbinden wollten. Wenige Wochen nach dieser letzten Aufführung schien dieser »Weltenbrand« von den Straßen Dresdens aus sich wirklich entzünden zu wollen, und *Bakunin*, mit welchem ich bis dahin in sonderbarer und ungewöhnlicher Weise in näheren Umgang getreten war, schien dabei wirklich das Amt eines Oberfeuerwerkers übernehmen zu sollen.

Bereits seit längerer Zeit hatte ich die Bekanntschaft dieses sehr ungewöhnlichen Menschen gemacht. Schon vor Jahren war mir sein Name aus den Zeitungen unter außerordentlichen Umständen aufgestoßen. Als Russe war er in einer Pariser Polenversammlung aufgetreten mit der Erklärung, ob Russe oder Pole gelte nichts, aber ob man ein freier Mann sein wolle, gelte alles. In späterer Zeit erfuhr ich durch *Georg Herwegh*, daß er eben damals in Paris allen seinen Hilfsquellen als Glied einer bedeutenden russischen Familie entsagt hatte und eines Tages, da sein Vermögen nur noch aus zwei Franken bestand, diese auf dem Boulevard einem Bettler abgetreten habe, weil es ihm peinlich war, durch diesen Besitz an irgendeine Vorsicht für das Leben noch gebunden zu sein. Sein Aufenthalt in Dresden wurde mir eines Tages von *Röckel*, als dieser schon gänzlich in die Wildnis übergetreten war, gemeldet, und zwar mit der Einladung, in *Röckels* eigener Wohnung, wo jener aufgenommen worden war, seine Bekanntschaft zu machen. *Bakunin* war nämlich wegen seiner Beteiligung an den Prager Ereignissen im Sommer 1848, als Teilnehmer an dem ihnen vorangehenden Slawenkongreß daselbst, von der österreichischen Regierung verfolgt und hatte sich nun hiergegen zu schützen, indem er zugleich nicht weit von Böhmen sich zu entfernen suchte. Das besondere Aufsehen, welches er auch in Prag erregt, war daher gekommen, daß er den Tschechen, welche besonders in Rußland ihre Stütze gegen die gefürchtete Germanisierung gesucht hatten, zurief, eben gegen diese Russen wie gegen jeden andern Volksstamm sich mit Feuer und Schwert zu verteidigen, sobald sie unter der Führung eines Despotismus wie der des russischen Zaren sich befänden. Diese oberflächliche Kenntnisnahme von der Tendenz *Bakunins* hatte genügt, die reinen nationalen Vorurteile des Deutschen gegen ihn in anziehender Weise zu zerstreuen. Als ich ihn nun selbst im dürftigen Schutze der *Röckel*schen Gastfreundschaft antraf, war ich zunächst durch die fremdartige, durchaus imposante Persönlichkeit dieses Mannes, der damals in der Blüte der dreißiger Jahre stand, wahrhaft überrascht. Alles war an ihm kolossal, mit einer auf primitive Frische deutenden Wucht. Ich habe nie den Eindruck von ihm empfangen, als ob er besonders viel auf meine Bekanntschaft gäbe, da ihm im Grunde auf geistig begabte Menschen nicht mehr viel anzukommen schien, wogegen er einzig rücksichtslos tatkräftige Naturen verlangte; wie es mir späterhin aufging, war aber auch hierin die theoretische Forderung in ihm tätiger als das rein persönliche Gefühl, denn er konnte eben hierüber viel sprechen und sich erklären: überhaupt hatte er sich an das Sokratische Element der mündlichen Diskussion gewöhnt, und augenscheinlich war es ihm wohl, wenn er sich, auf dem harten Kanapee seines Gastfreundes ausgestreckt, mit recht viel verschiedenartigen Menschen über die Probleme der Revolution diskursiv vernehmen lassen konnte. Bei diesen Gelegenheiten blieb er stets siegreich; es war unmöglich, gegen seine bis über die äußersten Grenzen des Radikalismus nach jeder Seite hin mit größter Sicherheit ausgedrückten Argumente sich zu behaupten. Er war so mitteilsam, am ersten Abend unserer Zusammenkunft mich über den Gang seiner Entwickelung zu unterrichten. Als russischer Offizier von vornehmer Familie hatte ihn, den unter dem Drucke des borniertesten Militärzwangs Leidenden, die Lektüre *Rousseau*scher Schriften dahin gebracht, unter dem Vorwand eines Urlaubes nach Deutschland sich zu flüchten; dort in Berlin hatte er sich mit dem Eifer eines zur Kultur erwachenden Barbaren auf die Philosophie geworfen; es war die *Hegel*sche Philosophie, welche er als herrschende antraf und in welcher er sich schnell so weit schulte, daß er die renommiertesten Jünger des Meisters mit einem in streng *Hegel*scher Dialektik sich bewegenden Aufsatze aus dem Sattel ihrer eigenen Philosophie warf. Nachdem er so die Philosophie nach seinen Aussprüchen in sich beiseite gebracht, war er nach der Schweiz gegangen, hatte dort den Kommunismus gepredigt und war über Frankreich und Deutschland nun wieder an die Grenzen der slawischen Welt zurückgekehrt, von welcher er, ihrer mindesten Verdorbenheit durch die Zivilisation wegen, das Heil der Regeneration der Menschheit erwartete. Seine Hoffnung in diesem Betreff gründete er in Wirklichkeit auf den im russischen Nationalcharakter am stärksten ausgeprägten Typus der Slawen. Als Grundzug desselben glaubte er naive Brüderlichkeit und den Instinkt des Tieres gegen den verfolgenden Menschen im natürlichen Hasse des russischen Bauers gegen den ihn quälenden Edelmann zu erkennen. Hierfür berief er sich auf die kindisch-dämonische Freude des russischen Volkes am Feuer, auf welche schon *Rostopschin* sein Stratagem gegen Napoleon beim Brande von Moskau berechnet hatte. Er meinte, dem russischen Bauern, in welchem die natürliche Güte der bedrückten menschlichen Natur sich am kindlichsten erhalten habe, sei nur beizubringen, daß die Verbrennung der Schlösser seiner Herren mit allem, was darin und daran, vollkommen gerecht und Gott wohlgefällig sei, um eine Bewegung über die Welt hervorzurufen, aus welcher mindestens doch eben die Zerstörung alles dessen hervorgehen müsse, was, aus dem tiefsten Grunde beleuchtet, selbst dem philosophischsten Denker des zivilisierten Europas als eigentlicher Quell des Elendes der ganzen modernen Welt erkenntlich sein müßte. Diese zerstörende Kraft in Bewegung zu setzen, dünkte ihm das einzig würdige Ziel der Tätigkeit eines vernünftigen Menschen. (Während *Bakunin* solche furchtbare Lehren in seiner Weise predigte, unterließ er nicht, da er bemerkte, daß ich an den Augen litt, trotz meiner Abwehr den grellen Schein des Lichtes auf mich durch seine vorgehaltene breite Hand eine volle Stunde lang abzuhalten.) Diese Zerstörung aller Zivilisation war das seinem Enthusiasmus vorschwebende Ziel; hierfür aller Hebel der politischen Bewegung als Hilfsmittel sich zu bedienen, war seine einstweilige, oft zur ironischen Heiterkeit dienende Unterhaltung. Er empfing in seinem Versteck allen Nuancen der Revolution angehörende Persönlichkeiten; am nächsten standen ihm diejenigen der slawischen Nationalität, weil er diese für das erste am erfolgreichsten auf die Zerstörung des russischen Despotismus zu verwenden erachten konnte. Von den Franzosen, trotz ihrer Republik und ihres *Proudhon*schen Sozialismus, hielt er nicht das mindeste. Über die Deutschen äußerte er sich mir nie. Demokratie, Republik und alles, was ihnen gleicht, war ihm keiner ernstlichen Beachtung wert; jedem Einwurf, der ihm von solchen gemacht wurde, welche an die Rekonstruktion des zu Zerstörenden dachten, wußte er mit vernichtender Kritik entgegenzutreten. Ich entsinne mich, daß ein Pole, von seinen Theorien erschreckt, ihm entgegenhielt, daß denn doch immer eine staatliche Organisation vorhanden sein müsse, welche dem einzelnen die Ausbeute des von ihm bebauten Feldes gewährleiste; diesem erwiderte er: »Du wirst also dein Feld sorgfältig abzäunen und somit der Polizei von neuem zu leben geben müssen.« Der Pole schwieg betroffen. Seine Tröstung bestand dann darin, daß er darauf deutete, wie Konstruktoren der neuen Weltordnung sich ganz von selbst finden würden; daß wir dagegen nach nichts anderem zu fragen hätten, als woher die Kraft der Zerstörung zu nehmen; ob denn einer von uns so wahnsinnig sein könne zu glauben, daß er über das Ziel der Zerstörung hinaus noch bestehen können würde? Man solle sich nur die ganze europäische Welt, mit Petersburg, Paris und London, in einen Schutthaufen verwandelt denken: ob den Brandstiftern über diese ungeheuren Trümmer hinweg noch eine Besinnung zuzutrauen sein könnte? Jeden, der sich bereit zur Aufopferung erklärte, wußte er zu verwirren, wenn er ihn darauf verwies, daß nicht die sogenannten Tyrannen das Furchtbare seien, sondern die behaglichen Philister, unter denen er als Typus den protestantischen Pfarrer aufstellte, an dessen Menschwerdung er nicht eher glauben wollte, als bis er selbst sein Pfarrhaus mit Weib und Kind den Flammen übergeben hätte.

Gegen so furchtbare Behauptungen blieb ich eine Zeitlang um so verlegener, als *Bakunin* andrerseits sich als wirklich liebenswürdiger, zartfühlender Mensch mir kundtat. Keine meiner tief verzweifelten Besorgnisse für die ewige Gefährdung meiner idealen Wünsche für die Kunst schien ihm unverständlich zu bleiben. Zwar wies er es zurück, über meine Kunstpläne näher unterrichtet zu werden. Meine Nibelungenarbeiten wollte er nicht kennenlernen. Ich hatte damals, von der Lektüre der Evangelien angezogen, einen für die ideale Bühne der Zukunft entworfenen Plan zu einer Tragödie »Jesus von Nazareth« verfaßt; *Bakunin* bat mich, ihn mit der Bekanntmachung damit zu verschonen; da ich ihn durch einige mündlichen Andeutungen meines Planes dafür zu gewinnen schien, wünschte er mir Glück, bat mich aber völlig inständig, *Jesus* jedenfalls als schwach erscheinen zu lassen. In betreff der Musik riet er mir in allen Variationen die Komposition nur eines Textes an: der Tenor solle singen: »Köpfet ihn!«, der Sopran: »Hängt ihn!« und der Basso continuo: »Feuer, Feuer!« Nun wurde ich mir doch wieder eines seltsam behaglichen Gefühles über diesen ungeheuerlichen Menschen bewußt, als ich ihn eines Tages dazu brachte, die ersten Szenen meines »Fliegenden Holländers« von mir sich vorspielen und vorsingen zu lassen. Als ich eine Pause machte, rief er, nachdem er mir aufmerksamer als irgendein andrer zugehört, zu: »Das ist ungeheuer schön!« und wollte immer mehr davon hören. Da er das traurige Leben eines ewig Versteckten zu führen hatte, lud ich ihn des Abends manchmal zu mir ein; meine Frau setzte ihm zum Abendbrot zierlich geschnittene Wurst und Fleischstückchen vor, welche er, ohne sie nach sächsischer Weise spärlich auf das Brot zu verteilen, sogleich haufenweise verschlang; da ich *Minnas* Entsetzen hierüber gewahrte, machte ich mich wirklich der Schwäche schuldig, ihn darauf aufmerksam zu machen, wie man bei uns sich dieser Zubereitung bediene, worauf er mir lächelnd beteuerte, er habe ja genug, man solle es ihm nur gönnen, das Vorgesetzte auf seine Weise zu verzehren. In gleicher Weise befremdete mich sein Genuß des Weines in den üblichen kleinen Gläsern; überhaupt war ihm der Wein widerwärtig, welcher das Bedürfnis nach alkoholischer Aufregung in so philisterhaft ausgedehnten und verteilten Dosen zu befriedigen suchte, wogegen ein kräftiger Zug Branntwein mit einemmal und schnell diesen doch immer nur beiläufig zu erzielenden Zweck erreichte. Das Widerwärtigste in allem war ihm das Behagen an der Ausdehnung des Genusses durch berechnete Mäßigung, während einem wahren Menschen doch nur die nötige Stillung des Bedürfnisses hieraus erwachsen dürfe und der einzige Genuß des Lebens menschenwürdig allein in der Liebe bestehen könnte.

Wie an diesen und ähnlichen unscheinbaren Zügen es sich herausstellte, daß in diesem merkwürdigen Menschen eine völlig kulturfeindliche Wildheit mit der Forderung des reinsten Ideales der Menschlichkeit sich berührte, so waren die Eindrücke meines Umganges mit ihm schwankend zwischen unwillkürlichem Schrecken und unwiderstehlicher Angezogenheit. Ich holte ihn öfters zu meinen einsamen Wanderungen ab, auf denen er mir, da er hier seinen Verfolgern nicht zu begegnen fürchten durfte, schon der ihm nötigen Leibesbewegung wegen gern folgte. Meine Versuche, ihn bei den hierbei gepflogenen Besprechungen mit der Bedeutung meiner Kunsttendenzen eindringender bekannt zu machen, blieben, solange wir eben das Feld der bloßen Diskussion nicht verlassen konnten, ohne Erfolg. Alles dies schien ihm zu verfrüht; er wollte durchaus nicht zugeben, daß aus den Bedürfnissen der schlechten Gegenwart die Gesetze für eine Zukunft bestimmt würden, welche aus ganz anderen Voraussetzungen der gesellschaftlichen Bildung sich zu gestalten habe. Während er so schließlich immer nur auf Zerstörung und wieder Zerstörung drang, hatte ich mich endlich zu fragen, wie mein wunderlicher Freund denn eigentlich diese Zerstörung ins Werk zu setzen gedächte; und hier traf es sich denn, daß, wie ich damals schon ahnte und es sich bald sehr klar herausstellte, bei diesem Manne der unbedingten Aktion hier alles auf den bodenlosesten Voraussetzungen beruhte. Mußte ich mit meinen Hoffnungen für eine künftige künstlerische Gestaltung der menschlichen Gesellschaft ihm gänzlich unpraktisch in der Luft schwebend erscheinen, so lag es bald am Tage, daß seine Annahmen in betreff der unerläßlichen Zerstörung aller vorhandenen Kulturinstitutionen zum mindesten nicht weniger unbegründet waren. Dem ersten Anschein nach bedünkte es mich allerdings, als ob *Bakunin* das Zentrum einer Universalkonspiration sei; am Ende führten sich seine praktischen Pläne jedoch zunächst auf das ungefähre Vorhaben einer neuen Revolutionierung Prags zurück, welche sich auf nichts anderes als eine Verbindung einiger Studenten begründete. Als er glaubte, daß die Zeit des Losbruchs hierfür gekommen sei, bereitete er sich eines Abends auf die für ihn nicht gefahrlose Reise nach Prag unter dem Schutze eines Passes für einen englischen Kaufmann vor. Hierzu mußte er sein ungeheures lockiges Bart- und Haupthaar, der philisterhaftesten Kultur entsprechend, verschneiden und rasieren lassen; da hierzu kein Barbier zu verwenden war, hatte *Röckel* dessen Amt zu übernehmen; ein kleiner Kreis von Bekannten wohnte dieser Operation bei, welche mit einem stumpfen Rasiermesser unter anhaltenden Schmerzen, gegen die nur der Patient unempfindlich blieb, ausgeführt wurde. Man entließ *Bakunin* mit der Voraussetzung, ihn lebendig nicht wiederzusehen. Nach acht Tagen war er aber bereits wieder zurück, da er erkannt, wie leichtsinnig er über die Prager Angelegenheiten unterrichtet gewesen war, und er mit nichts als einer Handvoll halb kindischer Studenten zu tun gehabt hatte. Er zog sich durch diese Bekenntnisse *Röckels* gutmütigen Spott zu und geriet bei uns nun überhaupt in den Ruf eines Revolutionärs, welcher in der theoretischen Konspiration steckenbliebe. Ungefähr wie seine Erwartungen von den Prager Studenten haben sich später alle seine Voraussetzungen in betreff des russischen Volkes als grundlos und auf willkürliche Annahme von der Natur der Dinge beruhend herausgestellt, so daß ich den Ruf der ungeheuren Gefährlichkeit, in welchen dieser Mann nach jeder Seite hin geraten war, nur aus seinen hie und da verlauteten theoretischen Ansichten, nie aber aus einem wirklichen Bekanntwerden mit seiner praktischen Tätigkeit mir zu erklären hatte. Nur sollte ich allerdings auch fast als Augenzeuge erfahren, daß sein ganz persönliches Benehmen nie einen Augenblick durch Rücksichten bestimmt wurde, wie man sie bei denjenigen anzutreffen gewohnt ist, welchen es mit ihren Theorien nicht wahrhafter Ernst ist. Dies sollte sich bald bei dem verhängnisvollen Aufstand im Mai 1849 zeigen. –

Der Winter dieses Jahres bis zum Frühjahr 1849 war mir unter der verschiedenartigen Entwickelung meiner Lage und Stimmung, wie ich sie bezeichnet, in dumpfer Gärung verstrichen. Jener kurz erwähnte Entwurf zu einem fünfaktigen Drama »Jesus von Nazareth«, gegen Neujahr, war meine letzte künstlerische Beschäftigung geblieben. Von nun an dämmerte ich unstet brütend und wunschlos erwartungsvoll dahin. Daß es mit meiner Dresdener Wirksamkeit als Künstler ein Ende hatte, auch meine dortige Stellung mir nur noch eine Last war, für deren Abschüttelung ich bloß der Nötigung der Verhältnisse entgegensah, lag mir klar im Bewußtsein. Auf der andern Seite drängte die ganze politische Situation Deutschlands wie Sachsens auf eine unausbleibliche Katastrophe hin: mit jedem Tage rückte diese näher, und mir behagte es, mein persönliches Schicksal mit dieser allgemeinen Lage verwachsen mir vorzustellen. Letzte entscheidende Kämpfe, wie sie durch die überall nun immer unverhüllter auftretende Reaktion absichtlich hervorgerufen zu werden schienen, standen in nächster Aussicht; ich fühlte in keiner Weise Leidenschaftlichkeit genug, um mir in diesen Kämpfen selbst eine anteilvolle Rolle zugeteilt wissen zu wollen, dagegen nur die Neigung, rücksichtslos dem Strome der Ereignisse mich zu überlassen, möge er auch hinführen, wohin es immer auch sei. Sehr eigentümlich drängte sich nun gerade um diese Zeit ein ganz neuer und zunächst mit zweifelhaftem Lächeln aufgenommener Einfluß in mein Schicksal: *Liszt* meldete mir im März die unter seiner Leitung bevorstehende Aufführung des »Tannhäuser« in Weimar, der ersten nach der Dresdener. Sehr bescheiden hatte er mir dieses Unternehmen nur als die Erfüllung seines persönlichen Wunsches angekündigt; um ihm einen guten Ausfall zu sichern, hatte er *Tichatschek* für die beiden ersten Aufführungen als Gast nach Weimar geladen; dieser kehrte nun zurück und berichtete mir von dem wahrhaft guten Erfolge, davon zu hören ich wahrhaft überrascht war. Zu meinem Honorar erhielt ich vom Großherzog eine goldene Tabatiere, welche mir bis zum Jahr 1864 persönlich gedient hat. Das war mir alles neu und seltsam, und ich blieb geneigt, in diesem an sich so erfreulichen Vorgange eben nur eine Episode, der Freundeslaune eines großen Künstlers verdankt, zu sehen. Was soll mir das jetzt, frug ich mich, kommt dies zu früh oder zu spät? Doch bestimmte mich namentlich ein liebenswürdiger Brief *Liszts*, für den bevorstehenden Mai zur dritten Aufführung des »Tannhäuser«, welche nun, da man die Oper auf dem Repertoire zu erhalten wünschte, ganz nur mit einheimischen Kräften versucht werden sollte, auf einige Tage Weimar zu besuchen. Hierzu nahm ich mir von meiner Direktion für die zweite Woche des Mai Urlaub. Wenige Tage lagen noch vor der Ausführung dieses kleinen Vorhabens; aber diese waren verhängnisvoll. Am ersten Mai löste das neue, vom König bestellte und mit der Durchführung der Reaktion beauftragte Ministerium *Beust* die Kammern auf. Hieraus erwuchs mir zunächst die Pflicht der Freundessorge für *Röckel* und dessen Familie. *Röckel* war bisher durch seine Eigenschaft als Deputierter in Funktion gegen die ihn bedrohende kriminalrechtliche Verfolgung geschützt gewesen. Im Augenblick der Kammer-Auflösung war er dagegen schutzlos und hatte sich sofort durch Flucht einer neuen Verhaftung zu entziehen. Da ich ihm hierbei wenig helfen konnte, versprach ich ihm mindestens für das vorläufige Forterscheinen seines »Volksblattes« schon aus dem Grunde, weil der Ertrag desselben seiner Familie einige Unterstützung bieten sollte, Sorge zu tragen. Kaum war *Röckel* über die böhmische Grenze entflohen, als, während ich zu meiner Verlegenheit in der Druckerei mich damit abquälte, für eine Nummer des »Volksblattes« Stoff zu schaffen, von allen Seiten die längst erwarteten Gewitter auf Dresden sich entluden. Sturmdeputationen, abendliche Pöbeldemonstrationen, wütende Sitzungen der Vereine und alle die Vorläufer der Straßenentscheidung stellten sich ein. Am 3. Mai verriet das Aussehen der durch die Straßen wogenden Bevölkerung, daß es dahin kommen würde, wohin unstreitig man es gebracht zu sehen wünschte, da allen Landesdeputationen die Anerkennung der deutschen Reichsverfassung, um welche es sich damals handelte, mit einer zuletzt außer Gewöhnung gekommenen Bestimmtheit von der Regierung abgelehnt worden war. Ich befand mich am Nachmittag, eigentlich immer nur im Interesse des *Röckel*schen »Volksblattes«, für dessen Fortbestehen ich mich aus ökonomisch-humanen Rücksichten verpflichtet fühlte, durchaus nur als Hospitant in einer Vorstandsitzung des Vaterlandsvereines ein. Hier fesselte mich nun plötzlich die Beobachtung des Benehmens und der Fassung solcher Menschen, welche durch die Volksgunst getragen bis dahin an die Spitze solcher Vereinigungen gestellt waren. Offenbar ging diesen Leuten der Vorgang über die Köpfe hinweg, namentlich als der gewisse Terrorismus eintrat, welchen bei solchen Gelegenheiten die Angehörigen der niederen, tatbereiteren Volksklassen auf die Repräsentanten der demokratischen Theorien ausüben. Ich hörte da allerhand wüste Vorschläge und unschlüssige Erwiderungen durcheinander; ein Hauptthema bildete die Notwendigkeit, auf Verteidigung zu sinnen; Bewaffnung und Anschaffung dafür ward diskutiert, aber alles in höchster Konfusion, und als man plötzlich fand, daß man für diesmal auseinanderzugehen habe, blieb mir der Eindruck der höchsten Verwirrung zurück. Ich entfernte mich mit dem Maler *Kaufmann*, einem jüngeren Künstler, von welchem ich zuvor auf der Dresdener Kunstausstellung eine Reihe von Kartons, die *»Geschichte des Geistes«* darstellend, gesehen hatte. Vor einem dieser Kartons, welcher die Folterung eines Ketzers im spanischen Inquisitions-Gerichte vorführte, hatte ich den König von Sachsen, welcher die Ausstellung durchwanderte, beobachtet, wie er mit mißbilligendem Kopfschütteln von diesem abstrusen Gegenstande sich abwandte. Mit diesem, welcher bleich und bedenklich dem Kommenden entgegensah, mich unterhaltend, gelangte ich auf dem Postplatz in die Nähe des kürzlich dort nach Sempers Angabe errichteten Brunnens, als plötzlich vom nahen Turme der

Annenkirche das Zeichen zum Aufbruche mit der Sturmglocke sich vernehmen ließ. »Gott, da geht's los!« rief erschüttert mein Begleiter und verschwand sofort von meiner Seite. Ich erfuhr später noch einmal von ihm, daß er als politischer Flüchtling in Bern weile, habe ihn aber nie wieder gesehen.

Auch auf mich machte der Klang dieser aus der Nähe sich vernehmen lassenden Glocke einen entscheidenden Eindruck. Es war an einem sehr sonnigen Nachmittage, und sogleich stellte sich bei mir fast dasselbe Phänomen ein, welches Goethe beschreibt, als er die Eindrücke der Kanonade von Valmy auf seine Sinneswahrnehmung zu verdeutlichen sucht. Der ganze Platz vor mir schien von einem dunkelgelben, fast bräunlichen Lichte beleuchtet zu sein, ähnlich wie ich es bei einer Sonnenfinsternis in Magdeburg wahrgenommen. Die dabei sich kundgebende Empfindung war die eines großen, ja ausschweifenden Behagens; ich fühlte plötzlich Lust, mit irgend etwas, sonst für nichtig gehalten, zu spielen; so geriet ich, vermutlich wegen der Nähe des Platzes, zunächst auf den Einfall, in *Tichatscheks* Wohnung den von ihm als passioniertem Sonntagsjäger gepflegten Schießgewehren nachzufragen; ich traf dort nur seine Frau an, da er selbst auf einer Urlaubsreise begriffen war; ihre Angst vor den bevorstehenden Ereignissen stimmte mich zur ausgelassensten Heiterkeit; ich gab ihr den Rat, die Jagdgewehre ihres Mannes, welche sehr leicht bald von dem Pöbel requiriert werden könnten, dadurch in Sicherheit zu bringen, daß sie dieselben dem Komitee des Vaterlandsvereins gegen Zertifikat zur Disposition stellte. Ich habe später erfahren, daß meine hierbei geäußerte exzentrische Laune in bedenklichster Weise zum Verbrechen angerechnet worden ist. Jetzt begab ich mich wieder in die Straßen, um nachzusehen, was außer Glockengeläute und gelblicher Sonnenverfinsterung denn eigentlich in der Stadt los wäre. Ich gelangte zunächst auf den alten Markt und beachtete dort eine Gruppe, in welcher lebhaft peroriert wurde. Zu meinem fast angenehmen Erstaunen gewahrte ich Mme *Schröder-Devrient*, welche, soeben aus Berlin anlangend, vor einem Hotel abgestiegen und von den ihr sofort zukommenden Nachrichten, daß man bereits auf das Volk geschossen habe, im höchsten Grade aufgeregt war. Sie hatte soeben in Berlin einem mit der Waffe unterdrückten Aufstandsversuche zugesehen und war nun empört, in ihrem friedlichen Dresden, wie sie meinte, dasselbe wiederfinden zu müssen. Da sie von der höchst stumpfsinnigen Masse, welche ihren leidenschaftlichen Auslassungen mit unsinnigem Behagen zuhörte, zu mir sich abwandte, schien sie befriedigt zu sein, jemanden zu finden, an den sie den Aufruf richten konnte, nach Kräften den widerwärtigen Vorgängen zu wehren. Ich traf sie des andern Tags noch bei meinem alten Freund *Heine*, in dessen Wohnung sie sich geflüchtet hatte; dort beschwor sie mich, da sie an mir Kaltblütigkeit wahrnahm, von neuem, alles aufzubieten, um dem unsinnigen, volksmörderischen Kampfe mit allem, was mir zu Gebote stehe, zu wehren. Aus ihrem Benehmen bei dieser Gelegenheit, so erfuhr ich später, ist Frau *Schröder-Devrient* die Anklage auf Hochverrat wegen Volksaufreizung erwachsen; sie hatte auf dem Wege des Prozesses ihre Unschuld darzutun, um ihre durch langjährige Dienste als Dresdener Opernsängerin kontraktlich ihr zugesicherte Pension unangefochten sich zu erhalten.

An jenem dritten Maitage wendete ich mich nun unmittelbar nach derjenigen Stadtgegend, von welcher unheimliche Gerüchte über blutige Konflikte soeben zu mir gelangt waren. Soviel ich nachher erfuhr, war es über eine Ablösung der Bürgerwache vor dem Zeughause zu tatsächlichen Diskussionen zwischen der bürgerlichen und militärischen Gewalt gekommen, welche von einem verwegen angeführten Volkshaufen zur gewaltsamen Besitznahme dieses Waffenplatzes hatte benutzt werden sollen. Gegen diesen war mit großer soldatischer Bravour durch Lösung einiger mit Kartätschen geladener Geschütze verfahren worden. Als ich dem Schauplatze dieser Vorfälle durch die Ramische Gasse mich näherte, begegnete ich einer Kompanie der Dresdener Kommunalgarde, welche, wie es scheint, gänzlich unschuldig der Wirkung jenes Feuers ausgesetzt gewesen war. Mir fiel einer der Bürgergardisten auf, welcher, von seinem Kameraden sorgsam unterm Arm gefaßt, hastig weiterzumarschieren sich bemühte, trotzdem sein rechtes Bein willenlos umherzuschlottern schien. Einige aus dem Volke riefen: »Der blutet ja«, als sie die von ihm nachgelassenen Tropfen auf dem Pflaster gewahrten. Dieser Anblick wirkte höchst aufregend auf mich, ich begriff plötzlich den jetzt von allen Seiten von mir gehörten Ruf: »Zu den Barrikaden, zu den Barrikaden«; mechanisch getrieben folgte ich dem Strome, welcher sich wieder dem Rathaus auf dem Alten Markte zu bewegte. Während der ungeheuren Aufregung auf den Straßen bemerkte ich besonders eine straßenbreit durch die Rosmaringasse dahinschreitende, höchst bedeutungsvolle Gruppe, welche mich, wenn auch diesmal mit einiger Übertreibung, an diejenige Gesellschaft erinnerte, welche mich damals vor dem Theater um freie Entrees zu »Rienzi« gebeten; auch ein Buckeliger war dabei, und diesen, der mich sofort an den *Goethe*schen Vansen im »Egmont« erinnerte, sah ich, während rings der aufrührerische Ruf ertönte, mit seltsamem Behagen die langgestreckten Hände vor endlich, nach langer Erwartung eintretender revolutionärer Freude sich reiben. Von hier an entsinne ich mich ganz deutlich, durch das Unerhörte des Schauspiels mich angezogen gefühlt zu haben, ohne je das Verlangen zu empfinden, in Reih und Glied unter die von mir beobachteten Streiter mich zu stellen. Die Aufregung der beobachteten Teilnahme steigerte sich aber mit jedem Schritt, zu dem es mich nun trieb: so wußte ich mich, ohne unter dem wilden Haufen beachtet zu werden, bis in die Sitzungssäle des Rates der Stadt selbst zu drängen; es schien, als ob es sich hier um eine übereinstimmende Handlung mit den Stadtverordneten handle; auch in den Sitzungssaal dieser wußte ich mir unbeachtet Eintritt zu verschaffen; was ich da wahrnahm, war allgemeine Auflösung und Ratlosigkeit. Während nun der Abend und die Nacht hereinbrach, wanderte ich durch die jetzt schnell, meistens durch Marktbuden aufgeworfenen Barrikaden langsam nach meiner Wohnung in der entfernten Friedrichstadt zurück, um des andern Morgens mich zur Fortsetzung meiner beobachtenden Teilnahme an den unerhörten Ereignissen wiederum in das Zentrum der Stadt aufzumachen. Es war Donnerstag, der 4. Mai, an welchem ich das Rathaus in der allmählich immer mehr heraustretenden Eigenschaft des Sitzes einer revolutionären Bewegung antraf. Die Nachricht, daß der König mit dem gesamten Hof auf den Rat seines Ministers *Beust* das Schloß verlassen und zu Schiff auf der Elbe nach der Festung Königstein abgereist sei, erfüllte denjenigen Teil der Bevölkerung, welcher auf ein friedliches Abkommen mit dem Monarchen gerechnet hatte, mit höchstem Schreck. Unter solchen Umständen sah sich der Stadtrat nicht mehr der Situation gewachsen und trug selbst zur Berufung der noch in Dresden anwesenden Mitglieder der sächsischen Kammer bei, welche nun auf dem Rathause sich versammelten, um über die jetzt zum Schutze des aufgelöst dünkenden Staatswesens nötig erscheinenden Maßregeln Beschluß zu fassen. Eine Deputation wurde an das Ministerium abgesandt und kehrte von dort mit dem Bescheid zurück, das Ministerium sei nicht aufzufinden. Zugleich bestätigte sich von allen Seiten die Kunde davon, daß nach einem im voraus abgeschlossenen Vertrage Truppen des Königs von Preußen einrücken würden, um Dresden zu okkupieren. Jetzt herrschte nur ein Ruf nach zweckmäßigen Maßregeln gegen diesen Einmarsch fremder Truppen. Da zu gleicher Zeit die Nachrichten des Erfolges der deutschen Bewegung in Württemberg eintrafen, wo die Truppen selbst durch ihre parlamentsgetreue Erklärung die Absicht der Regierung in der Weise vereitelt hatten, daß diese willenlos der Anerkennung der deutschen Reichsverfassung sich hatte fügen müssen, entstand unter unseren im Rathaus versammelten Politikern die Meinung, auch hier könne die Sache sich noch friedlich gestalten, wenn es möglich sei, die sächsischen Truppen zu einer ähnlichen Haltung zu veranlassen, da hierdurch der König in die heilsame Notwendigkeit versetzt sein würde, mindestens als guter Patriot der preußischen Okkupation seines Landes zu widerstehen. Somit schien alles darauf anzukommen, den noch in Dresden stehenden sächsischen Truppenteilen den Begriff der entscheidenden Wichtigkeit ihrer Haltung beizubringen; da ich hierin die einzige Hoffnung auf einen ehrenvollen Frieden in dem Chaos der sinnlosesten Wirrnisse vor mir sah, gestehe ich, daß ich dieses einzige Mal mich so weit verleiten ließ, eine wenn auch durch den Erfolg sich gänzlich fruchtlos herausgestellte Demonstration zu veranlassen. Ich brachte nämlich den Drucker des Röckelschen »Volksblattes«, um welches es doch nun getan war, dahin, alles, was er von Typen auf die nächste Nummer desselben zu verwenden gehabt haben würde, im allergrößten Format auf einen einzigen Streifen Papier zusammenzufassen, auf welchem nur die Worte zu lesen sein sollten:

»Seid Ihr mit uns gegen fremde Truppen«? Diese Blätter wurden wirklich auf diejenigen Barrikaden, auf welche man zunächst des Angriffes gewärtig sein mußte, geheftet. Sie sollten den sächsischen Truppen, falls sie zuerst zum Angriffe geführt würden, ihr Verhalten vorzeichnen. Natürlich wurden diese Plakate von niemandem beachtet als von späteren Denunzianten. Für diesen Tag verlief im übrigen alles in verwirrten Verhandlungen und wüsten Aufregungen, ohne irgendeine Klarheit in die Lage zu bringen. Die verbarrikadierte Altstadt Dresdens bot für den Beobachter genug des Interessanten, und mir, der ich nur immer verwunderungsvoll der Bewegung zu wirklichem Widerstand folgte, war es einzig zerstreuend, plötzlich *Bakunin* aus seinem bisherigen sorgsam gewahrten Versteck im schwarzen Frack über diese Hindernisse des Straßenverkehrs daherwandeln zu sehen. Gar sehr irrte ich mich aber, da ich glaubte, das von ihm Wahrgenommene müsse ihn unterhalten; er gewahrte in allen anzutreffenden Verteidigungsmaßregeln bloß die kindische Unvollkommenheit derselben und erklärte, in dem gegenwärtigen Zustande der Dinge in Dresden für sich nur das einzige Angenehme zu erkennen, daß er sich jetzt vor der Polizei nicht mehr zu hüten habe und ungestört an sein Weiterkommen denken könne; denn hier, so vermeinte er, sei unter so schlaffen Verhältnissen jedenfalls keine Verlockung zur Beteiligung für ihn vorhanden. Während er sich mit der Zigarre herumtrieb, um über den naiven Stand der Dresdener Revolution sich lustig zu machen, fesselte mich der Anblick der vor dem Rathaus auf den Appell ihres Kommandanten im Gewehr versammelten Kommunal-Garde. Aus einem besonders begünstigten Korps derselben, der sogenannten Schützenkompanie, trat außer *Rietschel*, welcher in großer Ängstlichkeit über den Charakter der Bewegung war, auch *Semper* auf mich zu. Er schien anzunehmen, ich sei näher in die Vorgänge eingeweiht, und beteuerte mir, sich in einer sehr schwierigen Lage zu fühlen. Die Elitekompanie, zu welcher er gehöre, sei von entschiedenem demokratischem Geiste erfüllt; da er nun vermöge seiner Professur bei der Akademie der Künste eine besondre Stellung einnehme, wisse er nicht, wie er den von ihm übrigens geteilten Geiste seiner Kompanie mit seinem Charakter als Staatsbürger in Übereinstimmung bringen sollte. Das Wort »Staatsbürger« wirkte unwiderstehlich komisch auf mich; ich sah nur *Semper* scharf in die Augen und wiederholte das Wort: »Staatsbürger!« – worauf dieser mit einem sonderbaren Lächeln erwiderte, indem er sich für diesmal ohne weitere Explikation von mir entfernte.

Des anderen Tages (Freitag, den 5. Mai), wo ich mich nun wieder mit meiner sonderbar leidenschaftlichen Teilnahme als Beobachter der Vorgänge auf dem Rathause einstellte, nahmen nun die Dinge eine entscheidende Wendung an. Der Rumpf der hier versammelten Vertreter des sächsischen Volkes fand es geraten, da für Verhandlungen faktisch eine sächsische Regierung nicht mehr anzutreffen war, aus sich selbst eine provisorische Regierung zu konstituieren. Professor *Köchly* wurde seiner großen rhetorischen

Fähigkeiten wegen zum Proklamator dieser Regierung bestellt; vom Balkon des Rathauses herab vollzog er diesen feierlichen Akt gegenüber der auf dem Platze versammelten treugebliebenen Reste der Kommunal-Garde und den nicht übermäßig zahlreichen Scharen des Volkes. Zugleich ward die deutsche Reichsverfassung als zu Recht bestehend proklamiert und die bewaffnete Volksmacht auf dieselbe vereidigt. Ich entsinne mich, daß dies alles durchaus keine erhebende Wirkung auf mich machte; wogegen die von neuem mir geäußerten Bedenken des immer umherschweifenden *Bakunin* über die Nichtigkeit all dieser Dinge allmählich mir immer verständlicher wurden. Selbst von rein technischer Seite wurden diese Bedenken bestätigt, als zu meinem lächelnden Erstaunen *Semper*, in voller Uniform als Bürgerschütze mit dem Bannerhute, auf dem Rathause nach mir verlangte und mich von der höchst fehlerhaften Konstruktion der Barrikade an der Wilsdruffer Gasse und der sie flankierenden Brüdergasse in Kenntnis setzte. Um sein artistisches Gewissen als Ingenieur zu beruhigen, wies ich ihn an, in das Kabinett der für die Verteidigung ernannten militärischen Kommission einzutreten. Er folgte meiner Empfehlung wie im Gefühle einer zu erfüllenden Pflicht; vermutlich erhielt er dort die nötige Autorisation zur Anleitung des wichtigen Baues der Verteidigungsarbeiten an jenen schlecht verwahrten Punkten. Ich habe ihn seitdem in Dresden nicht wiedergesehen, muß aber annehmen, daß er mit dem künstlerischen Pflichtgefühl eines Michelangelo oder Leonardo da Vinci den in jenem Komitee ihm aufgetragenen strategischen Arbeiten als gewissenhafter Architekt nachgekommen ist.

Im übrigen verging dieser Tag unter fortgesetzten Verhandlungen über den Waffenstillstand, welcher bis zu dem folgenden Mittag mit dem sächsischen Kommando abgeschlossen worden war; hierbei bemerkte ich die besonders laute Tätigkeit eines ehemaligen Universitätsfreundes, des damaligen Advokaten *Marschall von Bieberstein*, welcher in seiner Eigenschaft als höherer Offizier der Dresdener Kommunal-Garde sich unter dem Lärm einer starken Schar von Mitrednern durch grenzenlosen Eifer vorteilhaft auszeichnete. Auch wurde an diesem Tage in einem ehemaligen griechischen Obersten *Heinz* ein Kommandant für die Dresdener Streitkräfte bestellt. Alles dies schien jedoch *Bakunin*, der sich immer einmal wieder blicken ließ, nicht beruhigend; während von seiten der provisorischen Regierung alles auf die Hoffnung gesetzt war, durch moralischen Druck den Konflikt zur friedlichen Lösung zu bringen, sah er mit klarem Blicke das Gegenteil eines wohlüberlegten militärischen Angriffes von seiten der erwarteten Preußen voraus und meinte, daß dem wiederum nur durch gute strategische Maßregeln zu begegnen sei, weshalb er, da es dem sächsischen Aufstand an allen militärischen Kapazitäten zu mangeln schien, die Akquisition einiger erfahrenen polnischen Offiziere, welche sich in Dresden befanden, eindringlich anriet. Hiervor entsetzte sich alles; dagegen schien man viel von Unterhandlungen mit der in den letzten Zügen liegenden Reichsgewalt in Frankfurt zu erwarten; alles sollte nach dem parlamentarischen Begriff so legal wie möglich vor sich gehen. Im übrigen verstrich die Zeit fast gemütlich; am herrlichen Frühlingsabend promenierten vornehme Damen mit ihren Kavalieren durch die verbarrikadierten Straßen; alles schien nur ein Schauspiel zur Unterhaltung zu sein. Auch mich erfaßte diesem ungewohnten Anblick gegenüber ein völliges Behagen, in welches sich die ironische Vorstellung davon mischte, daß das alles doch wohl nicht rechter Ernst sei und schließlich irgendeine gemütliche Proklamation der Regierung ein Ende machen müßte. So schlenderte ich mit wohlgemutem Zögern durch die zahlreichen Verhaue spät nach meiner fernen Wohnung zurück und arbeitete unterwegs in mir den seit einiger Zeit mich beschäftigenden Stoff zu einem Drama »Achilleus« aus. Zu Haus traf ich meine beiden Nichten *Klara* und *Ottilie Brockhaus*, die Töchter meiner Schwester *Luise*, welche, seit einem Jahre bei einer Erzieherin in Dresden verweilend, durch ihren allwöchentlichen Besuch und die dabei kundgegebene gute Laune mich erfreut hatten. Hier war alles in der behaglichsten Revolutionslaune; man sympathisierte mit den Barrikaden und trug kein Bedenken, den Verteidigern derselben den Sieg zu wünschen. Diese Stimmung hielt unter dem Schutz des Waffenstillstandes den ganzen Freitag (5. Mai) ungetrübt an. Von allen Seiten trafen Nachrichten ein, welche an eine allgemeine Erhebung Deutschlands glauben ließen: Baden, die Pfalz waren in offener Empörung für das Reich begriffen; von einzelnen Städten, wie Breslau, drangen ähnliche Gerüchte her; in Leipzig hatten sich Freikorps von Studenten zum Zuzug nach Dresden gebildet; diese langten unter dem Jubel der Bevölkerung an; auf dem Rathause war ein vollständiges Verteidigungs-Departement organisiert, in welchem sich auch der in seinen Intentionen für die Aufführung des »Lohengrin« gleich mir verunglückte jüngere *Heine* befand; namentlich aus dem sächsischen Erzgebirge stellten sich lebhafte Zustimmungen und Ankündigungen von wehrhaften Zuzügen ein, und so glaubte man, wenn nur die eigentliche Altstadt tüchtig mit Barrikaden besetzt blieb, dem Schicksal der fremden Okkupation mit gutem Erfolge Trotz bieten zu können. – Am Sonnabend den 6. Mai früh sah man nun ein, daß die Sache ernster werde; die preußischen Truppen waren in der Neustadt eingerückt, und das sächsische Militär, mit welchem man den Angriff zu wagen doch nicht für rätlich gehalten hatte, ward so in strenger Fahnenpflicht erhalten. Am Mittag ging der Waffenstillstand zu Ende, und sogleich eröffneten die Truppen, von mehreren Geschützen unterstützt, den Angriff auf eine der Hauptpositionen der Volkskämpfer am Neumarkt. Noch hatte ich keinen anderen Glauben, als daß, sobald es zum wirklichen Kampfe käme, die Sache in kürzester Frist entschieden sein würde, da weder in meiner Stimmung noch in dem, was ich sonst wahrnahm, jener leidenschaftliche Ernst sich zeigte, ohne welchen so harte Proben nie überstanden worden sind. Mir war nur peinlich, während ich das starke Schießen vernahm, nichts von dem Vorgange selbst wahrnehmen zu können, und geriet auf den Gedanken, hierzu den Kreuzturm zu besteigen. Ohne auch von dieser Höhe herab einen klaren Eindruck gewinnen zu können, vernahm ich doch genug, um nach einer Stunde heftigen Feuerns die bis dahin immer vorgerückten Geschütze der preußischen Truppen wieder zurückgehen zu sehen und endlich gänzlich verstummen zu hören, was mit einem ungeheuren Jubelgeschrei von der Volksseite her begleitet wurde; somit schien der erste Angriff abgeschlagen; und nun begann in mir die Teilnahme an den Vorgängen eine immer leidenschaftlichere Farbe anzunehmen. Um nähere Erkundigung einzuziehen, eilte ich auf das Rathaus zurück, konnte aber zunächst aus der ungeheuren Verwirrung, welche ich vorfand, mir nichts entnehmen, bis ich endlich mitten unter der Hauptgruppe *Bakunin* antraf, welcher mit ungemeiner Präzision mir folgendes berichtete: – es sei von dem bedrohtesten Punkte einer Barrikade am Neumarkt der Bericht nach dem Hauptquartier gelangt, daß dort vor dem Angriffe der Truppen alles in Auflösung begriffen sei; hierauf hatte mein Freund *Marschall von Bieberstein* mit *Leo von Zichlinsky*, einem gleichbeteiligten Chargierten der Bürgerwehr, Freiwillige aufgerufen und diese nach dem bedrohten Punkte hingeführt. Ohne alle Waffen und mit entblößtem Haupte hatte der Freiberger Kreis-Amtmann *Heubner* als einziges auf dem Flecke gebliebenes Mitglied der provisorischen Regierung, deren beide andere Häupter *Todt* und *Tzschirner* im ersten Schreck verschwunden waren, sich zuerst auf die bereits von allen Verteidigern verlassene Barrikade gestellt, um rückwärts gewandt die Freiwilligen mit erhabenen Worten zur Nachfolge anzufeuern. Der Erfolg war vollständig, die Barrikade ward wieder genommen und von da herab ein ebenso unerwartetes als energisches Feuer auf die Truppen gerichtet, wodurch der von mir wahrgenommene Rückzug derselben veranlaßt worden war. Diesem Auftritte hatte *Bakunin*, welcher den Freiwilligen gefolgt war, in unmittelbarer Nähe beigewohnt; jetzt erklärte er mir, *Heubner* möge eine noch so bornierte politische Meinung haben (er gehörte der gemäßigten Linken der sächsischen Kammer an), er sei ein edler Mensch, dem er sich sofort mit seinem Kopfe zur Verfügung gestellt habe. Dieses Beispiel habe er nur erleben wollen, um nun zu wissen, was für ihn zu tun sei; er sei entschlossen, seinen Hals daran zu wagen und nach nichts weiter zu fragen. Auch *Heubner* mochte nun die Notwendigkeit der energischesten Maßregeln erkannt haben und schreckte vor keinem hierauf zielenden Vorschlage *Bakunins* mehr zurück. Dem Kommandanten, dessen Unfähigkeit sich wohl schnell herausgestellt hatte, wurde der Kriegsrat erfahrener polnischer Offiziere zur Seite gesetzt; *Bakunin*, der von der eigentlichen Strategie nichts zu verstehen erklärte, verließ das Rathaus und *Heubner* nicht mehr, um nach jeder Seite hin mit merkwürdiger Kaltblütigkeit Rat und Auskunft zu erteilen. Der Kampf beschränkte sich für den Rest des Tages auf Scharfschützen-Geplänkel aus den verschiedenen Positionen; mich reizte es, wieder den Kreuzturm zu besteigen, um immer den größtmöglichen Überblick über die Gesamtheit der Vorgänge zu haben. Um von dem Rathause dahin zu gelangen, war eine Strecke zu durchschreiten, welche fortgesetzt durch die Flintenkugeln der im königlichen Schloß postierten Truppen bestrichen wurde. Während diese Strecke ganz menschenleer blieb, gab ich dem übermütigen Reize nach, sie auf meinem Weg nach dem Kreuzturm langsamen Schrittes zu durchschreiten, wobei es mir zugleich einfiel, daß es jungen Soldaten geraten wird, bei solchen Gelegenheiten sich nie hastig zu benehmen, weil dies die Kugeln auf sich zöge. Auf meinem erhabenen Posten angelangt, traf ich dort mit mehreren zusammen, welche, teils durch gleiche Teilnahme, teils durch den Auftrag des aufständischen Kommandos zum Rekognoszieren der feindlichen Bewegung veranlaßt, sich dort eingefunden hatten. Unter ihnen machte ich die nähere Bekanntschaft mit einem Lehrer *Berthold*, einem ruhigen, sanften, aber überzeugungsvollen, entschlossenen Menschen, mit welchem ich mich in ernsthafter philosophischer Diskussion bis in die weitesten Gebiete der Religion verlor. Zugleich war er aber mit völlig häuslicher Sorgfalt darauf bedacht, uns durch geschickte Plazierung und Befestigung einer dem Türmer abgewonnenen Strohmatraze gegen die Spitzkugeln der preußischen Scharfschützen zu bewahren, welche, auf dem entfernteren Turme der Frauenkirche postiert, die von uns okkupierte feindliche Höhe sich zum Zielpunkt erkoren hatten. Es war mir unmöglich, von meinem interessanten Zufluchtsorte beim Einbruche der Nacht mich nach Haus aufzumachen; ich bestimmte daher den Türmer, seinen Gehilfen mit einigen Zeilen an meine Frau nach Friedrichstadt abzuschicken und zugleich mir einigen nötigen Proviant von ihr zu erbitten. So verbrachte ich in der unmittelbaren Nähe der schrecklich dröhnenden Turmglocke und unter beständigem Anprallen der preußischen Kugeln gegen die Mauer des Turmes eine der merkwürdigsten Nächte meines Lebens, abwechselnd mit *Berthold* Wache und Schlaf teilend. Der Sonntag (7. Mai) war einer der schönsten Tage dieses Jahres; ich wurde durch den Gesang einer Nachtigall geweckt, welcher aus dem unweiten *Schütze*schen Garten zu uns heraufdrang; eine selige Ruhe und Stille lag über der Stadt und der von meinem Standpunkt aus übersehenen weiten Umgegend Dresdens; nur gegen Sonnenaufgang senkte sich ein Nebel auf diese letztere herab: durch ihn vernahmen wir plötzlich, von der Gegend der Tharandter Straße her, die Musik der Marseillaise klar und deutlich zu uns herdringen; wie sie immer mehr sich näherte, zerstreuten sich die Nebel, und hell beschien die glutrot aufgehende Sonne die blitzenden Gewehre einer langen Kolonne, welche von dorther der Stadt zuzog. Es war unmöglich, dem Eindrucke dieser andauernden Erscheinung zu wehren; dasjenige Element, welches ich so lange im deutschen Volke vermißt und auf dessen Kundgebung verzichten zu müssen nicht wenig zu den bisher mich beherrschenden Stimmungen beigetragen hatte, trat plötzlich sinnfällig in lebensfrischester Farbe an mich heran; es waren dies nicht weniger als einige tausend gut bewaffnete und organisierte Erzgebirgler, meist Bergleute, welche zur Verteidigung Dresdens herangekommen waren. Bald sahen wir sie auf dem Altmarkt, dem Rathaus gegenüber, aufmarschieren und nach jubelnder Bewillkommnung dort zur Erholung vom Marsche sich lagern. Gleiche Zuzüge setzten sich fast den ganzen Tag über fort; und der Lohn der tapferen Tat des vorigen Tages schien sich jetzt in erhebender Weise einstellen zu wollen. Im Angriffsplan der Truppen schien eine Veränderung eingetreten zu sein, was aus den mehrseitigen, aber nicht mehr so konzentrierten Attacken auf verschiedene Punkte zugleich sich erkennen ließ. Die Zugezogenen hatten vier kleine Kanonen mitgebracht, das Eigentum eines Herrn *Thade von Burgk*, welcher mir früher durch eine sehr wohlwollende, aber bis zur Lächerlichkeit langweilige Rede beim Stiftungsfest der Dresdener Liedertafel bekannt geworden war; woran es mich, da nun sein Geschütz von den Barrikaden gegen die Truppen abgefeuert wurde, sonderbar ironisch gemahnte. Einen ungleich bedeutungsvolleren Eindruck erhielt ich aber, als ich gegen elf Uhr das alte Opernhaus, in welchem ich vor wenigen Wochen noch die letzte Aufführung der Neunten Symphonie dirigiert hatte, in hellem Brand aufgehen sah. Von je, wie ich gelegentlich schon erwähnt, war die Feuergefährlichkeit dieses mit Holz und Leinwand angefüllten, seinerzeit nur provisorisch errichteten Gebäudes der schreckende Gegenstand der Befürchtung von Feuersgefahr gewesen. Man sagte mir, es sei, um einem gefährlichen Angriffe der Truppen von dieser bloßgelegten Seite her zu begegnen und zugleich die berühmte *Semper*sche Barrikade vor einer übermächtigen Überrumpelung zu schützen, aus strategischen Gründen in Brand gesteckt worden; woraus ich mir entnahm, daß derlei Gründe in der Welt ein für allemal mächtiger als ästhetische Motive bleiben, aus welchen seit langer Zeit vergeblich nach Abtragung dieses häßlichen, den eleganten Zwinger so arg entstellenden Gebäudes verlangt war. Von so ungemein leicht brennbarem Stoff angefüllt, brach dieses in seinen Dimensionen sehr imposante Haus in kürzester Zeit in ein ungeheures Flammenmeer aus. Als dieses auch die Metalldächer der anliegenden Galerie des Zwingers erreichte und diese in wunderbar bläulichen Flammenwellen zu wogen begannen, äußerte sich unter uns Zuschauenden das erste Bedauern über den Vorgang; man glaubte, das Naturalienkabinett sei bedroht; andere dagegen bewiesen, es sei die Rüstkammer, wogegen ein Bürgerschütz äußerte: in diesem Fall sei es nicht schade, wenn dort die »ausgestopften Adeligen« verbrennten. Es schien aber, daß man aus Kunsteifer dem Weitergreifen des Brandes zu wehren wußte, welcher in Wahrheit dort nur geringen Schaden angerichtet hatte. – Endlich füllte sich unser bis dahin verhältnismäßig ziemlich ruhiges Observations-Asyl mit immer größeren Scharen von Bewaffneten, welche hierher kommandiert waren, um von der Kirche aus den Zugang nach dem Alten Markt, dessen Angriff von der Seite der schlecht verwahrten Kreuzgasse her man befürchtete, zu verteidigen. Unbewaffnete hatten nun hier nichts mehr zu suchen; außerdem war mir eine Botschaft meiner Frau zugekommen, welche nach ausgestandener schrecklicher Beängstigung mich nach Hause rief. Nur mit großer Mühe und unter den zeitraubendsten Schwierigkeiten gelang es mir, auf allerhand Umwegen in meine abgelegene Vorstadt, von welcher ich durch die kampferfüllten Teile der Stadt und namentlich durch eine Kanonade vom Zwinger aus abgeschnitten war, zurückzugelangen. Meine Wohnung war ganz erfüllt von aufgeregten Frauenzimmern, welche sich um *Minna* versammelt hatten, darunter die schreckverstörte Frau *Röckels*, welche ihren Mann im dicksten Kampfe vermutete, da sie wohl annahm, daß er auf die Nachricht des Dresdener Aufstandes hin zurückgekehrt sein möchte. Wirklich hatte ich auch gehört, daß *Röckel* an diesem Tage eingetroffen sei, jedoch ihn selbst noch nicht zu sehen bekommen. Außerdem erheiterten mich wieder meine jungen Nichten, welche vor Freude über das Schießen in die übermütigste Laune geraten waren, welche selbst meine Frau, nachdem ich sie über mich persönlich beruhigt hatte, einigermaßen ansteckte. Alle hatten sich über den Bildhauer *Hänel* geärgert, welcher durchaus das Haus immer gesperrt halten wollte, damit dort keine Revolutionäre eindrängen. Über seine Furcht namentlich vor den Sensenmännern, welche sich auf der Straße gezeigt hatten, machten sich alle Frauenzimmer ausnahmslos lustig. So verging dieser Sonntag wie eine Art von freudigem Familienfest.

Am folgenden Morgen des Montags, 8. Mai, versuchte ich von meiner vom Kampfplatz abgeschnittenen Wohnung aus, um Erkundigungen über den Stand der Dinge willen, nochmals bis zum Rathause vorzudringen. Als ich hierbei über eine Barrikade bei der Annenkirche mich verfügte, rief mir ein Kommunalgardist die Worte zu: »Herr Kapellmeister, der Freude schöner Götterfunken hat gezündet, das morsche Gebäude ist in Grund und Boden verbrannt.« Offenbar war dies ein begeisterter Zuhörer der letzten Aufführung der Neunten Symphonie gewesen. Auf mich wirkte dieses Pathos, welches so unerwartet mich betraf, seltsam kräftigend und befreiend. Ein wenig weiter traf ich in einsamen Gassen der Plauenschen Vorstadt auf den Kammermusikus *Hiebendahl*, den jetzt noch sehr belobten ersten Oboebläser der Königl. Kapelle; er war in der Uniform der Kommunalgarde, jedoch ohne Gewehr, und plauderte mit einem gleich ausgerüsteten Bürger. Da er meiner ansichtig wurde, glaubte er zunächst meine Intervention gegen *Röckel* anrufen zu müssen, welcher, von einer revolutionären Ordonnanz begleitet, in diesem Quartier Haussuchung nach Gewehren anstellte. Da er sogleich meine teilnehmende Frage nach *Röckel* selbst vernahm, schrak er zurück und frug mich in höchster Besorgnis: »Aber, Herr Kapellmeister, denken Sie denn gar nicht an Ihre Stellung und was Sie, wenn Sie sich so aussetzen, verlieren können?« Diese Ermahnung wirkte höchst drastisch auf mich; ich brach in ein lautes Gelächter aus und erklärte, daß es damit nicht viel auf sich habe. In der Tat sprach ich hiermit den Grundton meiner lange verhaltenen und nun fast zu freudigem Ausbruch kommenden Stimmung aus. Da sah ich *Röckel* mit zwei Männern der Volkswehr, welche einige Gewehre trugen, auf mich zukommen. Er begrüßte mich freundlichst, wandte sich aber sofort an *Hiebendahl* und dessen Nachbar mit der Vermahnung: warum er denn im Bürgerwehrrock hier so herumlungere und nicht auf seinem Posten stünde? Da *Hiebendahl* sich damit entschuldigte, daß man von ihm das Gewehr requiriert habe, rief ihm jener zu: »Ihr seid mir schöne Kerle!« und ließ ihn lachend stehen. Er berichtete mir kurz beim Weitergehen, was sich, seit ich ihn nicht gesehen, mit ihm begeben, erließ mir den Bericht über sein »Volksblatt«, und wir beide wurden bald durch eine stattliche Truppe wohlbewaffneter jugendlicher Turner unterbrochen, welche soeben von außen zugezogen kam und den sicheren Weg nach ihrem Sammelplatz geführt zu werden begehrte. Der Anblick dieser wohl mehrere Hunderte zählenden Schar jugendlichster und fest daherschreitender Gestalten konnte den erhebendsten Eindruck auf mich nicht verfehlen; *Röckel* übernahm es, über die Barrikaden sie sicher zu dem Waffenplatze vor dem Rathause zu begleiten. Er klagte hierbei noch über den Mangel der rechten Energie, den er bisher noch bei den Kommandierenden angetroffen habe. Er habe vorgeschlagen, die gefährdetsten Barrikaden für den äußersten Fall durch Anzündung von Pechkränzen zu verteidigen; vor dem bloßen Worte sei aber die provisorische Regierung in sittlichen Schreck geraten. – Ich ließ ihn seines Weges ziehen, um als einzelner auf kürzerem Pfade zum Rathause zu gelangen, und habe ihn seitdem erst nach 13 Jahren wiedergesehen. Dort erfuhr ich nun von *Bakunin*, daß die provisorische Regierung auf seinen Rat sich entschlossen habe, die von Anfang herein gänzlich verwahrloste und somit auf die Länge unhaltbare Position in Dresden aufzugeben und einen bewaffneten Rückzug nach dem Erzgebirge anzutreten, wo die von allen Seiten, namentlich auch von Thüringen herbeiströmenden Zuzüge sich in solcher Stärke zu sammeln anließen, daß dort wohl die vorteilhafte Position zu einem ohne Zweifel beginnenden deutschen Volkskrieg einzunehmen sein würde, während das längere Festhalten der einzelnen verbarrikadierten Straßen Dresdens dem so mutig geführten Kampfe doch nur den Charakter einer städtischen Emeute belassen würde. Ich muß gestehen, daß dieser Gedanke mir großartig und bedeutend erschien: war bis hierher durchaus nur die Teilnahme für einen, anfangs mit fast ironischer Ungläubigkeit, dann mit Überraschung aufgenommenen Vorgang angeregt gewesen, so dehnte sich jetzt bald vor meinen Blicken das bisher Unbegreifliche zu einer großen und hoffnungsvollen Bedeutung aus. Ohne in mir den Drang und namentlich den Beruf zu fühlen, in irgendwelcher Weise mir eine Rolle oder Funktion hierbei zugeteilt zu sehen, ließ ich doch nun mit vollem Bewußtsein jede Rücksicht auf meine persönliche Lage fahren und beschloß, mich dem Strome der Ereignisse nach der Richtung zu überlassen, in welche meine Lebensstimmung mit verzweiflungsvollem Behagen mich hingetrieben hatte. Doch wollte ich meine Frau nicht hilflos in Dresden zurücklassen, und schnell erfand ich das Auskunftsmittel, um sie von dort hinweg in die von mir gewählte Richtung zu ziehen, ohne daß sie sogleich von dem Sinne dieses Entschlusses zu unterrichten war. Bei meiner eilig angetretenen Rückkehr nach der Friedrichstadt erkannte ich, daß dieser Stadtteil bereits durch die Aufstellung der preußischen Truppen fast gänzlich von der inneren Stadt abgeschnitten war; ich sah die Okkupation unserer Vorstadt und die Folgen des militärischen Belagerungszustandes in ihrer widerwärtigsten Bedeutung voraus und hatte es leicht, *Minna* zu bereden, sofort durch die noch freie Tharandter Straße mit mir nach *Chemnitz* zu meiner dort verheirateten Schwester *Klara* gleichsam zum Besuch sich aufzumachen. Wirklich bestellte sie im Augenblick das Haus und versprach, in einer Stunde mit dem Papagei nach dem nächsten Dorfe mir nachzukommen, wohin ich mit meinem Hündchen *Peps* vorausging, um dort einen Wagen zur Weiterreise nach *Chemnitz* zu mieten. Es war ein lachender Frühlingsvormittag, als ich zum letzten Male die so oft auf einsamen Spaziergängen beschrittenen Pfade mit dem Bewußtsein, nie wieder sie wandeln zu werden, dahinschritt. Während die Lerchen über mir schwirrten und aus den Furchen der Felder sangen, donnerte unablässig das große und kleine Geschütz aus den Dresdener Straßen herüber. Das nun seit mehreren Tagen vernommene unaufhörliche Getöse dieses Schießens hatte sich so stark meinen Gehirnnerven eingeprägt, daß es in ähnlicher Weise lange Zeit mir nachklang, wie damals die Bewegung des Seeschiffes in London lange Zeit mich in wankendem Zustande erhalten hatte. Unter der Begleitung dieser fürchterlichen Musik rief ich der heiter daliegenden Stadt mit ihren Türmen meinen Abschiedsgruß zu, indem ich mir lächelnd sagte, daß, wenn vor sieben Jahren auch mein Einzug recht unscheinbar stattgefunden habe, doch jetzt mein Auszug nicht ohne allerhand feierlichen Pomp vor sich ginge.

Als ich endlich mit *Minna* vereinigt im Einspänner mich auf dem Wege in das Erzgebirge befand, begegneten wir häufig frischen bewaffneten Zuzügen nach Dresden; ihr Anblick machte uns stets unwillkürliche Freude, und selbst meine Frau konnte sich nicht enthalten, den Leuten ermutigend zuzusprechen: noch keine Barrikade sei verloren. Einen dumpfen Eindruck machte uns dagegen eine Kompanie Linienmilitär, welche schweigsam ihrerseits nach Dresden zog. Einige Angeredete erwiderten der Frage, wohin sie gingen, die offenbar im voraus kommandierte trockene Antwort: ihre Pflicht zu tun. Endlich bei meinen Verwandten in *Chemnitz* angekommen, setzte ich alle meine Angehörigen in Schrecken, als ich ihnen erklärte, andern Tags mit dem frühesten sofort nach Dresden zurückkehren zu wollen um zu erfahren, wie es dort stehe. Trotz aller Gegenbitten führte ich meinen Entschluß aus, immer in der Vermutung, dem bewaffneten Auszuge der Dresdener Volksstreitkräfte auf der Landstraße zu begegnen. Je näher ich der Hauptstadt kam, desto mehr bestätigten sich jedoch die Gerüchte, daß man in Dresden noch nicht an Übergabe oder Rückzug denke, da im Gegenteil der Kampf sehr vorteilhaft für die Volkspartei stehe. Dies kam mir nun alles wirklich wie Wunder über Wunder vor; mit hochgespannter Erregung drängte ich mich an diesem Dienstag, dem 9. Mai, von neuem durch das nun immer schwieriger gewordene Terrain, auf welchem alle Straßen vermieden werden mußten und mit Sicherheit nur durch die durchbrochenen Häuser vorwärtszukommen war, bis zum Altstädter Rathause vor. Es war bereits voller Abend; was ich sah, bot einen wahrhaft furchtbaren Anblick, da ich diejenigen Stadtteile durchzog, in welchen man sich auf den Kampf von Haus zu Haus vorbereitet hatte. Unaufhörliches Dröhnen des großen und kleinen Gewehrfeuers ließ alles übrige Geräusch der rastlos von Barrikade zu Barrikade, von Durchbruch zu Durchbruch sich zurufenden bewaffneten Menschen nur wie unheimliches Gemurmel erscheinen. Pechfeuer brannten hie und da, übermüdete bleiche Gestalten lagerten auf den Wachtposten umher, strenge Anrufe empfingen den unbewaffneten Durchdringling. Nichts je von mir Erlebtes kann ich aber dem Eindrucke vergleichen, welchen ich mit meinem Eintritt in die Räume des Rathauses empfing. Es war ein dumpfes und doch ziemlich geordnetes, ernsthaftes Gewühle; größte Übermüdung lag auf allen Gesichtern; keine Stimme hatte mehr ihren natürlichen Klang, alles krächzte wie mit höchster Anstrengung heiser durcheinander. Den einzigen gemütlichen Anblick boten die alten Ratsdiener in ihrer seltsamen wohlvertrauten Uniform und dreieckigem Hut; diese sonst so gefürchteten langen Männer traf ich teils Butterbrote schmierend, Schinken und Würste zerschneidend an, während andere in Körben die riesigen Provisionen zur Verpflegung der Barrikadenkämpfer an die von dort abgesandten Deputationen verteilten. Sie waren entschieden zu den Hausmüttern der Revolution geworden. Als ich näher zuschritt, traf ich endlich auf die Glieder der provisorischen Regierung, von denen *Todt* und *Tzschirner* nach ihrer ersten Schreckensflucht wieder aufgefunden worden waren und nun trübselig wie Schatten, an ihre schwere Verpflichtung angekettet, hin und her schwankten. Nur *Heubner* hatte die volle Energie bewahrt; doch war sein Anblick wahrhaft mitleiderregend: ein geisterhaftes Feuer leuchtete aus den Augen des Mannes, über den seit sieben Nächten kein Schlaf gekommen war. Er freute sich, mich wiederzusehen, weil ihm dies ein gutes Zeichen für die von ihm verteidigte Sache zu sein schien, während er andrerseits in Berührung mit Elementen getreten war, über die er im Drängen der Ereignisse zu keiner beruhigenden Klarheit mit sich gekommen war. Ganz ungestörte Sicherheit und feste ruhige Haltung traf ich bei *Bakunin*, welcher auch in seinem Aussehen nicht die mindeste Veränderung zeigte, trotzdem, wie ich nachher bestätigt hörte, auch er in der ganzen Zeit zu keinem Nachtschlaf gekommen war. Er empfing mich auf einer der Matratzen, welche im Rathaussaale ausgebreitet lagen, mit der Zigarre im Munde, zu seiner Seite ein sehr junger Pole (Galizier) namens *Haimberger*, ein junger Violinist, welchen er mir vor einiger Zeit zur Empfehlung an *Lipinsky* für Unterricht auf seinem Instrument übergeben hatte, da er nicht wollte, daß dieser ganz junge, unerfahrene Mensch, welcher mit Leidenschaft sich an ihn angeschlossen hatte, in den unmittelbaren Strudel der Ereignisse hineingezogen werde. Jetzt hatte er ihn doch freudig begrüßt, da er mit dem Gewehr im Arme sich für die Barrikade eingefunden hatte. Er hatte ihn zu sich auf das Lager niedergezogen und gab ihm jedesmal einen starken Schlag, wenn er, von einem heftigen Kanonenschuß erschreckt, aufzuckte. »Hier bist du nicht bei deiner Geige«, rief er ihm zu, »wärst du da geblieben, Musikant!« Von *Bakunin* erfuhr ich nun in Kürze und mit höchster Präzision, was, seitdem ich ihn am vorigen Morgen verlassen, vorgefallen war. Der damals beschlossene Rückzug habe sich bald als unrätlich herausgestellt, weil er die an jenem Tage noch eingetroffenen zahlreichen Zuzüge entmutigt haben würde; dagegen sei die Kampflust so groß und die Stärke der Verteidiger so bedeutend gewesen, daß man bis jetzt den Truppen überall erfolgreichen Widerstand habe leisten können; bei großer Verstärkung der letzteren sei jedoch neuerdings ein kombinierter Angriff auf die starke Wildruffer Barrikade von Wirkung gewesen; die preußischen Truppen hätten dem Kampf auf den Straßen entsagt und dafür die Kampfweise von Haus zu Haus durch Durchbrüche der Mauern ergriffen; auf diese Weise sei vorauszusehen, daß die bisherigen Vorkehrungen der Barrikaden-Verteidigung unnütz geworden seien und der Feind, wenn auch langsam, doch sicher, dem Sitze der provisorischen Regierung auf dem Rathause sich nähern werde. Er habe nun vorgeschlagen, alle Pulvervorräte in den unteren Räumen des Rathauses zusammenbringen zu lassen und dieses bei der Annäherung der Truppen in die Luft zu sprengen. Der Rat der Stadt, welcher währenddem in einem Hinterstübchen immer noch seinen Berufsgeschäften nachging, habe auf das energischeste hingegen demonstriert; er, *Bakunin*, habe zwar auf das bestimmteste auf der Ausführung der Maßregel bestanden, sei aber endlich dadurch überlistet worden, daß man alle Pulvervorräte entfernt und außerdem *Heubner* für sich gewonnen habe, welchem *Bakunin* nichts abzuschlagen vermöge. So sei denn nun, da übrigens alles in voller Kraft sei, der bereits für gestern beschlossene Rückzug nach dem Erzgebirge für morgen in der Frühe beschlossen, und der junge *Zichlinsky* habe bereits die Ordre, die Straße nach Plauen zu strategischer Sicherheit zu decken. Ich erkundigte mich nach *Röckel*; *Bakunin* erwiderte kurz: man habe ihn seit gestern abend nicht wiedergesehen, er werde sich haben fangen lassen; er sei *nervös* gewesen. Ich berichtete nun, was ich auf meinem Hin- und Herwege von Chemnitz wahrgenommen, nämlich die starken Massen von Zuzügen, worunter die Chemnitzer Kommunalgarde mit mehreren Tausenden sich befand. In Freiberg sei ich auf einen Zug von 400 Militärreservisten gestoßen, welche in vortrefflichster

Haltung den Volkskämpfern zu Hilfe zogen, jedoch vor Übermüdung vom Marschieren nicht weitergekommen seien. Es schien auf der Hand zu liegen, daß es hier an der nötigen Energie zur Requisition von Fuhrwerken fehlte und daß, wenn man hierin die Grenzen der loyalen Rücksichten überschritt, der Vereinigung frischer Streitkräfte sehr förderlich zu helfen sei. Man bat mich, sogleich den Weg wieder zurück zu machen, um den mir bekannt gewordenen Leuten diese Meinung von seiten der provisorischen Regierung zu überbringen. Sogleich meldete sich mein alter Freund *Marschall von Bieberstein*, mich hierzu zu begleiten, was mir, da er als ein Chargierter der provisorischen Regierung zur Überbringung von Befehlen derselben bei weitem geeigneter war als ich, sehr recht war. Der bis dahin übereifrige Mensch, der ebenfalls von gänzlicher Schlaflosigkeit erschöpft war und kein lautes Wort aus seiner heiseren Kehle mehr hervorbringen konnte, machte sich nun mit mir vom Rathaus aus durch all die bezeichneten schwierigen Wege zu seiner Wohnung in der Plauenschen Vorstadt auf, um dort in der Nacht bei einem ihm bekannten Kutscher noch einen Wagen für unsre Absicht aufzutreiben und zugleich auch von seiner Familie, von der er wohl auf länger sich trennen zu sollen voraussetzen mußte, Abschied zu nehmen. Während wir auf den Kutscher warteten, nahmen wir unter ziemlich ruhiger und gefaßter Unterhaltung mit den Frauen des Hauses unsren Tee mit Abendbrot zu uns. Nach mancherlei Abenteuern gelangten wir am frühen Morgen nach Freiberg, wo ich mich alsbald aufmachte, die zuvor mir bekannt gewordenen Führer des Reservisten-Zuzuges aufzusuchen. *Marschall* empfahl ihnen, Wagen und Pferde auf den Dörfern zu requirieren, wo sie nur könnten; als alles sich in Marsch nach Dresden gesetzt hatte und ich immer wieder von der leidenschaftlichsten Teilnahme an den dortigen Vorgängen zu einer abermaligen Rückkehr eben dahin gedrängt wurde, begehrte *Marschall*, seine Aufträge noch weiter in das Land hin auszuführen und sich von mir trennen zu dürfen. In einem Extrapostwagen wendete ich mich nochmals von den Anhöhen des Erzgebirges der Gegend von Tharandt zu, als auch mich die Schlafsucht überwältigte, bis ich von heftigem Schreien und Parlamentieren mit dem Postillon geweckt wurde. Ich fand, da ich die Augen öffnete, zu meiner Überraschung die Straße mit bewaffneten Freischärlern erfüllt, welche aber nicht nach, sondern von Dresden her zogen, und davon einige den Wagen für ihre eigene Ermüdung zur Umkehr zu benutzen suchten. »Was ist?« rief ich. »Wo zieht ihr hin?«–»Nach Haus«, war die Antwort, »in Dresden ist's aus! Dort unten in dem Wagen kommt auch die provisorische Regierung nach.« Wie ein Pfeil schoß ich aus dem Wagen, den ich nun den Ermüdeten nach Belieben überließ, und eilte vorwärts, die steilab sich biegende Straße dahin, um dem verhängnisvollen provisorischen Regierungsgefährte zu begegnen. Wirklich traf ich in diesem langsam bergauf sich bewegenden Fuhrwerke, einer eleganten Dresdner Lohnkutsche, *Heubner*, *Bakunin* und den energischen Postsekretär *Martin* an, beide letztere mit Flinten bewaffnet; auf dem Bock hatte vermutlich das Sekretariat Platz genommen; hintenauf strebte, was von der ermüdeten Volkswehr nur konnte, sich ebenfalls zu setzen. Da ich mich nun eiligst ebenfalls in den Wagen hineinschwang, ward ich vor allem Zeuge einer wunderlichen Unterhaltung des Wagenbesitzers und Lohnkutschers mit der provisorischen Regierung. Der Mann bat flehentlichst, doch nur seinen Wagen, welcher auf ganz zarten Federn ruhe und keineswegs solche Last zu tragen imstande sei, zu schonen und den vielen Menschen zu sagen, daß sie sich nicht hinten und vorne aufsetzen sollten. *Bakunin* zog dagegen vor, ungestört mir einen kurzen Bericht über den ohne allen Verlust geglückten Rückzug aus Dresden abzustatten. Er habe noch in der Frühe die Bäume der neugepflanzten Maximilians-Allee fällen lassen, um durch diese Verhaue sich gegen einen Flankenangriff der Kavallerie sicherzustellen. Hierbei habe ihn besonders der Jammer der Bewohner dieser Promenade unterhalten, welche laut nur um die »*scheenen Beeme*« geklagt hätten. Währenddem wurde nun aber der Jammer unsres Fuhrhalters um seinen Wagen immer zudringlicher; er brach in lautes Schluchzen und Weinen aus. *Bakunin* beobachtete ihn mit wahrer Befriedigung, ohne ihn eines Wortes zu würdigen, und rief nur: »Die Tränen eines Philisters sind Nektar für die Götter.« Nur *Heubner* und mir selbst wurde die Szene lästig; er frug, ob *wir* denn nicht wenigstens aussteigen sollten, da er dies den andern nicht zumuten wollte. Wirklich zeigte es sich, daß das Verlassen des Wagens jetzt überhaupt rätlich war, da rings an der Chaussee die von neuem zuziehenden Freischaren sich zur Begrüßung der provisorischen Regierung und zum Empfang ihrer Befehle in Reih und Glied aufgestellt hatten. *Heubner* schritt nun mit großer Würde die Reihen entlang, teilte den Führern den Stand der Dinge mit und forderte sie auf, der Gerechtigkeit der Sache, für die so viele nun schon ihr Blut vergossen, ferner zu vertrauen; alles möge sich jetzt auf Freiberg zurückziehen, um dort die weiteren Verfügungen zu erfahren. Bei dieser Gelegenheit trat ein gewisser *Metzdorff*, deutsch-katholischer Prediger, ein ernster jüngerer Mann, den ich bereits in Dresden vorteilhaft kennengelernt und der mich bei einem bedeutenden Gespräch zum ersten Male auf die Lektüre *Feuerbachs* verwiesen hatte, aus dem Gliede der Freischar hervor, um sich besonders dem Schutze der provisorischen Regierung anzuempfehlen: er sei von dem Kommando der Chemnitzer Kommunalgarde, deren bewaffneten Auszug nach Dresden er durch eine von ihm geleitete Volksdemonstration erzwungen habe, auf diesem jetzt von jenem Bürgerwehrkorps angetretenen Marsche unter schlechtester Behandlung als Gefangener mitgeschleppt worden und verdanke seine Befreiung eben nur dem Zusammentreffen mit anderen, besser gesinnten Freikorps. Diese Chemnitzer Kommunalgarde gewahrten wir nun ebenfalls in weiter Entfernung auf einer Anhöhe aufgestellt. Abgeordnete derselben kamen heran und begehrten von *Heubner* Aufschluß über den Stand der Dinge; hierüber und über die

Vornahme, den Kampf in entscheidender Weise fortzusetzen, unterrichtet, luden sie die provisorische Regierung ein, ihren Sitz in Chemnitz aufzuschlagen. Als sie zu ihrem Truppenkörper zurückgekehrt waren, sahen wir diesen sofort abschwenken und umkehren. Mit allerlei ähnlichen Unterbrechungen gelangte der ziemlich konfuse Zug nach Freiberg, in dessen Straßen Freunde *Heubners* diesem entgegenkamen, um ihn dringend aufzufordern, über ihre Vaterstadt nicht das Unglück eines verzweiflungsvollen Straßenkampfes durch Festsetzung der provisorischen Regierung daselbst zu bringen; dieser schwieg dazu und bat *Bakunin* und mich, ihm in seine Wohnung zu einer Beratung zu folgen. Dort wohnten wir zunächst seinem schmerzlichen Wiedersehen mit seiner Frau bei, welche er mit wenigen Worten auf den Ernst und die Bedeutung der ihm zugeteilten Aufgabe hinwies: es gelte Deutschland und seiner edlen Zukunft, für welche er sein Leben eingesetzt habe. Ein Frühstück ward bereitet, und nachdem man sich zunächst in ziemlich guter Laune gestärkt, hielt nun *Heubner* eine kurze ruhige, aber feste Anrede an *Bakunin*, welchen er vorher nur so oberflächlich kennengelernt hatte, daß er nicht einmal seinen Namen richtig auszusprechen wußte: »Lieber *Bakanin*«, sprach er zu ihm, »ehe wir jetzt weiteres beschließen, muß ich von dir eine Erklärung darüber haben, ob dein politisches Ziel wirklich die rote Republik ist, von welcher man mir gesagt hat, daß du ihr Parteigänger seist: erkläre dich mir offen, damit ich weiß, ob ich ferner deiner Freundschaft vertrauen darf?« Unumwunden erklärte ihm *Bakunin*, daß er kein Schema für irgendwelche politische Regierungsform habe und weder für das eine noch das andre sein Leben daransetze. Was seine weitreichenden Wünsche und Hoffnungen betreffe, so hätten diese mit dem Straßenkampf in Dresden und allem, was sich für Deutschland daranknüpfen könnte, nichts eigentlich zu tun. Er habe den Dresdener Aufstand so lange für eine törige und zu bespöttelnde Bewegung angesehen, bis er die Wirkung des edlen und mutigen Beispiels *Heubners* wahrgenommen habe. Von da ab sei jede politische Rücksicht und Absicht in ihm gegen die Teilnahme an dieser begeisterten Haltung zurückgetreten, und er habe sofort den Entschluß gefaßt, als ergebener tatkräftiger Freund dem trefflichen Manne zur Seite zu stehen, von dem er wohl gewußt habe, daß er zur sogenannten gemäßigten Partei gehöre, deren politische Zukunft er nicht zu beurteilen vermöge, da er sich über den Stand der politischen Parteien in Deutschland zu unterrichten wenig Gelegenheit genommen habe. – Hierdurch erklärte sich *Heubner* befriedigt und frug jetzt nur nach *Bakunins* Meinung über den jetzigen Stand der Dinge: ob es nicht gewissenhaft und redlich sei, die Leute zu entlassen und einen doch wohl hoffnungslosen Kampf aufzugeben. Hiergegen erklärte nun *Bakunin* mit seiner gewohnten Ruhe und Sicherheit, daß den Kampf aufgeben dürfe wer wolle, nur er, *Heubner*, nicht. Er, als erstes Mitglied der provisorischen Regierung, habe zu den Waffen gerufen, seinem Rufe sei man gefolgt; Hunderte von Leben seien geopfert: die Leute jetzt wieder auseinanderzuschicken, heiße so viel, als ob man diese Opfer einem eitlen Wahne gebracht habe, und wenn sie beide allein übrigblieben, so hätten sie ihren Platz nicht zu verlassen; ihr Leben hätten sie verwirkt im Falle des Erliegens, ihre Ehre müsse aber unangetastet bleiben, damit in Zukunft nicht alle Welt einem gleichen Aufruf gegenüber in Verzweiflung gerate. – Dies bestimmte *Heubner*; er verfaßte sofort den Aufruf zu den Wahlen einer konstituierenden Versammlung für Sachsen, welche er nach Chemnitz berief. Er nahm an, daß er dort sowohl durch die Bevölkerung als die von überall her noch angemeldeten zahlreichen Volkskämpferscharen unterstützt, das Zentrum einer provisorischen Regierung bis zur Klärung der allgemeinen Lage Deutschlands aufrechterhalten können würde. – Unter diesen Beratungen trat *Stephan Born*, ein Typograph, welcher zu *Heubners* größter Beruhigung während der drei letzten Dresdener Tage das Oberkommando übernommen hatte, in das Zimmer, um anzumelden, daß er den Rückzug der Bewaffneten in guter Ordnung, und ohne irgendwelchen Verlust zu erleiden, wirklich bis Freiberg geleitet habe. Der junge einfache Mann machte, namentlich durch die Wirkung dieser Meldung, einen sehr erhebenden Eindruck auf uns; nur auf die Frage *Heubners*, ob er es übernehmen werde, Freiberg gegen einen nun baldigst zu erwartenden Angriff der Truppen zu verteidigen, erklärte dieser, er sei nicht Militär und verstehe nichts von Strategie; dies könne nur ein gewiegter Offizier übernehmen. Unter solchen Umständen schien es besser, schon um Zeit zu gewinnen, nach dem volksreicheren Chemnitz sich zurückzuziehen; zunächst aber schien es erforderlich, vor allem für die Verpflegung der nun in großen Haufen zu Freiberg versammelten Freischaren zu sorgen. *Born* entfernte sich sofort, um die ersten Maßregeln hierfür zu treffen. *Heubner* verabschiedete sich ebenfalls, um eine Stunde seine müden Geister durch Schlaf zu kräftigen. Ich blieb mit *Bakunin* allein auf dem Sofa zurück; dieser sank bald, von unabweisbarem Schlaf überwältigt, zur Seite und kam dabei mit der furchtbaren Wucht seines Kopfes auf meine Schulter. Da ich bemerkte, daß es ihn nicht erwecken würde, wenn ich mich von dieser Last befreite, schob ich ihn mit Mühe zur Seite und entfernte mich von dem Schlafenden sofort aus dem *Heubner*schen Hause, um, wie ich es nun so viele Tage schon getan hatte, mit Eifer von der Physiognomie der unerhörten Vorgänge mich zu überzeugen. So gelangte ich nach dem Rathaus, vor welchem und in welchem die tobende Masse der leidenschaftlich aufgeregten Freischärler von der Bürgerschaft nach Kräften bewirtet wurde. Zu meinem Erstaunen traf ich auch *Heubner*, welchen ich noch zu Hause im Schlaf wähnte, bereits in voller Tätigkeit hier wieder an. Es hatte ihn nicht ruhen lassen, die Leute auch nur eine Stunde ohne Rat zu wissen. Sogleich war unter seiner Anleitung eine Art von Kommandantur-Büro organisiert worden, und nun hatte er von neuem wieder auszufertigen und zu signieren, während von allen Seiten ein tobender Lärm ihn umdrängte.

Nicht lange dauerte es, so stellte sich auch *Bakunin* ein: er drang hauptsächlich auf einen guten Offizier; der war aber nicht zu finden; ein leidenschaftlicher älterer Mann, welcher als Kommandant eines bedeutenden Zuzuges aus dem Vogtlande hergekommen war, fiel durch seine energischen Reden *Bakunin* ermutigend auf: er wünschte, daß dieser sogleich zum Generalkommandanten erwählt würde. Doch schien jetzt in dem leidenschaftlichen Durcheinander jeder ordentliche Entschluß unmöglich; erst in Chemnitz hoffte man dieser wilden Bewegung Herr zu werden, und *Heubner* befahl daher, sobald alles gestärkt sei, den Weitermarsch nach Chemnitz alsbald in Ausführung zu bringen. Da dies entschieden war und ich selbst aus diesem Chaos mich hinwegsehnte, erklärte ich den Freunden, sofort den Zügen nach Chemnitz, wo ich sie morgen wieder treffen würde, vorauszureisen. Wirklich traf ich den Postwagen, dessen Abfahrt für diese Stunde bestimmt war, noch an und erhielt einen Platz in ihm. Da sich soeben die Freischaren auf der gleichen Straße zum Abmarsch in Bewegung setzten, erklärte man jedoch, erst den Vorüberzug derselben abwarten zu müssen, um mit der Diligence nicht in den Strudel hineingerissen zu werden. Dies verzögerte sich nun sehr. Ich sah lange Zeit der merkwürdigen Haltung der ausziehenden Freischaren zu: namentlich fiel mir eine vogtländische Truppe auf, welche ziemlich pedantisch dahinmarschierte; sie folgte dem Schlage eines Tambours, welcher in kunstvoller Weise die Monotonie seines Instrumentes dadurch zu variieren suchte, daß er abwechselnd auf den Holzrand der Trommel schlug. Der unangenehm klappernde Ton hiervon gemahnte mich in gespenstischer Weise an das Knochengeklapper von Totengerippen beim nächtlichen Tanz um den Rabenstein, wie ihn *Berlioz* im letzten Satze seiner »Sinfonie fantastique« mit so schrecklicher Realität in Paris meiner Phantasie vorgeführt hatte. – Plötzlich kam mich der Wunsch an, noch einmal nach den hinterlassenen Freunden zu sehen und womöglich mit ihnen gemeinschaftlich nach Chemnitz zu reisen; ich fand sie nicht mehr auf dem Rathause; in *Heubners* Wohnung angelangt, erfuhr ich, dieser schlafe. Ich kehrte nach der Post zurück; immer noch zögerte die Diligence mit der Abfahrt, noch war die Straße mit Freischaren gefüllt; beklommen ging ich längere Zeit auf und ab; da ich endlich an die Postfahrt meinen Glauben verlor, kehrte ich nochmals nach *Heubners* Hause zurück, um mich diesem bestimmt als Reisegefährten anzubieten. *Heubner* wie *Bakunin* hatten aber bereits Abschied vom Hause genommen und waren von mir nicht zu erfragen. Nun wandte ich mich verzweiflungsvoll nochmals zur Post zurück und fand jetzt allerdings den Wagen zur Abfahrt bereit. Mit diesem gelangte ich nach mancherlei aufhaltenden Abenteuern in später Nacht nach Chemnitz, stieg dort aus und begab mich in den nächstliegenden Gasthof, wo ich wenige Stunden schlief, um des andren Morgens um fünf Uhr mich nach der ungefähr eine Viertelstunde von der Stadt abgelegenen Wohnung meines Schwagers *Wolfram* zu verfügen. Unterwegs frug ich einen Kommunal-Wachtposten, ob er etwas vom Eintreffen der provisorischen Regierung wisse. »Provisorische Regierung?« war die Antwort. »Na, damit ist es auch aus!« Ich verstand ihn nicht und konnte auch, als ich zu meinen Verwandten gelangte, zunächst nichts weiteres über den Stand der Dinge in Chemnitz erfahren, da mein Schwager selbst als Schutzmann nach der Stadt kommandiert war. Erst als dieser am späteren Vormittag nach Hause zurückkehrte, erfuhr ich, was, während ich im Chemnitzer Gasthofe einige Stunden geruht hatte, in einem andren Hotel daselbst sich zugetragen hatte. *Heubner*, *Bakunin* und jener schon erwähnte *Martin* waren, wie es scheint noch vor mir, in einem Privatwagen an das Tor von Chemnitz gelangt; dort nach ihren Namen befragt, hatte *Heubner* mit voller Autorität sich genannt und die Behörden des Ortes zu sich in das von ihm angegebene Hotel beschieden. Dort angelangt, waren alle drei von übermäßiger Müdigkeit zusammengebrochen, als plötzlich Gendarmerie in ihre Zimmer trat und sie im Namen der Königl. Kreisregierung verhaftete. Sie baten zunächst nur um einige Stunden ruhigen Schlafes: man möge sich versichert halten, daß in dem Zustand, in welchem sie seien, an keine Flucht gedacht werden könne. Des weiteren erfuhr ich, daß sie am Morgen unter starker Militäreskorte nach Altenburg abgeführt worden seien; leider, so mußte mein Schwager mir bekennen, habe sich das Kommando der Chemnitzer Kommunalgarde, welches sehr wider Willen zum Abzug nach Dresden gezwungen worden sei und sich bereits mit dem Vorsatz, bei ihrer Ankunft daselbst sofort den Königl. Truppen sich zur Disposition zu stellen, den Marsch angetreten habe, *Heubner* durch seine Einladung nach Chemnitz getäuscht und in die Falle gebracht habe. Lange vor diesem sei jenes in Chemnitz angelangt gewesen und habe die Wache am Tore wieder in der Absicht besetzt, sofort von *Heubners* Ankunft zu erfahren, um seine Verhaftung ausführen zu können. Auch für mich war mein Schwager in großer Angst, da er von den Hauptleuten der Kommunalgarde in wütender Weise vernommen, daß man mich mit jenen Revolutionären zusammen und in Gemeinschaft gesehen habe. Jedenfalls sei es ein wunderbares Schicksalszeichen gewesen, daß ich nicht gemeinsam mit jenen auch in Chemnitz angekommen und den gleichen Gasthof bezogen hätte, weil sonst ich unerläßlich nun ihr Schicksal geteilt haben würde. Wie ein Blitz zog es mir durch die Seele, auf welch sonderbare Weise ich schon einmal als Student vor den voraussichtlichen Niederlagen in den mit den erfahrensten Raufdegen engagierten Duellen bewahrt worden ward. Das letzte furchtbare Ereignis machte den Eindruck auf mich, daß ich nun kein Wort mehr über alles, was mit den Vorgängen zusammenhing, über meine Lippen brachte. Auf das Andringen namentlich meiner Frau, welche nun für meine eigene Sicherheit in die größte Sorge geriet, übernahm es mein Schwager, mich des Nachts in seinem Wagen nach Altenburg zu begleiten, von wo ich mit dem Postwagen alsbald die Reise nach Weimar fortsetzte, wohin mein eigentlicher Kapellmeister-

Urlaub mich zu führen gehabt hatte und wo ich nun allerdings auf sonderbaren und unvorhergesehenen Abwegen anlangte. –
Den Zustand von träumerischer Entrücktheit, in welchem ich mich damals befand, kann ich nicht besser als dadurch bezeichnen, daß ich bei diesem erneuerten Zusammentreffen mit *Liszt* sogleich auf die ihm in meinem Betreff einzig naheliegend scheinenden Beziehungen, auf die bevorstehende Wiederaufführung des »Tannhäuser« in Weimar einzugehen den Anschein hatte. Es fiel schwer, den Freund damit vertraut zu machen, daß ich in nicht ganz regelmäßiger Weise als königlicher Kapellmeister mich aus Dresden entfernt hatte. In Wahrheit hatte ich über mein Verhältnis zur öffentlichen Gerechtigkeit meines engeren Vaterlandes einen sehr unklaren Begriff. Hatte ich etwas nach den Gesetzen Strafbares begangen oder nicht? Mir war es unmöglich, darüber zu einer festen Ansicht zu gelangen. Unterdessen trafen aber immer neue Schreckensnachrichten über den grauenhaften Zustand der Dresdener Vorgänge auch in Weimar ein; namentlich der Regisseur *Genast* regte alles durch die von ihm verbreiteten Nachrichten über den mordbrennerischen Charakter der dort bewährten Tätigkeit *Röckels*, welcher in Weimar sehr bekannt war, auf. Aus meinen unverhohlenen persönlichen Äußerungen durfte *Liszt* bald ersehen, daß auch ich mit diesen erschreckenden Ereignissen in einem bedenklichen Zusammenhange stand; ihn beirrte jedoch eine Zeitlang meine Haltung in diesem Betreff, da es mir aus ganz andren Gründen, als den Gerichten sie einleuchtend gewesen sein würden, nicht beikommen konnte, mich für einen Kämpfer in den vorgefallenen Schlachten auszugeben. Mein Freund blieb demnach in einer von mir unabsichtlich aufrechterhaltenen Täuschung. Bei Frau *Caroline*, Fürstin *v. Wittgenstein*, welche ich schon im vergangenen Jahre bei ihrem flüchtigen Besuche Dresdens kennengelernt hatte, vermochten wir uns mit Aufregung über allerhand künstlerische Probleme zu unterhalten. So entspann sich eines Nachmittags eine lebhafte Diskussion über meinen mündlich mitgeteilten Entwurf zu einer Tragödie »Jesus von Nazareth«, nach dessen Mitteilung *Liszt* ein bedenkliches Schweigen beobachtete, die Fürstin *v. Wittgenstein* jedoch lebhaft gegen das Vorhaben, einen solchen Stoff auf das Theater zu bringen, sich ereiferte. An dem wenigen Ernst, meine in diesem Betreff aufgestellten paradoxen Thesen festzuhalten, merkte ich selbst, wie um diese Zeit es innerlich mit mir stand; ich war und blieb, ohne daß man mir es deutlich anmerkte, von den erlebten Ereignissen bis auf den tiefsten Grund meines Wesens erschüttert. So kam es zu einer Orchesterprobe des »Tannhäuser«, welche mich wiederum künstlerisch mannigfaltig anregte. *Liszts* Direktion, wenn sie auch mehr dem musikalischen als dem dramatischen Teile galt, erfüllte mich zum ersten Male mit der schmeichelhaften Wärme des Gefühles, von einem anderen begriffen und innig mitgefühlt zu sein. Zugleich machte ich hier, trotz meines träumerischen Zustandes, entscheidende Beobachtungen über den Stand der Befähigung unse-

rer Opernsänger und der sie leitenden Regie. Nach dieser Probe folgte ich mit dem Musikdirektor *Stör* und dem Sänger *Goetze* der Einladung *Liszts* zu einem einfachen Diner in einem andren als in dem von ihm bewohnten Gasthof und hatte infolgedessen über einen bis dahin mir gänzlich unbekannten Zug in *Liszts* Temperament mich zu erschrecken. Infolge besondrer Anregungen geriet er, der sonst so harmonisch sicher sich Gebende, in eine wahrhaft erschreckende Stimmung, in welcher er gegen dieselbe Welt, gegen die auch ich mich in vollster Empörung befand, mit fast zähneknirschender Wut sich ereiferte. Sehr tief von diesem wunderbaren Kontakt mit dem außerordentlichen Manne ergriffen, doch unfähig, dem eigentlichen Zusammenhange seiner grauenhaften Kundgebungen zu folgen, verblieb ich im tiefsten Erstaunen, während *Liszt* von einem heftigen Nervenanfall im Laufe der darauffolgenden Nacht sich zu erholen hatte. Sehr erstaunt war ich nun wiederum, als ich des andern Morgens in erster Frühe den Freund vollkommen gerüstet fand, eine in mir unklaren Beziehungen für nötig gehaltene Reise nach Karlsruhe anzutreten, auf welcher ihn bis Eisenach zu begleiten ich mit dem Musikdirektor *Stör* von ihm eingeladen war. Auf der Fahrt nach Eisenach wurden wir vom Kammerherrn *Beaulieu* angehalten, welcher wissen wollte, ob ich bereit sei, von der Frau Großherzogin in Weimar, einer Schwester des Kaisers *Nikolaus*, im Eisenacher Schlosse empfangen zu werden; da meine Einrede wegen unziemlicher Reisebekleidung nicht geltend gelassen wurde, sagte *Liszt* in meinem Namen zu. Wirklich ward ich am Abend von der Großherzogin, welche sich auf das freundlichste mit mir unterhielt und ihrem Kammerherrn mich zu gebührender Achtung empfahl, in überraschend wohlwollender Weise aufgenommen. *Liszt* behauptete späterhin, seine hohe Gönnerin habe bereits Nachricht davon gehabt, daß ich in den nächsten Tagen von Dresden aus verfolgt werden würde, und deswegen damit geeilt, eben jetzt noch meine persönliche Bekanntschaft zu machen, weil sie wußte, daß sie in wenig Tagen sich damit stark kompromittiert haben würde. – *Liszt*, der von Eisenach weitergereist war, überließ mich *Stör* und dem Eisenacher Musikdirektor *Kühmstedt*, einem eifrigen und gewiegten Kontrapunktisten, zur weiteren Unterhaltung und Verpflegung. Mit diesen besuchte ich zum ersten Male das damals noch nicht restaurierte Schloß der *Wartburg*. Seltsame Gedanken über mein Schicksal stiegen mir bei diesem Besuch auf; nun zum ersten Male sollte ich dies mir so innig bedeutungsvolle Gebäude wirklich betreten, wo ich zugleich mir sagen mußte, daß die Tage meines ferneren Verbleibens in Deutschland gezählt waren. Wirklich trafen, als wir anderen Tages nach Weimar zurückkehrten, die bedenklichsten Nachrichten aus Dresden ein. Da am dritten Tage *Liszt* wieder zurückkehrte, fand er einen Brief meiner Frau vor, welche nicht mehr direkt an mich zu schreiben gewagt hatte; sie meldete, daß eine polizeiliche Haussuchung in meiner Dresdener Wohnung, wohin *Minna* seither zurückgekehrt war, stattgefunden hatte und außerdem die Warnung ihr zugekommen war, mich ja nicht etwa zur Rückkehr nach Dresden zu veranlassen, da der Verhaftsbefehl gegen mich erteilt sei und ich alsbald steckbrieflich verfolgt werden würde. *Liszt*, von jetzt an nur von Sorge für meine Person erfüllt, berief alsbald einen Rat erfahrener Freunde, um zu überlegen, was mit mir zu tun sei, um der mir drohenden Gefahr mich zu entziehen. Der Minister von *Watzdorf*, welchen ich bereits besucht hatte, war der Meinung gewesen, ich solle mich im Fall einer Requisition ruhig nach Dresden, wohin man mich sehr anständig in einem besondren Wagen bringen werde, abführen lassen. Andrerseits waren aber die zu uns gelangten Gerüchte über das rohe Verfahren, mit welchem die preußischen Truppen in Dresden bei der Ausführung des Belagerungszustandes zu Werke gingen, so beängstigender Natur, daß von *Liszt* und seinen zu Rat gezogenen Freunden auf meine schnelle Entfernung von Weimar, wo man mich nicht zu schützen vermögen würde, gedrungen wurde. Ich bestand jedoch darauf, bevor ich Deutschland verließe, von meiner so sehr geängstigten Frau noch Abschied zu nehmen und deshalb mich noch einige Zeit wenigstens in der Nähe von Weimar verhalten zu dürfen. Hierauf ward Rücksicht genommen, und Professor *Siebert* schlug einen gutgesinnten Ökonomen in dem drei Stunden entfernten Magdala zu meiner einstweiligen Beherbergung vor. Dahin fuhr ich nun am nächsten Morgen ab, um, durch einen Brief *Sieberts* empfohlen, dem schutzfreundlichen Ökonomen mich als Professor *Werder* vorzustellen, welcher aus Berlin kommend seine kameralistischen Studien durch einen Besuch auf den dort verwalteten Gütern praktisch zu verwerten suchen wollte. Hier in ländlicher Stille verweilte ich drei Tage, genoß auch die sonderbare Unterhaltung einer dort abgehaltenen Volksversammlung, welche von Resten der zum Zuzug nach Dresden ausgezogenen und nun zersprengt zurückkehrenden Freischaren veranstaltet wurde. Ich hörte bei dieser Gelegenheit mit sonderbaren, wohl an das Lächerliche streifenden Gefühlen den allerhand vorkommenden Reden zu. Am zweiten Tage meines dortigen Aufenthaltes kehrte die Frau meines Wirtes vom Markttage in Weimar zurück und berichtete den merkwürdigen Fall, daß der Komponist einer Oper, welche man am selben Tage dort aufführe, plötzlich Weimar habe verlassen müssen, weil die steckbriefliche Verfolgung aus Dresden gegen ihn dort eingetroffen sei. Mein durch Professor *Siebert* in das Geheimnis gezogener Wirt frug launig, wie er denn heiße? Da die Frau nicht recht Bescheid wußte, half er ihr mit dem in Weimar bekannten Namen des Musikdirektors *Röckel* nach. »Ja«, sagte sie, »*Röckel*, so hieß er, ganz richtig.« Nun lachte mein Wirt hell auf und meinte, der werde wohl nicht so dumm sein, trotz seiner Oper sich erwischen zu lassen. – Endlich am 22. Mai, meinem Geburtstage, traf *Minna* wirklich in Magdala ein. Sie hatte sich auf meinen Brief schleunigst nach Weimar und, von dort angewiesen, weiter zu mir begeben, um eben nur alles anzuwenden, mich zur schnellsten gänzlichen Flucht aus Deutschland zu bewegen. Kein Versuch, sie auf die Höhe meiner Stimmung zu bringen, glückte mir; sie blieb dabei, in mir nur einen übelberatenen, unbesonnenen Menschen zu ersehen, der sich und sie in die schrecklichste Lage gestürzt habe. Es war verabredet worden, daß ich, während sie über Weimar gleichzeitig sich dahin begebe, von Magdala aus auf Fußpfaden anderen Abends in Jena eintreffen sollte, wo ich im Hause des Professor *Wolff* sie zu einem letzten Abschied wiedertreffen werde. Diese etwa sechsstündige Wanderung trat ich denn an und gelangte über eine Hochebene mit Sonnenuntergang in das jetzt zum ersten Male mir sich freundlich auftuende Universitätsstädtchen. Wirklich traf ich im Hause des mir bereits durch *Liszt* befreundeten *Wolff* meine Frau wieder an. Abermals ward, unter besonderer Mitwirkung eines Professors *Widmann*, dort Rat über mein weiteres Fortkommen gehalten; von Dresden aus war ich wirklich wegen dringenden Verdachtes der Beteiligung am Dresdener Aufstand steckbrieflich verfolgt und durfte somit in keinem der deutschen Bundesstaaten auf sichere Zuflucht mehr rechnen. *Liszts* Weisung ging durchaus auf Paris, wo ich ein Feld neuer Tätigkeit mir gewinnen könnte; *Widmann* riet jedoch, hierzu nicht den geraden Weg über Frankfurt und Baden einzuschlagen, weil dort der Aufstand noch im Gange sei und dahin reisende, verdächtig legitimierte Individuen jedenfalls von der Polizei mit vorzüglicher Wachsamkeit in das Auge gefaßt würden; am sichersten sei es durch Bayern, welches jetzt ganz ruhig sei, zunächst die Schweiz zu gewinnen, von wo aus meine Reise nach Paris ohne jede Gefahr zu bewerkstelligen sein würde. Da ich hierzu eines Passes bedurfte, bot mir Professor *Widmann* seinen eigenen, in Tübingen ausgestellten, bereits aber abgelaufenen an. Ich reise nun mit dem Postwagen ab, nachdem ich unter dem Abschied von meiner ganz verzweiflungsvollen Frau wahrhaft und schmerzlich gelitten hatte. Ohne weitere Anfechtungen gelangte ich, unter andrem auch an Rudolstadt, dem für mich nicht erinnerungslosen Orte vorbei, an die Grenze Bayerns, von wo ich nun mit dem Postwagen* ohne Unterbrechung meine Reise nach Lindau fortsetzte. Dort wurde mir am Tore mit den übrigen Passagieren der Paß abverlangt; unter der seltsamsten fieberischen Aufregung verbrachte ich die Nacht bis zur frühen Abfahrt des Bodensee-Dampfschiffes. Mir war besonders die schwäbische Sprache des Professors *Widmann*, auf dessen Paß ich reiste, in lebhafter Erinnerung geblieben; ich stellte mir vor, wie ich nun mit der bayerischen Polizei zu verkehren haben würde, wenn ich über die erwähnten Unregelmäßigkeiten des Passes mit ihr mich zu unterhalten haben sollte. Von fieberhafter Unruhe beherrscht, versuchte ich die ganze Nacht über mich im schwäbischen Dialekte zu üben, was aber zu meiner größten Erheiterung wiederum nicht gelingen wollte. Gespannt sah ich am Frühmorgen dem Augenblick entgegen, als der Gendarm zu mir in das Zimmer trat und, unwissend, wem die Pässe ge-

---

* Im Manuskript steht: »auf der Eisenbahn«, im Privatdruck berichtigt.

hörten, drei derselben mir zur gefälligen Auswahl übergab. Mit lachendem Herzen ergriff ich den meinigen und entließ den zuvor so gefürchteten Mann in freundlichster Weise. Auf dem Dampfschiff angelangt, erkannte ich mit wahrhaftem Behagen, daß ich mit seiner Besteigung mich bereits auf schweizerischem Boden befände; ein wundervoller Frühlingsmorgen ließ mich auf dem weiten See in die vor mir sich ausbreitende Alpenlandschaft ausblicken; als ich in Rorschach das eidgenössische Land betrat, benutzte ich den ersten Augenblick zu wenigen Zeilen nach heimwärts, womit ich meine glückliche Ankunft in der Schweiz, somit die Befreiung aus jeder Gefahr meldete. Die Fahrt im Postwagen durch das freundliche St. Gallener Ländchen nach Zürich erheiterte mich ungemein: als ich am letzten Mai, abends gegen sechs Uhr, von Oberstraß hinab nach Zürich einfuhr und zum ersten Male in glänzender Sonnenbeleuchtung die den See begrenzenden Glarner Alpen glänzen sah, beschloß ich sofort, ohne dies deutlich im Bewußtsein zu fassen, allem auszuweichen, was mir hier eine Niederlassung verwehren könnte.

Den Vorschlag meiner Freunde, über die Schweiz nach Paris zu reisen, hatte ich besonders aus dem Grunde angenommen, weil ich in Zürich einen alten Bekannten anzutreffen wußte, durch dessen Hilfe ich mir einen Paß nach Frankreich zu erlangen hoffen durfte, da ich es vermeiden wollte, dort als politischer Flüchtling anzukommen. *Alexander Müller*, mit dem ich in Würzburg seinerzeit in vielem freundschaftlichem Verkehr gestanden, war, wie ich erfahren, seit lange als Musiklehrer in Zürich niedergelassen. Einer seiner Schüler, *Wilhelm Baumgartner*, hatte mich vor einigen Jahren in Dresden besucht und mir Grüße von meinem alten Freunde überbracht; für diesen übergab ich jenem damals ein Exemplar der Partitur des »Tannhäusers«, um es ihm als Andenken zuzustellen. Mein freundliches Benehmen war auf keinen unfruchtbaren Boden gefallen: *Müller* und *Baumgartner,* welche ich alsbald aufsuchte, machten mich sogleich mit den beiden Staatsschreibern *Jakob Sulzer* und *Franz Hagenbuch* als denjenigen ihrer guten Freunde, welche meinem Wunsche am unmittelbarsten nachzukommen vermöchten, bekannt. Ich wurde von diesen Menschen, zu denen sich noch einige Vertraute gesellten, sogleich mit so achtungsvoll neugieriger Teilnahme empfangen, daß ich mich in ihrer Gesellschaft augenblicklich wohlfühlte. Die große bescheidene Sicherheit, mit der sie sich von ihrem naiv gewohnten republikanischen Standpunkte aus über die Verfolgungen, die mich betroffen, äußerten, versetzte mich in eine ganz neue Sphäre der bürgerlichen Anschauung des Lebens. Ich kam mir hier so sicher und geborgen vor, während ich dort, durch den sonderbaren Zusammenhang meines Ekels vor den öffentlichen Kunstzuständen mit der allgemeinen politischen Aufregung, ohne genaues Bewußtsein davon in die Lage, als Verbrecher angesehen zu werden, geraten war. Um die beiden Staatsschreiber, von denen namentlich *Sulzer* eine ausgezeichnet klassische Bildung genossen, mir vollkommen geneigt zu machen, hatten die Freunde eine Abendzusammenkunft veranstaltet, in welcher man mich dahin brachte, meine Dichtung von »Siegfrieds Tod« vorzulesen. Ich kann beschwören, unter Männern nie aufmerksamere Zuhörer hierfür gefunden zu haben als an diesem Abend. Für jetzt verhalf mir mein Erfolg zunächst zur Ausstellung eines vollgültigen eidgenössischen Passes für den in Deutschland steckbrieflich Verfolgten, mit welchem ich nun unbesorgt nach einem nur kurzen Aufenthalte in Zürich meine Weiterreise nach Paris antrat. – Nachdem mich auf dieser Reise in Straßburg das weltberühmte Münster gefesselt und ergriffen hatte, reiste ich mit der damals noch besten Fahrgelegenheit, der sogenannten *Malle-poste*, nach Paris weiter. Eines sonderbaren Phänomens entsinne ich mich hierbei: bis hierher hatte die Nachwirkung der Kanonen- und Flintenschüsse des Dresdener Kampfes, namentlich im halbwachen Zustande, immer noch fortgewährt; jetzt fesselte mich das Summen der schnellrollenden Räder auf der Landstraße, und auf der ganzen Reise glaubte ich in ihm, wie von tiefen Baßinstrumenten vorgetragen, die Melodie von »Freude schöner Götterfunken« aus der Neunten Symphonie zu vernehmen.

Seit meinem Eintritt in die Schweiz bis zu meiner Ankunft in Paris hatte sich meine vorher zu traumartiger Dumpfheit herabgedrückte Stimmung zu einem noch nie gefühlten, frei behaglichen Wohlgefühl erhoben. Ich kam mir wie der Vogel in der Luft vor, der nicht bestimmt sei, in einem Sumpfe zugrunde zu gehen. Bald nach meiner Ankunft in Paris in der ersten Woche des Juni trat hiergegen jedoch wieder eine sehr fühlbare Reaktion ein. Ich war von *Liszt* an seinen ehemaligen Sekretär *Belloni* empfohlen; dieser glaubte, treu den erhaltenen Weisungen mich alsbald mit einem »Auteur« *Gustave Vaisse*, den ich jedoch nicht persönlich kennenlernte, wegen eines für Paris zu komponierenden Operntextes in Verbindung setzen zu müssen. Davon hörte ich nun nicht gern und fand genügenden Grund zur Abwehr der hierauf zielenden Unterhandlungen in den Mitteilungen, die man sich gegenwärtig über den Stand der damals in Paris wütenden Cholera machte. Ich war, um in *Bellonis* Nähe zu sein, in der *rue Notre-Dame de Lorette* abgestiegen; dort kamen fast stündlich, von dumpfem Trommelschlag angekündigt, Leichenkondukte der Nationalgarde vorbei. Bei drückender Hitze war mir der Genuß des Wassers streng verboten und überhaupt in jedem Bezug der Diät auf das strengste Vorsicht anempfohlen. Drückte bereits dieses die Stimmung in unbehaglichster Weise herab, so machte außerdem die ganze damalige äußere Physiognomie von Paris auf mich den niederschlagendsten Eindruck. Noch las man die Devise »Liberté, égalité, fraternité« an allen öffentlichen Gebäuden und sonstigen Etablissements; dagegen erschreckte mich der Anblick der ersten *garçons caissiers* der Bank, welche, mit ihren langen Geldsäcken über den Schultern und dem großen Portefeuille in der Hand, mir nie so häufig begegneten als gerade damals, wo im siegreichen Kampfe gegen die zuvor so gefürchtete Propaganda des Sozialismus die alte Kapital-Herrschaft mit fast verhöhnendem Pompe das öffentliche Vertrauen wiederzugewinnen auf das eifrigste sich anließ. Wie mechanisch hatte ich einen Besuch in dem Musikladen *Schlesingers*, für welchen jetzt ein noch bei weitem dezidierterer Jude, Herr *Brandus*, mit schmutzigster Persönlichkeit als Nachfolger eingetreten war, gemacht. Nur der alte Kommis Mr *Henri* bewillkommnete mich freundlich, und nachdem ich mit ihm eine Zeitlang in dem anscheinend menschenleeren Magazine mich laut unterhalten hatte, frug er mich endlich mit einiger Verlegenheit, ob ich denn meinen Lehrer (»votre maître«) *Meyerbeer* noch nicht begrüßt habe. »Ist Herr *Meyerbeer* hier?« frug ich. »Gewiß«, war die noch verlegenere Antwort, »ganz in der Nähe, dort hinter dem Büro.« Da ich auf dasselbe zuschritt, kam wirklich mit allergrößter Verlegenheit *Meyerbeer* von dort, wo er sich über zehn Minuten, nachdem er meine Stimme vernommen, still verborgen gehalten hatte, hervor, sich lächelnd mit einer dringenden Korrektur entschuldigend. Ich hatte an dieser Erscheinung und diesem sonderbaren Wiedersehen genug; es kam so vieles im Betreff dieses Mannes bedenklich mir Widerfahrenes, namentlich die Bedeutung seines letzten Benehmens in Berlin gegen mich, in meine Erinnerung; da ich nun aber jetzt gar nichts mehr mit ihm zu tun hatte, begrüßte ich ihn mit einer gewissen heitern Freiheit, welche mir von dem Bedauern eingegeben ward, das ich über die von ihm bei der Kenntnisnahme meiner Ankunft in Paris geäußerte Verlegenheit empfand. Er nahm an, ich würde jetzt neuerdings versuchen, in Paris mein Glück zu machen, und schien sehr verwundert, als ich ihm im Gegenteil versicherte, daß mich der Gedanke, hier etwas zu suchen zu haben, anekele. »Aber *Liszt* hat doch ein brillantes Feuilleton über Sie im Journal des Débats veröffentlicht.« – »Ah so«, sagte ich, »ja, daran hatte ich nicht gedacht, daß die enthusiastische Ergebenheit eines Freundes sogleich als gemeinsame Spekulation aufgefaßt werden müßte.« – »Der Artikel hat aber viel Aufsehen gemacht. Es ist doch undenklich, daß Sie hieraus keinen Vorteil zu ziehen suchen sollten.« Diese widerliche Vermengung reizte mich zu einiger Heftigkeit, mit welcher ich *Meyerbeer* nun beteuerte, daß ich namentlich bei dem Laufe der Dinge, welchen jetzt die Welt unter der Herrschaft der Reaktion zu nehmen schien, an alles mögliche, nur nicht an öffentliche Kunstproduktion dächte. »Aber was verhoffen Sie sich denn von der Revolution?« erwiderte er. »Wollen Sie Partituren für die Barrikaden schreiben?« Worauf ich ihm versicherte, daß ich ja überhaupt an Partiturschreiben gar nicht dächte. Wir schieden, offenbar ohne es zu einem gegenseitigen Verständnis gebracht zu haben. Noch beggegnete ich *Moritz Schlesinger* auf der Straße, der mich, ebenfalls unter dem Eindrucke des glänzenden *Liszt*schen Feuilletons, als eine ihm sehr begreiflich dünkende Erscheinung anhielt. Auch er glaubte, ich müßte es durchaus auf etwas in Paris abgesehen haben, und fand, daß ich dafür jetzt sehr gute Chancen hätte. »Wollen Sie mein Geschäft machen?« frug ich ihn. »Geld habe ich nicht. Glauben Sie aber, daß die Aufführung der Oper eines Unbekannten etwas anderes als eine *affaire d'argent* sein könne?« – »Da haben Sie recht«, sagte *Moritz* und ließ mich augenblicklich stehen. – Von diesen widerlichen Berührungen mit der jetzt von voller Pest behafteten Hauptstadt der Welt wandte ich mich zu dem Schicksale meiner Dresdener Genossen zurück, von denen einige der mir Nächststehenden ebenfalls in Paris angelangt waren. Bei dem Maler meiner Dekorationen zu »Tannhäuser«, *Despléchins*, traf ich den soeben gleich mir hierher versprengten *Semper*. Die Freude dieses Wiedersehens war nicht gering, trotzdem wir beide nicht umhin konnten, das Groteske unserer Lage zu belächeln. *Semper* hatte sich, nachdem die berühmte Barrikade, welche er als Architekt fortwährend unter Inspektion gehalten hatte, umgangen worden war (denn daß sie eingenommen worden wäre, hielt er für unmöglich), von dem übrigen Kampfe zurückgezogen. Dennoch glaubte er sich soweit der Denunziation bloßgestellt zu haben, daß er bei Ankündigung des Belagerungszustandes durch die Dresden okkupierenden Preußen sich dort nicht mehr für sicher hielt. Er schätzte sich glücklich, als holsteinischer Landesangehöriger nicht von den deutschen Regierungen, sondern vom dänischen Gouvernement in betreff eines Passes abhängig gewesen zu sein, welcher ihm zur ungestörten Flucht nach Paris verholfen hatte. Als ich ihn aufrichtig und herzlich über diese Wendung der Dinge, welche ihn aus einer soeben begonnenen großen Berufstätigkeit, der Vollendung des Baues des Dresdener Museums, herausgerissen habe, beklagte, wollte er hierauf nicht viel geben und meinte, er habe Ärger genug damit gehabt. Trotz unserer gedrückten Lage verbrachte ich mit *Semper* die einzigen heiteren Stunden dieses Pariser Aufenthaltes. Bald fand sich auch noch der junge *Heine*, mein ehemaliger »Lohengrin«-Dekorationsaspirant, ebenfalls als Flüchtling dazu. Ihm war für sein Fortkommen nicht bange, da ihn sein Lehrer *Despléchins* gern in Beschäftigung zu nehmen sich erbot. Nur ich erkannte mich gänzlich zwecklos nach Paris verschlagen und sehnte mich auf das heftigste aus dessen Choleraatmosphäre hinweg. Hierzu erbot mir *Belloni* eine Gelegenheit, welche ich sogleich freudig ergriff: er lud mich ein, ihm und seiner Familie nach einem Landaufenthalte bei *La Ferté sous Jouarre* zu folgen, wo ich in reiner Luft und vollkommener Stille mich erholen und die Wendung der Dinge für mich abwarten könnte. Dort hinaus, nach *Rueil*, ging nun nach acht Tagen, welche ich in Paris verbracht, die kleine Reise, und bei einem marchand de vin, Monsieur *Raphaël*, in unmittelbarer Nachbarschaft des Maires des Dorfes, bei welchem die Familie *Belloni* ihren Aufenthalt nahm, fand ich für jetzt mein dürftiges Unterkommen in einer Stube mit Alkoven, in welcher ich nun meinem weiteren Schicksale entgegensah*. Während eine Zeitlang alle Nachrichten aus Deutschland ausblieben, suchte ich so gut wie möglich mit Lektüre mich zu

---

* Am Rande von der Hand Cosimas: »(Unterbrechung Italien, München. Wiederaufnahme 19. November 1868 [Vereinigung].)«. Siehe Anmerkung.

beschäftigen, und nachdem ich mit *Proudhons* Schriften, namentlich mit seinem »De la Propriété« mich in der Weise beschäftigt hatte, daß ich für meine Lage sonderbar ausschweifende Tröstungen daraus gewann, unterhielt mich längere Zeit die zerstreuend anziehende »Histoire des Girondins« von *Lamartine*. Eines Tages brachte mir *Belloni* die Nachricht von dem verunglückten Emeute-Versuch der Republikaner unter *Ledru-Rollins* Führung, welcher soeben, am 13. Juni, in Paris gegen das bereits in voller Reaktion segelnde provisorische Gouvernement unternommen worden war. Soviel Entrüstung diese Nachricht bei meinem Versorger und dem Maire des Ortes, seinem Verwandten, an dessen Tisch wir täglich unsere bescheidene Mahlzeit einnahmen, hervorbrachte, so machte sie im ganzen doch weniger Eindruck auf mich, da mein Augenmerk immer noch in sehr aufgeregter Stimmung auf die deutschen Vorgänge am Rheine, namentlich auf das einer provisorischen Regierung verfallene Großherzogtum Baden gerichtet war. Als nun aber auch von dort die Nachrichten von der durch die Preußen herbeigeführten Niederlage der anfangs nicht hoffnungslos erscheinenden Bewegung eintrafen, wurde mir sonderbar wehe zumute: die Nüchternheit, mit welcher ich auf meine persönliche Lage zu blicken genötigt war, übermannte mich; das bisher meine Aufregung rechtfertigende Ungemeine derselben verlor sich immer mehr in die gemeine Nötigung der praktischen Sorgen. Zu meiner vollständigsten Ernüchterung hätten die endlich eintreffenden Mitteilungen von seiten meiner weimaranischen Freunde sowie von meiner Frau führen sollen. Ich erfuhr von den ersteren eine ziemlich trockene Beurteilung meines Verhaltens in der letzten Vergangenheit; man fand, daß vorläufig nichts für mich zu tun sei, namentlich nicht in Dresden oder etwa bei dem großherzoglichen Hofe, da man an »eingeschlagenen Türen füglich nicht gut anklopfen könnte«; »on ne frappe pas à des portes enfoncées« – (*Fürstin v. Wittgenstein* an *Belloni*.) Ich wußte nicht, was ich hierzu sagen sollte, da es mir keineswegs eingefallen war, durch eine Vermittelung nach jenen Seiten hin etwas für mich zu erwarten, und nahm es dagegen mit unbefangener Genugtuung auf, daß man für das Nächste mir einige Hilfsmittel zukommen ließ. Mit diesen beschloß ich mich nach Zürich aufzumachen, um dort bei *Alexander Müller*, in dessen Wohnung ich genügenden Raum bemerkt hatte, ein vorläufiges Unterkommen zu suchen. Am traurigsten war mir ein Brief meiner Frau, welche längere Zeit gar nichts von sich hören gelassen hatte. Sie kündigte mir an, unmöglich an eine Wiedervereinigung mit mir denken zu können; denn nachdem ich so gewissenlos eine Anstellung und überhaupt ein Verhältnis, wie sie nie wieder sich mir bieten würden, verscherzt und zertrümmert hätte, wäre einer Frau wohl schwerlich zuzumuten, an meinen etwaigen Unternehmungen für eine zukünftige Versorgung teilzunehmen. Ich fühlte mich zunächst zu einer gerechten Würdigung der üblen Lage meiner Frau gestimmt; indem ich sie vollkommen hilflos meinerseits lassen mußte, konnte ich sie zunächst nur auf den möglichen Erlös aus dem Verkauf unseres Dresdener Mobiliars sowie auf die Teilnahme meiner Leipziger Verwandten anweisen. Die Vorstellung von dem Bedrückenden dieser Lage hatte bisher nur dadurch mir erleichtert werden können, daß ich sie als einigermaßen an der mich beherrschenden Aufregung teilnehmend gedacht hatte, wofür ich während jenen außerordentlichen Vorgängen selbst mancherlei Anzeichen wahrgenommen zu haben glaubte. Dies stellte sie nun aber vollständig in Abrede, wollte in mir durchaus nur das ersehen, was die öffentliche Meinung daheim allgemein sah, welche sie einzig darin milderte, daß sie meinen unerhörten Leichtsinn als Entschuldigung dafür annahm. Nachdem ich nun *Liszt* herzlich empfohlen hatte, zunächst nach Kräften für meine Frau einige Sorge zu tragen, gelangte ich jetzt aber bald zu einiger Beruhigung über dieses im ganzen so unerwartete Benehmen meiner Frau. Ihrer Erklärung, mir zunächst nun nicht wieder schreiben zu wollen, erwiderte ich durch meine Vornahme, sie gleichfalls durch Mitteilung über mein sehr zweifelhaftes Schicksal nicht in neue Beunruhigung zu versetzen. Es ging mir der Verlauf unseres langjährigen Zusammenlebens seit jenem ersten, so stürmischen und leidenvollen Jahre unserer Verheiratung an meinem prüfenden Bewußtsein vorüber. Unzweifelhaft waren die bedrängnisvollen Jugendjahre unseres ersten Pariser Aufenthaltes wohltätig wirksam gewesen. Die Not, in welcher sie sich so ausdauernd benahm, wie ich mich arbeitsam gegen sie wehrte, hatte die Seele unserer Gemeinsamkeit wie in eisernen Banden gefesselt. Einen schönen Lohn für das Ausgestandene fand dann *Minna* in meinem Dresdener Erfolge und namentlich der dortigen so beneideten Anstellung. Als *Frau Kapellmeisterin* war sie offenbar auf der Höhe aller ihrer Erwartungen vom Leben angelangt, und was mir endlich meine Wirksamkeit als Dresdener Kapellmeister verbitterte, empfand sie nur als eine Bedrohung jenes ihres Wohlbehagens. Bereits mit der Richtung, welche ich mit dem »Tannhäuser« einschlug und durch welche sie meine Erfolge auf den Theatern so bedenklich bedroht sah, schwand ihr eigentlich der Mut und das Vertrauen auf unsre Zukunft. Je mehr ich endlich, teils in meinen Konzeptionen, für welche ich mich immer unmitteilsam gegen sie verhielt, teils aber gar in meinem Verhalten zu dem Theater und seinem Chef, immer mehr aus dem ihr einzig ersprießlich dünkenden Geleise mich entfernte, verlor sie nun gar jenen Zusammenhang mit mir, in welchem sie in früheren Jahren, wie sie aus den Erfolgen nachweisen zu dürfen glaubte, mit mir gestanden zu haben vermeinte. Mein Benehmen in der Dresdener Katastrophe sah sie als Folge dieser Abirrungen vom richtigen Wege an und erkannte darin nur den Einfluß gewissenloser Menschen auf mich, namentlich des unglücklichen *Röckel*, welche meiner Eitelkeit geschmeichelt und mit sich mich in das Verderben gezogen hätten. Tiefer als dieser doch immer nur noch die äußeren Lebensverhältnisse betreffende Zwiespalt hatte aber von jeher, seit unserer Wiedervereinigung, die innere Unübereinstimmung zwischen uns sich meines Bewußtseins bemächtigt. Von je war es zwischen uns zu Auftritten von der allerleidenschaftlichsten Heftigkeit gekommen: nie hatten diese Auftritte sich durch eine Versöhnung oder gar ein Bekenntnis ihres Unrechtes ausgeglichen; sowohl das Bedürfnis schneller Wiederherstellung des häuslichen Friedens als auch die nach jedem Exzeß der Aufregung sogleich mir nahetretende Erkenntnis, daß bei der großen Ungleichheit der Charakteranlagen und namentlich des Bildungsstandes es an mir sei, durch das richtige Benehmen solchen Auftritten vorzubeugen, hatten mich stets vermocht, alle Schuld der vorgefallenen Ereiferungen auf mich zu nehmen und *Minna* durch das Bekenntnis meiner Reue darüber zu besänftigen. Leider mußte ich endlich gewahren, daß ich dadurch mich aller Macht über ihr Gemüt, namentlich über ihren Charakter begeben hatte; denn trat nun der Fall ein, in welchem ich ganz unmöglich zu dem gleichen Versöhnungsmittel greifen konnte, weil es der ganzen Konsequenz meiner Anschauung und meiner Handlungsweise galt, so traf ich jetzt auf ein durch meine frühere Nachgiebigkeit in dem Grade verhärtetes weibliches Gemüt, daß nie und unter keinen Umständen ein je gegen mich begangenes Unrecht nur als möglich eingeräumt wurde. Genug, was zu dem Verfall meiner Dresdner Lage, meiner großen Rücksichtslosigkeit gegen meine dortige Stellung unbeachtet nicht wenig beigetragen hatte, war der nicht mindere Verfall meines ehelichen Lebens, in welchem ich nicht nur keinen Halt, keine Tröstung und Stärkung fand, sondern sogar auf den unbewußten Mitverschworenen der mich bedrückenden feindseligen Verhältnisse traf. Diese Einsicht stellte sich jetzt, nachdem ich die erste Erschütterung über das offenbar lieblose Benehmen meiner Frau überstanden, deutlich in mir heraus. Ich entsinne mich jedoch, daß ich hierdurch nicht eigentlich von einem Schmerz erfaßt wurde, daß im Gegenteil, da ich denn nun einmal gänzlich hilflos war, die Erkenntnis, bisher mein ganzes Leben auf Sand gebaut zu haben, mit einer fast erhabenen Beruhigung auf mich wirkte. Was diese schnellgewonnene Ruhe mir allerdings einzig ermöglichte, war aber eben das Bewußtsein dieser vollständigen Verlassenheit, für welche ich nun in meiner gänzlichen Armut einen mich stärkenden Trost fand. So ergriff ich die zuletzt aus Weimar mir gebotene Hilfe mit Eifer, um meinem zwecklosen Aufenthalte, in welchem ich nach irrig mir gesteckten Zielen streben sollte, mich zu entziehen und einen Zufluchtsort aufzusuchen, welcher nichts Anziehendes für mich hatte als gerade nur die gänzliche Aussichtslosigkeit, auf den bisher von mir betretenen Lebensbahnen es dort zu etwas zu bringen. Dies war eben das von aller öffentlichen Kunst gänzlich entblößte *Zürich*, wo zum ersten Male mir einige einfache Menschen begegnet waren, welche von meinen künstlerischen Arbeiten nichts kannten, wie es aber schien, an meiner nackten Person ein freundschaftliches Wohlgefallen gefunden hatten. –

Ich kam im Hause *Alexander Müllers* an, begehrte irgendwo eine Kammer zu meinem Unterkommen und wies ihm, als den Rest meines ganzen

Vermögens, 20 Franken an. Zwar mußte ich bald bemerken, daß mein alter Bekannter durch mein ihm äußerlich bezeigtes Zutrauen in Verlegenheit gesetzt wurde und darüber in Besorgnis geriet, was mit mir anzufangen sein sollte. Ein in der ersten Aufwallung von ihm mir zur Verfügung gestelltes größeres Zimmer, in welchem ein Flügel stand, gab ich alsbald freiwillig auf, um mich in ein bloßes Schlafzimmer zurückzuziehen. Peinlich war es mir nur, an seinen häuslichen Mahlzeiten teilzunehmen, nicht, weil sie meinem Geschmack unangenehm, sondern meinen Verdauungswerkzeugen nachteilig waren. Dagegen fand ich außer dem Hause meines Gastfreundes die entgegengesetzte, vom lokalen Standpunkte betrachtet schwelgerischeste Aufnahme. Dieselben jüngeren Männer, welche bei meiner vorherigen Durchreise durch Zürich so teilnehmend sich zu mir gefunden hatten, zeigten fortwährend große Neigung zu meinem Umgang. Bald trat unter ihnen *Jakob Sulzer* mit auffallender Bedeutung hervor. Dieser blieb noch längere Jahre in dem Fall, wegen unzureichenden Alters nicht zum Mitglied der Züricher Regierung berufen werden zu können, weil hierzu das dreißigste Jahr nötig war. Trotz seiner Jugendlichkeit übte er jedoch auf alle seine Umgebung den Einfluß der vollsten Mannesreife aus. Wenn man mich in späteren Zeiten frug, ob ich in meinem Leben je dem begegnet sei, was man im moralischen Sinne wirklichen Charakter und eigentliche Rechtschaffenheit nennt, so konnte ich nach genauer Prüfung niemand anders als diesen jetzt neu mir gewonnenen Freund *Jakob Sulzer* nennen. Er verdankte seine frühe Beförderung zu einer der vorzüglichsten Anstellungen im Kanton Zürich, nämlich als Staatsschreiber, dem Bedürfnisse der vor kurzem zur Regierung gelangten, von *Alfred Escher* geführten liberalen Partei, welche, da sie die öffentlichen Ämter nicht füglich mit den hierfür geübteren Gliedern der älteren konservativen Partei besetzt lassen konnte, darauf angewiesen war, ihr eifrigstes Augenmerk auf besonders begabte jüngere Leute zu richten. Als ein solcher war *Sulzer* vor allen in das Auge gefaßt worden. Er war soeben von den Universitäten in Bonn und Berlin zurückgekommen, um als Dozent der Philologie in seiner Heimat sich zu habilitieren, als er von der neuen Regierung zu ihrem Mitgliede geworben wurde. Um dem ihm gestellten Ansinnen zu entsprechen, hatte er nötig gehabt, sich ein halbes Jahr nach Genf zu begeben, um sich im Gebrauch der französischen Sprache, welche er bei seinen ernsten philologischen Studien bisher vernachlässigt hatte, notdürftig zu üben. Sein großer Scharfblick, sein ungemeiner Fleiß sowie die große Selbständigkeit und Unbeugsamkeit seines jedem Parteimanöver unzugänglichen Charakters verschafften ihm in wenigen Jahren eine der wichtigsten Stellungen in der Regierung, welcher er längere Zeit als Direktor der Finanzen und namentlich als Mitglied des eidgenössischen Schulrates zu bedeutender und segensreicher Wirksamkeit nützte. Seine so unerwartete Bekanntschaft mit mir schien ihn in eine eigentümliche Schwankung zu versetzen; von seinen philologischen und humanioren Studien, zu welchen er aus Neigung bestimmt worden, war er durch die unerwartete Berufung in die Regierung in überraschender, fast betäubender Weise abgelenkt worden. Fast schien es, als ob sein Bekanntwerden mit mir ihn in Reue deswegen versetzte. Meine Dichtung von »Siegfrieds Tod« deckte ihm, dem Kenntnisvollen, mein Studium des deutschen Altertums auf, mit welchem auch er, jedoch mit größerer philologischer Genauigkeit, als mir dies möglich geworden war, sich beschäftigt hatte. Namentlich aber durch sein etwas späteres Bekanntwerden mit meiner Art, die Musik zu betreiben, war der so eigentümlich ernste und zurückhaltende Mensch in so warme Teilnahme für eine seinem erwählten Berufe fern abliegende Sphäre versetzt, daß er endlich, wie er deutlich bekannt, ganz bestimmt sich bemühen zu müssen glaubte, gegen diese störenden Einflüsse sich mit einer absichtlichen Schroffheit zu behaupten. In dieser ersten Zeit meines Züricher Aufenthaltes ließ er sich jedoch mit wirklichem, liebenswürdigem Freimut in dieser Richtung gehen. Die altehrbare offizielle Wohnung des ersten Staatsschreibers beherbergte häufiger, als dies dem Ansehen des Staatsbeamten des kleinen Philisterstaates dienlich sein konnte, gastliche Zusammenkünfte einer Gesellschaft, wie sie nur um mich als Mittelpunkt sich bilden konnte. Besonders dem Musiker *Baumgartner* erschienen bei solchen Gelegenheiten die Produkte von *Sulzers* Weinbergen in Winterthur, welche dieser mit vieler Liberalität spendete, von großer Anziehungskraft. Wenn auch ich, bei meiner damaligen verzweiflungsvoll heiteren Losgebundenheit, in den äußersten Konsequenzen meiner jetzt sich bildenden Kunst- und Lebenstheorien mich bis zu dithyrambischen Ergüssen hatte hinreißen lassen, wurde mir oft von meinen Zuhörern in einer Laune erwidert, welche ich nicht unrichtig häufiger dem genossenen Weine als der Einwirkung meiner Begeisterung zuschreiben mußte. Als einst der Professor *Ettmüller*, der Germanist und Edda-Gelehrte, nachdem er auf *Sulzers* Einladung einer Vorlesung meines »Siegfried« beigewohnt hatte, in schwerfällig begeistertem Zustand auf den Heimweg geleitet worden war, brach unter den zurückbleibenden Genossen ein sonderbarer Übermut aus: ich geriet auf den Gedanken, dem Herrn Staatsschreiber die schweren Türen seiner Wohnung aus den Angeln zu heben; als der Staatsschreiber *Hagenbuch* die große Anstrengung, die mich dies kostete, gewahrte, stellte er mir seine außerordentliche Körperkraft hilfreich zu Gebote, und mit ziemlicher Leichtigkeit wurden nun gemeinschaftlich wirklich sämtliche Türen ausgehoben und zur Seite gestellt, worüber *Sulzer* keine Miene anders als zu freundlich wohlwollendem Lächeln verzog. Nur des anderen Tages bekannte er uns auf unsre Erkundigung danach, daß ihn das mühsame Wiedereinheben der Türen, welches er mit seiner geringen Kraft allein hatte bewerkstelligen müssen, die ganze Nacht bis zum Morgen beschäftigt habe, da es ihm natürlich daran gelegen gewesen, dem sehr früh erscheinenden Weibel die wilden Vorgänge der Nacht geheimzuhalten.

Die eigentümliche Vogelfreiheit, in welcher ich mich damals befand, wirkte mit zunehmender Aufregung auf mich. Oft bangte mir selbst vor der übermäßigen Exaltation meines ganzen Wesens, in welcher ich stets und gegen jeden aufgelegt war, in den seltsamsten Paradoxen mich zu ergehen. Alsbald nach meiner Ankunft in Zürich machte ich mich daran, meine Ansichten über das Wesen der Dinge, wie sie unter dem Drange meiner künstlerischen Lebenserfahrungen und dem Einflusse der politischen Aufregung der Zeit sich gebildet hatten, aufzuzeichnen. Da mir überhaupt jetzt nichts übrigzubleiben schien, als mit der schriftstellerischen Feder, so gut es ging, mir etwas zu verdienen zu suchen, war ich auf den Gedanken gekommen, für ein großes französisches Journal, etwa den damals noch bestehenden »National«, eine Reihe von Artikeln zu liefern, in welchen ich mich in meinem revolutionären Sinne über die moderne Kunst und ihr Verhalten zur Gesellschaft aussprechen wollte. Sechs dieser zusammenhängenden Aufsätze sandte ich meinem älteren Bekannten *Albert Franck*, dem Bruder jenes bedeutenderen *Hermann Franck*, welcher in Paris die früher durch meinen Schwager *Avenarius* geleitete deutsch-französische Buchhandlung als Eigentümer übernommen hatte, mit dem Wunsche zu, für ihre Übersetzung in das Französische und geeignete Veröffentlichung sorgen zu wollen. Ich erhielt diese Artikel mit der bald als sehr richtig befundenen Bemerkung, daß sowohl ihr Verständnis wie selbst nur ihre Beachtung seitens des Pariser Publikums, namentlich in dieser Zeit, durchaus unmöglich erschien, zurückgeschickt. Ich versah das Manuskript nur mit der Überschrift »Kunst und Revolution« und sandte es an den Buchhändler *Otto Wigand* nach Leipzig, welcher auch wirklich seine Herausgabe als Broschüre übernahm und mir fünf Louisdor als Honorar dafür übersandte. Dieser außerordentliche Erfolg bestimmte mich, an eine weitere Ausbeutung meiner schriftstellerischen Anlage zu denken. Ich suchte unter meinen Papieren die Abhandlung hervor, welche ich im vergangenen Jahre als Ausbeute meiner historischen Studien über die Nibelungen-Sage für mich aufgezeichnet hatte, gab ihr den Titel *»Die Wibelungen, Weltgeschichte aus der Sage«* und versuchte damit mein Glück sofort wieder bei *Wigand*. Der aufregende Titel von »Kunst und Revolution« sowie das ungeheure Aufsehen, welches mein Charakter als zum politischen Flüchtling gewordener Königlicher Kapellmeister machte, hatten den radikalgesinnten Verleger mit der Hoffnung auf ergiebigen Skandal aus der Veröffentlichung meiner Schriften erfüllt. Wirklich erfuhr ich sehr bald, daß er einen zweiten Druck von »Kunst und Revolution«, ohne mir jedoch als von einer zweiten Auflage davon Notiz zu geben, in kürzester Zeit hatte vornehmen lassen. Auch mein neues Manuskript nahm er mir daher gegen fünf Louisdor Honorar ab. Dies war zum ersten Male, daß ich von der Veröffentlichung meiner Arbeiten einen Gewinn zog, und wirklich glaubte ich, nun auf dem rechten Punkte angelangt zu sein, um meinem Schicksale in aktiver Weise beizukommen. Ich ging mit mir zu Rate darüber, nächsten Winter öffentliche Vorlesungen über ähnliche Gegenstände in Zürich zu halten und überhaupt in dieser freien gelegentlichen Weise mich in der Lage zu erhalten, ohne Anstellung und namentlich ohne Musik mir eine wenn auch dürftig lohnende Wirksamkeit für die nächste Zeit einzurichten.

Es schien mir nötig, daß ich auf solche Auskunftsmittel verfiel, da andrerseits die Welt sich ganz wieder in der Weise einrichtete, daß ich ohne etwas Geldverdienst nicht gewußt hätte, wie ich in ihr bestehen sollte. Kurz nach meiner Ankunft in Zürich hatte ich die Reste der auf Schweizer Gebiet versprengten badischen Armee mit den sie begleitenden flüchtigen Freischaren anlangen sehen, was mir einen jammervollen und unheimlichen Eindruck machte. Die Nachricht von der Übergabe bei *Villagos* durch *Görgey* lähmte die letzten Hoffnungen für die Behauptung der bis dahin immer noch unentschiedenen Stellung des großen europäischen Freiheitskampfes. Erst jetzt wendete ich, jedoch mit großer und banger Erschütterung, meinen Blick von den äußeren Weltbegebenheiten auf mein Inneres zurück. In dem *Café littéraire*, wo ich täglich nach meiner beschwerlichen Mahlzeit unter einem Domino und Jast spielenden und qualmenden Männerjux meinen Kaffee zu nehmen pflegte, betrachtete ich träumerisch die ordinären Wandtapeten, welche antike Gegenden darstellten und mir in wunderlicher Weise den in früher Jugend von einem *Genelli*schen Aquarell, die Erziehung des Dionysos durch die Musen darstellend, im Hause meines Schwagers *Brockhaus* empfangenen Eindruck zurückriefen. Ich konzipierte da die Ideen zu meinem »Kunstwerk der Zukunft«, und wunderbar bedeutungsvoll war es mir, daß ich aus einer solcher Träumerei einmal durch die Anzeige des Aufenthaltes der *Schröder-Devrient* in Zürich geweckt wurde. Hastig machte ich mich auf, um sie im nahe gegenüberliegenden Gasthofe »Zum Schwerte« aufzusuchen, erfuhr aber zu meinem fast heftigen Schrecken, daß sie soeben mit dem Dampfschiff bereits wieder abgereist sei. Ich habe sie nun nie wieder gesehen, sondern hatte nur nach längeren Jahren durch meine Frau, welche später in Dresden wieder in näheren Umgang mit ihr gelangte, ihren schmerzlichen Tod zu erfahren.

Nachdem ich so zwei merkwürdige Monate des Sommers in dieser wilden, sonderbar losgelösten Lage verbracht, erhielt ich auch wieder tröstliche Lebenszeichen von der in Dresden zurückgebliebenen *Minna*. Obgleich diese sich so schroff und verletzend von mir abgesondert hatte, brachte ich es doch nicht über mich, von ihr mich als völlig losgebunden anzusehen. Ich erkundigte mich bei einer ihrer Verwandten durch einen Brief, von dem ich anzunehmen hatte, daß er ihr zugesendet würde, teilnehmend nach ihrem Schicksal, für welches ich andrerseits durch wiederholte Anempfehlungen an *Liszt*, soweit es mir eben einzig möglich war, gesorgt hatte. Hierauf bekam ich nun eine direkte Antwort, welche mir, neben den Beweisen für die Rüstigkeit der tätigen Frau gegenüber ihrer schwierigen Lage, zugleich

Zeugnis für ihren ernstlichen Wunsch, sich wieder mit mir zu vereinigen, gab. Sie sprach zwar ihren großen Unglauben an alle die Aussichten, die ich mir für ein Aufkommen in Zürich selbst eröffnet hatte, fast verachtungsvoll aus, meinte aber doch, sie müsse, da sie nun einmal meine Frau sei, es nochmals wagen, und hielt dabei die Annahme fest, ich werde ihr Zürich nur als vorübergehenden Zufluchtsort anbieten und dagegen in Paris meine Geschäfte als Opernkomponist ernstlich zu betreiben suchen. So kündigte sie mir an, einen bestimmten Tag des September dieses Jahres mit dem Hündchen *Peps*, dem Papagei *Papo* und ihrer vorgeblichen Schwester *Nathalie* in Rorschach auf Schweizer Boden ankommen zu wollen. Nachdem ich zu ihrem Empfang und unserer gemeinschaftlichen Beherbergung eine Stube und Kammer gemietet, machte ich mich nun von Rapperswyl zu einer Fußreise durch das berühmte freundliche Toggenburg und Appenzell nach St. Gallen und Rorschach auf und fühlte mich doch sehr gerührt, als ich die sonderbare Familie, welche zur Hälfte aus Haustieren bestand, im Hafen von Rorschach anlanden sah. Besonders freundlich, ich muß dies offen gestehen, wirkten das Hündchen und der Vogel auf mich. Meine Frau erkältete meine Empfindung jedoch sogleich beim Wiedersehen durch die Drohung, jeden Augenblick zur Rückkehr nach Dresden bereit zu sein, wo ihr von vielen befreundeten Seiten für den Fall eines ungeeigneten Benehmens meinerseits Schutz und Zuflucht zugesichert sei. Mir genügte dagegen ein Blick auf die in kurzer Zeit offenbar sehr gealterte Frau, um mich zu dem nötigen Mitleiden zu stimmen, welches alsbald meine Bitterkeit verschlang. Ich suchte ihr vor allem Mut zu machen und das gegenwärtige Mißgeschick nur als vorübergehend darzustellen. Dies gelang nun im Anfang schwer; schon die kleinliche Außenseite der Stadt Zürich beschämte sie in der Erinnerung an das stattlichere Dresden. Auf die Freunde, mit denen ich sie bekannt machte, gab sie gar nichts. Den Staatsschreiber *Sulzer* hielt sie für einen einfachen »Stadtschreiber, der doch in Deutschland gar nichts zu bedeuten habe«. Völlig empört war sie über die Frau meines bisherigen Gastfreundes *Alexander Müller*, als diese auf ihre Klagen über die elende Lage, in welche ich mich gebracht, ihr entgegenhielt, das sei ja eben meine Größe, daß ich sie nicht gescheut habe. Wiederum aber schmeichelte sie mir durch die Verkündigung der Ankunft einiger Effekten meines Dresdener Hausstandes, von welchen sie annahm, daß sie für eine zukünftige Niederlassung unentbehrlich seien. Diese bestanden aus meinem gutgemeinten aber schlechten *Breitkopf*-und-*Härtel*schen Flügel und dem in gotischem Rahmen eingefaßten Titelblatte der Nibelungen von *Cornelius*, das ich in Dresden über meinem Schreibtisch aufgehängt hatte. Auf diese Grundlage einer häuslichen Niederlassung hin beschlossen wir, uns nun in einer kleinen Wohnung, in den sogenannten »Hinteren Escherhäusern« am Zeltwege einzurichten. Aus dem mit großem Geschick von ihr vollbrachten, an sich sehr schwierigen und mannigfach angefochtenen Erlös unseres Dresdener Mobiliars waren ihr bei ihrer Ankunft noch etwa 100 Taler für unsre Niederlassung übriggeblieben. Meine kleine, aber sorgfältig ausgewählte Büchersammlung glaubte sie mir vortrefflich bewahrt zu haben, indem sie sie, auf dessen dringendes Anerbieten hierfür, dem Bruder meines Schwagers, dem Buchhändler und sächsischen Abgeordneten *Heinrich Brockhaus*, übergeben hatte. Sehr bestürzt war sie dagegen, als sie späterhin, da sie nun die Zusendung der Bücher von dem vorsorgenden Verwandten sich erbat, von diesem erfuhr, daß er sie für eine Schuld von 500 Talern, welche ich in der Zeit meiner Dresdener Bedrängnis gegen ihn eingegangen war, bis zur Wiedererstattung dieser Summe in Beschlag genommen zu haben vermeinte. Da ich im Verlaufe vieler Jahre nie dazu gelangte, diese Schuld bar wiedererstatten zu können, blieb auch diese für meine ganz besondren Bedürfnisse geordnete Büchersammlung für immer mir verloren. – Namentlich mit Hilfe des von meiner Frau seines mißverstandenen Titels wegen anfänglich so geringgeschätzten Staatsschreibers *Sulzer*, welcher, bei seinem im übrigen keineswegs reichen Vermögenszustande, es ganz natürlich fand, in bescheidenster Weise mir über die Schwierigkeiten meiner Lage hinwegzuhelfen, gelang es aber doch, die kleine Wohnung bald so gemütlich herzurichten, daß es meinen einfach gewöhnten Züricher Freunden bei ihrem Besuche ganz behaglich darin erschien. Das unverkennbare Talent meiner Frau zeigte sich hier wieder in vollem Glanze; namentlich entsinne ich mich der ingeniösen Herrichtung eines Nipptisches durch Benützung der Kiste, in welcher meine Musikalien und Manuskripte durch *Minnas* Fürsorge nach Zürich gelangt waren.

Endlich handelte es sich aber doch darum, wie ich nun Mittel zu unsrer Ernährung herbeischaffen sollte. Der Gedanke an von mir zu haltende öffentliche Vorlesungen empörte den Stolz meiner Frau im höchsten Grade. Sie kannte nur eines, das Festhalten des von *Liszt* angeregten Planes: Komposition einer Oper für Paris; schon um sie zu beruhigen, und da ich allerdings nichts Ergiebiges in der Nähe ersehen konnte, setzte ich mich auch wirklich hierüber in erneute Korrespondenz mit meinem großen Freunde und seinem Sekretär *Belloni* in Paris. Immerhin mußte etwas Nächstes geschehen; ich nahm die Einladung der Züricher Musikgesellschaft, in ihren Konzerten ein klassisches Orchesterwerk zu dirigieren, an und studierte dem dürftigen Orchester derselben die A-dur Symphonie *Beethovens* ein, womit ich allerdings eine nachhaltige Wirkung auf das Auditorium hervorbrachte, mir auch ganze 5 Napoléons erwarb, meine Frau doch aber sehr traurig stimmte, weil sie der so bedeutenden Kunstmittel und rühmlicheren Umgebung gedachte, welche kurz zuvor in Dresden bei der gleichen Bemühung noch mitgeholfen und gelohnt hatten. Ihr steter Zuruf blieb unter allen Umständen und ohngeachtet aller künstlerischen Skrupel, mich auf die glanzvollere Pariser Karriere zu werfen. Während es immer noch uns beiden unerklärlich bleiben mußte, woher ich denn nur die Mittel zu der

Reise und dem nötigen Aufenthalte hierfür in Paris nehmen sollte, versenkte ich mich von neuem in die mir jetzt einzig naheliegende Sphäre der kunstphilosophischen Spekulation. Unter dem härtesten Drucke der Nahrungssorgen und im stets sieglosen Kampfe gegen die Kälte eines sonnenlosen Parterrestübchens verfaßte ich in den Wintermonaten November und Dezember dieses Jahres meine zusammenhängendere, »Das Kunstwerk der Zukunft« betitelte Schrift. *Minna* hatte gegen diese Beschäftigung nichts einzuwenden, da ich ihr doch von dem Erfolg meiner ersten Broschüre und von der Hoffnung, diese größere Schrift mit gesteigertem Honorar belohnt zu sehen, sagen konnte.

So genoß ich einer vorübergehenden Ruhe, in welcher mich nur die innere Aufregung beherrschte, die namentlich infolge des Bekanntwerdens mit den Hauptschriften *Ludwig Feuerbachs* in mir genährt wurde. Von jeher war mir der Hang zu eigen gewesen, in die Tiefen der Philosophie etwa so einzudringen, wie ich durch den mystischen Einfluß der Neunten Symphonie *Beethovens* den abliegendsten Tiefen der Musik nachzuforschen mich gedrängt gefühlt hatte. Die ersten Versuche, diesen Drang zu befriedigen, waren durchaus fehlgeschlagen. Keiner der Leipziger Professoren hatte mich in den Vorlesungen über Fundamental-Philosophie und Logik festzuhalten vermocht. Ich hatte mir das Buch *Schellings* über den »transzendentalen Idealismus«, welches mir seinerzeit *Gustav Schlesinger*, ein Freund *Laubes* empfahl, verschafft, zerbrach mir aber vergebens den Kopf, bei der Lektüre der ersten Seiten davon etwas zu denken, und kehrte immer wieder zu meiner »Neunten Symphonie« zurück. In der letzten Periode meines Dresdener Aufenthaltes suchte ich jedoch auch diesem älteren, nun neu erwachten Drange wieder gerecht zu werden und knüpfte dafür an meine damals mich so sehr fesselnden tiefergehenden historischen Studien an. Ich wählte nun zu meiner Einführung in die Philosophie *Hegels* »Philosophie der Geschichte«. Hier imponierte mir vieles, und es schien mir, als müßte ich auf diesem Wege in das Innere des Heiligtumes gelangen. Je unverständlicher viele im spekulativen Sinne resümierende Phrasen des ungeheuer berühmten, als Schlußstein aller philosophischen Erkenntnis mir gepriesenen gewaltigen Geistes erschienen, desto mehr fühlte ich mich angeregt, der Sache von dem »Absolutum« und was damit zusammenhing auf den Grund zu gehen. Die Revolution kam dazwischen; die praktischen Tendenzen für eine neue Gestaltung der Gesellschaft führten mich ab, und, wie ich bereits erwähnt, war es ein ehemaliger Theologe, damals deutsch-katholischer Prediger und politischer Agitator mit einem Kalabreser Hute namens *Metzdorf*, welcher mich zuerst auf den »rechten und einzigen Philosophen der Neuzeit«, *Ludwig Feuerbach*, verwies. Jetzt brachte mir mein neuer Züricher Freund, der Klavierlehrer *Wilhelm Baumgartner*, dessen Buch über »Tod und Unsterblichkeit« in das Haus. Der allseits anerkannte, sehr anregende lyrische Stil des Verfassers übte auf mich als gänzlich Fachungebildeten einen großen Reiz aus. Die verfänglichen Fragen, die hier, als ob sie zum erstenmal aufgeworfen würden, mit anziehender Umständlichkeit abgehandelt waren, hatten mich seit meinem ersten Umgange mit *Lehrs* in Paris, ebenso wie jeden phantasievollen ernsten Menschen, fortgesetzt, jedoch nie andauernd beschäftigt, und im ganzen hatte ich mich in diesem Betreff mit den poetischen Andeutungen begnügt, die über dieses bedeutende Thema hier und da bei unsern großen Dichtern vorkommen. Die Unumwundenheit, zu welcher sich *Feuerbach* in den reiferen Teilen seines Buches endlich über diese tiefinteressierenden Fragen ermutigt, gefielen mir ebenso ihrer tragischen wie sozial-radikalen Tendenz wegen sehr. Es schien mir rühmlich und lohnend, die einzig wahre Unsterblichkeit nur der erhabenen Tat oder dem geistvollen Kunstwerke zugeteilt zu wissen. Etwas schwerer gelang es bereits, mich für »Das Wesen des Christentums« von demselben Verfasser bei dauerndem Interesse zu erhalten, da ich die Breite und unbehilfliche Ausdehnung der Darstellung des einfachen Grundgedankens, die Religion vom rein subjektiven psychologischen Standpunkte aus zu erklären, unter der unwillkürlichen Wirkung der Lektüre nicht unempfunden lassen konnte. Jedoch galt mir *Feuerbach* nun einmal als Repräsentant der rücksichtslos radikalen Befreiung des Individuums vom Drucke hemmender, dem Autoritätsglauben angehörender Vorstellungen, und dem Eingeweihten wird es recht wohl erklärlich dünken, welches Gefühl mich bestimmte, als ich meine Schrift »Das Kunstwerk der Zukunft« mit einer Dedikation und einem Vorworte an *Feuerbach* einleitete. Meinen Freund *Sulzer*, einen wohlgeschulten Hegelianer, verdroß es sehr, mich in dieser zu dem von ihm gar nicht als Philosoph gezählten *Feuerbach* angenommenen Stellung zu sehen. Das Beste an der Sache wäre, so meinte er, daß mich *Feuerbach* zu Gedanken angeregt habe, während dieser selbst keine besitze. Was mich dagegen wirklich bestimmt hatte, *Feuerbach* eine für mich wichtige Bedeutung beizulegen, war dessen Schluß, mit welchem er von seinem ursprünglichen Meister *Hegel* abfiel: daß nämlich die beste Philosophie sei, gar keine Philosophie zu haben, womit mir das bisher abschreckende Studium derselben ungemein erleichtert wurde; sowie zweitens, daß nur das wirklich sei, was die Sinne wahrnehmen. Daß er in die ästhetische Wahrnehmung unserer Sinnenwelt das, was wir Geist nennen, setzte, dies war es, was mich, neben der Erklärung von der Nichtigkeit der Philosophie, für meine Konzeption eines allumfassenden, für die einfachste rein menschliche Empfindung verständlichen Kunstwerkes, des vollendeten Dramas, im Momente seiner jede künstlerische Intention verwirklichenden Darstellung als »Kunstwerk der Zukunft« so ergiebig unterstützte; und diesen Erfolg scheint mir *Sulzer* gemeint zu haben, als er geringschätzend über *Feuerbachs* Einfluß auf mich sich äußerte. Allerdings war es mir nach kurzer Zeit bereits unmöglich geworden, auf dessen Schriften wieder zurückzukommen, und ich entsinne mich, daß sein bald hierauf erscheinendes Buch »Über das

Wesen der Religion« mich bereits der Monotonie seines Titels wegen derart abschreckte, daß ich es *Herwegh*, der es mir aufschlug, vor den Augen zusammenklappte.

Für jetzt arbeitete ich mit großer Begeisterung einen zusammenhängenderen schriftstellerischen Entwurf aus, und freute mich eines Tages, dem in Zürich eingetroffenen Vater meines jungen Freundes *Bülow*, dem Novellisten und Tieckianer *Eduard von Bülow*, bei einem Besuche, den er mir in meinem Stübchen abstattete, das Kapitel über die Dichtkunst vorzulesen, wobei ich jedoch zu bemerken hatte, daß ich mit meinen radikalen Ansichten über das Literatur-Drama und den jeder Gegenwart neu zugebärenden Shakespeare eine aufrichtige Bestürzung hervorrief. Desto besser, so hoffte ich, würde der Buchhändler *Wigand* dieses neue revolutionäre Buch aufnehmen und seinem größeren Volumen angemessen zu honorieren bereit sein. Ich forderte 20 Louisdor und erhielt sie auch fürs erste – zugesagt.

Diese erwartete Einnahme sollte nun mit dazu verhelfen, meinen endlich notgedrungen gefaßten Vorsatz auszuführen, noch einmal nach Paris zu gehen, um dort mein Glück als Opernkomponist zu versuchen. Hiermit hatte es nun seine besondere, höchst bedenkliche Bewandtnis: mir war der Gedanke daran nicht nur höchst verhaßt, sondern ich wußte auch, daß ich mit dem Zugeständnisse seiner Ausführung wirklich eine Unredlichkeit beging, da es meinem Gefühle vollständig deutlich war, daß ich es nie ernst mit diesem Vorhaben würde meinen können. Alles wirkte aber zusammen und darauf hin, wenigstens in den Versuch eines solchen Unternehmens zu willigen; namentlich war es *Liszt*, welcher mich mit erneueten Ermahnungen und jedenfalls in dem Glauben, dadurch mir den einzig geziemenden ruhmreichen Weg zu zeigen, dahin drängte, die im vergangenen Sommer durch *Belloni* angeknüpften Verhandlungen wieder aufzunehmen. Wie ernstlich infolgedessen ich mich bemühte, mir die Ausführung des Vorhabens als möglich zu denken, bewies ich dadurch, daß ich selbst den ausführlichen Plan des Sujets entwarf, welches der französische Dichter mir nur versifizieren sollte, da ich an ein wirklich von diesem zu erfindendes und zu verfassendes Sujet, welches ich eben nur zu komponieren gehabt hätte, nie auch nur im entferntesten denken durfte. Ich wählte hierzu die am Schlusse meiner soeben vollendeten Schrift »Das Kunstwerk der Zukunft« so emphatisch berührte Sage von *Wieland dem Schmied*, welche mir durch die *Simrock*sche Bearbeitung dieses Gegenstandes aus der Wilkyna-Saga nahegetreten war. Ich arbeitete einen vollständigen szenischen Entwurf mit bereits genauer Dialogisierung für drei Akte aus und glaubte mich nun unter Seufzen entschließen zu können, diesen meinem Pariser Autor zur Bearbeitung zu übergeben. Die Wege zu einigem Bekanntwerden meiner Musik in Paris glaubte *Liszt* durch sein Einvernehmen mit dem Dirigenten der damals dort bestehenden »Concerts de St. Cécile«, Herrn *Seghers*, angebahnt zu haben. Im Januar des neuen Jahres sollte von ihm die »Tannhäuser«-Ouvertüre aufgeführt werden, und es schien nun erforderlich, daß ich um diese Zeit dort bereits anwesend sei. Dem meiner Mittellosigkeit wegen an sich so schwierig auszuführenden Unternehmen entstand andrerseits eine sehr unerwartete Förderung. Wohl hatte ich mich nach jeder sonst befreundeten Seite in der Heimat um einige Hilfe für mich gewendet, jedoch vergebens. Namentlich von der Familie meines Bruders *Albert*, dessen Tochter jetzt in eine glänzende theatralische Karriere eintrat, erfuhr ich die Behandlung, wie man sie einem schadhaften Gliede erweist, vor dessen Ansteckung man sich zu bewahren sucht. Dagegen eröffnete sich mir in rührender Weise die begeisterte Anhänglichkeit der in Dresden zurückgebliebenen Familie *Ritter*, mit welcher ich bisher nur durch den jungen *Karl* in eine vorübergehende Berührung getreten war. Durch meinen alten Freund *Heine* von meiner Lage benachrichtigt, hatte sich Frau *Julie Ritter*, die ehrwürdige Mutter des Hauses, sofort verpflichtet gefühlt, mir durch einen Geschäftsfreund die Summe von 500 Talern zur Verfügung zu stellen. Um dieselbe Zeit erhielt ich aus Bordeaux einen Brief jener Mme *Laussot*, welche mich im vergangenen Jahre in Dresden besucht hatte und die nun in wohltätig rührenden Ausdrücken mir ihre fortgesetzte Teilnahme bezeigte. Es waren dies die ersten Symptome einer neuen Phase, in welche von jetzt an mein Leben treten sollte und in welcher ich mich gewöhnte, mein äußeres Schicksal von inneren Bestimmungen abhängig zu wissen, welche mich dem Kreise der bisher empfundenen häuslichen Enge entziehen sollten. Für jetzt hatte diese Hilfe fast etwas Bitteres für mich, da sie mir nun jeden Vorwand benahm, mit welchem ich immer noch geneigt war, gegen die Ausführung des verhaßten Pariser Unternehmens anzukämpfen. Als ich jedoch gerade aus dieser günstigen Wendung den Grund entnahm, meiner Frau vorzustellen, daß wir am Ende doch auch in Zürich auskommen dürften, geriet sie völlig außer sich über meine Schwäche und Verzagtheit; sie erklärte, wenn ich nicht allen Ernstes versuchte, es in Paris zu etwas Ordentlichem zu bringen, sie an mir verzweifeln und nicht zusehen würde, wie ich in Zürich als elender Schriftsteller und Dirigent von Winkelkonzerten jämmerlich verkäme. Wir waren in das Jahr 1850 getreten, und was zunächst die endlich von mir, um nur Ruhe zu haben, beschlossene Abreise nach Paris noch verzögerte, war mein sehr peinliches Unwohlsein. Die Rückwirkung der ungemeinen Aufregung der letzten Zeiten auf meine Nerven war nicht ausgeblieben, der großen und andauernden Überreizung schien die entsprechende Abspannung zu folgen. Beständige Erkältungen in der ungesunden Wohnung, in welcher ich anhaltend über meinen Arbeiten gesessen, führten beunruhigende Symptome herbei. Eine anscheinende Schwäche der Brust stellte sich ein, gegen welche ein politisch flüchtiger Arzt unter andrem mit Pechpflaster verfahren zu müssen glaubte: infolge dessen und der aufreizenden Wirkung davon auf meine Nerven verlor ich längere Zeit die Fähigkeit, laut zu sprechen; dennoch hieß es, ich müsse fort. Als ich ausgehen sollte, um mein Postbillett zur Reise zu lösen, fühlte ich mich so matt, daß ich unter heftigem Schweiße zusammenbrach und noch einmal umkehrte, um meiner Frau vorzustellen, ob es denn nicht doch vernünftiger sei, daß ich unter diesen Umständen die Reise aufgäbe. Sie sah nicht ganz unrichtig, als sie in meinem krankhaften Zustande nichts eigentlich Gefährliches erkannte und meinte, daß dabei viel auf Einbildung beruhe, und wenn ich nur erst am rechten Orte sei, ich mich bald besser fühlen werde. Ein unsäglich bitteres Gefühl stimulierte schon jetzt meine Nerven, als ich mit verzweifelt heftigen Schritten aus dem Hause mich nach der Post begab, um das verhängnisvolle Billett zu lösen. In den ersten Tagen des Februar reiste ich wirklich nach Paris ab, jedoch mit sonderbaren Empfindungen, die, wenn in ihnen Hoffnung keimte, diese jedenfalls aus einer ganz andren Sphäre meines Inneren nährten als aus dem äußerlich mir aufgedrungenen Glauben an einen Pariser Erfolg als Opernkomponist.

Meine erste Sorge war, mir eine geräuschlos gelegene Wohnung zu verschaffen, was von jetzt an überhaupt eine der wichtigsten Erfordernisse für jede meiner Niederlassungen wurde. Der Kutscher, der mich von Straße zu Straße durch abgelegene Quartiere fahren mußte, dem ich aber schließlich vorzuwerfen hatte, daß es dort immer noch zu lebhaft sei, um still zu wohnen, entgegnete mir verweisend: dazu komme man nicht nach Paris, um in einem Kloster zu wohnen. Endlich geriet ich auf den Ausweg, in einer der *Cités*, durch welche keine Wagen fahren, nachzusehen, und bestimmte mich endlich, in der *Cité de Provence*, rue de Provence, eine Stube mit Kammer zu mieten. Getreu dem mir aufgedrungenen Vorhaben, suchte ich zuerst Herrn *Seghers* wegen der beabsichtigten Aufführung der »Tannhäuser«-Ouvertüre auf. Da hatte ich denn durch meine verspätete Ankunft durchaus noch gar nichts versäumt, denn man zerbrach sich eben noch den Kopf darüber, wie man die zur Ouvertüre nötigen Orchesterstimmen herbeischaffen sollte. Ich hatte darüber an *Liszt* zu schreiben, die Kopie zu bestellen und die Zusendung abzuwarten. *Belloni* war nicht gegenwärtig; nichts konnte vor sich gehen, und ich hatte wieder Zeit, in meiner immerhin von den Leierkästen stark belästigten Cité über den Zweck meines Pariser Aufenthaltes nachzudenken. Es war mir schwer, einem Agenten des Ministeriums des Innern, welcher sich alsbald bei mir einfand, um meiner bedenklichen Eigenschaft als politischer Flüchtling wegen nach diesem Zwecke sich zu erkundigen, die rein künstlerische Bedeutung desselben zu dokumentieren. Zum Glück imponierte ihm meine Partitur, welche ich ihm vorwies, so wie auch *Liszts* vorjähriger Artikel über die *»Tannhäuser«-Ouvertüre* im *Journal des Débats* genügend, um mich schließlich mit der Einladung zu verlassen, mit ruhigem Eifer meinen friedlichen Unternehmungen, in welchen mich die Polizei durchaus nicht stören würde, nachzuhängen.

Doch auch meine älteren Pariser Bekannten suchte ich nun wieder auf.

Semper traf ich in der gastfreien Wohnung *Despléchins* an, wo er mit verschiedenen untergeordneten künstlerischen Arbeiten seine gestörte Lage sich erträglich zu machen suchte. Seine Familie hatte er noch in Dresden zurückgelassen, von woher nur die abschreckendsten Nachrichten zu uns gelangten. Dort begannen sich allmählich die Zuchthäuser mit den unglücklichen Opfern der letzten sächsischen Bewegung zu füllen. Von *Röckel, Bakunin* und *Heubner* war nichts andres zu erfahren, als daß sie, um Hochverrat angeklagt, einer Verurteilung zum Tode entgegensahen. Mancherlei Berichte über die Roheiten und Grausamkeiten, welche von seiten des Militärs gegen Gefangene verübt worden waren, ließen uns unsre gegenwärtige Lage immer noch als eine besonders günstige erkennen. Mit *Semper*, den ich häufig sah, belebte sich der Umgang meist zu einem oft verwogenen Humor; er war entschlossen, sich mit seiner Familie in London, wo ihm Aussichten auf verschiedene Bestellungen eröffnet waren, zu vereinigen. Meine neuesten schriftstellerischen Versuche und die in ihnen ausgesprochenen Gedanken interessierten ihn sehr; es kam darüber zu belebten Unterhaltungen, zu denen sich anfänglich erheiternd, endlich aber *Semper* sehr belästigend, auch *Kietz* einfand. Diesen hatte ich buchstäblich in der Lage wieder angetroffen, in welcher ich ihn vor langen Jahren verließ: er fand sich immer mit seinen Pinseln noch nicht zurecht und hätte eigentlich gewünscht, daß die Revolution einen entschiedeneren Ausgang genommen hätte, um unter der Begünstigung eines allgemeinen Zusammenbruches aus seinem peinlichen Verhältnisse zu seinem Hauswirt zu geraten. Doch brachte er ein recht artiges Porträt von mir in seiner allerersten Jugendmanier mit buntem Bleistift zustande; bei dieser Gelegenheit hatte ich ihm leider das Kunstwerk der Zukunft zu erklären und verursachte dadurch eine langjährige Konfusion, welcher er dadurch verfiel, daß er überall, selbst bei einigen Pariser Bourgeois, wo er Freitische hatte, Propaganda für mich machen wollte. Außerdem war er der alte, gute, grundgefällige und treuherzige Mensch geblieben, und selbst *Semper* mußte ihn lächelnd zu ertragen lernen. Auch meinen bereits sehr gealterten Freund *Anders* trieb ich wieder auf, was jederzeit ziemlich schwer war, da er außer der Schlafenszeit nur in der Bibliothek, wo er niemand empfangen durfte, eingeschlossen war, dann im Lesekabinett seine Erholungsstunden verdämmerte und sein Diner gewöhnlich bei einigen Bürgerfamilien, in welchen er Klavierunterricht erteilte, einnahm. Doch freute ich mich, ihn verhältnismäßig weit gesünder anzutreffen, als ich bei meinem früheren Fortgange von Paris gehofft hatte, da er mir damals der Auszehrung entgegenzugehen schien. Sonderbarerweise war ihm ein Beinbruch für die Herstellung seiner Gesundheit dienlich geworden; die Behandlung desselben führte ihn nämlich einer Wasserheilanstalt zu, welche dem ganzen Gesundheitszustande äußerst vorteilhaft gewesen war. Alles, was ihm im Sinne lag, war einzig, mich noch zu einem großen Sukzeß in Paris kommen zu sehen, und eifrig versicherte er sich im voraus eines besonders bequemen Platzes zur ersten Aufführung meines in irgendwelcher Weise zu erwartenden Werkes, da, wie er stets wiederholte, es ihm sehr beschwerlich sei, einen Platz einzunehmen, wo er gedrängt werden könnte. Den Nutzen meiner gegenwärtigen schriftstellerischen Arbeiten glaubte er nicht einsehen zu können; dennoch beschäftigten diese mich wieder ausschließlich, da mir bald kund ward, daß es nicht einmal zu der Aufführung der »Tannhäuser«-Ouvertüre kommen könnte. Eifrigst hatte zwar *Liszt* die Orchesterstimmen besorgt und zugeschickt; doch erklärte mir nun Herr *Seghers*, er befinde sich bei seinem Orchester in einer demokratischen Republik, wo alles gleich stimmberechtigt sei, und die Stimmen desselben hätten sich dahin vereinigt, für den Rest der ablaufenden Wintersaison sich ohne meine Ouvertüre zu behelfen. Ich entnahm mir aus dieser Wendung genug, um meine elende Lage zu erkennen. – Allerdings machte ich auch an dem Erfolg meiner Schriftstellerei keine ermutigende Erfahrung; ein von gräßlichen Druckfehlern strotzendes Exemplar der *Wigand*schen Ausgabe meines »Kunstwerk der Zukunft« gelangte zu mir; statt des erwarteten Honorars von 20 Louisdor erklärte mir jedoch mein Verleger, daß er mir für jetzt nur die Hälfte zahlen könnte; er habe sich durch einen anfänglich raschen Absatz der Exemplare von »Kunst und Revolution« verleiten lassen, meinen Schriften einen zu hohen buchhändlerischen Wert beizumessen, worüber ihn alsbald die gänzlich ausbleibende Nachfrage nach meiner zweiten Broschüre, »Die Wibelungen«, belehrt habe. – Dagegen erhielt ich allerdings von *Adolph Kolatschek*, welcher, ebenfalls im flüchtigen Zustande, eine deutsche Monatsschrift als Organ der Fortschrittspartei herauszugeben im Begriff stand, die Einladung zu gut zu honorierender Mitarbeit. Ich verfaßte, um dieser Einladung zu entsprechen, den größeren Aufsatz über »Kunst und Klima«, womit ich die in meinem »Kunstwerk der Zukunft« gegebenen Anregungen zu vervollständigen glaubte. Außerdem hatte ich nach meiner Ankunft in Paris erst den vollständigen Entwurf zu »Wieland der Schmied« ausgearbeitet. Diese Arbeit war nun allerdings ganz unnütz geworden, und mit Grauen überlegte ich mir, was ich jetzt meiner Frau nach Hause schreiben sollte, nachdem die kostbaren, zuletzt empfangenen Subsidien so gänzlich zwecklos aufgeopfert waren. Mit Grauen dachte ich an eine Rückkehr nach Zürich sowie an einen ferneren Aufenthalt in Paris. Was in betreff des letzteren mein Gefühl noch sonderbar entscheidend bestimmte, war der Eindruck einer Aufführung des damals noch neuen »Propheten« von *Meyerbeer*, welchen ich noch nicht kannte. Auf den Trümmern aller Hoffnungen für einen neuen und edeln Aufschwung, wie er im vergangenen Jahre alle Besseren belebt hatte, sah ich hier, als einzigen Erfolg einer auf Kunsttendenzen gerichteten Negoziation der provisorischen Regierung der französischen Republik, dieses Werk *Meyerbeers* gleichsam wie die Morgenröte des nun angebrochenen schmachvollen Tages der Ernüchterung über die Welt dahinleuchten. Mir ward so übel von dieser Aufführung, daß ich, unglücklicherweise in der Mitte des Parketts plaziert, dennoch die stets gern vermiedene Bewegung nicht scheute, welche durch das Fortgehen während eines Aktes seitens eines Zuhörers hervorgerufen wird. Es kam aber in dieser Oper, als die berühmte »Mutter« des Propheten ihren Schmerz in den bekannten albernen Rouladen verarbeitete, darüber, daß ich genötigt sein sollte so etwas anzuhören, zu einem wirklich verzweiflungsvollen Wutausbruch in mir. Nie vermochte ich je wieder diesem Werke die geringste Beachtung zu schenken.

Doch was war nun anzufangen? Hatten während meines ersten drangsalreichen Pariser Aufenthaltes mich die Südamerikanischen Republiken angezogen, so warf sich diesmal meine Sehnsucht auf den Orient, um dort in irgendeiner menschenwürdigen Weise, nichts mehr wissend von dieser ganzen modernen Welt, zu ersterben. In dieser Stimmung hatte ich eine erneuete Anfrage nach meinem Befinden von seiten der Frau *Laussot* aus Bordeaux zu beantworten. Meine Erwiderung fiel so aus, daß sie die dringende und freundliche Einladung, mindestens für kurze Zeit in ihrem Hause mich zu erholen und die augenblicklichen Widerwärtigkeiten zu vergessen, veranlaßte. Unter allen Umständen zog mich ein Ausflug in mir noch unbekannte südlichere Gegenden, zu ebenso unbekannten und ernstlich gewogenen Menschen wohltätig schmeichelhaft an; ich sagte zu, schloß meine Pariser Rechnung und machte mich in der Diligence auf, um über Orléans, Tours, Angoulême, die Gironde hinab mich nach der fremden Stadt zu wenden, wo ich wirklich im Hause des jungen Weinhändlers *Eugène Laussot* mit Auszeichnung und großer Freundlichkeit empfangen und meiner jungen mitleidigen Freundin, seiner Frau, zugeführt wurde.

Unsere nähere Bekanntschaft, zu welcher nun auch die Mutter der Frau *Laussot*, Mme *Taylor* gehörte, führte zuvörderst zu näheren Aufklärungen über den Charakter der Teilnahme, welche mir auf so freundlich überraschende Weise von bisher ganz entferntstehenden Personen zugewendet worden war. *Jessie*, bei diesem ihrem Vornamen wurde die junge Frau nur im Hause genannt, hatte sich während ihres vorhergehenden längeren Aufenthaltes in Dresden mit der Familie *Ritter* sehr nahe befreundet, und den Versicherungen, daß namentlich dem Interesse an meinen Werken und Schicksalen viel Anteil daran zuzusprechen war, hatte ich keinen Grund meinen Glauben zu versagen. Seit meiner Vertreibung aus Dresden und seitdem Nachrichten über meine beschwerliche Lage an die Familie *Ritter* gelangt waren, hatte man sich zwischen Dresden und Bordeaux zur Beratung darüber in Verbindung gesetzt, wie mir zu helfen sei. *Jessie* sprach die sehr dringliche Initiative hierfür einzig der Frau *Julie Ritter* zu, deren Vermögensumstände nicht ergiebig genug waren, um für sich allein mir eine genügende Subvention anzubieten, und die deshalb mit *Jessies* Mutter, der ziemlich bemittelten Witwe eines englischen Advokaten, aus deren Vermögen einzig auch die Haushaltung des jungen Paares in Bordeaux bestritten wurde, sich in Einvernehmen zu setzen suchte. Dies war neuerdings so weit gediehen, daß bald nach meiner Ankunft in Bordeaux Mme *Taylor* mir eröffnete, daß die beiden vereinigten Familien sich dahin bestimmt hätten, mich zu bitten, bis zur Wiederherstellung günstigerer Lebensverhältnisse eine Unterstützung von 3000 Francs jährlich von ihnen anzunehmen. Es lag mir nun einzig daran, meine Wohltäter darüber aufzuklären, welche Bewandtnis es damit habe, wenn ich diese Unterstützung annähme. Auf Erfolg als Opernkomponist, weder in Paris noch sonstwo, sei bei mir nicht mehr zu rechnen; was ich dagegen ergreifen würde, wisse ich nicht; jedenfalls aber sei ich entschlossen, mich von der Schmach frei zu erhalten, mit welcher eine Bemühung um solche Erfolge fortan mein Leben beflecken müßte. Gewiß irre ich nicht, wenn ich annehme, daß nur *Jessie* mich verstand, und obwohl ich von der anderen Seite nur Freundliches erfuhr, stellte sich doch sehr bald die Kluft heraus, die mich wie sie von ihrer Mutter und ihrem Manne trennte. Während der junge schöne Mann den größten Teil des Tages über seinen Geschäften nachging, die Mutter aber durch Schwerhörigkeit von unserer Unterhaltung meistens ausgeschlossen wurde, gedieh unsere Verständigung über vieles und Entscheidendes in lebhafter Mitteilung bald zu großer Vertraulichkeit. *Jessie*, damals ungefähr 22 Jahre alt, schien, da sie ihrer Mutter in jeder Hinsicht wenig ähnelte, gänzlich dem Vater nachgeschlagen zu sein. Von diesem erfuhr ich viel Einnehmendes. Eine große, sehr mannigfaltige Bibliothek, welche er der Tochter hinterlassen hatte, zeugte von den ungewöhnlichen Neigungen des Mannes, der neben seiner einträglichen Advokatur mit großer Vorliebe einer gewählten Beschäftigung mit Literatur und Gelehrsamkeit sich hingegeben hatte. Von ihm hatte *Jessie* schon als Kind auch das Deutsche erlernt, welches sie mit größter Fertigkeit sprach. Mit *Grimms* Kindermärchen war sie aufgezogen worden und des weiteren mit der poetischen Literatur der Deutschen vollkommen bekannt, während sie, wie natürlich, mit dem Englischen sowie nicht minder auch mit dem von ihr übrigens geringgeschätzten Französischen nach den vollsten Anforderungen einer sehr entwickelten Bildung vertraut war. Ihre schnelle Rezeptivität war erstaunlich; alles, was ich kaum berührte, war ihr sogleich und wie es schien genau vertraut. So war es auch mit der Musik der Fall; sie las mit der größten Leichtigkeit und spielte mit bedeutender Fertigkeit, so daß sie mich, von dem sie in Dresden erfahren hatte, daß ich noch immer nach einem Klavierspieler suchte, der mir einmal die große B-Dur-Sonate von *Beethoven* vorspielen sollte, jetzt wirklich durch den vollständigen Vortrag dieses über alles schwierigen Klavierstückes überraschte. Das Gefühl, das mir die Wahrnehmung dieser ungemein leichten Begabung und der Leistung derselben machte, ward mir plötzlich beängstigend, als ich sie auch singen hörte. Ein scharfer, schriller Falsett-Ton, in welchem Heftigkeit, durchaus aber kein eigentliches Gefühl zum Vorschein kam, erschreckte mich so sehr, daß ich nicht umhin konnte, sie zu ersuchen, vom Singen fernerhin abzustehen. Im Vortrag der Sonaten nahm sie willig und eifrig meine Belehrungen über den richtigen Ausdruck an, ohne jedoch in mir das Gefühl zu erwecken, daß sie es dazu bringen würde, dies ganz nach meinem Sinne auszuführen. Ich las ihr meine neuen schriftstellerischen Arbeiten vor, denen sie mit leichtestem Verständnis selbst der gewagtesten Darstellungen zu folgen schien. Meine Dichtung von »Siegfrieds Tod« ergriff sie sehr, der Skizze zu »Wieland dem Schmied« gab sie aber den Vorzug. Sie gestand mir späterhin, daß sie ihr persönliches Schicksal lieber in der Rolle der hilfreichen Schwanenbraut *Wielands* als in der Stellung und dem Lose *Gutrunes* zu *Siegfried* wiedererkennen möchte. Es konnte nicht ausbleiben, daß wir für unsre Unterhaltungen und die darin besprochenen Gegenstände uns bald von unsrer Umgebung belästigt fühlten. War es für uns beängstigend, uns eingestehen zu müssen, daß Mme *Taylor* offenbar nie imstande sein würde zu begreifen, um was es sich bei meiner Protektion handle, so war es mir besonders erschreckend, mit der Zeit die gänzliche Übereinstimmung namentlich der intellektualen Eigenschaften des jungen Ehepaars wahrzunehmen. Es deutete offenbar auf eine seit längerer Zeit von seiten *Laussots* wahrgenommene Abneigung seiner jungen Frau gegen ihn, wenn eines Tages er so weit sich vergaß, laut und heftig sich darüber zu beklagen, daß sie selbst das Kind nicht lieben würde, welches sie von ihm empfangen haben dürfte, weshalb er es für ein Glück zu halten habe, daß sie nicht Mutter geworden sei. Staunend und betrübt sah ich hier plötzlich in einen Abgrund, wie er allerdings so oft, gleich wie hier, sich unter dem Anschein eines ganz erträglichen ehelichen Verhältnisses verbirgt. In dieser Zeit und als mein Aufenthalt sich nach drei Wochen seinem Ende näherte, kam auch ein Brief meiner Frau an, der nicht unglücklicher auf meine Stimmung hätte wirken können; sie war im ganzen damit zufrieden, neue Freunde gefunden zu haben, erklärte aber, daß, wenn ich nicht noch alsbald nach Paris ginge, um dort die Aufführung meiner Ouvertüre und die davon verhofften Erfolge auf das eifrigste zu betreiben, sie nicht wüßte, was sie von mir denken sollte, und jedenfalls mich nicht begreifen würde, wenn ich so unverrichteterdinge nach Zürich zurückkäme. Zugleich erhielt meine Stimmung noch eine sehr pathetische Steigerung durch eine Zeitungsnotiz, welche mir das gefällte Todesurteil über *Röckel*, *Bakunin* und *Heubner* und dessen nächst bevorstehende Vollstreckung anzeigte. Ich schrieb an die beiden ersteren Freunde einen lakonischen aber ebenso energischen Abschiedsbrief, und da ich keine Möglichkeit ersah, dies Schreiben den auf der Festung Königstein Gefangenen zukommen zu lassen, geriet ich auf den Gedanken, ihn an Frau *von Lüttichau* zur Besorgung abzuschicken, weil ich sie für die einzige Person hielt, in deren Macht die richtige Bestellung liegen könnte, während sie andrerseits genug Edelmut und selbständigen Sinn besitzen durfte, um trotz aller möglichen Meinungsverschiedenheit meinen Wunsch zu achten und ihm Erfüllung zu verschaffen. Von diesem Brief ist mir später erzählt worden, daß Herr *von Lüttichau* sich seiner bemächtigt und ihn in den Ofen geworfen habe. Für jetzt half auch dieser schmerzliche Eindruck, um mich zu dem Entschlusse zu bringen, mit allem und jedem hinter mir zu brechen, weder von Kunst noch Leben mehr etwas wissen zu wollen und, sei es auch unter den äußersten Entbehrungen, mich aufs Geratewohl in das Unerreichbare zu verlieren. Von der kleinen, durch meine neuen Freunde mir zugewiesenen Rente wollte ich die Hälfte meiner Frau zuweisen, um mit der anderen mich, wie es gehe, in Griechenland oder Klein-Asien, Gott weiß unter welcher Gestalt, in das Vergessen und Vergessensein zu werfen. Dies teilte ich denn meiner jetzigen einzigen Vertrauten mit, namentlich auch um sie wissen zu lassen, daß sie bei meinen Gönnern es zu vermitteln habe, über die Verwendung der mir angebotenen Subvention Aufklärung zu verschaffen. Sie schien freudig hiervon betroffen zu sein, und der Entschluß, sich in ein gleiches Schicksal zu werfen, schien auch ihr aus empfundenem Widerwillen gegen ihre Lebenslage leicht anzukommen. Dies sprach sich in Andeutungen und in kurz hingeworfenen Worten aus. Ohne deutlich zu wissen, wozu auch dies führen sollte, und ohne irgendwelche Übereinkunft getroffen zu haben, verließ ich, weniger beruhigt als aufgeregt, aber mit Bedauern und Bangigkeit in den letzten Tagen des April Bordeaux, um betäubt, gänzlich ungewiß über das zunächst zu Ergreifende, für das erste nach Paris zurückzureisen.

In sehr leidendem Zustande, durch stete Schlaflosigkeit zugleich ermüdet und aufgeregt, verbrachte ich dort angekommen acht Tage im Hotel *Valois*, um nach Fassung in meiner exzentrischen Lage zu ringen. Hätte ich selbst die Pläne, welche mich gewaltsam nach Paris geführt hatten, wieder aufnehmen wollen, so überzeugte ich mich bald, daß zunächst gar nichts hierfür zu tun sei. Meine Betrübnis über die Vergeudung meiner Lebenskräfte in einer mir widerwärtigen Richtung, zur bloßen Befriedigung unverständiger Anforderungen an mich, steigerte sich zum Ingrimm. Ich mußte endlich meiner Frau auf ihr letztes Andringen Antwort geben und erklärte ihr nun in einem sehr ausführlichen, wohlwollend aber unumwunden unser ganzes gemeinsames Leben rekapitulierenden Schreiben, daß ich zu dem festen Entschlusse gekommen sei, sie ferner von der unmittelbaren Teilnahme an meinem Schicksale zu entbinden, da ich dieses nach ihrem Gutfinden einzurichten mich für gänzlich unfähig hielt. Von allem, was mir jetzt und je in Zukunft an Mitteln zufließen sollte, werde ihr stets die Hälfte überlassen sein; sie möge sich hierein fügen und annehmen, daß der Fall eingetreten sei, für welchen sie mir beim ersten Wiedersehen in der Schweiz ihre erneuete Trennung von mir angekündigt habe. Ich überwand es, vollständig von ihr Abschied zu nehmen. Hiervon gab ich sogleich Nachricht an *Jessie* nach Bordeaux, ohne allerdings, da ich in betreff der Mittel noch zu sehr beengt war, einen bestimmten Plan meines Vorhabens für meine gänzliche Flucht aus der Welt, wie ich es nennen mußte, angeben zu können. Ich erhielt als Erwiderung von dieser Seite her die bestimmte Erklärung, zu dem gleichen Schritte entschlossen zu sein, und dabei die Anrufung meines Schutzes, unter den sie sich, wenn sie sich vollkommen befreit haben würde, zu stellen beabsichtige. Sehr erschrocken, ließ ich es an nichts fehlen, um ihr die Vorstellung dessen zu erwecken, daß es ein anderes sei, ob ein in so verzweifelter und widerwärtiger Lage befindlicher Mensch wie ich der Unmöglichkeit gegenüber zum Sich-gehen-lassen sich bestimmt fühle, oder ob eine junge Frau sich aus einem jedenfalls äußerlich durchaus wohlgeordneten Familienverhältnisse aus dem einzigen Grunde, den niemand außer wohl ich zu begreifen imstande sei, wild herauszureißen sich entschließe. Sie beruhigte mich in betreff des Exzentrischen ihres Entschlusses, daß dieser in äußerlich wenig auffallender Art ausgeführt werden solle, da sie zunächst nichts andres als einen Besuch bei der ihr befreundeten Familie *Ritter* in Dresden durchzusetzen gedächte. Ich fühlte mich von diesem allen so ungemein angegriffen, daß ich zunächst dem Bedürfnis, mich in eine nicht weit abliegende Einsamkeit zurückzuziehen, nachgab. Mitte April begab ich mich nach *Montmorency*, von dem ich viel Anmutiges gehört hatte, und suchte mir dort ein bescheidenes Versteck auf. Mühselig schlich ich mich durch die noch ganz winterliche Landschaft außerhalb der kleinen Stadt dahin und kehrte in dem kleinen Gärtchen eines *marchand de vin*, welches sich nur des Sonntags mit Besuchern zu füllen pflegte, ein, um mich bei Brot, Käse und einer Flasche Wein zu erholen. Es versammelte sich eine Schar Hühner um mich, denen ich fleißig von meinem Brote zuwarf; der Hahn rührte mich durch seine aufopfernde Enthaltsamkeit, mit welcher er jede Nahrung, trotzdem ich sie ihm besonders zuwarf, nur den Weibchen zuwies. Diese wurden aber immer kühner, flogen auf meinen Tisch und machten sich ungescheut über meine Provision her; auch der Hahn flog ihnen nach, und da er bemerkte, daß nun doch einmal alles drunter und drüber ging, so warf auch er sich mit langverhaltener Begier geradenwegs über den Käse her. Wie ich dieses flatternde Chaos mich endlich vollständig von dem Tische verdrängen sah, brach seit lange zum ersten Male wieder eine große Heiterkeit in mir aus; ich mußte laut lachen und blickte mich nach dem Wirtshausschilde um. Da sah ich denn auch, daß mein Gastgeber *Homo* hieß. Das war mir denn nun ein Schicksalswink: um jeden Preis mußte ich hier mein Unterkommen suchen; es fand sich ein merkwürdig kleines und schmales Schlafzimmer, welches ich sofort in Beschlag nahm. Darin stand außer dem Bett ein roher Tisch und zwei Strohsessel. Ich richtete mir den einen davon als Waschtoilette her, und auf dem Tische breitete ich einige Bücher, Schreibmaterialien und die Partitur des »Lohengrin« aus. Fast war ich im Begriffe, bei dieser höchsten Beschränkung behaglich aufzuatmen; trotzdem die Witterung ungünstig blieb und die unbelaubten Wäldchen mir nur noch unerquickliche Promenaden lieferten, fühlte ich mich hier doch in der Möglichkeit, vollständig vergessen zu werden und nicht minder alle Vorstellungen, die mich zuletzt so trostlos beängstigt hatten, ebenfalls zu vergessen. Der alte Kunsttrieb erwachte; ich blätterte in meiner »Lohengrin«-Partitur und entschloß mich schnell, sie an *Liszt* abzuschicken, um es ihm anheimzustellen, so gut oder übel es ihm gelingen könne, sie ausführen zu lassen. Nun ich auch diese Partitur los war, fühlte ich mich so recht wie vogelfrei, und eine diogenische Unbesorgtheit über das, was mit mir vorgehen sollte, kam über mich. So lud ich selbst *Kietz* ein, mich in Montmorency zu besuchen, um die Freuden meiner Villegiatur zu teilen. Wirklich kam er noch an wie damals nach Meudon; nur fand er diesmal meine Einrichtung noch bescheidener als damals. Doch machte er Diner und Nachtlager auf einem improvisierten Bett sehr vergnügt mit und versprach sich, als er wieder nach Paris zurückging, die Welt mit mir in Rapport zu erhalten. – Aus diesem Zustande wurde ich plötzlich aufgeschreckt durch die Nachricht, daß meine Frau in Paris angekommen sei, um mich aufzusuchen. Ich hatte eine schmerzliche Stunde lang mit mir zu kämpfen, welchen Entschluß ich zu fassen habe: ich entschied mich dafür, meinen Schritt nicht etwa als eine in gutmütiger Aufwallung andrerseits zu verzeihende Übereilung gelten zu lassen, verließ sofort Montmorency, begab mich nach Paris, zitierte *Kietz* in mein Hotel und bestimmte ihn, meiner Frau, welche schon den Versuch gemacht hatte, zu ihm zu dringen, zu verschweigen, daß er etwas andres von mir wisse, als daß ich Paris verlassen hätte. Bei dieser Gelegenheit kam der arme Bursch, der andrerseits, wie ich selbst, *Minna* das herzlichste Mitleiden nicht versagen konnte, in die beschwerlichste Verwirrung, so daß er mir erklärte, »er käme sich wie die Achse vor, um welche sich alles Unglück der Welt drehe«. Doch scheint er im richtigen Gefühle der Bedeutung und Schwere meines Entschlusses, wie es hier nötig war, klug doch gefühlvoll seiner nicht leichten Aufgabe nachgekommen zu sein. Ich verließ noch in der Nacht Paris mit der Eisenbahn, um von Clermont-Tonnerre, wo ich wiederum einige Zeit zubringen mußte, für das erste nach *Genf* zu reisen, wo ich Nachrichten von Frau *Ritter* aus Dresden abwarten wollte. – Meine Erschöpfung war so groß, daß ich an den Angriff eines größeren Reiseunternehmens, selbst wenn ich mit den hinreichenden Mitteln dazu versehen gewesen wäre, nicht sofort denken konnte. Um für das nötige Abwarten einige Zeit zu gewinnen, zog ich mich an das andre Ende des Genfer Sees, nach Villeneuve zurück, wo ich in dem um diese Jahreszeit noch gänzlich leerstehenden Hotel *Byron* ein leichtes Unterkommen fand. Dort erfuhr ich, daß *Karl Ritter*, wie er schon früher mir angekündigt, in Zürich angekommen sei, um dort bei mir zu verweilen. Ich zitierte ihn mit der Anempfehlung strengster Verschwiegenheit zu mir an den Genfer See, wo wir uns in der zweiten Woche des Mai eben in jenem Hotel *Byron* vereinigten. Mir gefiel an ihm die unbedingte Ergebenheit, das schnelle Verständnis meiner Lage und der Notwendigkeit meiner Entschlüsse sowie sein leichtes Eingehen, ohne viele Reden, auf alle meine Anordnungen auch in seinem Betreff. Er war von meinen neuesten schriftstellerischen Arbeiten ganz erfüllt, sprach mir von dem lebhaften Eindrucke, den sie auf seine Bekannten hervorgebracht, und veranlaßte mich dadurch, die wenigen Ruhetage, die ich jetzt genoß, zur Herausgabe meiner Dichtung von »Siegfrieds Tod« zu verwenden. Ich schrieb dazu ein kurzes Vorwort, in welchem ich meinen Freunden dieses Gedicht als eine Reliquie aus der Zeit empfahl, wo ich noch mit rein künstlerischen Arbeiten, namentlich mit musikalischen Kompositionen mich beschäftigen zu können verhoffte. Dies Manuskript schickte ich abermals Herrn *Wigand* nach Leipzig zu, welcher mir es jedoch nach einiger Zeit mit dem Bemerken wieder zustellte, daß, namentlich wenn ich auf dem Druck desselben mit lateinischen Buchstaben bestünde, er kein Exemplar davon verkaufen würde. Später erfuhr ich auch, daß er die für das »Kunstwerk der Zukunft« mir noch gebührenden 10 *Louisdor*, welche ich ihn meiner Frau zuzustellen angewiesen hatte, hartnäckig auszuzahlen verweigerte.

So unerquicklich alles nach dieser Seite für mich blieb, so durfte ich für jetzt doch noch in keiner Weise an irgendwelches Befassen mit einer Arbeit denken, da, nur wenige Tage nach *Karls* Ankunft, aus der realen Sphäre des Lebens die allerbedenklichsten Angriffe auf meine Gemütsruhe unerwartet sich kundgaben. Frau *Laussot* zeigte mir in aufgeregtester Weise an, daß sie nicht umhin gekonnt habe, ihrer Mutter ihre Absichten zu eröffnen, daß sie hierdurch sofort die Annahme erweckt habe, daß Absichten meinerseits hierbei im Spiele seien, welcher zufolge ihre Eröffnung an Herrn *Laussot* weitergegangen wäre und dieser nun schwöre, mich überall aufzusuchen, um mir eine Kugel durch den Kopf zu schießen. Ich wußte nun, woran ich war, und beschloß, sofort nach *Bordeaux* zu reisen, um die Sache mit meinem Gegner bestimmt in Ordnung zu bringen. Sogleich setzte ich mich hin und schrieb einen ausführlichen Brief an Herrn *Eugène*, um ihm den Stand der Dinge nach ihrem rechten Lichte begreiflich zu machen, wobei ich allerdings die Ansicht nicht zurückhielt, daß ich nicht begriffe, wie es ein Mann über sich bringen könne, eine Frau, die nichts von ihm wissen wolle, mit Gewalt bei sich zurückzuhalten. Schließlich meldete ich ihm, daß ich mit diesem Brief gleichzeitig in Bordeaux selbst eintreffen und sofort nach meiner Ankunft das Hotel anzeigen würde, in welchem er mich aufzufinden habe; außerdem, daß seine Frau von diesem meinem Schritte ausdrücklich unbenachrichtigt bliebe und er somit in voller Unbefangenheit handeln könne. Wie es der Wahrheit gemäß war, verschwieg ich ihm auch nicht, daß ich diese Reise unter großen Erschwerungen unternähme, da ich mir selbst nicht die Zeit gönnen zu dürfen glaubte, meinen Paß durch das gehörige Visum des französischen Gesandten zum Eintritt in Frankreich gültig zu machen. An Frau *Laussot* schrieb ich gleichzeitig wenige Zeilen, in welchen ich ihr allgemeinhin Ruhe und Fassung zurief, getreu meinem Vorsatze aber selbst die mindeste Andeutung einer Ortsveränderung meinerseits unterließ. (Als ich nach Jahren einmal *Liszt* diese Geschichte mitteilte, äußerte er, daß ich darin sehr dumm verfahren habe, die Frau nicht gleichzeitig von meinem Vorhaben zu benachrichtigen.) Für jetzt nahm ich von *Karl* noch am gleichen Tage Abschied, um des andern Morgens von Genf aus meine damals noch sehr beschwerliche Reise mitten durch Frankreich anzutreten. Hier fühlte ich mich so auf das äußerste erschöpft, daß ich den Gedanken an meinen nahen Tod nicht wehren konnte. Ich schrieb in diesem Sinne noch in der Nacht an Frau *Ritter* nach Dresden, indem ich ihr kurz die unglaubliche Verwirrung, in welche ich geraten, bezeichnete. Wirklich hatte ich an der französischen Grenze wegen meines Passes Schwierigkeiten; ich mußte mein Reiseziel genau angeben, und es bedurfte meiner Versicherung, daß wichtige Familienangelegenheiten mich dahin zögen, um die Behörde zu einer ausnahmsweisen Nachsicht zu bewegen. Über Lyon reiste ich durch die *Auvergne* in der Diligence während voller dreier Tage und zweier Nächte bis Bordeaux, welches ich, es war in der Mitte des Mai, von einer Höhe herab im allerersten Tagesgrauen durch eine dort ausgebrochene Feuersbrunst beleuchtet, endlich vor mir erblickte. Ich stieg im Gasthof der »*Quatre sœurs*« ab, schrieb sofort ein Billett an Herrn *Laussot* und meldete ihm, daß ich den Tag über das Hotel nicht verlassen würde, um ihn zu erwarten. Es war des Morgens um 9 Uhr, als ich ihm diese Zeilen zusendete; ich wartete aber vergebens auf ihren Erfolg, bis ich endlich am späten Nachmittag eine Zitation vom Polizeibüro erhielt, wo ich unmittelbar zu erscheinen hatte. Dort frug man mich zunächst, ob mein Paß in Richtigkeit sei; ich bekannte die Schwierigkeit, in der ich mich deshalb befände, und daß ich um einer dringenden Familienangelegenheit willen mich in dieselbe begeben hätte. Hierauf ward mir eröffnet, daß gerade diese Familienangelegenheit, die mich hierhergeführt haben dürfte, der Grund wäre, weshalb man mir den ferneren Aufenthalt in Bordeaux versagen müßte. Auf meine Nachfrage leugnete man nicht, daß dieses Verfahren gegen mich auf ausdrücklichen Wunsch der beteiligten Familie eingeleitet sei. Diese sonderbare Eröffnung gab mir sofort meine gute und freie Laune zurück; der Polizeikommissar, welchem ich vorstellte, daß man mir nach der beschwerlichen Reise wohl etwa zwei Tage zur Ausruhung vor der Rückreise gönnen werde, gestand mir dies ganz gemütlich zu, da er mir mitteilen konnte, daß ich die Familie, welche heute um Mittag Bordeaux verlassen habe, doch nicht antreffen würde. Wirklich bediente ich mich dieser zweier Tage zu meiner Erholung, setzte aber nun einen längeren Brief an *Jessie* auf, in welchem ich ihr das Vorgefallene sehr genau mitteilte und auch nicht verschwieg, daß ich das Benehmen ihres Mannes, welcher die Ehre seiner Frau durch eine Denunziation an die Polizei preisgegeben habe, für so nichtswürdig halte, daß ich allerdings von jetzt an in keine Art Verkehr mit ihr wieder treten können würde, ehe sie sich aus diesem schmachvollen Verhältnisse nicht gelöst hätte. Es galt nun, diesen Brief sicher seiner Bestimmung zukommen zu lassen; die Angaben des Polizeibeamten waren nicht genügend, um mich über den Vorfall in der Familie *Laussot*, ob sie nur für einen Tag oder für längere Zeit ihr Haus verlassen, aufzuklären. Ich entschloß mich einfach, dieses Haus aufzusuchen; dort zog ich an der Klingel, die Türe sprang auf; ohne jemand anzutreffen, schritt ich in die offene erste Etage, ging von Zimmer zu Zimmer bis zu der Wohnstube *Jessies*, fand dort ihr Arbeitskörbchen und legte dahinein den Brief; darauf ging ich ruhig denselben Weg zurück, ohne auf irgend jemand zu stoßen. Da ich keinerlei Lebenszeichen erhielt, trat ich mit dem mir anberaumten Termin meine Zurückreise auf dem gleichen Wege, welchen ich gekommen, an. Das schöne Maiwetter wirkte erquicklich auf mich; ich freute mich sowohl des klaren Wassers als des anmutigen Namens der Dordogne, an welcher der Postwagen lange Zeit dahinfuhr. Auch unterhielten mich die Gespräche eines Geistlichen und eines Offiziers über die Notwendigkeit, mit der französischen Republik baldigst aufzuräumen, wobei der Geistliche im Grunde sich weit humaner und liberaler äußerte als der Militär, welcher nur einen Refrain kannte: »Il faut en finir.« Jetzt sah ich mir auch Lyon etwas näher an und suchte mir auf einer Promenade durch die Stadt die Szenen zurückzurufen, welche *Lamartine* in seiner »Histoire des Girondins« von der Belagerung und Einnahme dieser Stadt in der Konventszeit so anschaulich geschildert hat. – Nach Genf und endlich in das Hotel »Byron« zurückgekehrt, ward ich von *Karl Ritter* mit freundlichen Nachrichten von seiner Familie erwartet. Die Mutter hatte ihn sofort über meinen Gesundheitszustand beruhigt und bedeutet, daß Nervenkranken die scheinbare Nähe des Todes geläufig sei und deshalb keiner Befürchtung für mich nachzugeben wäre. Außerdem kündigte sie ihm an, in wenigen Tagen mit ihrer Tochter *Emilie* uns selbst in Villeneuve aufsuchen zu wollen. Diese Nachricht wirkte denn wahrhaft herzstärkend auf mich, und jene so hingebend um mich besorgte Familie erschien mir wie vom Himmel gesandt, um mich, wie ich es ersehnte, einem neuen Leben zuzuführen. Wirklich kamen die beiden Frauen nach einigen Tagen bei uns an, um meinen 37. Geburtstag am 22. Mai mit mir zu begehen. Vor allem war es die Mutter, Frau *Julie*, welche wirklich einen tiefen Eindruck auf mich machte. Ich hatte sie nur einmal in Dresden gesehen, als *Karl* mich gebeten hatte, der Aufführung eines Quartettes von sich in der Wohnung seiner Mutter zugegen zu sein; es hatte mich freudig erregt, die verehrungsvolle Ergebenheit in jeder Begegnung der Glieder der Familie wahrzunehmen. Die Mutter hatte wenig gesprochen, nur als ich mich zeitig entfernen mußte, sprach sie ihren Dank für meinen Besuch unter hervorbrechenden Tränen aus, welche ich mir damals nicht zu deuten vermochte, von denen sie jetzt aber mit Verwunderung über meine Frage danach erklärte, daß es die Rührung über meine unerwartete Güte gegen ihren Sohn gewesen sei. – Gegen acht Tage hielten sich die Frauen bei uns auf; wir suchten uns durch Ausflüge in das schöne Walliser Tal zu zerstreuen, ohne jedoch die große sorgenvolle Beklemmung der Frau *Ritter* sowohl über die letzten, ihr nun genau bekannt gewordenen Vorgänge, als namentlich über die Gestaltung meines besondren Schicksales zu verscheuchen. Wie ich später erfuhr, hatte die sehr kränkliche und nervenleidende Frau mit dem Entschlusse zu dieser Reise eine äußerste Anstrengung getan, und als ich darauf drang, daß sie mit der Familie nach der Schweiz übersiedeln sollte, um dort mit mir sich vereinigen zu können, ward mir zuletzt bedeutet, daß ich nach dem einen, für sie fast exzentrischen Unternehmen nicht auf eine Rüstigkeit bei ihr schließen sollte, welche ihr in Wahrheit nicht mehr zu eigen sei. Für jetzt empfahl sie mir ihren Sohn, welchen sie bei mir lassen wollte, und übergab mir zunächst die nötigen Mittel, um für einige Zeit mit ihm bestehen zu können. Über ihre Vermögenszustände teilte sie mir mit, daß diese beschränkt wären und sie nun, da sie unmöglich ferner mit der Familie *Laussot* gemeinschaftlich zu sorgen haben könnte, in Bangen darüber sei, wie sie genügend für meine Freiheit Hilfe schaffen sollte. Nach acht Tagen nahmen wir sehr ergriffen Abschied von der ehrwürdigen Frau, welche mit ihrer Tochter sich wieder zur Reise nach Dresden aufmachte und seitdem mir nicht wieder persönlich begegnet ist.

Immer darauf bedacht, wie ich es nur anfinge, aus der Welt zu verschwinden, wählte ich mir eine möglichst wilde Gebirgswildnis, in welche ich mich mit *Karl* zurückzuziehen beschloß. Wir suchten zu diesem Zwecke das einsame *Visper-Tal* im Kanton Wallis auf; mit ziemlicher Beschwerde drangen wir durch die noch sehr unwegsamen Pfade bis nach *Zermatt* vor. Dort, am Fuße des ungeheuren und wunderbar schönen *Matterhorns*, konnten wir uns allerdings als von der ganzen Welt abgeschlossen ansehen. Ich suchte uns in der naiven Wildnis so gut wie möglich einzurichten; aber nur zu bald bemerkte ich, daß *Karl* in diese Lage sich nicht zu finden vermochte. Er gestand mir bereits am zweiten Tage, daß er es hier doch gräßlich finde, und meinte, daß es sich doch jedenfalls an einem der offenen Seen besser aushalten lassen würde. Wir studierten die Karte der Schweiz und wählten *Thun* zum Versuch einer neuen Niederlassung. Auch ich befand mich leider wieder in dem beängstigenden Zustande der Abspannung meiner Nerven, in welchem jede körperliche Anstrengung mich sofort zu heftiger und schwächender Transpiration brachte. Nur mit äußerster Überwindung vermochte ich den Rückweg aus dem Tale zu nehmen; doch gelangten wir endlich mit erneuetem Mute nach Thun, wo wir uns ein paar bescheidene aber freundliche Zimmer an der Landstraße mieteten und nun abwarten wollten, ob wir es da aushalten können würden. Die Unterhaltung mit meinem jungen Freunde war trotz seiner großen Schweigsamkeit, welche immer noch den Charakter der früheren Schüchternheit verriet, doch stets anmutig und belebend für mich; besonders seitdem ich bemerkt hatte, zu welch fließender Mitteilung und ergießungsvoller Lebhaftigkeit der junge Mann es zuweilen brachte, wenn er, namentlich vor dem Schlafengehen, vor meinem Bette sich hinkauerte und so in dem angenehmen reinen Dialekte der deutschen Ostseeprovinzen über das, was ihn erregte, sich ausließ. Mich erheiterte in diesen Tagen ganz ausnehmend die seit langem zum ersten Male wiederholte Lektüre der »Odyssee«, welche mir ein Zufall in die Hände geführt hatte. Der heimatsehnsüchtige, unablässig umherirrende, alle Hindernisse stets rüstig besiegende Dulder *Homers* trat ungemein sympathisch an meine Seele heran. – Plötzlich wurde der kaum betretene Friedenszustand durch einen Brief gestört, welcher *Karl* von Frau *Laussot* zukam. Er wußte nicht, ob er ihn mir zeigen sollte, da er glauben mußte, *Jessie* sei verrückt geworden. Ich entriß ihm das Blatt und fand nun, daß die junge Frau sich verbunden finde, meinem Freunde zu wissen zu tun, daß sie über mich insoweit vollkommen aufgeklärt sei, als ihr nötig wäre, um aus jeder Beziehung zu mir zu treten. Was ich später, namentlich durch Hilfe der Frau *Ritter* über das Vorgefallene ermittelte, war, daß infolge meines Briefes und meiner Ankunft in Bordeaux Herr *Laussot*, im Einverständnis mit Frau *Taylor*, sogleich mit *Jessie* auf das Land gefahren war, um dort so lange zu verweilen, bis er Nachricht von meiner Abreise, um deren Beschleunigung willen er sich an die Polizei gewandt hatte, erhalten habe. Dort habe man der jungen Frau, mit Verschweigung meines Briefes und meiner Reise, das Versprechen abgewonnen, zunächst ein Jahr ruhig zu verbleiben, ihre Reise nach Dresden aufzugeben und jedenfalls auch mit mir aus aller Korrespondenz zu treten; da man ihr unter dieser Bedingung zusagte, nach dieser Zeit ihr volle Freiheit lassen zu wollen, hatte sie geglaubt, das verlangte Versprechen geben zu müssen. Schon die nächste Zeit ward nun aber von den beiden Verschworenen benutzt, um nach jeder Seite hin und endlich auch bei der jungen Frau mich, den man für den Anstifter einer Art von Entführungsunternehmen ansehen zu müssen glaubte, zweckmäßigst zu verleumden. Frau *Taylor* hatte sich mit der Klage über den »von mir beabsichtigten Ehebruch« an meine Frau gewandt, dieser ihr Mitleiden gemeldet und ihre Unterstützung angeboten; die arme *Minna*, die nun plötzlich meinen Entschluß, von ihr fernzubleiben, einem bis dahin von ihr nicht geargwöhnten Grunde beimessen mußte, wendete sich deshalb wieder klagend an Frau *Taylor* zurück. Hierbei hatte ein merkwürdiges Mißverständnis als absichtlich angewandte Lüge mitgespielt: in einem launigen Gespräche hatte mir nämlich einmal *Jessie* gesagt, sie gehöre keiner anerkannten Konfession an, da ihr Vater einer besondren Sekte angehört habe, welche weder nach dem protestantischen, noch nach dem katholischen Ritus taufe; worauf ich sie damit tröstete, daß auch ich schon mit wohl weit bedenklicheren Sekten in Berührung gekommen sei, da ich kurz nach meiner Trauung erfahren habe, daß diese in Königsberg von einem *Mucker* vollzogen worden wäre. Gott weiß, in welchem Sinne dies der würdigen englischen Matrone mitgeteilt worden war, kurz, sie hatte meiner Frau berichtet: ich hätte erklärt, ich sei gar nicht in gültiger Weise mit ihr getraut. Jedenfalls mochten die Rückäußerungen meiner Frau wiederum genügenden Stoff an die Hand gegeben haben, um auch *Jessie* in dem beabsichtigten Sinne über mich aufzuklären; und der Wirkung hiervon verdankte ich den sonderbaren Brief an meinen jungen Freund. Ich muß gestehen, daß mich nach dieser Einsicht der Dinge zuallernächst nur die Mißhandlung meiner Frau empörte; und während ich nach jener Seite zu gänzlich gleichgültig darüber blieb, was man von mir meine, nahm ich sofort das Anerbieten *Karls* an, nach Zürich zu gehen und meine Frau aufzusuchen, um ihr die nötigen Aufklärungen zu ihrer eigenen Beruhigung zu geben. – Während ich seine Zurückkunft erwartete, erhielt ich einen Brief *Liszts*, welcher mir den großen und auf seine ganze Gesinnung über mich und meine Zukunft entscheidenden Eindruck meldete, welchen das genaue Bekanntwerden mit der Partitur meines »Lohengrin« auf ihn hervorgebracht. Er zeigte mir zugleich an, daß er, da ich ihm hierzu die Erlaubnis gegeben habe, mit Anspannung aller Kräfte eine Aufführung meines Werkes, zur Feier des bevorstehenden Herderfestes in Weimar, in Angriff zu nehmen beabsichtige. Fast gleichzeitig schrieb mir Frau *Ritter*, welche in betreff der von ihr vollkommen verstandenen Vorgänge mich wohl bitten zu müssen glaubte, daß ich diese Angelegenheit mir nicht zu sehr zu Herzen nähme: schon bei unserem Zusammensein in Villeneuve habe es sie sehr bemüht, mir ihre bangen Gefühle zu verschweigen; sie habe die junge Frau ihrer Zeit sehr wohl kennengelernt, und sogleich bei meinen Mitteilungen über meine Bekanntschaft mit ihr sei es ihr aufgegangen, daß, was ich glaubte einem Herzen eingegraben zu haben, ich nur in Sand geschrieben hätte, worin es bald spurlos verwischt sein würde. Nun kam auch *Karl* von Zürich zurück und sprach mit großer Wärme über das Verhalten meiner Frau. Sie habe sich, nachdem sie mich in Paris nicht angetroffen, mit seltener Energie zu fassen gewußt, nach meinem früheren Wunsche eine geräuschlose Wohnung am Züricher See gemietet und geschickt eingerichtet und sei dort verblieben in der Hoffnung, endlich doch wieder von mir zu hören. Außerdem erzählte er mir einiges Gescheite und Freundschaftliche von *Sulzer*, welcher mit großer Teilnahme meiner Frau zur Seite gestanden habe. Plötzlich brach *Karl* aus: »Ach, das wären doch wahre Menschen; mit solch einer verrückten Engländerin sei dagegen nichts anzufangen.« Ich sagte zu alledem kein Wort und frug ihn endlich nur lächelnd, ob er denn etwa gern nach Zürich übersiedeln möchte? Er sprang auf. »Ach ja! Heute lieber als morgen!« – »Du sollst deinen Willen haben«, sagte ich, »laß uns einpacken; ich sehe doch in allem keinen Sinn, möge es dort oder hier sein.« Ohne ein Wort weiter über alle diese Dinge zu sprechen, reisten wir andern Tages nach Zürich ab. –*

---

* Am Rande von Wagners Hand: »Schluß des II. Teils«.

DRITTER TEIL

1850-1861

Mit gutem Glücke hatte *Minna* bei Zürich eine Wohnung aufgefunden, welche wirklich den bei meinem Fortgange von mir so dringend geäußerten Wünschen recht geeignet entsprach. Es war dies in der Gemeinde *Enge*, eine gute Viertelstunde Wegs von der Stadt Zürich, in einem unmittelbar am See gelegenen Grundstücke mit altbürgerlichem Wohnhaus, zum »Abendstern« benannt und einer gutartigen alten Dame, Frau *Hirzel*, gehörig, wo für einen nicht teuren Mietpreis der abgeschlossene, sehr ruhige obere Stock dürftige aber ausreichende Bequemlichkeit verlieh. Ich traf am frühen Morgen ein, fand *Minna* noch im Bett und vermochte sie, welche sich vor allem gegen die Annahme, daß ich nur aus Mitleiden zu ihr zurückgekehrt sei, zu versichern suchte, schnell dahin zu bestimmen, nie wieder über das Vorgefallene sich mit mir besprechen zu wollen. Im übrigen war sie ganz in ihrer Sphäre, als sie mir die Fortschritte ihrer geschickten Einrichtung zeigte; und da wir von hier an in einer, wenn auch von mannigfachen Schwierigkeiten unterbrochenen, im ganzen aber durch längere Jahre sich doch behauptenden Zunahme unserer äußeren Verhältnisse uns befanden, breitete sich bald eine erträgliche Heiterkeit über unser häusliches Leben aus, ohne daß ich jedoch von jetzt an eine unruhige, oft heftig hervortretende Neigung zum Abbruch alles Gewohnten gänzlich unterdrücken konnte.

Zunächst halfen die beiden Haustiere, *Peps* und *Papo*, außerordentlich wirksam zum häuslichen Behagen; beide liebten mich vorzüglich, oftmals bis zur Belästigung: *Peps* mußte immer hinter mir auf dem Arbeitsstuhle liegen und *Papo* flatterte, wenn ich zu lange aus dem Wohnzimmer ausblieb, nach wiederholtem vergeblichem Rufen meines Namens »*Richard!*« gewöhnlich zu mir in das Arbeitszimmer, wo er sich auf dem Schreibtische aufstellte und mit Federn und Papier oft sehr aufregend sich zu schaffen machte. Er war so wohlerzogen, daß er nie einen tierischen Vogellaut von sich gab, sondern nur sprechend und singend sich vernehmen ließ. Mit dem großen Marsch-Thema des Schluß-Satzes der c-moll-Symphonie, dem Anfang der Achten Symphonie in F-dur, oder auch einem festlichen Thema aus der »Rienzi«-Ouvertüre empfing er mich stets pfeifend, sobald er auf der Treppe meine Schritte hörte. Das Hündchen *Peps* zeichnete sich dagegen durch eine ungemeine Nervosität aus; er hieß bei meinen Freunden »Peps der Aufgeregte«, und es gab Zeiten, wo man nie ein freundliches Wort zu ihm sprechen konnte, ohne ihn in Heulen und Schluchzen zu versetzen. Diese Tiere vertraten offenbar die fehlenden Kinder, und daß auch meine Frau ein fast leidenschaftliches Wohlwollen für sie empfand, bildete ein nicht unergiebiges Band des Einvernehmens zwischen uns, wogegen ein ewiger Quell von Mißhelligkeiten sich in dem Verhalten meiner Frau zu der unglücklichen *Nathalie* dahinzog. Sie hat bis zu ihrem Tode die wunderliche Verschämtheit gehabt, selbst dem Mädchen nicht zu entdecken, daß sie ihre Tochter sei. Diese hielt sich nun fortwährend für *Minnas* Schwester und begriff als solche nicht, warum sie sich nicht ebenbürtig behandelt sehen sollte. Indem *Minna* sich stets die Autorität der Mutter zuerkannte, gab sie hierfür stets dem Ärger über *Nathalies* auffallende Mißgeratenheit nach; sie war, jedenfalls in dem entscheidenden Alter verzogen und vernachlässigt, körperlich und geistig schwerfällig entwickelt geblieben: klein und mit Neigung zur Stärke, war sie unbehilflich und einfältig. *Minnas* Heftigkeit und zunehmend schroffe und verhöhnende Behandlung machten das eigentlich sehr gutmütige Mädchen mit der Zeit wirklich störrisch und feindselig gesinnt, so daß der Umgang und das Verhalten der beiden scheinbaren Schwestern oft zu den widerwärtigsten Störungen der häuslichen Ruhe führten, wogegen meine Geduld eigentlich nur von meiner inneren Gleichgültigkeit gegen alle persönlichen Beziehungen meiner Umgebung sich nährte.

Zunächst belebte meinen kleinen Hausstand die Einreihung meines jungen Freundes *Karl* in denselben auf angenehme Weise; er bezog ein kleines Dachstübchen über unserer Wohnung, teilte unsere Mahlzeiten sowie meine Spaziergänge und schien eine Zeitlang wohl zufrieden damit. Bald aber bemerkte ich eine zunehmende Unruhe an ihm; allerdings fand er zeitig schon Gelegenheit, an den heftigen Auftritten, die altgewohnterweise in meinem ehelichen Leben sich wieder einstellten, innezuwerden, wo mich der Schuh drückte, den ich mit gutmütig gleichgültiger Nachgiebigkeit auf seinen Wunsch mir wieder an den Fuß gezogen hatte. Er blieb stumm, als ich ihm eines Tages, auf erhaltene Veranlassung hierzu, in Erinnerung brachte, daß mich, als ich meine Zustimmung zu der Rückkehr nach Zürich gab, einem anderen Gefühle als dem der Hoffnung auf ein freundliches Familienleben bestimmt hatte. Außerdem aber gewahrte ich andere und wunderlichere Motive seiner Unruhe: er traf oft sehr unregelmäßig zu den Mahlzeiten ein und hatte dann nie rechten Appetit, was mich anfänglich wegen des Charakters unserer Kost in Verlegenheit setzte, bis ich dann erfuhr, daß mein junger Freund dem Zuckergebäck in den Konditorläden so übermäßig hold gesinnt war, daß ich offenbar fürchten mußte, er möge sich seine Gesundheit durch ausschließlichen Genuß desselben verderben. Meine Vorstellungen hierüber schienen ihn sehr zu verstimmen; da er nun anhaltender von Hause wegblieb, glaubte ich, daß wirklich seine beschränkte Wohnung ihn belästige, und vermochte es nicht, ihn vom Aufsuchen einer Privat-Wohnung in der Stadt abzuhalten.

Da ich gewahrte, daß ein zunehmendes Unbehagen ihn einnahm, war es mir lieb, ihm eine bedeutende Unterbrechung seines offenbar ihn nicht befriedigenden Aufenthaltes anbieten zu können: ich bestimmte ihn, zu der am Ende des August dieses Jahres dort stattfindenden ersten Aufführung des »Lohengrin« einen Ausflug nach Weimar zu machen. Ich selbst lud *Minna* zu gleicher Zeit zu einem ersten Ausflug nach dem *Rigi* ein, welchen wir beide rüstig zu Fuße bestiegen. Leider gewahrte ich infolge der Anstrengung hiervon an meiner Frau zum ersten Male die Symptome ihrer von nun an sich immer bestimmter entwickelnden Herzkrankheit. Den Abend des 28. August, an welchem in *Weimar* die erste Aufführung des »Lohengrin« stattfand, verbrachten wir in *Luzern* im Gasthof »Zum Schwan«, genau die Stunde des Anfangs und des vermuteten Endes an der Uhr verfolgend. Es war immer etwas Not, Mißbehagen und Verstimmung bei allen solchen Versuchen meinerseits, in Gemeinschaft mit meiner Frau gemütlich erregte Stunden zu veranlassen, störend einwirkend. Die Berichte, welche ich alsbald über diese Aufführung erhielt, waren auch nicht geeignet, mir ein klares und beruhigendes Bild davon zu geben. Wirklich traf *Karl Ritter* bald wieder in Zürich ein; er berichtete mir namentlich von szenischen Übelständen in der Aufführung, von einem sehr unglücklichen Sänger der Hauptpartie, im ganzen aber von einer guten Wirkung. Am zuversichtlichsten waren die Berichte, welche mir *Liszt* selbst zukommen ließ: alles Unzulängliche der höchst beschränkten Mittel, die ihm für sein unvergleichlich kühnes Wagnis zu Gebote gestanden, dünkte ihn unnütz erst besonders eingestehen zu müssen, wogegen er nur den Geist des Unternehmens und die Wirkung desselben auf die mancherlei bedeutenderen Rezeptiv-Kräfte, welche er mit Sorgfalt herbeigezogen hatte, der Beachtung wert hielt.

Während alles, was sich aus diesem bedeutenden Vorgange entwickelte, allmählich in klareres Licht sich stellen sollte, blieb für jetzt davon die Wirkung auf meine Lage ohne eigentliche Bedeutung. Am unmittelbarsten beschäftigte mich die Bestimmung des mir anvertrauten jungen Freundes: er hatte auf dem Ausfluge nach Weimar auch seine Familie in Dresden wiedergesehen und eröffnete mir nun bei seiner Rückkehr den lebhaften Wunsch, die praktische Karriere als Musiker ergreifen und womöglich als Musikdirektor beim Theater angestellt werden zu wollen. Ich hatte nun gar keine Gelegenheit gehabt, seine musikalischen Fähigkeiten kennenzulernen; vor mir Klavier zu spielen weigerte er sich, doch hatte er mir eine Komposition auf ein von ihm in Stabreimen verfaßtes Gedicht, »Die Walküre«, vorgelegt, an der ich zwar große Unbeholfenheit, zugleich aber das Ergebnis einer sehr genauen Kenntnis der Kompositionsregeln wahrnahm. Sehr deutlich zeigte sich darin der Schüler *Robert Schumanns*, von dem mir sein Lehrer schon früher versichert hatte, daß er von ungemeiner musikalischer Befähigung sei, da er sich eines so sicheren Gehöres und einer so schnellen Fassungskraft bei keinem anderen seiner Schüler entsinne. Ich hatte somit keinen Grund, der Zuversichtlichkeit des jungen Mannes, mit welcher er sich alle für einen Musikdirektor nötigen Fähigkeiten zutraute, etwas entgegenzusetzen. Da die Wintersaison herannahte, erkundigte ich mich nach dem Direktor des in Zürich zu erwartenden Theaters, von welchem ich erfuhr, daß er zur Zeit noch in *Winterthur* sein Wesen treibe. *Sulzer*, wie immer, sobald man ihn um Hilfe und Rat anging, sogleich auf das ernstlichste zu beidem bereit, veranlaßte eine Zusammenkunft mit dem Theaterdirektor *Kramer* bei einem Gastmahl im »Wilden Mann« zu Winterthur, wo denn festgesetzt wurde, daß *Karl Ritter* auf meine Empfehlung hin sogar mit einem erträglichen Gehalte für nächsten Winter, vom Oktober an, als Musikdirektor beim Theater bestellt sein sollte. Da mein Empfohlener zugestandenermaßen Anfänger war, mußte ich natürlich für seine Leistungen Garantie übernehmen, welche ich durch die unverweigerliche Verpflichtung leistete, für *Ritter* in der Musikdirektion einzutreten, so bald und so lange durch dessen etwa unzureichende Befähigung Störungen für den Geschäftsgang des Theaters erwachsen könnten. *Karl* schien sehr zufrieden. Als nun der Monat Oktober mit der Ankündigung der Eröffnung der diesmal »von besonderen Kunst-Intentionen geleiteten« Theater-Unternehmung herannahte, hielt ich endlich es doch für nötig, mit meinem jungen Freunde in betreff seines Vorhabens mich zu befassen. Um ein recht bekanntes Werk für sein Debüt zu bestimmen, hatte ich den »*Freischütz*« gewählt. *Karl* hatte nicht den mindesten Zweifel über die Bewältigung einer so einfachen Partitur; als er nun aber seine Blödigkeit im Betreff des Klavierspiels überwinden mußte, um die Oper einmal am Instrumente mit mir durchzugehen, war mein Schrecken groß, da ich gewahrte, daß er auch gar keine Ahnung vom Accompagnement hatte, sondern den Klavierauszug mit der eigentümlichen Sorglosigkeit eines Dilettanten, welcher einem Fingerversehen zulieb unbefangen einen Takt um ein Viertel verlängert, handhabte. Von der rhythmischen Präzision, von der Kenntnis des Tempos, welche einzig beim Dirigenten entscheidend sind, hatte er auch nicht die mindeste Ahnung. Da ich gar nicht wußte, was ich hierzu sagen sollte, ließ ich es, in einer gewissen Betäubung und immer noch auf eine unberechenbare Explosion des Talentes des jungen Mannes zählend, zu einer Orchesterprobe kommen, für welche ich ihn vor allem mit einer großen Brille ausgestattet hatte; denn ich hatte bemerkt, daß er wegen unvermuteter Kurzsichtigkeit genötigt gewesen war, sich mit dem Gesicht so dicht auf die Noten zu lehnen, daß er hierbei unmöglich noch Orchester und Sänger unter den Augen haben konnte. Es genügte mir, den sonderbaren, bis dahin so ungemein zuversichtlichen jungen Mann in seiner Haltung am Direktionspulte zu sehen, wo er trotz seines auffallend bewaffneten Auges nur unverwandt in die Partitur starrte und willenlos, wie im Traume, einen sich vorgesagten Takt mit dem Stocke in die Luft malte, um sogleich zu begreifen, daß ich jetzt in dem Garantie-Falle mich befand. Es war nun noch schwierig und für mich bemühend, meine Nötigung, für ihn einzutreten, dem jungen *Ritter* begreiflich zu machen; doch half es nichts, ich mußte die Wintersaison der *Kramer*schen Kunst-Unternehmung einweihen und brachte mich durch den Erfolg der von mir geleiteten Aufführung des »*Freischütz*« in eine sonderbare und schwer wieder zu beseitigende Lage, dem Theater wie dem Publikum gegenüber.

An die Behauptung der Musikdirektorstelle durch *Karl* war offenbar nicht mehr zu denken. Sehr merkwürdiger Weise fiel diese unangenehme Erfahrung aber mit einer sehr bedeutenden Wendung im Schicksale eines andren, ebenfalls von Dresden her mir bekannten jungen Freundes, *Hans von Bülow*, zusammen. Bereits im vergangenen Jahre hatte ich den Vater, *Eduard von Bülow*, als neuverheiratet in Zürich angetroffen. Er hatte sich jetzt am Bodensee niedergelassen, und von dort aus meldete mir eben *Hans,* welcher zuvor sich mir zum Besuche in Zürich angekündigt hatte, daß er zu seinem großen Leidwesen diesen seinen feurigsten Wunsch zu erfüllen verhindert sei. Soweit ich in seine Lage einen Einblick gewann, schien es mir, daß seine Mutter, die nun geschiedene Frau seines Vaters, um jeden Preis ihren Sohn von der Künstlerlaufbahn zurückzuhalten suchte, um ihn dagegen mit Benutzung seiner bis dahin betriebenen juristischen Studien zum Antritte einer Karriere im Staatsdienste oder im diplomatischen Fache zu bestimmen. Seine Neigung und sein Talent drängten ihn dagegen zur Musik. Es schien nun, daß die Mutter dem Sohne bei der ihm erteilten Erlaubnis zum Besuche seines Vaters besonders eingeschärft hatte, eine Zusammenkunft mit mir zu vermeiden. Da ich jetzt erfuhr, daß auch der Vater ihn von einem Besuche in Zürich abhielt, mußte ich, da andrerseits dieser sich ziemlich wohlwollend gegen mich bezeigt hatte, annehmen, er mache mit dieser Erlaubnis-Verweigerung ein Zugeständnis an seine geschiedene Frau, mit welcher er nach den kaum beruhigten Kämpfen der Ehetrennung in keinerlei neuen Konflikt zu treten wünschte, selbst wenn es sich um die Entscheidung der Lebensrichtung seines eigenen Sohnes handelte. Sollte ich in dieser Annahme, welche mich allerdings bis zur vollsten Rücksichtslosigkeit bitter gegen *Eduard von Bülow* stimmte, geirrt haben, so war doch schon der ganze Ausdruck des Briefes, mit welchem *Hans* mir die grausame Notwendigkeit anzeigte, in der er sich befand, mit offenen Augen eine ihm widerstrebende Laufbahn anzutreten und somit für alle Zeiten sich in einen seelenzersplitternden Zwiespalt zu werfen, genügend, hierin einen der Fälle zu erblicken, welche, bei meiner damaligen stets leicht erregbaren Neigung zur Empörung gegen ähnlichen Zwang, mich bestimmte, in das Schicksal meines jungen Freundes in meiner Weise einzugreifen. Ich antwortete ihm in einem ausführlichen Briefe, in dem ich ihm die Wichtigkeit der Lebensphase, in welcher er sich befand, energisch bezeichnete. Namentlich der verzweiflungsvoll zerrissene Ton, in welchem er sich an mich gewandt, gab mir ein Recht dazu, ihm zu Gemüte zu führen, daß es sich hier nicht nur um seine äußere Lebensrichtung, sondern um die Bestimmung seines ganzen Geistes- und Gemütslebens handelte. Ich führte ihm vor, was ich an seiner Stelle tun würde: empfände ich nämlich in mir einen wahrhaft unüberwindlichen und meine ganze Seele einnehmenden Trieb zur Künstler-Laufbahn und fühlte ich mich geneigt, lieber die größten Beschwerden und Mißhelligkeiten über mich ergehen zu lassen, als mein Leben in eine falsche Bahn gelenkt zu sehen, so würde ich sofort, wenn jemand mir hierzu die Hand reichte, wie ich die meinige ihm hiermit böte, auf das äußerste hin meinen Entschluß fassen. Wolle er trotz des Verbotes seines Vaters zu mir kommen, so möge er sofort, nach Erhaltung dieses Briefes, unter allen Umständen diesen Entschluß ausführen. *Karl Ritter* war glücklich, als ich ihm diesen Brief zur persönlichen Bestellung auf dem *Bülow*schen Gütchen übergab. Dort angekommen, ließ er seinen Freund aus dem Hause rufen, begab sich mit ihm ins Freie und ließ ihn meinen Brief lesen, worauf dieser sofort sich entschied, ganz wie er ging und stand, bei Sturm und Regen in rauhester Jahreszeit, da beide ohne genügende Geldmittel waren, zu Fuße nach Zürich zu wandern. Da traten sie eines Tages, wild und abenteuerlich, mit den lautredenden Spuren der ungeheuerlichen Reise, zu mir in das Zimmer. *Ritter* strahlte vor Freude über das gelungene Abenteuer, wogegen der junge *Bülow* mir eine große, ja leidenschaftliche Ergriffenheit zeigte. Ich fühlte ihm gegenüber sofort eine große und tiefe Verpflichtung und zugleich ein wahrhaft inniges Mitleiden mit dem so krankhaft aufgeregten jungen Menschen; beides bestimmte lange Zeit mein Verhalten zu ihm.

Fürs erste galt es durch gute und heitere Miene Trost zu geben und Vertrauen zu erwecken. Die äußerliche Lage war schnell geordnet: *Hans* trat als Gleichbeteiligter in das Kontraktverhältnis *Karls* zur Theaterdirektion ein, was für jeden eine Art von Gehalt abwarf, wogegen ich als Garant für beider Leistungen verblieb. Sogleich war eine Posse mit Musik zu übernehmen; ohne nur zu wissen, um was es sich handle, trat *Hans* sofort an das Dirigentenpult und schwang mit wahrer Lust und größter Sicherheit den Taktstock. Nach dieser Seite hin fühlte ich mich sofort geborgen, und jeder Zweifel an des neuesten Musikdirektors Fähigkeit war augenblicklich überwunden; wogegen es schwer war, *Karls* aus großer Beschämung hervorgehenden Mißmut über eine offenbar über sein ganzes Leben entscheidende Aufklärung im Betreff seiner Unbefähigung zum praktischen Musiker zu zerstreuen. Von hier an ward mir eine keimende Scheu und heimliche Abneigung des sonst so bedeutend begabten jungen Mannes gegen mich immer wahrnehmbarer. Es blieb unmöglich, ihn in der eingenommenen Stellung aufrechtzuerhalten und je wieder an das Dirigentenpult zu berufen. Andrerseits entstand aber auch für *Bülow* bald eine unvorausgesehene Erschwerung seiner Stellung, und zwar dadurch, daß der Theaterdirektor und sein Personal, durch meine einmalige Orchesterdirektion verwöhnt, es fortan darauf anlegen zu müssen glaubten, mich immer wieder dazu herbeizuziehen. Noch einige Male dirigierte ich wirklich, teils um durch meine Autorität der verhältnismäßig nicht übel bestellten Oper einigen Kredit beim Publikum zu verschaffen, teils um meinen jungen Freunden, und namentlich dem so sehr hierfür berufenen *Bülow*, durch mein Beispiel das, worauf es beim Operndirigieren ankam, belehrend zu zeigen. Während nun *Hans* allen ihm verbleibenden Aufgaben sich so vollkommen gewachsen zeigte, daß ich endlich mit gutem Gewissen erklären konnte, unter keinen Umständen mehr für ihn einzutreten mich verpflichtet zu fühlen, wählte namentlich eine durch mein Lob eitel gewordene Sängerin den Weg, durch Verlegenheiten, welche sie mit absichtlicher Schikane dem jungen Dirigenten erzeugte, mich wiederum an das Pult zu nötigen. Als wir diesen Stand der Dinge einsahen und ich des Ärgers hierüber genug hatte, kamen wir, nachdem zwei Monate dieser Praxis verflossen waren, mit der Direktion überein, das ganze sehr peinlich gewordene Verhältnis zu lösen. Da gleichzeitig ein bedingungsloses Engagement als Musikdirektor *Hans* aus *St. Gallen* angetragen wurde, so entließ ich die beiden jungen Leute, welche gemeinsam ihr Glück nun dort versuchen wollten, in diese nachbarliche Stadt, um für das Weitere zunächst Zeit zu gewinnen.

In die Entscheidung seines Sohnes hatte sich Herr *Eduard von Bülow*, wenn auch mit großer Mißstimmung gegen mich, klugerweise gefügt; auf einen Brief, in welchem ich meine Handlungsweise gegen ihn zu rechtfertigen suchte, hatte er mir zwar nicht erwidert, seinen Sohn aber, wie ich erfuhr, mit versöhnlicher Gesinnung in Zürich besucht. Ich selbst besuchte im Laufe der wenigen Wintermonate, welche sie noch in St. Gallen zubrachten, einige Male die jungen Leute. *Karl* war mit einem Versuche, die *Gluck*sche Ouvertüre zu »*Iphigenia*« zu dirigieren, abermals unglücklich gewesen, so daß ich ihn in düstre Grübeleien verloren und fern von aller Praxis des Lebens in ziemlich unerfreulicher Verfassung antraf, während *Hans* mit einem scheußlichen Personale, einem grauenhaften Orchester und in einem unwürdigen Theaterlokale qualvollst aber eifrigst in voller Geschäftigkeit begriffen war. Da ich dieses Elend gewahrte, ward alsbald festgestellt, daß *Hans* für jetzt genug getan und erlernt hätte, um seinen Beruf als praktischer Musiker nach dieser wichtigen Seite des Orchesterdirigenten hin außer Zweifel gestellt zu haben. Es galt jetzt nur, ihm eine würdigere Sphäre für die Geltendmachung desselben zu verschaffen. Er teilte mir mit, daß er mit Empfehlungen von seinem Vater an Freiherrn von *Poißl*, damaligem Intendanten des

Münchener Hoftheaters, versehen werden sollte. Bald aber intervenierte auch seine Mutter mit dem Wunsche, ihren Sohn zur weiteren Ausbildung zu *Liszt* nach Weimar zu senden. Hiermit konnte ich denn nun am allerliebsten einverstanden sein; es gereichte mir zur wahren Beruhigung, den jungen, mir so schwer am Herzen liegenden Mann meinem großen Freunde auch meinerseits herzlich empfehlen zu können. Mit Ostern 1851 verließ er St. Gallen, um von da an, für längere Zeit der Weimarischen Hut übergeben, meiner besondren Fürsorge enthoben zu werden. Nur *Ritter* blieb in melancholischer Abgeschiedenheit und unschlüssig darüber, ob er zu mir nach Zürich, wo er unangenehmen Erinnerungen an sein verfehltes Auftreten entgegenging, sich zurückwenden sollte, fürs erste noch in seiner Einsiedelei zu St. Gallen zurück.

Zu erfreulicheren künstlerischen Übungen als der Aufenthalt in St. Gallen war es dagegen bei einem Besuche der jungen Freunde während des vergangenen Winters in Zürich gekommen, wo *Hans* diesmal als Klavierspieler in einem Konzerte der Musikgesellschaft auftrat, in welchem ich selbst, durch die Aufführung einer *Beethoven*schen Symphonie unter meiner Leitung, in gegenseitig anregender Weise mitwirken konnte. Man hatte mich nämlich in diesem Winter von neuem angegangen, mich bei den Konzertaufführungen dieser Gesellschaft mit etwas zu beteiligen; da die vorhandenen Orchesterkräfte sehr gering waren, konnte ich zu meiner Mitwirkung, welche ich je zuweilen nur auf eine *Beethoven*sche Symphonie beschränkte, bloß dadurch bestimmt werden, daß man tüchtige Musiker namentlich für die Verstärkung der Streichinstrumente von auswärts hinzuzog. Da ich jedesmal drei Proben bloß für die aufzuführende Symphonie verlangte und ein Teil der Musiker von fernher besonders hierfür zusammenkam, erhielten diese Übungen eine gewisse Feierlichkeit; da außerdem die ganze Zeit, die man gewöhnlich auf eine Probe verwendet, mir ausschließlich zu der einen Symphonie zur Verwendung stand, so gewann ich hier die Muße, bei der Ausarbeitung des feineren Vortrags, da andrerseits die rein technischen Schwierigkeiten nicht von großem Belang waren, eindringlichst zu verweilen, und gelangte so zu einer bisher mir nicht möglich gewordenen Freiheit des Vortrages, deren ich mir um so inniger bewußt wurde, als ich namentlich auch die Wirkung hiervon in überraschender Weise wahrzunehmen hatte. Ich entdeckte im Orchester selbst mehrere wahrhaft talentvolle und mit seltenem Erfolg bildsame Musiker, unter denen ich namentlich des aus untergeordneter Stellung zur ersten Stimme berufenen Oboebläsers *Fries* erwähne, welcher seine in den *Beethoven*schen Symphonien so überaus wichtige Partie bei mir ganz wie eine Gesangsstimme einüben mußte. Als wir die C-moll-Symphonie zuerst aufführten, brachte ich es mit diesem sonderbaren Menschen, welcher, als ich mich später von den Konzerten zurückzog, sogleich das Orchester verließ und Musikalienhändler wurde, dahin, daß er die kleine, mit *Adagio* bezeichnete Gesangsstelle auf der einen Fermate des ersten Satzes dieser

Symphonie so bedeutend und ergreifend vortrug, wie ich seitdem es nie wieder hören konnte. Dazu hatten wir in dem feingebildeten Herrn *Ott-Imhof*, einem reichen patrizischen Kunstfreunde und Dilettanten, einen zwar nicht sehr energischen, aber außerordentlich zart und weich betonenden Klarinettisten. Auch muß ich des ganz vorzüglichen Hornisten *Bär* erwähnen, welcher von mir zum Kommandanten der Blechinstrumentisten bestellt wurde, auf deren Vortrag er einen sehr erfolgreichen Einfluß ausübte; ich entsinne mich, nie wieder die ausgehaltenen starken Akkorde des letzten Satzes der C-moll-Symphonie mit solch intensiver Kraft wie damals in Zürich ausgeführt gehört zu haben, und glaube dem nur meine frühesten Erinnerungen an ähnliche Wirkungen im Vortrage des Pariser Conservatoire-Orchesters in der »Neunten Symphonie« zur Seite stellen zu können. Die Aufführung dieser C-moll-Symphonie wirkte auf unser Publikum, namentlich aber auf meinen vertrauteren Freund, den bis jetzt der Musik abhold gewesenen Staatsschreiber *Sulzer*, in ganz besonders anregender Weise und begeisterte den letzteren sogar, als es der Abwehr eines Zeitungsangriffes galt, zu einer mit völlig *Platen*scher Kunst gedichteten Satire auf den unberufenen Einsprecher. Zu einem zweiten Konzert, zu welchem ich mich in diesem Winter noch verstand, um in ihm die »Sinfonia Eroica« zur Aufführung zu bringen, ward, wie erwähnt, auch *Bülow* für einen Klaviervortrag eingeladen. Kühn und in einem gewissen Sinne wenig selbstbedacht, wählte er hierzu die eben so geistvolle als schwierige Bearbeitung der »Tannhäuser-Ouvertüre« für das Klavier von *Liszt*; wie er im allgemeinen damit Sensation erregte, setzte er namentlich mich über seine bereits zu hohem Grade gediehene, von mir bis daher noch nicht gebührend beachtete Virtuosität in Erstaunen und erweckte in mir das größte Vertrauen auf seine Zukunft. Bereits hatte ich ihn, wie beim Dirigieren, so auch beim Akkompagnieren als ungemein befähigt und entwickelt kennengelernt; hierzu war im Verlaufe des vergangenen Winters bereits neben den äußerlichen Schicksalen meines jungen Freundes, wie ich sie zuvor kurz bezeichnete, mancherlei Gelegenheit geboten worden. Öfters vereinigten sich Bekannte bei mir; auch ein regelmäßiger Klub ward von diesen gebildet, wo es dann meistens auf die Unterhaltung abgesehen war, welche eigentlich nur durch *Bülows* Hilfe ermöglicht wurde. Ich trug dann selbst Geeignetes aus meinen Opern vor, welches *Hans* stets mit für mich wohltätigstem Verständnisse begleitete. Bei solcher Gelegenheit kam es auch meinerseits zu Vorlesungen aus meinen Manuskripten; namentlich habe ich in einer andauernden Aufeinanderfolge von Abenden einem stets zunehmenden, sehr aufmerksamen Zuhörerkreise mein im Verlaufe dieses Winters geschriebenes größeres Buch *»Oper und Drama«* vollständig vorgelesen.

Als ich nämlich seit meiner Rückkehr zu einiger Ruhe und Besinnung gelangt war, faßte ich endlich auch die Wiederaufnahme meiner ernstlichen Arbeiten in das Auge. An die Komposition von »Siegfrieds Tod« zu gehen, wollte mir aber noch nicht zu Sinnen: der Gedanke, mit klarem Bewußtsein eine Partitur nur für das Papier zu schreiben, entmutigte mich stets von neuem; wogegen es mich immer wieder drängte, der einst zu gewinnenden Möglichkeit für die Aufführung auch solch eines Werkes, wenn auch scheinbar auf weitestem Umwege, eine Grundlage zu verschaffen. Hierfür schien es mir vor allem nötig, den wenigen Freunden, welche sich nah und fern ernstlich mit meiner Kunst befaßten, immer deutlicheren Aufschluß über die notwendig zu lösenden, bestimmt mir vorschwebenden, jenen aber noch kaum nur sich darstellenden Probleme zu geben. Hierzu erhielt ich eine ganz besondere Veranlassung, als eines Tages *Sulzer* einen Artikel über die »Oper«, in dem *Brockhaus*schen Konversations-Lexikon der Gegenwart, mir in der Meinung zeigte, durch die darin ausgesprochenen Ansichten mir verständig vorgearbeitet sehen zu können. Ein flüchtiger Blick in diese Arbeit zeigte mir sofort das gänzlich Fehlerhafte derselben, und ich suchte *Sulzer* auf eben diese Grundverschiedenheit aufmerksam zu machen, welche zwischen den üblichen Ansichten sogar recht gescheiter Leute und meiner Einsicht in das Wesen dieser Dinge bestehe. Da es mir natürlich nicht möglich war, auch durch noch so große Beredsamkeit meine Ideen hierüber im Fluge zum Verständnis zu bringen, so machte ich mich alsbald bei meiner Nachhausekunft darüber, einen geregelten Plan zu einer ausführlichen Behandlung derselben zu entwerfen. Somit übernahm ich die Ausarbeitung dieses Buches, welches ich unter dem Titel »Oper und Drama« veröffentlichte: eine Arbeit, welche mich mehrere Monate, bis zum Februar 1851, angestrengt beschäftigte. – Den ermüdenden Eifer, welchen ich auf die Beendigung dieser Arbeit verwendet, hatte ich schließlich in grausamer Weise zu büßen: noch hatte ich nach meiner Berechnung wenige Tage angestrengten Fleißes für das Manuskript nötig, als mein guter Papagei, welcher gewöhnlich auf dem Schreibtische mir zugesehen hatte, bedenklich erkrankte. Da er schon einige Male von gleichen Anfällen sich glücklich wieder erholt hatte, nahm ich es auch diesmal nicht so ängstlich: als meine Frau mich bat, den in einer entfernten Gemeinde wohnenden uns empfohlenen Tierarzt aufzusuchen, verschob ich dies, um nur meinen Schreibtisch nicht zu verlassen, vom nächsten auf den übernächsten Tag. Eines Abends spät wurde ich endlich mit dem verhängnisvollen Manuskripte fertig: am andren Morgen lag der gute *Papo* tot am Boden. Meine vollständige Untröstlichkeit über diesen traurigen Fall ward von *Minna* in gleich herzlicher Trauer geteilt, und in der Übereinstimmung unserer Zuneigung für die uns so nah befreundeten Haustiere begegneten wir uns in einer für unser ferneres Nebeneinanderbestehen nicht unförderlichen wirklich gemütlichen Weise.

Außer den Haustieren waren uns aber auch die älteren Züricher Freunde, über die Katastrophe meines Familienverhältnisses hinweg, treu und anhänglich geblieben. Als der wertvollste und bedeutendste dieser stellte sich allerdings immer mehr *Sulzer* heraus. Die ausgesprochenste Verschiedenheit in den intellektualen Anlagen und Temperamentseigenschaften, welche zwischen uns stattfanden, schien unser Verhältnis gerade dadurch zu begünstigen, daß wir eigentlich immer Überraschungen an uns zu erleben hatten, welche sich, da der Grund derselben stets bedeutend war, zu den anregendsten und belehrendsten Erfahrungen gestalteten. Außerordentlich reizbar und von sehr zarter Gesundheit, war *Sulzer*, der gegen seine ursprüngliche Neigung in den Staatsdienst getreten war und sein Belieben der strengen Gewissenhaftigkeit der Pflichterfüllung im weitesten Sinne geopfert hatte, durch seine Bekanntschaft mit mir stärker, als es ihm erlaubt schien, in die Sphäre des ästhetischen Genusses gezogen worden. Fast hätte er sich diese Ausschweifung leichter erlaubt, wenn auch ich mit der Kunst es unschwer genommen hätte; daß ich nun aber der künstlerischen Bestimmung des Menschen eine so ungemeine, weit über den Staatszweck hinausgehende Bedeutung zuerkannt wissen wollte, brachte ihn oft ganz aus der Fassung; wogegen nun aber gerade dieser mein großer Ernst es war, der ihn wieder zu mir und meinen Anschauungen heranzog. Da dies nicht bloß zu Unterhaltungen und gemächlichen Diskussionen führte, sondern unsere beiderseitige große Reizbarkeit sehr oft die heftigsten Explosionen veranlaßte, so geschah es mitunter, daß er mit bebenden Lippen Hut und Stock ergriff und ohne Abschied hastig davonging. Es war nun hübsch, daß er andren Tags sich gewiß pünktlich zur Abendstunde wieder einstellte und wir beide des Gefühles waren, als wenn gar nichts zwischen uns vorgefallen sei. Nur wenn ihn gewisse leidenvolle körperliche Zustände zur vollkommenen Einschließung für längere Tage bestimmten, war es schwer bei ihm vorzukommen, weil er ganz wütend werden konnte, wenn man ihn nach seiner Gesundheit frug; es gab dann ein einziges Mittel, ihn in gute Stimmung zu versetzen: es mußte nämlich erklärt werden, man habe ihn aufgesucht, um einen Freundschaftsdienst von ihm zu erbitten; wo er dann, völlig angenehm überrascht, sich nicht nur zu jeder Gefälligkeit sogleich bereit zeigte, sondern auch eine wirklich heitere und wohlwollende Miene annahm.

Höchst auffallend stach nun neben ihm der Musiker *Wilhelm Baumgartner* ab: ein lustiger, lebensfroher Bruder ohne jede Neigung zur Konzentration, der gerade so viel Klavierspielen gelernt hatte, um einen guten Lehrer für so viel Stundengeld, als er gerade gebrauchte, abzugeben, und der recht warm und sinnig für etwas Schönes, wenn es sich nur nicht zu hoch verlor, empfand; ein treues gutes Herz, der außerdem vor *Sulzer* auch großen Respekt hatte, leider aber dem Hange zur Kneipe dadurch nicht entwöhnt werden konnte. – Außerdem hatten sich schon von der ersten Zeit her noch zwei Freunde dieser beiden, der tüchtige und ehrenwerte damalige zweite Staatsschreiber *Hagenbuch* und ein sonderbar gutmütiger, aber geistig nicht eben sehr begabter und deshalb von *Sulzer* nicht immer besonders schonungsvoll behandelter Advokat und damaliger Redakteur der »eidgenössischen Zeitung«, *Bernhard Spyri*, gesellt. – *Alexander Müller*, welcher durch häusliche Kalamität, körperliche Leiden und handwerksmäßiges Stundengeben immer mehr in Beschlag genommen war, verschwand bald gänzlich aus unserem Umgange. – Zu einem Musiker *Abt* fühlte ich, trotz seiner »Schwalben«, mich nicht hingezogen; auch verließ er uns bald, um in Braunschweig glänzende Karriere zu machen.

Nun war aber von außen, namentlich durch die politischen Schiffbrüche, der Züricher Gesellschaft allerhand Bereicherung zugeführt worden. Bei meiner Zurückkehr im Sommer 1850 traf ich bereits den bürgerlich nicht uneleganten, aber ziemlich langweiligen *Adolph Kolatschek:* er fühlte sich zum Redigieren berufen und hatte eine »Deutsche Monatsschrift« gegründet, welche den in der letzten Bewegung äußerlich Besiegten das Feld zur Fortsetzung des Kampfes auf dem inneren Gebiete des Geistes eröffnen sollte. Fast schmeichelte es mir, daß ich von ihm als Schriftsteller beachtet wurde, da er dabei blieb, einem solchen Vereine geistiger Kräfte, wie ihm durch seine Unternehmung eine Grundlage gegeben werden sollte, dürfte »eine Potenz wie die meinige« nicht fehlen. Ich hatte ihm bereits von Paris aus den Aufsatz über »Kunst und Klima« zugeschickt; jetzt nahm er willig auch einige größere Bruchstücke aus dem noch unveröffentlichten »Oper und Drama« auf, welche mir durch ihn auch sehr anständig honoriert wurden. Dieser Mann ist mir noch immer in Erinnerung als die einzige Erfahrung von einem taktvollen Redakteur; er gab mir das Manuskript einer Rezension meines »Kunstwerk der Zukunft« von einem Herrn *Palleske* zur Einsicht und erklärte mir, ohne meine besondere Einwilligung, die er jedoch keineswegs von mir anspreche, sie nicht abdrucken lassen zu wollen. Da ich fand, daß diese oberflächliche, gänzlich verständnislose und doch im hoffärtigsten Tone verfaßte Besprechung, wenn sie gerade in dieser Zeitschrift erschien, mich jedenfalls zu einer durch wiederholte Ausführung meiner wirklichen Thesen umständlichen und ermüdenden Erwiderung veranlassen müßte, ich aber hiergegen im höchsten Grade abgeneigt war, so ließ ich es bei *Kolatscheks* Entschluß, das Manuskript seinem Verfasser zu anderweitigem Abdruck zu empfehlen. – Dagegen lernte ich an *Kolatscheks* Seite in *Reinhold Solger* einen wirklich ausgezeichneten und interessanten Menschen kennen; da seinem etwas unruhigen und abenteuerlichen Wesen das Eingepferchtsein in die kleine enge Züricher Schweizer Welt unerträglich wurde, verließ er uns bald und ging nach Nordamerika, von wo aus ich noch von seinem herausfordernden Auftreten mit Vorlesungen über die europäischen Verhältnisse hörte. Gewiß war es schade, daß dieser talentvolle Mann nicht dazu kam, durch bedeutendere Arbeiten sich bekannt zu machen; was er in der kurzen Zeit seines Züricher Aufenthaltes für unsere Monatsschrift schrieb, gehörte offenbar zu dem Vorzüglichsten, was jemals auf diesem Felde von einem Deutschen geleistet worden ist.

Im neuen Jahre 1851 gesellte sich zu diesen auch *Georg Herwegh,* welchen ich eines Tages zu meiner Überraschung in *Kolatscheks* Wohnung antraf.

Die Schicksale, die ihn für jetzt nach Zürich führten, wurden mir erst später in einer etwas widerwärtig an mich herantretenden Gestalt bekannt; für jetzt gab sich *Herwegh* in einer gewissen aristokratischen Haltung als fein gewöhnter, üppiger Sohn seiner Zeit, dem namentlich einige stets in seiner Rede einfließende französische Interjektionen ein sonderbar vornehmes, wenigstens verwöhntes Ansehen verliehen. Doch waren sein Äußeres, sein lebhaft funkelndes Auge und die Freundlichkeit seines Benehmens recht wohl geeignet, einen anziehenden Eindruck auszuüben. Ich fand mich fast geschmeichelt, als er gern die Einladung zu meinen bäuerlichen Abendzusammenkünften annahm, welche allerdings einige Male, als *Bülow* noch sie musikalisch belebte, sich ziemlich artig ausnehmen mochten, wogegen andrerseits *mir* allerdings gar nichts geboten wurde. Als ich zu Vorlesungen aus meinen Manuskripten schritt, behauptete meine Frau, daß *Kolatschek* eingeschlafen wäre und *Herwegh* dabei sich nur ihren Punsch habe schmekken lassen. Als ich späterhin »Oper und Drama« an zwölf verschiedenen Abenden, wie ich erwähnte, meinen Züricher Freunden und ihren Bekannten vortrug, blieb *Herwegh* aus, weil er sich nicht unter diejenigen mischen wollte, für die so etwas nicht geschrieben wäre. Doch belebte sich allmählich mein Umgang mit ihm, wozu nicht nur meine Achtung vor einem kürzlich noch so sehr gefeierten Dichtertalente, sondern auch die Wahrnehmung der wirklich zarten und feinen Begabung eines wohlgebildeten Geistes beitrugen. Ich gewahrte endlich an *Herwegh* selbst das Bedürfnis nach meinem Umgange. Daß ich hierbei es immer nur zu den Berührungen der tieferen und ernsteren Interessen, welche mich so leidenschaftlich einnahmen, kommen ließ, schien eine veredelnde Teilnahme an diesen selbst demjenigen hervorzurufen, der, seit dem schnellen Gewinne seines Dichterruhmes, zu seinem großen Nachteile sich so sehr nur den seinem ursprünglichen Naturell so ganz abliegenden Äußerlichkeiten einer trivialen Fasson verloren hatte. Hierzu mochte die wachsende Bedrängnis seiner Lage, welche er bisher immer noch nach gewissen Ansprüchen auf Glanz beurteilen zu müssen geglaubt hatte, viel beitragen. Kurz, ich fand an ihm zuerst den feinen, sympathischen Verstand für meine gewagtesten Entwürfe und Ansichten, und ich mußte ihm bald Glauben schenken, wenn er mir versicherte, daß er nur noch mit meinen Gedanken sich beschäftigte, auf welche gewiß niemand so innig sich einließe als er.

Neue Nahrung erhielt dieser innigere und gewiß nicht unzarte Verkehr durch die Mitteilungen, die ich *Herwegh* bald über eine neue dramatische Dichtung machte, mit welcher ich mich im nahenden Frühjahr beschäftigen durfte. Die von *Liszt* im Spätherbst des vergangenen Jahres in das Werk gesetzte Aufführung des »Lohengrin« auf dem Weimarischen Theater hatte Folgen gehabt, wie sie bisher von Aufführungen mit so beschränkten Mitteln unmöglich zu erwarten gewesen waren. Diese konnten nur das Ergebnis des Eifers eines so mannigfach reichbegabten Freundes wie *Liszt* sein. Lag es außer seiner Macht, dem Weimarischen Theater schnell Sänger von der Bedeutung zuzuführen, wie sie für den »Lohengrin« genügt hätten, und mußte er nach vielen Seiten der Darstellung hin mit der bloßen Andeutung des Geforderten sich begnügen, so ließ er es nun seine Sorge sein, diese Andeutungen in geistvoller Weise zum Verständnis zu bringen. Zunächst setzte er selbst einen ausführlichen Bericht über die Erscheinung des »Lohengrin« auf: selten hat wohl die schriftliche Besprechung eines Kunstwerkes diesem so aufmerksame und im voraus bis zu enthusiastischer Überzeugung bestimmte Freunde gewonnen als die bis in die zartesten Details sich erstreckende Abhandlung *Liszts* über den »Lohengrin«. *Karl Ritter* zeichnete sich auf das vorteilhafteste dadurch aus, daß er eine ganz vorzügliche deutsche Übersetzung des französischen Originals lieferte, welche in der »Illustrirten Zeitung« zunächst veröffentlicht wurde. Bald darauf gab *Liszt* sein, durch eine ähnliche Abhandlung über den »Tannhäuser« bereichertes Original auch in französischer Sprache heraus, und diese Broschüre war es, welche seit jener Zeit für lange hin, namentlich im Auslande, eine oft überraschend mir entgegenkommende Teilnahme und eine genauere Kenntnis jener Arbeiten, als wie sie durch mangelhafte Einsicht in die Klavierauszüge gewonnen werden konnte, erweckte. Fern davon, hiermit sich zu begnügen, wußte *Liszt* nun aber auch immer neue intelligente Kräfte von außen zu den Weimarischen Aufführungen meiner Opern herbeizuziehen, um diejenigen, die richtig zu hören und zu sehen imstande waren, mit freundlicher Gewalt auf dieselben aufmerksam zu machen. War ihm seine gute Absicht mit *Franz Dingelstedt* nicht eigentlich gelungen, da dieser mit offenbarem Widerwillen sich nur zu einem konfusen Berichte über den »Lohengrin« in der »Allgemeinen Zeitung« anließ, so scheint es seiner begeisternden Beredsamkeit doch vollständig gelungen zu sein, *Adolf Stahr* in entscheidender Weise für mein Werk einzunehmen. Dessen ausführliche Besprechung meines »Lohengrin« in der Berliner »National-Zeitung«, welche meinem Werke eine große Bedeutung vindizierte, blieb ersichtlich nicht ohne nachhaltigen Eindruck auf das deutsche Publikum. Auch in den engeren Kreisen der spezifischen Musiker scheint es nicht unwichtig eingewirkt zu haben, daß *Robert Franz*, ebenfalls von *Liszt* fast gewaltsam zu einer Aufführung des »Lohengrin« herbeigezogen, in unverkennbar begeisterter Weise darüber sich vernehmen ließ. Nach vielen Seiten hin wirkten diese Beispiele anregend, und eine Zeitlang schien es, als ob wirklich die sonst so stumpfsinnige musikalische Presse sich energisch fördernd mit mir befassen wollte. Was dieser Bewegung sehr bald und für immer eine gänzlich verschiedene Richtung geben sollte, werde ich in kurzem zu erwähnen Veranlassung finden; für jetzt faßte *Liszt* aus all den freundlichen Wahrnehmungen den Mut, mich zu weiterem Vorgehen in meiner nun bereits seit mehreren Jahren unterbrochenen produktiven Tätigkeit zu veranlassen. War er mit dem »Lohengrin« zustande gekommen, so getraute er sich nun auch, ein wohl noch kühneres Wagnis zu bestehen, und forderte mich auf, mein Gedicht von »Siegfrieds Tod« für Weimar in Musik zu setzen. Auf seinen Antrieb mußte der Intendant des Weimarischen Theaters, Herr von *Ziegesar*, im Namen des Großherzogs mir ein völliges Engagement hierfür antragen: ich sollte die Arbeit in Jahresfrist beendigen und dafür während dieser Zeit 500 Taler ausgezahlt bekommen. – Sonderbar war es, daß der Herzog von *Coburg* etwa um dieselbe Zeit, ebenfalls durch *Liszt*, mich gegen eine Zahlung von 900 Talern zur Instrumentation einer von ihm zu komponierenden Oper auffordern ließ, und zwar wollte mein großmütiger Arbeitsbesteller es sogar übernehmen, trotz meiner Lage als Geächteter mich in sein Schloß nach Coburg kommen zu lassen, wo ich mit ihm, dem Komponisten und Frau *Birch-Pfeiffer*, der Dichterin, eingeschlossen, das neue Werk fördern sollte. *Liszt* erbat von mir natürlich sich weiter nichts als einen anständigen Vorwand zur Ablehnung dieses Antrags, wofür er aber doch für gut hielt, mir »körperliche und geistige Verstimmung« anzuraten. Später erzählte mir noch mein Freund, daß den Herzog zu dem Wunsche meiner Mitwirkung an seiner Partitur namentlich meine gute Anwendung der Posaunen bestimmt habe; als er hierfür von *Liszt* die Mitteilung meiner Maximen sich erbat, habe ihm dieser erwidert, das Besondere hierbei wäre, daß, ehe ich für die Posaune schriebe, mir immer etwas einfiele.

Dagegen fühlte ich mich nun sehr angezogen, auf das Weimarische Anerbieten einzugehen. Noch ermüdet von meiner angestrengten Arbeit an »Oper und Drama«, angegriffen von so manchem, was mein Gemüt kummervoll betraf, setzte ich mich seit langer Zeit zum ersten Male wieder an meinen aus der Dresdener Katastrophe geretteten *Härtel*schen Flügel, um zu versuchen, wie ich mich zur Komposition meines schwerwiegenden Heldendramas anlassen würde. Ich entwarf in flüchtiger Skizze die Musik zu dem in jener ersten Fassung nur andeutend ausgeführten Gesange der Nornen; als ich auch *Brünnhildes* erste Anrede an *Siegfried* in Gesang übersetzte, entsank mir aber bald aller Mut, da ich nicht umhin konnte mich zu fragen, welche Sängerin im nächsten Jahre diese weibliche Heldengestalt in das Leben rufen sollte. Da fiel mir denn meine Nichte *Johanna* ein, welche ich früher in Dresden, so mancher schönen äußeren Begabung wegen, ungefähr für diese Rolle mir gedacht hatte. Diese hatte nun in Hamburg ihre Primadonnen-Karriere angetreten, und nach allen Berichten, die ich über sie erhielt, sowie namentlich auch aus dem Benehmen, welches sie mit ihrer Familie gegen mich recht ungeniert annahm, hatte ich zu schließen, daß jede meiner noch so bescheidenen Hoffnungen auf ihr Talent für mich verlorengegangen sei. Dagegen hatte ich das andere Unglück, daß eine zweite Dresdener Primadonna, Mme *Gentiluomo Spatzer*, welche einst *Marschner* zu Donizettischen Dithyramben begeistert hatte, als Stellvertreterin *Johannas* unaufhörlich mir vor die Phantasie trat, so daß ich einst wütend vom Klaviere aufsprang und erklärte, für solche Steifröcke nichts mehr schreiben zu wollen. Sowie ich in meinen Gedanken mich mit dem Theater nur in irgendwelche Berührung wieder gebracht sah, faßte mich ein ganz unbeschreiblicher Unmut, welchen ich für jetzt in keiner Weise zu bewältigen vermochte. Fast beruhigte es mich zu gewahren, daß an meiner großen Verstimmung körperliches Übelbefinden einen Anteil haben möge. Ich wurde nämlich in diesem Frühjahre durch einen Hautausschlag überrascht, welcher sich über den ganzen Leib ausdehnte. Mein Arzt verordnete mir dagegen Schwefelbäder, welche ich des Vormittags regelmäßig anzuwenden hatte. So sehr diese Kur meine Nerven aufregte und infolgedessen mich später zur Ergreifung der radikalsten Mittel für meine Gesundheit veranlaßte, wirkte doch für jetzt die regelmäßige vormittägige Promenade nach der Stadt und zurück beim frischen Erblühen des Mai zunächst erheiternd auf meine Gemütsstimmung. Ich konzipierte den »*Jungen Siegfried*«, welchen ich als heroisches Lustspiel der Tragödie »Siegfrieds Tod« ergänzend vorausschicken wollte. Von dieser Empfängnis hingerissen, suchte ich mich sogleich auch zu überreden, daß dieses Stück leichter aufzuführen sein würde als jenes ernst gewaltige. In diesem Sinne teilte ich *Liszt* mein Vorhaben mit und bot der Weimarischen Intendanz für ihre nun ernstlich von mir anzunehmende Jahressubvention von 500 Talern das neu zu verfassende Gedicht und die musikalische Komposition eines »Jungen Siegfried« an. Ohne Zögern ward hierauf eingegangen, und ich zog mich nun in das voriges Jahr von *Karl Ritter* verlassene Dachstübchen zurück, um, zwischen Schwefel und Mai, das in meinem frühesten Plan bereits enthaltene Gedicht des »Jungen Siegfried« in bester Laune und in kurzer Zeit auszuführen.

Ich muß nun der innigeren Freundesbeziehungen gedenken, welche ich seit meinem Fortgange von Dresden mit *Theodor Uhlig*, dem jungen Musiker des Dresdener Orchesters, dessen ich bereits früher gedachte, unterhalten hatte und welche mit der Zeit bis zu einem wahrhaft ergiebigen Verhältnisse sich steigerten. Sein selbständiger, sogar etwas schrofferer Sinn hatte sich sowohl durch die Teilnahme an meinem Schicksale als durch ein sehr eingehendes Verständnis meiner Schriften zur wärmsten, ja fast unbedingten Ergebenheit für mich gebildet. Auch er hatte zu den Besuchern der »Lohengrin«-Aufführung in Weimar gehört und mir einen sehr verständigen Bericht darüber zugesandt. Da der Musikhändler *Härtel* in Leipzig auf mein Anerbieten, den »Lohengrin« herauszugeben, ohne mir Honorar dafür zu zahlen, gerne eingegangen war, überwies ich auch *Uhlig* die Abfassung des Klavierauszuges. Hauptsächlich aber hielten uns die theoretischen Fragen, welche ich mit meinen Schriften angeregt, durch eifrige Korrespondenz in Verbindung. Mich rührte es fast an ihm, daß er, den ich schon seiner Bildung nach doch nur als reinen Musiker nehmen konnte, auf die Tendenzen, welche viel allgemeiner gebildet erscheinende Musiker als ihren spezifischen Kunstausübungen gefährlich bis zur Verzweiflung erschreckten, eben weil er sie mit klarem Verstande erfaßt hatte, vollkommen zustimmend einging. Er hatte für den Ausdruck dieser Übereinstimmung alsbald auch die literarische Fähigkeit gewonnen und bezeugte diese in einem vortrefflichen größeren Aufsatze über die Instrumentalmusik, welcher in *Kolatscheks* »Deutscher Monatsschrift« veröffentlicht wurde. Außerdem teilte er mir aber auch eine bis jetzt noch Manuskript gebliebene, streng theoretische Arbeit über die musikalische Themen- und Satz-Bildung mit. Diese zeugte von einer ebenso originellen Auffassung als gründlichen Erforschung des Verfahrens *Mozarts* und *Beethovens,* namentlich in ihrem höchst charakteristischen Unterschiede. und schien mir, bei ihrer erschöpfend sicheren Ausführlichkeit, vollkommen geeignet, die Grundlage einer neuen Theorie der höheren musikalischen Satzkunst zu bilden, durch welche das geheimnisvollste Verfahren *Beethovens* erklärt und zu einem faßlichen Systeme der weiteren Anwendung ausgearbeitet werden durfte. Seine Aufsätze hatten den Herausgeber der »Neuen Zeitschrift für Musik«, *Franz Brendel,* mit gutem Instinkt auf diesen ausgezeichneten jungen Mann aufmerksam gemacht. Zur Mitarbeit an seinem Blatte aufgefordert, ward es *Uhlig* bald leicht, *Brendel* gänzlich aus seiner bisher unentschiedenen Haltung zu reißen und ihn, der es im ganzen stets ehrlich und ernstlich meinte, mit Bestimmtheit und für immer derjenigen Seite zuzuwenden, welche von jetzt an bald als eine sogenannte »neuere Richtung« in der musikalischen Welt Aufsehen zu machen begann. Auch ich fand mich nun veranlaßt, in diesem Sinne der Zeitschrift einen verhängnisvollen Beitrag zu widmen. Ich hatte bemerkt, daß hier öfter mit den gehässig klingenden Schlagwörtern »jüdische Melismen«, »Synagogenmusik« und ähnlichen umgegangen worden war, ohne daß hiermit etwas anderes als nichtssagende Aufreizungen sich zu erkennen gegeben hatten. Mich reizte es nun, das Thema der Einmischung der modernen Juden in die Musik und ihres Einflusses auf dieselbe näher zu betrachten und die charakteristischen Merkmale dieses Phänomens zu bezeichnen. Ich tat dies in einem größeren Aufsatze: »Das Judentum in der Musik«. Obwohl ich nicht gesonnen war, gegen Nachfrage mich als den Verfasser desselben zu verleugnen, hielt ich es doch für nützlich, mich zunächst mit einem Pseudonym zu unterzeichnen, um hierdurch zu vermeiden, daß die von mir sehr ernstlich gemeinte Angelegenheit sofort in das rein Persönliche verschleppt und dadurch ihre wahre Bedeutung verdeckt würde. Das Aufsehen, welches dieser Artikel machte, ja der wahre Schrecken, den er verbreitete, dürften kaum mit einer ähnlichen Erscheinung zu vergleichen sein. Die unerhörte Anfeindung, welche ich bis auf den heutigen Tag von der sämtlichen Zeitungspresse Europas erfahren habe, können einzig demjenigen verständlich werden, welcher jenen Artikel und sein schreckliches Aufsehen zu seiner Zeit beachtet hat und nun sich vergegenwärtigt, daß alle Zeitungen Europas fast ausschließlich in den Händen der Juden sind, wogegen diejenigen nie klarsehen werden, welche den Grund dieser ununterbrochenen gehässigen Verfolgung etwa nur in einer theoretischen oder praktischen Abneigung gegen meine Ansichten oder künstlerischen Arbeiten suchen zu müssen glaubten. Zunächst brachte das Erscheinen dieses Aufsatzes einen Sturm, welcher über den ganz unbefangenen und seiner Tat sich kaum bewußten *Brendel* bald in eine Verfolgung, die auf Vernichtung abgesehen war, ausging. Ein anderes unmittelbares Ergebnis war es, daß von jetzt an selbst die wenigen, welche bisher durch *Liszt* für mich sich zu erklären veranlaßt worden waren, in sicheres Schweigen, endlich wohl selbst in eine feindselige Haltung sich zurückzogen, da für alles, was sie in ihrem eigenen Interesse unternehmen mochten, es ihnen ratsam dünken mußte, ihre Abwendigkeit von mir nachweisen zu können. Desto treuer und entschiedener hielt nun aber *Uhlig* zu mir; er kräftigte *Brendels* zahmeren Sinn zur Ausdauer und half ihm fortwährend durch teils gediegene, teils witzige und scharftreffende Beiträge für seine Zeitung. Namentlich faßte er sogleich einen Hauptgegner, den von *Ferdinand Hiller* in Köln geworbenen Herrn *Bischoff*, welcher für mich und meine Freunde die Bezeichnung »Zukunftsmusiker« erfunden hatte, scharf in das Auge und geriet mit ihm in eine länger andauernde, ziemlich ergötzliche Polemik. Die Grundlage des bis zum europäischen Skandal allmählich angewachsenen Problems der sogenannten »Zukunftsmusik«, eine Bezeichnung, welche *Liszt* sehr bald mit guter und stolzer Laune akzeptierte, war nun gelegt. Wohl hatte ich durch den Titel meines Buches »Kunstwerk der Zukunft« zu jener Erfindung die eigentliche Veranlassung gegeben: zum völligen Schlachtruf ward die Bezeichnung jedoch erst erhoben, seitdem »Das Judentum in der Musik« alle Schleusen der Wut über mich und meine Freunde geöffnet hatte. – Erst in die zweite Hälfte dieses Jahres fällt das Erscheinen meines Buches »Oper und Drama«, welches, soweit es überhaupt von den herrschenden Musikern nur eigentlich beachtet werden konnte, natürlich nicht wenig dazu beitrug, die gegen mich ausgebrochene Wut zu nähren; jedoch nahm sie von da ab mehr den Charakter der Tücke und Verleumdungssucht an, da die Bewegung nun durch einen großen Kenner in solchen Dingen, Herrn *Meyerbeer*, in ein planmäßiges System gebracht wurde, welches er von jetzt an bis an sein seliges Ende mit sicherer Hand in Ausübung erhielt.

Noch in der ersten Zeit des offenen Wutgeschreies, in welcher wir uns jetzt befanden, hatte *Uhlig* nun bereits auch eben dieses »Oper und Drama« kennengelernt. Ich hatte ihm nämlich davon das Originalmanuskript geschenkt; da es zierlich in Rot eingebunden war, verfiel ich darauf, als Widmung, im Gegensatze zu dem Goethischen »Grau, mein Freund, ist alle Theorie«, einzuzeichnen: »*Rot, mein Freund, ist meine Theorie*«. Auch über diese Mitteilung entstand eine für mich anregende und wahrhaft erfreuliche Korrespondenz mit dem jungen, schnell und scharf eindringenden Freunde, und ich hatte nun das herzliche Verlangen, nach Ablauf voller zweier Jahre der Trennung ihn wiederzusehen. Meiner Einladung zu entsprechen, war für den armen, kaum zum »Kammermusikus« bestellten

Geiger keine geringe Angelegenheit; doch suchte er freudig alles zu überwinden und kündigte mir für die ersten Tage des Juli seine Besuchsreise an. Ich beschloß ihm bis Rorschach am Bodensee entgegenzugehen, um ihn von da aus auf dem Wege eines Schweizer Ausfluges bis Zürich zu geleiten. Ich selbst machte mich schon hierzu, auf angenehmen Umwegen durch das *Toggenburg*, in altgewohnter Weise zu Fuße auf. Heiter und erfrischt gelangte ich auf diese Art nach St. Gallen, wo ich nun *Karl Ritter*, nach *Bülows* Fortgang in sonderbarster Abgeschiedenheit allein zurückgeblieben, aufsuchte. Den Grund seiner Einsamkeit konnte ich nicht wohl erraten, obschon er mir von seinem angenehmen Umgange mit einem St. Galler Musiker, *Greitel*, erzählte, von dem ich später nie wieder etwas vernahm. Noch ganz ermüdet von der Anstrengung meiner Fußreise, konnte ich mich doch nicht enthalten, dem äußerst intelligenten und mit schnellster Fassungskraft begabten jungen Freunde mein soeben vollendetes Manuskript der Dichtung des »Jungen Siegfried« als meinem ersten Zuhörer vorzulesen. Der Eindruck davon auf ihn erfreute mich sehr, und in bester Laune bestimmte ich ihn nun, seine sonderbare Einsiedelei zu verlassen und mit mir *Uhlig* entgegenzugehen, um dann gemeinschaftlich mit uns beiden über den hohen *Säntis* zu längerem freundschaftlichem Aufenthalt nach Zürich zu wandern.

Der Anblick des erwarteten Gastes, als er in dem mir bereits wohlbekannten Rorschacher Hafen landete, erfüllte mich sofort mit Bangen für die Gesundheit des jungen Freundes, da seine Anlage zur Schwindsucht sofort zu erkennen war. Um ihn zu schonen, wünschte ich der verabredeten Bergbesteigung zu entsagen, wogegen er mit Lebhaftigkeit auf der Ausführung derselben bestand, da dergleichen Anstrengungen in freier Luft ihn nur von der verzehrenden Ermüdung durch den abscheulichen Geigerdienst erholen könnten. Nachdem wir zu drei das *Appenzeller* Ländchen durchwandert, machten wir uns denn nun wirklich zu der nicht unbeschwerlichen Überschreitung des *Hohen Säntis* auf. Es war auch für mich das erste Mal, daß ich im Sommer ein lang sich hindehnendes Schneefeld durchschritt. Auf der sehr wilden Höhe in der Sennhütte unseres Führers angelangt und durch eine äußerst frugale Kost gestärkt, galt es nun noch den einige hundert Fuß aufragenden steilen Felsenkegel, welcher die eigentliche Spitze des Berges bildet, zu besteigen. Hier weigerte sich *Karl* plötzlich uns zu folgen; um ihn aus seiner Weichlichkeit aufzurütteln, sandte ich den Führer zurück, welcher ihn auf unser Zureden mit halber Gewalt zu uns zu bringen hatte. Da wir nun von Stein zu Stein an dem jähen Abhange hinaufklommen, bemerkte ich allerdings, wie übel ich getan hatte, *Karl* zur Teilnahme an dieser gefahrvollen Besteigung zu nötigen. Offenbar machte ihn der Schwindel völlig bewußtlos; er starrte wie ohne Sehkraft vor sich hin; wir mußten ihn durch unsre Stäbe zwischen uns einschließen, und jeden Augenblick glaubte ich ihn zusammenbrechen und hinabstürzen sehen zu müssen. Als wir auf der Spitze anlangten, sank er gänzlich ohne Besinnung zu Boden; und ich hatte nun zu empfinden, welche furchtbare Verantwortung ich mir zugezogen, da jetzt noch der gefährlichere Rückweg zu beschreiben war. Unter einer Beängstigung, die, während sie meine eigene Gefahr mir vollkommen verbarg, mir immer nur das Bild des im Abgrunde zerschmetterten jungen Freundes vorhielt, gelangten wir endlich doch glücklich wieder zur Sennhütte zurück. Da wir anderen entschlossen blieben, den vom Führer uns als nicht ungefährlich bezeichneten Hinabstieg über den jähen Abhang der andren Seite des Berges auszuführen, bestimmte ich nun, durch meine soeben ausgestandene unbeschreibliche Pein wohl belehrt, den jungen *Ritter*, zunächst in der Hütte zurückzubleiben, den baldigst von uns zurückzusendenden Führer zu erwarten und mit diesem dann den durchaus ungefährlichen Rückweg nach der Seite hin, von wo wir gekommen, anzutreten. Somit trennten wir uns hier, da er in seiner Richtung nach St. Gallen zurückgehen mußte, wir aber durch das schöne Toggenburger Tal des andren Tages nach Rapperswyl und dem Züricher See zur Heimkehr uns wandten. Erst nach längeren Tagen entriß uns *Karl* der Sorge um ihn durch seine Ankunft in Zürich, wo er kurze Zeit mit uns vereinigt blieb, dann aber bald sich losriß, vielleicht um nicht wieder in Versuchung zu kommen, auf eine neue Gebirgsreise, die wir uns allerdings vorgenommen hatten, uns zu begleiten. Ich erfuhr von ihm erst wieder, als er einen längeren Aufenthalt in Stuttgart genommen hatte, wo er mit einem jungen Schauspieler, mit dem er schnell befreundet worden war, in engem Umgange lebend, sich wohlzubefinden schien.

Herzlich erfreute mich nun meinerseits der vertraute Umgang mit dem sanften und doch so männlich festgesinnten, außerordentlich begabten jungen Dresdener Kammermusikus, der mit seinem hellblonden Lockenkopfe und schönem blauem Auge auf meine Frau den Eindruck machte, als ob ein Engel bei uns eingekehrt sei. Für mich hatte seine Physiognomie außerdem das Interessante und in Betracht seines Schicksales Rührende, daß seine auffallende Ähnlichkeit mit dem damals noch lebenden Könige *Friedrich August* von Sachsen, meinem alten Gönner, mir das andrerseits zugekommene Gerücht zu bestätigen schien, daß *Uhlig* der natürliche Sohn desselben sei. Unterhaltend war es mir, durch ihn wieder Berichte über Dresden, das Theater und die dortigen musikalischen Zustände zu erhalten. Meine Opern, bisher die Glorie derselben, waren gänzlich vom Repertoire verschwunden; vom Charakter des Urteiles meiner ehemaligen Kollegen über mich gab er mir eine hübsche Notiz: als »Kunst und Revolution« und das »Kunstwerk der Zukunft« erschienen waren und besprochen wurden, hatte einer geäußert: »Na, der kann auch lange machen, ehe er sich wieder zum Kapellmeister schreibt.« Um die musikalischen Fortschritte zu bezeichnen, erzählte er mir, daß *Reissiger*, als er die früher von mir aufgeführte A-dur-Symphonie zu dirigieren hatte, sich in folgender Weise aus einem ihm aufstoßenden Dilemma half. Die große Schluß-Entwicklung des letzten Satzes führt *Beethoven* hier bekanntlich durch ein unausgesetzt unterhaltenes *forte*, welches er endlich nur noch durch ein *sempre più forte* steigert, aus: hier hatte nun *Reissiger*, welcher vor mir bereits diese Symphonie dirigierte, bei ihm günstig dünkender Gelegenheit ein *piano* eingeschaltet, jedenfalls um es doch mindestens zu einem *crescendo* bringen zu können; dieses hatte ich natürlich sofort wieder entfernt und dafür dem Orchester anempfohlen, fortwährend mit der äußersten Kraft zu spielen. Da die Symphonie nun wieder in meines Vorgängers Hände kam, fiel es ihm doch beschwerlich, jenes unglückliche *piano* wieder zu restituieren; dennoch mußte er auch seine Autorität, die hierbei kompromittiert war, zu retten suchen: und so setzte er fest, daß statt *forte* »*mezzo forte*« gespielt werden sollte.

Am traurigsten betraf mich ganz besonders die Nachricht von der grenzenlosen Verwahrlosung meines unglückseligen Opernverlages unter dem Schutze des Hofmusikalienhändlers *Meser*, welcher sich, da nur Geld daraufzuzahlen sei, wogegen gar nichts dafür einkäme, als von mir verführtes Opferlamm gebärdete. Dennoch verwehrte er sorgsam jeden Einblick in seine Bücher, indem er behauptete, daß er dadurch mein Eigentum rettete, welches außerdem, da all mein Vermögen konfisziert sei, der sofortigen Beschlagnahme verfallen würde. – Angenehmer waren unsere Unterhaltungen über »Lohengrin«, von welchem mein Freund den Klavierauszug nun beendigt hatte und bereits die Korrekturen des Stiches besorgte.

Nach einer neuen Seite hin gewann *Uhlig* einen für lange entscheidenden Einfluß auf mich durch seine enthusiastische Anpreisung des Wasserheilsystems. Er brachte mir ein Buch hierüber von einem gewissen *Rauße* mit, welches mich namentlich durch seine radikale Tendenz, die etwas *Feuerbach*sches an sich hatte, in sonderbarer Weise befriedigte. Die kühne Zurückweisung der ganzen medizinischen Wissenschaft mit allen ihren Quacksalbereien, dagegen die Anpreisung des einfachsten Naturverfahrens durch methodische Anwendung des stärkenden und erquickenden Wassers gewann mich schnell zu leidenschaftlicher Eingenommenheit. Es ward nämlich behauptet, daß jedes eigentliche Medikament nur insofern eine Wirkung auf den Organismus haben könnte, als es Gift sei und von diesem daher nicht assimiliert würde; es ward nachgewiesen, daß solche durch lange Anwendung von Medikamenten siech gewordene Menschen von dem berühmten *Prießnitz* dadurch geheilt worden seien, daß dieses im Körper verhaltene Gift nach der Haut getrieben und durch diese zur gänzlichen Ausscheidung gebracht worden wäre. Nun fielen mir sogleich die im vergangenen Frühjahre widerwillig von mir angewandten Schwefelbäder ein, und meine fortwährend ungemein starke Reizbarkeit schrieb ich, zum Teil wohl nicht mit Unrecht, dieser Kur zu. Diesen zuletzt empfangenen und allen seit langer Zeit möglichst aufgenommenen Giftstoff von mir auszutreiben, um durch ausschließliches Wasserregime mich zu einem radikal gesunden Urmenschen umzuschaffen, ward nun für lange Zeit die Angelegenheit, welche mich mit steigender Leidenschaftlichkeit beschäftigte. *Uhlig* selbst behauptete, durch streng eingehaltenes Wasserregime gewiß zu sein, seine eigene Gesundheit vollkommen kräftigen zu können. Auch mein Glaube hieran wuchs täglich. – Mit Ende Juli traten wir eine Wanderung durch den inneren Teil der Schweiz an: von *Brunnen* am Vierwaldstätter See gingen wir über *Beckenried* nach *Engelberg* und überschritten von dort die wilde *Surenen-Eck*, bei welcher Gelegenheit wir auch erträglich über den Schnee zu rutschen lernten. Bei Überschreitung des hohen Gebirgsflüßchens traf *Uhlig* jedoch das Ungemach, in das Wasser zu fallen; meine Besorgnis über die Folgen hiervon verscheuchte er sogleich durch die Versicherung, daß dies ein sehr wohltätiges Exerzitium zur Fortsetzung seiner Kur sei: die Nötigung zum Trocknen seiner Kleider und Wäsche setzte ihn nicht in die geringste Verlegenheit, da er diese ruhig an der Sonne ausbreitete und währenddem eine, wie er behauptete, sehr wohltätige Promenade mit nacktem Leibe in freier Luft ausführte. Wir unterhielten uns währenddem über wichtige Probleme der Themen-Bildung *Beethovens*, bis ich mir den Scherz machte, ihn für einen Augenblick durch die Nachricht aus der Fassung zu bringen, daß ich dort hinter ihm den Hofrat *Carus* mit Gesellschaft aus Dresden kommen sähe. So gelangten wir in heiterster Laune endlich in das Reuß-Tal bei *Attinghausen* und wanderten am Abend noch bis *Amsteg*, von wo aus wir am anderen Morgen, trotz der großen Ermüdung, sofort noch den Besuch des *Maderaner* Tales ausführten. Dort gelangten wir bis an den *Hüfi*-Gletscher, von wo aus wir den Blick in die erhabene Gebirgswelt, welche sich dort mit dem *Tödy* abschließt, warfen. Am gleichen Tage wieder zurück nach *Amsteg* gelangt, fühlten wir uns endlich doch hinreichend erschöpft, so daß es mir gelang, meinen für den andren Tag zur Besteigung des *Klausen*-Passes im *Schächen*-Tal höchst günstig gestimmten Freund hiervon abzubringen und zur behaglichen Rückreise über *Flüelen* zu bewegen. Dem immer ruhigen und höchst gelassenen jungen Manne sah ich wirklich keinerlei Erschöpfung an, als er mit Anfang des August seine Rückreise nach Dresden antrat, wo er allerdings die ihn wahrhaft bedrückende Lebenslast nun dadurch sich zu erleichtern hoffte, daß er die Direktion der Zwischenakt-Musik in den Schauspielen, welche er mit künstlerischem Sinne zu organisieren gedachte, zu übernehmen vorhatte und dadurch von dem eigentlich beschwerenden und demoralisierenden Orperndienste Befreiung erhielt. Doch faßte mich große Betrübnis, als ich ihn zu dem Postwagen geleitete; auch ihn schien ein plötzliches Bangen zu ergreifen; und wirklich sahen wir uns jetzt zum letzten Male.

Für jetzt blieben wir in der regsten Korrespondenz; da seine Briefe mich immer angenehm unterhielten und längere Zeit fast das einzige Band für meinen Verkehr mit der Außenwelt bildeten, bat ich ihn immer, mir recht viel zu schreiben. Weil das Briefporto damals noch teuer war und voluminöse Briefe unserer Kasse empfindlich fielen, geriet *Uhlig* auf den ingeniösen

Gedanken, die Paketpost für unsere Korrespondenz zu benützen; da aber nur Sendungen von bedeutenderem Gewicht durch diese expediert werden durften, so erhielt eine alte deutsche Übersetzung des »Figaro« von *Beaumarchais*, welche *Uhlig* in einem ehrwürdigen Exemplare besaß, die eigentümliche Bestimmung, als Ballast für unsere Briefe zwischen uns hin und her geschickt zu werden; so daß denn allemal, wenn unsere Schreiben gehörig angewachsen waren, dieses damit angekündigt wurde: »Heute bringt Figaro wieder Botschaft.« – Zunächst erfreute *Uhlig* sich noch sehr an der »Mitteilung an meine Freunde«, welche ich als Vorwort zu einer Herausgabe meiner drei Operndichtungen »Der fliegende Holländer«, »Tannhäuser« und »Lohengrin« sofort nach unserer Trennung noch niederschrieb. Es belustigte ihn auch zu erfahren, daß *Härtel*, welcher dieses Buch gegen ein Honorar von 10 Louisdor zum Verlag angenommen hatte, sich gegen einige Stellen des Vorwortes, durch welche ich sowohl die Rechtgläubigkeit als den Staatsrespekt der Verleger affizierte, mit so entschiedener Protestation auflehnte, daß ich wirklich geneigt war, das Buch einem anderen Buchhändler zu übergeben, bis ich mich denn zur Nachgiebigkeit bewogen fühlte und durch geringe Änderungen die beängstigten Gewissen beruhigte.

Mit diesem ziemlich umfangreichen Vorworte, welches mich den Monat August über beschäftigt hatte, sollte nun für jetzt und, wie ich hoffte, für immer mein Ausflug in das literarische Gebiet geschlossen sein. Sobald ich aber ernstlich an die Aufnahme der musikalischen Komposition des für Weimar versprochenen »Jungen Siegfried« dachte, befiel mich immer wieder ein schwermütiger Zweifel, den ich sogar als wirklichen Widerwillen gegen diese Arbeit empfand. Unklar über den Grund dieser inneren Verstimmung, geriet ich darauf, ihn in meinem Gesundheitszustand zu suchen; und so beschloß ich denn eines Tages, aus der von mir so enthusiastisch aufgenommenen Wasserheiltheorie zum praktischen Ernste überzugehen, erkundigte mich nach einer nahegelegenen hydropathischen Anstalt und eröffnete meiner Frau, daß ich dieser Tage (es war Mitte September) nach dem etwa drei Stunden entfernten *Albisbrunn* mich zurückziehen werde, um nicht eher wiederzukehren, als bis ich ein radikal gesunder Mensch geworden wäre. *Minna* war über die Ankündigung meines Vorhabens sehr erschrocken und glaubte darin eine neue Tendenz zur Flucht vom Hause ersehen zu müssen. Ich gab ihr dagegen auf, für meine Rückkehr die von uns gemietete neue, zwar sehr kleine, aber gut gelegene Wohnung im Parterre der *Vorderen Escherhäuser* im *Zeltweg* so behaglich wie möglich einzurichten, da wir doch, der großen Beschwerlichkeit des Winteraufenthaltes in der bisherigen entfernten Wohnung wegen, nach der Stadt uns zurückzuziehen beschlossen hatten. – Allgemein wurde mein Vorhaben, bei so vorgerückter Jahreszeit eine Wasserkur zu unternehmen, mit großer Verwunderung aufgenommen; doch gelang es mir sofort einen Leidensgefährten zu werben. Mit *Herwegh* war mir dies durchaus nicht geglückt; dagegen hatte mir das Schicksal in dem ehemaligen Sächsischen Gardeleutnant und früheren Geliebten der *Schröder-Devrient, Hermann Müller,* einen biedren und zur Unterhaltung aufgelegten Genossen zugewiesen. Die Beibehaltung seiner Stellung in der Sächsischen Armee war diesem unmöglich geworden, und wenn auch nicht wirklicher politischer Flüchtling, so genoß er doch, da ihm in Deutschland jedes Fortkommen verschlossen war und er sich nun zur Orientierung über einen neuen Lebensplan nach der Schweiz gewandt hatte, die gewisse Rücksicht als exilierter Patriot. Aus meiner ersten Dresdener Zeit her zu sehr häufigem Umgang mit mir gewöhnt, fand er sich bald auch in meinem Hause, wo ihn namentlich meine Frau sehr gerne sah, als stehender Familienfreund zurecht. Ich beredete ihn leicht, zur gründlichen Behandlung eines Leidens, welches ihn plagte, mir in wenigen Tagen nach Albisbrunn nachzufolgen. Dort richtete ich mich nun, da ich es auf einen durchgreifenden Erfolg abgesehen hatte, so vorteilhaft wie möglich ein. Die Kur selbst ward von einem *Dr. Brunner,* welchen meine Frau bei ihren Besuchen als »Wasserjuden«, wie sie ihn nannte, bald gründlich zu hassen lernte, nach der herkömmlichen oberflächlichen Methode betrieben: früh um 5 Uhr zum Schwitzen eingewickelt, nach einigen Stunden in ein endlich nur noch vier Grade Wärme enthaltendes Bad gestürzt, worauf zur Erwärmung eine heftige Promenade durch den bald eisig sich einstellenden Spätherbst. Dazu Wasser-Diät ohne Wein, Kaffee oder Tee, eine schreckliche Tischgesellschaft von lauter Inkurabelen, traurige Abende mit endlich hilfreich herbeigezogenem Whistspiel, Fernhaltung jeder geistigen Arbeit, dazu wachsende Anstrengung und Überreizung der Nerven; dies war das Leben, in welchem ich neun Wochen aushielt und von welchem ich eigentlich nicht eher ablassen wollte, als bis, wie ich erwartete, alle jemals genossenen Medikamente auf meiner Haut erscheinen würden. Da ich selbst den Wein für grundgefährlich hielt, so nahm ich an, ich müßte auch von den vergangenen Gastereien bei *Sulzer* noch in mir verbliebene unassimilierbare Substanzen zum Ausschwitzen bringen. Das höchst entbehrungsvolle Leben in einer dürftigen Kammer mit harten Holzmöbeln und all dem nüchternen Hausrate der bekannten Schweizer Pensionen erzeugte nun in mir zu seinem Gegensatz die Sehnsucht nach einer besonders angenehmen und behaglichen Häuslichkeit, welche jetzt für lange Zeit zu einem mit den Jahren sich immer mehr ausbildenden, wohl fast leidenschaftlichen Hange wurde. Meine Phantasie beschäftigte sich damit, wie ein Haus und eine Wohnung eingerichtet sein sollten, um meinen Geist für künstlerisches Produzieren angenehm und frei zu erhalten.

Hierzu gesellten sich Anzeichen für eine mögliche allmähliche Verbesserung meiner Lage überhaupt. Zu seinem Unglück schrieb mir *Karl Ritter* von Stuttgart aus in die Wasserheilanstalt von seinen Privatversuchen, der Erfolge der Wasserkur sich zwar nicht durch Baden, aber doch durch außerordentlich vieles Trinken zu versichern. Ich hatte nun erfahren, daß das übermäßige Wassertrinken ohne die Hilfe der übrigen Behandlung höchst gefährlich wirken könne, und forderte jetzt von *Karl*, er möge sich einer regelmäßigen Behandlung unterziehen, sich nicht weibisch von Entbehrung zurückhalten und sofort zu mir nach Albisbrunn kommen. Wirklich gehorchte er mir sogleich und kam zu meinem freudigen Erstaunen nach wenigen Tagen in Albisbrunn an. Zwar war er von gleichem Enthusiasmus für die radikale Hydropathie erfüllt, nur widerte ihn die praktische Anwendung sehr bald an: er polemisierte gegen die unverdauliche kalte Milch, da sie in der Natur, als Muttermilch, doch nur warm getrunken würde. Die Einpackungen und kalten Bäder fand er aufregend und wünschte bald auf seine eigene Art, hinter dem Rücken des Arztes, sich auf eine angenehmere Weise selbst zu behandeln. Hierzu gehörte, daß er im nahen Dorfe elende Zuckerbäckereien ausfindig machte; wenn er beim verborgenen Ankaufe derselben betroffen wurde, machte ihn dies sehr böse, und bald fühlte er sich in einer gezwungenen, ihn anwidernden Lage, welcher zu entfliehen ihn jedoch wieder das Ehrgefühl abhielt. – Hier traf ihn nun plötzlich die Nachricht vom Tode eines reichen Onkels, welcher auch jedem Gliede von *Karls* nächster Familie ein nicht unbedeutendes Vermögen hinterlassen hatte. Seine Mutter zeigte ihm und mir diese Verbesserung ihrer Vermögensumstände mit der Erklärung an, daß sie nun auch in den Stand gesetzt sei, mich regelmäßig mit der früher von den beiden Familien *Laussot* und *Ritter* mir gebotenen Subvention für ihr Teil versorgen zu können. Somit trat ich für so lange, als ich dessen benötigt war, mit einer Jahresrente von 800 Talern in die Genossenschaft der Familie *Ritter* ein.

Diese ebenso erfreuliche als neu ermutigende Wendung brachte sofort den Entschluß, meinen ursprünglichen Entwurf der »Nibelungen« vollständig und ohne alle Rücksicht auf Ausführbarkeit der einzelnen Teile auf unsren Theatern auszuarbeiten, in mir zur Reife. Hierzu war vor allen Dingen nötig, daß ich mich von meiner Verpflichtung gegen die Weimarische Theaterintendanz befreite. Bereits hatte ich von dem mir bestimmten Honorar 200 Taler bezogen: *Karl* jubelte, als er mir diese sofort zur Verfügung stellen konnte, um sie zurückzuerstatten. Ich begleitete diese Zurücksendung an die Weimarische Theaterintendanz mit der herzlichsten Anerkennung ihres Benehmens gegen mich, außerdem aber mit einem Brief an *Liszt*, in welchem ich ihm auf das allergenaueste mein großes Vorhaben und die inneren Nötigungen dazu auseinandersetzte. *Liszts* Antwort verkündete mir nur seine Freude darüber, mich in der Lage zu wissen, an eine so außerordentliche Arbeit gehen zu können, und schien den ganzen Plan schon seiner überraschenden Ungewöhnlichkeit wegen ganz meiner würdig zu halten. Nun atmete ich auch wirklich auf: denn der Gedanke, selbst den »Jungen Siegfried« sofort, in der Weise und mit der Absicht, ihn alsbald mit den gänzlich unvorbereiteten Kräften selbst des besten deutschen Theaters zur Darstellung gebracht zu sehen, liefern zu sollen, war mir, seitdem ich eine ernstere

Nötigung dazu übernommen hatte, als eine kaum mehr zu verbergende Belügung über mich selbst vorgekommen.

Jetzt ward nun auch mir der Wasserkuraufenthalt immer quälender; ich sehnte mich nach der Arbeit und geriet darüber, daß ich mir diese hier versagen mußte, in eine zunehmende, endlich sogar bedenkliche Aufregung. Daß der Zweck meiner Kur gänzlich verfehlt und sogar in eine sehr nachteilige Wirkung umgeschlagen war, suchte ich mir zwar mit großer Hartnäckigkeit zu verbergen: die radikalen Sekretionen waren zwar nicht eingetreten, dafür aber mein ganzer Körper in erschreckender Weise abgemagert. Ich hielt mich an dieses Ergebnis, glaubte nun genug getan zu haben, um schöne Erfolge als Nachwirkung zu erwarten, und verließ Ende November die Anstalt, aus welcher *Müller* mir nach einigen Tagen nachfolgen, wo *Karl* aber, um konsequent zu sein, noch bis zum Eintritt einer ähnlichen schönen Wirkung, wie ich sie zu verspüren vorgab, aushalten wollte. – In Zürich erfreute mich nun die Einrichtung, welche *Minna* der wenn auch sehr engen neuen Stadtwohnung gegeben hatte. Ein großer und breiter Diwan, etwas Teppich für den Fußboden und mehrere andre Behaglichkeiten waren angeschafft worden; ich hatte in meinem Hinterzimmer über meinen ordinären Arbeitstisch von weichem Holz einen grünen Tuch-Teppich und leichte grünseidene Gardinen ringsherum durchgesetzt, welches mir und aller Welt außerordentlich gefiel. Dieser so garnierte Tisch, an welchem ich seitdem stets gearbeitet, wanderte nach Jahren mit nach Paris und ging, als ich dieses wieder verließ, an *Blandine Ollivier, Liszts* ältere Tochter über, welche ihn von da nach *St. Tropez* auf das Landgütchen ihres Mannes schaffen ließ, wo er, wie ich vernehme, heute noch sein Dasein fristet.

Ich freute mich, meine Züricher Freunde in der zu Besuchen auch ihnen bequemer gelegenen neuen Wohnung wieder zu empfangen; nur verdarb ich ihnen für längere Zeit alle gastfreundschaftliche Unterhaltung durch meine leidenschaftliche Agitation für die Wasserdiät und die damit verbundene Polemik gegen Wein und andere narkotische Getränke. Für mich war hieraus eine neue Religion entstanden: war ich z. B. von *Sulzer* und *Herwegh*, welcher letzterer sich chemischer und physiologischer Kenntnisse rühmte, wegen der Unhaltbarkeit der *Rauße*schen *Theorie* über die Gifteigenschaften des Weines in die Enge getrieben worden, so hielt ich mich nun an das moralisch-ästhetische Motiv, welches mich im Weingenuß ein schlechtes und barbarisches Surrogat für die nur durch die Liebe zu gewinnende ekstatische Stimmung erkennen ließ. Ich behauptete nämlich, daß, was man im Weine suche, selbst wenn es nicht bis zum Exzeß getrieben würde, doch die Tendenz der Berauschung in sich schließe, somit einer ekstatischen Belebung der geistigen Kräfte, welche jedoch nur derjenige Mann in wahrhaft veredelndem Sinne an sich erfahre, der durch die Berauschung der Liebe diese Seelenkräfte abnorm aufgeregt fühle. Dieses führte denn überhaupt zu einer Kritik des modernen Verhältnisses der Geschlechter zueinander, wozu ich namentlich durch die Beobachtung der Absonderung der Männer von den Frauen, wie sie in roher Weise in den schweizerischen Gewohnheiten vorlagen, veranlaßt wurde. *Sulzer* meinte, er habe gar nichts dagegen, sich durch Umgang mit Frauen berauschen zu lassen, nur »wo sie hernehmen und nicht stehlen?«. *Herwegh* wollte schon mehr auf meine Paradoxen eingehen, nur meinte er, der Wein habe gar nichts damit zu tun und sei an und für sich ein stärkendes Nahrungsmittel, welches sich andrerseits mit der Ekstase der Liebe sehr wohl vertrüge, wie *Anakreon* bewiese. Bei näherem Einblick in meinen Zustand erhielten jedoch meine Freunde ihrerseits Grund, über meine sonderbare und hartnäckige Extravaganz besorgt zu werden: ich war ausnehmend blaß und abgezehrt, schlief äußerst wenig und verriet in allem eine beängstigende Aufgeregtheit. Während mir der Schlaf endlich fast gänzlich abhanden kam, blieb ich jedoch dabei, nie so heiter und gut aufgelegt gewesen zu sein wie jetzt, und setzte in größter Winterkälte am frühesten Morgen meine kalten Bäder fort, zur Plage für meine Frau, welche mir zu der darauf nötigen Promenade mit der Laterne auf den Weg leuchten mußte.

In diesem Zustand traf mich die Ankunft der gedruckten Exemplare von »Oper und Drama«, welche ich, mit einer ganz exzentrischen Freude daran, mehr verschlang als las. Großen Anteil an dieser übermäßig erregten Stimmung mochte das Bewußtsein haben, mit welchem ich mir sagen konnte, daß ich nun, nach jeder Seite hin und selbst mit notgedrungener Anerkennung *Minnas*, meine vollkommene Losreißung von meiner bisherigen so qualvollen Laufbahn als Kapellmeister und Opernkomponist durchgesetzt hatte. Keiner forderte mehr von mir das, was vor zwei Jahren mich noch so unglücklich gemacht hatte. Namentlich auch die nun dauernd mir zugesicherte, zur Not für mein Leben allein ausreichende Unterstützung durch die Familie *Ritter*, welche eben den Zweck hatte, mich in vollkommen freier Tätigkeit zu erhalten, trug ihr letztes dazu bei, mir die Stimmung zu geben, in welcher ich jetzt mit wahrem Übermut auf alles, was ich nun unternehmen würde, blickte. Schienen meine Arbeitspläne für jetzt jede Möglichkeit auszuschließen, durch sie mit unserer schlechten künstlerischen Öffentlichkeit mich in Berührung zu setzen, so hegte ich im tiefsten Inneren doch keineswegs die Meinung, daß ich damit etwa bloß für das Papier arbeitete. Nur setzte ich voraus, daß in jener Öffentlichkeit wie in unsrem ganzen sozialen Leben es sehr bald zu einem unermeßlichen Umschwunge kommen werde; dem dann sehr schnell sich bildenden neuen Zustande und seinen wahrhaften Bedürfnissen glaubte ich in meinen nun mit solcher Rücksichtslosigkeit entworfenen Arbeiten gerade den rechten Stoff zuzuführen, durch welchen plötzlich ein ganz neues Verhältnis der Kunst zur Öffentlichkeit sich herausstellen sollte. So kühne Erwartungen, über welche ich natürlich gegen keinen meiner damaligen Freunde mich eingänglicher aussprechen konnte, waren mir aus meiner Beurteilung der damaligen Weltlage entstanden. Das allgemeine Verunglücken der politischen Bewegungen hatte mich nämlich doch nicht irregemacht; vielmehr glaubte ich zu erkennen, daß, was sie schließlich als so kraftlos herausgestellt habe, eben nur der nicht deutlich genug erkannte und ausgesprochene innere Grund derselben gewesen sei: als dieser stellte sich mir nun die soziale Bewegung dar, welche trotz der politischen Niederlage keineswegs an Energie verloren, sondern immer stärker sich ausgebreitet hatte. So beurteilte ich das, was mir bei meinem letzten Aufenthalte in Paris zur Wahrnehmung gekommen war. Dort hatte ich unter andrem einer Wähler-Versammlung der sogenannten sozial-demokratischen Partei beigewohnt, deren ganze Haltung auf mich von großem Eindruck geworden war; sie fand in einer provisorisch hergerichteten großen »Salle de la Fraternité« im Faubourg St. Denis statt und war von 6000 Männern besucht, deren würdiges Benehmen, fern von allem tumultuarischen Wesen, mir einen sehr vorteilhaften Begriff von dem konzentrierten und zuversichtlichen Bewußtsein dieser jüngsten Partei gab. Die Ansprachen der Hauptredner der damaligen äußersten Linken der »Assemblée nationale« überraschten mich sowohl durch ihren ungemeinen rhetorischen Schwung als durch die in ihnen sich kundgebende feste Zuversicht. Da nun diese wirklich extreme Partei sich durch alles, was gegen die herrschende Reaktion zur Opposition getrieben wurde, allmählich immer mehr verstärkte und alle früher nur »liberalen« Elemente den Wahlprogrammen dieser sogenannten »Sozialdemokraten« offen sich anschlossen, war vorauszusehen, daß sie, wenigstens in Paris, bei den mit dem Jahre 1852 bevorstehenden neuen Wahlen, namentlich bei der Neuwahl des Präsidenten der Republik, das entscheidende Übergewicht erhalten werde. Meine eigenen Annahmen hierüber wurden, wie bekannt, auch von ganz Frankreich geteilt, und dem Jahre 1852 schien die Bedeutung eines unerhörten Umschwunges beigelegt werden zu müssen, wie dieser sehr sicher namentlich auch von der Gegenpartei befürchtet wurde, welche daher dem kommenden Zustande der Dinge mit äußerstem Schrecken entgegensah. Die übrige Lage der europäischen Staaten, in welchen jeder Aufschwung mit geistlosester Brutalität niedergehalten worden war, ließ der Annahme Raum, daß eben diesem Zustande von keiner Seite lange Dauer zugesprochen werde, und alles schien gespannt auf die große, mit dem nächsten Jahre bevorstehende Entscheidung zu blicken. – Mit meinem Freunde *Uhlig* hatte ich, neben der Vortrefflichkeit des Wasserkur-Systems, auch diese bedeutende Weltlage besprochen: er, der aus den Dresdener Theater- und Orchester-Proben zu mir kam, fand es ungemein schwer, so kühnen Annahmen über eine heroische Wendung der menschlichen Angelegenheiten recht zu geben. Er versicherte mir, ich könne mir nicht vorstellen, wie erbärmlich die Menschen wären; doch betäubte ich ihn so weit, daß er das Jahr 1852 mit mir als ein mit großer Entscheidung schwangeres in das Auge faßte. Hierauf bezog sich denn manches in unserer Korrespondenz, welche »Figaro« fleißig wieder vermittelte. Wenn wir uns über irgendeine Niederträchtigkeit zu beklagen hatten, rief ich ihm immer diese hoffnungs- und verhängnisvolle Jahreszahl zu, wobei meine Meinung sich ungefähr dahin gestaltete, daß wir längere Zeit dem erwarteten Umsturze ruhig zuzusehen hätten, um dann, wenn alle nicht mehr wissen würden was zu tun sei, unsrerseits erst anzufangen. Wie ernstlich dieser sonderbare Hoffnungsbau in mir sich begründet hatte, vermag ich nicht recht zu ermessen; daß an dem zuversichtlichen Übermute meiner Annahmen und Behauptungen die in bedenklichem Grade gesteigerte Aufregung meiner Nerven einen großen Anteil hatte, mußte mir jedoch allerdings bald zur Einsicht kommen. Die Nachrichten vom Staatsstreiche des 2. Dezember in Paris machten auf mich den Eindruck des rein Unglaublichen: während die Welt erhalten werden zu sollen schien, ging sie mir ganz ersichtlich unter. Als sich der Erfolg davon befestigte und das, was vorher kein Mensch für möglich gehalten hätte, mit allem Anscheine der Dauer sich begründete, wandte ich mich mit der Gleichgültigkeit, wie von einem Geheimnisse, dessen Ergründung uns nicht der Mühe wert dünkt, von der Erforschung dieser rätselhaften Welt ab. Mit scherzhafter Reminiszenz an unsre frühere Hoffnung auf das Jahr 1852 veranlaßte ich nun für meine Korrespondenz mit *Uhlig*, daß wir dieses Jahr als nicht eingetreten betrachteten und immerfort aus dem Dezember 51 datierten, welcher Monat auf diese Weise hierbei eine unerhörte Ausdehnung erhielt.

Bald bemächtigte sich meiner eine außerordentliche Niedergeschlagenheit, in welcher sich die Enttäuschung über den äußeren Verlauf der Weltgeschicke auf sonderbare Weise mit der jetzt bei mir eintretenden Reaktion gegen die Übertreibungen der Wasserkur in bezug auf meinen Gesundheitszustand zugleich zur Geltung brachte. Nach jener Seite zu erkannte ich nun die triumphierende Wiederkehr aller der ernüchternden, jede höhere Hoffnung ausschließenden Erscheinungen im Kulturleben, von denen die Erschütterungen der letzten Jahre uns für immer befreit zu haben schienen. Ich sagte die Zeit voraus, wo es bald wieder so elend bei uns hergehen würde, daß ein erscheinendes neues Buch von *Heinrich Heine* als aufregendes Ferment begrüßt würde: als wirklich nach einiger Zeit der »Romancero« dieses zuletzt ganz in Unbeachtung gefallenen Dichters mit dem vollen altgewohnten Aufsehen wieder die Journale alarmierte, mußte ich laut lachen; wirklich gehöre ich zu den wahrscheinlich sehr wenigen gebildeten Deutschen, welche dieses Buch, das übrigens viele Verdienste haben soll, nie aufgeschlagen haben. Dagegen erhielt ich nun Ursache, meinem beängstigenden physischen Zustande eine ernstlichere Aufmerksamkeit zu widmen, welche mich für jetzt zu einer notgedrungenen gänzlichen Umkehr in meinem bisherigen Verfahren gelangen ließ.

Diese Umkehr ging jedoch nur sehr allmählich und unter besondrer Einwirkung meiner Freunde vor sich. Der Kreis derselben hatte sich mit dem Eintritte dieses Winters vermehrt, wiewohl *Karl Ritter,* welcher acht Tage nach mir ebenfalls von Albisbrunn geflüchtet und dann eine Niederlassung in meiner Nähe versucht hatte, alsbald nach Dresden sich wandte, da er in Zürich offenbar für seine Jugend zu wenig Anregung fand. Dagegen suchte eine in Zürich seit kurzem niedergelassene Familie *Wesendonk* meine Bekanntschaft, wozu es in derselben Wohnung der »Hinteren Escherhäuser«, in welcher ich meine erste Züricher Niederlassung versucht hatte, auf Anlaß des nach mir dort eingezogenen, von der Dresdener Revolution her mir wohlbekannten *Marschall von Bieberstein* kam. Ich entsinne mich, an dem Abende dieser Gesellschaft meine damalige unmäßige Aufgeregtheit in einer Diskussion mit dem Professor *Osenbrück* ganz besonders zur Schau getragen zu haben: ich reizte diesen Mann über der Abendmahlzeit durch meine leidenschaftlich festgehaltenen Paradoxen zu einem wahren Abscheu gegen mich auf; denn er vermied seitdem mit größter Ängstlichkeit jede Begegnung mit mir. Meine hierbei angeknüpfte Bekanntschaft mit *Wesendonks* erschloß mir zunächst das freundliche Behagen eines Hauses, welches sich vor den sonstigen Züricher Hausständen vorteilhaft auszeichnete. Herr *Otto Wesendonk*, um einige Jahre jünger als ich, hatte durch Teilnahme an einem großen New Yorker Seidengeschäft sich ein nicht unbedeutendes Vermögen erworben und schien für seine Lebensentschlüsse sich gänzlich nach den Neigungen seiner seit wenigen Jahren mit ihm vermählten jungen Frau zu richten. Beide stammten vom Niederrhein her und trugen das freundlich blonde Gepräge dieses Landes. In der Nötigung, sich an einem dem New Yorker Geschäft förderlichen Orte Europas zu fixieren, hatte er zunächst Zürich, vermutlich seines deutschen Elementes wegen, vor Lyon den Vorzug gegeben. Beide hatten im vergangenen Winter der Aufführung einer *Beethoven*schen Symphonie unter meiner Direktion beigewohnt, und bei dem Aufsehen, welches diese Leistung in Zürich hervorrief, schien es ihnen für ihre neue Niederlassung wünschenswert zu dünken, mich für ihren Umgang zu gewinnen.

Auch diesen Winter ließ ich mich bestimmen, von Neujahr an in drei Konzerten der Musikgesellschaft, unter den für diese Gelegenheit nun im voraus angenommenen Bedingungen, einzelne ausgezeichnete Musikstücke dem verstärkten Orchester einzuüben und zu dirigieren. Große Freude machte es mir selbst, das eine Mal die *Beethoven*sche Musik zum »Egmont« mit großer Sorgsamkeit vortragen zu lassen. Da *Herwegh* so gern etwas von meiner Musik zu hören wünschte, führte ich, wie ich dies ausdrücklich versicherte, ihm ganz besonders zuliebe auch die *»Tannhäuser«*-Ouvertüre auf und verfaßte für diese Gelegenheit ein besonderes, ihrem Verständnisse dienendes Programm. Auch gelang mir eine vorzügliche Aufführung der *»Coriolan«*-Ouvertüre, zu welcher ich ebenfalls ein erläuterndes Programm verfaßte. Dies alles ward von meinen Bekannten mit großer Teilnahme aufgenommen, so daß ich, hiervon verführt, endlich selbst den Bitten des damaligen Theaterdirektors *Löwe,* welcher eine Aufführung des

»Fliegenden Holländers« wünschte, um meiner Freunde willen nachgab und dadurch mich zu einem höchst widerwärtigen, wenn auch nur gelegentlichen Befassen mit einer Theatertruppe bestimmen ließ. Allerdings wirkte auch humane Rücksicht hierbei mit; denn es galt dem Benefize eines jungen Kapellmeisters *Schöneck,* welcher mich wirklich für sein unleugbares Musikdirigenten-Talent gewonnen hatte.

Die Anstrengung, welche mich dieser Ausflug in die mir ganz entwohnt gewordenen Regionen des Opernprobierens usw. kostete, trug nicht wenig zur Steigerung meines überreizten Gesundheitszustandes bei, so daß ich nun, auf das äußerste gepeinigt, meinen radikalen Gesinnungen in betreff der Ärzte untreu wurde und auf besondere Empfehlung *Wesendonks* mich dem Dr. *Rahn-Escher* anvertraute, welcher durch sein gemütliches Benehmen und sanft beruhigendes Verfahren mit der Zeit mich in ein neues und erträgliches Geleis überführte.

Ich sehnte mich endlich, nur dahin zu gelangen, die Vollendung meines kombinierten *Nibelungen*-Gedichtes in Angriff nehmen zu können. Ehe ich aber ernstlich dazu Mut faßte, glaubte ich den Frühling erwarten zu müssen und verbrachte zunächst meine Zeit noch mit einigen kleineren Arbeiten, unter welchen ein für die Veröffentlichung bestimmter Brief an *Liszt* über die »Goethe-Stiftung«, mit der Darlegung meiner Ideen über die Notwendigkeit der Gründung eines deutschen Original-Theaters, sowie eines zweiten Schreibens an *Franz Brendel* über die nach meiner Meinung zu befolgende Tendenz einer Zeitschrift für Musik zu gedenken ist. – Ich entsinne mich auch eines Besuches *Henri Vieuxtemps',* welcher in *Bellonis* Begleitung nach Zürich kam, um dort ein Konzert zu geben, und nochmals seit jener früheren Pariser Zeit eines Abends meine Freunde durch sein Violinspiel erfreute. – Mit dem Herannahen des Frühlings überraschte mich auch ein Besuch *Hermann Francks,* mit welchem ich ein interessantes Gespräch über die vergangenen Welt-Ereignisse hatte, während welcher er mir gänzlich aus den Augen verschwunden war. In seiner ruhigen Weise äußerte er mir sein Befremden über die Leidenschaftlichkeit, mit der ich mich in den Dresdener Aufstand verwickelt hätte; da ich verwunderungsvoll seinen Ausdruck mißverstand, erläuterte er ihn dahin, daß er mir wohl Wärme und Begeisterung für alles mögliche, nur nicht die Unbesonnenheit, an so nichtigen Unternehmungen mich zu beteiligen, zugetraut hätte. Ich erfuhr nun, welches die allgemein herrschende Meinung über diese unerhört verleumdeten Vorgänge in Deutschland war, und konnte namentlich in betreff meines armen Freundes *Röckel* zur Aufdeckung der auf ihm lastenden Verleumdungen, welche ihn sogar als einen elenden feigen Wicht darstellten, genügend beitragen, um so zu meiner wahren Befriedigung auch *Franck* eine andere Meinung hierüber beizubringen, wofür er mir seine aufrichtige Erkenntlichkeit kundgab. Mit *Röckel* selbst, der seit länger zu lebenslänglichem Zuchthaus »begnadigt« war, unterhielt ich zu Zeiten einen, wie nicht anders möglich, offenen Briefwechsel, dessen Charakter sich bald dahin bestimmte, daß ich, namentlich bei seiner kräftigen, ja heiteren Ausdauer in seinem Zwangszustande ihn für glücklicher halten mußte als mich in meiner durch den hoffnungslosesten Blick in alle meine Lebenszustände getrübten Freiheit.

Endlich kam der Mai heran. Ich verlangte nach Landaufenthalt, um meine abgespannten Nerven zu kräftigen und endlich an die Ausführung meiner dichterischen Pläne zu gehen. Wir fanden, auf halber Höhe des nicht weit von unserer Wohnung gelegenen Zürich-Berges, in dem *Rinderknecht*schen Gute ein erträgliches Unterkommen und konnten bereits am 22. Mai meinen 39. Geburtstag durch ein ländliches Mahl in freier Luft, mit offener Aussicht auf den See und die fernen Alpen, begehen. Leider stellte sich aber bald fast für die ganze Sommerzeit andauerndes Regenwetter ein, gegen dessen üble Einwirkung auf meine Stimmung ich mit großer Mühe anzukämpfen hatte. Doch ging ich nun alsbald an die Arbeit, und wie ich meinen großen Plan von hinten an auszuführen begonnen hatte, fuhr ich nun auch, in dieser Richtung mich erhaltend, nach dem Anfange vordringend, fort, so daß ich nun, nachdem »Siegfrieds Tod« und »Der junge Siegfried« vollendet waren, das erste der Hauptstücke »Die *Walküre*« zunächst ausarbeitete, um diesem erst schließlich das einleitende Vorspiel, »Das Rheingold«, folgen zu lassen. Das Gedicht der »Walküre« führte ich unter solchen Umständen bis Ende Juni aus. – Nebenbei verfaßte ich hier die Widmung der Partitur meines »Lohengrin« an *Liszt*, sowie eine gereimte Zurechtweisung eines unberufenen Kritikers meines »Fliegenden Holländers« in einem Schweizer Blatte. – Außerdem verfolgte mich in diese ländliche Zurückgezogenheit eine sehr widerwärtige, *Georg Herwegh* betreffende Angelegenheit, da sich eines Tages ein Herr *Haug*, welcher sich als ehemaliger »römischer General« von *Mazzinis* Zeiten her zu erkennen gab, bei mir einführte, um im Interesse einer, wie es hieß, von dem »unglücklichen Lyriker« tief beleidigten Familie eine Art Verschwörung gegen diesen einzuleiten, wofür er jedoch von mir hilflos abgewiesen wurde. Angenehmer hiergegen war der andauernde Besuch *Juliens*, der ältesten Tochter meiner verehrten Freundin *Ritter*, welche mit dem jungen Dresdener Kammermusikus *Kummer* sich vermählt hatte und mit diesem, dessen Gesundheit gänzlich untergraben schien, eines berühmten Wasserarztes wegen, welcher einige Stunden von Zürich sein Wesen trieb, sich zu uns gewandt hatte. Ich hatte hier bereits nun Gelegenheit, gegen die Wasserkur zu polemisieren, was bei meinen jungen Freunden, welche mich für einen »Enragé« hielten, große Betroffenheit hervorrief. Doch überließen wir den Kammermusikus seinem Schicksale und erfreuten uns dagegen der bei uns auf dem *Rinderknecht*schen Gute längere Zeit verweilenden, sehr liebenswürdigen und angenehmen jungen Freundin.

Mit dem Gelingen meiner Arbeit zufrieden, kehrten wir endlich, der unerhört andauernden kalten und regnerischen Witterung wegen, mit Ende

Juni in die behaglichere Stadtwohnung zurück, wo ich beschloß, den Eintritt einer eigentlichen Sommerwitterung abzuwarten, um dann eine größere Fußreise über die Alpen, von der ich mir eine vorteilhafte Wirkung auf meine Gesundheit erwartete, anzutreten. *Herwegh* hatte mir versprochen, mich zu begleiten; da er aber, wie es schien, in widerlicher Weise noch abgehalten war, machte ich mich Mitte Juli allein auf den Weg, um unserer Abmachung gemäß von meinem Reisegenossen im Wallis erst eingeholt zu werden. Von *Alpnach* am Vierwaldstätter See aus trat ich die streng zu Fuß eingehaltene Wanderung an, und zwar nach einem Plane, welcher außer den Hauptpunkten des Berner Oberlandes mir besondere, weniger betretene Pfade durch die Alpenwelt anwies. Ich verfuhr hierbei ziemlich gründlich, indem ich z. B. im Berner Oberland auch das damals noch beschwerliche »Faulhorn« besuchte. Durch das *Hasli*-Tal im *Grimsel*-Hospital angelangt, befrug ich den Wirt desselben, einen stattlichen Mann, wegen der Besteigung des »Siedelhornes«. Er empfahl mir als Führer hierzu einen seiner Knechte, einen übel aussehenden rohen Menschen, welcher, indem er die Schneefelder nicht in den üblichen Zackenpfaden, sondern in gerader Linie mich führte, den Verdacht in mir erweckte, daß er es auf meine Ermüdung abgesehen habe. Auf der Höhe des *Siedelhornes* erfreute mich einerseits der Einblick in die innere Welt der sonst nur in ihren äußeren Formen uns zugekehrten Riesen des Oberlandes, sowie andrerseits der plötzlich sich darbietende Überblick der italienischen Alpen mit dem *Montblanc* und dem *Monte Rosa*. Ich hatte nicht verfehlt, mir ein kleines Fläschchen Champagner mitzunehmen, um es dem Fürsten *Pückler* bei seiner Besteigung des *Snowdon* nachzumachen; nur fiel mir niemand ein, auf dessen Wohl ich zu trinken hätte. Nun ging es wieder über Schneefelder hinab, über welche mein Führer mit rasender Schnelligkeit auf seinem Alpstock dahinglitt. Ich begnügte mich damit, in mäßigerer Eile auf den Fußhacken vorsichtiger mich hinabzulassen. In der höchsten Ermüdung gelangte ich abends nach *Obergestelen*, wo ich mich zwei Tage ausruhte und der Übereinkunft nach auf *Herwegh* wartete. Statt seiner traf aber nur ein Brief von ihm ein, der mich gewaltsam aus meinen Alpeneindrücken in die unangenehme bürgerliche Lage hinabzog, in welcher der Unglückliche infolge der angedeuteten Störungen sich damals befand. Er befürchtete nämlich, ich hätte mich durch seinen Gegner einnehmen und dadurch zu einem unfreundschaftlichen Urteil über ihn verleiten lassen. Ich meldete ihm, er möge sich hierüber keine grauen Haare wachsen lassen und in der Italienischen Schweiz möglichst noch mit mir zusammentreffen. So machte ich mich denn mit meinem unheimlichen Führer allein zur Besteigung des *Gries-Gletschers* und der Wanderung über dessen Paß nach der Südseite der Alpen auf. Bei dem Aufsteigen bot sich mir ein lange währender höchst trauriger Anblick dar: unter den Kuhherden der Hochalpen war die Klauenseuche ausgebrochen, und zahlreiche Scharen davon zogen in langen Reihen an mir zur notwendigen Pflege nach den Tälern herab. Die Kühe waren auf das äußerste abgemagert, so daß sie Skeletten glichen, und schlichen jammervoll mühselig dahin; wie mit einer unbegreiflichen Schadenfreude schien die prachtvolle Umgebung mit der üppigen Weide auf diese traurige Flucht aus ihr hinzublicken. Am Fuße des steil aufsteigenden Gletscher-Abfalls kam ich in so gänzlich niedergeschlagener Stimmung an und fühlte meine Nerven so übermäßig abgespannt, daß ich erklärte, umkehren zu wollen. Ich erfuhr hierüber die rohe Verhöhnung meines Führers, der mich über meine Weichlichkeit zu verspotten schien. Der Ärger darob spannte meine Nerven an, und sofort machte ich mich auf, die steilen Eiswände in größter Schnelligkeit hinanzuklimmen, so daß *er* es diesmal war, welcher mir schwer nachkam. Die fast zwei Stunden andauernde Wanderung über den Rücken des Gletschers hin vollbrachten wir unter Schwierigkeiten, welche selbst den Grimsel-Knecht wenigstens um *sich* besorgt machten. Es war frischer Schnee gefallen, welcher die Eis-Schründe oberflächlich verdeckte und demnach gefährliche Stellen nicht genau erkennen ließ. Hier mußte der Führer gehörig vorangehen, um die Pfade genau zu rekognoszieren. Endlich gelangten wir an die Öffnung des Hochtales nach dem *Formazza*-Tale zu, nach welchem zunächst wiederum ein jäher Abfall von Schnee und Eis führte. Hier begann mein Führer wieder sein verwogenes Spiel, indem er mich, statt im sicheren Zickzack, abermals in gerader Linie über die jähesten Abhänge geleitete; da wir auf diese Weise an ein so steiles Geröllfeld gelangten, daß ich einer unausweichlichen Gefahr entgegensah, bedeutete ich meinen Geleiter auf das ernstlichste und zwang ihn eine große Strecke mit mir zurückzugehen, um auf einen von mir erspähten minder jähen Pfad zu gelangen. Unwirsch mußte er einwilligen. Sehr ergreifend war für mich nun bei meinem Heraustreten aus der starren Wildnis die erste Berührung mit der Kultur. Die erste dem Vieh wieder zugängliche dürftige Weidestelle hieß die *Bettel-Matt*, und der erste Mensch, der uns begegnete, war ein Murmeltier-Jäger. Bald belebte sich die Wildnis aber durch die ungeheure Wirkung des herabstürzenden Bergflusses, der *Tosa*, welcher an einer Stelle einen in drei weiten Absätzen sich brechenden Wasserfall von überwältigender Schönheit bietet. Nachdem beim unablässigen Hinabsteigen das Moos und die Flechten sich zu Gras und Wiese, das Knieholz zu immer aufrechteren Kiefern und Fichten umgewandelt hatten, gelangten wir endlich in immer traulicherer Talgegend nach dem heutigen Ziel unsrer Wanderung, dem Dorfe *Pommath*, von der italienischen Bevölkerung *Formazza* genannt. Hier galt es denn wirklich zum erstenmal in meinem Leben Murmeltier-Braten zu essen. Von größter Ermüdung durch wenigen Schlaf nur ungenügend gestärkt, machte ich mich am andren Morgen allein auf die weitere Wanderung das Tal abwärts, nachdem ich meinen Führer ausgelohnt und auf den Heimweg geschickt hatte. Daß ich unter der Obhut dieses Menschen in wirklicher Lebensgefahr gewesen war, erfuhr ich erst im November dieses Jahres, als die ganze Schweiz von der Nachricht alarmiert wurde, daß das Grimsel-Spital abgebrannt und von niemand anders als dem Wirt desselben, welcher dadurch von den Gemeinden die Erneuerung des Pachtvertrages für die Grimsel-Wirtschaft sich zu ertrotzen hoffte, in Brand gesteckt worden war. Er selbst hatte sofort bei der Entdeckung seines Verbrechens in dem kleinen See, an dessen Ufern das Spital liegt, sich ertränkt; der Knecht aber, welchen er zu der Brandlegung erkauft hatte, war festgenommen und zur Strafe abgeführt worden. Ich erfuhr aus dessen Namen, daß es derselbe war, welchen der vorsorgliche Grimsel-Wirt mir zu meiner einsamen Wanderung über denselben Gletscherpaß mitgegeben hatte, auf welchem, wie ich nun ebenfalls erfuhr, zwei Frankfurter Reisende nicht lange vor mir verunglückt und umgekommen waren: so daß ich denn abermals Gelegenheit hatte, mich als auf besondere Weise einer drohenden Todesgefahr entgangen zu betrachten.

Unvergeßlich sind mir nun die Eindrücke der Wanderung durch das immer tiefer sich senkende Tal geblieben. Namentlich überraschte mich die plötzlich sich erschließende südliche Vegetation, nachdem ich durch einen engen Felsenpaß, in welchen die *Tosa* sich zusammendrängte, steil herabgestiegen war. Bei heißer Sonnenglut gelangte ich am Nachmittage nach *Domo d'Ossola*; und hier erinnerte ich mich eines hübschen, mit Platenscher Feinheit ausgeführten Lustspieles, welches noch in Dresden von einem mir unbekannt gebliebenen Verfasser durch *Eduard Devrient* mir mitgeteilt worden war und welches in *Domo d'Ossola,* unter den Eindrücken des Herabgelangens aus der nördlichen Alpenwelt in das plötzlich sich erschließende Italien, wie ich sie soeben selbst empfand, spielte. Ebenso unvergeßlich ist mir ein hier ziemlich naiv aber äußerst behaglich serviertes erstes Diner *à l'italiana* verblieben. Da ich zu ermüdet war, um diesen Tag noch weiterzuwandern, dennoch aber mit Ungeduld an die Ufer des *Lago Maggiore* zu gelangen trachtete, versorgte ich mich hier mit einem Einspänner, der mich bis zur Nacht noch nach *Baveno* bringen sollte. Ich fühlte mich so heiter und glücklich, als ich in meinem Wäglein dahinrollte, daß ich mich der Rücksichtslosigkeit schuldig machte, einem Offizier, welcher durch den Vetturino mich um die Erlaubnis, mir Gesellschaft zu leisten, angehen ließ, barsch sein Gesuch abzuschlagen. In den hübschen Orten, durch welche ich nun gelangte, erfreute mich die Zierlichkeit der Häuserdekorationen sowie die angenehme Physiognomie der Menschen. Eine junge Mutter, welche, ihr Kind auf dem Arme und an einer Spindel spinnend, trällernd dahinschlenderte, blieb auf mich ebenfalls von unvergeßlichem Eindrucke. Kurz nach Sonnenuntergang gewann ich noch den Anblick der aus dem *Lago Maggiore* anmutig aufsteigenden *Borromeischen* Inseln und konnte nun wieder vor Freude über das morgen zu Erlebende nicht schlafen. Der Besuch der Inseln selbst entzückte mich des andren Tages so sehr, daß ich nicht recht begreifen konnte, wie ich zu so etwas Anmutigem käme und was ich damit anfangen sollte. Mit dem Gefühle, als müsse ich jetzt vor etwas fliehen, wohin ich nicht gehöre, verließ ich nach dem einen Tage den Ort, um den *Lago Maggiore* aufwärts über *Locarno* nach *Bellinzona* wieder in das eidgenössische Gebiet und von da nach Lugano mich zu wenden, wo ich, meinem ersten Reiseplane gemäß, mich länger aufzuhalten gedachte. Hier litt ich nun bald unter einer unerträglichen Hitze; selbst die Bäder im ganz durchglühten See boten keine Erfrischung mehr. In einem palastähnlichen Gebäude, welches im Winter die Regierung des Kantons Tessin beherbergte, im Sommer aber zum Gasthofe diente, war ich zwar, sobald ich von dem schmutzigen Mobiliar, unter welchem auch das »Denksofa« aus den »Wolken« des *Aristophanes* figurierte, absah, recht stattlich logiert. Doch stellte sich nun wieder der Zustand bei mir ein, unter welchem ich so lange gelitten, und welcher zwischen äußerster Abspannung und Aufregung der Nerven mich so wenig zur Ruhe kommen ließ, wie es gewöhnlich mir erging, sooft ich mir in meinem Leben auf eine angenehme Weise zu faulenzen vorgenommen hatte. Ich hatte mir Lektüre mitgenommen, und namentlich sollte *Byron* die Kosten meiner Unterhaltung tragen. Ich mußte mich leider sehr dazu zwingen, Genuß an ihm zu finden, was endlich im weiteren Verlaufe des *Don Juan* mir immer schwerer fiel. Nach wenigen Tagen schon begriff ich nicht, was ich hier wollte, als plötzlich *Herwegh* mir meldete, daß er mich mit mehreren Freunden hier aufsuchen werde. Ein wunderlicher Instinkt trieb mich, sogleich meiner Frau zu telegraphieren, sie möge ebenfalls herkommen. Sie gehorchte meinem Rufe mit überraschender Schnelligkeit und traf mit der Post über den Gotthard unvermutet in später Nacht ein. Ihre Ermüdung war so groß, daß sie auf dem »Denk-Sofa« sofort in einen Schlaf versank, welchen ein Gewitter von solcher Heftigkeit, wie ich es nie wieder erlebt habe, nicht zu erschüttern vermochte. Am Morgen traf denn auch wirklich meine Züricher Freundschaft ein.

Der Hauptgenosse *Herweghs* war Dr. *François Wille*. Diesen hatte ich schon vor längerer Zeit zum ersten Male bei *Herwegh* kennengelernt: er zeichnete sich durch ein in Studenten-Duellen zerfetztes Gesicht aus, außerdem durch eine zuversichtliche Neigung zu witzigen, drastischen Bemerkungen. Seit kurzem hatte er sich bei *Meilen* am Züricher See mit seiner Familie niedergelassen und mich mit *Herwegh* öfter veranlaßt, ihn dort zu besuchen. Wir trafen da die Gewohnheiten einer Hamburger Familie an, welche durch seine Frau, eine Tochter des reichen Schiffsreeders *Sloman*, in ziemlicher Wohlhabenheit erhalten wurde. Während er eigentlich immer Student blieb, hatte er früher doch Gelegenheit gewonnen, durch die Redaktion einer Hamburger politischen Zeitung sich Beachtung und zahlreiche Bekanntschaft zu verschaffen. Er wußte außerordentlich viel zu erzählen und galt dadurch für unterhaltend. Jetzt hatte er, so schien es, sich *Herweghs* angenommen, um ihn aus seiner üblen Stimmung und seiner Unschlüssigkeit im Betreff der anzutretenden Alpenwanderung zu reißen und sich mit einem Professor *Eichelberger* selbst zu Fuß über den Gotthard aufgemacht, was *Herwegh* übermäßig empört hatte, da er erklären zu dürfen glaubte, daß Fußwanderungen nur da angewandt wären, wo man nicht fahren könne, nicht aber auf solchen Kunststraßen. Nach einem Ausfluge in die Umgegend von *Lugano*, auf welchem ich Gelegenheit hatte, des unangenehmen Eindruckes der kindischen Kirchglockenspiele, wie sie in Italien so allgemein sind, innezuwerden, überredete ich die Gesellschaft, mir nach den Borromeischen Inseln zu folgen, wohin es mich noch einmal einzig verlangte. Während der Dampfschiffahrt auf dem Lago Maggiore trafen wir einen schmächtigen Herrn mit langem Husaren-Schnurrbart an, den wir scherzhaft unter uns für den General *Haynau* ausgaben und als solchen, ebenfalls zu unserer Belustigung, mißtrauisch behandelten. Bald entdeckte er sich als ein äußerst gutmütiger hannöverischer Edelmann, welcher zu seinem Vergnügen lange Italien bereist hatte und vieles Nützliche im Bezug auf den Verkehr mit Italienern uns mitteilen konnte. Seine Empfehlung nützte uns sehr für den Besuch der Borromeischen Inseln, von welchen aus meine Bekannten sich von mir und meiner Frau trennten, um auf dem nächsten Wege zurückzureisen, während wir über den *Simplon* und durch das *Wallis* noch nach *Chamonix* uns wenden wollten.

Die Ermüdung, welche mich bisher mein Ausflug gekostet hatte, sagte mir nämlich, daß ich so bald zu einem ähnlichen Unternehmen mich nicht wieder aufmachen würde, und es drängte mich daher, das Sehenswürdigste der Schweiz bei dieser Gelegenheit vollends in Augenschein zu nehmen. Überhaupt war ich aber wohl, wie seit längerer Zeit es mit mir stand, in der Stimmung, mir durch einen neuen äußeren Eindruck eine bedeutende Wirkung auf mich zu erwarten. Deshalb wollte ich den *Montblanc* nicht vorbeigehen lassen. Sein Anblick ward mit großen Beschwerden erkauft, unter welchen eine nächtliche Ankunft in *Martigny* zu nennen ist, wo infolge großer Überfüllung der Gasthöfe allseitig die Unterkunft verweigert wurde und wir nur, mit Benutzung des Liebesverhältnisses eines Postillons zu einem Dienstmädchen, widerrechtlich in einer für diese Nacht von der Herrschaft verlassenen Privatwohnung ein Obdach fanden. Im *Chamonix*-Tal besuchten wir pflichtgemäß das sogenannte »Eismeer« und die »Flégère«, von welcher aus auch mich der Anblick des *Montblanc* allerdings bedeutend anregte. Meine Phantasie beschäftigte sich jedoch weniger mit der Besteigung dieses Gipfels als vielmehr mit einer Überschreitung des *Col des géants*, indem mich weniger die zu erreichende große Höhe als die andauernde erhabene Öde auf dieser letzteren Wanderung anzog. Ich nährte längere Zeit den Vorsatz, ein solches einziges Abenteuer noch einmal zu bestehen. Beim Herabsteigen von der »Flégère« verrenkte *Minna* bei einem Falle sich den Fuß, davon die schmerzlichsten Folgen uns von jetzt an von jeder weiteren Unternehmung zurückhielten; wogegen wir nun die Heimreise über *Genf* zu beschleunigen uns genötigt sahen.

Auch von diesem bedeutenderen und großartigeren Ausfluge, fast dem einzigen, den ich je rein zu meiner Erholung unternommen hatte, kehrte ich mit einem seltsam unbefriedigten Gefühle zurück, und immer verblieb mir noch die Sucht nach etwas in der Ferne, was mich entscheidend bestimmen und meinem Leben eine neue Wendung geben sollte. – Dafür traf ich zu Hause die Anzeigen einer anderweitigen neuen Wendung meiner Lebens-Schicksale an. Es waren dies Nachfragen und Bestellungen verschiedener deutscher Theater, welche den »*Tannhäuser*« geben wollten. Zuerst war es das Schweriner Hoftheater, welches sich dafür meldete; die jüngste Schwester *Röckels*, welche nach einiger Zeit den mir aus meiner frühesten Jugend her bekannten Schauspieler *Moritz* heiratete und jetzt als jugendliche Sängerin aus dem Lande ihrer Erziehung, England, nach Deutschland gekommen war, hatte, wie anderen, so auch einem ehrlichen Angestellten jenes Theaters, dem Rendanten *Stocks*, so enthusiastisch von dem in Weimar empfangenen Eindruck des »Tannhäuser« auf sie erzählt, daß dieser für sich die Oper eifrigst studiert und nun die Direktion des Theaters angetrieben hatte, die Aufführung derselben in Angriff zu nehmen. Bald meldeten sich auch die Theater von *Breslau*, *Prag* und *Wiesbaden*, an welchem letzteren mein Jugendfreund *Louis Schindelmeißer* als Kapellmeister fungierte. Diesen folgten in kurzer Zeit noch andere Theater; am meisten überraschte es mich aber, als sogar das Berliner Hoftheater durch seinen neuen Intendanten, Herrn *von Hülsen*, darum nachfrug. Im Betreff dieses letzten Ereignisses durfte ich wohl annehmen, daß die damalige *Prinzessin von Preußen*, welche durch meine treue Freundin *Frommann* mir immer in Gewogenheit erhalten worden, namentlich aber durch die Weimarische Aufführung des »Tannhäuser« dafür neuerdings kräftig angeregt worden war, zu diesem unerwarteten Entgegenkommen Veranlassung gegeben hatte.

Während mich die Bestellungen der kleineren Theater sehr erfreuten, beängstigte mich die der größten deutschen Bühne. An jenen wußte ich nämlich mir ergebene und eifrige Kapellmeister, welche jedenfalls den Wunsch der Aufführung meiner Oper selbst angeregt hatten; in Berlin dagegen stand es anders. Zu dem mir von früher her bekanntgewordenen, sehr talentlosen und dabei sehr eitlen Kapellmeister *Taubert* war dort nur noch der aus allerfrühester Zeit sowie später aus Riga schließlich unter sehr üblen Umständen mir im Gedächtnis gebliebene *Heinrich Dorn* als Kapellmeister angestellt. Mit keinem dieser beiden fühlte ich weder Neigung, noch ersah ich die Möglichkeit, über mein Werk zu verkehren, und aus meiner Kenntnis ihrer Fähigkeiten sowie ihres üblen Willens erhielt ich vollen Grund, eine erfolgreiche Aufführung meiner Oper unter ihrer Leitung zu bezweifeln. Da ich nun selbst als Exilierter nicht nach Berlin gehen konnte, um den Geist der Aufführung meines Werkes zu überwachen, erbat ich mir sofort von *Liszt* die Erlaubnis, ihn als meinen Stellvertreter und *alter ego* in Berlin vorschlagen zu dürfen, wozu er mir willig beistimmte. Als ich demnach die Berufung *Liszts* zur Bedingung machte, ward jedoch von seiten des Berliner Generalintendanten der Einspruch erhoben, daß die Berufung eines »weimarischen« Kapellmeisters als gröbliche Beleidigung der preußischen Hofkapellmeister erscheinen müßte und ich demnach von dieser Bedingung abzusehen hätte. Hieraus entspann sich ein umständlicher Transaktionsversuch, welcher damit endigte, daß die Aufführung des »Tannhäuser« in Berlin für jetzt auf längere Zeit unterblieb.

Während von nun an jedoch mit wachsender Schnelle der »Tannhäuser« sich über die mittleren deutschen Theater verbreitete, faßte mich vor dem Geiste dieser Aufführungen, über deren Charakter ich nie zu vollkommener Klarheit gelangen konnte, große Besorgnis. Da meine Anwesenheit überall verwehrt war, griff ich somit dazu, durch eine sehr ausführliche Abhandlung, welche als Anleitung zur Aufführung meines Werkes dienen sollte, für das richtige Verständnis der von mir gestellten Aufgabe zu sorgen. Ich ließ diese ziemlich umfangreiche Arbeit auf meine Kosten in eleganter Ausstattung drucken und übersandte an jedes Theater, welches die Partitur bestellte, eine größere Anzahl von Exemplaren davon, mit der Bestimmung, dem Kapellmeister, dem Regisseur und den Hauptdarstellern zur Beachtung und Befolgung zugeteilt werden zu sollen. Ich habe im Laufe der Zeit auch nicht von einem einzigen Menschen erfahren, welcher diese Anleitung gelesen oder gar befolgt hätte. Da mir im Jahre 1864 durch meine sorgsame Verteilung der Broschüre alle Exemplare davon ausgegangen waren, fand ich dagegen zu meiner größten Freude sämtliche dereinst dem Münchener Hoftheater übersandten Exemplare gänzlich unberührt im Archive desselben verwahrt, wodurch ich in die angenehme Lage geriet, dem Könige von Bayern, welcher danach verlangte, einigen Freunden und mir selbst von der verlorengegangenen Schrift wieder Kenntnis zu verschaffen.

Es war ein sonderbares Schicksal, daß die sich jetzt anmeldende Verbreitung meiner Oper auf den deutschen Theatern mit meinem nun der Ausführung zureifenden Entschlusse zu einer Arbeit zusammenfiel, für deren Konzeption mich die Nötigung zur vollkommensten Rücksichtslosigkeit auf unsere Theater so entscheidend mitbestimmt hatte; doch wirkte jene bisher so wenig erwartete Wendung in keiner Weise auf meine Stimmung zu dieser Arbeit. Durch das Festhalten meines Planes gewann ich vielmehr die Ruhe, nach jener andren Seite hin alles eben nur seinen Gang gehen zu lassen, ohne im mindesten zu den Aufführungen selbst Anregung zu geben. So ließ ich nur gewähren, sah verwunderungsvoll zu, wenn ich stets nur von guten Erfolgen hörte; ließ mich aber durch keinen derselben zu einer Änderung meines Urteils über unser Theater im allgemeinen und die Oper im besondren verleiten. Ich blieb unerschüttert bei dem Vorsatze, meine Nibelungen-Dramen in der Weise auszuführen, als ob das heutige Opertheater gar nicht bestünde, dagegen das von mir gedachte ideale Theater ganz notwendig dereinst mir erstehen würde. So verfaßte ich denn noch im Oktober und November dieses Jahres die Dichtung des »Rheingoldes«, womit ich den ganzen Zyklus des von mir entworfenen Nibelungenmythos nach vorn zum Abschluß brachte. Zugleich aber arbeitete ich den »Jungen Siegfried« und namentlich »Siegfrieds Tod« in der Weise um, daß sie nun in das richtige Verhältnis zum Ganzen traten, wodurch namentlich das letzte Stück solche bedeutende Erweiterungen, wie sie jetzt der unverhohlener dargelegten Bedeutung des Ganzen entsprachen, erhielt. Demnach hatte ich auch dem letzten Stücke einen neuen, seinem richtigen Bezuge zu dem ganzen Gedichte entsprechenden Titel zu geben; ich nannte es nun »Götterdämmerung«, während ich den »Jungen Siegfried«, da dieser nicht mehr eine abgerissene Episode aus dem Leben des Helden zum Gegenstand hatte, sondern im Rahmen des Ganzen seine richtige Stellung neben den andren Hauptgestalten erhielt, einfach »Siegfried« nennen durfte.

Es war mir betrübend, diese umfangreiche dichterische Arbeit voraussichtlich lange Zeit denjenigen, welchen ich doch Interesse dafür zutrauen durfte, gänzlich unbekannt lassen zu müssen. Da nun die Theater in überraschender Weise mich dann und wann mit ihren üblichen Honoraren für den »Tannhäuser« versahen, bestimmte ich einen Teil meiner Einnahmen auch dazu, eine Anzahl schön gedruckter Exemplare meines Gedichtes zu meinem Privatgebrauche herstellen zu lassen. Ich bestimmte, es sollten nur fünfzig Exemplare von dem schönen Satze abgezogen werden. – Ehe ich noch ganz mit dieser mich sehr angenehm stimmenden Beschäftigung zu Ende kam, hatte ich einen großen Schmerz zu überstehen.

Wohl fand ich in der Nähe Anzeichen von Teilnahme an der Vollendung meiner großen dichterischen Arbeit, obwohl die meisten meiner Bekannten das Ganze für eine Chimäre und vielleicht selbst für eine überhebungsvolle Laune hielten; mit näherem Verständnis und wirklich warm ging nur *Herwegh* darauf ein, mit welchem ich mich oft darüber besprach und dem ich die fertigen Teile auch gewöhnlich vorlas. *Sulzer* war sehr verstimmt über die Umarbeitung von »Siegfrieds Tod«; denn er hielt dieses Stück für gut und eigentümlich und glaubte es dieser Eigenschaften beraubt zu sehen, wenn es wiederum für gut und zweckmäßig anerkannt werden sollte, daß vieles davon geändert würde. Somit erbat er sich wenigstens das Manuskript der ersten Fassung, welches sonst vermutlich ganz verlorengehen würde, für sich zur Aufbewahrung als Andenken aus. – Um mir sogleich einen Begriff von der Wirkung des ganzen Gedichtes bei einer Mitteilung desselben in möglichst rascher Aufeinanderfolge zu verschaffen, bestimmte ich bereits wenige Tage nach der beendigten Arbeit einen mehrtägigen Besuch bei der Familie *Wille* auf ihrem Landgute mitten im Dezember dazu, der kleinen Gesellschaft es vorzulesen. Außer *Herwegh*, welcher mich begleitete, waren noch die Frau *Wille* und deren Schwester Frau *v. Bissing* zugegen. Ich hatte namentlich diese Frauen schon öfter bei meinen gern gepflogenen Besuchen in dem durch zweistündigen Marsch zu erreichenden *Mariafeld* auch durch Musizieren in meiner seltsam eigentümlichen Weise unterhalten und an ihnen ein fast schwärmerisch angeregtes Publikum gewonnen, zu einigem Verdruß des Herrn *Wille*, welcher offen bekannte, daß die Musik ihm ein Greuel sei, übrigens aber in seiner burschikosen Manier schließlich die Sache von der amüsanten Seite zu nehmen wußte. Da ich gegen Abend eintraf, ward sogleich das »Rheingold« vorgenommen, und da es noch nicht zu spät schien und jede Anstrengung mir als unschädlich zugetraut wurde, ließ ich bis Mitternacht auch noch die »Walküre« folgen. Des andren Morgens kam nach dem Frühstück »Siegfried« dran und am Abend schloß ich mit der »Götterdämmerung«. Ich glaubte Grund zu haben, mit dem Eindrucke zufrieden zu sein, namentlich die Frauen begaben sich in anständiger Erregung jedes Gespräches darüber. Mir verblieb leider eine fast beängstigende Aufregung davon; ich war schlaflos und des andren Tages gegen jede Unterhaltung so scheu, daß niemand meinen eiligen Abschied begriff. Nur *Herwegh*, welcher mich zurückbegleitete, schien meine Stimmung zu empfinden und teilte sie durch gleiches Schweigen. – Besondere Freude wollte ich mir nun aber durch die Mitteilung des ganzen vollendeten Werkes an meinen treuen Freund *Uhlig* in Dresden machen, mit welchem ich fortgesetzt korrespondierte und der von Phase zu Phase der Ausarbeitung meines genau ihm bekannten Planes folgte. Ich wollte ihm die »Walküre« nicht früher zuschicken, als bis auch das voranzustellende »Rheingold« fertig sei; dann sollte er alles auch nicht eher vorgelegt erhalten, als bis dies in einem schön gedruckten Exemplare mir möglich sein würde. Mit dem Eintritte des Herbstes las ich aber bereits aus *Uhligs* Briefen Grund zur wachsenden Besorgnis für seinen Gesundheitszustand heraus. Er beklagte sich über die Zunahme der bedenklichen Hustenkrämpfe und über endlich eingetretene totale Heiserkeit. Er hielt dies alles nur für Schwäche, welche er durch Kräftigung seines Körpers, durch kaltes Wasser und starke Fußwanderungen zu bewältigen verhoffte; der Geigerdienst im Theater brächte ihn so herunter; wenn er dagegen so einen siebenstündigen strengen Marsch durch die Umgegend vollbracht hätte, fühle er sich immer wieder wohler; nur wollten allerdings die Brustkrämpfe und die Heiserkeit nicht vergehen; es falle ihm schwer, selbst in nächster Nähe sich im Gespräche verständlich mitzuteilen. Bis dahin hatte ich den Unglücklichen noch nicht ängstigen wollen und immer verhofft, sein Zustand müsse endlich einem Arzte Veranlassung zu einer vernünftigen Behandlung desselben geben. Jetzt aber, da ich fortgesetzt nur die Versicherungen seiner Treue gegen die Prinzipien der Wasserkur von ihm vernahm, vermochte ich nicht mehr zurückzuhalten und ihm zuzurufen, mit diesem Wahnsinn aufzuhören und sich einem besonnenen Arzt anzuvertrauen, da es sich bei seinem Zustande gewiß nicht mehr um Stärkung, sondern zuallernächst um Schonung handle. Hierüber erschrak der Ärmste im höchsten Grade, da ihm aus meinen Äußerungen aufging, ich hege die Besorgnis, daß er in einem starken Grade schwindsüchtig sei. »Was sollte da aus meiner armen Frau und meinen Kindern werden, wenn es wirklich so mit mir stünde?« So schrieb er. Leider wurde es bald zu spät; mit seinen letzten Kräften versuchte er mir noch zu schreiben, bis mir mein alter Freund, der Chordirektor *Fischer*, endlich die Aufträge *Uhligs*, der bereits nicht mehr vernehmlich zu dem dicht an seinen Mund hinabgeneigten Ohre sich kundgeben konnte, ausrichtete. Mit furchtbarer Schnelligkeit folgte diesem die Nachricht von seinem Tode: er war am 3. Januar des neuen Jahres 1853 gestorben. Mit *Lehrs* war er der zweite meiner wahrhaft ergebenen Freunde, welche mir die Schwindsucht hinwegraffte. – Nun lag das schöne für ihn bestimmte Exemplar meines »Ring des Nibelungen« müßig vor mir; ich vermachte es seinem jüngsten Knaben, meinem Paten, welchen er *Siegfried* getauft hatte. Von seiner Witwe erbat ich mir, was von theoretischen Schriften von ihm hinterlassen sei, und erhielt manches Bedeutende, darunter auch die früher erwähnte größere Abhandlung über Themen-Bildung. Obwohl die Herausgabe dieser Arbeiten durch sehr nötige ausführliche Überarbeitungen mir eine große Mühe verursachen mußte, frug ich bei Herrn *Härtel* in Leipzig an, ob er für einen solchen Band dieser Schriften der Witwe ein gutes Honorar zahlen wollte: der Verleger erklärte, selbst umsonst die Herausgabe nicht übernehmen zu wollen, da dergleichen Sachen gar nichts einträgen. Ich erkannte schon um diese Zeit, wie sehr jeder eifrig um mich bemühte Musiker sich in gewissen Kreisen verhaßt gemacht hatte. –

Die Erfahrung von *Uhligs* Tod gab nun meinen Hausfreunden ein großes Übergewicht gegen mich im Betreff meiner Wassertheorien. *Herwegh* schärfte meiner Frau ein, nach den Anstrengungen der Proben und Konzertaufführungen, wie ich sie auch in diesem Winter besorgte, mir durchaus ein Glas guten Weins aufzunötigen. Allmählich gewöhnte ich mich auch wieder an die mild anregenden Genüsse des Kaffees und des Tees, worin meine Bekannten zu ihrer Freude gewahrten, daß ich wieder Mensch mit Menschen würde. Herr Dr. *Rahn-Escher* ward nun ein gerngesehener, beruhigender Hausfreund, welcher längere Jahre es recht wohl verstand, der um meine Gesundheit, namentlich um meine Nervenüberreizung entstandenen Besorgnisse Herr zu werden. Er bewährte die Klugheit seines Verfahrens alsbald, da ich gegen die Mitte des Februar es unternommen hatte, in vier aufeinanderfolgenden Abenden einem größeren Zuhörerkreise mein tetralogisches Gedicht vorzulesen. Ich hatte mich nach dem ersten Abende sehr stark erkältet und erwachte am Morgen des zweiten Vorlesung-Tages mit einer völligen katarrhalischen Heiserkeit. Meinem Arzte erklärte ich sogleich, das Ausfallen der Vorlesung würde mich außerordentlich affizieren; was sei nun anzufangen, um diese Heiserkeit schnell von mir zu schaffen? Er verlangte, ich solle mich den Tag über nur ganz ruhig verhalten, am Abend warm eingehüllt mich nach dem Vorlesungs-Lokale bringen lassen und dort ein paar Tassen leichten Tee zu mir zu nehmen; das übrige würde sich schon ganz von selbst finden, wogegen ich allerdings leicht ernstlicher erkranken dürfte, wenn der Kummer über meine mißglückte Unternehmung mich erfasse. Wirklich ging die Vorlesung des leidenschaftlichen Stückes ganz vortrefflich vor sich; am dritten und vierten Abende las ich wieder und fühlte mich vollkommen wohl. Zu diesen Vorlesungen hatte ich nämlich einen großen und eleganten Saal in dem *Hotel Baur au Lac* in Beschlag genommen und machte die überraschende Erfahrung, daß derselbe mit jedem Abende sich stärker füllte, trotzdem ich nur einen kleinen Kreis von Bekannten eingeladen und diesem allerdings freigestellt hatte, Personen, bei denen sie ein wahrhaftes Interesse, nicht bloße Neugierde, voraussetzen konnten, mitzubringen. Auch hier schien die Wirkung eine durchaus günstige zu sein, und es waren die ernstesten Männer der Universität und der Regierung, von welchen ich die anerkennendsten Beteuerungen, ja selbst gute Äußerungen über das Verständnis meines Gedichtes und der damit verbundenen künstlerischen Intentionen gewann. Aus dem eigentümlichen, hier aber zuversichtlich stimmenden trockenen Ernste, mit welchem man sich zu erkennen gab, wurde in mir sogar der Gedanke angeregt, zu versuchen, wie weit diese mir so günstige Disposition im Dienste meiner höheren Kunsttendenzen zu verwerten sei. Allgemein glaubte man bei der nun einmal hierüber allgemein bestehenden oberflächlichen Ansicht, mich zu einem Befassen mit dem Theater auffordern zu dürfen. Ich überlegte mir, wie es wohl anzufangen sei, selbst die allerdürftigste Grundlage eines Züricher Theaters durch Befolgung gesunder Prinzipien zu einer guten Ausbildung hinzuleiten, und brachte meine Gedanken hierüber in einer Abhandlung mit dem Titel »*Ein Theater in Zürich*« jedem zur Einsicht. Die Auflage von etwa hundert Exemplaren ward verkauft, aber ich erfuhr nie das mindeste von einer Wirkung der Schrift; bloß bekannte später einmal, bei einem Festessen der Musikgesellschaft, der würdige Herr *Ott-Imhof*, da von einigen Seiten geäußert wurde, daß jene meine Gedanken wohl sehr schön aber leider unausführbar seien, dem durchaus nicht beistimmen zu können; jedoch vermisse er zu meinen Vorschlägen das einzige, was sie auch in seinen Augen gültig erscheinen lassen könnte, nämlich meine Bereitwilligkeit, die Leitung dieses Theaters selbst zu übernehmen, weil er niemand sonst die Durchführung meiner Ideen zutrauen könne. Da ich dann allerdings erklären mußte, mit so etwas nichts zu tun haben zu wollen, so ward die Sache hiermit abgemacht, und in meinem Innersten konnte ich den Leuten nicht unrecht geben.

Indessen spannte sich die Teilnahme für mich immer höher; da ich es nun durchaus ablehnen mußte, den Wünschen meiner Freunde im Betreff einer Aufführung meiner Hauptwerke im Theater nachzugeben, erbot ich mich endlich, wenigstens eine Auswahl charakteristischer Fragmente, wie sie in Konzertaufführungen am ehesten zu Gehör zu bringen waren, zu besorgen, sobald man mir die gehörige Unterstützung hierfür zuteil werden ließe. Demgemäß wurde wirklich eine Subskriptions-Aufforderung in Umlauf gesetzt, und diese hatte den guten Erfolg, einige namhafte, vermögende Kunstfreunde für die Deckung der Kosten sich einstellen zu sehen. Ich hatte es dagegen zu übernehmen, mir ein Orchester zu engagieren, wie ich es brauchte: von nah und fern wurden tüchtige Musiker herbeigerufen, und nach unendlichen Bemühungen durfte ich der Zuversicht sein, etwas recht Genügendes zustande gebracht zu sehen. Ich hatte die Einrichtung in der Weise getroffen, daß die engagierten Musiker von einem Sonntag zum andren eine volle Woche in Zürich verweilen mußten. Die Hälfte dieser Zeit waren sie ausschließlich zu den Proben in Beschlag genommen. Am Mittwochabend fand dann die Aufführung, Freitag- und Sonntagabend fanden die Wiederholungen derselben statt. Diese Tage trafen auf den 18., 20. und 22. Mai, auf welchen letzteren mein 40. Geburtstag fiel. Ich hatte die Freude, alle meine Anordnungen pünktlich ausgeführt zu sehen; von Mainz, Wiesbaden, Frankfurt und Stuttgart, anderseits von Genf, Lausanne, Basel, Bern und den Hauptorten der Schweiz trafen auserwählte Musiker pünktlich am Sonntagnachmittag ein. Sie waren sofort in das Theater beschieden, wo sie in einem nach dem früher von mir in Dresden erfundenen und auch hier sich vortrefflich bewährenden Orchesterbau sich über ihre Plätze genau orientieren mußten, um andren Morgens ohne Aufenthalt und Störung sofort die Probe beginnen zu können. Da diese Leute mir früh und abends zu Gebote standen, studierte ich ihnen in zwei und einem halben Tage ohne besondere Anstrengung eine Auswahl von größeren Stücken aus dem »Fliegenden Holländer«, »Tannhäuser« und »Lohengrin« ein. Mit größerer Mühe hatte ich mir zuvor einen Chor zu bilden gesucht, der nun aber doch sehr Erfreuliches leistete. Von Einzelgesang kam nichts vor als die Ballade der Senta aus dem »Holländer«, welche die Frau des Musikdirektors *Heim* mit guter, wenn auch unausgebildeter Stimme und tadellosem Eifer zum Vortrag brachte. Das ganze Unternehmen hatte eigentlich keinen publiken, sondern durchaus einen patriarchalischen Charakter: ich nahm an, einem größeren Kreise von Bekannten einen aufrichtigen Wunsch zu erfüllen, indem ich sie nach Umständen verständlich mit dem Charakter meiner Musik bekannt machte. Da es selbst hierfür jedoch auch der Bekanntschaft mit den dichterischen Grundlagen bedurfte, lud ich diejenigen, welche meinen Konzerten beizuwohnen gedachten, für drei Abende in den Konzertsaal der Musikgesellschaft ein, um sich dort von mir die Dichtungen der drei Opern, aus welchen sie zu hören bekommen sollten, vorlesen zu lassen. Dieser Einladung wurde mit großer Teilnahme Folge geleistet; und ich durfte nun annehmen, daß mein Publikum besser, als es je woanders geschah, vorbereitet zur Anhörung der charakteristischen Bruchstücke meiner Opern sich einstellte. – Die Aufführungen dieser drei Abende hatten für mich das besonders Ergreifende, daß ich an ihnen mir selbst zum ersten Male etwas aus »Lohengrin« vorführen und so auch von der Wirkung meiner Kombination des Instrumentales in dem Vorspiele dieses Werkes einen Eindruck erhalten konnte. Zwischen den Aufführungen kam es zu einem Festessen, dem ersten und, außer einem späteren in Pest, dem einzigen, davon mir je die Ehre erwiesen wurde. Hier ergriff mich wirklich die Rede des hochbetagten Präsidenten der Musikgesellschaft, Herrn *Ott-Usteri*; er machte darin die von so verschiedenen Orten zusammengetroffenen Musiker auf die Bedeutung dieser ihrer Vereinigung, den Zweck und die Wirkung derselben aufmerksam und empfahl ihnen als sicheres Geleite für die Heimfahrt die gewiß von jedem gewonnene Überzeugung, daß sie hier mit einer neuen großen Erscheinung auf dem Kunstgebiete in eine innige und fruchtbare Berührung getreten seien.

Die Erregung, welche von diesen Konzertabenden ausging, teilte sich in immer weiteren Kreisen der ganzen Schweiz mit; von fern her trafen Anmeldungen und Aufforderungen zu weiteren Wiederholungen ein; mir wurde versichert, daß ich die drei Aufführungen in der folgenden Woche vollständig wiederholen könnte, ohne befürchten zu müssen, den Andrang der Zuhörer sich vermindern zu sehen. Als hierüber diskutiert wurde und ich sowohl meine Ermüdung bezeugte als auch den Wunsch zu erkennen gab, dem Außerordentlichen seinen Charakter auch dadurch erhalten zu wissen, daß es nicht erschöpft werde, freute es mich, von meinem bei dieser Gelegenheit sehr tätig sich bewährenden Freunde *Hagenbuch* eine ebenso intelligente als kräftige Zustimmung zu erhalten. Das Fest ward geendigt, die Gäste in der vorausbestimmten Zeit entlassen.

Ich hatte gehofft, unter den letzteren auch *Liszt* begrüßen zu können, welcher zuvor im März durch die Aufführung derselben drei Opern, aus denen ich hier nur Bruchstücke gab, eine »Wagner-Woche« in Weimar gefeiert hatte. Leider war es ihm nicht möglich gewesen, schon jetzt sich freizumachen, wogegen er mir für Anfang Juli seinen Besuch zusagte. Von meinen deutschen Bekannten waren nur die treuen Frauen *Julie Kummer* und *Emilie Ritter* zur rechten Zeit eingetroffen. Da beide sich anfangs Juni nach Interlaken begeben hatten und auch ich bald einer Erholung mich sehr bedürftig fühlte, begab ich mich Ende dieses Monates mit meiner Frau zu einem kurzen Vergnügungsaufenthalt dahin, welcher jedoch durch anhaltendes Regenwetter uns in traurigster Weise verkümmert wurde. Dagegen trat am ersten Juli, als wir uns verzweiflungsvoll mit unsren Freundinnen gemeinschaftlich zur Heimreise nach Zürich aufmachten, ein jetzt lange Zeit anhaltendes herrliches Sommerwetter ein, welches wir uns alsbald mit freundlichem Enthusiasmus dahin deuteten, daß es der Begleiter *Liszts* in die Schweiz sei, der nun wirklich sofort nach unserer Wiederankunft in Zürich in bester Laune bei uns eintraf. Nun folgte eine jener schönen Lebenswochen, wo jede Stunde des Tages zu einem ergiebigen Schatz der Erinnerung wurde. Ich hatte bereits in den gleichen sogenannten »Vorderen Escher-Häusern«, in welchen ich zuletzt eine übermäßig enge Parterre-Wohnung innegehabt hatte, einen geräumigeren Wohnraum im zweiten Stocke bezogen. Frau *Stockar-Escher*, die Mitbesitzerin des Hauses, eine mir enthusiastisch ergebene Frau voll von eigenem künstlerischen Talent (sie war Dilettantin in der Aquarellmalerei), hatte sich bemüht, die neue Wohnung so stattlich wie möglich neu herzurichten. Meinem eigenen, namentlich seit dem Aufenthalte in der Wasserheilanstalt neu erwachten und durch Kompression fast leidenschaftlich gesteigerten Hange zu angenehmer häuslicher Einrichtung gab ich, bei der unerwarteten Verbesserung meiner Lage durch die stets sich mehrenden Bestellungen meiner Opern, ohne Rückhalt nach und ließ die Wohnung durch Teppiche und sonstiges Mobiliar so hübsch herrichten, daß selbst *Liszt*, als er in sie eintrat, sich von meiner »kleinen Elégance«, wie er sie nannte, verwunderungsvoll überrascht zeigte. Jetzt genoß ich denn zum ersten Male die Freude, meinen Freund auch als Komponist näher kennenzulernen. Neben manchen berühmt gewordenen neueren Klavierstücken von ihm, gingen wir auch mehrere seiner soeben vollendeten Symphonischen Dichtungen, vor allem seine Faust-Symphonie mit großem Eifer durch. Den Eindruck, welchen ich hiervon empfing, hatte ich später Gelegenheit, in einem veröffentlichten Schreiben an *Marie von Wittgenstein* ausführlich zu bezeichnen. Meine Freude über alles, was ich von *Liszt* erfuhr, war ebenso groß als aufrichtig, vor allem aber auch bedeutungsvoll anregend; ging ich doch selbst damit um, endlich nach so langer Unterbrechung mich wieder der musikalischen Produktion zuzuwenden. Was konnte mir wichtiger und verheißungsvoller sein als diese so lange ersehnte Berührung mit dem nun in meisterlicher Übung fortgesetzt begriffenen Freunde zu treten, welcher andrerseits so ausschließlich meinen eigenen Arbeiten und der Ausbreitung ihres Verständnisses sich gewidmet hatte. Die namentlich durch den unvermeidlichen Zudrang von Freunden und Bekannten fast betäubenden Freudentage unterbrachen wir durch einen Ausflug nach dem Vierwaldstätter See, in einziger Begleitung *Herweghs*, welchem *Liszt* den schönen Einfall hatte, den Brüderschaftstrunk mit ihm und mir aus den drei Quellen des *Grütli* anzubieten. – Für jetzt schied aber der Freund wieder von uns, nachdem er für den Herbst eine neue Zusammenkunft mit mir verabredet hatte.

Fühlte ich mich nach seinem Fortgange recht verlassen, so sorgte nun aber die Züricher Öffentlichkeit dafür, daß ich bald auf eine von mir noch ganz unerfahrene Weise zerstreut wurde. Endlich nämlich war das kalligraphische Meisterstück eines Ehrendiplomes, welches mir der Züricher Stadtsängerverein dekretiert hatte, fertig geworden; und mit Hinzuziehung aller mir gewogenen gesellschaftlichen und individuellen Bestandteile des Züricher Publikums sollte jenes Diplom im Geleite eines solennen Fackelzuges mir überreicht werden. Wirklich nahte an einem schönen Sommerabende unter rauschender Musik eine ansehnliche Schar von Fackelträgern dem Zeltwege und bot mir einen bisher nie wieder erfahrenen Anblick und Eindruck. Man sang, und von der Straße tönte zu mir herauf die Festrede des Präsidenten des Stadtsängervereins. Wirklich ergriff mich dieser Vorgang so sehr, daß mein unverwüstlicher Sanguinismus schnell sich meiner Phantasie bemächtigte: in meiner Antwortsrede deutete ich unverhohlen an, daß ich nicht einsähe, warum nicht gerade Zürich doch vielleicht berufen sein sollte, auf biederer bürgerlicher Grundlage der Erfüllung meiner höchsten Wünsche im Betreff des mir vorschwebenden Kunstideales einen fördernden Vorschub zu leisten. Ich glaube, man bezog dies auf ein besonderes Erblühen der Männer-Gesangsvereine und war mit meinen kühnen Verheißungen erträglich zufrieden. Abgesehen von diesem durch mich herbeigeführten *Quid-pro-quo* blieb die Stimmung dieses Abends und seiner Folgen auf mein Gemüt eine durchaus wohltätige und heitere. –

Immer aber hegte ich noch die schon früher nach längeren Unterbrechungen im musikalischen Produzieren erfahrene eigentümliche Beängstigung und Scheu vor dem Wiederbefassen mit dem Komponieren. Von allem Geleisteten und Erlebten fühlte ich mich auch sehr angegriffen, und der seit meinem Fortgange von Dresden leider immer mir wiederkehrende Trieb zu einem völligen Bruche mit allem, was hinter mir lag, zum Aufsuchen jungfräulich neuer Lebensbedingungen, gewann auch jetzt, von jener Bangigkeit geschwängert, neues beunruhigendes Leben. Ich bildete mir ein, ich müßte, ehe ich mich an eine so ungeheure Arbeit wie die Musik zu meinem Nibelungen-Drama machte, durchaus noch ein letztes Mal versuchen, ob ich nicht in ganz neuer Umgebung eine harmonischere Lebensexistenz gewinnen könnte, als nach so vielen eingegangenen Kompromissen die meinige es jetzt sein könnte. Ich entwarf eine Reise nach Italien, soweit mir als politischem Flüchtlinge dieses damals offenstand. Die Mittel zur Befriedigung meines Wunsches wurden namentlich durch die Teilnahme meines seitdem mir stets eifrig ergebenen Freundes *Wesendonk* mit Leichtigkeit zu Gebote gestellt. Da ich diese Reise aber vor dem Eintritte der Herbstwitterung für unrätlich halten mußte, außerdem aber für die Kräftigung meiner Nerven, selbst für den Genuß Italiens, eine vom Arzt mir angeratene besonders geeignete Kur für dienlich halten sollte, beschloß ich zuvörderst erst noch den Besuch des Bades von *St. Moritz* im *Engadin*, wohin ich in der zweiten Hälfte des Juli in Begleitung *Herweghs* mich aufmachte.

Mir ist häufig das Sonderbare widerfahren, daß, was in den Tagebüchern anderer sehr einfach als ein Besuch, eine kleine Reise notiert wird, bei mir den Charakter des Abenteuerlichen erhielt. So diesmal diese Badereise, auf welcher es uns begegnete, daß wir durch Überfüllung des Postwagens in *Chur* bei einem anhaltenden furchtbaren Regen zurückgehalten wurden. Wir waren genötigt, in einem höchst unbequemen Gasthof uns mit Lektüre die Zeit zu vertreiben: ich griff zu dem »West-östlichen Diwan« *Goethes*, auf welchen ich durch die *Daumersche* Bearbeitung des *Hafis* vorbereitet war. Noch kann ich an viele Goethische Aussprüche in den Erläuterungen zu diesen Gedichten nicht zurückdenken, ohne zugleich an jenen so peinlich verzögerten Aufenthalt unserer Reise in das Engadin zurückzudenken. In

St. Moritz selbst erging es uns nicht besser; das jetzige bequeme Kurhaus bestand noch nicht, und wir hatten mit dem wildesten Unterkommen vorliebzunehmen, was besonders im Hinblick auf *Herwegh* für mich peinlich wurde, da dieser mit diesem Aufenthalte durchaus keinen Kurzweck, sondern bloß den der Vergnügung verband. Bald doch erheiterten uns schöne Eindrücke, wie sie aus dem nackten, nur von Algen bewachsenen Hochtale durch jähe Abfälle in die italienischen Täler führende Ausflüge uns gewährten. Zu einer ernstlicheren Unternehmung machten wir uns auf, nachdem wir den Schulmeister von *Samaden* zur Führung auf den *Rosegg-Gletscher* gewonnen hatten. Bei diesem Vordringen an die Abhänge des einzig großartigen *Bernina*, welchen wir in seiner Schönheit selbst dem Montblanc durchaus vorziehen mußten, hatten wir es mit Bestimmtheit auf einen exzentrischen Genuß abgesehen; dieser wurde namentlich meinem Freunde durch die großen Anstrengungen verkümmert, mit welchen das Besteigen und weitere Beschreiten des wunderbaren Gletschers verbunden war. Wiederum, und diesmal in gesteigertem Grade, empfing ich den erhabenen Eindruck der Heiligkeit der Öde und der fast gewaltsam beschwichtigenden Ruhe, welche jedes Erstorbensein der Vegetation auf das pulsierende Leben des menschlichen Organismus hervorbringt. Nachdem wir zwei Stunden lang tief in die Gletscherstraße hineingewandert waren, mußte uns ein mitgebrachtes Mahl mit in den Eisspalten frappiertem Champagner für den schwierigen Rückweg stärken. Diesen hatte ich meist doppelt zurückzulegen, indem ich dem zu meiner Überraschung überängstlich befundenen *Herwegh* wiederholt die Auf- und Abschreitungen vormachen mußte, zu welchen er endlich selbst sich zu entschließen hatte. Von dem außerordentlich zehrenden Charakter der Luft in diesen Regionen hatte ich mich an mir selbst zu überzeugen, als wir, eben auf dem Rückwege, in der ersten Sennerei an der dort vorgefundenen herrlichen Milch uns erlabten. Ich verschlang diese in solchen Fluten, daß wir beide darüber in wahrhaftes Staunen gerieten, besonders da wir in der Folge gar keine Beschwerden davon empfanden. – Mit dem Gebrauche des als so kräftig bekannten eisenhaltigen Wassers, sowohl für das Trinken als das Baden, ging es mir wie sonst immer bei ähnlichen Versuchen: mein so sehr zu Aufregung geneigtes Temperament ließ davon mehr Beschwerde als Heilung aufkommen. Meine Lektüre in den Erholungsstunden machten die nur mit den ersten Jugendeindrücken zuvor mir bekannt gewordenen »Wahlverwandtschaften« *Goethes* aus. Diesmal verschlang ich dieses Buch im eigentlichsten Sinne Wort für Wort; auch ward es Grund zu heftigen Erörterungen zwischen mir und *Herwegh*, welcher, als vielerfahrener Kenner der Eigentümlichkeiten unsrer großen poetischen Literatur, den Charakter der *Charlotte* gegen meine Angriffe desselben verteidigen zu müssen glaubte. Ich wurde an meiner Leidenschaftlichkeit hierbei inne, wie seltsam es noch nach meinem zurückgelegten 40. Jahre mit mir stand, und mußte innerlich zugeben, daß *Herwegh* das Goethesche Gedicht objektiv richtiger beurteilte als ich, der ich mich fortwährend unter einer Seelenhemmung fühlte, gegen welche, wenn er sie je empfunden, *Herwegh* in dem eigentümlichen Verhältnisse zu seiner resoluten Frau zu großer Ergebung gelangt war. – Da endlich die Zeit zu Ende ging und ich wohl merkte, daß ich von der Kur nicht viel zu verhoffen hatte, traten wir gegen die Mitte des August unsren Rückweg nach Zürich an, wo ich nun ungeduldig auf meine Reise nach Italien mich vorbereitete.

Endlich trat der Monat September ein, von welchem man mir gesagt hatte, daß er für den Besuch Italiens bereits empfehlenswert sei. Mit unerhörten Vorstellungen von dem, was mich erwartete und was meinem Suchen erfüllungsvoll entgegentreten sollte, begab ich mich jetzt über *Genf* auf meine Reise. Wiederum nur unter den seltsamsten Abenteuern gelangte ich mit Extrapost über den *Mont-Cenis* nach *Turin*. Gänzlich ohne Befriedigung von diesem Aufenthalte, eilte ich nach zwei Tagen sofort nach *Genua*. Hier schien mir nun allerdings das ersehnte Wunder aufgehen zu wollen. Der herrliche Eindruck dieser Stadt kämpft noch bis heutigen Tages die Sehnsucht nach dem übrigen Italien in mir nieder. Ich fühlte mich einige Tage in wahrhaftem Rausche; wohl war es aber meine große Einsamkeit mitten unter diesen Eindrücken, welche mir alsbald wieder das Fremdartige dieser Welt, und daß ich in ihr nie heimisch sein würde, zur Empfindung brachte. Unfähig und ohne alle Anleitung dafür, nach regelmäßigem Plane den Genuß eigentlicher Kunstschätze aufzusuchen, gab ich mich mehr nur einem gewissen, musikalisch zu nennenden Gefühle des neuen Elementes hin und suchte vor allen Dingen den Punkt, der in ihm zum Verweilen und zu ruhigem Genusse mich bestimmen würde. Denn immer ging mein Trieb nur auf den Gewinn eines Asyles hin, welches mir die harmonische Ruhe zu neuem künstlerischem Schaffen gewähren sollte. – Da sich, namentlich infolge des unvorsichtigen Genusses von Gefrorenem, sehr bald die Dysenterie bei mir einstellte, trat in mir plötzlich auf die erste Exaltation eine vollkommen entmutigende Abspannung ein. Ich wollte dem ungeheuren Geräusche des Hafens, an welchem ich wohnte, entfliehen, um die äußerste Stille aufzusuchen, und glaubte mich durch einen Ausflug nach *Spezia* retten zu müssen, wohin ich nach acht Tagen mit dem Dampfschiff abging. Auch diese nur eine Nacht dauernde Fahrt wurde mir durch heftigen konträren Wind sogleich wieder zu einem peinlichen Abenteuer gestaltet. Meine Dysenterie vermehrte sich durch Seekrankheit, und im allererschöpftesten Zustande, kaum mich fortzuschleppen fähig, suchte ich in Spezia den besten Gasthof auf, welcher zu meinem Schrecken in einer engen geräuschvollen Gasse lag. Nach einer in Fieber und Schlaflosigkeit verbrachten Nacht zwang ich mich des andren Tages zu weiteren Fußwanderungen durch die hügelige, von Pinienwäldern bedeckte Umgegend. Alles erschien mir nackt und öde, und ich begriff nicht, was ich hier sollte. Am Nachmittage heimkehrend, streckte ich mich todmüde auf ein hartes Ruhebett aus, um die langersehnte

Stunde des Schlafes zu erwarten. Sie erschien nicht; dafür versank ich in eine Art von somnambulem Zustand, in welchem ich plötzlich die Empfindung, als ob ich in ein stark fließendes Wasser versänke, erhielt. Das Rauschen desselben stellte sich mir bald im musikalischen Klange des *Es-dur*-Akkordes dar, welcher unaufhaltsam in figurierter Brechung dahinwogte; diese Brechungen zeigten sich als melodische Figurationen von zunehmender Bewegung, nie aber veränderte sich der reine Dreiklang von *Es-dur*, welcher durch seine Andauer dem Elemente, darin ich versank, eine unendliche Bedeutung geben zu wollen schien. Mit der Empfindung, als ob die Wogen jetzt hoch über mich dahinbrausten, erwachte ich in jähem Schreck aus meinem Halbschlaf. Sogleich erkannte ich, daß das Orchester-Vorspiel zum »Rheingold«, wie ich es in mir herumtrug, doch aber nicht genau hatte finden können, mir aufgegangen war; und schnell begriff ich auch, welche Bewandtnis es durchaus mit mir habe: nicht von außen, sondern nur von innen sollte der Lebensstrom mir zufließen.

Sogleich beschloß ich nach Zürich zurückzukehren und die Komposition meines großen Gedichtes zu beginnen. Ich telegraphierte an meine Frau, um ihr dies anzuzeigen und mein Arbeitszimmer bereithalten zu lassen. Noch am gleichen Abende bestieg ich die Diligence, welche die *Riviera di Levante* hinab nach Genua führte. Noch hatte ich auf dieser den ganzen andren Tag fortgesetzten Reise Veranlassung, schöne Eindrücke von dem Lande zu gewinnen; namentlich war es die Farbe aller sich darbietenden Phänomene, welche mich entzückend anregte: das rote Steingebirge, die Bläue des Himmels und des Meeres, das lichthelle Grün der Pinien, selbst die blendende Weiße eines Zuges von Stieren wirkten so drastisch auf mich, daß ich mit Seufzen mir sagte, wie traurig es doch sei, daß ich dies alles nicht zur Veredelung meiner sinnlichen Natur genießen können sollte. In Genua fühlte ich mich wieder so angenehm angeregt, daß ich plötzlich glaubte, zuvor nur einer törigen Schwäche nachgegeben zu haben, mein ursprüngliches Vorhaben auszuführen beschloß und bereits wegen einer Reisegelegenheit der mir so sehr gerühmten *Riviera di Ponente* entlang nach Nizza in Unterhandlung trat. Kaum hatte ich diese ursprünglichen Vorsätze wieder aufgenommen, als ich aber auch innewarde, daß, was mich zuletzt erfrischt und heilsam belebt hatte, nicht die Wiederkehr meiner Freude an Italien, sondern der Entschluß zur Aufnahme meiner Arbeit gewesen war. Denn sobald ich diesen zu ändern Willen zeigte, trat auch sofort der alte Zustand mit allen Symptomen der Dysenterie wieder ein. Nun verstand ich mich, sagte die Reise nach Nizza ab und kehrte unaufhaltsam auf dem nächsten Wege über Alessandria und Novara, an den jetzt ganz gleichgültig von mir liegengelassenen Borromeischen Inseln vorbei, über den Gotthard nach Zürich zurück.

Hier angekommen, hätte nur eines mir Befriedigung gewähren können: wenn ich sofort meine große Arbeit beginnen durfte. Jedoch sah ich für das nächste noch eine bedeutende Unterbrechung voraus, nämlich das mit *Liszt* verabredete Rendezvous in Basel, welches Anfang Oktober stattfinden sollte. So ließ ich, unruhig und übellaunig, die Zeit unter Besuchen meiner Frau in *Baden am Stein* verstreichen, wohin diese, für meine vermutete längere Abwesenheit, sich zur Kur begeben hatte. Da ich zu jedem Versuche dieser Art, wenn er mit Zuversichtlichkeit mir eingeredet wurde, leicht bereit war, ließ ich mich auch zum mehrmaligen Gebrauche der dortigen heißen Bäder verleiten, was meine Aufgeregtheit in bedenklichem Grade vermehrte. Endlich kam die Zeit der Basler Zusammenkunft. *Liszt* hatte, vom Großherzoge von Baden dazu eingeladen, in Karlsruhe ein Musikfest veranstaltet und geleitet, welches der Tendenz, unsere eigenen Kompositionen in achtunggebietender Weise zu Gehör zu bringen, gewidmet war. Ich selbst durfte das Gebiet des deutschen Bundes noch nicht betreten; somit hatte *Liszt* Basel als nächsten Punkt an der Badenschen Grenze erwählt, um dort mir einige jüngere Freunde, welche um ihn in Karlsruhe versammelt gewesen, zur Begrüßung zuzuführen. Ich war zuerst am Ort und saß des Abends allein im Speisesaale des Gasthofs »Zu den drei Königen«, als ich im Vestibüle von einem nicht zahlreichen aber kräftigen Männerchore die Trompetenfanfare des Königsrufes aus »Lohengrin« gesungen hörte. Die Türe öffnete sich, und *Liszt* als Chef führte die liebenswürdige und heiter erregte Bande mir zu. Zum ersten Male seit seinem abenteuerlichen Winteraufenthalte in Zürich und St. Gallen sah ich *Bülow* wieder, mit ihm *Joachim*, *Peter Cornelius*, *Richard Pohl* und *Dionys Pruckner*. Für den anderen Tag meldete mir *Liszt* die Nachkunft seiner Freundin *Karoline von Wittgenstein* mit ihrer jungen Tochter *Marie* an. Es konnte nicht fehlen, daß die ungemein freudige Stimmung dieser Begegnung, welche bei aller Gemütlichkeit die eigentümlichen Züge einer großherzigen Ungewöhnlichkeit, wie alles, was von *Liszt* ausging, an sich hatte, an diesem Abende sich bis zu exzentrischer Fröhlichkeit steigerte. Mitten in der Ausgelassenheit vermißte ich *Pohl*, der mir als tüchtiger Streiter für unsre Sache durch seine mit »Hoplit« unterzeichneten Aufsätze bereits sehr wohl bekannt geworden war: ich stahl mich fort und suchte ihn in seiner abgelegenen Kammer auf, wo er, an heftigen Kopfschmerzen leidend, sich bereits zu Bette gelegt hatte. Mein herzliches Bedauern hierüber machte eine so bedeutende Wirkung auf ihn, daß er behauptete, plötzlich sich ganz wohl zu fühlen, aus dem Bette sprang, sich von mir bei der Beschleunigung des Ankleidens helfen ließ und nun mir wieder zur Gesellschaft herabfolgte, wo wir bis lang in die Nacht uns gemeinschaftlich auf das heiterste unterhielten.

Das Fest ward nun andren Tages vollständig, als die erwarteten Frauen eintrafen, welche jetzt für einige Tage den Mittelpunkt unsrer Vereinigung bildeten. Der ungemeinen Lebhaftigkeit und anregenden Hingebung der Fürstin *Karoline* an alles, was uns einnahm, war – wie alle, welche um jene Zeit in die Nähe dieser Frau geführt wurden, kennengelernt haben werden –

unmöglich zu widerstehen. Mit gleichem Interesse für die höchsten Fragen, welche uns bewegten, wie für die zufälligsten Einzelheiten unsres persönlichen Verkehres mit der Welt, schmeichelte sie einen jeden in eine gewisse Ekstase hinein, in welcher er das Beste, dessen er fähig war, von sich zu geben sich genötigt fühlte. Mit einem gewissen schwärmerischen Ausdrucke wirkte dagegen die kaum fünfzehnjährige Tochter der Fürstin, welche in Tracht und Haltung ganz als das zur Jungfrau eben erst erblühende Mädchen erschien und sich von mir auch den Ehrentitel »das Kind« erwarb. Wenn die Diskussion oder auch der reine freudige Erguß dann und wann bis zum Brausen sich erhob, bewahrte ihr schwärmerisch dunkles Auge eine schöne, tief verständige Ruhe, und unwillkürlich fühlten wir dann, daß sie den unschuldigen Verstand der uns aufregenden Angelegenheiten darstellte. Gern ließ ich mich, der ich überhaupt damals von der Schwäche des Vorlesens meiner Dichtung beherrscht wurde (worüber, beiläufig gesagt, *Herwegh* sich schon geärgert hatte), zum Vortrage meiner Nibelungen-Dramen bestimmen und wählte, da die Zeit der Trennung bevorstand, einzig den »Siegfried« dazu. Da *Liszt* zum Besuche seiner Kinder jetzt nach Paris aufbrechen mußte, begleiteten wir ihn alle nach Straßburg: ich hatte beschlossen, *Liszt* nach Paris zu folgen, wogegen die Fürstin mit ihrer Tochter von Straßburg aus nach Weimar zurückzugehen sich genötigt glaubte. Auch in den wenigen freien Stunden dieses kurzen Aufenthaltes sollte ich den Frauen noch etwas vorlesen, wofür aber keine rechte Ruhe eintrat. Am Morgen der beabsichtigten Trennung kam dagegen *Liszt* an mein Bett, um mich davon zu benachrichtigen, daß sich die Damen entschlossen hätten, mit uns nach Paris zu gehen; er behauptete lächelnd: *Marie* habe ihre Mutter dazu gebracht, weil sie noch die anderen Nibelungen-Stücke vorlesen hören wollte. Mir gefiel dieses generös Abenteuerliche des ganzen Zuges der Ausdehnung unserer Reise-Entschließungen sehr. Leider mußten wir uns jetzt von den jüngeren Genossen trennen; über *Joachim*, der stets in bescheidener, fast weicher Zurückhaltung geblieben war, sagte mir *Bülow* zur Erklärung, daß er in einer gewissen wehmütigen Schüchternheit gegen mich befangen sei, und zwar wegen meiner in jenem famosen Artikel über das »Judentum« ausgesprochenen Meinungen. Bei der Vorlegung einer seiner Kompositionen habe er ihn mit einer gewissen freundlichen Ängstlichkeit gefragt, ob ich dieser Arbeit wohl etwas *Jüdisches* anmerken können würde. Dieser rührende, ja ergreifende Zug regte mich zu einem besonders teilnahmvollen Abschiedswort und einer herzlichen Umarmung *Joachims* an. Ich habe ihn seitdem nie wiedergesehen*, sondern über seine nicht lange hiernach angenommene und andauernde feindselige Haltung gegen *Liszt* und mich nur das Allerverwunderlichste erfahren müssen. Allen den nach Deutschland heimkehrenden jungen Genossen begegnete noch unterwegs in *Baden* das

---

* »Dies ist im Jahr 1869 aufgezeichnet.« (Fußnote Wagners im Manuskript.)

lustige Unglück, als Ruhestörer mit der Polizei in Konflikt zu geraten: sie waren nämlich auch dort auf öffentlicher Straße mit der schmetternden Lohengrin-Fanfare eingezogen, über deren Bedeutung die Bevölkerung nur mit großer Mühe aufgeklärt werden konnte.

Reich an bedeutenden Eindrücken fast schwärmerisch erregter Freundschaft war unsere andrerseits gemeinschaftlich ausgeführte Reise nach *Paris*, sowie auch noch unser dortiger Aufenthalt. Nachdem wir in später Nacht mit großer Mühe die Frauen im »Hôtel des Princes« untergebracht hatten, verlangte es *Liszt*, mit mir noch einen Gang über die jetzt ganz menschenleeren Boulevards zu machen. Ich vermute, daß unsere Empfindungen hierbei so verschiedenartig waren wie unsere Erinnerungen. Als ich am andren Vormittage zu den Freunden ins Zimmer trat, teilte mir *Liszt* mit seinem eigentümlichen freundlichen Lächeln mit, daß Prinzessin *Marie* sich schon in große Aufregung gesetzt hatte, um sich einer neuen Vorlesung von mir zu versichern. Bereits lag mir allerdings sehr wenig an Paris; Fürstin *Karoline* glaubte ihrerseits sich genötigt, dafür zu sorgen, daß sie hier wenig bemerkt werde; *Liszt* war durch persönliche Besorgungen abgerufen; somit kam es zu dem Wunderlichen, daß wir, ehe noch ein Fuß auf die Straße von Paris gesetzt war, den ersten Morgen daselbst nur zu einer Fortsetzung der in Basel begonnenen Vorlesungen verwendeten. Überhaupt ward auch an den folgenden Tagen nicht eher nachgelassen, als bis ich mit allen Teilen meines »Ring des Nibelungen« zu Ende war. – Endlich trat Paris aber auch in seine Rechte, und als die Frauen nun sich nach den Museen aufmachten, war ich es, der, von unaufhörlichen nervösen Kopfschmerzen geplagt, sich auf seinem Zimmer einsam zurückhielt. Doch vermochten *Liszts* Aufforderungen auch mich zu mancher Teilnahme an den gemeinschaftlichen Unternehmungen. Sogleich an einem der ersten Tage hatte er eine Loge für eine Aufführung des »Robert le diable« gemietet, da er meinte, den Damen auf eine vorteilhafte Weise dieses berühmte Theater der Großen Oper bekannt machen zu müssen. Ich glaube, daß die elende Stimmung, welche mich hierbei befiel, von den Freunden nicht gänzlich ungeteilt blieb; doch hatte *Liszt* hierbei noch andere Dinge vor: ich war von ihm ersucht, im schwarzen Fracke zu erscheinen, und er bemerkte die Gewährung seiner Bitte mit Befriedigung, als er mich in einem Zwischenakte zu einer Promenade im Foyer einlud. Mir ward klar, daß ihn gewisse jugendliche Erinnerungen an hier vorgekommene ungemein belebte Abende unwillkürlich über den Charakter dieses »Foyers« an einem so traurigen Opernabende, wie wir ihn heute zu verleben hatten, irreführten, und wir schlichen, ohne zu wissen, warum wir diese langweilige Promenade ausgeführt hatten, ziemlich ernüchtert zu unserer Gesellschaft zurück.

Ganz außerordentlich anregend, ja den frühesten Eindrücken, welche ich einst in Paris von der Neunten Symphonie *Beethovens* durch die Aufführung des Conservatoire-Orchesters gewonnen hatte, fast gleich, war eine

Produktion der Quartett-Gesellschaft *Morin-Chevillard*, welche meinen Freund und mich zu einer Aufführung des Es-dur- und Cis-moll-Quartetts von *Beethoven* eingeladen hatte. Ich lernte hier wieder zu meiner freudigsten Überraschung die ungemeinen Vorzüge des geistvoll angewandten Fleißes kennen, mit welchem die Franzosen dieser in Deutschland noch so roh behandelten Schätze der Musik sich zu bemächtigen verstehen. Namentlich das Cis-moll-Quartett muß ich bekennen erst hier innig genau vernommen zu haben, da seine Melodie erst jetzt mir deutlich erschlossen wurde. Hätte ich keine Erinnerung als diese an meinen damaligen Aufenthalt in Paris, so würde ich ihn als bedeutungsvoll unvergeßlich für mich bezeichnen müssen.

Doch sind mir noch andere Angedenken verblieben, welche nicht minder bedeutungsvoll für mich fortgelebt haben. Eines Tages lud mich *Liszt* zu einem Familienabend bei seinen Kindern ein, welche unter der Obhut einer Erzieherin zurückgezogen in Paris lebten. Es war mir sehr neu, meinen Freund unter den bereits hoch aufwachsenden Mädchen und im Verkehre mit einem soeben vom Knaben zum Jüngling reifenden Sohne zu beobachten. Er selbst schien verwundert über seine väterliche Lage, von welcher er längere Jahre nur die Sorge, nicht aber die lohnende Empfindung erfahren hatte. Auch hier kam es wieder zum Vorlesen, nämlich des letzten Aktes der »Götterdämmerung«, somit des ersehnten Schlusses des Ganzen. *Berlioz*, welcher währenddem anlangte, betrug sich dem Mißgeschicke dieser Vorlesung gegenüber mit recht freundlichem Anstande. Bei ihm brachten wir einen andren Morgen zu, als er uns mit einem Frühstück zum Abschiede bewirtete; denn er selbst hatte bereits seine Musikalien gepackt, um sich auf eine Konzertreise nach Deutschland aufzumachen. Hier spielte mir *Liszt* aus dessen »Benvenuto Cellini« vor, und *Berlioz* sang dazu auf seine eigene trockene Weise. Hier traf ich auch, ohne längere Zeit über zu wissen, wer er sei, den in Paris so berühmten Feuilletonisten *Jules Janin*, welcher sich mir für jetzt nur durch seine nachlässige, das Französisch mir gänzlich unverständlich lassende Pariser Sprache bemerklich machte. – Auch ein Diner mit Soirée im Hause des berühmten Pianofortefabrikanten *Erard* sorgte für unsere Unterhaltung. Hier, wie bei einem anderen von *Liszt* selbst gegebenen Diner im Palais Royal, traf ich wieder mit dessen Kindern zusammen, von denen namentlich das jüngste, der Sohn *Daniel*, durch seine große Lebhaftigkeit und die Ähnlichkeit mit seinem Vater einen rührenden Eindruck auf mich machte, während ich von seinen Töchtern nur die anhaltende Schüchternheit zu bemerken hatte. Auch eines Abends bei Mme *Kalergis*, welche ich hier zum ersten Male seit jener frühesten Aufführung des »Tannhäuser« in Dresden wiedersah, habe ich mich zu erinnern. Die sehr ungewöhnliche Frau machte hier einen erkältenden Eindruck auf mich. Das Gerücht von näheren Beziehungen, in welchen sie zu dem General *Cavaignac*, endlich auch zu dem Präsidenten *Louis Napoléon* gestanden haben sollte, waren zu mir gedrungen und ließen sie mir in einem zweifelhaften Lichte erscheinen. Als über Tisch von ihr im Betreff *Louis Napoléons* eine Frage an mich gerichtet wurde, vergaß ich mich in meiner mit einer gewissen Bitterkeit gemischten Überspannung so weit, alles gewöhnliche Gespräch dadurch abzuschneiden, daß ich mein Befremden darüber erklärte, wie man von einem Menschen, den doch unmöglich eine Frau wahrhaft lieben könnte, etwas Großes für die Welt erwarten möchte. Als *Liszt* nach Tische mancherlei spielte, bemerkte die junge *Marie Wittgenstein* meine besonders traurig erscheinende Zurückhaltung, welche teils von meinen Kopfschmerzen herrühren, teils auch das Gefühl meiner innigen Entfremdung solchen Kreisen gegenüber, wie sie mich jetzt umgaben, ausdrücken mochte. Es rührte mich, ihre Teilnahme an meinem Zustande und die Nötigung, mich sympathisch zu zerstreuen, abgewonnen zu haben.

Nach dem Ablaufe von acht für mich äußerst anstrengenden Tagen verließen meine Freunde Paris. Da ich nun einmal von dem Beginne meiner Arbeit von neuem so weit abgehalten worden war, beschloß ich auch Paris nicht eher wieder zu verlassen, als bis ich mich endlich in einen für jenen großen Zweck dienlichen, ruhigeren Zustand gebracht hätte. Ich hatte meine Frau, welcher ich noch einmal den Augenblick dieses selben Paris, in welchem wir einst so viel Peinliches erlebt hatten, gönnte, aufgefordert, von Zürich aus zur Heimreise mich abzuholen. Nach ihrer Ankunft stellten sich *Kietz* und *Anders* mit großer Regelmäßigkeit zum Diner bei uns ein; auch ein junger Pole, der Sohn meines in alten Zeiten enthusiastisch von mir verehrten Freundes, des Grafen *Vincenz Tyskiewicz*, fand sich zu uns. Dieser sehr junge Mann, erst nach der Zeit meiner Bekanntschaft mit seinem Vater geboren, hatte sich, wie es gegenwärtig von so vielen geschieht, begeistert der Musik zugewendet. Er hatte bereits in Paris ein sonderbares Aufsehen dadurch erregt, daß er eine von ihm besuchte Aufführung des »Freischütz« in der Großen Oper, der hierbei vorkommenden starken Auslassungen und Änderungen wegen, für einen an dem eingeweihten Zuhörer begangenen Raub erklärt und der Administration jenes Theaters einen Prozeß wegen seines bereuten Eintrittsgeldes zur Vorstellung auf den Hals gezogen hatte. Auch wollte er ein Journal gründen, in welchem er die Nachlässigkeit des ganzen offiziellen Musiktreibens in Paris prinzipiell als eine Schmach für den Geschmack des Publikums einleuchtend machen wollte. – Ein junger Fürst *Eugen von Wittgenstein-Sayn* war aus dem *Lisztschen* Kreise übriggeblieben, welchem ich öfter zu einem Medaillon sitzen mußte, das er als geschickter Dilettant von mir anfertigte und unter *Kietz'* Beirat in nicht mißlungener Weise ausführte. – Wichtig war mir auch meine Beratung mit einem jungen Arzte *Lindemann*, *Kietz'* Freund, welcher von der Wassertheorie ab mich für die Gifttheorie einzunehmen suchte. Er war zu einiger Beachtung von seiten der Pariser Notabilitäten dadurch gelangt, daß er in einem Spital vor Zeugen sich verschiedenartige Gifte eingeimpft und deren Wirkung auf den Organismus sehr genau und eingehend an sich selbst nachgewiesen hatte. Von meinem Nervenzustande behauptete er, daß ihm sofort und gründlich beizukommen sein würde, sobald man durch genaue Experimente zur Bekanntschaft mit derjenigen metallischen Substanz gelangte, welche spezifisch der Strömung meiner Nerven zu gebieten hätte. Er empfahl mir bei akutem Leiden mit größter Gewissensruhe den Gebrauch von Laudanum. Im übrigen schien er die »Valeriana« für das mir zusagendste Medikament zu halten.

Sehr ermüdet und ruhlos und schließlich auf das äußerste und ärgerlichste aufgeregt, verließ ich gegen Ende Oktober mit *Minna* Paris, ohne zu begreifen, zu welchem Zwecke ich schließlich dort so viel Geld ausgegeben hatte. Entschädigung durch die Propaganda meiner Oper in Deutschland verhoffend, zog ich mit zunehmender Gelassenheit endlich in meine Züricher Wohnung wieder ein, mit dem Vorsatze, nicht eher sie wieder zu verlassen, als bis mindestens einige Teile meiner Nibelungen-Dramen musikalisch ausgeführt wären. Sogleich im Beginn des November machte ich mich denn auch an die lange zurückgehaltene Arbeit. Seit Ende des März 1848 waren es nun fünf Jahre und ein halbes, in welchen ich vollständig von jeder musikalischen Produktion mich ferngehalten hatte, und da es mir nun wirklich bald glückte, in die rechte Stimmung hierfür zu geraten, darf ich diesen Wiederbeginn meiner musikalischen Arbeit wohl als den Eintritt einer völligen Wiedergeburt nach einer stattgehabten Seelenwanderung bezeichnen. Was die Technik meiner Arbeit betraf, geriet ich alsbald in Verlegenheit, jenes im Halbtraume zu *Spezia* konzipierte Orchestervorspiel in meiner gewohnten Art der Skizzierung auf zwei Linien aufzuzeichnen. Ich mußte sofort zum vollständigen Partitur-Formular greifen; dadurch wurde ich zu einer neuen Art meines Skizzierens überhaupt verleitet, wonach ich nur die allerflüchtigsten Bleistiftumrisse für die sofortige Verarbeitung in der vollständigen Partitur entwarf. Dies zog mir für später bedenkliche Schwierigkeiten zu, da die mindeste Unterbrechung meiner Arbeit mich der Bedeutung meiner flüchtigen Skizzen oft vergessen machte und ich diese dann mühsam mir wieder zurückrufen mußte. Doch ließ ich diese Schwierigkeit für das »Rheingold« noch nicht aufkommen; bereits am 16. Januar 1854 war die ganze Komposition entworfen und somit in seinen wichtigsten thematischen Beziehungen der Plan zu dem ganzen musikalischen Gebäude des vielteiligen Werkes vorgezeichnet. Denn eben hier, in diesem großen Vorspiel, waren diese thematischen Grundsteine für das Ganze zu legen gewesen.

Wirklich entsinne ich mich einer großen und vorteilhaften Veränderung meines Gesundheitszustandes während dieser Arbeit, so daß ich aus jener Zeit nur sehr geringe Eindrücke aus meiner Lebensumgebung übrigbehalten habe. In den ersten Monaten des neuen Jahres dirigierte ich auch diesmal wieder in einigen Orchester-Konzerten. Einem Wunsche meines Freundes

Sulzer zuliebe führte ich dabei auch die Ouvertüre zu »*Iphigenia in Aulis*« von *Gluck* auf, nachdem ich sie zuvor mit einem neuen Schlusse von mir versehen hatte. Die Nötigung zu dieser kleinen Arbeit, welche ich dem *Mozart*schen Schlusse gegenüber empfand, veranlaßte mich auch zu einer Abhandlung des hier angeregten künstlerischen Problems für die *Brendel*sche Musikzeitung. Dies alles störte mich jedoch nicht in der Ausarbeitung der Partitur des »Rheingoldes«, welche ich zunächst mit Bleistift auf einzelne Blätter schnell aufzeichnete. Am 28. Mai war auch die Instrumentierung des »Rheingoldes« vollendet.

In meinem häuslichen Umgange hatte sich um jene Zeit wenig verändert; was sich in den letzten Jahren in dieser Beziehung gebildet hatte, lebte in freundlicher Gestaltung eben ruhig fort. Nur trat jetzt wieder einige Beklemmung in meine ökonomische Lage, da ich im vorangehenden Jahre, namentlich im Betreff meiner häuslichen Einrichtung sowie meines Lebenszuschnittes überhaupt, mich wohl zu sehr auf die Fortdauer und Steigerung der Einnahmen von den Theatern für meine Opern verlassen hatte. Von diesen Theatern blieben leider die größeren und einträglicheren immer noch im Rückstand. Namentlich in diesem Jahre mußte ich es mit Pein empfinden, daß ich mit Berlin und Wien immer noch zu keiner Annäherung gelangen konnte. Dies bereitete mir verschiedene Sorgen, welche mich einen großen Teil des Jahres über belästigten. Gegen die hieraus hervorgehende Stimmung suchte ich bei neuer Arbeit Schutz und, statt der Reinschrift der Partitur des »Rheingoldes«, beschäftigte ich mich alsbald bereits mit dem Beginne der Komposition der »Walküre«. Mit Ende Juli gedieh die erste Szene zum Abschluß, bis ich mich durch einen Ausflug in die südliche Schweiz darin unterbrechen mußte.

Von der *Eidgenössischen Musikgesellschaft* war ich zu der Direktion ihres diesjährigen Musikfestes in *Sion* eingeladen. Diese hatte ich abgelehnt, jedoch versprochen mich einzufinden, um, sobald die Mittel dazu mir genügend erscheinen würden, an einem der Festtage die A-dur-Symphonie von *Beethoven* zu dirigieren. Ich verknüpfte hiermit den Vorsatz, in *Montreux* am Genfer See *Karl Ritter* zu besuchen, welcher dort mit der vor kurzem ihm angetrauten jungen Frau sich niedergelassen hatte. Hier hielt ich mich ungefähr acht Tage auf, lernte die Eigentümlichkeit der jungen Ehe, welche mir nicht die Anzeichen eines dauernden Glückes zu enthalten schien, mit einiger Bangigkeit kennen und reiste dann mit *Karl* zu dem erwarteten Musikfest in das *Wallis* hinein. Unterwegs, in *Martigny*, schloß sich uns ein sonderbarer junger Mensch an, welcher mir schon im vergangenen Jahre, bei Gelegenheit meiner großen Züricher Aufführungen, als jugendlicher Enthusiast und Musiker vorgestellt worden war. Es war dieses *Robert von Hornstein*: der sehr drollige Mensch war mir, vor allem aber meinem jüngeren Freunde *Ritter*, als weiterer Genosse der erwarteten Abenteuer willkommen; denn wirklich hatte ihn der Ruf, ich würde das eidgenössische

Musikfest dirigieren, aus Schwaben nach dem Kanton *Wallis* gezogen. Leider traf ich am Sitze des diesjährigen Festes so gegen alles Erwarten unzureichende und kleinliche Vorbereitungen für eine künstlerische Unternehmung an, daß ich, nachdem ich von dem Klange des ungemein dürftigen Orchesters in einer kleinen Kirche, welche zugleich den Konzertsaal abgab, einen gänzlich abschreckenden Eindruck erhalten hatte, empört über den Leichtsinn, mich bei einer solchen Gelegenheit herbeigezogen zu haben, einfach durch ein paar Zeilen an den eigentlichen Festdirigenten, Musikdirektor *Methfessel* aus Bern, ohne weitere Zeremonien mich verabschiedete und meine schnelle Abreise mit dem gerade abgehenden Postwagen sogar meinen beiden jungen Freunden verheimlichte. Zu diesem letzteren hatte ich noch meine besonderen Gründe, welche ich, da sie Stoff zu einer psychologischen Studie gaben, in meiner Erinnerung erhalten habe. Als ich nämlich in großer Verstimmung über den empfangenen unkünstlerischen Eindruck zu dem Mittagessen mich im Gasthofe einfand, erregte ich, eben durch meinen Unmut, fortwährend ein bis zur Unverschämtheit sich steigerndes, knabenhaftes Gelächter dieser beiden. Ich mußte vermuten, daß dies die Fortsetzung einer heiteren Laune sei, in welche sie durch eine vorangehende Unterhaltung über mich geraten waren. Da keine meiner Ermahnungen, ja selbst nicht meine Erzürnung sie zu einem schicklicheren Benehmen bringen konnte, verließ ich in wahrer Betroffenheit den Speisesaal, besorgte meine Abreise und wußte diese jenen so vollständig zu verbergen, daß sie erst nachher davon erfuhren. Ich ging auf einige Tage nach *Genf* und *Lausanne*, wollte mich dann aber noch der jungen Frau *Ritter*, welche in *Montreux* zurückgeblieben war, auf der Heimreise empfehlen; da traf ich denn die beiden jungen Leute wieder an: sie hatten, in betroffener Ernüchterung durch meine Abreise, ebenfalls das unglückliche Musikfest verlassen und, um etwas von mir zu erfahren, sich hier eingefunden. Ich erwähnte mit keinem Worte ihres ungezogenen Benehmens; da mich *Karl* sehr herzlich bat, noch kurze Zeit bei ihm zu verweilen, und mich in Wahrheit eine dichterische Arbeit, welche er vor kurzem beendigt hatte, sehr interessierte, gab ich nach. Dies war ein Lustspiel »*Alkibiades*«, welches mit auffallender Freiheit und Feinheit der Form konzipiert und ausgeführt war. Schon in Albisbrunn hatte *Karl* von dem Plane dieses Stückes gesprochen, mir auch einen zierlichen Dolch gezeigt, auf dessen Klinge die Silben »*Alki*« eingebrannt waren. Er erklärte mir, daß sein in Stuttgart hinterlassener Freund, jener junge Schauspieler, einen gleichen Dolch besitze, auf dessen Klinge die Silben »*Biades*« stünden. Es schien nun, daß *Karl*, auch ohne der symbolischen Hilfe von solchen Dolchen, zuletzt wieder in dem jungen Tölpel *Hornstein* eine ähnliche Ergänzung zu seinem alkibiadischen Wesen gefunden hatte, und sehr vermutlich hatten die beiden in *Sion* eine »alkibiadische« Szene gegenüber »Sokrates« aufzuführen geglaubt. Glücklicherweise zeigte mir sein Lustspiel, daß sein künstlerisches Talent seine Anlagen für das Leben vorteilhaft überbot. Ich bedaure noch heute, die allerdings sehr schwierige Aufgabe der Darstellung dieses Stückes nicht gelöst zu wissen. Auch *Hornstein* benahm sich jetzt mit empfehlender Nüchternheit; ich begleitete ihn auf der Heimreise, als er sich von *Vevey* aus nach Lausanne wandte, eine Strecke des Weges zu Fuß, wo er sich mit seinem Ränzel an der Seite ganz drollig und rührend ausnahm.

Über *Bern* und *Luzern* reiste ich nun auf dem nächsten Wege nach *Seelisberg* am Vierwaldstätter See, wohin bereits zuvor meine Frau zum Antritt einer Molkenkur gegangen war. Die schon früher von mir wahrgenommenen Anzeichen einer Herzkrankheit hatten sich nämlich bei ihr vermehrt, und dieser gesundheitsstärkende Aufenthalt war ihr empfohlen worden. Geduldig überstand ich einige Wochen lang die Leiden eines Schweizer Pensionslebens, leider aber zur Beunruhigung meiner Frau, welche sich mit den Gewohnheiten desselben im behaglichsten Sinne vertraut gemacht hatte und mich nun als störend betrachten mußte; doch half auch mir die schöne Luft und ein täglicher weiterer Ausflug auf den Gebirgspfaden. Ich wählte mir sogar in Gedanken die ziemlich wilde Stelle aus, auf welcher ich mir ein einfaches Holzhäuschen aufführen zu lassen wünschte, um dort einmal in Ruhe arbeiten zu können. – Ende Juli gingen wir gemeinschaftlich nach *Zürich* zurück, wo ich mich alsbald wieder zu der Komposition der »*Walküre*« wandte, von welcher ich den ersten Akt noch im Monat August aufzeichnete. Da ich um diese Zeit von den erwähnten Sorgen stark bedrückt war, andrerseits häusliche Ungestörtheit für meine Arbeit mir sehr ersehnt war, stimmte ich gern zu dem Wunsche meiner Frau, ihre Verwandten und Bekannten in *Dresden* und *Zwickau* besuchen zu dürfen. Anfang September verließ sie mich demnach für einige Zeit und berichtete mir bald auch von ihrem Besuch in *Weimar*, wo sie von der Fürstin Wittgenstein auf der *Altenburg* freundlich bewirtet worden war. Dort hatte sie auch *Röckels* Frau, für welche dessen Bruder aufopfernd sorgte, wiedergesehen. Es war ein ihr eigentümlicher energischer Zug, daß sie sich entschloß, von da aus die Strafanstalt in *Waldheim* aufzusuchen, um *Röckel*, dem sie persönlich so im höchsten Grade ungeneigt war, zu sehen, damit sie seiner Frau Nachricht über sein Befinden geben könnte. Über diesen geglückten Versuch berichtete sie mir selbst in sonderbarer, fast höhnischer Weise, daß *Röckel* ganz glatt und munter ausgesehen habe und sich gar nicht so übel zu befinden scheine.

Währenddem versteckte ich mich tief in meine Arbeit, beendigte am 26. September die zierliche Reinschrift der Partitur des »Rheingoldes« und lernte jetzt in der friedlichen Stille meines Hauses ein Buch kennen, dessen Studium von großer Bedeutung für mich ward. Es war dies *Arthur Schopenhauers* »Die Welt als Wille und Vorstellung«.

Herwegh nannte mir dieses Buch, von welchem er vor allem das Interessante mitzuteilen hatte, daß es neuerdings auf sonderbaren Umwegen gewissermaßen erst entdeckt worden sei, nachdem es bereits vor über dreißig Jahren erschienen war. Die diesen Umstand erläuternde Schrift eines Herrn *Frauenstädt* hatte auch ihn erst auf das Werk hingewiesen. Ich fühlte mich sofort von dem Werke bedeutungsvoll angezogen und widmete mich alsbald dem Studium desselben. Zu wiederholten Malen hatte mir ein inneres Bedürfnis das Verlangen eingegeben, die eigentliche Bedeutung der Philosophie mir verständlich zu machen. Schon in meiner frühesten Zeit war durch einige Gespräche mit *Lehrs* in Paris dieser Trieb in mir angeregt worden, welchem ich bisher durch meine Versuche, bei den Leipziger Professoren, dann aus einem *Schelling*schen, später aus einem *Hegel*schen Buche Befriedigung zu verschaffen getrachtet hatte, bis, da diese Versuche mich alsbald abschreckten, einige *Feuerbach*sche Schriften mir den Grund hiervon anzugeben geschienen hatten. Nun fesselte mich sofort, außer dem Interesse für das sonderbare Schicksal dieses Buches, die große Klarheit und männliche Präzision, welche ich vom ersten Beginne bei der in ihm enthaltenen Erörterung der schwierigsten metaphysischen Probleme antraf. Allerdings hatte mich schon das Urteil eines englischen Kritikers bestochen, welcher mit großer Ehrlichkeit bekannte, sein dunkler aber unüberzeugter Respekt vor der deutschen Philosophie sei bisher aus der gänzlichen Unfaßlichkeit derselben, wie sie zuletzt von *Hegel* vorgetragen war, entstanden, wogegen es ihm nun beim Studium *Schopenhauers* schnell aufgegangen sei, daß nicht seine geringe Kapazität, sondern der absichtliche Schwulst in der Fassung jener Philosopheme an seiner Unklarheit hierüber schuld gewesen sei. Wie jedem leidenschaftlich durch das Leben Erregten es ergehen wird, suchte auch ich zunächst nach der Konklusion des *Schopenhauer*schen Systems; befriedigte mich die ästhetische Seite desselben vollkommen und überraschte mich hier namentlich die bedeutende Auffassung der Musik, so erschreckte mich doch, wie jeder in meiner Stimmung Befindliche es erfahren wird, der der Moral zugewandte Abschluß des Ganzen, weil hier die Ertötung des Willens, die vollständigste Entsagung als einzige wahre und letzte Erlösung aus den Banden der nun erst deutlich empfundenen individuellen Beschränktheit in der Auffassung und Begegnung der Welt gezeigt wird. Für denjenigen, welcher sich aus der Philosophie eine höchste Berechtigung für politische und soziale Agitationen zugunsten des sogenannten »freien Individuums« gewinnen wollte, war allerdings hier gar nichts zu holen, und die vollständigste Ablenkung von diesem Wege zur Stillung des Triebes der Persönlichkeit war einzig gefordert. Dies wollte denn auch mir für das erste durchaus nicht munden, und so schnell glaubte ich der sogenannten »heiteren« griechischen Weltanschauung, aus welcher ich auf mein »Kunstwerk der Zukunft« geblickt hatte, mich nicht entschlagen zu dürfen. Wirklich war es *Herwegh*, welcher mit einem gewichtigen Worte mich zunächst zur Besonnenheit gegen meine Empfindlichkeit veranlaßte. Durch diese Einsicht in die Nichtigkeit der Erscheinungswelt – so meinte er – sei ja eben alle

Tragik bestimmt, und intuitiv müsse sie jedem großen Dichter, ja jedem großen Menschen überhaupt innegewohnt haben. Ich blickte auf mein Nibelungen-Gedicht und erkannte zu meinem Erstaunen, daß das, was mich jetzt in der Theorie so befangen machte, in meiner eigenen poetischen Konzeption mir längst vertraut geworden war. So verstand ich erst selbst meinen Wotan und ging nun erschüttert von neuem an das genauere Studium des *Schopenhauer*schen Buches. Jetzt erkannte ich, daß es vor allem darauf ankam, den ersten Teil desselben, die Erklärung und erweiterte Darstellung der *Kant*ischen Lehre von der Idealität der bisher in Zeit und Raum so real gegründet erschienenen Welt, zu verstehen, und meinen ersten Schritt auf dem Wege dieses Verständnisses glaubte ich nun schon durch die Erkenntnis der ungemeinen Schwierigkeit desselben getan zu haben. Von jetzt an verließ mich das Buch viele Jahre hindurch nie gänzlich, und bereits im Sommer des darauffolgenden Jahres hatte ich es zum vierten Male durchstudiert. Die hierdurch allmählich auf mich sich einstellende Wirkung war außerordentlich und jedenfalls für mein ganzes Leben entscheidend. Ich gewann dadurch für mein Urteil über alles, was ich bisher rein nach dem Gefühle mir angeeignet hatte, ungefähr dasselbe, was ich einst, aus der Lehre meines alten Meisters *Weinlich* entlassen, durch das eingehendste Studium des Kontrapunktes für die Musik mir gewonnen hatte. Wenn ich späterhin in zufällig angeregten schriftstellerischen Arbeiten mich wieder über das mich besonders angehende Thema meiner Kunst vernehmen ließ, so war diesen zuversichtlich anzumerken, was ich hiermit als den Gewinst aus meinem Studium der *Schopenhauer*schen Philosophie bezeichne. – Für jetzt fühlte ich mich bewogen, dem verehrten Philosophen ein Exemplar meines Nibelungen-Gedichtes zu übersenden; ich fügte dem Titel mit meiner Hand nur die Worte »aus Verehrung« bei, ohne sonst ein Wort an *Schopenhauer* zu richten, wozu mich teils die große Befangenheit, gegen ihn mich auszusprechen, als auch das Gefühl davon bestimmte, daß, wenn *Schopenhauer* durch die Lektüre meiner Dichtung selbst sich nicht deutlich machen könnte, mit wem er es zu tun habe, ein noch so ausführlicher Brief meinerseits hierzu auch nicht verhelfen würde. Somit entsagte ich auch dem eitlen Wunsche, mit einer schriftlichen Rückäußerung von ihm beehrt zu werden. Doch erfuhr ich später durch *Karl Ritter* sowie auch durch *Dr. Wille*, welche beide *Schopenhauer* in Frankfurt aufsuchten, daß dieser sich bedeutend und günstig über meine Dichtung ausgesprochen habe.

Während ich neben diesem Studium in der Komposition der Musik zur »*Walküre*« fortfuhr, dabei in großer Zurückgezogenheit lebte und meine Mußestunden nur auf weite Promenaden in die Umgegend verwandte, stellte sich, wie dies gewöhnlich bei anhaltender musikalischer Beschäftigung mir begegnete, der Trieb zur dichterischen Konzeption wiederum ein. Es war wohl zum Teil die ernste Stimmung, in welche mich Schopenhauer versetzt hatte und die nun nach einem ekstatischen Ausdrucke ihrer Grundzüge drängte, was mir die Konzeption eines »*Tristan und Isolde*« eingab. Auf den Gegenstand, den ich von meinen Dresdener Studien her genauer kannte, war ich in letzter Zeit durch die Mitteilung eines Planes *Karl Ritters* zur Ausführung desselben in dramatischer Form von neuem aufmerksam gemacht worden. Über das Fehlerhafte seines Entwurfes hatte ich mich damals gegen den jungen Freund ausgelassen. Er hatte sich an die übermütigen Situationen des Romanes gehalten, während mich die tiefe Tragik desselben sogleich anzog und ich alles hiervon abliegende Beiwerk von dieser Haupttendenz ferngehalten mir dachte. Von einem Spaziergange heimkehrend, zeichnete ich eines Tages mir den Inhalt der drei Akte auf, in welche zusammengedrängt ich mir den Stoff für künftige Verarbeitung vorbehielt. Im letzten Akte flocht ich hierbei eine jedoch später nicht ausgeführte Episode ein: nämlich einen Besuch des nach dem *Gral* umherirrenden *Parzival* an *Tristans* Siechbette. Dieser an der empfangenen Wunde siechende und nicht sterben könnende *Tristan* identifizierte sich in mir nämlich mit dem *Amfortas* im Gral-Roman. – Für jetzt konnte ich mir die Gewalt antun, dieser Konzeption nicht weiter nachzuhängen, um mich in meiner großen musikalischen Arbeit nicht stören zu lassen.

Währenddem gelang es mir auch, namentlich mit Hilfe meiner Freunde, meiner sorgenvoll gewordenen Lage eine befriedigende Wendung zu geben. Auch stellte sich der Verkehr mit den deutschen Theatern jetzt wieder vorteilhafter heraus. *Minna* hatte Berlin besucht und war dort durch Vermittelung unserer alten Freundin *Frommann* auch zu einer Unterredung mit dem Herrn von *Hülsen*, dem Intendanten des dortigen Hoftheaters, gelangt. Nachdem nun zwei Jahre zwecklos verstrichen waren, konnte ich jetzt um so eher meinen »*Tannhäuser*« auch ohne weitere Bedingungen zur Aufführung in Berlin abtreten, als er seitdem durch seine fast allgemeine Verbreitung auf die übrigen Theater im Betreff seines Erfolges sich so festgesetzt hatte, daß ein etwa zu fürchtender Mißerfolg in Berlin nicht mehr dem Rufe meines Werkes, wohl aber dem der Berliner Direktion nachteilig werden konnte. – Anfangs November kehrte *Minna* von ihrem Ausfluge wieder zurück, und auf ihren Bericht hin ließ ich denn nun auch im Betreff der Berliner Aufführung des »*Tannhäuser*« dem Schicksale seinen Lauf, wodurch ich mir in der Folge zwar viel Ärger über die elende Darstellung meines Werkes, doch aber auch, im Genusse der dort gewährten sogenannten *Tantieme*, eine lange fließende Quelle nicht unbeträchtlicher Einnahmen gewann.

Bald meldete sich nun auch wieder die *Züricher Musikgesellschaft* für meine Teilnahme an den diesjährigen Winterkonzerten, welche ich zwar nochmals zusagte, jedoch mit der Erklärung, daß ich ihrerseits nun erwarte, daß sie ernstlich sich um eine von mir angeregte Verbesserung des Orchesters bekümmere. Ich hatte nämlich bereits zwei verschiedene Propositionen für die Begründung eines guten Orchesters in Zürich an diese Herren von der

Musikgesellschaft gelangen lassen; jetzt arbeitete ich einen noch ausführlicheren dritten Entwurf aus, in welchem ich ihnen auf das allergenaueste angab, wie sie es mit verhältnismäßig sehr geringen Kosten bewerkstelligen könnten, im Verein mit dem Theater ein gutes Orchester zu erhalten. Ich erklärte ihnen, daß ich in diesem Winter zum letzten Male mit ihnen mich beschäftigen würde, wenn sie auf diese sehr billigen Vorschläge für die Zukunft nicht eingingen. – Außerdem nahm ich mich jetzt eines Quartett-Vereines an, welcher sich aus den Vorspielern des Orchesters gebildet hatte, die mich darum angingen, ihnen zur Erlernung des richtigen Vortrages der von mir empfohlenen Quartett-Kompositionen behilflich zu sein. Es freute mich vor allem, diesen Leuten durch die schnell ihnen zugewandte Teilnahme des Publikums für längere Zeit recht günstige Nebeneinnahmen zu verschaffen. Was ihre künstlerischen Leistungen betraf, so wollte es allerdings damit nicht recht vorwärtsgehen, da es sich mir herausstellte, daß bei dem so frei liegenden Vortrage der einzelnen Musiker durch die bloße Aufnötigung der dynamischen Nuancen nicht das ersetzt werden konnte, was nur durch die individuelle Bildung eines höheren künstlerischen Geschmackes in der Behandlung des Instrumentes selbst bewirkt werden kann. Doch verstieg ich mich bis dahin, ihnen selbst das *Cis-moll*-Quartett von *Beethoven* einzustudieren, was mich allerdings bei unzähligen Proben eine beschwerliche Ausdauer kostete. Ich gab ihrem Programm eine kleine Anleitung zur Auffassung dieser merkwürdigen *Beethoven*schen Komposition bei. Ob ich hierdurch sowie durch die Aufführung selbst auf einen der Zuhörer gewirkt habe, ist mir unbekannt geblieben.

Wenn ich nun außerdem noch berichten kann, daß ich am 30. Dezember dieses Jahres bereits die Komposition der ganzen »*Walküre*« in der Skizze beendigte, so sage ich wohl genug, um auf mein ernstes und tätiges Leben in dieser Zeit sowie darauf hinzuweisen, daß ich durch äußeren Verkehr keinerlei Störung meiner strengen Lebensweise aufkommen ließ.

Im Januar 1855 begann ich bereits die Instrumentation der »*Walküre*«. Doch unterbrach ich mich sofort durch eine Zwischenarbeit, welche gelegentlich dadurch entstand, daß ich einigen Freunden von meiner, damals vor fünfzehn Jahren, in Paris komponierten »*Faust-Ouvertüre*« sprach und ihnen das Verlangen erweckte, sie zu hören. Dies brachte mich sofort darauf, diese Komposition, welche einst eine bedeutungsvolle Wendung in meiner musikalischen Konzeption hervorgerufen hatte, mir noch einmal genauer anzusehen. *Liszt* hatte sie vor einiger Zeit einmal in Weimar aufgeführt, viel Erfreuliches mir darüber geschrieben, aber auch den Wunsch ausgedrückt, einiges darin nur Angedeutete bestimmter ausgeführt zu wissen. So überarbeitete ich dieses Werk jetzt nochmals und befolgte dabei den mit sehr zarter Empfindung gegebenen Rat meines Freundes in der Weise, wie die jetzt in der *Härtel*schen Ausgabe veröffentlichte Komposition es zeigt. Auch studierte ich diese Ouvertüre unserem Orchester ein und führte sie, wie mich dünkte mit gutem Erfolge, auf. Nur meiner Frau schien es, als ob es darin zu *nichts Rechtem* käme, und sie bat mich, als ich noch in diesem Jahre nach London ging, sie dort nicht aufzuführen.

Jetzt nämlich trat von außen eine sonderbare Aufforderung an mich heran, wie sie eigentlich nie in meinem Leben sich wiederholte. Noch im Januar erhielt ich eine Anfrage von der *Philharmonischen Gesellschaft in London*, ob ich geneigt sei, ihre diesjährigen Konzerte zu dirigieren; da ich mit meiner Antwort etwas zögerte, um mich zuvor nach den Umständen näher zu erkundigen, überraschte mich eines Tages der Besuch eines Herrn *Anderson*, Mitglied des Vorstandes der berühmten Gesellschaft, welcher eigens von London nach Zürich gereist war, um sich meiner Einwilligung zu versichern. Ich hatte auf vier Monate nach London zu kommen, um dort acht Konzerte der *Philharmonischen Gesellschaft* zu dirigieren, wofür ich in allem 200 Pfund Sterling bezahlt erhielt. Auch jetzt wußte ich noch nicht recht, wozu ich mich entscheiden sollte, da, geschäftlich angesehen, ein eigentlicher Gewinn hierbei nicht zu erwarten war und andrerseits das Konzertdirigieren mit Ausnahme einzelner schöner Leistungen, auf welche es hierbei nur ankommen konnte, mir sehr fernlag. Eines stimmte mich zunächst günstig, nämlich, nach so langer Entbehrung wieder einmal mit einem großen und schönen Orchester zu tun zu haben; dann aber reizten mich auch die fast mysteriös mir erscheinenden Umstände, welche die Blicke der mir so fern abliegenden Musikwelt plötzlich auf mich gerichtet hatten. Ich vermutete dahinter etwas, was mir wie ein Schicksalswink aussah, und sagte endlich dem stupid freundlich englischen Gesichte des Herrn *Anderson* zu, worauf dieser sehr befriedigt in einem großen Pelze, dessen Eigentümer ich später kennenlernte, direkt wieder nach London zurückfuhr.

Bevor ich ihm nachfolgte, mußte ich mich aber erst noch einer Kalamität entledigen, welche meine Gutmütigkeit mir auf den Hals geladen hatte. Der äußerst zudringliche Direktor der diesjährigen Theaterunternehmung hatte es nämlich durchgesetzt, daß ich ihm eine Aufführung des »*Tannhäuser*« erlaubte, wozu er mich dadurch bestimmte, daß er mir vorhielt, wie ich doch jedem Theater diese Partitur überlassen habe und es für seine Unternehmung demnach von wahrem Nachteil sein müßte, wenn er bloß aus dem Grunde, weil ich selbst hier lebte, der gleichen Vergünstigung für Zürich verlustig sein sollte. Außerdem mischte sich meine Frau in die Sache, an deren Protektion sich alsbald die Sänger der Partien des *Tannhäuser* und *Wolfram* wendeten; und wirklich verstand sie es auch, mein humanes Mitgefühl für den einen ihrer Schützlinge, einen armen, bis dahin vom Direktor sehr schikanierten Tenoristen in das Spiel zu bringen. Ich ging mit diesen Leuten ihre Rolle einige Male durch und fand mich demzufolge auch veranlaßt, zur Beaufsichtigung ihrer Leistungen in den Theaterproben mich einzufinden, was dann wieder so viel hieß, als daß ich, von Einmischung zu Einmischung weiter gedrängt, bis an das Dirigentenpult geriet und endlich die erste Aufführung wirklich selbst leitete. Aus dieser ist mir besonders die Sängerin der *Elisabeth* in Erinnerung geblieben, welche, ursprünglich dem Soubrettenfache angehörig, ihre Rolle in weißen Glacéhandschuhen mit daranhängendem Fächer gab. Diesmal hatte ich denn aber im Betreff dieser Konzessionen zur Genüge, und als mich das Publikum schließlich auf die Bühne rief, erklärte ich von dort aus meinen Freunden sehr unverhohlen, daß man mich nun zum letzten Male zu so etwas bekommen hätte und ich es ihnen für die Zukunft überließe, für ihr Theater, von dessen übler Beschaffenheit sie sich heute einen genaueren Begriff hatten machen können, etwas zu tun; worüber denn alles sehr erstaunt war. Eine ähnliche Erklärung gab ich jedoch auch der Musikgesellschaft, in welcher ich vor meiner Abreise ebenfalls noch einmal und wirklich zum letzten Male etwas dirigierte. Leider nahm man dies nur als joviale Züge von mir auf und fühlte sich zu keinerlei Anstrengung im mindesten angespornt, so daß es im nächsten Winter meiner sehr ernsten und fast groben Erklärung bedurfte, um die Betreffenden ein für allemal von weiteren Zumutungen an mich abzubringen. So verließ ich meine bisherigen Züricher Kunstfreunde in ziemlich verblüffter Stimmung, um am 26. Februar meine Reise nach London anzutreten.

Ich reiste über Paris und verweilte dort einige Tage, während welcher ich nur *Kietz* und seinen von ihm als Wunderdoktor geachteten Freund *Lindemann* sah. Am 2. März in London angekommen, wandte ich mich zunächst an *Ferdinand Praeger*, den Jugendfreund der Gebrüder *Röckel,* von welchem ich durch diese eine sehr empfehlende Kenntnis erlangt hatte. Ich traf an ihm, der seit langen Jahren in London als Musiklehrer niedergelassen war, einen ungemein gutmütigen, nur für seinen Bildungsstand zu sehr aufgeregten Menschen. Nachdem ich die erste Nacht in seinem Hause verbracht hatte, besorgte ich mir des andern Tages mit seiner Hilfe eine Wohnung an *Portland Terrace* in der Umgebung des *Regentspark*, welchen ich von meinem früheren Besuche her angenehm im Gedächtnis hatte. Ich versprach mir bei dem erwarteten Frühjahre einen angenehmen Aufenthalt schon durch die unmittelbare Nähe der Partie dieses Parkes, von welcher schöne Rotbuchen über den Weg herüberragten. Trotzdem ich vier Monate in London verbrachte, schien es mir jedoch nie zu diesem Frühling zu kommen; so sehr lastete das neblige Klima auf allen meinen Eindrücken, welche ich dort erhielt. *Praeger* nahm sich sofort auf das bereitwilligste meiner an, um mich auf dem Wege der üblichen Visiten zu geleiten, bei welchen wir auch Herrn *Costa* heimsuchten, in welchem ich den Chef des Orchesters der Italienischen Oper und somit den eigentlichen Hegemon der Londoner Musik kennenlernte; denn er war auch Direktor der *Sacred Music Society,* in welcher fast allwöchentlich *Händel* und *Mendelssohn* zur Aufführung kommen.

Praeger führte mich aber auch zu seinem Freunde *Sainton*, dem Ersten Violinisten des Londoner Orchesters. Nach dem überaus herzlichen Empfange von dessen Seite, erfuhr ich nun auch die sonderbare Geschichte meiner Berufung nach London. *Sainton*, ein Südfranzose aus Toulouse, von feurigem, naivem Temperamente, hatte zu seinem Wohnungsgenossen einen vollblutigen deutschen Musiker aus Hamburg namens *Lüders*, den Sohn eines Stadtmusikers von trockenster aber gemütlicher Naturbeschaffenheit. Es rührte mich späterhin sehr, das Lebensereignis zu erfahren, welches diese beiden zu untrennbaren Freunden gemacht hatte. *Sainton* war auf einer Virtuosenreise über *Petersburg* nach *Helsingfors* in *Finnland* verschlagen worden; vom Dämon der schlechten Geschäfte verfolgt, wußte er von dort aus sich nicht weiter zu finden, als ihm die überaus nüchterne und bescheidene Gestalt des Hamburger Stadtmusikers-Sohnes dort im Gasthof auf der Treppe mit der Frage entgegentrat, ob er geneigt sei, seine Freundschaft anzunehmen, mit welcher er ihm, da er wohl merke, daß er in übler Lage sei, die Hälfte seiner Barschaft anbiete. Von diesem Augenblicke an waren beide unzertrennbare Freunde, machten Kunstreisen in Schweden und Dänemark, fanden sich unter den sonderbarsten Umständen über Hamburg wieder nach Havre, Paris und Toulouse zurück, von wo aus sie endlich nach London übersiedelten, *Sainton*, um eine bedeutende Stellung im Orchester einzunehmen, *Lüders*, um als trockner Stundengeber sich so gut wie möglich durchzuhelfen. Hier traf ich beide in einer hübschen Wohnung wie Mann und Frau zusammenlebend, stets in zärtlicher Freundschaft füreinander besorgt. Dieser *Lüders* hatte nun meine Kunstschriften gelesen, und namentlich »Oper und Drama« hatte ihn zu dem Ausrufe bewogen: »Donnerwetter! Da ist was dahinter!« Dies hatte nun *Sainton* stutzig gemacht, und als vor dem Beginne der diesjährigen Saison aus unklar gebliebenen Gründen der bisherige Dirigent der philharmonischen Konzerte, eben jener machtvolle Herr *Costa*, mit der Gesellschaft sich überwarf und erklärte, ihre Konzerte nicht weiter dirigieren zu wollen, hatte *Sainton*, welchen der »Treasurer« der Gesellschaft, Herr *Anderson*, in seiner großen Verlegenheit um Rat frug, auf *Lüders'* Meinung hin angeraten, mich zu engagieren. Wie ich erfuhr, war man nicht sofort auf diese Empfehlung eingegangen, und erst als *Sainton* aufs Geratewohl versicherte, mich in Dresden dirigieren gesehen zu haben, entschloß sich Herr *Anderson*, in dem Pelze, welchen ihm *Sainton* dazu herlieh, die Reise zu mir nach Zürich zu machen, in deren Folge ich mich jetzt hier befand. Wie ich bald ebenfalls erfuhr, hatte jedoch *Sainton* hierin mit dem seinem Nationalcharakter eigenen Unbedacht gehandelt; denn *Costa* war es nämlich nicht eingefallen, mit seiner Erklärung an die Philharmonische Gesellschaft es ernst zu nehmen, und meine Berufung schien ihm höchst widerwärtig. Als Chef desselben Orchesters, welches uns zu den philharmonischen Konzerten zu Gebote stand, übte er infolgedessen fortwährend einen feindlichen Einfluß auf die von mir geleiteten Unternehmungen aus, unter welchem selbst mein Freund *Sainton*, ohne daß er sich des Grundes klar bewußt wurde, zu leiden hatte.

Dies stellte sich mir im Verlaufe immer deutlicher heraus, während anderseits genügende Elemente zur Bereitung der mannigfaltigsten Widerwärtigkeiten für mich vorhanden waren. Vor allem erklärte sich sofort der Musikreferent der »*Times*«, Herr *Davison,* im feindlichsten Sinne gegen mich. Ich erfuhr an diesem Manne zum ersten Male bestimmt und deutlich die Wirkung meines früheren Aufsatzes über das »Judentum in der Musik«. Außerdem aber berichtete mir *Praeger,* daß *Davison* bei seiner äußerst machtvollen Stellung in der »*Times*« gewohnt sei, von jedem, welcher in Musikangelegenheiten nach England käme, zuallernächst durch Aufmerksamkeiten aller Art gewonnen zu werden. Diesen Anforderungen hätte sich, zum höchsten Vorteile für ihren äußeren Erfolg, namentlich auch *Jenny Lind* gefügt, und nur die *Sontag,* als *Gräfin Rossi,* habe sich dergleichen Verpflichtungen überhoben gedünkt. Da ich nun nichts anderes im Sinne hatte, als mich des Umganges mit einem recht vollständigen und guten Orchester zu erfreuen und mit diesem schöne Aufführungen zustande zu bringen, war es mir andrerseits sehr niederschlagend, alsbald zu erfahren, daß mir keinerlei Verfügung über die mir nötig dünkende Anzahl von Proben zu den Konzerten zustand; für jedes Konzert, mit zwei Symphonien und vielem andern Zubehör, war nach dem ökonomischen Plane der Gesellschaft mir nur eine Probe erlaubt. Doch hoffte ich immer, durch den Eindruck der von mir geleiteten Aufführungen auch hier einmal besondere Anstrengungen zu veranlassen; hier aber etwas aus dem Geleise zu bewegen, war gänzlich unmöglich, und somit erkannte ich alsbald, daß die Erfüllung meiner übernommenen Verpflichtungen mir zur widerlichsten Last geworden sei. In dem ersten Konzerte führten wir die *Eroica* von *Beethoven* auf, und der Erfolg meiner Direktion schien so bedeutend, daß das Komitee der Gesellschaft für das zweite Konzert sichtlich ein Äußerstes zu tun sich geneigt zeigte. Man verlangte Bruchstücke von meinen Kompositionen sowie die Neunte Symphonie von *Beethoven* und gestand mir dafür ausnahmsweise zwei Proben zu. In diesem Konzerte ging es ganz erträglich her. Zu meinem Vorspiel des »Lohengrin« hatte ich eine programmatische Erklärung aufgesetzt, in welcher man mir jedoch den »*Holy Gral*« sowie die Erwähnung von »*God*« mit bedenklichster Miene strich, weil derlei in weltlichen Konzerten nicht gestattet sei. Für die Chöre der Symphonie mußte ich mich mit dem Chorpersonale der Italienischen Oper begnügen und außerdem für das große Rezitativ mit einem Baritonisten vorliebnehmen, welcher mich durch sein italienisch geschultes englisches Phlegma in der Probe zur vollsten Verzweiflung brachte. Von dem englisch übersetzten Texte verstand ich nur »*hail thee joy*« für »*Freude schöner Götterfunken*«. Auf den Erfolg dieses Konzertes, welcher auch an und für sich nichts zu wünschen übrigließ, schien die Philharmonische Gesellschaft alles gegeben zu haben; desto mehr erschrak man, als der Berichterstatter der »*Times*« auch hiergegen mit wütender Geringschätzung und Verkleinerung des Geleisteten auftrat. Man wandte sich nun an *Praeger*, um durch diesen mich zu bestimmen, Herrn *Davison* doch einige Aufmerksamkeiten zu erweisen, zum mindesten, daß ich es annehmen möge, bei einem von Herrn *Anderson* zu veranstaltenden Festessen mit jenem Herrn zusammenzutreffen und ihm mich freundlich vorstellen zu lassen. *Praeger* kannte mich nun bereits genügend, um den Herren alle Hoffnung benehmen zu müssen, daß nach dieser Seite hin irgendein Zugeständnis von mir zu gewinnen sei. Das Festmahl unterblieb nun, und in der Folge ersah ich von hier an, daß die Gesellschaft, wohl einsehend, daß sie es mit einem gänzlich unlenksamen Starrkopfe zu tun hatte, mein Engagement aufrichtig bereuete.

Da jetzt nach dem zweiten Konzerte die Osterferien mit einer längeren Unterbrechung eintraten, beratschlagte auch ich mit meinen Freunden, ob es nicht vernünftiger sei, das ganze so schnell von mir als törig und fruchtlos erkannte Unternehmen der Direktion dieser philharmonischen Konzerte aufzugeben und ruhig nach Zürich zurückzugehen. *Praeger* versicherte mir, daß die Ausführung dieses Entschlusses keineswegs als Verurteilung der Situation, sondern einfach als eine jämmerliche Ungezogenheit meinerseits angesehen werden würde, und daß vor allem unter diesem Urteile meine Freunde zu leiden haben würden. Dies letztere entschied mich, und ich blieb, von jetzt an allerdings ohne jede Hoffnung, dem Londoner Musikleben einen förderlichen Impuls geben zu können. Nur für das siebente Konzert stellte sich ein anregender Umstand ein: die Königin wählte diesen Abend zu ihrem alljährlich einmaligen Besuche dieser Konzerte und erbat sich durch ihren Gemahl, den Prinzen *Albert*, die »*Tannhäuser*«-Ouvertüre zu hören. Wirklich erhielt dieser Abend durch den Besuch des königlichen Hofes eine angenehme Feierlichkeit; auch hatte ich das Vergnügen, mit der Königin *Victoria* und ihrem Gemahle auf deren Einladung mich ziemlich anregend zu unterhalten. Es kam hierbei die Rede auf die Möglichkeit der Aufführung meiner Opern im Theater, wogegen Prinz *Albert* einwendete, daß italienische Sänger unmöglich meine Musik würden vortragen können. Es machte mir gute Laune, daß die Königin diesem Einwande wieder dadurch entgegnete, daß ja doch sehr viele italienische Sänger eigentlich Deutsche wären. Der Eindruck von diesem allen war freundlich und diente offenbar als Demonstration für mich, welche jedoch nach keiner Seite hin an der Situation selbst etwas zu ändern vermochte; denn nach wie vor blieb es in der großen Presse dabei, daß alle von mir dirigierten Konzerte Fiasko machten, und *Ferdinand Hiller* konnte sich bei einem um diese Zeit abgehaltenen rheinischen Musikfeste für genügend autorisiert halten, zur Herzstärkung seiner Freunde laut anzukündigen, mit mir gehe es in London zu Ende und ich sei von dort so gut als vertrieben zu erachten. Dagegen erlebte ich dennoch eine schöne Genugtuung am Schlusse des letzten der von mir dirigierten acht Konzerte, bei welchem eine jener seltenen Szenen stattfand, wie sie dann und wann durch das bis dahin komprimierte Gefühl der Beteiligten erlebt werden. Dem Orchester war es alsbald nach meinen Erfolgen klargeworden, daß, wer bei ihrem unverantwortlich herrschenden Chef, Herrn *Costa*, gut angeschrieben und nicht etwa schnell von ihm entlassen sein wollte, in keiner Weise sympathisch für mich sich zu erklären habe; so wurde mir das plötzliche Verstummen der im Umgange laut gewordenen Teilnahmsbezeigungen der Musiker erklärt. Jetzt aber, am Schlusse dieser Konzerte, brach das zurückgehaltene Gefühl der Musiker hervor, welche von allen Seiten mit betäubenden Zurufen mich umdrängten, während ebenfalls im Publikum, welches sonst noch vor dem Schlusse geräuschvoll den Saal zu verlassen gewohnt war, sich enthusiastische Gruppen bildeten, von welchen ich ebenfalls unter den herzlichsten Zurufen und Händedrücken umgeben ward, so daß mein Abschied von Musikern wie Zuhörern wohl durch keinen herzlicheren Ausdruck dieser Art überboten werden konnte. –

Das Eigentümlichste meines Lebens während dieses Londoner Aufenthaltes bestand aber in den verschiedenen persönlichen Beziehungen, zu welchen dieser mich führte.

Sogleich nach meiner Ankunft in London meldete sich, von *Liszt* als auserwählter Schüler empfohlen, der junge *Karl Klindworth*, welcher nicht nur im Verlaufe meines Londoner Aufenthaltes, sondern seitdem stets mir ein treuer und angenehmer Freund verblieb. So jung er war, so hatte doch die noch wenige Zeit seines Aufenthaltes in London hingereicht, ihm ein Urteil über das englische Musiktreiben zu erwecken, welches ich, so verzweiflungsvoll es ausfiel, doch bald als sehr richtig erkennen mußte. Unfähig, dem sonderbaren Koteriewesen der englischen Musikcliquen sich einzufügen, verlor er sofort jede Aussicht und Hoffnung, hier die ihm gebührende Achtung zu finden, und er hatte sich bereits dahin resigniert, lediglich als tagelöhnerischer Stundengeber durch die Wüsten des englischen Musiklebens sich durchzuschlagen, da er namentlich zu stolz war, den herrschenden Kritikern, welche ihn als *Liszts* Schüler sofort angefallen hatten, die mindeste Aufmerksamkeit zu erweisen. Nun war er wirklich ein vortrefflicher Musiker und dazu ausgezeichneter Klavierspieler. Mit mir machte er sich sogleich zu tun, indem er sich erbot, die Partitur meines »Rheingoldes«, allerdings nur zum Gebrauche für Virtuosen vom ersten Rang, fürs Klavier zu arrangieren. Leider verfiel er bald in eine langwierige Krankheit, welche mich andauernd seines erwünschten persönlichen Umganges beraubte.

Während mir *Praeger* und dessen Frau andrerseits mit großer Anhänglichkeit stets zur Seite blieben, war das eigentümliche Hauswesen *Saintons* und *Lüders'* mir bald zum eigentlichen heimischen Verkehrspunkte geworden. Ich war nämlich ein für allemal bei ihnen zum Diner eingeladen, und mit wenigen Ausnahmen fand ich mich meistens veranlaßt, meine Mahlzeiten bei diesen jedenfalls nicht minder ergebenen Freunden einzunehmen. Hier, wo sich auch *Praeger* öfters einfand, erholte ich mich gewöhnlich in einem gemütlichen Sinne von den Widerwärtigkeiten meiner Londoner Geschäfte. Öfters durchstrichen wir des Abends die in Nebel gehüllten Straßen, und namentlich wußte *Lüders* bei diesen Gelegenheiten uns durch einen vortrefflichen Punsch, welchen er irgendwo zu bereiten verstand, in die gegen die Londoner Einflüsse nötige Unabhängigkeit zu versetzen. Nur eines Abends gerieten wir auseinander, und zwar durch ein furchtbares Straßengedränge, welches den Kaiser *Napoleon* auf seinem Wege von St. James nach dem Covent-Garden-Theater begleitete. Dieser war nämlich damals, in der bedenklichen Phase des Krimkrieges, mit seiner Gemahlin zu einem Besuche der Königin *Victoria* nach London gekommen und wurde von der Bevölkerung Londons nicht minder begierig auf seinem Wege begafft, als Ähnliches bei andern Völkern der Welt geschieht. Mir begegnete es, als ich vom *Haymarket* nach der Regent Street zu gelangen suchte und deshalb quer über eine Straße zu dringen hatte, daß ich für einen übereifrigen Neugierigen gehalten und demgemäß mit Rippenstößen behandelt wurde, was mir des ersichtlichen Mißverständnisses wegen eine heitere Laune verursachte.

Die großen Unannehmlichkeiten, welche durch die so sonderbar bedeutungsvolle Verhetzung *Saintons* mit Herrn *Anderson* durch *Costa* mit veranlaßt wurden und welche mich jeder Möglichkeit beraubten, auf die Gesellschaft selbst einigen Einfluß zu üben, führten anderseits manche erheiternde Erfahrung herbei. Jener *Anderson* hatte sich nämlich durch die Protektion eines Leibkutschers der Königin zum Direktor der Königlichen Privatkapelle (»Queensband«) aufzuschwingen gewußt, war aber selbst so gänzlich ohne alle musikalischen Kenntnisse, daß das alljährliche Hofkonzert, welches er zu dirigieren hatte, für den ausgelassenen *Sainton* stets zu einem Feste der Lächerlichkeit wurde, worüber ich denn auch Drolliges erfuhr. Auch drang es bei Gelegenheit dieser Zerwürfnisse in die Öffentlichkeit, daß Mme. *Anderson*, welche ihrer kolossalen Leibesbeschaffenheit wegen ich »*Charlemagne*« getauft hatte, unter andern die Stelle und das Gehalt eines *Hoftrompeters* sich angeeignet hatte. Ich gewann durch diese und ähnliche Notizen leider schnell die Überzeugung, daß mein lustiger Freund in dem Enthüllungskampfe gegen jene wohleingenistete Clique den kürzeren ziehen würde, und erlebte es auch wirklich, daß die Entscheidung darüber, ob *Anderson* oder *Sainton* zu weichen habe, zu des letzteren Ungunsten ausfiel, was mir denn bestätigte, daß es im freien England nicht viel anders herginge als sonstwo.

Einen sehr bedeutungsvollen Zuwachs erhielt unsere kleine Gesellschaft durch die Ankunft *Berlioz'*, welcher von einer jüngeren Gesellschaft, »*The New Philharmonic Society*« zur Direktion zweier Konzerte ebenfalls nach London berufen worden war. Zum gewöhnlichen Dirigenten dieser Gesellschaft war durch mir unverständlich gebliebene Einflüsse ein außerordentlich gutmütiger, aber bis zur Lächerlichkeit unbefähigter Mensch, Dr. *Wylde*, bestellt worden, ein echter pausbackiger Engländer, welcher von dem Stuttgarter Kapellmeister *Lindpaintner* sich eigens Unterricht im Dirigieren hatte geben lassen und von diesem so weit dressiert worden war, daß er dem ganz nach eigenem Belieben spielenden Orchester so ungefähr mit dem Taktschlagen nachzukommen versuchen durfte. Auf diese Weise hörte ich eine *Beethoven*sche Symphonie aufführen, wobei ich erstaunt war, das Publikum hier ganz in denselben Beifall ausbrechen zu hören, wie es bei einer von mir mit der größten Präzision und wirklichem Feuer geleiteten Aufführung der Fall war. Um diesen Konzerten aber doch einige Bedeutung zu geben, hatte man, wie erwähnt, *Berlioz* für einige derselben berufen. Hier hörte ich ihn denn einige klassische Musikwerke aufführen, wie unter anderen eine *Mozart*sche Symphonie, und war darüber betreten, ihn, den sonst so energischen Dirigenten seiner eigenen Kompositionen, hier in dem allergewöhnlichsten Geleise der ordinären Taktschläger wiederzufinden. Verschiedene seiner eigenen Kompositionen, wie die effektvollsten Bruchstücke seiner »*Romeo-und-Julie*«-*Symphonie*, machten auch hier zwar wieder einen bedeutenden Eindruck auf mich; doch ward ich mir jetzt der eigentümlichen Schwächen, an welchen selbst die schönsten Konzeptionen dieses außerordentlichen Musikers leiden, genauer bewußt, als dies in jener früheren Pariser Zeit der Fall war, wo ich im allgemeinen nur ein der Größe des Eindruckes adäquates Unbehagen empfand. – Sehr angeregt fühlte ich mich aber gestimmt, als *Sainton* mich mit *Berlioz* einige Male bei sich zum Mahle vereinigte. Plötzlich sah ich nun den gequälten, in mancher Beziehung bereits abgestumpften und doch so seltsam begabten Menschen vor mir. War meine Ankunft in London mehr aus einem Triebe der Zerstreuung und aus dem Verlangen nach äußerer Anregung herbeigeführt worden, so durfte ich mich völlig glücklich und wie in heiteren Wolken schwebend dünken, wenn ich dagegen den um so vieles älteren *Berlioz* nur dem Verdienste einiger Guineen nachstrebend hier angekommen sah. Ich gewahrte in ihm nur Ermüdung und Hoffnungslosigkeit und empfand plötzlich ein tiefes Mitleiden für diesen Menschen, dessen alle seine Nebenbuhler weit überragende Begabung mir andererseits so offenlag. *Berlioz* schien die Stimmung, welche ich ihm in heiterster Ungezwungenheit entgegentrug, wohltätig zu berühren; der sonst so kurz zugespitzt, fast verschlossen sich gebende Mensch taute ersichtlich in den gutgelaunten Stunden unseres Umganges auf. Er erzählte mir viel Drolliges von *Meyerbeer* und der Unmöglichkeit, seinem einschmeichelnden und ewig zu lobenden Artikeln verlockenden Benehmen zu entgehen. Der ersten Aufführung seines »Propheten« habe er das übliche »Diner de la veille« vorangehen lassen; da *Berlioz* sein Ausbleiben davon entschuldigte, machte ihm *Meyerbeer* hierüber zärtliche Vorwürfe und forderte ihn auf, das große Unrecht, was er ihm hierdurch zufüge, durch einen »recht hübschen Artikel« über seine Oper gutzumachen. *Berlioz* erklärte, es sei unmöglich, in einem Pariser Blatte etwas gegen *Meyerbeer* zur Aufnahme zu bringen. – Schwieriger war es mir, mit ihm über innigere künstlerische Angelegenheiten mich zu verständigen, da hier stets der fertige und in sicheren Pointen sich aussprechende Franzose sich mir zu erkennen gab, welcher in seiner eigenen Sicherheit nie den Zweifel darüber aufkommen lassen konnte, ob er den anderen denn auch nur richtig verstanden habe. Da ich mich gemütlich erwärmt hatte, suchte ich, der ich zu meinem eigenen Erstaunen hier auch plötzlich der französischen Sprache mächtig wurde, mich über das Geheimnis der »künstlerischen Konzeption« gegen ihn auszudrücken. Ich suchte hierbei die Kraft der Lebenseindrücke auf das Gemüt zu bezeichnen, welche uns in ihrer Weise gefangenhielten, bis wir uns ihrer durch die einzige Ausbildung der innersten Seelenformen, welche keineswegs durch jene Eindrücke hervorgerufen, sondern aus ihrem tiefen Schlummer nur eben angeregt worden waren, gänzlich entledigten, so daß das künstlerische Gebilde uns dann keineswegs als eine Wirkung des Lebenseindruckes, sondern im Gegenteile als eine Befreiung davon erschiene. Hier lächelte *Berlioz* wie herablassend verständnisvoll und sagte: »*Nous appelons cela: digérer.*« Meiner Verwunderung über diese Art der prompten Auffassung meiner mühevollen Mitteilungen entsprach übrigens schließlich auch das äußere Verhalten meines neugewonnenen Freundes. Ich lud ihn ein, meinem Abschiedskonzerte und nach diesem noch einem kleinen Abschiedsmahle, welches ich meinen wenigen Freunden in meiner Wohnung gab, beizuwohnen. Von diesem letzteren entfernte er sich bald unter Angabe eines Unwohlseins; die zurückgebliebenen Freunde machten mir jedoch keinen Hehl daraus, daß sie glaubten, *Berlioz* sei über den sehr enthusiastischen Abschied, welchen zuvor das Publikum von mir genommen, verstimmt gewesen. –

Im übrigen war die Ausbeute von einigen Bekanntschaften, welche ich in London machte, von keiner besonderen Ergiebigkeit. Doch machte mir ein Herr *Ellerton* Freude, ein stattlicher angenehmer Mann, Schwager von *Lord Brougham*, Dichter, Musikfreund und leider auch Komponist, welcher sich in einem der philharmonischen Konzerte mir vorstellen ließ und sich nicht genierte, mich in London auch aus dem Grunde willkommen zu heißen, daß ich sehr vermutlich der übertriebenen Verehrung *Mendelssohns* einigen Einhalt zu tun berufen sein dürfte. Dieser war auch der einzige Engländer, welcher mir eine gastliche Ehre erzeigte. Er bewirtete mich und meine näheren Freunde in dem »University Club«, bei welcher Gelegenheit ich die Munifizenz eines solchen Londoner Etablissements kennenlernte. Nachdem wir uns bei dieser Gelegenheit sehr gut unterhalten hatten, tat sich mir auch, auf immerhin gemütliche Weise, die Schwäche solcher englischen Gastlichkeiten kund. Mein Wirt ließ sich, als ob sich das ganz von selbst verstünde, von zwei Mann unter dem Arme gefaßt nach Hause führen, da er sonst wohl schwerlich weit über die Straße gekommen sein würde.

Einen sonderbaren Menschen lernte ich noch in einem altmodischen aber recht liebenswürdigen Komponisten *Potter* kennen, von welchem ich eine Symphonie aufzuführen hatte, die mich ihres bescheidenen Umfanges und ihrer sauberen kontrapunktischen Arbeit wegen um so mehr unterhielt, als der Komponist, ein ältlicher freundlicher Sonderling, sich mit fast ängstlicher Bescheidenheit zu mir hielt. Ich mußte ihn völlig zwingen, mir das richtige Tempo des Andantes seiner Symphonie zu gestatten und ihm dadurch den Beweis zu liefern, daß es wirklich hübsch und interessant sei, während er seiner Arbeit so wenig traute, daß er nur durch schnellstes Abmachen desselben durch ein unwürdiges Tempo über die Gefahr, langweilig zu werden, hinwegkommen zu können glaubte. Dafür strahlte er nun wirklich vor Freude und Dank, als ich gerade mit diesem Andante, in *meinem* Tempo, ihm einen großen Applaus verschaffte. – Weniger behaglich war mir ein Herr *Macfarren*, ein schwülstiger melancholischer Schotte, dessen Kompositionen aber, wie mir vom Komitee der Philharmonischen Gesellschaft versichert wurde, sehr hoch geachtet waren. Dieser schien zu stolz, um sich mit mir über die Aufführung einer seiner Kompositionen zu verständigen. Es war mir daher angenehm, daß eine Symphonie von ihm, welche mir keine Sympathie erweckte, beiseite gelegt und dafür eine Ouvertüre »*Steeple-Chase*« gewählt wurde, welche wirklich einen eigentümlichen, wild-leidenschaftlichen Zug enthielt und in der Ausführung mir Freude machte. – Ein Kaufmann *Beneke* mit Familie, an welchen ich, damit mir doch auch in London ein »*Haus*« sich öffnete, von *Wesendonk* empfohlen war, bot mir viel Unbequemlichkeit. Zu den einigen Einladungen, welche mir von dorther kamen, hatte ich die Reise einer vollen deutschen Meile nach *Camberwell* zu machen, um allerdings durch diese Entdeckung in diejenige Familie geraten zu sollen, bei welcher *Mendelssohn*, wenn er sich in *London* aufhielt, zu Hause war. Mit mir wußten die guten Leute nichts Rechtes anzufangen, als daß sie meine Direktion der *Mendelssohn*schen Kompositionen vorzüglich fanden und dafür mir Züge von dem »reichen Gemüte« des Verstorbenen berichteten. – Auch *Howard*, Sekretär der Philharmonischen Gesellschaft, ein alter angenehmer Biedermann, bemühte sich aus dem Kreise meiner englischen Bekanntschaft einzig, wie er glaubte, um meine Unterhaltung. Mit seiner Tochter mußte ich ein paarmal die Italienische Oper in *Covent Garden* besuchen; ich hörte da den »*Fidelio*«, welcher in ziemlich grotesker Weise von unflätigen Deutschen und stimmlosen Italienern mit Rezitativen gegeben wurde. Die öftere Einkehr in diesem Theater wußte ich mir vom Halse zu halten. Dagegen hatte ich, als ich Herrn *Howard* bei meinem Abschiede von London mich empfahl, die Überraschung, bei ihm mit *Meyerbeer* zusammenzutreffen, welcher damals soeben in *London* angekommen war, um seinen »Nordstern« aufzuführen. Als ich ihn eintreten sah, fiel mir schnell ein, daß *Howard*, welchen ich nur in seiner Eigenschaft als Sekretär der Philharmonischen Gesellschaft beachtet hatte, auch musikalischer Referent der »*Illustrated News*« war, in welcher Qualität er nun aber von dem großen Opernkomponisten sofort aufgesucht wurde. *Meyerbeer* war vollständig gelähmt, als er mich erblickte, was wiederum mich in die Fassung brachte, daß wir kein Wort zu uns zu sprechen vermochten; worüber Herr *Howard*, der sich versicherte, daß wir uns doch bekannt seien, sehr verwundert war. Beim Fortgehen frug er mich, ob mir denn Herr *Meyerbeer* nicht bekannt sei, worauf ich ihm empfahl, er solle jenen nur nach mir fragen. Als ich am Abend *Howard* noch einmal antraf, versicherte er mir, Herr *Meyerbeer* habe sich nur mit der größten Anerkennung über mich ausgesprochen. Darauf riet ich ihm die Lektüre einiger Nummern der Pariser »*Gazette musicale*« an, in welcher Herr *Fétis* vor einiger Zeit den Ansichten des Herrn *Meyerbeer* über mich einen minder empfehlenden Ausdruck gegeben habe. *Howard* schüttelte den Kopf und konnte es nicht begreifen, »wie ein paar große Komponisten sich so sonderbar begegnen könnten«.

Eine angenehme Überraschung bereitete mir jedoch der Besuch meines alten Freundes *Hermann Franck*, welcher sich damals in *Brighton* aufhielt und auf wenige Tage nach *London* gekommen war. Wir unterhielten uns viel, und ich hatte namentlich mancherlei Anstrengungen zu machen, um ihm in meinem Betreff zu einer richtigen Ansicht zu verhelfen, da er in den letzten Jahren, seitdem wir außer Verkehr getreten waren, von deutschen Musikern auf das allerwunderlichste über mich berichtet worden war. Zunächst verwunderte er sich, mich in *London* anzutreffen, wo doch, wie er meinte, für meine musikalischen Tendenzen unmöglich das geeignete Terrain vorhanden sei. Ich verstand nicht, was er unter diesen »Tendenzen« sich dachte, und erzählte ihm einfach, was mich zur Annahme der Einladung der Philharmonischen Gesellschaft bestimmt habe, deren diesjährige Konzerte ich nach kontraktlicher Übereinkunft abzuhalten gedächte, um dann ohne weiteres zu meinen Arbeiten nach Zürich wieder zurückzukehren. Das klang nun ganz verschieden von dem, wie er es sich vermutet hatte, da er nicht anders vermeinen zu müssen glaubte, als daß ich mir in *London* eine große Stellung zu bereiten gedächte, um von ihr aus einen Vertilgungskrieg gegen sämtliche deutschen Musiker zu unternehmen: so nämlich sei ihm übereinstimmend in Deutschland mein Vorhaben angekündigt worden. Nun wäre doch eigentlich nichts erstaunlicher, sagte er, als diese merkwürdige Inkongruenz der fiktiven Gestalt, in welcher ich vor den Leuten stünde, mit meiner wirklichen Natur, welche er jetzt sogleich wiedererkannt habe; worüber wir uns beide unter Scherzen eingehender verständigten. Ich freute mich, ihn gleich mir von dem Werte des in den letzten Jahren erst bekanntgewordenen Werkes *Schopenhauers* erfüllt zu sehen. Er äußerte sich darüber mit einer eigentümlichen Bestimmtheit, indem er dem deutschen Geiste entweder einen vollständigen Verfall mit seinen politischen Verhältnissen zugleich, oder aber eine ebenso vollständige Regeneration, mit welcher dann *Schopenhauer* darankommen würde, voraussehen zu müssen glaubte. Er verließ mich, um einem bald sich erfüllenden, ebenso unerklärlichen als furchtbaren Schicksale entgegenzugehen. Nur wenige Monate darauf erfuhr ich nach meiner Heimkehr seinen rätselhaften Tod. Er war, wie ich erwähnte, in Brighton, um dort seinen Sohn, einen etwa sechzehnjährigen Knaben, auf die englische Marine zu entlassen, für welche dieser, wie ich dem Vater angemerkt hatte, eine diesem sehr widerwärtige, hartnäckige Neigung gefaßt hatte. Am Morgen des zum Absegeln des Schiffes bestimmten Tages fand man den Vater infolge eines Sturzes aus dem Fenster seines Hauses völlig zerschmettert auf der Straße, den Sohn aber, ebenfalls tot, wie es schien erstickt, auf seinem Bette. Die Mutter war bereits vor einigen Jahren gestorben. Niemand blieb übrig, um über den entsetzlichen Vorgang Auskunft zu geben, welcher so viel ich weiß bis auf den heutigen Tag unaufgeklärt geblieben ist. Er hatte bei seinem Besuche aus Vergeßlichkeit einen Plan von London bei mir zurückgelassen, welchen ich, da ich seine Adresse nicht wußte, zurückbehielt und bis heute verwahre.

Freundlicher, wenn auch nicht ohne Wehmut, blieben meine Erinnerungen an meinen Umgang mit *Semper*, welchen ich ebenfalls in London, wo er seit länger mit seiner Familie niedergelassen war, antraf. Der in Dresden mir immer so heftig und mürrisch erschienene Mensch überraschte und rührte mich jetzt vorzüglich durch die verhältnismäßig ruhige und ergebene Stimmung, mit welcher er die ungeheure Störung seiner tätigen Künstlerlaufbahn ertrug und sein allerdings ungemein ergiebiges Talent den Umständen gemäß zur Verwendung bereithielt. An Aufträge großer Bauwerke war für ihn in England nicht zu denken, dennoch setzte er einige Hoffnungen auf die Protektion, welche ihm *Prinz Albert* zuteil werden ließ und wodurch sich ihm einige Aussichten für die Zukunft eröffneten. Einstweilen begnügte er sich mit Aufträgen zu Zeichnungen für Zimmerornamente und Luxusmöbel, davon die künstlerische Bedeutung ihm so gut wie bei einem größeren Bauwerke nahelag und welche außerdem ihm gut bezahlt wurden. Wir trafen öfter zusammen; auch brachte ich einige Abende bei ihm in *Kensington* zu, wo die alte Laune und der sonderbar ernste Humor immer wieder zwischen uns aufkamen und über die Widerwärtigkeiten des Lebens uns hinweghalfen. – Meine Berichte, die ich nach meiner Heimkehr über *Semper* geben konnte, trugen viel dazu bei, daß *Sulzer* bald die Berufung desselben an das zu errichtende »Polytechnikum« nach Zürich in die Hand nahm und mit Erfolg betrieb.

Außerdem besuchte ich zu verschiedenen Malen einige nicht uninteressante Londoner Theater, von welchen ich natürlich die Operntheater gänzlich ausgeschlossen hielt. Am meisten zog mich das kleine *Adelphi-Theater* im »Strand« an, wohin mich *Praeger* und *Lüders* öfters begleiten mußten. Dort gab man unter dem Titel *»The Christmas«* dramatisierte Volksmärchen, davon namentlich eine Vorstellung mir auch dadurch interessant war, daß sie aus einem unvermerkt zusammenhängenden Konglomerate der bekanntesten Märchen bestand, dabei gar keine Aktschlüsse vorkamen und in einem fortgespielt wurde. Es begann mit der »Goldenen Gans«, verwandelte sich in »Die drei Wünsche«, ging von dort in »Rotkäppchen« über, wo der Wolf in einen Menschenfresser verwandelt war, welcher ein sehr drolliges Couplet sang, und schloß unter mancherlei anderweitigen Ingredienzien mit »Aschenbrödel«. Diese Sachen waren in jeder Hinsicht szenisch und dramatisch vorzüglich ausgestattet und gespielt und gaben mir einen sehr guten Begriff davon, wie das Volk phantasievoll zu unterhalten sei. Von weniger reiner Naivität traf ich die Vorstellungen des »Olympic-Theaters« an, wo neben sehr gut gespielten pikanten Konversationsstücken im Stile des französischen Theaters auch Zaubermärchen gegeben wurden, wie der »*Yellow Dwarf*«, in welchem ein ungemein beliebter Schauspieler, *Mr. Robson*, die affenartige Hauptrolle spielte. Von demselben Schauspieler sah ich ein anderes Mal ein kleines Lustspiel, das »*Garrick-Fieber*« gegeben, in welchem er schließlich einen Betrunkenen darstellte, der, mit Gewalt für *Garrick* gehalten, in diesem Zustande die Rolle des »Hamlet« übernahm und durch viele Kühnheiten des Spieles bei dieser Gelegenheit mich zur größten Verwunderung brachte. – Ein entlegenes kleines Theater, in »Marylebone«, suchte um diese Zeit das Publikum durch *Shakespeare*sche Stücke anzuziehen; ich wohnte da einer Aufführung der »*Merry Wives*« bei, welche mich durch Korrektheit und Präzision wahrhaft in Erstaunen setzte. Selbst eine Aufführung von »Romeo und Julie« auf dem *Haymarket Theater* machte, trotzdem die Gesellschaft gewiß eine sehr untergeordnete war, ihrer Richtigkeit und der jedenfalls noch der *Garrick*schen Tradition verdankten szenischen Einrichtung wegen einen günstigen Eindruck auf mich. Nur ist mir auch eine sonderbare Täuschung hierbei im Gedächtnis geblieben. Nach dem ersten Akte äußerte ich nämlich gegen *Lüders*, welcher mich begleitete, meine Verwunderung darüber, daß man den *Romeo* von einem so alten, wenigstens als sechzigjährigen gewürdigten Manne spielen ließ, welcher seine weitabliegende Jugend durch ein süßliches, weibisches Wesen mühsam ersetzen zu wollen schien. *Lüders* las nun den Theaterzettel nach und rief aus: »Donnerwetter! Es ist ja ein Frauenzimmer.« Es war die ehemals berühmte Amerikanerin *Miß Curshman*. – Zu den Aufführungen des *Heinrich VIII.* im *Princess-Theater* war es mir trotz jeder Bemühung unmöglich einen Platz zu erhalten. Es wurde nämlich dort dieses Stück, nach der neuen realistischen Theatermethode, als ungemein sorgfältig und pomphaft dargestellte Spektakel-Pièce gegeben und hatte als solche die unerhörteste Vogue.

In das mir näherliegende Bereich der Musik fallen noch mehrere Konzerte der »*Sacred Music Society*«, welchen ich in dem großen Saal von *Exeter Hall* beiwohnte. Die Oratorien-Aufführungen, welche dort fast allwöchentlich stattfinden, haben wirklich den Vorzug einer großen Sicherheit, wie sie durch sehr häufige Wiederholungen gewonnen wird. Außerdem konnte ich dem 700 Köpfe zählenden Chore meine Anerkennung seiner sehr präzisen Leistungen nicht versagen, welche besonders im *Händel*schen

»Messias« einige Male zu respektabler Bedeutung sich erhoben. Ich lernte hier überhaupt den eigentlichen Geist des englischen Musikkultus kennen. Dieser hängt wirklich mit dem Geiste des englischen Protestantismus zusammen, daher denn auch eine solche Oratorien-Aufführung viel mehr als die Oper das Publikum anzieht; wobei sich noch der Vorteil herausstellt, daß ein solcher Oratorienabend zugleich als eine Art von Kirchenbesuch zu gottesdienstlichen Zwecken vom Publikum sich angerechnet wird. Wie man in der Kirche mit dem Gebetbuch dasitzt, trifft man dort in den Händen aller Zuhörer den Händelschen Klavierauszug, welcher in populären Schillingausgaben an der Kasse verkauft und in welchem eifrigst nachgelesen wird, das letztere, wie es mich dünkte, auch um gewisse allgemein gefeierte Nuancen nicht zu versäumen, wie z. B. den Eintritt des »Halleluja«, wo es für schicklich gefunden wird, daß alles sich von den Sitzen erhebt, welcher ursprünglich wahrscheinlich vorgekommene Akt des Enthusiasmus mit peinlicher Präzision jetzt bei jeder Aufführung des »Messias« ausgeführt wird.

Alle diese Erinnerungen fallen mir jedoch mit der Haupterinnerung an ein fast ununterbrochenes Übelbefinden zusammen, welches zunächst wohl schon durch das in aller Welt berüchtigte Londoner Klima um diese Jahreszeit mir hervorgerufen wurde. Ich war beständig erkältet und suchte auf den Rat meiner Freunde gegen die Einwirkung der Luft mich durch die Annahme der schweren englischen Diät zu behaupten, ohne dadurch jedoch zu dem mindesten Wohlbehagen zu gelangen. Namentlich vermochte ich auch nicht meine Wohnung mir genügend zu durchwärmen, und vor allem büßte es die Arbeit, die ich mir mitgenommen hatte. Die Instrumentation der »Walküre«, welche ich hier gänzlich zu beendigen hoffte, rückte mühsam nur um hundert Seiten vorwärts. Vor allem war mir hierbei aber auch der Umstand hinderlich, daß die Skizzen, nach welchen ich die Instrumentation auszuführen hatte, in ihrer Niederschrift nicht auf eine so bedeutende Unterbrechung meiner Stimmung im Betreff des Zusammenhanges mit dem Entwurfe berechnet waren. Oft saß ich vor meinen Bleistiftblättern wie vor wildfremden Zeichen, welche ich nicht mehr zu enträtseln vermochte. – Mit völliger Verzweiflung warf ich mich dagegen auf die Lektüre des *Dante*, welchen ich hier zum ersten Male ernstlich vornahm und dessen »Inferno« durch die Londoner Atmosphäre für mich eine unvergeßliche Realität bekam.

Endlich schlug aber die Stunde der Erlösung auch von den Leiden, welche diese letzte Annahme, es könne mir da draußen in der Welt einmal etwas Ermutigendes oder gar Anmutendes begegnen, mir zugezogen hatte. Einzig freundlich war es für mich, eine herzliche Rührung meiner neuen Bekannten beim Abschiede zu hinterlassen; und ich eilte jetzt über Paris, welches ich in sommerlicher Glorie antraf und wo ich nun die Leute wirklich wieder promenieren statt in Geschäften durch die Straßen sich drängen sah, mit heitren Eindrücken nach Zürich zurück, wo ich am 30. Juni mit der reinen Ausbeute eines Gewinnes von gerade 1000 Franken ankam. –

Meine Frau hatte im Sinne, auf dem *Seelisberge* am Vierwaldstätter See ihre Molkenkur wieder anzutreten; auch ich hielt die Bergluft günstig für meine angegriffene Gesundheit, und die alsbaldige Übersiedlung dahin ward beschlossen. Was uns eine kurze Zeit von der Ausführung abhielt, war die Todeskrankheit meines Hündchens *Peps*. Das Alter hatte sich mit dem dreizehnten Jahre bei ihm eingestellt, und plötzlich zeigte er sich so schwach, daß wir besorgten, ihn nicht mit auf den *Seelisberg* nehmen zu können, weil er die Beschwerde der Ersteigung nicht mehr ertragen können würde. Nach wenigen Tagen steigerte sich die Agonie auffällig; er ward blöde und litt an häufig wiederkehrenden Krämpfen; seine einzige Besinnung äußerte sich jedoch darin, daß er, für gewöhnlich unter der Pflege meiner Frau in deren Zimmer, häufig von seinem Lager schnell sich aufmachte, bis zu mir an meinen Arbeitstisch taumelte und dort wieder entkräftet zusammensank. Der Tierarzt wollte nicht mehr helfen können, und da die Krämpfe sich auf eine für das Tier unerträglich quälende Weise steigerten, riet man mir, zur Abkürzung dieser grausamen Agonie ihn durch ein weniges Blausäure von seinen Leiden zu befreien. Wir verzögerten um seinetwillen unsere Abreise, bis ich endlich selbst einen schnellen Tod als Wohltat für das arme leidende und gänzlich hoffnungslose Geschöpf halten mußte. Ich mietete mir einen Kahn und fuhr eine Stunde weit auf dem See zu einem mir bekannten jungen Arzte, dem Dr. *Obrist*, von dem ich wußte, daß er mit einer Dorfapotheke verschiedene Gifte akquiriert hatte. Von diesem entnahm ich die tödliche Dosis und fuhr damit an einem wundervollen Sommerabende einsam in meinem Nachen über den See daheim. Nur aber im Falle des äußersten Leidens des armen Sterbenden wollte ich mich entschließen, zur Anwendung dieses letzten Mittels zu greifen. Er schlief die Nacht noch wie gewöhnlich in seinem Korbe an meinem Bette, von wo aus er des Morgens stets, mit den Pfoten zu mir herankratzend, mich erweckt hatte. Plötzlich erwachte ich durch das Stöhnen, welches ihm ein äußerst heftiger Krampfanfall hervorrief; dann sank er lautlos um, und mich erfüllte dieser Augenblick so seltsamer Weise mit seiner Wichtigkeit, daß ich sogleich nach der Uhr sah und 1 Uhr 10 Minuten des 10. Juli mir als die Todesstunde meines kleinen, mit ausschweifender Anhänglichkeit mir ergebenen Freundes in mein Gedächtnis mir einprägte. Den nächsten Tag widmeten wir unter den bittersten Tränen seiner Bestattung: unsere Grundstücksbesitzerin, Frau *Stockar-Escher,* trat uns ein hübsches Plätzchen in ihrem Garten ab, wo wir ihn mit seinem Korbe und Kissen begruben. Sein Grab wurde mir nach vielen Jahren wieder gezeigt; nur als ich zuletzt, ohne sonst jemand zu besuchen, das Gärtchen wieder in Augenschein nahm, sah ich, daß alles sich in eleganter Weise verwandelt hatte und daß von *Pepsens* Grabe keine Anzeichen mehr vorhanden waren.

Nun reisten wir denn auch nach dem *Seelisberg* ab, für diesmal bloß von dem neuen Papagei begleitet, welchen ich meiner Frau im vergangenen Jahre zum Ersatz des guten *Papo* aus der *Kreutzbergerschen* Menagerie angeschafft hatte. Dieses war ebenfalls ein gutes und sehr gelehriges Tier, welches ich aber gänzlich *Minna* überließ und das ich stets wohl freundlich behandelte, nie aber als Freund an mich gewöhnte. Zum Glücke begünstigte uns eine anhaltend schöne Witterung in der herrlichen Luft eines bei uns beliebt gewordenen Sommeraufenthaltes. Außer meinen einsamen Promenaden verwendete ich alle Muße auf die Reinschrift des fertig instrumentierten Teiles der »*Walküre*« und nahm abermals meine Lieblingslektüre, das erneuete Studium *Schopenhauers* vor. Auch ein hübscher Brief *Berlioz'* erfreute mich, mit dem er mir sein neues Buch »*Les soirées d'orchestre*« übersandte, welches mich, trotzdem alles Groteske in des Autors Geschmacke hier nicht minder wie in seinen Kompositionen befremdend auf mich wirkte, doch anregend unterhielt. Hier traf ich denn auch wieder mit dem jungen *Robert von Hornstein* zusammen, der sich anschmiegend und intelligent benahm. Namentlich interessierte mich sein schnelles und offenbar erfolgreiches Eingehen auf das Studium *Schopenhauers*. Er teilte mir mit, daß er beabsichtige, sich in Zürich für einige Zeit niederzulassen, wohin auch *Karl Ritter*, um mit seiner jungen Frau ein dauerndes Winterquartier zu nehmen, sich zu wenden entschlossen hatte. – Mitte August kehrten wir selbst nach Zürich zurück, wo ich nun, in ziemlich sich gleich bleibendem Umgange mit meinen früheren Bekannten, ruhig mich wieder der Vollendung der Instrumentation der »*Walküre*« widmete. Von außen her erfuhr ich den steten Fortgang der allmählichen immer weiteren Ausbreitung meines »*Tannhäuser*« auf den deutschen Theatern, zu welchen sich nun auch, mit anfangs unsicherer Entscheidung, schon der »*Lohengrin*« gesellte. *Franz Dingelstedt*, der damalige Intendant des Münchener Hoftheaters, übernahm die Einführung des »*Tannhäuser*« auf seinem durch *Lachners* Einfluß mir nicht besonders günstigen Terrain und schien damit ziemlich glücklich zustande zu kommen, obwohl, wie er behauptete, nicht so glücklich, um seine Honorar-Versprechungen mir pünktlich halten zu können. Doch reichten meine Einkünfte für jetzt so weit aus, daß ich unter der Verwaltung derselben durch meinen gewissenhaften Freund *Sulzer* nach dieser Seite hin ziemlich sorglos meiner Arbeit leben konnte. Nur stellte sich mit dem Eintritte der rauheren Witterung eine neue Plage für mich ein. Offenbar infolge der üblen Einwirkung des Londoner Klimas auf mich, verfiel ich von jetzt an für den Verlauf des ganzen Winters zahlreichen Anfällen der Gesichtsrose, welche sich, regelmäßig infolge des kleinsten Diätfehlers oder der geringsten Erkältung, mit heftigster Pein einstellte. Am schmerzlichsten empfand ich die dadurch so häufig herbeigeführten Unterbrechungen meiner Arbeit, da ich in den Tagen der Krankheit mich höchstens mit Lektüre beschäftigen konnte. Von dieser regte mich am bedeutendsten *Burnouffs* »*Introduction à l'histoire du Bouddhisme*« an; dieser entnahm ich sogar den Stoff zu einer dramatischen Dichtung, welcher seitdem, obwohl nur im ungefährsten Entwurfe, stets in mir fortgelebt hat und vielleicht noch einmal ausgeführt werden dürfte. Ich gab ihm den Titel »*Die Sieger*«; er gründete sich auf die einfache Legende von der Aufnahme eines *Tschandala*-Mädchens in den erhabenen Bettlerorden *Cakyamounis*, wozu sie durch die schmerzlichst gesteigerte und geläuterte Liebe zu *Ananda*, dem Hauptjünger des *Buddha*, sich würdig macht. Außer der tiefsinnigen Schönheit des einfachen Stoffes bestimmte mich zu seiner Wahl alsbald ein eigentümliches Verhältnis desselben zu dem in mir seitdem ausgebildeten musikalischen Verfahren. Vor dem Geiste des *Buddha* liegt nämlich das vergangene Leben in früheren Geburten jedes ihm begegnenden Wesens offen, wie die Gegenwart selbst, da. Die einfache Geschichte erhielt nun ihre Bedeutung dadurch, daß dieses vergangene Leben der leidenden Hauptfiguren als unmittelbare Gegenwart in die neue Lebensphase hineinspielte. Wie nur der stets gegenwärtig mitklingenden musikalischen Reminiszenz dieses Doppellebens vollkommen dem Gefühle vorzuführen möglich werden durfte, erkannte ich sogleich, und dies bestimmte mich, die Aufgabe der Ausführung dieser Dichtung mit besondrer Liebe mir vorzubehalten.

So hatte ich denn neben der immer noch in riesenhaften Dimensionen vor mir liegenden Arbeit der *Nibelungen* zwei neue Stoffe, den »Tristan« und diese »Sieger«, meiner Phantasie eingeprägt, welche von jetzt an neben jener Arbeit mich stets lebhaft beschäftigten. Je mehr ich von allen diesen Entwürfen erfüllt war, desto leidenschaftlicher war meine Ungeduld in betreff der steten Unterbrechungen meiner Arbeit durch die widerwärtigen Krankheitsanfälle. *Liszt* hatte mir um diese Zeit einen für den Sommer verspäteten Besuch in Aussicht gestellt. Ich mußte ihn bitten, nicht zu kommen, weil ich nach den neuesten Erfahrungen nie dessen sicher war, daß ich nicht während der wenigen Tage, die er mir hätte schenken können, an das Krankenlager gefesselt worden wäre. So verbrachte ich diesen Winter zwischen ruhiger und produktiver Resignation und andrerseits launenhafter Reizbarkeit nach außen, unter welch letzterer meine Freunde oft zu leiden hatten. Doch freute es mich, *Karl Ritter* durch seine Niederlassung in Zürich mir jetzt wieder etwas nähertreten zu sehen. Seine junge, ziemlich ungebildete Frau schien ihm zwar für den Umgang durch die häufigen Verlegenheiten, welche sie ihm bereitete, eine große Fessel zu sein; es rührte mich aber und beruhigte mich in vielem über seinen Charakter, daß er in bezug hierauf eine große und zarte Diskretion an den Tag legte. Durch die Wiedererwählung Zürichs zum Aufenthalte, wenigstens für das Winterhalbjahr, bewies er außerdem auch eine mir wohltuende Anhänglichkeit an mich, welche manche üble Eindrücke der Vergangenheit zu verwischen imstande war. *Hornstein* hatte sich denn richtig auch dazu eingefunden; doch hatte es mit ihm bald ein Ende: er behauptete, so »nervös« zu sein, daß er keine Taste des Klaviers mehr berühren könnte, und leugnete auch gar nicht, daß er, nach dem Vorgange seiner im Irrsinn gestorbenen Mutter, sich sehr davor fürchte, verrückt zu werden. Machte ihn dies einigermaßen interessant, so mischte sich doch in alle seine intelligenten Eigenschaften eine so große

Weichlichkeit des Charakters, daß wir in seinem Betreff uns bald in genügender Hoffnungslosigkeit befanden, um seinen plötzlichen Fortgang von Zürich nicht bis zur Untröstlichkeit zu bedauern.

Im übrigen hatte mein Umgang bereits seit einiger Zeit durch eine neue Bekanntschaft nicht unansehnlich gewonnen. Dies war *Gottfried Keller,* welcher als Züricher Kind durch seine Dichtungen in Deutschland sich einen guten Ruf erworben hatte und nun, von seinen Landsleuten hoffnungsvoll begrüßt, nach seiner Heimat sich zurückwendete. Bereits hatte *Sulzer* mich auf mehrere seiner Arbeiten, namentlich auch seinen größeren Roman »Der grüne Heinrich«, wohlwollend, doch ohne jede Übertreibung aufmerksam gemacht. Ich war nun erstaunt, in *Keller* einen auffallend unbehilflichen und spröd erscheinenden Menschen kennenzulernen, dessen erste Bekanntschaft jedem sofort das Gefühl der Angst um sein Fortkommen erweckte. Auch war diese Sorge der schwierige Punkt bei ihm; alle seine Arbeiten, welche wirklich von sehr originellen Anlagen zeugten, gaben sich sogleich aber auch nur als Ansätze zu einer künstlerischen Entwickelung zu erkennen, und man frug sich nun unerläßlich nach dem Werke, welches jetzt folgen und seinen Beruf erst wahrhaft bezeugen sollte. So kam es denn auch, daß mein Umgang mit ihm nur ein fortgesetztes Fragen nach dem war, was er jetzt nun vorhabe. Er meldete mir in diesem Betreff auch allerhand gänzlich reife Pläne, von denen aber bei näherem Besehen nichts von einiger Konsistenz zu gewahren war. Glücklicherweise wußte man ihn, wie es scheint schon aus patriotischen Rücksichten, mit der Zeit endlich im Staatsdienste unterzubringen, wo er als redlicher Mensch und tüchtiger Kopf jedenfalls gute Dienste leistete, wenn auch seine schriftstellerische Tätigkeit von jetzt an, nach jenen ersten Ansätzen, für immer zu ruhen schien.

So gut glückte es nun leider mit meinem älteren Freunde *Herwegh* nicht. Auch in dessen Betreff mühte ich mich lange Zeit mit der Meinung ab, seine bisherigen Leistungen nur als Ansätze zu wirklich bedeutenden künstlerischen Leistungen betrachten zu dürfen. Er selbst leugnete nicht, daß er das Rechte erst von sich noch zu erwarten glauben müsse; auch vermeinte er, alles Material zu einem großen dichterischen Werke, namentlich eine Masse »Ideen« vorrätig zu haben; es fehle ihm gar nichts als der »Rahmen«, in welchem er dies alles als Gemälde unterbringen könne. In diesem Betreff erwarte er nun alle Tage einmal das Richtige zu finden; da mir das zu lange dauerte, beschäftigte ich mich selbst damit, ihm den ersehnten Rahmen meinerseits zu bezeichnen. Offenbar wünschte er ein größeres episches Gedicht, in welchem er alle seine erworbenen Anschauungen niederlegen könnte, zustande zu bringen. Er selbst hatte auf das Glück *Dantes* hingedeutet, so etwas wie diese Wanderung durch die Hölle und das Fegefeuer zum Paradies zu finden. Dies brachte mich auf den Gedanken, ihm als den erwünschten Rahmen seines Gedichtes den Mythus der *Metempsychose,* wie er aus der Brahmanischen Religion durch *Platon* selbst unsrer klassischen

Bildung nahegebracht worden ist, vorzuschlagen. Da er diese Idee nicht übel fand, beschäftigte ich mich sogar näher damit, ihm die Form eines solchen Gedichtes zu bezeichnen; er sollte dazu drei Hauptakte, jeden in drei Gesänge geteilt, somit neun Gesänge, wählen. Der erste Akt würde seinen Haupthelden in der asiatischen Heimat, der zweite in der hellenisch-römischen, der dritte in der mittelalterlichen und modernen Welt wiedergeboren erscheinen lassen. Das alles gefiel ihm sehr wohl, und er meinte, es könnte wohl etwas daraus werden. Anderer Meinung war jedoch der etwas zynische Dr. *Wille,* auf dessen Landgut und bei dessen Familie wir uns oft zusammenfanden. Dieser glaubte, daß wir *Herwegh* viel zuviel zumuteten; er sei ja, genau betrachtet, eigentlich nur ein guter schwäbischer Junge, der durch den jüdischen Nimbus, in welchen er durch seine Frau geraten sei, weit über sein Vermögen hinaus geschätzt und berühmt geworden wäre. Ich konnte endlich zu solchen trostlos unfreundlichen Auslassungen nicht anders mehr als achselzuckend schweigen, da ich allerdings den armen *Herwegh* mit jedem Jahre mehr in Untätigkeit und, wie es schien, endlich in Unfähigkeit versinken sah.

Eine größere Belebung brachte in unsren Kreis die endlich bewirkte Übersiedelung *Sempers* nach Zürich. Die eidgenössische Behörde hatte sich hierfür an mich selbst gewandt, um bei *Semper* die Annahme des Rufes zu einer Lehrstelle am Eidgenössischen Polytechnikum zu vermitteln. *Semper* traf alsbald ein, um zunächst die Sache sich anzusehen, empfing von allem einen guten Eindruck, freute sich bei einem Spaziergange sogar über die natürlichen Bäume, auf denen man doch noch einmal eine Raupe antreffen könne, und beschloß die definitive Übersiedlung, infolge deren er mit seiner Familie nun auch für dauernd dem Kreise meiner Bekanntschaften sich zugesellte. Allerdings hatte er wenig Aussicht zu großen Bauaufträgen, und er sah sich nun verurteilt, wie er meinte, fortan den Schulmeister abzugeben. Doch fesselte ihn bereits eine große kunstliterarische Arbeit, welche er, nach manchem Zwischenfalle und Wechsel seines Verlegers, späterhin unter dem Titel »Der Stil« ausführte. Ich traf ihn öfter über den Zeichnungen zu den dem Werke beizugebenden Blättern, welche er mit großer Sauberkeit selbst auf Stein ausführte. Er gewann diese Arbeit so lieb, daß er behauptete, an den großen plumpen Bauunternehmungen liege ihm gar nichts; als Künstler interessiere ihn das kleinste Detail mehr. –

Von[*] der Musikgesellschaft hatte ich mich, treu meinen Erklärungen, von jetzt an vollständig zurückgezogen, und nie habe ich mehr in Zürich eine öffentliche Aufführung geleitet. Nur wollten die Herren im Anfange gar nicht recht glauben, daß es mir damit Ernst sei, und es bedurfte meinerseits sehr kategorischer Erklärungen in diesem Betreff, wobei ich ihnen ihre Schlaffheit und ihre Unbeachtung meiner so angelegentlich ihnen gestellten

---

[*] Neben diesem Abschnitt von Wagners Hand: »(1856.)«.

Vorschläge zur Herstellung eines erträglichen Orchesters zu Gemüte führen mußte. Stets erhielt ich zur Entschuldigung, daß zwar genug Vermögen unter dem musikliebenden Publikum vorhanden sei, daß sich aber jeder scheue, mit einer bestimmten Geldzeichnung voranzugehen, weil dies eine lästige Beachtung seiner Vermögensumstände seitens seiner Mitbürger nach sich ziehen könne. Mein alter Freund, Herr *Ott-Imhof*, erklärte mir, daß es ihn durchaus nicht beschweren würde, zu einem solchen Zwecke 10000 Franken jährlich zu zahlen, nur würde von diesem Augenblicke an jeder fragen, wie es denn käme, daß der Herr *Ott-Imhof* so mit seinem Vermögen verfahre? Er würde damit ein so peinliches Aufsehen erwecken, daß er leicht zur Rechenschaft über die Verwaltung seines Besitzes gezogen werden könnte. Mir fiel dabei *Goethes* Ausruf im Anfange seiner »ersten Schweizer Briefe« ein! Doch mit meinem Musikwirken hatte es von nun an in Zürich ein bestimmtes Ende.

Dagegen kam es bei mir nun im Hause dann und wann zu einigem Musizieren. *Klindworths* Klavierauszug von »Rheingold«, auch bereits von mehreren Akten der »Walküre«, lagen in sauberen und kostbaren Abschriften vorrätig. Zunächst mußte *Baumgartner* versuchen, wie er mit dem ungeheuer schwierigen Arrangement zustande käme. Späterhin zeigte* der Musiker *Theodor Kirchner,* welcher in Winterthur niedergelassen war und sich häufig in Zürich aufhielt, größere Fähigkeiten zum Vortrage einzelner Stücke des Klavierauszuges. Die Frau des Gesangsvereins-Musikdirektors *Heim,* mit welchen beiden wir in freundschaftlichem Verkehre standen, mußte als Vertreterin der weiblichen Stimme zu meinen eigenen Versuchen, einige Gesangszenen vorzutragen, behilflich sein. Sie besaß eine wirklich schöne Stimme und einen herzlichen Ton und hatte damit selbst bei jenen großen Aufführungen im Jahre 1853 als einzige Solistin mitgewirkt. Nur war sie durchaus unmusikalisch, und das Treffen der Noten und namentlich das Takthalten machte mir viel zu schaffen. Doch brachten wir einiges zustande und konnten meinen Bekannten dann und wann einen Vorgeschmack meiner Nibelungenmusik verschaffen. – Doch mußte ich auch hierbei mich sehr mäßigen, da nach jeder Erhitzung mir ein Rückfall der Gesichtsrose drohte. Eines Abends waren wir in kleiner Gesellschaft bei *Karl Ritter* versammelt; ich geriet auf den Einfall, den »Goldenen Topf« von Hoffmann vorzulesen, wobei ich nicht beachtete, daß sich das Zimmer allmählich verkühlte. Noch ehe ich mit meiner Vorlesung zu Ende war, saß ich zum Entsetzen aller wieder mit geschwollener roter Nase da und mußte mich zur Pflege des jedesmal heftig angreifenden Leidens mühevoll nach Hause schleppen. – In solchen leidensvollen Zeiten bildete sich das Gedicht des »Tristan« immer mehr in mir aus. In den Genesungs-Zwischenzeiten arbeitete ich dagegen eifrig, wenn auch mühsam, an der Partitur der »Walküre«, von welcher ich

---

* Im Original: »zeigte sich«.

endlich auch die Reinschrift im März dieses Jahres (1856) vollendete. Doch war ich sowohl durch diese Leiden als durch die Anstrengung der Arbeit in einen ungemein gereizten Zustand versetzt. Ich entsinne mich der übelsten Laune, mit welcher ich unsere Freunde *Wesendonks* empfing, als sie mir an dem Abende der Beendigung meiner Partitur hierzu eine Art von Gratulationsvisite abstatteten. Ich äußerte mich bei dieser Gelegenheit so ungemein bitter über diese Art von Anteil an meinen Arbeiten, daß die armen gepeinigten Besucher in völliger Bestürzung plötzlich aufbrachen, und es kostete mich viele, an und für sich recht schwierige Erklärungen, um die zugefügte Kränkung im Verlaufe der Tage wieder gutzumachen, wobei meine Frau sich durch ausgleichende Vermittlungsbemühungen vorzüglich bemerklich machte. Zwischen ihnen hatte sich überhaupt ein besonderes Band der Verständigung dadurch geknüpft, daß ein sehr freundliches Hündchen, als Nachfolger meines guten *Peps,* von *Wesendonks* akquiriert und uns in das Haus zugebracht worden war. Es war dies ein so artiges und einschmeichelndes Tier, daß es namentlich meine Frau sehr bald zu zärtlicher Freundschaft für sich gewann; auch ich war ihm stets sehr gewogen. Die Wahl des Namens überließ ich diesmal jedoch meiner Frau, und, wie es scheint um des Pendants zu dem Namen *Peps* willen, erfand sie den Namen *Fips,* welchen ich ihm denn auch willig gönnte; doch blieb er immer mehr der eigentliche Freund meiner Frau, wie ich überhaupt trotz meines großen Gerechtigkeitsgefühles namentlich gegen die Trefflichkeit der Tiere nie wieder in so innige Freundschaftsverhältnisse zu ihnen geriet, wie sie zwischen *Peps, Papo* und mir bestanden hatten.

Um die Zeit meines Geburtstages, Ende Mai, besuchte mich mein alter Freund *Tichatschek* aus Dresden, der mir seine Anhänglichkeit und enthusiastische Ergebenheit, soweit es bei dem sehr ungebildeten Menschen Bedeutung haben konnte, immer treu erhielt. Am Morgen meines Geburtstages ward ich in sehr rührender Weise durch die Klänge des von mir besonders gelieben Adagio des *E-moll-Quartetts* von Beethoven geweckt. Meine Frau hatte hierzu die von mir protegierten Quartettisten eingeladen, und diese hatten recht zartsinnig eben dieses Stück, über welches ich mich ihnen einmal sehr ergriffen geäußert hatte, gewählt. Am Abend sang *Tichatschek* unserer Gesellschaft mehreres aus dem »Lohengrin« vor und erregte bei uns allen wahres Erstaunen über den immer noch bewahrten Glanz seiner Stimme. *Tichatscheks* Ausdauer war es auch namentlich gelungen, die höfische Zaghaftigkeit der Dresdener Intendanz im Betreff der Wiederaufführung meiner Opern zu überwinden. Diese wurden dort jetzt wieder aufgeführt und füllten bei großem Erfolge stets das Haus. Bei einem Ausflug, den wir mit unserem Gaste nach Brunnen am Vierwaldstätter See machten, zog ich mir durch eine leichte Erkältung den dreizehnten Rückfall meiner Gesichtsrose zu, bei welcher Gelegenheit ich um so mehr litt, als ich, um durch meine schnelle Umkehr die Freude des Gastes nicht zu verderben, in dem übelsten Zustande, außerdem bei einem der schrecklichsten Föhnstürme, welche in Brunnen die Heizung der Zimmer unmöglich machen, dennoch bei der beabsichtigten Partie aushielt. *Tichatschek* verließ mich an meinem Krankenlager, und ich beschloß nun, sofort nach meiner Genesung wenigstens einen Luftwechsel nach dem Süden hin auszuführen, weil mir dieses abscheuliche Leiden in dämonischer Weise an der Lokalität Zürichs für mich zu haften schien. Ich wählte den Genfer See und nahm mir vor, etwa in der Nähe von Genf einen gut gelegenen ländlichen Aufenthalt auszuspähen, um dort eine Kur, für welche mir mein Züricher Arzt Vorschriften machte, anzutreten. So machte ich mich anfangs Juni nach *Genf* auf, wobei ich unterwegs mit *Fips* große Not hatte, der mich zu meiner ländlichen Einsamkeit begleiten sollte, mich aber beinahe zur Veränderung meines Reisezieles bestimmt hätte, da man auf einer gewissen Strecke ihn nicht bei mir im Waggon der Eisenbahn dulden wollte. Der höchsten Energie, welche ich auf die Durchführung meines Willens verwandte, danke ich es, daß ich meine Kur bei Genf antrat, weil ich sonst vermutlich eine ganz andere Richtung eingeschlagen hätte. –

In Genf stieg ich zunächst in dem mir altgewohnten »Hôtel de l'écu de Genève« ab, wo mancherlei Erinnerungen für mich spielten. Hier konsultierte ich den Dr. *Coindet*, welcher mich der guten Luft wegen nach *Mornex* am *Mont Salève* dirigierte und dort mich in eine Pension empfahl. Hier angekommen, suchte ich mir zunächst die Gelegenheit zu einer ungestörten Wohnung aus und beredete die Dame der Pension, mir einen einsam stehenden Garten-Pavillon, welcher nur ein größeres Gesellschaftszimmer enthielt, zu überlassen. Dies kostete viele Überredung, denn sämtliche Pensionäre, mit denen ich eben in keinerlei Berührung kommen wollte, empörten sich darüber, daß der für ihre gesellschaftlichen Vereinigungen ursprünglich bestimmte Raum ihnen entzogen werden sollte. Endlich setzte ich meine Absicht durch; nur hatte ich mich zu verpflichten, des Sonntags vormittags meinen Salon zu räumen, weil er dann vermittelst verschiedener Bänke zur Abhaltung des Gottesdienstes, welcher bei den kalvinistischen Pensionären viel zu sagen schien, hergerichtet werden mußte. Ich gefiel mir hier sehr wohl und brachte sogleich am ersten Sonntage ehrlich mein Opfer dar, indem ich mich nach Genf begab, um dort die Zeitungen zu lesen. Des andern Tages aber meldete mir die Wirtin, daß das Ärgernis zu groß sei, da man wohl den Gottesdienst, nicht aber die wochentägigen Spielunterhaltungen in meinem Salon durchsetzen konnte. Es ward mir gekündigt, und ich sah mich nun bei unsrem Nachbarn nach einem neuen Unterkommen um.

Dieser Nachbar war ein Dr. *Vaillant,* welcher ein ebenfalls stattliches Pensionsgrundstück zu einer Wasserheilanstalt hergerichtet hatte. Ich erkundigte mich bei ihm anfänglich nur nach warmen Bädern, weil ich nach der Anweisung meines Züricher Arztes mich dieser mit Schwefel bedienen sollte; von solchen konnte hier aber keine Rede sein. Da mir Herrn *Vaillants* ganze Haltung aber sehr gefiel, so teilte ich mich ihm über mein Leiden mit. Als ich ihm von den heißen Schwefelbädern und einem gewissen stinkenden Mineralwasser sagte, welches ich trinken sollte, lächelte er und sagte mir: »*Monsieur, vous n'êtes que nerveux.* Dies alles wird Sie nur noch mehr aufregen; Sie bedürfen nichts als der Beruhigung; wollen Sie sich mir anvertrauen, so verspreche ich Ihnen am Ende zweier Monate so weit Genesung, daß Sie die Gesichtsrose nie wieder bekommen sollen.« – Er hat Wort gehalten.

Allerdings gewann ich durch diesen vortrefflichen Arzt eine ganz andere Ansicht von dem hydrotherapeutischen Verfahren, als sie mir durch jenen »Wasserjuden« von Albisbrunn und die ihm ähnlichen rohen Dilettanten hatte beigebracht werden können. *Vaillant* war früher ein beliebter Arzt in Paris selbst gewesen, von *Lablache* und *Rossini* konsultiert worden; verfiel aber dem Unglücke, an beiden Beinen paralysiert zu werden. Nachdem er sich vier Jahre lang hilflos gequält, seine ganze Praxis verloren und elend geworden, verfiel er auf den primitiven schlesischen Wasserarzt *Prießnitz,* zu welchem er sich bringen ließ und von dem er vollständig geheilt wurde. Hier eignete er sich das ihm so hilfreich gewordene Verfahren an, läuterte als gebildeter und feinsinniger Arzt es von allen Roheiten seines Erfinders und versuchte nun, den Parisern sich durch Errichtung einer Wasserheilanstalt in *Meudon* zu empfehlen. Hierfür fand er aber gar keinen Anklang; seine früheren Patienten, welche er nun für den Besuch seiner Anstalt warb, frugen ihn nur, ob man des Abends dort tanze. Es war ihm unmöglich, sich zu halten; und diesem Umstande verdankte ich es, daß ich ihn jetzt hier bei Genf mit dem erneueten Versuche, seine Heilmethode praktisch auszubeuten, antraf. Er zeichnete sich schon dadurch aus, daß er nur eine sehr geringe Anzahl von Patienten bei sich aufnahm, weil er erklärte, ein Arzt könne nur dann für die richtige Anwendung und den guten Erfolg seines Verfahrens einstehen, wenn er zu jeder Tageszeit auf das genaueste seine Kranken zu beobachten imstande sei. Der Vorzug seiner Methode, der mir so außerordentlich zustatten kam, war das durchweg beruhigende Verfahren durch die ingeniöseste Anwendung namentlich der geringeren Kältegrade des Wassers.

Außerdem sorgte *Vaillant* mit besonderer Vorliebe für die Befriedigung meiner Bedürfnisse, vorzüglich im Betreff meiner Ungestörtheit und Ruhe. So ward ich vom gemeinschaftlichen Frühstück, welches mir aufregend und beschwerlich war, freigelassen, und dafür gestattete man mir, auf meinem Zimmer mir selbst den Tee zu bereiten; nur gab ich mich diesem für mich bis dahin noch nicht gewohnten Genusse unter dem Schutze der Heimlichkeit (denn die anderen Pensionäre durften nichts davon wissen) nach den ermüdenden Anstrengungen der Morgenkur bis zum Exzesse hin, indem ich bei verschlossenen Türen gemeiniglich zwei Stunden lang Tee trank und dazu *Walter Scott*sche Romane las. Von diesen Romanen hatte ich nämlich

schon in Genf sehr wohlfeile und hübsche französische Übersetzungen angetroffen, welche ich mir haufenweise nach *Mornex* brachte. Die Lektüre paßte ganz ausgezeichnet zu meiner Lebensweise, von welcher ich ernstere Studien und Arbeiten gänzlich fernhalten mußte. Außerdem fand ich aber auch *Schopenhauers* so hoch stellende Ansicht über den Wert dieses bis dahin mir in zweifelhaftem Lichte erschienenen Dichters vollkommen bestätigt. Auf einsamen Spaziergängen nahm ich zwar, des mir zu Gebote stehenden sehr kleinen Formates wegen, gewöhnlich einen Band von *Byron* mit mir, um, auf irgendeiner Berghöhe mit der Aussicht auf den *Montblanc* gelagert, darin zu lesen: doch ließ ich ihn bald zu Hause, da ich bemerkte, daß ich ihn gewöhnlich gar nicht aus der Tasche zog. – Die einzige Arbeit, die ich mir gestattete, war der Entwurf von Bauplänen zu einem Hause für mich, welchen ich zuletzt mit allem Material eines Architektur-Zeichners ganz korrekt auszuarbeiten versuchte. Auf den kühnen Gedanken hierzu war ich nämlich durch die Unterhandlungen verfallen, welche ich um diese Zeit mit den Musikhändlern *Härtels* in Leipzig wegen des Verkaufs meiner Nibelungen-Kompositionen eingegangen war. Ich forderte für die vier Werke geradeheraus 40000 Franken, von denen sie mir die Hälfte zum Beginn meines Hausbaues zahlen sollten. Wirklich schienen die Verleger durchaus günstig gestimmt, auf meine Forderungen so weit einzugehen, daß sie mein Unternehmen mir ermöglichen wollten. Sehr schnell trat aber eine höchst ungünstige Wendung ihrer Meinung von der Rentabilität meiner Arbeiten ein; ich bin mir nicht darüber klargeworden, ob dies die Folge davon war, daß sie sich nun erst mein Gedicht näher angesehen hatten und es für unausführbar hielten, oder ob ihnen von der Seite her, von welcher seitdem die Verfolgungen gegen mich immer ersichtlicher ausgingen, derselbe Einfluß auf sie ausgeübt worden war, welcher bisher meistens alle meine Unternehmungen zu verhindern suchte. Genug, ich sah mich bald wieder von der Hoffnung auf das Verdienst der Kapitalien für meinen Hausbau verlassen; doch rückten meine architektonischen Arbeiten vorwärts, und ich verfolgte von nun an das Ziel, mir die Mittel zu ihrer Ausführung zu verschaffen.
Da nun mit dem 15. August genau meine zwei an Dr. *Vaillant* gelobten Kurmonate zu Ende gingen, verließ ich den mir so wohltätig gewordenen Aufenthalt, besuchte zunächst *Karl Ritter,* welcher sich mit seiner Frau für das Sommerhalbjahr in einem sehr bescheidenen einsamen Häuschen bei Lausanne niedergelassen hatte. Beide hatten mich bereits einmal in Mornex besucht; an meinem ausschweifenden Morgentee hatten sie gern teilgenommen; nur als ich *Karl* auch zu einigen Wasserbehandlungen veranlassen wollte, erklärte er nach der ersten Probe, daß ihn auch das beruhigendste Verfahren aufrege. Doch hatten wir uns im ganzen über mancherlei recht artig verständigt, und er kündigte mir für den Herbst seine Wiederkehr nach Zürich an. – So reiste ich mit *Fips,* um dessen willen ich absichtlich die widerwärtige Eisenbahnstrecke umging, ziemlich wohlgelaunt im Post-

coupé nach Hause zurück. Dort war ebenfalls meine Frau von ihrer Molkenkur auf dem Seelisberg wieder zurückgekehrt, und bereits traf ich auch meine Schwester *Klara* an, welche als einzige meiner Verwandten in meinem Schweizer Asyle mich aufgesucht hatte. Mit ihr machten wir sogleich einen Ausflug nach meinem alten Lieblingsorte *Brunnen* am Vierwaldstätter See, und wir feierten dort einen wunderschönen Abend bei prachtvollem Sonnenuntergange und unter sonstigen schönen Einwirkungen der Alpenlandschaft. Beim Einbruche der Nacht, als der Mond voll auf dem See aufging, stellte es sich denn nun auch noch heraus, daß mir an dem jetzt bereits öfter besuchten Orte durch die enthusiastische Aufmerksamkeit des Gastwirtes, Oberst *Auf-der-Mauer*, eine sehr hübsch sich ausnehmende Ovation dargebracht wurde. Auf zwei großen, mit bunten Lampen erleuchteten Kähnen nahte nämlich die Brunner Blechmusik, lauter Dilettanten von ländlicher Herkunft, dem Ufergestade, auf welches unser Gasthof hinausging. Dort wurden mit eidgenössischer Biederkeit, ohne peinliche Übereinstimmung, einige Kompositionen von mir laut und unwiderleglich vorgetragen. Eine kleine Huldigungsrede sowie deren gemütliche Erwiderung meinerseits folgten, und bei einigen Flaschen Wein wurden am Ufer allerlei derbe Hände herzhaft von mir gedrückt. Noch in späteren Jahren passierte ich dieses sehr häufig von mir wiederbesuchte Gestade nie, ohne von irgendeinem vertrauten Händedrucke und Anrufe begrüßt zu werden; da ich gewöhnlich im Zweifel war, was dieser oder jener Schiffsmann von mir wollte, erklärte es sich jedesmal, daß ich mit einem der Blechinstrumentisten zu tun hatte, welche an diesem heitern Abende es so gut mit mir meinten.

In Zürich belebte sich nun durch den längern Aufenthalt meiner guten Schwester *Klara* in unsrer Wohnung der Familienverkehr in ganz gemütlicher Weise. Ich verkehrte sehr gern mit *Klara*, welche die eigentliche musikalische Seele meiner Geschwister war; auch tat sie mir oft wohl, wenn ihre Anwesenheit zu einem freundlichen Dämpfer der verschiedenerlei häuslichen Auftritte ward, zu denen, bei der zunehmenden Ausbildung ihres Herzleidens, *Minnas* sich steigernde mißtrauische Heftigkeit und Eigensinnigkeit Veranlassung gab. – Für den Oktober sollte ich den Besuch *Liszts* erwarten, welcher diesmal in größerer Begleitung längere Zeit in Zürich sich aufhalten wollte. Doch dauerte mir die Erwartung zu lang, um den Beginn der Komposition des »*Siegfried*« zu verzögern. Am 22. September begann ich bereits die Aufzeichnung des Entwurfes. Da stellte sich denn eine der Hauptplagen meines Lebens zu entscheidender Bedrängnis ein: unserem Hause gegenüber hatte sich neuerdings ein Blechschmied einquartiert und betäubte meine Ohren fast den ganzen Tag über mit seinem weitschallenden Gehämmer. In meinem tiefen Kummer darüber, nie es zu einer unabhängigen, gegen jedes Geräusch geschützten Wohnung bringen zu können, wollte ich mich schon entschließen, alles Komponieren bis dahin aufzugeben, wo mir endlich dieser unerläßliche Wunsch erfüllt sein werde.

Gerade mein Zorn über den Blechschmied gab mir jedoch in einem aufgeregten Augenblicke das Motiv zu *Siegfrieds* Wutausbruch gegen den »Stümperschmied« Mime ein: ich spielte sogleich meiner Schwester das kindisch zankende Polter-Thema in *G-moll* vor und sang wütend die Worte dazu, worüber wir alle denn so lachen mußten, daß ich beschloß, für diesmal noch fortzufahren. Dies gedieh auch bis zur Niederschrift eines guten Teiles der ersten Szene, als mit dem 13. Oktober mir *Liszts* Ankunft gemeldet wurde.

Für erst kam *Liszt* allein an und brachte sogleich vieles musikalische Leben in mein Haus. Er hatte seine Faust- und Dante-Symphonien seitdem vollendet, und es war nun wohl ein Wunder zu nennen, sie von ihm auf dem Klavier aus der Partitur mir vorspielen zu hören. Da ich dessen gewiß war, daß *Liszt* sich von dem großen Eindrucke überzeugt halten mußte, welchen seine Kompositionen auf mich machten, durfte ich ihm auch offen von dem Fehlgriffe des Schlusses der *Dante*-Symphonie abraten. Wenn mich etwas von der meisterlichen poetischen Konzeptionskraft des Musikers überzeugt hatte, so war es der ursprüngliche Schluß der *Faust*-Symphonie, welcher zart und duftig mit einer letzten, alles bewältigenden Erinnerung an *Gretchen*, ohne alle gewaltsame Aufmerksamkeits-Erregung, gegeben war. Ganz so schien mir der Ausgang der Dante-Symphonie angelegt, in welchem das »Paradies« durch das zarte Eintreten des »Magnificat« ebenfalls nur als sanftes, weiches Verschweben angedeutet war. Desto mehr erschreckte es mich, plötzlich diese schöne Intention durch einen pomphaften plagialischen Schluß, welcher, wie mir gesagt wurde, den »Domenico« vorstellen sollte, in beängstigender Weise unterbrochen zu hören. Ich rief laut: »Nein, nein! Das nicht! Heraus damit! Keinen majestätischen Herrgott! Sondern bleiben wir bei dem sanften, edlen Verschweben!« »Du hast recht«, rief *Liszt*, »ich habe es auch gesagt; die Fürstin hat mich anders bestimmt; aber es soll nun so werden wie du meinst.« Das war nun schön. Desto größer jedoch war mein Leid, später erfahren zu müssen, daß nicht nur dieser Schluß am »Dante« beibehalten, sondern sogar der von mir so besonders dankbar empfundene zarte Schluß des »Faust«, in einer mehr auf das Prunkende hinauslaufenden Weise, durch den Eintritt von Chören umgeändert wurde. Da lag denn mein ganzes Verhältnis zu *Liszt* und seiner Freundin *Karoline von Wittgenstein* ausgedrückt!

Diese Frau mit ihrer Tochter *Marie* wurde in kurzem aber nun ebenfalls zu einem Besuch erwartet und die nötigen Vorbereitungen zu ihrem Empfang getroffen. Bevor die Damen eintrafen, kam es jedoch noch zu einem höchst verdrießlichen Auftritte zwischen *Liszt* und *Karl Ritter* in meiner Wohnung. *Liszt* schien bereits durch die Physiognomie *Ritters*, noch mehr aber durch eine gewisse kurz absprechende Art seiner Äußerungen sich diesem gegenüber in einem leicht reizbaren Zustande zu befinden. Eines Abends sprach *Liszt* mit imponierendem Akzente von den Verdiensten der *Jesuiten*; *Ritters* ungeschicktes Lächeln hierüber schien ihm sehr widerwärtig gewesen zu sein: über Tisch kam das Gespräch nun auf den Kaiser der Franzosen *Louis Napoléon,* dessen Verdienste *Liszt* etwas summarisch uns anzuerkennen auferlegte, während wir im allgemeinen auf die ganzen französischen Zustände nicht vorzüglich zu sprechen waren. Als *Liszt,* um die Bedeutung Frankreichs für die europäische Kultur in einem bedeutenden Lichte darzustellen, unter anderm auch die französische *Académie* erwähnte, und *Karl* hierüber wieder in sein fatales Lächeln verfiel, reizte dies *Liszt* aufs äußerste, und in seiner Entgegnung lief etwas mit unter, welches ungefähr so lautete: »Wenn wir dies nicht zugeben wollen, was bleiben wir dann? *Paviane.*« Ich lachte, *Karl* aber lächelte nur wieder, diesmal aber mit dem Lächeln der tödlichsten Verlegenheit. Ich erfuhr später von *Bülow,* daß jenem bei jugendlichen Raufdiskussionen eine »Pavian-Physiognomie« vorgeworfen worden war. Bald war es nicht mehr zu verdecken, daß *Ritter* von dem »Herrn Doktor«, wie er ihn apostrophierte, sich auf das grausamste beleidigt fühlte; er verließ in schäumendem Unmute meine Wohnung, um sie jahrelang nicht wieder zu betreten. Ich erhielt nach einigen Tagen von ihm einen Brief, worin er von mir, sobald er mich wieder besuchen sollte, zuvor eine vollständige Ehrenerklärung *Liszts,* und wenn diese nicht zu erreichen wäre, die Ausschließung *Liszts* von meiner Wohnung verlangte. Sehr betrübend war es mir, bald auch von *Ritters* mir so sehr werter Mutter brieflich mein ungerechtes Verfahren gegen ihren Sohn, welchem ich zu keiner Genugtuung für eine in meiner Wohnung erhaltene Beleidigung verholfen hätte, mir vorgeworfen zu sehen. Ich geriet für lange Zeit in eine höchst peinliche Spannung mit der mir so nahe befreundeten Familie, da es mir nicht möglich wurde, ihr den Vorgang im rechten Lichte begreiflich zu machen. Als mit der Zeit *Liszt* hiervon erfuhr, bedauerte auch er dieses Zerwürfnis und führte seinerseits mit anerkennenswerter Großmut den entgegenkommendsten Schritt der Versöhnung aus, indem er *Ritter* einen freundlichen Besuch machte, wobei jedoch nichts von dem Vorfalle gesprochen wurde und welchen *Ritter* nicht an *Liszt,* sondern an die bis dahin angekommene Fürstin erwiderte. Hier fand nun allerdings *Liszt,* nichts weiter tun zu können: somit blieb von jetzt an *Ritter* von uns ausgeschieden; er verlegte seinen Winteraufenthalt gänzlich von Zürich hinweg und ließ sich von nun an dauernd bei Lausanne nieder.

Ein großes Leben kam jetzt nicht nur über mein bescheidenes Haus, sondern über ganz Zürich, als die Fürstin *Karoline* mit ihrer Tochter für einige Zeit ihre Residenz in dem *Hotel Baur* aufschlug. Die eigentümliche Aufregung, welche die Dame sofort über alles brachte, was sie in den Kreis ihrer Bekanntschaft zu ziehen wußte, erfüllte namentlich auch meine gute Schwester *Klara,* die um diese Zeit noch bei uns weilte, mit einer wahrhaften Berauschung. Es war, als ob Zürich mit einem Male eine Art von Weltstadt geworden wäre: Wagen fuhren hin und her, Bediente meldeten an und ab; Diners, Soupers drängten sich; wir fanden uns plötzlich von einer zunehmenden Anzahl von interessanten Menschen umgeben, von denen wir keine Ahnung gehabt hatten, daß sie in Zürich hausten, welche aber überall alsbald unleugbar auftauchten. Ein Musiker *Winterberger*, welcher unter Umständen sich als Original gebärden zu müssen glaubte, war schon von *Liszt* mitgebracht worden; den gewissen Schumannianer *Kirchner* aus Winterthur zog das neue Leben fast für dauernd auch herüber; er unterließ ebenfalls nicht, sich als exzentrisch darzustellen. Hauptsächlich waren es aber die Professoren der Universität Zürich, welche die Fürstin *Karoline* aus ihren versteckten Züricher Gewohnheiten herauszuziehen wußte. Sie genoß bald jeden einzelnen von ihnen für sich, bald wurden sie uns von ihr *en masse* serviert. Trat ich von meiner regelmäßigen Mittagspromenade für einen Augenblick ein, so dinierte die Dame einmal mit *Semper*, das andre Mal mit Professor *Köchly*, ein drittes Mal mit *Moleschott* und so fort, *en particulier*. Selbst mein sonderbarer, so eigentümlicher Freund *Sulzer* wurde angezogen und, wie er nicht leugnen konnte, in gewisser Art berauscht. Bei dem allen aber herrschte eine wirklich sehr erleichternde Freiheit und Ungezwungenheit; namentlich waren die einfacheren Abende bei mir, wo die Fürstin mit polnisch-patriarchalischer Gemütlichkeit der Hausfrau beim Servieren half, wirklich von großer Behaglichkeit. Eines Mals, nachdem wir musiziert hatten, bildete sich vor mir eine gewiß nicht unanmutige, halb sitzende, halb gelagerte Gruppe, welcher ich meine beiden neukonzipierten Dichtungsstoffe von »*Tristan und Isolde*« und den »*Siegern*« vortragen mußte. – Die Krone unsrer kleinen Festlichkeiten war nun aber der Geburtstag *Liszts*, welchen die Fürstin am 22. Oktober mit völligem Pomp bei sich feierte. Da war dann alles vereinigt, was nur irgend Zürich bieten konnte. Ein Gedicht brachte uns der Telegraph aus Weimar von *Hoffmann von Fallersleben*, welches *Herwegh*, von der Fürstin aufgefordert, mit wunderbar veränderter Stimme zum feierlichen Vortrag brachte. Dann trug ich mit Frau *Heim*, von *Liszt* akkompagniert, den ersten Akt und eine Szene des zweiten Aktes der »*Walküre*« vor. Über den Eindruck unserer Leistung konnte ich mir einen vorteilhaften Begriff machen, als *Dr. Wille* das Verlangen äußerte, diese Sachen, um über sie ein richtiges Urteil fällen zu können, nun auch schlecht vorgetragen zu hören, weil er fürchten müsse, durch die Virtuosität des Vortrages bestochen worden zu sein. Außerdem wurde von *Liszts* Symphonischen Dichtungen auf zwei Flügeln musiziert. Beim Festmahle kam es zu einem Dispute über *Heinrich Heine*, in dessen Betreff *Liszt* allerhand Verfängliches äußerte; wogegen Frau *Wesendonk* replizierte, »ob er nicht glaube, daß dennoch *Heines* Dichtername im Tempel der Unsterblichkeit eingeschrieben sein würde?« Schnell antwortete *Liszt*: »Ja, aber mit Kot«, was begreiflicherweise nicht ohne Sensation vernommen wurde.

Leider widerfuhr unserer Vereinigung bald ein großer Abbruch durch *Liszts* Erkrankung an einem Hautausschlage, welcher ihn längere Zeit an das Bett fesselte. Als nur einige Genesung eintrat, gingen wir jedoch bald wieder ans Klavier, um unter uns meine zwei fertigen Partituren des »Rheingoldes« und der »Walküre« vorzunehmen. Prinzessin *Marie* hörte gut zu und vermochte es sogar, über einige schwierige Stellen der Dichtung verständnisvoll anderen zur Hilfe zu kommen.

Auch der Fürstin *Karoline* schien außerordentlich viel daran gelegen zu sein, über die eigentliche »Intrige« im Betreff des Götterschicksals in meinem »Nibelungenring« auf das reine zu kommen. Ich wurde von ihr eines Tages, ganz wie einer der Züricher Professoren, *en particulier* vorgenommen, um ihr über diesen Punkt genügende Aufklärung zu geben, wobei ich gestehen muß, unwiderleglich innegeworden zu sein, daß es ihr wirklich auf das Verständnis der zartesten und geheimnisvollsten Züge ankam, nur in einem etwas zu arithmetisch-mathematischen Sinne, so daß ich am Schlusse fast glaubte, ihr ein französisches Intrigenstück erklärt zu haben. Ihre Lebhaftigkeit in allen solchen Dingen war so groß wie andrerseits wieder die eigentümliche Gutgelauntheit ihrer Natur; denn sie ertrug es mit wahrer Lustigkeit, als ich im Betreff der ersteren Eigenschaft ihr eines Tages erklärte: ich würde, stets in ihrer Gesellschaft, nach den ersten vier Wochen umgebracht sein. – Trauer hatte ich über die Veränderungen zu empfinden, welche ich an ihrer Tochter *Marie* wahrnahm; sie war in den drei Jahren, seitdem ich sie zuerst gesehen, auffällig verblüht. Hatte ich sie damals »das Kind« genannt, so hätte ich sie jetzt nicht eigentlich als »Jungfrau« begrüßen können. Eine auflösende Erfahrung schien sie frühzeitig über ihr Alter hinweggerückt zu haben. Nur bei großer Anregung, besonders im abendlichen Kreise, trat das Einnehmende und Blendende ihres Naturells bedeutend hervor. Ich entsinne mich eines hübschen Abends bei *Herweghs*, wo ein abscheulich verstimmter Flügel *Liszt* in gleiche Begeisterung versetzte wie die gräßlichen Zigarren, welche er damals den feinen Sorten leidenschaftlich vorzog. Wir alle mußten wirklich nicht mehr an Zauberei, sondern an Hexerei glauben, als er auf diesem Flügel uns wundervoll vorphantasierte. – Eine auffallende, sehr übellaunige und eigentlich händelsüchtige Gereiztheit, wie sie schon in der fatalen Szene mit dem jungen *Ritter* vorgekommen war, trat mehrere Male zu meinem wahren Schrecken noch bei *Liszt* hervor. Namentlich war mit ihm, vorzüglich in Gegenwart der Fürstin *Karoline*, nicht gut über *Goethe* zu sprechen. Über den »*Egmont*«, den er geringschätzen zu müssen glaubte, weil er sich von *Alba* »düpieren« ließ, wäre es selbst zwischen uns, da *Liszt* sehr aufgelegt dazu schien, zu einem Ärgernis gekommen. Ich war jedoch gewarnt und besaß so viel Ruhe, mich nur an die physiologische Eigentümlichkeit meines Freundes bei dieser Gelegenheit zu halten und vielmehr seinen Zustand als den Gegenstand unseres Disputes in Betracht zu nehmen. Nie ist es zwischen mir und ihm zu einer Heftigkeit gekommen; nur blieb mir fortan für mein ganzes Leben das dunkle Gefühl davon, es könne einmal zu einer solchen kommen, und diese müsse dann furchtbar sein; und vielleicht war es auch eben dieses Gefühl, was jede zufällige Ereiferung von mir fernhielt, wiewohl ich sonst wegen meines Aufbrausens und meiner Reizbarkeit unter meinen Freunden bekannt genug war. –

Nach einem mehr als sechswöchigen Aufenthalte vereinigte uns schließlich für die Rückreise meines so bedeutenden Besuches noch eine Art gemeinschaftlicher Unternehmung auf acht Tage in *St. Gallen,* wohin wir von einem jungen Musikdirektor, *Sczadrowsky,* zur Unterstützung eines dortigen Gesellschaftskonzertes eingeladen worden waren.

Hier logierten wir zusammen im Gasthof »Zum Hecht«, wo die Fürstin uns für diese Zeit gleich wie im eigenen Hause bewirtete. So hatte sie auch mir mit meiner Frau ein Zimmer neben dem für sie privatim bestimmten angewiesen, was uns leider aber eine höchst schwierige Nacht bereitete. Frau *Karoline* hatte einen ihrer schweren Nervenbeängstigungs-Anfälle bekommen, und um die peinigenden Halluzinationen, von denen sie dann geplagt war, fernzuhalten, war ihre Tochter *Marie* genötigt, ihr die ganze Nacht über mit absichtlich sehr erhobener Stimme vorzulesen. Hierüber geriet ich nun in unerhörte Aufregung, namentlich auch über die mir unbegreiflich erscheinende Rücksichtslosigkeit gegen die Ruhe des Nachbarn, welche sich in diesem Vorgange ausdrückte. In der Nacht um zwei Uhr sprang ich aus dem Bette, klingelte anhaltend einen Kellner wach, um mir in einer der entferntesten Lagen des Gasthofes ein Nachtquartier ohne Vorlesung anweisen zu lassen. Wir zogen richtig um diese Stunde aus: dieses ward nebenan bemerkt, verursachte aber keinerlei Eindruck. Sehr verwundert war ich am andern Morgen, *Marie* ganz unbefangen, ohne die mindesten Spuren von dem nächtlichen Abenteuer, wie gewöhnlich erscheinen zu sehen, und erfuhr nun, daß man in der Umgebung der Fürstin an dergleichen Exzesse vollständig gewöhnt war. – Auch hier füllte sich das Haus bald mit allerlei Eingeladenen: so kam *Herwegh* mit Frau, Dr. *Wille* mit Frau, *Kirchner* und manche andre; und das Leben im »Hecht« stand dem im »Hotel Baur« bald in nichts nach. Dies alles galt, wie erwähnt, dem gemütlichen Gesellschaftskonzerte des St. Galler Musikvereins. *Liszt* studierte in den Proben zwei seiner Kompositionen, »Orpheus« und die »Préludes«, zu meiner wahren Freude dem Orchester in vollendeter Meisterschaft ein; trotz der sehr geringen Beschaffenheit der Instrumental-Mittel fiel die Ausführung doch wirklich schön und schwungvoll aus. Namentlich erfreute mich das so maßvolle Orchesterstück »Orpheus«, dem ich von vornherein bereits eine große Ehrenstelle unter *Liszts* Kompositionen angewiesen hatte; dem Publikum dagegen gefielen namentlich die »Préludes«, von welchen auch der größte Teil wiederholt werden mußte. Ich führte die *Eroica*-Symphonie von Beethoven auf und hatte dabei viel zu leiden, weil ich bei solchen Gelegenheiten mich stets erkältete und dann meistens mich immer in Fieber befand. Auf *Liszt,* worauf es mir hierbei einzig ankommen konnte, machte meine Auffassung und Wiedergebung des Beethovenschen Werkes einen bedeutenden und richtigen Eindruck. Wir beobachteten uns beide bei unsern Leistungen mit wahrhaft belehrender Aufmerksamkeit und Teilnahme. Zur Nacht mußten wir noch einem kleinen Festmahle beiwohnen, bei welchem von seiten der ehrenwerten St. Gallener Bürger es zu recht schönen und ernstlich gemeinten Auslassungen über die Bedeutung unseres Besuches kam. Da ich von einem dortigen Dichter in besonders eingehender Weise panegyrisch bedacht wurde, veranlaßte mich dies, ebenfalls in erregter Weise ernstlich zu antworten. Ja, *Liszt* geriet in seiner dithyrambischen Begeisterung so weit, auf eine Mustervorstellung des »Lohengrin« in St. Gallen, womit das neue Theater dort eröffnet werden sollte, anstoßen zu lassen, wogegen niemand etwas einzuwenden hatte. – Am folgenden Tage, dem 24. November, waren wir alle zu verschiedenen Festlichkeiten im Hause eines Hauptmusikfreundes, des vermögenden St. Gallener Kaufmannes *Bourit* vereinigt. Da ging es denn auch ans Klavier, und *Liszt* spielte uns unter anderm auch die große B-dur-Sonate von Beethoven vor, nach welcher *Kirchner* mit trokkener Aufrichtigkeit äußerte: jetzt könne man doch wirklich sagen, etwas rein Unmögliches erfahren zu haben; denn für unmöglich müsse er immer noch halten, was er wiederum doch soeben gehört habe. – Bei dieser Gelegenheit ward denn auch der auf diesen Tag fallenden zwanzigsten Jahresfeier meiner Hochzeit mit *Minna* gedacht, und es ward nach den Klängen der Hochzeitsmusik aus »Lohengrin« ein ganz artiger polonaisengleicher Festzug durch die verschiedenen Zimmer ausgeführt.

Trotz allen diesen angenehmen Erlebnissen hätte ich nun doch aber gern der Sache ein Ende gefunden, um in meine häusliche Stille nach Zürich zurückzukehren. Das Unwohlsein der Fürstin verwehrte aber noch mehrere Tage über die Abreise meiner Freunde nach Deutschland, und so fanden wir uns veranlaßt, noch einige zwecklos spannende Zeit zusammen zu verweilen, bis ich am 27. November endlich meinem Besuche das Geleite nach *Rorschach* gab und dort auf dem Dampfschiffe mich von ihm trennte. – Ich habe seitdem die Fürstin und ihre Tochter nie wiedergesehen und vermute, auch nie wieder mit ihnen zusammenzukommen. –

Nicht ohne Bangigkeit verließ ich die Freunde, von denen die Fürstin wirklich krank und *Liszt* mir sehr angegriffen erschien. Ich empfahl ihnen schleunig nach *Weimar* zu ihrer Pflege zurückzukehren; sehr war ich dagegen verwundert, bald von einem wiederum längeren geräusch- und kunstgenußvollen Aufenthalte in *München* zu erfahren, welcher unmittelbar unserem Abschiede folgte. Ich dachte mir da, daß ich doch wohl recht unberufen sei, so organisierten Menschen irgend etwas an- oder abzuraten. Dagegen kehrte ich sehr erschöpft, schlaflos und vom Froste der kalten Jahreszeit gepeinigt, in meine Züricher Behausung zurück, in der Furcht, durch die vergangene Lebensweise mir wieder einen Rückfall meiner Gesichtsrose zugezogen zu haben. Mit großer Befriedigung wachte ich jedoch des anderen Morgens auf, da ich nichts von dem Gefürchteten verspürte, und pries jetzt sowie fortan immer, wo ich nur konnte, meinen trefflichen Dr. *Vaillant*. Bald erholte ich mich nun so weit, daß ich mit Anfang Dezember die Komposition des »*Siegfried*« wieder aufnehmen konnte. Somit trat ich wieder in meine gleichmäßige, äußerlich so wenig zu bezeichnende Lebensweise: Arbeit, große Promenaden, Lektüre, zu Zeiten des Abends einen der alten Hausfreunde. Nur belästigten mich die Nachwehen des Zerwürfnisses mit *Ritter* wegen jenes Vorfalles mit *Liszt*. Ich geriet mit diesem in so mancher Lebensphase mir nahegetretenen jungen Freunde jetzt gänzlich außer Verkehr; er verließ noch vor Ablauf des Winters Zürich, ohne mich wiedergesehen zu haben.

(1857) Während ich in den Monaten Januar und Februar, diesmal mit ausführlicher Niederschrift der Komposition statt der früheren nur flüchtigen Skizzierung mit Bleistift, den ersten Akt des »*Siegfried*« vollendete und darauf mich auch sogleich zur Instrumentation desselben anließ, befolgte ich das von *Vaillant* mir angeratene Verfahren wahrscheinlich mit etwas zu großem Eifer: immer in Furcht vor einer möglichen Rückkehr der Gesichtsrose, suchte ich mich dagegen durch regelmäßig alle acht Tage wiederholtes Schwitzen in der Einpackung nach hydropathischem System zu bewahren. Allerdings entging ich dadurch fortwährend dem befürchteten Übel, nur griff mich diese Behandlung wiederum sehr an, und ich ersehnte die Rückkehr der warmen Jahreszeit, welche mir von der Strenge meiner Behandlung abzulassen gestatten sollte.

Zugleich aber steigerten sich jetzt die Leiden, welche mir durch die Belästigungen von seiten lärmender und musizierender Nachbarn bereitet wurden. Außer dem tödlich von mir gehaßten Blechschmiede, mit welchem ich ziemlich jede Woche einmal einen furchtbaren Auftritt hatte, stellten sich auch immer mehr Klaviere in meinem Hause ein, zuletzt auch noch die sonntägliche Flöte eines Herrn *Stockar* unter mir. Ich verschwor es nun, weiter zu komponieren. Da kamen eines Tages meine Freunde *Wesendonks* von einem längeren Winteraufenthalte in Paris zurück und eröffneten mir die erfreulichste Aussicht auf die Erfüllung meiner sehnlichen Wünsche im Betreff meiner zukünftigen Wohnungsverhältnisse. *Wesendonk* war schon früher geneigt gewesen, mir nach Wunsch auf einem Punkte, den ich mir aussuchen sollte, ein Wohnhäuschen bauen zu lassen. Meine mit täuschender Künstlichkeit ausgearbeiteten Pläne waren wirklich schon der Prüfung eines Architekten vorgelegt worden. Nur die Akquisition des geeigneten Grundstückes war und blieb von besonderer Schwierigkeit. Auf dem Hügelrücken, welcher in der Gemeinde *Enge* den Züricher See vom *Sihltale* trennt, hatte ich seit lange auf meinen Spaziergängen ein Winterhäuschen in das Auge gefaßt, welches das *Lavater*-Häuschen hieß, weil es diesem berühmten Phrenologen gehört hatte und von ihm gewöhnlich besucht worden war. Ich hatte nun meinen Freund, den Staatsschreiber *Hagenbuch*, dafür gewonnen, sich mit allerhand List danach umzusehen, wie hier einige Jucharten Landes so wohlfeil wie möglich zu akquirieren sein möchten. Hierin erwies sich nun aber die große Schwierigkeit. Das Terrain hing überall parzellenweise mit größeren Grundstücken zusammen, und es fand sich, daß, um den einen Punkt zu gewinnen, ein übermäßig großer Komplex von verschiedenen Besitzern hätte zusammengekauft werden müssen. Ich klagte *Wesendonk* meine Not und erregte in diesem allmählich die Lust, für sich selbst dieses größere Terrain zu erwerben und dort ein stattliches Grundstück mit großer Villa für seine eigene Familie anzulegen. Für mich sollte dabei am Ende eine Parzelle abfallen. Die Herrichtung dieses Grundstückes und der Bau seines großen Wohnhauses, welches stattlich und gediegen ausfallen sollte, nahm für jetzt aber meinen Freund genügend in Anspruch; auch fand er wohl, daß die Niederlassung zweier Familien in der gleichen Umzäunung mit der Zeit zu gegenseitigen Unbequemlichkeiten führen könnte. Dagegen fand sich, nur durch einen schmalen Fahrweg von dem seinigen getrennt, ein kleines sehr bescheidenes Landhäuschen mit Garten, welches ich selbst schon früher im Auge gehabt hatte und dessen Akquisition für mich *Wesendonk* nun beschlossen hatte. Ich war durch die Mitteilung dieser Absicht wirklich über alle Maßen erfreut. Desto größer war der Schreck, als der übervorsichtige Akquirant eines Tages erfuhr, daß der gegenwärtige Besitzer, mit welchem er zu zaghaft in Unterhandlung getreten war, soeben sein Grundstück anderwärts verkauft habe. Glücklicherweise fand sich, daß der Käufer ein Irrenarzt war und infolge des Kaufes nichts anderes beabsichtigte, als mit seiner Irrenanstalt sich meinem Freunde zur Seite niederzulassen; denn diese Nachricht wirkte nun durch die Erweckung der schreckhaftesten Vorstellungen auf die Anspannung der höchsten Energie *Wesendonks*, welcher jetzt das Grundstück um jeden Preis von dem fatalen Narren-Doktor wiederzugewinnen den Auftrag gab. So gelangte es denn, ziemlich teuer und in Verdruß erweckendster Form, endlich in den Besitz meines Freundes, der es mir nun von Ostern dieses Jahres an gegen den gleichen Mietzins, welchen ich bisher für meine Wohnung im Zeltwege bezahlt hatte, d. h. für jährlich 800 Francs, zur dauernden Benutzung übergab.

Die Herrichtung des Häuschens, die mich nun mit dem anbrechenden Frühjahre leidenschaftlich beschäftigte, ging nicht ohne manche Verdrießlichkeit vor sich. Das Häuschen, welches nur zur Sommerbewohnung eingerichtet war, mußte durch Beschaffung von Heizung und durch sonstige Vorkehrungen erst noch für den Winter tauglich gemacht werden. Ward auch von seiten des Besitzers hierfür das Nötigste geleistet, so blieb doch immerhin genug übrig, was, sowohl bei der perennierenden Meinungsdifferenz zwischen mir und meiner Frau über alles und jedes, als auch bei meiner im Grunde doch immer gänzlich vermögenslosen bürgerlichen Lage, nie gänzlich endende Schwierigkeiten herbeiführte. In der letzteren Beziehung trat zwar immer von Zeit zu Zeit eine Wendung ein, welche recht gut geeignet war, einem sanguinischen Temperamente ein zuversichtliches Vertrauen auf die Zukunft zu geben: trotz der schlechten Aufführungen meiner Oper brachte mir der »Tannhäuser« aus *Berlin* doch unerwartet gute Einnahmen zu. Jetzt hatte sich denn auch auf eine sonderbare Weise in *Wien* für mich etwas Luft gemacht. Immer nämlich blieb ich dort noch von dem Hofoperntheater ausgeschlossen, und mir war versichert worden, daß, solange es einen kaiserlichen Hof gäbe, an eine Aufführung meiner »hochverräterischen« Opern in Wien nicht zu denken wäre. Diese sonderbare Lage veranlaßte den Direktor des *Josephstädter* Theaters, meinen alten Rigaschen Direktor *Hoffmann*, in einem von ihm erbauten großen Sommertheater in *Lerchenfeld* außerhalb der Linien von Wien mit einer besondern Operntruppe den »Tannhäuser« zu wagen. Er bot mir für jede Vorstellung, die ich ihm erlauben würde, eine Tantieme von 100 Franken. Als *Liszt*, den ich hiervon benachrichtigte, die Sache bedenklich fand, schrieb ich ihm: ich sei gesonnen, mich in dieser Angelegenheit auf den Standpunkt *Mirabeaus* zu stellen, welcher, da er von seinen Standesgenossen nicht zu der Notablen-Versammlung gewählt wurde, sich den Wählern in Marseille als *Marchand de drap* vorstellen ließ. Das gefiel denn wieder *Liszt;* und ich zog nun wirklich durch das Lerchenfelder Sommertheater in die österreichische Kaiserstadt ein. Von der Aufführung selbst wurden mir die allerwunderlichsten Dinge berichtet: *Sulzer*, welcher damals auf einer Reise durch Wien gekommen war und einer solchen Vorstellung beigewohnt hatte, beklagte sich vornehmlich nur über die Finsternis des Hauses, welche auch nicht ein Wort des Textbuches zu lesen erlaubte, sowie daß es sehr stark hineingeregnet hätte. Anders berichtete mir einige Jahre später der Schwiegersohn der Witwe des Komponisten *Hérold*, welcher damals auf einer Hochzeitsreise ebenfalls Wien und diese Lerchenfelder Vorstellung besucht hatte: dieser versicherte mir, daß trotz allen äußeren Mangelhaftigkeiten die hiesige Vorstellung ihn wahrhaft erfreut und namentlich bei weitem wirkungsreicher ergriffen habe als die ohne allen Vergleich schlechtere Aufführung im Berliner Hoftheater, welche er nach dieser ebenfalls besucht hatte. Für jetzt brachte mir das energische Einschreiten meines alten Rigaschen Theaterdirektors in Wien für zwanzig Vorstellungen, welche er vom »Tannhäuser« im ganzen ermöglichte, wirklich 2000 Franken ein; und es war mir vielleicht verzeihlich, nach einem so eigentümlichen, meine Popularität offen konstatierenden Vorgange auf unberechenbare Wirkungen meiner Arbeiten, selbst nach der Seite des Gewinnes hin, für die Zukunft zu vertrauen.

Während mich unter solchen Umständen die Einrichtung des ersehnten Landhäuschens beschäftigte und ich die Instrumentation des ersten Aktes von »*Siegfried*« ausarbeitete, versenkte ich mich von neuem in die *Schopenhauer*sche Philosophie, las auch mit besonderer Angezogenheit *Scott*sche Romane. Auch beschäftigte ich mich ernstlich damit, meinem Eindrucke von den *Lisztschen* Kompositionen eine bestimmte Bedeutung zuzuweisen; wofür ich zu der Form eines Briefes an *Maria Wittgenstein* griff, welcher in der Brendelschen Musikzeitung veröffentlicht wurde. –

Als nun die Übersiedelung nach der, wie ich vermeinte, letzten Wohnungszuflucht meines Lebens bevorstand, überlegte ich von neuem, wie ich diesem Leben selbst für den gemeinen Bestand eine Grundlage verschaffen könnte. Noch einmal griff ich meine Unterhandlungen mit *Härtels* wegen der Nibelungen auf, mußte sie aber spröde und abgeneigt gegen ein Geschäft für dieses Werk finden. Ich klagte dies *Liszt* und stellte ihm offen die Zumutung, dem *Großherzoge von Weimar*, welcher den Aussagen meines Freundes nach sich fortwährend als Schutzpatron meines Nibelungen-Unternehmens betrachtet wissen wollte, die Schwierigkeiten, auf welche ich hierbei stieße, zu erkennen zu geben. Ich führte hierbei an, daß, wenn einem gewöhnlichen Musikhändler das Befassen mit einem so außerordentlichen Unternehmen nicht wohl zuzumuten sei, von dem Fürsten, welcher dasselbe zu seinem Ehrenpunkte zu machen gedenke, dagegen wohl zu verlangen stünde, daß er sich auch ernstlich an den Vorbereitungen dazu, unter welchen die Ausarbeitung des Werkes selbst wohl sehr füglich begriffen werden müsse, beteilige. In diesem Sinne wollte ich, daß der Großherzog für *Härtels* eintrete, das Werk mir abkaufe und in dem Maße der Vollendung der Arbeit es mir bezahle, wodurch er sich zum Eigentümer derselben machen und später nach Belieben sich dafür selbst durch einen Verleger entschädigen sollte. *Liszt* verstand mich sehr wohl, konnte jedoch nicht umhin, mir von meinen Annahmen im Betreff Sr. Königl. Hoheit abzuraten. –

Dagegen zog jetzt die junge *Großherzogin von Baden* meine Aufmerksamkeit auf sich. Seit mehreren Jahren war vom Großherzog von Baden *Eduard Devrient* als Direktor seines Hoftheaters nach Karlsruhe gezogen worden. Ich war seit meinem Fortgange von Dresden, wenn auch mit langen Unterbrechungen, mit *Devrient* in Verkehr geblieben; er hatte sich noch brieflich über meine Schriften »Das Kunstwerk der Zukunft« und »Oper und Drama« höchst anerkennend geäußert. Von dem Karlsruher Theater behauptete er mir, dieses sei noch so schwach, daß er an die Aufführung meiner Opern auf demselben nicht gut gehen zu können glaubte. Plötzlich änderte sich dieses, als der Großherzog geheiratet hatte und die von meiner alten Freundin *Alwine Frommann* für mich gewonnene junge Tochter der *Prinzessin von Preußen*, jetzt in Karlsruhe zur Selbständigkeit gelangt, eifrig nach der Aufführung meiner Werke verlangte. Jetzt wurden denn meine Opern auch dort aufgeführt, und *Devrient* mußte mir von dem großen Anteile der jungen Fürstin, welche selbst den Proben häufig beiwohnte, berichten. Dies machte auf mich einen sehr freundlichen Eindruck; aus freien Stücken äußerte ich mich hierüber anerkennend in einem Schreiben, welches ich an die Großherzogin richtete und dem ich als Albumblatt »Wotans Abschied« aus dem Schlusse der »*Walküre*« beilegte.

So kam der 20. April heran, an welchem ich meine bisherige, nun bereits vermietete Wohnung im Zeltwege verlassen mußte, ohne das noch nicht ganz fertig eingerichtete Landhaus bereits beziehen zu können. Bei unfreundlicher Witterung hatten sich während der steten Besuche des von Maurern und Schreinern nachlässig okkupierten Häuschens Erkältungen bei uns eingestellt. In übelster Laune verbrachten wir eine Woche im Gasthofe, und ich überlegte mir, ob es denn überhaupt der Mühe verlohne, erst noch dieses Grundstück zu beziehen, indem es mir plötzlich ahnte, daß ich doch auch von dort wieder weiterwandern dürfte. Endlich setzten wir am Ende des April mit Gewalt unsere Einsiedelung durch; es war kalt und feucht, die neuen Heizungen wärmten nicht; wir beide waren krank und vermochten kaum das Bett zu verlassen. Da erschien ein gutes Anzeichen: der erste Brief, der mir hier zukam, war ein versöhnendes, sehr liebevolles Schreiben der Frau *Julie Ritter*, wodurch sie mir die Beendigung des Zerwürfnisses wegen des Benehmens ihres Sohnes ankündigte. Nun brach auch schönes Frühlingswetter herein; am Karfreitag erwachte ich zum ersten Male in diesem Hause bei vollem Sonnenschein: das Gärtchen war ergrünt, die Vögel sangen, und endlich konnte ich mich auf die Zinne des Häuschens setzen, um der langersehnten verheißungsvollen Stille mich zu erfreuen. Hiervon erfüllt, sagte ich mir plötzlich, daß heute ja »Karfreitag« sei, und entsann mich, wie bedeutungsvoll diese Mahnung mir schon einmal in *Wolframs Parzival* aufgefallen war. Seit jenem Aufenthalte in *Marienbad*, wo ich die »*Meistersinger*« und »*Lohengrin*« konzipierte, hatte ich mich nie wieder mit jenem Gedichte beschäftigt; jetzt trat sein idealer Gehalt in überwältigender Form an mich heran, und von dem Karfreitags-Gedanken aus konzipierte ich schnell ein ganzes Drama, welches ich, in drei Akte geteilt, sofort mit wenigen Zügen flüchtig skizzierte.

Mitten unter der immer noch nicht beendeten und leidenschaftlich von mir betriebenen Einrichtung des Hauses drängte es mich nun zur Arbeit: ich griff wieder zum »*Siegfried*« und begann die Komposition des zweiten Aktes davon. Während ich nun unschlüssig darüber gewesen war, wie ich mein neugewonnenes Asyl benennen wollte, mußte ich, da die Einleitung dieses Aktes bei guter Laune mir sehr wohl geriet, laut lachen, als mir einfiel, ich müßte, eben dieser ersten Arbeit entsprechend, mein neues Heimwesen »*Fafners Ruhe*« nennen. Das durfte nun aber doch nicht sein; und somit blieb es dabei, das Grundstück einfach »Asyl« zu benennen, mit welcher Benennung ich es denn auch in der Datumangabe meiner Arbeit bezeichnete.

Meine mißglückten Aussichten auf die Unterstützung des Großherzogs von Weimar für die Nibelungen-Arbeit nährten aber in mir eine fortgesetzte Verstimmung; ich sah eine Last vor mir, deren ich mich nicht zu entledigen wußte. Zu gleicher Zeit war mir nun eine abenteuerliche Meldung zugekommen: ein Mensch, welcher sehr natürlich *Ferreiro* hieß, hatte sich als brasilianischer Konsul von Leipzig aus bei mir gemeldet und mir Anzeige von der großen Zuneigung des *Kaisers von Brasilien* für meine Musik gemacht. Meinen Zweifeln an dieser sonderbaren Erscheinung wußte der Mann in seinen Briefen recht hübsch zu entgegnen; der Kaiser liebte das Deutsche und wünschte mich gerne zu sich nach *Rio de Janeiro* zu haben, damit ich ihm daselbst meine Opern vorführe, wozu, da dort allerdings nur italienisch gesungen würde, es nur der Übersetzung meiner Texte bedürfe, was er als sehr leicht und zugleich sehr vorteilhaft für dieselben ansah. Sonderbarerweise wirkte die hierdurch angeregte Vorstellung in Wahrheit sehr angenehm auf mich, und es schien mir, als müßte ich sehr gut ein leidenschaftliches Musikgedicht zustande bringen können, welches sich im Italienischen ganz trefflich ausnehmen sollte. Wiederum gedachte ich mit stets neu auflebender Vorliebe an »*Tristan und Isolde*«. Zunächst übersandte ich Herrn *Ferreiro*, um der großmütigen Neigung des Kaisers von Brasilien einigermaßen auf den Zahn zu fühlen, die kostbar eingebundenen Klavierauszüge meiner drei älteren Opern, von deren gnädiger und splendider Aufnahme in Rio de Janeiro ich mir längere Zeit etwas recht Angenehmes erwartete. Weder von diesen Klavierauszügen noch vom Kaiser von Brasilien und dessen Konsul *Ferreiro* habe ich in meinem Leben je wieder etwas gehört. Nur *Semper* geriet noch mit diesem tropischen Lande in eine architektonische Verwickelung: für Rio war eine Konkurrenz zum Bau eines neuen Opernhauses ausgeschrieben; *Semper* hatte sich zur Teilnahme gemeldet und verfertigte wunderschöne Pläne dazu, welche uns viele Unterhaltung gewährten und unter anderm dem Dr. *Wille* eine besonders interessante Aufgabe zu bieten schienen, da er annahm, es müsse einem Architekten etwas Neues dünken, ein Opertheater für ein schwarzes Publikum zu entwerfen. Ich habe nicht erfahren, ob die Resultate von *Sempers* Verkehr mit Brasilien viel befriedigender waren als die des meinigen; jedenfalls weiß ich, daß er das Theater nicht gebaut hat.

Eine heftige Erkältung warf mich für einige Tage in ein starkes Fieber; als ich davon genas, war mein Geburtstag gekommen: des Abends wieder auf meiner Zinne sitzend, überraschte mich der Gesang der drei Rheintöchter aus dem Schlusse des »*Rheingoldes*«, welcher aus naher Ferne über die Gärten zu mir herüberdrang. Frau *Pollert*, dieselbe, deren eheliche Leiden einst in Magdeburg die an und für sich schwierige Wiederaufführung meines »Liebesverbotes« verhindert hatten, war im vergangenen Winter immer noch als Sängerin, zugleich aber auch als Mutter zweier Töchter am Züricher Theaterhimmel erschienen. Da sie immer noch eine gute Stimme hatte und sich mit äußerster Willigkeit gegen mich benahm, ließ ich sie den letzten Akt der »*Walküre*« für sich und die Szenen der Rheintöchter aus dem »*Rheingolde*« mit ihren beiden Töchtern einüben. Öfter hatten wir im vergangenen Winter unseren Freunden kleine Anhörungen davon verschafft; jetzt, an diesem Geburtstagsabende, überraschte mich der Gesang der aufmerksamen Freundinnen in sehr rührender Weise, und plötzlich empfand ich einen sonderbaren Widerwillen gegen die Fortsetzung der Komposition der Nibelungen, um so dringender aber das Verlangen, sofort den »Tristan« aufnehmen zu können. Ich beschloß, meiner langgenährten heimlichen Neigung zu gewähren und diese neue Arbeit, welche ich nur als eine kurze Unterbrechung jener großen gelten lassen wollte, alsbald zu beginnen. Um mir jedoch selbst das Zeugnis zu geben, daß nicht etwa ein eingetretener Überdruß von jener älteren Arbeit mich zurückscheuchte, beschloß ich jedenfalls erst noch die kaum begonnene Komposition des zweiten Aktes von »Siegfried« bis zur Beendigung fortzusetzen; was auch mit großer Lust geschah, während ich andererseits immer deutlicher den »Tristan« in mir aufdämmern ließ.

Einigermaßen mitwirksam zur Erfassung des »Tristan« waren jedoch auch äußere Beweggründe, welche das auf die Ausführung dieses Werkes bezügliche Unternehmen mir anziehend und vorteilhaft erscheinen ließen. Diese Motive kamen vollends zur Reife, als *Eduard Devrient* anfangs Juli mich besuchte und drei Tage bei mir verweilte. Er berichtete mir die gute Aufnahme, welche meine Sendung an die Großherzogin von Baden erfahren hatte. Im ganzen erschien es mir, als ob er beauftragt sei, sich mit mir für irgendein Unternehmen zu verständigen; ich teilte ihm mit, daß ich gesonnen sei, meine große Nibelungen-Arbeit durch die Ausführung eines Werkes zu unterbrechen, welches seinem Umfange und seinen Erforderlichkeiten nach mich von neuem in den Verkehr mit den Theatern, wie sie nun eben seien, setzen sollte. Gewiß würde ich mir unrecht tun, wenn ich mir selbst nachsagen wollte, daß ich aus diesem äußerlichen Grunde die Ausführung des »Tristan« in das Auge gefaßt und beschlossen hätte; dennoch muß ich zugestehen, daß im Betreff der Stimmung, in welcher ich vor mehreren Jahren die Ausführung jenes größeren Werkes in Angriff nahm, bei mir eine merkliche Veränderung eingetreten war. Damals kam ich soeben von meinen Kunstschriften, in welchen ich mir die Gründe des Verfalles unsrer öffentlichen Kunst und namentlich des Theaters durch Erforschung eines weiten Zusammenhanges dieser Gründe mit den allgemeinen Kulturzuständen zu erklären gesucht hatte. Damals wäre es mir unmöglich gewesen, mich an eine Arbeit zu begeben, bei welcher ich sofort die Aufführung auf unsern Theatern in das Auge zu fassen gehabt hätte. Nur ein gänzliches Absehen hiervon konnte, wie ich dies gelegentlich früher bezeugte, mich zur Wiederaufnahme meiner künstlerischen Arbeiten bestimmen. Während ich nun für eine Aufführung der Nibelungendramen unverrückt das eine festzuhalten genötigt war, daß diese Aufführung nur unter so außerordentlichen Umständen, wie ich sie später in dem Vorworte zu der Herausgabe der Dichtung bezeichnete, stattfinden könnte, hatte doch die geglückte Verbreitung meiner älteren Opern so weit Einfluß auf meine Stimmung geübt, daß ich jetzt, indem ich mich der Vollendung meiner großen Arbeit über die Hälfte derselben näherte, nach einer Möglichkeit auch der Aufführung dieses Werkes immer ernstlicher umsah. Bis dahin hatte nun *Liszt* in seinem Vertrauen auf den *Großherzog von Weimar* die verborgene Hoffnung meines Herzens genährt; nach den neuesten Erfahrungen hatte sich diese jetzt aber als gänzlich nichtig herausgestellt, während andererseits die Hoffnung mir bestätigt wurde, daß ein neues, dem »Tannhäuser« oder »Lohengrin« ähnliches Werk von mir mit großer Bereitwilligkeit überall aufgenommen werden würde. Die Weise, in welcher ich endlich den Entwurf des »Tristan« ausführte, zeigt zwar deutlich, wie wenig ich hierbei an unsere Opertheater und die Fähigkeit ihrer Leistungen dachte, dennoch, da ich immer zugleich mit einer äußeren Nötigung meiner Lebenslage zu kämpfen hatte, vermochte ich so weit mich selbst zu täuschen, daß ich mir einbilden konnte, mit der Unterbrechung der Komposition der »Nibelungen« und dem Angriffe des »Tristan« im praktischen Sinne eines klugerwägenden Menschen zu verfahren. *Devrient* hörte nun sehr gern von einem solchen, für praktisch ausgegebenen Unternehmen meinerseits; er frug mich, an welches Theater ich für die erste Aufführung meiner neuen Arbeit dächte; worauf ich erwiderte, daß ich natürlich nur ein solches ins Auge fassen könnte, bei welchem persönlich mich an der Aufführung zu beteiligen mir möglich sein würde. Entweder, so meinte ich, würde dies in Brasilien der Fall sein oder, da das Gebiet des Deutschen Bundes mir verschlossen blieb, eine den deutschen Grenzen nahe gelegene Stadt, von der ich annehmen dürfte, daß sie mir einige Kunstmittel zu Gebote stellen könnte. Ich hatte hierfür *Straßburg* in das Auge gefaßt: aus vielen praktischen Gründen war jedoch *Devrient* vollständig gegen ein solches Unternehmen eingenommen; eine Aufführung in *Karlsruhe*, so meinte er, würde dagegen weit eher und erfolgreicher zu bewerkstelligen sein. Ich hatte hiergegen nur dieses eine einzuwenden, daß ich dort mich ja eben nicht persönlich an dem Studium und der Aufführung meines Werkes würde beteiligen können. Was nun aber diesen Punkt betraf, glaubte *Devrient*, in Berücksichtigung der mir geneigten und zu energischer Teilnahme gestimmten Absicht des *Großherzogs von Baden*, mir entscheidende Hoffnung machen zu können. Dies war mir nun recht angenehm zu erfahren. Auch hörte ich *Devrient* mit vieler Teilnahme von dem jungen Tenorsänger *Schnorr* erzählen, welcher, bei vorzüglichen Mitteln, große Hingebung gerade für meine Werke besäße. – In bester Laune bewirtete ich jetzt *Devrient*, so gut ich konnte; an einem Vormittage spielte und sang ich ihm das ganze »Rheingold« vor, welches ihm recht zu gefallen schien. Halb ernsthaft, halb scherzend sagte ich ihm, ich hätte bei dem Mime an ihn gedacht; denn wenn es damit nicht zu spät würde, sollte er ihn einmal auszuführen bekommen. Da nun einmal *Devrient* zugegen war, ging es auch nicht ohne Vorlesung seinerseits ab; ich lud meine Hausfreundschaft mit *Semper* und *Herwegh* zusammen, und *Devrient* las uns die Szenen des *Antonius* aus *Shakespeares* »Julius

Cäsar« in so glücklicher Weise vor, daß selbst *Herwegh*, welcher von vornherein spöttisch dagegen gestimmt war, den Erfolg der Geschicklichkeit des geübten Schauspielers willig anerkannte. – Von meiner Wohnung aus schrieb *Devrient* an den Großherzog von Baden, darüber berichtend, was er an mir gefunden und wie er mich angetroffen habe. Kurz nach seiner Verabschiedung von mir erhielt ich nun vom Großherzoge einen sehr erfreulichen eigenhändigen Brief, in welchem jener zunächst für das seiner Frau geschenkte Album-Blatt in anerkennendster Weise dankte und zugleich mir seinen Willen eröffnete, in Zukunft für mein Schicksal und namentlich meine Wiederkehr nach Deutschland eintreten zu wollen.

Die Absicht der Ausführung des nun erst in Angriff zu nehmenden »*Tristan*« war von jetzt an mit stärkster Schrift in meinen Lebensplan eingeschrieben. Zunächst verdankte ich dem allen aber die Forterhaltung der guten Laune, in welcher ich für jetzt erst noch den zweiten Akt des »*Siegfried*« zu Ende komponierte. Meine täglichen Spaziergänge richtete ich an den heiteren Sommernachmittagen nach dem stillen *Sihltal*, in dessen waldiger Umgebung ich viel und aufmerksam nach dem Gesange der Waldvögel lauschte, wobei ich erstaunt war, die mir gänzlich neuen Weisen von Sängern kennenzulernen, deren Gestalt ich nicht sah und deren Namen ich noch weniger wußte. Was ich von ihren Weisen mit nach Hause brachte, legte ich in der Waldszene »*Siegfrieds*« in künstlerischer Nachahmung nieder. Anfangs August war ich mit der sorgfältig skizzierten Komposition auch dieses zweiten Aktes zu Ende. Ich freute mich, für den dereinstigen Wiederbeginn der Fortarbeit mir gerade den dritten Akt mit der Erweckung *Brünnhildes* vorbehalten zu haben; denn es war mir, als ob alles Problematische meiner Arbeit nun glücklich gelöst und jetzt nur noch der eigentliche Genuß derselben zu gewinnen übrig sei.

So war ich im guten Glauben an die Richtigkeit der Ökonomie meiner künstlerischen Kräfte gerüstet, an die Niederschrift des »*Tristan*« zu gehen. Zu einiger Prüfung meiner Geduld kam nun gerade der treffliche *Ferdinand Praeger* aus London an, über dessen Besuch ich andrerseits mich recht zu freuen hatte, da ich in ihm einen bewährten und ausdauernden Freund erkennen mußte. Nur bildete er sich ein, ausnehmend nervös und vom Schicksale verfolgt zu sein, was mir, da ich mit dem besten Willen nach dieser Seite hin keine Teilnahme zu fassen vermochte, einigermaßen peinlich wurde. So halfen wir uns mit einem Ausflug nach *Schaffhausen*, wo ich zum ersten Male den berühmten Rheinfall besuchte und nicht unbedeutende Eindrücke davon empfing. – Außerdem bezogen um jene Zeit *Wesendonks* endlich ihre von den Pariser Stukkatur-Arbeitern und Tapezierern gesäuberte Villa. Hiermit begann nun eine nicht eigentlich bedeutende, doch aber auf die äußere Wendung meines Lebens einflußreiche neue Phase meines Umganges mit dieser Familie. Wir waren uns jetzt durch die unmittelbare, eigentlich ländliche Nachbarschaft so nahegerückt, daß eine starke Vermehrung der Beziehungen bloß durch die einfache tägliche Berührung nicht ausbleiben konnte. Ich hatte schon öfter bemerkt, daß *Wesendonk*, in seiner rechtschaffenen Ungebildetheit, durch mein Heimischwerden in seinem Hause sich beunruhigt fühlte; in vielen Dingen, wie in der Heizung, der Beleuchtung, auch den Mahlzeitstunden wurden Rücksichten auf mich genommen, welche seinen Rechten als Hausherr nahezutreten schienen. Es bedurfte hierüber einiger vertrauter Mitteilungen, um andererseits eine halb verschwiegene, halb ausgesprochene Übereinkunft festzustellen, welche mit der Zeit eine bedenkliche Bedeutung im Auge anderer anzunehmen geeignet war. Somit entstand im Betreff unseres nun so nahegerückten Verkehres eine gewisse Rücksicht, welche unter Umständen für die beiden Eingeweihten unterhaltend wurde.

Sonderbarerweise traf der Zeitpunkt dieser nachbarlichen Annäherung mit dem Beginne der Ausführung meiner Dichtung von »*Tristan und Isolde*« zusammen. Jetzt traf *Robert Franz* zum Besuche in Zürich ein und erfreute mich durch angenehme Seiten seiner Persönlichkeit, während eben sein Besuch mich darüber beruhigte, daß eine gewisse Spannung, welche seit seinem ersten Auftreten für mich bei Gelegenheit des »*Lohengrin*«, namentlich durch die Einmischung seines Schwagers *Hinrich* (welcher eine Broschüre über mich geschrieben hatte), eingetreten war, nicht von tiefergehender Bedeutung sei. Wir musizierten; er begleitete meinem Gesange einige seiner Lieder; meine Nibelungenkompositionen schienen ihm zu gefallen. Als ihn jedoch eines Tages *Wesendonks*, um eine gemeinschaftliche Vereinigung zu bereiten, zum Diner einluden, bat er sich aus, daß er hierbei ohne weitere Gäste mit der Familie allein sein dürfe, weil er befürchtete, neben mir nicht aufkommen zu können, woran andrerseits ihm doch einigermaßen gelegen sein müßte. Wir scherzten hierüber, was mir um so leichter fiel, als ich zu Zeiten wirklich sehr gern der Mühe der Unterhaltung so eigentümlich kurzatmig und dürftig sich äußernder Menschen, als welchen ich auch *Franz* zu erkennen hatte, überhoben war. Er verließ uns, ohne mich je wieder etwas von sich hören zu lassen.

Als ich jetzt ungefähr den ersten Akt meiner Dichtung von »*Tristan*« vollendet hatte, stellte sich dagegen ein neuvermähltes junges Paar in Zürich ein, welches allerdings hervorragende Ansprüche an meine Teilnahme geltend machen durfte. Gegen Anfang September traf *Hans von Bülow* mit seiner jungen Frau, *Liszts* Tochter *Cosima*, im Gasthof zum »Raben« ein. Von dort holte ich sie beide ab, um für ihren längeren, mir vorzugsweise zugedachten Besuch sie in meinem kleinen Häuschen aufzunehmen.

Der Monat September verfloß uns gemeinschaftlich in sehr anregender Weise. Zunächst vollendete ich währenddem die Dichtung von »*Tristan und Isolde*«, von welcher *Hans* mir sogleich aktweise eine Reinschrift besorgte. Aktweise las ich sie bereits auch den Freunden vor, bis ich endlich eine kollektive Privatvorlesung davon halten konnte, welche viel Eindruck auf die wenigen nahbefreundeten Zuhörer machte. Da Frau *Wesendonk* von dem letzten Akte besonders ergriffen schien, sagte ich tröstend, daß man hierüber nicht zu trauern habe, da es im *allerbesten* Falle bei so ernster Angelegenheit diese Art von Wendung nähme – worin mir *Cosima* recht gab. Im übrigen musizierten wir sehr viel; denn nun endlich hatte ich an *Bülow* den richtigen Spieler für die furchtbaren *Klindworth*schen Arrangements meiner Nibelungen-Partituren gewonnen. Aber auch die nur im Kompositionsentwurfe niedergeschriebenen beiden Akte des »*Siegfried*« wußte *Hans* sofort sich derart anzueignen, daß er sie wie aus einem wirklichen Klavierauszuge zu spielen vermochte. Ich sang dazu, wie gewöhnlich, alle Partien; manchmal hatten wir einige Zuhörer, unter denen sich Frau Dr. *Wille* am besten anließ. *Cosima* hörte mit gesenktem Kopfe und gab nichts von sich; wenn man in sie drang, fing sie an zu weinen.

Gegen Ende September verließen mich meine jungen Freunde, um nach ihrem Aufenthaltsorte *Berlin* zum bürgerlich-geschäftlichen Antritt ihrer Ehe zurückzureisen.

Wir hatten den »Nibelungen« durch unser vieles Musizieren daraus vorläufig eine Art von Grabgeläute gegeben, da sie nun gänzlich von mir beiseite gelegt und in der Folge bei ähnlichen Zusammenkünften nur mit immer vergilbterem Ansehen, wie zur Erinnerung, aus ihren Mappen hervorgeholt wurden. Anfangs Oktober begann ich dagegen sofort die Komposition des »*Tristan*«, davon ich den ersten Akt bis Neujahr vollendete und bereits schon auch das Vorspiel instrumentierte. In dieser Zeit bildete sich bei mir eine träumerisch bange Zurückgezogenheit aus. Arbeit, weite Spaziergänge trotz rauher Witterung, des Abends Lektüre des *Calderon*, hieraus bestand die Gewohnheit, in welcher ich nur zu meinem größten Mißmute gestört wurde. Mein Zusammenhang mit der Welt bezog sich fast nur auf meine Verhandlungen mit dem Musikhändler *Härtel* wegen der Herausgabe des »*Tristan*«; da ich diesem meldete, ich hätte, im Gegensatze zu dem ungeheuren Nibelungen-Unternehmen, ein praktikables Werk im Sinne, welches in seinen Anforderungen für die Darsteller sich lediglich auf ein paar gute Sänger beschränkte, zeigte er so große Lust, auf mein Anerbieten einzugehen, daß ich mich unterstand, von ihm 400 Louisdor zu fordern. Hierauf schrieb mir *Härtel*, ich möge seine Gegenanerbietungen in einem verschlossen beigelegten Briefe nur dann lesen, wenn ich zunächst von meinen Forderungen gänzlich abzustehen mich geneigt finden sollte, da er meinem beabsichtigten Werke nicht die Eigenschaft einer leichten Ausführbarkeit ansehen könnte. In dem verschlossenen Papiere fand ich nun, daß man nur 100 Louisdor anbot, jedoch sich verpflichtete, nach fünf Jahren den Ertrag des Geschäftes mit mir zu teilen oder aber meine Ansprüche hierauf durch eine abermalige Zahlung von 100 Louisdor mir abzukaufen. Hierauf mußte ich denn eingehen und machte mich nun bald an die Instrumentation des ersten Aktes, um die Partitur sofort heftweise dem Stich zu übergeben.

Außerdem interessierte mich in dieser Zeit eine im Monat November eintretende Krisis auf dem amerikanischen Geldmarkte, deren Folgen während einiger verhängnisvoller Wochen das ganze Vermögen meines Freundes *Wesendonk* in Frage zu stellen schienen. Ich entsinne mich, daß die Katastrophe von den Betroffenen mit vielem Anstand getragen wurde; doch gaben die Unterhaltungen über die Möglichkeit des Verkaufes von Haus, Hof und Pferden unseren abendlichen Zusammenkünften eine unvermeidlich schwermütige Stimmung. *Wesendonk* verreiste, um mit verschiedenen auswärtigen Bankiers sich einzurichten; währenddem ward regelmäßig bei mir, wo ich des Vormittags am »*Tristan*« komponiert hatte, am Abend immer wieder *Calderon* vorgelesen, welcher um diese Zeit, nachdem ich mich durch *Schacks* Werk genügend auf das Bekanntwerden mit der dramatischen Literatur der Spanier vorbereitet hatte, einen tiefen und nachhaltigen Eindruck auf mich machte. – Endlich ging die amerikanische Krisis glücklich vorüber, und das bald sich herausstellende Ergebnis davon war, daß *Wesendonks* Vermögen sich dadurch um ein bedeutendes vergrößerte. Nochmals las ich in diesen Winterabenden den »*Tristan*« einem weiteren Kreise von Freunden vor. *Gottfried Keller* erfreute namentlich die knappe Form des Ganzen, welches eigentlich nur drei ausgebildete Szenen enthielt. *Semper* ward aber böse darüber: er warf mir vor, alles zu ernst zu nehmen; das Wohltätige der künstlerischen Bildung eines solchen Stoffes bestünde eben darin, daß der Ernst desselben gebrochen würde, um selbst an dem Tieferregendsten einen Genuß gewinnen zu lassen. Das gerade gefalle ihm so an *Mozarts* »*Don Juan*«, daß man die tragischen Typen dort nur wie auf der Maskerade anträfe, wo dann selbst der Domino der Charakter-Maske noch vorzuziehen sei. Ich gab zu, daß ich mir es in vielem bequemer machen würde, wenn ich es mit dem Leben ernster, mit der Kunst dagegen etwas leichter nähme; nur würde es bei mir nun einmal wohl bei dem umgekehrten Verhältnisse verbleiben. Im Grunde schüttelte jeder den Kopf. – Nachdem ich den ersten Akt in der Komposition entworfen und den Charakter meiner musikalischen Ausführung näher erkannt hatte, gedachte ich allerdings wohl mit sonderbarem Lächeln meiner ersten Annahme, mit diesem Werke eine Art von »Italienischer Oper« zu schreiben, und daß ich aus Brasilien nichts mehr erfuhr, beunruhigte mich allmählich immer weniger.

Dagegen ward ich am Ende dieses Jahres dringend auf die Vorgänge aufmerksam gemacht, welche in Paris meine Opern zu betreffen schienen. Von dorther meldete sich mir ein junger *Autor* mit dem Wunsche, von mir mit der Übersetzung meines »Tannhäuser« betraut zu werden, da der Direktor des *Théâtre Lyrique*, Herr *Carvalho*, damit umginge, diese Oper in Paris aufzuführen. Ich erschrak hierüber, weil ich fürchten mußte, meine Eigentumsrechte für meine Werke seien für Frankreich nicht gesichert und man könne, was mir sehr widerwärtig war, nach Belieben dort darüber schalten. In welcher Art dieses aber eben auch an diesem Théâtre Lyrique geschähe, hatte ich kurz zuvor aus einem Berichte über die Aufführung von *Webers* »Euryanthe« und der widerwärtigen Bearbeitung oder vielmehr Verstümmelung derselben zum Zwecke dieser Aufführung ersehen. Da nun vor kurzem die ältere Tochter *Liszts, Blandine,* sich an den berühmten Advokaten Emile Ollivier verheiratet hatte und mir dadurch ein sehr ergiebiger Beistand gesichert war, faßte ich jetzt den Entschluß, auf etwa acht Tage nach Paris zu gehen, um der mir berichteten Angelegenheit dort nachzusehen und jedenfalls mich der Bewahrung meiner Autorenrechte für Frankreich rechtsgültig zu versichern. Außerdem war ich in schwermütiger Seelenstimmung, wozu wohl wirkliche Überarbeitung, und zwar stetes Befassen mit eben solchen Arbeiten, an denen *Semper,* wenigstens im Betreff der Anspannung meiner Seelenkräfte, nicht mit Unrecht den zu großen Ernst rügte, das meiste beigetragen hatte. Von dieser Stimmung, in welcher ich andrerseits alle eigentümlichen weltlichen Sorgen verachtete, legte ich, so viel ich mich entsinne, am Silvestertage dieses Jahres (1857) in einem Briefe an meine alte Freundin *Alwine Frommann* ein Zeugnis nieder.

Mit dem Beginn des neuen Jahres 1858 nahm das Bedürfnis einer Unterbrechung in meiner Arbeit unabweisbar zu, so daß ich, ehe ich den gewünschten Ausflug mir nicht gestattet hätte, wahrhafte Scheu trug, an die Instrumentation des ersten Aktes von »*Tristan und Isolde*« zu gehen. Denn leider boten mir jetzt Zürich, mein Haus und mein Freundesumgang auch gar keine Erholung mehr. Selbst die als so annehmlich vorausgesetzte unmittelbare Nachbarschaft der Familie *Wesendonk* mußte mein Unbehagen nur steigern, da es mir wahrhaft unerträglich wurde, Abende hindurch Gesprächen und Unterhaltungen mich hinzugeben, an welchen, allermindestens zu gleichem Teile mit mir und allen übrigen, mein guter Freund *Otto Wesendonk* sich beteiligen zu müssen glaubte. Die Ängstlichkeit darüber, daß, wie er vermeinte, in seinem Hause sich bald alles mehr nach mir als nach ihm richten würde, gab ihm außerdem die eigentümliche Wucht, mit welcher ein nur wenig Gebildeter bei den von ihm empfundenen Befürchtungen sich auf jedes Gespräch wirft, welches in seiner Gegenwart geführt wird, ungefähr wie ein Löschhut auf das Licht. Mir ward bald alles Druck und Last; nur wer dies gewahrte und einiges Verständnis hiervon verriet, konnte mir eine unter solchen Umständen immerhin nicht erheiternde Teilnahme erwecken. So beschloß ich denn mitten im harten Winter, trotzdem ich mit Geldmitteln hierfür augenblicklich ganz und gar nicht versehen war und deshalb allerhand ungeduldige Vorkehrungen treffen mußte, die Ausführung meiner Exkursion nach Paris, wobei ich den immer dunkel mir zugrunde liegenden Gedanken eines Fortganges auf Nimmerwiederkehr deutlich wieder hervordämmern fühlte. Zu sehr angegriffen, um sogleich weiterreisen zu können, kam ich am 15. Januar in Straßburg an und schrieb von dort an *Eduard Devrient* nach Karlsruhe, mit dem Vorschlage, es beim Großherzoge zu vermitteln, daß auf meiner beabsichtigten Rückreise von

Paris ich in *Kehl* etwa von einem Adjutanten desselben in Empfang genommen und zu einem Besuche nach *Karlsruhe* begleitet werden könnte; denn dort wünschte ich vor allem die für die Aufführung meines »*Tristan*« zu bestimmenden Sänger kennenzulernen. Ich ward bald darauf über diese meine Anmaßung, herzogliche Adjutanten zu meiner Disposition haben zu wollen, von *Eduard Devrient* abgekanzelt; woraus ich ersah, daß er der Meinung war, ich hätte es dabei nur auf eine unsinnige Ehrenbezeigung abgesehen, wogegen ich nur die einzige praktische Möglichkeit, als politisch Geächteter zu einem rein künstlerischen Zwecke mich nach *Karlsruhe* wagen zu dürfen, ins Auge gefaßt hatte. Über dieses Mißverständnis mußte ich denn lächeln; zu gleicher Zeit erschreckte mich aber dieser Zug von Seichtigkeit an meinem älteren Freunde genügend, um von hier an über dessen künftiges Benehmen gegen mich mir meine Gedanken zu bilden. – Für jetzt schleppte ich mich noch zur Erholung meiner abgespannten Nerven in der Abenddämmerung mühsam durch die öffentliche Promenade von Straßburg und wurde beim Hinblick auf eine Theater-Affiche durch den Namen des »*Tannhäuser*« überrascht. Bei näherer Betrachtung war es die *Ouvertüre* zum »Tannhäuser«, welche beim Beginne der Vorstellung eines französischen Stückes aufgeführt werden sollte. Was hiermit gemeint sei, schien mir durchaus unbegreiflich; natürlich nahm ich aber meinen Platz im Theater, wo es sehr leer war: desto vollzähliger stellte sich aber das Orchester ein, welches in einem schönen Raume sich bis zu bedeutender Stärke versammelte und unter der Leitung seines Kapellmeisters eine wirklich recht gute Aufführung meiner Ouvertüre zu Gehör brachte. Da ich ziemlich nah in den Sperrsitzen saß, hatte mich der Pauker, welcher im Jahre 1853 in meinen Züricher Aufführungen mitgespielt hatte, erkannt. Nun war es wie ein Lauffeuer durch das ganze Orchester bis zu dessen Chef gegangen, wo meine Anwesenheit jetzt eine große Aufregung verursachte. Das geringe Publikum, offenbar nur des französischen Schauspiels wegen gekommen und gar nicht im mindesten geneigt, von der Ouvertüre besondere Notiz zu nehmen, wurde nun sehr überrascht, als am Schlusse des Musikstückes der Kapellmeister mit dem ganzen Orchester nach meinem Sperrsitze sich hinwandte und einen enthusiastischen Applaus zu hören gab, gegen welchen ich mich denn allerdings zu verneigen hatte. Sehr gespannt folgten mir aller Blicke, als ich nach diesem Auftritte den Saal verließ, um in gebührender Weise den Kapellmeister aufzusuchen: dieser nannte sich *Hasselmann*, war Straßburger und schien ein sehr gutmütiger wohlwollender Mensch; er begleitete mich in meinen Gasthof und berichtete mir unter anderm auch, welche Bewandtnis es mit dieser für mich so überraschenden Aufführung meiner Ouvertüre hatte. Infolge des reichen Legates eines Straßburger Bürgers und Musikfreundes, welcher schon zu dem Bau des Theaters das meiste beigetragen, war dem Orchester, dessen guter Beschaffenheit seine Dotation galt, auferlegt, wöchentlich einmal bei gewöhnlichen Schauspielaufführungen ein größeres Instrumentalstück im Theater mit voller Besetzung zu Gehör zu bringen. Diesmal war nun zufällig die »Tannhäuser«-Ouvertüre darangekommen. Mir blieb hiervon nichts so lebhaft von Eindruck als der Neid auf *Straßburg*, welches einmal solch einen Bürger hervorgebracht hatte, dessengleichen in allen den Städten, wo ich je etwas mit Musik zu tun hatte, ganz besonders auch in Zürich, nie einer das Tageslicht erblickt hatte.

Während ich mit Kapellmeister *Hasselmann* die Straßburger Musikzustände besprach, fand in Paris das famose Attentat *Orsinis* auf den Kaiser statt; schon bei meiner Weiterreise am andern Morgen hörte ich die unklaren Gerüchte, ward aber, als ich am 16. in Paris ankam, vom Kellner meines Hotels mit genauer Angabe der Umstände davon unterhalten. Ich hielt den Vorfall für einen boshaften, auf mich persönlich berechneten Zug des Schicksals; denn ich befürchtete noch beim Frühstück am andern Morgen, sofort meinen alten Bekannten, den Agenten des Ministeriums des Innern, eintreten und mich als politischen Flüchtling zum sofortigen Verlassen von Paris auffordern zu sehen. Ich vermutete deshalb, als Gast des großen *Hôtel du Louvre*, welches um jene Zeit neu eröffnet war, in ein besseres Ansehen bei der Polizei zu geraten als in dem kleinen Winkelhotel der *rue des filles St. Thomas*, welches ich der Wohlfeilheit wegen zunächst aufgesucht hatte. Eigentlich hatte ich mich in einem mir von früher her bekannten Hotel der *rue le Pelletier* einquartieren wollen; gerade von hier aus war nun aber das Attentat verübt worden, und in diesem Hotel hatte man die Hauptverbrecher aufgesucht und festgenommen. Wie sonderbar, wenn ich etwa zwei Tage früher in Paris angekommen und dort abgestiegen wäre!

Nach dieser Beratung mit dem Dämon meines Schicksals suchte ich zunächst Herrn *Ollivier* und dessen junge Frau auf. An ersterem fand ich alsbald einen sehr einnehmenden und tätigen Freund, welcher die Angelegenheit, die mich, der äußerlichen Bestimmung nach, Paris zugeführt hatte, sofort entschlossen in die Hand nahm. Wir gingen eines Tages zu einem ihm befreundeten und, wie es schien, verpflichteten Notar; ich stellte dort eine geharnischte und wohlverklausulierte Vollmacht zur Vertretung meiner Eigentumsrechte als Autor an *Ollivier* aus und wurde, trotzdem viele Stempelformalitäten vor sich gingen, dort mit vollendeter Gastfreiheit behandelt, so daß ich mir unter meines neuen Freundes Schutz recht geborgen vorkam. Nun aber sollte ich, im *Palais de Justice* in der *Salle des pas-perdus* an *Olliviers* Seite promenierend, erst noch den berühmtesten Advokaten der Welt, welche da in Barett und Robe herumwandelten, vorgestellt und sogleich bis auf den Grad vertraulich bekannt gemacht werden, daß ich einem Kreis von ihnen, welcher sich um mich bildete, das Sujet des *»Tannhäuser«* zu explizieren veranlaßt werden konnte. Das gefiel mir alles sehr wohl. Nicht minder befriedigten mich meine Unterhaltungen mit *Ollivier* über dessen politische Ansichten und Stellung. Er glaubte nur noch an die Republik, welche nach dem unzweifelhaften Sturze der Napoleonischen Herrschaft von neuem und dauernd hervortreten werde. Er und seine Freunde gingen nicht damit um, eine Revolution hervorzurufen, sondern nur sich darauf vorzubereiten, diese, wenn sie, wie notwendig, eingetreten sein würde, nicht wieder der Ausbeutung durch Intriganten zu überlassen. In den Prinzipien ging er auf die äußersten Konsequenzen des Sozialismus ein; er kannte und respektierte *Proudhon*, jedoch nicht als Politiker: nichts aber, so meinte er, könne sich für dauernd begründen als durch die Initiative der politischen Einrichtung. Auf dem Wege der einfachen Gesetzgebung, auf welchem schon bisher aus Gründen der öffentlichen Nützlichkeit bedeutende Maßregeln gegen den Mißbrauch des Privatrechtes eingeführt worden seien, würden allmählich die anscheinend kühnsten Forderungen für die Begründung eines gleichmäßig verteilten öffentlichen Wohles zur Geltung zu bringen sein. Ich bemerkte nun zu meiner großen Befriedigung nicht unbedeutende Fortschritte in der Entwickelung meines Charakters gemacht zu haben, da ich dieses und manches andere anhören und besprechen konnte, ohne irgendwie in meine bei ähnlichen Diskussionen früher eintretende Aufgeregtheit zu verfallen.

Höchst angenehm wirkte hierbei *Blandine* auf mich durch Sanftmut, Heiterkeit und eine gewisse witzige Gelassenheit, bei andrerseits sehr schneller geistiger Apperzeption. Wir verstanden uns am schnellsten; es genügte der leisesten Äußerung, um uns über die Sache und die Personen, mit denen wir in Berührung kamen, sofort gegenseitig klarzumachen. – Es kam der Sonntag und mit ihm ein *Conservatoire-Konzert*, wozu mir, da ich sonst nur zu Proben, nie aber zu Aufführungen davon gelangt war, die Freunde einen Platz zu verschaffen wußten, und zwar in der Loge der Witwe des Komponisten *Hérold*, einer sehr sympathischen Frau, welche sich mir sofort als warme Parteigängerin für meine Musik beurkundete. Diese hatte sie zwar noch nicht selbst kennengelernt; nur war sie durch den Enthusiasmus ihrer Tochter und ihres Schwiegersohnes, welche beide, wie ich früher erwähnte, auf ihrer Hochzeitsreise in Wien und Berlin den »Tannhäuser« gehört hatten, mitfühlend dafür gewonnen worden. Das kam mir alles recht angenehm wunderlich vor. Dazu hörte ich hier denn auch zum ersten Male in meinem Leben eine Aufführung der »Jahreszeiten« von *Haydn*, welche dem Publikum ein ganz außerordentliches Vergnügen verursachte, da es namentlich die der modernen Musik entfremdeten, bei *Haydn* so überhäufig die musikalischen Phrasen abschließenden stabilen Kadenzmelismen als besonders originelle und reizende Züge aufnahm. Der Rest des Tages ward im vollsten Schoße der Familie *Hérold* auf recht angenehme Weise zugebracht; dort fand sich am Schlusse des Abends auch ein Mann ein, dessen Erscheinen gerade heute eine auffallende Wichtigkeit beigemessen wurde. Es war dies Herr *Scudo*, von dem ich erst nachher erfuhr, daß er als sehr mächtiger musikalischer Redakteur der *Revue des deux Mondes* in andern Journalen einen großen Einfluß ausübe, und zwar bisher in einem mir entschieden ungünstigen Sinne. Die freundliche Wirtin hatte gewünscht, bei dieser Gelegenheit ihn durch sein Bekanntwerden mit mir freundschaftlich für mich zu stimmen. Ich erklärte, daß durch Unterhaltungen an einem Salonabende hiefür wohl nicht viel erreicht werden könnte, und fand auch späterhin bestätigt, daß die Gründe, aus welchen ein solcher Herr, ohne irgendwelche Kenntnis von dem Gegenstand erlangt zu haben, sich gegen einen Künstler erklärt, weder mit dessen Überzeugung noch selbst seinem Gefallen oder Nichtgefallen etwas zu tun haben. Bei jener späteren Gelegenheit mußte sogar, in einem Berichte des Herrn *Scudo* über meine Konzerte, die freundliche Familie es büßen, daß sie sich für mich verwendet hatte, da sie selbst als eine Familie von »akuten demokratischen Grundsätzen« dort dem Gespötte preisgegeben wurde.

Jetzt suchte ich auch meinen in London neugewonnenen Freund *Berlioz* auf und fand ihn im ganzen freundlich gestimmt. Ich hatte ihm mitgeteilt, daß ich eben nur für einen kurzen Ausflug zu meiner Zerstreuung in Paris eingekehrt sei. Er war damals mit der Ausführung der Komposition einer großen Oper »*Die Trojaner*« beschäftigt; um von dem Werke einen Eindruck zu gewinnen, lag mir vor allem daran, das Gedicht, welches er selbst verfaßt hatte, kennenzulernen. Er verwendete einen Abend dazu, mir allein dasselbe vorzulesen: hierbei ward mir sehr übel zumute, sowohl was die Konzeption der Dichtung selbst als andrerseits seinen sonderbar trockenen und dabei theatralisch affektierten Vortrag anlangte. Ich glaubte namentlich in dem letzteren auch den Charakter der Musik zu gewahren, in welchem er seinen Text komponiert haben möchte, und verfiel darüber in vollständige Trostlosigkeit, da ich anderseits ersah, daß *Berlioz* dieses Werk für das Hauptwerk und seine zu erzielende Aufführung für den Hauptzweck seines Lebens ansähe.

Mit *Olliviers* wurde ich auch von der Familie *Erard*, in welcher ich meine alte Freundin, die Witwe *Spontinis*, wieder antraf, eingeladen; wir brachten da einen ziemlich üppigen Abend zu, an welchem ich in sehr sonderbarer Weise die musikalische Unterhaltung am Klaviere zu stellen hatte. Man behauptete, die verschiedenen Reminiszenzen, welche ich in meiner ungefähren Art auf diese Weise aus meinen Opern zum besten gab, recht gut verstanden und mit höchstem Gefallen genossen zu haben. Jedenfalls hatte der prachtvolle Salon nie gemütlicher musizieren gehört. Außerdem gewann ich den ungeheuren Vorteil, durch das freundliche Entgegenkommen der Mme *Erard* und ihres nun seit dem Tode ihres Mannes das Geschäft führenden Schwagers *Schäffer* mich des Gewinnes eines der berühmten Flügel jener Fabrik zu versichern. Hiermit schien mir der dunkle Zweck meines Ausfluges nach Paris eigentlich sein helles Licht gewonnen zu haben; denn ich war so sehr erfreut hierüber, daß ich, jedes übrige Resultat für durchaus schimärisch erkennend, hierin einzig den wahren Erfolg ersah.

In erheiterter Laune verließ ich somit am 2. Februar Paris, um auf der Heimreise noch meinen alten Freund *Kietz* in *Epernay* aufzusuchen. Dort hatte Herr *Paul Chandon*, ein zufälliger Jugendbekannter *Kietz'*, sich des verunglückten Malers angenommen, indem er ihn völlig zu sich in das Haus gezogen und ihm eine Reihe von Bestellungen auf Porträts zugewiesen hatte. Bei meiner Ankunft wurde ich sogleich unwiderstehlich in das gastfreundliche Haus *Chandons* gezogen und durfte mich nicht weigern, zwei Tage dort auszuruhen; denn auch ich traf in *Chandon* einen passionierten Freund meiner Opern, namentlich des »*Rienzi*«, dessen erster Aufführung er in Dresden seinerzeit beigewohnt hatte. Hier besuchte ich denn auch jene fabelhaften Weinkeller, welche sich meilenweit in den Eingeweiden des Felsenbodens der Champagne hinziehen. *Kietz* traf ich über einem Öl-porträt an, von welchem allgemein die Meinung herrschte, es werde fertig werden, was mich sehr interessierte.

Nach vieler unnötiger Unterhaltung befreite ich mich endlich auch von dieser unverhofften Gastfreundschaft und kam am 5. Februar nach Zürich zurück, wo ich brieflich zum voraus sogleich für meine Ankunft eine Abendgesellschaft bestellt hatte, da ich vielerlei zu erzählen zu haben glaubte und dies nicht, wie gewöhnlich, durch ermüdende Detail-Mitteilungen an meine einzelnen Freunde, sondern sogleich kollektiv mit einem Male abmachen wollte. *Semper,* der sich in der Gesellschaft befand und sich ärgerte, in Zürich gewesen zu sein, während ich in Paris war, wurde höchst übler Laune über meine heiteren Mitteilungen und erklärte mich für einen »unverschämten Sohn des Glückes«, da er es offenbar als sein größtes Unglück betrachtete, an sein »Züricher Nest« angekettet zu sein.

Wie hatte ich innerlich zu dieser Beneidung meines »Glückes« zu lächeln! Meine äußeren Geschäfte gingen schwerfällig vorwärts, da jetzt meine Opern ziemlich überallhin verkauft waren und mir nun nicht viel von meinem Erwerbskapitale mehr übrigblieb. Da ich nun einmal doch von allen diesen Aufführungen nichts anderes erfuhr und kennenlernte als das wenige Geld, welches sie mir einbrachten, so war ich auch darauf verfallen, den »Rienzi« als für unsere schlechten Theater eigentlich recht geeignet noch in den Kauf zu bringen: um ihn anbieten zu können, war eine Wiederaufnahme desselben in Dresden wünschenswert; diese ward aber durch den Eindruck des *Orsinischen* Attentates, wie man wenigstens vorgab, verhindert. – So arbeitete ich denn an der Instrumentation des ersten Aktes von »*Tristan*« weiter und konnte mir währenddem immer weniger verheimlichen, daß gegen die Verbreitung dieser Arbeit auf den Theatern sich wahrscheinlich noch andere Einwände als die der politischen Verfänglichkeit einstellen würden. So arbeitete ich denn in das Blaue, eigentümlich Hoffnungslose hinein. –

Im Monat März eröffnete mir Frau *Wesendonk*, daß sie zur Feier des Geburtstages ihres Gemahles eine Art von Musikaufführung in ihrem Hause vor sich gehen lassen möchte; hierauf war sie durch eine kleine Morgenmusik verfallen, welche ich im Laufe des Winters an ihrem eigenen Geburtstagsmorgen mit Hilfe von acht Züricher Musikern freundnachbarlich bewerkstelligt hatte. Der Stolz der *Wesendonk*schen Villa bestand nämlich in einem verhältnismäßig nicht ungeräumigen, von Pariser Stukkatur-Arbeitern recht elegant hergerichteten Treppenhause, von welchem ich einmal behauptet hatte, Musik müsse sich da nicht übel ausnehmen. Dies war bei jener vorangegangenen Gelegenheit im kleinen erprobt worden und sollte sich nun im großen bewähren. Ich erbot mich, ein anständiges Orchester zusammenzubringen, um Fragmente aus *Beethoven*schen Symphonien, bestehend vorzüglich aus den heiteren Sätzen derselben, zur gesellschaftlichen Unterhaltung aufzuführen. Die nötigen Vorbereitungen hierzu nahmen jedoch Zeit hinweg, und das Datum des Geburtstages mußte überschritten werden. So gelangten wir bis in die Osterzeit, und unser Konzert ging an einem der letzten Tage des Monats März vor sich. Das Ganze des musikalischen Hausfestes glückte in der Tat recht nach Wunsche; ein für die *Beethoven*sche Instrumentation vollzähliges Orchester spielte der in den umgebenden Gesellschaftsräumen verteilten Gastversammlung eine kombinierte Auswahl von Symphonie-Fragmenten unter meiner Anleitung mit dem besten Gelingen vor. Das Unerhörte eines solchen Hauskonzertes schien alles in eine sehr erregte Stimmung zu versetzen; mir ward beim Beginn der Aufführung durch die junge Tochter des Hauses ein schöner, nach *Sempers* Zeichnung in Elfenbein geschnitzter Taktstock (der erste und einzige mir zum Ehrengeschenk gemachte) überreicht. An Blumen und Zierbäumen, unter denen ich beim Dirigieren stand, fehlte es auch nicht, und als wir, meinem Geschmack für die Wirkung einer Musikaufführung gemäß, nicht mit einem rauschenden, sondern mit einem tief beruhigenden Stücke, dem *Adagio* der Neunten Symphonie geschlossen hatten, durfte man sich wohl sagen, daß die Züricher Gesellschaft etwas nicht ganz Gewöhnliches erlebt hatte.

Auch meine Freunde, denen zunächst die von mir erwiesene Auszeichnung gegolten hatte, waren davon tief und feierlich ergriffen. Auf mich wirkte der Eindruck dieses Festes in der wehmütigen Weise wie eine Mahnung daran, daß der mögliche Höhepunkt einer Lebensbeziehung erreicht, ja daß der eigentliche Gehalt derselben bereits überboten und die Sehne des Bogens überspannt sei. Mir wurde späterhin von Frau Dr. *Wille* mitgeteilt, daß sie an jenem Abende von ähnlichen Empfindungen beherrscht worden sei. – Am 3. April sandte ich das Manuskript der Partitur des ersten Aktes von »*Tristan und Isolde*« zum Stiche nach Leipzig ab; die mit Bleistift skizzierten Blätter der Instrumentation des Vorspieles, welche ich früher bereits an Frau *Wesendonk* versprochen hatte, schickte ich dieser in die Nachbarschaft hinüber und begleitete die Sendung mit einem Briefchen, in welchem ich ihr ernst und ruhig die damals mich beherrschende Stimmung mitteilte.

Meine Frau war seit einiger Zeit über ihr Verhältnis zu unserer Nachbarin bedenklich geworden; sie beklagte sich immer gereizter, von ihr nicht mit der Aufmerksamkeit behandelt zu werden, wie es der Frau eines Mannes, welchen man so gerne bei sich sähe, gebührte; und überhaupt fand sie, daß bei unseren geselligen Zusammenkünften es von seiten unsrer Freundin sich weniger um Besuche bei ihr als bei mir handle. Noch nicht hatte sie aber einen eigentlichen eifersüchtigen Verdacht laut werden lassen. Zufällig im Gärtchen sich aufhaltend, traf sie nun an diesem Morgen auf meine Sendung, nahm diese dem Dienstboten ab, erbrach und öffnete den Brief. Da ihr das Verständnis der in diesen Zeilen ausgesprochenen Stimmung durchaus unmöglich war, hielt sie sich desto mehr an eine ihr geläufige triviale Deutung der Worte und glaubte sich demnach berechtigt, in mein Zimmer zu treten, um mir in dem Sinne einer solchen von ihr gemachten schrecklichen Entdeckung die sonderbarsten Vorwürfe zu machen. Sie hat mir nachher gestanden, daß sie hierbei nichts so sehr empört habe wie meine große Ruhe und die ihr dünkende Gleichgültigkeit, mit welcher ich ihrem törichten Benehmen entgegnete. Wirklich sagte ich ihr kein Wort, veränderte kaum meine Stellung und ließ sie einfach wieder zur Türe hinausgehen. Mir selbst sagte ich aber, daß dies also die Form sei, unter welcher die Unerträglichkeit meines nun vor acht Jahren wieder angeknüpften ehelichen Verhältnisses mir unabweisbar zum Bewußtsein kommen und mein Leben fortan entscheiden sollte. Durch eine sehr bestimmte Aufforderung, sich ruhig zu verhalten und sowohl in ihrem Urteile wie in ihrer Handlungsweise sich keiner Mißgriffe schuldig zu machen, suchte ich auch *Minna* von der eigentümlichen Bedeutung, welche der nichtige Vorgang für uns gewonnen habe, zu unterrichten. Wirklich schien sie etwas davon zu verstehen und versprach mir, sich ruhig zu verhalten und ihrer törichten Eifersucht keine Folge zu geben. Leider stand die Ärmste aber bereits unter der Einwirkung einer bedenklichen Steigerung ihres Herzleidens auf ihr Gemüt; die eigentümliche Schwarzsichtigkeit und qualvolle Unruhe, welche vollständige Herzerweiterungen auf die Leidenden ausüben, mochten sie nicht mehr verlassen: sie glaubte nach einigen Tagen sich das Herz erleichtern zu müssen, was ihr nur dadurch möglich dünkte, daß sie unsre Nachbarin, ihrer Ansicht nach wohlmeinend, vor den Folgen etwaiger unvorsichtiger Vertraulichkeiten gegen mich warnte. Von einem Spaziergange heimkehrend, traf ich Herrn und Frau *Wesendonk* im Wagen, soeben auf einer Ausfahrt begriffen; ich bemerkte ihre verstörte Haltung und dagegen den sonderbar lächelnden, zufriedenen Ausdruck in der Miene ihres Gemahls. Mir war es sogleich klar, was hier vorgegangen; denn auch meine Frau traf ich merkwürdig erheitert an; sie reichte mir mit großer Biederkeit die Hand und kündigte mir ihre erneuerte Freundschaft an. Meiner Frage danach, ob sie ihr Versprechen etwa gebrochen habe, antwortete sie zuversichtlich, daß sie allerdings als kluge Frau die Sache in Ordnung habe bringen müssen. Ich deutete hierauf ihr an, daß sie vermutlich sehr üble Folgen ihres Wortbruches erleben würde; fürs erste aber dünke es mich unerläßlich, daß sie in der bereits zuvor zwischen uns beratenen Weise auf einige Stärkung ihrer Gesundheit bedacht zu sein und dazu den ihr empfohlenen Kurort *Brestenberg* am *Hallwyler See* in den nächsten Tagen aufzusuchen haben werde. Wirklich war uns von vorzüglichen Kuren, welche der dortige Arzt gegen Herzleiden angewandt hatte, berichtet worden. Auch *Minna* war mit dem Antritte seiner Behandlung ihres Leidens einverstanden; und so begleitete ich sie bereits nach wenigen Tagen, während welcher ich Erkundigungen nach dem Vorgefallenen im nachbarlichen Hause auswich, mit ihrem Papagei nach dem etwa eine viertel Tagereise entfernten, angenehm gelegenen und erträglich eingerichteten Kurorte. Als ich sie dort zurückließ, überkam ihr beim Abschiede das Gefühl des peinlichen Ernstes unserer Lage; ich konnte ihr wenig mehr zum Troste sagen, als daß ich versuchen wollte, die gefürchteten Folgen ihres Wortbruches für unser ferneres Bestehen unschädlich zu machen.

Nach meiner Heimkehr hatte ich nun die üble Wirkung des Benehmens meiner Frau gegen unsre Nachbarin genauer zu erfahren. In ihrer gröblichen Mißverkennung meines wirklichen, freundschaftlichen Verhältnisses zu der stets angelegentlich um meine Ruhe und mein Wohlergehen besorgten jungen Frau war *Minna* so weit gegangen, mit Mitteilungen an deren Mann zu drohen, und hatte diese, welche in Wahrheit keines Fehltrittes sich bewußt war, dadurch so sehr beleidigt, daß sie über mich selbst in Verwunderung geriet, weil sie nicht begriff, wie ich meine Frau in solche Verwirrung hätte geraten lassen können. Der Ausgang der hierdurch hervorgerufenen Verstörung der Lage gestaltete sich schließlich namentlich durch die besonnene Vermittelung unserer allerseitigen Freundin Frau Dr. *Wille* dahin, daß ich im Betreff des Benehmens meiner Frau wohl von jeder Art von Mitschuld freigesprochen, jedoch es mir zu Gemüte geführt wurde, daß fortan der Gekränkten es doch unmöglich sein würde, mein Haus wieder zu betreten, noch überhaupt den Umgang mit meiner Frau fortzusetzen. Daß ich diesem nur durch das Aufgeben meiner Niederlassung und durch meinen Fortgang von Zürich entgegnen können würde, schien man sich nicht deutlich gemacht zu haben und überhaupt nicht zugeben zu wollen. Selbst ich geriet, da mein Verhältnis zu der befreundeten Familie wenn auch gestört, doch in Wahrheit nicht untergraben war, in der Folge auf den Gedanken, es möchte sich mit der Zeit dieses alles wohl ruhig entwirren, und mußte hierfür natürlich vor allem auf eine Besserung des Zustandes meiner Frau rechnen, durch welche es auch ihr ermöglicht werden dürfte, ihre begangenen Torheiten einzusehen und mit gutem Verstande fortan den Umgang mit den Nachbarn auch sich selbst wieder zu ermöglichen.

Hierüber verging einige Zeit, welche auch eine mehrwöchige Vergnügungsreise der Familie *Wesendonk* nach Oberitalien einschloß. – Fast wehmütig anregend wirkte auf mich die Ankunft des bisher versprochenen *Erard*schen

Flügels; ich ersah jetzt plötzlich, mit welchem tonlosen Instrumente, meinem alten Kapellmeisterflügel von *Breitkopf* und *Härtel*, ich mich bis jetzt beholfen hatte, und verwies diesen sofort in den unteren Wohnungsraum, wohin meine Frau, als konservatives Element, sich denselben erbeten hatte. (Sie hat ihn später mit sich nach Sachsen gebracht und, ich glaube, für 100 Taler verkauft.) Der neue Flügel schmeichelte meiner musikalischen Empfindung ungemein, und ganz von selbst geriet ich beim Phantasieren auf die weichen Nachtklänge des zweiten Aktes von »*Tristan*«, dessen Komposition ich wirklich jetzt mit Anfang Mai zu skizzieren begann.

Eine unerwartete Unterbrechung betraf mich hierin durch die Aufforderung des *Großherzogs von Weimar*, ihn in *Luzern*, welches er auf seiner Rückkehr von einer italienischen Reise berührte, an einem bestimmten Tage zu treffen. Ich folgte dieser Einladung und gelangte so in einem Luzerner Gasthofe, auf dem Zimmer des Kammerherrn *von Beaulieu*, welcher mir schon aus der Zeit meiner Flucht bekannt war, zu einer längeren Unterredung mit meinem ehemaligen anscheinenden Protektor. Es ging mir aus dieser Unterhaltung hervor, daß mein Vernehmen mit dem *Großherzoge von Baden* wegen der Aufführung des »*Tristan*« in Karlsruhe einigen Eindruck am Weimarischen Hofe gemacht hatte. Denn indem *Karl Alexander* dieses Verhältnisses ausdrücklich Erwähnung tat, lag ihm daran, im Betreff meiner Nibelungen-Arbeit gegen seine eigenen Erklärungen, daß er stets noch vom lebhaftesten Interesse dafür erfüllt sei, meinerseits die Versicherung zu erhalten, daß ich die Aufführung dieses Werkes für *Weimar* bestimmen wollte. Es fiel mir leicht, in dieser Hinsicht ihm keinerlei Schwierigkeiten zu machen. Im übrigen unterhielt mich die ganze Persönlichkeit des sehr ungeniert wohlwollend auf einem engen Kanapee mit mir plaudernden Fürsten, welcher andrerseits durch eine sonderbare Gewähltheit der Ausdrücke und der Sprache mir offenbar einen vorteilhaften Eindruck von seiner Bildung zu geben bemüht war. Auffallend war es, daß es ihn in seiner würdigen Haltung nicht im mindesten störte, als Herr *von Beaulieu* im allertrockensten Tone ziemlich plumpe Bemerkungen zu unsrer Unterhaltung machte. Nachdem mich der Großherzog in den sorgfältigsten Ausdrücken um meine »eigentliche Meinung« über *Liszts* Kompositionen gefragt hatte, erweckte es mir ein sonderbares Erstaunen, in seiner ganzen Haltung nicht das mindeste Unbehagen zu erkennen, als über seinen von ihm so hochgeehrten Freund der Kammerherr bei dieser Gelegenheit kurz heraus die allerabsprechendsten Meinungen hervorbrachte, nämlich in der Weise, daß *Liszts* Komponieren doch wohl nur eine Raupe des großen Virtuosen sei. Dies gab mir denn einen sonderbaren Einblick in dieses fürstliche Freundschaftsverhältnis, während ich meine Mühe hatte, einen ernsthaften Ton der Unterredung aufrechtzuerhalten. Noch einmal mußte ich am Morgen des anderen Tages dem Großherzog einen Besuch machen; diesmal traf ich ihn ohne Kammerherrn, was jedenfalls vorteilhaft auf die Wärme der Äußerungen des Fürsten über seinen Freund wirkte, von welchem er jetzt unter vier Augen mir laut bekannte, daß sein Rat und überhaupt sein anfeuernder Umgang von ihm nicht hoch genug geschätzt werden könne. Auch hatte ich nun die Überraschung, die Frau Großherzogin zu uns treten zu sehen und von ihr mit einer höchst verbindlichen Verneigung, welche ihrer großen Regelmäßigkeit wegen mir unvergeßlich geblieben ist, empfangen zu werden. Jedenfalls zählte die Begegnung mit mir bei den hohen Herrschaften zu einem erträglich angenehmen Reiseabenteuer; im übrigen habe ich seitdem * nie wieder etwas von ihnen vernommen. Als ich später *Liszt* kurz vor seinem Fortgange von Weimar daselbst besuchte, war es ihm unmöglich, den Großherzog dazu zu bewegen, mich bei sich zu empfangen! –

Kurz nachdem ich von diesem Ausfluge zurückgekehrt war, traf eines Tages, mit einem empfehlenden Briefe *Liszts* versehen, *Karl Tausig* bei mir ein. Er war damals 16 Jahre alt und überraschte, bei großer körperlicher Niedlichkeit, im Betreff seines Verstandes und seines ganzen Benehmens durch eine ungemeine Frühreife. Bereits war er infolge eines öffentlichen Auftretens als Klavierspieler in Wien als »*Zukunfts-Liszt*« begrüßt worden. Ungefähr in dieser Weise benahm er sich auch; nur rauchte er bereits schon jetzt die allerstärksten Zigarren, welche aufzutreiben waren, so daß ich ein wahres Entsetzen darüber empfand. Andrerseits freute mich sein Entschluß, einige Zeit in meiner Nähe zuzubringen, um so mehr, als ich neben seinem unterhaltenden, halb kindischen und dabei sehr verständigen, ja bereits abgefeimten Wesen mich an sein ganz erstaunlich fertiges Klavierspiel wie überhaupt seine schnelle musikalische Fassungskraft in erfreulichster Weise halten konnte. Er spielte, was man sich nur denken konnte, vom Blatt und wußte seine ungemeine Fertigkeit für die mutwilligsten Streiche zu meiner Unterhaltung zu verwenden. Alsbald siedelte er sich ganz in meiner Nähe an, war mein täglicher Gast bei den verschiedenen Mahlzeiten und mußte mich auch auf meinen regelmäßigen Spaziergängen in das Sihltal begleiten, wovon er sich jedoch bald zu befreien suchte. Auch zu einem Besuche *Minnas* in *Brestenberg* hatte er mich zu begleiten; als ich diese Ausflüge aus Anteil an dem Erfolge der Kur fast regelmäßig alle acht Tage wiederholte, suchte sich *Tausig* jedoch auch hiervon bald freizumachen, da ihm weder *Brestenberg* noch der Umgang mit *Minna* zu behagen schien.

Dafür konnte er einem wiederholten Zusammensein mit ihr nicht ausweichen, als sie Ende Mai, durch ihre Sorge für das Hauswesen getrieben, ihre Kur unterbrechend auf einige Tage zu mir kam. Ich bemerkte an ihrem Benehmen, daß sie den vergangenen häuslichen Vorfällen jetzt keine weitere Bedeutung mehr beilegen zu dürfen glaubte, indem sie ungefähr der Meinung war, es habe sich hier um eine »kleine Liebschaft« gehandelt, in welche sie Ordnung gebracht hätte. Da sie hierüber mit einer gewissen unangeneh-

---

* Fußnote im Original: »(Dies ist im Jahre 1868 diktiert.)« Siehe Anmerkung.

men Leichtfertigkeit sich äußerte, mußte ich ihr eines Abends, so gern ich für jetzt aus Rücksicht auf ihren Gesundheitszustand es ihr ferngehalten hätte, unsere Lage genau und bestimmt dahin zur Erkenntnis bringen, daß durch die Folgen ihres Ungehorsames und ihres törichten Benehmens gegen unsre Nachbarin die Möglichkeit unsres Verbleibens auf dem mit solcher Mühe kaum erst hergerichteten Grundstücke von mir in den allerernstlichsten Zweifel gezogen werde und ich sie eben darauf vorbereiten müsse, die Notwendigkeit unsrer Trennung in das Auge zu fassen, da ich für den gefürchteten Fall entschlossen sei, an eine ähnliche gemeinschaftliche häusliche Einrichtung irgendwo anders nicht wieder zu gehen. Vieles Ernste, was ich bei dieser Gelegenheit meiner Frau über den ganzen Charakter unsres verflossenen Zusammenlebens zu Gemüte zu führen hatte, schien sie, namentlich bei dem Innewerden davon, daß sie an dem Einsturze des letzten mühsamen Aufbaues unsres bürgerlichen Lebens Schuld trage, heftig zu erschüttern, so daß ich sie hier, zum ersten Male in unsrem Leben, in eine weiche und würdige Klage ausbrechen hörte. Zum ersten und einzigen Male gab sie mir das Zeichen einer liebevollen Demut, indem sie mir, als ich in tiefer Nacht von ihr mich zurückzog, die Hand küßte. Dieses rührte mich außerordentlich und erweckte mir schnell den Gedanken an die Möglichkeit einer großen und entscheidenden Umkehr im Charakter der armen Frau; und dies bestimmte mich wiederum selbst, meine Hoffnung auf die Möglichkeit eines guten Bestehens in der zuletzt eingenommenen Lebenslage zu setzen.

Diese Hoffnung zu unterstützen ließ sich jetzt auch alles an: meine Frau kehrte zur Vollendung der zweiten Hälfte ihrer Kur nach *Brestenberg* zurück; die üppigste Sommerwitterung begünstigte meine Aufgelegtheit zur Arbeit am zweiten Akt des »Tristan«; die Abende mit *Tausig* erheiterten mich; meine Beziehungen zu meinen Nachbarn ließen sich, wie sie sich mir nie feindselig gezeigt hatten, ganz so an, wie ich es für die Gestaltung eines zukünftigen Verhältnisses als würdig und wünschenswert ansehen mußte. Es war leicht anzunehmen, daß, wenn meine Frau nach der gänzlichen Beendigung ihrer Kur noch für einige Zeit ihre Verwandten in Sachsen besucht hätte, endlich die Zeit genügend Macht gewinnen würde, um alles Geschehene der Vergessenheit anheimfallen zu lassen, so daß auch durch ihr Benehmen sowie durch die anderseitige Stimmung der sich so ernstlich beleidigt wähnenden Nachbarin ein tadelloser gegenseitiger Umgang sich von selbst wieder ermöglichen mußte.

Was diese friedliche Stimmung mir noch erheiterte, war bald zu erwartender angenehmer Besuch sowie zunächst bereits erfreuliche Beziehungen zu den zwei bedeutendsten deutschen Theatern. Im Juni meldete sich bereits der Berliner Intendant auch für »Lohengrin«, worüber es bald zu einer Einigung kam. Aber auch in Wien hatte das forcierte Eindringen des »Tannhäuser« seinen Eindruck auf die bisherige Haltung der Hoftheaterdirektion hervorgebracht: mit der technischen Leitung des Opemtheaters war seit kurzem der gut berufene Kapellmeister *Karl Eckert* betraut worden; dieser ergriff den glücklichen Umstand eines damals an seinem Theater vereinigten vorzüglichen Sängerpersonales sowie den andern, einer nötig gefundenen Restauration des Theatersaales selbst, durch welche eine Schließung der Vorstellungen herbeigeführt wurde und somit die günstige freie Zeit für das Studium eines neuen schwierigen Werkes gegeben war, um nun bei seiner Hofbehörde die Annahme meines »Lohengrin« durchzusetzen; und jetzt machte er mir daraufhin seine Anerbietungen. Ich wollte auf der Einräumung von »Autoren-Rechten«, wie sie in Berlin gewährt waren, bestehen; diese wollte man mir jedoch nicht gewähren können, weil das gegenwärtige alte Theaterhaus bei seinen höchst beschränkten räumlichen Verhältnissen nur sehr dürftige Einnahmen gewähre. Dagegen sah ich nun eines Tages den Kapellmeister *Esser,* eigens hierzu von Wien entsandt, selbst bei mir eintreten, um jedenfalls alles sogleich in Richtigkeit zu bringen, indem er mir im Namen der Direktion für die ersten zwanzig Aufführungen des »Lohengrin« 1000 Gulden sofort auszuzahlen und nach diesen zwanzig Aufführungen eine abermalige Zahlung von 1000 Gulden mir zuzusagen hatte. Das ganze zutrauliche und freundliche Benehmen des ehrlichen Musikers gewann mich sofort, und ohne weiteres schloß ich mit ihm ab, was denn nun zur Folge hatte, daß *Esser* sofort mit mir die Partitur des »Lohengrin« eifrig und gewissenhaft durchnahm und alle meine Wünsche sich wohl notierte. Mit dem besten Vertrauen auf einen guten Erfolg entließ ich ihn, als er dann von mir Abschied nahm, um sich in Wien sofort an die Arbeit zu machen.

In guter Stimmung beendigte ich somit Anfang Juli die Kompositions-Skizzen des zweiten Aktes von »*Tristan*« und begann auch bereits die festere Ausführung davon, womit ich jedoch nicht ganz über die erste Szene hinausgeriet, weil ich von nun ab andauernden Unterbrechungen in der Arbeit ausgesetzt war. Jetzt traf nämlich abermals *Tichatschek* zum Besuche bei mir ein und bezog mein kleines Fremdenstübchen, um sich von seinen letzten Anstrengungen, wie er sagte, bei mir etwas zu erholen; er hatte sich nämlich zu rühmen, nach abermaliger längerer Verpönung derselben, meine Opern wieder auf das Repertoire des Dresdener Theaters gebracht und siegreich in ihnen mitgewirkt zu haben. Auch der »*Lohengrin*« sollte jetzt dort gegeben werden. War dies nun recht erfreulich, so wußte ich mit dem guten Menschen in so großer Nähe doch nichts anzufangen. Glücklicherweise konnte ich ihn an *Tausig* zuweisen; dieser verstand meine Verlegenheit und zog *Tichatschek* ziemlich den ganzen Tag über durch Kartenspiel an sich. – Bald kam auch der junge, seiner großen Begabung wegen mir so sehr gerühmte Tenorist *Niemann* mit seiner Braut, der bedeutenden Schauspielerin *Seebach,* an und machte namentlich durch seine fast übermenschliche Gestalt auf mich den Eindruck, als sei er mir zum Siegfried bestimmt.

Daß ich zwei berühmte Tenoristen zu gleicher Zeit bei mir hatte, führte den Übelstand herbei, daß keiner von beiden mir etwas sang, weil sie sich voreinander genierten. Von *Niemann* nahm ich jedoch in gutem Glauben an, daß auch seine Stimme seiner imponierenden Persönlichkeit gleichkommen müsse.

Hierüber holte ich nun am 15. Juli meine Frau von *Brestenberg* ab, um sie wieder in unser Haus zu geleiten. Während meiner kurzen Entfernung hatte mein Diener, ein verschmitzter Sachse, geglaubt, durch Errichtung einer Art von Ehrenpforte dem Empfange der zurückkehrenden Hausherrin einige Feierlichkeit geben zu müssen. Dies führte zu großen Verwirrungen: *Minna* überzeugte sich zu ihrer großen Befriedigung sogleich davon, daß dieser blumengeschmückte Ehrenbogen unseren Nachbarn stark in die Augen fallen müsse, und vermeinte, daß jenen hiermit genug gesagt sei, um ihre Zurückkehr in das Haus nicht etwa als eine demütigende Wiederaufnahme in dasselbe betrachten zu können. Sie hielt mit triumphierendem Behagen darauf, daß diese Festzeichen mehrere Tage lang nicht entfernt würden. – In der gleichen Zeit waren nun auch *Bülows*, ihrem Versprechen getreu, zu einem abermaligen Besuche bei mir eingetroffen. Immer verzögerte der unglückliche *Tichatschek* noch seine Abreise und nahm somit das einzige kleine Gastzimmerchen fortwährend in Beschlag, so daß ich die Freunde für mehrere Tage noch im Gasthof lassen mußte. Doch ward mir alsbald durch die Besuche, welche diese nicht nur bei mir, sondern auch bei *Wesendonks* machten, Gelegenheit, zu erfahren, welche Wirkung die Ehrenpforte zu meiner großen Überraschung auf das Gemüt der fortwährend noch das Gefühl ihrer Beleidigung nährenden jungen Frau unsres Nachbars ausgeübt hatte. Als ich von den leidenschaftlichen Exzessen dieser Seite benachrichtigt wurde, sah ich nun ein, bis zu welcher Konfusion alles gediehen war, und gab sofort jede Hoffnung eines friedlichen Ausgleiches der zwistigen Lage auf. Es waren dies einige Tage der unausstehlichsten Verwirrung: ich wünschte mich in die fernste Einöde und war in der sonderbaren Lage, andererseits mein Hauswesen von Gastlichkeit zu Gastlichkeit zu führen. Endlich reiste denn wenigstens *Tichatschek* ab, und ich konnte meinem Verbleiben doch nun wenigstens den angenehmen Zweck der Beherbergung eines lieben Besuches zuwenden. Wirklich kamen mir *Bülows* wie vom Himmel, um der greulichen Aufregung in meinem Hause einen Dämpfer aufzusetzen. *Hans* machte gute Miene, als er, am Tage des bestimmten Einzuges bei mir, mich gerade in einer fürchterlichen Szene mit *Minna* antraf; denn dieser hatte ich nun, wie ich den Stand der Dinge erkannt, gerade herausgesagt, daß unsres Verbleibens hier länger nicht mehr sei und ich nur noch über die Zeit des Besuches unsrer jungen Freunde meine Abreise verzögern würde. Diesmal hatte ich ihr denn wirklich auch gestehen müssen, daß die Gründe zu meiner Verzweiflung nicht allein von ihrem Benehmen herrührten. – Noch einen vollen Monat brachten wir so gemeinschaftlich in dem von mir ahnungslos »Asyl« getauften Hause zu: eine lange, höchst qualvolle Zeit; da jeder Tag durch die mir gebrachten Erfahrungen meinen Entschluß, diese Niederlassung gänzlich aufzugeben, immer fester bestärken mußte. Hierunter litten meine jungen Gäste nicht minder; meine Qual trug sich auf alle über, welche ernstlich mit mir sympathisierten. Zu diesen Freunden gehörte bald auch noch *Klindworth*, welcher, um das Maß der Freudlosigkeit eines so sonderbaren gastlichen Zusammenseins vollzumachen, ebenfalls von London aus zum Besuche eintraf. So füllte sich täglich das Haus und besetzte sich der Gasttisch mit bangen, besorgten und unheimlich beängstigten Freunden, für deren Bewirtung wiederum diejenige zu sorgen sich bemühte, welche nächstens für immer diesen Hausstand aufgeben sollte.

Es war mir, als ob es einen Menschen geben müßte, der ganz vorzüglich dazu befähigt sein könnte, Licht und Besänftigung oder doch mindestens eine erträgliche Ordnung in die uns alle befangende Verwirrung zu bringen. Auch *Liszt* hatte mir seinen Besuch versprochen: er stand so glücklich außerhalb der verletzten Beziehungen und Verhältnisse, war so welterfahren und besaß in hohem Grade das, was man »Aplomb« der Persönlichkeit nennt, um mir nicht sehr tauglich dafür erscheinen zu sollen, den gerade hier im Spiele begriffenen Unsinnigkeiten vernünftig beizukommen. Fast war ich geneigt, meine letzten Entschlüsse von der Wirkung seines erwarteten Besuches abhängig zu machen. Vergebens wurde er von uns zur Beschleunigung seiner Reise veranlaßt: er bot mir für einen Monat später ein Rendezvous am Genfer See an! Nun sank mir der letzte Mut. Das Zusammenleben mit meinen Freunden war jetzt nur noch ein trostloses Dahinsiechen; denn, konnte einerseits niemand begreifen, wie ich aus einer mir so wohltätigen häuslichen Niederlassung ruhelos hinausgetrieben werden sollte, so war andrerseits jedem es ersichtlich, daß ich so hier es nicht aushalten konnte. Noch musizierten wir dann und wann, aber in großer Zerstreutheit und nur mit halbem Sinne. Wie um die Betäubung noch vollständiger zu machen, trat in dieser Zeit auch noch die Kalamität eines eidgenössischen Sängerfestes ein, wobei ich mich gegen allerhand Zumutungen zu wehren hatte, was nicht immer so gutmütig abging, da ich, unter andren, Herrn *Franz Lachner*, welcher bei diesem Feste als Gast mitfungierte, von mir abzuweisen und seinen Besuch nicht zu erwidern hatte. *Tausig* erfreute uns zwar durch das Absingen von *Lachners* für dieses Fest komponierten Altdeutschen Schlachtgesangs in der erhöhten Oktave, welche ihm durch sein knabenhaftes Falsett zu Gebote stand; doch vermochten auch seine Mutwilligkeiten nicht länger uns zu erheitern. Alles, was unter anderen Umständen diesen sommerlichen Monat zu einem der anregungsvollsten meines Lebens hätte machen können, trug nur zu dem Unbehagen dieser Zeit bei: so auch der Aufenthalt der Gräfin *d'Agoult*, welche, zum Besuch ihrer Tochter und ihres Schwiegersohnes gekommen, für diese Zeit sich unsrer Gesellschaft anschloß. – Um das Haus vollzumachen, kam nach langem Grollen und Schmollen endlich auch *Karl Ritter* zu uns und bewährte sich von neuem als interessanter, eigentümlicher Mensch.

Als endlich sich die Zeit des allseitigen Abschiedes näherte, hatte ich zugleich alles die Aufhebung meines Domiziles Betreffende in Ordnung zu bringen. Ich erledigte das hierzu Nötige durch einen persönlichen Besuch bei *Wesendonk* und nahm auch in *Bülows* Begleitung von dessen Frau Abschied, welche allerdings trotz stets wiederkehrender Verwirrung ihrer Vorstellungen hierüber schließlich das von ihr begangene Unrecht, welches nun die Aufhebung meiner Niederlassung zur Folge haben mußte, sich selbst vorwurfsvoll zu Herzen zu nehmen schien. – Schmerzlich bewegt schieden alle meine Freunde von mir, während ich den klagenden Ausbrüchen derselben fast nur noch meinen apathischen Zustand entgegenzusetzen vermochte. Am 16. August verließen mich auch *Bülows*, *Hans* in Tränen aufgelöst, *Cosima* düster schweigend. – Mit *Minna* hatte ich verabredet, daß sie noch etwa acht Tage nach mir zurückbleiben sollte, um das Haus zu räumen und nach Gutdünken über unser kleines Eigentum zu verfügen. Ich hatte ihr zwar geraten, diese widerlichen Besorgungen jemand andrem zu übergeben, weil ich nicht begreifen konnte, mit welchen Empfindungen sie an diese unter solchen Umständen so abscheuliche Beschäftigung gehen sollte. Sie erwiderte jedoch verweisend: das wäre nicht übel, wenn sie auch noch unsere Sachen bei allem unsren Unglück preisgeben sollte; Ordnung müßte sein! Wirklich betrieb sie, wie ich später zu meinem Leidwesen erfuhr, diesen Auszug und ihren Fortgang mit einer solchen praktischen Feierlichkeit, kündigte in den Tagblättern wegen plötzlicher Abreise wohlfeil zu verkaufende Wirtschaftsgegenstände an und erregte damit ein so bedeutendes Aufsehen, daß alle Welt darüber in Bestürzung geriet und nun erst Fragen und Gerüchte entstanden, welche dem ganzen Vorgange und dem hierdurch berührten Verhältnisse die skandalöse Bedeutung gaben, welche seitdem mir und der Familie *Wesendonk* so peinliche und widerwärtige Erfahrungen zuzogen.

Am Tage nach *Bülows* Abreise – denn nur der Aufenthalt dieser Freunde hatte mich bisher selbst noch zurückgehalten –, am 17. August, erhob ich mich beim ersten Tagesgrauen nach schaflos durchbrachter Nacht vom Bett und stieg hinab in das Speisezimmer, wo mich bereits *Minna* zum Frühstück erwartete, da ich um fünf Uhr auf der Eisenbahn abreisen wollte. Sie war gefaßt; nur als sie mich im Wagen zum Bahnhof geleitete, überwältigte sie die Rührung der schweren Stunde. Es war ein wolkenlos heiterer Himmel, der lachendste Sommertag; ich entsinne mich, nicht einmal mich umgeschaut, auch beim Abschied nicht eine Träne vergossen zu haben, was mich selbst fast erschreckte. Als ich jedoch mit dem Dampfzuge dahinfuhr, konnte ich mir sogar ein zunehmendes Wohlgefühl nicht verbergen; es war also ersichtlich, daß die gänzlich nutzlose Qual der letzten Zeiten nicht mehr zu ertragen gewesen war und eine vollständige Lostrennung aus den Zuständen, welche sie in sich schlossen, von meinem Lebenstriebe und seiner Bestimmung gefordert war. – Am Abend des gleichen Tages kam ich in *Genf* an; dort wollte ich mich zunächst ein wenig ausruhen und sammeln, um für meinen Lebensplan mit einiger Fassung über das Weitere zu verfügen. Da ich es auf einen erneuten Versuch einer Übersiedelung nach Italien abgesehen hatte, so wollte ich, nach meinen früheren Erfahrungen, den vollen Eintritt der frischeren Herbstzeit abwarten, um nicht wieder den üblen Einflüssen des ersten Klimawechsels zu weichen. Ich mietete mich für einen ganzen Monat in der *Maison Fazy* ein und wollte mir einreden, es müßte dort eine Zeitlang recht gut auszuhalten sein. Ich meldete meinen Vorsatz und meinen weitern Plan, Italien aufzusuchen, an *Karl Ritter* in Lausanne: zu meiner Verwunderung erhielt ich von ihm als Antwort die Meldung, daß er ebenfalls seine bisherige Niederlassung aufzugeben und allein nach Italien zu gehen gedenke, da seine Frau in Familienangelegenheiten für diesen Winter nach Sachsen gehen würde. Er bot sich mir als Reisegenossen an. Dies war mir ganz recht, und da *Ritter* mir zugleich versicherte, daß er von einem vorjährigen Aufenthalte her das Klima *Venedigs* als ein um diese Jahreszeit bereits ganz erträgliches kennengelernt habe, ward ich hierdurch zu dem Entschlusse einer beschleunigten Abreise bewogen. Nur hatte ich noch die Ordnung meiner Paßangelegenheit zu besorgen; ich erwartete nämlich von den betreffenden Gesandtschaften in Bern die Bestätigung dessen, daß ich, immer noch als politischer Flüchtling, in Venedig, welches, obschon zu Österreich, dennoch nicht zum Deutschen Bunde gehörte, nichts zu befürchten hätte. *Liszt*, an den ich mich ebenfalls um Auskunft hierüber gewendet, glaubte mir durchaus von Venedig abraten zu müssen; dagegen lautete der Bericht, welchen einer meiner Freunde in Bern vom österreichischen Gesandten eingeholt, durchaus unverfänglich, und so meldete ich denn *Karl Ritter*, nach kaum achttägigem Aufenthalte in Genf, meine Reisebereitschaft, infolgedessen ich ihn in seiner sonderbaren Villeggiatur bei Lausanne zum gemeinschaftlichen Antritt der Reise abholte.

Beim Abschiede von seiner Frau ward mir klar, daß hier nicht alles mit rechten Dingen zuginge. Nachdem *Ritter* sich mit großer Kälte und Verlegenheit von seiner Frau in Lausanne getrennt, eröffnete er mir im Post-Coupé mit hervorbrechender heftiger Gesprächigkeit, daß er soeben von seiner Frau sich vollständig getrennt habe: er habe die verschiedenen Jahre seit seiner Verheiratung ausgehalten, was ein Mensch aushalten könnte, jetzt ginge es aber nicht mehr weiter; bis dahin habe er sich von allem und jedem Umgange zurückgezogen, um den Verlegenheiten, in welche ihn zu jeder Zeit das Benehmen seiner Frau versetzt, auszuweichen: nun aber quäle ihn in der Einsamkeit dieselbe Frau auch noch durch Eifersucht, und dies sei ihm endlich so unerträglich gefallen, daß er, wenn nicht eine Scheidung, doch eine vollständige Trennung habe beschließen müssen. Als ganz junger Ehemann fühlte er sich somit ungefähr in einer ähnlichen Lage, wie die meinige ihm dünkte, angekommen, und diese vermeintliche Gleichheit machte ihn sehr gemütlich und hingebend für mich.

Wir sprachen nicht mehr viel von diesen Dingen und gaben uns schweigend den Eindrücken unsrer Reise hin. Diese führte uns über den *Simplon* nach dem *Lago Maggiore*, wo ich denn abermals von *Baveno* aus die *Borromeischen Inseln* besuchte. Hier, auf der Garten-Terrasse der *Isola Bella*, genoß ich in der Gesellschaft meines nie aufdringlichen, sondern eher zu schweigsamen jungen Freundes einen wundervollen Spätsommermorgen; zum ersten Male fühlte ich mein Gemüt vollkommen beruhigt und mit der Hoffnung auf eine neue und harmonische Zukunft erfüllt. – Unsere Reise setzten wir über *Sesto Calende* in dem Postwagen nach *Mailand* fort; kaum gönnte mir *Karl* dort die Bewunderung des berühmten Doms, so stark zog es ihn nach dem von ihm so sehr geliebten *Venedig;* und mir war es recht, für so etwas eben wiederum angetrieben zu werden. Als wir am 29. August bei Sonnenuntergang zuerst von dem Eisenbahndamme herab *Venedig* aus dem Wasserspiegel heraus vor unsren Blicken auftauchen sahen, verlor *Karl* bei einer enthusiastischen Bewegung aus dem Waggon den Hut vor Freude; ich glaubte dahinter nicht zurückbleiben zu müssen und warf meinen Hut ebenfalls hinaus: so kamen wir beide barhäuptig in *Venedig* an und bestiegen sogleich eine Gondel, um den ganzen *Canale Grande* entlang bis zur *Piazzetta* bei *S. Marco* vorzudringen. Das Wetter war plötzlich etwas unfreundlich geworden, das Aussehen der Gondel selbst hatte mich aufrichtig erschreckt; denn soviel ich auch von diesen eigentümlichen, schwarz in schwarz gefärbten Fahrzeugen gehört hatte, überraschte mich doch der Anblick eines derselben in Natur sehr unangenehm: als ich unter das mit schwarzem Tuch verhängte Dach einzutreten hatte, fiel mir zunächst nichts andres als der Eindruck einer früher überstandenen Cholera-Furcht ein; ich vermeinte entschieden an einem Leichenkondukte in Pestzeiten teilnehmen zu müssen. *Karl* versicherte: ja, das ginge jedem so; aber man gewöhne sich sehr schnell daran. Nun kam die sehr lange Fahrt durch den vielgebogenen *Canale Grande:* die Eindrücke, welche alles hier auf mich machte, wollten mich nicht von meiner bangen Stimmung befreien. Wo *Karl* neben zerfallenen Mauern nur ein *Ca d'oro* der *Fanny Elßler* oder ein andres berühmtes Palais ersah, fiel mein wehmütiger Blick immer nur auf die zerschellten Ruinen zwischen diesen interessanten Gebäuden. Ich schwieg endlich und ließ es mir gefallen, an der weltberühmten *Piazzetta* auszusteigen und mir den *Dogen-Palast* zeigen zu lassen, welchen bewundern zu können ich mir vorbehielt, sobald ich zunächst von der ganzen melancholischen Stimmung, in welche ich mich durch die Ankunft in Venedig versetzt fühlte, befreit sein würde.

Von dem Hotel *Danieli* aus, wo wir ebenfalls nur ein düsteres Unterkommen in Zimmern nach den engen kleinen Kanälen zu gefunden hatten, suchte ich am andern Morgen zuallernächst eine Wohnung für meinen längern Aufenthalt zu finden. Von einem der drei Paläste *Giustiniani*, unweit des *Palazzo Foscari*, hörte ich, daß er zur Zeit wegen seiner im Winter nicht sehr günstigen Lage wenig und fast gar nicht von Fremden bewohnt sei: ich fand dort außerordentlich weite und bedeutende Räume, von denen man mir sagte, daß sie sämtlich unbewohnt bleiben würden; hier mietete ich denn einen stattlichen großen Saal mit daranliegendem geräumigem Schlafzimmer, ließ mein Gepäck schnell dort hinbringen und sagte mir am 30. August abends, daß ich nun *in Venedig* wohne. – Die Sorge dafür, hier ungestört arbeiten zu können, bestimmte mich in allem. Ich schrieb sogleich nach Zürich, mir meinen *Erard*schen Flügel und mein Bett nachzuschicken, da ich im Betreff des letzteren wohl fühlte, daß ich in Venedig kennenlernen würde, was Kälte sei. Außerdem ward mir sehr bald die graugeweißte Wand meines großen Saals verdrießlich, da sie so übel zu dem vollständig und, wie mich dünkte, in gutem Geschmack *al fresco* ausgemalten Plafond paßte. Ich entschloß mich, dieses große Zimmer mit einer, wenn auch sehr ordinären, doch in vollständiges Dunkelrot gefärbten Tapete überziehen zu lassen: dies brachte zunächst viele Unruhe; doch schien es mir sie zu überstehen wohl der Mühe wert, wenn ich von dem Balkon aus mit allmählich immer größerem Behagen auf den wunderbaren Kanal hinabblickte und mir nun sagte, hier wollte ich den »*Tristan*« vollenden. Ich ließ auch sonst noch einiges tapezieren; namentlich um die gemeinen Türen, welche der ungarische Wirt dem gänzlich verfallenen Palaste statt der jedenfalls entwendeten kostbaren älteren hatte einsetzen lassen, zu verdecken, besorgte ich dunkelrote Portieren, wenn auch vom wohlfeilsten Kattun. Im übrigen hatte der Wirt schon für einige theatralische Ausstattung durch das Ameublement gesorgt: es fanden sich nämlich vergoldete Stühle, wenn auch mit gemeinem baumwollenem Plüsch überzogen, vor allem aber ein schön geschnitzter und vergoldeter Tischfuß, auf welchen ein gemeines Tannenholzblatt gesetzt war; darüber mußte denn nun auch ein erträglich roter Teppich angeschafft werden. – Endlich kam der *Erard* an; er ward in die Mitte des großen Saales gestellt, und nun sollte das wunderbare Venedig musikalisch in Angriff genommen werden.

Alsbald stellte sich aber die bereits von Genua her mir bekannte Dysenterie ein und machte mich auf Wochen zu jeder geistigen Tätigkeit unfähig. Bereits hatte ich jedoch die unvergleichliche Schönheit Venedigs zu würdigen begonnen, und ich war voller Hoffnung, aus dem Genusse derselben schöne Kräfte für meine wiederkehrende künstlerische Lebenslust zu ziehen. Auf einer meiner ersten Promenaden auf der *Riva* war ich von zwei Fremden angesprochen worden, von denen der eine sich als einen Grafen *Edmund Zichy*, der andere als einen Fürsten *Dolgorukow* vorstellte. Beide hatten vor kaum acht Tagen Wien verlassen, wo sie den ersten Aufführungen meines »*Lohengrin*« beigewohnt hatten: über den Ausfall derselben meldeten sie mir nun das Erfreulichste, und ihrem Enthusiasmus konnte ich wohl anmerken, daß der dort empfangene Eindruck ein ungewöhnlich günstiger gewesen sei. Graf *Zichy* verließ bald wieder Venedig; *Dolgorukow* jedoch hatte es für den ganzen Winter zu seinem Aufenthalte gewählt. Lag es durchaus in meiner Stimmung, jedem Umgange auszuweichen, so verstand dieser etwa fünfzigjährige Russe es jedoch bald, in seinem Betracht mich nachgiebig zu stimmen. Er hatte eine ernste, sehr ausdrucksvolle Physiognomie (er rühmte sich von unmittelbarer kaukasischer Abstammung zu sein) und zeigte nach jeder Seite hin eine wirklich vortreffliche Bildung, hierzu feine Weltkenntnis und vor allen Dingen auch Verständnis der Musik, mit deren besondrer Literatur er wiederum so bekannt war, daß es auf eine andauernd dafür gepflogene Leidenschaft schließen ließ. Ich hatte ihm alsbald erklärt, daß ich meiner Gesundheit wegen auf jede Gesellschaft verzichte und durchaus der Einsamkeit bedürfe; war es nun schwer, auf den beschränkten Promenaden Venedigs ihm gänzlich auszuweichen, so führte außerdem das Restaurant im *Albergo S. Marco,* wo ich mit Ritter täglich für die Mahlzeit zusammentraf, zu unvermeidlicher Berührung mit dem endlich aufrichtig liebgewonnenen Fremden, welcher in diesem Hotel seine Wohnung genommen hatte und dem ich unmöglich verwehren konnte, dort auch seine Mahlzeit zu nehmen. Wir blieben für die Zeit meines Aufenthaltes in Venedig in fast täglichem und wirklich angenehmem Verkehr.

Bedenklicher ward ich andererseits überrascht, als ich eines Abends in meine Wohnung zurückkam und mir die soeben erfolgte Ankunft *Liszts* in in unserm Palaste gemeldet wurde. Ich stürzte eifrig nach dem mir angezeigten Zimmer und erblickte dort zu meinem Schrecken den Klavierspieler *Winterberger,* welcher sich bei meinem Wirte als mein und *Liszts* Freund eingeführt und ihn in der ersten Konfusion dazu verleitet hatte, anzunehmen, der Ankömmling selbst sei *Liszt*. Diesen jungen Mann hatte ich allerdings in *Liszts* Gefolge zuletzt bei dem längern Besuche meines Freundes in Zürich kennengelernt; er galt als vortrefflicher Orgelspieler und wurde außerdem, wenn Arrangements für zwei Pianofortes zu spielen waren, als Sekundarius am Klaviere verwendet. Außer einigem albernen Benehmen hatte ich sonst an ihm nicht viel beachtet. Vor allen Dingen war ich nun aber darüber verwundert, daß er gerade meine Wohnung für seine Unterkunft in Venedig aufgesucht hatte. Er behauptete, er sei nur der Vorbote einer Fürstin *Gallitzin,* für welche er in Venedig Winterquartier zu machen habe; da er hier niemand kenne, in Wien aber von meinem Aufenthalte Kenntnis erhalten hätte, sei es sehr natürlich, daß er sich zuallernächst in mein Hotel gewandt habe. Ich bestritt ihm nun durchaus, daß dies ein »Hotel« sei, und erklärte, daß, wenn seine russische Fürstin sich hier neben mir auszubreiten gedenke, ich sofort ausziehen würde. Da beruhigte er mich nun wieder und bekannte, er habe von der Fürstin nur dem Wirte etwas vorgemacht; er glaube, diese habe schon woanders gemietet. Da ich ihn nun wieder frug, was er selbst denn gerade in diesem Palais wolle, ihn auch darauf aufmerksam machte, daß es hier sehr teuer sei und ich die großen Kosten meiner Wohnung nur aus dem Grunde trüge, weil es mir vor allem darauf ankäme, ungestört zu wohnen, keinen Nachbarn zu haben und vor allen Dingen nicht Klavier spielen zu hören, suchte er mich durch die Versicherung zu besänftigen, er werde mir gewiß nicht lästig fallen; ich möge nur zunächst über seine Anwesenheit in dem gleichen Hause bis dahin, wo er die Mittel zur Beziehung einer andern Wohnung gefunden haben werde, mich beruhigen. – Seine nächste Bemühung war, sich bei *Karl Ritter* einzuschmeicheln; beide suchten ein Wohngemach des Palastes auf, welches genügend von meinen Zimmern getrennt war, um jede Klangverbindung abzuschneiden. Somit ergab ich mich darein, diesen Gast in meiner Nähe zu wissen, doch bedurfte es langer Zeit, ehe ich *Ritter* erlaubte, ihn einmal des abends zu mir mitzubringen.

Besser als ihm glückte es einem venezianischen Klavierlehrer, *Tessarin* mit Namen, meine Geneigtheit zu gewinnen. Dieser war ein typisch schöner Venezianer-Kopf mit einem sonderbaren Stammeln in der Sprache; übrigens von leidenschaftlicher Vorliebe für die deutsche Musik, mit *Liszts* neueren Kompositionen sowie auch mit meinen Opern gut bekannt. Er selbst erkannte sich im Betreff der Musik als einen »Weißen Raben« in seiner italienischen Umgebung. Seine Annäherung an mich erlangte er ebenfalls durch *Ritter*, welcher überhaupt in Venedig sich mehr dem Studium der Menschenkenntnis als der Arbeit selbst zu ergeben schien. Er hatte sich an der *Riva dei Schiavoni* eine kleine, höchst bescheidene Wohnung in der Sonnenlage, welche er deshalb nie zu heizen nötig hatte, gemietet, weniger für sich als für sein schmales Reisegepäck, da er fast nie zu Hause war, am Tage nach Bildern und Sammlungen, des nachts aber nach Menschen in den Cafés des Markusplatzes herumlief. Er blieb der einzige, welchen ich regelmäßig jeden Tag sah. Mit Strenge hielt ich im übrigen darauf, jeden weiteren Umgang, ja jede Bekanntschaft von mir fernzuhalten. Von dem Leibarzt der Fürstin *Gallitzin*, welche selbst bald wirklich in Venedig eintraf und dort, wie es schien, ein großes Haus hielt, ward mir ein Besuch dieser Dame wiederholt nahegelegt; da ich einmal die Klavierauszüge von »Tannhäuser« und »Lohengrin« gebrauchte und mir gesagt wurde, daß die Fürstin die einzige Person in Venedig sei, welche sie besäße, war ich unbefangen genug, sie mir von ihr auszubitten, ohne deswegen mich jedoch für verpflichtet zu halten, der Dame einen Besuch zu machen. Nur einmal drang ein Fremder zu mir hindurch, da mir seine Physiognomie, nachdem ich ihm im *Albergo S. Marco* begegnet, gefallen hatte: dies war der Maler *Rahl* aus Wien. Für diesen, den Fürsten *Dolgorukow* und den Klavierlehrer *Tessarin* veranstaltete ich einmal sogar etwas einer Soirée Ähnliches, wobei einiges von mir musiziert wurde. Hier debütierte auch *Winterberger*.

Auf diese wenigen Berührungen beschränkten sich alle meine äußeren Erlebnisse in den sieben Monaten, welche ich in Venedig verlebte, während außerdem meine Tagesordnung mit der höchsten Regelmäßigkeit die ganze Zeit über eingehalten wurde. Ich arbeitete bis zwei Uhr, bestieg dann die bereitgehaltene Gondel, um den ernsten *Canale Grande* entlang nach der heiteren *Piazzetta* zu fahren, deren ungemein reiche Anmut jeden Tag von neuem belebend auf mich einwirkte. Dort suchte ich mein Restaurant auf dem *Markusplatze* auf, promenierte nach der Mahlzeit einsam oder mit *Karl* die *Riva* entlang nach dem *Giardino pubblico*, der einzigen mit Bäumen bepflanzten Anlage Venedigs, um dann mit dem Einbruche der Nacht auf der Gondel wieder in den immer ernster und schweigender sich anlassenden Kanal hinabzufahren, bis dahin, wo ich aus der nächtlichen Fassade des alten *Palazzo Giustiniani* einzig meine Lampe mir entgegenleuchten sah. Wenn ich dann einiges noch gearbeitet hatte, traf regelmäßig um acht Uhr, vom Plätschern der Gondel angemeldet, *Karl* bei mir ein, um beim Tee einige Stunden mit mir zu verplaudern. Nur selten unterbrach ich diese Lebensweise durch den Besuch eines der Theater, von welchen ich dem Schauspiel im Theater *Camploi*, wo Goldonische Stücke sehr gut aufgeführt wurden, den entschiedenen Vorzug gab, wogegen der Oper nur aus Neugierde eine vorübergehende Aufmerksamkeit gewidmet wurde. Am häufigsten, namentlich wenn schlechtes Wetter an der Promenade hinderte, besuchten wir das am Tage sich produzierende Volksschauspiel im Theater *Malibran*; dort, wo der Eintritt *sechs Kreuzer* betrug, befanden wir uns unter einem vortrefflichen Publikum (meistens in Hemdärmeln), welchem am häufigsten Ritterstücke vorgespielt wurden. Doch sah ich hier auch eines Tages zu meinem wahrhaften Erstaunen und völligen Entzücken das groteske Lustspiel »*Le baruffe Chiozziote*«, welches bereits *Goethe* am gleichen Orte zu seiner Zeit so sehr angesprochen hatte und welches mit einer Naturtreue gegeben wurde, wie ich dem nichts Ähnliches aus meiner Erfahrung zur Seite stellen kann.

Im übrigen bot sich aus dem so sehr bedrückten und entarteten venezianischen Volksleben wenig Fesselndes meiner Aufmerksamkeit dar, da ich von der prachtvollen Ruine dieser wundervollen Stadt in bezug auf menschliche Regung nur den Eindruck eines für Fremde feilgehaltenen Badeortes gewinnen konnte. Sonderbarerweise war es das recht deutsche Element der guten Militärmusik, wie es in der österreichischen Armee so vorzüglich gepflegt wird, welches mich hier auch in eine gewisse Berührung mit der Öffentlichkeit brachte. Die Kapellmeister der beiden in Venedig kantonierten österreichischen Regimenter gingen damit um, Ouvertüren von mir, wie die zu »*Rienzi*« und »*Tannhäuser*«, spielen zu lassen, und ersuchten mich darum, in ihren Kasernen den Einübungen ihrer Leute beizuwohnen. Hier traf ich denn auch ganze Offizierskorps versammelt, welche sich bei dieser Gelegenheit recht ehrerbietig gegen mich benahmen. Ihre Musikbanden spielten abwechselnd des Abends bei glänzender Beleuchtung in Mitte des Markusplatzes, welcher für diese Art von Musikproduktionen einen wirklich vorzüglich akustischen Raum abgab. Mehre Male wurde ich am Schlusse der Mahlzeit durch das plötzliche Erklingen meiner Ouvertüren überrascht; ich wußte dann, wenn ich vom Fenster des Restaurants aus mich dem Eindrucke hingab, nicht, was berauschender auf mich wirkte: der unvergleichliche, prachtvoll erleuchtete, von unzähligen sich ergehenden Menschen erfüllte Platz oder die alles dieses wie in brausender Verklärung den Lüften zutragende Musik. Nur fehlte es hierbei gänzlich an dem, was man so leicht sich sonst von einem italienischen Publikum hätte erwarten müssen: zu Tausenden scharte man sich um die Musik und hörte ihr mit großer Spannung zu; nie aber vergaßen sich zwei Hände so weit, zu applaudieren, weil jedes Zeichen des Beifalls an einer österreichischen Militärmusik als ein Verrat am Vaterlande gegolten haben würde. – An dieser sonderbaren Spannung zwischen Publikum und Behörde litt nun eben alles öffentliche Leben in *Venedig*, und namentlich äußerte sich dies auffallend in dem Verhalten der Bevölkerung gegen die österreichischen Offiziere, welche in der venezianischen Öffentlichkeit wie Öl auf dem Wasser herumschwammen. Nicht minder zurückhaltend, ja feindselig benahm sich das Volk jedoch auch gegen die Geistlichkeit, die doch meistens italienischer Herkunft war. Ich sah eine über den Markusplatz dahinziehende geistliche Prozession in hohem Festornat von dem Volke mit unverhohlenem Hohngelächter aufgenommen und begleitet.

Während ich von *Ritter* nur sehr schwierig zu bewegen war, zu Zeiten einmal meine Tagesordnung zu unterbrechen, um eine Galerie oder eine Kirche mir anzusehen, obgleich auf jeder nötigen Wanderung durch die Stadt die namenlos mannigfaltigen architektonischen Eigentümlichkeiten und Schönheiten derselben stets von neuem mich entzückten, boten fast die ganze Dauer meines Aufenthaltes in *Venedig* über häufige Gondelfahrten nach dem *Lido* mir die Hauptgenüsse. Vor allem war es dann die Heimfahrt während des Sonnenunterganges, bei welcher ich stets von den unvergleichbaren Eindrücken überwältigt wurde. Sogleich in der ersten Zeit, noch im September dieses Jahres, genossen wir bei solcher Gelegenheit die zauberhafte Erscheinung des großen Kometen, welcher damals in seinem hellsten Glanze sich zeigte und allgemein auf eine bevorstehende kriegerische Katastrophe gedeutet wurde. Dann nahm sich wieder der Gesang eines populären Chorvereines, welcher sich unter der Leitung eines venezianischen Arsenalbeamten gebildet hatte, wie ein echtes Lagunen-Idyll aus. Diese Sänger führten, meist nur dreistimmig, natürlich harmonisierte Volkslieder aus. Neu war es mir, die Oberstimme nicht bis über den Umfang des Altes, also ohne den Sopran zu berühren, sich erheben zu hören, wodurch der Chorklang eine mir bis dahin unbekannte männliche Jugendlichkeit erhielt. Sie fuhren an schönen Abenden, in erleuchteter großer Gondel singend, den *Canale Grande* entlang, hielten, wohl gegen Bestellung und Bezahlung, vor einzelnen Palästen wie zur Serenade an und zogen gewöhnlich eine Unzahl anderer Gondeln als Begleitung nach sich. – In einer schlaflosen Nacht, wo es mich gegen drei Uhr des Morgens auf den Balkon meiner Wohnung hinaustrieb, hörte ich denn auch zum ersten Male den altberühmten Naturgesang der *Gondolieri*. Mich dünkte, ungefähr von dem eine kleine Viertelstunde entfernten *Rialto* her den ersten, wie rauhe Klage klingenden Anruf durch die lautlose Nacht zu vernehmen; aus wiederum weiterer Entfernung ward diesem von anderer Richtung her gleichmäßig geantwortet. In oft längeren Pausen wiederholte sich dieser merkwürdig melancholische Dialog, welcher mich zu sehr ergriff, als daß ich seine jedenfalls sehr einfachen musikalischen Bestandteile in meinem Gedächtnis hätte fixieren können. Doch war ich ein anderes Mal durch eine besondere Erfahrung auch darüber belehrt, daß dieser Volksgesang von überwiegend poetischem Interesse sei. Als ich einmal spät des Nachts durch den düstren Kanal heimfuhr, trat plötzlich der Mond hervor und beleuchtete mit den unbeschreiblichen Palästen zugleich den sein gewaltiges Ruder langsam bewegenden, auf dem hohen Hinterteile meiner Gondel ragenden Schiffer. Plötzlich löste sich aus seiner Brust ein dem Tiergeheul nicht unähnlicher, von tief her anschwellender Klagelaut, und dieser mündete sich nach einem lang gedehnten »Oh!« in den einfach musikalischen Ausruf »*Venezia!*«. Dem folgte noch einiges, wovon ich aber infolge der großen Erschütterung, die ich empfand, keine deutliche Erinnerung bewahrt habe. Die hiermit zuletzt berührten Eindrücke waren es, welche *Venedig* während meines Aufenthaltes daselbst für mich charakterisierten und bis zur Vollendung des zweiten Aktes von »*Tristan*« mir treu bleiben, ja vielleicht die schon hier entworfene, langgedehnte Klageweise des Hirtenhornes im Anfang des dritten Aktes mir unmittelbar eingaben.

Diese Ergebnisse meiner Stimmung stellten sich aber nicht so leicht und unterbrechungslos heraus. Körperliche Leiden und altgewohnte, nie mich ganz freigebende Sorgen übten oft und andauernd Verhinderung und Störung meiner Arbeit aus. Kaum hatte ich in meiner nach der Nordseite zu gelegenen, häufigen Wirbelwinden ausgesetzten, im Betreff der Heizung so gut wie gar nicht verwahrten Wohnung mich behaglich eingerichtet sowie den so sehr demoralisierenden Einfluß der Dysenterie überstanden und war nun eben erst im Begriff, den so grausam zerschnittenen Faden der Ausarbeitung meines zweiten Aktes wieder anzuknüpfen, als infolge der gewaltsamen Veränderung des Klimas und der Luft ein spezifisch venezianisches Leiden durch eine bösartige Furunkelbildung am Beine sich einstellte. Da das anfänglich geringgeschätzte Übel sich bald außerordentlich schmerzhaft steigerte, mußte ich einen Arzt annehmen, welcher fast vier Wochen lang mich sorgfältig zu behandeln hatte. Es war im Spätherbst, gegen Ende November, als gerade jetzt mich *Ritter* verließ, um seinen Verwandten und Freunden in Dresden und Berlin einen Besuch zu machen; ich blieb während dieser längern Krankheitsperiode somit ganz allein, nur auf den Umgang mit der naiven Dienerschaft meines Hotel garnis angewiesen. Zum Arbeiten unfähig, zerstreute ich mich durch die Lektüre der Geschichte Venedigs vom Grafen *Daru*, welcher ich hier an Ort und Stelle großes Interesse abgewann.

Namentlich verlor ich dadurch etwas von meinen populären Vorurteilen gegen die tyrannische Regierungsweise des alten Venedig. Der berüchtigte *Rat der Zehn* und die Staatsinquisition erschienen mir vielleicht in dem Lichte einer eigentümlichen, gewiß wohl grauenvollen Naivität; die offene Ankündigung, daß in dem Geheimnis seiner Handlungsweise die Gewährleistung der Macht des Staates liege, schien mir so bestimmt ein jedes Glied der merkwürdigen Republik für die Bewahrung dieser Heimlichkeit zu interessieren, daß in sehr vernünftiger Weise die Ausschließung von jeder Mitwissenschaft zur eigentlichen republikanischen Pflicht gemacht wurde. Eigentliche Heuchelei blieb diesem Staatswesen somit gänzlich fern, wie denn auch das kirchliche Element, so ehrfurchtsvoll es dem Staate eingeschlossen blieb, doch nie hier den entwürdigenden Einfluß wie anderswo in Italien auf die Charakterbildung der Bürger ausübte. Die furchtbar rücksichtslosen Berechnungen der Staatsraison wurden zu Maximen ausgebildet, welche einen durchaus antik-heidnischen Charakter von keiner eigentlich finsteren Färbung an sich trugen und lebhaft an die gleichen Maximen der Athener erinnerten, welche, wie wir im Thukydides lesen, von diesen mit größter Unumwundenheit als männliche Sittlichkeitsgrundsätze vorgetragen wurden.

Nebenbei griff ich zu meiner Stärkung, wie so oft schon, auch jetzt wieder zu einem Band *Schopenhauer*, dem ich mich von neuem innig befreundete, während mir sogar die erhebende Einsicht aufging, nach einer sehr wichtigen Seite hin, allerdings nur vermöge der von ihm selbst mir angegebenen Hilfsmittel, beängstigende Lücken seines Systems ergänzen zu können.

Meine wenigen auswärtigen Beziehungen gestalteten sich um diese Zeit immer beruhigender; nur betrübte mich eines Tages ein Brief *Wesendonks*, in welchem dieser mir den Tod seines etwa vierjährigen Sohnes *Guido* meldete: mir fiel es dabei aufs Herz, daß ich von der Patenschaft dieses Kindes unter dem improvisierten Vorwande, ich möchte ihm Unglück bringen, zurückgetreten war. Mich ergriff der Fall, und da ich in jeder Beziehung mich so sehr nach Ruhe sehnte, malte ich mir schnell auch eine kurze Reise über die Alpen, um etwa den Weihnachtsabend mit meinen alten Freunden zu feiern, in einem herzlich wohltätigen Sinne aus. Ich teilte diesen Gedanken an Frau *Wille* mit und erhielt statt von dieser sonderbarerweise von ihrem Gemahle als Antwort einen höchst unerwarteten Bericht über das große und höchst unangenehme Aufsehen, welches durch meinen plötzlichen Fortgang von Zürich, namentlich aber durch die Art, in welcher meine Frau ihren Teil daran ausgeführt hatte, erregt und der Familie *Wesendonk* aufgebürdet worden war. Da ich infolgedessen auch wiederum erfuhr, wie klug und tüchtig hingegen *Wesendonk* sich benommen hatte, so knüpfte sich hieran von selbst wieder manche freundliche und der Gestaltung eines guten Vernehmens günstige Berührung. – Den Beziehungen *Minnas* zu mir geriet es sehr zum Vorteil, daß sie, welche jetzt in Dresden im Umgange mit älteren Bekannten sich ruhig verhielt und von mir stets freundlich versorgt wurde, in ihrer Korrespondenz sich klug und rücksichtsvoll benahm und somit dem Eindrucke, welchen sie mir bei jenem ergreifenden nächtlichen Auftritte gemacht hatte, eine willige Nahrung zuführte. Auch ich stellte ihr eine dereinstige häusliche Wiedervereinigung mit mir gern in Aussicht, nur sollte dies auf der Grundlage einer Dauer versprechenden Niederlassung geschehen, welche ich mir jetzt eben nur in Deutschland, womöglich in Dresden selbst vorstellen mochte. Um über die Möglichkeiten hiervon zu einer Ansicht zu gelangen, versäumte ich auch nicht, mich an Herrn *von Lüttichau* selbst zu wenden, da ich durch *Minna*, welche diesen meinen alten Chef selbst aufgesucht hatte, recht wohltuende Berichte über dessen humanes Benehmen, ja sogar warme Anhänglichkeit an mich erhalten hatte. Ich ging wirklich so weit, ihm ausführlich und herzlich zu schreiben. Dagegen war es dann wieder lehrreich für mich, von ihm gelegentlich einmal nur ein paar trockene Zeilen in geschäftlichem Stile zu erhalten, worin er mir anzeigte, daß zur Zeit im Betreff der von mir gewünschten Rückkehr nach Sachsen nichts zu tun wäre. – Andrerseits erfuhr ich durch die Polizeibehörde Venedigs, daß der *Sächsische Gesandte* in Wien es sich auf das eifrigste angelegen sein ließ, mich selbst von Venedig auszutreiben. Dies glückte nun nicht, da ich durch einen eidgenössischen Paß, welchen die österreichischen Behörden zu meiner großen Freude sehr ernstlich respektierten, genügend geschützt war. Somit verblieb mir im Betreff meiner gewünschten Rückkehr nach Deutschland einzig die Hoffnung auf die freundschaftlichen Bemühungen des *Großherzogs von Baden* hierfür. *Eduard Devrient*, an den ich mich hierüber, namentlich auch in Beziehung auf unser Vorhaben einer ersten Aufführung des »Tristan«, um nähere Auskunft wendete, meldete mir, der Großherzog sähe meine Anwesenheit bei dieser Aufführung jedenfalls als ausgemacht an; ob er, falls seine direkten Bemühungen bei dem Könige von Sachsen um dessen Erlaubnis dazu fruchtlos bleiben sollten, an einen eigenmächtigen bundeswidrigen Schritt hierbei denke, oder wie er sonst dies zu bewerkstelligen beabsichtige, bleibe ihm unbekannt. Somit erkannte ich, daß ich auf eine demnächstige Übersiedelung nach Deutschland fürerst nur eine sehr ungefähre Rechnung mir machen könnte.

Nebenbei nahmen mich stets die Korrespondenzen um Herbeischaffung der um diese Zeit, namentlich auch des gespaltenen Haushaltes wegen, in nicht geringer Stärke zu beschaffenden Subsistenzmittel ziemlich anhaltend in Anspruch. Glücklicherweise hatten sich bisher einige größere Theater gegen meine Opern noch renitent verhalten, und es waren somit von diesen noch Honorare zu erwarten, während diejenigen der eifrigeren Bühnen bereits aufgezehrt waren. So meldete sich denn auch als letztes Theater für den »Tannhäuser« das *Stuttgarter* Hoftheater. Für diesen Ort hatte ich aus dem angegebenen Grunde zu jener Zeit eine besondere Vorliebe, die sich auch noch auf *Wien* übertrug, welches erst den »Lohengrin« gegeben hatte und nach dem Erfolge desselben noch zum »Tannhäuser« zu greifen sich genötigt sah. Meine Verhandlungen mit dem damaligen Direktor *Karl Eckert* führten sehr schnell zu für mich erfreulichen Resultaten.

Dies alles wickelte sich im Laufe des Winters bis zum Frühjahr 1859 ab. Außerdem lebte ich in der bezeichneten Weise in größter Stille und Regelmäßigkeit fort. Nach der Heilung meines Beingeschwüres konnte ich noch im Dezember wieder meine regelmäßigen Gondelfahrten nach der *Piazzetta* mit der abendlichen Heimkehr antreten und endlich auch mit einiger Ausdauer meiner musikalischen Arbeit mich hingeben. Gänzlich einsam brachte ich die Weihnacht und den Silvesterabend zu. Nur des Nachts befand ich mich häufig in größerer Gesellschaft, nämlich in den Träumen, welche damals mit großer Lebhaftigkeit sich bei mir einstellten.

Im Anfang Januar 1859 trat plötzlich *Karl Ritter* wieder zur Stunde des gewohnten Abendbesuches in mein Zimmer. Ihn hatte währenddem die Sorge für die Aufführung eines von ihm gedichteten Theaterstückes bis an den Strand der Ostsee getrieben. Dies bezog sich auf eine vor kurzem von ihm vollendete dramatische Arbeit *»Armide«*, von welcher sehr vieles wiederum das große Talent des jungen Mannes bezeugte; während die Tendenz des Ganzen wirklich abschreckende Blicke in die Seele des Dichters werfen und demgemäß auch über Einzelnes der Ausführung kein vorteilhaftes Urteil aufkommen ließ, war anderes, vorzüglich aber die Begegnung *Rinaldos* mit *Armiden* und die heftige Entstehung ihres Liebesverhältnisses mit wirklich poetischer Glut empfunden und dargestellt. Wie bei allen solchen Arbeiten, welche im Grunde immer mit dem Schaden der dilettantenhaften Flüchtigkeit behaftet sind, hätte auch an diesem Drama sehr vieles geändert und besser ausgeführt werden müssen, wenn es vor allen Dingen auch auf der Bühne Wirkung versprechen sollte. Davon wollte *Karl* nichts hören; dagegen glaubte er in einem intelligenten Theaterdirektor zu Stettin den Mann gefunden zu haben, der sich über Bedenken, wie sie mir zu eigen waren, hinwegzusetzen imstande wäre. Er hatte sich auch hierin getäuscht und kam nun, auch von dieser Seite her unbefriedigt, nach *Venedig* zurück, um, wie er sehnlich wünschte, fortan in das Blaue hinein zu leben. *Rom* in der Kapuzinerkutte zu durchwandeln und von Stunde zu Stunde sich Kunstschätze anzusehen, dünkte ihn das Los, welches er allen übrigen Lebensbestimmungen vorziehen möchte. Von einer Umarbeitung der *»Armide«* wollte er nichts mehr hören und erklärte dagegen, an die Ausführung eines neuen dramatischen Stoffes gehen zu wollen, welchen er aus *Machiavellis* »Florentinischen Geschichten« entnommen habe, den er mir aber nicht näher angeben wollte, weil er fürchtete, ich würde ihm davon abraten, da er eben nur Situationen und gar keine Tendenz enthielte. Musikalischen Arbeiten schien er jetzt nicht mehr nachhängen zu wollen, obgleich eine Phantasie für das Klavier, welche er bald nach seiner Ankunft in Venedig niedergeschrieben hatte, mir den jungen Mann auch von dieser Seite her durchaus als interessant erscheinen ließ. – Desto verständigeren Anteil zeigte *Karl* mir an der nun endlich andauernd von mir fortgesetzten Ausarbeitung des zweiten Aktes vom »*Tristan*«. Öfter habe ich ihm mit *Winterberger*, auch *Tessarin*, das eben Vollendete des Abends vorgespielt, und immer führten diese Mitteilungen zu einer warmen Erregtheit. Während der vorangehenden längeren Unterbrechung meiner Arbeit war von *Härtels* bereits der erste Akt der Partitur gestochen und von *Bülow* für das Klavier arrangiert worden. So lag ein Teil bereits wie in monumentaler Vollendung vor mir, während ich andererseits noch in gebärungsvoller Aufregung im Betreff der Ausführung des Ganzen war. Bereits schritt in den ersten Monaten auch die Instrumentation dieses Aktes, welche ich immer heftweise dem Verleger zum Stiche zuschickte, ihrer Vollendung entgegen, und Mitte März konnte ich den letzten Bogen davon nach Leipzig senden.

Jetzt trat denn die Nötigung zu neuen Bestimmungen für meine Lebensbeschlüsse ein, denn es frug sich, wo ich nun den dritten Akt komponieren würde, da ich ihn jedenfalls nur an dem Orte beginnen wollte, wo ich Aussicht hätte, ihn auch ungestört vollenden zu können. Dies schien in Venedig nicht der Fall sein zu sollen. Meine Arbeit würde mich bis tief in den Sommer hinein beschäftigt haben, und diesen glaubte ich schon meiner Gesundheit wegen in dem um diese Zeit für mich unratsamen Klima Venedigs nicht verbringen zu dürfen. Bereits hatte ich den üblen Einfluß des Mangels erkräftigender Fußwanderungen sehr nachteilig empfunden. Um mich nur einmal tüchtig auslaufen zu können, hatte ich mich mitten im Winter auf der Eisenbahn nach *Viterbo* bringen lassen, um dort einige Meilen landeinwärts dem Gebirge zu mich auszuschreiten. Rauhes Wetter war mir dabei hinderlich gewesen; andere ungünstige Umstände trugen dazu bei, mich von diesem Ausfluge nur den für die Lagunenstadt vorteilhaften Eindruck dahin wieder mitbringen zu lassen, so daß ich mich hier wie in ein Asyl gegen Straßenstaub und mißhandelte Pferde geflüchtet hatte. Außerdem fand es sich nun auch, daß ich im Betreff meines ferneren Aufenthaltes in Venedig nicht mehr ganz nur von meinem Willen abhing. Ich war neuerdings sehr höflich vor einen Polizeikommissar beschieden worden, welcher mir unumwunden mitteilte, daß gegen meinen Aufenthalt in einem Teile der österreichischen Staaten von seiten der *Sächsischen Gesandtschaft in Wien* unaufhörlich agitiert würde. Da ich erklärte, nur bis zum Eintritte des Frühlings noch meinen Aufenthalt ausdehnen zu wollen, wurde mir geraten, auf ein ärztliches Zeugnis gestützt, mir aus Gesundheitsrücksichten vom *Erzherzog Max*, damals als Vizekönig in Mailand residierend, die Erlaubnis hierzu einzuholen. Ich tat dieses, und der Erzherzog beschied hierauf sofort telegraphisch die venezianischen Behörden, mich in Ruhe zu lassen.

Bald ward mir nun jedoch auch klar, daß eine erneuete Wachsamkeit gegen Fremde durch die politischen Verhältnisse, welche das österreichische Italien in große Aufregung setzten, veranlaßt sein mochte. Der Ausbruch des Krieges mit Piemont und Frankreich rückte immer näher, und eine ersichtliche große Aufregung zeigte sich immer deutlicher in der italienischen Bevölkerung. Als ich eines Tages mit *Tessarin* auf der *Riva* promenierte, gerieten wir in eine ziemliche Anhäufung von Fremden, welche dem Erzherzog *Maximilian* mit seiner Gemahlin bei ihrem kurzen Besuche in Venedig auf ihrem Ausgange neugierig und ehrerbietig entgegensahen. Ich erfuhr dies zunächst durch einen heftigen Ruck meines venezianischen Klavierspielers, welcher mich am Arme von der Stelle fortzuziehen sich bemühte, um, wie er sagte, vor dem Erzherzoge nicht den Hut abziehen zu müssen. Als ich die stattliche, sehr einnehmende Gestalt des jungen Fürsten daherschreiten sah, gab ich meinem Freunde lachend den Laufpaß und freute mich aufrichtig, durch meinen Gruß unbekannterweise meinem freundlichen Beschützer danken zu können. – Bald nahm aber alles einen ernsteren, schwerfällig bedrückenden Charakter an, als nämlich Tag für Tag die *Riva* von neu ausgeschifften Truppen so übermäßig besetzt war, daß sie für die Promenade gänzlich unbenutzbar wurde. Die Offiziere derselben machten meist einen sehr angenehmen Eindruck auf mich, und das gemütliche Deutsch ihrer harmlosen Unterhaltung heimelte mich ganz traulich an. Dagegen war es mir unmöglich, zu der Mannschaft Zutrauen zu gewinnen, da ich bei ihr meistens den stumpfen und unfreien physiognomischen Charakter gewisser slawischer Hauptstämme der österreichischen Monarchie antraf. Hier war eine gewisse wuchtige Kraft nicht zu verkennen, dagegen ebensowenig ein gänzlicher Mangel an naiver Intelligenz, wie sie das italienische Volk so liebenswürdig auszeichnet. Ich konnte nicht umhin, jener Rasse den Sieg über diese nicht zu gönnen. Mir kehrte der physiognomische Ausdruck dieser Truppen in die Erinnerung deutlich zurück, als ich im Herbst desselben Jahres in Paris wieder die französischen Elite-Truppen, ihre *Chasseurs de Vincennes* und *Zuaven*, mit jenen österreichischen Soldaten unwillkürlich vergleichen mußte; da verstand ich denn plötzlich ohne jede strategische Kenntnisse die Schlachten bei *Magenta* und *Solferino*. – Für jetzt erfuhr ich endlich, daß *Mailand* bereits im Belagerungszustande und gegen Fremdenbesuch fast ganz abgesperrt war. Da ich beschlossen hatte, mein Sommerasyl in der Schweiz am Vierwaldstätter See zu suchen, mahnte mich diese Nachricht an die Beschleunigung meines Aufbruches, um nicht etwa durch die Kriegsereignisse von meiner Zuflucht abgeschnitten zu werden. So packte ich denn ein, schickte den »Erard« wieder über den Gotthard und bereitete mich zum Abschied von meinen wenigen Bekannten vor. *Ritter* hatte beschlossen, in Italien zu bleiben, und beabsichtigte, sich nach *Florenz* und *Rom* zu wenden, wohin soeben *Winterberger*, mit welchem *Karl* eine sonderbare Freundschaft geschlossen hatte, ihm bereits vorausgeeilt war. Dieser behauptete nämlich, von einem Bruder mit genügenden Geldmitteln für den Genuß Italiens ausgestattet zu sein, welcher ihm außerdem zu seiner Zerstreuung und Erholung, ich weiß allerdings nicht von was, notwendig sei. Somit vermutete *Ritter* in kürzester Frist ebenfalls Venedig verlassen zu können. Von dem guten *Dolgorukow*, welchen ich sehr leidend verließ, nahm ich herzlich Abschied und umarmte *Karl* auf dem Bahnhof, vermutlich zum letzten Male, da ich seitdem ohne alle direkte Nachricht von ihm gelassen wurde und bis heute ihn auch nicht wiedersah.

Am 24. März gelangte ich mit einigen Beschwerlichkeiten, welche die militärische Fremdenkontrolle veranlaßte, nach *Mailand*, wo ich mir zur Besichtigung des Sehenswerten einen dreitägigen Aufenthalt gönnte. Ohne alle Anleitung hierzu begnügte ich mich mit den einfachsten Nachweisungen, um die *Brera*, die *Ambrosianische Bibliothek*, die *Cena* des *Leonardo da Vinci* und den *Dom* zu besuchen, welchen letztern ich nach allen Richtungen hin auf den verschiedenen Dächern und Türmen bekletterte. Wie immer von den ersten Eindrücken am lebhaftesten betroffen, hielt ich mich in der *Brera* vorzüglich nur an zwei Gemälde, welche ich sogleich am Eingange antraf: einen *Heiligen Antonius* vor dem Jesuskinde von *van Dyck* und das *Martyrium* des *Stephanus* von *Crespi*; wobei ich innewarb, daß ich zur Beurteilung von Gemälden nichts tauge, da der Gegenstand, sobald er sich mir deutlich und sympathisch aussprach, mich sofort und einzig bestimmte, wie es eben bei mir der Fall war. Doch ging mir ein deutlicheres Licht über die Wirkung der rein künstlerischen Bedeutung eines Malerwerkes auf, als ich vor der *Cena* des *da Vinci* die von allen gemachte Erfahrung auch an mir erlebte, wie das als Gemälde fast gänzlich zerstörte Kunstwerk, nachdem man es in den restaurierenden Kopien, welche ihm dort immer zur Seite stehen, näher untersucht hat, auf den Blick des dann nur noch geistig Schauenden hervorbringt, wenn er von jenen Kopien ab nun wieder auf das zerstörte Original sieht und hier plötzlich jetzt mit höchster Deutlichkeit das ganz Unnachahmliche wahrnimmt. – Des Abends suchte ich sogleich wieder das mir liebgewordene Lustspiel auf, welches hier in dem winzigen *Teatro Re* vor einem geringen Publikum des letzten Ranges seinen von den heutigen Italienern leider so verachteten Platz eingenommen hatte. Auch hier gab man die *Goldoni*schen Stücke, wie es mir schien, mit großer, naiver Virtuosität. Dagegen mußte ich dann wieder im Theater *della Scala* unter außerordentlichem äußern Glanze einem Akte des Zeugnisses für die große Demoralisation des italienischen Kunstgeschmackes beiwohnen. Vor dem glänzendsten und lebhaftesten Publikum, welches man sich nur wünschen kann, ward in dem ungeheuren Theater ein unglaublich nichtswürdiges Opernmachwerk eines neueren Komponisten, dessen Namen ich vergessen habe, aufgeführt. Doch erfuhr ich am gleichen Abende, daß dem als so sehr für Gesangsmusik passioniert geltenden italienischen Publikum das *Ballett* doch bereits auch zur Hauptsache geworden war; denn offenbar diente die vorangehende langweilige Oper nur als Vorbereitung für eine große choreographische Aufführung, welche nichts Geringeres als »*Antonius und Kleopatra*« zum Sujet hatte. Hier sah ich sogar den kalten Politikus *Octavian*, welcher bis jetzt selbst in keine italienische Oper noch sich verloren hatte, mit ziemlicher Bewahrung einer diplomatischen Würde pantomimisch agieren. Die Hauptsache blieb aber das Leichenbegängnis der *Kleopatra*, welches dem ungeheuren Personale des Balletts Gelegenheit zu den mannigfaltigsten Evolutionen in höchst charakteristischen Kostümen darbot. –

Nach all diesen einsam genossenen Eindrücken reiste ich an einem wunderschönen Frühlingstage über *Como*, wo alles in üppigster Blüte stand, über das mir von früher her bekannte *Lugano* und den *Gotthard*, welchen ich an hohen Schneewänden in kleinen offenen Schlitten passieren mußte, nach *Luzern*, wo ich, im Gegensatz zu dem in Italien genossenen üppigen Frühlinge, bei unfreundlichster kalter Witterung ankam. Die Rechnung, die ich mir für den Aufenthalt an diesem Orte gemacht hatte, beruhte auf der Annahme, daß das dortige große *Hotel zum Schweizerhof* um diese Zeit bis zu dem Beginne der eigentlichen Sommersaison gänzlich leerstehe und ich somit daselbst ohne weitere Vorbereitungen ein geräumiges und von Geräusch ungestörtes Unterkommen finden würde. Hierin konnte ich mich nicht getäuscht haben. Oberst *Segesser*, der humane Wirt des Gasthofes, wies mir in dem linken Dependance-Gebäude eine ganze Etage zur beliebigen Bewohnung an, in deren Hauptgemächern ich es mir ohne große Kosten ganz bequem machen konnte. Einzig hatte ich mich, da der Gasthof um diese Zeit nur in den beschränktesten Verhältnissen hierfür versehen war, der Bedienung wegen besonders abzufinden; und hierfür fand ich ein sorgsames, auf meine Bequemlichkeit gut bedachtes Frauenzimmer, welche ich für ihre Dienste, die sie mir namentlich späterhin, als der Gasthof belebter wurde, leistete, im Gedächtnisse behielt und nach längeren Jahren demzufolge als Haushälterin zu mir berief. Bald kamen dann meine Sachen aus *Venedig* an. Der »Erard« hatte richtig wieder im Schnee die Alpen passieren müssen; als er in meinem geräumigen Salon aufgestellt war, sagte ich mir dann, alle diese Mühe und dieser Aufwand seien darum bestritten worden, daß ich nun den dritten Akt von »Tristan und Isolde« endlich noch fertigmache. Zuweilen kam mir dies wie eine extravagante Zumutung vor, da die Schwierigkeiten, welche der Vollendung meiner Arbeit entgegenstanden, diese fast verhindern zu sollen bestimmt schienen. Ich verglich mich mit *Leto*, welche, die Gebärungsstätte für *Apollon* und *Artemis* zu finden, ruhelos umhergejagt wurde, bis *Poseidon* mitleidsvoll ihr die Insel *Delos* aus dem Meere hervortreten ließ.

Für dieses »Delos« wollte ich nun *Luzern* ansehen. Nur beherrschte der schreckliche Einfluß eines überaus kalten und anhaltend regnerischen Wetters für lange Zeit bis zu Ende des Mai meine Stimmung in allerunfreundlichster Weise. Da dieses neue Asyl wiederum mit so großen Opfern hergestellt war, glaubte ich jeden Tag vergebens und dieser Opfer unwürdig dahingebracht zu haben, an welchem ich nicht etwas an meiner Komposition gearbeitet hatte. Da ich für den größern Hauptteil meines dritten Aktes außerdem mit einem so unerhört trüben Gegenstande beschäftigt war, kam es, daß ich der ersten Monate dieser vorübergehenden Luzerner Ansiedelung mich nur mit Grauen entsinnen kann.

Nach den ersten Tagen meiner Ankunft hatte ich bereits *Wesendonks* in Zürich besucht. Unser Wiedersehen war wehmütig, doch in keiner Weise befangen. Ich verweilte einige Tage im Hause meiner Freunde, sah darin auch meine älteren Züricher Bekannten wieder und blickte so wie aus einem Traume in einen Traum. Wirklich war mir alles recht wesenlos geworden. Ich wiederholte im Verlaufe meines Luzerner Aufenthaltes einige Male diesen Besuch, welchen ich zweimal, das eine Mal an meinem Geburtstage, in Luzern selbst erwidert erhielt.

Neben meiner für jetzt trübsinnig gepflogenen Arbeit beschäftigten mich auch die Sorgen für meine sowie meiner Frau Erhaltung. Bereits in Venedig hatte ich mich veranlaßt gefühlt, auf die bis dahin mir treulich gewährte Unterstützung der Familie *Ritter* ebenso freiwillig, als durch die Berücksichtigung der in dieser mir befreundeten Familie eingetretenen Verhältnisse hierzu genötigt, Verzicht zu leisten. Was aus meinen bisher aufführbaren Opern kläglicherweise zu ziehen war, neigte sich jetzt der Erschöpfung zu. Da ich nach Beendigung des »Tristan« an die Wiederaufnahme meiner Nibelungen-Arbeit gewiesen war, glaubte ich nochmals versuchen zu müssen, auf Grund dieser Arbeit, für welche der *Großherzog von Weimar* nach seinen im vorigen Jahre mir gemachten persönlichen Eröffnungen immer noch eingenommen war, an eine Erleichterung für meine zukünftige Subsistenz zu denken. Ich schrieb deshalb an *Liszt* und wiederholte ihm die Bitte, dem Großherzog ernstlich den Vorschlag zu machen, das ganze Werk mit vollem Eigentumsrecht in der Weise anzukaufen, daß auch die dereinstige Herausgabe, insofern von einem Verleger hierfür etwas zu gewinnen war, ihm zufallen sollte. Ich legte hierbei meine gestörten frühern Verhandlungen mit *Härtels* für einen billigen Anschlag des gewissermaßen abzuschließenden Geschäftes zugrunde. Bald meldete mir *Liszt* mit beklommener Andeutung, daß die Sache *Seiner Königl. Hoheit* nicht recht munden wolle, was mir denn genügend zu wissen gab.

Andererseits drängten mich die Umstände, jetzt endlich im Betreff des unglückseligen Verlagseigentumes meiner ältern drei Opern bei *Meser* in Dresden zu einem Abschluß zu kommen, da namentlich einer meiner Hauptgläubiger, der Schauspieler *Kriete*, jammernd nach Wiedererstattung seines Kapitals verlangte. Ein Dresdener Advokat *Schmidt* erbot sich, die Sache in Ordnung zu bringen, und nach vielem ärgerlichen Hin- und Herschreiben kam es dahin, daß der Nachfolger des seit kurzem verstorbenen *Meser*, ein gewisser *H. Müller*, in das volle Eigentum dieses Verlages eintrat. Ich erfuhr bei dieser Gelegenheit von nichts anderem als steten Kosten und Auslagen meines ehemaligen Kommissionärs; über die Einnahmen war dagegen keinerlei Klarheit zu erlangen, nur gestand mir der Advokat zu, daß der verstorbene *Meser* allerdings einige tausend Taler beiseite gebracht haben müsse, welche nun aber nicht wiederzuerlangen seien, da er seinen Erben nicht das mindeste Kapital hinterlassen habe. Um den jammernden *Kriete* zur Ruhe zu bringen, mußte ich daher einwilligen, für gerade so viel, als ich diesem und einem geringeren zweiten Gläubiger an Kapital schuldig war, nämlich für 3000 Taler, schließlich zu verkaufen. Im Betreff der rückständigen Zinsen und wiederum der Interessen für diese Zinsen blieb ich *Krietes* persönlicher Gläubiger; diese zusammen beliefen sich im Jahr 1864 auf 1800 Taler, welche um jene Zeit auch getreulich durch gerichtlichen Zwang von mir eingefordert wurden. Zugunsten meines größten Gläubigers *Pusinelli*, welcher hierbei nur mit einer sehr geringfügigen Zahlung bedacht werden konnte, behielt ich mir das Recht des Eigentumes jener drei Opern für Frankreich vor, nämlich in dem Falle, daß durch meine Bemühungen dort einmal diese Musik aufgeführt und an einen französischen Verleger verkauft werden könne. Es ward dieser Vorbehalt, nach dem Wortlaut eines Briefes des Advokaten *Schmidt*, von dem nunmehrigen Dresdener Verleger anerkannt. Da *Pusinelli* den hieraus ihm etwa fließenden Vorteilen im Betreff der Wiedererstattung seines früher mir geliehenen Kapitals, welches er nie wieder von mir verlangen zu wollen erklärte, freundschaftlich entsagte, war mir hierdurch für die Zukunft, wenn wirklich meine Opern in Frankreich Eingang finden sollten, die einzige Möglichkeit nicht etwa eines Gewinnes von diesen meinen Werken, sondern der Wiedererstattung der darauf von mir verwendeten Kapitalien, für welche ich hatte aufkommen müssen, eröffnet. Als es späterhin zwischen mir und dem Pariser Musikhändler *Flaxland* wirklich zu einem Vertrage kam, meldete sich jedoch jener Dresdener Nachfolger *Mesers* als absoluter Eigentümer meiner Opern, und wirklich gelang es ihm, *Flaxland* in dem Betriebe seines französischen Geschäftes so sehr zu behindern, daß dieser sich genötigt sah, durch eine Zahlung von 6000 Franken an jenen sich Ruhe zu erkaufen; wodurch natürlich *Flaxland* sich in die Lage versetzt sah, mir seine Anerkennung als Eigentümer meiner Werke für Frankreich zu verweigern. Hiergegen rief ich nun wiederholt das Zeugnis jenes Advokaten *Adolph Schmidt* an, indem ich von ihm nichts weiter forderte, als eine Kopie der auf jenen durch die Luzerner Verhandlungen zur Gültigkeit gelangten Vorbehalt bezüglichen Korrespondenz mir zukommen zu lassen. Auf alle in dieser Angelegenheit an ihn gerichteten Briefe bin ich jedoch hartnäckig ohne Antwort geblieben und erfuhr auch späterhin von einem Wiener Rechtskundigen, daß ich es aufzugeben habe, ein solches Zeugnis erhalten zu wollen, da ich keine rechtlichen Mittel in den Händen hätte, jenen Advokaten, wenn er es nicht zu geben gesonnen sei, dazu zu zwingen.

Während ich auf diese Art wenig zur Verbesserung meiner Aussichten für die Zukunft erreichen konnte, hatte ich doch wenigstens die Genugtuung, die Partitur des »Tannhäuser« nachträglich noch im Stiche hergestellt zu sehen. Da meine früheren autographierten Exemplare, namentlich auch durch die Verschleuderung *Mesers*, zu Ende gegangen waren, hatte ich bereits von Venedig aus *Härtels* dazu vermocht, diese Partitur stechen zu lassen. Da nun der Nachfolger *Mesers* den ganzen Verlag eigentümlich an sich gebracht hatte, war es ihm zum Ehrenpunkte geworden, die Herausgabe der Partitur nicht einem fremden Verleger zu überlassen. Er übernahm daher die Herausgabe derselben für seine Rechnung. Leider fügte es nun aber das Schicksal, daß ich gerade ein Jahr später zu einer vollständigen Umarbeitung und neuen Abfassung der zwei ersten Szenen veranlaßt wurde. Es ist mir bis auf den heutigen Tag bedauerlich geblieben, diese neue Arbeit der gestochenen Partitur nicht haben einfügen zu können.

Immer noch in der Annahme, daß der »Tristan« ein gutes Geschäft für die Theater würde abgeben können, ließen *Härtels*, während ich am dritten Akte arbeitete, auch bereits die Partitur des zweiten Aktes fleißig stechen. Auf mich wirkte der Umgang mit den Korrekturen hiervon, während ich andererseits in den größten Nöten an der Komposition des so ganz ekstatischen dritten Aktes arbeitete, höchst sonderbar, fast unheimlich; denn eben an den ersten Szenen dieses Aktes stellte sich mein Bewußtsein davon endlich klar heraus, daß ich das Allergewagteste und Fremdartigste, was ich je geschrieben, gerade in dieser, einer sonderbar irrigen Annahme nach für leicht zu gebend angesehenen Oper niedergelegt hatte. Während ich an der großen Szene des »Tristan« arbeitete, mußte ich mich unwillkürlich öfter fragen, ob ich denn nicht wahnsinnig sei, so etwas einem Verleger zum Druck für die Theater übergeben zu wollen. Nicht einen Schmerzensakzent hätte ich aber aufopfern mögen, obwohl alles mich selbst auf das äußerste quälte.

Dem üblen Zustande meines Unterleibes suchte ich u. a. auch durch einen Gebrauch von *Kissinger Wasser* in mäßigen Dosen beizukommen; da mich das nötige Promenieren hierzu namentlich am frühen Morgen ermüdete und zur Arbeit unfähig machte, geriet ich auf den Gedanken, die abspannende Promenade durch einen kurzen Ritt zu ersetzen. Der Wirt meines Hotels überließ mir zu diesem Exerzitium ein altes 25 jähriges Pferd, welches *Lise* hieß; auf diesem Tiere ritt ich jeden Morgen so lange, als es Lust hatte, vorwärts zu gehen: es trug mich nie sehr weit, sondern kehrte an gewissen Stellen regelmäßig um, ohne im allergeringsten meiner Reiter-Ermahnungen zu achten.

So waren die Monate April, Mai und zum großen Teil auch Juni vergangen, ohne daß ich, mit der trübseligsten Stimmung kämpfend, über die Komposition der Hälfte meines dritten Aktes hinausgekommen wäre. Endlich meldete sich nun die Fremdensaison; der Gasthof mit seinen Dependancen füllte sich und an die Aufrechterhaltung meines bisherigen ausnahmsweisen Zustandes im Betreff der Benutzung der Lokalitäten war ferner nicht zu denken. Man bot mir an, in den zweiten Stock des Hauptgebäudes überzusiedeln, weil dort gewöhnlich nur die für einen Abend durchpassierenden Schweizer Reisenden untergebracht würden, während in den Dependancen Ansiedler für längere Zeit, welche somit auch den Tag über ihre Zimmer benutzten, Wohnung erhielten. In der Tat bewährte sich diese Einrichtung ganz überraschend gut: von jetzt an war ich in meiner kleineren Wohnstube mit Schlafkammer für die Stunden meiner Arbeit gänzlich ungestört, da die nur für den Nachtschlaf von Fremden eingenommenen Zimmer dieses Stockwerkes am Tage eben gänzlich leerstanden. Endlich stellte sich auch eine volle zwei Monate andauernde, von stets unbewölktem Himmel begünstigte, wahrhaft üppige Sommerwitterung ein. Ich genoß den eigentümlichen Zauber der Verwahrung vor der äußersten Sonnenglut durch sorgfältig gepflegte Kühle und Dunkelheit in meiner Stube, während ich nur des Abends von meinem kleinen Balkon aus mich der Wirkung der Sommerluft hingab. Sehr erfreuten mich da ein paar gute Hornbläser, welche fast regelmäßig in einem Nachen auf dem See durch den Vortrag einfacher Volkslieder sich verdient machten. – Glücklicherweise war ich jetzt auch in meiner Arbeit über den eigentlichen schrecklichen Knotenpunkt hinausgekommen, und die mildere Stimmung desjenigen Teiles meines Gedichtes, welchen ich jetzt noch zu bewältigen hatte, versetzte mich trotz ihres wehmütigen Charakters in eine fast freudig behagliche Ekstase, in welcher ich bereits im Anfang des August die Komposition des Ganzen, davon jetzt nur noch einiges zu instrumentieren war, vollendete.

So einsam ich lebte, gewährten mir die damals so aufregenden Vorgänge des italienischen Krieges genügende Unterhaltung. Mit der gehörigen Spannung des Für und Wider begleitete ich diese im ganzen ebenso unerwartete als bedeutende Begebenheit. Doch blieb ich auch nicht gänzlich ohne Gesellschaft. Im Juli traf der bis dahin mir unbekannte *Felix Draeseke* zu einem dauernden Besuche in Luzern ein. Nachdem er bei einer von *Liszt* veranstalteten Aufführung das Vorspiel zu »Tristan und Isolde« gehört, hatte er sich fast unmittelbar hierauf entschlossen, mir persönlich näherzutreten. Ich war durch seine Ankunft völlig erschreckt und erklärte, nicht zu wissen, was ich mit ihm anfangen sollte. Da er mir außerdem in einer gewissen witzelnden Weise viel von Personen und Verhältnissen erzählte, für welche ich immer mehr den Sinn verloren hatte, fiel er mir zunächst fast lästig, was er mir zu seiner Überraschung so lebhaft anmerkte, daß er glaubte, nach wenigen Tagen sich wieder von mir fortwenden zu müssen. Dies machte nun mich wiederum betroffen; und nun ließ ich es mir herzlich angelegen sein, ihm eine etwa entstandene schlimme Meinung von mir zu benehmen. Ich durfte ihn bald liebgewinnen; und für längere Zeit, bis kurz vor meinem Fortgange von Luzern, bildete er meinen täglichen Umgang, an welchem ich, da ich es mit einem sehr begabten und nicht ungebildeten Musiker zu tun hatte, viele Freude gewann.

Auch *Wilhelm Baumgartner*, mein alter Züricher Bekannter, ließ sich mir zuliebe auf einige Wochen in Luzern nieder. – Schließlich kam aber noch *Alexander Serow* aus *Petersburg*, um einige Zeit in meiner Nähe verbringen zu können, an: ein sonderbarer, intelligenter Mensch von ausgesprochener Parteinahme für *Liszt* und mich. Er hatte in Dresden meinen »Lohengrin« gehört und wollte nun Weiteres von mir erfahren, wozu ich durch den Vortrag meiner Tristan-Komposition in der mir eigentümlichen summarischen Vortragsweise verhelfen mußte. Mit *Draeseke* bestieg ich auch den *Pilatus*, bei welcher Gelegenheit ich wieder sympathische Ängste für einen mit Schwindel behafteten Gefährten zu erleiden hatte. Zum Abschied lud ich ihn noch zu einer Partie nach *Brunnen* und dem *Grütli* ein; worauf wir uns für jetzt trennten, da seine bescheidenen Mittel ihm keinen längeren Aufenthalt gestatteten und auch ich ernstlich an meine Abreise dachte.

Bei dieser frug es sich nur darum, wohin ich mich eigentlich zu wenden habe. Ich hatte mich diesmal brieflich durch *Eduard Devrient* und endlich unmittelbar an den *Großherzog* von *Baden* gewendet, um von diesem die Zusicherung zu erhalten, wenn auch nicht in *Karlsruhe* selbst, so doch in irgendeinem kleinen Orte der Umgebung mich niederlassen zu dürfen, da schon dies mir genügen würde, um meinem endlich unabweisbar gewordenen Bedürfnisse, zu Zeiten mit einem Orchester und einem Gesangspersonale zu tun zu haben, ja sie nur zu hören, Befriedigung zu verschaffen. Ich erfuhr späterhin, daß der Großherzog wirklich in dieser Angelegenheit sich brieflich an den König von Sachsen gewendet hatte; immer hieß es aber von dort her, man könne mich nicht amnestieren, sondern nur begnadigen, nämlich wenn ich zuvor der richterlichen Untersuchung mich gestellt hätte. Die Erfüllung meines Wunsches blieb also unmöglich, und mir bangte nun davor, wie es zu bewerkstelligen sein sollte, die immer noch beabsichtigte Aufführung meines »Tristan« unter meiner persönlichen Mitwirkung vor sich gehen zu lassen. Es hieß immer, hierfür werde der Großherzog seine Maßregeln zu ergreifen wissen. Allein, wo sollte ich mich hinwenden, um mit einiger Aussicht auf Dauer die endlich doch wieder ersehnte Niederlassung zustande zu bringen? Mir blieb nach langer Erwägung nichts als der Entschluß übrig, mich nach *Paris* zu wenden, sei es auch nur, um mich dessen zu versichern, daß ich dann und wann ein gutes Orchester, ein vorzügliches Quartett hören könnte; denn die Entbehrung dieser Anregungen war mir in Zürich doch endlich unerträglich geworden. Nirgends aber als in Paris, wo ich andererseits ungestört mich aufhalten konnte, durfte ich mit Sicherheit darauf rechnen, diese künstlerische Lebenserfrischung in genügend edler Weise mir verschaffen zu können.

Endlich mußte ich mich doch auch im Betriff meiner Frau zu einem Entschlusse bewogen fühlen. Wir waren jetzt ein ganzes Jahr über getrennt gewesen; nach den harten Belehrungen, die sie von mir empfangen und welche, ihren Briefen nach, nicht ohne großen Eindruck auf sie geblieben waren, durfte ich wohl annehmen, daß ein erneuetes Zusammenleben mit ihr, welches andererseits schon die Beseitigung der großen Schwierigkeit ihrer Erhaltung mit einem besonderen Umstande zu gebieten schien, von jetzt an erträglich verlaufen würde. Ich kam also mit ihr überein, sie solle sich im Spätherbst mit mir in Paris vereinigen; bis dahin wollte ich für die Ermöglichung einer Niederlassung daselbst sorgen, wozu ich unser in Zürich verbliebenes Mobiliar mit allem Hausrate dorthin zu dirigieren übernahm. – Zur Ausführung dieses Vorhabens waren mir durchaus finanzielle Hilfsmittel vonnöten, für welche ich in irgendwelchen mir bevorstehenden Einnahmen keine Quelle ersehen konnte. Was ich zuletzt durch den Großherzog von Weimar im Betreff der Nibelungen zu vermitteln gesucht hatte, nämlich das Eigentumsrecht für die Herausgabe derselben akquirieren zu lassen, bot ich jetzt *Wesendonk* an. Dieser ging nun ohne Widerspruch auf meinen Wunsch ein und war bereit, für jeden der fertigen Teile meines Werkes mir ungefähr dasjenige Honorar, welches von einem spätern Verleger dafür zu erhoffen war, gegen das hierfür ihm abgetretene Eigentumsrecht auszuzahlen.

Nun konnte ich meine Abreise feststellen, und ich führte sie am 7. September aus, zu welcher Zeit ich mich zunächst auf drei Tage zu einem Besuche bei meinen Züricher Freunden begab. Ich brachte diese Tage wohlgepflegt im *Wesendonk*schen Hause zu und sah dort meine früheren Bekannten, namentlich *Herwegh, Semper* und *Gottfried Keller,* mit denen ich einen Abend verlebte, welcher sich durch einen leidenschaftlichen Streit mit *Semper* über die damaligen politischen Ereignisse auszeichnete. *Semper* erkannte nämlich in dem neuerdings besiegten *Österreich* das unterliegende deutsche Nationalprinzip; in dem romanischen, durch *Louis Napoleon* vertretenen Elemente erkannte er dagegen das assyrische Despotentum, gegen welches er seinen Haß in der Kunst wie in der Politik bezeigte. Er äußerte sich hierüber mit solcher Heftigkeit, daß er selbst den sonst so schweigsamen *Keller* zu lebhafter Diskussion reizte, welche wiederum *Semper* so stark affizierte, daß er mit wahrer Verzweiflung schließlich mich beschuldigte, durch die Veranlassung seiner Einladung in das *Wesendonk*sche Haus ihn in eine feindselige Falle gelockt zu haben. Schließlich schieden wir doch wieder als Freunde, und seitdem wir uns später abermals begegneten, arteten unsere Diskussionen nie wieder zu solcher Leidenschaftlichkeit aus. – Von Zürich begab ich mich noch zu einem Besuche *Sulzers* nach *Winterthur.* Ich traf meinen Freund selbst nicht an, dagegen seine Frau mit dem Knaben, welchen sie ihm seitdem geboren hatte; beide machten auf mich einen sehr rührenden und freundlichen Eindruck, welcher schon dadurch bestimmt wurde, daß ich den sonderbaren, so frühalten Freund mir jetzt offenbar als glücklichen Vater zu denken hatte. – –

Am 15. September gelangte ich nun nach *Paris.* Im Betreff der Wohnung hatte ich es auf die Umgebung der *Champs-Elysées* abgesehen und suchte deshalb zunächst dort ein Absteigequartier, welches ich mir in der *Avenue de Matignon* nahm. Mein Hauptziel ging darauf, in einem abgelegenen einzelnen Häuschen mir das langersehnte stille Asyl aufzufinden; dies zu suchen bemühte ich mich nun zunächst. Ich glaubte hierfür jede meinem Gedächtnis erreichbare Bekanntschaft benutzen zu müssen. *Olliviers* waren um diese Zeit nicht in Paris; Mme *d'Agoult* war krank, auf der Abreise nach Italien begriffen und konnte mich nicht empfangen; dafür wies sie mich an ihre Tochter Gräfin *Charnacé*, welche ich aufsuchte, ohne mich jedoch für meine Zwecke ihr verständlich machen zu können. Ich suchte auch die Familie *Hérold*, welche mich bei meinem letzten Pariser Besuche so freundlich empfangen hatte, auf; traf aber in Mme *Hérold* eine sonderbar krankhaft aufgeregte Zerstreuung an, so daß ich, wie es schien, statt der Hervorbringung meiner Anliegen nur auf Beruhigung dadurch zu denken hatte, daß ich in keinerlei Weise durch irgendeine Zumutung sie aufzuregen mich bemühte. So machte ich mich denn in meinem leidenschaftlichen Eifer, für den Hauptpunkt der Wohnung zu sorgen, ohne weiteren Nachweis selbst auf, um mir endlich in einer der früheren Anlage nach noch unvollendeten Seitenstraße der *Champs-Elysées*, nahe der *Barrière de l'étoile*, nämlich der *rue Newton*, ein hübsches pavillonartiges Häuschen mit kleinem Gärtchen aufzufinden, welches ich für 4000 Francs jährlich zur dreijährigen Miete erhielt. Jedenfalls hatte ich hier vollkommene Stille und gänzliche Entfernung von Straßengeräusch zu erwarten. Schon dies allein nahm mich sehr für diese neue Akquisition ein. In diesem Häuschen hatte zuletzt der bekannte und damals vom kaiserlichen Hofe protegierte Auteur *Octave Feuillet* gewohnt. Mich verwunderte es nur, daß das Gebäude, trotzdem ich hier auf keine alte Konstruktion traf, innerlich bereits so sehr vernachlässigt war. Der Eigentümer war in keiner Weise dazu zu bewegen, für die wohnliche Herstellung desselben etwas zu tun, selbst nicht, wenn ich ihm den Mietpreis erhöht hätte. Der Grund hiervon ward mir allerdings nach kurzer Zeit klar: das Terrain selbst war nämlich infolge der Neubautenpläne für Paris der baldigen Demolierung verfallen; noch war es jedoch nicht an der Zeit, den Eigentümern diese Absicht offiziell anzukündigen, weil dadurch sogleich die Ansprüche derselben auf Entschädigung Gültigkeit erlangt haben würden. Demzufolge blieb auch ich im guten Glauben, daß, was ich zur inneren Säuberung und Herrichtung des Grundstückes verwenden würde, mir auf eine Reihe von Jahren sich als ergiebig erweisen dürfte; somit schritt ich unverzagt zu den hierfür nötigen Bestellungen, ließ mein Mobiliar von Zürich kommen und glaubte nun, da das Schicksal mich einmal zu solcher Wahl gezwungen hatte, mich für zeitlebens als Pariser Niedergelassener ansehen zu dürfen.

Während diese Einrichtung betrieben wurde, suchte ich mich nun andererseits darüber zu orientieren, was aus den bisher mir bekanntgewordenen Anzeichen einer günstigen Beachtung meiner künstlerischen Arbeiten für meine zukünftige Lage zu gewinnen wäre. Ich suchte zunächst wieder jenen zuletzt mit der Bearbeitung meines »Rienzi« betrauten jungen Mann Mr *de Charnal* auf, um mir von ihm Bericht geben zu lassen. Da fand sich denn, daß Herr *Carvalho*, der Direktor des *Théâtre Lyrique*, durchaus immer nur vom »Tannhäuser« und nichts anderem hören wollte. Diesen selbst vermochte ich nun zu einem Besuche bei mir, um die Angelegenheit mit ihm zu besprechen. Er bestätigte, daß er im höchsten Grade geneigt sei, eine Oper von mir aufzuführen; nur müsse es der »Tannhäuser« sein, weil, wie er erklärte, der Name dieser Oper den Parisern für identisch mit dem meinigen gelte, so daß, wenn man etwas von »*Wagner*« aufführen wollte und dies nicht der »*Tannhäuser*« sei, dieses für rein absurd angesehen werden würde. Im Betreff der von mir getroffenen Wahl des Bearbeiters des Poems dieser Oper schien er große Zweifel zu hegen, ob ich damit nicht einen Fehltritt getan hätte. Ich suchte mich nun mit Herrn *de Charnals* Leistung genauer bekannt zu machen und erkannte allerdings zu meinem Schrecken, daß der junge, recht liebenswürdige Mann, welcher sich seiner letzten Mitarbeiterschaft an einem Melodrama »Schinderhannes« (von ihm für ein deutsch-romantisches Sujet gehalten) rühmte, von dem Charakter der vorliegenden Arbeit gar keine Ahnung hatte. Da mich sein Eifer rührte, versuchte ich es dennoch, nur einige zur Musik gebrauchbare Verse mit ihm zustande zu bringen, erlahmte jedoch an der fruchtlos hierbei vergeudeten Mühe. –

Nun war ich durch *Bülow* auf einen jungen, nicht eigentlich mehr praktizierenden Arzt, *Auguste de Gaspérini*, hingewiesen worden, dessen Bekanntschaft er in *Baden-Baden* gemacht und an welchem er eine auffallende Neigung für meine Musik erkannt hatte. Auch diesen hatte ich alsbald aufgesucht und, da ich ihn nicht in *Paris* antraf, mich brieflich an ihn gewandt. Jetzt sendete er mir mit ebenfalls brieflicher Empfehlung seinen Freund *Leroy*, einen gut gebildeten Pariser Musiklehrer zu, welcher mich durch sein einnehmendes Wesen alsbald gewann und mein Vertrauen namentlich dadurch erweckte, daß er mir sofort von dem Befassen mit einem obskuren Theaterjournal-Schreiber, als welcher sich mir endlich Mr *de Charnal* herausstellte, abriet und mich dagegen auf *Roger*, den so begabten, erfahrenen und der deutschen Sprache mächtigen, bisher in Paris so beliebten Opernsänger verwies. Mir fiel hiermit wirklich ein Stein vom Herzen; ich nahm die Einladung, welche *Leroy* durch Dazwischenkunft eines anderen Freundes vermittelte, an, infolge welcher ich eines Tages nach *Rogers* Landgut zu einer Zusammenkunft mit demselben geleitet wurde. Ich habe den Namen dieser stolzen Besitzung des bis dahin so gefeierten Pariser Tenoristen vergessen; es war das ehemalige Schloß eines Marquis im großherrlichsten Stil, von einem ungeheuren Jagdparke umgeben. Eben die Lust, diesem Parke zuliebe sich auch der Jagdgewehre zu bedienen, hatte dem liebenswürdigen Sänger vor ganz kurzem den schrecklichen Unfall zugeführt, welcher ihm den rechten Arm zerschmetterte. Ich traf *Roger* jetzt, nach einigen Monaten seit dem Unglücke, bereits vollständig genesen an, nur war ihm der rechte Vorderarm abgelöst, und es handelte sich nun darum, ob das Verfahren eines berühmten Mechanikers, welcher ihm auch für die theatralische Aktion vollkommenen Ersatz des verlorenen Gliedes versprochen hatte, sich bewähren würde. Dies ging, wie ich mich einige Zeit darauf überzeugte, wirklich mit genügendem Erfolge in Erfüllung; ich sah *Roger* in einer vom Theater der Großen Oper ihm gewährten Benefizvorstellung auftreten und seines rechten Armes so glücklich sich bedienen, daß er gerade hierfür auf das reichlichste applaudiert wurde. Dennoch hatte er zu erfahren, daß man ihn für »invalid« hielt, und seine Karriere an der Großen Oper von Paris war von hieran geschlossen. Für jetzt schien es ihm angenehm zu sein, auf dem ihm durch mein Anliegen eröffneten Wege sich auch einer Art von literarischer Wirksamkeit zu versichern. Er ging mit vieler Freude auf meinen Vorschlag des Versuches einer praktischen Übersetzung des »Tannhäuser« ein und sang mir, nach einem bereits von ihm verfertigten französischen Texte einiger Hauptstellen daraus, selbst mehreres vor, was mir sehr geglückt erschien. So verließ ich, nachdem ich einen Tag bei ihm zugebracht und eine Nacht geruht, das Schloß des bis dahin so verwöhnten und nun einem sehr traurigen Verfalle entgegengehenden Sängers in freundlicher, hoffnungsvoller Stimmung, da mir namentlich sein intelligentes Eingehen auf mein Werk einen angenehmen Begriff von der Kulturfähigkeit des französischen Geistes beigebracht hatte. – Daß ich dennoch alsbald auf *Rogers* Arbeit verzichten mußte, kam daher, daß dieser für allernächst durch seine eigene Lage und durch die Versuche, dieser unter den traurigen Umständen, in die er geraten war, einen neuen Halt zu geben, für längere Zeit gänzlich in Anspruch genommen wurde und somit auf meine Nachfrage deshalb kaum Antwort geben konnte. Ich verlor ihn hierdurch zunächst gänzlich aus dem Auge.

Selbst[*] zu diesem Versuche mit *Roger* war ich jedoch mehr zufällig veranlaßt worden, als daß ich mich selbst dazu gedrängt gefühlt hätte. Immer hielt ich nur noch den Plan fest, in Paris eben nur einen passenden Aufenthalt für mich zu suchen, wogegen meine ernstlich gemeinten künstlerischen Unternehmungen stets auf das andererseits mir unzugänglich bleibende Deutschland gerichtet blieben. – Bald gewann jedoch alles eine andere Richtung, als die von mir immer noch im Auge behaltene Aufführung des »Tristan« in Karlsruhe schließlich gänzlich abgemeldet wurde. Ich mußte unentschieden darüber bleiben, auf welcher Seite der eigentliche Grund zu dieser Aufgebung des früher so ernstlich gemeint erschienenen Unternehmens lag. *Eduard Devrient* zeigte mir an, daß alle seine Bemühungen, die Rolle der *Isolde* geeignet zu besetzen, zuletzt an meiner Er-

---

[*] Vor Beginn dieses Absatzes von der Hand Cosimas: »(31. Juli 1872)«.

klärung gegen die Sängerin *Garrigues* (damals bereits an den jungen *Schnorr* verheiratet) gescheitert seien, und daß er sich für alles Weitere um so weniger Rat wüßte, als selbst der mir ja so vorzüglich ergebene Tenorist *Schnorr* an der Ausführbarkeit des letzten Teiles seiner Aufgabe verzweifelt wäre. Ich erkannte sogleich, daß hier eine Störung vorliege, deren schädliche Wirkung ich sofort beseitigt haben würde, wenn es mir selbst gestattet gewesen wäre, auch nur auf eine kurze Zeit mich in Karlsruhe einzufinden. Allein gerade dieser Wunsch schien, sobald ich ihn von neuem wieder kundgab, eine völlige Erbitterung gegen mich zu erwecken; hierin bezeigte sich namentlich *Devrient* mit solcher Heftigkeit und Härte, daß ich darauf geraten mußte, den Grund meiner Fernhaltung von Karlsruhe vorzüglich in seiner persönlichen Abneigung dagegen, in der Leitung seines Theaters von mir sich gestört zu sehen, aufzusuchen; wogegen ich den milderen Fall darin ersah, daß der Großherzog sich peinlich davon berührt fühlte, seine früher mir eröffneten Aussichten auf meinen Besuch in seiner Residenz Karlsruhe mir nicht erfüllen zu können, und nun es ihm fast erwünscht erscheinen müßte, wenn die Veranlassung zu jenem Besuche aus anderen Ursachen von selbst hinwegfiele. Bereits erhielt ich jetzt durch *Bülow*, welcher wiederholt in Karlsruhe gewesen war, mehr als genügende Andeutungen über *Devrients* Gesinnungen in dem erwähnten Betreff. Zur vollkommenen Klarheit hierüber zu gelangen, sollte mir noch für später vorbehalten bleiben; für jetzt war es mir von der wichtigsten Entscheidung, einsehen zu müssen, daß ich von Deutschland vollkommen abgeschnitten blieb und namentlich für die so sehr mir am Herzen liegende Aufführung des »Tristan« an ein ganz neues Terrain denken mußte. Schnell entwarf ich den Plan, für Paris selbst eine deutsche Theaterunternehmung zu veranlassen, wie solche in früheren Jahren, namentlich unter Mitwirkung der *Schröder-Devrient*, bereits zustande gekommen waren. Ich glaubte mich dessen für gewiß halten zu können, daß die mir bekannten vorzüglichsten Sänger der deutschen Theater, wenn ich sie zu einer solchen Unternehmung nach Paris berufen würde, gern Folge leisteten; auch erhielt ich sofort von *Tichatschek, Mitterwurzer,* dem Tenoristen *Niemann* sowie auch von der Sängerin *Luise Meyer* in Wien bereitwillige Zusage für den Fall, daß es mir glückte, eine solide Unternehmung einer deutschen Opernsaison in Paris zu begründen. Somit verblieb mir zunächst die allerdings bedeutende Sorge, den hierfür geeigneten Mann in Paris selbst aufzufinden, welcher auf seine Gefahr die Ausführung meines Planes unternommen hätte. Dieser ging darauf hin, die *Salle Ventadour*, von der Schließung der italienischen Opernaufführungen ab, mit der eintretenden Frühjahrsaison für zwei Monate zu mieten und von einem ausgewählten deutschen Sänger- und Chorpersonale zunächst den »Tannhäuser« und »Lohengrin« und schließlich den »Tristan« selbst sowohl den Parisern als vor allem mir selbst vorzuführen.
Mit diesem Vorhaben im Kopfe, war ich nun in eine ganz andere und

der ersten Tendenz meiner neuen Pariser Ansiedelung sehr verschiedene Richtung meiner Sorgen und Bemühungen geraten; es mußte mir jetzt sehr daran gelegen sein, Bekanntschaften, und namentlich solche von Einfluß, zu machen. Aus diesem Grunde war es mir erwünscht, den zuvor nur flüchtig mir bekanntgewordenen *Gaspérini* für dauernd in Paris eintreffen zu sehen und durch ihn, dem ich sofort meine neuen Pläne mitteilte, mit einem ihm besonders gewogenen, reichen und, wie mir gesagt wurde, nicht einflußlosen Manne, einem Herrn *Lucy*, zu jener Zeit Generalpächter in *Marseille*, in freundschaftlichster Weise bekannt gemacht zu werden. Infolge unserer Besprechungen mußte immer als das Nötigste erkannt werden, den Mann zu finden, welcher als unerläßlicher finanzieller Garant für die projektierte Unternehmung aufgekommen wäre. Mein Freund *Gaspérini* konnte mir nicht bestreiten, daß es ein recht natürlicher Einfall meinerseits sei, unter den von ihm selbst mir beigebrachten Voraussetzungen Herrn *Lucy* für diesen nötigen Mann zu halten; nur dünkte es ihm ratsam, seinem Freunde mit einiger Vorsicht unsere Zumutungen zu stellen, da er zwar eine große »chaleur de cœur« besäße, dennoch aber vor allem Geschäftsmann sei und von Musik wenig verstünde. Vor allen Dingen erschien es daher nötig, in Paris selbst mich und meine Musik in bedeutender Weise bekannt zu machen, um auf einen in dieser Weise erzielten Erfolg unsere weiteren Unternehmungen begründen zu können. Aus dieser Rücksicht faßte ich nun den Entschluß, zunächst einige größere Konzertaufführungen zu veranstalten. Zur Bewerkstelligung dieses Unternehmens hatte ich sofort auch meinen alten Freund *Belloni*, den ehemaligen Sekretär *Liszts*, in den Kreis meiner angelegentlichen Bekanntschaftspflege aufzunehmen. Dieser gesellte uns sogleich seinen Kompagnon, einen sehr intelligenten und, wie ich nie anders erfahren habe, gutartigen Menschen namens *Giacomelli* zu. Der letztere redigierte ein Theaterjournal und wurde mir von *Belloni* besonders seines »schönen Französisch« sowie seiner sonstigen ungemeinen Rührigkeit wegen vorzüglich empfohlen. Das sonderbare Redaktionsbüro meines neuen Protektors ward von jetzt an zu einem der wichtigsten, fast täglich von mir frequentierten Rendezvous mit allen den eigentümlichen Wesen, mit denen für Theaterangelegenheiten und ähnliche Zwecke in Paris zu verkehren ist.

Zuallernächst handelte es sich darum, für meine beabsichtigten Konzerte den geeignetsten Saal zu erwerben. Es war ersichtlich, daß ich am allervorteilhaftesten vor dem Pariser Publikum auftreten würde, wenn ich hierfür den Saal und das Orchester der *Großen Oper* selbst erlangen könnte. Deshalb hatte ich mich an den Kaiser *Napoleon* zu wenden, welches meinerseits in einem von *Gaspérini* redigierten, bündigen Schreiben ausgeführt wurde. Hierbei war jedoch vor allem die aus seinen freundschaftlichen Beziehungen zu Meyerbeer zu schließende, mir feindselige Stimmung und Haltung des damaligen Haus- und Staatsministers *Fould* zu beachten. Seinem befürchteten schädlichen Einflusse sollte der des Herrn *Mocquard,* des Sekretärs Napoleons und – wie *Ollivier* behauptete – des Verfassers der kaiserlichen Reden, entgegengesetzt werden. Auf diesem Punkte entschloß sich Herr *Lucy* in einem »Elan« feuriger Generosität an seinen Jugendfreund, als welcher Herr *Mocquard* in seinem Gedächtnis lebte, selbst mit einem empfehlenden Schreiben sich zu wenden. Da selbst hierauf jede Gegenmitteilung aus den *Tuilerien* ausblieb, geriet ich, unter den Beratungen mit meinen praktischeren Freunden *Belloni* und *Giacomelli,* in täglich sich bestärkende Zweifel über unsere Macht gegen den Staatsminister und trat dagegen nun in Unterhandlungen mit Herrn *Calzado,* dem Direktor der Italienischen Oper. Zuallernächst erfuhren wir hier einen direkten Abschlag, worauf ich mich endlich selbst zu einer Unterredung mit diesem Manne aufmachte. Hier gelang es mir wirklich durch eine mich selbst überraschende Kraft meiner Überredungskunst, namentlich auch durch Vorspiegelung eines möglichen großen Erfolges meiner zukünftig von den Italienern zu gebenden neuesten Oper »Tristan«, zunächst wenigstens das Zugeständnis der Vermietung der *Salle Ventadour* für drei im Zwischenraume von je acht Tagen sich folgende Abende zu erlangen; von dem Mietpreise von 4000 Franken für den Abend, und zwar eben nur für das Lokal und die Beleuchtung allein, vermochte jedoch schließlich auch meine feurigste Beredsamkeit, welche von *Giacomelli* beim Nachhausegehen auf das höchlichste bewundert wurde, nichts mehr abzudingen.

Jetzt erschien bereits nichts wichtiger, als mir ein ausgezeichnetes Orchester zusammenzubringen und es für meine Konzerte in Verpflichtung zu nehmen, wofür zunächst meine beiden Agenten vollauf zu tun hatten. Infolge ihrer Bemühungen in dieser Angelegenheit gewann ich nun auch die ersten Anzeichen einer bisher nicht vermuteten feindseligen Haltung meines alten Freundes *Berlioz* gegen mich und meine Unternehmung.

Noch voll von den guten Eindrücken, welche mein Zusammentreffen mit *Berlioz* im Jahre 1855 in London auf mich zurückgelassen und welche er selbst durch eine freundschaftliche Korrespondenz mit mir einige Zeit unterhalten hatte, war ich sogleich nach meiner diesmaligen Ankunft in dessen Wohnung gegangen; da ich ihn hier nicht antraf, kehrte ich auf die Straße zurück, wo ich nun *Berlioz* im Nachhausegehen begegnete und zu bemerken hatte, daß mein Anblick ihm einen krampfhaften Schrecken verursachte, welcher sich in seiner Physiognomie und ganzen Haltung in wahrhaft grauenhafter Weise ausdrückte. Keinen Augenblick im Zweifel darüber, wie es zwischen ihm und mir stünde, verbarg ich meinen eigenen Schrecken unter der andrerseits natürlichen Besorgnis für sein Befinden, von welchem er mir auch sogleich versicherte, daß es höchst qualvoll sei, da er gegen die heftigen Anfälle einer Neuralgie nur noch durch die Elektrisiermaschine, von deren Gebrauch er soeben nach Hause zurückkehre, sich aufrechterhalten könne. Um seine Schmerzen nicht zu vermehren, erbot ich mich, sogleich ihn zu verlassen, was ihn jedoch wieder bis dahin beschämte, daß er mich dringend ersuchte, nochmals in seine Wohnung mit ihm hinaufzusteigen. Hier gelang es mir, ihn durch die wahrhaftige Eröffnung meiner Absichten auf Paris einigermaßen freundlich zu stimmen: selbst ein von mir vermutlich auszuführendes Konzertunternehmen sollte nur den Zweck haben, die nötige Aufmerksamkeit des Publikums mir so weit zuzuwenden, als es für das Zustandebringen einer deutschen Oper, durch welche ich mir meine von mir selbst noch nicht gehörten Werke vorführen zu lassen wünschte, erforderlich sei; wogegen ich auf eine französische Aufführung des »Tannhäuser«, wie sie der Direktor *Carvalho* im Sinne gehabt zu haben schien, durchaus verzichte. – Infolge dieser Erklärungen geriet ich für einige Zeit mit *Berlioz* in ein ganz erträgliches, ja anscheinend durchaus freundschaftliches Vernehmen. So glaubte ich denn auch meine Agenten im Betreff der Akquisition von Orchestermusikern für die projektierten Konzerte sehr wohl darauf anweisen zu können, in dieser Angelegenheit den gewiß sehr kundigen Rat meines erfahrenen Freundes zu Hilfe zu nehmen. Auch meldeten jene mir, daß *Berlioz* sich anfänglich teilnahmsvoll bezeigt, daß dies aber sich plötzlich geändert habe, als eines Tages *Madame Berlioz* zu ihren Verhandlungen in das Zimmer getreten und in den ärgerlicher Verwunderung vollen Ausruf ausgebrochen sei: »Comment, je crois que vous donnez des conseils pour les concerts de Mr Wagner?« In bezug auf diese Dame hatte *Belloni* in Erfahrung gebracht, daß sie soeben ein kostbares Bracelet von *Meyerbeer* zugesandt erhalten habe. »Rechnen Sie nicht auf *Berlioz*!« Mit dieser Ermahnung war seitens meines kundigen Agenten diese ganze Angelegenheit in Ordnung gebracht.

Überhaupt sah ich von jetzt an die strahlende Physiognomie des guten *Belloni* nie anders mehr als von den Wolken der bängsten Sorgen verhüllt. Er glaubte herausgefunden zu haben, daß die sämtliche Pariser »Presse« mir im höchsten Grade feindselig gestimmt sei, wobei er nicht den mindesten Zweifel darüber aufkommen ließ, daß dies die Folge der ungeheuren Aufregung sei, welche Meyerbeer jetzt in Berlin auszustehen habe. Er wußte von einer leidenschaftlichen Korrespondenz von dorther mit den hauptsächlichsten Feuilletonisten der Pariser Journale zu berichten, unter anderm: daß der famose *Fiorentino Meyerbeers* Bestürzung über mein Pariser Vorhaben bereits dadurch ausgebeutet habe, daß er ihm gedroht, meine Musik gut zu finden; was diesen natürlich wiederum zu den ungeheuerlichsten Bestechungen veranlassen mußte. *Belloni* geriet hierdurch in wachsende Bekümmernis und gab mir den Rat, vor allem auf starke finanzielle Unterstützung für mein Vorhaben bedacht zu sein, oder aber, wenn ich in dieser Beziehung aussichtslos sei, so möchte ich einzig mich auf die kaiserliche Macht stützen zu können versuchen. Besonders seine Erklärung, daß die in jeder Hinsicht auf meine Gefahr hin auszuführenden Konzerte ohne finanziellen Rückhalt nicht zu wagen wären, mußte auch mich von neuem zur

Vorsicht bestimmen, denn alle meine Geldhilfsquellen waren durch meine Übersiedelung und neue Einrichtung in Paris durchaus erschöpft. Somit mußte ich nochmals darauf geraten, zu den zuerst angeknüpften Unterhandlungen mit den *Tuilerien* bezüglich der kostenfreien Überlassung der *Großen Oper* und ihres Orchesters mit erneuerter Energie mich zurückzuwenden. Hierfür trat nun *Ollivier* mit Ratschlägen und sinnreichen Empfehlungen ein, deren Befolgung mich in sehr fremdartige, wenn auch äußerst flüchtige Berührungen setzte; so geriet ich unter anderem bis in das Kabinett des Herrn *Camille Doucet* (eines Chefs im Ministerium *Foulds* und zugleich dramatischen Auteurs), immer in der Absicht, auf solchem Wege dem unnahbaren und gefürchteten Staatsminister und Meyerbeeriianer selbst beizukommen. Infolge einer einzigen dieser Empfehlungen geriet ich jedoch in andauernde, sehr freundschaftliche, wenn auch für unsere nächsten Zwecke durchaus nutzlose Beziehungen, und zwar zu Herrn *Jules Ferry*. Der Kaiser und sein Sekretär schwiegen hartnäckig, und zwar selbst noch dann, als ich vom Großherzoge von *Baden* die Verwendung seines Gesandten in Paris, endlich sogar die des schweizerischen Gesandten Dr. *Kern* für mich veranlaßt hatte, welche angespannten Kräfte ihrerseits immer nur dahin wirken sollten, mir, und wohl auch dem Kaiser, über den gefürchteten *Fould* Aufklärung zu verschaffen. Vergebens: alles schwieg. –

Unter diesen Umständen hatte ich es als eine recht sonderbare Einmischung des Schicksals in meine Lage anzusehen, daß *Minna* ihre Bereitheit zur Einkehr bei mir in Paris mir ankündigte und ich demnächst ihre Ankunft zu erwarten hatte. Sowohl bei der Auswahl als der Einrichtung des Häuschens in *rue Newton* war ich mit besondrer Berücksichtigung des künftigen Zusammenlebens mit *Minna* ausgegangen; mein Wohnraum war von dem ihrigen durch eine Treppe geschieden, und ich hatte Sorge dafür getragen, daß auch der ihr zugeteilten Wohnung es nicht an Behaglichkeit fehle. Vor allem aber auch war ich in die seit meiner letzten Wiedervereinigung mit ihr in Zürich gepflegte Neigung verfallen, welche es mir eingab, durch besondere Annehmlichkeit der Ausstattung bis dahin, wo mir die Liebe zum Luxus vorgeworfen werden sollte, die Räume mir freundlich einzurichten, gleichwie um hierdurch das Zusammenleben mit der immer mir fremder werdenden Frau zu einer erträglichen Möglichkeit zu gestalten. Außerdem bot sich in dem Häuschen der *rue Newton* auch die Gelegenheit, einen Salon herzurichten, und mochte ich hierfür auch keineswegs ausschweifend verfahren, so fand es sich doch endlich, daß ich zu den ungeheuren Beschwerden eines nicht endenwollenden Verkehrs mit den so unzuverlässigen Pariser Arbeitern auch noch in zuvor nicht berechnete Unkosten geriet. Doch tröstete ich mich damit, daß, da es nun einmal so sein sollte, *Minna* durch den Einzug in dieses Haus, welches sie fortan zu bewirtschaften hatte, in gute Stimmung geraten würde. So glaubte ich namentlich auch auf die Anstellung einer Pflegerin für sie bedacht sein zu müssen und ließ mir von Mme Hérold eine hierfür besonders geeignet dünkende Person empfehlen. Außerdem hatte ich mir sogleich bei meiner Ankunft einen Diener zugelegt, welcher, obwohl ein ziemlich alberner Walliser und früherer päpstlicher Leibgardist, doch bald mit großer Liebe an mir zu hängen schien.

Zu diesem Personale brachte nun *Minna* selbst ihre frühere Züricher Köchin mit, in deren Begleitung ich sie endlich am 17. November auf dem Perron des Bahnhofes empfangen durfte. Hier übergab *Minna* mir sofort den Papagei und das Hündchen *Fips,* wodurch ich unwillkürlich an jene ihre frühere Ankunft im Hafen von *Rorschach* vor nun zehn Jahren erinnert wurde. Gerade wie damals gab sie mir auch jetzt sofort zu verstehen, daß sie nicht aus Not zu mir käme, und wenn ich sie übel behandeln würde, sie recht gut wisse, wohin sie zurückzukehren hätte. Im übrigen hatte ich wohl nicht zu verkennen, daß gegen damals eine nicht unbedeutende Veränderung in ihr vorgegangen sei; sie bekannte mir, daß sie von der ähnlichen Angst und Besorgnis erfüllt wäre wie eine Person, die einen neuen Dienst anzutreten habe und nicht recht wisse, ob sie sich darin zurechtfinden würde. Hiergegen suchte ich sie durch die Bekanntmachung mit meiner äußeren Lage, an der ich ihr Teilnahme zu verstatten nicht versäumte, zu zerstreuen. Leider hatte sie aber auch hierfür weder Sinn noch Verständnis, wogegen ihre Aufmerksamkeit sogleich einzig durch die Innerlichkeiten unseres Hauses in Anspruch genommen wurde. Daß ich mir einen Diener angenommen hatte, bemerkte sie mit Hohn; daß ich ihr aber unter dem Titel einer Kammerjungfer eine, wie ich wahrhaftig meinte, ihr sehr nötige Pflegerin angestellt hatte, versetzte sie sogleich in Wut. Dieses Frauenzimmer, von welcher mir Mme *Hérold* zu ihrer Empfehlung versichert hatte, daß sie sich mit engelhafter Geduld der Pflege ihrer kranken hochbejahrten Mutter unterzogen hätte, wurde alsbald durch das Verhalten *Minnas* gegen sie in dem Grade demoralisiert, daß ich nach kürzester Frist es mir selbst eifrig angelegen sein ließ, sie wieder zu entlassen; bei welcher Gelegenheit ich mir heftige Vorwürfe darüber zuzog, daß ich der Dienerin eine kleine Gratifikation zuwandte. In noch höherem Grade gelang die vollständige Depravation meines Dieners, welcher schließlich erklärte, keine Befehle von meiner Frau mehr annehmen zu wollen, durch meine Widersprüche hingegen sogar in fahrlässiges Benehmen auch gegen mich geriet und ebenfalls in kürzester Frist fortgeschickt werden mußte. Er hinterließ mir eine sehr solide vollständige Livree, welche ich ihm soeben erst für teures Geld angeschafft hatte und welche fortan müßig dahing, da ich keine Neigung empfand, je wieder einen Bedienten in dieselbe zu stecken. Hiergegen muß ich allerdings der Schwäbin *Therese,* welche fortan während meines ganzen Pariser Aufenthaltes die Bedienung meines Hauses allein besorgte, für ihre Leistung das allervorzüglichste Zeugnis geben. Dieses Frauenzimmer, mit einem ungewöhnlichen natürlichen Verstande begabt, übersah nämlich auch vollständig meine peinliche Lage ihrer Herrin gegenüber, begriff namentlich die üblen Eigenschaften derselben und wußte sie zu meinen Gunsten, wie zum Vorteil des Hausstandes selbst, durch eine nie ermüdende Tätigkeit für mich unschädlich zu machen.

So schloß sich denn um diese Zeit durch diese letzte Wiedervereinigung mit *Minna* ein nun wiederholt von mir durchlebter Kreislauf, um, wie es schien, ganz von neuem wieder zu beginnen. Diesmal durfte ich es für ein Glück erachten, daß jetzt von keiner Einkehr in eine stille Zurückgezogenheit die Rede war, sondern daß es sich um den Antritt einer unendlichen Folge von äußeren Beziehungen und Tätlichkeiten handelte, zu denen wiederum ich ganz gegen meine Wahl und Neigung durch das Schicksal hingetrieben wurde. –

Mit* dem Neujahr 1860 trat jetzt eine sehr unerwartete Wendung für die Möglichkeit des Gelingens meiner Unternehmungen ein. Der Kapellmeister *Esser* in Wien vermittelte an mich den Wunsch des Musikhändlers *Schott* in Mainz, eine neue Oper von mir für seinen Verlag zu erwerben. Hierfür hatte ich jetzt nichts anderes als das »Rheingold« anzubieten; die eigentümliche Beschaffenheit dieses nur als Vorspiel zu der großen Nibelungen-Trilogie gedachten Werkes machte es mir schwierig, ohne weitere Andeutungen in diesem Bezug, es einfach nur als »Oper« anzubieten. Dennoch erschien der Eifer *Schotts*, jedenfalls ein neues Werk von mir seinem Verlagskatalog einzureihen, so groß, daß ich endlich alle Bedenken überwand und, ohne Verhehlung der Schwierigkeiten für die Verbreitung dieses Werkes, es ihm zur Verfügung stellte, sobald er mir 10 000 Franken dafür zahlen wollte, wogegen ich ihm allerdings die Erwerbung der nachfolgenden drei Hauptstücke zu dem gleichen Preise für ein jedes derselben zusicherte. Sogleich faßte ich den Plan, falls *Schott* auf meine Forderung einginge, die hieraus sich ergebende so unerwartete Einnahme zur Betreibung meiner Pariser Unternehmung zu verwenden. Durch das hartnäckige Schweigen des kaiserlichen Kabinetts ermüdet, gab ich jetzt an meine Agenten den Auftrag, mit Signor *Calzado* für das Italienische Opernhaus zu drei Konzerten abzuschließen sowie das nötige Orchester und die erforderlichen Gesangskräfte anzuwerben. Als dies im Gange war, ward ich wiederum durch zögernde Gegenanerbietungen von *Schott* geängstigt; um ihn mir nicht abwegig zu machen, trug ich bereits dem Musikdirektor *Schmidt* in Frankfurt brieflich auf, die Unterhandlungen mit *Schott* auf Grund einer bedeutend ermäßigten Forderung meinerseits fortzusetzen. Kaum war dieser Brief abgesandt, als *Schotts* Schreiben eintraf, in welchem er schließlich mir seine Bereitwilligkeit, auf meine Forderung von 10 000 Franken einzugehen, kundgab. Dies veranlaßte meinerseits ein Telegramm an *Schmidt*, durch welches ich den ihm gegebenen Auftrag angelegentlichst zurücknahm.

---

* Vor Beginn dieses Absatzes am Rande von der Hand Cosimas: »Wiederaufgenommen 4. März 1873 Dammallee Bayreuth«.

Mit gutem Mute verfolgten nun ich und meine Agenten die eingeleitete Konzertunternehmung, deren Vorbereitung meine ganze Tätigkeit vollauf in Beschlag nahm. Ich hatte für einen Gesangschor zu sorgen und glaubte hierfür das teuer zu bezahlende Personal der Italienischen Oper durch einen deutschen Gesangsverein verstärken zu müssen, welcher mir unter der Leitung eines gewissen Herrn *Ehmant* nachgewiesen wurde. Um die Mitglieder desselben mir geneigt zu machen, hatte ich eines Abends ihr Vereinslokal in der *rue du Temple* aufzusuchen und mit guter Laune mich an den Bierdunst und Tabaksdampf zu gewöhnen, in welchem hier biedere deutsche Kunstbestrebungen sich mir offenbaren sollten. Außerdem wurde ich aber auch mit Herrn *Cheré*, dem Lehrer und Dirigenten eines französischen Volksgesangsvereins, dessen Übungen in der *Ecole de médecine* vor sich gingen, in Verbindung gesetzt und traf hier auf einen wunderlichen Enthusiasten, welcher von seiner Methode, Leute ohne Noten Musik singen zu lassen, die Regeneration des französischen Volksgeistes erwartete. Die peinlichsten Beschwerden verursachte mir aber die Nötigung, den größten Teil der Orchesterstimmen der von mir auszuführenden Fragmente erst kopieren zu lassen. Ich nahm hierfür mehrere arme deutsche Musiker in Sold, welche sich nun von früh bis in die Nacht in meiner Wohnung niederließen, um unter meiner Anleitung und Aufsicht die oft schwierigen Einrichtungen vorzunehmen.

In diesen mit Leidenschaftlichkeit betriebenen Besorgungen traf mich jetzt *Hans von Bülow* an, welcher, wie es sich namentlich an dem Erfolge erwies, fast weniger um der Betreibung seiner eigenen Angelegenheiten als konzertgebender Virtuos, sondern um meinen Unternehmungen hilfreich sich zu erweisen, für längere Zeit in Paris eingetroffen war. Er wohnte bei *Liszts* Mutter, verbrachte aber die größte Tageszeit bei mir, um überall, wo es not tat, so jetzt zunächst bei der Anfertigung der Kopien zu helfen. Nach jeder Seite hin war seine Mittätigkeit außerordentlich; namentlich aber schien er es sich zur Aufgabe gemacht zu haben, seine bei einem vorjährigen Besuche von Paris unter der Anleitung seiner Frau angeknüpften gesellschaftlichen Verbindungen für meine Unternehmung nützlich zu machen. Der Erfolg hiervon ergab sich mit der Zeit; für jetzt half er bei der Ausführung der Konzerte selbst, zu welchen nun die Proben begannen.

Die erste dieser Proben fand im *Herzschen Saale* statt und führte zu einer Aufregung der Musiker gegen mich, welche fast einer Emeute glich. Ich hatte mich beständig mit ihnen zu streiten über Gewohnheiten ihrerseits, welchen nicht nachgeben zu dürfen ich meinerseits durch Vernunftgründe zu erweisen mich bemühte. Besonders empörte sie mein Sechsachtel-Takt, welchen ich ihnen nach dem Schema des Vierviertel-Taktes schlug, während sie unter tumultuarischen Protestationen behaupteten, er müsse nach dem des Alla-breve-Taktes geschlagen werden. Infolge eines scharfen Appells meinerseits an die Disziplin eines wohlgeordneten Orchesters erklärte man mir, man sei keine preußischen Soldaten, sondern freie Männer. Endlich sah ich wohl ein, daß eines der Hauptgebrechen diesmal in der fehlerhaften Aufstellung des Orchesters lag, und entwarf nun meinen Plan für die nächste zweite Probe. Nach einer Beratung mit meinen Freunden fand ich mich hierzu am frühesten Morgen im Konzertsaale ein, ordnete selbst eine zweckmäßige Aufstellung der Pulte an und bestellte vor allem ein für alle Musiker ausreichendes Frühstück, zu welchem ich beim Beginn der Probe in folgender Weise einlud: ich sagte den Musikern, daß von dem Erfolge unserer heutigen Zusammenkunft das Zustandekommen meiner Konzerte abhänge; wir dürften den Saal nicht verlassen, ehe wir hierüber nicht ganz im klaren seien; deshalb ersuchte ich die Herren, zunächst eine Probe von zwei Stunden zu machen, sodann ein im anliegenden Salon bereitetes frugales Frühstück zu sich zu nehmen, worauf wir dann sofort eine zweite Probe, welche ich ihnen als solche auch bezahlen würde, abhalten sollten. Die Wirkung dieser Proposition war ganz außerordentlich: die vorteilhafte Orchesteraufstellung erleichterte die Unterhaltung der guten Stimmung; der günstige Eindruck, welchen das nun gespielte Vorspiel zu »Lohengrin« auf alle machte, ließ endlich den Enthusiasmus ausbrechen, und bereits am Schlusse der ersten Probe war alles, Spieler und Zuhörer, unter denen sich auch *Gaspérini* befand, zur höchsten Gunst für mich hingerissen. Wahrhaft erfreulich äußerte sich nun dieser gute Geist bei der auf der Bühne der Italienischen Oper selbst abgehaltenen Hauptprobe; hier war es mir bereits möglich, einen nachlässigen Trompeter mit harten Ausdrücken aus dem Orchester fortzuweisen, ohne hierbei durch den Geist der Kameraderie im mindesten behindert zu werden.

Das erste Konzert ging endlich am 25. Januar (1860) vonstatten; die Aufnahme aller Stücke, welche ich aus meinen verschiedenen Opern bis zu »Tristan und Isolde« gewählt hatte, war von seiten des Publikums eine vollständig günstige, ja enthusiastische. Ich erlebte es hier, daß ein Stück, der Marsch aus »Tannhäuser«, durch stürmischen Applaus unterbrochen wurde, und zwar, wie es schien, aus Freude an der Überraschung davon, daß meine Musik, von der man so viel Gegenteiliges behauptet hatte, so lang zusammenhängende Melodien aufwies.

Sehr befriedigt, sowohl von der Ausführung des Konzertes als der Aufnahme, die es gefunden, hatte ich an den folgenden Tagen die entgegengesetzten Eindrücke zu überwinden, welche durch die Auslassungen der Presse hierüber in mir hervorgerufen wurden. Es zeigte sich jetzt, daß *Belloni* sehr richtig gesehen hatte und daß gerade unsere durch seine Voraussehungen veranlaßte Nicht-Einladung der Presse die Wut der Gegner nur noch verstärkt hatte. Da bei der ganzen Unternehmung es jedoch mehr auf eine Anregung für energische Freunde als auf das Lob der Rezensenten abgesehen war, so beunruhigte mich das Toben dieser Herren bei weitem weniger als das Ausbleiben günstiger Anzeichen von jener Seite her. Vor allem beängstigte es mich aber, daß das vollständig gefüllt erscheinende Haus keine größere Einnahme, als es sich fand, abgeworfen hatte. Wir hatten zwischen fünf- und sechstausend Franken eingenommen, aber über 11 000 Franken Unkosten gehabt. Die letzteren hätten nun zum Teil ersetzt werden können, sobald bei dem zweiten, weniger kostbaren Konzerte eine möglichst gesteigerte Einnahme erwartet werden durfte. *Belloni* und *Giacomelli* hingen aber die Köpfe; sie glaubten sich der Einsicht nicht verschließen zu dürfen, daß das Konzert nicht der Genre des Franzosen sei, welcher durchaus das dramatische Element, d. h. Kostüme, Dekorationen, Ballett und dergleichen verlange, um sich befriedigt zu fühlen. Die geringen Bestellungen zum zweiten Konzert, welches am 1. Februar gegeben wurde, hatten meine Agenten sogar in die Nötigung versetzt, für eine künstliche Anfüllung des Saales Sorge zu tragen, um wenigstens den Anschein zu retten; ich mußte sie hierin vollkommen gewähren lassen und war späterhin verwundert, zu erfahren, wie sie es angefangen hatten, die ersten Ränge dieses aristokratischen Theaters in einer Weise zu bevölkern, daß alle Welt, selbst unsere Feinde, hierdurch getäuscht wurden. Die wirkliche Einnahme betrug dagegen wenig über 2000 Franken, und nun bedurfte es allerdings meiner Hartnäckigkeit und meiner Verachtung aller Nöte, die mir hieraus entstehen konnten, um das für den 8. Februar angesagte dritte Konzert nicht abzubestellen.

Mein *Schott*sches Honorar, von welchem ich allerdings einen Teil auf die Bedürfnisse meiner jetzt wiederum erschwerten häuslichen Existenz zu verwenden hatte, war daraufgegangen, und ich hatte mich nach Subsidien umzusehen. Diese erlangte ich zunächst mit schwerer Mühe durch *Gaspérinis* Vermittlung von dem Manne, auf dessen Gewinn für mich in einem bei weitem wichtigeren Sinne es eigentlich bei der ganzen Konzertunternehmung abgesehen war. Dies war der bereits erwähnte Generalpächter aus Marseille, Herr *Lucy*, welcher um die Zeit meiner Konzerte in Paris ankommen sollte und von welchem mein Freund *Gaspérini* annehmen zu dürfen glaubte, daß ein bedeutender Erfolg meinerseits vor dem Pariser Publikum ihn zu dem großherzigen Entschluß anregen würde, sich zur finanziellen Übernahme der Durchführung meines Projektes einer Deutschen Oper in Paris zu erklären. Dagegen blieb nun Herr *Lucy* im ersten Konzert gänzlich aus und stellte sich nur zu einem Teile des zweiten ein, bei dessen Anhörung er einschlief. Daß er nun um einen Vorschuß von mehreren tausend Franken für das Zustandebringen des dritten Konzertes angegangen wurde, schien ihn ganz natürlich gegen jede weitere Zumutung unsererseits zu schützen, so daß er eine gewisse Befriedigung empfand, um den Preis dieses Darlehens vor allem weiteren Eingehen auf meine Pläne bewahrt zu sein. Mußte auch mir nun die Durchführung dieses dritten Konzertes im Grunde nutzlos erscheinen, so erfreute dieses mich doch sowohl durch den guten Geist der Ausführung selbst, als durch die schöne Aufnahme von sei-

ten eines Publikums, welchem meine Agenten zwar auch diesmal noch zu einem volleren Anscheine hatte verhelfen müssen, das doch aber eine merkliche Zunahme an zahlenden Besuchern in sich schloß.
Mehr als der Unmut über diese, äußerlich betrachtet, verfehlte Konzertunternehmung wirkte jedoch in dieser Zeit die Wahrnehmung des außerordentlichen Eindruckes, welchen ich auf einzelne hervorgebracht, auf meine Stimmung. Unverkennbar hatte sowohl dieser Eindruck unmittelbar, als die hierüber sich äußernde Presse mittelbar ein außerordentliches Interesse mir zugewendet. Daß ich sämtlichen Journalen keine Einladungen zugestellt hatte, schien von allen Seiten als eine bewundernswürdige Kühnheit aufgefaßt zu werden. Die Haltung der Rezensenten war im allgemeinen von mir bestimmt vorausgesehen worden; nur erweckte es mein Bedauern, daß selbst solche, wie ein Herr *Franc-Marie*, Berichterstatter für die *Patrie*, welcher sich am Schlusse des ersten Konzertes in äußerster Ergriffenheit dankbar an mich gewendet hatte, dem Losungsworte der *Kameraderie* unweigerlich zu folgen sich genötigt sahen und schließlich so weit gebracht wurden, ihre mir in Wahrheit geneigte Gesinnung zu verleugnen. Ein wahrhaft ärgerliches Aufsehen erregte jedoch *Berlioz* mit einem anfänglich in gewundenen Ausdrücken sich abmühenden, schließlich in offenbar perfide Suppositionen sich ergehenden Artikel im *Journal des Débats*. Diesem, als meinem alten Freunde, entschloß ich mich sein schlechtes Benehmen nicht so leicht hingehen zu lassen und antwortete ihm mit einem Briefe, welchen ich mit höchster Mühe in ein gutes Französisch übersetzen sowie mit einiger Beschwerde in das *Journal des Débats* einrücken ließ. Es schien nun, daß gerade dieser Brief solche, auf welche mein Konzert selbst bedeutend gewirkt hatte, in einem sehr lebhaften Sinne mir zuwendete. Unter diesen meldete sich bei mir ein Herr *Perrin*, vormaliger Direktor der *Opéra comique*, jetzt vermögender Schöngeist und Maler, später jedoch Direktor der Großen Oper. Dieser hatte »Lohengrin« und »Tannhäuser« in Deutschland gehört und erging sich in Äußerungen, welche mich annehmen ließen, er würde, wenn er hierfür in die Lage komme, es sich zum Ehrenpunkte machen, diese Werke nach Frankreich überzusiedeln. – In gleicher Lage der Bekanntschaft mit meinen Opern durch deutsche Aufführungen befand sich ein Graf *Foucher de Careil*, welcher mit mir ebenfalls in einen auszeichnenden andauernden Verkehr trat. Dieser hatte sich durch verschiedene Publikationen über deutsche Philosophie, namentlich durch eine Herausgabe des Leibniz in Ansehen gesetzt, und es konnte mir nicht uninteressant sein, durch seine Gesellschaft mit einer ehrenwerten und von mir bisher durchaus ungekannten Seite des französischen Geistes in Berührung gebracht zu werden.
Übergehe ich einige flüchtige Bekanntschaften, welche mir diese Zeit zuführte und unter denen ein russischer Graf *Tolstoi* sich besonders vorteilhaft auszeichnete, so habe ich nun des vorzüglichen Eindruckes auf mich zu gedenken, welchen der Romancier *Champfleury* durch eine hinreißende lie-

benswürdige Broschüre, deren Gegenstand ich und meine Konzerte waren, auf mich machte. In anscheinend flüchtig hingeworfenen Aphorismen war hier eine so große Empfindung von meiner Musik und selbst meiner Persönlichkeit ausgesprochen, wie ich sie zuvor ähnlich nur in *Liszts* Auslassungen über »*Lohengrin*« und »*Tannhäuser*«, seitdem aber in dieser prägnanten und schwungvollen Art nie wieder erfahren habe. Meine hierauf folgende persönliche Bekanntschaft mit *Champfleury* führte mir einen sehr einfachen und in einem gewissen Sinne gemütlichen Menschen zu, dessengleichen sonst nur selten, und zwar als einer aussterbenden Gattung der französischen Bevölkerung zugehörend, angetroffen werden dürfte.

In ihrer Art noch bedeutender war aber die Annäherung des Dichters *Baudelaire* an mich. Diese eröffnete sich durch einen Brief an mich, worin er mir seine Eindrücke von meiner Musik als auf einen Menschen, der durchaus nur Farben-, aber keinen Tonsinn gehabt zu haben glaubte, bewirkt hätte. Seine in der seltsamsten Phantastik mit bewußter Kühnheit sich bewegenden Auslassungen hierüber zeigten mir in ihm sofort im mindesten einen Menschen von sehr ungewöhnlichem Geiste, welcher mit ungestümer Energie den von mir empfangenen Eindrücken in ihren weitesten Konsequenzen folgte. Seiner Namensunterschrift fügte er die Angabe seiner Wohnung nicht bei, um, wie er erklärte, mich nicht zu dem Gedanken zu verleiten, er wolle etwas von mir. Es versteht sich, daß ich auch ihn aufzufinden wußte und ihn demjenigen Kreise von Bekannten einreihte, welchen ich von jetzt an die Abende des Mittwoch zu ihrem Empfange bei mir ankündigte.

Dies war mir von meinen älteren Pariser Bekannten, unter denen *Gaspérini* sich fortgesetzt treu erhielt, als den Pariser Gewohnheiten entsprechend angeraten worden; und so kam ich dazu, in meinem kleinen Häuschen der *rue Newton* ganz nach der Mode »Salon« zu halten, wobei sich *Minna*, trotzdem sie sich nur jämmerlich mit einigen französischen Brocken zu helfen vermochte, in einer sehr respektablen Stellung fühlte. Dieser Salon, an welchem auch *Olliviers* freundschaftlich teilnahmen, bevölkerte sich einige Zeit über durch immer zunehmende Affluenz. Hier fand sich auch eine ältere Bekannte, *Malwida von Meysenbug*, wieder zu mir, um fortan für das ganze Leben mir nahe befreundet zu werden. Ich war ihr zuvor ein einziges Mal, und zwar während meines Aufenthaltes in London (1855), persönlich begegnet, nachdem sie bereits früher mit enthusiastischer Zustimmung sich mir über mein Buch »Das Kunstwerk der Zukunft« brieflich zu erkennen gegeben hatte. Damals in London, wo wir uns eines Abends bei einer Familie *Althaus* zusammenfanden, traf ich sie noch von all den Wünschen und Entwürfen für die Vervollkommnung des menschlichen Geschlechts erfüllt an, zu denen ich durch jenes Buch mich selbst bekannt hatte, von welchen ich aber jetzt, namentlich unter der Anleitung *Schopenhauers*, durch die Erkenntnis der tiefen Tragik der Welt sowie der Nichtigkeit ihrer

Erscheinungen in einem fast gereizten Sinne abgewendet worden war. Es war mir peinlich, bei meinen Diskussionen hierüber von der enthusiastischen Freundin nicht verstanden zu werden und ihr geradesweges als Renegat einer edlen Sache zu erscheinen. Wir schieden in großer Verstimmung. Jetzt erschrak ich fast, *Malwida* wieder in Paris anzutreffen: gar bald löschte sich aber jede peinliche Erinnerung an jene Londoner Debatten aus, als sie mir sofort mit der Erklärung entgegenkam, daß der damalige zwistige Disput auf sie den entscheidenden Erfolg gehabt hätte, welcher sie bestimmte, sich unverzüglich mit der *Schopenhauer*schen Philosophie bekannt zu machen. Nachdem ihr dies durch das ernstlichste Studium gelungen, sei sie allerdings zu der Einsicht gelangt, daß ihre damals geäußerten und heftig behaupteten Ansichten über Weltbeglückung ihrer Seichtigkeit wegen mich mit großem Verdruß erfüllt haben müßten. Sie erklärte sich jetzt als meine eifrigste Bekennerin und faßte dieses Bekenntnis sogleich im Sinne einer um all mein Wohlergehen allerernstlichst besorgten Freundin auf. Wenn ihr, welche ich dem Anstande gemäß zunächst in die Stellung einer Freundin zu meiner Frau zu bringen hatte, das schreckliche Mißbehagen unseres nur noch scheinbar ehelichen Zusammenlebens auf den ersten Blick nicht entgehen konnte und sie gegen die aus dem Wahrgenommenen resultierenden Übelstände mit herzlicher Fürsorge einzuschreiten sich angelegen sein ließ, so blieb es ihr auch alsbald nicht verborgen, in welcher schwierigen Lage ich bei meinen fast ziellosen Unternehmungen, bei gänzlich mangelnder materieller Sicherung meiner Existenz, in Paris mich befand. Die großen Unkosten, in welche die gegebenen drei Konzerte mich gebracht, waren endlich niemandem, der sich um mich bekümmerte, unbekannt geblieben; auch *Malwida* hatte bald erraten, in welchen Schwierigkeiten ich mich befand, da nach keiner Seite eine Aussicht sich eröffnen wollte, welche als ein praktischer Erfolg meiner bisherigen Unternehmungen und als ein Ersatz der ihnen gebrachten Opfer angesehen werden konnte. Ganz aus eigenem Antriebe fühlte sie sich verpflichtet, an eine Hilfe für mich zu denken, und suchte diese in der mir zu verschaffenden Bekanntschaft einer Mme *Schwabe*, der Witwe eines reichen englischen Kaufmannes, in deren Hause sie als Erzieherin der älteren Tochter ein Unterkommen gefunden hatte. Sie verhehlte sich und mir nicht, welch üble Zumutung mir mit der Pflege dieser Bekanntschaft gestellt war; dennoch hielt sie sich an die von ihr angenommene Gutmütigkeit dieser ziemlich grotesken Frau sowie an die Eitelkeit derselben, welche mir die Auszeichnung des Besuches meines Salons gewiß zu vergelten suchen werde. In Wahrheit waren alle meine Subsistenzmittel zu Ende; und diese schlimme Lage zu verleugnen erhielt ich den Mut einzig durch den Abscheu, den ich empfand, als ich erfuhr, man gehe unter den Deutschen von Paris damit um, durch eine anzustellende Sammlung mich für die Unkosten meiner Konzerte zu entschädigen. Bei der Nachricht hiervon schritt ich sofort mit der Erklärung ein, daß jene Annahme meiner Bedürftigkeit infolge von Verlusten auf einem falschen Gerüchte beruhe und ich jede Bemühung in diesem Sinne ablehnen müsse. Mme *Schwabe*, welche sich regelmäßig in meinen Soireen einfand und ebenso regelmäßig beim Musizieren einschlief, fand sich nun aber veranlaßt, durch die sorgsame *Meysenbug* mir ihre persönliche Hilfe anbieten zu lassen. Diese erstreckte sich auf etwa 3000 Franken, welche mir in diesem Augenblick allerdings auf das äußerste nötig waren; da ich das Geld nicht geschenkt annehmen wollte, stellte ich der Dame, welche dies in keiner Weise verlangte, freiwillig über die empfangene Summe einen Wechsel auf ein Jahr aus, welchen sie in der Annahme, einzig meinem Gefühle dadurch Genüge zu tun, nicht aber ihrerseits Rechte auf Wiedererstattung sich zu sichern, gutmütig akzeptierte. Als späterhin wirklich die Zeit der Fälligkeit dieses Wechsels erschien, wendete ich mich, da andererseits meine Lage mir die Einlösung desselben durchaus unmöglich machte, an die in Paris verbliebene *Meysenbug*, um bei der seitdem wieder auswärts sich befindenden Besitzerin des Papiers sich für die Erneuerung desselben durch Verlängerung auf ein neues Jahr zu verwenden: diese entgegnete mir nun mit ernstlicher Überzeugung, ich solle mir doch selbst diese geringe Mühe ersparen, da die *Schwabe* die mir übergebene Summe nie anders als eine freiwillige Beisteuer zum Gelingen meiner Pariser Unternehmung, für welches sie ernstlich Interesse zu empfinden sich geschmeichelt hätte, angesehen habe. Wir werden späterhin erfahren, welche Bewandtnis es damit hatte.

Ebenso überrascht als gerührt war ich, in dieser seltsam aufgeregten Zeit das Huldigungsgeschenk eines Dresdner Bürgers *Richard Weiland* zugeschickt zu erhalten; es war eine nicht kunstlose Silberarbeit, ein von einem Lorbeerkranze umgebenes Notenblatt darstellend, auf welchem die Anfangstakte von Hauptthemen aus meinen Opern bis zu »Rheingold« und »Tristan« eingegraben waren. Der bescheidene Mann besuchte mich später einmal und erklärte mir, daß er fast unausgesetzt den Aufführungen meiner Opern an verschiedenen Orten nachgereist sei, bei welchen Gelegenheiten er von der Prager Aufführung des »Tannhäuser« im Gedächtnis erhalten hatte, daß dort die Ouvertüre zwanzig Minuten gedauert, während sie unter meiner Leitung in Dresden nur zwölf in Anspruch genommen hatte.

In einer anderen Weise sehr freundlich anregend erwies sich für mich eine Berührung mit *Rossini*, welchem ein Witzreißer für die Journale ein *bonmot* untergeschoben hatte, wonach er seinem Freunde *Caraffa*, als dieser sich für meine Musik erklärte, bei einem Diner den Fisch ohne Sauce serviert und dies damit erklärt haben sollte, daß ja sein Freund auch die Musik ohne Melodie liebe. Hiergegen protestierte nun *Rossini* in einem öffentlichen Schreiben sehr förmlich und ernsthaft, erklärte das ihm untergelegte *bonmot* für eine »mauvaise blague« und bezeugte zugleich, daß er derartige Scherze sich nie in betreff eines Mannes erlauben würde, den er darin begriffen sehe, das Gebiet seiner Kunst zu erweitern. Nachdem ich hiervon

Kenntnis erhalten, zögerte ich keinen Augenblick, *Rossini* meinen Besuch zu machen, und ward von ihm in der Weise freundlich empfangen, wie ich dies später in einem meinen Erinnerungen an *Rossini* gewidmeten Aufsatze beschrieben habe. – Nicht minder war ich auch erfreut, im Betreff meines alten Bekannten *Halévy* zu erfahren, daß er in dem Streite über meine Musik freundlich für mich Partei genommen hatte. Über meinen Besuch bei ihm sowie die bei dieser Gelegenheit gepflogene Unterhaltung verweise ich auf meinen früheren, bereits vorgreifend gegebenen Bericht.

Bei allen diesen mehrerenteils freundlichen und ermunternden Begegnungen wollte dennoch aber nichts herauskommen, was für die Gestaltung meiner Lage einer sicheren Aussicht geglichen hätte. Immer noch mußte ich darauf gespannt bleiben, ob mir auf mein an den Kaiser *Napoleon* deshalb gerichtetes Gesuch ein Bescheid gegeben und die Mittel der Großen Oper zu einer Wiederholung meiner Konzerte mir zugewiesen werden würden. Denn nur hieraus, nämlich wenn ich gar keine Kosten zu tragen hatte, konnte mir auch ein immer nötiger werdender Vorteil erwachsen. Es blieb ausgemacht, daß der Minister *Fould* mit höchster Leidenschaftlichkeit beim Kaiser mir entgegenstehe. Da ich nun hiergegen die sehr überraschende Erfahrung gemacht, daß der Marschall *Magnan* meinen sämtlichen drei Konzerten beigewohnt hatte, durfte ich bei diesem Herrn, gegen welchen der Kaiser aus den Zeiten des zweiten Dezember her besondere Verbindlichkeiten hatte, auf eine nicht ungünstig zu verwertende Teilnahme für mich schließen. Da ich es durchaus darauf absah, dem mir höchst widerwärtig gewordenen Herrn *Fould* etwas anzuhaben, meldete ich mich daher bei dem Marschall und hatte infolgedessen die große Überraschung, eines Tages einen Husaren an meinem Hause anreiten zu sehen, welcher vom Pferde herab die Klingel anzog und meinem erstaunten Diener das Schreiben *Magnans* überreichte, in welchem dieser mich zu sich beschied. In der Kommandantur von Paris empfing mich demzufolge der bis zur Verwogenheit stattliche Militär: dieser unterhielt sich sehr verständig mit mir, indem er mir seinen Gefallen an meiner Musik unverhohlen bezeugte, und hörte meinen Bericht über die so auffallend zwecklosen Versuche, welche ich beim Kaiser angestellt, sowie auch die Kundgebung meines Verdachtes in bezug *Foulds* mit wahrhaftiger Aufmerksamkeit an. Mir ward später berichtet, er habe noch am gleichen Abende in den Tuilerien *Fould* sehr bestimmt in meinem Betreff zur Rede gestellt.

Jedenfalls bleibt es gewiß, daß ich von jetzt an immer bestimmtere Anzeichen einer Wendung meiner Angelegenheiten von dieser Seite her erfuhr. Das Entscheidende trug sich aber zu, als von einer mir bisher gänzlich unbeachtet gebliebenen Seite her zu meinen Gunsten eine Bewegung sich kundgab. *Bülow*, welcher, von der Teilnahme an dem Ausgange aller dieser Dinge gefesselt, seinen Aufenthalt in Paris immer noch verlängert hatte, war hier mit Empfehlungsbriefen der damaligen Prinzessin-Regentin von

Preußen an den Gesandten Grafen *Pourtalès* angekommen gewesen. Seine Erwartung, von diesem Herrn endlich selbst den Wunsch, daß ich ihm vorgestellt werden möchte, ausgedrückt zu sehen, blieb bisher unerfüllt. Um ihn zur Bekanntschaft mit mir zu nötigen, griff er endlich zu dem Mittel, den preußischen Gesandten nebst seinem Attaché, Grafen *Paul Hatzfeld*, zu einem Déjeuner bei dem vorzüglichen Restaurant *Vachette*, zu welchem ich ihn begleiten sollte, einzuladen. Mit einem sonderbaren Lächeln zeigte er mir dann die Billetts der beiden Grafen, worin diese ihm mit großer Bereitwilligkeit die Annahme der Einladung anzeigten. *Bülow* sorgte vor allem dafür, daß das von ihm angenommene Hauptreizmittel für die Willfährigkeit der Herren, nämlich eine besonders leckere Bewirtung, nicht ausbliebe. Der Erfolg dieser Zusammenkunft war allerdings ganz nach Wunsch; namentlich erfreute mich Graf *Pourtalès* durch große Einfachheit und ungeheuchelte Wärme seiner Unterhaltung wie seines Benehmens gegen mich. Von jetzt an besuchte mich Graf *Hatzfeld*, wohnte auch meinen Mittwoch-Empfängen bei und überbrachte endlich Botschaften im Sinne einer am Hofe der Tuilerien vorgehenden Bewegung zu meinen Gunsten. Endlich ersuchte er mich, mit ihm den Grafen *Bacciochi*, den Oberstkämmerer des Kaisers, zu besuchen. Von diesem erhielt ich dann die ersten Anzeichen einer Antwort auf mein früheres Gesuch an den Kaiser: es hieß da, warum ich denn auf ein Konzert in der Großen Oper bestünde; ein solches interessiere ja niemanden ernstlich und könnte mir keinen weiteren Erfolg bringen; es wäre dagegen vielleicht besser, wenn man dem Direktor dieses kaiserlichen Institutes, Herrn *Alphonse Royer*, eine Verständigung mit mir über eine für Paris zu komponierende Oper anempfehle. Da ich hiervon nichts hören wollte, blieben mehrere solche Konferenzen fruchtlos; zu einer derselben begleitete mich jedoch *Bülow*, bei welcher Gelegenheit wir an dem wunderlichen Herrn Grafen, den *Belloni* in seiner Jugend als Billett-Kontrolleur an der *Scala* in Mailand fungierend gekannt haben wollte, die lächerliche Bemerkung machten, daß er, vermutlich infolge nicht sehr ehrenwerter körperlicher Gebrechen, gewisse willenlose krampfhafte Bewegungen seiner Hand nur durch beständiges Spielen mit einem Stöckchen zu verbergen bemüht war, welches er mit scheinbarer Künstlichkeit an sich auf und ab springen ließ. Auch nach diesem Beginne eines unmittelbaren Verkehrs mit der kaiserlichen Behörde schien es in meiner Angelegenheit zu fast gar nichts kommen zu wollen, als eines Vormittags Graf *Hatzfeld* mich mit der Nachricht überraschte, der Kaiser habe am vergangenen Abende den Befehl zur Aufführung meines »*Tannhäuser*« erteilt. Die entscheidende Veranlassung hierzu sei von der Fürstin *Metternich* gegeben worden. Diese sei, als man soeben in der Umgebung des Kaisers über mich sich unterhalten habe, hinzugetreten, und, vom Kaiser um ihre Meinung befragt, habe sie, welche die Oper in Dresden gesehen hatte, mit solch herausforderndem Enthusiasmus sich über den »*Tannhäuser*« geäußert, daß der Kaiser ihr sofort das Versprechen gegeben habe, den Befehl zur Aufführung desselben zu erteilen. Zwar sei *Fould*, dem noch am selben Abende der kaiserliche Befehl zuging, in höchste Wut hierüber ausgebrochen; *Napoleon* habe ihm aber bedeutet, er könne nicht zurück, denn er habe der Fürstin *Metternich* sein Wort gegeben. Nun wurde ich denn wieder zu *Bacciochi* geführt, welcher mich diesmal mit sehr ernster Miene empfing, zunächst aber die sonderbare Frage nach dem Sujet meiner Oper an mich richtete. Ich mußte ihm dieses in Kürze mitteilen, und als ich zu Ende war, fuhr er befriedigt auf: »Ah! Le pape ne vient pas en scène? C'est bon! On nous avait dit que vous aviez fait paraître le Saint-Père, et ceci, vous comprenez, n'aurait pas pu passer. Du reste, monsieur, on sait à présent que vous avez énormément de génie; l'empereur a donné l'ordre de représenter votre opéra.« Er versicherte mich des weiteren, alles würde mir zu Gebote gestellt werden, um meine Wünsche zu befriedigen; ich solle mich fortan hierüber einzig mit dem Direktor *Royer* in das Vernehmen setzen.

Diese Wendung der Dinge brachte mich in eine dumpfe Verwirrung, da meine innere Stimme zuallernächst mir nur die seltsamen Mißverständnisse bezeichnete, welchen ich sie zu verdanken hatte. Allerdings war mir jede Hoffnung geschwunden, meinen ursprünglichen Plan, meine Werke mit einer ausgewählten deutschen Truppe in Paris aufzuführen, verwirklicht zu sehen, und ich durfte mir nicht verbergen, daß ich jetzt auf das gute Glück eines Abenteuerers angewiesen war. Einige Unterredungen mit dem Direktor *Royer* genügten, um mich über den Charakter der mir zugeführten neuen Unternehmung aufzuklären. Er hatte keine angelegentlichere Sorge, als mich von der Notwendigkeit einer Umänderung des zweiten Aktes zu überzeugen, weil hier die Einführung eines großen Balletts unumgänglich sei. Auf diese und ähnliche Zumutungen gab ich so gut wie gar keine Antwort und frug, heimkehrend, mich nur, was ich nun anfangen sollte, wenn ich mich entschlösse, der Aufführung meines »Tannhäuser« in der Großen Oper geradeswegs zu entsagen.

Hierzu nahmen mich andere, unmittelbar meine Lage berührende Sorgen drängend genug ein, um ihrer Abhilfe zunächst meine ganze Tätigkeit zuzuwenden. In diesem Sinne beschloß ich, ein von *Giacomelli* eingeleitetes Unternehmen, meine Konzerte in *Brüssel* zu wiederholen, zuallernächst auszuführen. Mit dem dortigen *Théâtre de la Monnaie* war eine Übereinkunft für drei Konzerte, deren Einnahme nach Abzug aller Kosten zur Hälfte mir überlassen sein sollte, abgeschlossen worden. In Begleitung meines Agenten reiste ich nun am 19. März nach der belgischen Hauptstadt, um zu versuchen, ob es mir gelingen würde, dort einigen Ersatz für mein an den Pariser Konzerten verlorenes Geld zu gewinnen. Unter der Anleitung meines Mentors sah ich mich genötigt, allerhand Zeitungsredaktoren, unter anderen belgischen Sommitäten aber auch Herrn *Fétis père* aufzusuchen. Von diesem wußte ich, daß er bereits vor Jahren von *Meyerbeer* gegen mich sich hatte erkaufen lassen; es war mir nun unterhaltend, mit diesem autoritätisch sich gerierenden Menschen in eine Art von Diskussion zu geraten, in welcher er schließlich gänzlich als gleicher Ansicht mit mir sich kundgab. – Hier machte ich aber auch die merkwürdige Bekanntschaft des Staatsrats *Klindworth*, dessen Tochter oder, wie manche wissen wollten, Gattin, mir schon früher, als ich mich in London aufhielt, von *Liszt* empfohlen worden war; dort war sie jedoch damals nicht eingetroffen und ich hatte nun das Vergnügen, mich hier in Brüssel zu meiner Überraschung von ihr eingeladen zu sehen. Während sie sich außerordentlich zuvorkommend um mich bemühte, sorgte Herr *Klindworth* selbst für eine unerschöpfliche Unterhaltung aus den Erfahrungen seiner wunderlichen Laufbahn als diplomatischer Agent in allerhand mir undeutlich gebliebenen Interessen. Ich speiste mehreremal bei ihnen und ward dort mit Graf und Gräfin *Coudenhove*, letztere die Tochter meiner älteren Freundin Frau *Kalergis* bekannt. Herr *Klindworth* zeigte sich hierbei stets im höchsten Grade für mich eingenommen, so daß er eine Empfehlung an den Fürsten *Metternich*, dessen Vater er besonders nahegestanden zu haben erklärte, mir aufzudringen für nötig hielt. – Nur als mich bei einer letzten Unterhaltung seine bei aller sonstigen Frivolität seiner Maximen mich befremdende Berufung auf die alles lenkende »Vorsehung« zu einer ärgerlichen Replik stimmte, verlor er alle Fassung, so daß ich bereits glaubte, er sei im Begriffe, vollkommen mit mir zu brechen; eine Befürchtung, welche sich aber für jetzt und selbst in späteren Zeiten nicht erfüllen zu wollen schien. – Außer dieser interessanten Bekanntschaft gewann ich in Brüssel jedoch nichts als Kummer und nutzlose Anstrengung. Das erste Konzert war bei aufgehobenem Abonnement stark besucht: allein die infolge einer von mir mißverstandenen Klausel auf mich allein fallenden Kosten der eigentlichen musikalischen Aufführung wurden von der Direktion so stark berechnet, daß auf meinen Gewinnanteil fast gar nichts fiel; dies sollte nun das zweite Konzert ausgleichen; dieses ging aber im Abonnement vor sich; da sich außer den Abonnenten, von denen man mir sagte, daß sie eigentlich das ganze Haus besetzten, bezahlende Besucher nur spärlich eingefunden zu haben schienen, kam auch diesmal nicht so viel für mich heraus, daß ich die durch die Begleitung eines Agenten und Dieners verstärkten Reise- und Aufenthaltskosten damit decken konnte. Hierauf beschloß ich denn, dem Versuch eines dritten Konzertes zu entsagen, und reiste, von Mme *Street*, eben jener Tochter *Klindworths*, mit einer böhmischen Glasvase beschenkt, in nicht besonders erfreulicher Laune nach Paris zurück. Doch hatte dieser Aufenthalt durch einen von hier aus unternommenen sehr kurzen Ausflug nach *Antwerpen* mich doch einigermaßen zerstreut. Durchaus nicht in der Stimmung, die spärlich hierfür mir gegönnte Zeit zur Besichtigung von Kunstschätzen zu verwenden, hatte ich mich mit dem äußeren Anblicke der Stadt, welcher mir weniger Altertümliches bot, als ich es vermutet hatte, begnügt. Sehr verdrießlich jedoch blieb ich durch meine Enttäuschung über die Lage der berühmten Zitadelle gestimmt. Ich hatte zugunsten der Szene des ersten Aktes meines »*Lohengrin*« angenommen, diese Zitadelle, welche ich mir als die alte Burg von Antwerpen dachte, böte jenseits der Schelde einen irgendwie hervorragenden Punkt dar; statt dessen nun nichts als eine unterschiedslose Fläche mit in die Erde eingegrabenen Befestigungen zu erkennen war. Bei späteren Aufführungen des »Lohengrin«, welchen ich beiwohnte, mußte ich nun gewöhnlich über die auf stattlichem Berge im Hintergrunde sich erhebende Burg des Theaterdekorateurs lächeln.

Ende März nach Paris zurückgekehrt, hatte ich zunächst wohl nichts weiter als meine gänzlich von Mitteln entblößte und dabei aussichtslose Lage zu bedenken. Ich mußte mir unter dem Drucke dieser Sorgen um so sonderbarer vorkommen, als in meinem Hause, wo ich mir nichts davon merken ließ, infolge meiner aufsehenerregenden Situation sich eine völlige Vogue einstellte; die Mittwochsempfänge wurden immer glänzender, interessante Fremde suchten sie auf, um durch mich zu gleicher Fortune zu gelangen; Fräulein *Ingeborg Stark*, die nachherige Gattin des jungen *Hans von Bronsart*, stellte sich mit hinreißender Eleganz bei uns ein, um das Klavierspiel zu besorgen; Fräulein *Aline Hund* aus Weimar trat ihr bescheiden zur Seite; ein äußerst begabter junger französischer Musiker, *Camille Saint-Saëns*, nahm in sehr erfreulicher Weise an der musikalischen Unterhaltung teil, und zu meinen übrigen französischen Bekanntschaften hatte sich eine der wertvollsten, diejenige des Herrn *Frédéric Villot* gesellt. Diesen *Conservateur des tableaux du Louvre*, einen sehr zarten und feingebildeten Herrn, hatte ich im Laden des Musikhändlers *Flaxland*, mit welchem ich in nicht unwichtigen Verkehr getreten war, eines Tages angetroffen, als er dort soeben sich nach der Ankunft der von ihm bestellten Partitur des »*Tristan*« erkundigte; hierüber ganz erstaunt, hatte ich ihn, nachdem ich ihm vorgestellt und davon unterrichtet worden war, daß er bereits die Partituren meiner früheren Opern besäße, nach der Möglichkeit, aus meinen dramatischen Kompositionen einen Genuß zu ziehen, gefragt, da ich nicht begreifen wollte, wie er, ohne der deutschen Sprache mächtig zu sein, gerade über diese Musik, welche so ganz mit der Dichtung zusammenhänge, sich Aufklärung verschaffen konnte; nachdem er mir hierauf die geistvolle Antwort gegeben, daß gerade meine Musik ihm als beste Anleitung zum Verständnis auch meiner Dichtung gedient hätte, faßte ich eine ernstliche Zuneigung zu diesem Mann und blieb fortan sehr erfreut, mich mit ihm in anregender Berührung erhalten zu können. So glaubte ich späterhin ein sehr ausführliches Vorwort zu der Übersetzung meiner Operndichtungen keinem Würdigeren als ihm widmen zu können. Die Partituren meiner Opern, die er selbst nicht zu spielen verstand, ließ er sich durch den zuvor genannten, wie es scheint von ihm protegierten jungen Musiker *Saint-Saëns* vorführen. Die Fertigkeit und das Talent *Saint-Saëns'* lernte ich hierüber nun auch bis zu meinem wahrhaften Erstaunen kennen; mit einer ganz unübertrefflichen Sicherheit und Schnelligkeit im Überblicke der kompliziertesten Orchester-Partituren verband dieser junge Mann ein nicht minder bewundernswürdiges Gedächtnis; er wußte meine Partituren, zu welchen sich nun auch der »Tristan« gesellte, nicht nur aus dem Kopfe zu spielen, sondern auch die wesentlichen wie minder wesentlichen Einzelheiten derselben hierbei mit einer solchen Genauigkeit anzugeben, daß man glaubte, er sähe die Partitur immer deutlich vor seinen Augen. Später erfuhr ich wohl, daß sich zu dieser stupiden Rezeptivität bei Erfassung alles technischen Materiales der Musik keine intensive Produktivität bei ihm entwickeln wollte, so daß ich ihn unter seinen fortgesetzten Versuchen, als Komponist aufzutreten, mit der Zeit gänzlich aus den Augen verlor.

Jetzt hatte ich denn nun auch mit dem Direktor der Großen Oper, Herrn *Royer*, in nähere Vernehmung zu treten und zwar im Betreff der ihm befohlenen Aufführung des »Tannhäuser«. Es vergingen hierbei zwei Monate, ehe ich mir darüber klarwurde, ob zu der ganzen Sache Ja oder Nein zu sagen sei. Bei keiner Unterredung mit jenem Manne blieb die Ermahnung, an ein Ballett im zweiten Akte zu denken, unberührt; ich betäubte aber überzeugte ihn nie durch meine Beredsamkeit. – Zunächst konnte ich mich aber nicht weigern, an eine brauchbare Übersetzung der Dichtung zu denken.

Im Betreff dieser Arbeit war es bereits sonderbar unstet zugegangen. Nachdem, wie ich schon früher berichtet, Mr *de Charnal* hierfür sich als unfähig erwiesen, *Roger* mir andauernd aus den Augen geschwunden war, *Gaspérini* aber auch keinen rechten Ernst für die Übernahme dieser Arbeit mir bezeigt hatte, stellte sich ein Herr *Lindau* (wie ich mich zu entsinnen glaube, mit dem Vornamen *Paul*) bei mir ein, welcher mir mit Zuversicht erklärte, er getraue sich mit Hinzuziehung des jungen *Edmond Roche* die rechte Übersetzung vom »Tannhäuser« zustande zu bringen. Dieser *Lindau*, aus dem Magdeburgischen gebürtig und vor dem preußischen Militärdienst flüchtig geworden, war mir von *Giacomelli*, als der von ihm für den Vortrag des »*Etoile du soir*« in einem meiner Konzerte engagierte französische Sänger plötzlich absagte, als sehr geübter Stellvertreter empfohlen worden. Er hatte sich sogleich bereit erklärt, ohne Probe den »ihm sehr vertrauten Vortrag« jenes Gesangstückes zu übernehmen, was mich dazu bestimmte, ihn für ein vom Himmel mir gesandtes Genie zu halten. Nichts glich dagegen meinem wahrhaften Erstaunen über die unerhörte Frechheit dieses Menschen, welcher mit der dilettantenhaftesten Scheu, ohne auch nur einen Takt des Gesanges deutlich vernehmen zu lassen, am Abende des Konzertes seiner Aufgabe in einer Weise sich entledigte, daß wiederum nur das Erstaunen des Publikums über diesen unbegreiflichen Vorgang den lauten Ausbruch eines allgemeinen Unmutes zurückzuhalten schien. Nichtsdestoweniger wußte sich *Lindau*, welcher für seine Untat allerhand Erklärungen und Entschuldigungen vorzubringen verstand, in meinem Hause, wenn auch nicht als glücklicher Sänger, so doch als teilnehmender Freund sich einzuführen und, namentlich auf seine bald gewonnene Beliebtheit bei *Minna* hin, als fast täglicher Gast sich zu behaupten; weniger seinen Versicherungen, daß er über enorme Konnexionen disponiere, als seiner ausgesuchten Gefälligkeit bei allen nur möglichen Besorgungen verdankte er jedoch die wirkliche Nachsicht, welche ich ihm trotz beständigem innerem Widerstreben gegen seine Bekanntschaft angedeihen ließ.

Was mich nun aber für den Gedanken, ihn an einer Übersetzung des »Tannhäuser« teilnehmen zu lassen, bestimmte, war seine Anrufung der Mitarbeiterschaft des jungen *Edmond Roche*.

Mit diesem war ich sogleich nach meiner Ankunft in Paris (im September des verflossenen Jahres) in außerordentlicher und einnehmender Weise bekanntgeworden. Um mein damals von Zürich mir nachgesandtes Mobiliar in Empfang zu nehmen, hatte ich mich auf den Büros der Douane einzufinden; dort ward ich an einen bleichen, dürftig aber lebhaft aussehenden jungen Menschen gewiesen, mit welchem ich meine Angelegenheit zu erledigen hatte; als ich ihm meinen Namen nennen wollte, unterbrach er mich enthusiastisch: »O, je connais bien Mr *Richard Wagner*, puisque j'ai son portrait suspendu au-dessus de mon piano.« Ganz erstaunt frug ich dieser Bekanntschaft näher nach und erfuhr, daß er wirklich durch genaues Studium der Klavierauszüge meiner Opern zu meinem enthusiastischen Anhänger geworden war. Nachdem er mir zunächst mit der aufopferndsten Gefälligkeit meine verdrießlichen Geschäfte auf der Douane abzumachen geholfen hatte, mußte er mir versprechen, mich zu besuchen; dies geschah, und ich konnte nun näher in die kümmerliche Lage dieses armen Menschen blicken, welcher mir, soweit ich dies zu beurteilen mich getrauen durfte, Zeugnisse für eine edle poetische Begabung beibrachte, außerdem mir erzählte, daß er auch als Violinist in den Orchestern der kleinen Vaudeville-Theater sich durchzuhelfen gesucht habe, hierbei aber in jeder Hinsicht so elend daran gewesen sei, daß er in Rücksicht auf seine Familie (denn er war schon verheiratet) eine geringe aber dennoch mit festem Gehalte und Aussicht auf Avancement verbundene Büroanstellung vorziehen mußte. Von seiner innigen Bekanntschaft mit meiner Musik konnte ich mich wirklich überzeugen; er behauptete, sie biete ihm den einzigen Trost für sein trauriges Leben. Im Betreff seiner dichterischen Elaborate konnten mir *Gaspérini* und andere Kompetente nichts anders aussagen, als daß sie zum mindesten schöne Verse darböten. Bereits hatte ich an ihn für die Übersetzung des »Tannhäuser« gedacht, und da jetzt das einzige Gebrechen, welches ihn an dieser Arbeit verhindern mußte, nämlich seine Unkenntnis der deutschen Sprache, durch *Lindaus* Hinzuziehung gehoben schien, sprach die Möglichkeit einer solchen Übereinkunft sofort für die Annahme des Vorschlages dieses letzteren.

Zuallernächst kamen wir überein, eine schlichte Prosaübersetzung des ganzen Sujets, welche ich natürlich *Lindau* allein aufzugeben hatte, in das Werk zu setzen. Ehe ich diese zur Hand bekam, war eine sonderbare Zögerung eingetreten, deren Grund mir späterhin dadurch erklärt wurde, daß *Lindau* nicht einmal diese trockene Übersetzung anzufertigen verstand und sie einem armen Menschen, einem Franzosen, der aber Deutsch verstand, gegen ein für jetzt vorgespiegeltes und mit der Zeit mir abzupressendes Honorar aufgedrängt hatte. Zugleich hatte *Roche* einige Hauptstrophen meiner Dichtung in Verse gebracht, welche mir sehr gefielen, und mit diesen beiden Zeugnissen der Tüchtigkeit meiner Mitarbeiter stellte ich mich nun bei *Royer* ein, um seiner Zustimmung zu einem Auftrage an jene mich zu versichern. Es schien diesem nicht recht zu sein, daß ich zwei unbekannte Menschen hierfür bestellen wollte; doch behauptete ich, jedenfalls erst gründliche Versuche vornehmen zu müssen. Hartnäckig darauf bedacht, *Roche* den Auftrag nicht zu entziehen, beteiligte ich, der ich alsbald mich von *Lindaus* vollständiger Unfähigkeit zu jeder Mithilfe überzeugte, in angestrengtester Weise mich an der Arbeit. Oft saßen die beiden vier Stunden lang bei mir, um nur ein paar Verse zustande zu bringen, bei welcher Gelegenheit ich gewöhnlich in die Versuchung kam, *Lindau*, welcher nicht einmal das Verständnis des deutschen Textes verriet, dennoch aber jederzeit mit den unverschämtesten Vorschlägen bei der Hand war, zur Türe hinauszuwerfen. Nur weil ich für jetzt nicht wußte, wie ich dem armen *Roche* den Anteil an seiner Arbeit erhalten konnte, hielt ich jedoch unter fortgesetztem Ärger die unsinnige Assoziation aufrecht.

Diese qualvolle Arbeit hielt mehrere Monate an, während welcher ich andrerseits mit *Royer* nun näher über die Vorbereitungen zur Aufführung des »Tannhäuser«, namentlich im Betreff der Besetzung der Partien, zu verkehren hatte. Es mußte mich seltsam dünken, daß fast keiner der Sänger der Großen Oper hierfür vom Direktor in Vorschlag gebracht wurde; wirklich waren sie alle auch mir selbst unsympathisch, mit Ausnahme einer Mme *Gueymard*, welche ich gerne zur Venus verwendet hätte, die mir aber (aus mir unklar gebliebenen Gründen) abgeschlagen wurde. Um übrigens gewissenhaft das vorhandene Personale zu mustern, hatte ich jetzt mehrere Male Vorstellungen von Opern wie »Favorite«, »Trovatore« und »Semiramis« beizuwohnen, bei welchen Gelegenheiten mir allerdings die innere Stimme so deutlich den Irrweg zeigte, auf welchen ich mich getrieben fand, daß ich beim Nachhausegehen mich stets entschlossen zu fühlen glaubte, dem ganzen Vorhaben mit Bestimmtheit zu entsagen. Dagegen verführte mich immer wieder die unverhohlene Freimütigkeit, mit welcher *Royer*, der hierzu autorisiert war, mir die Herbeiziehung jedes irgend von mir gewünschten Sängers anbot. In diesem Betreff handelte es sich vor allem um einen Tenoristen für die Hauptpartie: ich konnte hierfür auf keinen andern als auf den von allen Seiten mir so sehr gerühmten *Niemann* in Hannover verfallen. Selbst Franzosen wie *Foucher de Careil* und *Perrin*, welche ihn gerade in meinen Partien gehört hatten, bestätigten seine besondere Tüchtigkeit; dem Direktor erschien eine solche Akquisition unter allen Umständen höchst wünschenswert für sein Theater, und so ward *Niemann* jetzt eingeladen, zu dem Zwecke des Abschlusses eines Engagements sich in Paris einzufinden. Außerdem wünschte Herr *Royer*, daß ich mich für das Engagement einer Mme *Tedesco*, welche »tragédienne« sei und besonders ihrer Schönheit wegen dem Repertoire der Oper sehr nützlich sein würde, mich zu erklären, da er keine Bessere als diese zur Venus vorschlagen könne. Ich gab, ohne die Dame zu kennen, diesem vortrefflichen Ratschlage meine Zustimmung, erklärte mich übrigens mit dem Engagement eines Fräulein *Sax*, einer noch unverdorbenen jungen Sängerin mit sehr schöner Stimme, sowie eines italienischen Baritonisten *Morini*, dessen sonores Organ mir bei einer jener von mir besuchten Aufführungen, im Gegensatz zu den krankhaften Sängern dieses Genres der französischen Oper, aufrichtig gefallen hatte, einverstanden und hatte somit für jetzt alle nötig dünkenden Vorkehrungen, wie es schien nach bestem Ermessen, in Wahrheit aber ohne allen inneren Glauben an die Sache besorgt.

Während dieses Verkehres verstrich mein siebenundvierzigster Geburtstag unter mehr als mißmutigen Stimmungen, denen einzig am Abende dieses Tages ein besonders helles Leuchten des Jupiter eine ahnungsvolle Wendung gab. Die angebrochene schöne Jahreszeit, welche dem geschäftlichen Verkehr in Paris nie günstig ist, trug zur Steigerung meiner Nöte bei: ich war und blieb fortgesetzt ohne Aussicht auf die Möglichkeit, mir die Mittel zur Bestreitung meines ziemlich kostspielig gewordenen Haushaltes zu verschaffen. Unter allen übrigen Beklemmungen fortwährend bemüht, hierfür Rat zu suchen, hatte ich mich auch mit dem Musikhändler *Flaxland* in einen Verkauf meiner für Frankreich so weit als möglich zu verwertenden Eigentumsrechte an den Opern »Der fliegende Holländer«, »Tannhäuser« und »Lohengrin« eingelassen. Der hierüber abgeschlossene Kontrakt besagte, daß der Verleger mir sofort 1000 Franken für jede der drei Opern auszahlen sollte, dagegen weitere Zahlungen erst nach den Aufführungen derselben auf einem Pariser Theater, und zwar mit 1000 Franken nach den ersten zehn und abermals so viel nach den darauf bis zur zwanzigsten folgenden Repräsentationen mir in Aussicht gestellt wurden. Von diesem Vertrag gab ich sogleich meinem alten Freunde *Pusinelli*, zu dessen Gunsten im Betreff der Zurückzahlung seiner früher für die Herausgabe meiner Opern mir geliehenen Kapitale ich beim Verkaufe derselben an *Mesers* Nachfolger dies stipuliert hatte, Nachricht, indem ich ihn zugleich bat, die Erstattung der ersten Akontozahlung *Flaxlands* mir zu erlassen, da ich eben, um jene Opern in Paris noch zur Möglichkeit einer Rentabilität zu bringen, mich jetzt mittellos bemühen müßte. Der Freund genehmigte in allem meine Verfügung. Desto widerwärtiger benahm sich dagegen der

Dresdner Verleger, welcher sofort sich über Beeinträchtigung seiner Eigentumsrechte auch für Frankreich beklagte und hierdurch *Flaxland* in der Weise belästigte, daß dieser fortan wiederum gegen mich Schwierigkeiten zu erheben sich als berechtigt vorgeben konnte.

Fast war ich auch auf diesem Wege nur in neue Widerwärtigkeiten geraten, ohne mir eine irgendwie ausreichende Hilfe zu gewinnen, als eines Tages Graf *Paul Hatzfeld* bei mir erschien, um mich zu bitten, Mme *Kalergis*, welche soeben in Paris angekommen sei, zu besuchen und von ihr Mitteilungen in Empfang zu nehmen. Ich sah die Dame seit meinem Aufenthalte mit *Liszt* im Jahre 1853 in Paris zum ersten Male wieder und wurde von ihr mit der Erklärung empfangen, daß sie um so mehr bedauere, bei meinen im vergangenen Winter gegebenen Konzerten nicht zugegen gewesen zu sein, als sie dadurch die Gelegenheit verloren habe, mir zur rechten Zeit in beschwerlichen Umständen behilflich zu sein. Sie erfahre, daß ich hierbei große Verluste erlitten habe, welche man ihr auf 10 000 Franken angebe, und sie ersuche mich nun, den Ersatz hierfür von ihr anzunehmen. Hatte ich zuvor es für schicklich erachten müssen, dem Grafen *Hatzfeld*, da man mit jener widerwärtigen Kollekte sich auch an die preußische Gesandtschaft gewandt hatte, jene Verluste geradeswegs zu leugnen, so fand ich jetzt nicht den mindesten Grund dafür, vor der großherzigen Frau mich zu verstellen. Es war mir, als ob sich nur etwas erfüllte, was ich von je erwarten zu dürfen mich berechtigt wähnte; und ich empfand hiergegen sofort nur das einzige Bedürfnis, dieser seltenen Frau ebenfalls zu erwidern, wenigstens ihr etwas sein zu können. Alle meine Beunruhigungen, welche mir der fernere Umgang mit ihr verursachte, entsprangen aus der Unbefriedigung dieses einen Wunsches, in welchem der sonderbare Charakter und der unstete Lebenslauf derselben mich erhielt. Für jetzt versuchte ich aber sogleich ihr irgend etwas zu erweisen, was ihr jenen Wunsch als einen wahrhaftigen bewähren sollte. Ich improvisierte eigens für sie eine Audition des zweiten Aktes von »Tristan«, bei welcher Mme *Viardot*, die ich mir bei dieser Gelegenheit näher befreundete, mit mir gemeinschaftlich die Gesangpartien übernehmen sollte, während ich für das Klavierspiel eigens *Klindworth* aus London auf meine Kosten mir kommen ließ. Diese sehr merkwürdige intime Aufführung ging im Hause der *Viardot* vor sich; außer Madame *Kalergis*, für welche sie einzig stattfand, war nur *Berlioz* noch zugegen. Für seine Hinzuziehung hatte sich Mme *Viardot* ganz besonders verwendet, wie es schien in der sehr bestimmten Absicht, die zwischen mir und *Berlioz* entstandenen Verstimmungen zu verwischen. Welchen Eindruck die unter solchen Umständen vor sich gehende Aufführung dieses exzentrischen Fragments auf die Beteiligten und Anwesenden hinterließ, ist mir undeutlich geblieben; Mme *Kalergis* blieb stumm, *Berlioz* äußerte sich einzig anerkennend über die »Chaleur« meines Vortrages, der sich allerdings von dem meiner Assistentin, welche alles meist nur mit halber Stimme andeutete, merklich genug unterscheiden mochte. Von der hieraus entstehenden Situation schien besonders *Klindworth* zu großem Unmut berührt worden zu sein; er hatte sich zwar seiner Aufgabe vortrefflich entledigt, erklärte aber bei der Wahrnehmung des Benehmens der *Viardot*, welche vermutlich aus Rücksicht auf den anwesenden *Berlioz* zu jener Lauheit im Vortrage ihrer Partie bestimmt worden sei, vor Ärger sich verzehrt zu haben. Dagegen empfanden wir größere Befriedigung, als wir eines Abends bei mir den ersten Akt der »Walküre« vornahmen, bei welcher Aufführung diesmal, außer Mme *Kalergis*, auch der Sänger *Niemann* zugegen war.

Dieser war nämlich auf die Einladung des Direktors *Royer* um des Abschlusses eines Kontraktes willen nach Paris gekommen. Leider war diesmal sein Eindruck auf mich sogleich beim ersten Wiedersehen nicht von der günstigen Art gewesen wie damals, als er mich vor mehreren Jahren zuerst in Zürich besucht hatte: ich erschrak über den rohen Zynismus, der ihm zu eigen geworden und mit welchem er sogleich unter der Haustüre mit der Frage: »Nun, wollen Sie mich oder nicht?« sich vorstellte. Hiergegen hatte er sich bei unserem gemeinschaftlichen Besuche im Büro des Direktors vortrefflich zusammengenommen, um einen guten Effekt zu machen, welcher denn auch nicht ausblieb, da alle Welt über das Phänomen erstaunt war, einen Tenoristen von solch übermäßiger Leibesbeschaffenheit anzutreffen. Dennoch hatte er sich zu einer scheinbaren Audition zu bequemen, für welche er die Erzählung der Pilgerfahrt des Tannhäuser, auf der Szene der Großen Oper von ihm agiert und gesungen, gewählt hatte. Mme *Kalergis* und Fürstin *Metternich*, welche im geheimen dieser Probe beigewohnt hatten, waren, wie nicht minder die Mitglieder der Direktion, sogleich enthusiastisch für *Niemann* eingenommen worden. Er wurde für acht Monate mit einem monatlichen Gehalte von 10 000 Franken engagiert, und es galt dieses Engagement einzig der Aufführung des »Tannhäuser«, da ich gegen ein vorheriges Auftreten des Sängers in anderen Opern Protest einlegen zu müssen glaubte.

Es war eben der Abschluß dieses Engagements, welcher im Betracht der außerordentlichen Umstände, unter denen auch dieses zustande kam, mich mit einem bisher unbekannten Gefühle einer Macht, die mir plötzlich zugeteilt war, erfüllte. Auch mit der Protektorin des ganzen Unternehmens, als welche unverkennbar die Fürstin *Metternich* angesehen werden mußte, war ich jetzt in näheren Verkehr getreten und fand mich von ihrem Manne sowie von den weiteren gesandtschaftlichen Kreisen, welchen beide angehörten, mit einer auszeichnenden Wärme aufgenommen. Namentlich der Fürstin schien man einen allmächtigen Einfluß an dem kaiserlichen Hofe von Frankreich zusprechen zu müssen; der sonst so einflußreiche Staatsminister *Fould* konnte in den Angelegenheiten, die mich betrafen, nichts mehr gegen sie ausrichten. Ich war von ihr angewiesen, für alle meine Wünsche mich stets nur an sie zu wenden: sie würde alles durchzusetzen wissen, was ihr um so mehr am Herzen läge, als sie wohl sähe, daß ich selbst zu der ganzen Unternehmung noch kein rechtes Vertrauen habe.

Unter diesen Auspizien schien sich der Sommer bis zum Herbst, wo die Proben beginnen sollten, ganz erfreulich für mich anzulassen. Es war mir von Wert, gerade jetzt in dem Stande zu sein, für *Minnas* Gesundheit, welcher eine Kur im Bade Soden bei Frankfurt dringend anempfohlen war, gemächlich sorgen zu können; sie reiste anfangs Juli dahin ab, und ich versprach ihr nach Ablauf ihrer Kurzeit, bei Gelegenheit eines jetzt mir ermöglichten Besuches am Rhein, sie von dort abzuholen.

In meinen Beziehungen zum Könige von Sachsen, welcher bisher aus »juristischen Gründen« hartnäckig meiner Amnestierung widerstrebt hatte, war jetzt nämlich eine Wendung zum Besseren eingetreten. Ich verdankte diese der wachsenden Teilnahme der übrigen deutschen Gesandtschaften, namentlich der österreichischen und preußischen, für mich. Herr von *Seebach*, der sächsische Gesandte und Gatte einer Kusine meiner großherzigen Freundin *Kalergis*, welcher mir sich ebenfalls in recht herzlicher Weise teilnahmsvoll erwies, schien es nicht länger ertragen zu haben, von seinen Kollegen über meine so anstößige Lage als »politischer Flüchtling« interpelliert zu werden. Er hatte es demgemäß für seine Angelegenheit gehalten, beim Sächsischen Hofe zu meinen Gunsten zu vermitteln. Hierzu schien auch von der damaligen Prinzessin-Regentin von Preußen, wiederum durch Vermittelung des Grafen *Pourtalès*, wohlgesinnt mitgewirkt zu werden. Ich erfuhr, daß bei einer in Baden stattgefundenen Zusammenkunft der deutschen Fürsten mit Kaiser *Napoleon* ein gewichtiges Wort von ihr beim Könige von Sachsen eingelegt worden sei. Nach der Beseitigung von allerlei lächerlichen Bedenken, welche Herr von *Seebach* mir hatte vortragen müssen, eröffnete dieser mir endlich, daß der König *Johann* mich zwar nicht amnestieren, somit auch die Rückkehr in das Königreich Sachsen mir nicht gestatten könne, jedoch gegen meinen Aufenthalt in den übrigen deutschen Bundesstaaten, welche ich etwa zu künstlerischen Zwecken besuchen möchte, sobald von ihrer Seite kein Bedenken dagegen aufkäme, fortan nichts einzuwenden haben würde. Herr von *Seebach* empfahl mir selbst an, bei meinem ersten Besuche der Rheinländer der Prinzessin-Regentin von Preußen mich vorzustellen, um ihr meinen Dank für ihre Fürsprache auszusprechen, woran dem Könige von Sachsen selbst gelegen zu sein schiene.

Ehe ich zur Ausführung dieses Vorsatzes kam, hatte ich mit meinen Übersetzern des »Tannhäuser« noch die quälendsten Mühen zu überstehen. In dieser sowie allen vorangegangenen Beschwerden befand ich mich wiederum in meinem alten Zustande des Leidens, welches namentlich im Unterleibe seinen Sitz zu haben schien. Hiergegen verordnete man mir das Reiten; es fand sich ein freundlicher junger Mann, der Maler *Czermak*, welchen Fräulein *Meysenbug* mir zugeführt hatte und der sich jetzt erbot, bei den mir verordneten Reitübungen behilflich zu sein. Ich hatte hierzu bei einem Pferdeverleiher ein Abonnement zu nehmen, infolge dessen mir und meinem Genossen eines Tages die ausbedungenen geduldigsten Pferde des Stalles zugeführt wurden, auf welchen wir nun mit möglichster Vorsicht einen Ritt in das *Bois de Boulogne* wagten. Wir wählten hierzu die Vormittagsstunden, um nicht mit den eleganten Kavalieren der hohen Welt zusammenzutreffen. Da ich mich auf *Czermaks* Erfahrung verlassen hatte, war ich nun erstaunt, bei dieser Gelegenheit ihn, wenn nicht an Reitkunst, doch jedenfalls an Mut zu übertreffen, da ich den allerdings äußerst beschwerlichen Trab meines Tieres ertrug, während er mit lauten Deprekationen sich gegen Wiederholung dieser Übung erklärte. Kühn gemacht, beschloß ich nun eines folgenden Tages allein auszureiten; der Stallknecht, welcher mir das Pferd gebracht hatte, behielt mich bis zur Barrière de l'Etoile im Auge, jedenfalls gespannt darauf, ob ich mit dem Pferde über diese Gegend hinauskommen würde: als ich mich der Avenue de l'Impératrice näherte, weigerte sich auch mein Schimmel hartnäckig weiterzuschreiten, bog seitwärts und rückwärts aus, blieb wiederum stehen, bis ich mich endlich zur Umkehr entschloß, welcher glücklicherweise der vernünftige Stallknecht vorsorglich entgegenkam; er half mir auf offenem Platze vom Rosse und führte dieses lächelnd heim. Hiermit war mein letzter Versuch, es im Reiten zu etwas zu bringen, für alle Zeiten beendigt; er kostete mich zehn erworbene Abonnements, welche unbenutzt in meinem Pulte verblieben.

Dafür erquickten mich fortan die einsamen Fußpromenaden im *Bois de Boulogne*, auf denen mich das Hündchen *Fips* munter begleitete und auf welchen ich von neuem die Vortrefflichkeit dieser Kulturanlage schätzen lernte. Auch sonst war es um mich stiller geworden, wie dies immer der Sommer in Paris mit sich bringt. *Bülow*, seitdem er den unerhörten Erfolg seines Déjeuners bei *Vachette* an dem kaiserlichen Befehle zur Aufführung des »Tannhäuser« miterlebt, hatte sich bereits vorlängst nach Deutschland zurückbegeben, und auch ich trat nun im August den wohlvorbereiteten Ausflug nach den deutschen Rheingegenden an, wo ich zunächst über Köln mich nach Koblenz wendete, um die dort vermutete *Augusta* von Preußen aufzusuchen. Ich erfuhr jedoch, daß sie sich in Baden aufhalte, und schlug somit den Weg über Soden ein, wo ich *Minna* mit der seit einiger Zeit von ihr angeworbenen Freundin *Mathilde Schiffner* zur Weiterreise abholte. Hierbei berührten wir Frankfurt, wo ich meinen ebenfalls durchreisenden Bruder *Albert* seit Dresden zum ersten Male wiedersah.

Hier besann ich mich darauf, daß ich mich am Wohnorte *Arthur Schopenhauers* befände; eine sonderbare Scheu hielt mich von einem Besuche bei ihm ab; meine Stimmung war viel zu zerstreut und von alledem abliegend, was in einem Gespräche mit *Schopenhauer*, selbst wenn ich mich ihm ernstlich gewachsen gefühlt hätte, den einzigen Punkt ausmachen konnte, um dessenwillen andrerseits eine Begegnung mit *Schopenhauer* mir wichtig sein mußte. Wie mit so vielem in meinem Leben es mir ergangen ist, verschob ich eine der wichtigsten Angelegenheiten desselben auf die sehnsüchtig erhoffte *andere* Zeit, welche nun endlich bald wohl erscheinen würde! Im Betreff *Schopenhauers* dünkte mich wohl, daß schon ein Jahr nach diesem flüchtigen Besuche Frankfurts, als ich mich in dieser Gegend für länger niederließ, um meine »Meistersinger« auszuführen, diese Zeit gekommen wäre: doch war *Schopenhauer* gerade in diesem Jahre gestorben, – was mich zu einem selbstvorwurfsvollen Nachdenken über die Unberechenbarkeit des Schicksals stimmte.

Dagegen ward bereits jetzt eine andere Hoffnung mir zunichte; ich hatte mir nämlich geschmeichelt, *Liszt* zu einem Zusammentreffen mit mir hier in Frankfurt bestimmen zu können: dort jedoch fand ich nur den Brief, worin er mir anzeigte, daß die Erfüllung meiner Bitte ihm unmöglich sei. – Von hier aus wendeten wir uns gerade nach Baden-Baden, wo, während *Minna* mit ihrer Freundin sich dem Reize der Verführung durch das Roulettspiel aussetzte, ich mich vermittelst eines Empfehlungsbriefes des Grafen *Pourtalès* an Gräfin *Hacke*, Hofdame Ihrer Königl. Hoheit, um einen Empfang bei meiner hohen Gönnerin bewarb. Nach einigem Zögern erhielt ich von ihr den Bescheid, ich möge sie nachmittags um fünf Uhr in der Trinkhalle aufsuchen. Es war ein naßkalter Tag, die ganze Umgebung des Lokales um diese Zeit wie ausgestorben, als ich mich der verheißungsvollen Trinkhalle zuwandte, in welcher *Augusta* mit Gräfin *Hacke* auf und ab schritt und huldvoll anhielt, als sie an mir vorüberkam. Der höchst anmutige Eindruck, den sie mir an jenem Abende in ihrer Loge des Berliner Hoftheaters, als ihr Gemahl mich ihr vorstellte, gemacht hatte, war jetzt in keiner Weise von mir wiederzugewinnen; sie sprach auffallend affektiert und erinnerte mich hierin an ihren erhabenen Bruder, den Großherzog von Weimar, welchen ich vor einigen Jahren in Luzern kennengelernt hatte. Außerdem bestand ihr Vortrag fast lediglich in Beteuerungen ihrer gänzlichen Machtlosigkeit nach jeder Seite hin, gegen welche ich, unvorsichtig genug, des mir von seiten des Königs von Sachsen gegebenen Winkes, bei ihr der mir gewährten Vergünstigung wegen mich zu bedanken, erwähnte. Dies schien sie offenbar zu verdrießen, und sie entließ mich unter sehr banalen Bezeigungen einer ziemlich gewöhnlichen Teilnahme. Später sagte mir meine alte Freundin *Alwine Frommann*, sie wisse nicht, was der Prinzessin an mir mißfallen haben müßte, vielleicht sei es meine sächsische Aussprache gewesen. – Für diesmal verließ ich somit das sonst so gepriesene Paradies von Baden, ohne irgendeinen freundlichen Eindruck mit mir zu nehmen, bestieg mit *Minna* allein in Mannheim das Dampfschiff, welches mich zum ersten Male eine Rheinfahrt abwärts führte, wobei es mir in die Erinnerung kam, daß ich wiederholt den Rhein überschritten hatte, ohne diese so charakteristische Gedenkstraße des deutschen Mittelalters kennengelernt zu haben. Mit einer eiligen Zurückkehr über Köln beendigte ich diesen nur achttägigen Ausflug, um von jetzt an der Lösung des peinlich ernst sich gestaltenden Problems meiner Pariser Unternehmung mich zuzuwenden.

Was mir die Beschwerden, denen ich entgegenging, sehr erleichtern zu wollen schien, war das freundschaftliche Verhältnis, welches der junge Bankier *Emil Erlanger* mit mir einzugehen sich angelegen sein ließ. Ein sonderbarer Mensch, *Albert Beckmann*, ehemaliger hannöverischer Revolutionär, späterer Privatbibliothekar des Prinzen *Louis Napoleon*, jetzt Presseagent für verschiedene mir nicht klargewordene Interessen, hatte als erklärter Parteigänger für mich meine Bekanntschaft zu machen gewußt und sich hierbei stets ausnehmend gefällig bewiesen. Jetzt erklärte er mir, daß auch Herr *Erlanger*, für welchen er ebenfalls in Presseangelegenheiten tätig war, meine Bekanntschaft zu machen wünsche; ich war im Begriff, ihm dies rund abzuschlagen, indem ich ihm erklärte, von einem Bankier nichts nötig zu haben als sein Geld; diesem Scherze wurde sogleich mit der ernsten Versicherung erwidert, daß eben in dem ersichtlich mir nötigen Sinne *Erlanger* mir nützlich zu werden wünsche. Ich lernte infolgedessen einen wirklich recht angenehmen Menschen kennen, welcher zunächst von einer wirklichen Liebe zu meiner Musik, die er in Deutschland häufig gehört hatte, zu teilnehmender Gesinnung für mich bestimmt worden war. Er trug mir unverhohlen seinen Wunsch vor, meine finanziellen Geschäfte ihm von mir übergeben zu erhalten, worunter zunächst wohl nichts anderes zu verstehen war, als daß er sich zu den für die Dauer mir nötig werdenden Subsidien verpflichten wolle, wogegen ich ihm alle meine aus Pariser Unternehmungen resultierenden Einnahmen zur Verwaltung übergeben sollte: es läge ihm daran, so sagte er, in Paris als mein Bankier zu gelten. Dieses Anerbieten war mir so neu, als es andrerseits meiner eigentümlichen Lage zutreffend entsprach; wirklich hatte ich nach dieser Seite meines finanziellen Bestehens hin bis zur Entscheidung meiner ganzen Pariser Situation keine Belästigungen mehr zu bestehen. War auch der Umgang mit Herrn *Erlanger* von all den Beschwerden begleitet, welche die bloße Gutartigkeit eines Menschen nicht aufzuheben vermag, so fand ich doch in ihm zu jeder Zeit einen treu ergebenen und für mein Wohlergehen sowie für das Gelingen meiner Unternehmung ernstlich besorgten Menschen.

Diese höchst befriedigende Wendung, welche unter andern Umständen mir wohl den besten Mut zu geben geeignet war, vermochte jedoch gegenüber einem Unternehmen, dessen gänzliche Hohlheit und Ungeeignetheit für mich fast bei jeder Berührung mit ihm mir klar aufgehen mußte, mir zu keiner Art freundlicher Stimmung zu verhelfen. Mit Mißmut ging ich an alles, was diese Unternehmung, welche andrerseits die Grundlage des mir erwiesenen Zutrauens war, fördern sollte. Nur vermochte eine neue Bekanntschaft, welche hierdurch mir zugeführt wurde, in angenehmer Weise mich abermals über den Charakter meines Vorhabens in eine ermunternde Unklarheit zu versetzen: Herr *Royer* erklärte mir, daß er die Übersetzung, welche ich unter unerhörten Bemühungen durch meine beiden Volontäre hatte zustande bringen lassen, nicht gelten lassen könne, und empfahl mir auf das angelegentlichste Herrn *Charles Truinet*, mit dem Autornamen *Nuitter*, zur gründlichen Umarbeitung derselben. Dieser noch junge Mann von ungemein einnehmendem, freundlich-offenem Wesen, hatte sich schon vor einigen Monaten auf die Empfehlung *Emile Olliviers*, dessen Kollege als *Avocat au barreau de Paris* er war, bei mir eingefunden, um mir seine Mithilfe zur Übersetzung meiner Opern anzubieten. Stolz auf meine Verbindung mit *Lindau* hatte ich ihn jedoch abgewiesen; jetzt war aber die Zeit gekommen, wo infolge der Erklärungen des Herrn *Royer* das erneuerte Anerbieten *Truinets* in Betracht gezogen werden mußte. Er verstand kein Deutsch, erklärte jedoch selbst hierfür an seinem alten Vater, welcher längere Zeit in Deutschland gereist und sich einiges Nötige von unserer Sprache angeeignet hatte, einen genügenden Rückhalt zu haben. In Wahrheit bedurfte es nach dieser Seite hin aber keiner besonderen Kenntnisse, da es wirklich nur darauf anzukommen schien, den Versen, welche der arme *Roche* unter der unverschämten Domination durch den alles besser wissen wollenden *Lindau* ängstlich zusammengebracht hatte, ein freieres französisches Ansehen zu geben. Mich nahm bald die unermüdliche Geduld, welche *Truinet*, um meinen Anforderungen auch in musikalischer Hinsicht zu entsprechen, auf immer neue Veränderungen verwendete, für diesen letzten Mitarbeiter ein. Von jeder Einmischung in diese neue Bearbeitung mußten wir fortan den als ganz unfähig erkannten *Lindau* entfernt halten, wogegen *Roche* insofern als Kollaborateur beibehalten wurde, als seine Arbeit zur Grundlage der neuen Versifizierung diente. *Roche*, der nur schwer von seinem Büro der Douane abkommen konnte, blieb des weiteren jeder Bemühung überhoben, da *Truinet* vollkommen frei war und sich täglich mit mir in Verbindung erhalten konnte. Ich ersah nun, daß sein Advokatentitel ihm nur als Schmuck diente und er nie daran dachte, einen Prozeß zu führen, wogegen er sein Interesse hauptsächlich der Administration der Großen Oper zuwendete, welcher er außerdem als Archivar derselben attachiert war. Bald mit diesem oder jenem Kameraden verbunden, arbeitete er aber auch an kleinen Theaterstücken für das *Vaudeville* und niedere Theater, ja selbst für die *Bouffes Parisiens*, über welchen Teil seiner Tätigkeit er jedoch mit großer Verschämtheit stets jeder Auskunft zu entgehen wußte. War ich ihm für die schließliche Einrichtung eines singbaren und allgemein als *akzeptabel* beurteilten Textes meines »Tannhäuser« recht verbunden, so entsinne ich mich doch nicht, von seinen poetischen, ja selbst ästhetischen Anlagen hingerissen worden zu sein; wogegen sein Wert als kundiger, warm und unbedingt ergebener Freund zu jeder Zeit, und namentlich der allerschlimmsten, immer deutlicher erkannt werden durfte. Ich entsinne mich kaum, je wieder einen Menschen von so zartem Urteil in den schwierigsten Dingen und dabei von so energischer Bereitwilligkeit, schließlich für die von mir behauptete Ansicht einzustehen, angetroffen zu haben.

Zunächst hatten wir gemeinschaftlich eine ganz neue Arbeit zu fördern.

Einem stets von mir gefühlten Bedürfnisse entsprechend, hatte ich nämlich die Veranlassung dieser sorgsam vorbereiteten Aufführung des »Tannhäuser« ergriffen, um die erste Szene der *Venus* in einem bedeutenden Sinne zu erweitern und zu vervollständigen. Hierzu verfaßte ich den Text in zwanglosen deutschen Versen, um dem Übersetzer die volle Freiheit einer geeigneten französischen Ausführung zu überlassen: man bezeugte mir, daß *Truinets* Verse nicht übel ausgefallen seien, und auf diese führte ich dann die Szene zuerst musikalisch aus, um später den deutschen Text der Musik schließlich anzupassen. – Außerdem hatten meine ärgerlichen Debatten mit der Direktion im Betreff eines großen Balletts mich dahin bestimmt, der einleitenden Szene des »Venusberges« ebenfalls eine bei weitem größere Ausdehnung als früher zu geben, wodurch nach meiner Meinung dem Ballettpersonale eine so ausschweifende choreographische Aufgabe gestellt sein sollte, daß man in dieser Hinsicht sich über meine Unwillfährigkeit nicht mehr zu beklagen haben möchte. Die musikalische Komposition der beiden Szenen beschäftigte mich nun während des Monates September in bedeutender Weise, während ich zugleich im Foyer der Großen Oper die Klavierproben zu »Tannhäuser« begann.

Das zum Teil für diesen Zweck neu engagierte Personal war jetzt versammelt, und es interessierte mich nun, den Charakter des Studiums eines neuen Werkes bei der französischen Oper kennenzulernen. Dieser läßt sich einfach bezeichnen durch: höchste Trockenheit bei außerordentlicher Genauigkeit; in beiden Hinsichten exzellierte der *Chef du Chant*, Mr *Vauthrot*, ein Mann, den ich, weil ich ihm nie eine warme Äußerung abgewann, für gegen mich feindselig halten zu müssen glaubte, der aber andererseits durch die peinlichste Sorgfalt hierfür mir bewies, wie ernst er es mit der Sache meine. Er bestand noch auf namhaften Korrekturen des Textes, zum Zwecke einer vorteilhaften Unterlegung unter den Gesang. Ich hatte mich durch die Kenntnis *Auber*scher und *Boieldieu*scher Partituren zu der Annahme verleiten lassen, daß die Franzosen gegen die Betonung stummer Silben in Poesie und Gesang gänzlich gleichgültig seien; *Vauthrot* behauptete, das seien nur die Komponisten, nicht aber gute Sänger. Seinen mannigfach aufstoßenden Bedenken im Betreff von Längen entgegnete ich mit der Bemerkung, daß ich nicht begriffe, wie man in der Oper mit irgend etwas das Publikum zu langweilen befürchten könne, nachdem man es daran gewöhnt habe, an der *Rossini*schen »Semiramis«, welche jetzt dort häufig gegeben wurde, Gefallen zu finden: hier sann er nach und gab mir recht, was die Monotonie der Handlung wie der Musik beträfe; nur vergäße ich, daß weder Handlung noch Musik bei solchen Aufführungen vom Publikum in Betracht gezogen würden, sondern alle Aufmerksamkeit des Publikums sich einzig auf die virtuose Leistung der Sänger richte. Auf diese war es nun beim »Tannhäuser« ebensowenig abgesehen, als sie mir anderenfalls auch irgendwie zu Gebote gestanden hätte; die einzige Virtuosin meines Personales war eine ziemlich groteske aber üppige Jüdin, Mme *Tedesco*, welche aus Portugal und Spanien von italienischen Operntriumphen zurückkehrte; sie schien offenbar sehr zufrieden, durch meine willenlose Wahl zur Venus zu einem Engagement an der Pariser Oper gelangt zu sein, und gab sich auch alle erdenkliche Mühe, die ihr gänzlich fremdartige, nur für eine wahrhafte Tragödin bestimmte Aufgabe so weit es möglich zu lösen, was eine Zeitlang wirklich zu einem guten Erfolge sich anzulassen schien, als in vielen Spezialproben mit *Niemann* es unverkennbar zu einer lebhaften Neigung zwischen »Tannhäuser« und »Venus« führte. Da *Niemann* auch mit großem Geschick sich der französischen Aussprache bemächtigte, nahmen diese Proben, in denen sich auch Fräulein *Sax* erfreulich bewährte, einen wahrhaft hoffnungerweckenden Fortgang, was für jetzt dadurch noch ungestört blieb, daß mir hierbei die Bekanntschaft des Herrn *Dietzsch* noch nicht nähertrat; denn dieser assistierte als *Chef d'orchestre* und zukünftiger Dirigent der Oper vorläufig, nach dem Herkommen des Institutes, nur erst den Klavierproben, um in ihnen sich genau mit den Intentionen der Sänger bekannt zu machen. Noch weniger störte mich Herr *Cormon*, der Regisseur der Oper, welcher ebenfalls bei den Proben zugegen war und von dem beiläufig sogenannte Setzproben, in welchen das Spiel der Szene bereits verabredet und angeordnet wurde, mit dem von den Franzosen gewohnten lebhaften Geschick geleitet wurden. Selbst wo dieser oder auch andere mich nicht verstanden, ordnete man sich doch immer willig meinen Entscheidungen unter, da ich stets noch für allmächtig angesehen wurde und jeder der Meinung war, ich könne durch die Fürstin *Metternich* alles durchsetzen, was ich wolle. Manches war geeignet, diesen Glauben zu bestärken: so hatte ich erfahren, daß Prinz *Poniatowsky* mit der Wiederaufnahme einer seiner durchgefallenen Opern dem Fortgange unserer Proben beschwerlich zu fallen drohe; meiner Klage hierüber entsprach die unerschrockene Fürstin sogleich durch die Auswirkung eines Befehles, nach welchem die prinzliche Oper zurückgelegt wurde, was mir natürlicherweise nicht eben die Freundschaft dieses Herrn gewinnen konnte, worüber mich ein Besuch bei ihm ziemlich deutlich aufklärte. –

Außerhalb dieser Beschäftigung ward ich zugleich durch einen Besuch meiner Schwester *Luise* und eines Teiles ihrer Familie zerstreut. Daß ich sie nur mit höchster Schwierigkeit bei mir bewirten konnte, lag in dem sonderbaren Umstande, daß es jetzt überhaupt lebensgefährlich geworden war, in meine Wohnung zu gelangen; es enthüllte sich jetzt nämlich, warum, als ich diese Wohnung mietete, der Wirt zwar auf einen längeren Kontrakt, durchaus aber auf keine Reparaturen in seinem Hause einging; denn es war bereits von der Pariser Umbaubehörde beschlossen, die *rue Newton* mit allen Dependenzien abzugraben, um von einer der Brücken aus einen breiten Boulevard nach der *Barrière de l'Etoile* hin anlegen zu können. Bis auf den letzten Augenblick wurde dieser Plan offiziell aber desavouiert, um hiermit sich die Entschädigungszahlungen für die zu expropriierenden Grundstücke so lange wie möglich zu ersparen. Zu meinem Erstaunen bemerkte ich, daß dicht an meiner Haustüre die Straße bis zu einer immer ansehnlicheren Tiefe abgegraben wurde; so daß, wenn man sie anfänglich nicht mehr mit Wagen passieren konnte, meine Wohnung endlich auch zu Fuß unerreichbar ward. Der Besitzer des Hauses hatte unter solchen Umständen gegen mein Verlassen der Wohnung nichts einzuwenden und verlangte nur, daß ich ihn um Entschädigung verklagen sollte, weil dies der einzige Weg sei, um seinerseits wiederum zur Verklagung des Gouvernements gelangen zu können. Meinem Freunde *Ollivier* war um diese Zeit wegen eines parlamentarischen Vergehens auf ein Vierteljahr die Ausübung seiner Advokatenpraxis untersagt worden; er wies mich nun für die Führung meines Prozesses an seinen Freund *Picard*, welcher, wie ich aus den späteren gerichtlichen Verhandlungen ersah, mit vielem Humor sich seiner Aufgabe entledigte. Dennoch blieb jede Entschädigung für mich (ob für den Propriétaire, weiß ich nicht) aus, und ich mußte mich einfach mit der Entbindung von meinem Mietkontrakte begnügen. Somit hatte ich die Erlaubnis, mich nach einer anderen Wohnung umzusehen, welche ich jetzt in geringer Entfernung von der Oper aufsuchte und dürftig und unfreundlich in der *rue d'Aumale* auffand. Bei rauhem Wetter vollzogen wir im Spätherbst den beschwerlichen Umzug, bei welchem *Luises* Tochter, meine Nichte *Ottilie*, mir als tüchtiges Kind freundlich behilflich war. Leider hatte ich mich hierbei aber stark erkältet, wogegen ich auch hier mich nicht schonte und von neuem mich den wachsenden Aufregungen der Proben aussetzte, bis mich endlich ein typhöses Fieber daniederwarf.

Wir waren im Monat November angelangt, meine zur Heimkehr genötigten Verwandten verließen mich im Zustande der Besinnungslosigkeit, und ich blieb nun der Behandlung meines Freundes *Gaspérini* überlassen, zu welchem ich aber in meinen Fieberparoxismen alle erdenklichen Hilfsärzte herbeigezogen verlangte, von denen auch wirklich Graf *Hatzfeld* wenigstens den Arzt der preußischen Gesandtschaft herbeibrachte. Das hiermit begangene Unrecht gegen meinen äußerst sorgsamen Freund beruhte keineswegs auf einem Mißtrauen gegen ihn, sondern es war dies eine Ausgeburt meiner Fieberphantasien, welche mein Gehirn nur mit den übermütigsten und üppigsten Phantasien erfüllten. Außerdem, daß in diesem Zustande Fürstin *Metternich* und Mme *Kalergis* mir eine vollständige Hofhaltung einrichteten, zu welcher auch der Kaiser *Napoleon* von mir eingeladen wurde, bestand ich in Wirklichkeit darauf, daß *Emil Erlanger* mir eine Villa bei Paris zur Verfügung stelle, wohin man mich bringen solle, da ich doch unmöglich in dem finsteren Neste, wo ich wirklich lag, mich wieder erholen können würde. Endlich aber bestand ich mit Entschiedenheit darauf, nach Neapel gebracht zu werden, wo ich mir im zwanglosen Umgange mit *Garibaldi* eine sofortige Genesung versprach. Gegen allen diesen Unsinn hielt *Gaspérini* tapfer aus; er und *Minna* bewältigten mich wütend sich Sträubenden, um mir die nötigen Senfpflaster auf die Fußsohlen zu applizieren. Oft sind mir in unruhigen Nächten meines späteren Lebens ähnliche eitel-hochmütige Phantasmen wiedergekehrt, welche ich beim Erwachen mit Grauen als den in jenem Fieberzustande entsprungenen verwandt erkannte. Nach fünf Tagen wurden wir des Fiebers Herr; nur schien ich jetzt erblinden zu wollen, und meine Schwäche war ungemein. Endlich wich wohl auch die Affektion der Sehkraft, und nach einigen Wochen getraute ich mich wieder die wenigen Straßen bis zur Oper dahinzuschleichen, um meiner Sorge für den Fortgang der Proben Genüge zu tun.

Hier schien man, mit den sonderbarsten Gefühlen in diesem Betreff, mich für dem Tode verfallen gehalten zu haben; ich erfuhr, daß die Proben ganz unnötigerweise bisher ausgesetzt worden waren. Des weiteren machte ich jetzt immer mehr Wahrnehmungen von einem inneren Verfalle dieser Angelegenheit, welche ich zunächst, da ich der Erholung zu sehr bedürftig war, mir zu verbergen gewaltsam mich bemühte. Ich erfreute mich dagegen mit sonderbarer Gelauntheit an der Publikation einer Übersetzung meiner vier bis dahin erschienenen Operndichtungen, welche ich mit einem sehr ausführlichen Vorworte, an Herrn *Frédéric Villot* gerichtet, eingeleitet hatte. Die Übersetzung von allem diesen hatte mir Herr *Challemel Lacour* besorgt, ein Mann, den ich als früheren politischen Flüchtling bei *Herwegh* in Zürich gelegentlich kennengelernt hatte und welcher mir nun als geistvoller Übersetzer so vortreffliche Dienste geleistet hatte, daß alle Welt über den Wert seiner Arbeit günstig urteilte. Den deutschen Urtext des Vorwortes hatte ich dem Buchhändler *J. J. Weber* in Leipzig unter dem Titel »Zukunftsmusik« zur Veröffentlichung übergeben. Auch die Broschüre gelangte jetzt an mich und erfreute mich als vermutlich einzige Ausbeute meiner ganzen, äußerlich so glänzend sich ausnehmenden Pariser Unternehmung. – Zugleich vermochte ich jetzt noch die neue Komposition zu »*Tannhäuser*« vollständig zu beendigen: von dieser war noch die große Tanzszene im *Venusberg* übriggeblieben, welche ich eines Morgens um drei Uhr nach durchwachter Nacht zum Schluß brachte, als gerade *Minna*, welche mit einer Freundin dem großen Ball des *Hôtel de Ville* beigewohnt hatte, von dort zurückkehrend in die Wohnung trat. Ihr besorgte ich außerdem ziemlich reiche Geschenke zur Weihnacht, während ich selbst auf den Rat meines Arztes fortfuhr, durch ein Beefsteak des Morgens und durch ein Glas bayerisches Bier vor Schlafengehen in meiner lange sich verzögernden Wiedergenesung mich zu stärken. Das Silvesterfest begingen wir jedoch in diesem Jahre nicht, wogegen ich ruhig in das neue Jahr 1861 hinüberschlief.

1861. Mit dem Beginn des neuen Jahres verwandelte sich auch die mit meiner Erkrankung eingetretene schlaffe Betreibung der Proben zu »*Tannhäuser*« in einer entschlossenere Inangriffnahme aller Akzidenzien der beabsichtigten Aufführung. Zugleich hatte ich aber auch zu bemerken, daß sich die Stimmung aller Beteiligten wesentlich verändert hatte. Die über die Gebühr zahlreichen Proben machten mir den Eindruck, als wenn man von seiten der Direktion mehr an die strikte Ausführung eines Befehles sich hielte, als durch eine Hoffnung auf einen guten Erfolg geleitet wäre. Und allerdings gewann ich jetzt immer mehr den Einblick in die wirkliche Lage der Dinge. Von seiten der Presse, welche ganz in *Meyerbeers* Händen war, wußte ich längst, was ich mir zu erwarten hatte. Auch die Direktion hatte jetzt, vermutlich nach mannigfachen Bemühungen, die Hauptführer der Presse geschmeidig zu stimmen, die Überzeugung gewonnen, daß von dieser Seite her das Wagnis meines »*Tannhäuser*« nur eine feindliche Aufnahme finden würde. Diese Einsicht drängte sich selbst den allerhöchsten Kreisen auf, und man schien von dieser Seite her nun auf Mittel zu sinnen, die in der *Oper* ausschlaggebende Partei des Publikums für mich zu gewinnen. Fürst *Metternich* lud mich eines Tages ein, dem neuen Staatsminister, Grafen *Walewsky*, von ihm mich vorstellen zu lassen; dies geschah mit einiger Feierlichkeit, welche sich namentlich in der an mich gerichteten sehr persuasiven Rede des Grafen kundgab, als dieser mich davon zu überzeugen suchte, daß man durchaus meine Fortune wünsche und mir den größten Sukzeß zu bereiten gedenke: ich habe dies, so schloß er, in meinen Händen, sobald ich mich dazu entschlösse, dem zweiten Akte meiner Oper ein Ballett einzufügen; es solle sich hierbei nicht etwa um ein geringes handeln: es wurden mir die allerberühmtesten Tänzerinnen von Petersburg und London vorgeschlagen, unter denen ich nur wählen sollte; ihr Engagement sei sofort beschlossen, sobald ich ihrer Mitwirkung meinen Erfolg anvertrauen wollte. Ich glaube, daß ich mit nicht mindrer Beredsamkeit erwiderte, als ich alle diese Propositionen ablehnte; daß ich damit aber gänzlich ohne Erfolg blieb, beruhte darauf, daß ich den Herrn Minister nicht zu verstehen schien, als er mir erklärte, ein Ballett im ersten Akte zähle für gar keines, weil diejenigen *habitués*, denen bei einem Opernabende einzig am Ballett es liege, neuerer Zeit erst um 8 Uhr dinierten und somit erst gegen 10 Uhr, also um die Mitte der Opernaufführung, das Theater zu besuchen gewohnt seien. Meiner Einwendung, daß, wenn ich diese Herrn mir nicht verpflichten könnte, ich dafür wohl auf einen andern Teil des Publikums im richtigen Sinne zu wirken vermöchte, entgegnete er mit unerschütterlicher Feierlichkeit, daß diese Herrn es einzig wären, auf deren Mithilfe zu einem guten Erfolge gerechnet werden könne, da sie Macht genug besäßen, selbst dem üblen Verhalten der Presse Trotz zu bieten. Als ich auch für diese Rücksicht taub blieb und mich erbot, lieber mein Werk gänzlich zurückzuziehen, ward mir wiederum mit großem Ernste versichert, durch den Befehl des Kaisers, welchen alle Welt auszuführen habe, sei ich Herr der Sache; man würde in allem meinen Wünschen nachkommen, wogegen er mir nur einen freundschaftlichen Rat erteilen zu müssen geglaubt habe.

Das Resultat dieser Unterredung machte sich mir nun bald in vielen Anzeichen bemerklich. Mit Feuer warf ich mich auf die Ausführung der großen und exzentrischen Tanzszenen des ersten Aktes, für welche ich jetzt auch den Ballettmeister *Petitpas* mir zu gewinnen suchte; ich forderte Unerhörtes, vom gewohnten Ballettwesen gänzlich Abliegendes; ich verwies auf die Tänze der Mänaden und Bacchanten und versetzte ihn hiermit nur in ein Erstaunen darüber, daß ich vermeinte, es würde so etwas, was er sehr wohl verstünde, mit seinen niedlichen Tanz-Eleven herauszubringen sein: denn, so eröffnete er mir, auf die eigentlichen Tänzerinnen der Oper hätte ich, da ich mein Ballett in den Anfang des ersten Aktes verlegt, doch wohl von selbst verzichtet; wogegen er mir nun einzig etwa das Engagement von drei ungarischen Tänzerinnen, welche bisher in den Féerien der *Porte St. Martin* getanzt hatten, für die drei Grazien anzubieten vermöchte. War es mir im Grunde recht, mit jenen vornehmen Ballettdamen nichts zu tun zu haben, so drang ich nun desto mehr darauf, daß das eigentliche Ballettkorps in eine bedeutende Bewegung gesetzt werde. Ich wollte das männliche Personal auf einen bedeutenden Fuß gebracht wissen, erfuhr aber, daß hierfür, außer einigen Schneidern, welche für monatlich 50 Franken während der Pas der Solotänzerinnen verlegen an den Kulissen figurierten, nichts aufzutreiben sei. Endlich wollte ich die Sache durch das Kostüm erzwingen und erbat mir hierfür bedeutende Vorlagen; nun erfuhr ich aber, nachdem ich durch manche Hinterhältigkeit ermüdet war, durch die aufrichtige Mitteilung meines treuen Freundes *Truinet*, daß die Direktion entschlossen sei, für das gänzlich verloren erachtete Ballett nicht einen Sou auszugeben. Dies war das erste der Anzeichen, welche mich bald darüber aufklärten, daß der »Tannhäuser« selbst in den Kreisen der Verwaltung bereits als vergebene Arbeit und verlorene Mühe aufgefaßt wurde.

Die hieraus sich ergebende Stimmung lastete von jetzt an mit immer zunehmendem Drucke auf allem, was zur Vorbereitung der stets sich verzögernden Aufführung unternommen wurde. Die Proben waren mit dem Beginne des Jahres bereits in das Stadium der szenischen Arrangements und Orchesterübungen eingetreten: hier ging alles mit einer Sorgfalt zu, welche mir anfangs sehr angenehm auffiel, bis sie mir endlich lästig wurde, weil ich einsah, daß durch ewiges Repetieren die Kräfte erschlafften, während ich mich jetzt getrauen durfte, wenn ich alles nach meiner Weise in die Hand genommen haben würde, die Sache schnell im besten Sinne an das Ziel zu bringen. Nicht aber die hieraus entstandene Ermüdung war es, welche den Hauptträger meines Werkes, den Sänger *Niemann*, schließlich seiner anfangs mit so hoffnungerweckender Energie erfaßten Aufgabe abwendig machte. Er, der einen Teil seiner Pariser Appointements an den Gewinn der Pariser Hauptkritiker wagen zu müssen für nötig erachtet hatte, war infolge dieser Bestechungsversuche darüber aufgeklärt worden, daß meinem Werke der Untergang geschworen sei und er persönlich sich nur durch Desertion sowie durch ein Auftreten in *Meyerbeer*schen Opern retten könne.

Von jetzt an verfiel er in eine Schwermut, welcher er mir gegenüber den Charakter des *Dämonischen* zu geben sich bemühte; er behauptete, nur noch schwarz sehen zu können, und brachte hierbei einiges ganz vernünftig Lautende hervor, nämlich eine Kritik des ganzen Institutes der *Oper* und ihres Publikums, die Beschaffenheit unseres Sängerpersonals, von welchem doch gewiß keiner in meinem Sinne für seine Rolle geeignet sei, und dazu alles das, was ich wohl selbst mir nicht verschweigen konnte, sobald ich, sei es mit dem *Chef du Chant*, dem Regisseur, Ballettmeister und Chordirektor, besonders aber dem *Chef d'orchestre* über mein Werk verkehrte. Vor allen Dingen bestand *Niemann*, welcher anfänglich die größte Vollständigkeit der zu gebenden Partie mit vollem Bewußtsein sich zum Gesetz gemacht hatte, auf Kürzungen; meinem Erstaunen hierüber entgegnete er, ich möchte doch nur ja nicht glauben, daß es auf diese oder jene Stelle ankommen würde; wir seien in einer Unternehmung begriffen, die nicht summarisch genug abgetan werden könnte. Als er auch die erneuete Hinweglassung jener von mir so wichtig erkannten Stelle im Adagio des zweiten Finales, welche er anfänglich in einigen Proben zur höchsten Ergriffenheit aller vorgetragen hatte, verlangte und ich diesem mich widersetzte, zeigte er mir brieflich an, er habe nicht Lust, seine Stimme und seinen Ruf um meinetwillen auf das Spiel zu setzen; wollte ich die Stelle nicht streichen, so sollte ich sie mir singen lassen von wem ich Lust hätte. Ich wußte von nun an, daß ich es mit einer vor Feigheit wild gewordenen Bestie zu tun hatte, und ließ meinen Ritter, der selbst nicht mehr mit *Venus* zu liebeln den Mut hatte, beiseite, ohne weiter mit ihm über seine Leistung zu verkehren.

Unter diesen wenig ermutigenden Umständen schleppte sich das Studium des »Tannhäuser« bis in die Nähe der sogenannten Generalproben hin. Von allen Seiten her strömten die Freunde meiner vergangenen Lebensjahre in Paris zusammen, um der »Glorie« der erwarteten ersten Aufführung beizuwohnen. Unter diesen befanden sich *Otto Wesendonk, Ferdinand Praeger*, der unselige *Kietz*, für welchen ich noch dazu Reise- und Aufenthaltskosten zu zahlen hatte, glücklicherweise aber auch Herr *Chandon* aus Epernay mit einem Korb »Fleur du jardin«, dieser seiner vorzüglichsten Champagnersorte, welche dem glücklichen Erfolge des »Tannhäuser« zugetrunken werden sollte. Aber auch *Bülow* kam, bedrückt und traurig von den Beschwerden seines eigenen Lebens, wie in der Hoffnung, an einem guten Erfolge meiner Unternehmung sich ermutigen und erfrischen zu können. Ich wagte nicht, ihm den von mir erkannten schlimmen Stand der Sache trocken mitzuteilen; im Gegenteil, da ich ihn so entmutigt sah, zeigte ich ihm gute Miene zum bösen Spiel; nur entging es ihm bei der ersten Probe, welcher er beiwohnte, selbst nicht, wie hier alles beschaffen war; auch ich verhehlte ihm nun nichts mehr, und so verblieben wir die Zeit bis zu den stets von neuem sich verzögernden Aufführungen in einem wehmütigen Verkehre, welchem bloß die seinerseits unablässig gemachten Anstrengungen, mir nützlich zu sein, eine lebendige Bewegung gaben. Auf welcher Stelle wir nur unser groteskes Unternehmen anfaßten, überall stießen wir auf Ungeeignetes, Unbefähigtes: so war es nicht möglich, die zwölf Waldhörner, welche in Dresden so kühn die Jagdrufe des ersten Aktes hatten erschallen lassen, im großen Paris zusammenzubringen; ich hatte hierüber mit einem schrecklichen Menschen, dem berühmten Instrumentenmacher *Sax*, zu verkehren, welcher mit allerhand Surrogaten von *Saxophons* und *Saxhorns* mir aushelfen mußte und außerdem noch mit der Direktion der Musik hinter der Szene amtlich betraut war. Es ist unmöglich geblieben, diese Musik je richtig spielen zu lassen.

Das eigentliche Hauptleiden entstand uns jedoch durch die in so hohem Grade, als wir sie jetzt erfanden, vorher nicht vermutete Unfähigkeit des Orchesterdirigenten Mr *Dietzsch*. In den bisher abgehaltenen zahllosen Orchesterproben hatte ich mich gewöhnt, dieses Menschen wie einer Maschine mich zu bedienen; von meinem gewöhnlichen Platze auf der Bühne, dicht vor seinem Pulte, hatte ich ihn mit dem Orchester zugleich dirigiert und hierbei vor allen Dingen meine *Tempi* in der Weise behauptet, daß ich keinen Zweifel darüber haben konnte, alles Angegebene würde auch nach meiner Entfernung von der Mitwirkung fest bestehen bleiben. Dagegen fand ich nun, daß, sobald *Dietzsch* sich selbst überlassen war, alles in das Schwanken geriet, indem nicht ein Tempo oder eine Nuance mit Bewußtsein und Sicherheit festgehalten wurde. Jetzt erkannte ich die äußerste Gefahr, in der wir schwebten. Wenn keiner der Sänger für seine Aufgabe geeignet war und somit durch ihre richtige Lösung eine wahrhaftige Wirkung hervorzubringen versprechen konnte; wenn der eigentliche Lebensnerv der jetzigen Pariser Aufführungen, das Ballett und selbst die brillante Ausstattung diesmal gar nicht oder doch nur in bescheidenem Sinne zu dem Ganzen mitwirken konnte; wenn der ganze Geist der Dichtung und das gewisse Etwas, was selbst bei den schlechtesten Aufführungen in Deutschland mein Werk dort das Publikum gewissermaßen anheimeln läßt, hier fremd und höchstens nur sonderbar berühren konnte: so war es schließlich der im Orchester prägnant sich aussprechende Charakter der Musik, welcher, wenn er energisch zum Ausdrucke kam, mit Bestimmtheit selbst auf ein Pariser Publikum Eindruck machen durfte. Gerade hier aber sah ich nun alles in ein farbloses Chaos sich verlieren und jede Linie der Zeichnung sich verwischen; außerdem gerieten die Sänger in zunehmende Unsicherheit, ja selbst die armen Mädchen des Balletts fanden den Takt zu ihren trivialen *Pas* nicht mehr; und so glaubte ich endlich mit der Erklärung einschreiten zu müssen, daß die Oper eines anderen Dirigenten bedürfe, sowie daß im Notfall ich mich selbst anböte, seine Stelle zu vertreten. Diese Erklärung trieb jetzt die Verwirrung, welche sich rings um mich zusammengezogen hatte, auf ihre Spitze; selbst das Orchester, welches die Unfähigkeit seines Dirigenten längst erkannte und laut verspottete, nahm jetzt, wo es sich um ihren autorisierten Chef handelte, Partei gegen mich; die Presse wütete über meine »arrogance«, und allen hieraus entstandenen Bewegungen gegenüber wußte *Napoleon III.* mir keinen anderen Rat erteilen zu lassen, als von meinem Begehren abzustehen, da ich dadurch meine Lage und die Aussichten meines Werkes nur auf das äußerste gefährden würde. Dagegen ward mir zugestanden, daß ich die Proben erneuern und deren so viele halten lassen sollte, bis ich befriedigt sei. –

Dieser durch anbefohlene Erneuerung der Proben ergriffene Ausweg konnte zu nichts anderem führen als zur höchsten Ermüdung für mich und das gesamte aktive Personal, während es andrerseits immer dabei blieb, daß Herr *Dietzsch* für das Tempo unzurechnungsfähig war. Als ich mir hiernach endlich den gewaltsamen Anschein gab, durch Anforderungen für den rechten Vortrag der unvermeidlichen Aufführung zu nützen, brach die Opposition gegen das »Zuviel« des Probierens bei den impetuosen Musikern des Orchesters zuerst aus. Ich merkte hieran wohl, daß die Versicherung meiner relativ so aufzufassenden »Macht« von seiten der Generaldirektion nicht sehr aufrichtig gemeint war, und gelangte gegenüber der allmählich immer stärker werdenden Bewegung der Übermüdung von allen Seiten zu dem Entschlusse, meine »Partitur« – wie man es nannte – zurückzufordern, d. h. der Aufführung der Oper zu entsagen. Ich richtete ein ganz besonderes Postulat in diesem Sinne an den Staatsminister *Walewsky,* erhielt aber zur Antwort, daß meinem Verlangen unmöglich entsprochen werden könnte, und dies zwar schon der bedeutenden Kosten wegen, welche bisher die Vorbereitungen meiner Oper verursacht hätten. Ich wollte mit diesem Bescheide mich nicht zufriedengeben und berief die näher für meine Angelegenheit sich interessierenden Freunde, unter denen sich Graf *Hatzfeld* und *Emil Erlanger* befanden, zu einer Konferenz zusammen, um mit ihnen über die mir zu Gebote stehenden Mittel zur Verhinderung der Aufführung des »Tannhäuser« im Opernhause zu beraten. (Der Zufall fügte, daß dieser Konferenz auch *Otto Wesendonk* zugegen war, welcher immer noch auf die Freude, der ersten Aufführung beizuwohnen, in Paris wartete; hier überzeugte er sich wohl, wie hoffnungslos diese Angelegenheit stand, und flüchtete alsbald nach Zürich zurück. Ganz so war es bereits *Praeger* ergangen; nur *Kietz,* welcher für sein Weiterbestehen in dieser Welt sich einiges Geld in Paris zu verschaffen bemüht war, hielt unter den Schwierigkeiten, hierzu zu gelangen, treulich aus.) Wenn das Resultat auch dieser Konferenz eine neue Vorstellung an den Kaiser *Napoleon* war, so war die gleiche Vergünstigung, mit welcher mir geantwortet wurde, immer wieder nichts anders als die Autorisation zur Veranstaltung neuer Proben; bis ich denn endlich, in tiefster Seele ermüdet, beschloß, der Sache, über welche ich mir bereits im pessimistischen Sinne vollkommen klar war, auch äußerlich ihren Verlauf zu lassen.

Während ich nun in dieser Stimmung zur endlichen Ansetzung der ersten Aufführung meiner Oper meine Zustimmung gegeben hatte, wurde ich auch andrerseits auf das wunderlichste in dieser Angelegenheit bedrängt. Jeder meiner Freunde und Parteigänger forderte einen guten Platz für die erste Aufführung; von der Direktion ward mir jedoch bedeutet, daß die Besetzung des Auditoriums gerade bei solchen Gelegenheiten ganz in die Hände des Hofes und seiner Dependenzien gelegt sei. An wen man diese Plätze vorzüglich vergab, wurde mir bald auch klar genug; für jetzt hatte ich nur die große Beschwerde zu bestehen, vielen meiner Freunde nicht nach Wunsch dienen zu können. Unter diesen bezeigten sich einige außerordentlich empfindlich gegen die vermeintlich von mir ihnen widerfahrene Vernachlässigung: *Champfleury* beschwerte sich in einem Briefe über flagranten Freundschaftsbruch; *Gaspérini* aber trat mit mir in ein offenes Zerwürfnis, da ich seinem Protektor und meinem Gläubiger, dem Generaleinnehmer *Lucy* aus Marseille, nicht eine der glänzendsten Logen reserviert hatte. Ja selbst *Blandine*, welche in den Proben der Oper, denen sie angewohnt hatte, vom liebenswürdigsten Enthusiasmus für mein Werk erfüllt worden war, vermochte schließlich, als ich ihr und ihrem Gatten *Ollivier* nichts andres als ein paar Sperrsitze zuweisen konnte, den Argwohn einer gegen meine besten Freunde begangenen Zurücksetzung meinerseits nicht zu wehren. Es bedurfte der ganzen Kaltblütigkeit *Emils,* um den Versicherungen der unerhörten Lage, in welcher ich mich als von allen Seiten verraten darstellen mußte, bei der tief beleidigt sich wähnenden Freundin gerechte Berücksichtigung zu verschaffen. Nur der arme *Bülow* verstand alles; er litt mit mir und unterzog sich jeder Bemühung, um mir in allen diesen Widerwärtigkeiten zu helfen. Die Aufnahme der ersten Aufführung am 13. März klärte nun wohl alles auf, und namentlich meine Freunde begriffen, daß ich sie bei dieser Gelegenheit nicht darauf einzuladen gehabt hatte, einem meiner Triumphe beizuwohnen.

Über den Verlauf dieses Abends habe ich an andren Orten bereits genügend berichtet; ich durfte mir schmeicheln, daß schließlich das Gefallen an meiner Oper die Oberhand behalten habe, da die eigentliche Absicht meiner Gegner jedenfalls auf die vollständige Abbrechung dieser Aufführung gezielt hatte, was zu erreichen ihnen eben unmöglich blieb. Nur betrübte es mich, andren Tages von meinen Freunden, an deren Spitze hier *Gaspérini* stand, nichts als Vorwürfe darüber zu empfangen, daß ich die Besetzung des Hauses bei dieser ersten Vorstellung gänzlich meinen Händen habe entwinden lassen; das habe *Meyerbeer* anders verstanden, welcher seit seinen ersten Erfahrungen in Paris nie die Kreierung einer seiner Opern zugelassen habe, ohne der Besetzung des Saales bis in seine äußersten Winkel versichert zu sein; da ich jedoch für meine besten Freunde, wie für Herrn *Lucy*, nicht gesorgt hätte, habe ich mir nun den Mißerfolg des erlebten Abends selbst zuzuschreiben. In diesen und ähnlichen Angelegenheiten hatte ich nun den ganzen Tag nichts wie Briefe zu schreiben und allerhand versöhnende Bemühungen mir angelegen sein zu lassen. Vor allen Dingen drang man jetzt in mich mit Ratschlägen dafür, wie das Versäumte bei den nächsten Vorstellungen gutzumachen sei; da mir von der Direktion nur eine sehr geringe Anzahl von Freiplätzen zu Gebote gestellt werden durfte, mußten jetzt zum Ankaufe von Billetten Geldmittel herbeigeschafft werden. Mir widerstand es, *Emil Erlanger* oder sonst irgend jemand in dieser widerwärtigen Angelegenheit, welche von meinen Freunden mit heiligem Eifer betrieben wurde, anzugehen; *Giacomelli* hatte aber herausgefunden, daß ein Geschäftsfreund *Wesendonks*, der Kaufmann *Aufmordt*, seine Hilfe in dem Sinne, mit etwa 500 Fr. auszuhelfen, angeboten habe. Ich ließ nun diese für mein Wohlergehen Besorgten ganz nach ihrer Ansicht verfahren, neugierig darauf, was diese früher von mir versäumten und nun nachgeholten Erfolgsmittel helfen würden.

Diese zweite Aufführung fand am 18. März statt, und wirklich ließ sich der erste Akt vortrefflich an; die Ouvertüre war ohne Opposition rauschend applaudiert worden, und Mme *Tedesco*, welche schließlich durch eine mit Goldstaub gepuderte Perücke gänzlich für ihre Partie der *Venus* gewonnen worden war, rief mir in der Loge des Direktors, als das sogenannte »Septuor« des Finales wiederum lebhaft applaudiert worden war, triumphierend zu, daß jetzt alles in Ordnung sei und wir gesiegt hätten. Als dagegen im zweiten Akte plötzlich sich grelle Pfeifen vernehmen ließen, wendete der Direktor *Royer* mit dem Ausdrucke vollständiger Resignation sich zu mir um und sagte: »Ce sont les Jockeys; nous sommes perdus.« Mit den Herren dieses *Jockey-Klubs*, welche die tonangebende Macht des Theaters ausübten, waren vermutlich im Auftrage des Kaisers über das Schicksal meiner Oper völlige Unterhandlungen gepflogen worden; man hatte von ihnen nur das Gewährenlassen dreier Aufführungen der Oper verlangt, nach welchen man ihnen versprach, die Oper dermaßen zu kürzen, daß man sie nur als *lever de rideau* für ein darauffolgendes Ballett geben werde. Die Herren waren aber hierauf nicht eingegangen: erstlich habe man an mir während der bereits so sehr bestrittenen ersten Aufführung keineswegs die Haltung eines Menschen bemerkt, welcher zu dem in Aussicht gestellten Verfahren seine Zustimmung geben werde; demnach zweitens vielmehr zu befürchten sei, daß, wenn man zwei Aufführungen der Oper noch ungestört gehen lasse, diese sich so viel Anhänger gewinnen dürfte, daß man sie den Ballettfreunden wohl noch dreißigmal *de suite* servieren werde, wogegen man denn beizeiten Einspruch zu tun entschlossen sei. Daß diese Herrn es ernstlich gemeint hatten, erkannte jetzt der vortreffliche Herr *Royer;* und von nun an war jeder Widerstand seinerseits, trotz der Unterstützung des Kaisers und seiner Gemahlin, welche stoisch dem Toben ihrer eigenen Courtisans anwohnten, aufgegeben.

Die hierbei gewonnenen Eindrücke wirkten auf meine Freunde erschütternd; *Bülow* umarmte nach der Vorstellung schluchzend *Minna*; diese selbst war den Beleidigungen ihrer Nachbarn, die sie in der Eigenschaft meiner Frau erkannt hatten, nicht entgangen; unser treues Dienstmädchen, die Schwäbin *Therese*, war von einem wütenden Tumultuanten verhöhnt worden, da sie aber merkte, daß dieser Deutsch verstand, hatte sie ihn mit einem kräftigen »Schweinhund« für einige Zeit zur Ruhe zu bringen vermocht; *Kietz* war sprachlos geworden, und *Chandons* »Fleur du jardin« verkümmerte in der Vorratskammer.

Mir stellten sich jetzt, da ich erfuhr, daß trotz allem eine dritte Vorstellung angesetzt blieb, nur zwei Auswege dar, von denen der eine ein nochmaliger Versuch der Zurückziehung meiner Partitur, der andere aber die Forderung war, meine Oper an einem Sonntage, nämlich außer Abonnement zu geben, wobei ich annahm, daß eine solche Aufführung als keine Provokation für die Habitués gelten könnte, welche an solchen Tagen ihre Logen dem gelegentlich sich meldenden zahlenden Publikum zu überlassen gewohnt waren. Der Vorschlag dieses Stratagems schien der Direktion wie den Tuilerien zu gefallen; man ging darauf ein: nur weigerte man sich, meinem Verlangen gemäß diese Aufführung als dritte und *letzte* zu bezeichnen. Sowohl ich als *Minna* blieben von dieser Vorstellung fern. Es war mir ebenso widerwärtig, meine Frau als die Sänger auf dem Theater mißhandelt zu wissen. Was die Sänger betraf, hatte ich zwar an *Niemann* erfahren, daß er sich in der Verlegenheit zu helfen verstand; bei anhaltenden Beleidigungen des Publikums zuckte er mit den Achseln und wies entschuldigend auf die innere Loge des Proszeniums, in welcher ich anwesend zu vermuten war. Wahrhaft bedauerte ich daher bloß *Morelli* und Fräulein *Sax*, welche mir unweigerlich ergeben sich erwiesen. Bereits nach der ersten Vorstellung war ich Fräulein *Sax* in den Korridors beim Nachhausegehen begegnet und hatte sie scherzhaft darüber verhöhnt, daß sie ausgepfiffen worden sei; mit stolzem Ernste erwiderte sie mir dagegen: »Je le supporterai cent fois comme aujourd'hui. Ah, les misérables!« In einen sonderbaren Widerstreit mit sich selbst war *Morelli* geraten, als er die Stürme der Tumultuanten auszuhalten hatte. Sein Spiel beim Verschwinden der *Elisabeth* im dritten Akte bis zum Beginn seines Gesanges an den Abendstern war ihm von mir auf das genaueste vorgezeichnet worden; er durfte sich durchaus nicht von der Felsbank entfernen, von welcher aus er, dem Publikum halb zugewandt, der Scheidenden seinen Gruß nachzusenden hatte. Der Gehorsam war ihm hier schwer angekommen, da er behauptete, es sei gegen allen Gebrauch der Oper, daß der Sänger eine so wichtige Gesangsstelle nicht ganz am Proszenium, dem Publikum unmittelbar zugewendet, vortrüge. Als er nun in der Aufführung seine Harfe ergriff, um den Gesang zu beginnen, rief es im Publikum: »Ah! il prend encore sa harpe«, worauf alle Welt in tobendes Lachen ausbrach, welchem neues Pfeifen so andauernd folgte, daß *Morelli* endlich den Entschluß faßte, kühn seine Harfe beiseite zu legen, nach üblicher Sitte in das Proszenium vorzutreten und nun ohne alle Begleitung (denn *Dietzsch* fand sich erst im zehnten Takte zurecht) entschlossen seine Abendphantasie vortrug, wobei denn alles ruhig wurde, endlich atemlos lauschte und am Schlusse den Sänger mit Applaus bedeckte.

Da die Sänger somit den Mut bezeugten, neuen Stürmen entgegenzutreten, konnte ich nichts dagegen haben, vermochte aber nicht mehr, mich in der unaktiven Lage eines leidenden Zuschauers bei so unwürdigen Vorgängen zu behaupten. Demnach blieb ich, wie gesagt, bei dieser im Betreff ihres möglichen Erfolges zweifelhaften dritten Aufführung zu Haus. Nun kamen aber nach den verschiedenen Akten die Boten, welche uns berichteten: *Truinet* war bereits nach dem ersten Akte gänzlich meiner Meinung geworden, die Partitur jedenfalls zurückzuziehen; es hatte sich gefunden, daß die *Jockeys* sich von dieser Sonntagsvorstellung nicht wie üblich ferngehalten, sondern ausdrücklich von Anfang an sich eingestellt hatten, um auch nicht eine Szene ohne Tumult vorübergehen zu lassen. Es war, wie man mir versicherte, bereits im ersten Akte zu einer zweimaligen gänzlichen Unterbrechung der Vorstellung durch fünfzehn Minuten lang andauernde Kämpfe gekommen. Der bei weitem größte Teil des Publikums ergriff, ohne damit irgendein Urteil über mein Werk aussprechen zu wollen, dem bubenhaften Benehmen der Tumultuanten gegenüber mit Hartnäckigkeit meine Partei; nur waren sie mit ihren Manifestationen den Angreifern gegenüber in einem großen Nachteile: wenn alles sich durch Applaudieren und Beifalls- sowie Abwehrungsrufe bis auf das äußerste ermüdet hatte und es nun wieder ruhig werden zu wollen schien, begannen die *Jockeys* ohne alle Anstrengung munter auf ihren Jagdpfeifen und Flageolets zu spielen, so daß die Entscheidung jedenfalls ihnen angehören mußte. In einem Zwischenakte trat einer jener Herren in die Loge einer vornehmen Dame, welche ihn einer ihrer Freundinnen, vor Wut schäumend, mit den Worten vorstellte: »C'est un de ces misérables, mon cousin«; dieser zeigte dagegen eine vollkommen heitere Miene: »Was wollen Sie? Mir fängt die Musik selbst an zu gefallen; aber Sie werden begreifen, daß man sein Wort halten muß. Erlauben Sie mir, daß ich mich wieder an die Arbeit mache!« Mit diesen Worten beurlaubte er sich. – Den gemütlichen Sächsischen Gesandten, Herrn von *Seebach*, traf ich des andern Tages in vollständiger Heiserkeit an; er sowie alle seine Freunde hatten durch das nächtliche Toben die Stimme gänzlich eingebüßt. – Fürstin *Metternich* war zu Hause geblieben; sie hatte bereits während der beiden ersten Vorstellungen den offen beleidigenden Hohn unserer Gegner zu ertragen gehabt. Die Wut, bis zu welcher es hierbei gekommen war, bezeichnete sie mir dadurch, daß sie ihre besten Bekannten nannte, mit welchen sie hierüber in einen so ausartenden Konflikt geraten war; sie hatte ihnen gesagt: »Geht mir mit Eurem freien Frankreich! Zu Wien, wo doch am Ende ein rechter Adel vorhanden ist, wäre der Fall, daß ein Fürst *Liechtenstein* oder *Schwarzenberg* aus seiner Loge pfeifend zu ›Fidelio‹ ein Ballett verlangte, undenkbar.« Ich glaube, daß sie auch dem Kaiser in diesem Sinne zugesetzt hatte und diesem zufolge es in Überlegung gezogen worden war, ob man den Ungebührlichkeiten jener Herrn, welche leider zum großen Teile dem kaiserlichen Hofstaate selber angehörten, durch polizeiliche Anordnungen ein Ziel setzen könnte. Hiervon hatte verlautet, und wirklich glaubten meine Freunde an einen vorbereiteten Sieg, als sie bei der dritten Vorstellung die Korridore des Theaters stark mit Polizeimannschaft besetzt sahen; nur stellte es sich später heraus, daß diese Vorsicht dem Schutze der *Jockeys* galt, da man vermutete, sie könnten vom Parterre aus zur Strafe ihrer Frechheit angegriffen werden. Es scheint, daß die Vorstellung, welche übrigens doch wiederum zu Ende gebracht worden war, durchgängig von einem nie endenden Tumulte begleitet wurde. Nach dem zweiten Akte fand sich bei uns auch die Frau des ungarischen Revolutionsministers *von Szemere* ein, und zwar in völliger Auflösung und mit der Versicherung, es sei im Theater nicht mehr auszuhalten. Von dem Verlaufe des dritten Aktes konnte mir niemand etwas Unterscheidbares berichten; es schien einem fortgesetzten Schlachtgewühle mit Pulverdampf geglichen zu haben.

Ich bestellte mir nun für den andren Morgen Freund *Truinet*, um mit ihm die Note an die Direktion zu redigieren, gemäß welcher ich zum Schutze der Sänger, welche ich von einem Teile des Publikums, gegen den die kaiserliche Administration keine Sicherstellung zu ergreifen vermöge, nicht mehr statt meiner mißhandelt wissen dürfte, meine Partitur zurückzöge und jede weitere Aufführung als Autor verböte. Das Erstaunliche war, daß ich mit diesem Einschreiten gar nicht etwa eine Prahlerei ausübte; denn wirklich war eine vierte und fünfte Aufführung bereits angesetzt, und die Administration hielt mir entgegen, daß sie auch ihre Verpflichtungen gegen das Publikum habe, welches sich zu diesen Vorstellungen fortgesetzt herandränge. Ich veranstaltete hiergegen durch *Truinet*, daß mein Brief sofort tags darauf im *Journal des Débats* abgedruckt wurde, und nun erfolgte nach wiederum einigem Zögern die Erklärung der Administration, daß sie in die Zurücknahme meines Werkes einwillige.

Mit diesem Ausgange nahm jetzt auch ein Prozeß sein Ende, den bis dahin *Ollivier* für mich gegen jenen Herrn *Lindau* geführt hatte, welcher um Teilnahme an den »Droits d'auteur« für den Text eingekommen war, an welchen er der dritte gleichberechtigte Mitarbeiter zu sein behauptete. Sein Advokat, Maitre *Marie*, begründete die Gerechtigkeit seiner Forderung auf ein vermeintlich von mir aufgestelltes Prinzip, nach welchem es mir nicht auf die Melodie, sondern bloß auf die Richtigkeit der Deklamation der Worte des Textes ankomme, für welche doch ersichtlich weder *Roche* noch *Truinet*, da beide nicht Deutsch verstünden, hätten sorgen können. Hiergegen ereiferte sich nun *Olliver* beim Plaidoyer so lebhaft, daß er nahe daran schien, den Beweis für die rein musikalische Essenz meiner Melodie durch den Vortrag des »Abendsterns« zu führen. Hierdurch hingerissen, wiesen die Richter die Forderung meines Gegners zurück, gaben mir aber, da dieser einigen Anteil am Beginn der Arbeit gehabt zu haben schien, eine billige Entschädigung auf. Jedenfalls hätte ich diese aus den Revenuen der

Pariser Aufführung des »Tannhäuser« nicht entrichten können, da ich bei der Zurückziehung der Oper sofort mit *Truinet* übereinkam, den vollen Betrag der *Droits d'auteur*, sowohl für den Text als die Musik, an den armen *Roche* abzutreten, dem mit dem Durchfalle meines Werkes eine einzige Hoffnung auf Besserung seiner kümmerlichen Lage verlorengegangen war.

Noch andere Beziehungen lösten sich sofort nach diesem Ausgange der Dinge. Bis dahin hatte mich in den letzten Monaten nämlich auch ein *Cercle artistique* in Bemühung gesetzt: dieser hatte sich, wie es schien unter bedeutender Mitwirkung der deutschen Gesandtschaften, in den aristokratischesten Kreisen zu dem Zwecke guter Aufführungen guter Musik außerhalb des Theaters zur Belebung des Interesses hierfür eben in vornehmen Kreisen gebildet. Unglücklicherweise geriet er in seinem Manifeste darauf, seine Bemühungen um gute Musik mit denen des *Jockey-Klubs* um gute Pferdezucht zu vergleichen. Jedenfalls wünschte man, alles, was einen bedeutenden musikalischen Namen hatte, für sich zu gewinnen: ich mußte mit der Beisteuer von jährlich 200 Franken mich als Mitglied aufnehmen lassen und wurde dafür, mit Herrn *Gounod* und mehreren andren Pariser Notabilitäten, in ein artistisches Komitee gewählt, zu dessen Präsidenten *Auber* gemacht wurde. Mit dieser Gesellschaft hielten wir öfters Sitzungen bei dem Grafen *d'Osmond*, einem lebhaften jungen Manne, der im Duell einen Arm verloren hatte und Musikdilettantismus trieb. In gleicher Weise lernte ich hier einen jungen Prinzen *Polignac* kennen, welcher mich vorzüglich durch seinen Bruder, dem man eine vollständige Übersetzung des »Faust« zu verdanken hatte, interessierte. Ich mußte eines Morgens bei ihm déjeunieren, und hier enthüllte er sich als Musikphantast: es kam ihm darauf an, mich von der Richtigkeit seiner Auffassung der A-dur-Symphonie *Beethovens* zu überzeugen, in deren letztem Satze er alle Phasen eines Schiffbruchs deutlich nachweisen zu können behauptete. Unsere gemeinschaftlichen Sitzungen, welche zunächst den Anordnungen und Vorbereitungen zu einem großen und klassischen Konzerte galten, für das aber auch ich etwas zu komponieren haben sollte, belebten sich einzig durch den pedantischen Eifer *Gounods*, welcher mit unermüdlicher süßlicher Breite das Sekretariat führte, während *Auber* stets nur mit kleinen, unverkennbar zum Schluß der Diskussion drängenden, nicht immer sehr delikaten Bonmots die Verhandlungen mehr unterbrach als leitete. Wirklich erhielt ich auch nach dem entscheidenden Durchfalle des »Tannhäuser« noch einmal eine Einladung zur Teilnahme an den Sitzungen dieses Komitees zugesandt, besuchte sie aber nie wieder und erklärte auch an den Präsidenten der Gesellschaft, wegen vermutlich baldiger Abreise nach Deutschland, meinen völligen Austritt.

Nur mit *Gounod* verblieb ich auch hiernach noch in freundschaftlichen Beziehungen. Mir wurde von diesem berichtet, daß er in der Gesellschaft überall mit Enthusiasmus für mich eingetreten sei; er solle ausgerufen haben: »Que Dieu me donne une pareille chûte!« Zur Belohnung hierfür schenkte ich ihm eine Partitur von »Tristan und Isolde«, denn sein Benehmen freute mich um so mehr, als mich keine freundschaftliche Rücksicht dazu hatte bewegen können, seinen »Faust« anzuhören.

Jetzt wurde ich überhaupt mit vielen energischen Verfechtern meiner Sache bekannt gemacht; namentlich in den kleinen, von *Meyerbeer* noch nicht beachteten Journalen wurde ich wirklich gefeiert, und manche sehr gute Phrase kam hierbei zum Vorschein. Irgendwo las ich, mein »Tannhäuser« sei »la symphonie chantée«. – *Baudelaire* zeichnete sich durch eine sehr geistreiche und scharfe Broschüre in der gleichen Angelegenheit aus; und endlich überraschte mich selbst *Jules Janin* durch sein Feuilleton im Journal des Débats, in welchem er mit voller Indignation, seiner Weise gemäß, eine etwas abschweifende Notiz von dem ganzen Vorgange gab. – In den Theatern wurden Parodien des »Tannhäuser« dem Publikum zum besten gegeben, und *Musard* glaubte das Publikum nicht stärker in seine Konzerte ziehen zu können, als wenn er täglich mit ungeheuren Lettern die Ouvertüre zu »Tannhäuser« annoncierte. Auch *Pasdeloup* gab häufig Stücke von mir in demonstrativem Sinne. – Endlich gab die Frau des österreichischen Militärbevollmächtigten, Gräfin *Löwenthal*, eine große Matinée, in welcher Madame *Viardot* verschiedenes aus »Tannhäuser« singen mußte, wofür sie 500 Franken erhielt. – Sonderbarerweise vermischte man mein Schicksal auch mit dem eines Herrn *de la Vaquerie*, welcher mit einem Drama »Les funérailles de l'honneur« ebenfalls in skandalöser Weise durchgefallen war. Diesem gaben seine Freunde ein Ehrenbankett, zu welchem auch ich eingeladen wurde. Wir beide wurden bei dieser Gelegenheit enthusiastisch gefeiert; man hörte glühende Reden über die »Encanaillierung« des Publikums und schweifte etwas in das politische Gebiet hinüber, welches meinem Festgenossen durch seine Verwandtschaft mit *Victor Hugo* leicht zuzuweisen war. Leider hatten meine speziellen Enthusiasten ein Pianino angeschafft, an welchem ich nun, von höchster Gewalt genötigt, beliebte Stücke aus »Tannhäuser« schließlich zum besten geben mußte, wodurch das Fest sich gänzlich in eine Huldigung für mich allein verwandelte.

Noch bedeutsamer erschien es, als man auf die eigentümliche Popularität, welche man mir zuerkannte, größere Unternehmungen zu berechnen sich anließ. Der Direktor des *Théâtre lyrique* sah sich mit allen Kräften nach einem Tenor für den »Tannhäuser« um, und nur daß er ihn nicht fand, nötigte ihn, auf die Absicht, meine Oper sogleich wieder zu geben, zu verzichten. Mr *de Beaumont*, Direktor der *Opéra comique*, befand sich am Bankrott und hoffte sich mit dem »Tannhäuser« zu retten, in welchem Sinne er mit Anträgen mir auf das lebhafteste zusetzte. Allerdings hoffte er zu gleicher Zeit hiermit die Hilfe der Fürstin *Metternich* beim Kaiser, welcher ihn aus seiner Verlegenheit ziehen sollte, zu gewinnen. Er schalt mich kalt, als ich auf seine glänzenden Vorspiegelungen nicht einging, wozu ich allerdings aus keinem Grunde Lust hatte. Doch ließ es mich nicht ohne Interesse, als ich erfuhr, daß kurz hierauf *Roger*, welcher jetzt bei der *Opéra comique* war, einen Teil des letzten Aktes von »Tannhäuser« einer zu seinem Besten gegebenen Vorstellung einflocht, womit er sich die wütendsten Angriffe der großen Presse zuzog, beim Publikum jedoch eine gute Aufnahme gewann. Nun mehrten sich aber die Projekte. Im Namen einer Gesellschaft, an deren Spitze ein ungeheuer reicher Mann stünde, meldete sich ein Mr *de Chabrol*, mit dem Journalistennamen *Lorbac*, zur Gründung eines «Théâtre Wagner», von welchem ich nichts hören wollte, außer wenn man einen gut renommierten und erfahrenen Mann zum Direktor gewänne. Hierzu wurde Herr *Perrin* auserwählt. Dieser lebte seit Jahren in der festen Zuversicht, eines Tages zum Direktor der Großen Oper ernannt zu werden, und glaubte sich daher nicht kompromittieren zu dürfen. Zwar schrieb er den Durchfall des »Tannhäuser« einzig der Unfähigkeit des Herrn *Royer* zu, dessen Sache es ja eben gewesen wäre, die Presse für die Unternehmung zu gewinnen: die Beweise dafür zu liefern, daß, wenn er es in die Hand nähme, alles sogleich ein anderes Ansehen gewinnen und der »Tannhäuser« reussieren würde, reizte ihn somit sehr zur Teilnahme an; jedoch äußerst kalt und vorsichtig, glaubte er den Propositionen des Herrn *Lorbac* ersichtliche Schwächen abzumerken; da dieser mit ihm über gewisse Provisionen unterhandelte, glaubte *Perrin* sofort den Charakter einer nicht ganz tadellosen Spekulation zu erkennen und erklärte, wenn er ein Wagner-Theater gründen wollte, würde er hierzu schon die nötigen Fonds in seiner Weise finden können. In diesem Sinne trug er sich wirklich auch ernstlich mit dem Gedanken, einmal ein großes Kaffeehaus »Alcazar«, das andere Mal den »Bazar de la bonne nouvelle« für ein solches Theater zu akquirieren. Für seine Unternehmung schienen sich nun auch die rechten Kapitalisten finden zu wollen; Herr *Erlanger* glaubte mit Erfolg zehn Bankiers werben zu können, von denen jeder mit 50000 Franken an der Unternehmung sich beteilige, wonach dann ein Fonds von 500000 Franken Herrn *Perrin* zur Führung übergeben worden wäre. Gar bald verlor jener aber den Mut, als er gewahr wurde, daß die von ihm angegangenen Herren wohl auf ein Theater zu ihrem persönlichen Amüsement, nicht jedoch aber für die seriöse Tendenz, meine Werke in Paris einheimisch zu machen, ihr Geld verwenden wollten.

Mit dieser niederschlagenden Erfahrung trat denn auch Herr Erlanger von seiner ferneren Teilnahme an meinem Schicksale zurück, im kaufmännischen Sinne betrachtete er den mit mir eingegangenen Vertrag als eine Art von Geschäft, welches nun eben nicht reussiert habe. Die Ordnung meiner finanziellen Lage schien somit jetzt von anderen Freunden zu übernehmen zu sein, und hierfür meldeten sich mit großer Zartheit die deutschen Gesandtschaften, welche den Grafen *Hatzfeld* beauftragt hatten, bei mir nach meinen Bedürfnissen sich zu erkundigen. Hiergegen faßte ich meine Situation einfach so auf, daß ich infolge des Befehls des Kaisers zur

Aufführung meiner Oper meine Zeit an eine Unternehmung vergeudet habe, deren Fruchtlosigkeit nicht meine Schuld sei. Nicht mit Unrecht machten meine Freunde mich auf meine Fahrlässigkeit aufmerksam, mit welcher ich beim ersten Beginn gewisse Entschädigungsstipulationen festzusetzen versäumt hatte, welche dem praktischen Sinn der Franzosen sehr geläufig und einleuchtend gewesen sein würden. In Wahrheit hatte ich mir für meine Mühe und Zeit keinen Ersatz ausbedungen und blieb somit einfach auf die im günstigen Falle des Erfolges mir zukommenden *Droits d'auteur* angewiesen. Da es mir unmöglich fiel, wegen der Nachholung des Versäumten an die Administration der Oper oder an den Kaiser selbst mich zu wenden, so ließ ich mir es schon gefallen, daß die Fürstin *Metternich* es übernahm, für mich einzutreten. Graf *Pourtalès* hatte sich soeben in Berlin aufgehalten, um dort den Prinzen-Regenten von Preußen zu dem Befehl einer Aufführung des »Tannhäuser« zu meinem Vorteile zu bewegen. Leider hatte dieser aber gegen seinen Intendanten Herrn *von Hülsen*, welcher mir durchaus feindselig gesinnt war, seinen Befehl nicht durchsetzen können. Da ich einer langen Periode vollständiger Hilflosigkeit entgegensah, überließ ich daher notgedrungen es der Fürsorge meiner fürstlichen Patronin, meine Ansprüche auf Entschädigung zu vertreten, und begab mich für jetzt am 15. April (denn in der kurzen Zeit eines Monats seit den Aufführungen des »Tannhäuser« hatten sich alle diese Nachspiele abgespielt) auf eine kurze Reise nach Deutschland, um dort für meine Zukunft mir einigen Boden zu gewinnen.

Auf den gleichen Weg hatte sich der einzige, der meine wahren Bedürfnisse vollständig begriff, mitten aus dem Wirrsal der Pariser Aufführungen mir vorausbegeben: *Bülow* hatte mir jetzt aus Karlsruhe von den guten Dispositionen der großherzoglichen Familie für mich Nachricht gegeben, und ich faßte nun schnell den Plan, jene so unselig verzögerte Aufführung meines »Tristan« dort jetzt ernstlich in das Werk zu setzen. Demnach traf ich in Karlsruhe ein, und wenn für die Ausführung meines schnell gefaßten Planes mich etwas bestimmen konnte, so war es die ungemein biedere Aufnahme, welche ich hier von seiten des *Großherzogs von Baden* fand. Der hohe Herr schien ein herzliches Bedürfnis danach zu haben, mir ein ernstes Zutrauen zu sich zu erwecken; in der vertraulichsten Unterredung, an welcher auch seine junge Frau teilnahm, ließ der Großherzog es sich angelegen sein, mich darüber zu belehren, daß seine gründliche Teilnahme nicht sowohl mir als Opernkomponisten, den zu beurteilen er ebensowenig Neigung empfand als Kenntnis sich zutraute, sondern dem Manne, der um seiner deutschen und freien Gesinnung wegen viel zu erleiden gehabt habe, gelte. Da ich aus ganz natürlichen Gründen der politischen Bedeutung meiner Vergangenheit keinen besonderen Wert beizumessen vermochte, dünkte ihm dies mißtrauische Zurückhaltung, und er ermutigte mich dagegen durch die Versicherung, daß, wenn auf diesem Gebiete Fehler, ja große Verschuldungen vorgefallen seien, dies mehr diejenigen träfe, welche auch in Deutschland verbleibend nicht glücklich geworden und dafür durch innere Leiden gewiß ebenfalls gebüßt hätten; wogegen es nun die Pflicht der Schuldigen sei, ihre begangenen Fehler gegen die damals Ausgestoßenen gutzumachen. Gern stellte er mir sein Theater zur Verfügung und erteilte hierfür die nötigen Befehle an den Direktor desselben. Dieser, mein alter »Freund« *Eduard Devrient*, rechtfertigte durch die peinliche Befangenheit, in welche ihn meine Ankunft versetzt hatte, die von *Bülow* mir gemachten Mitteilungen über die vollendete Nichtigkeit der bisher von ihm erheuchelten teilnahmvollen Gesinnungen für mich. In der freudigsten Stimmung, welche mir die schöne Aufnahme beim Großherzoge hervorgerufen, wußte ich aber auch *Devrient* bald, wenigstens scheinbar, dahin zu bringen, wohin ich ihn haben wollte. Er mußte mit mir jetzt ernstlich auf die beabsichtigte Vorstellung des »Tristan« eingehen, und da es ihm nicht zu leugnen einfiel, daß, namentlich seit dem Abgange *Schnorrs* nach Dresden, er die nötigen Sänger für mein Werk nicht besitze, verwies er mich auf Wien, wobei er seine Verwunderung darüber nicht unterdrückte, daß ich überhaupt dort meine Opern nicht zur Aufführung bringen wollte, wo eben alles dazu vorhanden sei. Es kostete mich Mühe, ihm begreiflich zu machen, warum ich einige außerordentliche Vorstellungen meines Werkes in Karlsruhe der möglichen Einreihung derselben in das Repertoire des Wiener Opernotheaters vorzöge. Ich erhielt somit die Genehmigung für mein Vorhaben, zu *Schnorr*, welcher jedenfalls hierfür als Gast nach Karlsruhe herbeigezogen werden sollte, in Wien die mir sonst noch nötigen Sänger für die beabsichtigte »Mustervorstellung« in Karlsruhe auszusuchen.

Somit war ich auf Wien angewiesen und hatte jetzt nach Paris zurückzukehren, um dort meine Angelegenheiten bis auf den Punkt zu ordnen, daß ich für die Ausführung meines weiteren Projektes genügend ausgerüstet sei. Leider hatte mich hier, wohin ich nach sechstägiger Abwesenheit zurückkehrte, nichts andres zu beschäftigen, als wie ich mich mit den für meine Lage nötigen Geldmitteln versähe, unter welchen Umständen mir gewisse teilnahmvolle Annäherungen und Versicherungen, wie sie mit gesteigerter Wärme mir auch von Frau *von Seebach* zukamen, ebenso beunruhigend als gleichgültig waren. Während die in weiterem Maßstabe aufgefaßten Operationen für eine mir zu bietende Entschädigung von seiten der Fürstin *Metternich* mit geheimnisvoller Langsamkeit sich vollzogen, war es ein Kaufmann *Stürmer*, welchen ich früher in Zürich kennengelernt hatte und der sich in Paris fortwährend mit biederer Teilnahme um mich bekümmerte, durch dessen Hilfe es mir jetzt möglich ward, mein Haus für das erste zu versorgen und mich selbst auf die Reise nach Wien zu begeben. – *Liszt* war seit längerer Zeit in Paris angekündigt und während der abgelaufenen verhängnisvollen Zeit oft sehnlich von mir herbeigewünscht worden, weil es wohl nahelag anzunehmen, daß gerade er, in der nur ihm zuerkannten Stellung zu den Notabilitäten des Pariser Lebens, ungemein hilfreich auf die Entwirrung der so arg verwickelten Verhältnisse hätte einwirken können. Ein geheimnisvolles briefliches Achselzucken war auf jede meiner Anfragen wegen der Verzögerung seiner Ankunft die Antwort gewesen. Es klang wie Ironie, als ich gerade jetzt, wo ich mich zur Reise nach Wien fertiggemacht hatte, erfuhr, daß *Liszt* in den nächsten Tagen in Paris ankommen werde. Da ich jetzt nur der Bedrängnis meiner Lage nachzugehen hatte, welche durchaus verlangte, daß ich neue Fäden für meinen Lebensplan anknüpfte, verließ ich gegen Mitte Mai Paris, ohne meines alten Freundes Ankunft abzuwarten.

Ich stellte mich zunächst zu einer erneuten Unterredung mit dem Großherzoge in Karlsruhe ein, fand die gleiche freundliche Aufnahme und erhielt die Erlaubnis, die in Wien von mir auszuwählenden Sänger für eine Musteraufführung des »Tristan« im Karlsruher Theater anzuwerben. Demzufolge reiste ich nun nach *Wien*, stieg dort im *Erzherzog Karl* ab und erwartete die Erfüllung des vom Kapellmeister *Esser* zuvor brieflich mir gegebenen Versprechens, mir einige Vorstellungen meiner Opern vorzuführen. Hier war es denn, wo ich zum ersten Male den »Lohengrin« aufgeführt hörte. Trotzdem die Oper bereits sehr häufig gegeben war, fand sich das ganze Personal doch zunächst zu einer vollständigen Theaterprobe, wie ich es gewünscht hatte, ein. Das Orchester trug sogleich das Vorspiel mit so schöner Wärme vor, die Stimmen der Sänger und manche ihrer guten Eigenschaften traten bei der Ausführung des ihnen bereits höchst vertrauten Werkes so überraschend wohltätig hervor, daß ich, von dem hierdurch auf mich gemachten Eindrucke überwältigt, jede Neigung zur Kritik der Gesamtleistung verlor. Man schien die tiefgerührte Stimmung, in welcher ich war, zu bemerken, und Herrn Dr *Hanslick* mochte dies der geeignete Moment dünken, sich mir, der ich zuhörend auf der Bühne saß, freundschaftlich vorstellen zu lassen: ich grüßte ihn kurz wie einen gänzlich Unbekannten, worauf der Tenorist *Ander* mir ihn abermals mit der Bemerkung, daß Herr *Hanslick* mein alter Bekannter sei, vorstellte; ich erwiderte kurz, daß ich mich sehr wohl des Herrn *Hanslick* erinnerte, und wendete mich wieder einzig der Probe zu. Es scheint, daß es nun meinen Wiener Freunden geradeso erging wie früher meinen Londoner Bekannten, als diese mich jedem Versuche, dem gefürchtetsten Rezensenten meine Beachtung zuzuwenden, abgeneigt fanden. Dieser Mensch, welcher sich als angehender Student seinerzeit bei einer der ersten Aufführungen des »Tannhäuser« in Dresden eingefunden und damals mit glühendem Enthusiasmus über mein Werk referiert hatte, war seitdem, wie sich dies bei Gelegenheit der Aufführung meiner Opern in Wien entschied, zu meinem bissigsten Gegner geworden. Das mir wohlgesinnte Personal der Oper schien von jetzt an keine andre Sorge zu haben, als mich, wie sie es verstanden, mit diesem Rezensenten zu versöhnen; da dies nicht gelang, mögen diejenigen nicht unrecht haben, welche mein ferneres Mißgeschick in jeder auf Wien berechneten Unternehmung dieser von neuem mir zugezogenen Feindschaft beimaßen.

Für jetzt schien aber der Strom der mir günstigen Meinung alles Widerwärtige hinwegschwemmen zu wollen. Die Aufführung des »Lohengrin«, welcher ich beiwohnte, ward zu einer jener ununterbrochenen heißblütigen Ovationen, wie ich sie nur bei dem Wiener Publikum erlebt habe. Man wünschte mir noch meine beiden Opern in gleicher Weise vorzuführen; doch empfand ich eine gewisse Scheu vor der Wiederholung des an jenem Abend Erlebten; da ich außerdem von den großen Schwächen der Aufführung des »Tannhäuser« unterrichtet war, nahm ich nur noch eine Vorstellung des bescheideneren »Fliegenden Holländers« an, namentlich weil es mir daran lag, den in dieser Oper exzellierenden Sänger *Beck* kennenzulernen. Auch diesmal erging sich das Publikum in den gleichen Freudenbezeigungen, und ich durfte nun, von allseitigem Wohlwollen getragen, an die Erledigung meines eigentlichen Geschäftes denken. Die akademische Jugend hatte mir die Ehre eines Fackelzuges zugedacht, welche ich jedoch ablehnte, wodurch ich namentlich *Esser* außerordentlich für mich einnahm. Er sowie die obersten Behörden der Oper frugen sich nun, in welcher Weise diese Triumphe auszubeuten sein möchten. Ich stellte mich dem Grafen *Lanskoronsky*, Oberhofmeister des Kaisers, vor, der mir als sonderbarer und von der Kunst und deren Bedürfnissen gänzlich nichts verstehender Herr geschildert worden war. Als ich ihm mein Gesuch dahin vortrug, er möge in einer gewissen Zeit den Hauptsängern seiner Oper, namentlich Frau *Dustmann* (früher *Luise Meyer*) und Herrn *Beck*, vielleicht auch Herrn *Ander*, für die von mir in Karlsruhe projektierte Aufführung des »Tristan« einen längeren Urlaub erteilen, entgegnete mir der alte Herr sehr trocken, daß das nicht möglich sei. Er fand es dagegen weit vernünftiger, daß, da mir sein Personal zusagte, ich mein neues Werk doch lieber in Wien geben möchte. Mir entfiel alsbald der Mut, diesem Ansinnen mich entgegenzustellen.

Als ich, mit dieser neuen Wendung meiner Angelegenheit beschäftigt, die Treppen der Hofburg hinabstieg, trat am Tore ein stattlicher Mann von ungemein sympathischem Ansehen auf mich zu, um mir seine Begleitung im Wagen bis zum Gasthof anzubieten. Dies war *Joseph Standhartner*, ein vorzüglich in der vornehmen Welt beliebter Arzt, großer Musikenthusiast und dazu bestimmt, in alle Zukunft mir als innig ergebener Freund zu dienen. – Schon hatte sich aber auch *Karl Tausig* zu mir gefunden, welcher damals sich auf Wien geworfen und die beabsichtigte Eroberung dieses Terrains für *Liszt*sche Kompositionen durch mehrere im vorangegangenen Winter von ihm eingeleitete und selbst dirigierte Orchester-Konzerte in Angriff genommen hatte. Er führte mir den ebenfalls nach Wien verschlagenen *Peter Cornelius*, den ich nur von jener Begegnung in Basel 1853 her kannte, zu. Beide schwärmten damals in dem kürzlich erschienenen, von *Bülow* arrangierten Klavierauszuge des »Tristan«. In meinem Gasthofzimmer, wohin *Tausig* einen *Bösendorff*schen Flügel besorgt hatte, ging es bald heißblütig musikalisch her: man hätte gern sogleich die Proben von »Tristan« begonnen: jedenfalls ward mir die Annahme des Vorschlages, mein Werk zuerst hier aufzuführen, so nahegelegt, daß ich schließlich mit dem Versprechen, nach einigen Monaten wiederzukommen, um sofort das Einstudieren zu beginnen, von Wien abreiste.

Ich fühlte einige Beklommenheit, dem Großherzoge von Baden meinen veränderten Entschluß mitzuteilen; so daß ich dem Einfalle, erst nach einem sonderbaren Umwege *Karlsruhe* zu berühren, gern nachgab. Mein Geburtstag fiel in die Zeit der Zurückreise, und ich beschloß, ihn in *Zürich* zu feiern. Über *München* gelangte ich ohne Verzug nach *Winterthur,* wo ich meinen Freund *Sulzer* anzutreffen gedachte; leider war dieser abwesend, und ich traf nur seine Frau, welche viel Rührendes für mich hatte, sowie seinen kleinen Sohn, einen lebhaft mich einnehmenden Knaben, an. Ihn selbst wußte ich am folgenden Tag, eben am 22. des Monats, in Zürich anzutreffen und verbrachte so den nicht unbedeutenden Rest des Tages hier in einem engen Gasthofzimmer, in welchem mich meine Reiselektüre, die »Wanderjahre« *Goethes,* zum ersten Male mit dem vollen Verständnisse dieser wunderlichen Komposition fesselte. Namentlich war es die eigentümliche Schilderung des Aufbruches der Gesellen, in welcher es zu einer fast wilden Lyrik kommt, durch deren Eindruck auf mich der Geist des Dichters auch für dieses Werk mir vertraulich nahetrat. Des anderen Morgens gelangte ich beim ersten Anbruche des Tages nach Zürich. Ein wundervoller klarer Morgen bestimmte mich, auf weiten Umwegen die altgewohnten Spaziergänge im Sihlthal bis zu dem Gute *Wesendonks* aufzusuchen. Hier war ich vollkommen unangemeldet; ich erkundigte mich nach den Gewohnheiten des Hauses und hörte, daß *Wesendonk* um diese Zeit nach dem Speisesaale herabkäme, um allein zu frühstücken. Dahin setzte ich mich in eine Ecke und erwartete nun den gutmütigen langen Menschen, wie er schweigend zu seinem Kaffee herantrat und endlich in herzliches Erstaunen, mich hier zu finden, ausbrach. Der Tag verging sehr freundschaftlich; *Sulzer, Semper, Herwegh,* auch *Gottfried Keller* wurden herbeigeschafft, und ich genoß die Befriedigung einer recht gelungenen Überraschung unter so eigentümlichen Umständen, welche soeben noch mein Schicksal zum aufgeregten Tagesgespräch der Freunde gemacht hatten.

Eilig wandte ich mich dann des anderen Tages nach Karlsruhe, wo von dem Großherzoge meine Mitteilungen mit freundlicher Billigung aufgenommen wurden. Ich konnte ja mit Recht melden, daß eben mein Gesuch um den Urlaub der Sänger abgeschlagen worden und die zuvor projektierte Aufführung in Karlsruhe dadurch unmöglich gemacht worden war. Ohne alle Wehmut, sondern mit unverhohlenem Wohlgefühl nahm *Eduard Devrient* diese Wendung auf, und er verhieß mir in Wien eine glänzende Zukunft. – Für jetzt holte mich hier *Tausig* ein, welcher bereits in Wien sich zu einer Reise nach Paris, um dort mit *Liszt* zusammenzutreffen, entschlossen hatte und jetzt von Karlsruhe aus mit mir gemeinschaftlich über Straßburg die Reise fortsetzte.

In Paris wieder angelangt, traf ich meinen dortigen Hausstand bereits der Auflösung sich nähernd an. In diesem Betreff lag es mir jetzt an nichts Weiterem als an der Beschaffung der Mittel zum Fortgange von Paris sowie zu einer nächsten Verfügung über eine gänzlich aussichtslose Zukunft. Einstweilen hatte jedoch *Minna* noch Gelegenheit, ihre Talente zur häuslichen Bewirtung zu zeigen. *Liszt*, der bereits in Paris in seine alte Strömung geraten war und von seiner eigenen Tochter *Blandine* nur im Wagen, in welchem er von Besuch zu Besuch fuhr, gesprochen werden konnte, fand, durch sein gutes Herz geleitet, auch die Zeit, sich einmal bei mir zum »Beefsteak« einzuladen; ja er gelangte dazu, mir einen ganzen Abend zu schenken, für welchen er freundschaftlich zur Abmachung meiner kleinen Verbindlichkeiten sich mir zu Verfügung stellte. Vor einigen Freunden aus den vergangenen Notzeiten her spielte er an diesem Abende auch Klavier; und hier begegnete es, daß der arme *Tausig*, welcher tags zuvor in einer einsamen Stunde mir *Liszts* Phantasie über den Namen »Bach« zu meinem wahrhaften Erstaunen vorgespielt hatte, nun vor *Liszt*, als dieser wie von ohngefähr uns dasselbe Stück produzierte, zu einem wahrhaft zermalmenden Gefühle der Ohnmacht gegen diesen über alles Erstaunliche hinausragenden Koloß zusammenschrumpfte. – Außerdem waren wir zu einem Frühstücke bei *Gounod* versammelt, welches ungemein langweilig verfloß und nur durch des armen *Baudelaire* wie im Geleise der Verzweiflung sich bewegenden Esprit belebt wurde. Dieser, »criblé de dettes« wie er mir sagte, täglich genötigt, auf extravagante Mittel für seine Erhaltung zu sinnen, hatte sich mir wiederholt mit den abenteuerlichsten Vorschlägen zur Ausbeutung meines ruhmvollen Fiasko genähert. Ganz unfähig, meinerseits auf irgendeinen derselben einzugehen, mußte ich mich jetzt freuen, diesen geistvollen Menschen unter die Adlerflügel des *Lisztschen* »Ascendants« geflüchtet anzutreffen. *Liszt* führte ihn überall hin, wo unter gewissen Umständen Fortune zu verhoffen war; ob ihm dies zu etwas verhalf, konnte ich nicht erfahren, sondern nur, daß er bald nach dieser Zeit, und zwar, wie ich glaube, nicht im Übermaße des Glückes, starb. – Außer an diesem festlichen Morgen traf ich noch einmal mit *Liszt* zu einem Diner im österreichischen Gesandtschaftshotel zusammen, welche Gelegenheit mein Freund auf das artigste benutzte, um durch Andeutung einiger Stellen aus »Lohengrin« auf dem Klavier vor der Fürstin *Metternich* mir seine Sympathie zu bezeugen. Ohne daß man meine Begleitung hierbei für nötig gehalten hätte, war er auch zu einem Diner in den Tuilerien gezogen worden; von dort her berichtete er mir eine recht schickliche Unterhaltung des Kaisers *Napoleon* mit ihm über die Angelegenheit meines »Tannhäuser« in Paris, deren Ausgang festgestellt zu haben schien, daß ich mit meinem

Werke eben in der »Großen Oper« am unrechten Platze gewesen sei. Ob *Liszt* auch mit *Lamartine* hierüber verkehrt hatte, blieb mir unbekannt; nur weiß ich, daß er durch diesen älteren Freund mehrere Male abgehalten worden war, meinem Wunsche einer Zusammenkunft mit ihm zu entsprechen. *Tausig*, welcher anfangs sich meistens zu mir geflüchtet hatte, geriet schließlich in seine natürliche alte Abhängigkeit von seinem Meister, so daß auch er mir endlich gänzlich verschwand, als er mit *Liszt* zu einem Besuch der Mme *Street* nach Brüssel abreiste. –

Ich wünschte nun auf das sehnlichste von Paris fortkommen zu können. Von meiner Wohnung in der *rue d'Aumale* war ich vermöge eines Geschenkes von 100 Franken an den Portier durch geglückte Weitervermietung losgekommen: somit hatte ich nur abzuwarten, welche Mitteilungen mir endlich von seiten meiner Protektoren zukommen würden. Da ich hier nicht drängen konnte, verzögerte sich meine Lage in der peinlichsten Weise, wobei es jedoch an neckenden Einmischungen freundlich sich ausnehmender Zwischenfälle nicht fehlte. So hatte ich die wunderliche Zuneigung eines *Fräulein Eberty*, der ältlichen Nichte *Meyerbeers*, gewonnen; sie hatte mit fast wütender Teilnahme für mein Geschick die widerwärtigen Erfahrungen der »Tannhäuser«-Aufführungen durchgemacht und schien es sich nun herzlich angelegen sein zu lassen, zur Aufheiterung meiner unangenehmen Lebenslage beizutragen: so veranstaltete sie bei einem vorzüglichen Restaurant des *Bois de Boulogne* im schönsten Frühlingswetter für uns und *Kietz*, welchen wir noch nicht losgeworden waren, ein ganz artiges Diner. – Auch die Familie *Flaxland*, mit welcher ich zuvor wegen der Herausgabe des »Tannhäuser« in einiges Zerwürfnis geraten war, bemühte sich jetzt nach allen Seiten hin, mir Annehmlichkeiten zu erweisen, von denen ich allerdings gewünscht hätte, daß sie ohne Veranlassung gewesen wären.

Unter allen Umständen blieb es doch fest, daß wir mit nächstem Paris zu verlassen hätten. Für *Minna* war eine Fortsetzung ihrer vorjährigen Kur im Bade *Soden* in Aussicht genommen, worauf sie zu ihren älteren Bekannten nach Dresden sich begeben sollte, während ich meine Zeit abwarten würde, um zum Beginn des Studiums von meinem »Tristan« nach Wien zu gehen. Allen unsren Hausrat beschlossen wir wohlverpackt bei einem Spediteur in Paris zurückzustellen. Während wir so mit dem Gedanken der so peinlich sich verzögernden Abreise uns beschäftigten, erwogen wir auch die Beschwerlichkeit des Transportes unsres Hündchens *Fips* auf der Eisenbahn. Eines Tages, am 22. Juni, kam meine Frau von einem Ausgange mit dem bei dieser Gelegenheit auf eine unerklärt gebliebene Weise tödlich beschädigten Tiere zurück; nach dem Berichte *Minnas* mußten wir glauben, der Hund habe auf der Straße ein dort ausgestreutes heftiges Gift verschlungen; sein Zustand war jammervoll: ohne irgendeine äußere Beschädigung zu zeigen, atmete er nur so heftig, daß wir an eine bedeutende Verletzung der Lunge glauben mußten; im ersten wütenden Schmerz nach dem

Vorfalle hatte er *Minna* gewaltig in den Mund gebissen, so daß ich jetzt schnell einen Arzt herbeiholte, welcher uns jedoch jede Befürchtung, daß es sich hier etwa um die Verletzung durch einen tollen Hund handle, sofort benahm. Nur dem armen Tiere selbst war in gar keiner Weise Hilfe zu leisten, da er nur still zusammengekauert dalag und immer kürzer und heftiger atmete. Gegen elf Uhr des Nachts schien er unter *Minnas* Bett eingeschlafen zu sein; als ich ihn hervorholte, war er jedoch tot. Der Eindruck dieses Trauerfalles blieb zwischen mir und *Minna* unausgesprochen. Die Haustiere hatten in unsrem kinderlosen Zusammenleben eine sehr wichtige Bedeutung gewonnen; der jähe Tod dieses so muntren und liebenswürdigen Tieres trat wie ein letzter Riß in ein längst unmöglich gewordenes Zusammenleben ein. Für jetzt hatte ich keine eifrigere Sorge, als die Leiche dem gewöhnlichen Lose gestorbener Hunde in Paris, nämlich auf die Straße geworfen und des Morgens vom Unratabräumer mit aufgelesen zu werden, zu entziehen. Herr *Stürmer* hatte in unsrer Nähe, in der *rue de la Tour des dames*, einen kleinen Garten hinter seinem Hause, wo ich anderen Tages *Fips* beerdigen wollte; es kostete einen seltenen Aufwand von Überredung, die Haushälterin des eben verreisten Besitzers zu der Erlaubnis zu bewegen, daß ich mit dem Concierge meines Hauses unter dem Gebüsch des Gärtchens eine möglichst tiefe Grube zur Aufnahme des armen Hündchens graben durfte. Der traurige Akt ging vor sich, ich bedeckte die Grube auf das sorgfältigste und suchte die Stelle so unkenntlich wie möglich zu machen; denn mir ahnte es, daß Herr *Stürmer* einen Widerwillen gegen die Beherbergung der Hundeleiche empfinden und sie wieder entfernen lassen möchte, welchem wirklich eintretenden Mißgeschick ich hierdurch gewehrt hatte.

Endlich kündigte mir Graf *Hatzfeld* in der freundschaftlichsten Weise an, daß mir unbekannt bleiben wollende, an meiner unverdienten Lage teilnehmende Freunde meiner Kunst sich vereinigt hätten, mir die nötigen Mittel zur Hebung der mich belastenden Schwierigkeiten anzubieten. Ich erachtete es schicklich, für diesen guten Erfolg einzig meiner Gönnerin, der Fürstin *Metternich*, mich dankbar zu erklären, und ging nun an die Anordnung zur schließlichen Aufhebung meiner Pariser Niederlassung. Es lag mir daran, daß, sobald alle hierauf bezüglichen Bemühungen überstanden waren, *Minna* unverzüglich zur Antretung ihrer Kur nach Deutschland abreiste, wogegen ich dort für das erste kein näheres Ziel vor mir sah als einen Besuch bei *Liszt* in Weimar, wo im August ein deutscher Musikertag mit Abschieds-Aufführungen *Lisztscher* Kompositionen vor sich gehen sollte. Außerdem wünschte *Flaxland*, welcher den Mut gefaßt hatte, auch meine übrigen Opern noch französisch herauszugeben, mich noch für so lange in Paris festzuhalten, bis ich die Übersetzung des Textes vom »Fliegenden Holländer« mit *Truinet* zustande gebracht hätte. Hierzu bedurfte ich noch einiger Wochen, welche ich unmöglich mehr in unsrer gänzlich ausgeräumten Wohnung verbringen konnte: Graf *Pourtalès*, hiervon unterrichtet, lud mich nun ein, für diese Zeit im preußischen Gesandtschaftshotel meinen Aufenthalt zu nehmen, was ich als ein seltenes, ja nie in gleicher Weise mir widerfahrenes Entgegenkommen mit ahnungsvollem Danke annahm. Am 12. Juli entließ ich *Minna* nach Soden und kehrte am gleichen Tage im Gesandtschaftshotel ein, wo man mir ein freundliches Stübchen mit der Aussicht auf den Garten und weitem Blick über die Tuilerien anwies. In einem Bassin daselbst badeten zwei schwarze Schwäne, zu denen ich mich mit träumerischer Neigung hingezogen fühlte. Als der junge *Hatzfeld* mich hier aufsuchte, um sich im Namen meiner Gönner nach meinen Bedürfnissen zu erkundigen, überwältigte mich zum ersten Male seit langen Zeiten eine große Ergriffenheit, ein tiefes Gefühl des Wohlbefindens im Zustande völliger Besitzlosigkeit und Losgelöstheit von allem, was man gewöhnlich unter dauernden Lebensverhältnissen versteht.

Ich erbat mir, meinen Erard, welchen ich nicht mit dem übrigen Mobiliar hatte einpacken lassen, für die Zeit meines Aufenthaltes herbeischaffen lassen zu dürfen, und es wurde mir hierfür ein schönes Zimmer in der Belletage eingeräumt. Hier arbeitete ich des Morgens an der Übersetzung des »Fliegenden Holländers« und verfaßte zwei musikalische Albumblätter, von denen das für die Fürstin *Metternich* bestimmte, ein seit langer Zeit mir vorschwebendes artiges Motiv enthaltend, späterhin bis zur Veröffentlichung gelangte, während ein gleiches für Frau *von Pourtalès* mir abhanden gekommen ist. – Nicht nur beruhigend, sondern wahrhaft befriedigend wirkte der Umgang mit der Familie meines Gastfreundes auf mich; wir speisten täglich gemeinschaftlich, und sehr häufig erweiterte sich das häusliche Mittagsmahl zu dem bekannten »Diplomatischen Diner«. Ich lernte hier den ehemaligen preußischen Minister *Bethmann-Hollweg*, den Vater der Gräfin *Pourtalès*, kennen und geriet mit ihm in nähere Besprechung meiner Tendenzen bezüglich des Verhältnisses der Kunst zum Staate. Als es mir gelungen war, den Minister hierüber in das klare zu bringen, erfolgte sofort auch die desperate Erklärung, daß mit dem Staatsoberhaupte eine ähnliche Verständigung stets unmöglich bleiben werde, weil für diesen die Kunst nur in das Gebiet der Belustigung gehöre. – Neben Graf *Hatzfeld* nahmen an den häuslichen Zusammenkünften auch die beiden andren Attachés, ein Prinz *Reuß* und Graf *Dönhoff*, öfter teil. Der erstere schien der Politicus der Gesandtschaft zu sein und wurde mir wegen seiner großen und geschickten Mitwirkung in der Betreibung meiner Angelegenheit am kaiserlichen Hofe gerühmt, wogegen der letztere mich einfach durch seinen physiognomischen Charakter und seine einnehmende biedere Freundlichkeit vorteilhaft ansprach. Auch mit Fürst und Fürstin *Metternich* traf ich hier wieder in geselligem Verkehr zusammen. Es konnte mir nicht entgehen, daß in unser gegenseitiges Vernehmen eine gewisse Befangenheit sich eingestellt hatte; durch ihre energische Teilnahme für das Schicksal des »Tannhäuser« war Fürstin *Pauline* eine Zeitlang nicht nur den rohesten Berührungen von seiten der Presse, sondern auch einem sehr unritterlichen, boshaften Benehmen von seiten der sogenannten höheren Gesellschaft ausgesetzt gewesen: ihr Gemahl schien dies alles gut ertragen, ohne Zweifel jedoch sehr widerwärtige Augenblicke verlebt zu haben. Es war mir nun schwer darüber klarzuwerden, in welchem Sinne die Fürstin für alles Ausgestandene durch eine wahrhafte Sympathie mit meiner Kunst Entschädigung gefunden hatte; aller Welt galt sie nur als ein höchst launenhaftes, im unausgesetzten Effektmachen geübtes Weib. Mir selbst war es nie möglich gewesen, in meinem vorangehenden Umgange mit ihr irgendeinen Weg wahrhafter Annäherung zu finden: alles, was ich im Betreff ihres Wesens zu bestätigen hatte, war nur ein keckes Selbstbewußtsein, eine hierauf sich gründende rücksichtslose Energie und eine sehr geübte Klugheit in der Beurteilung der realen Verhältnisse. Was sie mit der Versicherung, welche sie mir mit fast kindischer Verschämtheit eines Tages gab, daß sie nämlich »Fugen« sehr gern höre, mir sagen wollte, ist mir undeutlich geblieben. Was den seinem Naturell nach ziemlich dürftigen und kalten Fürsten zu mir hinzuziehen schien, ging mir aus seiner Neigung, selbst das Komponieren zu erlernen, hervor; doch war er so klug, von dieser Seite mich nicht zu belästigen, wogegen ich Gelegenheit fand, den richtigen Takt in der Beurteilung der politischen Dinge zu würdigen, welcher, wie es mir schien, diesem Manne weniger durch Ausbildung natürlicher Anlagen als durch den Instinkt seiner Geburt und seiner Stellung zu eigen war. – Nachdem ich öfter mit meinen liebenswürdigen Gastfreunden die Abende in vertraulichem Verkehre zugebracht und sogar zu dem Versuche, hierbei über *Schopenhauer* zu belehren, Veranlassung erhalten hatte, führte eine größere Abendgesellschaft zu völlig berauschenden Anregungen. Hier wurde in einem Kreise mir durchaus gewogener Freunde lebhaft aus meinen verschiedenen Werken musiziert; *Saint-Saëns* hatte das Klavier übernommen, und ich erlebte das Seltsame, daß eine neapolitanische Fürstin *Campo-Reale* die Schlußszene der Isolde mit schöner Aussprache des Deutschen und überraschender Sicherheit der Intonation zu des tüchtigen Musikers Begleitung uns zum Vortrag brachte.

Während ich so im Verlaufe dreier Wochen mich hier angenehm ausruhte, besorgte Graf *Pourtalès* für meine bevorstehende Reise nach Deutschland mir einen vornehmen preußischen Ministerialpaß, nachdem seine Bemühungen, mir einen sächsischen Paß zu verschaffen, an der Ängstlichkeit des Herrn von *Seebach* gescheitert waren. Bevor ich diesmal, wie ich glaubte auf immer, von Paris Abschied nahm, drängte es mich noch, den wenigen französischen Freunden, welche an meinen überstandenen Nöten treulich teilgenommen hatten, ein vertrautes Lebewohl zu sagen. Mit *Gaspérini*, *Champfleury* und *Truinet* kam ich in einem Café der *rue Lafitte* zusammen; wir unterhielten uns hier bis in die späteste Nacht, und als ich meinen Nachhauseweg nach dem *Faubourg St.-Germain* antreten wollte, erklärte

Champfleury, welcher hoch am *Montmartre* wohnte, mich nach Hause geleiten zu müssen, weil wir doch nicht wüßten, ob wir uns je wiedersehen würden. Ich erfreute mich hierbei des wunderbaren Eindruckes, welchen in hellster Mondnacht die jetzt gänzlich menschenleeren Straßen von Paris auf mich machten; nur die bis in die höchsten Stockwerke hinaufreichenden Firmen des ungeheuren geschäftlichen Verkehres, wie er namentlich die *rue Richelieu* im Beschlag hat, schienen in pittoresker Weise den Lärm des Tages in die Nacht hinüberzutragen. *Champfleury* rauchte sein Pfeifchen und unterhielt mich über die Chancen der französischen Politik: sein Vater sei ein alter Bonapartist vom reinsten Wasser; da er jedoch täglich die Zeitungen lese, sei er kürzlich zu der Äußerung veranlaßt worden: *»Pourtant, avant de mourir je voudrais voir autre chose.«* An der Türe des Gesandtschaftshotels nahmen wir einen sehr freundlich gerührten Abschied.

Doch auch mit einem jungen Pariser Freunde, den ich bisher noch nicht erwähnt, kam es zu einem ähnlichen freundschaftlichen Lebewohl. *Gustave Doré* war mir schon im ersten Anfange meines Pariser Auftretens durch *Ollivier* zugesandt worden; er hatte beabsichtigt, eine phantastische Zeichnung von mir im Akte des Orchesterdirigierens zu entwerfen. Zur Ausführung hiervon kam es allerdings aus mir unbekannten Gründen nicht, vielleicht, weil ich nicht mit besonderer Neigung darauf einging. Doch blieb mir *Doré* fortgesetzt zugetan, und jetzt gehörte er zu denjenigen, welche, mit höchster Entrüstung über die mir angetane Schmach, es sich angelegen sein ließen, mir ihre Freundschaft zu beweisen. Unter die vielen Illustrationen, welche der ungemein produktive Mensch ausführte, beabsichtigte er auch die »Nibelungen« aufzunehmen; ich wünschte ihn nun hierfür mit meiner Auffassung dieses Mythen-Zyklus bekannt zu machen; dies fiel allerdings sehr schwer; da er mir jedoch versicherte, er habe einen Freund, der in deutscher Sprache und Literatur sehr bewandert sei, so erlaubte ich mir, ihm den vor kurzem erschienenen Klavierauszug des »Rheingoldes«, aus dessen Texte ihm der Grundzug meiner Gestaltung des Stoffes am besten verdeutlicht werden könnte, zum Geschenk zu machen, womit ich ihm zugleich das von ihm zuvor mir überreichte Geschenk eines Exemplares seiner soeben erschienenen Illustration des »Dante« erwiderte.

Voll guter und freundlicher Eindrücke, welche mir als die eigentliche Ausbeute meines so mühevollen Pariser Unternehmens von wahrem Werte gelten durften, verließ ich in der ersten Woche des August das wohltätige Asyl meiner preußischen Freunde, um über Köln zunächst nach dem Bade Soden mich zu begeben. Hier fand ich *Minna* in der Gesellschaft der bewußten *Mathilde Schiffner* an, welche ihr als leicht zu tyrannisierende Freundin unentbehrlich geworden zu sein schien. Ich verweilte hier höchst beschwerliche zwei Tage, welche ich dazu verwendete, der armen Frau begreiflich zu machen, daß sie sich in Dresden, wo ich für jetzt noch nicht mich aufhalten durfte, niederzulassen habe, während ich in Deutschland, zunächst in Wien, nach einer neuen Basis meiner Unternehmungen mich umsehen würde. Sie vernahm, mit einer eigentümlichen Genugtuung auf ihre Freundin blickend, meinen Vorsatz und mein Versprechen, unter allen Umständen darauf bedacht sein zu wollen, sie mit 1000 Talern jährlich zu versorgen. Diese Abmachung blieb fortan auch die Norm meines Verhaltens zu ihr für den Rest ihres Lebens. Sie begleitete mich noch nach Frankfurt, wo ich, um mich zunächst nach Weimar zu wenden, von ihr Abschied nahm. Hier war vor kurzem *Schopenhauer* gestorben.

VIERTER TEIL

1861-1864

So* reiste ich wiederum durch Thüringen und an der Wartburg vorbei, deren Anblick oder Besuch somit einen eigentümlichen Zusammenhang mit meinem Scheiden von oder meiner Zurückkehr nach Deutschland erhielt. In Weimar traf ich nachts um zwei Uhr ein, um des anderen Tages in die von *Liszt* mir bereitete Wohnung auf der Altenburg geführt zu werden. Dieser meldete mir mit Bedeutung, daß ich in Prinzeß *Mariens* Zimmer aufgenommen sei. Im übrigen fehlten diesmal alle Frauen zur Bewirtung; Fürstin *Karoline* befand sich bereits in Rom, und ihre Tochter war an Fürst Konstantin *Hohenlohe* nach Wien verheiratet. Nur Miß Anderson, die Erzieherin Mariens, war zurückgeblieben, um Liszt bei der Bewirtung seiner Gäste behilflich zu sein. Im übrigen fand ich die Altenburg im Begriff, versiegelt zu werden; der jugendliche Onkel Liszts, *Eduard,* war zu diesem Zwecke sowie zur Aufnahme des Inventares alles Eigentumes aus Wien angekommen. Nebenher herrschte aber eine ungemeine gastliche Belebtheit, da es einer Tonkünstler-Versammlung galt und Liszt einen guten Teil derselben bei sich im Hause untergebracht hatte. Unter diesen Hausgästen waren zunächst *Bülow* und *Cornelius* inbegriffen; alle und namentlich Liszt selbst boten mir den sonderbaren Anblick, ihr Haupt nur mit Reisekappen bedeckt zu sehen, was ich sogleich auf die große Ungeniertheit dieses Weimar zugedachten ländlichen Musikfestes zu deuten hatte. In dem oberen Stocke des Hauses war *Franz Brendel* nebst Gemahlin mit einiger Feierlichkeit logiert; bald wimmelte es von Tonkünstlern, unter denen ich meinen alten Bekannten *Draeseke* sowie einen jungen *Weißheimer,* welchen mir Liszt einmal zum Besuche nach Zürich geschickt hatte, antraf. Auch *Tausig* stellte sich ein, schloß sich aber von unseren ungenierten Zusammenkünften

---

* Im Manuskript am Rand der Vermerk Cosimas: »Fortsetzung 10. Januar 1876« und darunter zum Inhalt: »August 1861«.

meistenteils aus, um einem Liebesverhältnisse mit einer jungen Dame nachzugehen. Bei kleineren Ausflügen wurde mir von Liszt *Emilie Genast* als Begleiterin zugeteilt, worüber ich mich, da sie sehr verständig und witzig war, nicht zu beklagen hatte. Auch lernte ich den Violinspieler und Musiker *Damrosch* kennen. Sehr erfreut war ich, meine alte Freundin *Alwina Frommann*, obwohl in einiger Spannung mit Liszt, hier wiederum begrüßen zu können. Da endlich auch *Blandine* mit *Ollivier* aus Paris eintraf, um neben mir in der Altenburg zu wohnen, gewannen die an sich lustigen Tage eine fast aufgeregte Heiterkeit. Am ausgelassensten fand ich Bülow, welchem die Orchesterdirektion bei der Faust-Symphonie Liszts zugeteilt war. Seine Regsamkeit war ganz außerordentlich; er hatte die Partitur vollständig auswendig gelernt und führte sie uns mit dem keineswegs aus der Elite der deutschen Musiker bestehenden Orchester mit ganz ungemeiner Präzision, Feinheit und Feuer vor. Nächst dieser Symphonie war das Gelungenste die Musik zu »Prometheus«; besonders ergreifend aber wirkte auf mich der Vortrag eines von Bülow komponierten Liederzyklus »Die Entsagende« durch Emilie Genast. Außerdem boten die Aufführungen des Festkonzertes wenig Erfreuliches, worunter eine Kantate von *Weißheimer* »Das Grab im Busento« zu rechnen ist; wogegen es zu einem wahren und großen Ärgernis mit einem »Deutschen Marsche« von *Draeseke* kam. Diese wirklich elende Komposition des sonst so begabten Menschen, welche wie im Hohn verfaßt aussah, wurde aus nicht leicht zu verstehenden Gründen von *Liszt* mit herausfordernder Leidenschaft protegiert; da Draeseke sich als Dirigent seiner Komposition vollends lächerlich erwies, bestand *Liszt*, dem Rate aller Freunde gegenüber, auf der Durchführung des Marsches unter *Bülows* Direktion. Auch diese gelang schließlich Hans, und zwar auswendig: doch führte dies endlich zu einem unerhörten Ärgernis. *Liszt*, welcher infolge der jubelnden Aufnahme seiner eigenen Komposition nicht zu bewegen war, dem Publikum sich ein einziges Mal zu zeigen, erschien bei der schließenden Aufführung des Draesekeschen Marsches in der Proszeniumloge, um dem Werke seines Schützlings, welches von den gemarterten Zuhörern endlich mit unaufhaltsamem Mißmut zurückgewiesen wurde, mit weit hervorgestreckten Händen und donnernden Bravorufen zu applaudieren. Es entspann sich hierüber ein völliger Kampf, welchen *Liszt* allein, zorngeröteten Antlitzes, mit dem Publikum führte. *Blandine*, welche an meiner Seite saß, war gleich mir in heller Verzweiflung über dieses unerhörte provozierende Benehmen ihres Vaters, und es dauerte lange, ehe auch wir über den Vorgang uns beruhigten. Von *Liszt* selbst war als Erklärung wenig herauszubekommen; wir hörten nur einige Male wütend verachtende Bezeigungen über das Publikum, für welches dieser Marsch noch viel zu gut sei; und ich erfuhr andrerseits, daß dies sonderbarerweise aus Ranküne gegen das eigentliche Weimarische Publikum geschah, welches jedoch hier gar nicht in Betreff kam. *Liszt* behandelte diese Angelegenheit nämlich als eine

Revanche für *Cornelius,* dessen Oper »Der Barbier von Bagdad« vor einiger Zeit unter *Liszts* persönlicher Leitung aufgeführt und vom Weimarer Publikum ausgepfiffen worden war. Außerdem bemerkte ich nun wohl auch, daß *Liszt* in diesen Tagen anderweitig großen Ärger zu erleiden hatte. Wie er mir selbst gestand, war es ihm darauf angekommen, den Großherzog von Weimar zu einem auszeichnenden Benehmen gegen mich zu bewegen; er wollte, daß dieser mich mit ihm zur Hoftafel einladen sollte; da jener Bedenken fand, einen noch jetzt vom Königreich Sachsen ausgeschlossenen politischen Flüchtling zu bewirten, vermeinte Liszt wenigstens den Weißen-Falken-Orden für mich durchsetzen zu können. Auch dieses war ihm abgeschlagen worden. Da er mit seinen Bemühungen für mich beim Hofe so übel angekommen war, sollte nun wenigstens die Bürgerschaft der Residenzstadt das ihrige zur Feier meiner Anwesenheit tun; es war ein Fackelzug für mich beschlossen. Als ich hiervon hörte, gab ich mir alle Mühe, das Vorhaben zu hintertreiben; was mir denn auch gelang. Ganz ohne Ovation sollte es jedoch nicht abgehen; eines Vormittags stellte sich der Justizrat *Gille* aus Jena mit sechs Studenten unter meinem Fenster zur Absingung eines gemütlichen Sing-Vereins-Liedes ein, welcher Bezeigung ich mich auf das herzlichste dankbar erwies. Dagegen gestaltete sich ein großes Festmahl, bei dem alle Tonkünstler versammelt waren und welchem auch ich zwischen *Blandine* und *Ollivier* beiwohnte, zu einer recht herzlichen Ovation für den nun wieder in Deutschland begrüßten, während der Zeit seiner Verbannung lieb und berühmt gewordenen Komponisten des »Tannhäuser« und des »Lohengrin«. *Liszt* sprach kurz, aber energisch, und einem besonderen Festredner gegenüber hatte auch ich mich ausführlicher vernehmen zu lassen. Sehr angenehm waren mehrere ausgewählte Versammlungen an *Liszts* Mittagstische, bei deren einer ich auch der abwesenden Wirtin der Altenburg gedachte. Einmal aber speisten wir im Garten, und hier hatte ich die Freude, auch die gute *Frommann,* welche sich sehr verständig mit Ollivier unterhielt, mit Liszt ausgesöhnt teilnehmen zu sehen.

So nahte nach einer sehr mannigfaltig aufgeregt durchlebten Woche der Tag der Trennung für uns alle. Es war eine freundliche Fügung, daß ich meine beschlossene Reise nach Wien zu einem großen Teil in der Begleitung *Blandinens* und *Olliviers* ausführen konnte. Diese hatten beschlossen, *Cosima* in Reichenhall, wo diese einer Kur wegen sich aufhielt, zu besuchen. Als wir am Bahnhofe gemeinschaftlich von *Liszt* Abschied nahmen, gedachten wir auch *Bülows,* welcher in den vergangenen Tagen sich so ungemein ausgezeichnet hatte und der einen Tag früher verreist war; wir ergossen uns in seinem Lobe, nur bemerkte ich vertraulich scherzend: er hätte *Cosima* nicht zu heiraten gebraucht; worauf *Liszt* mit einer kleinen Verneigung hinzusetzte: »Das war Luxus.«

Nun überkam uns Reisende, d. h. namentlich *Blandine* und mich, bald eine ausgelassen heitere Laune, welche sich namentlich durch *Olliviers* bei jedem Auflachen unsrerseits wiederholte, neugierige Frage: Qu' est ce qu' il dit? steigerte. Dieser mußte es sich gutmütig gefallen lassen, daß wir fortgesetzt im Deutschen unsere Späße trieben; doch wurden seine häufigen Nachfragen nach einem *Tonique* oder *Jambon cru*, welche die Hauptelemente seiner Ernährung auszumachen schienen, immer französisch von uns bedient. In Nürnberg, wo wir unser Nachtlager zu halten gezwungen waren, kamen wir erst spät nach Mitternacht an und wurden mit vieler Mühe nach einem Gasthof gebracht, welcher uns jedoch nur nach langem Warten geöffnet wurde. Ein ältlicher dicker Gastwirt entschloß sich auf unsere Bitten, in so später Zeit uns noch Zimmer anzuweisen; um dies zu bewerkstelligen, ließ er uns jedoch nach vielem ängstlichen Überlegen erst längere Zeit in einem Hausflur warten, entfernte sich durch einen hinteren Korridor, und dort hörten wir ihn vor einer Kammertüre mit schüchterner Freundlichkeit den Namen »Margarethe« rufen. Er wiederholte dies mehrere Male mit dem Bedeuten, es seien Gäste da; fluchend wurde ihm von einem Frauenzimmer geantwortet. Nach vielem inständigen Bitten von seiten des Wirtes kam Margarethe im Negligé endlich heraus und brachte uns, nach mancher geheimen Überlegung mit dem Wirte, in die für uns ausgewählten Kammern; wobei das Sonderbare des Vorfalles darin bestand, daß das unmäßigste Gelächter, welches wir alle drei beständig unterhielten, weder vom Wirt, noch von seiner Magd bemerkt zu werden schien. Des anderen Tages besichtigten wir einige Merkwürdigkeiten der Stadt, zuletzt auch das Germanische Museum, welches seiner damaligen Armseligkeit wegen namentlich meinem französischen Freunde Geringschätzung abgewann; die bedeutende Sammlung von Marterinstrumenten, unter denen sich ein mit Nägeln ausgeschlagener Kasten besonders auszeichnete, erregten *Blandinen* aber einen mitleidigen Ekel.

Am Abend gelangten wir nach *München*, welches am anderen Tage, nachdem für »Tonique« und Schinken wieder gesorgt war, namentlich von *Ollivier* mit großer Befriedigung in Augenschein genommen wurde. Er fand, daß der antikisierende Stil, in welchem namentlich die von König Ludwig I. ausgeführten Kunstgebäude sich darstellten, höchst vorteilhaft gegen die Gebäude sich auszeichnete, mit welchen *Louis Napoleon* zu Olliviers größtem Ärger Paris anzufüllen beliebt hatte. Er versicherte, er werde hierüber in Paris sich vernehmen lassen. Hier traf ich zufällig einen ehemaligen jungen Bekannten, Herrn von *Hornstein*, wieder; ich stellte ihn als »Baron« meinen Freunden vor: seine putzige Gestalt und sein tölpelhaftes Benehmen unterhielten ihre Heiterkeit, welche wiederum zu einem wahren Feste ausartete, als »*le baron*« vor unserer nächtlichen Abreise nach Reichenhall uns alle, damit wir auch nach dieser Seite hin München kennenlernten, noch in eine ziemlich entfernt liegende Bierbrauerei führen mußte. Es geschah dies in finsterer Nacht; außer einem Lichtstumpfe, mit welchem »der Baron« selbst in den Keller steigen mußte, um uns das Bier heraufzuholen, bot sich keine Beleuchtung dar; doch schien das Bier außerordentlich zu schmecken, und nachdem Hornstein mehrere Male seine Kellerfahrt wiederholt hatte, bemerkten wir bei der nun mit nötig gewordener Eile auszuführenden, ungemein beschwerlichen Wanderung durch Feldäcker und Gräben zum Bahnhofe hin, daß das ungewohnte Labsal uns etwas verwirrt hatte. *Blandine* verfiel sogleich nach dem Besteigen des Waggons in tiefen Schlaf, aus dem sie erst bei Tagesanbruch erwachte, als wir in Reichenhall anlangten, wo uns nun *Cosima* empfing und nach der zu unserer Aufnahme hergerichteten Wohnung geleitete.

Wir freuten uns zunächst über den Gesundheitszustand der Schwester, den wir als bei weitem weniger beängstigend erkannten, als er zuvor, namentlich mir, zur Kenntnis gekommen war. Ihr war hier eine Molkenkur verordnet worden. Wirklich wohnten wir auch am anderen Morgen einer Promenade nach der Molkenanstalt bei; auf das hier eingenommene Heilmittel selbst schien jedoch *Cosima* weniger Wert zu legen als auf die Wanderungen und den Aufenthalt in der so ausgezeichnet stärkenden Gebirgsluft. Von der Heiterkeit des Umganges, welche auch hier sogleich sich einstellte, blieben jedoch *Ollivier* und ich meistens ausgeschlossen, da die beiden Schwestern, zur größeren Vertraulichkeit ihrer durch stetes Lachen bis in die Ferne bemerkbaren Gespräche, sich gewöhnlich in ihre Kammer vor uns verschlossen, so daß mir die französische Konversation mit meinem politischen Freunde fast allein verblieb. Doch wußte ich mir einige Male Zutritt zu den Schwestern zu verschaffen, um ihnen unter andrem mein Vorhaben anzukündigen, sie, da um beide ihr Vater sich nicht mehr bekümmere, zu adoptieren – was weniger mit Vertrauen als mit Heiterkeit aufgenommen wurde. Ich beklagte mich einmal gegen *Blandine* über *Cosimas* Wildheit, was jene zunächst nicht begreifen wollte, bis sie mich dahin verstand, daß sie mir meinen Ausdruck selbst als gemeinte »timidité d'un sauvage« erklärte. Nach wenigen Tagen mußte ich aber endlich an die Fortsetzung meiner bis jetzt so anmutig unterbrochenen Reise denken; ich nahm im Hausflur Abschied und begegnete hier einem fast scheu fragenden Blicke Cosimas.

In einem Einspänner fuhr ich zunächst das Tal hinab nach *Salzburg*. An der österreichischen Grenze hatte ich ein Abenteuer mit dem Zollamte zu bestehen. *Liszt* hatte mir in Weimar ein Kistchen der kostbarsten, von Baron *Sina* ihm selbst verehrten Zigarren geschenkt; von meinem Aufenthalte in Venedig her die unerhörten Schikanen kennend, durch welche die Einbringung dieses Artikels in Österreich erschwert ist, war ich darauf verfallen gewesen, diese Zigarren einzeln unter meiner Wäsche und in den Kleidertaschen zu verstecken. Der Zolldiener, ein alter Soldat, schien aber auf solche Vorsichtsmaßregeln vorbereitet zu sein und zog geschickt aus allen Falten meines kleinen Reisekoffers die Corpora delicti hervor. Ich hatte ihn durch ein Trinkgeld zu bestechen gesucht; dieses hatte er auch wirklich zu sich genommen, und ich war um desto empörter, als er mich nun doch vor dem

Amte denunzierte. Hier hatte ich eine starke Strafe zu zahlen, erhielt aber nun die Erlaubnis, die Zigarren rückkaufen zu können, wovon ich jedoch wütend abstand; als mir dann die Quittung für meine ausgezahlte Strafe zugestellt wurde, übergab man mir aber zugleich auch den preußischen Taler, welchen zuvor der Zollsoldat ruhig zu sich gesteckt hatte. Als ich mich nun wieder zur Weiterreise in den Wagen setzte, sah ich diesen Zolldiener ruhig vor einem Schoppen sitzen und sein Stück Brot mit Käse verzehren, wobei er mich höflich grüßte; ich bot ihm jetzt seinen Taler wiederum an, diesmal aber verweigerte er ihn anzunehmen. Ich habe mich später oft noch darüber geärgert, daß ich damals nicht den Namen dieses Menschen mir geben ließ, da ich den Gedanken festhielt, er müsse ein ausgezeichnet treuer Diener sein, als welchen ich ihn später gern zu mir genommen hätte.

Über Salzburg, wo ich von Regengüssen überflutet ankam und die Nacht zubrachte, gelangte ich anderen Tages endlich an meinen vorläufigen Bestimmungsort *Wien*. Hier gedachte ich die Gastfreundschaft des aus der Schweiz her mir befreundeten *Kolatschek* anzunehmen; dieser, von Österreich längst amnestiert, hatte mich in Wien bei meinem vorherigen Aufenthalte aufgesucht und für den Fall, daß ich auf längere Zeit zurückkommen würde, um mir den unangenehmen Aufenthalt in einem Gasthofe zu ersparen, sein Haus angeboten. Schon aus Gründen der Sparsamkeit, welche um diese Zeit mir so sehr zur Nötigung gemacht war, war ich auf dieses Anerbieten gern eingegangen und fuhr nun mit meinem kleinen Gepäcke sogleich nach dem mir bezeichneten Hause hin. Zu meinem Erstaunen erkannte ich alsbald, daß ich mich in der allerentferntesten Vorstadt fast ohne alle Verbindung mit Wien selbst befand, außerdem das Haus aber auch ganz verlassen war, weil Kolatschek mit seiner Familie einen Sommeraufenthalt in Hütteldorf bezogen hatte; mit Mühe fand ich eine alte Magd heraus, welche durch ihren Herrn von meiner Ankunft ungefähr berichtet zu sein glaubte. Sie zeigte mir ein kleines Zimmer, in welchem, wenn ich wollte, ich schlafen könnte; weder für Wäsche noch sonstige Bedienung schien sie aber vorgesehen zu sein. Höchst ungemütlich berührt durch diese Enttäuschung, fuhr ich zunächst in die Stadt zurück, um in einem Kaffeehause am Stephans-Platze, wo den Aussagen der Magd nach Kolatschek um eine gewisse Zeit sich einfinden sollte, diesen zu erwarten. Ich saß da längere Zeit, erkundigte mich wiederholt nach dem von mir Erwarteten, bis ich endlich *Standhartner* eintreten sah. Sein höchstes Erstaunen, mich hier anzutreffen, wurde in der gemütlichsten Weise noch dadurch gesteigert, daß er mir erklärte, nie in seinem Leben noch in dieses Café eingetreten zu sein, und daß nur ein ganz besonderer Zufall ihn gerade heute um diese Stunde hierhergeführt habe. Er vernahm die Lage, in der ich mich befand, war sogleich in höchster Weise darüber aufgebracht, daß ich bei meiner so dringenden Beschäftigung im Mittelpunkte der Stadt am verlassensten Ende Wiens wohnen sollte, und bot mir sofort seine eigene Wohnung, welche er mit seiner ganzen Familie jetzt für sechs Wochen verlassen werde, zu einstweiligem Unterkommen an. Eine hübsche Nichte, welche mit ihrer Mutter und Schwester im gleichen Hause wohnte, sollte für alle nötige Bedienung, auch Frühstück usw. sorgen, und ich würde somit zu höchster Bequemlichkeit in der ganzen Wohnung mich ausdehnen können. Jubelnd führte er mich sofort in sein Haus, welches bereits von seiner Familie, die zu einem Sommeraufenthalt nach Salzburg vorausgegangen, verlassen worden war. Kolatschek wurde benachrichtigt, mein Reisegepäck hereingeholt, und noch einige Tage genoß ich in *Standhartners* Gesellschaft die Annehmlichkeit der behaglichen Gastfreundschaft. Nun hatte ich aber auch aus meines Freundes weiteren Mitteilungen die für meine Lage eingetretenen Schwierigkeiten zu vernehmen. Die im vergangenen Frühjahr für jetzt (ich war am 14. August in Wien angekommen) entworfenen Proben zu »Tristan und Isolde« hatten bereits auf unbestimmte Zeit vertagt werden müssen, weil der Tenorist *Ander* sich stimmkrank hatte melden müssen. Auf diese Nachricht glaubte ich eigentlich sofort meinen Aufenthalt in Wien als unnütz erkennen zu müssen; nur hätte mir niemand zu raten gewußt, wohin ich mich wenden sollte, um irgendeinem Zwecke nachzugehen.

Meine Lage war, wie mir nun erst deutlich wurde, gänzlich verlassen, denn ich erschien von aller Welt aufgegeben. Hatte ich mir vor wenigen Jahren noch damit schmeicheln können, in einem ähnlichen Falle bei *Liszt* in Weimar einen freundlichen Aufenthalt für das Abwarten zu gewinnen, so hatte ich nun, wie ich dies bereits erwähnte, bei meiner Rückkehr nach Deutschland bloß der Versiegelung seines Hauses beizuwohnen gehabt. So beschäftigte mich jetzt vor allem das Umsehen nach irgendeinem befreundeten Unterkommen. Somit wendete ich mich, fast nur noch in diesem Sinne, an den Großherzog von *Baden,* welcher mich ja vor ganz kurzem erst so freundschaftlich und teilnahmvoll begrüßt hatte. Ich legte ihm in einem ausdrucksvollen Schreiben mein Bedürfnis an das Herz, versicherte ihm, daß es mir vor allem um ein wenn auch noch so bescheidenes Asyl ankäme, und ersuchte ihn, mir dieses in oder bei Karlsruhe durch die Gewährung einer Pension von 1200 Gulden zu verschaffen. Wie erstaunt war ich, hierauf eine nicht mehr eigenhändige, sondern nur von dem Großherzog unterschriebene Antwort zu erhalten, in welcher mir auseinandergesetzt wurde, daß bei einer Gewährung meiner Bitte eine Einmischung meinerseits in die dortigen Theaterangelegenheiten und somit leicht berechenbare Mißhelligkeiten mit dem Direktor desselben, meinem jetzt so vortrefflich sich bewährenden alten Freunde Eduard Devrient, vorauszusehen seien; da in solchen Fällen der Großherzog sich genötigt sehen würde, vielleicht zu meinen Ungunsten, wie er sich ausdrückte, »das Amt der Gerechtigkeit zu verwalten«, so müsse er nach reiflicher Erwägung bedauern, mir die Erfüllung meines Wunsches versagen zu müssen. – Die Fürstin *Metternich* glaubte bei meinem Fortgange von Paris mein Bedürfnis auch nach dieser Seite hin zu erraten, und wies mich für Wien mit herzlicher Betonung an die Familie des Grafen *Nakós,* von dessen Frau namentlich sie mir in bedeutungsvollem Sinne sprach. Nun hatte ich, sogleich nach meinem Einzug in die Wohnung *Standhartners,* durch diesen während der wenigen Tage vor seiner Abreise noch die Bekanntschaft des jungen Fürsten *Rudolf Liechtenstein,* unter seinen Freunden nur unter dem Namen »Rudi« bekannt, gemacht. Er wurde mir als leidenschaftlicher Verehrer meiner Musik von seinem sehr vertrauten Arzte in einnehmendster Weise empfohlen. Mit diesem, den ich, als Standhartner nun zu seiner Familie abgegangen war, häufig im »Erzherzog Karl« beim Speisen antraf, wurde der Plan eines Besuches bei Graf *Nakós* auf dessen entfernterem Gute *Schwarzau* verabredet. In gemütlichster Weise wurde die teilweise auf der Eisenbahn stattfindende Fahrt in der Begleitung der jungen Frau des Fürsten ausgeführt. Von ihnen wurde ich nun in Schwarzau den *Nakós'* vorgestellt: ich traf in dem Grafen einen ausgezeichnet schönen Mann, in ihr dagegen eine Art von kultivierter Zigeunerin an, deren Talent im Malen sich durch riesengroße Kopien van Dyckscher Bilder, von denen die Wände prangten, in auffälliger Weise kundgab. Peinigender war dagegen ihr Musizieren am Klavier, bei welchem sie nur Zigeunerweisen mit allerechtestem, wie sie sagte, von Liszt verfehltem Vortrage zu Gehör brachte. Die Musik des »Lohengrin« schien andrerseits alle sehr für mich eingenommen zu haben; dies bestätigten mir noch andere zum Besuch anwesende Magnaten, unter welchen ich auch den von Venedig her mir bekannten Grafen *Edmund Zichy* vorfand. Ich lernte hier die Tendenz einer freimütigen ungarischen Gastfreundschaft kennen, ohne jedoch von dem Inhalte der Gespräche sonderlich erbaut zu sein. Leider hatte ich mich bald zu fragen, was ich unter diesen Leuten zu tun haben sollte. Für die Nacht war mir ein anständiges Gastzimmer angewiesen, und des anderen Tages sah ich mich beizeiten nach dem Umfange der schön gepflegten Umgebung des stattlichen Schlosses um, mit dem Erwägen, in welchem Teil desselben mir vielleicht ein längerer gastlicher Aufenthalt gewährt sein dürfte. Meinen anerkennenden Bemerkungen über die Ausdehnung der Gebäude wurde beim Frühstück jedoch mit der Versicherung begegnet, daß es leider kaum für die Bedürfnisse der gräflichen Familie ausreiche, da namentlich die junge »Komtesse« mit ihrer Bedienung eines großen Aufwandes bedürfe. Es war ein kalter Septembermorgen, den wir bei dieser Gelegenheit im Freien zubrachten; mein Freund »Rudi« schien verstimmt; ich fror, und bald nahm ich meinen Abschied von der Magnatentafel mit dem Bewußtsein, noch selten mit so artigen Menschen mich zusammenbefunden zu haben, ohne im mindesten zu begreifen, was ich mit ihnen etwa gemein haben könnte. Dies Gefühl drang sich mir vollends bis zum Ekel auf, als ich mit mehreren der »Kavaliere« gemeinschaftlich bis zu der Eisenbahnstation von *Mödling* fuhr und während dieser Stunde zu stetem Schweigen mich gezwungen sah, da buchstäblich nur das so bekannt gewordene Gespräch über Pferde von ihnen geführt wurde.

In Mödling stieg ich aus, um hier den Tenoristen *Ander* zu besuchen, bei welchem ich mich für diesen Tag, mit der Absicht, den »Tristan« vorzunehmen, eingeladen hatte. Es war noch sehr früh und ein heller, mit der Zeit sich erwärmender Vormittag; ich beschloß, ehe ich *Ander* aufsuchte, einen Spaziergang in die liebliche *Brühl*. Dort ließ ich mir in dem Garten des schön gelegenen Gasthofes ein zweites Frühstück bereiten und genoß in vollendeter Einsamkeit eine höchst erquickliche Stunde. Die Waldvögel waren bereits verstummt, dafür gesellte sich ein bis in das Ungeheuere anwachsendes Heer von Sperlingen um mein Frühmahl; da ich sie mit den Brotkrumen fütterte, wurden sie endlich so kirr, daß sie in ganzen Flügen auf dem Tisch vor mir zum Raube sich niederließen. Dies erinnerte mich an jenen Morgen in der Taverne des Gastwirtes *Homo* bei Montmorency. Auch hier, nachdem ich manche Träne vergossen, lachte ich endlich laut auf und schlug meinen Weg nach der Sommerwohnung des Herrn *Ander* ein. Leider fand ich an diesem bestätigt, daß seine Stimmkrankheit nicht wohl nur ein Vorwand sei. Jedenfalls mußte ich mir bald gestehen, daß dieser dürftige Mensch, welcher zwar in Wien als ein Halbgott verehrt wurde, seiner Aufgabe als »Tristan« unter keinen Umständen gewachsen sein würde. Doch tat ich das meinige, weil ich doch nun einmal hier war, ihm den ganzen »Tristan« in meiner mich so sehr aufregenden Weise vorzuführen; wobei er behauptete, die Partie sei wie für ihn geschrieben. Mit *Tausig* und *Cornelius*, die ich in Wien wiederum angetroffen und welche ich für diesen Tag zu *Ander* heraus beschieden hatte, kehrte ich des Abends nach Wien zurück.

Mit diesen beiden, welche sich herzlich um mich bekümmerten und nach Kräften mich zu erheitern suchten, verkehrte ich viel; nur hielt sich *Tausig*, der in gewisse vornehme Aspirationen geraten war, etwas mehr zurück. Doch nahm auch dieser junge Freund noch an Einladungen teil, welche uns gemeinschaftlich zu Frau *Dustmann*, damals zum Sommeraufenthalt in Hietzing sich befindend, beriefen. Hier kam es einige Male zu Diners, auch zu einzelnen Gesangstudien von der projektierten Isolde, für welche dieser Sängerin Stimme wie seelische Empfänglichkeit nicht abzugehen schien. Dort las ich auch einmal wieder das Gedicht des »Tristan« vor, immer in der Meinung, ich werde mit Geduld und Enthusiasmus das Vorhaben seiner Aufführung doch noch ermöglichen. Für jetzt bedurfte es aber der ersteren am meisten, während mit dem letzteren gar nichts zu erreichen war; *Ander* war und blieb stimmkrank, und kein Arzt wollte genau die Zeit bestimmen, in welcher er von seinem Übel erlöst sein würde.

Ich verbrachte die Zeit, so gut es ging, und verfiel darauf, die für Paris auf französischem Texte ausgeführte neue Szene zu »Tannhäuser« in das Deutsche zurückzuübersetzen. *Cornelius* mußte mir hierfür die in sehr defekten Zustand geratene Originalpartitur kopieren; seine Kopie eignete ich mir zu, ohne dem in seinen Händen verbliebenen Original weiter nachzufragen: was hieraus sich entwickelte, werden wir später erfahren.

Zu uns gesellte sich auch noch der von früher her mir bekannte Musiker *Winterberger*, welchen ich in einer von mir sehr beneideten Lage antraf: in dem sehr freundlichen Hause der Gräfin *Bánffy*, einer alten Freundin Liszts, war er in Hietzing ganz vortrefflich aufgenommen; dort lebte er behaglich und hatte für nichts zu sorgen, da die gütige Dame es für ihre Pflicht hielt, es dem sonst so verdienstlosen Menschen an nichts fehlen zu lassen. Von ihm erhielt ich nun wieder auch Nachrichten über *Karl Ritter*, und was ich diesen entnehmen konnte, bestand darin, daß Winterberger auf Kosten Karls in Rom und Neapel den Kavalier gespielt, Liebschaften mit jungen Fürstinnen betrieben und in dieser Weise seinen Freund so vollständig um dessen Vermögen gebracht hatte, daß Ritter jetzt in Neapel im Hause eines Klaviermachers gegen Erteilung von Unterricht an dessen Kinder freie Wohnung und Kost anzunehmen hatte. Nachdem alles aufgebraucht, hatte Winterberger, wie es scheint, auf einige Empfehlungen Liszts hin, sich auf Abenteuer in Ungarn aufgemacht; dieses schien ihm aber nicht nach Behagen ausgefallen zu sein, wofür er denn nun jetzt im Hause der guten Gräfin entschädigt wurde. Bei dieser Dame, gleichfalls als Hausgenossin, traf ich eine vortreffliche Harfenspielerin, Fräulein *Mössner* an; diese hatte sich auf Anordnung der Gräfin mit der Harfe in den Garten zu verfügen gehabt und nahm sich hier, an und mit ihrem Instrument, in recht kühner Weise ganz erfreulich aus, so daß ich davon einen angenehm nachhaltigen Eindruck gewann. Leider geriet ich mit der jungen Dame darüber, daß ich ihr kein Solo für ihr Instrument komponieren wollte, in Zerwürfnis: nachdem sie meine bestimmte Weigerung erhalten, ihrem Ehrgeiz zu frönen, beachtete sie mich nicht mehr.

Zu den besonderen Bekanntschaften, welche mir Wien in dieser für mich so beschwerlichen Epoche verschaffte, gehörte nun auch der Dichter *Hebbel*. Da es mir nicht undenkbar erschien, daß ich vielleicht für längere Zeit Wien als den Ort meiner Wirksamkeit zu bestimmen haben würde, hielt ich eine nähere Bekanntschaft mit den dortigen literarischen Notabilitäten für ratsam. Auf diejenige mit *Hebbel* bereitete ich mich durch eine vorherige Bekanntmachung mit seinen Theaterstücken umständlicher vor, wobei ich den besten Willen dareinsetzte, sie gut zu finden und ein näheres Vertrautwerden mit Hebbel für wünschenswert zu halten. Die Wahrnehmung der großen Schwäche seiner Dichtungen, welche ich namentlich in der Unnatürlichkeit der Konzeptionen sowie des zwar immer gesuchten, meistens aber gemein bleibenden Ausdruckes derselben erkannte, schreckte mich für jetzt nicht ab, meinen Vorsatz auszuführen. Ich habe ihn nur einmal besucht und bei dieser Gelegenheit mich auch nicht sonderlich lange mit ihm unterhalten: die exzentrische Kraft, welche in den meisten seiner dramatischen Figuren explodieren zu wollen scheint, fand ich in der Persönlichkeit des Dichters in keiner Weise ausgedrückt; das, was mich hieran unangenehm befremdete, fand ich plötzlich erklärt, als ich wenige Jahre nachher erfuhr, Hebbel sei an einer Knochenerweichung gestorben. Über das Wiener Theaterwesen unterhielt er sich mit mir in der Stimmung eines vernachlässigten, seine Angelegenheiten aber dennoch geschäftsmäßig betreibenden Dilettanten. Ich fühlte mich nicht besonders angeregt, einen Besuch bei ihm zu wiederholen, namentlich seit er den bei mir verfehlten Gegenbesuch mir durch eine Karte notifizierte, auf welcher er sich als »Hebbel, chevalier *des* plusieurs ordres« meldete.

Meinen alten Freund *Heinrich Laube* fand ich hier als längst eingeübten Direktor des k. k. Hof-Burgtheaters wieder. Bereits bei meinem ersten Besuche im vergangenen Frühjahre hatte er es für seine Pflicht erachtet, mich den Wiener literarischen Notabilitäten vorzuführen; unter diesen verstand er, sehr praktisch gesinnt, hauptsächlich Journalisten und Rezensenten. Als besonders interessant für mich hatte er bei einem größeren Diner auch Dr. *Hanslick* eingeladen, und hier war er sofort darüber erstaunt, daß ich mit diesem kein Wort sprach, woraus er den Grund zu der Voraussagung nahm, daß ich es in Wien schwer haben würde, wenn ich auf ein Feld künstlerischer Wirksamkeit Bedacht nähme. Bei meiner diesmaligen Wiederkehr war ich ihm einfach als alter Freund willkommen, und er bot mir, sooft ich dazu Lust hatte, seinen Mittagstisch, welchen er als passionierter Jäger durch frisches Wildpret zu bereichern wußte, zum Mitgenuß an. Nicht sehr häufig machte ich jedoch von dieser Einladung Gebrauch, da mich der aus der trockensten Theatergeschäftsroutine einzig sich belebende Geist der Unterhaltung bald unangezogen ließ. Nach der Mahlzeit versammelten sich, zu Kaffee und Zigarre, gewöhnlich Schauspieler und Literaten um einen größeren Tisch, an welchem, da Laube schweigend im Rauche seiner Zigarre nur ausruhte, seine Frau zumeist den Hof hielt. Diese war nämlich gänzlich ihrem Manne zuliebe Theater-Direktrice geworden und hielt es für nötig, mit gewählten Reden längere Zeit über Dinge zu sprechen, von denen sie nicht das mindeste verstand; wobei einzig die in früherer Zeit von mir so gern an ihr wahrgenommene große Gutmütigkeit mich wiederum erfreute, da sie, wenn keiner der Höflinge ihr zu widersprechen wagte, auf meine sehr ungenierten Berichtigungen gewöhnlich mit unverhohlener Heiterkeit einging. Ihr und ihrem Gemahl, mit denen ich, da ihr Ernst mir so sehr gleichgültig war, gewöhnlich nur scherzend und in Witzen verkehrte, galt ich hauptsächlich wohl nur als genialer Faselhans, so daß mir Frau Laube, als ich später in Wien meine Konzerte aufführte, sich mit freundlicher Verwunderung darüber zu erkennen gab, daß ich ja ganz gut dirigieren könnte, was sie nach irgendwelchem Zeitungsberichte über mich gar nicht erwartet hätte.

In einem wurde mir Laubes praktische Kenntnis der Dinge nicht unwichtig, nämlich durch die Bekanntmachung mit dem Charakter der Persönlichkeiten der höheren Intendanzen der k. k. Hoftheater. Da kam es denn heraus, daß hier ein Hofrat *von Raymond* von allergrößter Wichtigkeit sei; der alte Graf *Lanskoronsky,* der sonst auf seine Autorität sehr eifersüchtige Obersthofmarschall, getraute sich ohne diesen als namentlich im Finanzfach sachverständig geltenden Mann nicht gut, selbständige Entschlüsse zu fassen. Raymond selbst, den ich bald als ein Muster von Ungebildetheit kennenlernte, wurde besonders durch die fortwährend mich herabziehende Wiener Presse in bezug auf mein Vorhaben, den »Tristan« aufzuführen, scheu gemacht und zur Hinterhältigkeit getrieben. Offiziell blieb ich für meinen Verkehr immer nur an den eigentlichen Direktor des Operntheaters, Herrn *Salvi,* den früheren Gesangslehrer einer Kammerfrau der Erzherzogin *Sophie,* angewiesen; dieser, ein durchaus unfähiger, kenntnisloser Mensch, mußte sich nun mir gegenüber die Miene geben, als ob ihm, dem Befehle der obersten Instanz gemäß, nichts dringender als die Förderung des »Tristan« am Herzen läge. Er suchte demgemäß durch stets bezeigten Eifer und Wohlwollen die immer bedenklichere Stimmung, welche sich in dem Personale selbst ausbreitete, mir zu verdecken.

Wie es hier stand, erfuhr ich eines Tages, als eine Gesellschaft unserer Sänger mit mir auf das Landgut eines Herrn *Dumba,* der mir als enthusiastischer Gönner bekannt gemacht wurde, eingeladen war. Herr *Ander* hatte seine Tristan-Partie mitgenommen, wie um zu zeigen, daß er sich keinen Tag von ihr zu trennen vermöchte: hierüber erzürnte sich Frau *Dustmann,* welche Ander eines auf meine Täuschung berechneten heuchlerischen Spieles bezichtigte; denn Ander so gut wie sonst jeder wisse, daß er die Partie nicht singen werde und daß es nur auf eine Gelegenheit abgesehen werde, die Verhinderung des »Tristan« in irgendeiner Weise ihr, der Frau Dustmann, in die Schuhe zu schieben. Gegen so üble Wahrnehmungen suchte nun *Salvi* immer wieder wie eifrig fördernd sich einzumischen. Er empfahl mir, den Tenoristen *Walter* vorzunehmen; da ich diesen, als mir durchaus widerwärtig, verwarf, verwies er mich auf fremde Sänger, welche er zu berufen bereit sei. Hier kam es wirklich zu einigen Versuchs-Gastspielen, von denen ein Herr *Morini* die besten Aussichten zu eröffnen schien. Wirklich war ich so tief herabgestimmt und nur von dem Triebe, mein Werk um jeden Preis zu fördern, eingenommen, daß ich, mit *Cornelius* einer Aufführung der *»Lucia«* von Donizetti beiwohnend, selbst meinen Freund für ein günstiges Urteil über den Sänger zu gewinnen suchte. Cornelius, in ernstliches Anhören versunken, fuhr, als ich ihn voll Spannung betrachtete, plötzlich mit einem »Scheußlich, scheußlich!« heraus, worüber wir beide so herzlich lachen mußten, daß wir alsbald in wirklich heitrer Stimmung das Theater verließen.

Als mit einem ehrlichen Menschen vom Theater verkehrte ich schließlich nur noch mit dem Kapellmeister Heinrich *Esser.* Er hatte sich mit großem Ernste in das für ihn sehr beschwerliche Studium des »Tristan« hineingearbeitet, und nie verlor er ernstlich die Hoffnung, die Aufführung doch noch zu ermöglichen, wenn ich mir nur den Tenoristen *Walter* auswählen wollte; trotz meiner steten Weigerung, von dieser Hilfe Gebrauch zu machen, blieben wir immer gute Freunde. Da auch er ein tüchtiger Fußgänger war, durchwanderten wir öfters die Umgegend Wiens unter meinerseits enthusiastischen und seinerseits redlich ernsten Unterhaltungen.

Während diese »Tristan«-Angelegenheit sich wie ein unabsehbar chronisches Leiden dahinzog, war Ende September *Standhartner* mit seiner Familie zurückgekehrt. Im nächsten Zusammenhang hiermit stand, daß ich mich nach einer Wohnung umsah, für welche ich mir einen Gasthof zur »Kaiserin Elisabeth« auswählte. Im fortgesetzten freundlichen Verkehr mit der Familie meines Freundes lernte ich nun auch dessen Frau nebst den dreien Söhnen und einer Tochter aus deren ersten Ehe, sowie ein junges Mädchen aus ihrer zweiten Ehe mit Standhartner vertraulich kennen. Im Betreff meiner vorangehenden Niederlassung in der mir befreundeten Wohnung hatte ich vor allem die angenehme Pflege zu bedauern, welche mir die genannte Nichte *Seraphine* sowohl durch ihre nie ermüdende Sorgfalt als auch ihren angenehmen witzigen Umgang bereitet hatte. Sie war von mir ihrer niedlichen Figur und ihres stets sorgfältig »à l'enfant« gelockten Haares wegen »die Puppe« benannt worden. Jetzt hatte ich mich im düstren Gasthofszimmer schwieriger zu behelfen. Auch wuchsen die Kosten meines Unterhalts bedenklich an. Von Theaterhonoraren entsinne ich mich in dieser Zeit nur 25 oder 30 Louisdor für den »Tannhäuser« aus Braunschweig erhalten zu haben. Dagegen erhielt ich aus Dresden von *Minna* einige Blätter des silberflitternen Blattkranzes übersandt, welchen einige Freundinnen ihr zu der am 24. November von ihr gefeierten Silbernen Hochzeit verehrt hatten. Daß es bei dieser Sendung ihrerseits an bitteren Auslassungen nicht fehlte, konnte mich nicht verwundern; ich versuchte dagegen, ihr Hoffnung auf eine Goldene Hochzeit beizubringen. – Für jetzt, da ich so ganz zwecklos in einem kostspieligen Wiener Gasthof saß, tat ich noch mein möglichstes, um mir für die Aufführung des »Tristan« noch eine Aussicht zu verschaffen. Ich wandte mich an *Tichatschek* nach Dresden, ohne natürlich eine Zusage erhalten zu können. Das gleiche versuchte ich und widerfuhr mir mit *Schnorr*. So mußte ich mir denn sagen, daß es um meine Angelegenheit ziemlich elend stünde.

In einer gelegentlichen Mitteilung an *Wesendonks* in Zürich hatte ich hiervon kein Hehl gemacht: wie es scheint, um mich zu erheitern, luden sie mich zu einem Rendezvous in Venedig ein, wohin sie sich soeben für einen Vergnügungsausflug aufmachten. Gott weiß, was mir im Sinne liegen mochte, als ich so auf das Ungefähre hin im grauen November mich wirklich auf der Eisenbahn zunächst nach Triest und von da mit dem Dampfschiff, welches mir wiederum sehr schlecht bekam, nach Venedig aufmachte und im Hotel »Danieli« mein Kämmerchen bezog. Meine Freunde, welche ich in sehr glücklichen Beziehungen antraf, schwelgten im Genuß der Gemälde und schienen es darauf abgesehen zu haben, durch meine Teilnahme am gleichen Genuß mir die Grillen zu vertreiben. Von meiner Lage in Wien schienen sie nichts begreifen zu wollen, wie ich denn überhaupt nach dem schlimmen Ausfalle der mit so glorreichen Hoffnungen betrachteten Pariser Unternehmung bei den meisten meiner Freunde ein still resigniertes Aufgeben fernerer Hoffnungen auf meine Erfolge immer mehr kennenzulernen hatte. Wesendonk, der immer mit einem ungeheueren Opernglase bewaffnet zu Kunstbesichtigungen sich bereithielt, brachte mich nur einmal zur Mitbesichtigung des Dogenpalastes, welchen ich bei meiner früheren Anwesenheit in Venedig nur von außen kennengelernt hatte. Bei aller Teilnahmslosigkeit meinerseits muß ich jedoch bekennen, daß Tizians Himmelfahrt der Maria im großen Dogensaale eine Wirkung von erhabenster Art auf mich ausübte, so daß ich seit dieser Empfängnis in mir meine alte Kraft fast wie urplötzlich wieder belebt fühlte.

Ich beschloß die Ausführung der »Meistersinger«.

Nachdem ich mit meinen alten Bekannten *Tessarin* und *Wesendonks*, welche ich hierzu eingeladen, noch einmal frugalerweise im »Albergo S. Marco« gespeist, auch *Luigia*, meine frühere Pflegerin im Palazzo Giustiniani, wiedergesehen und ihrer Freundschaft mich erfreut hatte, verließ ich nach vier äußerlich wahrhaft trübseligen Tagen zur Verwunderung meiner Freunde plötzlich Venedig und trat, den Umwegen zu Lande auf der Eisenbahn folgend, meine lange graue Rückreise nach Wien an. Während der Fahrt gingen mir die »Meistersinger«, deren Dichtung ich nur noch nach meinem frühesten Konzepte im Sinne trug, zuerst musikalisch auf; ich konzipierte sofort mit größter Deutlichkeit den Hauptteil der Ouvertüre in C-dur.

In einer wahrhaft behaglichen Stimmung kam ich unter diesen letzten Eindrücken in Wien an. *Cornelius* verkündigte ich sogleich meine Zurückkunft durch die Übersendung einer kleinen venezianischen Gondel, welche ich in Venedig für ihn gekauft hatte und welche ich mit einer in unsinnigen italienischen Worten verfaßten Canzona begleitete. Die Mitteilung meines Planes zur sofortigen Ausführung der »Meistersinger« machte ihn ganz verrückt vor Freude. Bis zu meinem endlichen Fortgange von Wien blieb er in einer völligen Berauschung. Sogleich spannte ich meinen Freund an, mir die Materialien zur Bewältigung des Sujets der »Meistersinger« herbeizuschaffen. Zunächst fiel mir *Grimms* Streitschrift über den Gesang der Meistersinger zu genauem Studium ein; nun aber galt es der Habhaftwerdung der Nürnberger Chronik des alten *Wagenseil*; *Cornelius* begleitete mich auf die Kaiserliche Bibliothek; die Erlaubnis, das glücklich vorgefundene Buch ausgeliehen zu erhalten, mußte mir aber mein Freund erst durch einen von ihm mir als höchst peinlich geschilderten Besuch bei dem Baron *Münch-Bellinghausen (Halm)* erwirken. Jetzt saß ich eifrig in meinem Gasthofe, um mir die Auszüge aus der Chronik anzueignen, welche ich bald zum Erstaunen so vieler Kenntnisloser in meiner Dichtung zu verwerten wußte.

Nun galt es aber vor allen Dingen, mich der Mittel des Unterhaltes während der Zeit der Ausführung meines Werkes zu versichern. Ich verfiel auf Musikalienhändler *Schott* in Mainz, welchem ich gegen die nötigen Vorschüsse die Ausführung der »Meistersinger« in Aussicht stellte. Vom Triebe beseelt, mich nur für so lange wie möglich mit Geld zu versehen, erbot ich mich, ihm nicht nur das literarische Eigentumsrecht, sondern auch das dramatische Aufführungsrecht meines Werkes für 20 000 Franks zu überlassen. Eine gänzlich abschlägige Depesche *Schotts* zerstörte zunächst alle Hoffnung. Als ich mich genötigt sah, auf andere Mittel zu denken, beschloß ich sofort, mich nach Berlin zu wenden. Von dorther, wo *Bülow* immer freundschaftlich besorgt für mich bemüht war, hatte dieser mir die Möglichkeit gemeldet, durch ein großes, von mir dirigiertes Konzert eine recht bedeutende Summe gewinnen zu können; da ich zugleich mich sehnsüchtig nach einem Unterkommen bei Freunden umsah, schien mir Berlin jetzt als letzte Rettung zu winken. Bereits wollte ich eines Abends abreisen, als mittags zuvor seiner ablehnenden Depesche ein Brief *Schotts* nachfolgte, welcher mir allerdings tröstliche Aussichten eröffnete: er bot mir nämlich an, sofort den Klavierauszug der »Walküre« zu übernehmen und mir hierfür, bis auf spätere Abrechnung, 1500 Gulden vorzuschießen. *Cornelius*' Freude über die hierdurch von ihm für gerettet erachteten »Meistersinger« war unaussprechlich. Von Berlin mußte mir außerdem *Bülow* die üblen Erfahrungen, welche er bei den vorbereitenden Versuchen für mein Konzert gemacht, mit zorniger Niedergeschlagenheit melden. Herr *von Hülsen* hatte ihm erklärt, er würde meinen Besuch in Berlin nicht empfangen, und ein Konzert in der großen Tabagie des Kroll mußte Bülow bei näherer Überlegung für unzulässig halten.

Während ich nun eifrig einen ausführlichen szenischen Entwurf der »Meistersinger« ausarbeitete, trat durch die Ankunft des Fürsten und der Fürstin *Metternich* in Wien eine neue, anscheinend günstige Diversion für mich ein.

Die Bekümmerung meiner Pariser Protektoren um mich und meine Lage war unverkennbar ernstlich; hierfür mich ihnen wiederum freundlich zu erweisen, bestimmte ich die Opernthcater-Direktion, mir zu gestatten, daß ich für einige Vormittagsstunden das vortreffliche Orchester zur Durchspielung einiger Stücke aus »Tristan«, gleichsam zur Probe, in das Theater einladen dürfe. Das Orchester sowie auch Frau *Dustmann* waren auf das freundlichste bereit, meinem Wunsche zu willfahren: Fürstin *Metternich*, mit einigen ihrer Bekannten, wurde zu dieser Audition eingeladen, in welcher ich drei größere Fragmente, das Vorspiel des ersten und den Anfang des zweiten Aktes bis ziemlich in die Mitte desselben, nach einmaligem Durchspielen mit dem Orchester und der für den Gesangsteil bis dahin unterstützenden Frau *Dustmann* in so glücklicher Weise zur Ausführung brachte, daß ich des vortrefflichsten Eindruckes ohne jede Täuschung mich versichert halten durfte. Auch Herr *Ander* war hierbei erschienen, ohne jedoch eine Note zu kennen noch zu versuchen. Meine fürstlichen Freunde, sowie auch merkwürdigerweise die erste Tänzerin Fräulein *Couqui*, welche verstohlen der Probe beigewohnt hatte, überschütteten mich mit enthusiastischen Bezeigungen. – Eines Tages eröffneten mir nun *Metternichs*, nachdem sie meinen Wunsch einer ungestörten Zurückgezogenheit für die Ausführung eines neuen Werkes kennengelernt hatten, daß sie gerade dieses stille Asyl in Paris mir sehr gut anbieten könnten: der Fürst habe jetzt sein sehr geräumiges Gesandtschafts-Hotel vollständig eingerichtet und könne mir, ähnlich wie ich dies im preußischen Gesandtschafts-Hotel gefunden, eine angenehme Wohnung, auf einen stillen Garten hinausgehend, zu Gebote stellen; mein Erard stehe ja noch in Paris, und wenn ich am Ende des Jahres dort eintreffen werde, sollte ich alles zu meiner Aufnahme und dem Beginne meiner Arbeit bereitfinden. Mit unverhohlener Freude nahm ich diese liebenswürdige Einladung dankbar an und sorgte des weiteren nur dafür, meine Angelegenheit so weit in Ordnung zu bringen, daß ich meinen Aufbruch von Wien und meine Übersiedelung nach Paris mit Anstand ausführen könnte. Hierzu schien mir ein durch Standhartner vermitteltes Anerbieten der Direktion, einen Teil des für »Tristan« zu stipulierenden Honorars mir auszuzahlen, mit behilflich sein zu können. Da ich jedoch nur unter so verklausulierten Bedingungen, welche einer gänzlichen Verzichtleistung nicht unähnlich sahen, jetzt 500 fl. ausbezahlt bekommen sollte, wies ich sofort das Anerbieten zurück, was jedoch die stets mit der Theaterdirektion in Rapport stehende Journalistik nicht verhinderte zu veröffentlichen, ich hätte eine Abfindungszahlung für die Nicht-Aufführung des »Tristan« angenommen; wogegen ich denn glücklicherweise mit der Bezeugung der Wirklichkeit meines Benehmens protestieren konnte. Mit *Schott* zogen sich nun auch die Unterhandlungen einigermaßen hinaus, da ich auf sein Anerbieten im Betreff der »Walküre« jetzt nicht eingehen wollte; ich blieb bei meinem ersten Anerbieten einer neuen Oper »Die Meistersinger« und erhielt endlich von ihm die für die »Walküre« mir angebotene Abschlagszahlung von 1500 Gulden, als auf mein neues Werk zu leisten, zugestanden. Sofort, als ich den Wechsel erhielt, ward eingepackt, als mir ein Telegramm der bereits nach Paris zurückgekehrten Fürstin Metternich zukam, worin ich gebeten wurde, meine Abreise bis zum ersten Januar zu verschieben. Ich nahm mir vor, um nur zunächst von Wien fortzukommen, mich von meinem Vorhaben nicht abhalten zu lassen und zunächst mich nach Mainz zu weiteren Unterhandlungen und Festsetzungen mit Schott zu begeben. Der Abschied am Bahnhofe ward mir besonders durch *Cornelius* erheitert, welcher eine von mir ihm bereits mitgeteilte Strophe des Sachs wie mit geheimnisvollem Enthusiasmus zuraunte; es war dies der Vers: »Der Vogel, der heut' sang, dem war der Schnabel hold gewachsen; ward auch den Meistern dabei bang, gar wohl gefiel er doch Hans Sachsen!«

In Mainz lernte ich nun die Familie *Schott*, welche bereits in Paris an mir vorübergegangen war, näher kennen. Auch jener junge Musiker *Weißheimer* war hier als täglicher Gast, im Beginne seiner Laufbahn als Musikdirektor beim dortigen Theater, anzutreffen. Bei einem Mittagsmahle brachte ein andrer junger Mann, der Jurist *Städl*, mit sehr weitgehender und mich überraschender Rede einen wirklich sinnvollen Toast aus. Trotzdem gingen meine Unterhandlungen mit dem höchst sonderbaren Menschen, als welchen ich nun Franz *Schott* zu begreifen hatte, ungemein schwierig vor sich. Ich bestand durchaus auf der Ausführung meines ersten Vorschlages, welcher darauf ausging, mich für zwei Jahre sukzessive mit den nötigen Fonds zu versehen, um ungestört mein Werk ausführen zu können. Seine Abneigung hiergegen beschönigte er damit, daß es seinem Gefühle widerstehe, mit einem Manne wie mir gleichsam einen Handel zu treiben, indem er mir mein Werk für irgendeine Summe auch zur Ausbeutung meiner Autorenrechte im Betreff der theatralischen Aufführungen abkaufen solle; er sei Musikverleger und wolle nicht mehr sein. Ich stellte ihm dagegen vor, daß er mir nur immerhin in der verlangten Form die nötigen Vorschüsse machen solle, wogegen ich die Zurückzahlung des Teiles, welcher als Honorar für das literarische Eigentum zu rechnen sei, durch die zukünftigen, ihm bis dahin gleichsam verpfändeten Theatereinnahmen gewährleiste. Sehr langsam war er endlich dazu zu bringen, auf von mir »zu liefernde musikalische Kompositionen« im allgemeinen Vorschüsse zu machen, was ich denn endlich gern annahm, jedoch immer darauf bestehend, daß ich mich im ganzen auf eine sukzessive Zahlung von 20000 Franken verlassen könnte. Da ich nach meiner Auslösung aus meinem Wiener Gasthof jetzt sofort wieder Geld bedurfte, stellte mir nun *Schott* Wechsel auf Paris aus. Von dort erhielt ich nun eine briefliche Mitteilung von Fürstin *Metternich*, deren Sinn mir insofern unverständlich blieb, als sie mir nur den plötzlichen Tod ihrer Mutter, Gräfin *Sandor*, und die dadurch eingetretene Veränderung in ihrer Familienlage meldete.

Nochmals überlegte ich nun, ob es nicht ratsamer sei, auf das Geratewohl in oder bei Karlsruhe eine bescheidene Niederlassung zu versuchen, welche mit der Zeit vielleicht zu einer beruhigenden Dauer reifen könnte; im Betreff des schwierigen Unterhaltes *Minnas*, für welche ich meinem Versprechen gemäß in Dresden mit jährlichen 1000 Talern aufzukommen hatte, schien es mir vernünftiger und namentlich sparsamer, wenn ich meine Frau dann zur Teilnehmung an dieser Niederlassung zu mir berief. Ein Brief, den ich um jene Zeit von ihr erhielt und welcher im ganzen nichts anderes als einen Versuch zu Verhetzungen mit mir befreundeten Personen enthielt, schreckte mich sofort von jedem Gedanken einer neuen Vereinigung mit ihr zurück und bestimmte mich, durch Festhaltung meines Pariser Planes mich so weit wie möglich von ihr fernzuhalten.

So reiste ich gegen Mitte Dezember nach Paris ab, wo ich für das erste in dem unscheinbaren »Hotel Voltaire« am Quai gleichen Namens ein sehr bescheidenes Zimmer, aber mit angenehmer Aussicht, bezog. Hier wollte ich, immerhin für meine Arbeit mich sammelnd, so lange unbeachtet mich erhalten, bis ich, wie sie zuvor es gewünscht hatte, der Fürstin *Metternich* erst mit dem Beginn des neuen Jahres mich vorstellen könnte. Um hierdurch den mit *Metternichs* befreundeten *Pourtalès* und *Hatzfeld* keine Verlegenheiten zu bereiten, betrachtete ich mich auch diesen gegenüber als gar nicht in Paris angekommen und suchte einzig meine in jener Angelegenheit gänzlich unberührten alten Bekannten *Truinet*, *Gaspérini*, *Flaxland* und den Maler *Czermak* auf. Mit *Truinet* und dessen Vater traf ich regelmäßig wieder zur Abendmahlzeit in der »Taverne Anglaise« zusammen, wohin ich mich bei eingetretener Finsternis, ohne von jemand beachtet werden zu können, die gewohnten Straßen durchschlich. Da auf einmal traf mich beim Aufschlagen eines Journals die Nachricht vom plötzlichen Tode des Grafen *Pourtalès*. Groß war mein Schmerz und besonders mein Bedauern darüber, daß ich durch jene sonderbare Rücksicht auf das Metternichsche Haus bisher meinen Besuch bei diesem so bewährten Freunde unterlassen hatte. Nun suchte ich allerdings den Grafen *Hatzfeld* sofort auf, der mir zunächst die traurige Nachricht zu bestätigen und die Umstände des so plötzlichen Todes, welcher durch eine bis in den letzten Augenblick den Ärzten verborgen gebliebene Herzkrankheit herbeigeführt war, mitzuteilen hatte. Zugleich aber erfuhr ich auch von ihm die wahre Beschaffenheit der Vorgänge im Metternichschen Hotel. Der Tod der Gräfin *Sandor*, welchen Fürstin Pauline mir gemeldet, hatte folgende Bedeutung: der Graf, jener famose ungarische Tollkopf, war von seiner Gattin bis dahin im Interesse der ganzen Familie als Wahnsinniger gehütet worden; nach dem Tode derselben befürchtete die Familie nun die ungeheuersten Störungen durch den jetzt nicht mehr bewachten Grafen, weshalb *Metternichs* es für nötig hielten, ihn sofort nach Paris zu sich zu nehmen, um ihn unter ihrer Obhut in der nötigen Pflege zu erhalten. Hierfür hatte die Fürstin sogleich als einzig zweckmäßig die mir zuvor angebotene Wohnung bestimmt; somit erkannte ich jetzt, daß an meine Aufnahme im österreichischen Gesandtschafts-Hotel bereits gar nicht mehr gedacht wurde, und ich hatte auch diesen sonderbaren Streich des Schicksals, welcher mich diesmal wiederum nach dem verhängnisvollen Paris geworfen hatte, zu erwägen.

Fürs erste blieb mir nichts anderes übrig, als mein nicht sehr kostspieliges Unterkommen im »Hotel Voltaire« bis zur Beendigung meiner Dichtung der »Meistersinger« beizubehalten und währenddem gleichzeitig gründlich zu überlegen und danach auszuspähen, wohin ich mich nun zu wenden hätte, um das so mühevoll aufgesuchte Asyl für die Ausführung meines neuen Werkes aufzufinden. Es war nicht leicht, hierfür zu sorgen; meinen Namen und meine Person, welche unwillkürlich doch von jedem in dem bedenklichen Lichte des Pariser Mißerfolges ersehen wurden, schien eine

Dunstwolke zu umgeben, die mich selbst alten Freunden unkenntlich zu machen schien. Fast wollte ich eine ähnliche mißtrauische Vorstellung meinem neuesten Empfange im *Ollivierschen* Hause entnehmen: jedenfalls hielt man es hier für mehr als bedenklich, mich so früh wieder auf der Pariser Arena erscheinen zu sehen. Ich hatte zu erklären, welcher sonderbare Umstand mich zunächst wieder hergeführt hatte und wie ich an ein längeres Verweilen meinerseits gar nicht dächte. Von diesem gewiß trügerischen Eindrucke absehend, erkannte ich nun wohl aber bald die Veränderung, welche im Innern der Familie vorgegangen war. Die Großmutter lag an einem in ihrem Alter unheilbaren Beinbruche darnieder; *Ollivier* hatte sie in seiner an und für sich beschränkten Wohnung zur Pflege aufgenommen, und an ihrem Bette im kleinen Stübchen versammelten wir uns zum *Diner*. *Blandine* schien mir seit dem Sommer außerordentlich verändert und einen traurigen Ernst auszudrücken; ich glaubte zu bemerken, daß sie guter Hoffnung sei. *Emile*, trocken und flüchtig, gab mir einzig etwas recht nützlich zu Verwendendes an: als nämlich jener *Richard Lindau* durch seinen Avoué sich wegen einer für seine imaginäre Mitarbeitung an der Übersetzung des »Tannhäuser« vom Gericht ihm zuerkannten Entschädigung mahnend an mich wandte, zeigte ich den Brief Ollivier und frug, was ich machen sollte. »Ne répondez pas«, war die ganze Antwort; und sein Rat war ebenso nützlich als leicht zu befolgen: ich habe nie wieder etwas von dieser Seite zu erfahren gehabt. Mit Beklommenheit nahm ich mir vor, *Olliviers* nicht mehr zu belästigen; mit einem unendlich melancholischen Blick auf mich nahm Blandine von mir Abschied. –

Dagegen geriet ich nun in einen fast regelmäßigen Umgang namentlich mit *Czermak*, mit welchem ich des Abends, neben der stets mit der Familie *Truinet* mich vereinigenden »Taverne Anglaise«, noch andere ähnlich wohlfeile Restaurants aufsuchte. Gewöhnlich begaben wir uns dann auch in eines der kleinen Theater, welche ich in meinem früheren Drange gänzlich unbeachtet gelassen hatte. Als Krone derselben erkannte ich das »Gymnase«, wo von der ausgezeichnetsten Truppe auch fast durchweg nur gute Stücke gespielt wurden. Unter diesen habe ich besonders ein sehr zart rührendes einaktiges Stück »Je dine chez ma mère« in der Erinnerung behalten. Im »Théâtre du Palais Royal«, wo es nun allerdings nicht mehr so feinsinnig herging, sowie auch im »Théâtre Déjazet« mußte ich die hier originalen Urtypen aller der Possen erkennen, mit welchen in schlechter Bearbeitung und unpassender Lokalisierung das deutsche Publikum jahraus, jahrein unterhalten wird. – Außerdem hielt ich mich auch zuweilen am Mittagstische der Familie *Flaxland* auf, welche sonderbarerweise an meinem zukünftigen Pariser Erfolge durchaus nicht verzweifeln wollte; für jetzt fuhr mein Pariser Verleger fort, den »Fliegenden Holländer« sowie auch den »Rienzi« herauszugeben, für welchen er mir sogar, da er in jenem ersten Verkauf nicht mit einbedungen gewesen, mit 1500 Franken ein kleines Honorar zahlte.

Der Grund der fast heiteren Behaglichkeit, mit welcher ich meine so widerwärtige Lage in Paris mir diesmal sogar zu einer freundlichen Erinnerung für spätere Zeiten gestalten konnte, lag allerdings darin, daß ich jetzt täglich mein Gedicht der »Meistersinger« in massenhaften Reimen anschwellen lassen konnte. Wie hätte es mich nicht mit humoristischer Laune erfüllen müssen, von dem Fenster des dritten Stockes meines Hotels aus den ungeheueren Verkehr auf den Quais und über die zahlreichen Brücken, mit der Aussicht auf die Tuilerien, das Louvre, bis nach dem Hotel de Ville hinab, an mir vorbeistreifen zu sehen, sobald ich, über die wunderlichen Verse und Sprüche meiner Nürnberger »Meistersinger« sinnend, den Blick vom Papier erhob.

Bereits war ich im ersten Akte weit vorgeschritten, als der verhängnisvolle Neujahrstag 1862 erschien und ich nun den bis dahin mir vorbehaltenen Besuch bei Fürstin *Metternich* ausführte. Ich traf hier auf eine sehr natürliche Verlegenheit, und gegenüber den großen Versicherungen ihres Bedauerns, unter den mir bekannten Umständen ihre Einladung zurücknehmen zu müssen, hatte ich nur mit heiterster Laune mir ihre Beruhigung angelegen sein zu lassen. – Den Grafen *Hatzfeld* bat ich, mich davon benachrichtigen zu wollen, wann die nun verwitwete Gräfin *Pourtalès* sich soweit wohlfühlen würde, um meinen Besuch zu empfangen. – So fuhr ich denn im Verlaufe des Monats Januar fort, das Gedicht meiner »Meistersinger« in genau dreißig Tagen zu vollenden. Die Melodie zu dem Bruchstücke aus Sachs' Gedicht auf die Reformation, mit welchem ich im letzten Akte das Volk seinen geliebten Meister begrüßen lasse, fiel mir, auf dem Wege zur »Taverne Anglaise« die Galerien des Palais Royal durchschreitend, ein; ich fand *Truinet* mich bereits erwartend und verlangte von ihm einen Streifen Papier nebst Bleistift, um meine Melodie, die ich ihm zugleich heimlich vorsang, aufzuzeichnen. Dieser, den ich mit seinem Vater gewöhnlich dann über die Boulevards nach seiner Wohnung im Faubourg St. Honoré begleitete, hatte für mich fast nichts als den jubelnden Ausruf: »Mais quelle gaîté d'esprit, cher maître!«

Je mehr sich aber meine Arbeit dem Ende näherte, desto ernstlicher hatte ich nun für mein ferneres Unterkommen zu sorgen; ich bildete mir immer noch ein, es müsse mir etwas dem, was ich mit Liszts Verlassen der Altenburg verloren hatte, Ähnliches beschieden sein. Da entsann ich mich denn, daß ich noch im vergangenen Jahre von Frau *Street* die feurigste Einladung zu einem längeren Besuche bei ihr und ihrem Vater in Brüssel erhalten hatte; hierauf bezog ich mich nun, als ich bei der Dame jetzt anfrug, ob sie mir eine bescheidene Aufnahme für einige Zeit bei ihr gewähren könne: man war in »désolation«, meinen Wunsch mir abschlagen zu müssen. Auch an *Cosima* wandte ich mich nach Berlin mit einer ähnlichen Anfrage, worüber diese wirklich erschrocken zu sein schien, was mir, bei einem späteren Besuche Berlins, durch den Charakter der Niederlassung *Bülows* allerdings

zu erklären verstand. Sehr auffallend war es dagegen, daß mein Schwager *Avenarius*, von dem ich erfuhr, daß er in recht guten Verhältnissen ebenfalls in Berlin Haus halte, sehr ernstlich auf meine Anfrage einging und mich zunächst wenigstens bat, bei ihm abzusteigen, um mich selbst von der Möglichkeit eines längeren Auskommens in seinem Hause zu überzeugen. Meine Schwester *Cäcilie* verbat sich nur *Minnas* Mitkunft, welche sie jedoch für einen etwaigen Besuch in ihrer Nähe gut unterbringen zu können glaubte. Zu ihrem Unglück mußte diese Ärmste nun wieder nichts andres zu tun haben, als mir einen wütenden Brief über das verletzende Benehmen meiner Schwester zu schreiben: die Möglichkeit, unter irgendwelchen Umständen so bald wieder zwischen die alten Hetzereien zu geraten, schreckte mich sogleich von der Annahme des Vorschlages meines Schwagers ab. – So verfiel ich denn endlich darauf, in der Umgegend von *Mainz* unter dem finanziellen Schutze *Schotts* mir einen ruhigen Aufenthaltsort auszusuchen. Dieser hatte mir von einem hübschen Landgute des jungen Barons von *Hornstein*, in jener Gegend gelegen, gesprochen; ich glaubte diesem wirklich eine Ehre zu erweisen, als ich ihm nach München um die Erlaubnis, auf seinem Gute im Rheingau für einige Zeit Unterkunft zu suchen, schrieb. Dagegen war ich nun höchst betroffen, als Antwort ebenfalls nur den Ausdruck des Schreckens über meine Zumutung zu empfangen. Jetzt beschloß ich denn geradeswegs nach Mainz zu gehen, wohin ich bereits unser sämtliches, in Paris seit nun bald einem Jahre zurückgestelltes Mobiliar und Hausgerät dirigierte. Ehe ich nach diesen Entschlüssen Paris verließ, ward mir noch die Tröstung einer erhabenen Mahnung zu entsagungsvoller Standhaftigkeit zuteil. Auch an Frau *Wesendonk* hatte ich über meine Lage und den Hauptgegenstand meiner Sorge, jedoch nur in dem Sinne, wie man teilnehmenden Freunden sich mitteilt, berichtet; sie beantwortete dies mit der Zusendung eines kleinen Briefbeschwerers von Eisenguß, welchen sie damals in Venedig noch als Geschenk für mich eingekauft hatte; er stellte den Löwen von S. Marco mit der Tatze auf dem Buche vor und sollte mich ermahnen, diesem Löwen in irgend etwas auch nachzueifern. Jedenfalls kam man nicht auf den Einfall, mir das Gesuchte bei sich anzubieten. – Dagegen gestattete mir Gräfin *Pourtalès* schließlich noch einen Besuch bei sich. Die so hart betroffene Dame wollte mir doch, trotz ihrer Trauer, einen innigen Anteil an mir nicht unausgedrückt lassen; da ich ihr meldete, womit ich mich soeben beschäftigte, frug sie nach meiner Dichtung: meinem Bedauern, sie jetzt gewiß nicht aufgelegt finden zu können, mit dem heiteren Charakter meiner »Meistersinger« bekannt zu werden, entgegnete sie freundlich mit dem Wunsche, sie doch durch mich kennenzulernen, und lud mich für den Abend ein. Sie war die erste, der ich mein jetzt fertiges Gedicht vorlesen konnte, und es machte auf uns beide einen nicht bedeutungslosen Eindruck, daß wir oft in herzliches Lachen darüber ausbrechen konnten.
Am Abend meiner Abreise, am ersten Februar, vereinigte ich noch meine

Freunde *Gaspérini*, *Czermak* und die beiden *Truinets* zu einer letzten Mahlzeit in meinem Hotel. Alles war vortrefflich aufgelegt und namentlich durch meine eigene gute Laune erheitert, obwohl keiner recht begreifen wollte, was es mit dem Sujet für eine Bewandtnis habe, von dem ich nun die Dichtung vollendet und von deren weiterer Ausführung ich mir für Deutschland so viel Gutes versprach.

Immer noch in der Sorge, für das mir jetzt so nötige Asyl das Richtige zu wählen, richtete ich meine Reise zunächst noch einmal nach Karlsruhe. Abermals wurde ich von dem großherzoglichen Ehepaar freundlich empfangen und über meine nächsten Lebensbeschlüsse befragt. In keiner Weise ließ man mich jedoch durchblicken, daß die von mir gesuchte Niederlassung mir etwa in Karlsruhe bereitet sein könnte. Auffallend war mir eine teilnahmvoll sich ausnehmende Bekümmernis des Großherzogs darüber, aus welchen Mitteln ich nur eigentlich die Kosten meines jetzt so beschwerlichen Lebens, selbst wenn er nur meine Reisen in Berechnung ziehen wollte, zu bestreiten vermöchte; hierüber suchte ich ihn mit heiterer Miene zu beruhigen, und zwar durch einen Hinweis auf mein kontraktliches Verhältnis zu *Schott*, welcher mir bis zur Vollendung meiner »Meistersinger« die nötigen Unterhaltssubsidien in der Form von Vorschüssen auf meine Arbeit zu liefern habe. Dies schien ihn zu trösten. Späterhin erfuhr ich von *Alwina Frommann*, der Großherzog habe sich einmal darüber geäußert, ich hätte mich spröde gegen ihn benommen, nachdem er mir doch selbst, wie einem Freunde, seine Börse angeboten habe. Hiervon hatte ich nun allerdings nichts gemerkt; es war vielmehr nur noch davon die Rede, daß ich bald einmal wieder mich in Karlsruhe einfinden möchte, um eine meiner Opern, etwa den »Lohengrin«, neu einzustudieren und zu dirigieren.

Für jetzt setzte ich meine Reise nach Mainz fort, wo ich am 4. Februar bei einer großen Überschwemmung eintraf. Der Rhein war infolge eines frühzeitigen Eisbruches in ungewöhnlicher Weise ausgetreten; fast nur mit Gefahr konnte ich in das Haus *Schotts* gelangen; dennoch hatte ich bereits auf den 5. dieses Monats abends auch für hier eine Vorlesung der »Meistersinger« angesagt und hierzu, noch von Paris aus, *Cornelius* von Wien her einzutreffen verpflichtet, indem ich ihm mit 100 Franken das Reisegeld besorgt hatte. Mir war keine Antwort von ihm zugegangen, und da ich nun erfuhr, daß die gleiche Überschwemmung, wie ich sie in Mainz antraf, sich auf alle Flußgebiete Deutschlands erstreckte und allen Eisenbahnverkehr hemmte, rechnete ich zwar nicht mehr auf *Cornelius'* Eintreffen, verzögerte aber doch den Beginn der Vorlesung bis zu der ihm festgesetzten Stunde; und wirklich – Schlag sieben Uhr trat *Cornelius* bei uns ein. Er hatte die schwierigsten Abenteuer zu bestehen gehabt, sogar seinen Paletot unterwegs verloren und war halb erfroren vor wenigen Stunden soeben erst jetzt bei seiner Schwester angelangt. So versetzte uns auch hier die Mitteilung meines Gedichtes in die heiterste Laune; nur betrübte es mich, *Cornelius* von seinem Vorsatze, des anderen Tages sogleich wieder zurückzureisen, nicht abbringen zu können: er hielt diese pünktliche Ausführung seines Vorsatzes, eben nur für eine Vorlesung der »Meistersinger« nach Mainz zu kommen, für unerläßlich, um dem ganzen Vorgange seinen absonderlichen Charakter zu bewahren. Wirklich reiste er anderen Tages trotz Eisschollen und Wasserfluten wieder nach Wien zurück. –

Verabredetermaßen begab ich mich nun alsbald mit *Schott* zum Aufsuchen einer Wohnung für mich auf das entgegengesetzte Rheinufer. Wir hatten es namentlich auf *Biebrich* abgesehen; da sich hier nichts Rechtes vorfand, nahmen wir aber auch *Wiesbaden* selbst in Betracht; endlich entschied ich mich dafür, in dem »Europäischen Hof« zu Biebrich zunächst ein Absteigequartier zu nehmen, um von hier aus das Weitere zu erkunden. Da es mir immer daran gelegen war, einsam und namentlich von jeder Möglichkeit eines unmusikalischen Geräusches fern zu wohnen, entschloß ich mich, in einem von dem Architekten *Frickhöfer* neu gebauten, dicht am Rheine gelegenen größeren Sommerhause eine sehr kleine, mir aber ganz entsprechende Wohnung zu mieten. Um sie mir einzurichten, hatte ich die Ankunft meines Mobiliars aus Paris abzuwarten; dies traf ein; mit unendlichen Kosten und Bemühungen wurde es in dem Biebricher Zollschuppen abgeladen, und ich bemächtigte mich nun zunächst des für meine Einrichtung Nötigsten.

Nur was ich hierzu bestimmte, sollte überhaupt in Biebrich verbleiben, der größere Teil dagegen meiner Frau nach Dresden übersandt werden. Hiervon hatte ich *Minna* Meldung getan, und nun bemächtigte ihrer sofort sich die Sorge, daß ich bei unregelmäßigem Auspacken alles beschädigen und zum Teil verlieren würde. Kaum hatte ich mich mit dem nun wiedererlangten Erardschen Flügel innerhalb acht Tagen erträglich eingerichtet, als *Minna* plötzlich bei mir in Biebrich ankam. Wirklich empfand ich zunächst nichts als herzliche Freude über ihr gutes Aussehen und ihre unverwüstliche Energie in der Handhabung praktischer Dinge: ich glaubte im ersten Augenblicke sogar, am besten daran zu tun, wenn ich sie hier an meiner Seite sich einrichten ließe. Leider konnte meine gute Stimmung nicht lange anhalten, da die alten Auftritte sich alsbald erneuerten: als wir in dem Zollschuppen die Auseinandersetzungen eines jetzt in das Auge zu fassenden Meines und Deines vornahmen, konnte sie vor Zorn darüber sich nicht halten, daß ich ihre Ankunft nicht abgewartet und eigenmächtig aus dem Gepäcke das mir Taugliche entnommen hätte. Da sie dem ungeachtet es für schicklich hielt, mich mit einigen wirtschaftlichen Gegenständen zu versorgen, wendete sie sogar vier Bestecke von Messern, Gabeln und Löffeln, einige Tassen und die hierzu gehörigen Teller an meine Ausstattung, sorgte für sichere Verpackung des nicht ganz unansehnlichen übrigen Hausrates, und nachdem dies alles in ihrem Sinne wohl geordnet war, kehrte sie nach einer Woche nach Dresden zurück. Für ihre dortige Niederlassung schmeichelte sie sich nun genügend ausgerüstet zu sein, um auch mich, wie sie hoffte, bald bei sich empfangen zu können; hierfür hatte sie bereits diejenigen Schritte bei höheren Regierungsbeamten getan, welche ihr die Erklärung des Ministers erwirkt hatten, ich möge bei dem Könige formell um meine Amnestierung einkommen, so würde für jetzt meiner Rückkehr nach Dresden nichts im Wege stehen.

Was hierin zu tun sei, überlegte ich mir jetzt noch mit Zögern. *Minnas* Anwesenheit hatte meine an und für sich durch die Unruhe der letzten Zeiten gestörte Stimmung in erhöhtem Maße verschlimmert; rauhes Wetter, schlecht heizende Öfen, große Unbeholfenheit im Haushalte, unberechnet starke Geldausgaben, namentlich auch für *Minnas* Einrichtung, verdarben mir zunächst alle Freude an der Ausführung des im »Hôtel Voltaire« begonnenen Werkes. Die Familie *Schott* lud mich, vermutlich um mich zu zerstreuen, zu einer Aufführung des »Rienzi« mit Niemann nach Darmstadt ein: dort angekommen, stellte sich der damalige Minister, Herr *von Dalwigk*, welcher eine die Gegenwart des Großherzogs leicht verletzende Demonstration für mich im Theater befürchtete, schon am Bahnhofe mir vor, um mich in seine eigene Loge zu geleiten, wo er sich sehr klug das Ansehen geben konnte, als ob er für den Großherzog mich selbst dem Publikum präsentiere. In diesem Sinne ging denn auch alles sehr artig und freundlich ab: die Aufführung selbst, welche mir *Niemann* in einer seiner besten Rollen zeigte, war im übrigen dadurch für mich interessant, daß man so viel wie möglich darin ausließ, um dagegen, vermutlich einer Vorliebe des Großherzogs zu schmeicheln, dem Ballette durch Wiederholung der trivialsten Stücke eine besondere Ausdehnung zu geben. – Auch von diesem Ausfluge hatte ich wiederum durch die Eisschollen des Rheines zu mir zurückzukehren. Sehr verdrießlich suchte ich nun einige Bequemlichkeit in meinen Hausstand zu bringen und mietete dazu ein Dienstmädchen, welche mir auch das Frühstück bereiten mußte; meine Mahlzeiten nahm ich im »Europäischen Hof«.

Da es aber noch immer nicht zur Arbeitslaune kommen wollte und eine gewisse Unruhe sich meiner bemächtigt hatte, trug ich mich, meinem Versprechen gemäß, dem Großherzoge von Baden für einen abermaligen Besuch zu einer Vorlesung der »Meistersinger« an. Der Großherzog antwortete mir sehr freundlich durch ein persönlich von ihm unterzeichnetes Telegramm, worauf ich am 7. März in Karlsruhe eintraf und dem Großherzoglichen Paare mein Manuskript vortrug. Es war zu dieser Vorlesung sinnigerweise ein Salon bestimmt worden, welcher mit einem großen historischen Tableau meines alten Freundes *Pecht*, der junge Goethe die ersten Bruchstücke seines »Faust« den Ahnen der herzoglichen Familie vorlesend, geziert war. Mein Stück wurde sehr freundlich aufgenommen, und es nahm sich artig aus, als die Großherzogin am Schlusse mir besonders die musikalische Ausführung des vortrefflichen Pogner anempfahl – was wie ein freundliches Zugeständnis der Beschämung darüber anzusehen war, daß ein Bürger sich eifriger als mancher Fürst für die Kunst bemühte. Abermals wurde eine Aufführung des »Lohengrin« unter meiner Leitung besprochen und ich hierfür neuerdings zum Einverständnis mit *Eduard Devrient* angewiesen. Dieser hatte nun das Unglück, durch eine mir dargebotene Aufführung des »Tannhäuser« im Theater sich mir auf das abschreckendste zu empfehlen. Ich mußte dieser Produktion an seiner Seite beiwohnen und hatte hierbei mit Erstaunen zu erkennen, daß dieser sonst von mir so sehr empfohlene Dramaturg in den allergemeinsten Schlendrian des Theaterwesens verfallen war. Meiner Verwunderung über die haarsträubendsten Verstöße in der Darstellung erwiderte er mit noch größerer und dabei vornehm ärgerlicher Verwunderung darüber, daß ich über so etwas viel Wesens machen könnte, da ich doch wüßte, daß es beim Theater nicht anders herginge. Dennoch ward für den bevorstehenden Sommer eine auf Mustergültigkeit berechnete Aufführung des »Lohengrin« unter Mitwirkung des Ehepaares *Schnorr* verabredet.

Einen angenehmeren Eindruck hatte mir auf der Durchreise eine Aufführung im Frankfurter Theater hinterlassen, wo ich ein hübsches Lustspiel sah, in welchem mir *Friederike Meyer*, die Schwester meiner Wiener Sängerin *Dustmann*, in einem Sinne, wie ich dies bei deutschen Schauspielern noch wenig gewahrt hatte, durch feines und zartes Spiel auffiel. Ich legte mir nun die etwaigen Chancen für ein erträgliches Auskommen im Betreff des um Biebrich verstreuten möglichen Umganges mit einigen Menschen vor, um nicht bloß auf die Familie *Schott* und meinen Gasthofwirt beschränkt zu sein. So hatte ich bereits die Familie *Raff* in Wiesbaden aufgesucht. Frau Raff, eine Schwester der mir von Weimar her vorteilhaft bekannten *Emilie Genast*, war als Schauspielerin am Wiesbadener Hoftheater angestellt. Von ihr erzählte man mir das Vorzügliche, daß sie durch ungemeine Sparsamkeit und Ordnungspflege die Lage ihres bis dahin in diesem Punkte sehr verwahrlosten Gemahles zu einem vortrefflichen Gedeihen umgewandelt hatte. *Raff* selbst, welcher mir durch allerlei Berichte über sein früher unter Liszts Protektion getriebenes Unwesen in der Gestalt eines exzentrisch Genialen vorschwebte, enttäuschte mich hierin sofort, als ich den ungemein trockenen, nüchternen, auf seinen Verstand eingebildeten und doch dabei ohne allen weiten Blick sich behelfenden Menschen näher kennenlernte. Von der vorteilhaften Lage aus, in welche die Sorgfalt seiner Frau ihn gebracht hatte, glaubte er jetzt im Betreff der Lage, in welcher ich mich befand, durch freundliche Ermahnungen mich hofmeistern zu dürfen; er vermeinte mir als heilsam anraten zu müssen, für meine dramatischen Kompositionen doch mehr auf die Wirklichkeit der Zustände Rücksicht zu nehmen, und wies in diesem Sinne auf meine Partitur des »Tristan« als eine Ausgeburt idealistischer Extravaganzen hin. Während ich bei seiner im ganzen wohl unbedeutenden Frau gelegentlich meiner Fußwanderungen nach Wiesbaden in der Folge zuweilen gern einsprach, wurde Raff selbst mir doch bald außerordentlich gleichgültig. Doch stimmte er, als er auch mich etwas näher kennenlernte, allmählich seine Weisheitsansprüche etwas herab und schien sich endlich sogar vor meiner scherzhaften Laune zu hüten, gegen welche er sich waffenlos fühlte.

In Biebrich selbst dagegen sprach jetzt häufiger der von früher her mir oberflächlich bekannt gewordene *Wendelin Weißheimer* ein. Er war der Sohn eines reichen Bauern in *Osthofen*, der sich zum Staunen seines Vaters nicht mehr von der Musik abbringen lassen wollte. Ihm lag viel daran, mit seinem Vater mich bekannt zu machen, um diesen für die Wahl der Künstlerlaufbahn seines Sohnes günstig zu stimmen. Dies führte mich auch auf Ausflüge nach jener Gegend hin, während ich des jungen Weißheimers Talent als Orchesterdirigent durch eine Aufführung von Offenbachs »Orpheus«, bis wohin er einzig in einer untergeordneten Stellung am Theater zu Mainz gelangt war, kennenlernte. Ich war wahrhaft entsetzt, durch die Teilnahme an dem jungen Mann mich bis zur Assistenz einer solchen Scheußlichkeit herabgebracht zu sehen, und konnte lange Zeit nicht anders, als Weißheimer meinen Mißmut hierüber auffällig nachzutragen. – Dagegen suchte ich mir eine edlere Unterhaltung durch meine schriftlich an *Friederike Meyer* nach Frankfurt gerichtete Bitte, mich davon benachrichtigen zu wollen, wann eine Wiederholung der von mir zu spät angezeigt gesehenen Aufführung des Calderonschen Lustspieles »Das öffentliche Geheimnis« stattfinden sollte. Sehr erfreut über meine Teilnahme hierfür, meldete sie mir, daß dies Lustspiel wohl so bald nicht wiederholt werden würde, dafür jedoch Calderons »Don Gutierre« für mich in Aussicht stünde. Zu der Aufführung dieses Stückes begab ich mich abermals nach Frankfurt, lernte die interessante Künstlerin jetzt persönlich kennen und erhielt allen Grund, von der Aufführung der Calderonschen Tragödie im ganzen sehr befriedigt zu sein, obwohl der geistvollen Darstellerin der weiblichen Hauptrolle nur die zarteren Teile ihrer Aufgabe vollständig gelangen, während für das gewaltige Pathos ihre Kräfte nicht ausreichten. Sie erzählte mir, daß sie öfter eine befreundete Familie in Mainz besuchte, woran ich den Wunsch knüpfte, daß sie bei solchen Gelegenheiten doch auch Biebrich berühren möchte: sie stellte mir dies für einmal in Aussicht.

Eine große Soiree, welche *Schotts* ihren Mainzer Bekannten gaben, verschaffte mir die freundliche Bekanntschaft mit *Mathilde Maier*, welche von Frau *Schott* ihrer »Gescheitheit« wegen, wie sie sich ausdrückte, besonders ausgewählt war, mir beim Souper als Nachbarin Gesellschaft zu leisten; ihr sehr verständiges, wahrhaftiges, dabei für den Ausdruck von dem Mainzer Dialekt eigentümlich bestimmtes Wesen zeichnete sie, ohne daß dadurch irgend etwas Auffälliges geschah, vor der ganzen übrigen Gesellschaft sehr vorteilhaft aus. Ich versprach ihr, sie bei ihrer Familie aufzusuchen, und lernte nun ein städtisches Idyll kennen, wie ich desgleichen bisher wenig beachtet hatte. *Mathilde*, die Tochter eines mit Hinterlassung eines kleinen

Vermögens gestorbenen Notars, lebte mit ihrer Mutter, zweien Tanten und einer Schwester in enger aber sauberer Häuslichkeit, während ihr Bruder, welcher in Paris die Handlung erlernte, ihr fortgesetzt Not machte. Denn ihr tüchtiger, praktischer Sinn war es, welcher die Angelegenheiten der ganzen Familie, und, wie es schien, zur großen Zufriedenheit aller, besorgte. Ich ward hier ungemein herzlich aufgenommen, wenn ich, was wohl wöchentlich einmal geschah, meiner eigenen Angelegenheiten wegen nach Mainz wanderte, und wurde jedesmal genötigt, einen kleinen Imbiß von ihnen zu empfangen. Da sie im übrigen eine sehr ausgebreitete Bekanntschaft, unter andern auch die des einzigen Freundes *Schopenhauers*, eines alten Herrn in Mainz, besaß, traf ich Mathilde öfters auch anderswo, z. B. bei Raffs in Wiesbaden, von wo aus sie mit einer älteren Freundin, *Luise Wagner*, mich auf dem Heimwege zuzeiten begleitete, wie ich ihr ebenso zuweilen das weitere Geleite nach Mainz gab.

Beim Herannahen der schönen Jahreszeit kam mir unter derartigen gemütlichen Eindrücken, zu denen die häufigen Promenaden in dem schönen Parke des Biebricher Schlosses das ihrige beitrugen, endlich auch die Arbeitslaune wieder an. Bei einem schönen Sonnenuntergange, welcher mich von dem Balkon meiner Wohnung aus den prachtvollen Anblick des »goldenen« Mainz mit dem vor ihm dahinströmenden majestätischen Rhein in verklärender Beleuchtung betrachten ließ, trat auch plötzlich das Vorspiel zu meinen »Meistersingern«, wie ich es einst aus trüber Stimmung als fernes Luftbild vor mir erscheinen gesehen hatte, nahe und deutlich wieder vor die Seele. Ich ging daran, das Vorspiel aufzuzeichnen, und zwar ganz so, wie es heute in der Partitur steht, demnach die Hauptmotive des ganzen Dramas mit größter Bestimmtheit in sich fassend. Von hier aus ging ich sogleich weiter im Texte vorwärts, um ganz der Reihe nach die weiteren Szenen folgen zu lassen. – In so guter Stimmung fand ich auch die Laune zu einem Besuch bei dem Herzog von *Nassau*. Er war mein Nachbar, und ich hatte ihm so oft bei meinen einsamen Spaziergängen im Parke begegnet, daß ich es für schicklich fand, mich ihm vorzustellen. Leider wollte bei der hier stattfindenden Unterredung nicht viel herauskommen: ich hatte es mit einem sehr beschränkten aber gutartigen Menschen zu tun, welcher sich entschuldigte, seine Zigarre in meiner Gegenwart immerfort zu rauchen, weil er ohne dem nicht bestehen könnte. Im übrigen erklärte er mir seine Vorliebe für die italienische Oper, bei welcher ich ihn von ganzem Herzen beließ. Doch hatte ich eine heimliche Absicht, als ich ihn mir gewogen zu stimmen suchte. In einem hinteren Teile seines Parkes stand an einem Teiche ein altertümlich aussehendes kleines Schlößchen, welches in dem Sinne einer pittoresken Ruine verwendet war und zur Zeit einem Bildhauer als Atelier diente. Es regte sich in mir der kühne Wunsch, dieses kleine, halb verwitterte Gebäude mir für Lebenszeit zugeteilt wissen zu können; denn schon jetzt entstand in mir die bange Sorge, ob ich in meiner bisherigen Wohnung ausdauern können würde, da der größere Teil desselben Stockwerkes, in welchem ich nur zwei kleine Zimmer einnahm, für den bevorstehenden Sommer an eine »Familie« vermietet war, von welcher ich erfuhr, daß sie mit einem Klavier bewaffnet einziehen würde. Bald riet man mir jedoch davon ab, der Gnade des Herzogs von Nassau für meine Spekulation weiter nachzugehen, da jenes Schlößchen seiner feuchten Lage wegen durchaus ungesund für mich sein würde.

Im übrigen ließ ich mich jedoch nicht davon abhalten, immer wieder zum Aufsuchen des von mir ersehnten einsamen kleinen Häuschens mit Garten mich aufzumachen. Bei den Ausflügen, die ich zu diesem Zwecke sehr häufig unternahm, begleitete mich öfters neben *Weißheimer* auch jener junge Jurist Dr. *Städl*, welcher mir bei *Schott* den erwähnten hübschen Toast ausgebracht hatte. Er war ein sonderbarer Mensch, dessen oft sehr aufgeregtes Wesen ich mir gelegentlich dadurch zu erklären hatte, daß er ein leidenschaftlicher Spieler am Roulette zu Wiesbaden sei. Dieser machte mich noch mit einem anderen Freunde, welcher zugleich geübter Musiker war, Dr. *Schüler* aus Wiesbaden, bekannt: mit beiden erwog ich nun alle Möglichkeiten eines Erwerbens oder auch nur Auffindens meines kleinen Zukunftsschlößchens. Einmal besuchten wir in dieser Absicht *Bingen* und bestiegen dort den berühmten alten Turmbau, in welchem dereinst Kaiser Heinrich IV. gefangengehalten worden war. Nachdem man eine ziemliche Felsenhöhe zu besteigen gehabt, auf welcher der Turm lag, gerieten wir in dessen viertem Stockwerke auf einen das ganze Quadrat des Gebäudes einnehmenden Raum, von welchem ein einziges Erkerfenster auf den Rhein hinausging. Ich erkannte diesen als das Ideal aller meiner Vorstellungen einer Wohnung für mich, indem ich ihm durch Benutzung von Vorhängen die nötigen kleineren Wohnungsabteilungen hineinkonstruierte und so mir für alle Zeiten ein herrliches Asyl zu bereiten gedachte. *Städl* und *Schüler* hielten es nicht für unmöglich, mir zur Erfüllung meiner Wünsche zu verhelfen, da sie mit dem Eigentümer dieser Ruine in Verkehr standen. Wirklich eröffneten sie mir auch nach einiger Zeit, daß der Besitzer gegen eine Abtretung dieses Saales für billigen Mietzins nichts einzuwenden hätte; nur wurde ich sogleich auf die gänzliche Unmöglichkeit, mein Vorhaben auszuführen, hingewiesen: kein Mensch, so hieß es, würde mich dort bedienen können und wollen, da unter anderem der Ort keinen Brunnen habe und ein schlechtes Wasser nur aus einer in furchtbarer Tiefe gelegenen Zisterne des Burgverlieses zu gewinnen sei. Es genügte, unter derartigen Umständen auf eine Schwierigkeit zu stoßen, um mich sofort von solch ausschweifenden Projekten abzubringen. – So erging es mir ebenfalls mit einem dem Grafen *Schönborn* gehörigen herrschaftlichen Gute im Rheingau, auf welches ich, weil es gänzlich von der Herrschaft unbewohnt blieb, aufmerksam gemacht wurde: hier fand ich allerdings viele leere Räume, von welchen ich mir schon einige für meinen Zweck geeignete hätte herrichten können; nach näheren

Erkundigungen bei dem Verwalter, welcher deshalb auch Anfrage an Graf *Schönborn* ergehen ließ, hatte ich jedoch eine abschlägige Antwort zu erfahren.

Ein sonderbarer Vorfall war um diese Zeit geeignet, in der begonnenen Arbeit mich wiederum einigermaßen zu stören: *Friederike Meyer* hielt ihr Versprechen und besuchte mich eines Nachmittags, von ihrem gewöhnlichen Mainzer Ausflug zurückkehrend, in Begleitung einer Freundin. Nach kurzem Verweilen überfiel sie plötzlich eine große Angst, und sie erklärte zu aller Schrecken, daß sie befürchte, vom Scharlachfieber befallen zu sein. In der Tat war der Zustand sehr bald beängstigend, so daß sie für das nächste im »Europäischen Hofe« sich eine Unterkunft suchen und einen Arzt bestellen mußte. Die Bestimmtheit, mit welcher sie sofort die sie befallende Krankheit erkannte, die sonst nur in der Folge einer Ansteckung von Kindern häufig vorkommt, durfte mir wohl auffallen; meine Verwunderung steigerte sich jedoch, als nach erhaltener Nachricht hiervon am frühesten Morgen des anderen Tages Herr von *Guaita*, der Direktor des Frankfurter Theaters, sich bei der Kranken einfand und eine Besorgnis für sie äußerte, deren Heftigkeit wohl nicht einzig aus dem Interesse des Theaterdirektors herzuleiten war. Ich fand mich dadurch, daß er *Friederike* sofort in seinen bekümmertsten Schutz nahm, für meine peinliche Teilnahme an diesem seltsamen Falle sehr erleichtert, verkehrte ein weniges mit Herrn von *Guaita* über die Möglichkeit, eine meiner Opern in Frankfurt aufzuführen, und wohnte am zweiten Tage der von *Guaita*, wie es mir schien, mit zärtlichster väterlichster Sorgfalt geleiteten Transportierung der Kranken nach dem Bahnhofe bei. – Bald hierauf führte sich ein Herr *Bürde*, Gemahl der namhaften Sängerin *Ney*, jetzt Schauspieler am Frankfurter Theater, bei mir ein: dieser, mit welchem ich unter andrem auch das Talent Friederike Meyers besprach, teilte mir mit, sie gelte als die Geliebte des Herrn von *Guaita*, eines in der Stadt durch seine patrizische Stellung angesehenen Mannes, und habe von diesem ein Haus geschenkt bekommen, in welchem sie wohne. Da Herr von *Guaita* durchaus auf mich keinen angenehmen, sondern vielmehr einen unheimlichen Eindruck gemacht hatte, erfüllte mich diese Nachricht mit einer gewissen Bekümmernis. Dagegen benahm sich die meinem Biebricher Asyle näher gelegene Umgebung recht zutraulich und freundlich, als ich am Abend meines Geburtstages, am 22. Mai, diese kleine Gesellschaft in meiner Wohnung bewirten ließ, wobei *Mathilde Maier* mit Schwester und Freundin meinen erbärmlichen Vorrat an Geschirr mit sehr artigem Geschick verwendete und gewissermaßen die Honneurs als Hauswirtin machte. –

Nur störte wiederum bald ein immer mehr sich verschlimmernder Briefwechsel mit *Minna*. Da ich sie in Dresden fixiert hatte, zugleich ihr aber auch das Beschämende einer ausgesprochenen häuslichen Trennung von mir ersparen wollte, hatte ich mich endlich dazu genötigt gesehen, den von ihr angeregten Schritt beim sächsischen Justizminister auszuführen: ich war um meine schließlich vollständige Amnestierung eingekommen und erhielt jetzt mit der Gewährung derselben die Erlaubnis, mich in Dresden niederlassen zu dürfen. Somit fand sich *Minna* nun auch autorisiert, eine mit dem ihr zugewiesenen Mobiliare sehr gut einzurichtende größere Wohnung zu mieten, und dies zwar in der Annahme, daß ich dieselbe nach einiger Zeit, wenigstens periodisch, mit ihr teilen würde. Ihren Geldforderungen hierfür mußte ich ohne Widerrede zu entsprechen suchen und unter andrem auch die 900 Taler schaffen, welche sie hierfür ansprach. Je gelassener ich mich in diesem Punkte benahm, desto mehr schien sie die ruhige Kälte meiner Briefe zu verletzen: Vorwürfe über vermeintliche Kränkungen aus alten Zeiten sowie Schmähungen aller Art wurden ihr wieder geläufiger als je zuvor. So wandte ich mich denn endlich an meinen alten Freund *Pusinelli*, welcher mir zuliebe dem schwer zu behandelnden Weibe immer treu behilflich geblieben, um durch seine Vermittelung ihr die starke Medizin zu verordnen, welche mir meine Schwester *Klara* kurz zuvor als bestes Heilmittel für die Leidende angeraten hatte. Ich bat meinen Freund, *Minna* die Notwendigkeit einer Scheidung an das Herz zu legen. Es schien kein leichtes für den armen Freund gewesen zu sein, diesen Auftrag, wie es der Fall war, sehr ernstlich auszuführen. Er berichtete mir, daß sie sehr erschrocken gewesen sei, auf eine gutwillige Scheidung einzugehen aber mit Bestimmtheit verweigert habe. Jetzt änderte sich allerdings *Minnas* Benehmen, wie meine Schwester dies vorausgesehen, sehr auffällig; die Quälereien nahmen ein Ende, sie schien sich in ihre Lage zu fügen. *Pusinelli* hatte ihr zu einiger Erleichterung ihrer Herzkrankheit die Kur in Reichenhall verordnet; ich verschaffte ihr die Mittel hierfür, worauf sie an demselben Orte, wo ich vor einem Jahre *Cosima* ebenfalls zur Kur angetroffen hatte, den Sommer, wie es schien, in erträglicher Laune verbrachte.

Von neuem wandte ich mich zu meiner Arbeit, zu welcher ich, sobald die Unterbrechungen beseitigt waren, als zur besten Erheiterung dienend, immer wieder griff. Ein sonderbarer Vorfall störte mich in einer Nacht. Ich hatte das freundliche Thema von der Anrede Pogners »Das schöne Fest Johannistag« usw. an einem heiteren Abende entworfen, als ich, im Halbschlummer es immer noch vor mir vorüberziehen lassend, plötzlich durch ein ausgelassenes Frauengelächter im Hause über mir vollständig geweckt wurde. Das immer tollere Lachen ging endlich in gräßliches Wimmern und furchtbares Heulen über. Entsetzt sprang ich auf und gewahrte nun, daß diese Erscheinung von meinem Dienstmädchen *Lieschen* herrührte, welche, in der Kammer über mir gebetet, von hysterischen Krämpfen überfallen war. Die Magd meines Wirtes stand ihr bei; ein Arzt ward herbeigeholt: während ich mit Schrecken besorgt war, das Mädchen würde alsbald seinen Geist aufgeben, hatte ich mich über die eigentliche Ruhe und Gelassenheit der übrigen Assistenten zu verwundern; ich erfuhr, daß solche Krämpfe sich häufig bei jungen Mädchen, namentlich nach Tanzvergnügungen, einstellten. Demungeachtet bannte mich der Vorgang mit seinen entsetzlichen Phänomenen noch lange zur Beobachtung fest, da ich hierbei, in der Weise des Wechsels von Ebbe und Flut, eine anscheinend kindische Heiterkeit durch alle Übergänge bis durch das frechste Lachen zu dem Schreien einer qualvoll Verdammten mehrere Male vor mir wechseln sah. Als sich das Übel einigermaßen beruhigte, legte ich mich wieder zu Bett, und nun erschien von neuem der »Johannistag« Pogners, welcher allmählich die vorher empfangenen gräßlichen Eindrücke verbannte.

Nicht ganz unähnlich dem armen Dienstmädchen erschien mir bald auch der junge *Städl*, als ich ihn eines Tages an der Spielbank zu Wiesbaden beobachtete. Mit ihm und *Weißheimer* hatte ich vergnüglich im Kurgarten den Kaffee getrunken, als Städl für einige Zeit verschwand; um ihn aufzusuchen, führte mich *Weißheimer* zur Spielbank. Eine entsetzliche physiognomische Umwandlung, als ich jetzt an dem der Spielwut Verfallenen gewahr wurde, war mir selten noch vorgekommen. Wie zuvor das arme Lieschen, so hatte jetzt auch diesen ein Dämon in Besitz genommen, der, wie das Volk sagt, sein böses Wesen in ihm trieb. Kein Zuspruch, ja keine beschämende Ermahnung vermochte den von Spielverlust Geplagten nur irgendwie zu einer Zusammenfassung seiner moralischen Kräfte zu bewegen. Da ich selbst der Spielwut mich erinnerte, welcher ich eine Zeitlang als Jüngling verfallen war, unterhielt ich hiervon den jungen *Weißheimer* und erbot mich, ihm zu zeigen, wie ich wohl dem Zufalle, nicht aber dem Glücke etwas zu bieten mir getraue. Als ein neues Spiel beim Roulette begann, sagte ich ihm mit ruhiger Bestimmtheit, Nr. 11 werde zutreffen: so geschah es. Der Verwunderung über den glücklichen Zufall gab ich neue Nahrung, indem ich für das nächste Spiel Nr. 27 voraussagte, wobei ich mich allerdings einer ekstatischen Entrücktheit entsinne, welche mich einnahm: wirklich schlug diese Nummer wiederum zu, und nun geriet mein junger Freund in ein solches Erstaunen, daß er mir auf das dringendste anriet, doch auch wirklich auf die von mir vorausgesehenen Nummern zu setzen. Wiederum muß ich mich der eigentümlichen, sehr ruhigen Ekstase erinnern, mit welcher ich ihm erklärte: daß, sobald ich mein persönliches Interesse hierbei in das Spiel bringen würde, meine bisher bewährte Gabe sofort verschwinden müßte. Ich zog ihn alsbald vom Spieltische zurück; worauf wir bei schönem Sonnenuntergange den Rückweg nach Biebrich antraten.

In sehr peinigende Berührungen geriet ich nun mit der armen *Friederike Meyer:* sie meldete mir den Antritt ihrer Wiedergenesung und bat mich um meinen Besuch, weil sie das Bedürfnis habe, sich bei mir für die mir zugezogenen Beschwerden zu entschuldigen. Da mich die kurze Fahrt nach Frankfurt oft zu unterhalten und zu zerstreuen vermochte, erfüllte ich gern ihren Wunsch, fand die Rekonvaleszentin noch sehr schwach und in der ersichtlichen Bemühung begriffen, unangenehme Vorstellungen in ihrem Betreff von mir fernzuhalten. Sie sprach über ihr Verhältnis zu Herrn von *Guaita* als von dem zu einem fast überzärtlich besorgten Vater. Sie habe sich sehr jung von ihrer Familie getrennt, namentlich von ihrer älteren Schwester *Luise*, welche sie durch ihre Heirat mit dem widerlichen Herrn *Dustmann*, dessen Namen diese jetzt führte, für kompromittiert hielt, zurückgezogen, und so, sehr verlassen, sei sie in Frankfurt angekommen, wo ihr die angelegentliche Protektion des bereits in reiferem Alter stehenden Herrn von *Guaita* sehr willkommen gewesen sei. Leider habe sie unter diesem Verhältnisse in sehr peinlicher Weise zu leiden, da sie namentlich durch die Familie ihres Protektors, welche von dem Gedanken eingenommen schien, dieser möchte sie gar heiraten wollen, in widerwärtigster Weise vornehmlich auch im Bezug auf ihren Ruf verfolgt werde. Ich konnte dieser Mitteilung gegenüber wirklich nicht umhin, sie darauf aufmerksam zu machen, daß ich von den Folgen dieser Feindschaft einiges bemerkt hätte, wobei ich so weit ging, auch von dem, wie das Gerücht besagte, ihr geschenkten Hause zu sprechen. Dies schien eine ganz außerordentliche Wirkung auf die kaum genesene *Friederike* hervorzubringen; sie äußerte die höchste Entrüstung über diese Gerüchte, obwohl sie seit lange wohl vermuten zu müssen geglaubt hätte, daß derlei Verleumdungen über sie ausgestreut wurden: sie habe schon öfter mit sich den Entschluß beraten, die Frankfurter Bühne aufzugeben, und sei nun mehr als je hierzu entschlossen. Ich fand in ihrem Benehmen keinen Grund, ihren Aussagen meinen Glauben zu versagen. Da außerdem Herr von *Guaita* sowohl seiner Persönlichkeit als auch seinem mir damals ganz unbegreiflichen Benehmen nach sich mir immer bedenklicher darstellte, nahm ich in meinem ferneren Verhalten zu dem sehr begabten Mädchen unbedingt Partei für ihr durch augenscheinliche Ungerechtigkeiten bedrängtes Interesse. Ich riet ihr, für jetzt zu ihrer Erholung einen längeren Urlaub für einen Aufenthalt am Rheine sich auszuwirken.

Jetzt wendete sich auch, der vom Großherzog ihm erteilten Weisung gemäß, *Eduard Devrient* im Betreff der besprochenen Aufführung des »Lohengrin« in Karlsruhe unter meiner Leitung an mich. Um diesen ehemals so blindlings hochgeschätzten Menschen mir in seiner gänzlichen Entfremdung zu zeigen, war der in seinem Schreiben enthaltene, geradesweges ärgerlich hochmütig ausgedrückte Vorwurf darüber, daß ich den »Lohengrin« ohne Kürzungen hergestellt wissen wollte, vollständig geeignet. Er schrieb mir, daß er von vornherein die Partitur nach den für die Leipziger Aufführung von Kapellmeister *Rietz* eingeführten Kürzungen für das Orchester habe ausschreiben lassen und somit alle die Stellen, welche ich restituiert wünschte, erst mühselig in die Stimmen einzutragen sein würden, welche Forderung er geradesweges als eine Schikane meinerseits ansehe. Hatte ich mir nun zurückzurufen, daß die einzige Aufführung des »Lohengrin«, welche ihrer gänzlichen Erfolglosigkeit wegen fast gar keine

Wiederholung fand, eben vom Kapellmeister *Rietz* in Leipzig veranstaltet worden war, daß dennoch *Devrient*, weil er Rietz für den Nachfolger *Mendelssohns* und den gediegensten Musiker der »Jetztzeit« hielt, gerade diese Verarbeitung meines Werkes zu dessen Einführung in Karlsruhe für zweckmäßig gehalten hatte, so mußte mich wohl ein wahrer Schauder über die Verblendung erfassen, welche ich so lange über diesen Menschen fast gewaltsam aufrechterhalten hatte. Ich meldete ihm kurz meine Empörung hierüber und meinen Entschluß, mit dem »Lohengrin« in Karlsruhe mich nicht befassen, dagegen gelegentlich beim Großherzog hierfür mich entschuldigen zu wollen. Bald darauf erfuhr ich nun, daß der »Lohengrin« dennoch, mit dem Ehepaar *Schnorr* als Gästen, nach gewohnter Weise in Karlsruhe aufgeführt werden solle. Mich bestimmte ein großes Verlangen, *Schnorr* und seine Leistungen endlich kennenzulernen; ich reiste demnach ohne Anmeldung nach Karlsruhe, verschaffte mir durch *Kalliwoda* ein Billett und wohnte so, das Weitere unbeachtend, der Vorstellung bei. Meine jetzt empfangenen Eindrücke, namentlich von *Schnorr*, habe ich in meinen veröffentlichten »Erinnerungen« an ihn genauer bezeichnet; er war mir sofort ein geliebter Mensch geworden, und ich ließ ihn ersuchen, nach der Vorstellung sich noch auf ein Plauderstündchen nach meinem Gasthofzimmer zu begeben. – Ich hatte so viel von seinen krankhaften Zuständen vernommen, daß ich wahrhaft erfreut war, ihn so spät in der Nacht, nach nicht unbedeutender Anstrengung, frisch und mit strahlendem Auge bei mir eintreten zu sehen. Meiner Besorgnis um Schonung für ihn durch Abhaltung jeder Art von Ausschweifung entgegnete er durch willige Annahme meines Anerbietens, unsere neue Bekanntschaft mit Champagner einweihen zu wollen. In heiterster Stimmung verbrachten wir in für mich namentlich über den Charakter *Devrients* sehr belehrenden Gesprächen einen guten Teil der Nacht, bis ich mir vornahm, auch noch den folgenden Tag zu verweilen, um seiner Einladung, bei ihm und seiner Frau zu speisen, entsprechen zu können. Da ich bei diesem längeren Verweilen in Karlsruhe wohl annehmen mußte, daß dem Großherzoge meine Anwesenheit bekannt werden würde, ließ ich mich den nächsten Tag bei ihm anmelden und wurde für eine Nachmittagsstunde beschieden. Nachdem ich über dem Mittagsmahle auch von Frau *Schnorr*, welche ich an allem als großes und wohlausgebildetes theatralisches Talent hatte kennengelernt, die wunderlichsten Aufschlüsse über *Devrients* Benehmen in der »Tristan«-Angelegenheit erfahren hatte, ging meine kurz darauf geführte Unterredung im großherzoglichen Schlosse mit einiger gegenseitiger Beklemmung vor sich. Die Gründe für die Zurückziehung meines Versprechens im Betreff der »Lohengrin«-Aufführung sowie auch meine bestimmte Annahme der Hintertreibung der früher projektierten Aufführung des »Tristan« durch Devrient teilte ich unverhohlen mit. Da nun durch *Devrients* sehr kluges Verhalten von jeher dem Großherzog der Glaube an seine innige und wahrhaft besorgte Freundschaft für mich beigebracht worden war, berührte ihn dies offenbar höchst peinlich; doch schien er annehmen zu wollen, es handle sich nur um artistische Differenzen zwischen mir und seinem Theaterdirektor, da er beim Abschied mir den Wunsch ausdrückte, die vermeintlichen Mißverständnisse durch ein gutes Einvernehmen noch ausgeglichen zu sehen, worauf ich ihm leichthin erwiderte, daß ich nicht glaube, mit Devrient noch zu etwas zu kommen. Jetzt brach der Großherzog in wirkliche Entrüstung aus: er habe nicht geglaubt, daß es mir so leicht werde, einen bewährten Freund undankbar zu behandeln. Dem Ernste dieses Vorwurfes gegenüber hatte ich mich zunächst dafür zu entschuldigen, daß ich in einer an Ort und Stelle für schicklich erachteten, nicht zu ernsten Weise meinen Entschluß ausgesprochen hatte; daß jedoch der Großherzog durch seine sehr ernste Auffassung dieser Angelegenheit mich nun zu dem ebenfalls sehr ernstlichen Ausdrucke meiner wahren Gesinnung über jenen vermeintlichen Freund zu berechtigen schiene und ich somit im vollkommen entsprechenden Ernste ihm erklären müßte, mit *Devrient* nichts mehr zu tun haben zu wollen. Hiergegen suchte der Großherzog mit wieder hervortretender Güte mich zu bedeuten, daß er meine Erklärung für nicht so unwiderruflich auffassen wolle, da es ja doch wohl in seiner Macht läge, andrerseits auf ein mich versöhnendes Benehmen zu wirken. Ich schied mit dem ernstlich bezeugten Bedauern, daß ich jeden Versuch in dem Sinne meines Gönners für erfolglos erachte. – Späterhin erfuhr ich, daß *Devrient*, welcher natürlich durch den Großherzog von dem Vorgang Kenntnis erhielt, hierin einen Versuch meinerseits, ihn zu stürzen und mich an seine Stelle zu bringen, erkannte. Der Großherzog war nämlich bei dem Wunsche verblieben, von mir ein Konzert mit Bruchstücken aus meinen neuesten Werken aufgeführt zu wissen; hierüber hatte nach einiger Zeit Devrient mir wieder offiziell zu schreiben, bei welcher Gelegenheit er sich als Sieger über meine gegen ihn gespielten Intrigen zu erkennen gab, indem er mir zugleich versicherte, sein hoher Gönner wünsche dennoch das besprochene Konzert ausgeführt zu sehen, da er in seinem hohen Sinne die »Sache sehr wohl von der Person zu scheiden« wisse. Hierauf erwiderte ich mit einer einfachen Ablehnung.

Mit *Schnorrs*, mit denen ich mich viel über den Vorfall unterhielt, traf ich jetzt noch die Abmachung, daß sie mich mit nächstem in Biebrich besuchen sollten; worauf ich selbst dorthin zurückkehrte, um zunächst den mir angekündigten Besuch *Bülows* entgegenzunehmen. Dieser traf anfangs Juli ein, um Quartier auch für *Cosima* zu suchen, welche in zwei Tagen nachfolgte. Wir freuten uns ungemein unseres Wiedersehens, welches jetzt in dem freundlichen Rheingau zu Erholungsausflügen jeder Art benützt wurde. Im Gastsaal des »Europäischen Hofes«, wo sich nun alsbald auch *Schnorrs* einfanden, speisten wir regelmäßig, und zwar meist in heiterster Laune, zusammen. Des Abends ward bei mir musiziert. Zu einer Vorlesung der »Meistersinger« stellte sich auch die vorüberreisende *Alwina Frommann* ein: auf alle schien das Bekanntwerden mit meinem neuesten Gedichte, namentlich im Betreff des bisher von mir noch nicht angewendeten populär heiteren Stiles, einen überraschenden Eindruck hervorzubringen. Auch die Sängerin *Dustmann*, auf einem Gastspiel in Wiesbaden begriffen, stellte sich zum Besuch ein; leider nahm ich an ihr eine heftige Abneigung gegen ihre Schwester Friederike, welche sie eines skandalösen Verhältnisses bezichtigte, wahr, was mich unter andrem auch darin bestätigte, daß es für diese die höchste Zeit sein möge, ihren Frankfurter Verbindlichkeiten sich zu entziehen. – Nachdem es mir durch *Bülows* Unterstützung möglich geworden war, den Freunden die fertigen Teile der Komposition der »Meistersinger« vorzuführen, ward auch sonst viel aus »Tristan« durchgenommen, wobei nun *Schnorrs* zeigen mußten, wie weit sie sich bereits mit dieser Aufgabe vertraut gemacht hatten. Im ganzen fand ich, daß beiden noch viel zur Deutlichkeit des Ausdruckes hierfür fehlte.

Jetzt führte der Sommer immer mehr Gäste, darunter auch manchen mir Bekannten, in unsere Gegend: der Konzertmeister *David* aus Leipzig stellte sich mit seinem jungen Schüler *August Wilhelmj*, dem Sohne eines Wiesbadener Advokaten, bei mir ein, und es ward nun so recht im eigentlichen Sinne musiziert, wozu auch der Kapellmeister *Alois Schmitt* aus Schwerin durch den Vortrag eines »alten Schinkens« seiner Komposition, wie er es nannte, einen sonderbaren Beitrag gab. Eines Abends kam es zu völliger Soiree, als zu meinen übrigen Freunden sich auch *Schotts* einfanden und hier die beiden *Schnorrs* durch den Vortrag der sogenannten Liebesszene im 3. Akte des »Lohengrin« uns lebhaft erfreuten. – Große Ergriffenheit brachte das plötzliche Eintreten *Röckels* in unseren gemeinschaftlichen Speisesaal des Hotels bei uns allen hervor. Dieser war nun nach daselbst bestandenen dreizehn Jahren aus dem Waldheimer Zuchthaus entlassen. Erstaunlich war es für mich, an meinem alten Bekannten, außer dem jetzt erbleichten Haare, gar keine wesentliche Veränderung wahrzunehmen. Er selbst erklärte mir dies damit, daß er sich wie aus einer Kruste, in welcher er zu seiner Konservierung festgehalten worden wäre, herausgetreten vorkomme. Als wir überlegten, in welche Tätigkeit er nun einzutreten haben solle, glaubte ich ihm anraten zu müssen, einen nützlichen Dienst bei einem so wohlwollenden und freisinnigen Fürsten wie dem Großherzog von Baden nachsuchen zu sollen. Er glaubte in irgendeinem Ministerium seiner fehlenden juristischen Kenntnisse wegen nicht fortkommen zu können; wogegen er sich den besten Erfolg seiner Wirksamkeit verspräche, wenn man ihm die Leitung einer Strafanstalt übergeben wollte, weil er hierüber sich die genauesten Kenntnisse verschafft und zu gleicher Zeit eingesehen habe, welche Verbesserungen hier notwendig seien. Er begab sich auf das deutsche Schützenfest, welches um diese Zeit in Frankfurt abgehalten wurde, und entging dort, in Anerkennung seines Martyriums und seines standhaften Benehmens, einer bei öffentlicher Gelegenheit ihm dargebrachten schmeichelhaften Ovation nicht. Dort und in der Umgegend verweilte er für einige Zeit.

Außerdem plagte mich und meine näheren Freunde ein Maler *Cäsar Willich*, welcher von *Otto Wesendonk* den Auftrag erhalten hatte, mich für seine Rechnung zu malen. In der Freude über eine glückliche neue Entbindung seiner Frau war *Wesendonk* nämlich auf den Gedanken gekommen, dieser mit meinem Porträt ein recht ausdrucksvolles Angebinde zu machen. Leider wollte es nicht gelingen, den Maler auf ein richtiges Bekanntwerden mit meiner Physiognomie hinzuführen: trotzdem *Cosima* fast bei allen Sitzungen zugegen war und sorgsamst sich abmühte, den Künstler auf die richtige Spur zu bringen, blieb endlich nichts andres übrig, als ihm in schroffster Weise mein Profil zu präsentieren, mit welchem es doch wenigstens zu einer erkennbaren Ähnlichkeit gelangen sollte. Nachdem er dies zu seiner Zufriedenheit ermöglicht hatte, verfaßte er dankbar auch noch eine Kopie als Geschenk für mich, welche ich sofort an *Minna* nach Dresden übersandte, durch welche sie späterhin an meine Schwester *Luise* überging. Es war ein schreckliches Bild, welchem ich noch einmal begegnete, als es in Frankfurt vom Künstler ausgestellt war.

Einen anmutigen Ausflug machte ich mit *Bülows* und *Schnorrs* für einen Abend nach *Bingen*; von dem gegenüberliegenden *Rüdesheim* holte ich hierzu die jetzt dort ihren Urlaub genießende *Friederike Meyer* ab und machte sie mit meinen Freunden bekannt, von denen namentlich *Cosima* für das nicht gewöhnlich begabte Frauenzimmer ein freundliches Interesse gewann. Unsere Heiterkeit beim Glase Wein in freier Luft steigerte sich durch einen unerwarteten Auftritt: von einem entfernteren Tische trat zu mir mit gefülltem Glase in ehrerbietiger Haltung ein Reisender herzu, der mir eine sehr feurige und anständige Begrüßung bot; er war Berliner und weitgehender Enthusiast für meine Arbeiten, und es geschah dies im Namen noch zweier seiner Freunde, welche gemeinschaftlich an unseren Tisch sich setzten, wo die gute Laune uns endlich bis zum Champagner verführte. Ein herrlicher Abend mit wundervollem Mondaufgange weihte die schöne Stimmung, in welcher wir spätnachts von diesem freundlichen Ausfluge zurückkehrten. – Nachdem wir in ähnlicher guter Laune auch das *Schlangenbad*, wo Alwine *Frommann* sich aufhielt, besucht, verführte uns jetzt der Übermut zu einer noch weiteren Ausfahrt nach *Rolandseck*. Unseren ersten Aufenthalt nahmen wir hierbei in *Remagen*, wo wir die schöngelegene Kirche, in welcher bei ungeheurem Andrange ein junger Mönch predigte, besuchten und in einem Garten am Rheinufer unser Mittagsmahl einnahmen. Das Nachtlager wurde in Rolandseck genommen, von wo wir andren Tags beizeiten den *Drachenfels* bestiegen. Im Zusammenhang mit dieser Besteigung trug sich ein heiter endendes Abenteuer zu. Als wir nach dem Herabsteigen bei der Eisenbahnstation am anderen Rheinufer angekommen waren, vermißte ich mein Brieftäschchen, welches mir mit dem Inhalte eines 100-Gulden-Scheines aus der Tasche des Überrockes entschlüpft war: zwei Herren, welche sich uns vom Drachenfels aus angeschlossen hatten, erboten sich sogleich, den nicht unbeschwerlichen Weg zurückzugehen, um dem Verlorenen nachzuspüren. Wirklich kehrten sie nach einigen Stunden zurück und überbrachten mir die Brieftasche mit ihrem vollen Inhalte, welchen auf der Höhe des Berges zwei dort beschäftigte Steinklopfer gefunden und sogleich zurückgegeben hatten. Den ehrlichen Leuten war, wie ich dies sogleich bestimmt hatte, ein anständiger Finderlohn bezahlt worden, und nun mußte der freundliche Ausgang des Abenteuers bei einem heiteren Mahle mit dem besten Weine gefeiert werden. In einem viel späteren Jahre sollte sich dasselbe für mich aber noch ergänzen: als ich 1873 bei einem Restaurant in Köln einkehrte, stellte sich mir dessen Wirt als derselbe vor, der uns vor elf Jahren in jenem Gasthaus am Rhein bewirtet und von mir den bewußten 100-Gulden-Schein zum Auswechseln erhalten hatte; mit diesem Scheine hatte sich, wie er mir jetzt meldete, folgendes zugetragen: ein Engländer, dem er noch desselbigen Tages den Vorfall erzählt hatte, erbot sich dem Wirte, diesen Schein mit dem doppeltem Wert abzukaufen; der Wirt wollte von diesem Geschäfte nichts wissen, überließ jedoch den Schein dem Engländer gegen die Verpflichtung, die gerade anwesende Gesellschaft, welcher der Vorgang erzählt worden war, mit Champagner zu traktieren, was denn auch auf das anständigste eingehalten wurde.

Zu einem weniger befriedigenden Ausfluge veranlaßte uns eine Einladung der Familie *Weißheimer* nach *Osthofen*; dort wurden wir für eine Nacht einquartiert, nachdem man uns zu jeder Zeit des vorhergehenden Tages zum Genusse eines fortwährenden Bauernhochzeitsmahles genötigt hatte. *Cosima* war die einzige, welche über die Vorgänge hierbei in gute Laune zu geraten vermochte, worin ich ihr nach besten Kräften beistand, während *Bülows* längere Zeit hindurch wachsende Verstimmung über alle ihm bereiteten Begegnungen des Lebens bis zu Ausbrüchen der Wut gereizt wurde. Wir wollten uns damit trösten, daß so etwas uns nicht mehr widerfahren könnte. Während ich tags darauf, anderen Gründen der Verstimmung über meine Lebenslage nachhängend, mich zur Rückkehr anschickte, bewog *Cosima*, Zerstreuung und Erheiterung in der Aufsuchung des dortigen alten Domes suchend, *Hans* zu einer Weiterfahrt nach Worms, von wo aus sie mir später nach Biebrich nachfolgten.

Noch ist mir ein kleines Abenteuer, welches wir gemeinschaftlich an der Wiesbadener Spielbank erlebten, in Erinnerung geblieben. Mir war dieser Tage für eine Oper ein Theaterhonorar von 20 Louisdor zugekommen; nicht recht wissend, was ich gerade mit dieser kleinen Summe anfangen sollte, da andrerseits meine Lage im großen sich immer mißlicher gestaltete, reizte es mich, *Cosima* zu bitten, die Hälfte der Summe am Roulette für unser gemeinschaftliches Glück zu versuchen. Ich sah mit Erstaunen zu, wie sie ohne jede Kenntnis selbst nur der gemeinsten Äußerlichkeit des Spieles auf das Geratewohl ein Goldstück nach dem anderen auf den Spieltisch warf, ohne weder eine Nummer noch eine Farbe bestimmt damit zu bedecken, so daß es regelmäßig hinter dem Rechen des Croupiers verschwand. Mir ward bang; und schnell verschwand ich, um an einem benachbarten Spieltische *Cosimas* Un- und Mißgeschick zu korrigieren. In diesem sehr ökonomischen Bestreben war mir das Glück so schnell behilflich, daß ich die von der Freundin dort verlorenen zehn Louisdor hier sofort gewann, was uns alsbald zu großer Heiterkeit stimmte. – Weniger anmutig ging es bei einem gemeinschaftlichen Besuche einer Aufführung des »Lohengrin« in Wiesbaden ab. Nachdem uns der erste Akt so ziemlich befriedigt und in gute Stimmung versetzt hatte, geriet die Darstellung während des weiteren Verlaufes in ein Geleise von so empörender Entstellung, wie ich sie nicht für möglich gehalten hatte; wütend verließ ich noch vor dem Schlusse das Theater, während *Hans* auf *Cosimas* Ermahnung zur Berücksichtigung des Anstandes, beide jedoch nicht minder empört als ich, das Martyrium der Anhörung des Schlusses bestand.

Ein anderes Mal erfuhr ich, daß *Metternichs* auf ihrem Schlosse *Johannisberg* angekommen seien. Immer noch von meiner Hauptsorge für ein ruhiges Domizil zur Beendigung meiner »Meistersinger« befangen, faßte ich sogleich das für gewöhnlich leerstehende Schloß in das Auge und meldete mich beim Fürsten zu einem Besuche an, zu welchem auch alsbald eine Einladung für mich erfolgte. *Bülows* begleiteten mich bis zur Eisenbahnstation. Ich durfte mit der Freundlichkeit meiner Aufnahme von seiten meiner Gönner zufrieden sein. Auch sie hatten die Frage meines temporären Unterkommens auf Schloß Johannisberg bereits erwogen und gefunden, daß sie mir eine kleine Wohnung bei dem Schloßverwalter recht füglich überlassen könnten, nur aber auf die Schwierigkeit meiner Beköstigung mich aufmerksam machen müßten. Mehr als diese Frage hatte den Fürsten aber die andere, der Möglichkeit, mir in Wien eine dauernde Stellung zu gründen, beschäftigt. Er wolle, so sagte er, bei seinem nächsten Aufenthalte in Wien dort mit dem Minister *Schmerling*, welchen er für diese Angelegenheit am geeignetsten hielt, eine Abrede in meinem Bezug treffen: dieser würde mich verstehen, vielleicht auch meine richtige Stellung in einem höheren Sinne auffinden und den Kaiser für mich zu interessieren vermögen. Wenn ich wieder nach Wien käme, sollte ich *Schmerling* einfach nur aufsuchen und hierbei meine Einführung bei ihm durch den Fürsten voraussetzen. Einer Einladung an den herzoglichen Hof zufolge hatten *Metternichs* alsbald sich nach Wiesbaden zu begeben, bis wohin ich sie begleitete, um dort wieder mit *Bülows* zusammenzukommen. –

Nachdem uns *Schnorrs* nach einem zweiwöchigen Aufenthalte bereits verlassen hatten, nahte nun auch die Zeit für *Bülows* Abreise. Ich begleitete sie nach Frankfurt, wo wir noch zwei Tage verweilten, um einer Aufführung des Goetheschen »Tasso« beizuwohnen, welche durch den Vortrag der *Liszt*schen Symphonischen Dichtung gleichen Namens eingeleitet werden sollte. Mit sonderbaren Empfindungen wohnten wir dieser Vorstellung bei, in welcher *Friederike Meyer* als Prinzessin und namentlich auch ein Herr *Schneider* als Tasso durch ihre Leistungen uns sehr ansprachen, während *Hans* namentlich die schändliche Ausführung des Lisztschen Werkes durch den Kapellmeister *Ignaz Lachner* nicht verwinden konnte. Zu einem Mittagsmahle in der Restauration des Botanischen Gartens, welches uns *Friederike* vor der Aufführung darbot, fand sich schließlich auch der geheimnisvolle Herr von *Guaita* ein. Wir hatten hier mit Verwunderung wahrzunehmen, daß von jetzt an alle Unterhaltung zu einem für uns unverständlichen Zwiegespräche zwischen jenen beiden wurde, welches nur durch die wütende Eifersucht des Herrn von *Guaita* und die witzig höhnische Abwehr *Friederikens* uns klar wurde. Doch kam es zu einiger Fassung bei dem aufgeregten Manne, als er mir sein Anliegen, eine Aufführung des »Lohengrin« unter meiner Leitung in Frankfurt zustand zu bringen, vortrug. Ich faßte zu dem Projekte Neigung, indem ich hierin ein neues Vereinigungsziel für ein abermaliges Zusammentreffen mit *Bülows* und *Schnorrs* in das Auge faßte. *Bülows* versprachen mir zu kommen, und an *Schnorrs* wandte ich mich für eine Zusage ihrer Mitwirkung. So wollte es uns dünken, als könnten wir diesmal heiter scheiden, trotzdem die zunehmende, oft exzessive Mißlaunigkeit des armen, wie es schien immer sich gequält fühlenden *Hans* mir zuweilen machtlose Seufzer entwunden hatte. An *Cosima* schien sich dagegen die bei meinem Besuch in Reichenhall vor einem Jahre von mir wahrgenommene Scheu in freundlichstem Sinne verloren zu haben. Als ich eines Tages den Freunden in meiner Weise »Wotans Abschied« vorgesungen hatte, gewahrte ich in *Cosimas* Mienen denselben Ausdruck, den sie mir damals zu meinem Erstaunen bei jenem Abschied in Zürich gezeigt hatte: nur war diesmal das Ekstatische desselben in eine heitere Verklärung aufgelöst. Hier war alles Schweigen und Geheimnis, nur nahm mich der Glaube an ihre Zugehörigkeit zu mir mit solcher Sicherheit ein, daß ich bei exzentrischer Erregung es damit selbst bis zu ausgelassenem Übermute trieb. Als ich jetzt in Frankfurt *Cosima* über einen offenen Platz nach dem Gasthofe geleitete, fiel es mir ein, sie aufzufordern, sich in eine leer dastehende einräderige Handkarre zu setzen, damit ich sie so in das Hotel fahren könne: augenblicklich war sie hierzu bereit, während ich, vor Erstaunen wiederum hierüber, den Mut zur Ausführung meines tollen Vorhabens verlor. *Bülow* hatte, uns nachkommend, den Vorgang angesehen; *Cosima* erklärte ihm sehr unbefangen, was er zu bedeuten gehabt hätte, und leider durfte ich nicht annehmen, daß seine Laune auf der Höhe der unsrigen stände, da er sich seiner Frau mit Bedenken darüber äußerte. –

Nach Biebrich zurückgekehrt, hatte ich zunächst schweren Sorgen zu begegnen. Nach längerem Hinhalten verweigerte mir endlich *Schott* mit Bestimmtheit, fernere Subsidien mir auszahlen zu wollen. Allerdings hatte ich bis vor kurzem seit meinem Fortgange von Wien alle meine Ausgaben für die Ansiedelung meiner Frau in Dresden, meine eigene Übersiedelung nach Biebrich, und diese zwar über Paris, wo ich noch manchen verborgenen Gläubiger zu befriedigen hatte, durch meines Verlegers Vorschüsse einzig bestritten. Trotz dieses schwierigen Anfanges, welcher allerdings wohl die Hälfte der mir für die »Meistersinger« bedungenen Summe gekostet haben mochte, konnte ich nun verhoffen, mit dem Rest jenes ausbedungenen Honorares mein Werk in Frieden beendigen zu können. Seither hatte mich *Schott* durch Vertröstungen auf eine gewisse Periode der Abrechnung mit den Buchhändlern hingehalten. Bereits hatte ich mir in schwieriger Weise zu helfen suchen müssen: alles schien mir davon abzuhängen, daß ich *Schott* bald einen fertigen Akt der »Meistersinger« übergeben könnte. Hierin war ich bis zu der Szene, in welcher Pogner Walther von Stolzing den Meistersingern vorstellen will, gelangt, als mich, ungefähr Mitte August und noch während *Bülows* Anwesenheit, ein an sich geringer Unfall traf, welcher mich jedoch für zwei volle Monate zum Schreiben unfähig machte. Mein mürrischer Hausherr hielt sich eine Bulldogge namens »Leo« als Kettenhund, dessen grausame Vernachlässigung von seiten seines Herrn mich zu fortgesetztem Mitleiden stimmte. So wollte ich ihn eines Tages von seinem Ungeziefer reinigen, wozu ich ihm, damit er die hiermit beschäftigte Magd nicht ängstige, beim Kopfe festhielt: trotz des großen Vertrauens, welches der Hund zu mir gewonnen hatte, schnappte er einmal unwillkürlich auf und verwundete mich, anscheinend sehr geringfügig, am Vordergelenk des rechten Daumens; keine Wunde war zu sehen, nur stellte es sich bald heraus, daß die innere Knochenhaut durch die Quetschung in einen entzündlichen Zustand geraten war. Als der Schmerz beim Gebrauche des Fingers immer mehr überhand nahm, ward mir verordnet, bis zur völligen Genesung meine Hand namentlich zum Schreiben nicht mehr zu gebrauchen. Hatten mich die Zeitungen schon von einem tollen Hunde gebissen werden lassen, so war der Fall, wenn auch nicht so schrecklich, doch immerhin geeignet, mich über menschliche Gebrechlichkeit ernstlich nachdenken zu lassen. Ich brauchte also zur Vollendung meines Werkes nicht nur Gesundheit des Geistes, gute Einfälle und sonstige erlangte Geschicklichkeit, sondern auch eines gesunden Daumens zum Schreiben, da ich hier nicht ein Gedicht zu diktieren, sondern eine undiktierbare Musik aufzuschreiben hatte.

Um *Schott* nur etwas Ware zu übergeben, verfiel ich nach dem Rat *Raffs*, welcher ein Heft Lieder von mir für 1000 Franken wert hielt, darauf, fünf Gedichte meiner Freundin Wesendonk, welche ich ihr meistens mit Studien des damals mich beschäftigenden »Tristan« musikalisch ausgestattet hatte, meinem Verleger als einstweiligen Ersatz anzubieten. Die Lieder wurden angenommen und herausgegeben, ohne daß ich dadurch auf *Schotts* Stimmung vorteilhaft eingewirkt zu haben schien. Ich mußte bei diesem auf irgendwelche Verhetzung wider mich, welcher er unterlegen war, schließen: um diesem auf den Grund zu kommen und darnach meine ferneren Entschlüsse zu fassen, begab ich mich selbst nach *Kissingen,* wo jener zur Kur verweilte. Ein Gespräch mit ihm blieb mir hartnäckig verwehrt, da *Frau Schott*, als Schutzengel vor seinem Zimmer postiert, mir einen starken Anfall von Leberleiden als Verhinderungsgrund ihres Gemahles anzugeben hatte. Somit wußte ich genug, versorgte mich zunächst durch den jungen *Weißheimer*, welcher, auf seinen reichen Vater gestützt, sich hierzu sehr willig mir erbot, mit einigem Gelde und überlegte mir nun, was ferner zu tun sei, da ich auf *Schott* nicht mehr rechnen, somit an die ungehinderte Ausführung der »Meistersinger« nicht mehr denken konnte.

Unter diesen Umständen überraschte es mich sehr, von der Direktion des Wiener Opertheaters die erneuerte bündige Einladung zur Aufführung des »Tristan« zu erhalten. Man meldete mir, alle Schwierigkeiten seien behoben, da *Ander* von seiner Stimmkrankheit vollkommen genesen sei. Mich setzte dies in aufrichtige Verwunderung, und auf nähere Erkundigung wurden mir die Vorgänge, welche sich in meinem Bezug seitdem in Wien zugetragen hatten, in folgender Weise klar. Noch vor meinem letzten Fortgang von Wien hatte Frau *Luise Dustmann*, welche wirkliches Gefallen an der Partie der Isolde genommen zu haben schien, das eigentliche Hindernis, welches meinem Unternehmen dort entgegenstand, dadurch hinwegzuräumen gesucht, daß sie zu einer Abendgesellschaft, bei welcher sie den Dr. *Hanslick* von neuem mir vorstellen wollte, auch mich zu kommen bestimmt hatte. Sie wußte, daß ohne eine Umstimmung dieses Herrn zu meinen Gunsten nichts für mich in Wien durchzusetzen sein würde; meine gute Laune machte es mir sehr leicht, an jenem Abende *Hanslick* so lange als oberflächlich Bekannten zu behandeln, bis er mich zu einem intimen Gespräch beiseite zog, in welchem er unter Tränen und Schluchzen mir versicherte, er könne es nicht ertragen, sich von mir länger verkannt zu sehen; es sei, was mir an seinem Urteil über mich auffällig gewesen sein dürfte, gewiß nicht einer böswilligen Intention, sondern lediglich einer Beschränktheit des Individuums schuld zu geben, um dessen Erkenntnisgrenzen zu erweitern er ja nichts sehnlicher wünsche, als von mir belehrt zu werden. Diese Erklärungen gingen unter einer so starken Explosion von Ergriffenheit vor sich, daß ich zu gar nichts anderem mich aufgelegt fühlte, als seinen Schmerz zu beruhigen und ihm meine rückhaltlose Teilnahme an seinem ferneren Wirken zu versprechen. Wirklich hatte ich noch kurz vor meiner Abreise von Wien erfahren, daß *Hanslick* gegen meine Bekannten sich in ungemessenen Ausdrücken über mich und meine Liebenswürdigkeit ergehe. Diese Veränderung hatte nun so wie auf die Sänger der Oper namentlich auch auf jenen Hofrat *Raymond*, den Ratgeber des Oberstofmeisters, in der Weise gewirkt, daß endlich von oben herab die Durchführung des »Tristan« als eine Ehrensache für Wien angesehen werden sollte. Dies der Grund meiner jetzt erneuerten Berufung.

Zugleich meldete mir der junge *Weißheimer* von Leipzig aus, wohin er sich begeben hatte, daß er dort ein gutes Konzert zu arrangieren sich getraue, wenn ich ihn dabei mit der Aufführung meines neuen Vorspieles zu den »Meistersingern« sowie auch der »Tannhäuser«-Ouvertüre unterstützen wollte. Er nahm an, das Aufsehen hiervon würde so groß sein, daß er die Preise erhöhen und bei dem voraussichtlichen Absatze sämtlicher Billette nach einzigem Abzuge der Kosten mir wahrscheinlich eine nicht unbedeutende Summe zur Verfügung stellen können würde. Dazu kam, daß ich mein Herrn von *Guaita* gegebenes Versprechen im Betreff einer Aufführung des »Lohengrin« in Frankfurt, trotzdem *Schnorrs* ihre Mitwirkung absagen mußten, nicht gut wieder zurücknehmen konnte. Die Erwägung aller dieser Anträge bildete nun in mir den Plan aus, die »Meistersinger« liegenzulassen und dafür durch auswärtige Unternehmungen mir so viel zu gewinnen zu suchen, daß ich von nächstem Frühjahr an das jetzt Unterbrochene an Ort und Stelle, unabhängig von *Schotts* Laune, wieder aufnehmen und durchführen könnte. So beschloß ich die im übrigen mir zusagende Wohnung in Biebrich um jeden Preis beizubehalten. Da mich andrerseits *Minna* drängte, mein Bett und einiges andere, woran ich gewöhnt war, aus meinem zurückbehaltenen Mobiliar der von ihr eingerichteten Wohnung in Dresden zur Vervollständigung einzufügen – »damit ich, wenn ich sie besuche, doch alles gehörig in Ordnung fände« –, wollte ich dem einmal gefaßten Vorgeben, welches ihr die Trennung von mir erleichtern sollte, nicht zuwiderhandeln, sandte ihr das Verlangte zu und richtete nun meine rheinische Wohnung mit Hilfe eines Wiesbadener Möbelfabrikanten, welcher mir längeren Kredit gewährte, neu ein.

Ende September begab ich mich jetzt auf acht Tage nach Frankfurt, um die Proben zu »Lohengrin« wirklich zu übernehmen. Hier bewährte sich denn einmal wieder dieselbe Erfahrung, welche ich bereits so oft an mir gemacht hatte: nach der ersten Berührung mit dem Opernpersonale war ich willens, das Unternehmen sofort aufzugeben; hiergegen trat nun die durch die wahrgenommene Bestürzung und die mir zugewandte Beschwörung, doch nur auszuhalten, die Reaktion ein, welcher ich dann wieder unterlag, bis es mich endlich zu interessieren begann, zum mindesten die Wirkung der Unverstümmeltheit, des richtigen Tempos sowie der richtigen szenischen Anordnung ganz für sich und mit Absehung von einem elenden Sängerpersonale zu erfahren. Doch war wohl *Friederike Meyer* die einzige, die eben diese Wirkung vollständig empfand; die gewöhnliche »Animiertheit« des Publikums blieb zwar auch nicht aus, nur berichtete man mir späterhin, daß die folgenden Aufführungen unter der Direktion des Herrn *Ignaz Lachner,* eines in Frankfurt sorgsam gepflegten vorzüglich elenden Dirigenten und Stümpers, derartig von der Höhe ihrer Wirkung zurückfielen, daß, um die Oper zu erhalten, hierzu der frühere Verhunzungsmodus wieder angewendet werden mußte.

Der Eindruck von dem allen war auf mich um so niederschlagender, als ich selbst *Bülows* vergebens unter meinen Gästen hatte erwarten müssen.

Cosima war um diese Zeit, wie ich nun erfuhr, eiligst an mir vorüber nach Paris gereist, um der in längeren Leiden dahinsiechenden und nun durch einen schmerzlichsten Schlag neu betroffenen Großmutter für kurze Zeit hilfreich zur Seite zu sein. *Blandine* war gestorben, und zwar infolge einer Entbindung, welche sie in St. Tropez zu überstehen gehabt hatte. Jetzt verschloß ich mich für einige Zeit, bei plötzlich eingetretener rauher Witterung, in meine Biebricher Wohnung und gewann meinem noch sehr behutsam zu behandelnden Daumen die Fähigkeit ab, einzelne Stücke aus der fertigen Komposition der »Meistersinger« für den nächsten Gebrauch im Konzerte zu instrumentieren. Das Vorspiel schickte ich sogleich an *Weißheimer*, um es in Leipzig ausschreiben zu lassen, und setzte noch die »Versammlung der Meistersinger« mit »Pogners Anrede« für das Orchester aus.

Endlich war ich soweit, Ende Oktober selbst meine Reise nach Leipzig anzutreten. Auf dieser Fahrt wurde ich auf eine sonderbare Weise veranlaßt, nochmals auf der Wartburg einzukehren: in Eisenach, wo ich für einige Minuten ausgestiegen war, hatte sich der Bahnzug soeben in Bewegung gesetzt, als ich eilig noch einsteigen wollte; unwillkürlich lief ich dem dahineilenden Zuge mit hastigem Zuruf an den Kondukteur nach, ohne natürlich ihn aufhalten zu können. Die Abfahrt eines Prinzen hatte eine ziemliche Volksmenge auf dem Bahnhofe versammelt, welche nun über mich in ein lautes Gelächter ausbrach; ich frug sie: das mache ihnen wohl Freude, daß mir dies begegnet sei? »Ja, das macht uns Freude«, antworteten sie. Dieser Vorgang bildete bei mir das Axiom aus, daß man dem deutschen Publikum doch wenigstens durch seinen Schaden zur Freude verhelfen könne. Da erst nach fünf Stunden ein neuer Zug nach Leipzig erwartet wurde, zeigte ich durch den Telegraphen meinem Schwager *Hermann Brockhaus,* bei dem ich mich zu gastlicher Aufnahme gemeldet hatte, meine verspätete Ankunft an, ließ mich von einem Menschen, der sich als Führer mir vorstellte, zu einer Einkehr auf der Wartburg bestimmen, sah dort die vom Großherzoge getroffene teilweise Restauration derselben, auch den Saal mit den *Schwind*schen Bildern mir an, fand mich von allem sehr kalt berührt und kehrte in der Restauration dieses Eisenacher Lustortes ein, wo ich verschiedene Bürgerinnen mit dem Strickstrumpfe beschäftigt antraf. Der Großherzog von Weimar hat mir späterhin versichert, daß der »Tannhäuser« durch ganz Thüringen bis zu den niedrigsten Bauernjungen hinab Popularität genösse: weder der Wirt noch mein Führer schienen aber etwas davon zu wissen; doch schrieb ich mich in das Fremdenbuch mit meinem vollen Namen ein und erzählte darin die anmutige Begrüßung, welche mir auf dem Bahnhof zuteil geworden. Ich habe nie erfahren, daß dies beachtet worden sei.

In Leipzig wurde ich bei später Nacht von dem ziemlich gealterten und dick gewordenen *Hermann Brockhaus* auf das heiterste empfangen und nach seiner Wohnung geleitet, wo ich mit *Ottilien* ihre Familie antraf und in behaglicher Weise aufgenommen wurde. Wir hatten uns über vieles zu unterhalten, und die eigentümliche Gutlaunigkeit meines Schwagers in der Teilnahme an solchen Gesprächen machte dieselben oft bis in die spätesten Morgenstunden hinaus für uns fesselnd. Meine Verbindung mit dem gänzlich unbekannten jungen Komponisten *Weißheimer* erregte einige Bedenken: in der Tat war sein Konzertprogramm mit einer starken Anzahl seiner eigenen Kompositionen, unter welchen sich eine soeben vollendete Symphonische Dichtung »Der Ritter Toggenburg« befand, angefüllt. Hätte ich den Proben hiervon in gleichmütiger Stimmung beigewohnt, so würde ich wahrscheinlich gegen die vollständige Ausführung dieses Programms Einspruch erhoben haben; dagegen wurden mir diese hierfür verwendeten Stunden im Konzertsaal zu den traulichsten und freundlichsten Erinnerungen meines Lebens, und zwar durch mein Wiederzusammentreffen mit *Bülows*. Auch *Hans* hatte sich nämlich bestimmt gefühlt, an meiner Seite Weißheimers Debüt die Weihe zu geben, indem er ein neues Klavierkonzert *Liszts* darin zum Vortrag brachte. Hatte mich mein bloßer Eintritt in den altbekannten Raum des Leipziger Gewandhaussaales sowie die Begrüßung der mir so sehr entfremdeten Orchestermitglieder, denen ich mich als einen gänzlich Unbekannten erst selbst vorzustellen hatte, in unheimlicher Weise verstimmt, so fühlte ich mich plötzlich wie aller Welt entrückt, als ich *Cosima* in tiefer Trauer, sehr blaß, aber freundlich mir zulächelnd, in einer Ecke des Saales gewahrte. Sie war vor kurzem aus Paris vom Bette ihrer unheilbar darniederliegenden Großmutter, mit dem tiefen Schmerz über den unerklärlich plötzlichen Tod ihrer Schwester zurückgekehrt und erschien somit selbst mir wie aus einer anderen Welt wieder auf mich zutretend. Alles, was uns erfüllte, war so ernst und tief, daß nur die unbedingte Hingebung an den Genuß unseres Wiedersehens über jene Abgründe uns hinweghelfen konnte. Alle Vorgänge der Proben wurden uns zu einem sonderbar erheiternden Schattenspiel, dem wir wie lachende Kinder zusahen. *Hans*, der mit uns gleich gut aufgelegt war – denn wir alle erschienen uns wie in einem Don Quixotischen Abenteuer begriffen –, machte mich auf *Brendel* aufmerksam, welcher nicht weit von uns saß und meine Begrüßung zu erwarten schien. Es reizte mich nun, die hierdurch eingetretene Spannung zu unterhalten, indem ich mich stellte, als ob ich ihn nicht erkennte; was den armen Menschen so sehr gekränkt zu haben scheint, daß ich, in Erinnerung an mein hierbei begangenes Unrecht, bei Gelegenheit meiner späteren öffentlichen Besprechung des »Judentums in der Musik« *Brendels* Verdienste noch besonders hervorzuheben mir angelegen sein ließ, gleichsam zum Sühneopfer an den nun bereits Gestorbenen. – Auch die Ankunft *Alexander Ritters* mit *Franziska*, meiner Nichte, trug zu unserer heiteren Laune bei; diese ward nämlich beständig unterhalten und angeregt durch die Ungeheuerlichkeit der Weißheimerschen Kompositionen; *Ritter*, welcher das Gedicht meiner »Meistersinger« bereits kannte, bezeichnete eine tief melancholische, höchst unverständliche Melodie der Bässe im »Ritter Toggenburg« mit der »abgeschiedenen Vielfraß-Weis'«. Vielleicht wäre uns doch aber endlich wohl die gute Laune ausgegangen, wenn sie nicht andrerseits durch den glücklichen Eindruck, welchen das schließliche Gelingen des Vortrags des »Meistersinger«-Vorspiel sowie die neue Lisztsche Komposition mit *Bülows* herrlichem Klavierspiel hervorbrachte, in einem edlen Sinne erfrischt worden wäre. Die endliche Aufführung des Konzertes selbst bestätigte nun endlich den gespenstischen Charakter des Abenteuers, in dessen Vorgefühl wir uns bis jetzt mit so heiterem Behagen erhalten hatten. Zu dem Entsetzen Weißheimers blieb das ganze Leipziger Publikum aus, und es schien wohl von den Führern der Abonnementkonzerte hierzu die Weisung erteilt gewesen zu sein. Mir ist eine solche Leere bei ähnlicher Gelegenheit noch nie vorgekommen: außer meiner Familie, unter welcher sich meine Schwester *Ottilie* mit einer sehr exzentrischen Haube auszeichnete, waren auf einigen Bänken nur mehrere Besucher, welche von auswärts zu diesem Konzerte gekommen waren, zu bemerken. Hierunter zeichneten sich meine Weimaranischen Freunde aus: Kapellmeister *Lassen* und Regierungsrat *Franz Müller* sowie die nie fehlenden *Richard Pohl* und Justizrat *Gille* waren getreulich eingetroffen. Außerdem bemerkte ich mit unheimlichem Erstaunen den alten Hofrat *Küstner*, ehemaligen Intendanten des Berliner Hoftheaters, dessen Begrüßung und Verwunderung über die unbegreifliche Leere des Saales ich mit guter Laune dahinzunehmen hatte. Von Leipzigern waren sonst nur spezielle Freunde meiner Familie, welche sonst nie ein Konzert besuchten, zugegen, darunter Dr. *Lothar Müller,* der mir sehr ergebene Sohn des aus meiner frühesten Jugend her mir freundlich bekannten allöpathischen Arztes Dr. *Moritz Müller.* In der eigentlichen Mitte des Saales befand sich nur die Braut des Konzertgebers mit ihrer Mutter; in einiger Entfernung ihr gegenüber nahm ich während des Verlaufes des Konzertes mit *Cosima* meinen Platz, und zwar, wie es schien, zum Ärgernis meiner aus der Ferne uns beobachtenden Familie, welche, selbst in tiefster Verstimmung, nicht begreifen konnte, daß wir uns in fast unaufhörlichem Lachen befanden. – Was das Vorspiel der »Meistersinger« betraf, so brachte dessen gelungene Ausführung auf die wenigen Freunde, welche das Publikum bildeten, eine so günstige Wirkung hervor, daß wir, selbst zur Freude des Orchesters, es sofort wiederholen mußten. Bei diesem schien überhaupt das Eis des künstlich genährten Mißtrauens gegen mich gebrochen zu sein; denn als ich das Konzert mit der »Tannhäuser«-Ouvertüre beschloß, feierte das Orchester mein verlangtes Wiedererscheinen mit einem gewaltigen Instrumententusch, welcher besonders meine Schwester *Ottilie* zu den freudigsten Gefühlen hinriß, da sie behauptete, daß diese Ehre bisher nur der *Jenny Lind* erwiesen worden sei. Freund *Weißheimer,* welcher wirklich die allgemeine Geduld in unverantwortlicher Weise ermüdet hatte, verfiel seit dieser Zeit in ein späterhin sich ausbildendes Mißbehagen mir gegenüber: er glaubte sich sagen zu müssen, daß, wenn er meine glänzenden Orchesterwerke nicht zur Seite gehabt und nur seine eigenen Kompositionen zu einem billigen Preise dem Publikum geboten hätte, er viel besser daran gewesen sein würde. Für jetzt hatte er, zur großen Enttäuschung seines Vaters, die Unkosten zu tragen und dazu die sehr unnötige Beschämung, mir keinen Gewinn bringen zu können, zu verwinden.

Mein Schwager ließ sich durch diese peinlichen Eindrücke jedoch nicht davon abhalten, die zuvor zur Feier meiner erwarteten Triumphe bestellten häuslichen Festlichkeiten auszuführen. Auch *Bülows* nahmen an einem Bankett teil. Eine Abendgesellschaft fand statt, in welcher ich einer stattlichen Anzahl von Professoren die »Meistersinger«, und zwar mit vieler Anerkennung, vorlas. Hier erneuerte ich auch die Bekanntschaft mit dem aus meiner Jugend und seinem Umgange mit meinem Onkel mir hochinteressanten Professor *Weiß,* welcher besonders erstaunt über meine Kunst des Vorlesens sich äußerte.

Bülows waren jetzt leider bereits nach Berlin zurückgereist; wir hatten uns noch einmal bei großer Kälte und unter unfreundlichen Umständen, da sie Rücksichtsbesuche zu machen hatten, auf der Straße wiedergesehen, wo bei unserem kurzen Abschiede der allgemeine Druck, welcher uns belastete, sich mehr als die flüchtige gute Laune der letzten Tage auszusprechen schien. Auch meine Freunde begriffen wohl, in welcher gänzlich verlassenen und widerwärtigen Lage ich mich befand: ich war wirklich so töricht gewesen, von der Leipziger Konzerteinnahme mir wenigstens das für den Augenblick Nötigste zu versprechen. In diesem Betreff setzte es mich für das erste in Verlegenheit, meine jetzt fällige Hausmiete in Biebrich meinem Wirte nicht pünktlich auszahlen zu können, da ich anderseits alles daransetzte, mir dieses Asyl für ein neues Jahr zu erhalten, und ich es außerdem hierbei mit einem eigensinnigen, grämlichen Menschen zu tun hatte, den ich überhaupt für die Fortgewähr der Wohnung nur durch Vorausbezahlung zu gewinnen vermeinte. Da zu gleicher Zeit auch *Minna* wieder mit ihrem Vierteljahresgeld zu versorgen war, so kam mir eine Hilfe, welche mir jetzt der Regierungsrat *Müller* im Auftrage des Großherzogs von Weimar zuführte, wirklich wie vom Himmel gesandt. In meiner Not hatte ich, nachdem *Schott* gänzlich aufgegeben gewesen war, mich auch an jenen alten Bekannten mit der Bitte gewandt, dem Großherzog meine Lage mitzuteilen, um diesen, etwa als Vorausbezahlung von Honoraren für meine neuen Opern, zu einer Unterstützung zu bewegen. Sehr auffallend und unerwartet kam mir auf diese *Weise* durch die Übermittelung *Müllers* jetzt die Summe von 500 Talern zu. Ich glaubte mir erst späterhin diese Großmut daraus erklären zu können, daß auch dieses freundliche Benehmen gegen mich vom Großherzoge mit einer bestimmten Absicht auf seinen Freund *Liszt* ausgeübt worden war, da er diesen um jeden Preis wieder nach Weimar zu ziehen wünschte und darin gewiß nicht irrte, daß er ein verpflichtendes und generöses Benehmen gegen mich als von vorzüglicher Wirkung auf unseren beiderseitigen Freund in Anschlag brachte.

So war ich denn in den Stand gesetzt, fürs nächste auf ein paar Tage nach Dresden zu gehen, um, indem ich sie von neuem versorgte, zu gleicher Zeit *Minna* die zur Aufrechterhaltung ihrer schwierigen Lage nötig erachtete Ehre meines Besuches zuzuwenden. – Hier geleitete mich *Minna* vom Bahnhof in die von ihr bezogene und eingerichtete Wohnung in der Walpurgistraße, welche zu der Zeit, als ich Dresden verließ, noch gar nicht vorhanden war. Diese Wohnung hatte sie wiederum mit vielem Geschick und jedenfalls mit der Absicht, mir es darin gefallen zu machen, hergerichtet; am Eingange empfing mich ein kleiner Schwellenteppich, auf welchen sie »Salve« gestickt hatte. Unseren Pariser Salon erkannte ich sofort an den rotseidenen Gardinen und Möbeln wieder, ein stattliches Schlafzimmer für mich sowie auf der andern Seite ein recht behagliches Arbeitszimmer sollten mit dem Salon mir einzig zur Verfügung stehen, während sie nach dem Hof hinaus ein kleines Gemach mit Alkoven allein für sich hergerichtet. Das Arbeitszimmer schmückte jenes stattliche Büro von Mahagoniholz, welches ich mir einst zu meiner Dresdener Kapellmeistereinrichtung anfertigen ließ, das seit der Dresdener Flucht aber von der Familie *Ritter* angekauft und ihrem Schwiegersohn *Kummer* übergeben worden war; für jetzt hatte es *Minna* von diesem nur ausgeliehen, indem sie mir freistellte, gegen 60 Taler es wieder zurückzukaufen: da ich hierzu keine Lust zeigte, verfinsterte sich ihre Laune. In der Sorge der bangen Verlegenheit, in welcher sie sich befand, mit mir allein überlassen zu sein, hatte sie meine Schwester *Klara* aus Chemnitz zum Besuche eingeladen und teilte nun mit dieser ihre kleine Wohnung. *Klara* bezeigte sich hier, wie auch schon früher, außerordentlich klug und mitleidig: wohl dauerte sie *Minna* und gern mochte sie ihr über die schwere Zeit hinweghelfen, doch immer nur in der Absicht, sie in dem Glauben an die Notwendigkeit unserer fortgesetzten Trennung zu befestigen. Die genaue Kenntnis meiner äußerst schwierigen Lage mußte dazu verhelfen: die Geldsorgen waren so überwiegend, daß *Minna* nur die Teilnahme an diesen beizubringen war, um ihr dadurch ein Gegengewicht für ihre unruhigen Vorstellungen zu verschaffen. Im übrigen gelang es mir, alle Auseinandersetzungen mit ihr fernzuhalten, was auch dadurch möglich ward, daß wir meistens die Zeit in Gesellschaft anderer zubrachten, wozu das Wiedersehen in der Familie des *Fritz Brockhaus* mit dessen verheirateter Tochter *Klara Kessinger* sowie *Pusinellis*, des alten *Heine* und endlich der beiden *Schnorrs* hauptsächlich Veranlassung gab. – Die Vormittage brachte ich mit Besuchen zu, für welche ich, als ich zu dem Minister *Bär* meiner Dankesaufwartung für die Amnestie wegen mich aufmachte, nun zum ersten Male wieder die Straßen Dresdens durchschritt, welche zunächst den Eindruck einer großen Langweiligkeit und Leere auf mich machten, da ich sie zuletzt in dem phantastischen Zustand mit Barrikaden bedeckt gesehen hatte, wo sie sich so ungemein interessant ausgenommen hatten. Keinen der auf dem Wege mir begegnenden Menschen kannte ich; auch ich schien selbst von dem Handschuhhändler, bei dem ich sonst immer meinen Bedarf bezogen und dessen Laden ich jetzt wieder aufzusuchen hatte, nicht erkannt zu werden, bis mir, eben dorthin, ein älterer Mann in höchster Aufregung und mit Tränen in den Augen von der Straße her nachstürzte: es war der nun gealterte Kammermusikus *Karl Kummer*, der genialste Oboebläser, dem ich jemals begegnet bin und den ich dieser Eigenschaft wegen fast zärtlich in mein Herz geschlossen hatte. Freudig umarmten wir uns, ich frug, ob er noch immer so schön sein Instrument blase, worauf er mir aber erklärte, daß ihm die Oboe, seitdem ich fort sei, keine rechte Freude mehr habe machen wollen: er habe sich seit längerer Zeit pensionieren lassen. Auf meine Erkundigungen erfuhr ich, daß meine alte Kapellmusikergarde, auch der lange Kontrabassist *Dietz*, gestorben oder pensioniert sei, unser Intendant *von Lüttichau*, Kapellmeister *Reissiger* tot, *Lipinsky* seit lange schon nach Polen zurückgekehrt, Konzertmeister *Schubert* dienstunfähig; so daß mir alles neu und grau vorkam. Minister *Bär* äußerte mir seine immer noch bestehenden großen Bedenken gegen meine Amnestierung, welche er allerdings selbst zu unterzeichnen gewagt habe, worüber er aber immer noch in der Sorge sich befinde, ich könnte bei meiner großen Beliebtheit als Opernkomponist es leicht zu verdrießlichen Demonstrationen bringen, in welchem Betreff ich ihn zunächst dadurch beruhigte, daß ich ihm versprach, mich nur wenige Tage hier aufzuhalten und das Theater unbesucht zu lassen: mit einem tiefen Seufzer und einem schweren Blick auf mich entließ er mich. – Sehr ungleich war dagegen mein Empfang von seiten des *Herrn von Beust*: mit lächelnder Eleganz unterhielt er sich mit mir davon, daß ich denn doch wohl nicht so unschuldig sein möchte, als ich mir dessen jetzt bewußt schien; er machte mich auf einen Brief von mir aufmerksam, der zu jener Zeit in *Röckels* Tasche gefunden worden sei: dies war mir neu, und gern gab ich zu verstehen, daß ich die mir erteilte Amnestie als eine Verzeihung begangener Unvorsichtigkeiten zu betrachten mich gedrungen fühlte. Unter den heitersten Freundschaftsbezeigungen trennten wir uns.

Noch feierten wir einen Gesellschaftsabend in dem Salon *Minnas*, wo ich abermals den damit noch Unbekannten die »Meistersinger« vorlas. Nachdem ich *Minna* für längere Zeit wieder mit Geld versorgt hatte, begleitete sie mich am vierten Tage wieder zum Bahnhofe, wo sie mit den bangsten Vorgefühlen, mich wohl nie wieder zu sehen, einen sehr beklemmenden Abschied von mir nahm.

In Leipzig kehrte ich für einen Tag noch in einem Gasthof ein, wo ich *Alexander Ritter* abermals antraf und mit ihm einen gemütlichen Abend bei Punsch zubrachte. Was mir diesen kurzen Aufenthalt eingab, war, daß man mir versichert hatte, wenn ich für mich allein ein Konzert geben wollte, würde dieses außerordentlich besucht sein: aus Rücksicht auf eine mir nötige Geldeinnahme hatte ich auch diese Nachweisung in Betracht gezogen, fand nun aber, daß das Unternehmen in keiner Weise gesichert sei, und kehrte jetzt eiligst nach *Biebrich* zurück, wo ich meine Wohnungsangelegenheit in Ordnung zu bringen hatte. Hier fand ich zu meinem großen Ärger meinen Hauswirt in immer schwierigerer Laune; er schien mir nicht vergessen zu können, daß ich ihn wegen der Behandlung seines Hundes getadelt sowie auch mein Dienstmädchen, um eines Verhältnisses mit einem Schneider wegen, gegen ihn in Schutz genommen hatte. Trotz Zahlung und Versprechung blieb er grämlich und behauptete, um seiner Gesundheit willen im nächsten Frühjahr die von mir innegehabte Wohnung selbst beziehen zu müssen. Während ich ihn durch Vorausbezahlung nötigte, wenigstens bis zu Ostern meinen Hausrat, wie er stehe, unberührt zu erhalten, machte ich mich unter Anleitung des Herrn Dr. *Schüler* und der *Mathilde Maier* nochmals in die Orte des Rheingaus auf, um eine mir passende Wohnung für nächstes Jahr aufzusuchen. Dies gelang zwar der Kürze der Zeit wegen nicht, meine Freunde versprachen aber, sich unablässig nach dem Gewünschten umsehen zu wollen. –

In Mainz traf ich auch nochmals mit *Friederike Meyer* zusammen. Ihre Verhältnisse in Frankfurt schienen immer schwieriger geworden zu sein; sie gab mir sehr recht, als sie erfuhr, daß ich den Regisseur des Herrn von *Guaita*, welchen er mir vor einiger Zeit mit dem Auftrage, mir 15 Louisdor für die Direktion des »Lohengrin« auszuzahlen, nach Biebrich gesandt, abgewiesen hatte; sie selbst habe mit jenem Herrn vollkommen gebrochen, ihre Entlassung durchgesetzt und stehe nun im Begriff, ein ihr zugesagtes Gastspiel am Burgtheater anzutreten. Durch diese Handlungsweise und ihren Entschluß gewann sie von neuem meine Teilnahme, da ich sie als eine kräftige Widerlegung der ihr widerfahrenen Verleumdungen zu betrachten hatte. Da auch ich im Begriff war, nach Wien abzureisen, freute sie sich, einen Teil des Weges mit mir zurücklegen zu können, weil sie sich in Nürnberg einen Tag aufzuhalten gedenke, wo ich sie dann zur weiteren Fahrt antreffen würde. Dies geschah so; und und wir trafen zusammen in Wien ein, wo meine Freundin im Hotel »Munsch«, ich dagegen in der mir bereits heimischen »Kaiserin Elisabeth« abstieg. Dies war am 15. November. Ich suchte sofort den Kapellmeister *Esser* auf und erfuhr von ihm, daß wirklich eifrig am »Tristan« studiert würde; dagegen geriet ich durch mein leicht mißzuverstehendes Verhältnis zu ihrer Schwester *Friederike* mit Frau *Dustmann* alsbald in sehr unangenehme Zerwürfnisse. Dieser war die Lage der Dinge durchaus nicht klarzumachen, da sie ihre Schwester, als in einem skandalösen Verhältnisse zu Herrn von Guaita stehend, von ihrer Familie geächtet und demnach ihre Übersiedelung nach Wien als für sie kompromittierend betrachtete. Hierzu kam nun, daß *Friederikes* eigener Zustand mir bald die allerhöchsten Beschwerden verursachte. Sie hatte für das Burgtheater ein dreimaliges Gastspiel abgeschlossen, ohne zu beachten, wie wenig sie gerade jetzt zu einer glücklichen Erscheinung auf dem Theater, namentlich vor dem Wiener Publikum, geeignet war; die überstandene große Krankheit, von welcher sie nur unter den aufregendsten Umständen genesen war, hatte sie besonders durch große Magerheit sehr entstellt; so war ihr auch der Kopf fast ganz kahl geworden, wobei sie aber große Abneigung gegen den Gebrauch einer Perücke festhielt. Die Feindseligkeiten ihrer Schwester hatten ihr das Personal des Burgtheaters entfremdet, und infolge alles dessen sowie auch wegen einer ihr nicht zusagenden Rollenwahl mißlang ihr Auftreten, und von ihrer Anstellung an dieser Bühne konnte keine Rede sein. Bei zunehmender Schwäche und steter Schlaflosigkeit suchte sie dennoch die Schwierigkeit ihrer Lage voll großherziger Scham mir immer zu verbergen. In einem etwas wohlfeileren Gasthof »Zur Stadt Frankfurt« wollte sie zunächst, da sie im Betreff der Geldmittel nicht in Verlegenheit zu sein schien, den Erfolg einer möglichsten Schonung ihrer Nerven abwarten: auf meinen Wunsch berief sie *Standhartner*, welcher ihr nicht viel zu helfen zu wissen schien. Da gegenwärtig, Ende November und Anfang Dezember, das Klima äußerst rauh geworden, Bewegung in freier Luft ihr aber sehr empfohlen war, geriet ich auf den Gedanken, ihr einen längeren Aufenthalt in Venedig anzuempfehlen. Auch hierfür schienen ihr die Mittel nicht abzugehen: sie befolgte meinen Rat, und an einem eisig kalten Morgen begleitete ich sie nach dem Bahnhof, auf welchem ich sie mit einer treuen Kammerjungfer, welche sie begleitet hatte, für jetzt einem verhofften freundlicheren Schicksale überließ. Ich hatte die Genugtuung, bald tröstlichere Nachrichten von ihr, namentlich über ihr Befinden, aus Venedig zu erhalten. –

Während mich diese Beziehungen einerseits in schwierige Sorgen verwickelten, war ich mit meinen älteren Wiener Bekannten in fortgesetztem Verkehr geblieben. Hier hatte sich sogleich anfangs ein sonderbarer Vorfall ereignet. Ich hatte der Familie *Standhartner*, wie dies jetzt überall geschehen war, meine »Meistersinger« vorzulesen: da Herr *Hanslick* jetzt als mir befreundet galt, glaubte man gut zu tun, auch diesen dazu einzuladen; hier bemerkten wir im Verlaufe der Vorlesung, daß der gefährliche Rezensent immer verstimmter und blässer wurde, und auffallend war es, daß er nach dem Beschlusse derselben zu keinem längeren Verweilen zu bewegen war, sondern alsbald in einem unverkennbar gereizten Tone Abschied nahm. Meine Freunde wurden darüber einig, daß Hanslick diese ganze Dichtung als ein gegen ihn gerichtetes Pasquill ansähe und unsere Einladung zur Vorlesung derselben von ihm als Beleidigung empfunden worden war. Wirklich veränderte sich seit diesem Abend das Verhalten des Rezensenten gegen mich sehr auffällig und schlug zu einer verschärften Feindschaft aus, davon wir die Folgen alsbald zu ersehen hatten.

Cornelius und *Tausig* hatten sich wieder bei mir eingefunden. Beiden hatte ich zunächst meine wirkliche Verstimmung wegen ihres Benehmens im vorangegangenen Sommer nachzutragen: als ich damals die Aussicht hatte, *Bülows* und *Schnorrs* bei mir in Biebrich zu vereinigen, bestimmte mich meine herzliche Teilnahme für diese beiden jüngeren Freunde, sie ebenfalls zu mir einzuladen. Wirklich erhielt ich auch sofort die Zusage des *Cornelius*, war aber desto mehr erstaunt, eines Tages von diesem ein Schreiben aus Genf zu erhalten, wohin ihn *Tausig*, der plötzlich über Fonds zu disponieren schien, zu einer jedenfalls bedeutenderen und angenehmeren Sommerpartie mit sich gezogen hatte. Ohne der geringsten Erwähnung eines Bedauerns, diesen Sommer nicht mit mir zusammenzutreffen, wurde mir nur gemeldet, daß man soeben jubelnd eine »herrliche Zigarre auf meine Gesundheit geraucht« habe. Als ich beide jetzt wieder in Wien antraf, blieb es mir unmöglich, ihnen das Kränkende ihres Benehmens nicht zu Gemüte zu führen, wogegen sie nicht zu begreifen schienen, was ich darwider haben könnte, daß sie die schöne Reise nach der Französischen Schweiz meinem Besuch in Biebrich vorgezogen hätten. Ich galt ihnen offenbar für einen Tyrannen. *Tausig* wurde mir noch außerdem durch sein sonderbares Benehmen in meinem Gasthofe verdächtig. Wie ich erfuhr, nahm er seine Mahlzeiten gewöhnlich dort in der unteren Restauration und stieg sodann, mit Übergehung meiner Etage, in den vierten Stock zu anhaltenden Besuchen bei einer Gräfin *Krockow*. Als ich ihn hierüber befrug und erfuhr, daß jene Dame auch mit *Cosima* näher befreundet sei, äußerte ich meine Verwunderung darüber, daß er mich nicht ebenfalls mit dieser Dame bekannt mache; mit sonderbar undeutlichen Ausdrücken wich er meiner Zumutung fortgesetzt aus; als ich ihn mit der Annahme eines Liebesverhältnisses necken zu dürfen glaubte, sagte er, davon könne gar nicht die Rede sein, da jene Dame bereits alt sei. So ließ ich ihn denn gewähren, nur hatte meine Verwunderung über das sonderbare Benehmen *Tausigs* noch zuzunehmen, als ich in späteren Jahren die Gräfin *Krockow* endlich näher kennenlernte, von ihrem ernsten Anteil an mir mich überzeugte und erfuhr, daß sie bereits damals nichts mehr gewünscht, als auch mich kennenzulernen, wozu Veranlassung zu verschaffen *Tausig* sich jedoch immer geweigert hätte, und zwar unter dem Vorgeben, ich mache mir nichts aus Umgang mit Frauen.

Endlich gerieten wir dennoch wieder in einen belebten, freundschaftlichen Verkehr, als ich jetzt ernstlich an die Ausführung meiner Absicht ging, in Wien Konzerte zu geben. Während ich es dem sehr ernstlich hierfür besorgten Kapellmeister *Esser* überließ, in, wie es schien, fleißig fortgesetzten Klavierproben die Hauptpartien des »Tristan« musikalisch einzustudieren, blieb mein Mißtrauen gegen das wirkliche Gelingen der Studien, und zwar weniger aus Zweifel an der Befähigung als an dem guten Willen des Personales, ungebrochen bestehen. Namentlich verleidete mir das absurde Benehmen der Frau *Dustmann* meine häufigere Anwesenheit bei den Proben. Dagegen verhoffte ich mir nun durch eine Vorführung von Bruchstücken aus meinen in Wien noch unbekannten neueren Werken schon um deswillen eine günstige Wirkung, weil ich dadurch meinen heimlichen Gegnern zu zeigen vermochte, daß mir auch noch andere Wege, mit meiner neueren Musik vor das Publikum zu gelangen, offenstünden als der durch sie mir so leicht zu vertretende der Theateraufführungen. Für alles Praktische der Ausführung ward jetzt *Tausig* von vorzüglicher Hilfe. Wir kamen überein, das »Theater an der Wien« für drei Abende zu mieten, um das Ende Dezember zu gebende Konzert nach je acht Tagen daselbst zu wiederholen. Für das erste galt es nun, die Orchesterstimmen der Stücke auszuschreiben, welche ich aus meinen Partituren für dieses Konzert herausschnitt: es waren dies zwei Bruchstücke aus dem »Rheingold«, ebenso zwei aus der »Walküre« und den »Meistersingern«, wogegen ich das Vorspiel zu »Tristan«, um nicht mit der immer noch angekündigten Aufführung des ganzen Werkes im Opernheater zusammenzutreffen, jetzt noch zurückhielt. Mit einigen Hilfsschreibern machten sich jetzt *Cornelius* und *Tausig* an die Arbeit, welche der nötigen musikalischen Korrektheit wegen nur von vertrauten Partiturlesern auszuführen war. Zu ihnen hatte sich auch *Weißheimer* gesellt, welcher, um schließlich dem Konzert beiwohnen zu können, in Wien eingetroffen war. Nun meldete mir *Tausig* auch *Brahms* an, den er mir als einen »sehr guten Burschen« empfahl, welcher, so berühmt er auch selbst schon sei, gern einen Teil ihrer Arbeit übernehmen wollte: dieser erhielt ein Bruchstück der »Meistersinger« zugeteilt. Wirklich benahm sich auch *Brahms* bescheiden und gutartig; nur zeigte er wenig Leben, so daß er in unseren Zusammenkünften oft kaum bemerkt wurde. Mit dem aus älterer Zeit her mir bekannten *Friedrich Uhl,* welcher jetzt mit *Julius Fröbel* unter *Schmerlings* Auspizien ein politisches Journal »Der Botschafter« herausgab, traf ich jetzt ebenfalls wieder zusammen. Er stellte mir sein Journal zur Verfügung und veranlaßte mich, in seinem Feuilleton den ersten Akt der Dichtung der »Meistersinger« mitzuteilen: meine Freunde wollten bemerken, daß *Hanslick* immer giftiger würde.

Während ich und meine Genossen übermäßig mit den Vorbereitungen des Konzertes beschäftigt waren, trat eines Tages auch ein in Paris durch *Bülow* mir als lächerlicher Mensch bereits vorgestellter *Herr Moritz* zu uns und brachte es durch ungeschicktes, aufdringliches Benehmen und alberne, jedenfalls erfundene Berichte von Aufträgen *Bülows* an mich dahin, daß ich, durch *Tausigs* kecken Unwillen dazu hingerissen, dem sehr unberufenen Störer mit großer Heftigkeit die Tür wies. Hierüber berichtete er an *Cosima* in einer für *Bülow* so kränkenden Weise, daß diese sich wiederum veranlaßt fand, ihre höchste Indignation über mein so rücksichtsloses Benehmen gegen meine bewährtesten Freunde schriftlich mir zukommen zu lassen. Ich war wirklich so erstaunt und tief niedergeschlagen über dieses so unerklärlich wunderliche Begebnis, daß ich sprachlos *Tausig* den Brief *Cosimas* übergab und ihn einzig frug, was nun wieder gegen solchen Unsinn anzufangen sei: er übernahm es sogleich, *Cosima* den Vorfall im rechten Lichte zu zeigen und das Mißverständnis zu lösen; ich hatte die Freude, bald hiervon den gewünschten guten Erfolg zu erfahren.

Jetzt* gelangten wir zu den Proben für das Konzert; mit den mir benötigten Sängern versah mich die Hofoper, um die Bruchstücke aus »Rheingold«, der »Walküre« und »Siegfried« *(Schmiede-Lieder)* sowie *Pogners* Anrede aus den »Meistersingern« ausführen lassen zu können. Nur für die drei »Rheintöchter« hatte ich mich mit Dilettanten zu versorgen. Sehr behilflich auch hierfür sowie sonst in jeder Angelegenheit war mir der Konzertmeister *Hellmesberger*, welcher unter allen Umständen durch gute Leistungen und enthusiastische Bezeigungen den Musikern voranging. Nach den betäubenden Vorproben in einem kleinen Musikzimmer des Opernhauses, welche *Cornelius* durch das hier entstehende große Geräusch in Perplexität setzten, gelangten wir auf die Bühne des »Theaters an der Wien« selbst, wo ich neben der teueren Lokalmiete auch die Kosten für den nötigen Orchesterbau zu erstatten hatte. Der von lauter Theaterkulissen umgebene Raum blieb dennoch der Akustik außerordentlich ungünstig; eine Schallwand und Überdeckung für meine Rechnung herrichten zu lassen schien mir aber zuviel gewagt. Die erste Aufführung am 26. Dezember ergab mir, trotz des starken Besuches derselben, dennoch nichts als übergroße Unkosten und den großen Kummer, welchen mir die schlechte Wirkung des Orchesters infolge der üblen Akustik verursachte. Trotz schlechter Aussichten beschloß ich, zur Hebung der Wirkung der beiden nachfolgenden Konzerte, noch die Kosten der Herstellung eines Schallgehäuses zu übernehmen. Hierbei schmeichelte ich mir, auf den Erfolg anderseitiger Bemühungen um Erweckung von Teilnahme in höchsten Kreisen rechnen zu können. Mein Freund Fürst *Liechtenstein* hatte dies nicht für unmöglich gehalten: er glaubte den Weg zu einer Anregung für den kaiserlichen Hof durch die Palastdame Gräfin *Zamoïska* versuchen zu dürfen; zu dieser Dame geleitete er mich eines Tages durch unzählige Gänge der kaiserlichen Burg. Wie es mir späterhin deutlich wurde, hatte auch hier Frau *Kalergis* empfehlend vorgearbeitet; nur die junge Kaiserin schien sie aber für mich gewonnen zu haben, denn diese ganz allein, ohne jede Begleitung, wohnte der Aufführung bei. Jede Art von Enttäuschung erlitt ich jedoch bei dem zweiten Konzerte, welches ich allerdings allen Warnungen zum Trotz auf den ersten Neujahrstag 1863 angesetzt hatte: der Saal war außerordentlich schwach besetzt, und ich hatte einzig die Genugtuung, das Orchester durch die akustische Verbesserung des Raumes zu vortrefflicher Wirkung gebracht zu wissen. So war denn auch diesmal der Eindruck der aufgeführten Stücke so günstig, daß ich das am 8. Januar gegebene dritte Konzert wiederum vor sehr gefülltem Hause stattfinden lassen konnte. Ich erlebte hierbei ein schönes Zeugnis für die große Begabung des Wiener Publikums im Betreff der Musik: das keinesweges aufregende Vorspiel zu der Anrede

---

* Im Manuskript neben dem Beginn dieses Absatzes von Cosimas Hand: »20. März 1880 Villa d'Angri.«

»Pogners« an die Meistersinger mußte, trotzdem der Sänger sich zu seinem Vortrage bereits erhoben hatte, auf stürmischen Zuruf wiederholt werden. Hierbei traf mein Blick in einer der Logen auf ein für meine Lage tröstliches Anzeichen: ich erkannte Frau *Kalergis*, welche soeben angekommen war, um für einige Zeit in Wien zu verweilen, wie es mich dünkte nicht ohne die Nebenabsicht, auch hier mir wiederum behilflich zu sein. Auch mit *Standhartner* befreundet, setzte sie sich sofort mit diesem in Beratung darüber, wie mir in der kritischen Lage, in welche ich wiederum durch die Unkosten von Konzertaufführungen geraten war, zu helfen sei. Sie selbst hatte unserem Freunde bekannt, über gar keine Mittel verfügen zu können und besondere Ausgaben nur durch Schuldenmachen bestreiten zu können. So sollten denn wohlhabendere Gönner geworben werden. Unter diesen zeichnete man zunächst Frau Baronin *von Stockhausen*, die Frau des hannöverschen Gesandten, aus: als sehr innige Freundin *Standhartners* verfuhr diese auch gegen mich mit warmer Teilnahme, indem sie auch Lady *Bloomfield* mit deren Gatten, dem englischen Gesandten, für mich gewann. Bei diesem gab es eine Soiree, so wie bei Frau von *Stockhausen* es zu mehreren Abendgesellschaften kam. Eines Tages überbrachte mir *Standhartner*, als von unbekannter Hand ihm zugestellt, 500 Gulden als Beitrag zur Deckung meiner Unkosten. Frau *Kalergis* hatte dagegen sich 1000 Gulden zu verschaffen gewußt, welche mir nun ebenfalls durch *Standhartner* für weitere Bedürfnisse zur Verfügung gestellt wurden. In ihren Bemühungen, den Hof für mich zu interessieren, war sie jedoch trotz ihrer nahen Befreundung mit Gräfin *Zamoïska* gänzlich erfolglos geblieben, da schließlich ein Mitglied der überall zu meinem Unglück auftauchenden sächsischen Familie *Könneritz*, als damaliger Gesandter, sich eingefunden und namentlich bei der alles beeinflussenden Erzherzogin *Sophie* jede Regung zu meinen Gunsten dadurch zu unterdrücken gewußt hatte, daß er behauptete, ich habe zu seiner Zeit das Schloß des Königs von Sachsen abgebrannt. –

Unverdrossen suchte aber meine Gönnerin nach jeder Seite meiner Bedürfnisse hin mir behilflich zu sein. Um meinem größten Wunsche, für einige Zeit in eine ruhige Wohnung untergebracht zu sein, zu genügen, war sie darauf verfallen, die Wohnung des englischen Gesandtschafts-Attachés, des Sohnes des berühmten *Lytton Bulwer*, mir zu verschaffen, da dieser abberufen war, jedoch für längere Zeit noch seinen Haushalt zu seiner Verfügung behielt. Ich wurde mit dem jugendlichen, sehr liebenswürdigen Menschen durch sie bekannt gemacht; gemeinschaftlich mit *Cornelius* und Frau *Kalergis* speiste ich eines Abends bei ihm, wohernach ich schließlich mich an die Vorlesung der »Götterdämmerung« machte, ohne jedoch, wie es schien, mir dadurch eine aufmerksame Zuhörerschaft zu gewinnen; da ich dies bemerkte, brach ich ab und zog mich mit *Cornelius* zurück, während Frau *Kalergis* noch allein mit *Bulwer* verblieb. *Cornelius* glaubte sich dies nicht anders deuten zu dürfen, als daß wir dort dem Bedürfnisse nach einer vertrauteren Unterhaltung hinderlich gewesen seien, und ich selbst gestehe, daß ich durch früher allerdings sehr fälschlich erweckten Verdacht so weit verleitet war, diesmal dem Ausbruche eines wilden Gelächters meines Freundes nur scherzhaft zu entgegnen. Es war uns auf dem Heimwege sehr kalt; auch *Bulwers* Zimmer kamen uns ungenügend geheizt vor: wir flüchteten uns in eine Restauration, um uns dort durch ein Glas Punsch zu erwärmen, welcher Vorgang mir in Erinnerung geblieben ist, weil ich hier zum ersten Male an *Cornelius* eine ganz unbändige, exzentrische Laune kennenlernte. Während wir uns so gehen ließen, benutzte, wie es mir wohl zum Bewußtsein kam, Frau *Kalergis* ihre Macht als bedeutende und unabweisbare weibliche Fürsprecherin, um *Bulwer* ein möglichst entscheidendes Interesse für mich einzuflößen. So viel gelangte hiervon an mich, daß dieser seine Wohnung für drei Vierteljahre mir unbedingt zu Gebote stellte. Nur wußte ich bei näherer Überlegung nicht recht, welchen Vorteil ich hieraus ziehen sollte, da ich andrerseits in Wien keine Aussicht auf Einnahmen zu meinem Lebensunterhalt auffinden konnte.

Hiergegen wirkte auf meine Entschlüsse entscheidend die Einladung, welche mir aus Petersburg zukam, daselbst im Monat März zwei Konzerte der Philharmonischen Gesellschaft für ein Honorar von 2000 Silberrubel zu dirigieren. Frau *Kalergis*, deren Bemühung um mich ich auch hierin zu erkennen hatte, riet mir eindringlich zur Annahme dieser Aufforderung, wobei sie mir für die Vergrößerung meiner Einnahme ein selbständig zu gebendes Konzert mit jedenfalls sehr bedeutendem materiellem Erfolge in Aussicht stellte. Was mich von der Annahme dieser Einladung hätte abhalten können, würde nur die Gewißheit gewesen sein, im Laufe der nächsten Monate in Wien den »Tristan« zur Aufführung zu bringen; neue Erkrankungen des Tenoristen *Ander* hatten jedoch die Vorbereitungen dazu wieder in das Stocken gebracht; wie mir denn überhaupt jedes Vertrauen auf jene Zusicherung, die mich wieder nach Wien verwiesen hatte, verlorengegangen war. Hierzu hatte schon alsbald nach meiner diesmaligen Ankunft das Ergebnis meines Besuches bei dem Minister *Schmerling* beigetragen. Dieser war sehr überrascht, als ich mich bei ihm auf eine Empfehlung des Fürsten *Metternich* berief; denn dieser hatte, der Versicherung des Ministers gemäß, kein Wort von mir zu ihm gesprochen. Sehr galant erklärte er mir jedoch, daß ich auch einer solchen Empfehlung gar nicht bedürfe, um ihn genügend für einen Mann von meinem Verdienste zu interessieren. Als ich ihm nun die in dem Entgegenkommen des Fürsten *Metternich* in meinem Betreff enthaltenen Gedanken über eine besondere Stellung, welche mir der Kaiser in Wien verleihen sollte, mitteilte, beeilte er sich dagegen, mir seine vollständigste Einflußlosigkeit auf irgendeinen Entschluß des Kaisers zur Kenntnis zu bringen. Um mir das Benehmen des Fürsten *Metternich* selbst klarzumachen, war dies Bekenntnis des Herrn von *Schmerling* recht dienlich und nahm ich an, daß jener eine Aktion auf den Oberstkämmerer zugunsten einer ernstlichen Wiederaufnahme des »*Tristan*« erfolglosen Bemühungen beim Minister vorgezogen hatte.

Da, wie gesagt, aber auch diese Aussicht sich wieder in die Ferne verschob, sagte ich jetzt für Petersburg zu, suchte mich jedoch zuvor noch mit dem nötigen Gelde zu versehen, wozu mir ein von *Heinrich Porges* in Prag für mich vorbereitetes Konzert behilflich sein sollte. Demnach reiste ich anfangs Februar nach Prag und gewann dort allen Grund, meiner Aufnahme mich zu erfreuen. Der junge *Porges*, ein entschiedener Parteigänger für *Liszt* und mich, gefiel mir sowohl persönlich als durch seinen mir bewiesenen Eifer sehr gut. Das Konzert, in welchem außer einer Beethovenschen Symphonie Bruchstücke meiner neueren Werke zur Aufführung kamen, fand mit günstigem Erfolge im Saale der Sophieninsel statt. Als am folgenden Tage *Porges* noch mit Vorbehalt kleinerer Nachzahlungen mir eintausend Gulden zustellte, erklärte ich laut lachend, daß dies das erste Geld sei, welches ich durch eine persönliche Leistung mir verdient hätte. Außerdem machte er mich mit einigen sehr ergebenen und gebildeten jungen Leuten von der deutschen wie der tschechischen Partei, unter welchen ein Lehrer der Mathematik *Lieblein* und ein Schriftsteller *Musiol*, in recht befriedigender Weise bekannt. Rührend war es für mich, die aus meiner frühesten Jugend her mir bekannte *Marie Löw*, welche vom Gesang jetzt gänzlich zur Harfe übergegangen war, für dies letztere Instrument im Orchester angestellt und bei meinen Konzerten mitwirkend, nach so langen Jahren wieder anzutreffen. Bereits nach einer ersten Aufführung des »Tannhäuser« in Prag hatte sie mir mit großem Enthusiasmus hierüber berichtet; dieser verstärkte sich jetzt nur noch und blieb mir lange Jahre hindurch mit rührender Aufmerksamkeit zugewandt. So, recht befriedigt und neu erwachter Hoffnung voll, eilte ich für jetzt noch einmal nach Wien zurück, um die Angelegenheit des »Tristan« zu einer möglichst festen Abmachung zu bringen. Eine in meiner Anwesenheit wiederum ermöglichte Klavierprobe der beiden ersten Akte versetzte mich in wahre Verwunderung über die recht erträgliche Leistung des Tenoristen, während ich Frau *Dustmann* meine vollste Anerkennung ihrer vortrefflichen Durchführung der schwierigen Gesangspartie nicht zurückhalten konnte. So wurde es denn festgesetzt, daß mein Werk etwa nach Ostern zur Aufführung kommen sollte, was mit der Berechnung meiner Rückkehr aus Rußland sehr wohl in Übereinstimmung war.

Die Hoffnung auf die dort mir zu gewinnenden größeren Einnahmen bestimmte mich nun, meinen Plan einer völligen Ansiedelung in dem stillen Biebrich wieder aufzunehmen. Da mir für meine Reise nach Rußland noch Zeit übrigblieb, begab ich mich jetzt an den Rhein zurück, um dort so schnell wie möglich alles in Ordnung zu bringen. Nochmals stieg ich in der Frickhöferschen Wohnung ab, durchsuchte in Begleitung *Mathilde Maiers* und ihrer Freundin *Luise Wagner* nochmals den Rheingau nach der gewünschten Wohnung; da aber auch dies erfolglos blieb, machte ich mich sogar an Unterhandlungen mit *Frickhöfer* wegen des Baues eines kleinen Häuschens für mich auf einem in der Nähe seiner Villa zu erwerbenden Grundstückchen. Jener Herr *Schüler*, den ich durch den jungen *Städel* kennengelernt hatte, sollte als Rechts- und Geschäftskundiger die Angelegenheit in die Hand nehmen; ein Kostenanschlag ward berechnet, und es sollte nun auf die Höhe meiner russischen Einnahmen ankommen, ob das Unternehmen im Frühjahr seine Ausführung finden werde. Da ich jedenfalls mit Ostern die Wohnung im Frickhöferschen Hause zu verlassen hatte, ließ ich bereits meinen ganzen Hausrat aus derselben entfernen und verpackt dem Möbelhändler in Wiesbaden zustellen, welchem ich noch den größten Teil der Zahlung für die mir gelieferte Einrichtung schuldete.

So reiste ich in hoffnungsvoller Stimmung zunächst nach Berlin, wo ich mich sofort in *Bülows* Wohnung meldete. *Cosima*, welche in kürzester Zeit einer Entbindung entgegensah, ließ sich, erfreut, mich wiederzusehen, durch nichts abhalten, mich zunächst in die Musikschule zu geleiten, in welcher wir *Hans* aufzusuchen hatten. Ich trat dort in einen länglichen Saal ein, an dessen Ende *Bülow* soeben eine Klavierstunde erteilte; da ich längere Zeit stumm an der Türe verweilte, fuhr jener in höchstem Ärger auf den störenden Eindringling los, um nun in ein um so freudigeres Lachen auszubrechen, als er mich erkannte. Unser gemeinschaftliches Mittagsmahl ward beredet, und mit *Cosima* allein verfügte ich mich auf eine vortrefflich gelaunte Spazierfahrt in einem schönen Wagen des »Hotel de Russie«, über dessen Auspolsterung mit grauem Atlas wir unaufhörlich uns freuten. *Bülow* hatte Sorge gehabt, mir seine Frau in gesegnetem Zustande vorzustellen, da ich ihm einmal mit Beziehung auf eine andere Frau unserer Bekanntschaft meine damals empfundene Abneigung davon zu erkennen gegeben hatte. Es verursachte uns gute Laune, ihn in dem jetzigen Falle vollkommen beruhigen zu können, da mich an Cosima gar nichts zu stören imstande wäre. So wurde ich von den meine Hoffnung teilenden und über die Wendung meines Schicksales herzlich erfreuten Freunden auf dem Königsberger Bahnhof zur weiten Reise in die Nacht entlassen.

In Königsberg hatte ich einen halben Tag und eine Nacht zuzubringen, welche ich, von einer Wiederaufsuchung der für mich einst so verhängnisvollen Lokalitäten dieses Ortes keineswegs angezogen, still in einem Zimmer eines Gasthofes, um dessen Lage ich mich nicht einmal bekümmerte, verbrachte, um mit frühem Morgen meine Reise über die russische Grenze fortzusetzen. In einer gewissen Befangenheit wegen meiner ehemaligen gesetzwidrigen Überschreitung dieser Grenze, betrachtete ich mir während meiner langen Fahrt die Physiognomie der Mitreisenden genau. Unter diesen fiel mir ein livländischer Edelmann deutscher Herkunft besonders dadurch auf, daß er im härtesten deutschen Junker-Tone sein Mißbehagen an der Emanzipation der Bauern durch den russischen Kaiser aussprach: es ward mir hieran deutlich, daß etwaige Freiheitsbestrebungen der Russen durch unseren, unter ihnen ansässigen deutschen Adel keine großen Förderungen erhalten möchten. Sehr erschreckte es mich, bei immer weiterer Annäherung an Petersburg, den Zug plötzlich angehalten und von Gendarmerie untersucht zu sehen. Es galt, wie man mir sagte, einigen der Teilnahme an dem in Ausbruch begriffenen neuesten polnischen Aufstande Verdächtigen. Nicht weit von der Hauptstadt selbst füllten sich aber die leeren Sitze des Waggons mit mehreren Leuten, deren hohe russische Pelzmützen mir um so mehr Verdacht erregten, als ich auf das aufmerksamste von den Trägern derselben fixiert wurde. Plötzlich aber verklärte sich das Gesicht des einen, welcher sich ganz begeistert mir zuwandte und mich als denjenigen begrüßte, dem er mit mehreren andern Musikern des Kaiserlichen Orchesters zur Einholung entgegengefahren sei. Es waren lauter Deutsche, welche mich nun nach der Ankunft im Petersburger Bahnhofe zahlreichen anderen Abgeordneten des Orchesters, mit dem Komitee der Philharmonischen Gesellschaft an der Spitze, jubelnd zuführten. Man hatte mir eine deutsche »Pension« in einem an der Newsky-Perspektive gelegenen Hause als geeignetes Unterkommen empfohlen. Sehr zuvorkommend ward ich hier von Frau *Kunst*, der Gattin eines deutschen Kaufmannes, aufgenommen, mit Auszeichnung in einem Salon mit voller Aussicht auf die große lebhafte Straße untergebracht und behaglich gepflegt. Ich speiste gemeinschaftlich mit den übrigen Pensionären und Kostgängern, zu welchen ich meistens den von Luzern her mir früher bekannt gewordenen *Alexander Serow* als meinen Gast herbeizog. Diesen, der sich sofort bei mir eingefunden hatte, lernte ich hier in einer sehr ärmlichen Stellung als Zensor der deutschen Journale kennen. Im Äußeren sehr vernachlässigt, kränklich und dürftig sich behelfend, erwarb er sich meine Achtung zunächst mit seiner großen unabhängigen Gesinnung und Wahrhaftigkeit, durch welche, verbunden mit seinem ausgezeichneten Verstande, er sich auch, wie ich bald erfuhr, zu einem der einflußreichsten und gefürchtetsten Kritiker erhoben hatte. Ich lernte dies in der Folge bald kennen, als ich von hochgestelltester Seite her darum angegangen wurde, meinen Einfluß auf *Serow* dahin zu verwenden, daß er den dort schmerzlich protegierten *Anton Rubinstein* fortan mit weniger Bitterkeit verfolgte. Als ich ihn hierum anging und er mir alle seine Gründe, aus denen er *Rubinsteins* Wirken als Künstler in Rußland für so verderblich hielt, auseinandersetzte, bat ich ihn, wenigstens mir zuliebe, der ich bei diesem kurzen Aufenthalte in Petersburg nicht als *Rubinsteins* Rivale angesehen sein möchte, mit seiner Verfolgung einzuhalten; wogegen er mit der Heftigkeit eines krampfhaft Leidenden mir zurief: »Ich hasse ihn und kann kein Zugeständnis machen.« Hiergegen trat er mit mir in das allerinnigste Einvernehmen; er verstand mich und meine Art so vollständig, daß wir fast nur noch scherzend miteinander umzugehen hatten, da wir über alles Ernste vollkommen einverstanden waren. Nichts glich seiner Sorgsamkeit, mit welcher er mir nach jeder Seite hin behilflich war.

Für die Gesangstexte der Bruchstücke aus meinen Opern, welche in meinen Konzerten vorgetragen werden sollten, sowie für meine explikativen Programme veranstaltete er die nötigen Übersetzungen in das Russische. Zur Auffindung der geeignetsten Sänger war er nach vortrefflichster Einsicht besorgt. Dafür schien er denn auch durch die Assistenz bei den Proben und Aufführungen reichlich belohnt. Sein strahlendes Gesicht glänzte mir überall ermutigend und neu belebend entgegen. – Das Orchester selbst, welches ich in dem großen und schönen Saale der Adligen Gesellschaft um mich versammelte, gereichte mir zur höchsten Befriedigung; es war durch die Auswahl von 120 Musikern der kaiserlichen Orchester zusammengesetzt und bestand zumeist aus tüchtigen Künstlern, welche, für gewöhnlich nur zur Begleitung der italienischen Oper und des Balletts verwandt, jetzt hocherfreut aufatmeten, unter einer Leitung, wie sie mir zu eigen ist, sich ausschließlich mit edlerer Musik beschäftigen zu können.

Nach dem bedeutenden Erfolge des ersten Konzertes meldete man sich mir nun auch aus den Kreisen, an welche ich, wie mir dies sehr begreiflich wurde, durch *Marie Kalergis* heimlich aber bedeutend empfohlen war. Höchst vorsichtig war von meiner verborgenen Protektorin meine Vorstellung an die Großfürstin *Helene* eingeleitet worden. Zunächst hatte ich eine von *Standhartner* an den ihm von Wien her befreundeten Dr. *Arneth,* den Leibarzt der Großfürstin, mir gegebene Empfehlung zu benutzen, um durch diesen wiederum Fräulein *von Rhaden*, der vertrautesten Hofdame derselben, vorgestellt zu werden. Mir hätte die Bekanntschaft mit dieser Dame allein schon recht wohl genügen können; denn ich lernte in ihr eine Frau von vollendeter Bildung, großem Verstande und edler Haltung kennen, deren immer ernstlicheres Interesse für mich sich mit einer gewissen Ängstlichkeit mir kundtat, welche sich auf eine Sorge im Betreff der Großfürstin zu beziehen schien. Mich dünkte es, als fühlte sie, daß für mich etwas Bedeutenderes zu geschehen habe, als von dem Geiste und dem Charakter ihrer Herrin zu erwarten stehen würde. Noch wurde ich auch jetzt nicht der Großfürstin unmittelbar zugeführt, sondern ich erhielt zuerst die Einladung zu der fürstlichen Palastdame für eine Abendgesellschaft, in welcher unter andren auch die Großfürstin selbst zugegen sein würde. Hier machte *Anton Rubinstein* die künstlerischen Honneurs; nachdem dieser mich der Palastdame vorgestellt hatte, wagte diese wiederum ihrer Herrin, der Großfürstin selbst, mich vorzuführen. Hierbei schien es denn ganz erträglich abgegangen zu sein, und ich erhielt demzufolge bald eine direkte Einladung zum vertrauten abendlichen Teezirkel bei der Großfürstin. Hier traf ich außer Fräulein *von Rhaden* noch die ihr nächste Hofdame Fräulein *von Stahl* sowie einen alten gemütlichen Herrn, den man mir als General *von Brebern* und langjährigen Hausfreund seiner Fürstin vorstellte. Fräulein *von Rhaden* schien ungemeine Anstrengungen zu meinen Gunsten gemacht zu haben, deren Erfolg sich jetzt darin äußerte, daß die Großfürstin mit meiner Dichtung des Nibelungen-Ringes durch mich bekannt gemacht zu werden verlangte. Da ich kein Exemplar davon bei mir hatte, dagegen der von Weber in Leipzig besorgte Druck derselben soeben beendet sein mußte, bestand man auf sofortiger telegraphischer Aufforderung nach Leipzig, die bereits fertigen Bogen schleunigst an den großfürstlichen Hof zu senden. Für jetzt hatten sich meine Gönner mit meiner Vorlesung der »Meistersinger« zu begnügen. Hierzu war auch die Großfürstin *Marie*, die wegen ihres etwas leidenschaftlichen Lebens bekannte, äußerst stattliche und noch schöne Tochter des Kaisers *Nikolaus*, hinzugezogen worden. Von der Auffassung meines Gedichtes von seiten dieser Dame ward mir durch Fräulein *von Rhaden* nur bekannt, daß sie in peinlichster Sorge, Hans Sachs möge zum Schluß Eva heiraten, geschwebt habe.

Nach wenigen Tagen kamen denn auch vereinzelt die Aushängebogen meines Nibelungen-Gedichtes an, und der vertraute Teezirkel der Großfürstin schloß sich noch viermal zur geneigten Anhörung meiner Vorlesung um mich; auch General *Brebern* wohnte diesen regelmäßig bei, um, wie mir Fräulein *von Rhaden* sagte, in immer tieferem Schlafe »wie eine Rose zu erblühen«, was besonders dem sehr heitren und hübschen Fräulein von Stahl Stoff zu muntern Auslassungen gab, wenn ich des Nachts die beiden Hofdamen aus den weiten Sälen über Treppen und unendliche Korridore in ihre entfernteren Wohngemächer begleitete.

Von einflußreichen Hochgestellten lernte ich nur noch den Grafen *Wielhorsky* kennen, welcher in einer hohen und vertrauten Stellung am kaiserlichen Hofe hauptsächlich als Protektor der Musik sich geltend gemacht hatte, so wie er denn selbst durch sein Violoncellospiel sich auszeichnen zu dürfen glaubte. Der alte Herr schien mir freundlich gewogen und mit meinen Musikaufführungen durchaus einverstanden zu sein; so versicherte er mir, die 8. Symphonie von Beethoven (in F-dur) erst durch meine Aufführung kennengelernt zu haben. Auch mein Vorspiel zu den »Meistersingern« glaubte er vollständig begriffen zu haben; wogegen er die Großfürstin *Marie*, welche dieses Stück unverständlich gefunden, über das Vorspiel zu »Tristan« sich jedoch in höchstem Grade passioniert geäußert habe, für affektiert hielt, da er selbst doch wiederum nur mit Anstrengung aller seiner Musikkenntnisse zu einem Verständnis dieses letzteren Stückes gekommen wäre. Als ich dies *Serow* mitteilte, rief er enthusiastisch aus: »Ah! l'animal de Conte! Cette femme connait l'amour!« – Der Graf veranstaltete mir zu Ehren ein splendides Diner, bei welchem auch Anton *Rubinstein* und Madame *Abaza* zugegen waren. Da ich nach dem Diner wünschte, daß *Rubinstein* etwas musiziere, bestand Madame *Abaza* auf dem Vortrag von dessen »Persischen Liedern«, was den Komponisten sehr zu ärgern schien, da er wohl vermeinte, noch manches andere Schöne geschaffen zu haben. Dennoch gaben mir sowohl die Komposition als der Vortrag derselben einen sehr vorteilhaften Begriff von dem Talente der beiden Künstler. Durch diese

Sängerin, welche zuvor bei der Großfürstin für ihr Fach angestellt gewesen und nun an einen vornehmen, reichen und gebildeten russischen Herrn verheiratet war, wurde ich auch in das Haus des Herrn *Abaza* selbst eingeführt und mit Auszeichnung dort aufgenommen. Nebenher hatte sich auch ein Baron *Vietinghoff* als musikalischer Dilettant und Enthusiast bei mir eingeführt und mich mit Einladungen beehrt, bei deren einer ich mit *Ingeborg Stark*, der schönen, von Paris her mir bekannten klavierspielenden und Sonaten komponierenden Schwedin, zusammentraf. Sie überraschte mich durch die unverschämteste Heiterkeit, mit welcher sie den Vortrag der Komposition des Herrn Barons laut lachend begleitete. Außerdem zeigte sie mir ein seriöses Air, da sie mit *Hans von Bronsart*, wie sie mir mitteilte, in Brautstand getreten sei. – *Rubinstein* selbst, mit dem ich freundliche Besuche gewechselt hatte, betrug sich durchaus anständig, wie mir jedoch schien, etwas leidend gegen mich, da er mir denn auch versicherte, daß er seine namentlich durch *Serows* Gegnerschaft ihm verleidete Stellung in Petersburg aufzugeben beabsichtige. Auch in die Kreise der Petersburger Kaufmannschaft glaubte man, zum Vorteil meines zunächst zu gebenden Benefizkonzertes, mich einführen zu müssen; hierzu wurde der Besuch eines Konzertes im Saale des Kaufmanns-Vereines in das Werk gesetzt. Schon auf der Treppe empfing mich dort ein stark betrunkener Russe, welcher sich mir als der Kapellmeister vorstellte. Dieser dirigierte mit einer kleinen Auswahl kaiserlicher Musiker u. a. die Ouvertüren zu Rossinis »Tell« und Webers »Oberon«, bei deren Ausführung die Pauken durch eine kleine Militärtrommel ersetzt waren, was namentlich in der schönen Verklärungsstelle der »Oberon«-Ouvertüre einen wunderlichen Effekt hervorbrachte.

Wenn ich für meine eigenen Konzerte im Betreff des Orchesters sehr gut bedacht war, so hatte ich dagegen für die Sänger mich äußerst mühsam zu behelfen. Der Sopran war durch Fräulein *Bianchi* ganz erträglich vertreten: dagegen mußte ich für die Tenorpartie mit einem Herrn *Setow* vorliebnehmen, welcher zwar viel Mut, aber so gut wie gar keine Stimme besaß; dennoch ermöglichte er die Ausführung der Schmiede-Lieder aus »Siegfried«, da er mir wenigstens durch seine Gegenwart den Anschein eines Gesanges lieferte, wenngleich das Orchester einzig die effektuierende Wirklichkeit übernahm. Nach Beendigung der beiden Konzerte der Philharmonischen Gesellschaft hatte ich mein eigenes Konzert im Kaiserlichen Opernhause in Angriff genommen, für dessen materielle Arrangements mir ein pensionierter Musiker behilflich war, welcher in Serows Gegenwart oft lange Stunden in meiner wohlgeheizten Stube zugegen war, ohne seinen enormen Pelz abzulegen; da wir außerdem mit seiner Unfähigkeit große Not hatten, fanden wir, daß er »das Schaf im Wolfspelz« vorstellte. Das Konzert selbst gelang über alle Erwartungen gut, und nie glaube ich von einem Publikum so enthusiastisch aufgenommen worden zu sein, als es hier der Fall war, da sogleich der erste Empfang durch seine stürmische Andauer mich, was sonst so leicht nicht der Fall war, außer Fassung brachte. Zu dieser enthusiastischen Stimmung des Publikums schien mir die feurige Ergebenheit des Orchesters selbst viel beigetragen zu haben. Denn meine 120 Musiker waren es hauptsächlich, welche immer wieder den rasenden Sturm der Akklamation erneuerten, was in Petersburg wohl ein neues Erlebnis zu sein schien. Ausrufe wie: »Gestehen wir, daß wir jetzt erst wissen, was Musik ist!« hatte ich von ihnen unter sich zu vernehmen. Diese außerordentlich günstigen Dispositionen benutzte nun der Kapellmeister *Schuberth*, welcher bisher mit ziemlichem Anstande durch seinen geschäftlichen Rat mir behilflich gewesen war, zu der Aufforderung an mich, in seinem demnächst zu gebenden eigenen Benefizkonzerte mitzuwirken. Etwas verdrießlich, da ich wohl erkannte, daß es ihm darauf ankomme, eine jedenfalls zu erwartende neue glänzende Einnahme aus meiner Tasche in die seinige zu eskamotieren, glaubte ich jedoch auf den Rat meiner anderen Freunde ihm gewähren zu müssen, und so wiederholte ich dann nach acht Tagen die gefälligsten Stücke meines Programmes vor einem gleich zahlreichen Publikum und mit demselben Erfolge, nur daß diesmal die schöne Einnahme von 3000 Rubeln für die Bedürfnisse eines schwächlichen Menschen berechnet waren, welcher zur unerwarteten Rache für diese an mir begangene Schmälerung noch in diesem Jahre durch den Tod von der Welt abberufen wurde.

Hiergegen hatte ich nun durch einen mit dem dortigen Intendanten General *Lwow* abgeschlossenen Vertrag neuen Erfolgen und Einnahmen in *Moskau* entgegenzusehen. Hier hatte ich, auf die mit 1000 Rubel garantierte Hälfte der Einnahme eines jeden, drei Konzerte im Großen Theater zu geben. Bei einem mit neuem Frost abwechselnden Tauwetter kam ich erkältet in einer schlechtgelegenen deutschen Pension verdrießlich und von Unbehagen gepeinigt an. Nachdem ich mit einem trotz seiner am Halse getragenen Orden mir sehr geringfügig erscheinenden Intendanten über die näheren Angelegenheiten verkehrt, mich auch mit einem russischen Tenoristen und einer emeritierten italienischen Sängerin über die schwierig auszuwählenden Gesangstücke einverstanden hatte, schritt ich alsbald zu den Orchesterproben. Hier ward ich zunächst mit dem jüngeren *Rubinstein*, Antons Bruder *Nikolaus*, bekannt, welcher als Direktor der »Russischen Musikalischen Gesellschaft« die Hauptautorität in seinem Fache für Moskau repräsentierte und gegen mich sich durchgängig bescheiden und gefällig benahm. Das Orchester bestand aus den hundert Musikern, welche den kaiserlichen Dienst für italienische Oper und Ballett zu versehen hatten und durchschnittlich von weit geringerer Qualität als die Petersburger waren. Doch traf ich unter ihnen eine kleine Anzahl wiederum sehr tüchtiger und mir leidenschaftlich ergebener Quartettspieler an, unter denen ich einen alten Bekannten aus der Rigaschen Zeit, den damals namentlich durch seinen Witz sich auszeichnenden Violoncellisten *von Lutzau* vorfand. Vorzüglich erfreute mich aber ein Violinist *Albrecht*, der Bruder desselben, der mich vor meiner Ankunft in Petersburg durch seine russische Pelzmütze erschreckt hatte Diese wenigen vermochten jedoch nicht, den Umgang mit dem Moskauer Orchester mich nicht als ein künstlerisches Herabsinken empfinden zu lassen. Ich quälte mich ab, ohne Freude daran zu haben, wozu noch der Ärger über meinen russischen Tenor kam, welcher in den Proben in einem roten Hemde erschien, um mir seinen patriotischen Widerwillen gegen meine Musik zu erkennen zu geben, als er mit den Italienern abgelernten faden Manieren Siegfrieds Schmiedelieder auf Russisch zu singen hatte. Am Morgen des ersten Konzerttages mußte ich mich wegen stark eingetretenen katarrhalischen Fiebers für den Abend krank melden und das Konzert absagen lassen. In dem von Schneejauche überschwemmten Moskau schienen Veranstaltungen zur Bekanntmachung dieses Falles an das Publikum unmöglich gewesen zu sein, und ich erfuhr, daß die vergebliche Anfahrt der glänzendsten Equipagen, welche zu spät zurückgewiesen werden mußten, großes und ärgerliches Aufsehen gemacht hatte. Nachdem ich mich zwei Tage ausgeruht, bestand ich jedoch darauf, die drei vertragsmäßigen Konzertaufführungen in sechs Tagen vor sich zu bringen, zu welcher Anstrengung mich besonders auch der Eifer, mit dieser mir unwürdig dünkenden Expedition fertig zu werden, antrieb. Trotzdem das Große Theater stets, und zwar von einer so prachtvoll sich ausnehmenden Versammlung, wie sie mir nicht wieder vorgekommen ist, angefüllt war, brachte ich es infolge der Berechnungen der Kaiserlichen Intendanz nicht über die mir garantierte Summe, wogegen ich durch die stets sehr glänzende Aufnahme meiner Leistungen, vor allem aber durch den auch hier wieder erregten Enthusiasmus der Musiker des Orchesters mich entschädigt fühlte. Von den letzteren erbat sich eine Deputation noch ein viertes Konzert; da ich dies abschlug, suchte man mich wenigstens noch zur Abhaltung einer »Probe« zu überreden, was mit Lächeln ebenfalls zurückgewiesen werden mußte. Doch feierte mich das Orchester noch durch ein mir zu Ehren veranstaltetes Bankett, wobei es schließlich, nachdem *Nikolaus Rubinstein* sich in sehr schicklicher und warmer Rede hatte vernehmen lassen, zu ziemlich tumultuarischen Freudenbezeigungen kam. Jemand hatte mich auf seinen Rücken gesetzt und durch den Saal getragen; und nun entstand ein Geschrei, weil alle mir den gleichen Dienst leisten wollten. Hier wurde mir auch aus den Zusammenschüssen der Orchestermusiker das Ehrengeschenk einer goldenen Tabatiere gemacht, auf welche das Wort aus Siegmunds Gesang in der »Walküre« eingraviert war: »Doch Einer kam«. Ich erwiderte dieses Geschenk mit einem dem Orchester gewidmeten größeren photographischen Porträt von mir, auf welchem ich den jener Stelle vorangehenden Vers aufschrieb: »Keiner ging.« – Außer dieser Musikantenwelt lernte ich infolge einer sehr bedeutungsvollen Empfehlung und Hinweisung auf ihn durch Frau *Kalergis* einen Fürsten *Odojewsky* kennen. In diesem Manne hatte ich, der Andeutung meiner Freundin gemäß, den edelsten der Menschen, der mich vollkommen verstehen würde, kennenzulernen. In der Tat wurde ich von ihm, als ich nach stundenlanger, höchst beschwerlicher Fahrt in seiner bescheidenen Wohnung anlangte, mit patriarchalischer Einfachheit am Mittagstisch seiner Familie empfangen. Von meinem Wesen und meinen Absichten ihn zu unterrichten, fiel mir außerordentlich schwer; dagegen er alles, was von Eindrücken von ihm zu erwarten sei, auf die Wirkung des Anschauens eines orgelähnlichen großen Instrumentes setzte, welches er in einem größeren Raume nach seinen Angaben hatte erfinden und anfertigen lassen. Leider war niemand da, der darauf spielen konnte; doch mußte ich mir eine Vorstellung von dem nach einem eigenen System eingerichteten Gottesdienst machen, welchen er hier mit Unterstützung des Instrumentes allsonntäglich den Verwandten und Bekannten seines Hauses zum besten gab. Immer noch meiner Gönnerin eingedenk, versuchte ich dennoch dem gemütlichen Fürsten einen Einblick in meine Lage und das Ziel meiner Bestrebungen zu verschaffen; mit anscheinender Ergriffenheit rief er mir zu: »J'ai ce qu'il vous faut, parlez à Wolffsohn!« – Nach späterer Erkundigung erfuhr ich, daß dieser mir zugewiesene Schutzgeist keineswegs ein Bankier, sondern ein jüdisch-russischer Romanschreiber war.

Bei alledem schienen sich meine Einnahmen, namentlich wenn ich eine noch mögliche große Einnahme in Petersburg mit hinzurechnete, genügend herauszustellen, um das Projekt meines Hausbaues in Biebrich zur Ausführung zu bringen, weshalb ich noch von Moskau aus, welches ich nun nach einem zehntägigen Aufenthalte verließ, an meinen Bevollmächtigten in Wiesbaden hierüber ein Telegramm sendete. Auch an *Minna*, welche sich über die Kosten ihrer Dresdener Ansiedelung beklagte, übersandte ich jetzt 1000 Rubel.

Hiergegen traf ich sogleich bei meiner Wiederankunft in Petersburg auf große Verdrießlichkeiten. Man riet mir allgemein von einem zweiten Benefizkonzerte, welches ich für den zweiten Ostertag bestimmt hatte, ab, weil dieser Tag von der russischen Gesellschaft gewohnheitsgemäß zur Privatgeselligkeit verwendet werde. Zudem hatte ich es nicht verhindern können, für ein auf den dritten Tag nach dem meinigen angekündetes Konzert zum Besten der Petersburger Schuldgefangenen zuzusagen, da ich namentlich durch Großfürstin *Helene* dringend hierzu aufgefordert war. Für dieses letztere war ganz Petersburg schon ehrenhalber engagiert, da es unter hohem Protektorate stand, und während alle Plätze zu demselben im voraus verkauft waren, hatte ich bei einem sehr leeren Saale im Adeligen Kasino mich mit einer Einnahme zu begnügen, welche glücklicherweise wenigstens die Kosten deckte. Dafür ging es in dem Konzerte für die Schuldgefangenen desto festlicher her: General *Suworow*, ein Mann von vollkommenster Schönheit, dazu Gouverneur von Petersburg, überreichte mir als Dank der Schuldgefangenen ein sehr schön gearbeitetes silbernes Trinkhorn. – So begab ich mich denn auf das Abschiednehmen, wobei sich Fräulein *von Rhaden* durch Bezeigung großer Teilnahme für mich hervortat. Um den Verlust meiner zuletzt erwarteten Einnahme zu vergüten, übersandte die Großfürstin mir durch sie 1000 Rubel mit der Andeutung, bis zur Besserung meiner äußeren Lage das gleiche Geschenk jährlich wiederholen zu wollen. Beim Antreffen so guter Dispositionen für mich hatte ich zu bedauern, daß das hiermit angetretene Verhältnis nicht gründlichere und ersprießlichere Folgen haben sollte. Ich ließ der Großfürstin durch Fräulein von *Rhaden* den Vorschlag machen, mich jedes Jahr auf einige Monate nach Petersburg kommen zu lassen, um dort sowohl für Konzerte als Theateraufführungen mich mit meinen ganzen Fähigkeiten in Verwendung zu bringen, wofür sie mir ein eben nur genügendes Jahresgehalt zu zahlen haben würde. Hierauf wurde mir ausweichend geantwortet. Noch am Tage vor meiner Abreise teilte ich demnach der liebenswürdigen Fürsprecherin meinen Plan einer Niederlassung in Biebrich mit, wobei ich ihr meine Bangigkeit davor nicht verbarg, daß, wenn ich mein hier gewonnenes Geld darauf verwendet hätte, meine Lage dieselbe wie früher sein würde; was mir die Besorgnis eingäbe, ob ich jenen projektierten Hausbau nicht lieber unterlassen möchte: worauf ich die feurige Antwort erhielt: »Bauen Sie und hoffen Sie!« Im letzten Augenblick vor der Fahrt nach dem Bahnhofe erwiderte ich ihr dankend in gleicher Weise, daß ich jetzt wüßte, was ich zu tun hätte. So fuhr ich Ende April, von *Serow* und den enthusiastischen Musikern des Orchesters mit herzlichen Segenswünschen entlassen, durch die russische Öde, ohne Riga, wohin man mich zu einem Konzerte eingeladen hatte, zu berühren, den langen Weg dahin, um zunächst an der Grenze, der Station Wirballen, ein nachgesandtes Telegramm des Fräulein *von Rhaden* in Empfang zu nehmen, worin sie mir in bezug auf meine zuletzt hinterlassenen Zeilen zurufen zu müssen glaubte: »Nicht zu kühn!«, was mir denn genug sagte, um gegen die Ausführung meines Hausbauprojektes wiederum Bedenken aufkeimen zu lassen.

Ohne weitere Verzögerung gelangte ich nach Berlin, wo ich sofort mich nach *Bülows Wohnung* begab. Ich hatte in den letzten Monaten durchaus keine Nachrichten von *Cosimas* Befinden erhalten und meldete mich jetzt, von großer Bangigkeit bewegt, an der Türe, durch welche ich von dem Mädchen nicht eingelassen werden sollte: »Die gnädige Frau sei nicht wohl«; – »Ist sie wirklich krank?« frug ich; als ich hierauf eine lächelnd ausweichende Antwort erhielt, begriff ich zu meiner Freude den Stand der Dinge und eilte freudig, Cosima zu begrüßen, welche, seit länger bereits von ihrer Tochter *Blandine* entbunden, jetzt in voller Genesung begriffen war und nur gegen die gewöhnlichen Besuche sich abgeschlossen hatte. Alles schien gut zu stehen, auch *Hans* war heiter, da er durch die russischen Erfolge mich für längere Zeit als von Sorgen entbunden betrachten wollte. Diese Annahme konnte ich jedoch immer nur für berechtigt halten, wenn ich meinen Wunsch, alljährlich nach Petersburg für einige Monate zu wiederholter Wirksamkeit berufen zu werden, erfolgreich beachtet fand. Hierüber belehrte mich jetzt aber ein jenem Telegramm nachgesandter ausführlicherer Brief des Fräulein von *Rhaden* dahin, daß ich auf keinerlei Zusage zu rechnen habe. Dieser bestimmten Weisung zur Folge hatte ich nun den Rest meines russischen Gewinns, welcher nach Abzug der Kosten meines Aufenthaltes und meiner Reisen sowie der bereits an *Minna* versandten und an meinen Wiesbadener Möbelhändler bezahlten Gelder sich auf nicht viel mehr als 4000 Taler belief, ernstlich in Berechnung zu ziehen, wobei natürlich der Plan des Ankaufes eines Grundstückes und des Baues eines Hauses aufgegeben werden mußte. *Cosimas* vortrefflichstes Befinden und heiterste Stimmung ließ jedoch bei mir für jetzt keine Sorgen aufkommen, wir fuhren wieder in einem prächtigen Wagen in übermütigster Laune durch die Alleen des Tiergartens, dinierten im »Hotel de Russie« nach Herzenslust und nahmen an, daß die schlechten Zeiten vorbei seien.

Zunächst hatte ich mich jedenfalls nach Wien zu wenden. Vor kurzem hatte ich zwar von dort her schon die Anzeige erhalten, daß, und diesmal aus Gründen der Angegriffenheit von Frau *Dustmann*, der »Tristan« wieder hätte zurückgelegt werden müssen. Um diese wichtige Angelegenheit näher im Auge zu behalten, wohl aber auch, weil ich mit keinem anderen deutschen Orte noch in so nahe künstlerische Verbindung getreten war als mit Wien, hielt ich diesen Punkt für jetzt als den mir anständigsten Aufenthalt fest. *Tausig*, den ich hier in vollster Blüte jetzt wieder antraf, bestätigte mich hierin auf das angelegentlichste und bestimmte mich auch dadurch, daß er sich anheischig machte, gerade in der Umgebung von Wien mir am besten die angenehme und ruhige Wohnung verschaffen zu können, auf die ich mein Hauptaugenmerk gerichtet hatte. Dies gelang ihm vermittelst seines Hauswirtes in ganz erwünschter Weise. Das sehr freundliche Haus eines alten Herrn Baron von *Rackowitz* in *Penzing*, in welchem mir der ganze obere Raum nebst dem ausschließlichen Genuß eines nicht unbeträchtlichen schattigen Gartens zur Verfügung gestellt wurde, bot mir gegen eine Jahresmiete von 1200 Gulden ein sehr erfreuliches Unterkommen. – Als den Hausmeister lernte ich *Franz Mrazek*, einen sehr zutulichen Menschen kennen, welchen ich mit seiner Frau *Anna*, einer sehr begabten und einschmeichelnden Person, sofort in meine Dienste nahm, in welchen sie für längere Jahre hindurch unter wechselnden Schicksalen verblieben. Jetzt hieß es denn wieder Geld ausgeben, um mir das langersehnte Asyl für Ruhe und Arbeit behaglich herzurichten. Aus Biebrich ließ ich den letzten Rest des mir erhaltenen Hausrates sowie die zu dessen Vervollständigung angeschafften Mobilien mit meinem Erardschen Flügel mir zuschicken. Bei schönstem Frühlingswetter zog ich am 12. Mai in die freundliche Wohnung ein und verlor zunächst manche Zeit durch die Aufregung, in welche ich durch die Sorge für die Einrichtung meiner behaglichen Wohnräume geriet. Hier begründeten sich meine Beziehungen zu *Philipp Haas & Söhne*, welche mit der Zeit bedenkliche Verhältnisse annehmen sollten. Für jetzt versetzte mich jede Bemühung um meine von mir für so hoffnungsreich angesehene Niederlassung in die beste Laune. Das Musikzimmer mit dem angekommenen Flügel und verschiedenen Kupferstichen nach *Raphael*, welche mir bei der Biebricher Teilung zugefallen, war bereits hergestellt, als ich am 22. Mai meinen fünfzigsten Geburtstag beging und hierzu des Abends eine Serenade mit »Lampions« vom Kaufmännischen Gesangvereine gebracht erhielt, welchem sich eine Deputation von Studenten angeschlossen hatte, von denen ich mit feuriger Anrede begrüßt wurde. Ich hatte für Wein gesorgt, und hiermit lief alles vortrefflich ab. Von dem Ehepaar *Mrazek* ward meine Haushaltung ganz erträglich besorgt; *Anna* machte es durch ihre Küchenkünste sogar möglich, daß ich *Tausig* und *Cornelius* öfters bei mir zu Tisch sehen konnte.

Leider traten jetzt nochmals große Störungen ein, welche mir *Minna* durch heftige Vorwürfe über alles, was ich tat, bereitete. Da ich mir vorgenommen hatte, ihr niemals mehr selbst zu antworten, schrieb ich auch diesmal nur an ihre immer noch vor sich verheimlichte Tochter *Nathalie*, indem ich auf die Entscheidung des vorigen Jahres verwies. – Wie sehr ich auf der anderen Seite gerade jetzt einer gewissen weiblichen Pflege und Führung des Hausstandes bedürftig war, erhellte mir selbst, als ich an *Mathilde Maier* in Mainz den unbefangenen Wunsch aussprach, sie möge zu mir kommen, um das mir Fehlende in schicklicher Weise zu ersetzen. Ich mußte diese gute Freundin für so verständig halten, daß sie, ohne irgendwelche Scham zu empfinden, meinen Gedanken hierbei richtig erkennen würde. Hierin mochte ich mich wohl auch nicht getäuscht haben; nur hatte ich ihre Mutter und sonstige bürgerliche Umgebung nicht richtig in Anschlag gebracht. Sie schien durch meine Aufforderung in die höchste Aufregung gebracht worden zu sein, welcher sich endlich ihre Freundin *Luise Wagner* dahin bemächtigte, daß sie mit bürgerlichem Verstande und Präzision einfach mir den guten Rat erteilte, zunächst von meiner Frau mich scheiden zu lassen, wonach alles übrige dann leicht sich arrangieren lassen würde. Hierüber heftig erschrocken, nahm ich sofort meine Aufforderung als unüberlegt zurück und suchte die entstandenen Aufregungen so gut wie möglich zu beruhigen. – Andrerseits fuhr, wie bisher so auch jetzt, *Friederike Meyer* fort, wenn auch ganz gegen ihren Willen, so doch durch ihr mir ganz unbegreifliches Schicksal mich sehr zu beunruhigen. Nachdem sie in vergangenem Winter mehrere Monate, wie es schien zu ihrem Gedeihen, in Venedig zugebracht, hatte ich von Petersburg aus ihr den Wunsch zu erkennen gegeben, sie möge bei *Bülows* in Berlin mit mir zusammentreffen, wobei ich das freundliche Interesse, welches *Cosima* für sie gefaßt hatte, reiflich in Anschlag brachte, um auch mit dieser gemeinschaftlich zu erwägen, in welcher Weise für die Ordnung der auffällig gestörten Lebenslage der Freundin zu helfen sei. Zu diesem Zusammentreffen war sie nicht erschienen; dagegen meldete sie mir, daß sie für jetzt, wo ihre noch sehr leidende Gesundheit ihre theatralische Laufbahn ernstlich hemme, bei einer Freundin in Coburg sich niedergelassen habe und durch gelegentliches Auftreten auf dem dortigen kleinen Theater sich zu soutenieren suche. Eine Einladung, wie ich sie an *Mathilde Maier* gestellt hatte, konnte ich ihr aus vielen Gründen wohl nicht zukommen lassen. Dagegen hegte sie den heftigen Wunsch, mit mir auf kurze Zeit noch einmal zusammenzukommen, wobei sie mir versicherte, sie würde mich dann für immer in Ruhe lassen. Mir mußte es zwecklos und abenteuerlich erscheinen, sofort ihre Bitte zu gewähren; doch stellte ich dies für etwas später in Aussicht. Sie wiederholte im Verlaufe des Sommers von verschiedenen Orten aus dasselbe Verlangen, bis ich, im Spätherbste dazu bestimmt, ein Konzert in Karlsruhe zu geben, ihr diese Zeit und diesen Ort für die gewünschte Begegnung in Aussicht stellte. Hierauf habe ich von dieser seltsamen und anregenden Freundin nie auch nur die mindeste Mitteilung mehr erhalten, so daß ich mit ihr, deren Aufenthalt mir ebenfalls durchaus unbekannt blieb, jede Verbindung abgebrochen sah. Erst nach mehreren Jahren ward mir das Geheimnis ihrer allerdings höchst schwierigen Lage bekannt, nach welchen Mitteilungen ich schließen mußte, daß sie im Betreff ihres Verhältnisses zu jenem Herrn *von Guaita* mir die Wahrheit zu sagen sich gescheut hatte. Demnach hatte jener Mann bei weitem ernstlichere Ansprüche an sie, als ich vermutet hatte, und jetzt war sie, wie es schien, durch die Not ihrer Lage gedrängt worden, dem immerhin ernstlich ihr anhängenden Manne als letztem Freunde sich zu übergeben. Ich erfuhr, daß sie – man glaubte sogar, Herrn *von Guaita* »still« angetraut – mit zweien Kindern, nicht nur vom Theater, sondern auch von der Welt gänzlich zurückgezogen, auf einem kleinen Gütchen am Rhein ihr Leben unbemerkt zubringe.

Noch war ich aber jetzt zu der feierlich umständlich vorbereiteten Arbeitsruhe nicht gelangt. Das Erlebnis eines Diebstahls, welcher durch Einbruch an der von den Moskauer Musikern mir geschenkten goldenen Dose begangen wurde, rief mir wieder den Wunsch des Besitzes eines Hundes zurück: mein freundlicher alter Hausherr überließ mir hierfür seinen alten, von ihm bereits sehr vernachlässigten Jagdhund, genannt *Pohl*, eines der liebenswürdigsten und vortrefflichsten Tiere, welche je sich mir zugesellt haben. Mit ihm machte ich mich alltäglich auf starke Fußpromenaden, wozu die höchst angenehme Umgebung mir die befriedigendsten Veranlassungen bot. Außerdem blieb ich für jetzt noch ziemlich einsam, da *Tausig* durch eine schwere Erkrankung auf lange Zeit an sein Bett gefesselt war und *Cornelius* ebenfalls an einer Fußwunde litt, die er sich bei einem Besuche in Penzing durch unvorsichtiges Herabsteigen vom Omnibus zugezogen hatte. In freundschaftlichem Umgange blieb ich stets mit *Standhartner* und dessen Familie; auch hatte sich der jüngere Bruder *Heinrich Porges'*, *Fritz*, als angehender Arzt und recht angenehmer Mensch schon bei Gelegenheit der

Serenade des Kaufmännischen Gesangvereines, welche er veranlaßt hatte, zu mir gesellt.

Ich hatte mich davon überzeugt, daß an eine Wiederaufnahme des »Tristan« im Opernthcater nicht mehr zu denken sein würde, da, wie ich erfuhr, die Angegriffenheit der Frau *Dustmann* nur ein Vorgeben, die vollständige Stimmlosigkeit des Herrn *Ander* aber der wahre Grund der letzten Unterbrechung gewesen war. Der ehrliche Kapellmeister *Esser* suchte mich zwar stets dazu zu überreden, daß ich die Partie des Tristan einem anderen Tenoristen des Theaters, namens *Walther*, übergeben sollte; dieser war mir jedoch so widerwärtig, daß ich mich selbst nicht dazu entschließen konnte, ihn einmal im »Lohengrin« anzuhören. So ließ ich denn diese Angelegenheit jetzt gänzlich in Vergessenheit geraten und suchte mich einzig zur Wiederaufnahme meiner Arbeit an den »Meistersingern« zu stimmen. Somit nahm ich denn zunächst die Instrumentierung des fertig komponierten Teiles des ersten Aktes, von welchem ich zuvor nur einige Bruchstücke ausgesetzt hatte, wieder vor. Zugleich aber schlich sich beim Herannahen des Sommers wiederum die Sorge um mein künftiges Auskommen in alle meine Empfindungen von der Gegenwart ein: bei der Erfüllung meiner Verpflichtungen, namentlich auch gegen *Minna*, ersah ich, daß ich bald wieder an Unternehmungen für Geldgewinn werde denken müssen.

Somit kam mir schon jetzt eine mich überraschende Einladung der Direktion des Pester Nationaltheaters zu zwei von mir dort zu gebenden Konzerten durchaus nicht ungelegen. Demzufolge begab ich mich Ende Juli nach der Hauptstadt Ungarns, wurde dort von dem Intendanten *Radnotfay* gänzlich unbekannterweise empfangen und erhielt durch *Reményi*, einem von *Liszt* seinerzeit protegierten, in Wahrheit nicht ungenialen Geigenvirtuosen, welcher sich grenzenlos leidenschaftlich für mich gebärdete, die Aufklärung, nach welcher er ganz von sich aus meine Berufung veranlaßt hätte. Obwohl hierbei nicht viel für mich zu gewinnen war, da ich für jedes der beiden Konzerte mit 500 Gulden mich zu begnügen bereit erklärt, hatte ich doch über das Gelingen des Konzertes selbst und die große Teilnahme des Publikums an demselben mich zu erfreuen. Ich lernte hier, wo man noch in strengster magyarischer Opposition gegen Österreich lebte, einige stattliche, gut begabte junge Männer kennen, unter welchen Herr *Rosti* mir in freundlicher Erinnerung geblieben ist. Diese bereiteten mir eine idyllische Feier durch ein Gastmahl, abgehalten von wenigen Vertrauten auf einer Insel der Donau, wo wir uns unter einer uralten Eiche wie zu einer patriarchalischen Feier niederließen. Die Festrede hatte ein junger Advokat, dessen Namen ich leider vergessen habe, übernommen, welcher hierbei nicht nur durch das Feuer seines Vortrages, sondern namentlich auch durch den wirklich erhabenen Ernst seiner Gedanken, die auf einer vollkommenen Kenntnis aller meiner Arbeiten und Wirksamkeiten fußten, mich in Staunen und große Ergriffenheit versetzte. Die Rückfahrt ging auf der Donau wieder in den kleinen, schnellfahrenden Kähnen des Ruderer-Vereines, zu welchem meine Gastgeber gehörten, vor sich, und hier erlebten wir nun die Wirkungen eines orkanartigen Gewittersturmes, welcher den mächtigen Strom in die wildeste Bewegung setzte. Eine einzige Dame, die Gräfin *Bethlen-Gabor*, begleitete uns hierbei und befand sich mit mir in dem schmalen Kahne, welchen *Rosti* nebst einem Freunde als Ruderer leitete. Diese beiden waren nur von der Angst besessen, ihr Kahn möge an einem der Holzflöße, auf welche uns die Flut zutrieb, zerschmettert werden, und gaben sich deshalb die äußerste Mühe, von diesen Flößen sich fernzuhalten, während ich die einzige Rettung namentlich auch der neben mir sitzenden Dame darin ersah, daß wir uns auf ein solches Floß hinüberbegeben könnten. Um dies gegen den Wunsch unserer Ruderer zu bewirken, erfaßte ich mit der einen Hand, als wir daran streiften, den hervorragenden Pflock eines Floßes, und hielt somit das Schiff fest; während die beiden Ruderer aufschrien, die »Ellida« sei verloren, hob ich schnell meine Dame aus dem Boot auf das Floß, ließ meine Freunde getrost »Ellida« retten und schritt nun über die Flöße hinweg endlich dem Ufer entlang durch den furchtbarsten Sturmregen, aber doch sicher und fest, der Stadt zu. Mein Benehmen bei dieser Gefahr verfehlte nicht das Ansehen, in welchem ich bei meinen Freunden stand, einigermaßen zu vermehren; worauf es denn noch zu einem feierlichen Bankett in einem öffentlichen Garten kam, zu welchem sich eine große Anzahl von Teilnehmern eingefunden hatte. Hier wurde ich denn ganz ungarisch behandelt. Eine enorme Zigeunermusikbande war aufgestellt und empfing mich bei meiner Annäherung mit dem Rákóczy-Marsch, welchen stürmische »Eljens« der Gesellschaft begleiteten. Auch hier wurde sehr feurig beredt und kenntnisvoll von mir und meiner Wirksamkeit, welche weit über Deutschland hinausreiche, gesprochen. Die Einleitungen dieser Reden waren stets in ungarischer Sprache und hatten zur Entschuldigung dafür zu dienen, daß man die eigentliche Rede dem Gaste zuliebe deutsch halten würde. Auch wurde ich hierbei nicht »Richard Wagner«, sondern »Wagner Richard« genannt.

Aber auch die oberste Militärbehörde ließ es nicht fehlen, in der Person des Feldmarschalls *Coronini* mir eine Huldigung darzubringen: ich ward von dem Grafen zu einer Vorstellung sämtlicher Militärmusikkräfte auf das Schloß von Ofen geladen, wo ich von ihm und seiner Familie sehr verbindlich empfangen, mit Gefrorenem traktiert und zur Anhörung eines Konzertes von sämtlichen Musikchören vom Balkon aus geleitet wurde. – Der Eindruck von diesem allen erfrischte mich sehr, so daß es mir fast leid tat, aus dem jugendlich belebenden Elemente, in welchem sich nur Pest gezeigt hatte, mich in mein stummes, muffiges Wiener Asyl wieder zurückbegeben zu müssen. – Auf meiner Rückreise im Anfang August traf ich für einen Teil der Fahrt mit Herrn *von Seebach*, dem von Paris her mir bekannten, freundlichen sächsischen Gesandten, zusammen. Dieser beklagte sich über ungeheure Einbußen, welche er durch die schwierige Verwaltung seiner angeheirateten, in Südrußland gelegenen Güter, von denen er jetzt soeben zurückkehre, erlitten habe; wogegen ich ihn über meine eigene Lage zu beruhigen suchte, was ihm sehr wohl gefiel.

Die kleine Einnahme aus den Pester Konzerten, von welchen ich sogar nur die Hälfte zurückbringen konnte, vermochte mich nicht sonderlich bei meinem Blick in die Zukunft zu beruhigen. Jetzt, nachdem alles auf eine, wie ich vermeinte, dauernde Niederlassung verwendet war, handelte es sich darum, mich einer jährlichen sicheren, wenn auch nicht übermäßigen Gehaltseinnahme zu versichern. Während ich hierfür meine Verbindungen mit Petersburg und meinen auf diese gegründeten Plan noch keineswegs aufzugeben mich gedrungen fühlte, kam es mir dennoch bei, die Versicherungen jenes *Réményi*, welcher sich eines großen Einflusses auf die ungarische Magnaten-Welt rühmte, nicht gänzlich unbeachtet zu lassen, als er mir erklärte, daß es gewiß nichts Großes sei, mir eine solche Pension mit ähnlichen Verpflichtungen, wie ich sie für Petersburg im Auge hätte, für Pest zu erwirken. Wirklich besuchte er mich schon bald nach meiner Zurückkehr in Penzing, und zwar in Begleitung seines Adoptivsohnes, des jungen *Ploténvi*, dessen ausgezeichnete Schönheit und Liebenswürdigkeit auf mich einen sehr freundlichen Eindruck machten. Dem Adoptivvater selbst, obwohl er durch einen sehr genialen Vortrag des Rákóczy-Marsches auf der Violine sich meine große Anerkennung erwarb, mußte ich jedoch bald anmerken, daß er mit seinen großartigen Versprechungen es mehr auf einen augenblicklichen Eindruck auf mich als auf eine dauernde Wirkung abgesehen hatte. Ich verlor ihn später, seiner Absicht entgegenkommend, aus dem Auge.

Während ich mich wieder mit Plänen für Konzertreisen beschäftigen mußte, genoß ich einstweilen bei großer Hitze meinen schattigen Garten und begab mich mit meinem treuen Hunde *Pohl* allabendlich auf größere Wanderungen, von denen die Sennerei zu St. Veit mit schönem Milchgenuß mir die meiste Erquickung bot. Mein kleiner Freundeskreis beschränkte sich dabei immer auf *Cornelius* und den endlich wieder genesenen *Tausig*, welcher letztere jedoch durch seinen Umgang mit reichen österreichischen Offizieren mir für längere Zeit wieder verschwand. Dagegen stellte sich neben dem jüngeren für einige Zeit auch der ältere *Porges* zu häufigen Ausflügen mit ein. Auch meine Nichte *Ottilie Brockhaus*, bei der von seiten ihrer Mutter ihr befreundeten Familie *Heinrich Laubes* wohnend, erfreute mich zu Zeiten durch ihren Besuch.

Sooft ich mich jedoch ernstlich an meine Arbeit begab, stachelte mich immer wieder die bange Besorgnis für die ruhige Erhaltung meiner Tage auf. Da eine neue Reise nach Rußland erst für die Osterzeit des nächsten Jahres in Anschlag gebracht werden konnte, hatte ich zunächst nur deutsche Städte für meine Zwecke vor mir. Von mancher Seite her, z. B. von Darmstadt, erhielt ich durchaus abschlägige Antwort; von Karlsruhe, wohin ich mich unmittelbar an den Großherzog gewandt hatte, wurde mir für jetzt verzögernd geantwortet. Am meisten geriet meine Zuversicht in das Schwanken, als ich auf meine schließliche Anfrage in Petersburg im Betreff des dort vorgelegten Planes, durch dessen Annahme ich einer geordneten Gehaltzahlung versichert worden wäre, eine durchaus abschlägige Antwort erhielt. Dort war es nun die im laufenden Sommer ausgebrochene polnische Revolution, welche, wie mir versichert wurde, alle Kräfte zu künstlerischen Unternehmungen lähmte. – Erfreulicher lauteten Nachrichten aus *Moskau*, wo man mir im nächsten Jahre einige gute Konzerte in Aussicht stellte. Jetzt entsann ich mich denn auch einer sehr zuversichtlichen Hinweisung auf *Kiew*, welches mir durch den Sänger *Setow* als höchst lohnend empfohlen worden war. Auch hierüber trat ich in Korrespondenz und wurde ebenfalls auf die Ostern des nächsten Jahres, wo in Kiew sich der ganze kleinrussische Adel versammelte, verwiesen. Das waren nun ferne Pläne, deren Ausführung, wenn ich sie jetzt in Überlegung zog, mir bereits alle Arbeitsruhe zu nehmen imstande war. Jedenfalls hatte ich schon für eine lange Zeit bis dahin wie für mich so auch für *Minna* zu sorgen. Etwaige Aussichten auf eine Stellung in Wien konnte ich nur mit größter Vorsicht auffassen, so daß mir beim Herannahen des Herbstes für jetzt nichts übrigblieb, als durch Aufnahme von Geld mir zu helfen, wobei, als in diesen Dingen außerordentlich erfahren, *Tausig* mir zu Hilfe kam.

Wohl mußte mir schon der Gedanke ankommen, daß ich auch meine Penzinger Niederlassung wiederum aufzugeben hätte; nur frug es sich stets, wohin? Keimte die Lust zum Komponieren einmal wieder auf, so drängte sich immer von neuem die Sorge dazwischen und verwies mich, da es immer nur den Aufschub von Tag zu Tag galt, auf das Studium der »Geschichte des Altertums« von *Duncker*. Endlich verschlang alle meine Zeit die Korrespondenz um Konzerte. Zunächst mußte *Heinrich Porges* wiederum für Prag arbeiten; er stellte mir jedoch auch ein Konzert in *Löwenberg* bei sehr guten Dispositionen des dortigen Fürsten von *Hohenzollern* in aussichtsvolle Berechnung. Auch ward ich auf *Hans von Bronsart* hingewiesen, welcher damals in Dresden eine Privatorchestergesellschaft leitete. Mit großer Ergebenheit ging dieser auf meine Vorschläge ein, und es wurde zwischen uns die Zeit und das Programm eines von mir in Dresden zu dirigierenden Konzertes verabredet. Da nun noch der Großherzog von *Baden* mir sein Theater für ein im November in Karlsruhe zu gebendes Konzert zur Verfügung stellte, glaubte ich in diesem Betreff für jetzt genug getan zu haben, um auch nach anderer Seite hin einen Angriff zu machen. Ich verfaßte für die *Uhl-Fröbel*sche Zeitung »Der Botschafter« einen größeren Artikel über das Kaiserliche Hofoperntheater in Wien, in welchem ich Vorschläge zur gründlichen Reform dieses so sehr mißleiteten Institutes bekanntgab, deren Vortrefflichkeit sogar von der Presse allgemein anerkannt wurde. Selbst in den höheren administrativen Kreisen schien ich einige Wirkung hervorgerufen zu haben; denn bald erfuhr ich durch meinen Freund *Rudolf Liechtenstein*, daß man mit ihm wegen der Übernahme der Intendantenstelle in einiges Vernehmen getreten war, was jedenfalls damit im Zusammenhange stand, daß man auch für mich eine Berufung zur Leitung des Hofoperntheaters in Erwägung gezogen hatte. Unter den Gründen zum Fallenlassen des Projektes machte sich auch, wie *Liechtenstein* mir mitteilte, die Befürchtung geltend, man würde unter dessen Intendanz wohl nur noch »Wagnersche Opern« zu hören bekommen. –

Endlich tat es mir wohl, aus der Beklommenheit meiner Lage mich durch den Aufbruch zu meinen Konzertreisen zu befreien. Zunächst, anfangs November, gelangte ich nach Prag, um dort abermals mein Glück in bezug auf eine gute Einnahme zu versuchen; leider hatte hier *Heinrich Porges* diesmal die Vorbereitungen nicht in die Hand nehmen können, und seine Stellvertreter, in Schulen sehr beschäftigte Lehrer, waren der Sache nicht im gleichen Maße gewachsen gewesen. Die Kosten hatten sich gesteigert, aber die Einnahme verringert, weil man die früheren hohen Preise nicht wiederum gewagt hatte. Ich wünschte das Fehlende durch ein zweites Konzert, wenige Tage darauf gegeben, eingebracht zu wissen: hierauf bestand ich, obwohl man mir davon abriet, wobei, wie es sich zeigte, meine Freunde im Rechte waren. Die Einnahme deckte diesmal kaum die Kosten, und da ich genötigt gewesen war, das im ersten Konzert gewonnene Geld zur Auslösung eines in Wien zurückgelassenen Wechsels von mir zu schicken, blieb mir jetzt zur Bezahlung meiner Gasthofrechnung und meiner Weiterreise nur übrig, das Anerbieten eines sich als Protektor gebärdenden Bankiers zur Hilfe aus der Verlegenheit anzunehmen. – In der diesen Vorgängen entsprechenden Stimmung lenkte ich nun meine Reise nach Karlsruhe, und dies zwar unter höchst mühseligen Umständen, über Nürnberg und Stuttgart, bei großer Kälte und unter steten Verzögerungen. Hier in Karlsruhe versammelten sich sogleich verschiedene Freunde um mich, welche der Ruf des Vorhabens hierhergezogen hatte. *Richard Pohl* aus Baden, der nie fehlte, *Mathilde Maier*, Frau *Betty Schott*, meine Verlegerin, selbst *Raff* aus Wiesbaden und *Emilie Genast*, sogar der damals vor kurzem in Stuttgart als Kapellmeister angestellte *Karl Eckert* fanden sich ein. Für das erste, am 14. November stattfindende Konzert hatte ich sofort mit den Sängern meine Not, da der Baritonist *Hauser* für »Wotans Abschied« und Hans Sachs' Schusterlied erkrankt war und für ihn ein stimmloser aber sehr routinierter Vaudeville-Sänger eintreten mußte – was nach *Eduard Devrients* Ansicht gar nichts ausmachte. Dieser letztere, mit welchem ich nur im alleroffiziellsten Sinne zu verkehren hatte, war übrigens für die Herstellung namentlich des Orchesterbaues nach meinen Angaben sehr korrekt besorgt gewesen. Von der Seite des Orchesters her hatte überhaupt das Konzert einen sehr guten Verlauf, so daß der Großherzog, welcher mich in seiner

Loge sehr wohlwollend empfangen hatte, eine Wiederholung der Aufführung in acht Tagen wünschte. Ich sprach hiergegen sogleich meine Bedenken aus, da mich bereits meine Erfahrungen gelehrt hatten, daß der starke Besuch von derlei Konzerten, namentlich bei hohen Preisen, allergrößtenteils stets nur durch die Neugierde der oft von weit her zusammentreffenden Zuhörer sich erklären lasse, wogegen die eigentlichen Kunstverständigen und für die Sache selbst sich Interessierenden immer nur eine geringe Anzahl ausmachten. Der Großherzog bestand jedoch darauf, da er seiner Schwiegermutter, der Königin *Augusta*, welche in wenigen Tagen ankommen werde, den Genuß meiner Leistung darbieten wollte. Besonders lästig war es mir, die lange Zeit in meinem Karlsruher Gasthof allein zuzubringen, als mir *Marie Kalergis*, soeben verheiratete *Muchanow*, welche sich zu meiner Freude ebenfalls eingefunden hatte, mit einer Einladung nach Baden-Baden, wo sie jetzt residierte, freundlich entgegenkam. Dort empfing mich meine Freundin sofort im Bahnhof und bot mir ihre Begleitung nach der Stadt an, welche ich ablehnen zu müssen glaubte, da ich mich in meinem »Räuberhute« nicht anständig genug ausnehmen dürfte; mit der Versicherung »wir tragen hier alle solche Räuberhüte« hing sie sich jedoch in meinen Arm, und so gelangten wir in die Villa von *Pauline Viardot*, wo wir das Diner einnehmen mußten, da meine Freundin in ihrem eigenen Hause noch nicht genügend eingerichtet war. An der Seite meiner alten Bekannten lernte ich jetzt auch den russischen Dichter *Turgenjew* kennen; ihren eigenen Gemahl stellte mir Mme. *Muchanow* mit dem Bedenken darüber vor, was ich zu dieser Heirat sagen würde. Sie bemühte sich, von ihrer welterfahrenen Umgebung unterstützt, während unseres Zusammenseins eine erträgliche Unterhaltung ins Werk zu setzen. Von der vortrefflichen Absicht meiner Freundin und Gönnerin sehr befriedigt, verließ ich für diesmal Baden, um meine Zeit durch einen kleinen Abstecher nach Zürich auszufüllen, wo ich nochmals im Hause der Familie *Wesendonk* mich einige Tage auszuruhen suchte. Einen Gedanken, mir in meiner aufrichtig vor ihnen besprochenen Lage behilflich zu sein, sah ich bei meinen Freunden nicht aufkeimen. So wendete ich mich nach Karlsruhe zurück, wo ich am 29. November mein zweites Konzert, wie vorausgesehen, vor schwach besetztem Saale abhielt. Nur die Königin *Augusta* sollte, nach der Meinung des großherzoglichen Paares, mir etwa aufkommende unangenehme Eindrücke zerstreuen: wiederum ward ich in die Hofloge eingeladen und fand alle Fürstlichkeiten um die Königin versammelt, welche, mit einer blauen Rose auf der Stirn geschmückt, mir dasjenige Belobende auszudrücken hatte, auf was der badische Hof mit höchster Gespanntheit lauschte; nur als die hohe Dame nach einigen Allgemeinheiten in das nähere Detail einzugehen hatte, trat sie die Kundgebung hierüber an ihre Tochter ab, weil diese davon mehr verstehe als sie. Des anderen Tags erhielt ich meinen Anteil an der Einnahme, welcher auf die Hälfte derselben nach Abzug der Kosten berechnet war, mit 100 Gulden zugesandt. Ich kaufte mir dafür sofort einen Pelz, für welchen 110 Gulden verlangt waren, davon ich aber zehn Gulden, unter der Hinweisung darauf, daß meine Einnahme nur 100 Gulden betragen, abhandelte. Nun aber gelangte noch das Privatgeschenk des Großherzogs an mich, welches in einer goldenen Dose mit 15 Louisdor darin bestand. Ich hatte hierfür schriftlich meinen Dank abzustatten und zugleich einen Entschluß darüber zu fassen, ob ich nach den kummervollen Ermüdungen der letzten Wochen noch die Reihe der mir gewordenen Enttäuschungen durch ein in Dresden zu gebendes Konzert vermehren wollte. Vieles, ja fast alles, was ich im Betreff eines Besuches in Dresden zu berücksichtigen hatte, stimmte mich dafür, mir ein Herz zu fassen und dem freundlichst hierfür besorgten *Hans von Bronsart* in letzter Stunde zu melden, daß er alles Vorbereitete rückgängig machen und mich in Dresden nicht erwarten möge, was er, obwohl es ihm gewiß große Beschwerden verursachte, mit schönem Anstande entgegennahm.

Noch wollte ich nun einen Versuch mit der Firma *Schott* in Mainz machen und wandte mich daher in nächtlicher Reise dorthin, wo die Familie *Mathilde Maiers* mir ein gemütliches Unterkommen in ihrer kleinen Wohnung für den Tag meines Dortseins freundlich aufgenötigt hatte. In der kleinen Karthäusergasse wurde ich für einen Tag und eine Nacht auf das angelegentlichste verpflegt, und von hier aus unternahm ich einen neuen Einfall in die *Schott*sche Verlagshandlung, ohne jedoch große Beute zu gewinnen, da ich mich weigerte, die für das Konzert ausgezogenen und hergerichteten Stücke aus meinen neuen Werken einzeln, eben für den Konzertgebrauch, herauszugeben.

Da mir jetzt als einzig ergiebig nur noch mein Konzert in *Löwenberg* bevorstand, richtete ich jetzt meinen Weg dahin, schlug hierfür aber, um Dresden zu vermeiden, den kleinen Umweg über Berlin ein, wo ich nach durchfahrener Nacht sehr ermüdet am 28. November früh eintraf und von *Bülows*, wie ich mir erbeten, empfangen, zugleich aber auf das eindringlichste dazu beredet wurde, meine im Sinne gehabte sofortige Weiterreise nach Schlesien auf einen Tag, welchen ich ihnen schenken sollte, zu unterbrechen. *Hans* wünschte wohl vor allem auch, daß ich einer Konzertaufführung, welche an diesem Abend unter seiner Direktion stattfand, beiwohnte, was mich denn wohl auch zum Bleiben bestimmte. Bei kalter, rauher und trüber Witterung unterhielten wir uns, so gut gelaunt wie möglich, über meine widerwärtige Lage. Um meine Fonds zu vermehren, ward beschlossen, die goldene Dose des Großherzogs von Baden unserm alten Freunde, dem guten *Weitzmann*, zum Verkauf zu übergeben. Im »Hotel Brandenburg«, wo ich mit *Bülow* speiste, ward mir der Erlös mit ungefähr 90 Talern übermittelt, wobei es an Scherzen über diese Stärkung meines Daseins nicht fehlte. Da *Bülow* Vorbereitungen zu seinem Konzerte zu treffen hatte, fuhr ich mit *Cosima* allein noch einmal in einem schönen Wagen auf die Promenade. Diesmal ging uns schweigend der Scherz aus: wir blickten uns stumm in die Augen, und ein heftiges Verlangen nach eingestandener Wahrheit übermannte uns zu dem keiner Worte bedürfenden Bekenntnisse eines grenzenlosen Unglückes, das uns belastete. Unter Tränen und Schluchzen besiegelten wir das Bekenntnis, uns einzig gegenseitig anzugehören. Uns war Erleichterung geworden. Eine tiefe Beruhigung gab uns die Heiterkeit, ohne Beklemmung dem Konzerte beizuwohnen, in welchem sogar eine vollendet feine und schwungvolle Aufführung der kleineren Beethovenschen Konzert-Ouvertüre (C-dur) sowie die ebenfalls von *Hans* sehr sinnig bearbeitete Glucksche Ouvertüre zu »Paris und Helena« sogar deutlich meine Aufmerksamkeit fesseln konnten. Wir gewahrten *Alwine Frommann* und trafen während der Pause auf der großen Treppe des Konzertsaales mit ihr zusammen; nachdem der zweite Teil begonnen und diese Treppe wieder leer geworden war, verweilten wir, auf einer Stufe derselben niedergesetzt, mit der alten Freundin noch längere Zeit in traulich heiterem Gespräche. Noch hatten wir uns nach dem Konzerte bei Freund *Weitzmann* zu einem Souper einzufinden, dessen wuchtige Copiosität uns der tiefsten Seelenruhe Bedürftige in fast wütende Verzweiflung versetzte. Doch war der Tag beschlossen; nach einer in der *Bülow*schen Wohnung verbrachten Nacht trat ich meine Weiterreise an, beim Abschied an jene erste wunderbar ergreifende Trennung von *Cosima* in Zürich in der Weise gemahnt, daß mir die dazwischenliegenden Jahre als ein wüster Traum zwischen zwei Tagen der höchsten Lebensentscheidung verschwanden. Nötigte damals das ahnungsvoll Unverstandene zum Schweigen, so war es nicht minder unmöglich, dem jetzt unausgesprochen Erkannten Worte zu geben. – Auf einer schlesischen Bahnstation empfing mich Kapellmeister *Seifriz*, um mich in einem fürstlichen Wagen nach Löwenberg zu geleiten. –

Der alte Fürst von *Hohenzollern-Hechingen*, durch seine große Befreundung mit *Liszt* auch mir vorzüglich gewogen, war durch *Heinrich Porges*, welcher auf einige Zeit zu ihm berufen gewesen, von meiner Lage in Kenntnis gesetzt worden und hatte mich nun zur Aufführung eines nur für Eingeladene in seinem bescheidenen Schlosse zu gebenden Konzertes zu sich eingeladen. Nach freundlicher Aufnahme in einer im Parterre seines Hauses gelegenen Wohnung, zu welcher er sich sehr häufig, auf seinem Rollstuhle gefahren, von seinen gegenüberliegenden Zimmern begab, durfte ich mich hier nicht unbehaglich und selbst einigermaßen hoffnungsvoll fühlen. Sogleich ging ich an das Einüben der von mir gewählten Bruchstücke aus meinen Opern mit dem ganz leidlich bestellten Privatorchester des Fürsten, welchen Studien mein Wirt stets mit großer Befriedigung anwohnte. Die Mahlzeiten wurden mit großer Gemütlichkeit gemeinsam eingenommen; am Tage der Konzertaufführung selbst aber kam es zu einer Art von Galadiner, bei welchem ich durch die Anwesenheit der von Zürich her mir genauer befreundeten *Henriette von Bissing*, der Schwester der Frau Dr. *Wille* in Mariafeld, überrascht wurde. In der Nähe Löwenbergs begütert, war auch sie vom Fürsten eingeladen worden und bezeugte jetzt mir die treue Fortdauer ihrer enthusiastischen Anhänglichkeit. Sehr verständig und witzig, ward sie mir sogleich zur bevorzugten Gesellschafterin. Nachdem das Konzert ganz erträglich verlaufen, hatte ich am anderen Tage noch einen Wunsch des Fürsten zu erfüllen, indem ich ihm die Beethovensche C-moll-Symphonie privatim aufführte; auch diesem wohnte Frau von *Bissing*, welche seit einiger Zeit Witwe geworden war, bei, und sie versprach mir, auch nach Breslau zu dem dort zu gebenden Konzerte kommen zu wollen. Vor meiner Abreise von Löwenberg stellte mir Kapellmeister *Seifriz* das mir bestimmte Geschenk des Fürsten in 1400 Talern zu, und zwar mit der Bezeigung des Bedauerns, für jetzt mich nicht reichlicher bedenken zu können. Nach allen von mir bisher gemachten Erfahrungen wahrhaft überrascht und befriedigt, freute es mich, meinen herzlichsten Dank dem wackeren Fürsten in eindrucksvoller Weise kundgeben zu können.

So reiste ich denn nach Breslau, wo mir Konzertmeister *Damrosch*, von meinem letzten Besuche in Weimar her mir bekannt und durch Liszt empfohlen, ebenfalls ein Konzert besorgt hatte. Leider stimmte mich hier alles ungemein traurig und verzweiflungsvoll: die ganze Angelegenheit, wie es andererseits wohl auch zu erwarten stand, war in kleinlichster Weise eingeleitet. Ein ganz abscheuliches Konzertlokal, welches für gewöhnlich nur als Bierhalle diente und mit dem Hintergrunde auf ein kleines Tivoli-Theater mit davor herabgelassenem, entsetzlich gemeinem Vorhange ausging und in welchem ich mir erst einen erhöhten Bretterboden für das Orchester herbeischaffen lassen mußte, widerte mich so stark an, daß ich eigentlich sofort die schlecht aussehenden Musiker entlassen wollte. Mein beängstigter Freund *Damrosch* mußte mir wenigstens versprechen, den fürchterlichen Tabaksgeruch des Lokales neutralisieren zu lassen. Da er mir dennoch im Betreff der Einnahme gar keine Garantie zu bieten hatte, konnte es nur die Rücksicht darauf, ihn nicht stark zu kompromittieren, sein, welche mich endlich noch zur Ausführung des Konzertes bestimmte. Zu meinem Entsetzen sah ich fast das ganze Lokal, namentlich den Vorderteil desselben, nur von Juden innegehabt, und daß ich überhaupt nur der angeregten Teilnahme dieses Teiles der Bevölkerung irgendwelchen Erfolg zu verdanken hatte, erfuhr ich des andern Tages, als ich einem von *Damrosch* mir zu Ehren veranstalteten Mittagsmahle beiwohnte, an welchem nur Juden teilnahmen. Wie ein Lichtstrahl aus einer bessern Welt hatte mich dagegen schon beim Verlassen des Konzertsaales die Erscheinung des Fräulein *Marie von Buch* erheitert, welche mit ihrer Großmutter von den *Hatzfeld*schen Gütern zur Assistenz meines Konzertes herbeigeeilt war und in einem zur Loge dienenden Bretterverschlage bis nach dem Verlaufen des Publikums mein Vorbeigehen erwartet hatte. So trat die junge Dame auch nach dem Schlusse des *Damrosch*schen Diners in Reisekleidern noch einmal an mich heran, um mir mit freundlichen und teilnehmenden Versicherungen die mir wohl angemerkte Trauer über meine Lage einigermaßen zu benehmen. Ich dankte ihr für diese Bezeigungen noch brieflich nach meiner Rückkehr nach Wien, welches sie mit dem Begehren eines Albumblattes erwiderte; diesem fügte ich, eingedenk des erschütternden Eindruckes, mit dem ich Berlin verlassen hatte, gleichsam als Mitteilung meiner Seelenstimmung an eine nicht Unwürdige, die Worte Calderons ein: »Was unmöglich zu verschweigen und unmöglich auszusprechen«, womit ich, nur mir bewußt, das einzig in mir Lebende mit glücklicher Unverständlichkeit einem mir befreundeten Wesen mitgeteilt zu haben glaubte.

Von durchaus andren Folgen war dagegen meine erneuete Begegnung mit *Henriette von Bissing* in Breslau gewesen. Diese war mir hierher nachgefolgt und im gleichen Gasthofe wie ich abgestiegen. Sie schien namentlich wohl auch durch mein krankhaftes Aussehen bestimmt, einem großen Mitgefühl für mich und meine Lage Raum zu geben. Ohne Scheu stellte ich ihr die letztere dar und bezeichnete hierbei die seit meinem Fortgange von Zürich im Jahre 1858 eingetretene Störung einer mir und meinem Berufe einzig förderlichen gleichmäßigen Lebensordnung sowie mein bis jetzt ebenso oft wiederholtes als stets vergebliches Ringen nach Gewinnung einer förderlich andauernden Ordnung meiner äußeren Verhältnisse. Meine Freundin scheute sich nicht, dem, wie sie es bezeichnete, kindischen und unüberlegten Benehmen der Frau *Wesendonk* gegen meine Frau eine Schuld beizumessen, welche sie nun selbst zu sühnen sich berufen fühle. Sie stimmte meiner Niederlassung in Penzing bei und wünschte nur, daß ich durch keinerlei Unternehmung nach außen ihre wohltätige Wirkung auf mich beeinträchtigen möchte. Von meinem Plan, notgedrungenerweise schon diesen Winter Rußland des Geldes wegen zu bereisen, wollte sie durchaus nichts hören, und übernahm es dagegen, aus ihrem eigenen, allerdings sehr bedeutenden Vermögen mir die nicht geringe Summe zu verschaffen, welche mich auf längere Zeit unabhängig erhalten sollte. Für einige Zeit müßte ich mir noch zu helfen suchen, so gut und schlimm es eben ginge, da sie wohl nur mit vielleicht nicht unbedeutender Mühe das versprochene Geld mir zur Disposition würde stellen können.

Von dem Eindrucke dieser Begegnung trostreich gestimmt, kehrte ich nun am 9. Dezember nach Wien zurück. Bereits hatte ich von Löwenberg den größten Teil des fürstlichen Geschenkes teils für Minna, teils zur Bezahlung neu entstandener Schulden nach Wien zu schicken gehabt. Mit geringer Barschaft, aber nun gründlich gefaßter Hoffnung, konnte ich meine wenigen Freunde jetzt in erträglicher Laune begrüßen. Von diesen stellte sich fortan *Peter Cornelius* allabendlich bei mir ein, und es begründete sich zwischen uns, zu denen auch *Heinrich Porges* sowie *Gustav Schönaich* sich zu Zeiten gesellten, ein traulicher Gewohnheitsverkehr ein. Für den Weihnachtsabend lud ich sie alle zu mir, und bei angezündetem Christbaume bescherte ich jedem von ihnen eine beziehungsvolle Kleinigkeit. Auch bekam ich jetzt noch einmal zu tun, da *Tausig* für ein von ihm im großen Redoutensaale zu gebendes Konzert meine Mitwirkung erbat. Neben einigen Bruchstücken aus meinen neuen Opern führte ich zu meiner besonderen Genugtuung auch, und zwar ganz nach meinem Sinne, die Ouvertüre zu »Freischütz« auf, davon die Wirkung selbst für das Orchester eine ganz überraschende war. – Für eine offizielle Beachtung meiner Leistungen zeigte sich aber nicht die mindeste Aussicht; ich war und blieb von höherer Stelle unbeachtet. Die Mitteilungen der Frau *von Bissing* deckten allmählich Schwierigkeiten auf, denen sie bei der Erfüllung ihres Versprechens begegnete: doch blieben sie immer noch hoffnungsvoll, so daß ich mit guter Laune den Silvesterabend bei *Standhartners* zubringen und durch ein ebenso humoristisches als weihevolles Gelegenheitsgedicht von *Cornelius* erfreut werden konnte.

Das neue Jahr 1864 trat jedoch mit bald immer ernsterer Miene an mich heran. Ich erkrankte an einem schmerzlich sich steigernden katarrhalischen Leiden, welches *Standhartners* Fürsorge häufig in Anspruch nahm. Noch ernstlicher wurde ich aber durch die Wendung bedroht, welche die Mitteilungen der Frau *von Bissing* jetzt nahmen. Wie es schien, konnte sie ohne Hilfe ihrer Hamburger Familie, der des Schiffsreeders *Sloman*, das mir versprochene Geld nicht erheben und hatte dagegen von hier aus die heftigsten, wie es schien, auch mit Verleumdung gegen mich gewürzten Abmahnungen zu bekämpfen. Bereits beunruhigten mich diese Umstände derart, daß ich wünschte, der Hilfe dieser Freundin gänzlich entsagen zu dürfen, und ich nahm hierfür meine früheren Pläne auf Rußland ernstlich wieder auf. Fräulein *von Rhaden*, an welche ich mich wiederum gewandt hatte, mußte mir von jedem Versuche, Petersburg zu besuchen, dringend abraten, da ich selbst den Weg dahin, der in den polnischen Provinzen entstandenen Kriegsunruhen wegen, nicht frei sowie auch im allgemeinen gar keine Beachtung in Petersburg selbst finden würde. Noch wurde mir aber ein Besuch von Kiew, mit einer Aussicht auf einen Gewinn von 5000 Rubel, als durchaus möglich erklärt. Dahin richtete ich nun meine Gedanken und entwarf mit *Cornelius*, der mich dorthin begleiten wollte, den Plan, über das Schwarze Meer nach Odessa und von dort aus nach Kiew zu reisen, wofür wir beide uns bereits mit den gehörigen Pelzen zu versehen beschlossen. Einstweilen blieb mir nichts andres übrig, als durch immer neue Wechsel auf kurze Frist zur Bezahlung von alten, ebenfalls auf kurze Frist lautenden Wechseln zu denken. Ich geriet hierdurch in ein wirtschaftliches System, welches, da es auf offenbaren und unaufhaltsamen Ruin hinausgeht, nur durch die Annahme einer endlich noch rechtzeitig eintretenden gründlichen Hilfe geklärt werden konnte. In diesem Betreff mußte ich mich endlich gedrängt fühlen, von meiner Freundin die bestimmte Erklärung zu erbitten, nicht ob sie mir sofort helfen *könne*, sondern ob sie überhaupt mir helfen *wolle*, da ich den Verfall meiner Lage nicht mehr aufzuhalten imstande sei. Sie mußte durch mir unbekannte Vorstellungen sich im höchsten Grade gepeinigt fühlen, als

sie es über sich gewann, mir ungefähr so zu antworten: »Sie wollen endlich auch wissen, ob ich *will*? Nun denn, in Gottes Namen: *nein*!« Für dieses mir damals ganz unerklärliche und einzig durch die Schwäche ihres nicht unabhängigen Charakters verständlich Dünkende erhielt ich wenige Zeit hierauf durch ihre Schwester, Frau Dr. *Wille*, eine sehr überraschende Aufhellung: mit großer Pein über meine Fragen darnach gestand mir diese nämlich in größter Aufregung, ihre Schwester habe sich gesagt: »Und wenn ich Wagner rette, so liebt er doch am Ende nur die Wesendonk!«...
Unter diesen Schwankungen war jetzt bereits der Monat Februar zu Ende gegangen, und während ich mit *Cornelius* unsern russischen Reiseplan ausarbeitete, erhielt ich von Kiew und Odessa die Nachricht, daß für dieses Jahr von jeder künstlerischen Unternehmung dort abzuraten sei. Es stellte sich mir klar heraus, daß unter den eingetretenen Umständen an eine Aufrechthaltung meiner Lage in Wien sowie meiner Haushaltung in Penzing nicht mehr zu denken war, da sich mir nicht nur keinerlei Aussicht auf wenn auch nur vorübergehenden Gelderwerb zeigte, sondern auch meine Wechselschulden, die sich nach dem genügend bekannten Wuchersysteme bis zu einer bedenklichen Höhe gesteigert hatten, in der Art drohend mich bedrängten, daß ohne eine außerordentliche Hilfe selbst meine Person davon betroffen wurde. In dieser Lage wendete ich mich mit vollster Offenheit, zunächst jedenfalls nur um Rat, an den kaiserlichen Landgerichtsrat *Eduard Liszt*, den jungen Oheim meines alten Freundes *Franz*. Dieser hatte sich mir bereits bei meinem ersten Aufenthalt in Wien als warm ergebener und zu jeder Dienstleistung erbötiger Mann bekannt gemacht. Für die Auslösung meiner Wechsel konnte er natürlich keinen anderen Weg ersehen als die Dazwischenkunft eines reichen Gönners, welcher die Gläubiger abfinden würde. Er glaubte eine Zeitlang, eine mir sehr geneigte, zugleich reiche Kaufmannsfrau, Madame *Schöller*, würde die Mittel hierzu besitzen und anzuwenden willig sein. Auch *Standhartner*, für den ich keinen Hehl hatte, vermeinte in diesem Sinne für mich etwas erwirken zu können. Hierdurch ward meine Lage wiederum auf einige Wochen im Schwanken erhalten, bis es sich herausstellte, daß meine Freunde mir höchstens so viel bieten konnten, daß ich eine durchaus notwendig dünkende Flucht nach der Schweiz ausführen könnte, wo und von wo aus ich, mit bis dahin geschützter Person, für die später zu ermöglichende Einlösung der von mir ausgestellten Wechsel Mittel finden müßte. Dem Gerichtsmanne *Eduard Liszt* schien dieser Ausweg namentlich auch deshalb erwünscht, weil er dadurch in die Lage gelangen könnte, den an mir ausgeübten unerhörten Wucher bestrafen zu lassen. – Während der bänglichen Zeit der letzten Monate, welche eine undeutliche Hoffnung immer noch durchzogen hatte, war der Verkehr mit meinen wenigen Freunden andauernd lebhaft geblieben. Ganz regelmäßig stellte sich jeden Abend noch immer *Cornelius* ein, zu welchem sich *Otto Bach* sowie der kleine Graf *Laurencin*, einmal auch *Rudolf*

Liechtenstein gesellten. Mit *Cornelius* begann ich allein die Wiederaufnahme der Lektüre der »Ilias«: als ich an den »Schiffskatalog« kam, wollte ich denselben überschlagen; allein *Peter* bestand darauf und bot sich selbst zum Vorlesen desselben an: ob wir ihn noch ganz zu Ende lasen, entsinne ich mich nicht mehr. Dafür bestand meine einsame Lektüre in der »Geschichte des Grafen Rancé« von *Chateaubriand*, welche mir *Tausig* in das Haus gebracht hatte, der nun aber selbst spurlos verschwunden war, bis er nach einiger Zeit als Bräutigam einer ungarischen Klavierspielerin wieder auftauchte. Ich befand mich in dieser ganzen Zeit stets sehr leidend und von schmerzhaften katarrhalischen Zuständen heftig geplagt. Todesgedanken traten mir so nahe, daß ich endlich zu ihrer Abwehr keine Lust mehr empfand. Ich ging an die Vererbung von Büchern und Manuskripten, von denen *Cornelius* ein Teil zufiel. Schon vor einiger Zeit hatte ich an *Standhartner* meinen übrigen in der Wohnung von Penzing befindlichen, leider jetzt gänzlich problematisch gewordenen Besitzstand zum vorsorglichen Schutz empfohlen. Da jetzt meine Freunde mir mit größter Bestimmtheit die Fluchtbereitschaft anempfahlen, hatte ich mich, da der Weg nach der Schweiz führen sollte, an *Otto Wesendonk* mit der Bitte um Aufnahme in seinem Hause gewendet. Dieser schlug meine Bitte ganz vollständig ab: worauf ich nicht umhin konnte, ihn durch eine Antwort meinerseits auf seine große Erbärmlichkeit aufmerksam zu machen. Es galt jetzt meine Verreisung als eine kurze und auf schnelle Wiederkunft berechnete auszuführen. *Standhartner*, in der größten Sorge, meinen Fortgang nicht bemerkt werden zu lassen, ließ mich in seine Wohnung zum Mittagessen kommen, wohin mein Diener *Franz Mrazek* mir meinen Reisekoffer zustellte. Von ihm, seiner Frau *Anna* und dem guten Hunde *Pohl* nahm ich sehr beklommenen Abschied. Standhartners Stiefsohn *Karl Schönaich*, dieser unter Schmerzen und Weinen, sowie *Cornelius,* der dagegen in frivol aufgelegter Laune war, begleiteten mich nach dem Bahnhof, wo ich am 23. März nachmittags abfuhr, um zunächst mich in München, wie ich hoffen durfte, unbeachtet, von den schrecklichen Aufregungen der letzten Zeit während zweier Tage zu erholen. Diese brachte ich daselbst im »Bayerischen Hofe« zu, von wo aus ich gelegentlich einige Gänge durch die Stadt unternahm. Es war Karfreitag: bei sehr rauhem Wetter schien die Stimmung dieses Tages die ganze Bevölkerung, welche ich in tiefste Trauer gekleidet von Kirche zu Kirche sich bewegen sah, einzunehmen. Vor wenigen Tagen war der den Bayern so liebgewordene König *Maximilian II.* gestorben und hatte seinen Sohn in dem so jugendlichen, dennoch bereits zum Antritt der Regierung berechtigenden Alter von $18^{1/2}$ Jahren als Thronerben hinterlassen. An einem Schaufenster sah ich ein Porträt des jungen Königs *Ludwig II.*, welches mich mit der besonderen Rührung ergriff, die uns Schönheit und Jugend in vermuteter ungemein schwieriger Lebenslage erweckt. Hier schrieb ich eine humoristische Grabschrift für mich auf und reiste nun unbehelligt über den Bodensee, abermals in Flucht begriffen und asylbedürftig, nach Zürich, von wo aus ich mich sofort nach Mariafeld, dem Gute des Dr. *Wille*, begab.

An die von meinem früheren Züricher Aufenthalt mir vertraut gewordene Frau jenes meines sonst mir ziemlich fernstehend gebliebenen Freundes hatte ich mich bereits brieflich um Aufnahme für einige Tage gemeldet, um die nötige Zeit zur Aufsuchung eines mir geeignet dünkenden Unterkommens in einer der Ortschaften des Züricher Sees aufzusuchen; was sie mir freundlich gewährt hatte. Den Dr. *Wille* selbst traf ich jetzt noch nicht an, da er auf einer Vergnügungsreise nach Konstantinopel begriffen war. Es fiel nicht schwer, der Freundin meine Lage begreiflich zu machen, zu deren Abhilfe ich sie höchst willig aufgelegt fand. Zunächst räumte sie mir einige Wohnzimmer in dem ehemals von Frau *von Bissing* bewohnten Nebengebäude ein, aus welchem jedoch das frühere, nicht unbehagliche Mobiliar entfernt war. Ich hatte den Wunsch, mich selbst zu beköstigen, mußte aber ihrer Bitte, diese Sorge für sich zu übernehmen, nachgeben. Nur fehlte es an Mobiliar, und hierfür glaubte sie sich an Frau *Wesendonk* wenden zu dürfen, welche ihr sofort einiges Entbehrliche aus ihrem Hausrate sowie ein Pianino zusandte. Auch wünschte sie, um einen üblen Schein abzuwenden, daß ich meinen alten Freunden in Zürich einen Besuch machen möchte; große Kränklichkeit, durch die schwer heizbaren Räume vermehrt, hielten mich so lange davon ab, bis *Otto* und *Mathilde Wesendonk* uns selbst in Mariafeld aufsuchten. Dieses Paar schien sich in sehr unklarer und gespannter Lage zu befinden, davon die Gründe mir nicht ganz unerkenntlich waren, in meinem Benehmen jedoch keine Beachtung fanden. Schlechte Witterung und tiefster Unmut verschlimmerten fortwährend meine katarrhalischen Leiden, welche mich auch unfähig dazu machten, in den benachbarten Ortschaften mich nach einer Wohnung umzusehen. In meinem Karlsruher Pelz von früh bis abends eingehüllt, verbrachte ich die schauerlichen Tage mit betäubender Lektüre, zu welcher Frau *Wille* mir einen Band nach dem andren in meine Abgeschiedenheit herübersandte. Ich las »Siebenkäs« von *Jean Paul,* das »Tagebuch« *Friedrichs des Großen, Tauler,* Romane von *George Sand, Walter Scott,* endlich auch »Felicitas« aus der Feder meiner teilnehmenden Wirtin selbst. Von außen gelangte an mich außer einem heftigen Lamento *Mathilde Maiers* nur, wunderlich genug mich erfreuend, eine Sendung von 75 Franken Pariser Tantiemen, von *Truinet* mir zugesandt. Hierüber geriet ich in halb launiger, halb galgenhumoristischer Unterredung mit Frau *Wille* darauf, was ich wohl zu tun hätte, um mich vollständig aus meiner elenden Lebenslage zu befreien. Wir verfielen unter andrem auf die Notwendigkeit, eine Scheidung von meiner Frau herbeizuführen, um auf eine reiche Heirat ausgehen zu können. Da mir alles rätlich und nichts unrätlich erschien, schrieb ich wirklich an meine Schwester *Luise Brockhaus* ob sie nicht in einer vernünftigen Unterredung *Minna* dazu bringen könnte, sich fortan nur an das ausgesetzte Jahrgeld, nicht aber an meine Person mehr zu halten; worauf mir mit großem Pathos der Rat gegeben ward, doch fürerst noch an die Feststellung meines Rufes zu denken und durch ein neues Werk mich in unangefochtenen Kredit zu setzen, was dann ja wohl mir auch ohne exzentrische Schritte zum Guten verhelfen würde: jedenfalls würde ich gut tun, mich um die freigewordene Kapellmeisterstelle in Darmstadt zu bewerben. – Aus Wien bekam ich sehr schlimme Nachrichten: um vor allen Dingen mein in der dortigen Wohnung zurückgelassenes Mobiliar zu beschützen, hatte *Standhartner* einen Verkauf auf Wiederkauf desselben mit einem Wiener Negozianten abgeschlossen, worüber ich meine höchste Entrüstung zurückäußerte, da ich namentlich hierdurch meinen Hauswirt, welchem ich in den nächsten Tagen einen Mietzins schuldig wurde, beeinträchtigt sah. Es gelang mir durch Frau Dr. *Wille* das nötige Geld zur Bezahlung dieses Zinses zu meiner Verfügung zu erhalten, welches ich jetzt sofort dem Baron *Rackowitz* zusandte. Leider erfuhr ich jedoch, daß *Standhartner* mit *Eduard Liszt* bereits reine Wirtschaft gemacht, aus dem Ertrag der Möbel die Hausmiete bezahlt und hierdurch mir jede Rückkehr nach Wien, welche sie beide für durchaus verderblich für mich hielten, abgeschnitten hatten. Da mir zugleich aber *Cornelius* meldete, daß *Tausig*, der bei einem der Wechsel mit unterzeichnet hatte, durch mich von der von ihm gewünschten Rückkehr nach Wien sich abgehalten sah (er war damals in Ungarn), ward ich hiervon so empfindlich betroffen, daß ich auf jede Gefahr hin sofort nach Wien zurückzureisen mich entschloß. Ich kündigte dies meinen dortigen Freunden an, entschied mich jedoch dafür, zuvor erst zu versuchen, ob ich mich mit so viel Geld versehen könnte, daß ich meinen Gläubigern einen Vergleich anzubieten imstande wäre. Hierfür hatte ich mich auf das dringendste und nicht ohne heftige Vorwürfe über sein Benehmen gegen mich an *Schott* nach Mainz gewendet. Den Ausgang dieser Bemühungen abzuwarten und in etwas größerer Nähe zu betreiben, beschloß ich jetzt, mich von Mariafeld nach Stuttgart zu wenden. Zur Ausführung dieser Diversion bestimmten mich noch andere, und zwar folgende Beweggründe.

Dr. *Wille* war zurückgekehrt, und sogleich konnte ich ihm anmerken, daß ihm mein Aufenthalt in Mariafeld beängstigend sei, da er vermutlich befürchten mochte, es könne auch auf seine Hilfe für mich gezählt werden. In einiger Beschämung, zu welcher ihn mein hierauf folgendes Verhalten veranlaßte, bekannte er mir in einer aufgeregten Stunde, daß er gegen mich in einem Gefühle befangen sei, welches man einem Manne, der sich unter seinesgleichen denn doch auch als etwas vorkommen dürfte, sehr wohl verzeihen müsse, wenn er in nahe Berührung mit einem andren käme, dem er als durchaus fremdartig sich untergeordnet fühle: »Man wolle in seinem Hause doch auch etwas sein, gerade hier aber nicht einem andern bloß zur Unterlage dienen.« Frau *Wille* hatte unter Voraussetzung der Stimmung ihres Mannes mit der Familie *Wesendonk* ein Abkommen eingeleitet, nach welchem diese mir während meines Aufenthaltes in Mariafeld eine monatliche Sustentation von 100 Franken zukommen lassen sollte; als ich hiervon Kenntnis erhielt, hatte ich nichts anderes zu tun, als an Frau *Wesendonk* meine sofortige Abreise aus der Schweiz zu melden und sie in freundlichster Weise zu ersuchen, sich aller Bekümmernis um mich als enthoben zu betrachten, da ich die Ordnung meiner Angelegenheiten ganz meinem Wunsche gemäß eingeleitet hätte. Ich erfuhr späterhin, daß sie diesen Brief, den sie für kompromittierend gehalten haben mochte, uneröffnet an Frau *Wille* zurückstellte.

Für jetzt reiste ich am 30. April nach Stuttgart ab; dort nämlich wußte ich *Karl Eckert* seit einiger Zeit als Kapellmeister des Königlichen Hoftheaters niedergelassen, und ich hatte Grund, diesen sehr gutartigen Menschen nach seinem vortrefflichen Benehmen als Direktor der Wiener Oper gegen mich sowie auch im Betracht seines enthusiastischen Besuches bei meinem vorjährigen Konzert in Karlsruhe als mit großer Unbefangenheit mir ergeben anzusehen. Nichts andres erwartete ich mir auch von ihm, als daß er beim Aufsuchen eines stillen Unterkommens, etwa in Cannstatt bei Stuttgart, für die Dauer des bevorstehenden Sommers mir behilflich sein möchte. Hier wollte ich nämlich in möglichster Schnelligkeit zuvörderst den ersten Akt der »Meistersinger« vollenden, um *Schott* endlich einen Teil des Manuskriptes übersenden zu können, auf dessen baldigen Empfang ich ihn verwiesen hatte, als ich ihn um so lange mir verweigerte Vorschüsse anging. Sodann wollte ich in größter Zurückgezogenheit und, wie ich wünschte, Verborgenheit die Mittel zu sammeln suchen, mit welchen ich meiner Wiener Verpflichtungen mich zu entledigen vermöchte. Von *Eckert* ward ich äußerst freundschaftlich aufgenommen. Seine Frau, eine der größten Schönheiten Wiens, welche aus phantastischem Verlangen, mit einem Künstler vereint zu sein, eine sehr vorteilhafte äußere Stellung aufgegeben hatte, war hinreichend vermögend geblieben, um dem »Kapellmeister« ein gastliches und behagliches Haus zu halten, wovon ich jetzt einen freundlichen Eindruck gewinnen durfte. *Eckert* hielt es durchaus für seine Pflicht, mir den Intendanten des Hoftheaters, Baron von *Gall*, zuzuführen: dieser äußerte sich verständig und wohlwollend im Betreff meiner schwierigen Lage in Deutschland, wo mir wohl so lange alles verschlossen bleiben würde, als die überall zerstreuten sächsischen Gesandten und Agenten mit Verdächtigungen aller Art mir zu schaden suchen dürften. Er vermeinte nach genauerer Bekanntschaft mit mir sich veranlaßt zu sehen, durch den württembergischen Hof für mich einzutreten. Als ich am Abend des 3. Mai im *Eckert*schen Hause mich über alle solche Dinge unterhielt, wurde hier, ziemlich spät, die Karte eines Herrn an mich abgegeben, welcher sich »Sekretär des Königs von Bayern« nannte. Sehr unangenehm davon überrascht, daß mein Aufenthalt in Stuttgart schon Durchreisenden bekannt wäre, ließ ich hinaussagen, ich sei nicht anwesend, worauf ich mich alsbald in meinen Gasthof zurückzog, um hier wiederum von dem Wirte desselben davon benachrichtigt zu werden, daß ein Herr aus München mich dringend zu sprechen wünsche, welchen ich nun für den anderen Morgen um zehn Uhr beschied. Stets auf Übles mich vorbereitend, verbrachte ich eine unruhige Nacht, nach welcher ich andren Tags Herrn *Pfistermeister*, Kabinettssekretär S. M. des Königs von Bayern, in meinem Zimmer empfing. Dieser äußerte mir zunächst seine große Freude darüber, mich nach allem vergeblichen Aufsuchen in Wien, endlich sogar in Mariafeld am Züricher See durch glückliche Nachweisungen geleitet, hier angetroffen zu haben. Er überbrachte mir ein Billett des jungen Königs von Bayern, zugleich mit einem Porträt sowie einem Ring als Geschenk desselben. Mit wenigen, aber bis in das Herz meines Lebens dringenden Zeilen bekannte mir der junge Monarch seine große Zuneigung für meine Kunst und seinen festen Willen, mich für immer als Freund an seiner Seite jeder Unbill des Schicksals zu entziehen. Zugleich meldete mir Herr *Pfistermeister*, daß er beauftragt sei, mich sofort dem Könige nach München zuzuführen, und erbat sich von mir die Erlaubnis, seinem Herrn telegraphisch meine Ankunft für morgen melden zu dürfen. Ich war für Mittag zur Mahlzeit bei *Eckerts* eingeladen; Herr *Pfistermeister* mußte ablehnen, mich dorthin zu begleiten. Meine Freunde, zu denen sich auch jener junge *Weißheimer* aus Osthofen gesellt hatte, gerieten durch die von mir ihnen überbrachte Nachricht in das sehr begreiflich freudevollste Erstaunen. Über Tisch ward an Eckert telegraphisch der soeben in Paris erfolgte Tod *Meyerbeers* gemeldet: *Weißheimer* fuhr mit bäurischem Lachen auf über diesen wunderbaren Zufall, daß der mir so schädlich gewordene Opernmeister gerade diesen Tag nicht mehr hatte erleben sollen. Auch Herr von *Gall* stellte sich ein, um in sehr gewogenem Erstaunen mir zu bekennen, daß ich allerdings jetzt seiner Vermittelung nicht mehr bedürfe. Er hatte den »Lohengrin« bereits bestellt und zahlte mir jetzt sofort das dafür stipulierte Honorar aus. Des Abends um fünf Uhr traf ich nun auf dem Bahnhofe mit Herrn *Pfistermeister* zusammen, um mit ihm gemeinschaftlich nach München zu fahren, wo mein Besuch dem Könige bereits für den folgenden Tag angemeldet war.

Von Wien her hatte ich am gleichen Tage die dringendsten Abmahnungen von einer Rückkehr dorthin erhalten. Schrecken dieser Art sollten sich seitdem in meinem Leben nie wiederholen. Der gefahrvolle Weg, auf den mich heute mein Schicksal zu höchsten Zielen berufen hatte, sollte nie frei von Sorgen und Nöten von bis dahin mir noch ganz ungekannter Art sein; nie jedoch hat unter dem Schutze meines erhabenen Freundes die Last des gemeinsten Lebensdruckes mich wieder berühren sollen.

ANNALEN

1864 - 1868

1864

5. Mai: Besuch beim König. 6. Mai: Eröffnungen: Brief des Königs. Wiener Abmachungen. Wohnung am Englischen Park. (Frau Kaulbach. Pecht. Lachner.) Bei Starnberg für den Sommer. 10. Mai nach Wien. Franz. Heinrich Porges. Umwege nach Praterstraße zu Dr. Stern. (Porges.) Advokat Trotter. Standhartner. Nachmittag 3 Uhr alles geordnet. 11. Mai: Österreichischer Hof. Verhandlungen wegen der Möbel. Standhartner und Liszt nicht besucht. Peter albern. Heftige Korrespondenz mit Hans. Telegraphisch. Praterfahrt. Nicht Tausig. Abschied von Standhartner. 13. Mai: Mit Franz, Anna, Kind und Pohl nach München. 14. Mai: König. 15. Mai nach Starnberg. König in Berg: fast täglich vormittags. An Cosima wegen Hans. Lade die Wiener und Eckerts zu meinem Geburtstag: 20. Mai bleibe völlig allein. (Cornelius zu mir geladen: keine Antwort.) 22. Mai mit Pfistermeister allein. Königs Porträt. Vorlesungen. Ende Mai: König nach Kissingen (Kaiserin von Rußland – Beginn der Intrigen.) – *Juni:* schlecht Wetter. Unruhe. Peter antwortet auf keinen Brief. Heinrich Porges nimmt meine Aufforderung nicht an. Mathilde Maier schlägt ab. Pfistermeister, König. Fonds zur Bezahlung meiner Schulden. 12. Juni nochmals: Wien. Einiges Mobiliar zurück: Franz packt. Advokat Trotter: Schuldentilgung. Cornelius zurückgewiesen. Puppe verständig. »Freundschaften«. Dr. Liszt besucht. Standhartner. Porges 2.–14. Juni zurück. Starnberg. Flügel. (Hietzinger Bandfabrikant.) »Über Staat und Religion«. Ende Juni: Cosima mit Kindern. Anfang *Juli:* Eckerts (»Esel auf dem Eise!«) 7. Juli: Hans. Bald Klindworth. Ende Juli: täglich mit Hans (auch Klindworth) zum König nach München. Diners. 29. Juli Hans' Anstellung. (Rückfahrt: Zähnefletschen.) Zumbusch. Kochelsee. Hans erkrankt: Klindworths Abreise. *August*

– König in Hohenschwangau. Geburtstagsmusik. (Streck.) »Staat und Religion« diktiert. Lasalle. Cosima nach Karlsruhe. Hans nach München: krank und wütend im Gasthof. Füssen und Hohenschwangau (mit Zumbusch). Keine Musik: Königin-Mutter. 25. August: Augsburger Bahnhofwärter. Starnberg: (September.) Gedicht an den König. Cosima über den See. Nach München: Liszt. (Grauer Mann.) Geht mit mir 1 Tag und Nacht nach Starnberg. Lobt meine Verständigkeit. Noch einmal München: Bayerischer Hof: Kaulbach. (Hans!) *3. September* früh Liszt, abends Hans und Cosima abgereist. Still in Starnberg. Unterhandlungen wegen Nr. 21 Briennerstraße. Ottilie Brockhaus, Hermann und Tochter zum Besuch. Angenehme Verwandtschaftlichkeit. (Sakokzenalpski.) Königsbriefe. Cosima mit Vater auf Reisen. »An Dich«. Brief über Nibelungen-Vollendung an den König. Diner bei Lachner. Vreneli aus Luzern. – Anfang *Oktober* nach München: Gasthof. Friedrich Schmitt. Geburtstagsmusik. (Nohl.) König im Schloß. (Marschalluniform.) Verabredungen. Cornelius berufen. Pfistermeister (?) Briennerstraße: das Schiff. Mathilde Maier mit Mutter (falsche Krankheitsnachricht). 15. Oktober erste Nacht im Schiff. Diner mit Dienerschaft und Maiers. Krankheit: Hämorrhoidalknoten. Geschwür. Bettlägrig. Cosima. (Hotel Marienbad.) Aus Marseille zurück. (22. Oktober: Liszts Geburtstag.) Mathilde abgereist. (Cosima spricht im Schlaf viel von Daniel.) Jours des morts. Viel Rätsel. Klosterglöckchen: Consuelo; *2. November* früh 6 Uhr. Langsame Genesung. Einrichtung. (Anonymer Brief aus Zürich.) Gute Briefe: Stärkung. Kunstentschlüsse. (Augsburger Bahnbeamter.) Krietes Zinsenforderung. Lachner. Perfall. Pecht. Proben zum »Fliegenden Holländer«. Dumpfheit. 20. November: Bülows Ankunft. (Marienbad.) – *Dezember:* 4. und 7. Aufführung des »Fliegenden Holländers«. 11. Dezember Konzert im Theater. Hymne für die freistaatlichen Nordamerikaner. (Ullmann.) Diner mit Lachner, Perfall, Pfistermeister. König befeuernd. (Etwas instrumentiert.) (Tausigs Heiratsbrief.) Echter (Nibelungengang.) Neues Geschwür. Hofrat Gietl. Semper: Theater. Tristan projektiert: Schnorr-Korrespondenz. Peter Cornelius: (Pinocnez.) Noch einmal Weihnacht. Silvester im Bett. Alberne Träume.

1865

Januar: Semper in München. Theaterprojekt. Allgemeine Zeitung widerspricht. König: gegen Musik bei Hofe. Hans schwierig. Porträt bei Pecht. (Träume.) Pechts Aufsatz über Semper und Theaterbau. *1. Februar:* Musikaufführung privatim im Residenztheater. (»Am Rande des Abgrundes«!) 6. Februar: Pfistermeisters Morgenbesuch (»Mein Junge«). Von der Türe des Königs zurückgeführt; Pechts Porträt. Ungnade in den Zeitungen. (»Fliegender Holländer«) Tannhäuser: ohne König (12. Februar) Allgemeine Zeitung »Genossen«. 17. Februar Audienz: Unschuldsversicherung. Pfistermeister. 19. Februar Allgemeine Zeitung: »Richard Wagner und die öffentliche Meinung«. Pechts Erklärung gegen die 1000 fl. Meine Erklärung: 22. Februar. Frau Dangl: »Vorsicht Bayerns«. 25. Februar Allgemeine Zeitung nochmals. Stillstand. Staatsrat Klindworth aus Brüssel (später mit Madame Street wieder). Balzac. Zahlberg aus Karlsruhe: 26. Februar schöner Sonntag mit Bülows, Zahlberg und Cornelius. Schnorrs kommen an. Pfistermeister auf 4 Tage verreist. Tannhäuser: mit Schnorr. Abschluß für Tristan. 6. März Schnorrs: zurück. An den König: Alles klar dargestellt: Antwort mit Berufung an mein Vertrauen: »Soll ich fort?« – »Bleiben Sie!« – Vorbereitungen für Tristan, Hans' Konzertreise. »Bericht über Musikschule«. Diktiert und eingereicht. – *April* 2.: Hans. 5.: Schnorrs. Mitterwurzer (Zottmaier. Deinet.) Klavierproben im »Schiff«. (Cornelius nach Weimar: Cid.) 10. April Isolde geboren. 1. Korrekturprobe. Die beiden »Löwen«. (Hauskauf erzwungen. Schwabe-Schwind.) Hof- statt Residenztheater. *Mai:* »Schweinehunde«. 11. Mai Generalprobe (H. Porges.) 15. Mai – Besuche. (Meine Einladung im Botschafter.) Schwabe-Schwind. Schauß. Frau Schnorr heiser. Keine Vorstellung. (Gaspérini, Röckel usw., auch Mathilde Maier.) Verzögerung. Gartenempfänge. 22. Mai Geburtstag (Blau!) Pfauen. Löwen. Berg-Possenhofen. Besuche fort. Schnorrs nach Reichenhall. – *Juni:* 8. und 9. neue Proben. (Dorn.) Alexander und Franziska Ritter. Gaspérini und Leroy. 10. Juni 1. Aufführung von Tristan und Isolde. (Loge. Empfang. Vorspiel.) 13. Juni 2. Aufführung. (Unwohl: entfernt; Promenade während I. Akt.) 19. Juni 3. Aufführung. (König Otto. Berg: Cosima. Pfistermeister. König.) Albert Wagner. Tegernsee: Hummeln. (Cosima: träumt Altarblatt mit jüngstem Gericht.) Hans in Baden. (Englische Garten.) *1. Juli:* 4. Aufführung. (Königlich.) Frau Heim. Schuré. 9. Juli »Fliegender Holländer« mit Schnorr. Gewitter. Düster. 12. Juli Konzert im Residenztheater: (Rheingold. Walküre. Meistersinger. Königsmarsch.) Tee im Bayerischen Hof. Abschied von Schnorr. (13. Juli früh: fort.) Berg: Aufregung. Pfistermeister am Kahn. (15. Juli: Bild an Pecht bezahlt.) Pfistermeister: abgewiesen. 16. Juli: nochmals Berg. (Cosima und Kinder; Zauber- und Irrgarten.) 21. Juli: Telegramm aus Dresden: Schnorr gestorben. 22. Juli mit Hans nach Dresden. Sängerfest: Beschleunigtes Begräbnis versäumt. (Malwines Empfang und Blick.) (23. Juli.) Mittag nach Prag. (Juden; Schützeninsel.) 25. Juli in München zurück. 28. Juli Berg. Baron von Moy. (Musikschulverschleppung.) (Praeger.) Mitte *August:* Cosima nach Pest. »Hochkopf«. Ramayana. »Les Misérables«. Gedicht (Siegfried-Tristan.). Kapuzinerbesuch. König Hohenschwangau. 25. August: zurück ins Schiff. (Gedicht telegraphisch an den König.) Entwurf des »Parzival«. *September.* Cosima zurück. Geisterstunde. »Was ist deutsch?« II. Akt Siegfried Instrumentation. – *2. Oktober:* König in München. Cosima und Pfistermeister in Unterhandlungen. 8. Oktober Bruch mit Pfistermeister. Lutz. 18. Oktober König in München. 20. Oktober Geldsäcke. Nach Wien: Fröbel. Zahnarzt. *November:* König auf Grütli. Einladung – Hohenschwangau. 8 Tage: Paul Taxis. Biessenhofen. Zurück: Hans immer verreist: Mittags mit Cosima und Kindern (Russumuck.) Tenorist Vogl. (Friedrich Schmitt.) Volksbote: Kabinett. (Ingenieur Bauer.) Röckel. (Wegen Neumayr.) Instrumentation Siegfried: II. Akt beendigt. Morgentraum: Spinngewebe. – 6. *Dezember:* König in München; Abendbesuch: Lutz' Auftrag. Mathieu. (Grandauer. Reitknecht. Kilp.) 8. Dezember Pfändungsbesuch: Kriete. Advokat Freitag. Korrespondenz mit dem König die drei Nächte. 10. Dezember: früh abgereist. (Porges: auch Peter.) Ohne Träne. Pohl (hustend) und Franz. Wieder Bodensee. Bern: 2 Nächte. 12. Dezember Vevey. Pension Prélat. Großherzog von Baden. Landhaus suchen. (Ratzenberger.) Draeseke von Lausanne. Mit Vreneli 20. Dezember nach Genf. Métropole. »Artichauts«. Kalt und krank. Weihnacht. 28. Dezember: Einzug. Silvester: auf Südfrankreich.

1866

Januar: An Ferry (Pohl kränker: Mantelet.) Constantin Frantz: Bücher, Briefe. – Briefe: teilnehmend, anonym. Schluß des I. Aktes Meistersinger vorgenommen. Nichtwiederkehr; Mißverständnisse. 20. Januar nach Lyon. Toulon; Hyères, Marseille. (Gestirne. Böser Finger.) 4 Tage: Telegramme des Königs. Pusinelli: Minnas Tod. Zusage an den König. (Dr. Bertoni in Marokko.) Pohl tot. Anfang *Februar:* über Lyon zurück. (Pelzreise.) 8 Tage Müdigkeit: Pohls Monument. (Pierre.) Montsalève: Mornex. Rolands Tod. Meistersinger instrumentiert. (Mai für München beschlossen.) Neue Agitation in München. (Minnas Verhungerung.) Klagender Brief des Königs. Cosima meldet Ankunft; verzögert. *März:* 7. Lausanne: Cosima und Lusch. (Bissing) 3 Wochen »Artichauts«. Biographie. (Klatschlusch.) Montsalève. (Russ.) Lutz wegen Pfordten. Villa gesucht. (M. Adorn.) (St. Marizio e Lazaro.) 27. März: Lausanne, Bern. (Memphis, Tunis.) Interlaken. Brünig. Luzern (Eduard und Madeleine.) Grütli-Blumen. (Karfreitag.) Nacht in Luzern. Zürich (Portiontisch). Romanshorn: Leuchtturm; Abschied. Bern. Genf. – *April.* 3. nach Luzern. Triebschen gemietet. (Amrhyn.) Schweizerhof. (Jeanne d'Arc. Eugène Sue.) Vreneli und Steffen. 15. April eingezogen; provisorisch. Teil der Münchener Sachen. Melusine: fontaine de soif. »Alle 7 Jahr«. Einladung nach Jagdschloß Riss – abgelehnt. Cosima: nach Holland. Trauerzeit. Constantin Frantz. *Mai:* große Not, Vorkehrungen für meinen Tod. Romanshorn: Cosima und Loldi; Kinder und Agnes. Schweigende Fahrt. Zürich: Zeltweg. 7. Mai. 9. Mai II. Akt Meistersinger-Komposition begonnen, Biographie. (E. E.) Paul Taxis. 22. Mai: Nachmittag: der König. 23. Mai Alpnach und Stanz. 24. Mai: Vormittags Spinne über dem Königsstuhle. Abreise des Königs mit Taxis. Große Münchner Agitation: Telegramme. Krieg im Anzug. (Roseninsel.) *Juni.* Röckels Besuch. Begleitung bis Romanshorn. (Knabengruppe mit Blumen.) Zürich: Hotel Bellevue. Triebschen. Mitte Juni: Hans in Zürich; Cosima zu ihm. An den König. Brief für Hans. (Cosima nach München für Briefe holen.) Hans und Cosima nach Triebschen. Königsbrief. Auch an Pfordten. Dr. Wille (Bismarck). Semper. »Bayerische Politik.« Sälisberg. Krieg (nützlich für Triebschen). *Juli.* Sadowa. (Roseninsel.) (Opinione.) 15. Juli Pilatus. Abdankungstelegramme. Draeseke. (Muse.) Paul Taxis nochmals: Münchener Haus aufgegeben. *August:* Constantin Frantz zum Besuch. (Auch Ollivier.) Whistabende. (Beckenried.) (Hubertusorden.) Hans und Cosima nach München. Loldi. (Schlecht Wetter.) Briefe: viel Verwirrung. *September.* Cosima sehr leidend. Hans 20. September nach Basel. Brief vom Bodensee. 23. September II. Akt Meistersinger-Komposition beendigt. 25. September abends: Cosima auf Triebschen. *2. Oktober:* III. Akt begonnen. Biographie. Stolzing für den Winter hergerichtet: Walthertat. Hans Richter als Sekretär eingetreten. *1. November.* Malwine Schnorr und Ida Pfeiffer (Giftmischerin aus Brauen). (Königsreise nach Franken. Pfistermeister entlassen. Neumayr.) *Dezember:* Lutz. Hohenlohe. Baseler Reisen: Melodie des Preisliedes – ohne Text. Zu Weihnacht auch Verse: 24. Dezember: Nachts 12 Uhr. (Bescherung.) Silvester: Hans zu Besuch. Cosima: »Er will wieder nach München.«

1867

1. Januar: Zürich. (Semper. Theatermodell. – Rückreise: Gelübde.) 7. Januar Cosima mit Lusch nach Basel. Komposition. Text: Schlußverse. König zur Rückkehr auffordernd. Hohenlohe. Dr. Schanzenbach. Düfflipp. Übereinkunft. *7. Februar:* Bleistiftskizze III. Akt fertig! 13. Februar: »Preußischer Edelmann« – 16. Februar Abend 11 Uhr: Hebamme. Dr. Suiter. Nacht. 17. Februar 9¾ (Waltherlied:) Evas Geburt. 2 Uhr: Hans. Garten. (Russ.) (18. Februar Parzival. Bräutigam.) Hans beim Speisen. 19. Februar Taufe in Luzern. (Richter. Agnes.) Speisezimmer mit offner Türe. Nach 8 Tagen Hans nach Basel zurück. – 9. Tag. – *5. März.* Komposition der Meistersinger vollendet. König: »Brechen Sie nicht mit Bülow.« 9. März München. (Röckel. Franz. Bayerischer Hof. Schnaufer.) 10. März beim König. Düfflipp. Schanzenbach. Peter. (Hoteltees.) 12. März Hohenlohe. 13. März Hans aus Stuttgart. Prinzessin Sophie (bei Prinz Ludwig – Kammerdiener). »Der lewe Gott«. (16. März.) 17. März nochmals König. Physiognomische Veränderung. 18. März früh Heimreise. Hans bis Augsburg: Eva. Cosima in Zürich: schwarzer Pelzmantel. (Schmetterlinge.) II. Akt Instrumentation begonnen. (Tausig Klavierauszug.) (Hornsolo.) Pflichten gegen »die Kinder«.

Sehr ernst. 25. März Alpnach. 26. März Cosima nach Basel. Anfang *April:* aus München: Röckel über Düfflipp. Sogleich Abreise: Cosima bis Romanshorn. (Kinderschritte.) München: andren Tags König; Hans wütendes Telegramm. Düfflipps Abbitte. Hohenlohe. Tauffkirchen. Röckel. Nach 3 Tagen über Konstanz nach Basel. 3 Könige. Bös und gut. Telegraphische Entscheidung. Beruhigung. – Konzertprobe: Oberonarie. Emilie Genast. (Merian.) Einkäufe mit Cosima. 9. April zurück: Luzern. Anderen Tags: Cosima. Irrungen. Unklarheiten. Beckenried: Kahn nach Brunnen; Axenstraße nach Flüelen. Nachtwächter. – Bürglen: Palmsonntag! (Pifferari.) Kahn nach dem Grütli – Tränkung. Brunnen. Abends zurück. 15. April: Cosimas Abreise. (Unmäßig angreifend.) Arbeit. Verwirrung. *Mai* – aber kein Frühling! Große Bangigkeit. Evchens Magerkeit. Schwächender Magenkatarrh. 19. Mai Semper zu Besuch. Telegramm Cosimas. 21. Mai Reise nach München: kalt und regnerisch. »Adolphe«. Benjamin Constant. Cosima und Hans am Bahnhof: Bayerischer Hof. 22. Mai früh 10 Uhr: Starnberg; Villa Prestele. (Cosima.) Dann Berg: König. 5 Uhr zurück. Cosima am Bahnhof. Nach Luzern telegraphiert. Üble Gesundheit. Schwanken. (Lange Ovationen.) König verreitend und verreisend. Einige Tage Arcostraße. Richter mit Loldi und Koß. Luise und Ottchen Brockhaus. Lohengrin: Tichatschek. 30. Mai abends nach Starnberg: Richter, Franz, Anna, Koß. (Mommsen.) Klavierarbeitstisch. »Segel und Wind«. *Juni:* König Wartburg. Klavierproben in München. Tichatscheknot. Düfflip. Hans wütend. (Cornelius und Braut.) Starnberg–München. Laubes »Deutscher Krieg«. 11. Juni: Generalprobe: Marionettenspuk. Röckel mit Hiobspost: König gegen Tichatschek. (Befehle.) Reitpartie. 13. Juni Bülows mit Kindern Villa Prestele. Brief des Königs an Düfflipp. 15. Juni Abreise: (Koß unterm Mantel: Augsburg; Hohenlohe.) Triebschen: Umbau und Veränderungen. Bereuende Königsbriefe. – Partitur vorgenommen. 22. Juni mühsam II. Akt fertig. (Nohl: Beethoven II.) Schlechte Gesundheit. Baunot. Im Garten gespeist. Eva wird stark. (Schicksal!) Himmelsblau. (Mérimée.) »Wallenstein«: Bernhard von Weimar. *Juli:* Münchener Aufführungen. (Auch Tannhäuser: mit den neuen Szenen. Stumm.) Arbeit. *August:* Heinrich Porges. Hans. Kinder (ohne Cosima) Mißverständnis. Hans nach St. Moritz. (Tausig in Ragaz.) Gegen Mitte August: Cosima (Keine Ausflüge.) Einrichtung von Stolzing. Galerie. (Gäste von Velasquez.) Dr. Willes zum Besuch. *September:* Verhandlungen wegen »Süddeutsche Presse«. (Röckel und Fröbel.) Düfflipp kommt. Mufferei. Schließlich »Freundschaft«. Presse geordnet. Artikel: Deutsche Kunst und deutsche Politik. Hans aus Graubünden: Briefe. Cosima nach Basel: Zahnarzt. Viel Bangigkeit. 15. September Abschied an meinem Bett: Wagen rollt fort. – Arbeit. Richter täglich zu Tisch: Galerie. Fortsetzung der Artikel. *Oktober.* (Schiller: Wallenstein. Auch: Faust II. Teil.) Liszts Besuch: gefürchtet, doch erfreulich. 1 Tag. Morgens: Erweckung des Schlafenden. Mein Brief an Hans über Nirwana: seine Aufnahme berichtet. – Rom. Unklarheiten; unverständlich. Großes Grauen. 24. Oktober Meistersingerpartitur vollendet. Eine Woche nach Paris. Grand Hotel. Truinet. Ausstellung: Schulkinder; Schmetterlinge. Einkäufe: Photograph. Polykrates bestellt. Diner mit Truinet und Vater. (Sehr aufgeregt und matt.) Metternichs. Übler Eindruck der Stadt. Toutsaint. Tantiemen. *3. November* zurück nach Triebschen. Korrekturen. (Goldfasan.) Artikel. Ausruhe. – Einrichtung. (Truinet-Geschäfte.) Ofenschirm Minnas. Nachrichten über Froebel. Königliche »Indignation«. Artikel mit XIII suspendiert. Abschied von Eva. (Richter Anfang *Dezember* voraus nach München.) 23. Dezember nach München. Cosima im Theater. Veilchenblauer Käfig. Franz, Anna: Richter. Weihnacht. (Pariser Kinderkram.) Cosimas Geburtstag. (Polykrates.) Hans nach Prag und Dresden. Düfflipp: Königliche Warnung an Cosima wegen Gesandtschaften usw. Tags darauf zum König: 2½ Stunden. Versöhnung und Abbitte an Cosima. Unterdrückte Artikel an König (kommen später erfolglos wieder zurück). Silvester bei Cornelius: Schwiegermama, Familie Porges, Richter, Ungarn und Polen. (Genellis Leben.) Der »freundliche Mann«. Punsch. 12 Uhr: Neujahr.

1868

Erste Jahresstunde. Entscheidende Omina. Cosimas Ring verloren und wiedergefunden. Große Bangnisse. – Hans zurück. Sein Geburtstag *(8. Januar)* bei Queroy. Toast: »freudelose Erfolge«! Einsame Wanderung durch die Stadt. Gute Stimmung. – Perfall (spricht wenn ich spreche.). Draeseke (hört nicht). Konzertprogramme. (Schumann:) Manfred. Lachners Abschied (Armide). Tenorist Bachmann. (Chor zur »Stummen«.) Meistersinger für März bestimmt. (Beck- und Betz-Konfusion.) Viel Hartes und Leidenvolles. Öfters unwohl. (Schanzenbach.) Auch Fürst Hohenlohe. Einstweilige Rückkehr nach Triebschen beschlossen: 8 Tage Aufschub. Schwere Stimmung. (Auch Großmama Bülow.) Zweite Woche des *Februar* mit Nachtzug abgereist. – Eva. *17. Februar:* 1. Geburtstag. – Annalen. *März:* »David Strauß«. Herausgabe von Kunst und Politik, mit Vorwort, besorgt. (Schiller. Goethe.) Buddha. Brief des Königs in der alten Sprache. Meine Ablehnung. Enthusiastische Antwort seinerseits. Cosima mahnt ab vom Wiederbesuch in München. Gegen 20. März: Reise nach München. Verworrene, unsichere Erinnerungen. (Meine Ankunft scheint den König zu überraschen. Er läßt nichts von sich hören noch sehen.) Schweres Gewölk auf den Herzen. Die Kindermorgen: Loldi zu drei. (Franz und Anna!) »Wasserträger«. (Lachners Herzlichkeit.) – Verhaftungsbesuch: Advokat Simmerl. (Klepperbeinsche alte Schuld.) Düfflipp. Bald darauf: Schauß wegen Semper; im Begriff, zu Sempers Umstimmung nach Zürich zu reisen. Konferenzen mit Schauß (Advokat: auch der Schwabe!) und Düfflipp. Bruch des Königs mit Semper. Theater abgetan. – Meistersinger, Baritonist Stägemann aus Hannover. (Konzert.) Einmal kein Platz im Konzert. (Auch Ouvertüre: zu Vestalin.) Perfall unnützer Weise nach Dresden (wegen Tenorist Bachmann). Nötigung des Hinausschubes auf Mitte Juni. (Betz. Nachbaur.) Richter nach Gotha (wegen Tenor: Wurst). Hans stürzt eines Abends aus dem Zimmer wegen der Photographie am Titel des Entwurfmanuskriptes der Meistersinger. Eindrücke. Konservatorium (Freischütz-Probe: Christen. Perfalls Verhalten. Mein Schwanken.) Lohengrin (Prinz von Preußen!) (Zu Hause geblieben.) Cosima. Lila. Dunkel: Dämmerung. Unmöglichkeit des Versuches mit München bereits klar erkannt. Resultat: die Meistersinger abwarten. (Verhandlungen mit J. J. Weber.) Abermalige Zurückreise nach Triebschen beschlossen und Mitte *April* ausgeführt. (König nicht gesehen.) Nachtzug: Augsburg; 3 Mohren. – Eva! – 26. April: Vorwort zur 2. Auflage von »Oper und Drama« an Constantin Frantz. Anordnung der Gesamtherausgabe meiner Schriften in 10 Bänden. *Mai* »Meine Erinnerungen an Schnorr«. Buddhismus: Sieger neu überdacht. Dhyâna-Regionen: Musik. Schwermütige weiche Stimmung. (Mérimée: Alfred de Musset.) (Liszt an Cotta!) Heftigkeit: Verwirrung. Leidenschaftlichste Mißverständnisse. Äußerste Spannung. – Mitte Mai Cosima mit Kindern und Schwiegermutter abends ankommend: kann nicht empfangen; sie allein beim Tee im Speisezimmer. Große Wildnis der Empfindungen: stets neue Schwierigkeiten. Unsäglicher Liebeskummer. Bin zu Flucht und Verschwinden geneigt: Harz. Eisleben! – Stets schneller Wechsel: erhabenste Besänftigungen. Rettung nötig. – Cosima am 20. Mai nach München zurück. (Zuvor: Jakob als Schreckbringer!) Reise selbst am 21. Mai nach. Gute Ankunft. Cosima hinter der Portière hervortretend. 22. Mai Geburtsmorgen: (»nicht 10 Pferde!«) Bescherung: der Mutter Bild! Große, tiefe Beglückung! – Meistersinger im Anzug. (Perfall bereits ganz rückfällig vorgefunden. Alles erkannt.) Mittag (Geburtstag) mit dem König auf der Roseninsel gespeist. (Tristanfahrt.) Betz. Nachbaur (Richters Wunderwerk) Hölzl. Klavierproben: schwere dumpfe Empfindung von der tiefen Feindseligkeit und Entfremdung des Hans. Direktion, alles hinterhältig. Sänger gut: Schlosser (David). Kostümier Seitz. Angstschikanen Perfalls: Fronleichnamsfestprobe! (Dazwischen: Becks Gastspiel mit Fliegendem Holländer elend. – Pecht.) Richter in Glorie. Ausfahrten mit Cosima. Weißheimer: Körner-Not; seine Entfremdung. Cornelius immer albern und in tiefster Seele verlegen. *Juni*. Orchesterproben: tiefe Not mit Hans. Perfall schikaniert wo es möglich. Scheinbare Orchesterauflehnung (Hornist Strauss). Regisseur Hallwachs. Meine Ordnung der Proben. Esser aus Wien. Zunehmende Gäste. Malwida von Meysenbug mit Fräulein Herzen aus Florenz. Einladung Schwester Klaras mit ihrer Tochter. Gute Proben bei Esser und Cosima. Freude an Betz. Viel Besuch: auch Claire. Frau Laussot: Brille, keiner macht mir's nach; Kunst und Politik ihr aus dem Herzen geschrieben. Fränzi Ritter. Mathilde Maier (bescheiden!) Die Meistersinger gefallen Cosima. Generalprobe: wieder Ärger über – alles. Keine Freude mehr. (Letzte Worte an das Personal.) 21. Juni: 1. Aufführung. (Hofbräuhaus!) Heimlich in die Loge zu Cosima. Zum König gerufen während des Vorspiels: muß an seiner Seite die Meistersinger öffentlich anhören. Sehr ermüdet und erschöpft. Cosima traurig, daß ich nicht an ihrer Seite verblieben. Abschied von Parzival nach der Aufführung. – Franzosen: Pasdeloup, Leroy, Chandon etc. Schott. Claire. (Diner zuvor im Hotel Bellevue.) (»Ami de Weißheimer«.) Cosima verspricht in 8 Tagen nachzukommen. Reise 24. Juni früh nach Triebschen zurück. Kinder allein. Vreneli schwanger. – Ernste schwere Stimmung. Nach wenigen Tagen Erkältung: Erkrankung. Täglich Arzt: Nerven; Schweiße, Schwäche. Eintretende große Klarheit über meinen Zustand und die Lage der Dinge. Tiefste Mutlosigkeit zu irgendwelcher Bewegung: in dem Schicksal meines Verhältnisses zu Cosima und Hans den Grund der Unfähigkeit alles Wollens erkannt. Alles nichtig; die Münchener Versuche gänzlich gescheitert. Niewiederrückkehr dorthin als unerläßlich befunden. – Verkehr mit Schott. Mit Dresden und Wien wegen Verunstaltungen der Meistersinger. Ohnmacht dagegen. Füge mich. Scheußliche Rezensionen: muß, meiner Bedürfnisse wegen, froh sein, die Meistersinger als gemeinen Theatersukzeß zu retten. Nach 10tägiger Krankheitsschwäche langsame Erholung. (Kinder ohne die Mutter unerfreulich.) Notwendig dünkende Ergebung in das elendeste Schicksal: von Cosima eigentlich seit unsrer vorjährigen Trennung vorausgesehen: sie glaubte an nichts, und mußte an mir somit zweifeln. – Brief des Königs an Cosima: Röckels Klatscherei über mein Verhältnis zu Cosima. An den König. Sofort Entschluß zu Cosimas Fortgang von München gefaßt. Ihre verzögerte Ankunft. Spannung. Sie kommt 20. *Juli*. Kinderempfang. Schwierige Mitteilungen über Entschluß: plutonische und neptunische Lösungen! Über die Hauptsache einverstanden. – Cornelius auf 5 Tage im *August* (Gunlöd: auch Suttung!) Luzerner Gesellschaft zum Diner. Eva – Loldi. Schwermütige und leidenschaftliche Tage. (Spiegelrahmen; auch Fuggerstuhl.) Bad. Räuberpack. – Lustspiel. – Viel Korrespondenz. Lucca. (Giovanna!) Verkauf meiner Opern an ihn für Italien. Dazwischen Pasdeloup: Pariser Kontrakt über Rienzi. Viel Pariser Durcheinander: Truinet, Perrin. (Auch Eckert.) Ausflug nach Interlaken: Jungfrau. (3 Tage.) *September*: Ausflug nach Oberitalien. 14. September abgereist. Götterdämmerung auf dem Gotthardt. (Piroscafo.) Stresa und borromeische Inseln. (Cablasatoni!) 17. September Genua. Viel Freude. Cosima voll Leben. »I miei palazzi«. Van Dyck. Pianella, Angelo peccatore. (Maria Stuart: Herzog Lerma.) Liphort junior und senior: ärgerlich. (Café und Markt.) Seefahrt. Villa Pallavicini. (Mi. Vamenes.) Nach Mailand. (Coupé-Sorge für Rückreise.) Luccas, (Madame Chaillot.) Cirque. 28. September über Como abgereist. Überschwemmungsnachrichten: Lugano geblieben. 29. September Bellinzona. Abwarten oder Umkehren? Donnerstag 1. *Oktober* nach Biasca. Von da zu Fuß (Bodio, Giornico etc.) nach Faido. Ausmarsch von Giornico, furchtbares Gewitter: 1 Stunde schreckenvollster Art: Cosima immer vom Sitz gesprungen. Lavorno – Schlamm-Marsch. Laterne! Zerbrochene Brücke: durch die Wässer. Faido – Hotel de Poste! Mit Cosima in einer Stube. Fortgesetzte Sündflut: Weiterkommen mit Wagen unmöglich. Drei böse, aber tiefe Tage. 3. Oktober: (Sonnabend:) tiefste Stimmung. Cosima schreibt. Todesnähe. Jakob will heim zur Niederkunft seiner Frau. Sonntag: 4. Oktober immer Regenströme. (Trügende Sterne: Schärne (nach Loldi).) Unschlüssigkeit: gesteigerte Schwierigkeiten des Weges. Postkarawane. Mittag Aufbruch beschlossen. ½22 Uhr fort. Cosima im Wachsmantel. Regenströme. Furchtbarer Marsch: in 4 Stunden ebenso viele Poststunden zurückgelegt. Ankunft in Airolo. (Coupé!) Übernachtet. 5. Oktober früh mit Post über Gotthard (mit Schwierigkeiten) Andermatt, Amsteg – nach Flüelen. 6. Oktober (Dienstag) heimgekehrt. Was wollte das Schicksal? – Vreneli bereits entbunden. Kinder gut. – 7. Oktober früh Cosima in das kalte Bad! Einpacken: nach München. Große Not. Schlimme Nacht. 8. Oktober milder. 9. Oktober Verständnis und Verständigung. Wehmütige, hochwichtige Tage. Cosimas Versprechen. 14. Oktober Abreise Cosimas mit den 4 Kindern nach München: begleite sie bis Augsburg; von dort 15. Oktober mittags allein zurück nach Triebschen. – Bange Erwartungen. Nur Briefe. (Aladdin. Luther, Derniers abbés.) Cosimas Bericht: Konfessionswechsel - Versprechen. (Goethe und Knebel.) Nach Rom? – Verwirrung und leidenschaftliche Sorge: an Claire Charnacé – nach München. Cosima außer sich. Große Niedergeschlagenheit: beschließe Reise, mit Besuch in der Arcostraße. Cosima milder. *1. November* nach München: (Mondnacht auf dem Bodensee.) Cosima bei Mrazeks: Eva. (2. November:) Nachmittag nach Leipzig. (3. November) Clemens, Hermann und Ottilie (Anna und Doris). An den König wegen Unterredung (Familie?) Marbach. (Schillerporträt.) Dr. Nietzsche. Dr. Rietschel mit Frau. (Kaiserin von Rußland hindert die erbetene Unterredung: An Düfflipp.) 9. November nach Augsburg: Eisenbahnhemmung: muß dort warten; telegraphiere. 3 Mohren. Abend 3 Kinder aus München. (Loldi der 4. Mohr!) 9 Uhr abends bereits im Lindauer Zuge: springe wieder heraus; Kinder zurückgehalten durch Eisenbahnverhinderung. Nach Gasthof zurück: alles zu Bett. 10. November früh auf: Kinder 5 Minuten vor mir nach München. Spät nach Triebschen. (Viel Unglück in der Welt: Eisenbahntötungen, Überschwemmungen, Schneestürme auf dem Gotthard. Erdbeben überall!) Cosimas Brief. (Erinnerungen an Liszt durch Nohl: Skizzenbuch.) Not um Hans. (Untere Wohnung für dauernd bezogen. Schicksal?) Französische Enthusiasten: deutsche Niederträchtigkeiten. (Geibel. Heyse – Katastrophe.) Erwartung Cosimas. – 16. November Cosima mit Loldi und Eva allein angekommen. (Erklärte Verzögerung der Entscheidung.) Meine Wohnungsabteilung von Cosima und den Kindern bezogen. Wenig von außen. Innen: Biographie-Diktate, Siegfried-Partitur. Anfang *Dezember*, schwäbisches Stubenmädchen: Kinderstube eingerichtet. (Judith Mendès.) An Porges wegen seines zu schreibenden Buches. (Nohl: Skizzen-Not.) Viel Todesfälle: Sterberegister angelegt. »Erinnerung an Rossini«. Hans schreibt. Unterhandlungen mit Wien. (Dingelstedt.) Berlin – Mimi Buch: Eckert engagiert. (Kaviar und Hering: Leipzig.) Marbach: Medea-Abend. Sonst viel Körner und etwas Schiller. Reinschrift von Siegfried I. Akt beendigt. Judentum wieder ins Auge gefaßt. Claire Charnacé: einiges Mathildliches. – Unterleibsplage mit Herzensheiterkeit. Cosima meistens leidend. Genelli †. Seine Umrisse zu Homer. 1 schwarzes und 4 weiße Lieder aus alter Zeit: Geburtstags-Weihnacht, Kinder als Schmetterlings-Engel. 25. Dezember: »Schiller und Chaillot«. Diktate bis zu Schopenhauer. Nichts Äußeres: große Regelmäßigkeit; Arbeitsmaschinerie. Etwas Düfflipp: Münchener Universitätskassierer und Tochter (angeblich vom König unter meiner Vermittelung geschwängert!) Neue Bestätigungen des Entschlusses, nichts mehr mit München zu tun zu haben. Gutes Weihnachten unter Vermittelung Büchis in Zürich. Sulzer. Sanfter, etwas abgespannter Silvester. Gutes Neujahr. Oben und unten: das dreifache Etagenglück!

NACHWORT

Die Entstehungsgeschichte von Richard Wagners Autobiographie »Mein Leben« ist doppelt verbürgt, nicht immer bewegt man sich auf so sicherem Grund wie mit der Datierung der Niederschrift. Die erste Seite des Manuskriptes zeigt den Vermerk »München, 17. Juli 1865« und die eng ineinander verschlungenen Initialien R-C-W, Richard Wagners und (damals noch) Cosima von Bülows; es ist der Tag, an dem Richard Wagner in seinem Münchner Haus in der Briennerstraße unter Zuhilfenahme tagebuchartiger Notizen begann, seine Erinnerungen Cosima in die Feder zu diktieren. In einem Brief, den Richard Wagner am 21. Juli an den im Schloß Berg am Starnberger See weilenden König Ludwig II. richtete, heißt es denn auch: »Bei welcher Beschäftigung traf mich der gestrige Brief? — Damit Sie nicht zu raten haben, sage ich es: — Beim Diktieren meiner Biographie! Freundin Cosima ruht nicht, mich an den Wunsch unsres Königs zu mahnen.« In seiner später verfaßten Vorrede sprach Richard Wagner nur noch davon, Cosima habe sich sein Leben von ihm erzählt gewünscht, aber das darf man wohl zu den Ungenauigkeiten und feinen Unschärfen rechnen, denen man bei der Beschäftigung mit diesem Buch begegnet. Der Wunsch Ludwigs II. nach einer Selbstdarstellung des von ihm umschwärmten und umworbenen Komponisten geht aus einem seiner Briefe hervor. »Eine unaussprechliche Freude«, schrieb der König am 28. Mai 1865, »würden Sie mir mit einer ausführlichen Beschreibung Ihres Geistesganges und auch äußerlichen Lebens bereiten! — Darf ich wohl die Hoffnung nähren, diese meine Bitte dereinst erfüllt zu sehen?« Er sollte nicht vergeblich bitten. Nur wenige Wochen waren seit der Münchner Uraufführung von »Tristan und Isolde« vergangen, als Cosima von Bülow das Diktat einer der wohl aufregendsten und umstrittensten Lebensdarstellungen aufzunehmen begann, die den normalen Zuschnitt ebenso sprengte wie fast alles, was dieser merkwürdige und geniale Mann mit der ungeheuren Vitalität und der zarten, eher anfälligen Konstitution anfaßte: ein Zeitgemälde von epischem Riesenmaß, neunzehntes Jahrhundert dem Geblüt nach, abenteuerreich und mit langem Atem. Und nicht weniger abenteuerlich und verschlungen sollte der Weg werden, den diese Autobiographie als Buch nahm.

Dieser Weg sei hier kurz skizziert, zugleich die beiden Schwierigkeiten, denen sich der Freund des Zuverlässigen im Fall dieses Selbstporträts immer gegenübersah: die Fixierung des authentischen Textes und die Auffindung der Fehler, die sich bei der Abfassung von »Mein Leben« eingeschlichen haben.

Wagner erlag keinen groben Täuschungen oder Verwechslungen, von einigen Streichen abgesehen, die ihm das Gedächtnis spielte. Es sind eher Einflüsse des Unbewußten und Halb-Bewußten, artifizielle Versuche der Abstimmung mit der Welt, der Selbststilisierung und Begradigung, wie sie einer so unerhörten Spuk- und Traumkarriere wohl zu Gesicht stehen. Das Buch ist mitten im Prozeß, mitten im stürmischen Auf und Ab geschrieben worden. Die dramatische Münchner Episode, die Affäre Bülow, die endgültige Vereinigung mit Cosima, das von wechselnder Zu- und Abneigung bestimmte Verhältnis zu Ludwig II. und Nietzsche, Triumph und Krisen des Festspielprojektes liefen mit der Niederschrift von »Mein Leben« parallel, und selbst nach 1876, in den letzten Jahren der Abfassung, war der Bestand des Bayreuther Unternehmens keineswegs gesichert. Zweifel an der Verwirklichung seiner Pläne, Depressionen mögen Wagner heimgesucht haben, persönliche Kränkungen, auch vermeintliche, hatten das Bild gefärbt, veränderten es noch und trübten den Blick während des Diktats. Es ist aber auch an den Einfluß zu denken, den die beiden Anreger der Autobiographie, Ludwig II. und Cosima, auf den Schreiber ausübten. Für Wagner blieb der König immer jener Retter in der Not, dem er die entscheidende Wendung seines Lebens hin zur Verwirklichung seiner Ideen und Ziele, den Abschied vom drückendsten Elend verdankte — so wie es die letzten Sätze der Autobiographie festhalten. In Cosima aber sah er die Helferin und Diplomatin, die ihm die Wege ebnete und die seinen Vorstellungen von einer zugleich gebildeten, leidenschaftlich-schwärmerischen und sein Künstler-Dasein hinauf-organisierenden Gefährtin entsprach. Diesen beiden Nächsten war der Lebensbericht vorzulegen, und das Gefühl der Dankbarkeit mag Wagner bewogen haben, die Einflüsse und Verdienste anderer Freunde und Gönner gelegentlich in den Hintergrund treten zu lassen. Das dürfte sich auch auf die Darstellung seiner Beziehungen zu den Wesendonks ausgewirkt haben — einige allzu arge Ausfälle gegen Otto Wesendonk sind für die erste öffentliche Ausgabe von »Mein Leben« dann gestrichen worden. (Unsre Ausgabe enthält sie.) Das Diktat bedingt mancherlei Rücksicht auf den Schreibenden: so hätte sich Cosima verletzt fühlen können durch die Ausschmückung anderer, nicht weniger leidenschaftlicher Liebesbeziehungen. Wagners Gefühle für Mathilde Wesendonk sind in »Mein Leben« kaum angedeutet. Dabei hatte er noch am 5. Juni 1863 Eliza Wille bekannt, Mathilde Wesendonk »ist und bleibt meine erste und einzige Liebe! Das fühl ich nun immer bestimmter«. Erstaunlicherweise stellte er später in Gesprächen mit Cosima (siehe deren Tagebücher) das alles als ein Mißverständnis hin, als habe die ganze Affäre nur in Mathildes ausschweifender Phantasie existiert. Unsicher ist auch die Beurteilung von Wagners Verhältnis zu Friederike Meyer; in einem Brief an Hans von Bülow (16. Februar 1863) gibt Wagner seine Liebschaft mit ihr zu, in »Mein Leben« ist davon nicht die Rede. Auf Konto des Königs könnte die Bagatellisierung der Rolle gehen, die Wagner bei dem Dresdner Aufstand gespielt hat. Auch wenn wir ihm glauben wollen, daß es ihm damals mehr um eine Kunstrevolution, um eine Revolution der Kunst wegen gegangen ist, als um eine Veränderung der Gesellschaft; auch wenn im Verhältnis zu den Dresdner Hofinstanzen, die seinen künstlerischen Plänen und Wünschen durchaus nicht geneigt schienen, das Subjektive, Persönliche eben doch eine dominierende Rolle spielte; auch wenn er später nicht viel von der Wahrheit abweichen mußte, wenn er seinen Anteil an der Revolution ins Allgemeine, ins Menschliche (worunter man bei ihm getrost die Kunst verstehen darf) abstrahierte — vollständig ist das Bild nicht, das man durch »Mein Leben« von Wagners Denken und Tun vor und während der Revolution gewinnt. Seine Briefe, vor allem an den Dresdner Freund Theodor Uhlig, sind in dieser Hinsicht viel aufschlußreicher. Die »Bayreuther Blätter« gaben 1892 zum erstenmal folgenden Abschnitt eines dieser Briefe (in denen die erste Ausgabe von 1888 wesentliche Partien unterdrückt hatte) im Original wieder: »An eine *Aufführung* kann ich erst *nach der Revolution* denken, erst die Revolution kann mir die Künstler und die Zuhörer zuführen, die nächste Revolution muß notwendig unserer ganzen *Theaterwirtschaft* das Ende bringen: sie müssen und werden alle zusammenbrechen, dies ist unausbleiblich. Aus den Trümmern rufe ich mir dann zusammen, was ich brauche: ich werde, was ich bedarf, *dann* finden. Am Rheine schlage ich dann ein Theater auf und lade zu einem großen dramatischen Feste ein: nach einem Jahre Vorbereitung führe ich dann im Laufe von *vier* Tagen mein ganzes Werk auf. Mit ihm gebe ich den Menschen der Revolution dann die *Bedeutung* dieser Revolution nach ihrem edelsten Sinne zu erkennen. *Dieses Publikum* wird mich verstehen; das jetzige kann es nicht.« Wenn er nach seiner Flucht so dachte (12. November 1851), wie ernst wird er es dann wohl vorher gemeint haben? In »Mein Leben« erscheint es dagegen, als habe er sich als neugieriger und gelegentlich anteilnehmender Zaungast, im Bewußtsein, wie unhaltbar seine Lage in Dresden geworden war, in den Strudel der Revolution hineintreiben lassen — Brücken hinter sich abbrechend, die ohnehin nicht mehr hielten.

Die in der Sammlung Burrell 1951 erstmals veröffentlichten Briefe haben auch die Vorstellung ein wenig korrigiert, die wir uns auf Grund der Autobiographie von Minna Wagner machen müßten. Es war eine unglückselige Ehe vom ersten Tage an, und doch hat sich Wagner augenscheinlich stärker an Minna gebunden gefühlt, als er es in »Mein Leben« — beständig über ihre charakterlichen Schwächen Klage führend — zu erkennen gab. Die schlimmen, die elendsten Zeiten an der Seite dieses monologisierenden Ungeheuers durchzustehen — Königsberg, Riga, Paris, Dresden —, dazu bedurfte es ihrerseits einer Opferbereitschaft und geduldigen Nachsicht, die ihr Wagner, wenigstens solange sie lebte, nicht vergaß. Ein renommierter Kapellmeister, der Erfolgsopern wie »Rienzi« schrieb, wäre ihr allerdings lieber gewesen. Und wäre ihr nicht das Verständnis für seine Künstlerschaft und seinen aus zu großer Nähe schwer ermeßbaren Rang von einem bestimmten Punkt an völlig abgegangen, sähe ihr Bild in »Mein Leben« wahrscheinlich anders aus.

Was es mit der Subjektivität dieser Autobiographie auf sich hat, wird vielleicht am deutlichsten in dem beiläufigen und zum Teil herablassenden Ton, mit dem Wagner über durchaus angesehene Zeitgenossen spricht, an deren Namen er sich kaum genau zu erinnern vorgibt, und an den Ausfällen gegen die Komponisten der Epoche, Meyerbeer allen voran. Nach der ersten Begegnung mit dem Erfolgreichen, vom Ruhm Verwöhnten hätte sich Wagner wenig beklagen können; immer wieder hat er sich an Meyerbeer gewandt und sich auf seine Referenzen bezogen. Aber da die künstlerischen Argumente nun einmal auf Wagners Seite waren — die Musikgeschichte hat ihm nachträglich in allem recht gegeben —, mußte das Verhältnis des aufstrebenden musikalischen Revolutionärs zu dem »herrschenden« Opernmeister alsbald in tiefe Abneigung umschlagen. Und hier nun ist ein für Wagner typischer Vorgang zu beobachten: die Interpretation der Welt aus einem Punkte, sein monomanes Verhältnis zu ihr. Denn die Frucht war jene unerfreuliche Schrift »Das Judentum in der Musik« von 1850. Sobald man Wagners Antisemitismus auf den Grund geht, wird man mit Sicherheit auf jene verkappten Motive stoßen, die sich als eine Abdrängung des subjektiven Ressentiments ins Ideologische erweisen. Was Meyerbeer betrifft, so ging Wagner so weit, auf der letzten Seite seiner Autobiographie die Nachricht von dessen Tod zu seiner eigenen Erhöhung in eine peinliche Beziehung zu setzen, auch wenn er sie dann kunstvoll dem »mit bäurischem Lachen« auffahrenden Weißheimer zuschob. Mehr und mehr der fixen Idee einer »jüdischen Verschwörung« gegen sich und sein Werk erliegend, vergaß Wagner geflissentlich, daß zu seinen engsten und intimsten Freunden Samuel Lehrs, Josef Rubinstein, der zärtlich geliebte Tausig und Angelo Neumann, und zu seinen Förderern nicht wenige jüdische Inhaber von Patronatsscheinen gehörten: unter ihnen der Münchner Professor Alfred Pringsheim, der einst noch seinen Schwiegersohn Thomas Mann in die folgenreichste Passion für den »Ring«-Schöpfer und die psychologische Benervtheit der »Tristan«-Musik fortreißen sollte. Der »Parsifal«-Dirigent aber hieß Hermann Levi, und von ihm haben Wagner auch anonyme antisemitische Zuschriften (er solle sein Werk »rein erhalten« und es nicht von einem Juden dirigieren lassen) nicht abzubringen vermocht.

Die Beispiele mögen genügen. Sie deuten die Unberechenbarkeit an, mit der sich Subjektives und Tendenziöses, Bericht und Bezichtigung in dieser Autobiographie verquicken.

Sein Leben liegt von frühester Jugend bis ins einundfünfzigste Jahr ausgebreitet; größte Genauigkeit und Sorgfalt hat Wagner besonders auf die Beschreibung seiner beruflichen und musikalischen Entwicklung verwandt. Immer steht das Kunstwerk im Vordergrund und bestimmt das Muster, nach dem dieses Leben gewebt ist. Höhen und Tiefen werden ausgekostet, ja instrumentiert: liest man das Buch gewissermaßen musikalisch, so birgt es »schönste Stellen« wie nur irgendeines seiner Musikdramen. Die melancholischen Schönheiten seiner Streichersequenzen wie in der Erkennungsszene des »Fliegenden Holländers« lassen sich wiederfinden in der wortreichen Darstellung seiner Verzweiflungen und Niederbrüche, aus denen es immer wieder Auferstehung gibt, großes Orchester. Man beobachte die Kunst seiner Selbstregie bei der Leichenfeier für Carl Maria von Weber: gedämpfte Bläser, Blech. Die Probe für die selbstkomponierte Trauermusik kann nicht so schön gewesen sein, wie er sie beschreibt. Am Grabe: ein großer Mime lauscht seinen Worten selbstergriffen nach, entrückt verstummt er, und erst die Stille gemahnt ihn, mit fließendem Ausdruck weiterzusprechen, so daß am Ende selbst der Schauspieler Emil Devrient versichert, er sei »auch als dramatischer Redner von dem Vorgange auf das erstaunlichste imprimiert worden« (S. 311). Mit wieviel Kunst und Humor ist die Aufführung jener Jugend-Symphonie mit dem fatal wiederkehrenden Paukenschlag beschrieben (S. 60)! Oder das Tosen der »Schlacht bei Vittoria«, bei dem die Zuhörer händeringend die Flucht ergriffen (S. 107). Schließlich das überlebensgroße, bis zum Zerplatzen aufgetriebene Denkmal Spontinis (S. 291 ff.), ein satirisches Porträt-Stück ersten Ranges, dessen Absichtlichkeit erst am Ende durchscheint. Eine ganze Welt wird benutzt als Hintergrund zum eigenen Profil. Welch ein Schauspiel! Und was der Lebensbeschreibung an Exaktheit abgehen mag, das wiegt ihre Komposition auf: die dramaturgischen Linien, Höhepunkte und Aktschlüsse sind genau festgelegt. Erhebt sich ein Sturm, sagt Schopenhauer, zieht der versierte Seemann alle Segel ein — Wagner setzt immer Vollmast! Und zerschellt mit dem Schiff auf den Klippen, um sich jedoch, rechtzeitig abspringend, als Überdauernder wiederzufinden: diese unruhige Natur, die sich selbst immerzu Widerstände schafft, spiegelt sich in diesem Buch getreu. Und dann endlich die einsamen Englischhorn-Motive: das ewige Verlassensein, das Weh und Ach über die Untreue der Freunde, die alte ernste Weise des verlorenen Sohnes mit der unheilbaren Wunde der Sehnsucht nach einer besseren, idealeren Welt voller Liebe und Kunst; und dazwischen Schabernack und *con fuoco*, eine Flucht nach der anderen und all das Bombastische an Handlung und Abenteuer, das der Phantasie eines Romanciers Ehre machen würde. Mißerfolge, unglückliche Spekulationen auf die zu erwartenden Einnahmen und immer neue Verschuldungen haben das Selbstgefühl dieses Mannes nicht gemindert: *man ist wer,* man hat zu fordern, dies auch noch mit dem Blick zurück, als wäre einem die Welt in jungen Jahren schon viel schuldig gewesen. Abzulesen ist aber auch die Konsequenz, oder sollte man besser sagen: der bedenkenlose, sich nicht bedenkende Instinkt und Wagemut, mit dem hier ein Musiker des neunzehnten Jahrhunderts, aus kinderreicher Bürgerfamilie und mit unsystematischer Ausbildung, allen Widerständen zum Trotz und ohne Rücksicht auf die Möglichkeiten, die das Zeitalter bereithält, seine künstlerischen Intentionen zu verwirklichen weiß. Soviel Monstrosität in diesem weitausgreifenden Künstlerleben einschlägig ist, soviel provozierende Ichbezogenheit und Unausstehlichkeit zwischen den Zeilen von »Mein Leben« auch durchscheinen mögen — Wagners Autobiographie ist das Protokoll eines konzeptionstreuen Kampfes um Selbstverwirklichung, und als »Drama« nicht das geringste unter seinen Werken.

Es wurde geschrieben parallel zu »Siegfried«, »Die Meistersinger«, »Götterdämmerung« und »Parsifal«. Anfangs ging es mit dem Diktat gut voran. Schon nach wenigen Tagen, am 21. Juli 1865, waren vierzig Seiten von Cosima zu Papier gebracht, als die Nachricht vom Tode des Schauspielers Ludwig Schnorr von Carolsfeld zum erstenmal das Diktat unterbrach. Die weiteren Stationen lassen sich an Hand der in dieser Ausgabe enthaltenen Datierungen (von der Hand Cosimas) leicht verfolgen. Außerdem weisen zahlreiche Briefe und Notizen auf den Fortgang des Diktats hin. Am 18. Mai 1866 meldet Cosima von Bülow dem König in einem Brief aus Tribschen: »Gestern nahmen wir die Biographie wieder auf. Des Morgens schreibe ich ab, abends diktiert der Freund.« Daraus ist zu entnehmen, daß zumindest der heute am leichtesten lesbare Anfang des Bayreuther Original-Manuskripts eine aus dem Diktat in die Reinschrift übertragene Fassung ist. Im Oktober 1866 schreibt Cosima an Ludwig II.: »Abends nach dem Tee diktiert mir der Freund die Biographie. Wir sind jetzt in Paris angelangt in der Zeit, wo die Faustouvertüre geschrieben wurde (1839/40). Ich kann Ihnen gar nicht sagen, wie mich die genaue Kenntnis dieser argen Zeit erschüttert und wie mich die Milde rührt, mit welcher der Freund das abscheuliche Benehmen aller gegen ihn beurteilt.« Anfang Februar 1867: »An der Biographie arbeiten wir jetzt so emsig wie die Ameisen.« Die wichtigsten Zäsuren sind die Geburt der Tochter Eva (17. Februar 1867), die Niederschrift der sogenannten Annalen im Februar 1868 und der Beginn der Arbeit am vierten Teil (10. Januar 1876), dessen Niederschrift sich bis ins Jahr 1880 hinzieht.

Sobald Richard Wagner einen größeren Abschnitt seiner Lebensbeschreibung diktiert hat, begibt er sich an die handschriftliche Überarbeitung und Korrektur. Schon Anfang 1867 schreibt Cosima in München an Ludwig II.: »Er fühlt sich wohl auf Tribschen und korrigiert nun an der Biographie.« Wagner ist entschlossen, seine Autobiographie einigen Freunden, Verwandten und auch dem König durch einen recht kostspieligen Privatdruck zugänglich zu machen. Darüber äußert er sich am 5. Januar 1870 von Tribschen aus an Otto Wesendonk: »Um dieses Manuskript vor Untergang zu schützen, bin ich neuerdings auf den Gedanken gekommen, auf meine Kosten etwa ein halbes Dutzend Exemplare desselben durch Druck herstellen zu lassen. Einen soeben erhaltenen ersten Probebogen hiervon stelle ich Ihnen hiermit zu, jedoch mit der herzlichen Bitte, hierin keine anmaßlichen Ansprüche an Ihre Teilnahme erblicken zu wollen.« Es ist nicht unwichtig zu wissen, daß der Plan eines Privatdruckes schon sehr früh feste Umrisse annahm, obwohl an eine Veröffentlichung nicht gedacht war. Am 3. Januar 1866 teilte Wagner aus Genf seiner Schwester Luise Brockhaus mit: »Natürlich ist dieses Diktat nicht für die Öffentlichkeit bestimmt: es soll nur nach meinem Tode zum wahrhaftigen Anhalt für denjenigen dienen, der berufen sein sollte, mein

Leben der Welt zu beschreiben.« Während des Diktats schweifte aber der Blick des Autors doch schon auf seine potentiellen Leser ab; nur so ist die verräterische Bemerkung (auf S. 341) zu verstehen, Ferdinand Hiller werde ihn für tückisch halten, »wenn er jetzt erfährt, daß ich ihm die Weistümer verschwieg« — Hilfsquellen, die sich Hiller für seine Arbeit erbeten hatte. Und die Tagebücher Cosima Wagners geben schließlich die Bemerkung wieder: Siegfried werde eines Tages ganz schön Geld verdienen können, wenn er das Buch drucken ließe. Niemand erzählt auf die Dauer, ohne an Leser zu denken, und so schleichen sich Ambitionen ein; die Absicht, nur noch den »wahrhaftigen Anhalt« für einen Biographen zu liefern, ist dahin. Pierre Boulez hat in seinem Aufsatz »Divergenzen: vom Wesen zum Werk« mit Recht über die Zeugnisse von Wagners Leben bemerkt, »nicht, daß sie dem Inhalt nach unaufrichtig wären, aber in dem Maß, wie Wagner sich als Persönlichkeit von öffentlichem Interesse betrachtet, werden selbst die persönlichsten Schriftstücke mit einem Seitenblick auf die Nachwelt geschrieben«. Die Beziehungen zum Adressaten werden dadurch nicht unwahr, aber berechnet, wobei Wagner trotzdem allerlei Selbstironie und unfreiwillige Selbstenthüllung unterlaufen — wie etwa anläßlich der Trauung mit Minna (S. 142), als der Pfarrer geheimnisvoll auf »einen Freund« verwies und Wagner allen Ernstes glaubte, es handle sich um einen ihm noch unbekannten Protektor, um dann enttäuscht zu erfahren, daß dieser Freund — Jesus sei. Eine erbauliche Geschichte ist Wagners Autobiographie jedenfalls nicht geworden. Cosima sah es, in einem Brief an den König, so: »Hätte ich ihn nicht ständig gebeten, alles, sei es noch so peinlich, zu sagen, er hätte so manches nicht aufgezeichnet. Ich war so kühn, ihm gegenüber zu behaupten, daß Sie ihn auch darum ersucht haben würden, und so taucht er denn in das Meer unerbaulicher Rückerinnerungen.« Daran mangelt es diesen Memoiren nicht. Tatsächlich ist in mancher Hinsicht autobiographisch noch selten auf so schonungslose Weise verfahren worden — so daß eine spätere Leserin, wie noch zu erzählen sein wird, glauben konnte, die ganze Autobiographie sei schlichtweg eine häßliche Fälschung seiner Feinde. Und wie nun Wagner die Krisen und Triumphe dieses wahrhaft romanhaften Lebens festhält, so gibt er das alles unverzüglich zum Satz: damit beginnt die eigentliche Geschichte des Buches.

Sie beginnt sofort mit einer Panne. Die ersten drei Teile des Manuskripts gehen zum Drucker Bonfantini nach Basel und werden dort gesetzt. Die Setzer können aber das Manuskript nur schwer entziffern und sind zu weit entfernt — anfangs von Tribschen, später von Bayreuth —, um wegen jeder zweifelhaften Stelle nachfragen zu können. So kommt es in diesem Privatdruck zu sinnentstellenden Fehlern, die sich durch alle Ausgaben von »Mein Leben« weitervererbt haben. Orts- und Personennamen verändern sich, aus »Ausbrüchen« werden »Ausdrücke«, »ernüchtert« wird zu »ermüdet«, »naiver« zu »seiner«, statt »Sommer 1850« heißt es »Januar 1850«, das »universale Schlafzimmer« in Paris verwandelt sich unter den Händen des

Setzers in ein »miserables«, und so fort. Im letzten Teil des Manuskripts verschlechtert sich die Schrift Cosimas auffallend, so daß die einigermaßen sinngemäße Entzifferung ans Wunderbare grenzt. Zu allem Überfluß ist die Betreuung des Druckes der ersten Bände Friedrich Nietzsche übertragen worden, er hat offenbar auch stilistische Korrekturen vorgenommen, wobei er sich häufig an Wagners Deutsch gestört haben mag. Am 2. Juni 1871 schreibt Cosima Wagner von Tribschen aus an Nietzsche: »Anbei ein Klagelied Bonfantinis mit Kopfschütteln des Meisters über die Philologie!« Aber wer nahm nun Anstoß an wem? Es wird nie zu klären sein, da die Korrekturbögen als verloren gelten müssen.

Trotz alledem sind die Abweichungen des Privatdruckes gegenüber der Handschrift noch irrelevant und fallen für die Beurteilung Wagners nicht ins Gewicht. Nur wenige Worte fehlen im Privatdruck, genauer: Satzteile, von Interesse vielleicht die Bemerkung über die fünfzehnjährige Minna Planer, die den Werbungen eines Herrn von Einsiedel erlag, wobei im Manuskript zu lesen ist, »halb Gewalt, halb Verführung« habe sie in seine Arme geführt (S. 137).

Über Handschrift und Privatdruck ist mancherlei Unzutreffendes behauptet worden, da eine unverständliche Geheimniskrämerei der Mystifizierung des Falles Vorschub leistete. So schrieben die beiden Amerikaner Philipp Dutton Hurn und Wawerly Lewis Root im Jahr 1930 in ihrem Pamphlet »The Truth about Wagner«, wobei sie sich auf Nietzsche beriefen, Wagner habe auf Seite 1 des Privatdruckes nicht Friedrich Wagner, sondern Ludwig Geyer als seinen Vater bezeichnet. Das war nun freilich völlig aus der Luft gegriffen.

Die Herstellung des ersten Bandes vom Privatdruck zog sich bis November 1870 hin. Über die Einzelheiten dieses Druckauftrages, den der italienische Drucker G. A. Bonfantini in Basel sicherlich als höchst undurchsichtig und geheimnisvoll empfunden haben mag, sowie über die Anzahl der hergestellten Exemplare wissen wir seit der Veröffentlichung des Katalogs der Sammlung Burrell — von der gleich noch die Rede sein wird — zum erstenmal Genaueres. Hier zunächst ein Brief Wagners an Bonfantini vom 7. Juli 1870: »Ich returniere hiermit die korrigierten Abzüge. Sie können leicht einen deutschen Setzer für die Arbeit aufnehmen. In dem zwischen uns vereinbarten Abkommen ist der Hauptpunkt, daß Sie genau aufpassen, daß kein Abzug und gewiß auch kein gedrucktes Exemplar in die Öffentlichkeit gelange, da ich die Kosten für den Druck der 15 Exemplare dieser Autobiographie nur trage, um die Möglichkeit des Verlustes meines Manuskripts zu vermeiden und um die Exemplare in die Hand treuer, verantwortungsvoller Freunde zu legen, die sie für die spätere Zukunft bewahren sollen. Anstatt Geld für den Druck auszugeben, könnte ich eine ganze Menge Geld einnehmen, wenn ich bereit wäre, das Manuskript einem Verleger zur Veröffentlichung zu verkaufen. Daher ist die Grundlage unserer Vereinbarung größte Diskretion Ihrerseits. Sie müssen wissen, ob Sie das Werk einem

Setzer, der Deutsch beherrscht, anvertrauen können, da der entscheidende Punkt ist, daß Sie acht geben, daß weder das Manuskript noch eine Seite des gedruckten Exemplars entfernt werde, was nicht eintreten wird, wenn Sie sorgfältigst jeden korrigierten Abzug vernichten und wenn Sie gewissenhaft unsere Vereinbarung einhalten und nicht mehr als 15 Exemplare herstellen, die nach Druck sofort an mich zu senden sind. Sie wissen, daß ich von den ersten 4 Bogen nur ein einziges Exemplar erhielt. Außerdem fehlen S. 65—96 aus dem returnierten Manuskript. Wollen Sie bitte feststellen, ob vielleicht Herr Nietzsche diese hat.« In einem Brief vom 3. September 1870 an Bonfantini: »Ich glaube, daß wir am Ende dieses Jahres zum Ende des 1. Bandes unseres Manuskriptes kommen werden, für das Sie noch ca. 100 Seiten Vorlage erhalten. Im nächsten Jahr werden wir am 2. Band arbeiten, dem ein dritter folgen soll. Sie sehen, es ist ein recht großes Unterfangen.« Eine Satzanweisung vom 21. November lautet schließlich: »Hier sind die Abzüge. Am Titel bitte ich Sie den Namen Ihrer Druckerei zu entfernen, da dies meinem Manuskript den Charakter einer Veröffentlichung verleihen würde, den ich durchaus vermeiden will. Bitte setzen Sie statt dessen an die im Abzug von mir bezeichnete Stelle das Wappen. Wenn Sie den (für mich schmeichelhaften) Ehrgeiz hegen, meinen Nachkommen als der Drucker meiner Autobiographie bekannt zu bleiben, so können Sie Ihren Namen in kleinen Lettern am Ende der letzten Seite setzen, wie es sonst üblich ist.« Genauso ist es befolgt worden. Das Wappen steht jeweils nach dem Vorspruch auf der ersten Textseite der vier Bände (siehe den Faksimiledruck, der diesem Nachwort folgt). Auf der letzten Seite der ersten drei Bände findet sich der Vermerk: »Basel. — Druck von G. A. Bonfantini.«
Zu Weihnachten 1870 konnte Wagner einigen Freunden und Vertrauten den ersten Band seiner Memoiren übersenden. Außer Ludwig II. erhielten Franz Liszt, Gräfin Marie von Schleinitz, Otto Wesendonk und der Zürcher Freund Jakob Sulzer Exemplare. Wie aus einem erst 1976 bekannt gewordenen Brief Sulzers an Mathilde Wesendonk vom August 1887 hervorgeht, händigte Wagner bei einem Besuch Sulzers in Tribschen Weihnachten 1870 diesem den stattlichen Oktavband seiner Autobiographie aus unter der strikten Bedingung, daß sie vor jedem andern Auge als dem seinigen ein versiegeltes Buch bleibe. Sulzer schreibt: »Nach wenigen Tagen aber empfing ich — was ich damals der Intervention seiner Frau zuschrieb — ein Billet mit der Bitte um Rücksendung des Mysteriums. Die ersten ca. 80 Seiten, die ich schon gelesen, reichen lange nicht bis an die Zürcher Zeit.« Sulzer vermutete daher zu Recht, daß er erst den ersten Band eines mehrteiligen Unternehmens in der Hand gehalten hatte. Er war am 10. Januar 1871 ohne nähere Begründung zurückgefordert worden. — Mit Otto Wesendonk gab es Ärger, da dieser das Geschenk mit dem Ratschlag beantwortete, Wagner solle doch künftig nicht so minuziös fortfahren — woraus eine nicht unbegründete Furcht vor Indiskretionen sprach, aber in Tribschen wurde das sofort als unzulässige Einmischung aufgefaßt. Geschwiegen haben sie alle

treulich über den Inhalt der Wagnerschen Aufzeichnungen, so daß Sulzer noch 1887 Frau Wesendonk fragen konnte: »sollten Sie, obwohl Ihnen unter allen Lebenden unstreitig der höchste Anspruch auf deren Cognition gebührt, von deren Existenz keine Kunde erlangt haben?« Es scheint, als hätte Wagner sich in einem Punkte doch nicht in der Zuverlässigkeit seiner Freunde getäuscht, wenn er in der Vorrede zu »Mein Leben« die Erwartung aussprach, die Empfänger würden keine Mitteilungen daraus an Personen gelangen lassen, »bei welchen jene Voraussetzung nicht gestattet sein dürfte«.

Die Korrespondenz mit Bonfantini über die Abzüge des zweiten Bandes zog sich über das ganze Jahr 1871 hin. Eine französisch geschriebene Mitteilung Wagners an Bonfantini vom 22. August 1872 zeigt das Ende der Manuskriptablieferung für den zweiten Band an, im Dezember 1872 ist der Band fertiggestellt. In einem Brief vom 12. Januar 1873 ist aber nun von insgesamt achtzehn Exemplaren die Rede, ebenso in der Anfrage vom 10. November 1873, ob Bonfantini geneigt sei, den dritten Band auszudrucken. Am 29. Juni 1874 sendet Wagner letzte Korrekturen und einige Ergänzungen zum dritten Band mit dem Dank für »diskrete Arbeit«, der dritte Band ist im Jahr 1875 ausgedruckt (Dankesbrief vom 4. April 1875 an Bonfantini). Weihnachten 1875 überreicht Wagner die ersten drei Teile seiner Autobiographie dem König von Bayern mit einer Widmung, die noch einmal darauf hinweist, daß die Erinnerungen dem Sohn Siegfried zugedacht sind: »Im Vertrauen auf königliche Huld und Gnade übergibt diese von seinem Sohne dereinst zu verwertende Aufzeichnung seines Lebens, wie sie diese drei Bände enthalten, seinem erhabenen Wohltäter, dem König Ludwig II. von Bayern, zu alleinigem Besitz und gewogener Kenntnisnahme Richard Wagner.«

So liegen, streng geheim gehalten, die ersten drei Bände der Autobiographie bereits vor, als Wagner im Jahre 1880 sein Diktat am letzten Teil beendet. Dieser Teil wird bei Th. Burger in Bayreuth gedruckt. Wagner schenkt ihn am 25. August 1880 dem König.

Damit, so könnte man denken, ist die Geschichte des Buches zu Ende erzählt. Aber nach Wagners Tod forderte Cosima die Bände von den Freunden zurück (zum Teil schon früher, wie 1878 von Mathilde Maier), die meisten Exemplare wurden vernichtet. Auch der König gab seine vier Bände zurück, sie wurden in Wahnfried aufbewahrt, kamen jedoch später abhanden. Man wußte also lange Zeit so gut wie nichts von der Existenz dieser Autobiographie. Auch Jakob Sulzer hatte nie mehr etwas von dem Dokument erfahren, so daß ihn die Frage beschäftigte, »ob dasselbe noch existiere und ob es jemals in seiner echten Gestalt ans Licht treten werde. Das letztere wünsche ich nicht«, schrieb er an Mathilde Wesendonk. Er fürchtete wahrscheinlich — wie sie —, es sei »dem psychologischen Ursprung gemäß« zu wenig Wahrheit darin: »Wagner war eine extrem subjektive Natur, er kannte die Welt einzig und allein und wollte sie allein kennen nach dem unwillkürlichen Reflex, den er von ihr in seinem Bewußtsein trug.« Wie schön, wie treffend und doch wie behutsam drückte das der treue Sulzer aus! Ganz andere Schlüsse zog jene englische Wagner-Enthusiastin Mary Burrell, die alles sammelte, was sie außerhalb Bayreuths an Dokumenten auftreiben konnte. Auch sie hatte sich, wie viele nach ihr, das denkwürdige und lobenswerte Ziel gesteckt, ein klischeehaftes und unglaubwürdiges Bild zu korrigieren, wie es sowohl die zeitgenössischen Biographen wie die Feinde und Kritiker Wagners der Mit- und Nachwelt lieferten. Dabei machte sie 1892 die Witwe des Druckers Bonfantini ausfindig. Dieser Mann hatte außer Ehrgeiz auch sehr menschliche Eigenschaften seiner Zunft besessen. Und was tut zum Beispiel ein Drucker, dem mit solcher Eindringlichkeit die Vernichtung aller Korrekturabzüge befohlen worden ist? Er behält ein Exemplar für sich selbst zurück! Diesen Abzug und die oben zitierten Briefe erwarb Mrs. Burrell am 1. Oktober 1892 von der Witwe des Druckers, Thekla Bonfantini Stuckert. Und Mrs. Burrell konnte einfach nicht glauben, was sie da las! Entweder war diese Autobiographie ein Falsifikat, ein böswilliges Produkt seiner Feinde, oder Wagner war für die Abfassung und für den Inhalt nicht voll verantwortlich zu machen. Jedenfalls ließ auch Mrs. Burrell kein Wort davon an die Öffentlichkeit gelangen. Aber es bildete sich die Mythe, und dem Überdruck an Gerüchten konnte auch Haus Wahnfried nicht für immer standhalten. Bald hieß es, hier werde die Wahrheit über Wagner unterschlagen, bald behauptete man, das Dokument sei verschwunden, oder es gäbe nur noch ein einziges Exemplar des Privatdrucks, und das sei unzugänglich. Tatsächlich befinden sich im Bayreuther Richard-Wagner-Archiv noch heute zwei vollständige Exemplare und ein unvollständiges, darunter auch das Franz Liszt gewidmete, das die handschriftliche Eintragung Wagners enthält: »Heiliger Franz! / Du hast mich ganz. / So nimm auch mein Leben, / es sei dir gegeben.« Indessen sollten achtundzwanzig Jahre nach Wagners Tod vergehen, bis die erste öffentliche Ausgabe erschien — und neue Spekulationen nährte.

Wie sich später herausstellen sollte, wies die Ausgabe von 1911 gegenüber dem Privatdruck an insgesamt siebzehn Stellen Auslassungen und Umgestaltungen des Textes auf. So waren dem Rotstift einige Indiskretionen über den Freund Karl Ritter und dessen unglückliche Ehe zum Opfer gefallen, sowie Ausfälle gegen Felix Draeseke und einen Herrn Dustmann. Da hatte Liszt beim Musikfest in Weimar 1861 einen Marsch von Draeseke protegiert, über den man in den öffentlichen Ausgaben von »Mein Leben« lesen kann, es sei eine »wunderliche Komposition« gewesen; im Original wird das Stück eine »wirklich elende Komposition« genannt (S. 672). Die Bemerkung über Friederike Meyers Verhältnis zur Schwester Luise, »welche sie durch ihre Heirat mit dem widerlichen Herrn Dustmann, dessen Namen diese jetzt führte, für kompromittiert hielt« (S. 702), fehlt ganz. Andere Auslassungen sind umfangreicher. Handschrift und Privatdruck enthalten einen scharfen Angriff gegen den Tenor Albert Niemann anläßlich der Rolle, die er bei der Pariser Einstudierung des »Tannhäuser« spielte, zunächst, daß »er persönlich sich nur durch Desertion sowie durch ein Auftreten in Meyerbeerschen Opern retten könne« (S. 644); außer dieser Bemerkung vermißte man hinfort folgende Sätze: »Als er auch die erneuete Hinweglassung jener von mir so wichtig erkannten Stelle im Adagio des zweiten Finales, welche er anfänglich in einigen Proben zur höchsten Ergriffenheit aller vorgetragen hatte, verlangte und ich diesem mich widersetzte, zeigte er mir brieflich an, er habe nicht Lust, seine Stimme und seinen Ruf um meinetwillen auf das Spiel zu setzen; wollte ich die Stelle nicht streichen, so sollte ich sie mir singen lassen von wem ich Lust hätte. Ich wußte von nun an, daß ich es mit einer vor Feigheit wildgewordenen Bestie zu tun hatte, und ließ meinen Ritter, der selbst nicht mehr mit Venus zu liebeln den Mut hatte, beiseite, ohne weiter mit ihm über seine Leistungen zu verkehren« (S. 645). Berücksichtigt man, daß Niemann später unter die leidenschaftlichen Anhänger und Verfechter Wagners gegangen war, so braucht man nach den Gründen für diese Streichung nicht länger zu fahnden.

Weiter lassen sich folgende Auslassungen nachweisen: die Bemerkungen über Frau Kalergis S. 516: »Das Gerücht von näheren Beziehungen ...« bis Ende des Satzes; auf S. 542 über Karl Ritter: »Seine junge, ziemlich ungebildete Frau ...« bis Ende des Satzes; der ganze Abschnitt über Ritters Ehe auf Seite 585, beginnend mit: »Beim Abschiede von seiner Frau ...« bis Abschnitt-Ende; die auf Seite 624 eingeflochtene Bemerkung über die »besonders leckere« Bewirtung der preußischen Gesandten; über Niemann auf S. 650: »Was die Sänger betraf ...« bis Ende des Satzes; die Bemerkung auf S. 657 »auch von Frau Seebach«; über Frau von Bissing S. 750 »mit großer Pein ...« bis Ende des Abschnittes — vom Fehlen einzelner Wörter hier ganz abgesehen.

Durch die Veränderungen sollten außerdem die herabsetzenden Worte gemildert werden, die Wagner gelegentlich über die Wesendonks, und besonders über Otto Wesendonk, fallen läßt. Da seine Verdienste und Freundschaftsbeweise in »Mein Leben« ohnehin zu kurz kommen, wurde nun wenigstens (S. 566) »Ungebildetheit« durch »Offenheit« ersetzt. Als Wagner 1864 aus Wien flüchtete, wandte er sich an Otto Wesendonk mit der Bitte »um Aufnahme in seinem Hause«. Wesendonk ging darauf nicht ein. Aber seitens der Korrektoren der Autobiographie wird man empfunden haben, wie gehässig es sich las, wenn Wagner daraufhin Wesendonk »seine große Erbärmlichkeit« vorhielt: man machte daraus flugs »sein Unrecht«, was nun allerdings gar keinen Sinn ergab (S. 751). Ferner wurden gestrichen auf S. 691: »Jedenfalls kam man nicht auf den Einfall ...« bis Ende des Satzes, und die Rüge des »kindischen und unüberlegten« Benehmens von Mathilde Wesendonk gegenüber Minna auf S. 748.

Andre Motive waren maßgebend für die Auslassungen, die sich an zwei Stellen gegen Ende von »Mein Leben« auf das Verhältnis Wagners zu Cosima beziehen. Zunächst im Jahre 1862: Wagner hielt sich vorübergehend mit Bülows und dem Ehepaar Schnorr von Carolsfeld in Wiesbaden auf.

Da heißt es (S. 709), Hans von Bülow habe, als Richard Wagner Cosima in Frankfurt mit der Handkarre zum Gasthof fahren wollte, »den Vorgang angesehen; Cosima erklärte ihm sehr unbefangen, was er zu bedeuten gehabt hätte, und leider durfte ich nicht annehmen, daß seine Laune auf der Höhe der unsrigen stände, da er sich seiner Frau mit Bedenken darüber äußerte«. Dieses Eingeständnis einer frühen eifersüchtigen Erregtheit Hans von Bülows glaubten die Korrektoren streichen zu müssen. Die Ehe Bülows wurde erst 1870 geschieden, der Entschluß Cosimas und Richard Wagners, ihre Verbindung herbeizuführen, war aber schon gefaßt, als die Beteiligten das Verhältnis gegenüber der Öffentlichkeit und dem König noch streng dementierten. Das Original der Autobiographie gibt uns kurz vor dem Schluß (Bülows Konzert) nunmehr klare Auskunft mit jenem berühmten und seither nur weitergeflüsterten Satz: »Unter Tränen und Schluchzen besiegelten wir das Bekenntnis, uns einzig gegenseitig anzugehören« (S. 746). Das war am 28. November 1863. Wagners Annalen, von denen noch die Rede sein wird, verzeichnen lediglich: »Nachtreise über Frankfurt nach Berlin: Bülows am Bahnhof. 1. Tag geblieben. Konzert. (Frommann auf der Treppe.) Weitzmann. (28. November:) Löwenberg.« Kein Zweifel aber, daß diesem Tag die alles entscheidende Bedeutung beizumessen ist: er wurde, wie die Tagebücher Cosima Wagners verraten, jedes Jahr begangen.

Zahlreiche sinnentstellende Ungenauigkeiten des Privatdruckes, dazu nun die Änderungen und Auslassungen der Ausgabe von 1911, vererbten sich weiter. Daniela Thode, Wagners Stieftochter, hat darauf hingewiesen, daß die »Bibliographische Bemerkung« zu der Volksausgabe von 1914, die von einer »möglichst getreuen Wiedergabe der Handschrift« spricht, sich auf die »einzelnen wenigen Auslassungen« beziehe, »welche aus Rücksicht für Lebende und deren Angehörige vorgenommen werden mußten«. Sie bedaure »im Sinne des Meisters sogar sehr, daß nicht noch mehr solcher Auslassungen stattgefunden haben«, äußerte sie gegenüber W. Altmann, der 1923 für die »kritische« Ausgabe verantwortlich zeichnete, aber offenbar keinen Einblick in das Manuskript erhielt. Alle folgenden Ausgaben waren also weder vollständig noch zuverlässig; sie gaben, den alten Fehlern neue hinzufügend, den Namen der Mutter noch mit »Bertz« an. Je weiter man sich vom Original entfernte, um so mehr verlor man den Boden unter den Füßen.

Wie ein Delta hat sich seit dem Privatdruck das Unkontrollierbare verbreitet; der Text, ins Vage zerflossen, mußte notwendigerweise Gegenstand wildester Vermutungen werden, und schlimmer noch als die Auslassungen und Änderungen war am Ende das Gefühl der Unsicherheit, was sich denn wohl noch alles im Manuskript verberge. Wäre es nicht einfacher gewesen, sich gleich auf das Manuskript zu stützen? Aber zeitweilig war auch das Manuskript von »Mein Leben« nicht vollständig. Es wies noch 1933 zwei Lücken auf, und zwar befanden sich, wie Dr. Otto Strobel damals mitteilte, fünfzehn Seiten in Nürnberger Privatbesitz, die Blätter der zweiten Manuskriptlücke galten als verloren. Inzwischen konnte das Manuskript wieder zusammengefügt werden, die fünfzehn Blätter wurden von der Stadt Bayreuth angekauft und dem Archiv zurückgegeben, die Blätter der zweiten Lücke bei der Durchsuchung aller Koffer und Kisten auf dem Boden des Hauses Wahnfried wiedergefunden.

Das Manuskript der Diktatniederschrift, wie es heute im Bayreuther Richard-Wagner-Archiv aufbewahrt wird, liegt dieser vollständigen Ausgabe zugrunde. Kein Wort des Manuskripts, von Cosima nach dem Diktat Richard Wagners in englinigen, häufig korrigierten Zeilen ausgeführt, keine der nachträglichen Bemerkungen und Korrekturen Richard Wagners am Rande fehlt im Textteil. Es blieb die eigentümliche und zeitbedingte Ausdrucksweise Richard Wagners voll erhalten, auch die Kursivschreibungen des Privatdrucks wurden übernommen; lediglich die Orthographie wurde behutsam angeglichen. Die Wagner unterlaufenen Gedächtnisfehler wurden in den Anmerkungen richtiggestellt. In die Anmerkungen aufgenommen wurde auch jener ominöse Brief, den Wagner am 7. April 1858 an Mathilde Wesendonk richtete und der von Minna Wagner im Garten des Züricher »Asyls« abgefangen und geöffnet wurde. Sie behielt diesen Brief, über dessen »triviale Deutung« sich Wagner beschwerte, bis an ihr Lebensende, und erst durch die Veröffentlichung der Sammlung Burrell ist sein voller Wortlaut bekannt geworden.

Gemeinsam mit »Mein Leben« erscheint auch der Brief an die Schwester Rosalie vom 11. Dezember 1833, auf den sowohl Handschrift wie Privatdruck durch eine Fußnote verweisen (s. Anm. zu S. 86). Dieser Brief ist für die Beurteilung des jungen Wagner, seine Intentionen, seinen Geschmack, seine künstlerischen Vorstellungen und sein Verhältnis zur Familie außerordentlich aufschlußreich, weshalb ihn Wagner offenbar auch veröffentlicht sehen wollte. Die auf den Brief verweisende Fußnote legt außerdem den Schluß nahe, daß die Autobiographie ursprünglich mit einem Anhang geplant war. Dieser Konzeption folgend, werden der Autobiographie die »Annalen« aus vier Jahren beigefügt.

»Mein Leben« endet im Mai 1864, nicht aber der Text der Annalen, mit denen es folgende Bewandtnis hat. Richard Wagner führte seit etwa 1835, wie er (auf S. 131) selbst erzählt, ein Tagebuch und benutzte dazu eine »große rote Brieftasche«. Die Aufzeichnungen der roten Brieftasche sollten ihm bei der Abfassung seiner Erinnerungen später als Gedächtnisstütze dienen. Diese rote Brieftasche ging verloren, sie ist, wahrscheinlich von ihm selbst, vernichtet worden. Sie hat bis zu den Ereignissen des Jahres 1846 beim Diktieren der Autobiographie gedient. Von Ostern 1846 bis zum Ende von »Mein Leben« hat Wagner Aufzeichnungen zu Hilfe genommen, die erhalten sind: es sind die bis zum Ende des Jahres 1868 fortgeführten tagebuchartigen Kurznotizen, die wahrscheinlich ihrerseits anfänglich einen Auszug aus der »roten Brieftasche« darstellen. Sie sind aus größerer Nähe zum Erlebten niedergeschrieben und bis auf einige Datierungen zuverlässig. In ihnen findet man das Protokoll der dramatischen Münchner Jahre: es ist abzuschätzen, was Hans von Bülow gerade in dieser Zeit unter dem Geheimbunde Cosimas und Richard Wagners gelitten haben mag; es wird ferner deutlich, welchen Belastungen das schwärmerische Verhältnis zwischen dem König und Wagner ausgesetzt war — Kabinettskasse und öffentliche Meinung erwiesen sich als überzogen, eine größere Zuwendung war Wagner ausgerechnet in Geldsäcken zugestellt worden. Die Geburt der ersten Tochter Wagners und Cosima von Bülows, Isolde, Wagners neuerlicher Wohnsitzwechsel in die Schweiz, die Gründung des Tribschener Hausstandes, die Geburt der Tochter Eva, das »furchtbare Gewittererlebnis« Cosimas und Wagners in Italien und die endgültige Übersiedlung Cosimas mit ihren Kindern Isolde und Eva in das Haus Richard Wagners am Vierwaldstätter See fallen in die viereinhalb Jahre von Mai 1864 bis Ende 1868: um diese Zeit reichen die Annalen über die Autobiographie hinaus.

Der Titel »Annalen« stammt von Richard Wagner; der erste Teil, der Wagners Leben von Ostern 1846 bis Ende 1867 umfaßt, ist überschrieben: »Annalen (Februar 1868)«, der zweite Teil und Rest, Ende 1868 aufgezeichnet, trägt den Vermerk »Fortsetzung der Annalen«. Ein Faksimile-genauer Abdruck der Aufzeichnungen 1864—68 findet sich in dem von Otto Strobel herausgegebenen Königsbriefwechsel: »König Ludwig II. und Richard Wagner«, 4 Bde. Karlsruhe 1936, und sämtlicher Jahre, mit einigen Abweichungen und Berichtigungen, in »Richard Wagner: Das braune Buch«, Tagebuchaufzeichnungen 1865 bis 1882, vorgelegt und kommentiert von Joachim Bergfeld, Zürich 1975. — In unsrer Ausgabe werden die Annalen in einer besser lesbaren Form abgedruckt. Ohne daß der Text im geringsten angetastet worden wäre, sind die von Wagner benutzten Abkürzungen für Titel, Namen und Orte stillschweigend ausgeschrieben worden, wie folgende Beispiele zeigen: C. u. H. wurde zu Cosima und Hans, D. K. u. d. P. zu Deutsche Kunst und deutsche Politik, usw. Diese stillschweigende Ausschreibung wurde nötig, um eine fortlaufende Lektüre zu ermöglichen, andernfalls hätten die Fußnoten und Anmerkungen den Text der Annalen um ein Vielfaches überwuchert. Ergänzt wurden lediglich einige Monatsnamen hinter den Tagesdaten, um einer Verwirrung des Lesers vorzubeugen. Die zahllosen Gedankenstriche zwischen den Eintragungen (eine bloße Schreibgewohnheit) entfielen da, wo sie nichts zu bedeuten hatten; Klammern blieben bestehen.

Ende 1868 brechen auch die Annalen ab. Das »Braune Buch«, auf das auch in den Anmerkungen zu dieser Ausgabe Bezug genommen wird, enthält außer den Annalen nur Gedichte oder Entwürfe und Notizen zu Dichtungen, Aufsätzen und geplanten Arbeiten. Nicht das »Braune Buch« ist die Fortsetzung der Autobiographie, sondern das am 1. Januar 1869 begonnene Tagebuch Cosima Wagners. In dem schon eingangs zitierten Brief an Ludwig II. vom 21./22. Juli 1865 heißt es: »Wir haben beschlossen, die Diktate bis zu meiner Vereinigung mit Ihnen, lieber Herrlicher, fortzusetzen: von dann ab soll Cosima allein die Biographie fortsetzen, und hoffentlich einst beschließen. Sie kann dies am besten, und wird es schön vollbringen.« Die folgenden vier Jahre — nach der »Vereinigung« mit Ludwig II. im Mai 1864 — waren indessen zu unruhig und wechselvoll, als daß Cosima ihrer Aufgabe schon hätte nachkommen können. Erst ihre endgültige Übersiedlung nach Tribschen ließ sie ihre über mehr als vierzehn Jahre reichende Niederschrift beginnen. Am 11. Oktober 1879 schreibt Wagner an den König: »Dabei führt sie für unseren Sohn ein ungemein genaues Tagebuch, worin jeder Tag im Betreff meines Befindens, meiner Arbeiten, meiner gelegentlichen Aussprüche u.s.w. aufgezeichnet ist.« Daß vorübergehend noch einmal daran gedacht war, die Autobiographie bis zur endgültigen Vereinigung mit Cosima Ende 1868 heranzuführen, läßt sich sowohl durch eine Bemerkung in den Tagebüchern Cosima Wagners wie auch aus einem Brief Richard Wagners an Ludwig II., und zwar noch vom 25. Januar 1880, belegen: Wagner erzählt hier, er habe seiner Frau versprochen, während seines Aufenthalts in Neapel wo möglich täglich etwas aus seinem Leben zu diktieren, »und dies zur Fortsetzung der bereits ausgeführten Aufzeichnungen bis zu dem Zeitpunkt, wo endlich unsere volle Vereinigung dem Schicksale abgewonnen ward, und von wo an sie selbst die allergenauesten Aufzeichnungen über mich, mein tägliches Leben und Tun, niedergeschrieben hat, so daß nach meinem Tode mein ganzes Leben bis zur letzten Stunde meinem Sohne dereinst lückenlos vorliegen wird«. Nur lag es ihm dann nicht vor, und das ist eine andere, noch verwickeltere Geschichte. Das Schicksal der Tagebücher Cosima Wagners war noch abenteuerlicher als das der Autobiographie; ein Testament Eva Chamberlains verhinderte jeden Zugang bis zum Jahr 1972, und nach abermaligen prozessualen Auseinandersetzungen, die sich mehrere Jahre hinzogen, wird ihre vollständige Veröffentlichung erst heute möglich (kommentierte Ausgabe in zwei Bänden, Piper Verlag, München 1976 f.). — Die Annalen aber schließen jene nicht mehr ausgefüllte Lücke zwischen dem Ende der Autobiographie und jenem Neujahrstag, an dem Cosima mit den Eintragungen in ihrem Journal begann. So wird Wagners Leben in Selbstzeugnissen nach fast hundert Jahren erstmals vollständig überschaubar.

Es liegt eine seltsame Vertracktheit darin, daß bei aller Bekenntnisfreudigkeit Wagners die beiden großen Niederschriften, in denen er sich selbst am zuverlässigsten gespiegelt fand, der Nachwelt unter so merkwürdigen Umständen und Verzögerungen überliefert worden sind. Sie enthalten Wagner ganz, was immer in ihnen Wahrheit oder Selbststilisierung sein mag. Als Schriftsteller ist er in »Mein Leben« nicht überall mehr jener stilistisch sichere Autor der Pariser Briefe und Feuilletons; die Heinesche Ironie funkelt nur noch selten, stattdessen ist da viel Atlas und Faltenwurf, viel »namentlich« und »im Betreff« — aber welch ein Leben hinter der Floskel, welch Feuer hinter der zu früh vorgehaltenen Altersmaske! Und der Rang, den diese Autobiographie als kulturgeschichtliches Dokument einnimmt, als Spiegelbild eines Jahrhunderts, das uns zwischen Goethezeit und Gründerzeit sein immer noch verrätseltes Gesicht zeigt, ist von dem Für und Wider um das Künstlerphänomen Wagner nicht berührt worden.

Martin Gregor-Dellin

München, 17ten July 1865.

Am 22ten Mai 1813 in Leipzig geboren, ward ich Tags darauf in der Thomaskirche mit dem Namen Wilhelm Richard getauft. Mein Vater Friedrich Wagner, zur Zeit meiner Geburt Polizei-aktuarius in Leipzig, mit Anwartschaft auf die Stelle des Polizeidirektors daselbst, starb im Oktober des Jahres meiner Geburt, — in Folge grosser Anstrengungen, welche ihm die überhäuften polizeilichen Geschäfte während der Schlacht bei Leipzig zugezogen, durch Ansteckung des damals epidemisch gewordenen Nervenfiebers. Seines Vaters vernahm ich späterhin, dass dieser in dürftiger bürgerlicher Sphäre als Thoreinnehmer am Ranstädter Thore, sich dadurch von seinen Standesgenossen auszeichnete, dass er seinen beiden Söhnen eine gelehrte Erziehung gab, indem er den einen — meinen Vater Friedrich — Jurisprudenz, den anderen, jüngeren — Adolph, Theologie studieren liess. Mein Oheim gewann später einen nicht unbedeutenden Einfluss auf meine Entwickelung; wir werden ihm in einer entscheidenden Phase meiner Jugendgeschichte wieder begegnen. Von meinem für mich so früh verstorbenen Vater erfuhr ich später, dass

Erste Seite des Manuskriptes von »Mein Leben«

So reiste ich wiederum durch Thüringen und der Wartburg vorbei, deren Anblick oder Besuch somit einen eigenthümlichen Zusammenhang mit meinem Scheiden von, oder meiner Zurückkehr nach, Deutschland erhielt. In Weimar traf ich Nachts um zwei Uhr ein, um des anderen Tages in die von *Liszt* mir bereitete Wohnung auf der Altenburg geführt zu werden. Dieser meldete mir mit Bedeutung, dass ich in Prinzess *Marien's* Zimmer aufgenommen sei. Im Uebrigen fehlten diessmal alle Frauen zur Bewirthung; Fürstin *Caroline* befand sich bereits in Rom, und ihre Tochter war an Fürst Constantin *Hohenlohe* nach Wien verheirathet. Nur Miss *Anderson*, die Erzieherin Marien's, war zurückgeblieben, um Liszt bei der Bewirthung seiner Gäste behilflich zu sein. Im Uebrigen fand ich die Altenburg im Begriff versiegelt zu werden; der jugendliche Onkel Liszt's, *Eduard,* war zu diesem Zwecke, so wie zur Aufnahme des Inventares alles Eigenthumes, aus Wien angekommen. Nebenher herrschte aber eine ungemeine gastliche Belebtheit, da es einer Tonkünstler-Versammlung galt, und Liszt einen guten Theil derselben bei sich im Hause untergebracht hatte. Unter diesen Hausgästen waren zunächst *Bülow*

Erste Seite des Privatdrucks, vierter Teil

ANMERKUNGEN

9 *getauft:* Richard Wagner wurde erst am 16. 8. 1813 getauft. — *Mein Vater:* Friedrich Wagner, geb. 18. 6. 1770, starb am 22. 11. 1813. — *Lebensverhältnisse seines Vaters:* Gottlob Friedrich Wagner (1736 bis 1795), Steuereinnehmer, heiratete 1769 Sophie Eichel, Tochter eines Schulhalters. — *Adolf:* Adolph Wagner (1774—1835), Privatgelehrter, Schriftsteller und Übersetzer. — *Meine Mutter:* Johanna Rosine, geb. 19. 9. 1778, Tochter des Bäckermeisters Pätz aus Weißenfels, heiratete Friedrich Wagner 1798, starb am 9. 1. 1848.
10 *Mme Hartwig:* Friederike Wilhelmine geb. Worthon (1777—1849), erste Johanna in Schillers »Jungfrau von Orleans«. — *Ludwig Geyer:* geb. 21. 1. 1778, Schauspieler, Dramatiker, Porträtmaler, heiratete Wagners Mutter am 28. 8. 1814, starb am 30. 9. 1821; die Behauptung, Ludwig Geyer sei Richard Wagners leiblicher Vater gewesen, ist durch nichts zu belegen. — *sieben Kinder:* Albert (1799—1874), Rosalie (1803—1837), Julius (1804—1862), Luise (1805—1871), Klara (1807—1875), Ottilie (1811—1883) und Richard; nicht mitgezählt hat RW die früh verstorbenen Gustav (1801—1804) und Theresia (1809—1814); mit ihrer Ausnahme weitere Anm. s. namentliche Erwähnungen im Text.
11 *noch eine Tochter:* Cäcilie Geyer (1815—1893), heiratete 1840 den Buchhändler Eduard Avenarius (1809—1885). — *Friedrich August von Sachsen:* Friedrich August I. (1750—1827), 1806 König. — *C. M. von Weber:* Carl Maria von W. (1786—1826), deutscher Komponist und Erwecker der romantischen Oper, »Euryanthe«, »Der Freischütz«, »Oberon«.
12 *Kotzebue:* August von K. (1761—1819), deutscher Theaterdichter der Goethezeit und Diplomat, von Karl Ludwig Sand ermordet. — *Pfarrer Wetzel:* Christian Ephraim W. (1776—1823), Pfarrer in Possendorf bei Dresden.
13 *Bruder des Verstorbenen:* Julius Geyer, Goldschmied. — *einer meiner älteren Brüder:* Julius (1804—1862), Goldschmied.
14 *wieder zu besuchen:* Besuch 1873, geschildert in den Tagebüchern Cosima Wagners. — *Ypsilanti-Walzer:* Alexander Y. (1792—1828), griechischer Freiheitskämpfer gegen die türkische Herrschaft.
16 *Parnasso Italiano:* Anthologie italienischer Gedichte. — *Mein ältester Bruder:* Albert (1799—1874), Sänger und Regisseur. — *meine zweitälteste Schwester:* Luise (1805—1871), heiratete 1828 den Verlagsbuchhändler Friedrich Brockhaus (1800—1865). — *Meine älteste Schwester:* Rosalie (1803—1837), heiratete 1836 den Schriftsteller und Philosophie-

Dozenten Dr. Oswald Marbach (1810—1890). — *Spohr:* Ludwig oder Louis Sp. (1784—1859), deutscher Komponist, Geiger und Dirigent, Oper »Jessonda«.
17 *eine dritte Schwester:* Klara (1807—1875), Sängerin, heiratete 1828 den Sänger und späteren Kaufmann Heinrich Wolfram (1800—1874). — *in Wahrheit »Petz« hieß:* richtig Pätz, in der Handschrift war das e ursprünglich ein ä; in den meisten Ausgaben von »Mein Leben« fälschlich »Bertz«. — *einen weimarischen Prinzen:* gemeint ist Prinz Konstantin von Sachsen-Weimar, Bruder Karl Augusts, der das schauspielerisch begabte junge Mädchen möglicherweise in Weißenfels entdeckte und in einem Leipziger Institut erziehen ließ; es gibt keinen Anhaltspunkt dafür, daß er Johanna Rosines leiblicher Vater war.
19 *Grillparzer:* Franz G. (1791—1872), österreichischer Dramatiker.
21 *Jakob Grimm:* (1785—1863), mit seinem Bruder Wilhelm Begründer der deutschen Sprachwissenschaft und Herausgeber deutscher Sagen und Märchen. — *Addisons Cato:* Joseph Addison (1662—1719), englischer Dichter, Tragödie »Cato« nach Plutarchs Lebensbeschreibung Catos des Jüngeren.
22 *Pausanias:* (2. Jh. v. Chr.), griech. Schriftsteller, Reisebeschreibung Griechenlands. — *August Apel:* Johann August A. (1771—1816), schrieb Dramen und Erzählungen, mit Friedrich Laun Herausgeber des »Gespensterbuchs«, 1815, darin auch die Novelle »Der Freischütz«. — *Hyginus:* Gajus Julius H. (um das Jahr 0), Bibliothekar des Kaisers Augustus; ihm wird ein mythologisches Fabel-Buch zugeschrieben.
23 *ältere Schwester Ottilie:* (1811—1883), heiratete 1836 den Philologen Prof. Dr. Hermann Brockhaus (1806—1877), den Bruder von Friedrich Brockhaus.
24 *Grafen Pachta:* Johann Joseph Graf P., Vorsteher des Ständischen Konservatoriums Prag, Schloß Pravonin; natürliche Töchter Jenny und Auguste Raymann. — *Hoffmann:* E. T. A. Hoffmann (1776—1822), Komponist, Maler, Jurist und Dichter spätromantischer, grotesker Erzählungen.
30 *»König Ödipus«:* Tragödie von Sophokles (476—406 v. Chr.). — *Tieck:* Ludwig T. (1773—1853), frühromantischer Dichter, Übersetzer und Shakespeare-Herausgeber. — *Schwester des ... Ästhetikers Wendt:* Sophie (1792—1860), Schriftstellerin, Bruder Amadeus Wendt, Professor in Göttingen.
34 *Miksch:* Johann Aloys M. (1765—1845). — *»Cenerentola«:* Oper (»Aschenbrödel«) von Gioacchino Rossini (1792—1868).
36 *Prinz Anton:* (1755—1836), Bruder Friedrich Augusts I., 1827 König. — *Ostallee:* richtig Ostraallee. — *Es machte einen sonderbaren ... bis Wesen war:* von Wagners Hand am Rande nachgetragen.
37 *von dessen Tode:* Ludwig van Beethoven (1770—1827) war am 26. März gestorben. — *A-dur-Symphonie:* Nr. 7, op. 92.
38 *Logier:* Johann Bernhard L. (1777—1846), in Irland und England wir-

kender deutscher Musikpädagoge. — *Friedrich Wieck:* (1785—1873), deutscher Klavier- und Gesangspädagoge, seine Tochter Clara (1819 bis 1896), Pianistin, heiratete 1840 *Robert Schumann:* (1810—1856). — *G. Müller:* Gottlieb M. (1800—1863), Orchestermusiker, Dirigent, in Altenburg ab 1836 Stadtmusikdirektor.

39 *Staerkel:* Johann Franz Xaver Sterkel (1750—1817), deutscher Komponist. — *Stamitz:* Johann St. (1717—1757), Komponist der Mannheimer Schule. — *Steibelt:* Daniel St. (1765—1823), deutscher Pianist und Komponist.

41 *Sänger Wolfram:* Heinrich W., später Kaufmann, heiratete 1828 Wagners Schwester Klara. — *Kühnlein:* Johann Christoph Kienlen (1784 bis 1830?), deutscher Komponist, Kapellmeister und Gesangslehrer.

42 *Hummel:* Johann Nepomuk H. (1778—1837), österreichischer Komponist und Klaviervirtuose, ab 1819 Hofkapellmeister in Weimar.

43 *Schott:* Franz Sch. (1811—1874), Musikverleger und ab 1855 alleiniger Verlagsinhaber. — *Sipp:* Robert S. (1806—1899). — *Mayseder:* Joseph M. (1789—1863), österreichischer Geigenvirtuose und Komponist.

44 *Marschner:* Heinrich M. (1795—1861), deutscher Opernkomponist der Romantik, »Hans Heiling«, »Der Templer und die Jüdin«, »Der Vampyr«. — *Wilhelmine Schröder-Devrient:* (1804—1860), dramatische Sängerin, als Leonore in Beethovens »Fidelio« berühmt geworden, 1849 wegen Teilnahme am Dresdner Aufstand ausgewiesen.

46 *Beckersche Weltgeschichte:* »Weltgeschichte für Kinder und Kinderlehrer«, 9 Bde., von Karl Friedrich Becker (1777—1806), deutscher Geschichtsschreiber.

47 *Pariser Juli-Revolution:* Volkserhebung gegen das bourbonische Regime Ende Juli 1830. — *König von Frankreich:* Karl X. (1757—1836), seit 1824 auf dem Thron, begab sich ins Ausland. — *Lafayette:* Marquis Joseph Motier de L. (1757—1834), Anhänger des Königtums, später emigriert. — *ein neuer König:* »Bürgerkönig« Louis-Philippe von Orléans (1773—1850), regierte bis 1848.

48 *Rektor Krug:* Traugott K. (1770—1842), Philosoph, Kantianer.

53 *H. Heine:* Heinrich Heine (1797—1856), deutscher Dichter und Publizist, starb im Pariser Exil, beeinflußte mehrere Dichtungen Wagners.

59 *Heinrich Dorn:* (1804—1892), deutscher Dirigent und Theaterkapellmeister, 1829 in Leipzig, 1833 Kirchenmusikdirektor und 1839 Musikdirektor am Theater in Riga, später Berlin, komponierte und schrieb Erinnerungen, auch über seine Begegnungen mit Wagner.

62 *Professor Weiß:* Christian Hermann Weiße (1801—1866), deutscher philosophischer Schriftsteller und Übersetzer. — *Aristoteles:* (384—322 v. Chr.), griechischer Philosoph und Wissenschaftler. — *Hegel:* Georg Wilhelm Friedrich H. (1770—1831), deutscher Philosoph, Professor in Jena, Heidelberg und Berlin, Vollender der Philosophie des deutschen Idealismus, Entwicklung einer Dialektik. — *Theodor Weinlich:* richtig Weinlig (1780—1842), deutscher Organist und wichtigster Kompositions-

lehrer Wagners in Leipzig, Thomaskantor. — *Schicht:* Johann Gottfried Sch. (1753—1823), deutscher Komponist, Thomaskantor. — *Sebastian Bach:* Johann Sebastian Bach (1685—1756). — *Pater Martini:* Giambattista M. (1706—1784), italienischer Musiktheoretiker und Ordensgeistlicher.

64 *Pleyel:* Ignaz P. (1757—1831), österreichischer Komponist, Schüler Haydns, Klavierpädagoge, später Musikalienhändler und Klavierfabrikant in Paris. — *Breitkopf und Härtel:* Musikverlag in Leipzig, ab 1835 geleitet von Hermann Härtel (1803—1875) und Raymund Härtel (1810—1888). — *Matthäi:* Heinrich August Matthäi (17?—1835), Konzertmeister seit 1817. — *Pohlenz:* Christian August P. (1790—1843), deutscher Dirigent und Gesangslehrer, Liederkomponist, 1827—35 Gewandhauskapellmeister in Leipzig. — *alljährliche Aufführung der Neunten Symphonie:* ungenau, 1826 dreimal aufgeführt, 1828—30 und 1834—37 je einmal.

65 *Palazzesi:* Mathilde Palazzesi, Sängerin am Dresdner Hoftheater. — *Raupach:* Ernst R. (1784—1852), deutscher Dramatiker der Spätromantik, 117 historische Dramen.

66 *jedoch nicht angekündigt:* auf dem Theaterzettel vom 16. März 1832 ist Richard Wagner genannt. — *Rochlitz:* Johann Friedrich R. (1769 bis 1842), Musikschriftsteller, Herausgeber der »Allgemeinen musikalischen Zeitung« in Leipzig.

68 *General Bem:* Joseph B. (1791—1850), im polnischen Aufstand zum General avanciert, kämpfte 1848/49 in Ungarn gegen Habsburg.

69 *»Dritte-Mai«-Lied:* 1792 entstandenes polnisches Freiheitslied, das sich auf die 1791 beschlossene Konstitution bezog.

70 *Strauß:* Johann St. der Ältere (1804—1849), Geiger in Lanners Tanzorchester, Walzer-Komponist, ab 1824 mit eigener Kapelle. — *»Die Abenteuer Fortunats ...«:* vermutlich die Posse »Der Barometermacher auf der Zauberinsel« von dem Wiener Volksdichter Ferdinand Raimund (1790—1836). — *Gluck:* Christoph Willibald G. (1714—1787), österreichischer Komponist und Reformator der Barockoper. — *Wild:* Franz W. (1792—1860), Tenor. — *Staudigl:* Josef St. (1807—1861), Baß-Bariton. — *Binder:* Sebastian B. (1800—1845), Tenor.

71 *Zampa:* Oper von Louis Joseph Ferdinand Hérold (1791—1833), französischer Komponist. — *Cherubini:* Luigi Ch. (1760—1842), italienisch-französischer Komponist.

73 *Dionys Weber:* (1766—1842), Musiktheoretiker und Komponist, Mitbegründer des Prager Konservatoriums. — *Moritz:* Heinrich M. (1800 bis 1867), Charakterdarsteller und Regisseur. — *Kittl:* Johann Friedrich K. (1806—1865), Nachfolger Webers als Leiter des Prager Konservatoriums. — *Lindpaintner:* Peter Josef L. (1791—1856), deutscher Dirigent und Komponist von Opern und Singspielen.

74 *Theodor Apel:* (1811—1867), Sohn des Schriftstellers Johann August Apel, schriftstellerisch tätig. — *Glockentöne:* richtig »Abendglocken«. —

seines »Liederkreises«: Beethovens Zyklus »An die ferne Geliebte«, op. 98.
75 *Büschings Buch über das Ritterwesen:* »Ritterzeit und Ritterwesen« von dem Breslauer Altertumsforscher Johann Gustav Gottlieb Büsching (1783—1829).
78 *Heinrich Laube:* (1806—1884), Dramatiker und Journalist des »Jungen Deutschland«, Briefroman »Das junge Europa«, 1849—69 Direktor des Hofburgtheaters in Wien. — *Börne:* Ludwig B. (1786—1837), deutscher Schriftsteller und politischer Publizist, emigrierte 1830 nach Paris. — *Ludwig Robert:* (1778—1832), Schriftsteller, Bruder der Rahel Varnhagen v. Ense, Trauerspiel »Die Macht der Verhältnisse«.
79 *Meyerbeer:* Giacomo M. (1791—1864), deutscher Opernkomponist, Hauptvertreter der »Großen« (französischen) Oper; »Robert der Teufel«, »Die Hugenotten«, »Der Prophet«, »Die Afrikanerin«. — *Kocziusko:* Titelheld Tadeusz Kosciusko (1746—1817), polnischer Patriot. — *Gozzi:* Graf Carlo G. (1720—1806), italienischer Dichter.
81 *Caspar Hauser:* ein am 26. Mai 1828 in Nürnberg aufgetauchter Findling, an dessen Herkunft sich abenteuerliche Vermutungen knüpften, 1833 ermordet. — *Hauderer:* Bauernwagen. — *Paër:* Ferdinando P. (1771—1839), italienischer Hofkapellmeister in Dresden, später Paris, Opernkomponist.
82 *Bellini:* Vincenzo B. (1801—1835), italienisch-französischer Opernkomponist, »La Straniera«, »Norma«.
83 *Pflege meiner Ziehkinder vernachlässigte:* dazu von Cosima am Rand vermerkt: »(Locken Läuse Johanna Vorwürfe. Abschnitt nur für mich.)« Diese Notiz, vermutlich von Richard Wagner, gestrichen. — *Hamm:* Johann Valentin H. (1811—1875), komponierte eine Oper und Unterhaltungsmusik.
86 *Abschrift des Briefes:* wie im Manuskript befindet sich auch im Privatdruck ein Sternchen hinter *erfüllt war,* die Fußnote lautet im Privatdruck: »Siehe den Brief im Anhange«, er wurde jedoch nicht beigegeben. Der fragliche Brief, am 11. Dezember 1833 aus Würzburg an Rosalie gerichtet, lautet vollständig:

»Würzburg den 11. Dezember 1833.
Ich muß Dir gestehen, meine einzige Rosalie, daß Dein Brief einen unendlichen Eindruck auf mich gemacht hat, da er in einer Zeit kam, in der der einzige Grund meines Schweigens gegen Euch nur der war, daß ich vor einem gewissen Schamgefühl nicht wußte, wie ich vor Euch treten sollte. Ich mußte beinah vermuten, daß es Euch nach den Opfern, die Ihr mir gebracht hattet, äußerst unangenehm sei, den Zweck derselben nicht erreicht zu sehen, und daß Ihr mir vielleicht gar über die Art und Weise zürntet, mit der ich Euch Nachricht über jene fehlgeschlagene Erwartung gab. — Ach, ich war gewissermaßen so niedergedrückt, wenn ich Eurer gedachte, wenn ich zu fühlen glaubte, wie Ihr Euch den Zweck meines Aufenthaltes dahier vorstelltet, über dessen Er-

folg Ihr doch noch so gar keine Ahnung haben könntet. Ich kann Dir garnicht beschreiben, wie sehr mich dergleichen beängstigende Vorstellungen quälten, je größer ihr Kontrast war mit den Gefühlen, mit denen mich meine täglichen Arbeiten an meiner Oper befallen. — Gott, oder vielmehr Dir sei Dank! Von vielen derlei Beunruhigungen hat mich Dein — wie soll ich ihn doch nennen — Dein wundertätiger Brief befreit, wenn er mir auch auf der anderen Seite neue Unruhe gab, — denn nachdem ich ihn einmal gelesen, konnte ich ein paar Tage nicht arbeiten. — Ich wollte ihn Dir sogleich beantworten, — aber — — es fehlte mir noch das letzte Finale meiner Oper; — vorgestern habe ich es — und somit meine ganze Oper — vollendet; — es war grad' Mittag um 12 Uhr, und es läuteten von allen Türmen die Glocken, als ich das Finis darunter schrieb; — — das hat mir sehr gefallen! — — Nun, Liebste, die *Komposition* meiner Oper ist fertig, und ich habe nur noch den letzten Akt zu instrumentieren! Meine etwas pedantische Manier, die Partitur sogleich so sauber u. nett wie möglich zu schreiben, hat mir das Instrumentieren am allermeisten bei meiner Arbeit aufgehalten; — jedoch denke ich, wenn ich recht fleißig bin, werde ich ungefähr in 3 Wochen auch mit dieser letzten Arbeit an meiner Oper fertig sein, und so etwa in 4 Wochen hier abreisen können. — Wie soll ich Dir aber beschreiben, mit welcher Stimmung ich in der letzten Zeit immer gearbeitet habe! — Wie hab' ich doch fast bei jeder Note an Euch — ach, an Dich! — gedacht, — und es war dies ein Gefühl, das mich wohl oft recht antrieb, — das mich oft aber auch so übermannte, daß ich nicht weiter arbeiten konnte und das Freie suchen mußte. Es ging mir oft so, und ich habe es immer für ein freudiges Vorgefühl gehalten, ach, und wie hat es mich entzückt, daß Dein Brief von einer gleichen Sympathie Zeuge ist! — O Gott gäbe, daß ich Dich in Deinen freudigen Erwartungen nicht täusche; — es kann ja aber wohl nicht sein, — es ist mir ja alles so aus meiner innersten Seele geflossen, — und man sagt ja, — daß das auch wieder in die Seelen anderer überginge. — — Morgen ist ein Konzert, zu dem ich ersucht wurde, ein paar Nummern aus meiner Oper herzugeben. Eine Dilettantin mit schöner Stimme wird die große Arie der *Ada* singen, und dann wird von derselben, von Albert und noch einem jungen Bassisten ein Terzett daraus vorgetragen. Letzteres schließt sich an die Introduktion des 2. Aktes an, und ist die Situation, in der *Arindal* mit *Morald* in sein Reich zurückkehrt, und von seiner Schwester *Lora* empfangen wird. Der *Chor* begrüßt ihn jubelnd als seinen *König,* doch er unterbricht denselben mit schmerzvollen Äußerungen: »O hemmet dieses Jubels Töne, mit Schreckens Mahnung drängt er mich; denn ach! zum reichen Königsmantel wird mir des Vaters Grab-Gewand!« Er ist den Träumen des Feen-Landes entrückt, findet in seinem Reiche alles verwüstet und verloren, alles mahnt ihn an den aus Gram um ihn verstorbenen Vater, und zu dem allen kommt noch die Verkündung *Adas* von den Schrecken, die ihm an diesem Tage bereitet seien; — Somit wird der Übergang in jene Stimmung gebahnt, in der er nachher im Finale Ada entgegentritt. Dagegen fühlen sich *Lora* und *Morald* durch Arindals Rückkunft neuerhoben, und sehen einem glücklichen Ausgang des Kampfes entgegen. Diese Stimmung bezeichnet das Thema des eintretenden Allegros, dessen feierliche Erhebnug *Albert* in der Probe so sehr packte, wie er mir versicherte, daß er nicht weiter singen konnte. Diese Störung war mir angenehmer, als wenn er richtig fortgesungen hätte. Und dies ist im Grunde noch eine der unbedeutendsten Nummern; da habe ich z. B. im 3. Akt ein Terzett, in dem Arindal aus dem Wahnsinn erweckt wird, und er ällmählich fühlt, daß dieser durch den Ruf seiner Gattin gewichen sei; wo er von den beiden Feen aufgemuntert wird Ada zu befreien, bis er endlich die Waffen ergreift, und im höchsten Entzücken der Befreiung seiner Gattin entgegeneilt; — — von dem verspreche ich mir noch etwas mehr! —

Was sprech' ich Dir doch da von all den Sachen! — Es ist nur die Sehnsucht, Dir alles ganz mitzuteilen! — Gott, Gott, — die Zeit ist ja nicht mehr so fern, — bald bin ich ja bei Euch, — bei Dir! — Doch ich darf mich dem nicht so ganz hingeben, sonst kann ich kein Wort mehr schreiben, — und ich hätte Dir ja noch so viel zu sagen, wenn ich nur alles ordnen könnte! — — Ich bin jetzt immer in einem so aufgeregten Zustande, — — diese Nacht habe ich wieder nicht geschlafen; — ach, was sage ich denn, — — die Ruhe der Nächte habe ich jetzt schon lange aufgeben müssen, — — immer denke ich an Euch — und — unbescheidner Weise an meine Oper! — — — Ich träumte jetzt viel von Euch, und wie ich bei Euch ankäme, und wie ich von Euch aufgenommen würde! — Sonderbar! Meine Träume dieser Art glichen einer beständigen Klimax; — in meinen ersten war meine Aufnahme bei Euch nicht sonderlich, — kalt-gewöhnlich, — später wurde sie schon inniger — herzlicher; — und jetzt ist sie in meinen Träumen so beschaffen, wie ich sie mir nur in der Wirklichkeit wünschen möchte. — Ich hoffe es wird nichts zu bedeuten haben; — Ihr werdet mir ja wohl gut sein, wenn ich es auch vor der Hand nur wenig verdient habe.

Was Du über die Annahme und Aufführung meiner Oper in Leipzig schreibst, konveniert mir ganz, und ich danke Dir für Deine voraussorgenden Bemühungen. Ich denke wohl, es soll alles gehen, — nein, ich denke es nicht nur, — ich hoffe es, und würde mich sehr vor einer Täuschung meiner Hoffnung fürchten! — Aber sage mir, Du schreibst unter anderem, *Hans Heiling* gefiele so sehr, und mache fortwährend volle Häuser; — ich muß Dir gestehen, daß mir diese Nachricht auf eine gewisse Art höchst angenehm war. Wir haben die Oper hier auch aufgeführt, und ich finde auch allerdings die Musik recht hübsch und besonders die einzelnen Stücke; aber ein so gänzlicher Mangel an Total-Effekt ist mir noch in keiner Marschnerschen Oper vorgekommen. Ich weiß nicht, die besten Effekte hat er ganz unbenutzt vorübergehen lassen; — was sind das für Aktschlüsse! — In den Chören welche

Melodienlosigkeit! Im 2. Finale behandelt er den Kulminationspunkt des Ganzen: »Er stammt vom Reich der Gnomen und der Zwerge, und ist der Geisterfürst der Berge!« so nachlässig und hebt die Steigerung so wenig hervor, daß man denkt, es geschieht etwas ganz Unbedeutendes! — Kurz nicht eine einzige Nummer kann packen! — Ich muß gestehen, das könnte mich fast zu eitlen Hoffnungen für meine Oper verleiten! — — — Es ist betrübt, daß es mit Euren Sängerinnen so steht, — eine tüchtige Stimme und ergreifendes Spiel gebrauche ich wohl, — so eine Art Devrient wäre nicht übel; — so viel ich noch die *Gerhardt* kenne, möchte ihre Stimme wohl zu schwach sein; — daß sie jedoch in der *Alice* gut gewesen sein soll, gibt mir Hoffnungen. — Vor allen Dingen ist es notwendig, daß *Eichberger* bleibt, denn der Tenorist hat unstreitig die größte und gewiß auch dankbare Partie; — wenn der fortgehen sollte, wäre mir dies ein unendlicher Schaden! — *Albert* hat sehr viel Lust zu dieser Partie und müßte auch gewiß vortrefflich darin sein; — vielleicht, wenn er einmal in Leipzig Gastrollen singt! — Was Du mir da sonst noch schreibst — — liebste Rosalie, — laß mich jetzt darüber schweigen; — es hat mich alles zu unangenehm berührt und zu lebendig verwundet, als daß ich mich über so vieles dieser Art Dir jetzt mitteilen könnte; — — ich bin bald bei Euch, und ich traue mir jetzt eine gewisse Gabe zu, die Dir manche betrübte Vorstellungen wenigstens — erleichtern, und der guten Mutter — manche Grille rauben soll! — — Ich danke Dir für jene Mitteilungen, — die Quelle aus der sie flossen, Dein liebevolles Zutrauen zu mir, ehrt mich sehr! — — —

Was macht die Mutter, was macht Ihr alle? — — Ach, ich werde Euch ja bald wiedersehen! — Ich bin doch ein recht verzogenes Kind, es tut mir jeder Augenblick wehe, den ich von Euch weg bin! — — Ich hoffe, meine Rosalie, wir zwei werden in diesem Leben noch *recht viel* beisammen sein! — Willst Du das? — — Daß übrigens bei Euch alles recht gut steht, freut mich unendlich, — grüße nur alles ja recht, und mach' Ihnen nicht bange für meine Ankunft. Ein Jahr werde ich wohl ziemlich von Euch hinweggewesen sein; — Gott gäbe, daß es seine Zinsen trage! — — — Wie ich sehe, werde ich zum Schluß sehr unordentlich mit meinem Briefe, schreib' das meiner immerwährenden Unruhe und Aufregung zu, die mich jetzt immer beherrscht, und zumal wenn ich an Euch und meine Zurückkunft denke; — es schwirrt mir alles durcheinander vor den Sinnen, und es ist die höchste Zeit, daß ich mit meiner Oper fertig bin, sonst würde es mit meiner Objektivität schlimm aussehen. — Also, mit Gott bin ich in 3—4 Wochen fertig, — und dann zu Euch!

Albert schreibt auch, — wie froh bin ich, daß er mir ein Geschäft dabei abnimmt, an das ich nur mit Schrecken denken kann! — Ich kann nichts weiter tun, als Euch innigst bei allem um Eure Güte und Nachsicht zu bitten! — Gott, ich bin ja erst 20 Jahre alt! — — — Grüße nochmals alles, und meine gute Mutter vor allem herzlichst, herzlichst von mir, und erzähle Ihnen recht viel von ihrem Richard, der ihnen so viel Not und Kummer macht. Du aber — bleibst mein Engel, meine gute, einzige Rosalie! Beibe es immer! Dein Richard!«

87 *Ringelhardt:* Friedrich Sebald R. (1785—1855), Schauspieler und Theaterdirektor, 1831—44 in Leipzig. — *Stegmayer:* Ferdinand St. (1803 bis 1863), österreichischer Komponist, Kapellmeister in Leipzig, Bremen und Wien, dort Gesangslehrer am Konservatorium. — *Hauser:* Franz H. (1794—1870), böhmischer Sänger, Regisseur und Musikpädagoge, 1837 Gesangslehrer in Wien, 1846—64 Direktor des Konservatoriums München.

88 *Fra Diavolo:* Oper des französischen Komponisten Daniel François Esprit Auber (1782—1871). — *Bierey:* Gottlob Benedikt B. (1772—1840), Komponist und Theaterdirektor.

89 *Ardinghello von Heinse:* »Ardinghello und die glückseligen Inseln«, 1787 erschienener Künstler-Roman des Sturm und Drang von Johann Jakob Wilhelm Heinse (1749—1803). — *Unterbrechung durch Wills Entfernung:* bezieht sich auf die von den Gegnern Wagners erzwungene Abreise von München am 10. Dezember 1865; nach Schopenhauers »Die Welt als Wille und Vorstellung« bezeichnete sich RW im Umgang mit Cosima gern als »Will«, Cosima führte den Namen »Vorstel«.

92 *die Stumme von Portici:* Oper von Auber. — »*Sizilianische Vesper*«: Aufstand der Sizilianer gegen die Franzosen, Verdis Oper gleichen Namens entstand erst 1855.

93 *wozu mich namentlich die Person ... bis Frankfurt »an der Oder« zu Haus war:* von RW am Rand des Manuskripts nachgetragen.

95 *Heinrich Bethmann:* (1774—1857), Theaterdirektor. — *Schauspielerin Bethmann:* Friederike Unzelmann geb. Flittner (17?—1815). — *Schmale:* Wilhelm Sch., Schauspielregisseur, 1834 Magdeburg, ab 1836 Schwerin.

96 *Minna Planer:* geb. 5. 9. 1809, gest. 25. 1. 1866, Schauspielerin, heiratete RW am 24. November 1836.

97 »*Lumpaci Vagabundus*«: Posse von Johann Nepomuk Nestroy (1801 bis 1862), dem österreichischen Theaterdichter. — *Friedrich Schmitt:* (1812—1884), Sänger und Gesangspädagoge, 1834/35 Magdeburg, später Leipzig, Dresden, München, Wien und Berlin.

100 *als mit Herrn von O. versprochen:* Otterstedt? Vermutlich der Maler des frühesten Porträts von Minna.

103 *Mme Haas:* Mathilde H. (1803—1837), Schauspielerin, ab 1835 Magdeburg, Geliebte Heinrich Laubes.

106 *Ludwig Meyer:* (1802—1862), Schauspieler und Regisseur, 1834 Leipzig, 1835 Magdeburg. — *für den Morgen dieses glücklichen Tages:* von RW teilweise am Rand eingefügt.

107 *was, wie ich später erfuhr ... bis Gründe hatte:* von RW am Rand nachgetragen.

109 *Mendelssohn-Bartholdy:* Felix M.-B. (1809—1847), deutscher Komponist, Enkel des Philosophen der Aufklärung, Moses M.; ab 1835 Leiter

der Leipziger Gewandhauskonzerte, vorübergehend Berlin; verdient um die Wiedererweckung Johann Sebastian Bachs. — *Livia Gerhart:* oder Gerhard (1818—1891) verheiratet mit dem Leipziger Bankier Dr. Woldemar Frege; Sängerin, trat schon als Fünfzehnjährige auf.

110 *Friedrich Schneider:* (1786—1853), Oratorienkomponist und Hofkapellmeister in Dessau.

112 *des Königs von Preußen:* Friedrich Wilhelm III. (1770—1840), 1797 König von Preußen. — *der »Weißen Dame«:* Oper des französischen Komponisten François Adrien Boieldieu (1775—1834).

113 *Schweizerfamilie:* Oper des Wiener Komponisten und Hofkapellmeisters Joseph Weigl (1766—1846).

114 *Lablache:* Luigi L. (1794—1858), Bassist und Gesangspädagoge.

117 *Freimüller:* oder Freymüller, Tenor, 1835/36 Magdeburg, 1852—73 Regensburg. — *roten Brieftasche:* s. Nachwort. — *Guhr:* Karl Wilhelm G. (1787—1848), deutscher Komponist und Kapellmeister, 1821—48 Frankfurt a. M. — *Fräulein Limbach:* Sängerin, mit dem Tenor Freimüller verheiratet, 1835/36 Magdeburg.

118 *Mme Pollert geb. Zeibig:* Karoline P., Sängerin in Petersburg 1835/36 Magdeburg, 1837 Königsberg. — *Krug:* Friedrich K. (1812—1892), Bassist in Leipzig, 1835/36 Magdeburg, später Kassel, dort 1849 Theaterdirektor.

128 *Schreiber:* Tenor, 1835/36 Magdeburg, 1840 Berlin, 1843—48 Schwerin, in Magdeburg zeitweilig mit Amalie Planer, der Schwester Minna Planers, verlobt.

131 *er nannte sich Cerf:* Karl Friedrich Hirsch, gen. Cerf (1782—1845), Pferdehändler, Kriegskommissionsrat, ab 1822 Theaterdirektor in Berlin. — *Gläser:* Franz Glaeser (1798—1861) böhmischer Komponist und Dirigent, 1817 Wien, 1830 Berlin, 1842 Kopenhagen.

133 *Spontini:* Gasparo Sp. (1774—1851), Opernkomponist, Direktor der Italienischen Oper in Paris, 1820—42 Hofkapellmeister in Berlin; »Ferdinand Cortez«, »Die Vestalin«.

135 *Anton Hübsch:* Schauspieler, 1836/37 Direktor des Königsberger Theaters. — *Louis Schubert:* (1806—1850), deutscher Dirigent, 1836/37 Königsberg, später Oldenburg und an der Deutschen Oper in Petersburg.

138 *ein Mädchen gebar:* Natalie Planer, verh. Bilz (1826—1892).

145 *Holtei:* Karl von H. (1798—1880), deutscher Bühnendichter, Verfasser von Singspielen und Romanen, Theaterleiter.

150 *jetzt nicht drängen zu dürfen* ... bis Abschnittende *von mir fernzuhalten:* in Wagners eigener Handschrift.

152 *Bulwerschen Roman:* »Rienzi, der letzte der Tribunen« von Edward Bulwer-Lytton (1803—1873), englischer Schriftsteller und Politiker. — *Scribe:* Eugène S. (1791—1861), französischer Theaterdichter und Opernlibrettist, Lustspiel »Ein Glas Wasser«. — *H. König:* Heinrich K. (1790—1869), deutscher Schriftsteller, Roman »Die hohe Braut« 1833. —

Amalie Planer: Schwester von Wagners erster Frau Minna, heiratete 1839 den russischen Rittmeister und späteren General Carl von Meck.
153 *Holteis erste Frau:* Luise Rogé (17?–1825), Schauspielerin. — *Henriette Sontag:* (1806–1854), Opern- und Konzertsängerin, seit 1828 mit dem sardinischen Diplomaten Graf Rossi verheiratet. — *Bürgerschen Ballade:* »Leonore« 1773 von Gottfried August Bürger (1747–1794), Schöpfer der deutschen Ballade.
154 *Donizetti:* Gaetano D. (1797–1848), italienischer Opernkomponist, »Don Pasquale«, »Der Liebestrank«, »Die Regimentstochter«, »Lucia di Lammermoor«. — *Adam:* Adolphe A. (1803–1856), französischer Opernkomponist, »Der Postillon von Lonjumeau« 1836. — *C. Blum:* Karl Ludwig B., oder Blumer (1786–1844), Regisseur an der Berliner Oper, Komponist und Dichter von über 50 Bühnenwerken.
155 *des Kaisers Nikolaus:* Zar Nikolaus I. von Rußland (1796–1855), regierte seit 1825. — *Löbmann:* Franz L. (1811–1878), Dirigent und Violinist.
158 *Méhul:* Etienne Nicolas M. (1763–1817), französischer Komponist, Oper »Joseph in Ägypten« 1807.
160 *Tod meiner Schwester Rosalie:* am 12. Oktober 1837.
162 *Joseph Hoffmann:* richtig Johann Hoffmann (1805–1865), Sänger, 1839 provisorisch Leiter des Rigaer Theaters, 1855 Direktor des Josephstädter Theaters in Wien.
164 *Zukunftsmusik:* Wortprägung des Kölner Musikkritikers Ludwig Bischoff, s. Anm. zu S. 480, mit Bezug auf Wagners Schrift »Das Kunstwerk der Zukunft«.
165 *Franz Liszt:* geb. 22. 10. 1811 Raiding/Ungarn, gest. 31. 7. 1886 Bayreuth, Komponist und Klaviervirtuose, Vater Cosimas aus der Verbindung mit der Gräfin Marie d'Agoult. — *Friedrich Wilhelm IV.:* (1795–1861), ab 1840 König von Preußen.
166 *Wilhelm Taubert:* (1811–1891), deutscher Dirigent, Pianist und Komponist, Leiter der Berliner Hofkonzerte und Kapellmeister der Berliner Hofoper.
171 *G. Sand:* George Sand (1804–1876), Schriftstellername der französischen Romanschriftstellerin Lucile-Aurore Dupin.
177 *Lord Melbourne:* William Lamb, Viscount of M. (1779–1848), Premierminister der englischen Liberalen (Whigs) 1834 und 1835–41. — *Brougham:* Henry Lord B. and Vaux (1778–1868), englischer Liberaler und Schriftsteller.
178 *Herzog von Wellington:* Arthur Wellesley, Duke of W. (1769–1852), englischer Feldherr, mit Blücher Sieger von Waterloo 1815; Staatsmann. — *Bischof von London:* Chas Jas Bloomfield (1786–1857).
179 *Duponchel:* bis 1840 Direktor der Pariser Großen Oper. — *Habeneck:* François Antoine H. (1781–1849), deutscher Abstammung, 1821 bis 1824 Direktor, bis 1846 Kapellmeister der Pariser Großen Oper. — *Moscheles:* Ignaz M. (1794–1870), deutscher Pianist und Komponist,

Lehrer Mendelssohn-Bartholdys, ab 1846 am Leipziger Konservatorium. — *Frl. Blahedka:* Marie Leopoldine B. (1811—1887), Pianistin.
180 *Molière:* Jean Baptiste Poquelin, gen. Molière (1622—1673), französischer Theaterdichter. — *um dort seine Braut ... zu heiraten:* erst am 5. März 1840. — *E. G. Anders:* Gottfried Engelbert A. (1795—1866), adliger Abstammung, lebte unter diesem Namen in Paris, seit 1833 Angestellter der National-Bibliothek.
181 *Moritz Schlesinger:* Maurice Sch. (1797—1871), deutscher Musikverleger, 1821 Pariser Sortiment, 1846 an L. und G. Brandus verkauft; gab die »Gazette musicale de Paris«, ab 1835 »Revue et Gazette musicale de Paris« heraus. — *Lehrs:* Samuel L. (1806—1843), deutscher Philologe in Paris, Wagner porträtierte ihn in seiner Novelle »Ein Ende in Paris« als »deutschen Philologen«.
183 *Dumersan:* Marion D. (1780—1849), französischer Bühnenautor. — *Hugo:* Victor H. (1802—1885), französischer Romancier und Dichter, Gedichtsammlung »Les Orientales« 1829. — *Ronsard:* Pierre R. (1524 bis 1585), französischer Renaissancedichter. — *Lewald:* August L. (1792—1871), deutscher Schriftsteller, Herausgeber der in Stuttgart erscheinenden Wochenschrift »Europa«.
184 *Panofka:* Heinrich P. (1807—1887), Geiger und Gesangslehrer. — *Pauline Viardot:* (1821—1910), Tochter des spanischen Sängers und Komponisten Manuel Gercia, bekannt als Pauline Viardot-Garcia, verheiratet mit dem französischen Historiker und Schriftsteller Louis Viardot; Mezzosopranistin, ab 1840 am Italienischen Theater Paris, ab 1849 an der Großen Oper; Freundin Turgenjews.
185 *Mme Dorus-Gras:* Julie Aimée Josephe D.-G. (1805—1896), französische Sängerin, 1830—50 erste Koloratursopranistin an der Pariser Großen Oper.
189 *Ernst Kietz:* Ernst Benedikt K. (1816—1892), deutscher Maler und Porträtzeichner, 1838—70 in Paris, Schüler von Delaroche. — *Delaroche:* Paul D. (1797—1856), französischer Historienmaler.
190 *Noch vor Ende des Jahres:* Irrtum, vgl. zu S. 180. — *Fürsten Pückler:* Hermann Fürst von Pückler-Muskau (1785—1871), bekannt durch seine gartenarchitektonischen Schöpfungen und Reiseschilderungen.
192 *Edouard Monnaie:* Edouard Monnais (1798—1868), französischer Theaterdirektor und Herausgeber der Zeitschriften »La Revue musicale« und »La Gazette musicale«.
193 *Zschokke:* Heinrich Z. (1771—1848), deutsch-schweizerischer Schriftsteller und Politiker.
194 *Laffitte:* möglicherweise Jacques Lafitte (1767—1844), französischer Bankier.
195 *Pecht:* Friedrich P. (1814—1903), Historien- und Porträtmaler, ab 1855 in München, gab die Zeitschrift »Kunst für alle« heraus.
196 *Als ich nun im Jahre 1848:* richtig 1849. — *Brandus:* s. Anm. zu Schlesinger S. 181.

197 *Pergolesi:* Giovanni Battista P. (1710—1736), italienischer Komponist.
— *Lwow:* Alexej Feodorowitsch L. (1799—1870), Komponist und Sammler russischer Kirchenmusik, von RW »Lwoff« geschrieben. — *Léon Pillet:* ab 1841 Direktor der Pariser Großen Oper.
198 *Tichatschek:* Joseph Aloys T. (1807—1886), böhmischer Tenor, an der Dresdner Hofoper 1838—72, erster Rienzi und Tannhäuser. — *Hofrat Winkler:* Theodor W. (1775—1856), Ps. Theodor Hell, deutscher Theaterschriftsteller, Herausgeber der Dresdner Abendzeitung und der hinterlassenen Schriften Carl Maria von Webers. — *Reissiger:* Karl Gottlieb Reißiger (1798—1859), Kapellmeister und Komponist, Oper »Die Felsenmühle«.
199 *von Lüttichau:* August Freiherr von L. (1786—1863), zunächst Oberforstmeister, 1824—62 Generaldirektor des Dresdner Hoftheaters. — *Brockhaus, Heinrich:* (1804—1874), Verlagsbuchhändler, Bruder von Friedrich und Hermann B., s. Anm. zu S. 16 und 23; ab 1829 mit Friedrich B., ab 1850 alleiniger Geschäftsführer des Verlages F. A. Brockhaus in Leipzig, ließ nach 1849 Wagners Dresdner Bibliothek beschlagnahmen.
200 *Halévy:* Jacques Fromental H. (1799—1862), französischer Opernkomponist.
201 *Berlioz:* Hector B. (1803—1869), französischer Komponist, »Römischer Karneval«, »Fausts Verdammung«, »Symphonie fantastique«.
204 *Quadruple-Alliance:* Viererbündnis Englands, Rußlands, Österreichs und Preußens 1840. — *Thiers:* Adolphe Th. (1797—1877), französischer Staatsmann, 1836 und 1840 Ministerpräsident, 1871—73 erster Präsident der französischen III. Republik.
205 *Vieuxtemps:* Henri V. (1820—1881), belgischer Geigenvirtuose und Komponist.
206 *»J'aurais pu ...«:* »Das hätte ich Ihnen vorher sagen können; denn sehen Sie, mein Herr, dieser Mensch ist nicht das Wasser wert, das er trinkt.«
208 *Rachel:* Elisa Rachel Félix (1820—1858), Schauspielerin.
209 *Arnold:* Christoph A. (1763—1847), Buchhändler, Verleger, vertrieb ab 1817 in Dresden die »Abendzeitung«, gründete 1825 das »Literarische Lese-Museum«. — *Gedicht von Scheuerlin:* richtig Georg Scheurlin (1802—1872).
210 *Paul Fouchet:* (1810—1875), französischer Schriftsteller, Schwager Victor Hugos.
213 *Marquise von Pompadur:* Jeanne Antoinette Poisson (1721—1764), Geliebte Ludwigs XV.
215 *Proudhon:* Pierre Joseph P. (1809—1865), utopischer Sozialist und Theoretiker, von zeitweiligen Einfluß auf den frühen Wagner. — *an die Berliner Hoftheater-Intendanz:* in Wahrheit direkt an Meyerbeer.
217 *Solfeggio:* Übungsstück für Sänger.
218 *Lachner:* Franz L. (1803—1890), deutscher Komponist und Dirigent, 1832 Kapellmeister in München, 1852—65 Generalmusikdirektor. —

Küstner: Karl Theodor von K. (1784—1864), 1817—28 Direktor des Leipziger Stadttheaters, 1833—42 des Hoftheaters in München, bis 1851 Generalintendant der königlichen Schauspiele in Berlin. — *St. Georges:* Jules de Saint-Georges (1801—1875), franz. Dramatiker und Librettist.

221 *Raumer:* Friedrich von R. (1781—1873), deutscher Historiker, schrieb die von der Romantik angeregte »Geschichte der Hohenstaufen und ihrer Zeit«, 6 Bde. 1823—25. — *Friedrich der Zweite:* (1194—1250) — *Manfred:* (1231—1266).

222 *Sie ist dem Liebesbunde ... bis Ende der Klammer des Planes noch unentschieden:* von Wagner am Rand nachgetragen.

224 *Lukas:* C. T. L. Lucas suchte in den »Abhandlungen der Kgl. Deutschen Gesellschaft zu Königsberg« 1838 nachzuweisen, Heinrich von Ofterdingen und Tannhäuser seien identisch; sachlich unhaltbar. — *Dessauer:* Josef D. (1798—1876), böhmischer Komponist, zeitweilig Paris, schrieb Lieder, Opern und Instrumentalwerke. — *Dietsch:* Pierre Louis Philippe D. (1808—1865), französischer Dirigent und Komponist, seine Oper »La vaisseau fantôme« hatte 1842 keinen Erfolg; er dirigierte 1861 in Paris den »Tannhäuser«.

225 *Chordirektor Fischer:* Wilhelm F. (1789—1859) in Dresden. — *Grafen Redern:* Friedrich Wilhelm Graf von R. (1802—1883), 1828—42 Direktor des Hoftheaters Berlin, nach der Berufung Küstners, s. Anm. zu S. 218, nomineller Generalintendant der Hofmusik.

226 *Schletter:* Heinrich Sch. (1793—1853), Seidenhändler.

231 *Despléchin:* Edouard Désiré Joseph D. (1802—1870), Theatermaler der Pariser Oper.

233 *Rellstab:* Ludwig R. (1799—1860), Berliner Theaterreferent und Musikkritiker der »Vossischen Zeitung«.

235 *Ferdinand Heine:* Regisseur und Kostümbildner in Dresden.

237 *Stieftochter meines Bruders:* Johanna (1826—1894), Tochter von Wagners Bruder Albert, heiratete 1859 Landrat Alfred Jachmann; Sängerin, nach Verlust ihrer Stimme Schauspielerin.

238 *Grétry:* André Ernest Modeste G. (1742—1813), französisch-belgischer Opernkomponist.

241 *Kriethe:* richtig Hans Kriete, 1827—58 Schauspieler am Hoftheater Dresden, verheiratet seit 1843 mit Henriette geb. Wüst, 1833—58 Sopranistin am Hoftheater Dresden, sang die Irene in der Uraufführung des »Rienzi«. — *Kittl:* Johann Friedrich K. (1806—1868), böhmischer Komponist, 1842 Direktor des Prager Konservatoriums.

243 *Risse:* Carl R., Sänger, 1823—28 und 1829—55 Bassist am Dresdner Hoftheater.

247 *Julius Mosen:* (1803—1867), Rechtsanwalt, später Dramaturg in Oldenburg, schrieb Novellen und volkstümliche Gedichte wie »Zu Mantua in Banden«. — *Carl Bank:* richtig Karl Banck (1809—1889), Musikwissenschaftler, Kritiker und Komponist, Mitarbeiter der von Robert Schumann 1834 begründeten »Neuen Zeitschrift für Musik«.

248 *Julius Schladebach:* (1810—1872), Dr. med., Herausgeber des »Neuen Universallexikons der Tonkunst«. — *Rastrelli:* Joseph R. (1799—1842), 1829 Musikdirektor in Dresden, schrieb Opern und Messen.
249 *Wächter:* Johann Michael W. (1794—1853), Opernsänger, ab 1827 Baßbariton am Dresdner Hoftheater, sang 1842 den Orsini im »Rienzi«, 1843 den Holländer und 1845 den Biterolf im »Tannhäuser« bei den Dresdner Uraufführungen. — *Sophie Schröder:* (1781—1868), geb. Bürger, Schauspielerin.
252 *Löwe:* Karl L. (1796—1869), deutscher Lieder- und Balladenkomponist.
253 *Müller, damals Leutnant:* Hermann Müller, quittierte nach 1849, durch die Beteiligung der Schröder-Devrient an der Revolution kompromittiert, den Dienst und ging in die Schweiz, s. Tagebücher Cosima Wagners.
255 *des neuen Jahres (1843):* im Manuskript folgt ein gestrichenes »Cosima von —«, darüber von der Hand Wagners: »(ei! ei!)«.
256 *des jetzigen Königs von Preußen:* Wilhelm I. (1797—1888), regierte ab 1861; Deutscher Kaiser ab 1871.
258 *Morlacchi:* Francesco M. (1784—1841), italienischer Dirigent und Komponist komischer Opern; ab 1810 Kapellmeister der Italienischen Oper in Dresden.
259 *da, wohin mich das Schicksal geführt, also auch jetzt hier in Dresden:* von RW am Rand nachgetragen.
261 *Bruder Johann:* Prinz von Sachsen (1801—1873), als Nachfolger seines Bruders Friedrich August II. König ab 1854; Dante-Übersetzer. — *das zweite Mal, als er:* richtig »als ich«.
264 *Karl Lipinsky:* richtig Karl, oder Karol, Joseph Lipinski (1790—1861), polnischer Violinist und Komponist, europäische Konzertreisen, 1839 bis 1861 erster Konzertmeister der Dresdner Hofkapelle.
266 *August Röckel:* (1814—1876), österreichischer Dirigent, Komponist und Schriftsteller; 1838—43 Kapellmeister in Weimar, 1843—48 Musikdirektor in Dresden, Herausgeber der »Volksblätter«, führend in der Revolution von 1849, inhaftiert bis 1862; schrieb »Sachsens Erhebung und das Zuchthaus zu Waldheim«, s. auch Anm. zu S. 418.
267 *Lortzing:* Albert L. (1801—1851), Dirigent, Textdichter und Opernkomponist, »Zar und Zimmermann«, »Der Wildschütz«, »Undine«.
268 *Anton Pusinelli:* (1815—1878), Dresdner Arzt, Freund Wagners. — *Ida Hahn-Hahn:* (1805—1880), deutsche Romanschriftstellerin.
270 *Hoflithographen Fürstenau:* Moritz F. (1824—1889), Flötist, ab 1852 Kustos der Kgl. Musiksammlung Dresden. — *Löwe:* Prof. Dr., Schreibmeister der Dresdner Liedertafel.
271 *Ferdinand Hiller:* (1811—1885), deutscher Dirigent und Komponist von Opern, Oratorien, Orchester- und Kammermusik; 1843—44 Gewandhauskapellmeister in Leipzig, 1844—47 Dresden, bis 1850 Düsseldorf, danach Köln. — *Rietschel:* Ernst R. (1804—1861), deutscher klassizistischer Bildhauer, Schüler von Rauch, seit 1832 Prof. in Dresden.

274 *Kummer:* Kammermusiker-Familie in Dresden; Friedrich August K. (1797—1879), Oboist und Violoncellist der Dresdner Hofkapelle; Sohn Alexander K., Musiker in Dresden, mit RW befreundet; die jüngeren Otto und Karl K. — *Cornelius:* Peter C. (1783—1867), Maler, Nazarener, 1811 Rom, 1841 nach Berlin berufen.

276 *Henning (oder Henniger):* richtig Carl Wilhelm Hennig (1784—1867), deutscher Dirigent und Komponist von Schauspielmusiken, ab 1836 Musikdirektor an der Berliner Hofkapelle, 1840—48 Kapellmeister in Berlin.

279 *Professor Werder:* Karl Friedrich W. (1806—1893), Schüler Hegels, Ästhetiker und Dramatiker. — *Cornet:* Julius C. (1793—1860), Sänger, 1832—36 Regisseur in Braunschweig, bis 1857 Hofoperndirektor in Wien.

280 *Wurda:* Joseph W. (1807—?), Tenor und zehn Jahre Direktor am Hamburger Theater, Gesangslehrer. — »*Somnambula*«: Oper von Bellini.

281 *F. Meser:* C. F. Meser, Hofmusikalienhändler in Dresden. — *Herrn von Döring:* der Name fehlt in den Ausgaben von 1911 und 1914.

282 *sonst noch nirgends zu hören:* jedoch in Hamburg, s. S. 279/280.

283 *Alwine Frommann:* (1800—1875), Malerin, Vorleserin der Prinzessin Augusta von Preußen, der späteren Kaiserin; stammte aus einer Jenaer Buchhändlerfamilie, am 11. Okt. 1828 Goethes Tischgast.

284 *Eduard Devrient:* (1801—1877), Regisseur, Theaterleiter und Schriftsteller, 1844—46 Dresden, 1852—70 Karlsruhe. — *keinen Einfluß üben konnte:* richtig »einen Einfluß zu üben«.

290 *Ich suchte keine Gelegenheit auf:* unrichtig, RW sprach ausführlich mit Meyerbeer.

292 »*Mais savez-vous ...*«: »Aber wissen Sie, Ihre Chöre singen nicht schlecht.«

295 »*Est-ce que ...*«: »Habe ich denn da keine Posaunen?« — »*J'ai entendu ...*«: »Ich habe in Ihrem ›Rienzi‹ ein Instrument gehört, das Sie Baß-Tuba nennen; ich will dieses Instrument nicht aus dem Orchester vertreiben, machen Sie mir dazu eine Stimme für die ›Vestalin‹.«

296 »*Envoyez-moi ...*«: »Schicken Sie mir eine Posaunenpartitur für den Triumphmarsch, auch von der Baß-Tuba, wie sie unter meiner Leitung in Dresden gespielt worden ist.«

300 »*Pourtant je suis sur ...*«: »Dennoch bin ich sicher, daß meine Frau dieses Lachen angestiftet hat; ich will nicht, daß man vor mir lacht, ich lache niemals, ich liebe das Ernste.« — »*Quand j'ai entendu ...*«: »Als ich Ihren Rienzi hörte, sagte ich, das ist ein Mann von Genie, aber er hat schon mehr gemacht, als er machen kann.« — »*Après Gluck c'est moi ...*«: »Nach Gluck bin ich es, der mit der ›Vestalin‹ die große Revolution gemacht hat; ich habe den ›Vorhalt der Sexte‹ in der Harmonie und die Pauke im Orchester eingeführt; mit ›Cortez‹

habe ich einen weiteren Schritt vorwärts getan; dann habe ich drei Schritte gemacht mit ›Olympia‹, ›Nurmahal‹, ›Alcidor‹ und allem, was ich in der ersten Berliner Zeit geschaffen habe, ich gebe sie Ihnen preis, es waren Gelegenheitswerke; aber dann habe ich hundert Schritte vorwärts gemacht mit ›Agnes von Hohenstaufen‹, wo ich mir ausdachte, das Orchester so einzusetzen, daß es die Orgel vollständig ersetzt.« — *Vorhalt? de la sexte:* Fragezeichen von Wagners Hand, in Ermangelung einer französischen Vokabel. — »*Or, comment voulezvous ...*«: »Oder wie wollen Sie denn, daß jemand noch etwas Neues erfindet, wenn ich, Spontini, erkläre, daß ich in keiner Weise meine vorhergehenden Werke übertreffen kann und andrerseits seit der ›Vestalin‹ niemand auch nur eine Note geschrieben hat, die nicht aus meinen Partituren gestohlen ist.«

301 »*Dans la* ›*Vestale*‹ ...«: »In der ›Vestalin‹ habe ich einen römischen Stoff komponiert, in ›Ferdinand Cortez‹ einen spanisch-mexikanischen, in ›Olympia‹ einen griechisch-mazedonischen, schließlich ›Agnes von Hohenstaufen‹ einen deutschen Stoff: alles übrige ist nichts wert.« — »*Oh, croyez-moi ...*«: »Oh, glauben Sie mir, es gab Hoffnung für Deutschland, solange ich Herrscher der Musik in Berlin war; aber seit der König von Preußen seine Musik der Unordnung überantwortet hat gelegentlich zweier irrer Juden, die er heranzog, ist alle Hoffnung verloren.« — *Semper:* Gottfried S. (1803—1879), deutscher Baumeister und Architekt, 1834—49 Dresden, ab 1855 Zürich, 1871 Wien; Verfasser kunsttheoretischer Schriften.

303 »*Quelle ingratitude!*«: »Welche Undankbarkeit!« — »*Je ne veux pas ...*«: »Ich will nicht sterben, ich will nicht sterben!« — »*Comment pouvezvous ...*«: »Wie können Sie ans Sterben denken, Sie, mein Meister, der Sie unsterblich sind!« — »*Ne faites pas ...*«: »Machen Sie keine schlechten Scherze!«

305 *Karl Golmick:* richtig Carl Gollmick (1796—1866), deutscher Pianist, Lustspieldichter und Komponist. — *Mitterwurzer:* Anton M. (1818 bis 1876), österreichischer Sänger, 1839—70 Bariton am Dresdner Hoftheater. — *Spatzer Gentiluomo:* Spitzer-Gentiluomo, 1842—46 Sängerin am Dresdner Hoftheater.

306 *Beckersche Lied:* Dichtung von Nikolaus Becker (1809—1845), entstanden 1840 anläßlich der deutsch-französischen Kriegsgefahr.

311 *die feierliche Versenkung ... in die Gruft:* am 15. Dezember 1844.

312 *Emil Devrient:* (1803—1872), deutscher Schauspieler, ab 1831 am Dresdner Hoftheater, Bruder von Eduard Devrient. — *Unter diesen teils* bis *Abschnittende sich bereit erwies:* im Manuskript nach dem Abschnittende »von besonderem Vorteil war« auf S. 308 dieser Ausgabe, von RW dort mit Auslassungszeichen versehen und hier eingefügt mit dem Vermerk »Folgt das pag: 385 eingeschlossene —)«.

314 *Simrock:* Karl S. (1802—1876), Germanist und Schriftsteller, Professor in Bonn, übersetzte in seinem »Heldenbuch«, 6 Bde. 1843—49, die

volkstümliche Epik des deutschen Mittelalters; übertrug das Nibelungenlied, veröffentlichte die »Deutschen Volksbücher«.
315 *Wolfram von Eschenbach:* (um 1170 bis nach 1220), mittelhochdeutscher Dichter. — *San Marte:* Ps. für Albert Schulz (1802—1893), ursprünglich Jurist, deutscher Literatur- und Sagenforscher, »Leben und Dichtungen Wolframs von Eschenbach«, 2 Bde. 1836—41. — *Görres:* Joseph G. (1776—1848), deutscher Publizist romantisch-katholischer Prägung, »Die teutschen Volksbücher« 1807. — *Gervinus:* Georg Gottfried G. (1805—1871), deutscher liberaler Gelehrter und Literaturhistoriker, 1848 Mitglied der Frankfurter Nationalversammlung, »Geschichte der poetischen National-Literatur der Deutschen« 1835—42. — *Hans Sachs:* (1494—1576), Nürnberger Meistersinger, Lyriker und Dramatiker.
322 *Frau Kalergis:* Marie K. (1823—1874), geb. Gräfin Nesselrode, später verehelichte Muchanow, in den Tagebüchern Cosima Wagners Marie Muchanoff, mit Wagners befreundet. — *v. Nesselrode:* Karl Robert Graf v. N. (1780—1862), bestimmte die russische Politik in der Zeit der »Heiligen Allianz«. — *C. Gaillard:* Karl G. (1813—1851), Schriftsteller, 1844—47 Leiter der von ihm begründeten »Berliner Musikalischen Zeitung«.
323 *Prinzessin Augusta:* Augusta von Sachsen-Weimar-Eisenach (1811 bis 1890), 1829 vermählt mit dem Prinzen Wilhelm von Preußen, dem späteren König und Kaiser Wilhelm I.
326 *Czerskysche und Rongesche deutsch-katholische Aktion:* von den Geistlichen Johannes Czersky und Johannes Runge geführte Reformbewegung gegen päpstliche Alleinherrschaft, Ehelosigkeit der Priester und kultische Auswüchse.
329 *Evchens Geburt:* 17. Februar 1867, Geburt Evas, heiratete 1908 den Kulturkritiker Houston Stewart Chamberlain, starb 1942; Unterbrechung des Diktats, Wiederaufnahme (?) 28. März 1867. — *Dr. Hermann Franck:* Schriftsteller, zuerst Breslau, um 1845 Dresden, stirbt 1855 unter rätselhaften Umständen im englischen Seebad Brighton.
331 *Herr von Falkenstein:* wahrscheinlich Johann Paul Freiherr von F. (1801—1882), zeitweilig sächsischer Innenminister, 1853—71 Kultusminister. — *Bendemann:* Eduard B. (1811—1889), Maler von Historienszenen, malte 1838—59 das Dresdner Schloß mit Fresken aus. — *Hübner:* Julius H. (1806—1882), Maler vorwiegend religiöser Motive, später in Berlin.
332 *dichtende Reinecke:* richtig Robert Reinick (1805—1852), Maler und Dichter spätromantischer Jugendbücher. — *Hebbel:* Friedrich H. (1813 bis 1863), deutscher Dramatiker, Lyriker und Prosaist.
333 *Julius Schnorr:* Julius Sch. von Carolsfeld (1794—1872), Historienmaler, 1846—71 Direktor der Dresdner Gemäldegalerie. — *Hänel:* richtig Ernst Hähnel (1811—1891), Bildhauer, schuf romantische Raffaelstatue und Bronzestandbild Beethovens in Bonn.

334 *Gutzkow:* Karl G. (1811—1878), deutscher Dramatiker und Romancier, führend im »Jungen Deutschland«, 1847—49 Dramaturg am Dresdner Hoftheater.
337 *Berthold Auerbach:* (1812—1882), deutscher Dramatiker und volkstümlicher Erzähler von Dorfgeschichten, populärster Prosaist seiner Zeit. — *Gottfried Keller:* (1819—1890), schweizerischer Dichter und Erzähler, Autor des »Grünen Heinrich«.
338 *des Erzherzogs von Weimar:* Carl Alexander (1818—1901). — *Klopstock:* Friedrich Gottlieb K. (1724—1803), deutscher Epiker, Lyriker und Dramatiker.
340 *Adolph Stahr:* (1805—1876), Philologe in Oldenburg, ab 1852 Berlin, verheiratet mit der Romanschriftstellerin Fanny Lewald (1811—1889), schrieb mehrere Werke über die deutschen Klassiker.
341 *Haydn:* Joseph H. (1732—1809), österreichischer Komponist der Wiener Klassik.
342 *von der Leipziger Konzertgesellschaft:* Irrtum, Leipzig lehnte ab, stattdessen von der Berliner Königlichen Kapelle.
344 *Anacker:* August Ferdinand A. (1790—1854), komponierte u. a. eine Kantate »Bergmannsgruß«.
345 *Dreißigsche Singakademie:* Dresdner Singakademie, benannt nach dem Hoforganisten Anton Dreyßig (1776—1815). — *Gade:* Niels W. Gade (1817—1890), dänischer Komponist, von Mendelssohn-Bartholdy und Schumann beeinflußt.
346 *Dr. Köchly:* Theodor K. (1815—1876), Lehrer an der Dresdner Kreuzschule, später Professor der klassischen Philologie in Zürich.
350 *unter denen sich eines Tages ... bis meldete:* später von Cosima am Rand nachgetragen. — *Hans von Bülow:* (1830—1894), deutscher Pianist und Dirigent, Schüler Friedrich Wiecks und Franz Liszts, 1857—70 mit Liszts Tochter Cosima verheiratet, die ihn Wagners wegen 1865 verließ; Kinder Daniela und Blandine, s. Tagebücher Cosima Wagners.
352 *Kaskel:* Bankier, erster Mann der Mutter Hans von Bülows, Franziska geb. Stoll. — *Jenny Lind:* (1820—1887), Sopranistin, die »schwedische Nachtigall«. — *Joachim:* Joseph J. (1831—1907), Violinvirtuose, Dirigent und Musikpädagoge, später Direktor der Berliner Hochschule für Musik.
355 *da selbst die Verwalter ... bis ersahen:* von Wagner am Rand nachgetragen.
356 *Aischylos:* (525/24—456 v. Chr.), griechischer Dramatiker. — *Droysen:* Johann Gustav D. (1808—1884), Historiker, Mitglied der Frankfurter Nationalversammlung, übersetzte Aischylos und Aristophanes, wandte sich später der preußischen Geschichte zu. — *Aristophanes:* (2. Hälfte 5. Jh. v. Chr.), griechischer Komödien-Dichter. — *Platonischen Gespräche:* Platon (429—347 v. Chr.) athenischer Philosoph, seine »Dialoge« wiederholt Lektüre Wagners, s. Tagebücher Cosima Wagners. —

Niebuhr: Berthold Georg N. (1776—1831), Historiker und preußischer Staatsmann; »Römische Geschichte«, 1828—32 neu bearb., bis zum 1. Punischen Krieg. — *Gibbon:* Edward G. (1737—1794), englischer Historiker, »Geschichte des Verfalls und des Sturzes des Römischen Reiches«, 1776—88 erschienen und bis zur Eroberung Konstantinopels durch die Türken geführt, auch später wiederholt Lektüre Wagners.

357 *Mone:* Franz Josef M. (1796—1871), deutscher Sprach-, Sagen- und Geschichtsforscher, veröffentlichte 1836 »Untersuchungen zur Geschichte der teutschen Heldensage«.

361 *Tenorsänger von unbedingter Talentlosigkeit:* Julius Pfister (1817—?), Tenor in Breslau und Berlin. — *wiedergefundenen Albert Franck:* läßt darauf schließen, daß es sich um Hermann Franck handelt, s. Anm. zu S. 329, auch ist von ihm auf S. 366 wieder die Rede; dessen Bruder Albert F. war Buchhändler.

362 *Marx:* Adolf Bernhard M. (1799—1866), Musiklehrer, seit 1830 Professor und Musikdirektor an der Berliner Universität.

363 *E. Kossak:* Ernst K. (1814—1880), Philologe und Musikschriftsteller, Begründer der Berliner Musikzeitschrift »Echo« und der »Zeitungshalle«. — *H. Truhn:* Friedrich Hieronymus T. (1811—1866), Komponist und Musikschriftsteller. — *Lutter und Wegener:* von E. T. A. Hoffmann bevorzugte Berliner Weinstube.

364 *Eduard von Bülow:* (1803—1853), Übersetzer und Schriftsteller, Vater Hans von Bülows, geschieden, heiratete in zweiter Ehe eine Tochter des Generals Graf Bülow von Dennewitz.

365 *Prinzen von Preußen:* den späteren König und Kaiser Wilhelm I.

367 *Nachricht von Mendelssohns Tode:* Mendelssohn-Bartholdy starb am 4. November 1847.

368 *voire Page 455:* Anfänge der jeweiligen Manuskriptseiten verwechselt. — *Maler Reinicke:* richtig Reinick, s. Anm. zu S. 332.

371 *Palestrina:* Giovanni Pierluigi da P. (1525—1594), italienischer Komponist und päpstlicher Kapellmeister.

372 *Tod meiner Mutter:* starb schon am 9. Januar 1848 mit 70 Jahren.

373 *»Martha«:* Oper von Friedrich von Flotow (1812—1883), 1847 uraufgeführt. — *Proklamation der Republik in Paris:* am 24. Februar 1848.

374 *entließ sein Ministerium:* Ministerium Könneritz am 16. März 1848 entlassen, s. auch Anm. zu S. 724. — *Wiener und Berliner Ereignisse:* Staatskanzler Fürst Metternich am 13. März 1848 gestürzt, am 18. März Berliner Erhebung. — *Jessie Lassaut:* geb. Taylor (geb. um 1829) mit dem Kaufmann Eugène L. verheiratet, nach ihrer Trennung von L. heiratete sie den Historiker und Publizisten Karl Hillebrand (1829—1884) und zog zu ihm nach Florenz.

375 *Karl Ritter:* (1830—1891), Sohn von Julie Ritter, Bruder Alexander Ritters; anfangs musikalisch tätig, s. 1851 Wagner in Zürich; später Schriftsteller.

377 *Zichlinsky:* Offizier Leo von Zychlinsky.

380 *Mosewius:* Johann Theodor M. (1788—1858), Musikschriftsteller, Sänger, 1825 Gründer der Breslauer Singakademie, 1832 Universitätsmusikdirektor. — *Professor Fischhof:* Josef F. (1804—1857), Pianist, 1833 Professor am Wiener Konservatorium. — *Vesque von Püttlingen:* Johann Freiherr V. v. P. (1803—1883), Beamter im österreichischen Außenministerium, Pianist, veröffentlichte unter dem Ps. J. Hoven 6 Opern.

381 *Theodor Uhl:* richtig Friedrich Uhl (1825—1906), Publizist und Romanautor. — *Franck:* Ludwig August Frankl (1810—1894), Epiker und Herausgeber der Zeitschrift »Sonntagsblätter«; der Verfasser des von Wagner erwähnten Gedichts »Der Tannhäuser«, 1854, war jedoch Adolf Franckel (1823—1896). — *Dr. Pacher:* richtig Bacher, Journalist. — *Dr. Becher:* Alfred Julius B. (1803—1848), österreichischer Journalist und demokratischer Politiker, Ende 1848 standrechtlich erschossen.

382 *Bauernfeld:* Eduard von B. (1802—1890), österreichischer Lustspieldichter und Feuilletonist. — *Herzog von Reichstadt:* Franz Joseph Karl (1811—1832), Sohn Napoleons, starb an Lungenschwindsucht in Schönbrunn. — *Oktobertagen:* bis Anfang November wurden die Wiener Aufstände durch eine Armee des Feldmarschalls Fürst Alfred Windischgrätz niedergeschlagen, zahlreiche Hinrichtungen.

383 *Nostitz:* Graf Albert N. (1807—1871), österreichischer Geheimrat und Politiker.

384 *Die bloße Unterhaltung meiner Anstellung:* im Privatdruck korrigiert in »Aufrechterhaltung«.

385 *Frau Klepperbein:* s. Annalen S. 765 (»Klepperbeinsche alte Schuld«).

386 *Minkwitz:* Oberhofmeister von M. — *Volksblattes:* Wagner war selbst Mitarbeiter der »Volksblätter«, die er sogar kurze Zeit redigierte.

388 *von der Pfordten:* Ludwig von der Pf. (1811—1880), später bayerischer Ministerpräsident; Jurist. — *Oberländer:* Martin O., vor 1848 Stadtrat in Zwickau, 1848/49 sächsischer Innenminister.

389 *von Trütschler:* Wilhelm Adolf von Trützschler (1818—1849), Appellationsgerichts-Assessor in Dresden, 1848 Abgeordneter der Frankfurter Nationalversammlung, als Teilnehmer des badischen Aufstands am 14. August 1849 in Mannheim standrechtlich erschossen.

390 *Pfaffen Lambert:* Pfaffe Lamprecht (Anfang 12. Jh.), deutscher Geistlicher, Versdichter und Übersetzer.

392 *Fröbel:* Julius F. (1805—1893), Publizist und Politiker, Abgeordneter der Frankfurter Nationalversammlung, in Wien zum Tode verurteilt, jedoch begnadigt. — *Blum:* Robert B. (1807—1848), demokratischer Politiker, Führer der Linken im Frankfurter Parlament, in Wien verurteilt und am 9. November 1848 erschossen. — *Erzherzogin Sophie:* geb. Prinzessin von Bayern (1805—1872), Mutter des Kaisers Franz Joseph (1848—1916).

393 *Sohn meines alten Freundes Ferdinand Heine:* Wilhelm Heine (1827 bis 1885), Maler und Reiseschriftsteller. — *was eben Herrn v. Lüt-*

tichau veranlaßt hatte, sein Auge auf mein neuestes Werk zu lenken: von Wagner am Rand des Manuskripts nachgetragen.
395 *Theodor Uhlig:* (1822—1853), Geiger, Theoretiker und Komponist, ab 1841 Mitglied der Dresdner Hofkapelle, arrangierte den Klavierauszug zu »Lohengrin«.
396 *des Vereines unterrichten:* richtig »zu unterrichten«. — *Besuch Rudi Lichtenstein:* Fußnote verweist auf den Besuch des Fürsten Rudolph Liechtenstein, Freund und Verehrer Wagners aus der Wiener Zeit, später Obersthofmeister; war in Tribschen am 28. August 1868, wodurch das Diktat unterbrochen wurde.
397 *Michael Bakunin:* (1814—1876), russischer Anarchist, 1841 emigriert, nach dem Aufstand von 1849 zum Tode verurteilt, ein Jahr später an Österreich ausgeliefert, 1851 an Rußland, 1860 aus Sibirien geflohen, später in England, Frankreich und der Schweiz.
398 *Georg Herwegh:* (1815—1875), revolutionärer deutscher Lyriker, 1848 Teilnahme am badischen Aufstand, Flucht in die Schweiz.
399 *Rousseau:* Jean Jacques R. (1712—1778), schweizerisch-französischer Schriftsteller, Philosoph und Pädagoge, Theoretiker des »Gesellschaftsvertrags« und einer der natürlichen Entwicklung entsprechenden Erziehung des Einzelnen. — *Rostopschin:* Graf Fjodor Wassiljewitsch Rostoptschin (1763—1826), Gouverneur von Moskau, initiierte angeblich den Brand von Moskau, um die Franzosen zum Abzug zu zwingen. — *Stratagem:* Strategem, Feldzugsplan.
403 *Liszt meldete mir im März:* Irrtum, die Aufführung wurde am 9. Februar 1849 angekündigt. — *Beust:* Friedrich Ferdinand Freiherr von B. (1809—1886), vom 24. Februar 1849 bis 1866 sächsischer Außenminister, Gegner der Einigungspolitik Bismarcks, danach österreichischer Außenminister und Reichskanzler bis 1871.
404 *Ich befand mich:* richtig »Ich fand mich«.
406 *Ramische Gasse:* in späteren Ausgaben »Ranftsche Gasse«.
407 *Donnerstag, der 4. Mai:* von hier ab irrtümliche Datierungen, Donnerstag fiel auf den 3. Mai, die Barrikaden-Szene vermutlich erst auf Freitag.
408 *Des anderen Tages:* Freitag, 4. Mai.
409 *Obersten Heinz:* Oberstleutnant Heinze, früher Offizier in griechischen Diensten, Rittergutsbesitzer, Mitglied der 1. Kammer, im Mai 1849 Kommandant der Kommunalgarde.
410 *den ganzen Freitag:* 4. Mai. — *6. Mai:* richtig 5. Mai.
411 *Heubner:* Otto Leonhard H. (1812—1893), Kreisamtmann in Freiberg, Abgeordneter der Frankfurter Nationalversammlung und des sächsischen Landtags, verhaftet, zu lebenslänglichem Zuchthaus verurteilt und 1859 aus Waldheim entlassen; später Rechtsanwalt und wieder Abgeordneter. — *Todt:* Karl Gotthelf T. (1803—1852), sächsischer Bundestagsgesandter 1848, flüchtete 1849 in die Schweiz. — *Tzschirner:* Samuel Erdmann T. (um 1812—1870), Rechtsanwalt und Landtags-

abgeordneter, vertrat in der Provisorischen Regierung die äußerste Linke und ermächtigte Bakunin, flüchtete mit Todt in die Schweiz und kehrte nach der Amnestie 1865 zurück.
412 *Sonntag (7. Mai):* richtig 6. Mai.
414 *Montags, 8. Mai:* 7. Mai.
415 *nach ihrem Sammelplatz:* in Manuskript und Privatdruck »seinem«.
417 *Dienstag, dem 9. Mai:* 8. Mai.
418 *erkundigte sich nach Röckel:* Röckel war in der Nacht zum Dienstag verhaftet worden; wurde zum Tode verurteilt, zu lebenslänglicher Haft begnadigt und 1862 aus dem Zuchthaus Waldheim entlassen.
419 *Postsekretär Martin:* Adjutant Heubners.
420 *Feuerbach:* Ludwig F. (1804—1872), deutscher Philosoph, Materialist und Atheist, nur das sinnliche Einzelwesen für wirklich haltend, anfangs von starkem Einfluß auf RW, der ihm 1850 »Das Kunstwerk der Zukunft« widmete; schrieb »Das Wesen des Christentums« 1841, »Grundsätze der Philosophie der Zukunft« 1843, »Das Wesen der Religion« 1845. — *Metzdorff:* flüchtete nach dem Aufstand nach Paris, brachte sich dort zwanzig Jahre mit Stundengeben durch und wurde 1870 als Deutscher ausgewiesen; traf RW am 19. August 1870 in Luzern auf der Straße wieder, s. Tagebücher Cosima Wagners.
422 *Stephan Born:* (1824—1898), Sozialreformer, später Professor für Literatur an der Universität Basel.
424 *habe sich das:* richtig »habe das«. — *sich bereits:* richtig »bereits«. — *in die Falle gebracht habe:* richtig »in die Falle gebracht«.
425 *Regisseur Genast:* Eduard G. (1797—1866), Sänger, Schauspieler und Regisseur, ab 1829 am Weimarer Hoftheater, 1833—51 auch Opernregisseur. — *Caroline, Fürstin v. Wittgenstein:* Carolyne, oder Karoline von Sayn-Wittgenstein, geb. von Iwanowska (1819—1887), Freundin, 1848—61 Lebensgefährtin Franz Liszts in Weimar.
426 *Stör:* Karl St. (1814—1889), später Hofkapellmeister. — *Goetze:* Franz G. (1814—1888), Geiger, 1836—52 lyrischer Tenor am Hoftheater Weimar, danach Gesangslehrer am Konservatorium Leipzig. — *Großherzogin in Weimar:* Maria Pawlowna, geb. Großfürstin von Rußland (1786—1859), Tochter Pauls I., Gemahlin des 1828—53 regierenden Großherzogs Karl Friedrich (1783—1853). — *Kühmstedt:* Friedrich K. (1809—1858), Orgelkomponist.
427 *von Watzdorf:* Christian Bernhard v. W. (1804—1870), 1840 sächsischer Ministerialrat, ab 1843 Staatsminister der Regierung von Sachsen-Weimar-Eisenach für Auswärtiges und Justiz.
428 *Professor Wolff:* Oskar Ludwig Bernhard W. (1799—1851), Professor für neuere Sprachen in Jena. — *eines Professors Widmann:* Christian Adolf W. (1818—1878), Dichter, Politiker und Nationalökonom.
429 *Wilhelm Baumgartner:* (1820—1867), Schweizer Musiker, Musikpädagoge und Liederkomponist, Freund Kellers und Wagners. — *Jakob Sulzer:* Johann Jakob S. (1821—1897), Philologe und Philosoph, Schweizer

Staatsschreiber 1847, führend in der demokratischen Partei des Kantons Zürich, National- und Ständerat. — *Franz Hagenbuch:* (1819—1888), Schweizer Staatsschreiber 1848 und 1852, Förderer des Züricher Musiklebens.

432 *Wiederaufnahme 19. November 1868 (Vereinigung):* Cosima von Bülow war am 16. November 1868 endgültig nach Tribschen übergesiedelt und begann am 1. Januar 1869 ihr Tagebuch zu schreiben, das die Autobiographie und die Annalen fortsetzt, s. Nachwort.

433 *Lamartinee:* Alphonse de L. (1790—1869), französischer liberaler Staatsmann, Historiker und romantischer Dichter, nach der Februarrevolution von 1848 vorübergehend Außenminister. — *Ledru-Rollin:* Alexandre-Auguste L.-R. (1808-1874), französischer linksradikaler Demokrat, 1848 Innenminister, Haupt des Juniaufstandes in Paris.

436 *Alfred Escher:* (1819—1882), schweizerischer Staatsmann, Förderer des Eisenbahnbaus. — *Professor Ettmüller:* Ernst Moritz Ludwig E. (1802 bis 1877), Schriftsteller, Literaturforscher und Herausgeber, 1830 Dozent in Jena über mittelhochdeutsche Dichter, ab 1833 Professor in Zürich.

439 *durch Görgey:* die ungarische Erhebung gegen Habsburg endete mit der Kapitulation von General Arthur Görgey am 13. August 1849. — *Genelli:* Bonaventura G. (1798—1868), in Deutschland lebender Maler und Zeichner, »Umrisse« zu Dante und zu Homer. — *ihren schmerzlichen Tod:* Wilhelmine Schröder-Devrient starb am 26. Januar 1860 in Coburg.

442 *Schelling:* Friedrich Wilhelm Joseph Sch. (1775—1854), deutscher idealistischer Philosoph der Romantik. — *Gustav Schlesinger:* richtig Gustav Schlesier (1811—?), deutscher Schriftsteller und Publizist, arbeitete 1833/34 für Laubes »Zeitung für die elegante Welt«, dann für die Lewaldsche Wochenschrift »Europa«, später verschollen.

444 *der französische Dichter:* der S. 430 erwähnte Gustave Vaisse; nach anderen Quellen Vaez geschrieben.

445 *Julie Ritter:* (1794—1869), Frau eines Kaufmanns, Förderin Wagners, Söhne Karl und Alexander, vgl. Anm. zu S. 375.

448 *Adolph Kolatschek:* seine »Deutsche Monatsschrift« brachte »Kunst und Klima« 1850.

451 *Todesurteil über Röckel, Bakunin und Heubner:* nicht vollstreckt, s. Anm. zu S. 266, 397, 411 und 418.

463 *c-moll-Symphonie:* Beethovens 5. Symphonie, op. 67.

464 *einem anderen Gefühle als dem der Hoffnung:* richtig »ein anderes Gefühl als das der Hoffnung«.

469 *Freiherr von Poißl:* Johann Nepomuk Freiherr von P. (1783—1865), Komponist, 1825—48 Erster Hofmusik- und Hoftheaterintendant in München.

471 *Platen:* August Graf von P.-Hallermund (1796—1835), deutscher neoklassizistischer Dichter.

473 *Bernhard Spyri:* Rechtsanwalt in Zürich, Redakteur und Stadtschreiber, seit 1852 mit der erfolgreichen Schriftstellerin Johanna Spyri geb. Heusser verheiratet.
474 *Abt:* Franz A. (1819—1885), deutscher Komponist volkstümlicher Lieder und Männerchöre, seine »Schwalben« (Wenn die Schwalben heimwärts ziehn) hat den Titel »Agathe«. — *Reinhold Solger:* (1820 bis 1866), Schriftsteller und Politiker, schrieb in Amerika eine »Geschichte der Rebellion in den Vereinigten Staaten«.
476 *Franz Dingelstedt:* (1814—1881), Dichter, Dramaturg, 1851 Intendant des Münchner Hoftheaters, 1857 Generalintendant in Weimar, 1867 Direktor der Wiener Hofoper, 1871 Direktor des Hofburgtheaters. — *Robert Franz:* (1815—1892), Universitäts-Musikdirektor in Halle an der Saale, Komponist romantischer Lieder.
477 *Herr von Ziegesar:* Freiherr von Ziegesar, bis 1857 Intendant des Hoftheaters in Weimar. — *Herzog von Coburg:* Ernst II. Herzog zu Sachsen-Coburg-Gotha (1818—1893), betätigte sich als Opernkomponist. — *Frau Birch-Pfeiffer:* Charlotte B.-Pf. (1800—1868), Schauspielerin, Erzählerin und Autorin zahlreicher rührseliger Theaterstücke; für Herzog Ernst von Coburg verfaßte sie das Libretto zu »Santa Chiara«.
479 *Franz Brendel:* (1811—1868), Musikwissenschaftler, leitete seit 1844 die von Robert Schumann begründete »Neue Zeitschrift für Musik«. — *mit einem Pseudonym:* unter K. Freigedank 1850 in Brendels Zeitschrift.
480 *Bischoff:* Ludwig Friedrich Christian B. (1794—1867), Musikkritiker, gründete die »Rheinische Musikzeitung« 1850, danach die »Niederrheinische Musikzeitung«.
483 *Prießnitz:* Vinzenz P. (1799—1852), Landwirt und Naturheilkundiger.
484 *gingen wir über Beckenried:* in der Handschrift ein Stern, am Rand die Bemerkung »nachzuholen die Aa. der N. Christoph«, gestrichen. — *Hofrat Carus:* Carl Gustav C. (1789—1869), Leibarzt in Dresden, Psychologe, Schriftsteller und Landschaftsmaler.
485 *Beaumarchais:* Pierre Augustin Caron de B. (1732—1799), französischer Theaterschriftsteller in der Nachfolge Molières. — *meiner drei Operndichtungen:* die Titel von RW am Rand nachgetragen. — *Albisbrunn:* in Manuskript und Privatdruck »Albisbrunnen«, Schweizer Ortsnamen gelegentlich ungenau geschrieben.
488 *Blandine Ollivier:* (1835—1862), Liszts ältere Tochter aus der Verbindung mit Gräfin Marie d'Agoult; Schwester Cosimas, heiratete den französischen Juristen und Politiker Emilie Ollivier, s. Anm. zu S. 569.
489 *Anakreon:* (bis nach 495 v. Chr.), griechischer Lyriker, Sänger des Weins und der Liebe.
491 *Staatsstreich des 2. Dezember:* am 2. Dezember 1851 setzte sich der Präsident der Republik, Louis Napoleon Bonaparte, ab 1852 Kaiser Napoleon III., durch Ausschaltung der Nationalversammlung in den Besitz der Macht.
492 *Wesendonk:* Otto W. (1815—1896), Kaufmann, Textilhändler, heiratete

1848 Mathilde geb. Luckemeyer (1828—1902), die mit Liedertexten und nach 1865 mit historischen Schauspielen auch schriftstellerisch tätig war (Wesendonk-Lieder einzige Kompositionen Wagners nach fremden Texten); beide kamen aus Düsseldorf bzw. Elberfeld, lebten seit 1852 in Zürich, später in New York, Zürich und ab 1871 in Dresden; der Name wurde von Otto und Mathilde W. stets »Wesendonck« geschrieben, auch von Wagner und durchgehend in Cosimas Tagebüchern; erst der Sohn Karl W. schrieb sich mit einfachem k, dieser Schreibweise folgten mit einigen Ausnahmen die Briefeditionen und die Wagner-Literatur, so auch die Ausgaben von »Mein Leben«. — *Professor Osenbrück:* Eduard Osenbrüggen (1809—1879), Strafrechtslehrer an der Universität Zürich.

494 *Mazzini:* Giuseppe M. (1805—1872), italienischer Revolutionär und Führer der Unabhängigkeitsbewegung, verteidigte 1848/49 mit Garibaldi Rom gegen die Franzosen; floh nach London.

495 *Mitte Juli allein auf den Weg:* 12. Juli 1852 nach Interlaken, 13. Juli Faulhorn und Meiringen.

496 *verwogenes Spiel:* verwegenes? Entzifferung fraglich.

497 *von niemand anders als dem Wirt:* Manuskript und Privatdruck »niemand anders als der Wirt«.

498 *Byron:* George Gordon Lord B. (1788—1824), Dichter der englischen Romantik, »Don Juan« und »Childe Harold« auch später häufig Lektüre Cosima und Richard Wagners. — *Dr. François Wille:* (1811—1896), Journalist und politischer Publizist. — *durch seine Frau:* Eliza Wille (1809—1893), Roman-Schriftstellerin, Romane »Felicitas« 1850, »Johannes Olaf« 1871; 1851 verließen die in Hamburg und Holstein auch politisch tätigen Willes Deutschland und zogen auf ihr Gut Mariafeld bei Zürich. — *Sloman:* R. M. Sloman (?—1867), englischer Reeder, heiratete eine Hamburgerin.

499 *für den General Haynau:* Anspielung auf den für seine Grausamkeit bei der Unterdrückung der nationalen Bewegungen in Ungarn und Italien bekannten österreichischen General Julius Jakob Freiherr von Haynau (1786—1853).

500 *Louis Schindelmeißer:* (1811—1864), deutscher Dirigent und Komponist, schrieb Opern, Instrumental- und Vokalwerke, tätig in Berlin, Budapest, Darmstadt, Frankfurt a. M., Stiefbruder Heinrich Dorns, trat für Wagner ein. — *von Hülsen:* Botho v. H. (1815—1886), Gardeleutnant, wurde 1851 Generalintendant der Berliner Hofbühnen; Gegner Wagners.

502 *Frau von Bissing:* Henriette von B. geb. Sloman (1798—1879), Romanschriftstellerin, Schwester Eliza Willes, s. auch S. 746—750.

504 *frug ich bei Herrn Härtel in Leipzig:* erst am 5. April 1856.

505 *»Ein Theater in Zürich«:* Frühjahr 1851 als Sonderdruck.

506 *Frau ... Heim:* Emilie H., Sopranistin, Frau von Ignaz Heim, Musikdirektor in Zürich; mit Wagner befreundet.

507 *Nun folgt eine jener schönen Lebenswochen:* in Wagners Erinnerung haben sich die beiden Besuche Liszts in Zürich, 1853 und 1856, offenbar vermengt. Die Faust-Symphonie war 1853 noch nicht komponiert. (In den Annalen des gleichen Jahrs hat Wagner das Wort »Faust« später gestrichen.) Auch das Schreiben an Marie von Wittgenstein »Über Franz Liszts Symphonische Dichtungen« wurde erst nach dem zweiten Besuch Liszts verfaßt und am 15. Februar 1857 vollendet. — *Frau Stockar-Escher:* Clementine St.-E. (1816—1886), malte Aquarelle von Richard und Minna Wagner 1853.

508 *Marie von Wittgenstein:* Marie Prinzessin von Sayn-W. (1837—1897), Tochter der Fürstin Carolyne und des Fürsten Nikolaus von Sayn-W., seit 1859 vermählt mit Konstantin Prinz zu Hohenlohe-Schillingsfürst, Oberschofmeister am Wiener Hofe, Bruder des deutschen Reichskanzlers Clodwig Hohenlohe. — *als diese so lang ersehnte:* richtig »als in diese«.

509 *Daumersche Bearbeitung des Hafis:* Georg Friedrich D. (1800—1875), deutscher Dichter und religionsphilosophischer Schriftsteller, sein »Hafis« (persischer Lyriker des 14. Jh.) erschien 1846.

511 *wo ich nun ungeduldig auf meine Reise nach Italien mich vorbereitete:* von Wagner selbst eingefügt. Der ursprüngliche, von ihm gestrichene Text lautet: »Von dort aus hatte meine Frau [zu] den warmen Bädern in Baden am Stein sich begeben, wo auch ich bei oft mehrtägigen Besuchen Kur-Experimente machte, welche jedoch nur zu immer vermehrter Aufregung meiner Nerven führte[n].« — Minna war jedoch Anfang August nur für eine Woche nach Baden gegangen, ihren Kuraufenthalt nahm sie dort im September. — *Endlich trat der Monat September:* Abreise schon am 24. August, in Genua am 31. August, Spezia 3. September.

513 *vom Großherzoge von Baden:* Friedrich I. (1826—1907), regierte seit 1852. — *Peter Cornelius:* (1824—1874), deutscher Komponist und Schriftsteller, Neffe des gleichnamigen Malers; Opern »Der Barbier von Bagdad« 1858, »Der Cid« 1865. — *Richard Pohl:* (1826—1896), Musikschriftsteller und Komponist, in enger Beziehung zu Liszt in dessen Weimarer Zeit, setzte sich für Wagners Werke ein. — *Dionys Pruckner:* (1834—1896), Pianist, Schüler Franz Liszts.

516 *Familienabend bei seinen Kindern:* am 10. Oktober 1853; Kinder Blandine (1835—1862), s. Anm. zu S. 488; Cosima (1837—1930), heiratete 1857 Hans von Bülow, nach ihrer Scheidung 1870 zweite Frau von RW; Daniel (1839—1859), starb im Hause Hans von Bülows in Berlin. — *Jules Janin:* (1804—1874), französischer Theaterkritiker. — *General Cavaignac:* Louis Eugène C. (1802—1857), 1841 Oberst der Zuaven, 1848 Generalgouverneur von Algerien, Kriegsminister, Militärdiktator in Paris, schlug die 48er Aufstände blutig nieder.

517 *Ein junger Fürst ... bis nicht mißlungener Weise ausführte:* im Manuskript von RW am Rand nachgetragen.

519 *Robert von Hornstein:* (1833—1890), Musiker und Komponist.

520 *Methfessel:* Albert M. (1802—1878), Musikdirektor, zuletzt in Bern.
521 *Schopenhauer:* Arthur Sch. (1788—1860), deutscher Philosoph des Pessimismus, »Die Welt als Wille und Vorstellung« 1819, neue Ausgabe 1844, erst durch eine englische Kritik ins Gespräch gekommen; nach Cosima Wagners Tagebüchern sind diese zwei Seiten über Schopenhauer am 1. Januar 1869 diktiert.
522 *Frauenstädt:* Julius F. (1813—1879), Autor philosophischer Schriften, Anhänger Schopenhauers und Erbe seiner Schriften und Rechte.
523 *Kant:* Immanuel K. (1724—1804), deutscher Philosoph. — *Doch erfuhr ich später:* nach den Tagebüchern Cosima Wagners (16. 1. 1869) hat Schopenhauer zu Karl Ritter gesagt: »Ich admiriere, wie Wagner in seinen Nibelungen die dunklen sagenhaften Gestalten uns menschlich nahegerückt hat.« Dann: »Er ist ein Dichter aber kein Musiker.«
527 *die erste Aufführung:* Irrtum, es war die dritte Vorstellung am 23. Februar 1855. — *Am 2. März:* richtig 4. März. — *Ferdinand Praeger:* (1815—1891), Komponist und Musikschriftsteller, von RW meist »Präger« geschrieben. — *Costa:* Michele C. (1808—1884), Opern- und Oratorienkomponist italienischer Abstammung. — *Sainton:* Prosper S. (1813—1890), Geiger, auch Komponist.
529 *Davison:* James William D. (1813—1885), englischer Musikkritiker, schrieb u. a. »From Mendelssohn to Wagner«. — »*Holy Gral*«: Entzifferungsfehler, im Original »Holy Grail«.
530 *die Königin:* Victoria (1819—1901), regierte seit 1837. — *Prinzen Albert:* von Sachsen-Coburg-Gotha (1819—1861), Bruder des Herzogs Ernst II., mit Victoria verheiratet seit 1840.
531 *Karl Klindworth:* (1830—1916), Pianist und Klavierpädagoge in London, Moskau und Berlin, Schüler Liszts, verfaßte Klavierauszüge von Wagners Werken; seine Adoptivtochter Winifred Williams (geb. 1897) heiratete Wagners Sohn Siegfried.
532 *des Krimkrieges:* Krieg Englands, Frankreichs, Piemont-Sardiniens und der Türkei gegen Rußland 1854—56.
534 »*Nous appelons ...*«: »Wir nennen das: durchdenken« (verarbeiten). — *Ellerton:* John Lodge E. (1807—1873), englischer Komponist von Opern und Streichquartetten. — *Potter:* Philip Cyprian P. (1792—1871), englischer Komponist und Direktor der Royal Academy of Music.
535 *Macfarren:* George Alexander M. (1813—1887), englischer Komponist und Musikschriftsteller. — »*Steeple-Chase*«: ergibt keinen Sinn, vermutlich »Chevy Chase« (»Jagd in den Cheviotbergen«), englische Ballade des Mittelalters vom Kampf der Grafen Percy und Douglas im englisch-schottischen Grenzland.
536 *Fétis:* François-Joseph F. (1784—1871), belgischer Musikgelehrter, Organist, Komponist von Kirchenmusik und Opern, gründete 1827 in Paris die »Revue musicale«, schrieb eine Musikgeschichte und würdigte namentlich deutsche Musik.
538 *Garrick:* David G. (1716—1779), englischer Schauspieler, Shakespeare-

Darsteller. — *Miß Curshman:* Charlotte Saunders C. (1816—1876), englische Sängerin, später Schauspielerin.
539 *Dante:* Dante Alighieri (1265—1321), italienischer Dichter der »Vita Nuova« und der »Divina Commedia«.
540 *Burnhouff:* richtig Eugène Burnouf (1801—1852), französischer Orientalist, schrieb u. a. eine «Einführung in die Geschichte des Buddhismus«.
542 *Tschandala-Mädchens:* aus der niederen indischen Kaste.
543 *Metempsychose:* Seelenwanderung.
545 *Goethes Ausruf im Anfange seiner »ersten Schweizer Briefe«:* »Frei wären die Schweizer? Frei diese wohlhabenden Bürger in den verschlossenen Städten?« usw. — *Theodor Kirchner:* (1823—1903), deutscher Komponist und Dirigent.
548 *Lablache:* Luigi L. (1794—1858), italienischer Sänger französischer Herkunft, bis 1830 Italien und Wien, danach Paris, sang bis 1857 auch in London und Petersburg. — *Rossini:* Gioacchino R. (1792—1868), italienischer Opernkomponist, »Der Barbier von Sevilla«, »La Cenerentola«, »Wilhelm Tell«. — *Walter Scott:* (1771—1832), englischer Schriftsteller, Begründer des historischen Romans.
551 *»Domenico«:* hl. Dominikus (1170—1221), Gründer des Dominikaner-Ordens.
553 *Ein Musiker Winterberger:* Alexander W. (1834—1914), Pianist und Komponist. In Handschrift und Privatdruck fälschlich »Einen Musiker«. — *Moleschott:* Jakob M. (1822—1893), holländischer Psychologe und Philosoph, Vulgärmaterialist, Professor in Zürich, später Turin und Rom. — *Hoffmann von Fallersleben:* August Heinrich H. v. F. (1798 bis 1874), deutscher Dichter bekannter, auch revolutionärer Lieder, 1830 Professor der deutschen Sprache und Literatur in Breslau, 1842 bis 1854 auf der Wanderschaft.
557 *Anfang Dezember:* 27. November 1856 Rückkehr nach Zürich, 1. Dezember Aufnahme der Arbeit an der Kompositionsskizze »Siegfried« I. — *Lavater:* Johann Kaspar L. (1741—1801), Züricher Theologe und Philosoph, religiöser Dichter, mit Goethe befreundet.
559 *Mirabeau:* Gabriel Honoré Riquetti Graf von M. (1749—1791), Politiker in den Anfängen der Französischen Revolution.
560 *Ich klagte dies Liszt:* bereits am 16. Dez. 1856, vor Verhandlungen mit dem Verlag. — *Liszt verstand mich:* dieser Satz hieß ursprünglich »Liszt verstand mich sehr wohl, antwortete mir jedoch nach einiger Zeit, daß S. K. Hoheit in der Angelegenheit eine Suppe erkenne, welche ihm gar nicht wohlschmecke, es genügte mir, um sofort abzulassen.« Die neue Fassung von Wagner selbst eingefügt. — *Großherzogin von Baden:* Luise (1838—1923), geb. Prinzessin von Preußen, Tochter Wilhelms I. und Augustas.
561 *am Karfreitag erwachte ich:* Erinnerungsfehler, Karfreitag fiel auf den 10. April, der Einzug ins »Asyl« fand erst am 28. April 1857 statt; vermutlich hielt sich RW nur im Hause auf, um sich von dem Fort-

schritt der Umbauarbeiten zu überzeugen. — *ich griff wieder zum »Siegfried«:* 22. Mai 1857, Beginn II. Akt. — *Ferreiro:* soviel wie »der Eiserne«; der in Dresden lebende Brasilianer hieß Dr. Ernesto Ferreira-França.

562 *noch vom Kaiser von Brasilien ... je wieder etwas gehört:* Kaiser Dom Pedro II. (1825—1891), regierte ab 1831, bis 1840 unter Vormundschaft, 1889 gestürzt; er kam etwa acht Jahre nach Diktat dieser Stelle, am 13. August 1876, zur ersten »Rheingold«-Aufführung der Festspiele nach Bayreuth und besuchte RW noch nachts in Wahnfried.

563 *anfangs Juli:* Besuch Devrients vom 30. Juni bis 3. Juli 1857.

564 *Schnorr:* Ludwig Schnorr von Carolsfeld (1836—1865), deutscher Tenor, Sohn des Malers Julius Sch. v. C., sang 1860—65 an der Hofoper in Dresden, erster Tristan-Darsteller bei den Aufführungen 1865 in München, von RW als Urbild aller seiner Sänger verehrt.

565 *Anfangs August:* 9. August 1857 »Ring des Nibelungen« beiseite gelegt.

567 *Anfang Oktober:* Kompositionsskizze 1. Oktober 1857 begonnen. — *Calderon:* Pedro Calderon de la Barca (1600—1681), spanischer Dramatiker, übers. von A. W. Schlegel 1845. — *400 Louisdor:* richtig 600.

568 *Schacks Werk:* Adolf Friedrich Graf von Sch. (1815—1894), schrieb eine »Geschichte der dramatischen Literatur und Kunst in Spanien«, übersetzte aus den orientalischen Literaturen und gründete mit seinen Sammlungen eine Gemälde-Galerie in München. — *Carvalho:* Ps. für Léon Carvaille, Direktor des Théâtre lyrique in Paris.

569 *Emile Ollivier:* (1825—1913), französischer Politiker, 1847 Advokat in Paris, 1857 oppositioneller Abgeordneter; 1870 bildete er das erste parlamentarische Ministerium Napoleons III., da er inzwischen den Gedanken eines liberalen Kaiserreichs befürwortete; ließ sich jedoch in den Krieg hineintreiben, war Informationsminister und trat am 9. August 1870 zurück. In erster Ehe mit Cosimas Schwester Blandine verheiratet, s. Anm. zu S. 488.

571 *Attentat Orsinis:* am 14. Januar 1858 verübten italienische Revolutionäre unter Felice Graf Orsini ein Bombenattentat auf Napoleon III.

572 *Scudo:* Paul S. (1806—1864), französischer Musikschriftsteller.

573 *Erard:* der Neffe des Begründers der Instrumentenfabrik Sebastian E. (1752—1831), Pierre E., war 1855 gestorben.

574 *Paul Chandon:* Weinhändler und Sektfabrikant in Epernay.

575 *einem der letzten Tage des Monats:* 31. März. — *die Sehne des Bogens überspannt:* Wagners Annalen verzeichnen bereits unter dem 14. Januar »Nachbarliche Verwirrung«.

576 *erbrach und öffnete den Brief*: der Brief Richard Wagners an Mathilde Wesendonk, der von Minna geöffnet und bis zu ihrem Tod aufbewahrt wurde und der sowohl für Wagners Ehe wie für sein späteres Verhalten gegenüber den Wesendonks so große Bedeutung annehmen sollte, ist durch die Veröffentlichung der Sammlung Burrell bekanntgeworden und hat folgenden Wortlaut:

»Madame Mathilde Wesendonk
Soeben aus dem Bett. —
Morgenbeichte.

Ach, nein! nein! nicht den de Sanctis hasse ich, sondern *mich,* daß ich mein armes Herz immer wieder in solcher Schwäche überraschte! — Soll ich mich mit meinem Unwohlsein, meiner daraus genährten Empfindlichkeit und Gereiztheit entschuldigen? Wollen versuchen, wie es geht. Vorgestern mittag trat ein Engel zu mir, segnete und labte mich; das machte mich so wohl und heiter, daß ich am Abend ein herzliches Bedürfnis nach Freunden empfand, um ihnen an meinem inneren Glück Anteil zu gönnen; ich wußte, ich wäre recht lieb und freundlich gewesen. Da höre ich, daß man in Deinem Hause meinen Brief sich nicht an Dich abzugeben getraute, weil de Sanctis bei Dir sei. Dein Mann blieb derselben Ansicht. Ich wartete vergebens und hatte endlich das Vergnügen, Herrn von Marschall zu empfangen, der sich den Abend bei uns niederließ und mich durch jedes seiner Worte mit einem schrecklichen Haß auf alle de Sanctis' der Welt erfüllte. Der Glückliche — der hat sie jetzt mir fern gehalten! Und durch welche Gabe? Nur durch ihre Geduld. Ich konnt' es ihm nicht verdenken, es mit Dir so ernst zu nehmen; ein jeder nimmt es ja so ernst, der mit Dir zu tun hat! Wie ernst nehm ich's doch! bis zur Qual für Dich! Aber warum pflegt sie diese pedantische Fessel? Was bedeutet ihr das Italienische? Nun, darauf konnt' ich mir bald antworten. Aber je besser ich's konnte, desto verdrießlicher ward ich auf den Lästigen; er verschwamm mir im Traum mit Marschall, und hieraus bildete sich für mich eine Gestalt, in der ich alles Elend der Welt für mich erkannte. — So ging's die Nacht fort. Am Morgen ward ich nun wieder vernünftig und konnte recht herzinnig zu meinem Engel beten; und dies Gebet ist Liebe! Liebe! Tiefste Seelenfreude an dieser Liebe, der Quelle meiner Erlösung! Nun kam der Tag mit seinem üblen Wetter, die Freude auf Deinen Garten war mir versagt; mit der Arbeit wollt' es noch nicht gehen. So war mein ganzer Tag ein Kampf zwischen Mißmut und Sehnsucht nach Dir; und wenn ich mich so recht herzlich nach Dir sehnte, kam mir immer unser langweiliger Pedant dazwischen, der Dich mir raubte, und ich konnte mir nicht anders gestehen, als daß ich ihn haßte. Ach, ich Armer! Ich mußt' es Dir sagen; das ging nun einmal nicht anders. Aber recht kleinlich war es doch, und ich verdiente dafür eine gehörige Strafe. Welche soll es sein? — Nächsten Montag komm ich nach der Stunde zum Tee und will den ganzen Abend recht liebenswürdig mit de Sanctis sein und französisch sprechen, daß alle ihre Freude dran haben sollen. —

Was war das gestern einmal wieder für ein dummer Goethestreit? Daß Goethe für die philisterhafte Akkomodation an die Welt hergerichtet werden konnte, beruht zwar schließlich auf dem Mißverständnis des Dichters; daß es aber doch geschehen *konnte,* hält mich in wachsamer Bedenklichkeit gegen ihn und namentlich gegen seine Ausleger und Zurechtmacher. Nun, weißt Du, ließ ich auch gestern alles gelten und namentlich Deine große Freude am *Faust;* aber endlich immer wieder hören zu müssen, der *Faust* selbst sei der bedeutendste Menschentypus, der bisher von einem Dichter geschaffen, das machte mich — (sehr törichter Weise!) — bös. Ich kann hierüber bei den meinigen keine Täuschung bestehen lassen. Fausts Weltverzweiflung beruht im Anfange entweder auf Welterkenntnis, — dann ist es erbärmlich, wenn er sich beim Wechsel in die verachtete Welt mit großem Aufwand hineinstürzt, und zählt in meinen Augen zu jenen Menschenverächtern, die dennoch ihr ganzes Leben über keinen Ehrgeiz kennen, als die Menschen zu täuschen und sich von ihnen bewundern zu lassen; — oder aber, und so wird's sein, — Faust ist eben nur ein phantastischer Gelehrter, und die eigentliche Welt hat er noch gar nicht durchgefühlt; dann ist er eben nur krüppelhaft unentwickelt, und man mag es gut heißen, daß er in die Lehre der Welt geschickt wird. Da wäre es denn nun aber besser, er lernte wirklich, was zu lernen ist, und zwar bei der ersten, so schönen Gelegenheit, der Liebe Gretchens. Ach, wie glücklich ist da aber der Dichter, als er ihn aus der Seelentiefe dieser Liebe heraus hat, um ihn eines schönen Morgens die ganze Geschichte spurlos vergessen zu lassen, damit er nun die eigentliche große Welt, die antike Kunstwelt, die praktisch-industrielle Welt, mit möglichst Behagen vor seiner recht objektiven Betrachtung *abspielen* lassen könne. So heißt dieser Faust für mich eigentlich nur die versäumte Gelegenheit; und diese Gelegenheit war keine geringere als die einzige des Heiles und der Erlösung. Das fühlt auch der graue Sünder schließlich und sucht das Versäumte recht ersichtlich durch ein Schlußtableau nachzuholen, — so außerhalbliegend, nach dem Tode, wo's ihn nicht mehr geniert, sondern nur recht angenehm sein kann, von dem Engel an die Brust genommen und gar wohl zu neuem Leben geweckt zu werden. — Das heiß ich nun alles recht gut, und Goethe bleibt mir immer gleich groß als Dichter, denn er bleibt immer wahrhaftig und kann nicht anders: auch mögen die Leute das objektiv nennen, nämlich wenn das Subjekt nie dazu kommt, das Objekt, die Welt, in sich aufzunehmen (was nur durch tätigstes *Mit*leiden geschehen kann), sondern dafür sich einzig das Objekt vorführt, betrachtend sich darin versenkt, durch Anschauung, nicht durch Mitgefühl (denn dadurch würde er die Welt selbst — und dieses Weltwerden des Subjekts ist eben Sache des Heiligen, nicht des endlich zum Philistervorbild gewordenen Faustdichters); endlich freut mich auch immer wieder an Goethe, daß er das Mißliche seines Treibens immer fühlte und doch kein Behagen dabei fand, daß er sich das große Mitleiden so angelegentlich vom Halse hält, — und, wie gesagt, mir ist Goethe ein Naturgeschenk, durch welches ich die Welt erkennen lerne wie durch wenig andre. Er tat was er konnte und — Ehre ihm! — Aber aus seinem jämmerlichen Faust einen edelsten Menschentypus machen zu wollen? Das kommt daher, daß es der Welt Angst wird, wenn es an die Tiefe des großen Problems des Daseins geht; wie lieb ist's nun den Leuten, daß der Faust da endlich abspringt und sich entschließt, da er nun doch einmal von der Welt nicht lassen will, sie zu nehmen wie sie ist. Ja, wüßtet ihr nur, daß er von da an auch nur noch den Mephistopheles zum Führer hat, und macht euch darauf gefaßt, ewig von dem Lügengeiste gequält zu werden, nachdem euch die holde Erlöserin, das herrliche Gretchen, schmerzlich erhoben den Rücken gewandt hat. Das wußte Goethe wohl; aber ihr sollt's auch wissen! —

Was fasle ich da für dummes Zeug! Ist's die Lust, allein zu reden, oder die Freude, zu Dir zu reden? — Ja, zu Dir! Aber sehe ich Dein Auge, dann kann ich doch nicht mehr reden; dann wird doch alles nichtig, was ich sagen könnte! Sieh, dann ist mir alles so unbestreitbar wahr, dann bin ich meiner so sicher, wenn dieses wunderbare, heilige Auge auf mir ruht und ich mich hinein versenke! Dann gibt es eben kein Objekt und kein Subjekt mehr; da ist alles eines und einig, tiefe, unermeßliche Harmonie! Oh, da ist Ruhe, und in der Ruhe höchstes, vollendetes Leben! O Tor, wer sich die Welt und Ruhe von da draußen gewinnen wollte! Der Blinde, so hätte er Dein Auge nicht erkannt und seine Seele nicht in ihm gefunden! Nur innen, im Innern, nur in der Tiefe wohnt das Heil! — Sprechen und mich erklären kann ich auch gegen Dich nur noch, wenn ich Dich nicht sehe oder Dich nicht sehen — darf. —

Sei mir gut und vergib mir mein kindisches Wesen von gestern: Du hast es ganz richtig so genannt! —

Das Wetter scheint mild. Heut' komm' ich in den Garten; sobald ich Dich sehe, hoffe ich einen Augenblick Dich ungestört zu finden! — —

Nimm meine ganze Seele zum Morgengruße! — —«

579 *Frau Großherzogin:* Sophie (1824—1897), geb. Prinzessin der Niederlande, später Gründerin des Goethe-Schiller-Archivs in Weimar. — *seitdem (Fußnote):* doch wohl erst 1869 diktiert, s. Anm. zu S. 521. — *nie wieder etwas von ihnen vernommen:* Großherzog Karl Alexander von Sachsen-Weimar traf am 12. August 1876 als Festspielgast in Bayreuth ein und besuchte Wagner am 17. August in Wahnfried. — *Kurz nachdem:* eine Reihe von Erinnerungsfehlern; die Luzerner Begegnung mit dem Großherzog fand erst am 23. Juni 1858 statt; Tausig traf bereits am 20. Mai ein. — *Karl Tausig:* (1841—1871), Pianist, Schüler Liszts, Mitbegründer des Patronatsvereins zur Förderung der Erbauung des Festspielhauses.

581 *Karl Eckert:* (1820—1879), Begleiter der Henriette Sontag in den USA, danach Kapellmeister in Stuttgart, ab 1869 Hofkapellmeister in Berlin und Musikdirektor in Wien. — *Esser:* Heinrich E. (1818—1872), Komponist und Dirigent, ab 1847 Kapellmeister am Hofoperntheater in Wien, stellte 1859 die Verbindung zwischen Franz Schott und RW her. — *Tenorist Niemann:* Albert N. (1831—1917), Tenor, Mitglied der Berliner Oper, sang 1861 den Pariser Tannhäuser, 1872 bei der Grund-

steinlegung des Festspielhauses Bayreuth in der Neunten Symphonie und 1876 den Siegmund der ersten Festspiele. — *Schauspielerin Seebach:* Marie S. (1830—1897), Schauspielerin, 1859—68 mit Albert Niemann verheiratet, berühmtes Gretchen in »Faust«.
583 *Gräfin d'Agoult:* Marie Cathérine Sophie Gräfin d'A. (1805—1876), geb. de Flavigny, Tochter des Vicomte Alexandre de Flavigny und Marie Bethmann aus dem Frankfurter Bankhaus B., heiratete 1827 den Grafen Charles d'A.; Schriftstellerin unter dem Ps. Daniel Stern, Mittelpunkt eines schöngeistigen Salons, 1834—39 mit Liszt liiert, ab 1848 Hinwendung zu politischen Themen, schrieb Romane und Geschichtswerke.
586 *Fanny Elßler:* (1810—1884), Wiener Tänzerin, in Europa berühmt.
587 *Grafen Edmund Zichy:* aus dem alten ungarischen Adelsgeschlecht Z. zu Zich von Vasonykeö. — *Fürsten Dolgorukow:* aus dem russischen Fürstengeschlecht Dolgorukij; ein Peter Wladimirowitsch Dolgorukow, um den es sich handeln könnte, wurde aus Rußland verbannt, lebte zeitweilig in Paris, trat als Autor hervor und starb 1868 in Genf.
588 *Fürstin Gallitzin:* aus einem russischen Adelsgeschlecht.
590 *Goldoni:* Carlo G. (1707—1793), Erneuerer des italienischen Lustspiels; von seiner Komödie »Die Raufhändel von Chiozza«, die RW erwähnt, spricht Goethe in seiner »Italienischen Reise« am 10. Oktober 1786.
592 *Grafen Daru:* Pierre Antoine Bruno Graf D. (1767—1829), französischer Staatsmann, schrieb eine »Histoire de la république de Venise«.
593 *Thukydides:* (460—400 v. Chr.), griechischer Geschichtsschreiber des Peloponnesischen Krieges.
595 *Machiavelli:* Niccolò M. (1469—1527), italienischer Politiker und Geschichtsschreiber, entwickelte am Beispiel der römischen Geschichte seine Lehre von der Staatsraison, Hauptwerk »Il principe«.
597 *Erzherzog Maximilian mit seiner Gemahlin:* Ferdinand Maximilian (1832—1867), jüngerer Bruder des Kaisers Franz Joseph von Österreich, Gouverneur der Lombardei, nahm 1864 die Kaiserkrone von Mexiko an, wurde von den Republikanern unter Juarez besiegt, gefangengenommen und erschossen; Charlotte (1840—1927) geb. Prinzessin von Belgien verfiel in geistige Umnachtung. — *Magenta und Solferino:* Niederlagen der Österreicher 4. und 24. Juni 1859.
598 *seitdem ohne alle direkte Nachricht:* das Schicksal Karl Ritters wird weiterverfolgt in den Tagebüchern Cosima Wagners. — *Brera:* Sammlung im Palazzo di Brera. — *Leonardo da Vinci:* (1452—1519), die Cena in der Kirche S. Maria delle Grazie. — *van Dyck:* Anthonis van D. (1599—1641), flämischer Maler. — *Crespi:* Daniele C. (1590—1630), Mailänder Maler des italienischen Hochbarock.
601 *Krietes persönlicher Gläubiger:* richtig »Schuldner« des Dresdner Schauspielers Hans Kriete. — *Flaxland:* (1821—1895), Musikverleger.
603 *Felix Draeseke:* (1835—1913), deutscher Musiker und Musiktheoretiker, Schüler Liszts, Komponist von Symphonien und Chorwerken.

604 *Alexander Serow:* (1820—1871), russischer Musikschriftsteller und Opernkomponist, von Cosima und RW meist »Seroff« geschrieben.
605 *Am 15. September:* ungenau, wohl einige Tage früher.
606 *Gräfin Charnacé:* Claire Christine Ch. geb. d'Agoult, Halbschwester Cosimas, verheiratet seit 1849. — *Octave Feuillet:* (1821—1891), französischer Autor von Salonromanen und Dramen.
607 *Roger:* Gustave Hippolytge R. (1815—1879), französischer Tenor, später Gesangslehrer.
609 *Sängerin Garrigues:* Malwina G. (1825—1904), heiratete den Tenor Ludwig Schnorr von Carolsfeld, erste Isolde 1865 in München, s. Anm. zu S. 564. — *Luise Meyer:* (1831—1899), verh. Dustmann, Sängerin; als Kaiser Franz Joseph sie als Elisabeth gehört hatte, an die Wiener Hofoper engagiert, sang die Elsa in »Lohengrin«.
610 *Fould:* Achille F. (1800—1867), französischer Finanzmann, unter Napoleon III. mehrmals Finanzminister.
612 *»Comment, je crois ...«:* »Wie, ich glaube gar, Sie geben Ratschläge für die Konzerte des Herrn Wagner?« — *Florentino:* Pier Angelo F. (1806—1864), italienischer Romanschriftsteller und Kritiker.
613 *Camille Doucet:* (1812—1895), französischer Theaterdichter und Referent im Ministerium. — *Jules Ferry:* (1832—1893), französischer Journalist und Advokat, später Minister und Ministerpräsident der Kolonialepoche der 80er Jahre.
619 *Perrin:* Emile P., Theaterdirektor in Paris, figuriert als Chorführer in Wagners Lustspiel »Eine Kapitulation« 1870. — *Graf Foucher de Careil:* Louis Alexandre Graf F. de C. (1826—1891), philosophischer Schriftsteller, Politiker und Herausgeber der Leibnizschen Werke in Frankreich, schrieb auch über Hegel, Schopenhauer und Goethe. — *Leibniz:* Gottfried Wilhelm L. (1646—1716), deutscher Philosoph, Mathematiker, Rechtsgelehrter und Sprachforscher. — *Champfleury:* Jules Fleury-Husson, gen. Champfleury (1821—1889), französischer Schriftsteller, Bildhauer und Maler, schrieb »Richard Wagner« 1860.
620 *Baudelaire:* Charles B. (1821—1867), französischer Dichter der »Fleurs du mal«, schrieb »Richard Wagner et le Tannhäuser« 1861. — *Hier fand sich auch eine ältere Bekannte ...* von hier an die folgenden Sätze bis *als sie mir sofort mit der* von RW selbst nachgetragen. — *Malwida von Meysenbug:* (1816—1903), deutsche Schriftstellerin, schrieb Erzählungen und »Memoiren einer Idealistin«, kämpfte für Arbeiter- und Frauenbildung, 1852 aus Berlin ausgewiesen, lebte in London, Paris, Florenz und zuletzt in Rom; ab 1872 häufig in Bayreuth.
621 *Mme Schwabe, der Witwe:* im Manuskript vor »Witwe« ein gestrichenes »jüdischen«.
622 *Wir werden späterhin erfahren:* der Wechsel von Frau Salis Schwabe, auf 2400 Gulden lautend, wurde von Gegnern Wagners angekauft und am 15. Mai 1865 präsentiert; nichts davon in »Mein Leben«, sondern

erst in den Annalen 1865, S. 761 und Anm. dazu; die Bemerkung beruht entweder auf einem zeitlichen Versehen, oder RW hatte beim Diktat noch die Absicht, »Mein Leben« über das Jahr 1864 hinaus fortzuführen.

623 *Magnan ... aus den Zeiten des zweiten Dezember:* Bernard Pierre M. (1791—1865) schlug den durch den Staatsstreich vom 2. Dezember 1851 ausgelösten Aufstand nieder, wofür er 1852 von Napoleon III. zum Senator, 1853 zum Marschall von Frankreich ernannt wurde. — *Prinzessin-Regentin von Preußen:* der spätere Wilhelm I. regierte seit Herbst 1857 für seinen kinderlosen Bruder, den geistig umnachteten Wilhelm IV.; er war seit 1829 verheiratet mit Prinzessin Augusta von Sachsen-Weimar, nun Prinzessin-Regentin, später Kaiserin.

624 *Grafen Pourtalès:* Albert Graf von P. (1812—1861), preußischer Diplomat französisch-schweizerischer Abstammung. — *Grafen Paul Hatzfeld:* Paul Graf von H.-Wildenburg (1831—1901), preußischer, später deutscher Diplomat, langjähriger Botschafter in London. — *Bacciochi:* Felice Graf B. (1803—1866), Vertrauter und erster Kammerherr Napoleons III., korsischer Herkunft, nach 1851 außerordentlicher Gesandter, dann Ober- und 1863 Generalintendant der Theater in Paris. — *Fürstin Metternich:* Pauline Fürstin M. (1836—1919), geb. Gräfin Sandor, verheiratet mit dem österreichischen Botschafter Richard Fürst M.-Winneburg (1829—1895), Sohn des Staatskanzlers Metternich.

625 *»Ah! Le pape ne vient pas ...«:* »Ah, der Papst kommt nicht auf die Bühne? Das ist gut! Man hatte uns gesagt, daß Sie den Heiligen Vater auftreten ließen; und Sie verstehen, das wäre nicht gegangen. Im übrigen, mein Herr, ist man sich bewußt, daß Sie ungeheures Genie besitzen; der Kaiser hat den Befehl gegeben, Ihre Oper aufzuführen.« — *Fétis père:* s. Anm. zu S. 536, auch die beiden Söhne von Fétis waren schriftstellerisch und musikalisch tätig.

626 *des Staatsrates Klindworth, dessen Tochter:* Georg Heinrich K. (1795 bis 1882), Journalist, Schauspieler; Staatsrat, Geheimagent für Österreich und Preußen; seine Tochter Agnes Denis-Street, die »schöne Agnes«, war 1853—55 Schülerin, später Vertraute Liszts. — *Graf und Gräfin Coudenhove:* aus Brabant stammende, österreichische Adelsfamilie; Eltern der späteren Statthalter von Böhmen.

627 *Ingeborg Stark:* (1840—1913), Pianistin, Schülerin Liszts und erfolgreiche Komponistin; heiratete 1862 den Komponisten und späteren Intendanten der Hoftheater von Weimar und Hannover Hans Bronsart von Schellendorff (1830—1913). — *Camille Saint-Saëns:* (1835—1921), französischer Komponist, Oper »Samson und Dalila«. — *Frédéric Villot:* Konservator am Louvre, gehörte zu Wagners Pariser Freundeskreis.

628 *Lindau:* Richard L. (1831—1900), später im Konsulatsdienst, war der Bruder des Schriftstellers und Theaterintendanten Paul L. und des Schriftstellers Rudolf L. — *»Etoile du soir«:* Wagners »Lied an den Abendstern« aus »Tannhäuser«.

629 »*O, je connais* ...«: »Oh, ich kenne Herrn Richard Wagner gut, denn ich habe sein Bild über meinem Klavier hängen.«
630 *Mme Gueymard:* vermutlich verheiratet mit dem französischen Tenor Louis G. (1822—?), der in Paris großen Einfluß besaß. — »*Favorite*«, »*Trovatore*« und »*Semiramis*«: Opern von Donizetti, Verdi und Rossini.
631 *mich zu erklären:* richtig »erkläre«. — *Fräulein Sax:* möglicherweise Tochter des Pariser Instrumentenbauers und Pädagogen Adolphe Sax, s. Anm. zu S. 646. — *Morini:* richtig Morelli.
634 *Zusammenkunft der deutschen Fürsten:* 15.—17. Juni 1860. — *Maler Czermak:* Jaroslaw Cz. (1831—1878), tschechischer Maler, studierte in Antwerpen, lebte nach längeren Reisen in Paris, Genrebilder.
636 *Schopenhauer ... gerade gestorben:* am 21. September 1860.
638 *Charles Truinet:* (1828—1899), Ps. Nuitter, französischer Librettist und Übersetzer, gründete und leitete die Bibliothèque de l'opéra, das Archiv der Großen Oper Paris.
640 *Dietzsch:* derselbe Pierre Louis Philippe Dietsch wie S. 224, s. Anm. — *Prinz Poniatowsky:* Joseph Fürst Poniatowski (1816—1873), aus einer polnischen Adelsfamilie stammend, Diplomat und Senator, komponierte mehrere Opern.
641 *Garibaldi:* Giuseppe G. (1807—1882), italienischer Revolutionär und Vorkämpfer der nationalen Unabhängigkeit.
642 *Challemel-Lacour:* Paul Amand C.-L. (1827—1896), französischer Republikaner, nach dem Staatsstreich vom 2. Dezember 1851 bis 1859 verbannt, Professor für französische Literatur in Zürich. — *J. J. Weber:* Johann Jacob W. (1803—1889), gründete 1834 in Leipzig den Verlag J. J. Weber.
643 *Fürst Metternich:* vgl. Anm. zu S. 624. — *Grafen Walewsky:* Alexandre F. J. C. Graf, später Herzog Walewski (1810—1868), Sohn Napoleons I. aus einer illegitimen Verbindung mit einer Polin, Diplomat und seit 1860 Staatsminister unter Napoleon III.
644 *Petitpas:* richtig Marius Petipa (1822—1910), französischer Choreograph. — *Porte St. Martin:* Pariser Vorstadttheater. — *Er, der einen Teil:* dieser Satz lautet in allen Ausgaben von 1911 bis 1958 »Er war darüber aufgeklärt worden, daß meinem Werke der Untergang geschworen sei.« Vgl. Nachwort.
646 *Sax:* Adolphe S. (1814—1894), Pariser Instrumentenbauer, 1857 Lehrer am Konservatorium, erfand eine Reihe von Blasinstrumenten, darunter das nach ihm benannte Saxophon. — *ihren autorisierten Chef:* richtig »seinen«.
648 *bereits genügend berichtet:* RW in der »Deutschen Allgemeinen Zeitung« Leipzig vom 27. März 1861.
650 »*Je le supporterai* ...« : »Ich würde das hundertmal ertragen wie heute. Ah, die Elenden!« — »*Ah! il prend encore sa harpe*«: »Ah, er greift noch mal zur Harfe!«

652 *von Szemere:* Bartholomäus Sz. (1812—1869), ungarischer Staatsmann und Schriftsteller, Deputierter der Partei des Fortschritts, entschied sich mit Kossuth für die Revolution, flüchtete 1849 nach Konstantinopel, danach in Paris.
653 *Gounod:* Charles G. (1818—1893), französischer Komponist von Opern und Orchesterwerken, »Margarethe« 1859, in Frankreich auch »Faust« genannt. — *Prinzen Polignac:* Jules Armand Jean Melchior Herzog von P. (1817—?), römischer Prinz, Sohn eines Pair von Frankreich, stand in bayerischen Militärdiensten und lebte in Paris.
654 *seinen »Faust« anzuhören:* Gounods »Margarethe«, RW hörte die Oper am 9. Februar 1861 in Wiesbaden. — *Jules Janin:* (1804—1874), französischer Kritiker, Autor von Romanen, Reise- und Sittenbildern, Feuilletonist wechselnder Richtungen und Zeitungen. — *Pasdeloup:* Jules Etienne P. (1819—1887), französischer Musiker, 1841 Lehrer am Konservatorium Paris, gründete eine Orchestervereinigung und die Concerts populaires de musique classique, in denen in den 70er Jahren wiederholt Wagnersche Werke gespielt wurden. — *de la Vaquerie:* Auguste Vacquerie (1819—1895), französischer Lyriker, Dramatiker und Essayist in der Nachfolge Victor Hugos; durch seinen Bruder, der mit Hugos Tochter Léopoldine verheiratet war, mit Hugo »verwandt«.
656 *Prinzen-Regenten:* s. Anm. zu S. 623. — *Demnach traf ich in Karlsruhe ein:* anstelle dieses von Wagner selbst nachgetragenen Satzanfangs ursprünglich folgende, von ihm gestrichene Passage im Manuskript: »Allerdings war *Schnorr* von Karlsruhe nach Dresden fortgegangen, und überhaupt schien das dortige Sängerpersonale mir nichts bieten zu können. Dagegen hatte ich, nach allen über sie mir zugegangenen Berichten, eine sehr günstige Meinung von der Sängerin *Luise Meyer,* jetzige Frau *Dustmann* in Wien, gewonnen. Dieser Sängerin mich zu versichern galt das weiteste Ziel meines Ausfluges, somit Wien, während ich die Basis meiner künftigen Operationen nach Karlsruhe verlegen wollte. Hier traf ich danach zuerst ein . . .«
657 *namentlich seit dem Abgange Schnorrs nach Dresden:* von Wagner am Rande nachgetragen.
658 *Dr. Hanslick:* Eduard H. (1825—1904), österreichischer Musikästhetiker, 1861 Professor an der Universität Wien, Kritiker der Spätromantik in der Musik, Vorbild des Beckmesser in den »Meistersingern«.
659 *meine beiden Opern:* zu ergänzen »andern« Opern. — *Sänger Beck:* Johann Nepomuk B. (1827—1904), Bariton, gefeierter Rigoletto in Wien. — *Grafen Lanskoronsky:* richtig Lanckoronski. — *Herrn Ander:* Alois A. (1821—1864), Tenor, Lohengrin der Wiener Hofoper. — *Joseph Standhartner:* (1818—1892), Dr. med., Arzt in Wien, Freund RWs.
661 *In Paris wieder angelangt:* Satzbeginn von RW am Rand eingefügt. — *sich mir zur Verfügung stellte:* von RW für ein »deponierte« nachgetragen. — *»criblé de dettes«:* völlig verschuldet. — *daß er bald . . . starb:* Baudelaire starb am 31. August 1867 in Paris.

664 *Bethmann-Hollweg:* Moritz August B.-H. (1795—1877), Jurist und liberaler Politiker, 1858—62 preußischer Kultusminister.
666 »*Pourtant, avant de mourir* ...«: »Dennoch, bevor ich sterbe, möchte ich etwas anderes sehen.« — *Gustave Doré:* (1832—1883), Zeichner und Illustrator von Rabelais, Balzac, Perrault, Dante u. a.
667 *Schopenhauer gestorben:* am 21. Dezember 1860.
671 *In Weimar traf ich nachts:* am 2. August 1861. — *Onkel Liszts:* Eduard L., Wien, Strafrechtsgelehrter und Kriminalist, ein Großoheim Liszts, meist als Vetter bezeichnet. — *Weißheimer:* Wendelin W. (1838—1910) aus Osthofen, deutscher Kapellmeister, Musiklehrer und Komponist, später in Würzburg, Mainz und Straßburg.
672 *Emilie Genast:* (1833—1905), später verheiratete Merian-Genast, Sängerin und Schauspielerin, Tochter des Schauspielers und Regisseurs Eduard Genast. — *Damrosch:* Leopold D. (1832—1885), Komponist und Violinspieler in Magdeburg, Berlin, Breslau, ab 1872 Dirigent in New York, von großem Einfluß auf das amerikanische Musikleben.
674 *den Namen »Margarethe«:* in den öffentlichen Ausgaben in »Magdalene« geändert, Grund unbekannt. — *Ludwig I.:* König von Bayern (1786—1868), regierte ab 1825, mußte 1848 abdanken, ließ die Münchner klassizistischen Bauten errichten.
675 »*timidité d'un sauvage*«: Schüchternheit eines Wildlings. — *Baron Sina:* Bankier in Wien.
680 *wenige Jahre nachher:* Friedrich Hebbel starb 1863 in Wien.
682 *Tenoristen Walter:* Gustav W. (1836—?), in Brünn entdeckter Tenor, der ab 1856 an der Wiener Hofoper Verdi- und Wagner-Partien sang.
683 *Nichte Seraphine:* Seraphine Mauro.
684 *Mitbesichtigung des Dogenpalastes:* im Privatdruck verbessert in »der Kunstakademie«. — *im großen Dogensaale:* im Privatdruck gestrichen. — *Grimms Streitschrift:* »Über den altdeutschen Meistergesang« 1811. — *Wagenseil:* Johann Christoph W. (1633—1705), Professor in Altdorf, »Von der Meistersinger holdseligen Kunst« 1697, Anhang einer Nürnberger Chronik. — *Münch-Bellinghausen:* Eligius Franz Joseph Freiherr von M.-B. (1806—1871), österreichischer Dichter, schrieb unter dem Namen Friedrich Halm Theaterstücke, ab 1845 Leiter der Hofbibliothek, 1867—70 Generalintendant der Wiener Hoftheater.
686 *für die »Walküre« mir angebotene:* Wagner bot am 17. Oktober 1861 die »Walküre« Schott an und dankte am 30. Oktober für den Vorschuß. — *ward auch den Meistern dabei bang:* das »dabei« von RW selbst eingefügt, im Textbuch »macht er den Meistern bang«.
691 *Mobiliar und Hausgerät dirigierte:* im Manuskript folgt der nächste Absatz: »Am Abend meiner Abreise« bis »viel Gutes versprach«. Wagner hat die Umstellung durch Zeichen deutlich gemacht und nach »darüber ausbrechen konnten« die Bemerkung eingefügt: »(Fahren Sie an der unterbrochenen Stelle fort! für den Setzer!)«
692 *richtete ich meine Reise zunächst noch einmal:* von Wagner über das

ursprüngliche »wandte ich mich noch ein Mal von Paris zunächst« geschrieben.

694 *unberechnet starke Geldausgaben:* die ersten beiden Worte von Wagner über das ursprüngliche »enorme« geschrieben. — *von Dalwigk:* Karl Friedrich Reinhard Freiherr v. D. (1802—1880), 1850—71 leitender Minister in Hessen-Darmstadt, Gegner der Einigungspolitik Bismarcks. — *Großherzog:* Ludwig III. 1848—77.

695 *Raff:* Joachim R. (1822—1882), deutscher Musiker und Komponist, 1856—77 Klavierlehrer in Wiesbaden, danach Leiter des Hochschen Konservatoriums in Frankfurt, seit 1859 mit der Schauspielerin Doris Genast (1826—1912) verheiratet.

696 *Offenbach:* Jacques O. (1819—1880), deutscher Komponist und Kapellmeister, »Orpheus in der Unterwelt«, »Die schöne Helena«, »Hoffmanns Erzählungen«. — *geistvollen Darstellerin der weiblichen Hauptrolle:* von RW eingefügt statt des gestrichenen »Künstlerin«. — *Mathilde Maier:* (1833—1910), Notarstochter aus Alzey, blieb Wagners auch später freundschaftlich verbunden.

697 *Herzog von Nassau:* Adolf (1817—1905), regierte ab 1839, 1866 durch Preußen depossediert, ab 1890 Großherzog von Luxemburg. — *ich hatte ihm so oft:* richtig »war ihm so oft«.

698 *der größere Teil desselben Stockwerkes, in welchem ich nur zwei kleine Zimmer einnahm:* von RW selbst eingefügt.

702 *da sie namentlich durch die Familie:* im Manuskript fehlerhaft »da namentlich die Familie«, im Privatdruck berichtigt. — *Jetzt wendete sich auch:* im Manuskript »Jetzt meldete sich mir auch«, im Privatdruck berichtigt. — *Rietz:* Julius R. (1812—1877), Violoncellist, Kapellmeister, Komponist; zunächst Düsseldorf, 1847 am Stadttheater Leipzig, 1848 Lehrer am Konservatorium und Kapellmeister der Gewandhauskonzerte, 1860 Dresden, zuletzt Generalmusikdirektor.

703 *Kalliwoda:* Wilhelm K. (1827—1893), Hofkapellmeister in Karlsruhe 1853—75, Sohn des tschechischen Komponisten Johann Wenzel K. (1801—1866).

705 *Konzertmeister David:* Ferdinand D. (1810—1873), Geiger, 1836 Konzertmeister am Leipziger Gewandhaus, 1843 Lehrer am Konservatorium; komponierte Violin-Konzerte. — *August Wilhelmj:* (1845—1908), Geigenvirtuose und -lehrer, Konzertmeister der ersten Bayreuther Festspiele 1876. — *Alois Schmitt:* richtig Aloys Sch. (1788—1866), Musikpädagoge und Komponist, Kapellmeister in Schwerin.

706 *wo Alwine Frommann sich aufhielt:* im Manuskript von RW eingefügt.

707 *als ich 1873 ... in Köln einkehrte:* die Episode wird in den Tagebüchern Cosima Wagners 1872 festgehalten!

708 *Minister Schmerling:* Anton von Sch. (1805—1893), 1848 Mitglied der Frankfurter Nationalversammlung, Vertreter der großdeutschen Linie; 1860—65 österreichischer Staatsminister.

709 *Ignaz Lachner:* (1807—1895), deutscher Geiger und Kapellmeister,

Bruder des Komponisten Franz L., war als Geiger ein Wunderkind, 1831 Musikdirektor in Stuttgart, dann München, 1853 Hamburg, 1861 bis 1875 in Frankfurt; er komponierte auch. — *alle meine Ausgaben für die Ansiedelung:* im Manuskript fälschlicherweise »alle meine Ausgaben, welche sich durch die Ansiedelung«.

713 *Schwind:* Moritz von Sch. (1804—1871), Münchner Maler und Zeichner der Spätromantik und des Biedermeier.

714 *Alexander Ritters mit Franziska:* Alexander R. (1833—1896), Geiger, jüngerer Bruder von Karl R.; in Weimar unter Liszt tätig, 1856 Kapellmeister in Schwerin, komponierte; seit 1852 verheiratet mit Franziska geb. Wagner (1829—1895), Tochter von Wagners älterem Bruder Albert.

715 *Lassen:* Eduard L. (1830—1904), dänischer Musiker, 1858 Nachfolger Liszts als Hofkapellmeister in Weimar, schrieb eine Musik zu Goethes »Faust«.

716 *Professor Weiß:* vermutlich Christian Hermann Weiße (1801—1866), Philosoph in Leipzig, der den Onkel Adolph Wagner noch gekannt hat; Verfasser ästhetischer und religionsphilosophischer Schriften, derselbe wie S. 62.

719 *Dies war am 15. November:* Ankunft in Wien schon am 14. November.

720 *sonderbarer Vorfall:* die Vorlesung fand am Abend des 23. November statt.

721 *Gräfin Krockow:* Elisabeth von K., aus pommerschem Adelsgeschlecht.

722 *Brahms:* Johannes B. (1833—1897), deutscher Komponist, Hofmusikdirektor in Detmold, Chorleiter in Hamburg, ab 1862 Wien.

723 *Hellmesberger:* Joseph H. (1829—1893) der Ältere, österreichischer Geiger und Dirigent, Hofkonzertmeister in Wien. — *Bezeigungen den Musikern voranging:* hier folgt im Manuskript noch folgender, später ausgestrichene Satz: »Die drei ›Rheintöchter‹ verschaffte er mir aus der Zahl der Schülerinnen der Gesanglehrerin *Marchesi;* leider befand sich unter ihnen eine sehr anstößige Jüdin, welche ich aber nicht zurückweisen konnte, da ihre Alt-Partie nicht anders zu besetzen war.« — *die junge Kaiserin:* Elisabeth (1837—1898), geb. Herzogin in Bayern, seit 1854 mit Kaiser Franz Joseph I. von Österreich vermählt, in Genf ermordet.

724 *Lady Bloomfield:* Frau des englischen Diplomaten John Arthur Douglas Bloomfield, Lord von Oakhampton und Redwood, 1845 Gesandter in Petersburg, 1851 in Berlin, 1860—71 in Wien. — *Könneritz:* Familie des sächsischen Staatsmannes Julius Traugott von K. (1792 bis 1866), Justizminister, bis 1848 im Staatsdienst.

726 *Heinrich Porges:* (1837—1900), Musikschriftsteller und Chordirigent, ab 1867 in München. — *Marie Löw:* Maria Lehmann geb. Loew (1807 bis 1883), um 1830 Sängerin am Leipziger Theater, später Harfenistin, Mutter der beiden Sängerinnen Lilli und Maria Lehmann, die 1876 bei den ersten Bayreuther Festspielen mitwirkten. — *ihrer vortrefflichen*

Durchführung der schwierigen Gesangspartie: von RW im Manuskript eingefügt.

727 *Cosima ... einer Entbindung entgegensah:* Cosima und Hans von Bülows zweite Tochter Blandine, spätere Gräfin Gravina, wurde am 20. März 1863 geboren.

728 *Anton Rubinstein:* (1829—1894), russischer Pianist, seit 1862 Direktor des Petersburger Konservatoriums, schrieb Opern, Klavierkompositionen und Lieder.

729 *Großfürstin Helene:* Helene Pawlowna (1807—1873), geb. Prinzessin von Württemberg, Witwe des Großfürsten Michail Pawlowitsch, des Bruders von Nikolaus I.

730 *Großfürstin Marie:* Maria Nikolajewna (1819—1876), vermählte Herzogin von Leuchtenberg. — »*Ah! l'animal de Conte! ...«:* »Ah! das Tier von Graf! Diese Frau kennt die Liebe!« — »*Persischen Liedern«:* Zwölf Lieder des Mirza Schaffy, in der Übersetzung von Friedrich Bodenstedt.

732 *Schuberth:* Karl Sch. (1811—1863), Kapellmeister, ursprünglich Cellist. — *jüngeren Rubinstein:* Nikolaus R. (1835—1881), Pianist und Dirigent, Begründer des Moskauer Konservatoriums.

733 *Fürsten Odojewsky:* Wladimir Fedorowitsch Odojewskij (1803—1869), russischer Dichter und Musikschriftsteller, Verfasser der »Russischen Nächte«.

734 »*J'ai ce qu'il ...«:* »Ich weiß, was Ihnen fehlt, sprechen Sie mit Wolffsohn!« — *General Suworow:* Alexander Arkadjewitsch S.-Rymnikski, russischer Diplomat und General, 1848 Generalgouverneur der Ostseeprovinzen, 1861—66 Generalmilitärgouverneur von Petersburg, Mitglied des Reichsrats.

736 *Baron von Rackowitz:* richtig vermutlich Rachowin oder Radowitz.

739 *Reményi:* Eduard R. (1830—1898), Geiger, später in Paris und Amerika.

740 *Gräfin Bethlen-Gabor:* aus einer siebenbürgisch-ungarischen Adelsfamilie. — *sondern »Wagner Richard« genannt:* hier folgt im Manuskript der Satz aus der Mitte des nächsten Abschnitts »Der Eindruck« bis »begeben zu müssen«, durch Zeichen umgestellt; nach »vom Balkon aus geleitet wurde« von RW die Anweisung für den Setzer: »(Fahren Sie oben im Texte fort! RW)«. — *des Feldmarschalls Coronini:* Johann Baptist Alexius Graf von C.-Cronberg (1794—1876), österreichischer Generalfeldzeugmeister.

742 *des dort vorgelegten Planes* bis *versichert worden wäre:* von RW hinzugefügt, stattdessen gestrichen: »einer Zusage auf meinen dort vorgelegten Plan, welcher durch eine geordnete Gehaltzahlung mir sofort Sicherheit gewährt haben würde«. — *Duncker:* Max Wolfgang D. (1811—1886), Historiker und liberaler Politiker, 1848 Mitglied des Frankfurter Parlaments, 1857 Professor für politische Geschichte in Tübingen, »Geschichte des Altertums« 1852. — *Fürsten von Hohen-*

zollern: Friedrich Wilhelm Konstantin Fürst von H.-Hechingen (1801 bis 1869), verzichtete 1849 auf die Souveränität und lebte zu Löwenberg in Schlesien, wo er die Musik pflegte.
744 *Turgenjew:* Iwan Sergejewitsch T. (1818—1883), russischer Dichter, sein Roman »Väter und Söhne« war 1862 erschienen. — *im Hause der Familie Wesendonk:* ursprünglich »im Hause meiner Freunde Wesendonk«, von RW geändert. — *am 29. November:* richtig 19. November.
745 *Weitzmann:* Karl Friedrich W. (1808—1880), Kompositionslehrer, Dirigent und Musikschriftsteller.
746 *Unter Tränen und Schluchzen ...:* dieser Satz fehlt in allen anderen Ausgaben, s. Nachwort; die Begegnung fand am 28. November 1863 statt. — *Seifriz:* Max S. (1827—1885), deutscher Dirigent, ab 1871 Hofkapellmeister in Stuttgart.
747 *Marie von Buch:* (1842—1912), 1865—85 mit dem preußischen Hausminister Alexander Graf von Schleinitz verheiratet, als Gräfin Marie von Schleinitz in den Tagebüchern Cosima Wagners, heiratete 1886 den österreichischen Diplomaten Anton Graf von Wolkenstein; förderte Wagner; von großem Einfluß auf die Berliner Gesellschaft der siebziger Jahre.
748 *Gustav Schönaich:* (1840—1906), Dr. phil., Stiefsohn des Arztes Dr. Joseph Standhartner; später Journalist und Schriftsteller.
750 *Otto Bach:* (1833—1893), österreichischer Dirigent, Musiklehrer und Komponist, 1868 Direktor des Mozarteums in Salzburg. — *Graf Laurencin:* F. P. Graf von L. (1819—1890), Dr. phil., Musikschriftsteller.
751 *Lektüre der »Ilias«:* in der Übersetzung von Johann Heinrich Voß; der Schiffskatalog, Gesang II, zählt die gegen Troja ziehenden Fürsten und Stämme auf. — *Chateaubriand:* François René Vicomte de Ch. (1768—1848), französischer Schriftsteller, 1822—24 Außenminister; »Vie de Rancé« 1844, Biographie des Gründers des Trappistenordens. — *Es galt jetzt meine Verreisung:* im Manuskript nach »jetzt« ursprünglich »in meinem Hause sowie von meiner Dienerschaft«, nachträglich gestrichen. — *Karl Schönaich:* Gustav? — *Maximilian II.:* (1811—1864), König von Bayern nach dem Thronverzicht seines Vaters, Ludwigs I., 1848, förderte Wissenschaft und Dichtung (Schelling, Ranke, Geibel, Heyse). — *Ludwig II.:* (1845—1886), König von Bayern, ältester Sohn Maximilians II., regierte ab 1864, wegen fortschreitender Geisteskrankheit übernahm sein Oheim Luitpold kurz vor seinem Tod die Regentschaft; förderte Wagner, Verschuldung des Staates durch Schloßbauten; von der bisher zu romantisch gesehenen Freundschaft Wagners zu Ludwig II. geben die Tagebücher Cosima Wagners ein anderes Bild. — *humoristische Grabschrift:* »Hier liegt Wagner, der nichts geworden, nicht einmal Ritter vom lumpigsten Orden; nicht einen Hund hinterm Ofen entlockt er, Universitäten nicht mal 'nen Dokter«.
752 *Jean Paul:* Jean Paul Friedrich Richter (1763—1825), deutscher Dichter, zuletzt Bayreuth; »Blumen-, Frucht- und Dornenstücke oder Ehestand,

Tod und Hochzeit des Armenadvokaten Siebenkäs« 1796—97. — *Friedrichs des Großen:* Friedrich der II., König von Preußen (1712—1786), regierte ab 1740. — *Tauler:* Johannes T. (um 1300—1361), Mystiker, Predigermönch in Straßburg, Basel und Köln.
753 *jedenfalls würde ich gut tun ... bis zu bewerben:* von RW eingefügt.
754 *als ich hiervon Kenntnis erhielt, hatte ich:* von RW eingefügt. — *Baron von Gall:* Ferdinand Freiherr von G. (1809—1872), Schriftsteller und Theaterintendant, Jurist, verfaßte Reisebilder, 1842 Intendant in Oldenburg, 1846—69 in Stuttgart; mehrmals Vorstand des deutschen Bühnenvereins.
755 *Pfistermeister:* Hofrat Franz Seraph von Pf. (1820—1912), Kabinettssekretär Ludwigs II., später Hauptgegner Wagners in München. — *Billett des jungen Königs:* es handelte sich jedoch um eine mündliche Botschaft. — *Tod Meyerbeers:* am 2. Mai 1864.
759 *5. Mai:* richtig 4. Mai. — *6. Mai:* richtig 5. Mai. — *Frau Kaulbach:* Frau des Malers Wilhelm von K. (1805—1874), Akademiedirektor in München, Porträts, Wandmalereien und Illustrationen. — *10. Mai:* richtig 9. Mai. — *Franz:* Diener Franz Mrazek aus Wien-Penzing. — *Peter:* der Komponist Peter Cornelius. — *Hans:* fortan immer Hans von Bülow. — *Anna:* Frau des Dieners Franz Mrazek. — *Pohl:* Wagners Penzinger Hund. — *König nach Kissingen:* reiste erst am 18. Juni. — *Mathilde Maier schlägt ab:* RW hatte sie am 22. Juni noch einmal aufgefordert, ihm in Starnberg den Haushalt zu führen, nicht ahnend, daß Cosima am 29. Juni nach Haus Pellet in Kempfenhausen kommen würde; daraus ergab sich eine Eifersuchtsszene, mehr darüber im Braunen Buch. — *Puppe:* Seraphine Mauro, Nichte Dr. Standhartners, Wien. — *Dr. Liszt:* s. Anm. zu S. 671. — *Hietzinger Bandfabrikant:* Johann Rebel. — *Klindworth:* s. Anm. zu S. 531. — *Zumbusch:* Kaspar Z. (1830—1915), Bildhauer in München, 1873—1901 Direktor der Akademie in Wien.
760 *Streck:* Generalmusikmeister. — *Lasalle:* Ferdinand Lassalle (1825 bis 1864), Gründer der sozialdemokratischen Arbeiterbewegung in Deutschland, 1863 »Allgemeiner Deutscher Arbeiterverein«, besuchte RW in Haus Pellet am Starnberger See, unmittelbar vor seinem Duell in Genf am 28. August, an dessen Folgen Lassalle drei Tage später starb. — *Augsburger Bahnhofwärter:* RW hatte einen Zusammenstoß mit Bahnhofverwalter Haug in Augsburg. — *1 Tag und Nacht nach Starnberg:* Unterredung Franz Liszts mit RW über dessen Verhältnis zu Cosima am 30./31. August im Haus Pellet. — *»An Dich«:* Gedicht Wagners in sieben Stanzen vom 1. Oktober 1864, in der Richard-Wagner-Gedenkstätte Bayreuth aufbewahrt, von RW in keine Ausgabe seiner Werke aufgenommen. — *Vreneli:* Verena geb. Weitmann, Frau Jakob Stockers; beide verwalteten Wagners Haus in Tribschen. — *Friedrich Schmitt:* (1812—1884), Tenor und Gesangslehrer. — *Nohl:* Ludwig N. (1831 bis 1885), Musikhistoriker und Beethovenforscher, 1880 Professor in Hei-

delberg. — *das Schiff:* Wagners Haus in der Briennerstraße, München, 1866 dem König zurückgegeben. — *Daniel:* Bruder Cosimas, s. Anm. zu S. 516. — *Perfall:* Karl Freiherr von P. (1824—1907), Intendant der Hofmusik in München, ab 1867 Hoftheaterintendant. — *Ullmann:* Impresario. — *Etwas instrumentiert:* am II. Akt »Siegfried«. — *Echter:* Michael E. (1812—1879), Professor an der Kunstgewerbeschule München, Gehilfe von Schnorr und Kaulbach, malte den »Nibelungengang« der Münchner Residenz nach Motiven aus Wagners »Ring«. — *Hofrat Gietl:* Franz von G., Geheimrat, Leibarzt Ludwigs II. — *Semper: Theater:* Audienz Gottfried Sempers bei Ludwig II. am 29. Dezember 1864; Auftrag, das monumentale Münchner Festtheater zu entwerfen; der Plan scheiterte. — *Pinocnez:* vermutlich Schreibfehler für »Pincenez«. — *»Am Rande des Abgrundes«:* RW, auf dem Rand des Konzertpodiums stehend, zu den um ihn besorgten Musikern: »Meine Herren, ich bin daran gewöhnt, am Rande des Abgrundes zu stehen.« — *»Mein Junge«:* wahrscheinlich hatte Pfistermeister dem König hinterbracht, RW habe ihn gesprächsweise »Mein Junge« genannt; daraufhin Verweigerung der Audienz.

761 *Frau Dangl:* Katharina D., Frau aus dem Volke, die RW aufgesucht und beschworen haben soll, er möge Ludwig II. vor schlechten Einflüssen beschützen. — *Staatsrat Klindworth:* s. Anm. zu S. 626, mit Tochter Agnes Denis-Street. — *Zahlberg:* Carl Z., Geiger am Karlsruher Hoforchester, für den RW sich verwendete, Komponist; starb am 10. August 1865 in Reichenhall in jugendlichem Alter. — *Zottmeier:* Sänger aus Hannover. — *Deinet:* Anna D., Sängerin, Brangäne in »Tristan und Isolde«. — *Cid:* »Der Cid«, Oper von Peter Cornelius, Uraufführung 1865 in Weimar. — *Isolde:* (1865—1919), erstes Kind von Cosima und RW, am 10. April 1865 geboren; heiratete den Dirigenten Franz Beidler. — *Löwen:* Kosenamen für Malwina und Ludwig Schnorr von Carolsfeld. — *Schwabe-Schwind:* Präsentierung des Wechsels, ausgestellt auf Frau Schwabe, s. Anm. zu S. 622; der Verdacht gegen Moritz von Schwind erwies sich als irrig. — *»Schweinehunde«:* eine ungeschickte Bemerkung Hans von Bülows beim Aufstellen von Sperrsitzen im Saal: »Was liegt daran, ob dreißig Schweinehunde mehr oder weniger hereingehen«, gelangte in die Öffentlichkeit; das Münchner Publikum fühlte sich beleidigt. — *Schauß:* Advokat. — *Dorn:* Musikdirektor Heinrich D., s. Anm. zu S. 59. — *König Otto:* Anspielung auf den eigentlichen, vom Vater erhaltenen Rufnamen König Ludwigs II. — *Hummeln:* wiederum Kosenamen für die Schnorrs. — *Frau Heim:* Emilie H., Sängerin aus Zürich. — *Schuré:* Edouard Sch. (1841—1929), französischer Schriftsteller, Musikhistoriker und Kritiker, wirkte für Wagner in Frankreich. — *15. Juli:* richtig 13. Juli. — *Malwines Empfang und Blick:* die Einbildung der Sängerin, RW müsse sie heiraten, und ihre Eifersuchtsintrigen stifteten in der Folge große Verwirrung. — *Ramayana:* indisches Nationalepos, 3./4. Jh., v. Chr., deutsch von

A. Holtzmann, Lektüre Wagners. — *Les Misérables«:* Roman von Victor Hugo. — *25. August:* richtig 21. August. — *8. Oktober:* richtig 11. Oktober.

762 *Lutz:* Johann von L. (1826—1890), bayerischer Staatsmann; 1863 Kabinettssekretär, 1867—71 Staatsminister, an der Aushandlung der Verträge zur Errichtung des Deutschen Reiches 1870 beteiligt, 1880—90 Ministerpräsident, antiklerikal. — *Geldsäcke:* eine Anweisung des Königs über 40 000 Gulden wurde RW in hartem Geld ausgezahlt, in Säcke verladen und ins Haus geschafft. — *Paul Taxis:* Fürst Paul von Thurn und Taxis, Adjutant Ludwigs II., nannte sich später Paul von Fels. — *Russumuck:* Namensüberlegungen etymologischer Art? 1866 hieß Wagners Neufundländer Russ(umuck). — *Tenorist Vogl:* Heinrich V. (1845—1903), Sänger und Gesangslehrer, 1865 an der Hofoper München, sang den Loge des ersten Bayreuther »Rings« 1876. — *Neumayr:* Staatsrat Max von N. — *Lutz' Auftrag:* bringt RW am 6. Dezember 1865 die Aufforderung, Bayern zu verlassen. — *die drei Nächte:* nach diesen drei Nächten mit Botschaften hin und her verläßt RW am 10. Dezember 1865 Cosima, Porges und Cornelius und reist ab nach Bern. — *Großherzog von Baden:* Friedrich I. (1826—1907), 1852 Prinzregent für den geisteskranken Bruder Ludwig, 1856 Großherzog, ab 1860 liberale Politik, nach 1866 für die Bismarcksche Politik, Schwiegersohn Wilhelms I. — *»Artichauts«:* Genfer Domizil Wagners Les Artichauts. — *Ferry:* Jules Ferry (1832—1893), französischer Journalist und Politiker. — *20. Januar:* richtig 22. Januar. — *Minnas Tod:* 25. Januar 1866. — *Anfang Februar:* richtig 29. Januar. — *Lusch:* Daniela von Bülow (1860—1940), älteste Tochter Cosimas, heiratete 1886 den Kunsthistoriker Prof. Henry Thode, 1914 geschieden. — *St. Marizio e Lazaro:* der König von Italien verlieh Wagner den Maurizius-Lazarus-Orden. — *Eduard und Madeleine:* Eduard Liszt? — *3. nach Luzern:* richtig 4. April. — *Amrhyn:* Oberstleutnant Walther Am Rhyn, Eigentümer Tribschens, Nachbar. — *Eugène Sue:* (1804—1887), französischer Schriftsteller, schrieb Romane, Dramen und, 1848, sozialistische Manifeste. — *Constantin Frantz:* (1817—1891), deutscher politischer Schriftsteller, Föderalist, vertrat die Idee eines europäischen Staatenbunds, zeitweise von Einfluß auf RW. — *Loldi:* Tochter Isolde. — *Zeltweg:* Wohnung Wagners in Zürich, 1850—57. — *7. Mai:* richtig 11. Mai. — *9. Mai:* richtig 15. Mai.

763 *Briefe holen:* in Wagners Münchner Wohnung waren Briefe des Königs gestohlen worden, den Rest übergab Cosima Malwina Schnorr, von der RW sie später zurückforderte; auch die entwendeten Schriftstücke gelangten über Paul Taxis an RW zurück. — *Dr. Wille:* Dr. François Wille versuchte in Bismarcks Auftrag über Wagner Einfluß auf den König von Bayern zu gewinnen. — *25. September:* richtig 28. September. — *Stolzing:* Name von Wagners Wohnraum in Tribschen. — *Hans Richter:* (1843—1916), kopierte 1866/67 die »Meistersinger«-

Partitur, erster Bayreuth-Dirigent 1876. — *Hohenlohe:* Fürst Chlodwig zu Hohenlohe-Schillingsfürst (1819—1901), war 1866—70 bayerischer Ministerpräsident, 1894—1900 Reichskanzler und preußischer Ministerpräsident. — *Melodie des Preisliedes:* schon am 28. September niedergeschrieben. — *Zu Weihnacht auch Verse:* Walther von Stolzings Preislied. — *Gelübde:* Schwur, ein Festspieltheater zu errichten. — *Schlußverse:* Schlußansprache des Hans Sachs in den »Meistersingern«. — *Düfflipp:* Lorenz D., 1866—77 Hofsekretär Ludwigs II., jahrelang Schlüsselfigur zwischen RW und dem König, s. Tagebücher Cosima Wagners. — *Evas Geburt:* Eva (1867—1942), zweite Tochter Cosimas und Richard Wagners, geb. 17. Februar; heiratete 1908 den englischen Kulturkritiker und Rassetheoretiker Houston Stewart Chamberlain. — *Parzival Bräutigam:* Ludwig II. hatte sich bereits am 22. Januar mit seiner Kusine Sophie verlobt.

764 *Telegraphische Entscheidung:* über Bülows Wiederantritt in München. — *Pifferari:* Schalmeienbläser. — *15. April:* richtig 16. April. — *»Adolphe«. Benjamin Constant:* Benjamin Constant de Rebeque (1767 bis 1830), französischer Politiker, liberaler Abgeordneter, Schriftsteller und Publizist, autobiographischer Roman »Adolphe«, Lektüre Wagners. — *Koß:* Wagners kleiner Pinscher. — *30. Mai:* RW bezieht das Haus Prestel am Starnberger See, um dem König nahe zu sein. — *Mommsen:* Theodor M. (1817—1903), deutscher Historiker, »Römische Geschichte«, 3 Bde. 1854—56. — *Marionettenspuk:* Unzufriedenheit Wagners mit den Kostümen. — *Beethoven II:* Ludwig van Beethoven, ein Sohn Karls, des von Beethoven adoptierten Neffen, war in Not geraten. — *Bernhard von Weimar:* (1604—1639), Herzog von Sachsen-Weimar, Feldherr des Dreißigjährigen Krieges unter Gustav Adolf, RW trug sich mit dem Gedanken eines Dramas über ihn. — *Velasquez:* Diego de Silva V. (1599—1660), spanischer Maler.

765 *Truinet:* Charles Truinet, Ps. Nuitter. — *Artikel mit XIII suspendiert:* Wagners Artikelfolge »Deutsche Kunst und deutsche Politik« in der halbamtlichen »Süddeutschen Presse«, wegen königlichen Mißfallens auf Ministerialratsbeschluß eingestellt. — *Königliche Warnung an Cosima:* sie war bei Ludwig II. denunziert worden. — *Konfusion:* Debakel mit Sängern; Johann Nepomuk Beck (1827—1904), Bariton an der Wiener Hofoper; Franz Betz (1835—1900), Heldenbariton an der Hofoper Berlin, erster Hans Sachs in München 1868 und Wotan in Bayreuth 1876. — *Schanzenbach:* Dr. Oscar Schanzenbach, Arzt. — *Annalen:* RW schreibt zu diesem Zeitpunkt die Annalen bis Ende 1867 nieder. — *»David Strauß«:* David Friedrich St. (1808—1874), Philosoph und Theologe, 1848 Liberaler, später für Bismarck; »Das Leben Jesu, kritisch bearbeitet«, »Der alte und der neue Glaube«. — *Gegen 20. März:* RW traf am 17. März in München ein. — *Klepperbeinsche alte Schuld:* Wilhelmine K. in Dresden, s. S. 385, hatte ihre Forderung auf 1000 Taler an den Advokaten Simmerl, München, abgetreten; von RW beglichen.

766 *Nachbaur:* Franz N. (1830—1902), Tenor am Münchner Hoftheater, erster Stolzing 1868 in München. — *wegen der Photographie am Titel:* Bild der Tochter Eva. — *Mitte April:* 22. April zurück in Luzern. — *Sieger:* Entwurf eines beabsichtigten Musikdramas Wagners aus dem Jahr 1856. — *Mérimée:* Prosper M. (1803—1870), schrieb vor allem Novellen, »Carmen« 1845, von Bizet 1875 vertont. — *Alfred de Musset:* (1810—1857), französischer Schriftsteller, Romantiker, schrieb Lyrik, Novellen und Dramen. — *Cotta:* J. G. Cottasche Buchhandlung in Tübingen, Verlag bis 1889, dann an die Familie Kröner. — *Jakob:* Jakob Stocker in Tribschen. — *Tristanfahrt:* RW fuhr mit Ludwig II. auf dem Dampfer »Tristan« über den Starnberger See. — *Richters Wunderwerk:* der Tenor Nachbaur studierte die Rolle Walther von Stolzings unter Richters Anleitung in vierzehn Tagen ein. — *Hölzl:* richtig Gustav Hölzel (1813—1883), Sänger. — *Schlosser:* Max Sch. (1835—1916), Tenor. — *Seitz:* Franz von S. (1817—1883), deutscher Maler und Kostümier; er entwarf die Figurinen für »Tristan und Isolde« 1865 und »Meistersinger« 1868; 1869 technischer Direktor des Münchner Hoftheaters. — *Körner-Not:* mit Weißheimers Oper »Körner«, s. Tagebücher Cosima Wagners. — *Hornist Strauss:* Franz St. (1822—1905), Kammermusiker, von Bülow »Joachim auf dem Waldhorn« genannt; Vater des Komponisten Richard Strauss. — *Hallwachs:* Dr. Reinhard H. (?—1872), Regisseur der Münchner Uraufführungen von »Meistersinger« 1868 und »Rheingold« 1869. — *Fräulein Herzen:* Olga Monod-H., Pflegetochter Malwida von Meysenbugs. — *Claire:* Gräfin Claire Charnacé, Halbschwester Cosimas.

767 *Fränzi Ritter:* Nichte Franziska R. geb. Wagner. — *Abschied von Parzival:* gemeint ist Ludwig II. — *Gunlöd:* unvollendete Oper von Peter Cornelius. — *Suttung:* Riese in der nordischen Mythologie, dessen Tochter Gunlöd den Dichtermet der Zwerge bewacht. — *Lustspiel:* »Ein Lustspiel in 1 Akt, Entwurf«, 1. September 1868, Theaterfarce, enthalten im Braunen Buch. — *Lucca:* Musikverleger-Ehepaar Giovanna und Francesco L., Mailand. — *Pianella:* Ort in der Pescara, Fresken in der Basilika. — *Liphort:* vermutlich die vorwiegend in Italien lebenden Barone Liphart, Vater und Sohn.

768 *Cosima schreibt:* an Hans von Bülow, Brief nicht bekannt. — *Konfessionswechsel-Versprechen:* Cosima trat 1872 in Bayreuth zum Protestantismus über. — *Goethe und Knebel:* Goethes Briefwechsel mit dem weimarischen »Urfreund« Karl Ludwig von K. (1744—1834), Übersetzer und Hofmeister des Prinzen Konstantin. — *an Claire Charnacé:* sollte Cosima davon abbringen, wegen eines Ehedispenses nach Rom zu reisen. — *Dr. Nietzsche:* die erste Begegnung Wagners mit dem 31 Jahre jüngeren Friedrich Nietzsche (1844—1900) am 8. November 1868 bei Brockhaus in Leipzig; Nietzsche wurde im Jahr darauf Professor für klassische Philologie in Basel und besuchte Wagner häufig in Tribschen. — *Dr. Rietschel:* richtig Friedrich Wilhelm Ritschl (1806

bis 1876), Altphilologe, 1832 Professor in Halle, 1833 Breslau, 1839 Bonn, 1865 Leipzig; Lehrer Nietzsches; Ehefrau Sophie Ritschl. — *Geibel:* Emanuel G. (1815—1884), deutscher Lyriker und Honorarprofessor, Vorleser Maximilians II., nach dessen Tod und wegen preußischer Gesinnung Entzug der bayerischen Pension, 24. August 1868 Wegzug nach Lübeck. — *Heyse:* Paul H. (1830—1914), deutscher Erzähler, Lyriker und Übersetzer, neben Geibel Haupt des Münchner Kreises unter Maximilian II., verzichtete 1868 auf seine bayerische Pension; möglicher Zusammenhang mit Warnungen Wagners in Briefen an Ludwig II., Paul Heyse in die Überlegungen einer neuen Theaterdirektion einzubeziehen; H. erhielt 1910 den Nobelpreis. — *16. November angekommen:* erst nachts in Tribschen.

769 *Mimi Buch:* Marie von B., spätere Freifrau von Schleinitz, s. Anm. zu S. 747. — *Marbach:* Oswald M., s. Anm. zu S. 16, schrieb 1858 ein Drama »Medea«. — *Körner:* Theodor K. (1791—1813), deutscher Dichter der Befreiungskriege, schrieb Dramen, Zeit- und Kriegslieder. — *Judentum wieder ins Auge gefaßt:* geplante Wiederveröffentlichung der Broschüre »Das Judentum in der Musik« von 1850 im Jahr 1869, s. Tagebücher Cosima Wagners. — *Genelli:* der Maler Bonaventura G. starb am 13. November 1868 in Weimar. — *Diktate bis zu Schopenhauer:* die Schopenhauer betreffenden Seiten in »Mein Leben«, S. 521 ff., wurden von RW dann am 1. Januar 1869 diktiert. — *und Tochter:* Fanny Vollmann. — *Büchi:* Kaufmann in Zürich.

PERSONENREGISTER

*Der Text von Richard Wagner endet auf Seite 769.
Alle Seitenzahlen im Register ab Ziffer 770 beziehen sich auf Nachwort und
Anmerkungen des Herausgebers.*

Abaza 730, 731
Abt 474, 813
Adam 154, 195, 799
Addison 790
Agoult, Gräfin d' 583, 606, 799, 813, 822
Aischylos 356, 807
Albert, Prinz von England 530, 537
Albert (Sänger) 796
Albrecht 732
Althaus 620
Altmann 783
Amrhyn 762, 834
Anacker 344, 807
Anakreon 489, 813
Ander 658, 659, 677, 679, 682, 686, 711, 725, 739, 826
Anders 180, 182, 183, 184, 185, 189, 192, 197, 205, 208, 227, 447, 517, 800
Anderson 526, 528, 530, 532
Anderson (Miss) 671, 788
André 83
Apel, August 22, 90, 198, 790, 792
Apel, Theodor 74, 90, 92, 94, 96, 99, 105, 106, 113, 234, 792
Aristophanes 356, 498, 807
Aristoteles 791
Arneth 729
Arnold 209, 801
Auber 119, 154, 218, 639, 653, 797
Auerbach, Berthold 337, 338, 376, 807
Aufmord 649
Auf-der-Mauer 550
Augusta von Preußen 744
Avenarius 167, 180, 190, 191, 194, 200, 212, 214, 226, 227, 438, 691, 789

Bacciochi, Graf 624, 625, 824
Bach, J. S. 62, 88, 352, 372, 380, 792, 798
Bach, Otto 750, 831
Bachmann 765, 766
Baden, Großherzog v. 513, 560, 564, 565, 569, 578, 594, 604, 608, 613, 656, 657, 658, 660, 677, 692, 694, 702, 703, 704, 705, 742, 743, 744, 745, 762, 815, 834
Baden, Großherzogin v. 560, 563, 656, 694, 744, 817

Bakunin 397, 398, 399, 400, 401, 402, 408, 409, 411, 415, 417, 418, 419, 420, 421, 422, 423, 424, 447, 451, 810, 812
Balzac 761
Bauffy, Gräfin 680
Bank 247, 262, 263, 802
Bansemer 68
Bär 471, 717, 718
Baudelaire 620, 654, 661, 823, 826
Bauer 762
Bauernfeld, v. 382, 809
Baumgarten-Crusius 27
Baumgartner 429, 437, 442, 473, 545, 604, 811
Bayern, Erzherzogin Sophie v. 392, 809
Beaulieu 426, 578
Beaumarchais, de 485, 813
Beaumont, de 654
Becher 381, 809
Beck 659, 765, 766, 826
Becker, Nikolaus 306, 805
Becker (Weltgeschichte) 46, 791
Beckmann 637
Beethoven 33, 37, 38, 39, 41, 42, 59, 64, 65, 66, 67, 73, 74, 91, 99, 107, 110, 154, 185, 201, 209, 266, 285, 286, 332, 341, 345, 346, 352, 354, 372, 373, 374, 380, 397, 441, 442, 450, 470, 479, 482, 484, 492, 515, 516, 519, 525, 529, 533, 553, 555, 556, 575, 653, 726, 730, 746, 747, 764, 790, 793, 812, 835
Bellini 82, 89, 92, 119, 154, 183, 184, 240, 793
Belloni 252, 430, 432, 433, 441, 444, 446, 493, 610, 611, 612, 617, 618, 624
Bem 68, 792
Bendemann 331, 332, 806
Beneke 535
Bergfeld 785
Berlioz 201, 202, 203, 207, 239, 303, 423, 516, 532, 533, 534, 541, 573, 611, 612, 619, 632, 633, 801
Berthold 312
Bertoni 762
Bethlen-Gábor, Gräfin 740, 830
Bethmann 95, 97, 98, 99, 101, 111, 112, 118, 120, 797, 822
Bethmann-Hollweg 664,826

Betz 765, 766, 835
Beust, v. 403, 407, 718, 810
Bianchi 731
Biery 88, 797
Binder 70, 792
Birch-Pfeiffer 477, 813
Bischoff 480, 799, 813
Bismarck 763
Bissing, v. 502, 746, 747, 748, 749, 752, 762, 782, 814
Blahedka 179, 800
Blöde 379
Bloomfield, Lady 724, 799, 829
Blum 154, 276, 292, 392, 799, 809
Böhme 22, 24, 27
Boieldieu 639, 798
Bonfantini (Stuckert) 777, 778, 779, 780, 781
Born 422, 811
Börne 78, 793
Boulez 777
Bourit 556
Brahms 722, 829
Brakel 155
Brandenburg 163
Brandus 431, 800
Brebern, v. 729, 730
Breitkopf & Härtel 64, 262, 274, 440, 477, 478, 485, 504, 525, 546, 567, 578, 596, 600, 602, 792, 814
Brendel 479, 480, 493, 519, 560, 671, 714, 813
Brix 195, 200, 204, 206,211
Brockhaus, Friedrich 28, 42, 46, 49, 50, 60, 68, 112, 151, 188, 226, 232, 233, 245, 249, 329, 439, 472, 717, 789, 790, 801, 836
Brockhaus, Heinrich 199, 200, 274, 441, 801
Brockhaus, Hermann 151, 233, 234, 349, 372, 713, 760, 790, 801
Brockhaus, Klara 410; siehe auch Wagner, Klara
Brockhaus, Ottilie 410, 713, 715, 741, 760, 764
Bronsart, v. 627, 731, 742, 745, 824
Brougham, Lord 177, 534, 799
Brunner 486
Buch, v. (Gräfin v. Schleinitz) 747, 831, 837, 836
Büchi 769, 837

Bülow, Blandine v. 735, 815, 830
Bülow, Cosima v. 566, 567, 582, 584, 673, 675, 690, 700, 704, 706, 707, 708, 709, 713, 714, 715, 716, 720, 721, 722, 727, 735, 736, 737, 745, 746, 759, 760, 761, 762, 763, 764, 765, 766, 767, 768, 769, 771, 772; siehe auch Wagner, Cosima
Bülow, Daniela v. 815, 834
Bülow, Eduard v. 364, 444, 467, 469, 808
Bülow, Hans v. 350, 375, 444, 445, 467, 468, 469, 470, 471, 475, 481, 513, 514, 552, 566, 567, 582, 584, 596, 607, 609, 616, 623, 624, 635, 645, 648, 649, 656, 657, 659, 671, 672, 673, 685, 690, 704, 705, 706, 707, 708, 709, 710, 712, 714, 715, 716, 720, 722, 727, 735, 737, 745, 746, 759, 760, 762, 763, 764, 765, 766, 768, 772, 783, 785, 788, 807, 808, 815, 830, 832
Bulwer 152, 159, 177, 724, 725, 798
Bürde 699
Bürger 251, 799
Burger 780
Burnouff 541, 817
Burrell, Mary 781
Büsching 75, 793
Byron, Lord 498, 549, 814

Calderon 567, 568, 696, 748, 818
Calzado 611, 615
Campo-Reale, Fürstin 665
Caraffa 622
Carus 484, 813
Carvalho 568, 607, 612,818
Castell 141, 214
Cavaignac 516, 815
Cerf 131, 132, 233, 798
Chabrol, de (Lorbac) 655
Chaillot, Mme 767, 769
Challemel-Lacour 642, 825
Chandon 574, 650, 767, 818
Charnacé, Gräfin 606, 768, 769, 823, 836
Charnal 607, 628
Chateaubriand, Vicomte 751, 831

Cheré 616
Cherubini 792
Coburg, Herzog v. 477, 813
Coindet 547
Constant 764, 835
Cormon 640
Cornelius 274, 440, 513, 659, 671, 673, 679, 682, 684, 685, 686, 692, 720, 721, 722, 723, 724, 725, 737, 738, 741, 748, 749, 750, 751, 753, 759, 760, 761, 764, 765, 766, 767, 804, 815, 832, 833, 834, 836
Cornet 279, 280, 804
Coronini, Graf 740, 830
Costa 527, 528, 532, 816
Cotta 766, 836,
Coudenhove 626, 824
Couqui 686
Crespi 598, 822
Curshman 538, 817
Czermak 634, 635, 688, 689, 692, 825
Czersky 326, 806

Dalwigk, v. 694, 828
Damrosch 672, 747, 827
Dangl 761, 833
Dante 31, 539, 543, 551, 817
Daru, Graf (Geschichte Venedigs) 592, 822
Daumer 509, 815
David 705, 828
Davison 529, 530, 531, 816
Degelow 52, 54, 56
Deinet, Sängerin 761, 833
Delaroche 189, 195, 800
Deschamps 212
Desplèchin 231, 314, 393, 432, 447, 802
Dessauer 224, 225, 802
Devrient, Eduard 284, 294, 297, 353, 376, 394, 396, 497, 560, 563, 564, 565, 569, 570, 594, 604, 608, 609, 657, 660, 677, 695, 702, 703, 704, 743, 796, 804, 805, 818
Devrient, Emil 312, 353, 775, 805
Didot 182, 216, 226
Dieterle 393
Dietrich 147, 148, 149, 151 155
Dietsch 224, 640, 646, 647, 650, 802, 825
Dietz 718
Dingelstedt 476, 541, 769, 813
Dönhoff, Gräfin 664
Döring, v. 281, 804
Dolgorukow (ki), Fürst 587, 589, 598, 822
Dom Pedro, Kaiser von Brasilien 562, 784
Donizetti 154, 200, 201, 204, 208, 217, 305, 360, 397, 682, 799, 825
Doré 666, 827

Dorn 59, 60, 61, 66, 154, 158, 160, 162, 164, 165, 166, 500, 791, 814, 833
Dorus-Gras 186, 800
Doucet 613, 823
Draeseke 603, 604, 671, 672, 763, 765, 781, 822
Droysen 356, 807
Düfflipp 763, 764, 769, 834
Dumba 682
Dumersan 183, 186, 800
Duncker (Geschichte d. Altertums) 742, 830
Duponchel 179, 182, 192, 799
Dupont 185, 186
Dustmann, Frau 659, 679, 682, 685, 695, 702, 705, 711, 719, 721, 726, 736, 739, 823, 826
Dustmann, Herr 781
Dyck, van 598, 822

Eberty 662
Echter 760, 833
Eckert 581, 595, 743, 754, 755, 759, 767, 769, 821
Eichberger 796
Eichelberger 498
Einsiedel, von 137, 778
Eisolt 379
Ellerton 534, 816
Engländer 382
Erard 299, 516, 573, 818
Erlanger 637, 641, 647, 649, 655
Escher 436, 812
Esser 581, 615, 658, 659, 682, 719, 721, 739, 766, 821
Ettmüller 437, 812
Euripides 351

Falkenstein, v. 331, 806
Fehringer, Mme 280
Ferreiro 561, 562, 818
Ferry 613, 762, 823, 834
Fétis 536, 625, 816
Feuerbach 420, 442, 443, 483, 522, 811
Feuillet 606, 822
Fiorentino 612
Fischer 225, 235, 236, 243, 245, 246, 270, 290, 293, 294, 504, 802
Fischhof 380, 381, 809
Flachs 39, 40, 45
Flaxland 601, 627, 631, 632, 662, 663, 688, 689, 822
Flotow, v. 397, 808
Fonton, v. 381
Foucher, Paul 210, 801
Foucher de Careil, Graf 619, 631, 823
Fould 610, 613, 623, 625, 633, 823
Franc-Marie 619
Franck, Albert 361, 438, 808

Franck, Hermann 329, 330, 331, 339, 340, 366, 375, 378, 438, 493, 536, 806, 808
Franck, Ludwig August 381, 809
Frantz, Constantin 762, 763, 766, 834
Franz, Robert 476, 566, 813
Frauenstädt 522, 816
Freimüller 117, 118, 122, 798
Frickhöfer 693, 727
Friedrich II. von Preußen 752
Fries 470
Fröbel 392, 722, 762, 764, 765, 809
Fröhlich 83
Frommann 283, 322, 323, 337, 365, 366, 375, 500, 524, 560, 569, 636, 672, 673, 692, 704, 706, 746, 782, 804, 828
Fürstenau 270, 803

Gade 345, 807
Gaillard 194, 322, 364, 806
Gall, Baron 754, 755, 832
Gallitzin, Fürstin 588, 589, 822
Galvani 84, 85, 86, 116
Garibaldi 641, 825
Garrigues 609, 823
Gaspérini 607, 610, 617, 618, 620, 628, 629, 641, 642, 648, 655, 688, 692, 761
Gebhardt 52
Geibel 768, 837
Genast 425, 672, 695, 743, 764, 811, 827, 828
Genelli 439, 765, 769, 812, 837
Géraldy 185
Gerhart, Livia 109, 796, 798
Gervinus (Literaturgesch.) 315, 806
Geyer, Cäcilie 11, 28, 167, 180, 190, 200, 211, 789
Geyer, Ludwig 10, 17, 78, 235, 778, 789
Geyer, Richard 11
Giacomelli 610, 611, 618, 625, 628, 649
Gibbon 356, 808
Gietl 760, 833
Gille 673, 715
Gläser 131, 798
Gluck 70, 88, 201, 261, 283, 284, 300, 350, 351, 353, 360, 364, 370, 469, 519, 746, 792, 804
Görgey 439, 812
Görres 315, 806
Goethe 9, 11, 16, 31, 32, 38, 40, 41, 44, 61, 94, 95, 323, 343, 405, 406, 509, 510, 545, 554, 590, 660, 694, 708, 765, 768, 817, 829, 836

Goetze 426, 811
Goldoni 590, 598, 822
Golmick 305, 805
Gottschalk, Mme 108, 128
Gouin 186, 187
Gounod 653, 661, 826
Gozzi, Graf 79, 80, 87, 793
Gräf 112, 118
Gravina, Graf 789
Greitel 481
Grétry 238, 802
Grillparzer 19, 383, 790
Grimm, J. 21, 273, 356, 450, 684, 790
Grimm, W. 273, 450
Guaita, v. 699, 702, 709, 712, 719, 738
Günther 155
Gueymard, Mme 630, 825
Guhr 117, 798
Gutzkow 334, 335, 336, 337, 807

Habeneck 179, 182, 183, 185, 203, 799
Haas 103, 736, 797
Hacke, Gräfin 636
Häfner 392
Händel 527, 538
Hänel 333, 354, 383, 414, 806
Härtel, s. Breitkopf und Härtel
Hagenbuch 429, 437, 473, 507, 557, 811
Hahn-Hahn, Gräfin v. 268, 803
Haimberger 418
Halévy 200, 217, 218, 219, 220, 623, 801
Hallwachs 766, 836
Hamm 83
Hanslick 658, 681, 711, 720, 826
Hartwig 10, 789
Hasselmann 570, 571
Hatzfeld, Graf 624, 632, 641, 647, 655, 663, 664, 688, 690, 747, 824
Haug 494
Hauptmann, Moritz 349
Hauser, Caspar 81, 793
Hauser, Franz 87, 743, 797
Haydn 41, 64, 341, 572, 792, 807
Haynau, v. 499, 814
Hebbel 680, 681, 806
Hegel 62, 399, 442, 443, 522, 791, 804
Heim 506, 545, 553, 761, 814, 833
Heine, Ferdinand 235, 238, 243, 244, 270, 277, 278, 301, 302, 314, 326, 328, 393, 405, 445, 717, 802, 809
Heine, Heinrich 53, 184, 191, 196, 201, 208, 209, 491, 553, 627, 786, 791
Heine, Wilhelm 393, 410, 432
Heinse 89, 91, 797

Heinz 409, 810
Helene, Großfürstin 729, 730, 734, 735, 830
Hellmesberger 723, 829
Henning 276, 804
Henry 431
Hérold 559, 572, 606, 614, 792
Herwegh 398, 444, 474, 475, 485, 488, 489, 492, 494, 495, 498, 502, 503, 504, 508, 509, 510, 511, 514, 521, 522, 543, 544, 553, 554, 555, 564, 565, 605, 642, 660, 810
Herzen 766, 836
Heubner 411, 417, 418, 419, 420, 421, 422, 423, 424, 447, 451, 810, 812
Heyse 768, 837
Hiebendahl 414, 415
Hiller, Ferdinand 271, 299, 306, 307, 308, 313, 318, 331, 332, 333, 334, 337, 339, 341, 343, 345, 351, 352, 368, 369, 480, 530, 777, 803
Hirzel 463
Hölzel, (Sänger) 766, 836
Hoffmann, Amalie 23
Hoffmann, E.T.A. 24, 39, 61, 70, 74, 75, 81, 91, 136, 201, 213, 215, 223, 224, 278, 363, 545, 790, 808
Hoffmann, Joseph 162, 166, 168, 559, 799
Hoffmann von Fallersleben 553, 817
Hohenlohe, Fürst 671, 763, 764, 765, 788, 815, 835
Hohenzollern-Hechingen, Fürst v. 742, 746, 747, 830
Holtei, v. 145, 153, 154, 155, 156, 158, 159, 162, 163, 164, 165, 798
Holtzmann 761, 834
Homer 29, 459, 769
Homo 253, 679
Hornstein, v. 519, 520, 521, 541, 542, 674, 691, 815
Howard 535, 536
Hübner 331, 332, 806
Hübsch 135, 136, 146, 798
Hülsen, v. 500, 524, 656, 685, 814
Hugo, Victor 183, 209, 210, 654, 761, 800, 801, 826, 834
Humann 35
Hummel 42, 266, 791
Humperdinck 789
Hund, Aline 627
Hurn 778
Hyères 762
Hyginus 22, 790

Illaire 359, 360

Jadin 213, 214
Janin, Jules 516, 654, 815 826
Joachim 352, 513, 514, 807
Joly, Anténor 186

Kalergis 322, 516, 626, 632, 633, 634, 641, 723, 724, 725, 729, 733, 744, 782, 806
Kalliwoda 703, 828
Kant 523, 816
Karl X., König v. Frankreich 791
Kaskel 352, 807
Kaufmann 404
Kaulbach, Frau 759, 760, 832
Keller 337, 543, 568, 605, 660, 807
Kern 613
Kessinger, Klara 717
Kienlen 41, 101, 791
Kietz 189, 190, 194, 195, 196, 205, 214, 215, 227, 237, 261, 263, 347, 447, 454, 517, 527, 574, 645, 647, 650, 662, 800
Kirchner 545, 553, 555, 556, 817
Kittl 73, 241, 273, 383, 792, 802
Klepperbein 385, 765, 835
Klette 379
Klindworth, Karl 531, 545, 567, 583, 632, 633, 759, 816
Klindworth, Staatsrat 626, 761, 824, 833
Klink 313
Klopstock 338, 807
Knebel, v. 768, 836
Kneisel 99, 105
Köchly 346, 408, 553
König, H. 152, 166, 241, 798
Könneritz, v. 268, 269, 370, 724, 808, 829
Körner, Theodor 769, 837
Köster 361
Kolatschek 448, 474, 475, 479, 676, 677, 812
Koske 171, 182
Kossak, E. 363, 808
Kotzebue 12, 789
Kramer 466, 467
Kreißler 39, 40
Krespel 39
Kriete 241, 600, 601, 762, 802, 822
Krockow, Gräfin 721, 829
Kröge 95
Krug, Traugott 48, 62, 118, 791, 798
Kühmstedt 426, 811
Kühne 227ʾ
Küstner 218, 225, 226, 233, 236, 251, 275, 276, 358, 367, 715, 802
Kummer, Ernst 165, 186, 204, 251, 252, 253, 263, 280, 282, 283, 299, 307, 322, 340, 384, 385, 403, 425,
Kummer, Karl 494, 718, 804
Kummer, Otto 274, 717, 804

Kunst 728
Kushelew, Graf 195

Lablache 3, 18, 114, 115, 184, 548, 798, 817
Lachner, Franz 218, 358, 541, 583, 759, 760, 765, 801, 828
Lachner, Ignaz 709, 712
Lafayette 47, 791
Laffitte 194, 800
Lamartine, de 433, 457, 662, 812
Lambert 390, 809
Lanckoronski, Graf 659, 682, 826
Lassalle 660, 832
Lassen 715, 829
Laube 78, 79, 88, 90, 96, 97, 103, 111, 127, 131, 133, 134, 190, 191, 194, 195, 233, 241, 251, 263, 307, 335, 336, 372, 442, 681, 741, 764, 793, 797
Lauermann 114, 115
Laun 790
Laurencin, Graf 750, 831
Laussot, Eugène 449, 451, 455, 456, 457, 458, 459, 487, 808
Laussot, Jessie 374, 375, 445, 449, 450, 452, 455, 456, 457, 458, 459, 460, 487, 766, 808
Lavater 557, 817
Ledru-Rollin 433, 812
Lehrs 181, 182, 183, 187, 189, 191, 192, 205, 208, 212, 215, 216, 217, 220, 221, 223, 226, 227, 272, 443, 504, 522, 774, 800
Leibniz 619, 823
Leonardo da Vinci 409, 598, 822
Leplay 194, 195
Leroy 607, 761, 767
Levi 774
Levy, gen. Lippert 55
Levy (Hornist) 396
Lewald 183, 209, 800
Lieblein 726
Liechtenstein, Fürst 651, 678, 723, 743, 751, 810
Lieschen, Dienstmädchen 700
Limbach 117, 118, 798
Lind, Jenny 352, 359, 360, 529, 715, 807
Lindau 628, 629, 630, 638, 652, 689, 824
Lindemann 517, 527
Lindhurst, Lord 178
Lindpaintner 73, 533, 792
Liphort 767, 836
Lipinsky 264, 265, 266, 322, 350, 373, 374, 418, 718, 803
Liszt, Eduard 671, 750, 753, 788, 827
Liszt, Franz 165, 186, 204, 251, 252, 253, 263, 280, 282, 283, 299, 307, 322, 340, 384, 385, 403, 425,

426, 427, 428, 430, 431, 434, 439, 441, 444, 446, 448, 454, 456, 460, 465, 470, 471, 475, 476, 477, 478, 480, 487, 488, 493, 494, 500, 507, 508, 513, 514, 515, 516, 517, 525, 531, 542, 550, 551, 552, 553, 554, 555, 556, 557, 559, 560, 564, 566, 569, 578, 579, 583, 585, 588, 589, 600, 603, 604, 610, 616, 620, 626, 632, 636, 657, 658, 659, 661, 662, 663, 671, 672, 673, 675, 677, 678, 680, 690, 695, 708, 709, 714, 715, 716, 726, 739, 746, 747, 750, 759, 760, 764, 766, 768, 779, 781, 788, 799, 807, 810, 813, 815, 817, 821, 822, 824, 827, 829, 832
Löbell 46
Löbmann 155, 158, 799
Löw, Marie 726, 829
Löwe, Karl 270, 271, 309, 492, 803
Löwenberg 783
Löwenthal, Gräfin 654
Logier 38, 57, 790
Lortzing 266, 803
Louis Napoleon 637
Lucca 767, 836
Lucy 610, 611, 618, 648
Ludwig I. von Bayern 674, 827
Ludwig II. von Bayern 751, 755, 759, 760, 761, 762, 763, 764, 765, 766, 767, 768, 769, 771, 772, 776, 777, 779, 780, 785, 786, 831, 833, 835, 836
Lüders 528, 531, 532, 537, 538
Lüttichau, v. 199, 234, 246, 260, 261, 265, 266, 269, 287, 288, 290, 291, 305, 308, 309, 312, 314, 321, 326, 328, 330, 336, 342, 347, 355, 370, 371, 379, 380, 383, 384, 385, 389, 391, 393, 395, 396, 451, 452, 594, 718, 801, 809
Lüttichau, Ida v. 269, 340, 360, 451
Luigia, Pflegerin 684
Lukas 224, 802
Luther 14, 768
Lutz, v. 762, 834
Lutzau, v. 732
Lwow 197, 290, 732, 801

Macfarren 535, 816
Machiavelli 595, 822
Magnan 623, 824
Maier, Mathilde 696, 699, 719, 726, 737, 738, 743, 745, 752, 759, 760, 761, 767, 780, 828, 832
Mann, Thomas 774
Marbach 152, 790, 837
Marchesi 723, 829

Marie, Großfürstin 730, 830
Marsano, W. 24
Marschall v. Bieberstein 409, 411, 419, 492
Marschner 44, 81, 82, 304, 305, 306, 391, 392, 477, 791, 795
Martin (Postsekr.) 419, 424, 811
Martini 62, 792
Marx, B. 362, 363, 808
Mathäi 64, 792
Mauro, Seraphine 683, 827, 832
Maximilian II. von Bayern 751
Mayseder 43, 791
Mazzini 494, 814
Meck, Carl von 157
Mecklenburg-Strelitz, Großherzog v. 363
Méhul 158, 799
Meinhard 361
Melbourne, Lord 799
Mendelssohn-Bartholdy 109, 233, 249, 250, 271, 277, 278, 285, 286, 287, 302, 303, 307, 330, 331, 332, 349, 352, 367, 373, 374, 385, 527, 534, 535, 703, 797, 800, 808
Mendès-Gautier 769
Mérimée 766, 836
Meser 281, 313, 314, 327, 346, 483, 600, 601, 602, 631, 804
Methfessel 520, 816
Metternich, Fürst 380, 382, 626, 643, 664, 686, 688, 708, 725, 765, 808, 825
Metternich, Fürstin 624, 625, 633, 640, 641, 651, 654, 656, 657, 661, 663, 664, 677, 685, 686, 687, 688, 690, 708, 765, 824
Metzdorff 420, 442, 811
Meyer, Friederike 695, 696, 699, 701, 702, 705, 706, 709, 712, 719, 737, 772, 781
Meyer, Ludwig 106, 797
Meyer, Luise 609, 659, 702, 823, 826
Meyerbeer 79, 81, 166, 178, 179, 182, 184, 186, 192, 194, 197, 210, 226, 233, 276, 277, 283, 290, 303, 306, 310, 326, 330, 364, 365, 370, 381, 385, 431, 448, 480, 533, 535, 536, 610, 612, 625, 643, 644, 645, 654, 662, 755, 774, 782, 793, 801, 804, 832
Meysenbug, v. 620, 621, 622, 634, 766, 823
Michelangelo 409
Miecksch 34, 790
Minkewitz 386, 809
Mirabeau, Graf 559, 817
Mitterwurzer 305, 319, 320, 328, 345, 351, 397, 609, 761, 805

Mocquard 611
Möller 134, 136, 140, 141, 142, 143, 148, 149, 151, 168, 169, 170, 187, 188
Mössner 680
Moleschott 553, 817
Molière 800, 813
Mommsen 764, 835
Mone 357, 808
Monnaie 192, 193, 210, 217, 800
Morelli 650
Morgenroth 37
Morini 631, 682, 825
Moritz 73, 500, 722, 792
Morlacchi 258, 286, 309, 803
Moscheles 179, 799
Mosen 247, 802
Moses, M. 797
Mosewius 380, 809
Moy, Baron 761
Mozart 12, 36, 37, 39, 41, 65, 66, 73, 88, 284, 349, 371, 479, 519, 533, 568
Mrazek 736, 737, 751, 759, 762, 764, 768, 832
Muchanow (Kalergis) 744
Müller, Alexander 83, 429, 433, 435, 440, 473
Müller (Dresden) 53
Müller, Franz 715, 716
Müller, G. 38, 42, 62, 791
Müller, Hermann 253, 254, 281, 377, 486, 488, 803
Müller (Kammermusiker) 265
Müller, Lothar 715
Müller, H. (Verleger) 600
Müller, Moritz 715
Münch-Bellinghausen, Baron (Hahn) 684, 827
Münchhausen, v. 254, 255, 281
Musard 654
Musiol 726
Musset, de 766, 836

Nachbaur, Tenor 765, 766, 836
Nakós, Graf 678
Napoleon I. 399
Napoleon III. 516, 517, 532, 552, 571, 572, 605, 610, 613, 623, 624, 625, 634, 637, 641, 647, 651, 654, 656, 661, 674
Nassau, Herzog v. 697, 828
Nesselrode, Graf v. 322, 806
Nestroy, 382, 797
Neumann, Angelo 774
Neumayr v. 762, 834
Ney 699
Niebuhr 356, 808
Niemann, 581, 582, 609, 630, 631, 633, 640, 644, 645, 650, 694, 781, 782, 821, 822
Nietzsche 768, 772, 778, 779, 836, 837

Nikolaus, Zar 154, 287, 730, 799
Nohl 760, 764, 768, 769, 832
Nostitz, Graf Albert v. 383, 809

Oberländer 388, 809
Obrist 540
Odojewsky, Fürst 733, 830
Offenbach 696, 828
Ollivier, Blandine 488, 569, 572, 573, 606, 620, 648, 661, 672, 673, 674, 675, 689, 713, 813
Ollivier, Emile 569, 571, 573, 606, 611, 613, 620, 638, 641, 648, 652, 666, 672, 673, 674, 675, 689, 763, 767, 813, 818
Orsini 571, 574, 818
Osenbrück 492
Osmond, Graf d' 653
Ott-Imhof 471, 505, 545
Ott-Usteri 507

Pacher 381, 809
Pachta, Auguste von 24, 72, 73, 274
Pachta, Graf 24, 71, 73, 92, 93, 102, 790
Pachta, Jenny von 24, 71, 93, 274
Paër 81, 793
Palazzesi 65, 792
Palleske 474
Palestrina 371, 808
Panofka 184, 800
Pasdeloup 654, 767, 826
Paul, Jean 752, 831
Pausanias 22, 790
Pecht 195, 205, 333, 694, 759, 760, 761, 800
Perfall 760, 765, 766, 833
Pergolesi 184, 197, 800
Perrin 619, 631, 655, 767, 823
Perthes 17
Petitpas 644, 825
Petz 17
Pfau 209, 211
Pfeiffer 763
Pfistermeister 755, 759, 760, 761, 763
Pfordten, v. d. 388, 392, 762, 763, 809
Picard 641
Pillet, Léon 197, 210, 224, 801
Planer, Amalie 152, 155, 156, 157, 798, 799
Planer, Minna 96, 97, 98, 99, 100, 102, 103, 104, 105, 108, 109, 110, 111, 112, 119, 120, 121, 129, 130, 131, 132, 133, 134, 135, 136, 137, 138, 139, 140, 141, 142, 778, 797, 78
siehe auch Wagner (Minna)
Planer, Nathalie 148, 440, 464, 737, 798

Platen, Graf 471, 812
Platon 543
Pleyel 64, 792
Ploténvi 741
Plutarch 790
Pohl 513, 715, 741, 743, 815
Pohlenz 64, 65, 89, 109, 185, 344
Poißl, v. 469, 812
Polignac, Prinz 653, 826
Pollert, Mme 118, 128, 534, 798
Pompadur, Marquise de 801
Poniatowsky, Prinz 640, 825
Porges, Fritz 738
Porges, Heinrich 726, 738, 741, 742, 743, 746, 748, 759, 761, 762, 764, 765, 769, 829, 834
Potter 534, 816
Pourtalès, Graf (Gräfin) 624, 634, 636, 656, 663, 664, 665, 688, 690, 691, 824
Praeger 527, 529, 530, 531, 537, 565, 645, 647, 761
Preußen, König v. 39, 40, 45, 165, 233, 252, 256, 300, 358, 359, 366, 367, 370, 371, 407, 799
Preußen, Prinz Wilhelm v. (König v. Preußen, Deutscher Kaiser) 220, 222, 357, 365, 656, 798, 803, 805, 808
Preußen, Prinzessin v. (Königin v. Preußen) 323, 358, 359, 506, 540, 560, 623, 634, 635, 636, 744, 804, 806
Prießnitz 483, 548, 813
Pringsheim 774
Proudhon 215, 387, 400, 433, 572, 801
Pruckner, Dionys 513, 815
Prutzer 162
Pückler, Fürst von 190, 800
Püttlingen, Vesque v. 380, 809
Pusinelli 268, 348, 385, 601, 631, 700, 717, 762, 803

Rachel 208, 801
Rackowitz, Baron 736, 753, 830
Radnotfay 739
Raff 695, 697, 710, 743, 828
Rahl 589
Rahn-Escher 493, 504
Raimund 792
Raphael 432, 737
Rastrelli 248, 258, 264, 803
Raumer (Weltgeschichte) 221, 802
Raupach 65, 307, 792
Rauße 483, 488
Raymond, v. 681, 711

Redern, Graf 225, 226, 232, 358, 359, 365, 367, 802
Reichstadt, Herzog v. 382, 809
Reinick 332, 368, 806, 808
Reißiger 196, 234, 240, 241, 259, 263, 264, 266, 285, 286, 287, 288, 289, 290, 304, 308, 309, 342, 343, 345, 348, 352, 370, 391, 396, 482, 483, 718, 801
Reitzenstein, v. 288
Rellstab 233, 278, 283, 364, 802
Réményi 739, 740, 830
Reuß, Prinz 664
Rhaden, v. 729, 730, 734, 735, 736, 749
Richter 763, 764, 765, 766, 834, 836
Rietschel 271, 333, 334, 376, 408, 768, 803
Rietz 702, 703, 828
Ringelhardt 87, 127, 225, 797
Ringelmann, Therese 82
Risse 243, 255, 802
Ritschl 768, 836
Ritter, Alexander 714, 718, 761, 808, 828
Ritter, Emilie 457, 458, 507
Ritter, Franziska 714, 761, 767, 829, 836
Ritter, Julie 445, 449, 453, 454, 456, 457, 458, 459, 460, 487, 489, 494, 552, 561, 600, 717, 808, 812
Ritter, Karl . 375, 445, 454, 455, 456, 457, 458, 459, 460, 464, 465, 466, 467, 468, 469, 470, 476, 478, 481, 482, 486, 488, 491, 519, 520, 523, 524, 541, 542, 545, 549, 551, 552, 554, 557, 584, 585, 586, 588, 589, 590, 591, 592, 595, 596, 597, 598, 680, 781, 782, 808, 816, 822
Robert, Ludwig 78, 793
Robson 538
Roche 628, 629, 630, 638, 652, 653
Rochlitz, Friedrich 66, 792
Röckel, August 266, 286, 288, 302, 308, 313, 326, 327, 328, 373, 377, 379, 385, 386, 387, 394, 395, 398, 402, 403, 404, 407, 414, 415, 418, 425, 427, 434, 447, 451, 493, 500, 521, 527, 705, 718, 761, 762, 763, 764, 767, 803, 811, 812
Röckel, Eduard 386
Roger 607, 608, 628, 655, 823
Ronge 326, 806
Ronsard 183, 185, 209, 800
Root 778
Rossini 34, 217, 218, 303, 307, 332, 349, 548, 622,
623, 639, 731, 769, 790, 817, 825
Rosti 739
Rostopschin, Graf 399, 810
Rousseau 326, 399, 810
Royer 624, 625, 628, 630, 631, 633, 637, 638, 649, 655
Rubinstein, Anton 728, 729, 730, 731, 732, 830
Rubinstein, Josef 774
Rubinstein, Nikolaus 732, 733, 830

. Sachs, Hans 315, 806
Sachsen, August der Starke von 14
Sachsen, Erzherzogin Sophie v. 392
Sachsen, König v. 271, 286, 287, 289, 313, 331, 374, 379, 380, 389, 391, 396, 404, 407, 482, 594, 604, 634, 636, 694, 724, 789, 790, 803
Sachsen, Königin v. 289, 358, 392, 395
Sachsen, Prinz Anton von 36
Sachsen, Prinz Johann v. 261
Sachsen, Prinzessin Amalie von 246
Sachsen, Prinzessin Auguste von 246
Saint-Georges 218, 802
Sainton 527, 528, 531, 532, 533, 816
Saint-Saëns 627, 665, 824
Salvi 682
Sand, George 171, 207, 752, 799
Sand, Karl Ludwig 789
Sandor, Gräfin 687, 688
San Marte 315, 806
Sassaroli 34, 35, 44, 286
Sax, Marie 321, 646, 825
Schack, Graf 568, 818
Schanzenbach 763, 765, 835
Schauß 761, 765, 833
Scheibler 155
Schelling 442, 522, 812
Scheurlin 209, 801
Schicht 62, 792
Schiffner 635, 666
Schiller 9, 16, 44, 73, 94
Schiltz 198, 203
Schindelmeißer 500, 814
Schladebach 248, 262, 803
Schleinitz, Gräfin 779
Schlesinger 181, 184, 196, 197, 198, 199, 200, 201, 203, 206, 217, 218, 219, 224, 251, 397, 431, 432, 800, 812
Schlesinger, Gustav 442
Schletter 226, 237, 802
Schlosser (Sänger) 766
Schmale 95, 101, 797
Schmerling 708, 722, 725, 828
Schmidt (Advokat) 600, 601

Schmidt (Musikkritiker) 615
Schmitt, Alois 705, 828
Schmitt, Friedrich 97, 147, 148, 760, 762, 797, 832
Schneider, Friedrich 110, 798
Schneider (Schauspieler) 709
Schnorr, Julius 333, 806
Schnorr v. Carolsfeld, Ludwig 32, 564, 609, 657, 683, 695, 703, 704, 705, 706, 708, 709, 712, 717, 720, 760, 761, 766, 776, 782, 818, 823, 826
Schnorr v. Carolsfeld, Malwina 695, 703, 704, 705, 706, 708, 709, 712, 717, 720, 761, 763, 782
Schöller, Mme 750
Schönaich 748, 751, 831
Schönborn, Graf 698, 699
Schöneck 493
Schönfeld, von 56
Schopenhauer 521, 522, 523, 536, 541, 549, 559, 593, 620, 621, 635, 636, 665, 667, 697, 769, 775, 797, 816, 825, 827, 837
Schott, Betty 696, 705, 711, 743
Schott, Franz 196, 615, 618, 685, 686, 687, 691, 692, 693, 694, 695, 696, 698, 705, 709, 710, 711, 712, 716, 745, 753, 754, 767, 791, 821, 827
Schreiber 128, 798
Schröder, Sophie 249, 250, 803
Schröder-Devrient, Wilhelmine 44, 70, 89, 106, 107, 108, 113, 133, 186, 198, 208, 235, 238, 239, 240, 242, 248, 249, 250, 251, 252, 253, 255, 261, 262, 266, 275, 276, 277, 279, 281, 283, 284, 291, 292, 293, 295, 298, 299, 300, 302, 310, 311, 316, 319, 322, 323, 328, 347, 377, 405, 406, 439, 486, 609, 791, 812
Schröter 53, 54
Schubert, Franz 249, 252
Schubert, Louis 135, 136, 145, 385, 718, 798
Schuberth (Kapellmeister) 732, 830
Schüler 698, 719, 727
Schulz (Hofrat) 309, 311
Schumann 38, 250, 285, 332, 339, 385, 466, 765, 791, 812
Schunke 81
Schuré 761, 833
Schüré 761, 833
Schwabe 132, 139, 621, 622, 761, 833
Schwarzenberg, Fürst 651
Schwind 713, 761, 829
Scott 548, 559, 817
Scribe 152, 166, 167, 183, 193, 218, 241, 335, 798

Scudo 572, 573, 818
Sczadrowsky 555
Seebach, v. 634, 651, 657, 665, 740, 782, 822
Seebach (Schauspielerin) 581
Segesser 599
Seghers 444, 446, 448
Seifriz 746, 747, 831
Seitz, v. 766, 836
Semper 301, 327, 334, 404, 408, 409, 413, 432, 447, 537, 544, 553, 562, 564, 568, 569, 574, 575, 605, 660, 760, 763, 764, 765, 766, 805, 833
Seraphine, s. Mauro
Serow 604, 728, 731, 735, 823
Setow 731, 742
Shakespeare 31, 32, 33, 34, 37, 59, 91, 92, 123, 127, 274, 444, 538, 564, 790
Siebert 427
Sillig 21, 22
Simmerl 765
Simrock 314, 315, 805
Sina, Baron 675, 827
Sipp 43, 791
Sloman 498, 749, 814
Smart, Sir John 177
Solger 474, 813
Solms, Graf 59
Sontag, Henriette (Gräfin Rossi) 153, 255, 269, 363, 529, 799
Sophie, Erzherzogin 724
Sophokles 790
Spatzer-Gentiluomo 305, 477, 805
Spieß 35
Spohr 16, 118, 237, 348, 790
Spontini 133, 290, 291, 292, 293, 294, 295, 296, 297, 299, 300, 301, 302, 303, 305, 573, 775, 798
Spyri 473, 813
Städl 687, 698, 701, 727
Stägemann 766
Staerkel 39, 791
Stahl, v. 729, 730
Stahr 340, 476, 807
Stamitz 39, 791
Standhartner 659, 676, 677, 678, 683, 686, 720, 724, 729, 738, 749, 750, 751, 753, 759, 826
Stark, Ingeborg 627, 731, 824
Starke 21
Staudigl 70, 792
Stawinsky 362
Stegmayer 87, 94, 797
Steibelt 39, 791
Stelzer 52, 55
Stern 759
Stockar 557
Stockar-Escher 507, 540, 815
Stocker, Jakob 832, 836
Stocker, Verena 832
Stockhausen, Baronin 724
Stocks 500

843

Stör 426, 811
Strauß, David 765, 835
Strauß, Johann 70, 71, 792
Strauss, Hornist 766, 836
Streck 760, 832
Street 626, 662, 690, 761, 824, 833
Strobel 783, 785
Stürmer 657, 663
Sue 762, 834
Suiter 763
Sulzer 429, 436, 437, 440, 441, 443, 460, 466, 471, 472, 473, 486, 488, 489, 502, 519, 537, 541, 543, 553, 559, 605, 660, 769, 779, 780, 781, 811
Suworow 734, 830
Szemere, v. 652, 826

Taubert 166, 365, 369, 500, 799
Tauler 752, 832
Tausig 579, 580, 581, 583, 659, 660, 661, 662, 671, 679, 720, 721, 722, 736, 737, 738, 741, 742, 749, 751, 753, 759, 760, 763, 764, 774, 821
Taxis 762, 763, 834
Taylor 449, 450, 451, 459
Tedesco 631, 640, 649
Temmler 65
Tessarin 589, 596, 597, 684
Thade v. Burgk 413
Therese (Köchin) 614, 650
Thiers 204, 801
Thode 783, 834
Thomé, Jeannette 14, 15, 30
Thukydides 593, 822
Tichatschek 198, 235, 238, 240, 241, 244, 245, 246, 248, 249, 255, 256, 270, 280, 283, 295, 297, 305, 317, 319, 321, 323, 324, 325, 326, 328, 372, 397, 403, 405, 546, 547, 581, 582, 609, 683, 764, 801
Tieck 30, 89, 223, 332, 359, 360, 790
Tischer 54, 56
Todt 411, 417, 810
Tolstoj, Graf 619
Trotter 759
Trütschler 389, 809
Truhn 363, 808
Truinet (Nuitter) 638, 639, 644, 651, 652, 653, 663, 665, 688, 689, 690, 692, 752, 765, 767, 825, 835
Turgenjew 744, 800, 831
Tyskiewitsch, Vincenz 67, 68, 69, 517
Tzschirner 411, 417, 810

Uhl 381, 382, 392, 722, 742, 809
Uhliß 395, 478, 479, 480, 481, 482, 483, 484, 485, 490, 491, 503, 504, 773, 810
Ullmann 760, 833

Vaillant 547, 548, 549, 557
Vaisse 430, 444, 812
Vaquerie, de la 654, 826
Vauthrot 639
Velasquez 764, 835
Verdi 797, 825
Viardot 184, 632, 633, 654, 744, 800
Victoria, Königin v. England 530, 532, 816
Vietinghoff 731
Vieuxtemps 205, 493, 801
Villemain 216, 226
Villot 627, 642
Vogl, Tenor 762, 834

Wächter 249, 255, 256, 803
Wagenseil 684, 827
Wagner, Adolf 9, 14, 15, 16, 26, 29, 34, 45, 62, 105, 789
Wagner, Albert 16, 62, 81, 236, 311, 327, 445, 635, 761, 789
Wagner, Cosima 776, 777, 778, 780, 782, 784, 785, 786, 789, 793, 797, 799, 803, 806, 807, 812, 813, 815, 816, 822, 828, 830, 831, 832, 834, 835, 836, 837
Wagner, Eva (später Chamberlain) 763, 765, 766, 767, 768, 776, 785, 786, 806
Wagner, Friederike 14, 30
Wagner, Friedrich (Vater) 9, 10, 17, 778, 789
Wagner, Isolde 761, 763, 764, 765, 767, 768, 785, 833
Wagner, Johanna Rosina (Mutter) 9, 10, 16, 22, 23, 28, 31, 35, 70, 109, 140, 232, 237, 238, 242, 272, 372, 789
Wagner, Johanna 237, 298, 317, 321, 347, 368, 397, 477, 802
Wagner, Julius 13, 87, 232, 256, 789
Wagner, Klara 17, 18, 19, 34, 41, 86, 113, 118, 120, 243, 244, 246, 272, 325, 367, 416, 550, 552, 700, 717, 766, 789, 791
Wagner, Luise (später Brockhaus) 16, 28, 37, 68, 188, 226, 234, 247, 410, 640, 641, 697, 706, 726, 737, 752, 764, 776, 781, 789, 815
Wagner, Minna 143, 146, 147, 148, 149, 150, 151, 152, 155, 156, 157, 160, 163, 169, 170, 173, 175, 189, 193, 199, 200, 204, 211, 212, 226, 227, 232, 237, 238, 242, 244, 246, 280, 291, 354, 367, 401, 412, 414, 416, 426, 427, 428, 434, 435, 439, 440, 441, 442, 452, 454, 459,
460, 463, 464, 465, 472, 475, 485, 486, 488, 489, 498, 499, 518, 521, 524, 526, 540, 541, 550, 556, 576, 577, 578, 579, 580, 582, 584, 593, 594, 600, 604, 613, 614, 615, 620, 629, 634, 635, 636, 642, 649, 650, 661, 662, 663, 664, 666, 683, 687, 691, 693, 694, 699, 700, 706, 712, 716, 717, 718, 734, 736, 737, 739, 742, 748, 752, 762, 765, 773, 777, 782, 784, 834
Wagner, Ottilie 23, 25, 28, 31, 59, 60, 151, 262, 789, 790
Wagner, Ottilie (Nichte R.Ws.) 641
Wagner Richard
Feen 79, 82, 104, 127
Fliegender Holländer 172, 193, 197, 210, 211, 212, 214, 215, 216, 217, 224, 225, 232, 234, 236, 248, 251, 253, 254, 255, 256, 258, 260, 262, 264, 267, 269, 275, 276, 277, 278, 279, 283, 291, 313, 319, 322, 326, 346, 348, 359, 362, 364, 375, 397, 401, 485, 493, 494, 506, 631, 659, 663, 664, 689, 760, 766, 775, 803
Götterdämmerung 394, 502, 503, 516, 724, 776
Liebesverbot 91, 104, 111, 119, 121, 123, 124, 125, 126, 127, 131, 183, 186, 192, 225, 248, 562
Lohengrin 224, 315, 316, 339, 340, 341, 349, 350, 353, 356, 357, 358, 360, 363, 372, 374, 375, 380, 384, 391, 393, 410, 453, 454, 465, 475, 476, 478, 483, 485, 494, 506, 529, 541, 546, 556, 561, 564, 566, 580, 581, 587, 589, 594, 609, 617, 619, 620, 627, 631, 658, 659, 661, 673, 678, 692, 695, 702, 703, 705, 708, 709, 712, 719, 739, 755, 766, 823
Meistersinger 315, 561, 684, 685, 686, 688, 690, 691, 692, 693, 694, 697, 705, 708, 710, 711, 712, 713, 714, 715, 716, 718, 720, 722, 723, 724, 730, 739, 754, 761, 762, 763, 765, 766, 767, 776
Parsifal 761, 763, 774, 776
Rheingold 494, 501, 503, 512, 519, 521, 531, 545, 554, 562, 564, 615, 622, 666, 722, 723, 761, 818
Rienzi 152, 159, 161, 166, 167, 179, 194, 198, 207, 217, 218, 232, 235, 238, 239, 240, 241, 242, 243, 246, 247, 248,
249, 253, 255, 260, 261, 262, 263, 264, 267, 269, 275, 278, 279, 280, 282, 283, 290, 300, 307, 313, 318, 325, 339, 341, 346, 355, 358, 360, 361, 364, 365, 366, 367, 368, 369, 371, 379, 392, 393, 397, 406, 464, 474, 590, 607, 689, 767, 803, 804
Ring des Nibelungen 390, 487, 493, 504, 509, 514, 515, 523, 542, 549, 554, 560, 561, 563, 564, 567, 578, 600, 605, 615, 666, 730, 774, 818, 834
Siegfried 394, 437, 451, 471, 477, 478, 485, 487, 494, 502, 503, 514, 550, 557, 559, 561, 563, 565, 567, 723, 731, 762, 769, 776, 817, 818
Tannhäuser 223, 224, 231, 241, 272, 273, 275, 288, 290, 291, 304, 306, 308, 312, 313, 314, 316, 320, 323, 324, 326, 327, 328, 329, 339, 340, 346, 349, 355, 357, 358, 360, 368, 369, 370, 375, 381, 393, 403, 425, 429, 434, 446, 448, 471, 476, 485, 492, 500, 501, 502, 506, 516, 524, 526, 530, 541, 559, 564, 568, 570, 571, 572, 580, 589, 590, 594, 602, 607, 608, 609, 612, 617, 619, 620, 622, 624, 625, 628, 629, 630, 631, 633, 634, 635, 638, 639, 642, 643, 644, 645, 647, 653, 654, 655, 656, 658, 661, 662, 664, 673, 679, 683, 689, 695, 712, 713, 715, 726, 760, 761, 764, 781, 803, 821
Tristan und Isolde 243, 524, 542, 545, 553, 562, 563, 564, 565, 566, 567, 568, 569, 570, 574, 575, 578, 580, 581, 587, 592, 594, 596, 600, 602, 603, 604, 608, 609, 611, 617, 622, 627, 628, 632, 656, 657, 658, 659, 662, 677, 679, 682, 683, 685, 686, 695, 703, 705, 710, 711, 719, 721, 722, 725, 726, 730, 736, 739, 760, 761, 771, 774, 833
Walküre 494, 503, 519, 521, 523, 525, 539, 541, 545, 553, 554, 560, 562, 633, 685, 686, 722, 723, 733, 761, 827
Wagner, Rosalie 16, 19, 22, 34, 41, 43, 58, 65, 76, 77, 78, 79, 86, 87, 109, 129, 140, 152, 161, 232, 269, 304, 784, 789, 793, 796, 797, 799
Wagner, Siegfried 777, 780
Walewsky, Graf 643, 647, 825

Walter, Tenor 682, 739, 827
Watzdorf, v. 427, 811
Weber, Alexander v. 311
Weber, Dionys 73, 89, 792
Weber, J.J. 642, 730, 766, 825
Weber, Karoline v. 259, 264, 286, 309, 312
Weber, Carl Maria v. 11, 14, 16, 18, 34, 35, 36, 37, 39, 41, 89, 90, 207, 209, 235, 259, 260, 264, 270, 271, 286, 304, 308, 309, 310, 312, 391, 569, 731, 775, 789. 801
Weigl 798
Weiland 622
Weimar, Großherzog v. 385, 477, 560, 561, 564, 578, 579, 600, 605, 636, 673, 713, 716, 807
Weimar, Großherzogin v. 426, 579, 671, 811
Weinlig 62, 63, 64, 67, 76, 523, 791
Weiß (Magister) 13
Weiße (Prof.) 62, 716, 791, 829

Weißheimer 671, 672, 687, 696, 698, 701, 707, 711, 713, 714, 715, 722, 755, 766, 767, 774, 827
Weitzmann 745, 746, 783, 831
Wellington, Herzog v. 178, 799
Wendt 30, 790
Werder 279, 283, 291, 359, 362, 366, 375, 427, 804
Wesendonk, Mathilde 492, 493, 546, 553, 557, 565, 566, 567, 569, 574, 575, 576, 577, 582, 584, 600, 683, 691, 706, 710, 744, 748, 750, 752, 754, 772, 779, 780, 782, 784, 814, 818. 831
Wesendonk, Otto 492, 493, 509, 535, 546, 557, 558, 565, 566, 568, 569, 575, 576, 577, 582, 584, 593, 600, 605, 645, 647, 649, 660, 683, 684, 706, 744, 751, 752, 754, 772, 776, 779, 782, 813, 831
Wetzel 12, 13, 789
Widmann Mme 185, 186

Widmann (Prof.) 428, 811
Wieck, Friedrich (Clara) 38, 791, 807
Wielhorsky 730
Wigand 438, 444, 448, 455
Wild 70, 792
Wilhelmj 705, 828
Wille, Eliza 502, 555, 567, 575, 577, 593, 746, 750, 752, 753, 754, 764, 772, 814
Wille, François 498, 503, 523, 544, 553, 555, 562, 593, 752, 753, 763, 764, 814, 834
Willich 706
Windischgrätz, Fürst 382, 392
Winkler-Hell 198, 207, 209, 217, 218, 234, 260, 801
Winterberger 553, 588, 589, 596, 597, 680, 817
Wittgenstein, Karoline Fürstin v. 425, 433, 513, 514, 515, 521, 551, 552, 553, 554, 555, 556, 671, 788, 811, 815
Wittgenstein, Marie v. 508,

513, 514, 515, 517, 551, 552, 554, 555, 560, 788, 815
Wittgenstein-Sayn, Fürst v. 517, 815
Wohlfahrt 55
Wolff 428, 811
Wolfram (Schwager) 41, 114, 118, 120, 136, 423, 526, 790, 791
Wolfram v. Eschenbach 315, 806
Wurda 280, 804
Wylde 532

Ypsilanti 789

Zahlberg 761, 833
Zamoïska, Gräfin 723, 724
Zichlinsky, v. 377, 411, 418, 808
Zichy, Graf 587, 678, 822
Ziegesar, v. 477, 813
Zillmann 36
Zottmeier 761, 833
Zschokke 193, 800
Zumbusch 759, 760, 832

INHALT

MEIN LEBEN 5

    Vorspruch 5
    Erster Teil, 1813–1842 7
    Zweiter Teil, 1842–1850 229
    Dritter Teil, 1850–1861 461
    Vierter Teil, 1861–1864 669

ANNALEN 1864–1868 757

Nachwort 771
Faksimiles 787
Anmerkungen 789
Personenregister 839

LIST BIBLIOTHEK
Eine Auswahl

Schalom Ben-Chorin
Jugend an der Isar

Edward Crankshaw
Bismarck

Gustav Faber
Auf den Spuren von Christoph Kolumbus

Johannes Gaitanides
Griechenland ohne Säulen

Peter Lahnstein
Auf den Spuren von Karl V.

Peter Lahnstein
Schillers Leben

Wolfgang Leppmann
Goethe und die Deutschen
Der Nachruhm eines Dichters im Wandel der Zeit
und der Weltanschauungen

Hermann Schreiber
Das Schiff aus Stein
Venedig und die Venetianer

Johannes Steinhoff
In letzter Stunde
Verschwörung der Jagdflieger

Erich Valentin
Wolfgang Amadeus Mozart

Richard Wagner
Mein Leben
1813–1868

Carl Wilhelm Weber
Perikles
Das Goldene Zeitalter von Athen

C. V. Wedgwood
Der 30jährige Krieg

LIST BIBLIOTHEK

Eine Auswahl

Oskar Maria Graf
Das bayrische Dekameron

Rudolf Hagelstange
Altherrensommer

Rudolf Hagelstange
Spielball der Götter

Knut Hamsun
Hunger
Kinder ihrer Zeit
Der Ring schließt sich

Rudyard Kipling
Lichtes und dunkles Indien

György Konrád
Der Stadtgründer

T. E. Lawrence
Die sieben Säulen der Weisheit

T. E. Lawrence
Unter dem Prägestock

Thyde Monnier
Der jungfräuliche Ölbaum

Axel Munthe
Das Buch von San Michele

Robert von Ranke Graves
Ich, Claudius, Kaiser und Gott

Kenneth Roberts
Nordwest Passage

Wolfdietrich Schnurre
Der Schattenfotograf

Michail Scholochow
Der stille Don 1

Michail Scholochow
Der stille Don 2